琼中黎族苗族自治县志

（1991—2010）

琼中黎族苗族自治县地方志编纂委员会 编

方志出版社
Publishing House of Local Records

图书在版编目(CIP)数据

琼中黎族苗族自治县志.1991—2010 / 琼中黎族苗族自治县地方志编纂委员会编，—北京：方志出版社，2020.5

ISBN 978-7-5144-4221-2

Ⅰ.①琼… Ⅱ.①琼… Ⅲ.①琼中黎族苗族自治县—地方志—1991—2010 Ⅳ.①K296.64

中国版本图书馆 CIP 数据核字（2020）第 091357 号

琼中黎族苗族自治县志（1991—2010）

编　　者：琼中黎族苗族自治县地方志编纂委员会
责任编辑：徐　宏

出 版 者：方志出版社
地址（北京市朝阳区潘家园东里 9 号(国家方志馆 4 层)
邮编 100021
网址 http://www.fzph.org
发　　行：方志出版社图书经销中心
电话（010）67110500
经　　销：各地新华书店
印　　刷：海南博雅文化发展有限公司

开　　本：889×1194　1/16
印　　张：66.2
字　　数：1581 千字
版　　次：2020 年 5 月第 1 版　2020 年 5 月第 1 次印刷
印　　数：0001～3000 册

ISBN 978-7-5144-4221-2　定价：580.00 元

琼中黎族苗族自治县地方志编纂委员会

（2020年4月）

主　　　任：徐　斌

常务副主任：王琼龙

副　主　任：栗太强　李国清　陈海滨　林子娥　王开雄　张平仲

委　　　员：赵建光　郑忠辉　林先国　卓泰雄　张东安　林祖勇

程　锋　周魁龙　谢　涛　吴　越　王承彬　王传旺

王丽强　符　琳　王开宁　卓大友　杭发英　吴海彪

周　峥　邱宏宁　温济海　范开荣　王少明　陈海强

裴成明　林之佩

《琼中黎族苗族自治县志（1991—2010）》编辑部

（2020年4月）

主　　　编：张东安

副　主　编：林　波

成　　　员：吴淑勇　蔡红艳　李惠琼　黄博川　曾纪海　欧静维

王妙红　谢林红

编辑部办公室设在县委党史县志研究室，办公室主任由张东安兼任。

琼中黎族苗族自治县地方志编纂委员会

（2007年8月—2013年11月）

主　　　任：董宪曾

常务副主任：伍学云

副　主　任：曾维生　符建群　许教春　谢孟意

委　　　员：王川芳　陆京学　罗章波　陈泰冶
王　乙　龙朝雄　叶兆承　王礼忠
王尤录　向　前　杨　斌　吴梁书
王振雄　陆世儒　王安军

《琼中黎族苗族自治县志（1991—2010）》编辑部

主　　编：张东安（2017年3月—2020年4月）
王应江（2010年6月—2017年3月）
王振雄（2003年10月—2010年6月）

副 主 编：林　波（2017年4月—2020年4月）
陈立超（2017年5月—2019年5月）
叶传雄（2007年6月—2016年8月）

成　　员：吴淑勇　蔡红艳　李惠琼　曾纪海　黄博川
欧静维　王妙红　谢林红　王方海　周德学
王雪英　文晶晶　彭智辉　符　钰　邢益娟
徐华健　邓　虹　林书娇

《琼中黎族苗族自治县志（1991—2010）》审查验收机构和人员名单

初审验收机构和人员

《琼中黎族苗族自治县志（1991－2010）》专家评审小组

组　　长：李养国

成　　员：陈家传　符思权　朱兴明　王海云　张东安

复审验收机构和人员

《琼中黎族苗族自治县志（1991－2010）》编纂委员会

主　　任：孙　喆

执行主任：王琼龙

副 主 任：张长丰　王大周　李国清　林子娥　王开雄　黄志敏

委　　员：郑忠辉　彭朱强　卓泰雄　张东安　林祖勇　程　锋

周魁龙　管舒婧　吴　越　王承彬　王传旺　王丽强

符　琳　王开宁　杭发英　卓大友　吴海彪　周　峥

梁　锋　王少明　肖传芳　裴成明　温济海　林建海

终审验收单位与审稿人员

终审单位：海南省地方志办公室

审稿人员：秦武军　陈家传　符思权

数说琼中20年

（1991—2010）

1991—2010 年，琼中黎族苗族自治县在政治、经济、文化、社会事业上取得可喜的成就，这是琼中县深化改革开放的 20 年，更是琼中历史上发展较快、变化较大的 20 年，也是琼中人民得到实惠较多的 20 年。20 年间琼中经济持续快速健康发展，城乡居民收入稳步增长，生活水平不断提高。2010 年琼中县地区生产总值 128897 万元，比 1991 年增长 7.14 倍，人均生产总值达 8648 元；地方财政收入达 10293 万元，比 1991 年增长 7.51 倍。琼中县以发展为第一要务，不断优化农业产业结构，围绕创建“全国绿色农业示范县”的目标，在巩固橡胶、槟榔、益智等传统产业的基础上，又壮大了种桑养蚕、养蜂、种植绿橙等一批特色产业。全县走上生态环境优美、政治社会和谐、经济文化繁荣、人民生活富裕的发展道路。

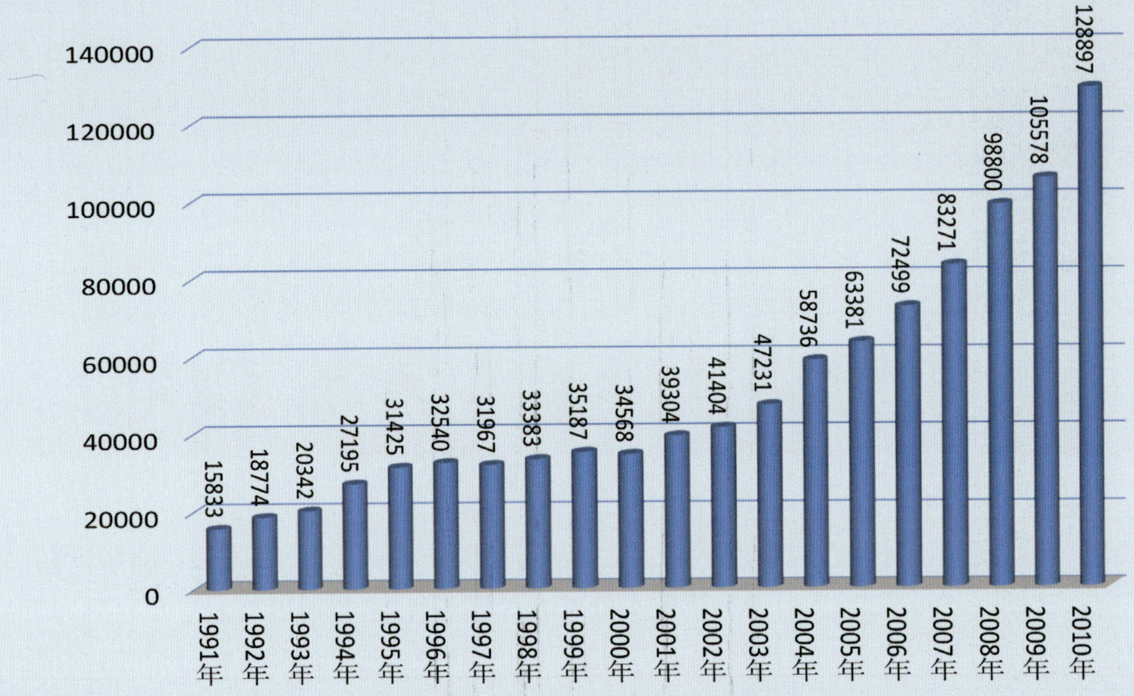

全县历年生产总值（万元）

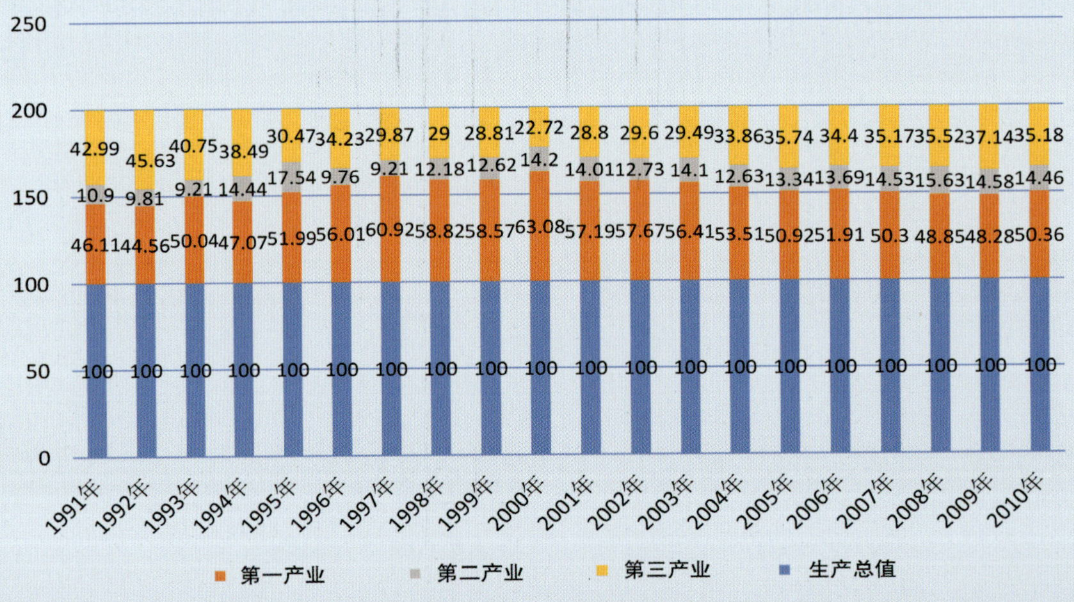

全县历年生产总值构成

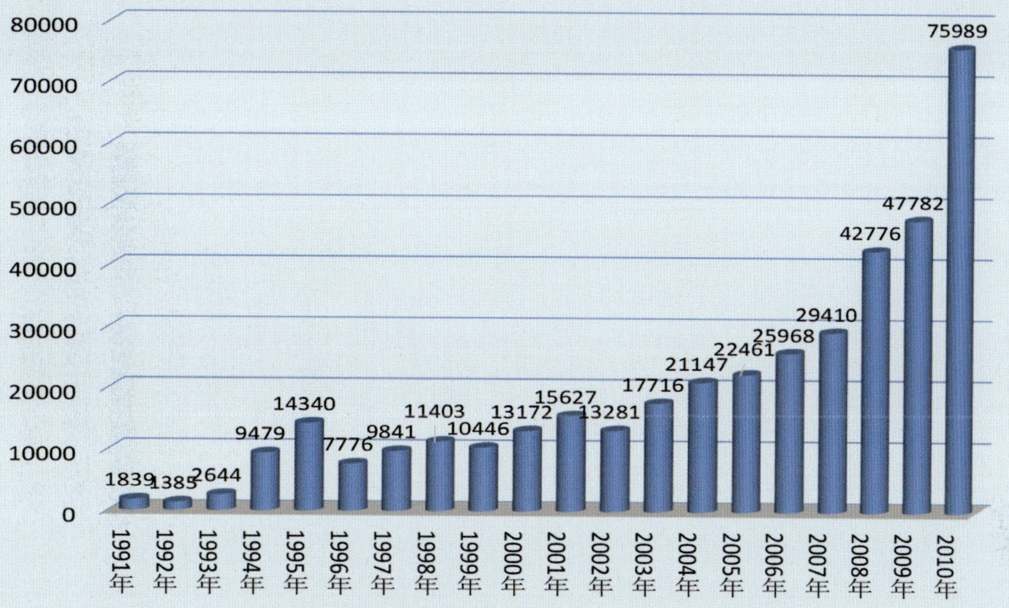

全社会固定资产投资总额（万元）

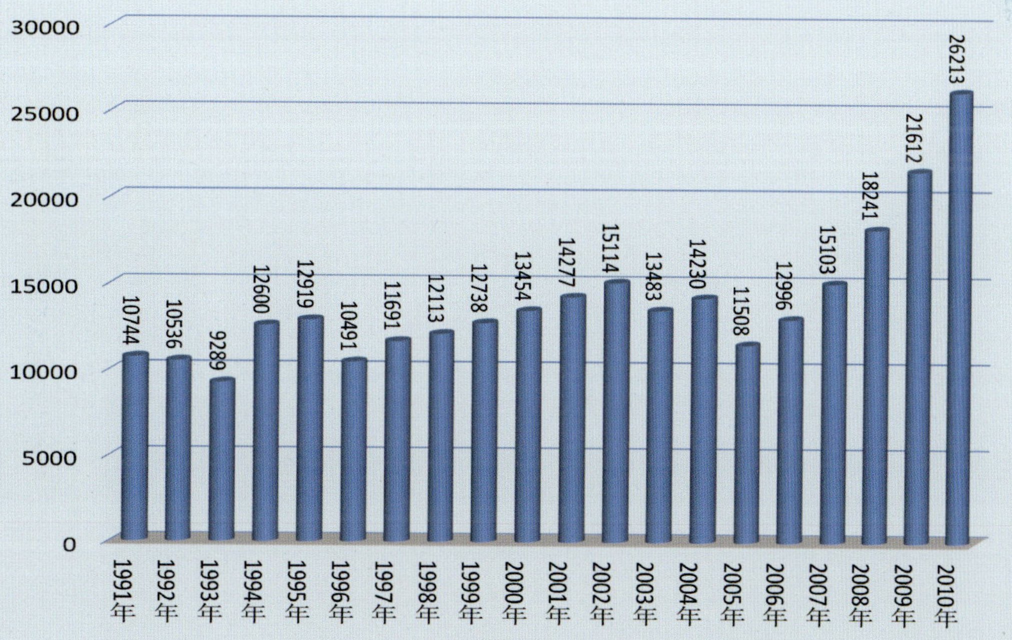

社会消费品零售总额（万元）

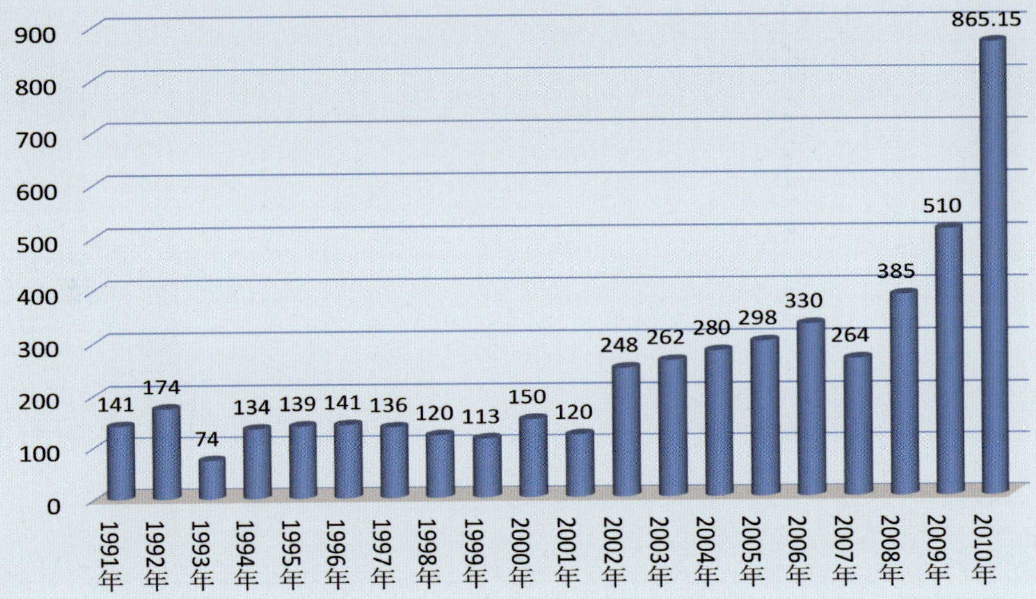

全县接待旅游收入（万元）

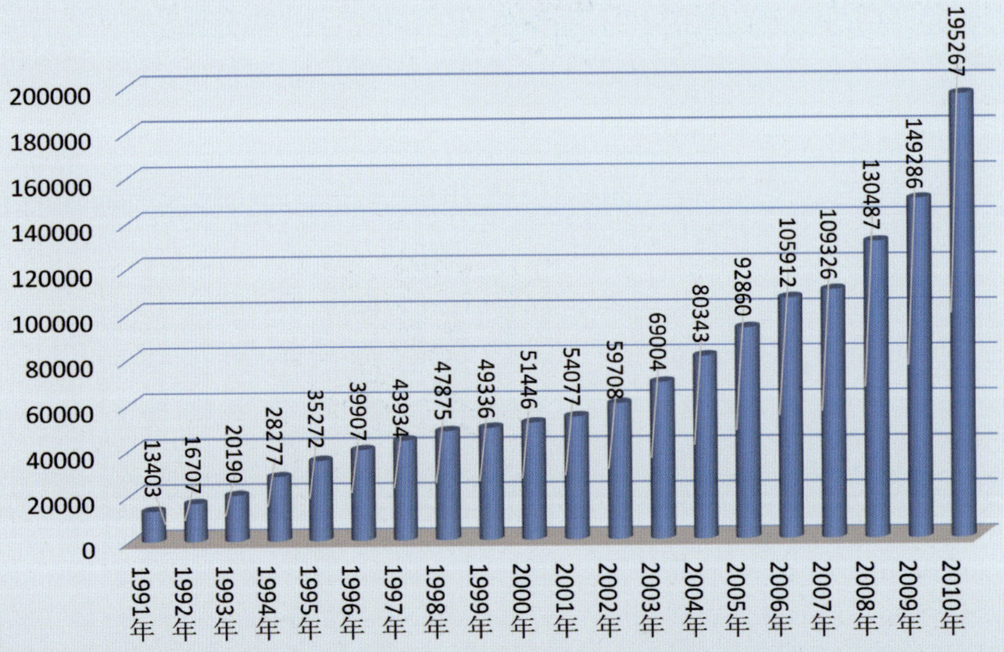

全县城乡居民储蓄存款余额（万元）

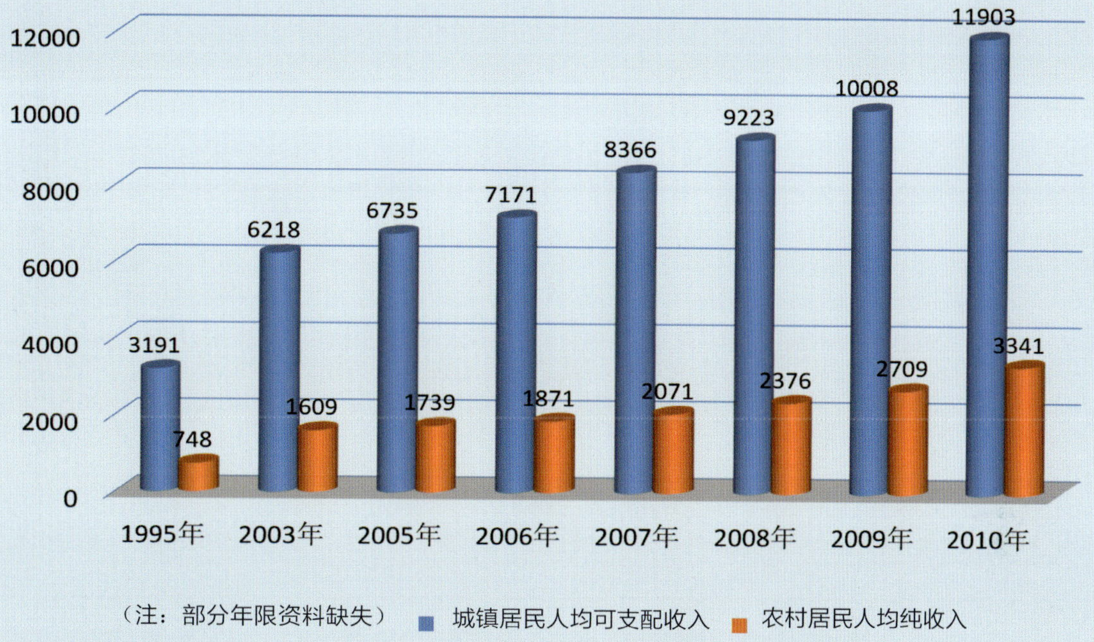

全县城镇居民人均可支配收入和农村居民人均纯收入（元）

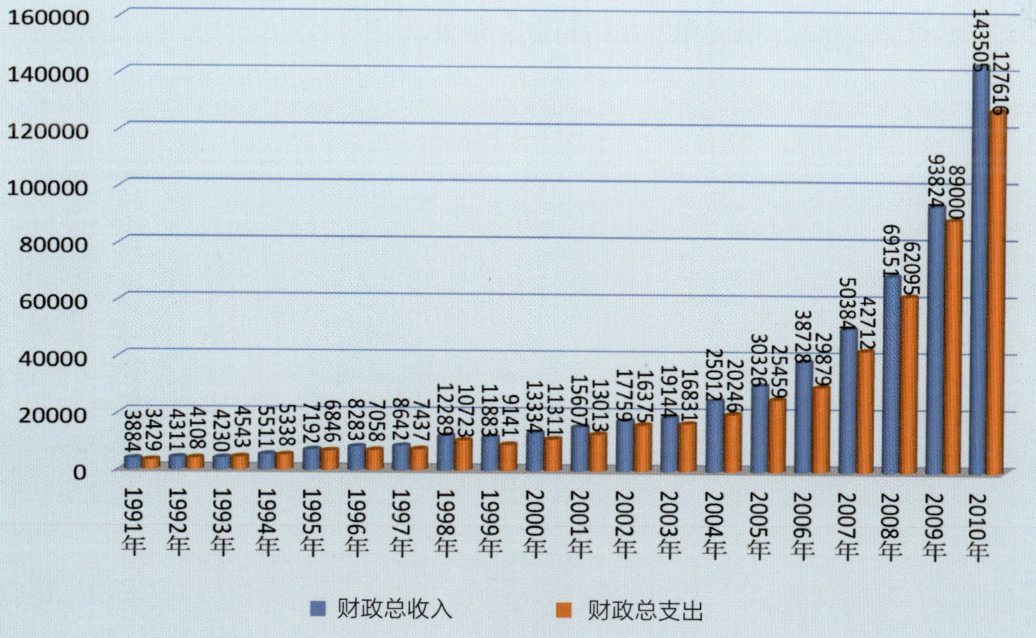

全县财政收入支出（万元）

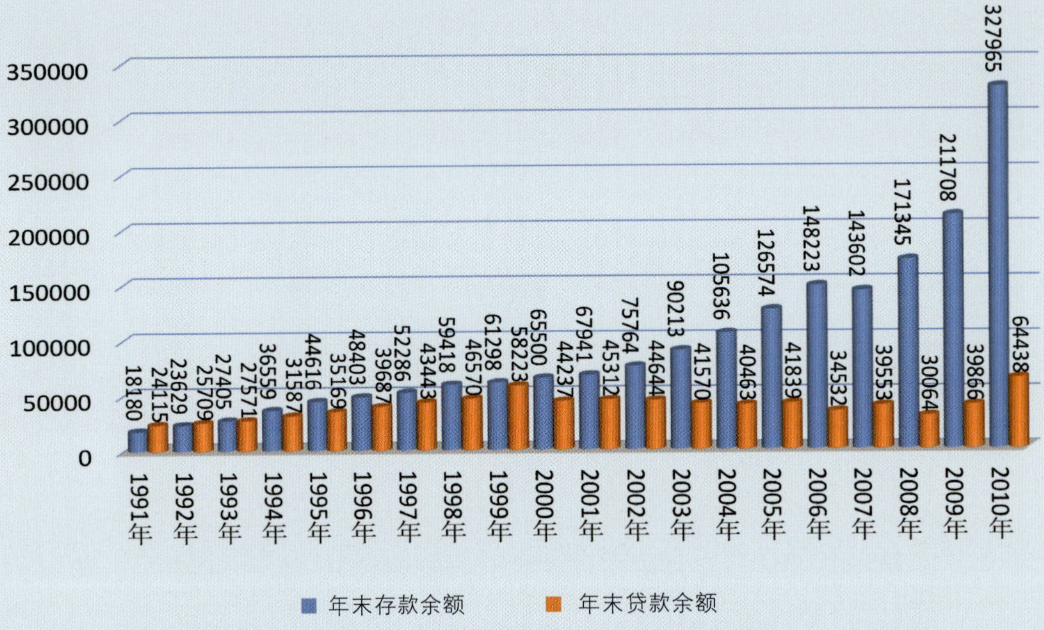

全县金融机构年末人民币存、贷款余额（万元）

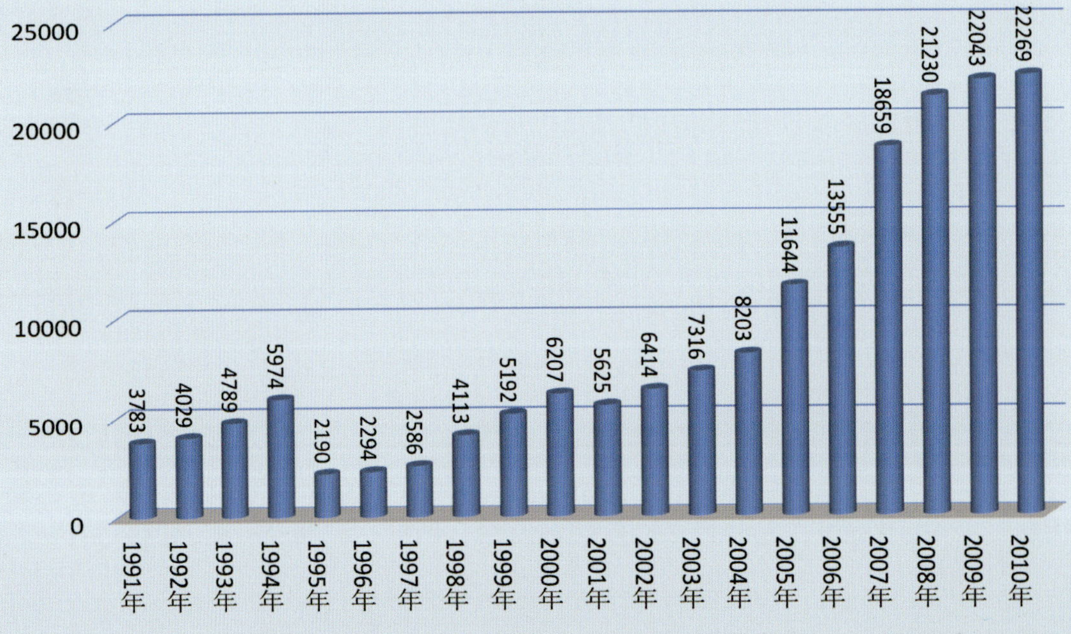

全县历年工业产值（万元）

图说琼中20年

（1991—2010）

县城全貌（黄一鸣 摄 1991 年）

县城全貌（黎大辉 摄 2006 年）

1 历史遗迹

琼中先贤们在漫长的历史演进过程中，创造了灿烂的文化。文物、胜迹、石刻、碑刻等诸多文化遗产，是琼中人民的骄傲。这些留在历史长河里的历史遗迹，是琼中文化的重要组成部分，是后人研究琼中历史、记录琼中史实的重要依据，也是琼中人民艰苦奋斗创事业、开拓创新谋发展的最好见证。

明·水会所城遗址（党史县志研究室收集）

五指山摩崖石刻群（党史县志研究室收集）

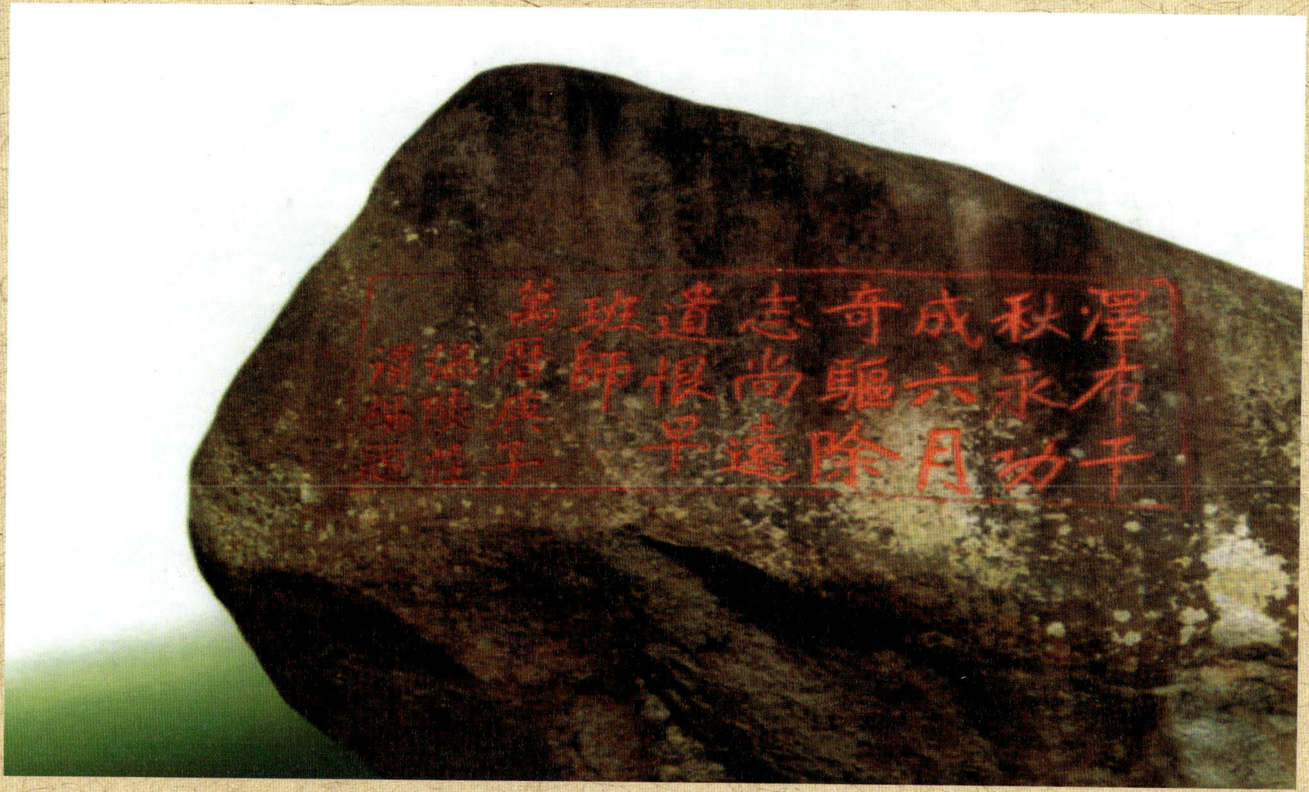

水上岭摩崖石刻庄渭扬题诗（党史县志研究室收集）

明·水会所城古井（党史县志研究室收集）

明·水会所城出土的椭圆形石药臼（党史县志研究室收集）

新村溪市石碑（一）（党史县志研究室收集）

明·水会所城出土有“也”字的城墙砖（党史县志研究室收集）

新村溪市石碑（二）（党史县志研究室收集）

明·水会所城遗址碑座（党史县志研究室收集）

东坡岭摩崖石刻苏轼题黎婺山诗（党史县志研究室收集）

明·水会所城出土的瓷筒公瓦片
（党史县志研究室收集）

明·水会所城平黎善后碑记
（党史县志研究室收集）

明代文物古火铳炮（党史县志研究室收集）

总府官田界碑（党史县志研究室收集）

东坡岭摩崖石刻（党史县志研究室收集）

2 城乡印记

20 年间，琼中经过全面升级打造，县城面貌焕然一新，服务功能不断完善，城市品位显著提升。琼中源远流长的文化，体现在人民群众日常生活的变化发展中，社会生产、家族生活、礼仪风俗、衣食住行、休闲游艺，无不蕴含着丰富的文化和智慧，而且通过世代相传，渗透到了琼中人群体意识的深处，构成了琼中文化的重要内容。

20 世纪 80 年代初的琼中县城虎头路（黄雪平 摄）

黎族船形屋（党史县志研究室收集）

20 世纪 50 年代初县委驻乘坡时的办公场所
（党史县志研究室收集）

海南日報
HAINAN RIBAO
要深化和拓展社会
搞好民族区域自治 促进海南开发建设
琼中东方乐东民族自治县成立

1987 年海南日报报道琼中民族自治县成立
（党史县志研究室收集）

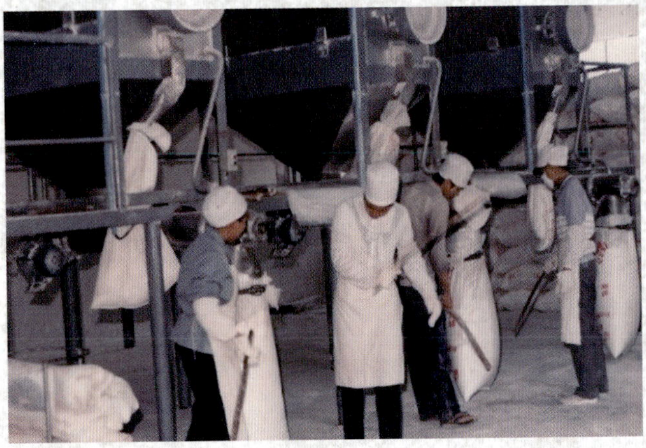

淀粉厂生产线（黄雪平 摄 1991 年）

亚洲食品厂（黄雪平 摄 1991 年）

琼中县城老照片（黄雪平 摄 1987 年）

20 世纪 90 年代初县城海榆路营根集贸市场路段（党史县志研究室收集）

淀粉厂大门（黄雪平 摄 1991 年）

特种水泥厂全貌（黄雪平 摄 1991 年）

特种水泥厂生产线一隅（黄雪平 摄 1991 年）

碳酸钙厂（黄雪平 摄 1991 年）

毛阳水泥厂全貌（黄雪平 摄 1991 年）

毛阳水泥厂产品 （黄雪平 摄 1992 年）

红岛牧场罐装鲜牛奶车间（黄雪平 摄 1992 年）

红岛牧场工人挤牛奶 （黄雪平 摄 1992 年）

亚洲食品厂饼干生产车间（黄雪平 摄 1992 年）

亚洲食品厂“中华”大米酒生产车间（黄雪平 摄 1992 年）

亚洲食品厂软糖包车间（黄雪平 摄 1992 年）

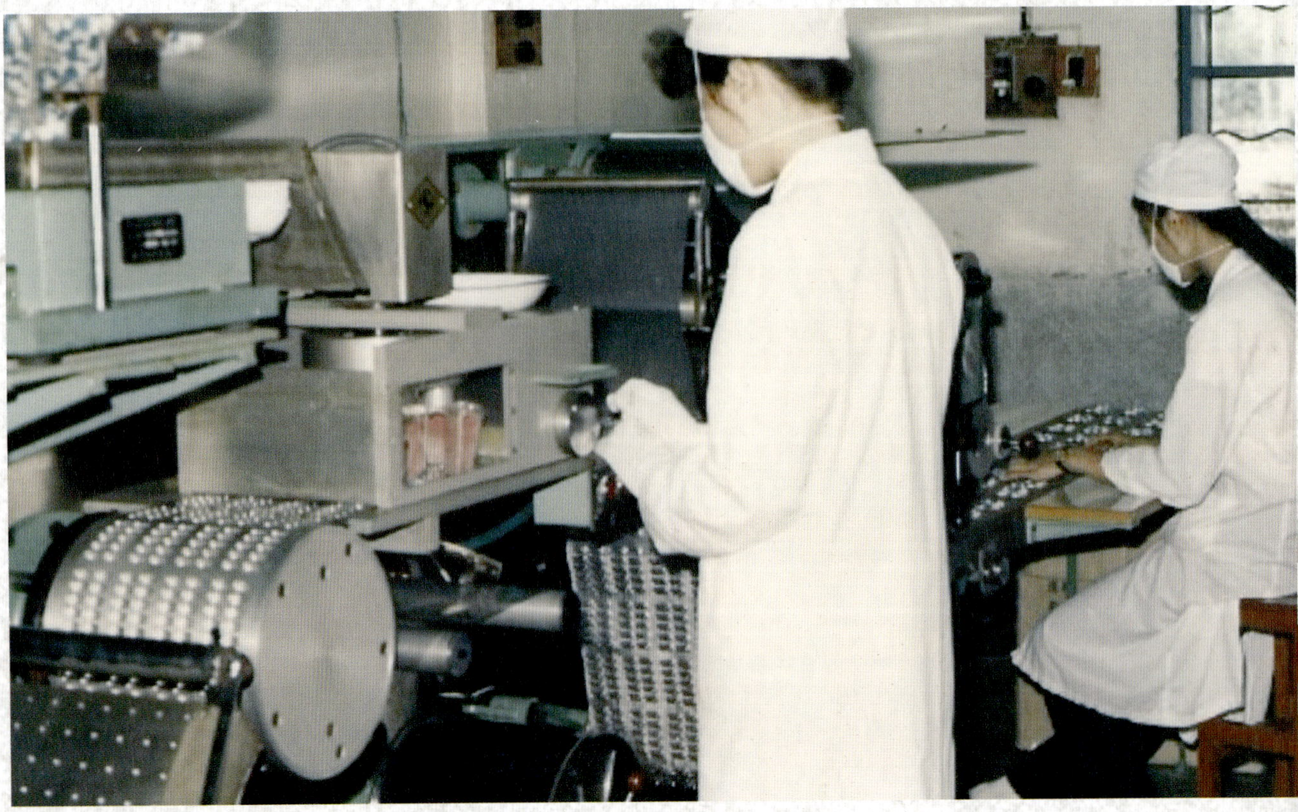

制药厂生产车间（黄雪平 摄 1992 年）

亚洲食品厂糖果包装车间（黄雪平 摄 1992年）

大理石厂生产车间（黄雪平 摄 1992年）

印刷厂生产车间（黄雪平　摄　1993 年）

造纸厂生产车间　（黄雪平　摄 1993 年）

松香厂生产车间（黄雪平 摄 1993 年）

服务公司“山城酒楼”（黄雪平 摄 1994 年）

南茂苗村旧貌 （黄雪平 摄 1993 年）

五交化商场一角（黄雪平　摄　1994 年）

糖烟酒商场一角（黄雪平　摄　1994 年）

观山楼旅社（黄雪平　摄　1994 年）

新华书店（黄雪平　摄　1994 年）

百花餐厅一角（黄雪平　摄　1994 年）

食品公司百花餐厅（黄雪平　摄　1994 年）

百货商场（黄雪平　摄　1994 年）

百货商场一角（黄雪平　摄　1994 年）

糖烟酒商场（黄雪平　摄　1994 年）

百花旅社（黄雪平　摄　1994 年）

琼中电影院（黄雪平　摄　1996 年）

县政府办公大楼（党史县志研究室收集　2006 年）

琼中县第一条城乡客运班线——营根至大墩村委会客运班线正式开通运行 （吴坤华 摄 2009 年）

琼中县城一角（ 黄一鸣 摄 1993 年）

琼中中学全貌（党史县志研究室收集）2006年

原琼中县民族中学校园 （党史县志研究室收集 2008年）

琼中县什运乡什运村委会方根村旧貌（黄一鸣 摄 1995 年）

琼中县什运乡什统村委会番道村旧貌（黄一鸣 摄 1995 年）

3 活动剪影

20年间，琼中县在推动社会经济发展的同时，不断加大文化建设力度，积极推动文化事业发展，满足了广大人民群众的精神文化需求，也有效地提升了城乡人民群众生活质量和幸福指数。琼中县每年黎族苗族传统节日“三月三”期间都举办具有民族特色、形式多样的文化活动，丰富人民生活，带动旅游等产业发展。

琼中庆祝首届海南国际椰子节暨“三月三”节日现场

（黄雪平 摄 1993年）

琼中开通程控电话剪彩仪式（黄雪平 摄 1994 年）

琼中纪念海南解放四十五周年迎接“五旗”仪式（黄雪平 摄1995 年）

琼中迎接香港回归大会（黄雪平 摄 1997 年）

琼中迎接香港回归祖国庆祝大会（黄雪平 摄 1997 年）

琼中文艺工作队下乡演出 （党史县志研究室收集 2000 年）

琼中退耕还林大会战 （党史县志研究室收集 2003 年）

琼中纪念海南解放四十五周年大会 （黄雪平 摄 1995 年）

1987 年 12 月 28 日琼中黎族苗族自治县成立大会现场 （黄雪平 摄）

中共琼中黎族苗族自治县第九次代表大会代表合影 （党史县志研究室收集 1998 年）

琼中黎族苗族自治县成立 20 周年庆祝大会暨大型广场文艺表演（党史县志研究室收集）2007 年

“三月三”节乡土文化巡展 （党史县志研究室收集）

“三月三”节骑牛比赛 （党史县志研究室收集）

“三月三”节主会场开幕式 （党史县志研究室收集）2007 年

琼中黎族苗族自治县成立二十周年庆祝大会会场 （党史县志研究室收集）2007 年

4 体育赛事

20年间，琼中把开展运动竞赛作为促进体育运动普及和提高的重要措施，曾承办全省青少年射击比赛、全省少年儿童游泳锦标赛、省第三届体育运动会游泳比赛等重要体育赛事，在每年“三月三”“五一”等节日举办“射弩”“拉乌龟”“打陀螺”等少数民族传统体育活动。

琼中体育人才辈出，2006年组建的海南省第一支女子足球队“琼中女足”曾获得全国U16女足锦标赛季军、全国青少年女足比赛铜牌等好成绩，2010年共有6名女足队员获得国家一级运动员证书。“琼中女足”成为琼中的一张靓丽而崭新的名片。

女足训练 （党史县志研究室收集）

琼中迎接亚运圣火现场 （黄雪平 摄 1990年）

琼中“亚运之光”火炬传递活动现场 （黄雪平 摄 1990年）

琼中女子足球队队员合影 （党史县志研究室收集）

琼中女子足球队训练现场 （党史县志研究室收集）

琼中女子足球队训练现场 （党史县志研究室收

5 黎苗风情

琼中县民风淳朴，黎苗风情浓郁，是黎族苗族的主要聚居地，2010 年黎族人口 11.3 万人，苗族人口 1.5 万人。每年农历三月初三，是黎族苗族纪念祖先、歌颂爱情的传统节日。

黎族是海南岛的原住居民，也是琼中最早入驻的土著居民。在漫长的发展历史中，他们形成自己独特的语言、服饰、信仰和习俗。黎族传统纺染织绣技艺是收入第一批国家级非物质文化遗产名录的民族传统手工技艺。

苗族是海南省世居民族之一，在漫长的发展进程中，他们创造了光辉灿烂的文化，为整个中华民族乃至世界的文明和进步事业做出了巨大贡献。苗族的挑花、刺绣、织锦、蜡染、剪纸、手饰制作等传统工艺瑰丽多彩，驰名中外。

“三月三”盛会现场 （党史县志研究室收集）

“三月三”盛会

“三月三”是海南黎族苗族人民悼念勤劳勇敢的先祖、追求幸福爱情的传统节日，也被称为“爱情节”，入选第一批国家级非物质文化遗产名录。每逢三月三日，黎族苗族人民都会身着节日盛装，挑着山兰米酒，带上竹筒香饭，汇集一起祭拜始祖、对歌、跳舞、体育竞技、吹奏乐器，欢庆佳节。随着时代的变迁，黎苗族“三月三”在保存最基本的传统内容外，也有了更多的现代气息和时尚元素。

“三月三”主会场（党史县志研究室收集）2007年

2007 年 4 月 18 日晚，琼中县城三月三夜景（党史县志研究室收集）

“三月三”彩车巡游（党史县志研究室收集）2007 年

黎族婚嫁定亲（一）（党史县志研究室收集）

黎族婚嫁定亲(二）（党史县志研究室收集）

黎族婚嫁送礼（党史县志研究室收集）

黎族婚嫁打火把迎新人进村（党史县志研究室收集）

黎族婚嫁喝喜酒（党史县志研究室收集）

苗族婚礼舞（党史县志研究室收集）

黎族织锦（党史县志研究室收集）

琼中籍黎族歌后王妚大传授黎族歌曲（党史县志研究室收集）

收获山兰稻谷的黎族妇女（黄一鸣 摄 2005 年）

黎村谷仓（黄雪平 摄 1992 年）

文身的黎族妇女（黄一鸣　摄　1994 年）

黎族闺房（黄雪平　摄　1998 年）

苗族刺绣（党史县志研究室收集）

中平镇南茂苗村苗族姑娘收菠萝　（黄一鸣　摄　2005 年）

苗家山兰架（黄雪平　摄　1992 年）

6 特色产业

琼中黎族苗族自治县属热带季风气候，气候温和，雨水充沛，资源丰富，素有“绿色宝库”“南药之乡”的美誉，是发展农、林、热、牧综合性生产的农业县。

琼中因地制宜，充分利用自然资源，大力发展绿色、环保、无公害农业，以胶、果、林、药、畜等为发展重点，林下经济、庭院经济和山区特色经济并举，大力发展养蜂、养蚕、养山鸡、种灵芝等特色产业，逐步形成与资源特色和生产条件相适应的产业结构。如今，琼中山鸡、琼中小黄牛等农产品走俏市场，琼中绿橙、琼中蜂蜜成为国家地理标志认证产品，一张张靓丽的“绿色名片”，将琼中特产推广到国内外。

琼中绿橙（党史县志研究室收集）

琼中绿橙

琼中绿橙产自五指山下、万泉河畔的琼中黎族苗族自治县，生长在琼中独特的土壤气候环境下，素有皮青肉红、皮薄多汁、色泽润绿、果实饱满、肉质香软、酸甜适度、化渣率高等特点。琼中绿橙先后获得“农业部无公害农产品认证”“国家绿色食品认证”，还被评为“海南优质农产品”“海南省名牌产品”。早在2006年，“琼中绿橙”商标就被国家商标局批准注册，成为海南省第一个地理标志认证商标。

琼中灵芝

琼中灵芝主要分布在黎母山一带，地处无污染的海南岛，取材天然，绿色无污染，是传统珍贵药材，相比一般灵芝，琼中灵芝具备更高的药用价值，深受广大民众的赞誉。

养　蜂（党史县志研究室收集）

琼中县农民养蜂历史悠久，上百年来，每年的清明前后，到山中寻找蜂蜜，捕获蜂王回来放入木桶、木箱中饲养，生成的蜂蜜销售到全岛。由于琼中花木种类繁多、量大、花期长，一年四季蜜蜂都可以采集花蜜，因此“琼中蜂蜜”含有丰富的果糖、葡萄糖、维生素、氨基酸、微量元素和生物活性酶等，营养价值高。2005年开始，琼中县政府把养蜂当作一门致富的产业，鼓励农民发展养蜂产业。

茶　园（党史县志研究室收集）

槟　榔（党史县志研究室收集）

兰花种植加工示范基地（党史县志研究室收集）

琼中桑蚕

琼中县的气候、地势非常适合发展桑蚕产业，全年均可种桑养蚕，有着极好的发展生态农业条件。桑树全年都可生长，桑叶资源优势明显，可实现全年不间断滚动养蚕，年每亩桑产茧量和养蚕收益是江浙地区的 3 ~ 4 倍，比两广地区也高出约 30%，且春茧早上市 3 个月，秋茧晚收 2 个月，既可以调节市场，也能得到高额利润。

喂养蚕苗（朱德权 摄）

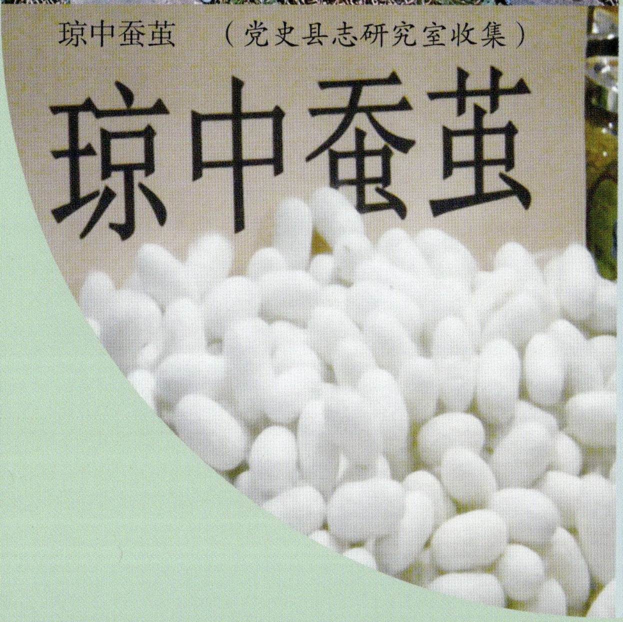

琼中蚕茧 （党史县志研究室收集）

桑 园（党史县志研究室收集）

龙 眼（党史县志研究室收集）

荔 枝（党史县志研究室收集）

畜禽饲养

七彩山鸡（党史县志研究室收集）

鸽　子（党史县志研究室收集）

湖　羊（党史县志研究室收集）

鹅（党史县志研究室收集）

黑山羊　（党史县志研究室收集）

黄　牛（党史县志研究室收集）

7 自然风光

琼中是海南生态核心区，具有“海南之心”“三江之源”“森林王国”“绿橙之乡”“黎苗家园”的美称，拥有奇山、异石、森林、河流、瀑布、热带雨林、珍稀动物、黎苗风情等众多独具特色的旅游资源，县内有黎母山国家森林公园、百花岭旅游风景名胜区、五指山仕阶旅游区、鹦哥岭旅游区、什运番道黎家风情村、什寒客寨、乘坡石臼、飞水岭瀑布等多处旅游景区。

什运乡便文村梯田（党史县志研究室收集）

百花岭

百花岭瀑布（党史县志研究室收集）

百花岭雨林文化旅游区位于海南琼中黎族苗族自治县营根镇，总用地规划27平方公里，以百花岭风景名胜区为核心，是海南中部首个按AAAAA级旅游景区打造的雨林文化旅游区。旅游区峰峦重叠，古木神树参天，藤萝茎花缠绕，集奇、秀、雄、美为一体；雨林、飞瀑、温泉、湖泊、溪流、黎苗村寨、古寺等各类人文与自然资源和谐交融。位于核心地块的百花大瀑布总体落差超过300米，是亚洲落差最大雨林瀑布，号称“亚洲雨林第一瀑”；观音寺、菩提秘境、万年神树、爱情谷、海鼎山居、云上花坊、森林营地等点缀其中，是海南休闲、体验、研学、度假、养生旅游的新名片。

百花岭日出（一）（党史县志研究室收集）

百花岭日落（二）（党史县志研究室

百花岭云梯（党史县志研究室收集）

百花岭古榕树（党史县志研究室收集）

百花岭清泉（党史县志研究室收集）

百花湖（党史县志研究室收集）

黎母山

黎母山森林公园是海南六大国家森林公园之一，位于琼中县境内西北部，距海口市 165 公里。由五指山支脉伸展构成，面积 19.3 万亩，海拔 1411.7 米，山岭高大浑厚，山势险峻，林海茫茫，山高水长，四季如春，冬暖夏凉，年平均气温 20.4°C。黎母山是黎族苗族聚居地。黎族是海南岛最早居民，至今仍保留着质朴敦厚的传统风俗和生活习惯，形成独特的文化，社会风貌显得独特而多彩。

黎母石像（党史县志研究室收集）

黎母山森林公园（党史县志研究室收集）

北面远眺黎母山（海拔 1411.7 米）（党史县志研究室收集）

黎母山瀑布（党史县志研究室收集）

和平长兴飞水岭瀑布 （党史县志研究室收集）

中平南茂七步水瀑布（党史县志研究室收集）

乘坡河石臼（党史县志研究室收集）

乘坡河石臼奇观（党史县志研究室收集）

东眺五指山 （党史县志研究室收集）

鹦哥岭雄姿 （黎大辉 摄 2006 年）

8 红色旅游

琼中是一块红色的热土，是白沙起义的策源地和琼崖革命根据地之一，革命遗址遗迹丰富，2009 年遇上国际旅游岛建设上升为国家战略，大批有意开发旅游项目的客商涌进琼中，促进红色旅游景点的开发利用，白沙起义纪念园列入全国红色旅游项目及国家第二批红色旅游经典景区名录备选名单。此外，琼中红色革命遗址还有琼崖党的“五大”和琼纵“一大”旧址等。

白沙起义纪念园 （党史县志研究室收集 ）

白沙起义纪念园（党史县志研究室收集）

白沙起义纪念园位于琼中县红毛镇番响村东侧的海榆中线公路160公里处，整个纪念园坐南朝北，傍德伦山而建。为了纪念黎族领袖王国兴带领群众起义的伟大事迹，海南省政府于1987年9月动工兴建白沙起义纪念园，1988年11月竣工，该园是海南省爱国主义教育基地。

琼崖纵队司令部旧址（党史县志研究室收集）

琼崖纵队首次代表大会纪念馆 （党史县志研究室收集

白沙起义陈列馆（党史县志研究室收集）

9 琼中荣耀

20年间，琼中县深化改革，全面发展，成绩斐然。“民族团结进步模范单位”“普及九年义务教育和扫除青壮年文盲县”“全国‘平安家庭’创建活动先进市区县”“护林保胶先进市县”“全国经济林建设先进县（市）”“全国残疾人工作先进县”“海南省‘两基’工作先进县”“海南省老区建设先进县”“人口和计划生育工作先进县”等荣誉，令人鼓舞，让人振奋。一项项荣誉的背后，是琼中人民“二十年磨一剑”的同心共创，是琼中全县人民对美好家园的不懈追求。

全国“平安家庭”创建活动先进市区县
（党史县志研究室收集）

全国经济林建设先进县（市）
（党史县志研究室收集）

海南省老区建设先进市（县）
（党史县志研究室收集）

普及九年义务教育和扫除青壮年文盲县
（党史县志研究室收集）

全国残疾人工作先进县（党史县志研究室收集）

人口和计划生育工作先进单位
（党史县志研究室收集）

护林保胶先进市县一等奖
（党史县志研究室收集）

护林保胶工作一等奖
（党史县志研究室收集）

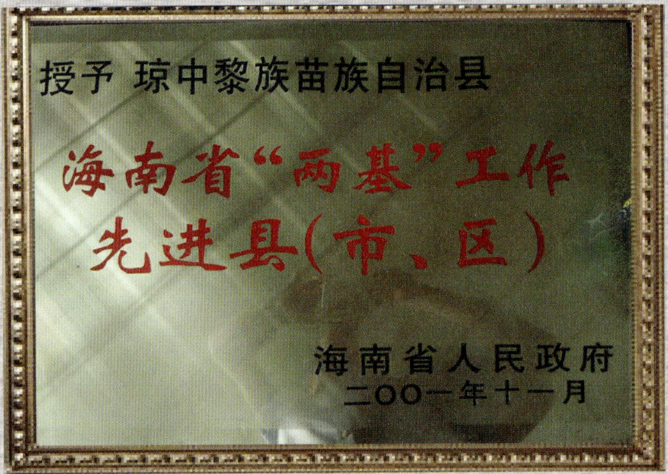

海南省“两基”工作先进县（市、区）（党史县志研究室收集）

普及九年义务教育和扫除青壮年文盲县（党史县志研究室收集）

民族团结进步模范单位（党史县志研究室收集）

序

治天下者，以史为镜；治郡国者，以志为鉴。《琼中黎族苗族自治县志（1991—2010）》几经寒暑，现付梓问世。此乃一方盛事，功在当代，利在千秋。

琼中地处海南岛中部，因其地理位置而得名，总面积2704平方公里，是一个集少数民族自治县、国定贫困县、革命老区、生态保护核心区“四位一体”的县份，是海南岛五指山、鹦哥岭等主要山脉及万泉河、昌化江等主要河流的发源地，是著名“白沙起义”的策源地，境内民风淳朴、山青水秀、物产丰富，森林覆盖率85%，素有“江河之源”“黎苗之乡”“森林王国”之美称。千百年来，无数志士仁人、先哲贤达在这块沃土探索奋斗，为了琼中的和谐、安宁、富足和强盛而奉献自我。

盛世修志。从1991年至2010年的20年间，琼中人民在海南省委、省政府的正确领导和县委、县政府的带领下，以发展为第一要务，不断优化农业产业结构，围绕创建“全国绿色农业示范县”的目标，在巩固橡胶、槟榔、益智等传统产业的基础上，又培植壮大了种桑养蚕、养蜂、绿橙等一批高效特色产业；同时，注重生态环境保护，积极改善民生，狠抓党的建设，经济社会各项事业突飞猛进，城乡居民收入稳步增长，生活水平不断提高。2010年琼中县地区生产总值128897万元，较1991年增长7.14倍，人均生产总值达8648元；地方财政收入达10293万元，较1991年增长7.51倍。20年间，全县走上生态环境优美、政治社会和谐、经济文化繁荣、人民生活富裕的发展之路。

以志为鉴，可明得失。志书具有“资治”“教化”“存史”功能，自古流传“当代修志，隔代修史”的谚语，生动说明“志”的重要性。编撰琼中县志，是贯彻落实习近平新时代中国特色社会主义思想的具体行动；是对过往经济、政治、社会、文化、生态等方面建设的经验总结；是对琼中区域独具特色的民族文化风情进一步挖掘、整理、传承和利用的有效手段；也是增强现今琼中政治、经济活力，满足广大琼中人民的精神文化需求、增强琼中各族同胞的文化认同与文化自信、深度挖掘琼中文化底蕴、推动琼中全面发展的重要工作。《琼中黎族苗族自治县志(1991—2010)》的编纂出版紧随时代步伐,具有重要的里程碑意义。

修志是一项艰巨浩繁的文化工程,需要方方面面的通力合作。本轮县志编修过程中,得到海南省地方志办公室的大力支持与精心指导,得到县各供稿单位积极配合,得益于修志人员的兢兢业业和艰辛付出。在众手成志之际,再览其书,倍感修志之艰辛。今值《琼中黎族苗族自治县志(1991—2010)》出版之际,特向为此做出贡献的领导、专家、修志人员、各界朋友们致以崇高的敬意和衷心的感谢!

雄关漫道真如铁,而今迈步从头越。过去,琼中人民用自己的勤劳、智慧、勇敢、正义创造了辉煌。相信在习近平新时代中国特色社会主义思想指引下,在海南自贸港建设的新征程中,勤劳的琼中人民定会创造更加灿烂美好的未来,谱写出更加出色华丽的历史篇章!

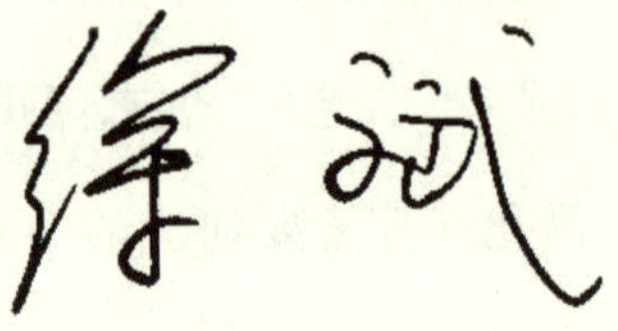

凡 例

一、本志以马克思列宁主义、毛泽东思想、邓小平理论、“三个代表”重要思想、科学发展观和习近平新时代中国特色社会主义思想为指导，坚持辩证唯物主义与历史唯物主义的立场、观点和方法，全面记述琼中黎族苗族自治县经济、政治、文化、社会和生态等方面的历史和现状。

二、本志为前部《琼中县志》的续志，记述时限起于1991年，下讫2010年。为保持论述的完整性，个别内容适当上溯。记述范围为断限内琼中黎族苗族自治县的行政区域。境内单位、个人在境外进行的与琼中经济社会发展密切相关的重大活动适当收录。

三、本志采用规范的现代语体文，综合运用述、记、志、传、图、表、录等7种体裁，以志为主。分编、章、节、目四个层次，事以类从，横排门类，纵述史实。

四、本志的纪年方式，中华人民共和国前，采用历史纪年括注公元纪年；中华人民共和国成立之后，一律采用公元纪年。

五、本志地名以县民政地名办核定为准，使用古旧地名时括注今地名。机构、单位等名称，在文中首次出现时使用全称，并加简称括注。对缩略语及需要说明的专有名词、特定事物，采取文内夹注。

六、人物篇设传、名录。人物传遵循“生不立传”的原则，按卒年顺序，收录琼中籍有突出贡献和重大影响的已故人士，兼收对琼中做出重要贡献的客籍人士。人物名录收录全国劳模、全国先进工作者、琼中的海南省劳动模范、琼中县获全国妇联表彰的人物、琼中县获省部级表彰的人物、琼中县高级技术职称人员等。

七、本志行文遵照2011年施行的《中华人民共和国国家通用语言文字法》规定，使用规范简化汉字，标点符号用法遵循2011年施行的《标点符号用法》(GB/T15834-2011)的规定；数字用法遵循2011年施行的《出版物上数字用法》(GB/T15835-2011)的规定；计量单位名称和符号使用遵循1993年发布的国家标准《量和单位》(GB3100~3102-93)的规定。

八、本志数据以县统计局历年统计资料为准，未列入县统计局统计范围的，使用相关业务主管部门数据。资料主要来自档案、图书、报刊、口述资料和各承编单位提供的资料，记述时一般不注明出版。照片、图片主要由县档案局、县新闻信息中心、县文旅委等有关单位及海南省摄影家黄一鸣、县摄影爱好者黄雪平等个人提供。

九、本书中，中共海南省委员会简称海南省委、省委；海南省人民政府简称省政府；中共琼中黎族苗族自治县委员会简称县委、琼中县委；琼中黎族苗族自治县人民政府简称县政府、琼中县政府。

目 录

第一编 政区 环境

第二编 居 民

第三编 国土 环保 城乡建设

第四编 交通 电力 邮电

第五编 农 业

第六编 工业 商业 旅游业

第七编 综合经济管理

第八编 财税 金融

第九编 中共琼中黎族苗族自治县地方组织

第十编 政权 政协

第十一编 民主党派 群众团体

第十二编 法治 军事

第十三编 综合政务

第十四编 教育 科技

第十五编 文化 体育

第十六编 卫 生

第十七编 人 物

附 录

概　述

一

琼中黎族苗族自治县地处东经109°31′37″～110°09′08″，北纬18°43′45″～19°25′20″之间，位于海南岛中部，东连琼海市、万宁市，西接白沙黎族自治县和五指山市，南与五指山市、保亭黎族苗族自治县、陵水黎族自治县毗邻，北和屯昌县、澄迈县、儋州市交界。是一个“九分山半分水半分田”的典型山区县、国家扶贫开发工作重点县、革命老区县。琼中因地处海南岛中部而得名，境内东西宽66.7公里，南北长76.75公里，总面积2704.66平方公里，占海南省总面积的7.94%。

琼中历史悠久。新石器时代，境内已有人类生息，秦为象郡外徼，西汉属珠崖郡地。从西汉到民国时期，未单独设立县级政权机构，土地分属周边市县管辖。1948年3月由中共琼崖特委设置琼中县，隶属琼崖东区民主政府行署，翌年改属琼崖少数民族自治区。1950年6月撤县，区域分别并入新民县(今屯昌)、万宁县、保亭县、白沙县。1952年5月恢复琼中县建制，隶属海南黎族苗族自治区(后改为自治州)。1987年9月26日海南黎族苗族自治州撤销(12月31日停止对外办公)。1987年12月28日，更设为琼中黎族苗族自治县，隶属广东省海南行政区海南建省筹备组领导。1988年4月海南建省，琼中黎族苗族自治县隶属海南省。

1991年琼中县辖8镇5乡，境内有15个省属国营农、林、茶、牧场。年末总户数47340户，总人口194288人(农垦人口75299人)，其中，汉族93073人，少数民族101215人。2010年，辖7镇3乡，110个村(居)民委员会，645个村民小组，539个自然村，2个县属农场，2个县属林场，4个国营农场。总人口174076人(农垦人口48341人)，其中，汉族人口60174人，少数民族人口113902人。县人民政府驻地营根镇，北距省会海口137公里，南至三亚165公里，东达万城90公里，西抵那大84公里。

境内地貌呈穹隆山地状，地势自西南向东北倾斜，最高点为西南部的五指山峰，海拔1867米，然后依序为中山、低山、高丘、低丘、台地和河流阶地、倾斜冲积平原，形成层圈地貌。最低为白马岭林场旧址，海拔仅25米。琼中黎族苗族自治县是海南五指山、鹦哥岭、黎母山、吊罗山等大山脉及昌化江、万泉河等主要河流的发源地，被誉为“大山之乡，江河之源”。森林覆盖率达83.74%，生态环境综合指数位居全国第四、海南之首，有“绿色宝库”美称，是“琼岛氧吧，中部绿肺”。境内有大小河溪241条，主要河流有乘坡河、大边河、什运河和腰子河，年均水量41.5亿立方米，水能蕴藏量10.8万千瓦，尚有8.2万千瓦待开发。境内气候温和湿润，冬无严寒，夏无酷暑,四季如春,年均气温22.8℃。日照1743.1小时,太阳年均辐射量51.5千卡/平方厘米,年均降雨量2444毫米,是全省降雨量最充沛的地方之一,5—6月和8—10月为相对集中降雨期,12月至翌年2月雨量最少。旱涝明显,常成灾害。

琼中县自然禀赋好,资源丰富。盛产灵芝、槟榔、益智、沉香、檀香、铁皮石解,是著名的"南药之乡",蚕、养蜂、养鹅、养鸡、高山云雾茶等为优势特色产业,"琼中绿橙"更是海南省著名商标、名牌产品、国家地理标志产品,享誉全国。琼中的主要珍贵植物有红花天料木(母生)、苦梓、八角、胭脂、菠萝蜜、海南木莲(绿楠)、油丹、花榈木(花梨)、紫丹、坡垒、红壳松、陆均松、竹叶松、青梅、胆木、沉香、灵芝、砂仁、白藤、益智、金柚木、花梨、酸豆树等。等。矿藏资源主要有金、银、铜、硫铁、铝、锌、石灰石、莹石、高岭土等。野生动物有猕猴、长臂猿、黑熊、金钱豹、蟒蛇、野猪、野山羊、金钱龟、穿山甲、水鹿、果子狸、孔雀、水獭、红毛鸡(毛鸡)等。境内分布有大面积的热带雨林、常绿阔叶林,具有常绿、多层、混交、异龄等特点。境内植物种类繁多,天然植被中乔木树种有海南五针松、广东松、岭南椆、红营、桢楠、青皮等700多种,特有树种500多种,桫椤、海南粗榧、荔枝、坡垒、海南油杉、子京木、降香、黄檀、陆均松等列入国家一、二、三级保护植物。灌木树种有厚皮树、山茶、桃金娘、野牡丹、布渣叶、乌饭等,草本有芒箕、粽叶芦、五节芒、钩藤、铺地蜈蚣、飞机草等。人工植被有橡胶树、马占相思、加勒比松、桉树、荔枝、芒果、椰子、槟榔等,还有小面积的杉树、竹、花梨木、沉香、黄胆木以及乡土树种黄桐等,人工林中橡胶、马占相思的比例较大。

二

2002年8月,琼中县实行乡镇撤并,将全县8镇5乡调整为7镇3乡。深化经济体制改革,引进竞争机制,培育、建设社会主义市场经济。先后通过扩大企业自主权,转换企业经营机制,实施厂长、经理负责制,经营承包责任制,人事、用工、分配制度改革,改革产权制度,建立现代企业制度,改制、重组、兼并破产企业。金融、财税、计划、价格、投资等宏观管理体制改革向纵深发展。着力培育消费品、生产资料、劳动力与人才市场,大力发展房地产、木材加工、医药、餐饮、旅游、文化产业,初步建立市场经济体制的基本框架和运行机制。

经济改革,有力促进琼中经济的发展。三大产业比重由1991年的46.11∶10.90∶42.99,调整为2010年的50.36∶14.46∶35.18。1991年地区生产总值15833万元,其中第一产业7299万元,第二产业1726万元,第三产业6807万元;2010年,地区生产总值128897万元,较1991年增长7.14倍;其中第一产业64922万元,第二产业18635万元,第三产业45340万元,人均生产总值8648元。

1991—2010年,琼中县财政收入仍以工商税和农业税为主。1991年,全县地方财政收入

1210万元。1994年，随着大宗农产品——橡胶开割面积的增加和橡胶价格的翻升，“农业四税”（即农业税、农林特产税、契税和耕地占用税）收入突破2278万元大关，成为地方财政收入的重要支柱。2004年3月全部取消农业特产税，2005年5月取消农业税，取消“农业两税”后，工商税成为地方财政收入的主要来源，2010年突破亿元大关，完成税收10997万元，取得历史性突破；地方财政收入达10293万元，较1991年增长7.51倍。

琼中是传统农业县，主要农作物有水稻、玉米、番薯、木薯、大豆、花生、甘蔗等。1991年，粮食作物播种面积达181032亩，产量41595吨。琼中县农业立足本地资源优势，不断优化产业结构，充分利用现有的山地资源大力发展橡胶、槟榔、益智、绿橙、荔枝、龙眼等经济作物，同时利用水田改种冬季瓜菜。成立琼中县水果开发公司和琼中县扶贫开发公司，以“公司+农户”的模式发展以龙眼、荔枝为主的水果产业，为传统农业发展注入新的活力，特色产业效益明显提高，新兴特色产业发展规模逐年壮大。1991—2010年，荔枝种植面积、收获面积、产量成倍增长。由于其它地区大面积推广种植，市场竞争激烈，到2010年荔枝种植面积大幅减少。龙眼种植面积从1991年的238亩增至2010年的34650亩，收获面积从238亩增至11089亩，产量从18吨增至3170吨；绿橙种植面积从1991年的644亩增至2010年的18559亩，收获面积从132亩增至13900亩，产量从33吨增至18646吨，“琼中绿橙”成为海南省著名商标、名牌产品、国家地理标志品牌。瓜菜种植面积从1991年的12034亩增至2010年的29250亩，产量从2778吨增至8450吨。2010年，全县粮食播种面积167095亩，总产量43973吨。水果投产面积45825亩，总产量31521吨；南药种植面积152202.6亩（不含农垦），产量10919吨；橡胶种植面积821623亩，产干胶36957吨；牛出栏4393头，猪出栏87408头，羊出栏3026只，肉类总产量7644.58吨；“三鸟”出栏713768羽，禽肉产量1475.49吨；水产养殖面积12495亩，水产品产量3964吨。传统农业的产业化发展和特色产业的开发，成为农民增收的新途径。琼中农业产业结构趋于合理，逐步形成粮、胶、果、林、牧、渔六业并举，区域特色显著的农业产业格局。

三

琼中县周边与琼海市、万宁市、白沙黎族自治县、儋州市、陵水黎族自治县、保亭黎族苗族自治县、五指山市、屯昌县、澄迈县9个市县毗邻，地处海南岛“田”字形高速公路中心交汇点，是南北、东西走向的交通枢纽。

至2010年，琼中县农村公路总里程为896.7公里，其中：县道8条112.4公里；乡道、村道181条785.25公里，有327.25公里道路为水泥硬化路。10个乡镇中有8个乡镇的公路已通水泥（或沥青）路；110个行政村中有96个行政村公路已通水泥硬化路，在539个自然村中，已通水泥硬化路的有320个。

1991年,琼中汽车站位于琼中县营根镇海榆路119号,有客运车辆30辆,每天发车约80个班次,省内客运线路7条,琼中县内客运有营根至乘坡、腰子、思河、太平、新进、毛阳等线路。2009年9月,新汽车站建成营运,新车站占地27133.3平方米,站内设有16个发车位。2010年,有营运车辆45辆,其中海汽快车15辆。跨市县客运班线12条,县内区间客运线路5条。琼中汽车站每天发班125个班次,年发送旅客约79万人次。

市政建设突飞猛进。1991—2010年,建设完成房屋建设项目205项,建筑面积4068592平方米,总投资875123.5万元;市政工程项目89项,总投资557835.4万元。其中,成果突出的项目有营根河整治、三月三广场、百花廊桥、城镇保障性住房等。2010年,营根(县城)与百花岭名胜风景区连成一体,建设成为全省中部具有少数民族特色的"百花旅游城";主次干道普遍实现绿化,乔木、灌木、花草绿化面积35.5公顷。公园、广场、道路两旁的树木郁郁葱葱,城市建成区绿化覆盖率达19.8%;绿地率达18.5%;人均公园绿地面积6.5平方米;县城路灯道路总长12.6千米,共有路灯杆1157根,路灯1516盏。城区面积由1991年的4.05平方千米扩展为2010年的4.55平方千米。

1991—2010年间,国家实施农村电网一、二期建设与改造工程,极大促进了琼中水电资源的开发利用,彻底告别了靠煤油灯照明的历史。1991年,全县正常发电的小水电站仅有20座,装机容量5771千瓦,年发电量1097.8万千瓦时。这些小水电站各自为政、孤立运行,没有形成电网,因此电能质量差,供电可靠性低,枯水期时常限电、停电,严重制约了地方经济发展。1995年,全县只有1座35千伏变电站,只负责县城营根镇及郊区的供电,用电基数小,1999年用电量仅为553万千瓦时。其余各乡镇均由地方或农场小水电站自给自供,全县大部分地区靠煤油灯照明。

1999—2010年间,国家加大投资力度,琼中县委县政府先后实施了第一期、第二期农村电网建设与改造工程、农村电网完善工程、无电地区电力建设工程、新增中央预算内投资工程、林区林场及自然保护区电网改造工程、中央投资中西部农网完善工程、中央扩大内需投资农网完善工程等,琼中电网建设快速发展。至2010年,全县形成以110千伏和35千伏线路为主网架,以10千伏线路、0.4千伏线路为配网架的供电网络;有小水电站45座,装机容量5.093万千瓦,年发电量11751万千瓦时,供电能力和供电质量大幅提高,基本满足全县生产生活用电需求。

琼中境内旅游资源丰富,有"江河之源、森林王国、黎苗家园"之美称;琼中还是一块红色热土,是白沙起义的策源地和琼崖纵队革命根据地。琼中旅游资源以红色元素、黎苗文化和热带山地自然景观为主,尤以原始森林景观与珍稀动植物资源为特色。但琼中县旅游业起步较晚,1991年,全县开发建设的旅游景点只有百花岭风景名胜区,旅游产业基础设施和服务设施条件较差,饭店住宿和交通发展滞后,产业发展处于较低水平,旅游过夜人数在1.5万人次左右,旅游收入约150万元。为发展旅游业,2001年,编制了《琼中黎族苗族自治县"十五"计划和2015年远景旅游业发展规划》,2002年,黎母山申报国家森林公园获得成功;2004年,编制了《五指山百花岭风景名胜区总体规划》;2005年,编制完成《琼中县"十一五"旅游开发规划》,不断推进旅游点的开发建设。为扩大影响,提高琼中景点知名度,先后参加2007年俄罗斯中国年"海南日"旅游专项推介活动、2007第五届中国(海口)国际旅游商品交易会、2007第五届中国(海口)国际旅游商品交易会、河南郑州2008中国国内旅游交易会、2008中国国际旅游交易会和2008北京国际旅游博览会等,加大旅游宣传促销力度,琼中旅游人数实现跨越式增长。2009年,海南国际旅游岛建设上升为国家战略,为琼中旅游业发展提供千载难逢的历史机遇,大批有意开发旅游项目的客商涌进琼中,白沙起义纪念园列入全国红色旅游项目,并列入国家第二批红色旅游经典景区名录备选名单。至2010年底,琼中较为完善的旅游景点有白沙起义纪念园、百花岭风景名胜区、黎母山国家森林公园、长兴飞水岭风景区、鹦哥岭风景区、乘坡河石臼风景区等。琼中的旅游交通、住宿购物、休闲娱乐业初具规模,年接待省内外过夜游客人数增至14.02万人次,旅游收入1092.15万元,旅游业成为琼中经济的新兴支柱性产业。

四

1991年,琼中县仅有幼儿园1所,班级9个,在园幼儿348人;小学117所,教学点88个,班级776个,在校学生19267人;普通中学15所,在校学生3836人。1999年,琼中县基本扫除青壮年文盲;2000年,琼中县通过国家义务教育评估验收,实现普及九年义务教育;2010年,幼儿园增至27所,班级75个,在园幼儿6210人,专任幼儿教师41人;小学通过优化资源,撤并为65所,在校学生13653人,专任教师1336人;有普通中学25所,在校初中生8077人,在校高中生2511人,专任教师886人;有职业中学1所,在校学生567人,各类专业老师45人。全县高考升学率不断提高,2008年,琼中中学高考最高分创历史新高,全县770人参加高考,本科录取111人。2009年,全县有8人被211工程大学录取,14人一本提前录取。2010年,全县高考录取率达82.09%,其中本科上线184人。

1991—2010年,琼中县投入10534.6万元实施中小学危房改造项目,改造中小学校危房面积67404平方米。其中,1991—2000年,投入479.6万元改造全县41所中小学危房校舍8924平方米;2001—2010年,投入10055万元实施中小学危房改造工程、校安工程,消除全县中小学校D级危房面积56259平方米,加固维修校舍面积2221平方米。2005年,琼中县全部消除中小学D级危房。

1991—2010年,琼中文学艺术取得重大进展。县文联系统的作家、艺术家出版的个人文学专著2部,获省级以上奖项的文学作品4篇(首);入选入展省级以上书画展的书法、美术作品200多幅,获奖30多幅;获省级以上摄影创作奖项3个、音乐创作表演奖项12个、舞蹈创作表演奖项20个。2010年,杨国傅的《黎族织锦》(丙烯画)被中国文化协会评为"弘扬与传承中华文化优秀作品",获得"感动中国文化人物"荣誉称号。

1991—2010年,全县基本实现病有所医,"人人享有初级卫生保健"。全县基本消灭疟疾,防治非典取得全面胜利。全县实现无霍乱、禽流感、鼠疫、天花、脊椎灰质炎和血丝病,地方病、狂犬病防治连续数年保持全省先进。1991年,全县有卫生技术人员总数为1215人,每千人拥有卫技人员数6.26人;全县有病床位876张,每千人拥有病床数4.5张。2001年,全县有卫生技术人员1003人,每千人拥有卫技人员5.56人;全县有病床位641张,每千人拥有病床数3.55张。2010年,全县有卫生技术人员1033人,每千人拥有卫技人员5.71人;全县有病床位717张,每千人拥有病床数3.96张。全县有县直属医疗机构4所、乡镇卫生院15所、农垦医院10所,医疗仪器设备不断完善,医疗技术与服务质量不断提高,基本能满足全县人民的用医需求。

琼中体育人才辈出。1995—2010年,共获得省级举办的各类运动比赛金牌136枚,银牌110枚,铜牌121枚。2003年,琼中输送的省帆船队队员王槐龙,两次代表海南省参加全国OP级帆船锦标赛,分别获个人赛第二名和团体赛第六名。2005年,在全国第四届特奥会上,琼中选手获得100米跑第一名、立定跳远第一名、4×1000米接力第一名,陈良、邢冶招获得田径项目金牌4枚;2006年,先后承办全省少年儿童游泳锦标赛和2006年士宝(英发)杯全国少儿游泳锦标赛。2006年2月27日,海南首支女子足球队琼中女子足球队诞生,成为琼中的体育名片。2007年,在上海举行的特奥会上,琼中选手获得2枚金牌;2009年,琼中女子足球队在全国U16女足锦标赛中勇夺季军,在全国少年女足联赛中获得第六名;2010年,在全国山地自行车比赛中,琼中选手获得2枚金牌。

五

自20世纪90年代起,琼中县逐渐将少数民族地区茅草房改造成瓦房、砖房,同时改水改厕,保证群众住房、饮水、卫生安全。投入民房改造资金2121.9万元,完成民房改造12936户,建筑面积达1011481平方米,解决住房困难人口66354人。农村居民人均生活用房面积不断增加,房屋质量不断提高。农村居民住房面积由1991年的人均19.3平方米增至2010年的28平方米。2002—2010年,围绕“生产发展、生活宽裕、乡风文明、村容整洁、管理民主”的社会主义新农村建设的总体目标,立足本地实际,把创建文明生态村作为民心工程、文明工程、富民工程和生态工程来抓,投入巨额资金用于硬化村道、改造水沟、建篮球场、建农村文化室、建沼气池,同时加强对农田水利、民房改造、改水改厕建设,鼓励和引导农民充分利用自然资源,大力发展绿色、环保、无公害农业,以胶、果、林、药、畜等为发展重点,做到宜工则工,宜农则农,宜种则种,宜养则养,发展林下经济、庭院经济和山区特色经济,大力发展养蜂、养蚕、养殖山鸡、种灵芝等特色产业。

1991年琼中县开始实施扶贫开发规划,坚持开发式扶贫方针,实行扶贫到村到户、整村推进扶贫、产业化扶贫,形成以点带面、一村一品、整体推进的产业发展扶贫格局。至2010年,共投入扶贫资金13125.08万元，种植橡胶30.24万亩，已开割16万亩；槟榔11.98万亩，已结果5.2万亩；绿橙4.3万亩，益智3万亩，种桑2.29万亩，养蜂4.1万箱，项目惠及426个村庄16678户7.56万人，初步形成以种植橡胶、槟榔、琼中绿橙等为主的支柱产业，缓解和消除了贫困现象。境内贫困地区基础设施明显改善，农村贫困人口大幅减少。

1991年，琼中县13个乡镇中有和平、中平、湾岭、乌石、黎母山、红毛、上安7个乡镇办有敬老院。同年全县有五保户178人，其中入院集中供养的有52人。1996年，琼中县全面启动农村社会养老保险工作，所有乡镇均开展农村社会养老保险工作。2005年，出台《琼中县城乡居民最低生活保障线工作方案》，启动城乡居民最低生活保障工作。适当提高敬老院集中供养老人和分散供养的五保户老人生活标准，集中供养标准从每人每年700元提高到740元，分散供养标准从每人每年460元提高到470元。2007年，出台《琼中县农村居民最低生活保障实施办法》，启动城市医疗救助工作。提高了城乡医疗救助标准，开始发放老年人优待证。向百岁老人发放长寿补助金，标准为150元/月。2008年，城市低保标准从原来的110元/月提高到160元/月，农村低保标准从60元/月提高到110元/月。2010年，全县10个乡镇均办有敬老院，有五保人员724人；全县有城乡低保对象共3609户11982人。最低生活保障制度的全面实施，基本解决城乡贫困居民的温饱问题。

1991—2010年，随着琼中经济持续、快速、健康地发展，城乡居民收入稳步增长，消费水平不断提高。1991年，全县城镇居民人均可支配收入1550元，农村居民家庭人均收入736元；2010年城镇居民人均可支配收入增至11903元，比1991年增长6.68倍；农村居民家庭人均收入达4316元，增长4.86倍。1991年全社会银行存款1.82亿元，2010年，全社会银行存款增至32.8亿元。

1991—2010年，琼中县农村居民对摩托车、彩色电视机、电话等耐用消费品的消费需求不断增强，移动电话从无发展到人手一部；2004年境内开始接入宽带网，全县有宽带用户273户，2010年，宽带用户达到6490户。城镇居民不断升级换代摩托车、彩色电视机、洗衣机、电冰箱。2010年，每百户城镇家庭拥有彩色电视机122台、洗衣机74台、电话机82台、移动电话166部、电冰箱44台、摩托车60辆、家用电脑50台、空调28台、热水器84台，居民生活水平越来越好。

1991—2010年，琼中县在政治、经济、文化、社会事业上取得可喜的成就，全县上下在新的发展机遇和挑战面前，大胆探索，锐意进取，全县走上生态环境优美、政治社会和谐、经济文化繁荣、人民生活富裕的发展之路。这20年是琼中县深化改革开放的20年，更是琼中历史上发展较快、变化较大的20年，也是琼中人民得到实惠较多的20年。

大事记

1991年

1—3月始，全县气温偏高。降雨少、蒸发量大，造成全县普遍干旱。全县有4座小(二)型水库干涸，15条溪河断流。因旱无插播农田达650亩，插后受旱达22580亩。旱情较严重的有松涛、中平、红毛、什运4个乡镇。

6月13日 琼中县政府取缔上安乡怀平南犬岭东北面山坡脚的非法采金矿点，得到海南省政府领导的肯定。

6月14日 县委、县政府召开紧急会议，对五指山自然保护区内非法采金活动的议题进行讨论，县委、县政府的领导和省政府办公厅、环保厅、黄金管理局等有关部门的负责人参加会议，会议由县委书记何利华主持。

6月16日 海南省有关部门派员到琼中处理国营阳江农场、儋县兰洋镇、琼中黎族苗族自治县松涛乡之间土地权属纠纷问题。处理结果为：(1)有争议的16000多亩土地的使用权归国营阳江农场所有；(2)国营阳江农场原在儋县境内的858亩土地划归儋县使用，并办理土地使用手续；(3)琼中县松涛乡已种植20000多株橡胶的土地，由松涛乡继续使用。

10月26日 县委书记何利华在县委会议室主持召开常委会议，讨论县“二五”普法规划、农村土地承包集体提留、乡镇清房、纠风以及社工作队收兵时间等问题。

1992年

9月25日 县第九届人大常委会第十一次会议决定任命黄兴富为琼中黎族苗族自治县人民政府副县长、代理县长。

11月12日 县委书记何利华在县委会议室主持召开常委会，讨论1993年换届工作方案、乡镇党政班子职位设计、乡镇党代会方案，乡镇领导班子换届考察方案，成立关心下一代工作委员会，扶贫定点挂钩等问题。

11月27—28日 召开县人大九届四次会议，会议罢免黄交儒的县长职务，补选黄兴富为县人民政府县长。

1993年

2月8日 县长黄兴富主持召开会议,研究1993年的年度计划和五年计划。

4月20—21日 中国共产党琼中黎族苗族自治县第八次代表大会在县城营根镇召开。出席会议应到代表210人,出席代表191人。大会选出县委委员30人,候补委员4人。在八届一次全委会上,选出县委常委9人,其中何利华当选为县委书记。

4月27—29日 在县城营根召开政协第五届委员会第一次会议,选举陈政民为政协琼中县第五届委员会主席,大会还选举产生政协琼中县第五届委员会副主席和常务委员。

4月28—30日 县人大十届一次会议召开,选举盘明精为琼中黎族苗族自治县第十届人大常委会主任;选举黄兴富为县人民政府县长。

8月3日 县第十届人大常委会第一次会议通过《琼中黎族苗族自治县人民代表大会常务委员会议事规则》,并于通过之日起实施。

1994年

3月14日 县第十届人大常委会第七次会议决定,接受黄兴富辞去琼中黎族苗族自治县人民政府县长职务的请求,任命符正才为琼中黎族苗族自治县副县长、代理县长。

3月30—31日 县第十届人大第二次会议在县城营根召开。会议补选符正才为琼中黎族苗族自治县人民政府县长。

8月25日至10月31日 县第十届人大常委会组织部分省、县人大代表在琼中县开展以县人民法院和黎母山派出所、工商所为试点的对"一府两院"和"七所八站"评议工作。

1995年

1月9—14日 县第十届人大常委会组织在琼中县的省人大代表和县人大代表在全县开展视察活动。重点视察琼中县1994年国民经济和社会发展计划执行情况,1994年财政预算执行情况,县人民政府八件事落实情况,县人民政府被评议后的整改情况等。

3月29—31日 琼中黎族苗族自治县第十届人民代表大会第三次会议在县城营根召开。大会决定接受盘明精因身体不适辞去琼中黎族苗族自治县第十届人民代表大会常务委员会主任职务的请求。大会补选许达钟为琼中黎族苗族自治县第十届人民代表大会常务委员会主任。

4月9日 什运乡什艾岭西边牧区发生森林火灾,县四套班子领导、县直各单位、国营加钗农场、新伟农场预备役部队官兵等火速赶往火灾现场参与灭火,经全县54个单位375名人员的奋力扑救,至翌日凌晨2点15分大火被扑灭,上万亩飞播林得到及时扑救。

5月29日 县委常委会议讨论决定:许达钟任县人大常委会党组书记,盘明精不再担任县人大党组书记职务。

8月 建立琼中黎族苗族自治县第一所职业技术学校,是海南省教育厅批准创办的一所全日制的职业技术学校,开设热作、水稻、栽培、电子技术等专业。

11月3日 琼中黎族苗族自治县第十届人民代表大会常务委员会第十五次会议决定,批准《琼中黎族苗族自治县扫盲工作规划》。

12月18—26日 县第十届人大常委会决定组织驻琼中县的省人大代表和部分县人大代表进行联合视察。视察1995年琼中县国民经济社会发展计划执行情况,1995年税收征管情况,1995年农业生产计划执行情况,《中华人民共和国农业法》执行情况,农业综合开发情况,《中华人民共和国教育法》《中华人民共和国教师法》《中华人民共和国义务教育法》的执行情况及办学情况,基本设施建设情况。

1996年

4月15—17日 在县城营根镇召开政协琼中县第五届委员会第四次会议。大会接受陈政民辞去政协琼中县第五届委员会常务委员会主席职务的请求。会议补选邱育斌为政协琼中县第五届委员会常务委员会主席。

4月30日 副县长郑德宁主持召开专题会议,研究讨论琼中县中学总体规划问题。

11月13日 海南省人大农村工委到琼中县开展《基本农田保护条例》贯彻执行情况调查。

12月27日 县十届人大常委会第二十一次会议审议通过议案,同意符正才辞去县人民政府县长职务。决定任命邢贻强为县人民政府副县长、代理县长。12月,海南省常务副省长汪啸风到琼中黎族苗族自治县贫困乡镇考察扶贫工作。

1997年

3月12—14日 琼中黎族苗族自治县第十届人民代表大会第五次会议召开,补选邢贻强为琼中黎族苗族自治县人民政府县长。

7月1日　全县各族干部群众热烈庆祝香港回归祖国。

7月18日　正式挂牌成立长兴乡,全县乡镇个数由13个增至14个。

10月13—15日　开展“97琼中环保世纪行”执法检查活动。

12月5日　应县检察院邀请,县第十届人大常委会组织省、县两级人大代表组成视察组,由海南省人大代表、县人大常委会主任许达钟带队,会同县政协部分委员到县检察院视察工作。

1998年

3月6—7日　中共琼中黎族苗族自治县委员会第九次代表大会在县城营根镇召开。大会选举产生中共琼中黎族苗族自治县第九届委员会及其组成委员。会议采取差额选举的方式,选出县委委员26人,候补委员4人。在九届一次全委会上,选出县委常委9人,县纪律检查委员会常务委员会7人。

3月14—16日　政协琼中县第六届委员会第一次会议在县城召开,选举政协琼中黎族苗族自治县第六届委员会主席、副主席和常务委员。

3月15—18日　琼中黎族苗族自治县第十一届人民代表大会第一次会议在县城营根镇召开。大会选举琼中黎族苗族自治县第十一届人民代表大会常务委员会主任、琼中黎族苗族自治县人民政府县长。大会选举产生琼中黎族苗族自治县第十一届人大常委会委员13名,选举琼中县出席海南省第二届人民代表大会代表人员。

7月20—23日　由县第十一届人大常委会组织卫生、防疫、医药、物价部门的有关人员,开展医药市场调查。先后深入到5个国营农场、4个乡镇,抽样调查25个医药医疗单位,其中医院7所、卫生院3所、药店9家、药材公司2家、个体诊所3家、单位自办诊所1家,查处伪劣药品,进一步规范全县医药市场管理。

8月10日至11月10日　县第十一届人大常委会在和平镇贝湾村委会开展依法治村试点工作。

10月20日至12月30日　县第十一届人大常委会组织驻琼中县的海南省第二届人大代表和琼中县、乡镇人大代表联动评议琼中县的公安工作。

10月26—28日　在全县范围内开展“98琼中环保世纪行”活动,检查全县保林、护林、造林、环境污染治理工作情况。

10月下旬　海南省人大常委会教科文卫工作委员会和海南省教育厅联合对琼中县开展教育执法检查,检查的主要内容包括“普九”进展和巩固情况、教师工资发放情况等。

1999年

3月8日至5月28日　全县组织开展乡镇人民代表大会换届选举工作。

3月22—24日　在县城营根召开政协琼中县第六届委员会第二次会议。

3月23—25日　县人大十一届二次会议审议通过《琼中黎族苗族自治县自治条例》。

3月　选举琼中县第十一届人民代表大会常务委员会主任，选举符跃兰为县人民政府县长。

4月4日　各乡镇人大统一更换挂牌及印章。将原来的牌匾名称“琼中黎族苗族自治县XX乡（镇）人民代表大会主席团”改为“琼中黎族苗族自治县XX乡（镇）人民代表大会”，同时，各乡镇人大的印章也相应更换。

6月8日　县委召开常委会议，讨论防治5号病、“七一”表彰、土地利用规划修编经费、开设民中民族寄宿班、计划生育、推荐全国民族团结进步模范等问题。

7月23日　下午召开全县党员干部会议，正式宣布实施《琼中黎族苗族自治县自治条例》。

12月14—16日　琼中县开展省、县人大代表联合视察活动，了解全县农业开发、扶贫攻坚、国企改革和社会治安等工作情况。

2000年

1月1日至6月18日　开展县领导干部“三讲”教育活动。

5月17日　副县长耿传苏主持召开专题会议，研究全国打击涉盐违法活动月和碘缺乏病活动月事宜。

6月13—16日　县第十一届人大常委会组织驻琼中县的部分省人大代表、县部分人大代表及县人大机关各工委主要负责人，开展《土地管理法》《森林法》《琼中黎族苗族自治县建设生态县规划》执法检查活动。

8月2—4日　县第十一届人大常委会组织驻琼中县的部分省人大代表和县人大代表对全县执行《工会法》《海南省工会条例》开展执法检查。

8月15日《琼中黎族苗族自治县人民代表大会常务委员会议规则》通过并实施。

8月22日　省委、省政府在琼中黎族苗族自治县召开“加快中部地区发展座谈会”。省领导杜青林、汪啸风、陈玉益、王学萍、韩至中、于迅等出席会议。

9月上旬至10月中旬 县第十一届人大常委会开展以“治污达标保护生态”为主题的“2000年琼中环保世纪行”活动。

11月28—30日 琼中县开展省、县人大代表视察活动。重点围绕全县基础设施建设、生态县建设、科技兴农扶贫工作、国企改革、旅游资源开发、人才培养等方面存在的问题进行视察。同时还视察了县职业中学“9+1”职业技术培训班举办情况和黎母山森林公园建设情况。

2001年

3月14日 召开县第十一届人大常委会第十七次会议,对县农业局、县工交局、县贸易局、县卫生局等4个单位的主要领导进行述职评价。

5月28—30日 县第十一届人大常委会组织开展《村民委员会组织法》执法检查。

8月9—10日 海南省人大常委会副主任董范园率省人大执法检查组一行9人赴琼中县检查《村民委员会组织法》及《海南省实施〈村民委员会组织法〉办法》的贯彻落实情况。

9月初至11月上旬 县人大、县政协组织驻琼中县的省人大代表、政协委员开展“保护五指山青山绿水”的环保世纪行活动。

11月2日 县十一届人大常委会第十九次会议对县司法局局长、县文化广电体育局局长进行述职评议。

11月5日 副县长郑德宁主持召开专题会议,研究农村税费改革工作。

11月7日 海南省人大《职业教育法》执行检查组到琼中县检查工作。

11月14日 海南省人民政府副省长韩至中到琼中县调研。同日,琼中县召开“三五”普法总结表彰暨“四五”普法动员大会。

11月23日 省军区司令员李必兴到琼中县武装部检查工作。

11月28日 琼中宾馆举行星级饭店挂牌仪式。

12月9日 松涛淀粉厂废水处理工程竣工并通过验收。

2002年

1月5日 中国地质大学琼中教学点正式挂牌。

1月15—16日 中共海南省委“三个代表”学教活动督查组到长兴、和平等乡镇检查情况。

1月18日 海南省护林保胶检查组到琼中县检查护林保胶工作。

1月22日 海南省总工会“送温暖”慰问组到琼中县开展春节送温暖慰问活动。

2月9日 省委常委、省委秘书长钟文到琼中县红毛镇视察工作。

2月16日 海南省文化下乡巡回演出团到国营新进农场慰问演出。

2月28日 中共海南省委常委贺贤书到琼中县检查工作。

3月2日 海南省国防动员工作检查组到琼中县检查工作。

3月8日 海南省农村电影放映“2131”第二期工程启动仪式在琼中县举行。

3月13日 海南省人民政府副省长吴昌元到琼中县调研。

3月15日 中共海南省委常委钟文到琼中考察草响文明生态村建设。

4月10日 上午,中共中央政治局常委、国务院总理朱镕基到琼中黎族苗族自治县岭湾水果生产基地考察,听取水果生产、销售和农民收入情况介绍,对当地采取“公司+农户”模式带动农民增收的做法给予肯定。

4月23日 琼中黎族苗族自治县第十一届人民代表大会常务委员会第二十二次会议通过《琼中黎族苗族自治县禁猎暂行规定》,自公布之日起执行。

8月 全县实施乡镇机构改革。撤销红岛乡、松涛乡、乌石镇、长兴乡4个乡镇,松涛乡并入黎母山镇,红岛乡并入营根镇,乌石镇并入湾岭镇;长兴乡的长兴、长沙、新村三个村委会并入和平镇,响土村委会并入吊罗山乡。至此,全县仅保留营根镇、湾岭镇、黎母山镇、中平镇、长征镇、和平镇、红毛镇、什运乡、上安乡、吊罗山乡10个乡镇。

9月18—20日 海南省人大常委会副主任林明玉率省环保世纪行执法检查组一行21人到琼中县检查生态建设情况。

12月1—2日 县十一届人民代表大会第六次会议在县城营根镇召开,会议选举产生琼中县出席海南省第三届人民代表大会代表;接受符跃兰辞去县人民政府县长职务,补选曾平为琼中黎族苗族自治县人民政府县长。

2003年

3月23—25日 中共琼中黎族苗族自治县委员会第十次代表大会在县城营根镇召开。大会选举产生了中共琼中黎族苗族自治县第十届委员会,选出县委委员23人,候补委员5人。在十届一次全委会上,选出县委常委9人,选举县纪律检查委员会常务委员会和县委书记。

3月26—28日 政协琼中县第七届委员会第一次会议在县城营根镇召开,选举邱育斌为政协琼中黎族苗族自治县第七届委员会主席。

3月27—29日 县第十二届人大一次会议召开。会议选举盘明昌为县人大常委会主任,选举曾平为县人民政府县长。

4月10日 副县长许兴雄主持召开专题会议,研究协调解决海榆中线公路改造工程涉及的征地、搬迁、补偿等相关问题。

4月24日 县长曾平主持召开关于如何做好“非典”防控工作会议。

6月20日　县十二届人大常委会召开第二次会议，听取和审议县人民政府关于防治传染性非典型肺炎工作情况的报告；通过有关人事任免事宜。

9月30日　琼中县举行非典型肺炎紧急疫情应急模拟演练。

10月14日　琼中县海南绿橙产销协会挂牌成立。

10月23—24日　省、县人大代表视察组到湾岭镇、黎母山镇视察退耕还林工作和金华公司植树造林工作。

10月31日　中共海南省委书记汪啸风到琼中县调研、指导工作。

11月24—25日　县第十二届人大常委会对琼中县公检法机关执行《刑事诉讼法》《法官法》《检察官法》等进行执行检查。

12月15日　副县长许兴雄主持召开专题会议，讨论修改《关于进一步加强招商引资工作的决定》。

2004年

7月26日　副县长许兴雄主持召开专题会议，研究讨论县城范围液化石油运输问题。

10月28日　琼中县召开纪检监察工作暨机关党风廉政建设工作现场会。

11月6日　国债项目检查组到琼中县检查沼气建设使用情况。

11月9日　琼中县组织考察团赴河南安阳考察市政规划建设。

11月20日　第三届中国柑橘产业论坛暨首届海南绿橙节在琼中开幕。

12月18日　海南省卫生厅对琼中县消灭麻风病工作进行检查验收。

12月24日　中国农工民主党海南省琼中县支部成立。

2005年

1月　董宪曾接任琼中县委书记

2月7日　中共海南省委书记卫留成、省人大常委会副主任符桂花到琼中县开展春节慰问。

2月26日　海南省委统战部支援琼中县30套抽水机抗旱。同时，琼中县组织全县千名党员分赴农村抗旱第一线。

3月15—17日　县十届人大第三次会议在县城营根镇召开。大会补选董宪曾为海南省第三届人民代表大会代表。

4月19日　琼中县建设与国土环境资源局开展打击非法开采和偷运矿产资源行动。

4月27日　琼中县公路局举行欢送全国劳模先进工作者赴京受奖仪式。

5月18日 海南省首届科技活动月在琼中举行宣传活动仪式。

5月18—26日 近32年来最强的台风“达维”正面袭击海南岛。从25日开始，琼中县普降大暴雨，局部特大暴雨。26日上午台风中心经过琼中县。25日07时34分至27日23时58分总降水量为356.3毫米，最大阵风29.1米每秒，相当于11级。据琼中县三防办统计，粮食方面受灾经济损失1150.8万元；农作物方面损失8436.8万亩；水产方面损失32万元；民房方面损失1260万元；道路交通方面损失215万元；水利设施方面损失1900万元；输电设施方面损失869万元；全县直接经济损失5.532亿元。

6月3日 海南省政协副主席、省纪委副书记、省监察厅厅长张海国率省联手扶贫单位领导到和平镇研究落实联手扶贫工作。

6月4日 国际健康资源美国医疗队到琼中县什运乡什统村委会开展义诊活动。

7月6日 海南省人大《水污染防治法》检查组到琼中县松涛淀粉厂检查废水处置情况。

7月13日 副县长林海云主持召开2005年海南省少年儿童游泳锦标赛筹备工作汇报会。

7月29日 海南省人大常委会副主任符桂花到白沙起义纪念园检查指导修建工作。

8月20日 驻省十届全国人大代表专题调研组到琼中县开展生态建设和环境保护调研活动。

同日 琼中县召开完善第二轮土地承包关系与新证发放工作汇报会。

9月26日 琼中县举办18号台风“达维”灾后生产自救工作下乡启动仪式暨向灾区捐款仪式。

10月1日 中共海南省委常委、政法委书记钟文到琼中县了解受灾情况，看望灾后自救干部群众。

11月14日 国家环保总局到琼中县检查整治违法排污企业情况。

11月17日 琼中县赴上海市举办琼中绿橙推介会。

2006年

1月6日 海南省中小学危房改造检查组到琼中县检查危房改造情况。

同日 海南省侨联领导到琼中县慰问困难归侨侨眷。

1月25日 琼中县引进优良番薯品种示范种植获得成功。

2月18日 琼中县和省科学技术厅共建全国科技进步县签约仪式举行。

2月23日 琼中县黎锦织绣项目培训班正式启动。

2月27日 海南省首支女子足球队——琼中女子足球队诞生。

3月1日 县长曾平主持召开专题会议，研究长兴飞水岭旅游开发区建设有关问题。

3月7—10日 县十二届人民代表大会第四次会议在县城营根镇召开。审议通过《琼中黎族苗族自治县自治条例(修订案草案)》。

3月15日 琼中县人民政府与海航酒店集团有限公司举行项目开发签字仪式。

3月18日 海南省发改厅、华南热带农业大学生态扶贫示范项目领导小组到琼中县检查工作。

3月22日 国家开发银行到琼中县检查了解城乡信用协会运作情况。

3月27日 海南军区领导到琼中县考察希望小学选址工作。

3月30日 全国人大农业与农村委员会关于提高农业综合生产能力问题调研组到琼中县调研。

4月1日 琼中县举行2006年海迅杯“三月三”黎苗民歌表演赛和“三月三”民舞狂欢比赛。

同日 县长曾平主持召开县长办公会，讨论《琼中县新型农村合作医疗工作方案》《琼中县新型农村合作医疗制度实施办法》《琼中县招录乡镇卫生院专业技术人员工作方案》等议题。

4月13日 海南省首届环境科普教育暨“白鸟欢歌”播影展活动启动仪式在乌石举行。

4月14日 香港教师会访问团到琼中县烟园和顺小学访问交流。

6月3日 国家统计局到琼中县开展百县统计工作调研巡查。

6月10日 琼中县政法机关开展涉法涉诉突出信访问题联合接访活动。

6月22—23日 北京锦绣大地农业开发公司率中科院博士教授到琼中县考察指导灵芝产业发展情况，并签订灵芝项目合作协议书。

6月26日 琼中县举行2006年“6·26”国际禁毒日宣传活动“禁毒宣传海岛行”发车仪式。

6月28日 海南省新农村工作检查组到琼中县检查新农村建设情况。

7月14—17日 2006年海南省少年儿童游泳锦标赛在琼中县举行。

7月下旬 县人大常委会决定由人大农经工委组成调研组对琼中县各乡镇的异地扶贫对象进行调研。

8月2日 海南省环境目标保护责任制考核组到琼中县检查考核县环境目标保护责任制落实情况。

8月16日 海南省人大《民族区域自治法》执法检查及全国人大代表专题调研组到琼中县检查指导《民族区域自治法》的执行情况。

同日 海南省政协副主席张海国到琼中县检查扶贫工作落实情况。

8月22日 海南省人大《水污染防治法》执法检查及全国人大代表专题调研组到琼中县开展回头看活动。

9月9日 世界银行专家组到琼中县调研农村农业参加保险情况。

9月11日 海南省科协邀请福建专家到琼中县指导发展养蜂产业。

9月27日 琼中县人才劳动力市场大楼落成揭牌。

9月30日 县十二届人大常委会召开第二十七次会议。会议表决通过任命伍学云为县人民政府副县长、代理县长。

11月6日 海南省人民政府副省长符桂花到琼中县检查环岛自行车赛筹备工作情况。

11月14日 国家林业局驻海南专员办对琼中县执行森林资源保护目标责任制情况开展检查。

11月15日 海南省整顿和规范矿产资源开发秩序阶段工作检查组到琼中县检查。

11月21日 琼中县举行白沙起义纪念园命名和挂牌仪式。

11月26—27日 召开县十二届人民代表大会第五次会议,通过曾平辞去琼中黎族苗族自治县人民政府县长的请求,选举伍学云为琼中黎族苗族自治县人民政府县长。

11月30日 国家工商总局副局长李东生到琼中县调研。

12月4日 北京市相关部门专家、博士一行到琼中县考察扶贫解困工作开展情况。

12月6日 琼中县召开碑碣匾铭额等文物暨非物质文化遗产普查保护工作会议。

12月7日 中国工艺美术学会织锦专业委员会专家到琼中县考察黎族织锦发展情况。

12月13日 海南省外事侨务办组织新加坡学生到吊罗山乡体验生活。

12月20日 广州军区援建的加钗“八一爱民小学”举行落成揭牌仪式。

12月22日 琼中县几千名干部职工参加牛平水利工程建设,掀起全县冬修水利新高潮。

2007年

1月8—10日 中国共产党琼中黎族苗族自治县第十一次代表大会在县城营根镇召开。会议选举产生中共琼中黎族苗族自治县第十一届委员会。选举产生县委委员31人,候补委员6人,同时选举7人组成县纪律检查常务委员会。在十一届全委会上,董宪曾当选为县委书记。

1月15—17日 在县城营根镇召开政协琼中县第八届委员会第一次会议。选举曾令锦为政协琼中黎族苗族自治县第八届委员会主席。

1月15—18日 县十三届人民代表大会第一次会议在县城营根镇召开。大会选举盘明昌为琼中黎族苗族自治县第十三届人民代表大会常务委员会主任,伍学云为琼中黎族苗族自治县人民政府县长。

3月21日 召开县十三届人大常委会第二次会议。会议修订《琼中黎族苗族自治县春季休渔的决定》;会议表决通过人事任命。

4月19日 海南黎族苗族“三月三”节庆活动主会场在琼中举办,这是琼中有史以来承办的第一场大型节庆活动。

10月 琼中百花廊桥开工建设,位于县城营根路,桥长204米,宽16米,高18米,是全省首座具有黎苗风情特色的廊桥。

11月28—29日 县十三届人民代表大会第二次会议在县城营根镇召开,会议听取和审议了《琼中黎族苗族自治县人民政府关于发展特色产业和重点项目建设情况报告》,选举出席海南省第四届人民代表大会代表18名。

2008年

2月27—28日　县十三届人民代表大会第三次会议在县城营根镇召开,大会表决通过《琼中黎族苗族自治县农村公路条例(草案)》。

3月19日　国家质量监督检验检疫总局审批通过琼中绿橙为国家地理标志保护产品,这是海南省第一个国家地理标志保护产品。

6月6日　召开县十三届人大常委会第八次会议,听取和审议县人民政府《关于当前我县手足口病防治工作的报告》;会议通过有关任免事宜。

6月24日　副县长韦求香主持召开专题会议,研究琼中县公墓选址等有关问题。

8月26—28日　省委书记、省人大常委会主任卫留成赴琼中县调研工作,并与县四套班子、县直机关部分单位、各乡镇党委书记座谈,听取县委、县政府工作汇报。

9月2日　由县政府主办的内部刊物《今日琼中》创刊,每周一期,每期四版。

同日　琼中思源实验学校破土动工,县人大常委会主任盘明昌、县委副书记、县长伍学云等县领导,省教育厅计财处负责人、香港言爱基金会代表及县直有关单位负责人、县城部分师生参加开工仪式。

9月21—22日　国务院农村综合改革办公室调研组在琼中县调研农村小额贷款及特色农业发展情况并主持召开座谈会。

9月25日　因工作调动,董宪曾不再担任中共琼中县委书记,由傅信平接任琼中县委书记。

10月25—26日　首届海南(琼中)优质农资特色产品展销会在琼中三月三广场举行,本届展览会设有展厅3000多平方米,共有153家企业单位参展,共签订招商项目9个,金额达4.226亿元。

10月29日　县十三届人大常委会第十次会议在县人大会议室召开。会议听取和审议《我县国有企业下岗职工就业再就业及城镇就业家庭人员就业情况》《深入开展大学习大讨论促进审判工作确保司法公正》《以大学习大讨论活动为动力扎实推进检察工作全面发展》《琼中县今年以来社会治安情况》的专题报告;审议通过了县政府《关于提请批准琼中县人民政府回购琼中县县城污水处理厂(一期7000吨/月)及管网项目并将回购资金本息列入年度财政预算》及《提请批准琼中县人民政府回购海南省琼中县廉租住房建设项目并将项目资金列入年度财政预算》两个议案。

11月7日　海南省军区司令员黎仕林少将到琼中检查指导国防安全和征兵工作,并实地了解县人武部办公设施和干部住房等情况。

11月16日上午 “红塔山杯”2008环海南岛国际公路自行车赛第五赛段(琼中段)获得圆满成功。琼中赛段总路程56千米,途经湾岭镇、国营乌石农场、国营新进农场、黎母山镇和国营阳江农场。

11月20—21日 县十三届人民代表大会第四次会议在县城营根镇召开。会议补选傅信平为海南省第四届人民代表大会代表。

11月23日 农工党海南省委组织医疗队一行24人到湾岭镇开展下乡扶贫义诊活动,参加就诊群众517人,医疗队免费为群众送药价值达4000余元,受益病患者205人。

11月26日 县委在琼中宾馆迎宾楼三楼会议室召开党代表大会常任制试点工作动员大会。省委组织部部务委员梁粟等到会指导。

11月28—30日 以“统一思想,科学发展,服务三农”为主题的琼中县2008年理论研讨会在三亚市委党校召开。

11月30日 国务院扶贫办规划财务组带领国家扶贫资金监管专项治理检查组到琼中检查指导工作。

12月2日 琼中农村信用联社挂牌开业,标志着全省首家市县农村信用社统一法人改革成功。

12月18—19日 由省科协主办的全省科普惠农兴村计划经验交流会暨农村专业技术协会现场会在琼中召开。

12月25日 中共琼中黎族苗族自治县第十一届委员会第三次全体会议在琼中宾馆迎宾楼三楼会议室召开。会议表决通过了《关于召开中国共产党琼中黎族苗族自治县第十一届代表大会第二次会议的决议》等。

12月30日 中国共产党琼中黎族苗族自治县第十一届党代会第二次会议在县城营根镇召开,这是试行党代会常任制后召开的首次年会。县委书记傅信平做了题为《认清形势、抢抓机遇,奋力加快琼中经济社会发展》的工作报告。

2009年

1月5日 省综治验收检查组到琼中检查指导综合治理工作。

1月6日 琼中黎族苗族自治县旅游总体规划征求意见座谈会在琼中宾馆召开。县委书记傅信平、县长伍学云等领导出席座谈会。

1月7日 县政协主席曾令锦、县政协副主席王进高等县领导率领部分海南省驻琼中县政协委员、县政协委员及有关部门工作人员,对营根河域河段建设防洪堤可行性进行调研。

1月8日 琼中县世行贷款卫生IX项目妇幼卫生保健院项目完工总结会在琼中县妇幼保健

院四楼举行。

1月9日 琼中县经济适用房(一期)工程正式破土动工。经济适用房一期工程共建6幢88套,框架结构,总建筑面积12256平方米,总投资1294.3万元。

2月2日 受中共海南省委常委、宣传部部长周文彰的委托,县委书记傅信平等县领导到湾岭镇大墩小学慰问20多年如一日坚守乡村小学,以脊背为山区孩子架起求学之桥的王升超、王文周等边远山区教师。

2月6日 海南省黎母山林业公司职工子弟学校举行学校移交琼中县人民政府管理交接仪式,此举标志着全县省属企业办学校划归地方管理工作正式拉开帷幕。

2月24日 香港世界通国际科技有限公司总裁戴兵一行到湾岭镇大墩小学看望全体师生,为该校校园建设捐助现金10万元,并捐赠103套价值1万元的学习用品、讲台和课桌椅等。

2月27日 交通运输部副部长冯正霖等领导到琼中实地调研农村公路通畅工程及湾岭镇大墩小学道路建桥事宜。

2月28日 湾岭镇大墩小学教师王文周、王升超先进事迹报告会在琼中大礼堂举行。

3月5日 由屯昌县县长范高净带领的屯昌县考察团到琼中县就兰花种植、山鸡养殖、种桑养蚕等特色农业进行考察。

同日 琼中县组织县国土环境资源局、营根镇、长征镇、国营乌石农场、国营长征农场、国营岭头茶场等12个单位的主要领导到海口市大致坡镇、文昌市文教镇人工湿地基地进行参观学习。

3月20日 琼中县启动集体林业产权制度改革。

3月28日 2009年(琼中)黎族苗族传统节日"三月三"大型黎族苗族歌会"放歌三月三"在县三月三文化广场举行。

4月4日 县委书记傅信平、县人大常委会主任盘明昌等四套班子领导来到红毛镇白沙起义纪念园,祭奠革命先烈。

4月9日 海南省人大常委会副主任符桂花,省政协副主席、省委统战部部长邱德群率省有关单位领导到琼中县就发展特色农业产业和民族文化建设工作进行调研。

4月13日 启动《琼中年鉴(2009)》编写工作,这是琼中县首次组织编写琼中年鉴。

4月15日 海南省生猪肉品市场专项整治小组到琼中县开展专项检查。

同日 由湖南省衡阳市人民政府党组成员、顾问陈新文带队的衡阳市政府考察团一行到琼中县考察小额贷款支持农村经济发展工作的情况。

4月16日 海南省人大常委会环资工委调研组到琼中县就县城生活污水处理厂、垃圾处理场等项目建设情况进行调研。

同日 琼中县召开全县农村宅基地确权登记发证工作动员大会。

4月22日 全县农垦中小学校移交地方管理动员大会在琼中宾馆三楼会议厅召开。

4月29日 县委书记傅信平主持召开全县甲型H1N1流感防控工作会议,传达全省甲型

H1N1流感防控工作会议精神，部署防控措施。

同日 县政府分管领导带领县林业局、县林改办相关成员单位负责人，各乡镇分管副书记、副乡镇长，各试点村委会主任一行70多人赴白沙县学习集体林权改革先进工作经验。

5月4日 华宇集团有限公司董事长兼总裁赵华山率领有关人员到琼中县考察热带雨林项目开发和现代农业发展情况。

5月6日 以省人大常委会副主任符兴为组长，省民政厅厅长苗建中为副组长的城乡居民最低生活保障工作第二调研组到琼中县就城乡居民最低生活保障工作进行专题调研。

5月11日 海南广播电视总台“大海之南”海南国际旅游岛环岛直播活动第十一站——琼中站在“三月三”广场举行。

5月21日 受中共海南省委副书记于迅的委托，省委财经办、农办主任李世珍率领省委调研组到琼中县调研农户信用信息管理建设，以便通过总结和借助琼中县率先推行的农户信用档案管理经验，在全省范围内进行推广。

5月21—22日 海南省政协副主席、省统战部部长邱德群带领省政协委员，到琼中县就文明生态村建设情况开展专题调研。

5月22日 召开县十三届人大常委会十五次会议。同意接受董宪曾辞去海南省第四届人大代表职务。

5月25日 海南省政府2008年度主要污染物总量减排工作考核组一行到琼中进行考核。

6月3日 县政协主席曾令锦等县领导深入基层看望慰问经历过抗日战争和解放战争的琼中籍革命老兵，了解老人们的晚年生活情况。

6月8日 海南省人民政府副省长、省妇儿工委主任符跃兰等对琼中县实施妇女儿童发展纲要规划工作情况进行考核督导。

6月11日 “2009琼中科学发展论坛”在琼中宾馆召开。特邀中国（海南）改革发展研究院院长、全国政协委员、博士生导师迟福林，省委学习实践科学发展观第一指导检查组组长高永伍，副组长王成艺、卢灿云等著名专家、省直部门领导为琼中“把脉”。

6月15日 县政府和中国电信海南分公司举行“无线宽带数字琼中”暨“三网融合”合作项目签约仪式。

6月18日 海南省打击涉盐违法专项工作检查评估组到琼中县开展检查评估。

6月21日 省有关部门领导到琼中县，就中部地区完善新阶段扶贫战略和政策体系暨新十年纲要进行调研。

6月23日 海南省第四期“朝霞工程”少年人才培养对象（琼中）帮扶仪式在县青少年文化活动中心举行，琼中县11名文艺少年获得“朝霞工程”资助。

同日 海南省非物质文化遗产保护成果巡展活动在琼中县举行。琼中县展出王妚大、王中信等第二批非物质文化遗产传承人作品8幅。

6月26日 琼中绿橙加工保鲜技术培训班在县委党校举办，培训班特邀省农科院农产品加工设计院专家为全县绿橙种植、加工企业及果农讲解绿橙保鲜技术，为提升琼中绿橙品位打下良好基础。

7月3日 由海南省农科院土肥研究所主办、县农技中心协办的测土配方施肥培训班在上安乡南万村委会南流村举行，这是琼中县首次在农村举办的测土配方施肥技术培训班。

7月7日 海南琼中茧丝绸科技园项目启动仪式在琼中农业生态产业园举行。

7月8日 全国县(市)科技进步工作考核组一行到琼中县，就2007—2008年度琼中县科技进步工作进行考核。

7月10日 中共海南省委常委、组织部部长楼阳生到琼中县就农村经济发展及农村党建等工作进行调研。

7月16日 省督查组一行到琼中县就重点传染病防控和其他卫生工作进行第二次督查，对琼中县卫生工作的整改情况给予肯定，特别对防控甲型H1N1流感工作给予较高评价。

8月2日 由民进海南省委牵头，省教育研究培训院主办，县委统战部、县教育局协办的“琼中百名小学校长培训班”在省教育研究培训院开班培训。

8月9日 农工党中央、农工党海南省委会定点帮扶点湾岭镇卫生院挂牌仪式在湾岭卫生院举行。

9月2—3日 海南省人民政府副省长符跃兰到琼中县就基层政权建设和宗教工作进行调研。

9月7日 琼中县第一条城乡客运班线——营根至大墩村委会客运班线开通。

9月8日 省委副书记、省长罗保铭在省政府副省长陈成、符跃兰等陪同下，到琼中县就特色农业、农民增收等问题进行调研。

9月15日 省人大常委会督察组就琼中县贯彻实施《中华人民共和国矿产资源法》及《海南省矿产资源管理条例》情况进行督查。

9月18日 县政府与山西华宇集团在县四套班子综合办公大楼三楼会议室签订投资开发长兴生态产业园基地项目合作框架协议。

9月18—28日 县第十三届人大常委会农村工作委员会在琼中县就百花廊桥污水处理厂、垃圾填埋场、廉租房工地、县人民医院综合大楼、什运萤石矿厂等重点项目建设情况开展实地专题调研活动。

9月22日 县第十三届人大常委会召开第十七次会议，决定任命王琼龙为县政府副县长、代县长。

9月25日 琼中县召开红岭水利枢纽工程建设项目征地和移民安置补偿工作动员大会。

9月27日 琼中新车站举行落成典礼及开业试运营仪式。

9月30日 红毛镇白沙起义纪念馆举行揭牌仪式。

10月12日 邱闻良烈士追悼会在国营乌石农场职工活动中心举行。

10月15日 县政府与广东丝绸纺织集团有限公司、浙江嘉兴中达集团有限责任公司举行琼中县蚕桑产业发展签字仪式。争取在2010年实现全县桑园面积达到2万亩，2012年达到4万亩的发展目标。

10月26日 县长王琼龙主持召开专题会议,研究“十二五”规划编制工作。

10月29日 琼中县举行惠民“一卡通”首发仪式。

11月4日 海南省政协到琼中县视察扶贫项目开展情况。

11月5日 琼中乘坡110千伏输变电工程开工仪式在和平镇隆重举行,工程投资8500万元。

11月6日 琼中女足荣获全国女足青少年U16锦标赛季军。

11月6—7日 第二届海南(琼中)优质农资特色产品展销会在县“三月三”广场举行。

11月11日 海南省政协副主席、省委统战部部长邱德群一行20余人到琼中县视察海南省统一战线服务科学发展实践基地第一批项目建设情况。

11月16日 召开县第十三届人大常委会第十九次会议。会议表决通过有关人事任免事宜。

11月23—24日 县第十三届人大第六次会议在琼中大礼堂召开。会议接受伍学云辞去琼中黎族苗族自治县人民政府县长职务,选举王琼龙为县人民政府县长。大会还选举王琼龙、庄耿联为出席海南省第四届人民代表大会代表。

12月3日 省综治工作检查验收组对琼中县执行《海南省2009年社会治安综合治理目标管理责任书》情况进行检查验收。

12月4日 省住房和城乡建设厅农村危房改造检查组到琼中县就农村危房,中、小学校舍安全工程,垃圾填埋场和环境综合整治情况进行调研。

12月8日 中国热带农业科学院热带作物品种资源研究所等一行7人,应华宇集团邀请到琼中县就琼中长兴生态产业基地项目进行调研。

12月9日 省人大常委会副主任符桂花到琼中县红毛镇罗解公益林区考察调研。

12月10日 省人口计生工作考核评估组对琼中县2009年度人口和计划生育工作目标管理责任制情况进行检查。

12月13日 省公安厅对琼中县2009年巩固“无毒县”“无毒社区”等工作开展情况进行考核验收。

12月24—25日 中共琼中黎族苗族自治县第十一届代表大会第三次会议在琼中大礼堂召开。大会以举手表决的方式通过关于县委工作报告的决议、县纪委工作报告的决议,表决通过《中国共产党琼中黎族苗族自治县委员会重大决策征求意见制度(试行)》《中国共产党琼中黎族苗族自治县代表日常联系制度(试行)》《琼中黎族苗族自治县创建农村示范党支部实施方法(试行)》和《琼中黎族苗族自治县村级领导班子和干部工作实绩考核办法(试行)》。

12月29日 召开县十三届人大常委会第二十次会议。经会议表决通过,同意接受伍学云辞去海南省第四届人大代表职务,吴晓丽辞去县十三届人大常委会委员职务,任命吴晓丽为县旅游局局长。

同日 黎母山镇与国营阳江农场、海胶阳江分公司签订《携手共建协议书》,此举标志着琼中县乡镇、农场、公司三方携手共建和谐社会正式启动。

2010年

1月5日 湾岭镇大墩村委会马干河桥竣工验收，大墩小学的孩子们终于告别“脊背桥梁”的历史。

1月19日 在台湾民主自治同盟海南省委主委连介德，中国西部研究与发展促进会慈善委员会副主任、项目扶持部主任何虹等对全县医疗卫生工作进行考察、调研。

2月2日 由琼中县引进的海南七州洋实业有限公司投资2000万元在琼中县营根镇红岛种畜繁育场建设的有机化肥生产线投产运营。

2月23日下午 在全省举办的首届“农垦杯”农村实用人才实用技能竞赛活动中，琼中县选手欧阳玉兵以102.67的高分荣获割胶比赛冠军。

3月1—3日 欧阳玉兵代表海南省在云南西双版纳参加全国第二届割胶工技能总决赛，获技能总决赛第四名及单项磨刀第三名，被农业部授予“全国割胶技术能手”和“磨刀标兵”称号。

3月22日 在全省“琼州百景”评选活动中，琼中县“白沙起义纪念园”以18万余票名列全省“十大红色旅游景点”类别第三名。

4月14日 琼中县在海口举行琼中黎族苗族自治县传统节日“三月三”招商推介会，省内外28家企业代表参加。会上，琼中县共与17家企业签订了17个项目协议书，涉及金额54.72亿元。

4月16日 琼中县营根敬老院项目举行奠基仪式。该项目总投资约300万元，是一所规模大、档次高、管理规范的综合性福利中心。

4月17日 琼中县吊罗山乡境内发生一起因村民自行开挖水井坍塌事故，造成7人遇难、1人重伤。

5月12日 海南省国土环境资源厅在琼中县举行万泉河上游琼中段水环境污染治理工程项目验收会。验收组经过现场检查和集体评议，一致同意该工程项目通过竣工验收。

同日 琼中县2010年农业机械购置补贴工作全面启动。

5月13日 国务院扶贫办主任范小建一行在副省长符跃兰陪同下，对琼中县2001年以来的扶贫开发工作进行调研。

5月24日 琼中县派出5位优秀教师参加全省优质课评比活动。其中，高中教师李静，初中教师肖德、陈彤获得二等奖；小学教师钟娜、刘秀珍获得三等奖。

6月23日 海南省人民政府副省长符跃兰一行到琼中县就财政支出、重点项目建设和民房改造等工作进行调研。县委书记傅信平，县委副书记、县长王琼龙等县领导陪同调研。

7月2日 琼中县桑蚕产业发展研究院揭牌仪式在琼中生态产业园举行。县委书记傅信平，县人大常委会主任盘明昌，县委副书记、县长王琼龙，县政协主席曾令锦等出席仪式，并为桑蚕产业发展研究院揭牌。

7月13日 海南省中部地区自动化程度最高的生猪屠宰加工项目——圣一新伟生猪定点屠宰加工厂在琼中县红毛镇原新伟农场橡胶厂举行试业暨揭牌仪式。

7月15日 琼中中丝加工有限公司缫丝厂破土动工,海南省副省长陈成出席奠基仪式。

7月26日 琼中县召开见义勇为表彰会议,授予在吊罗山乡长田村委会什冲村发生的村民挖井坍塌"4·17"事件中见义勇为的李达龙、陈明江、王谋鑫、陈石吉、王玉芳等人琼中县"见义勇为公民"荣誉称号。

8月7日 由海航集团资助的第一期管理培训班学员赴重庆市进行为期一周的培训,标志着海航集团资助琼中培训百名干部计划正式启动。

同日 农工党海南省委员会组织医疗专家及机关工作人员到琼中县湾岭镇卫生院指导工作,并向该院捐赠了8万多元的医疗设备,用帮扶山区的行动庆祝中国农工民主党成立80周年。

8月12日 海南省重点工程——海南抽水蓄能电站项目建设协调会在琼中召开,县委副书记、县长王琼龙等会同南方电网、中南设计院专家一起讨论项目建设事宜。

8月9—13日 海南省第四届少数民族传统体育运动会在三亚举行,琼中县体育健儿取得7金4银的好成绩,名列金牌榜第一。

8月14日 琼中县残疾人联合会扶贫示范基地被中央文明办、民政部、中国残联联合命名为"全国志愿助残示范基地"。

8月26日 海南省统一战线服务科学发展实践基地第二批建设项目启动仪式在县民族中学举行。第二批26个建设项目涵盖文化教育、医疗卫生、道路交通、旅游等,涉及金额557万元。

同日 在海口召开的全省农村摩托车无牌无证问题专项整治行动总结表彰会上,琼中县获得全省专项整治工作综合考核第二名。

8月30日 琼中县四套班子领导带领全县党政机关、企事业单位55名领导干部组成的考察团,奔赴广东增城、惠州、从化、阳春、高州、吴川6个城市,开展为期4天的考察活动。

同日 琼中县茅草房改造工作按照初定计划全面完成,536户黎苗族同胞彻底结束了居住茅草房的历史。

9月6日 省人大代表、政协委员一行到琼中县检察院视察反渎职侵权工作。

9月26日 海南省中西部市县人才智力扶持行动计划动员部署大会暨科技副乡镇长派遣计划启动仪式在琼中大礼堂举行。省委常委、组织部部长楼阳生为第一期挂任科技副乡镇长代表授旗。

9月27日 琼中县体育运动员邢诒招、陈良在全国第五届特殊奥林匹克运动会上获得4枚金牌和4枚银牌的好成绩。

9月30日至10月10日 琼中县遭遇1969年以来最大的强降雨,造成洪涝灾害。据统计,至10月10日,暴雨造成全县直接经济损失达4844万元,抢救群众财产价值23万元,累计转移2757人,营救遇险群众人数132人,没有出现大的险情和人员伤亡。县民政局支出172.31万元筹集大米、棉被、衣服等救灾物资发放到乡镇,下拨因灾倒房重建资金204.4万元和自然灾害救济资金46.1万元。县卫生局党委组成3个小组15人奔赴受灾乡镇和农场,县疾控中心派出3组35名医务人员,对受灾的乡镇和农场开展防洪救灾知识培训与生活饮用水源消毒指导。全县累计发放消毒药品212公斤,对受灾自然村160个、3986户,受淹水井及水池121口(个)进行消毒,消毒面积170.216万平方米,保障全县受灾群众和职工的生活饮水安全问题,确保洪灾过后无大疫。

10月14日 "天来泉杯"2010年海南省中老年人广场健身操(舞)大赛全省总决赛在省歌舞剧院举行。琼中舞之韵健身队的舞蹈《织筒裙》以9.37分的最高分获得本次总决赛的冠军。

10月15日 琼中县绿橙发展研究所揭牌仪式在琼中绿橙协会举行。县委常委、常务副县长许教春出席仪式。

同日 海南省首届职工运动会游泳项目比赛在琼中县虎岭公园游泳场举行。琼中县游泳健儿囊括女子组比赛3枚金牌。

10月18日11时 因受长时间强降雨影响,在营根往中平公路约27公里处发生县境罕见的大面积山体滑坡。此次滑坡面积约3.5亩,土方上万立方米,破坏面积近10亩,约50米的道路被压埋,近400株槟榔、橡胶等作物遭受损失。

10月21日 7位入选第60届世界小姐决赛的佳丽向琼中女足捐赠20万元的训练经费。

10月25日 琼中县召开新型农村社会养老保险工作全面铺开动员会。

10月26日 由省文明办、县委宣传部、县文明办组织实施的"'绿色'电脑进民族市县活动"在县四套班子办公大楼左侧小广场举行。此次活动共向营根镇、什运乡、和平镇等7个乡镇文化站以及县第一小学、加钗中学等3所学校赠送100部电脑。

10月27日 县四套班子领导率领参加县委2010年理论研讨会的全体人员深入昌江、乐东两个经济高速发展县,就项目征地、移民安置、城中村改造、热带农业种植、基础设施建设等进行考察。

11月1日 第六次全国人口普查入户登记工作正式启动。琼中县按照国家的统一标准和步骤,组织1550名人口普查员和普查员指导员深入全县各乡镇、各国营农场、社区、单位,全面开展普查工作。

11月4日 中共海南省委书记、省人大常委会主任卫留成在省委常委、秘书长许俊,省政府副省长陈成的陪同下,到琼中县就特色产业发展、红岭水库移民安置、保障性住房建设等有关情况进行考察。

11月6日 琼中县集体林权改革工作顺利通过海南省林改检查验收组。

11月7日 琼中县出台《琼中县长期人才发展规划纲要》《琼中县优秀农村实用人才评选和管理暂行办法(2010—2020年)》《琼中县人才引进和使用暂行办法》,首次将黎苗传统文化传承人才队伍列入人才队伍发展规划纲要,力争2015年使全县各类人才总量达到15670人左右,2020年达到23450人左右。

11月12日 海南省第三届农村体育健身展示大会在屯昌县举行,琼中县老体协健身队展示的具有苗族韵味的健身舞《门啥乖》获一等奖。

同日 深圳市医疗器械行业协会向琼中县人民医院捐赠价值62万元的医疗器械。

11月16日 琼中绿橙和"七州洋"牌复合微生物肥料两个项目在第十七届中国杨凌农业高新科技成果博览会上获评"后稷特别奖"。这是海南省农业科技项目首次在中国杨凌农高会上获得此殊荣。

11月25日 海南中线高速公路屯昌至琼中乌石段工程建设征求意见会在琼中县四套班子办

公大楼六楼会议室召开。省交通厅厅长董宪曾、县委书记傅信平、县长王琼龙等出席征求意见会。

11月29日 全县国有企业改制职工大会召开。琼中县农机厂、光荣酱料厂、木具厂、印刷厂、建材厂、亚洲食品厂、特种水泥厂、碳酸钙厂、五指山制药厂、商业大厦和林业木材公司11家国有企业开始进入改制程序。

12月13日 中共琼中县委第十一届第五次全会在琼中宾馆召开。会议审议通过了中国共产党琼中黎族苗族自治县第十一届代表大会第四次会议有关材料和文件，并对2010年度竞岗选拔长征镇镇长拟任人选进行差额票决。

12月16日 中共琼中黎族苗族自治县第十一届代表大会第四次会议在琼中大礼堂召开。县委书记傅信平在会上做题为《科学谋划，准确定位，顺势推进琼中经济社会快速发展》的工作报告，县委副书记、县长王琼龙对中共琼中黎族苗族自治县委关于制定国民经济和社会发展第十二个五年规划的建议做出说明。

12月19日 省有关领导、琼中县四套班子领导、县直机关各单位干部代表，以及离退休老干部代表、琼崖革命前辈的后人、学生代表等300多人在红毛镇白沙起义纪念园参加黎族人民领袖王国兴同志铜像揭幕仪式。

12月22日 县委组织部组织全县37名新当选的村委会党支部书记、主任赴湖南省望城县、桃江县进行考察学习。

12月26日 由海南省农业厅与琼中县共同举办的海南省首届“七州洋杯”农民风采拖拉机大赛在琼中县城环城路上举行。来自18个市县和省农垦总局共45个代表队的54名选手角逐34项比赛奖项。农业部农业机械试验鉴定总站党委书记、站长刘敏，省农业厅副厅长王晓桥，省农业机械化管理局局长石礼滨，县人大常委会主任盘明昌，县委副书记、县长王琼龙等县四套班子领导出席开幕式。

第一编　政区 环境

第一章 建置 区划

第一节 区位面积

琼中黎族苗族自治县(以下简称琼中县),地处海南岛中部,五指山北麓,因地理位置得名琼中。

地理坐标为北纬18°43′45″~19°25′20″,东经109°31′37″~110°09′08″,东邻琼海市、万宁市,南接陵水黎族自治县,保亭黎族苗族自治县和五指山市,西连白沙黎族自治县和五指山市,北与儋州市、澄迈县和屯昌县交界。县城营根镇,距省会海口市137公里。辖区东西最大距离66.50公里,南北最大距离76.69公里,总面积2704.15平方千米。其中耕地114.71平方千米,占4.24%;园地939.14平方千米,占34.73%;林地1527.37平方千米,占56.48%;水域52.19平方千米,占1.39%;牧草地2.39平方千米,占0.09%;交通用地24.66平方千米,占0.91%;城镇村庄及土矿43.22平方千米;其他0.47平方千米,占0.02%。

第二节 建置沿革

1948年3月,中共琼崖区委第二次执委会决定成立琼中县,归琼崖临时民主政府东区行政公署领导。1950年5月1日,海南解放。6月,撤销琼中县行政建制。1952年4月,恢复成立琼中县,归广东省人民政府海南行政公署管辖,7月1日,成立海南黎族苗族自治区(1955年改为海南黎族苗族自治州),琼中县划归海南黎族苗族自治区领导。1958年11月,广东省海南行政公署和海南黎族苗族自治州合署在海口办公,琼中县归其领导。1987年9月,成立海南建省筹备组,12月,海南黎族苗族自治州停止对外办公,琼中县改设为琼中黎族苗族自治县,归广东省海南行政区和海南建省筹备组领导。1988年4月13日,海南建省,琼中黎族苗族自治县归海南省领导,至2010年不变。

第三节 行政区划与勘界

一、行政区划

琼中县,1948年初属琼崖临时民主政府东区民主政府,治所设于平南,县境东西宽42公里,南北长57公里,总面积为1805.6平方公里。其四至(县政府驻地中村起):东至乐会县界27公里,以万泉河中流为界;南至保亭县9公里,以灯火岭、红面石岭、三角岭、龟岭白石岭和香蕉岭为界;西至白沙县界33公里,以五指山、铁耳岭、奇人岭、托我岭、金屏岭、厚刀岭、横岭和尖岭为界;北至新民县(今屯昌县)30公里,从坡心经双顶岭、鸡嘴岭、青蛇岭、双响炮岭至黎母岭分界。

1948年底至1949年初,乌坡、东鲁、北海、枫木和岭门5乡划归定西特区(即新民县,今屯昌县),面积454.8平方公里;保亭县3个乡和万宁县乐民乡划入琼中县,面积1316.3平方公里。四至为(自县政府深溢村起):东至乐会县界24公里,县界依前;南至陵水界32.5公里,以吊罗山山脉为界;西至白沙县界36公里,县界依前;北至定西特区界12公里,以门头岭、南间岭、宝贝岭、红尖岭、竹竿岭、火岭、大边河和黎母岭为界。

1950年5月1日,海南解放。6月,撤销琼中县,1952年恢复琼中县,境域依前。

1956年屯昌县腰子、大保、南利、新林、榕木、大木、干埇、松涛、溪西、南笼、加里、岭门、鸭坡、加章、黄罗(南久)、新仔、大坡等17个乡镇和万宁长西等3个乡镇划归琼中县,面积936.2平方公里,县治迁至乘坡。年末,原属屯昌县的国营阳江、新进垦殖场和大丰育种站随政区划归琼中县。同年8月,将万宁县长西、牛漏、兴隆3个民族乡划归琼中县第四区(三更罗区);1957年3月,原属屯昌县的南坤、石雷、石岭、中长4个民族乡划归琼中,国营中坤农场随政区划归琼中;10月,长西、牛漏、兴隆3个民族乡重归万宁县,面积537平方公里;琼中县分别划出溪西、大理、会山、母瑞山给儋县、陵水、琼海、定安和屯昌等县,面积498平方公里;原属白沙县的五指山公社划归琼中县,面积865.6平方公里。1959年县治再迁营根。

1961年,琼中县的红山、南坤、北大分别划归通什镇、屯昌县和万宁县,面积571.7平方公里。

1986年6月,划琼中县的五指山区、毛阳区2个区,15个乡归通什市管辖。至此,琼中县有12个区公所和营根镇、93个乡和3个乡级管理区。10月27日,琼中县保留营根镇建置,撤销上安等12个区公所、什坡等93个小乡建置,建立乡镇政权。至此,全县设有中平、和平、长征、黎母山、湾岭、营根、红毛、乌石8个镇和吊罗山、红岛、上安、什运、松涛5个乡，下辖93个村民委员会和10个居民委员会。至1987年12月30日不变。

1988年4月，海南建省后，琼中县隶属海南省。全县设立营根、中平、和平、长征、黎母山、湾岭、红毛、乌石8个镇和吊罗山、红岛、上安、什运、松涛5个乡。1989年6月，村民委员会改为管理区，村小组改为村民委员会，全县有13个乡镇、100个管理区。县政府驻在营根镇。

1991年，琼中辖营根、乌石、湾岭、长征、黎母山、中平、和平、红毛8个镇和松涛、红岛、什运、上安、吊罗山5个乡。1997年7月增设长兴乡。2002年8月，撤销红岛乡、松涛乡、乌石镇、长兴乡4个乡，把松涛乡并入黎母山镇，红岛乡并入营根镇，乌石镇并入湾岭镇，长兴乡的长兴、长沙、新村3个村委会并入和平镇管理，长兴乡的响土村委会并入吊罗山乡。

2010年末辖营根、湾岭、长征、黎母山、中平、和平、红毛7个镇，什运、上安、吊罗山3个乡，共10个乡级政区；领导10个居民委员会、100个村民委员会；下设10个居民小组、630个村民小组。

2010年琼中黎族苗族自治县行政区划表

表1-1

乡镇名称	行政村(社区)	备注
营根镇	朝根村、朝参村、大朗村、那柏村、加钗村、营根村、 百花村、升坡村、高田村、南丰村、湴湾村、新市村、新朗村、红岭村、岭头村、番沟村，营南社区、营东社区、营北社区	辖16个村委会，3个居委会，77个自然村，96个村(居)民小组
湾岭镇	湾岭村、新坡村、水央村、北排村、岭门村、新仔村、乌石村、禄南村、孟田坡村、南久村、加章村、大平村、鸭坡村、高坡村、中朗村、来浩村、大墩村、坡寨村，湾岭社区、乌石社区	辖18个村委会，2个居委会，102个自然村，131个村民小组
黎母山镇	大保村、大木村、干埇村、合究村、南吉村、榕木村、南利村、松涛村、新林村、新村村、腰子村、握岱村，腰子社区	辖12个村委会，1个居委会92个自然村，97个村民小组
长征镇	潮村村、罗反村、南什村、什仍村、深联村、新平村、万众村、烟园村、新寨村，营盘社区	辖9个村委会，1个居委会，43个自然村，57个村民小组
中平镇	思河村、南坵村、中平村、南茂村、黎明村、大坡村，新堂社区	辖6个村委会，1个居委会，40个自然村，45个村小组

续表1

乡镇名称	行政村(社区)	备注
和平镇	堑对村、新兴村、长兴村、长沙村、加峒村、贝湾村、干磉村、林田村、什介村,和平社区	辖9个村委会,1个居委会,44个自然村,52个村民小组
红毛镇	番响村、什寒村、什卓村、罗解村、罗坎村、毛西村、草南村、牙挽村、金屏村、罗担村	辖11个村委会,45个自然村,51个村民小组
什运乡	便文村、什运村、三联村、什统村、南平村、南流村	辖6个村委会,24个自然村,30个村民小组
上安乡	什坡村、南万村、长安村、什育村、抄方村、行干村、中兴村、上安社区	辖7个村委会,1个居委会,38个自然村,38个村民小组
吊罗山乡	太平村、大美村、长田村、什插村、响土村、新安村	辖6个村委会,26个自然村,33个村民小组

二、勘界

1997年,琼中县设立长兴乡。

2002年,琼中县制定出台琼中县乡镇撤并工作方案,顺利完成松涛与黎母山、长兴与和平、乌石与湾岭、红岛与营根的撤并工作。

2003年,琼中县开始启动乡镇行政区域界线勘界工作,完成黎母山镇与湾岭镇行政区域界线勘定、测绘和界碑的埋设工作。

2005年,完成黎母山与湾岭、湾岭与中平、湾岭与营根、营根与红毛、红毛与什运、黎母山与红毛等6条乡镇界线的勘定工作。

2006年,全部完成18条乡镇行政区域界线的勘定工作和16个界碑的埋设工作。

2010年,开展地名普查工作,制定了琼中县地名普查方案,基本完成全县门牌编号工作。

第二章 乡镇简介

第一节 营根镇

一、位置与政区

营根镇是琼中县政治、经济、文化和交通枢纽中心。地处北纬19°02′,东经109°49′,西与五指山市接壤,东接中平镇,北邻湾岭镇,南毗长征镇,镇政府位于海榆中线公路县城所在地,往北至海口市136公里。境内主要水域包括百花水库、百花溪水系、白龙溪水系和什那青溪水系等。

营根镇旅游资源丰富。主要景区为百花岭风景名胜旅游区,位于琼中县城东南面近6公里处,是海南省人民政府首批公布的风景名胜区之一,同时也是海南省六大旅游中心系统——五指山旅游中心系统的重要组成部分,与鹦哥岭、五指山等构成海南岛中部的绿肺,气候宜人,环境清幽,是以热带雨林观光旅游、山地观光避暑为主题,集观光旅游、度假旅游、专题娱乐旅游于一体的风景名胜区。

1991年,营根镇辖营根、南丰、高田、朝根、朝参、那柏、加钗、百花、升坡9个管理区和营根街道居委会,47个自然村。有总人口9374人,其中汉族1674人,占总人口17.86%;黎族7653人,占总人口81.64%;苗族25人,占总人口0.27%;壮族12人,占总人口0.13%;回族10人,占总人口0.11%。2002年8月,红岛乡成建制并入营根镇,长征镇的什仍村委会大朗村小组划归营根镇。同年12月24日,撤销营根街道居委会,成立3个社区居委会,即营东社区、营南社区、营北社区。2010年,营根镇辖营东社区、营南社区、营北社区3个社区和升坡、百花、南丰、高田、加钗、那柏、朝参、朝根、新市、湴湾、新朗、岭头、红岭、番沟、大朗、营根16个村委会,2个镇农场, 96个村民小组。全镇有户籍人口51090人。按性别分,有男性27008人,女性24082人;按户口性质分,有城镇人口27013人,农村人口24077人;按民族类别分,有汉族18974人,占比37.14%,黎族29054人,占比56.87%,苗族2292人,占比4.49%,壮族624人,回族16人,其他少数民族共130人。其中常住人口43084人,流动人口有8006人;出生率18.9‰,自然增长率13.9‰。全镇行政区域面积335.8平方公里,其中耕地面积9688亩。全镇农村经济总收入9507万元,人均纯收入4006元。

二、经济发展

1991—2010年,营根镇的经济高速发展。1991年,财政收入110万元;2000年,财政收入144万元;2010年,财政收入660万元。

营根镇主要经济作物有橡胶、甘蔗、木茨、水果等;粮食作物以稻谷、玉米、薯类等为主;蔬菜以叶菜为主;畜牧业主要以家畜饲养为主;特色经济主要发展兰花种植、养蜂、椰艺加工、种桑养蚕、灵芝种植等。

(一)传统农业

1991年,全镇全年粮食播种面积16094亩,其中水稻13862亩,总产量3653.37吨;番薯、玉米播种面积743亩;经济作物种植橡胶300亩,甘蔗180亩,木茨4404亩;蔬菜种植650亩,产量175吨,年收入14000元;水黄牛饲养达到3448头,生猪饲养量达到2065头,鸡鸭鹅饲养量达到38086只;淡水养鱼面积333亩,年收入29000元。1993年,农林牧渔总产值为3419.4万元。

2005年年末,全镇实有耕地面积19758亩,橡胶种植面积18894亩,干胶总产量441吨。2006年,农林牧渔总产值达9429.7万元。

2010年,全镇实有耕地10027.1亩,其中水田9323.1亩,旱田575亩,旱地129亩。粮食播种面积23838亩,总产量约6420吨;种植水稻16293亩,亩产246公斤,总产量4003吨。玉米播种面积4104亩,亩产311公斤,总产量1277吨;花生播种面积995亩,亩产190公斤,总产量189吨;种植番薯3281亩,亩产342公斤,总产量1123吨;木薯作物播种4986亩,亩产1045公斤,总产量5209吨;蔬菜、瓜类作物播种10589亩,亩产459公斤,总产量4856吨;各类水果年末种植面积达8761亩,同年新种131亩,同年收获面积4577亩,平均亩产836.1公斤,总产量3827吨;全镇共开发种植琼中绿橙6371.6亩;南药作物年末面积15046亩,同年新种2780亩,同年收获面积8909亩,总产量1615吨;槟榔年末面积11726亩,同年新种2780亩,同年收获面积5589亩,总产量1450吨;椰子年末面积1096亩,同年新种11亩,同年收获面积357亩,总产量6026万个;橡胶年末总面积42936亩,同年新种14890.2亩,收获21550亩,年末株数1416888株,同年新种株数491377株,收获711150株,平均亩产77.88公斤,单株产量达2.36公斤,干胶总产量1678.3吨;淡水养殖2350亩。年末牛存栏总头数1663头,其中黄牛存栏数51头(其中能繁殖母牛21头,同年生仔牛17头,其他13头),水牛存栏数1612头(其中能繁殖母牛350头,同年生仔牛60头,劳役水牛250头,其他952头);年末猪存栏数8410头,其中能繁殖母猪1491头,仔猪6100头;年末山羊存栏量457头,其中能繁殖母羊230头;家禽年末存栏量90100只,其中鸡42000只,鸭44000只,鹅4100只。

全镇农林牧渔总产值达14411.3万元,其中农业总产值占50.4%,林业总产值占23.4%,牧业业总产值占20.7%,渔业总产值占3.7%,服务业总产值占1.8%。2010年,农业机械总动力10761

千瓦(其中柴油机9718千瓦,汽油机503千瓦,电动机540千瓦)。农副产品加工机械118台920千瓦,其中柴油机63台566千瓦,电动机55台354千瓦。农村用电量569千瓦时。化肥施用实物量430吨,农药施用量4151吨。

(二)特色产业

营根镇始终把农业增效、农民增收作为工作重心,通过发挥本地资源优势,适时调整产业结构。2005年,营根镇企业总产值3780万元;2006年,企业总产值4055万元;2007年,企业总产值4362万元;2008年,企业总产值3852万元;2009年,企业总产值4152万元;2010年,企业总产值4496万元。营根镇充分利用小额贷款,大力发展琼中绿橙、养蜂、种灵芝、种桑养蚕等一批特色产业,促进农业增效、农民增收。

2008年,开始组织群众发展桑蚕和养蜂产业。2010年,全镇农村小额贷款申请农户114户,审批农户110户,资金130万元。全镇共有697户农户发展种桑养蚕,种植面积2604亩,共养蚕604张,收入约54万元。农民自己成立了琼中众益养蜂产销专业合作社、琼中森林养蜂农民专业合作社、琼中永壮养蜂农民专业合作社等3个专业合作社,这3个合作社养蜂860箱。营根镇还重点抓好槟榔园村、新丰村、水潮村、崩坎村、什也村等5个养蜂示范村,这5个示范村共养蜂710箱,年养蜂业收入约71万元。全镇养蜂总数达3250箱。

营根镇种植灵芝的村庄有新丰村和槟榔园村。2009年新丰村仅有6户农户种植,群众看到经济效益好,2010年种植农户增加到13户,建灵芝棚1500平方米,种植灵芝达到23450株。全镇共种植灵芝达29950株,其中新丰村23450株,槟榔园村6500株。特别是新丰村,灵芝每年收获4批,每批每平方米收获最少15元,一年种植每平方米收入就有60元,一年每亩收入约3万元。

三、社会事业

1991年,营根镇有初级中学1所,完全小学7所,小学在校生976人,教职工118人。随着生源逐年减少,学校撤并部分完小。1997年营根镇学生入学率98%,巩固率为99.1%,初三年级毕业率98%,升学率73%。六年级毕业生206名,毕业率99%。红岛乡有8个小学,3个教学点,有教师82人,学生1192人。至2010年,辖区内有1所初级中学,在校生749人,教职工193人;完全小学6所(撤并朝根小学),在校生749人,教职工193人。营根镇投入210万元整合新建和维修教学楼及校舍4所;投资14.5万元绿化美化中小学校工程;投资1.6万元配置200套中小学办公室桌椅,先后选送教师290人次参加了培训,学校基础设施建设得到改善,教学环境和教育质量明显提高;"两基"达标成果得到巩固和提高,适龄儿童入学率和巩固率均达99.6%;中学入学率达99%,巩固达96%。

1991年,全镇有1所卫生院(1958年成立),房屋简陋,医疗设备落后,只有3间茅草屋,占地约60平方米,医务人员5人,负责看病、打针、接生等。1995年,经上级同意,医院出卖医院的部分土地,拆除原来的平顶房,建设楼房610平方米。1998年之后,政府投入资金,建成门诊楼513

平方米。主要医疗设备有B超、心电图、血细胞分析仪、尿分析仪等。2002年8月,红岛乡并入营根镇,全镇有卫生院2所,即营根镇卫生院和营根镇卫生院红岛分院。2010年,全镇有2所卫生院,其中营根镇卫生院有职工23人,其中医务人员19人,有1名副主治医师,3名全科执业医师,3名助理、护理师2名,护士6名,1名检验士。开设科室有普通门诊、肠道门诊、发热门诊、检验室、化验室、产科住院部、公共卫生科等科室,门诊就诊3725人次,产科住院部的建立,让产妇到医院住院分娩。

全镇积极开展新型农村合作医疗工作。2010年,应参保人数为15472人,已参保人数为16348人,参保率达105.66%。城镇居民合作医疗应参保10205人,农村合作医疗应参保17853人。积极开展新型农村养老保险工作,通过大力宣传和发动,2010年新型农村养老保险9055人,其中,60周岁以上1550人,16~59周岁应参保7505人,实际参保人数为7322人,参保率97.56%。

2008年,在县农械厂旧址建立琼中民族体育训练中心,占地7亩,投资350万元,设施有露天灯光球场1座,2500个水泥座位,训练馆1幢,面积830平方米。内设羽毛球、乒乓球等体育训练场地。

为了营造良好的人居环境,镇政府积极配合县委、县政府做好龙溪路、营盘路、环城路等3条市政道路的土地征收工作;县城二小路两侧的土地征收工作;百花岭体育公园项目配套设施用地工作各项征地工作。2010年,省建设厅下拨30万元支持营根镇建设镇政府公共卫生间及其配套设施,已投入使用。

营根镇红岭村委会组建了农村苗族文艺队,为营根镇开展农村文艺活动起了示范作用,使营根镇农民在农耕之余又在精神文化上得到充实。

2006年以来,全镇共举办各类技术培训班310期,参加的农民达3.1万人次;组织青年农民参加转岗就业技能培训2516人次,组织、引导农村群众开展劳务输出,仅2010年,全镇劳务输出人员达2300多人次,年劳务输出收入约230万元。

营根镇加大投资力度,加快农村基础设施建设,铺好农村经济发展的道路,积极筹措资金为各村委会硬化水泥路,2009年,争取县交通、发改、扶贫、民宗等部门的支持,完成大朗、番沟、岭头等3个行政村的硬化道路,完成练红、水潮、新丰、南溢、什猿、枫株、大拉、大埇村路灯8个自然村的硬化道路,使全镇的行政村都通了硬化公路,78%的自然村通了硬化公路。同时,镇政府投入4.5万元,修了5公里长的田间公路及排水沟,方便群众对100亩成片桑田的管理。2009年完成水利设施建设13宗,解决什猿、番巾、猿胎返等9个村庄农村饮水难问题,同时协调县电业部门解决朝参、溢湾、新市等3个村委会12个村庄840户5296人的用电难问题,实现全镇同网同价。2010年争取520多万元资金用于水利设施建设,其中投入40多万元用于溢湾村委会加柳水库的加固;投入80多万元用于营根村委会什也山塘的加固;投入400多万元用于高架水利和城文水利建设;全镇完成沼气池建设132个,已建设文明生态村39个,占总村庄数的38.9%。其中在2010年建设文明生态村7个,分别为水朗村、卖刀村、百花新村、营根一村、长流水村、大朗村、什金钗村。

附:原红岛乡简介

红岛乡位于县境中部偏东。东与中平镇接壤,西和营根镇毗邻,南濒长征镇、和平镇,北连乌石镇。面积246393亩。乡府驻新市圩,西距县城7公里。

1991年红岛乡辖新市、土并湾、新朗、岭头、番沟、红岭6个管理区,42个自然村。全乡977户,5569人。其中:黎族661户3809人,苗族110户710人,汉族206户1050人。境内有国营岭头茶场、省属红岛牧场和县办新市农场。全乡耕地面积7193亩,其中水田4727亩,旱田2466亩。1990年,播种粮食作物10842亩,总产量2570.3吨。主要经济作物有木薯、糖蔗、益智、香蕉、香茅、橡胶等。橡胶种植面积5190亩。1990年全乡农村经济总收入304.17万元,人均纯收入396元。

1991年,红岛乡有初级中学1所,小学13所,教学点7个;文化站、电影队、广播站各1个;篮、排球场14个;卫生院1所。红岛分院于1958年成立。2002年,红岛乡并入营根镇后,原红岛卫生院更名为营根镇卫生院红岛分院,是一所集医疗、保健、体检为一体的综合公立医院,占地180平方米,建筑面积180平方米。主楼2层,二楼为医院检验、妇产科用房,一楼为门诊部用房,租用一间二层为接种门诊和公共卫生科。卫生院设有内科、检验、接种门诊、公共卫生科。年门诊人次9000余人。2010年,医院职工20人,在职人员12人,聘用人员8人;其中执业医师4人,护师3人,护士6人,药剂士1人,检验士1人,防疫员4人,工勤人员1人。

2002年,红岛乡管辖6个村委会,全乡1322户,人口为5667人;有水田4262亩。岭头茶场、新市农场驻在红岛乡辖区内。有小学8所,3个教学点,有教师82人,学生1192人。

2002年,红岛乡的主要经济作物有:橡胶8875亩,荔枝547亩,菠萝2120亩,香蕉548亩,龙眼959亩,椰子21275亩,槟榔1046亩。

2002年红岛乡各村委会基本情况:(1)新市村委会:10个自然村,1个苗族村,4个汉族村,323户,1556人;(2)湴湾村委会:7个自然村,1个汉族村,202户,996人,水田921亩;(3)新朗村委会:9个自然村,1个汉族村,234户,1119人,水田901亩;(4)岭头村委会:7个自然村,2个苗族村,2个汉族村,201户,1019人,水田897亩;(5)红岭村委会:4个自然村,1个苗族村,2个汉族村,116户,531人,水田290亩;(6)新光场:27户,116人,水田27亩。

2002年,红岛乡岭头的牛仔田村,加铁村、番沟没有公路相通,番沟的三村、四村没有通电。

2002年8月,红岛乡与营根镇及长征镇的大郎村合并组建为新的营根镇。

2002年营根镇行政村基本情况表

表1-2

村(居)委会	耕地面积	户数	人口				自然村、村小组名称
			合计	黎族	苗族	汉族	
街道居委会	0	983	5928	1911	103	3914	1.水潮巷:水潮一组、水潮二组、水潮三组;2.营胶巷:营胶一组、营胶二组;3.车站后巷:后巷一组、后巷二组、后巷三组
百花村委会	225.08	203	1702	902	22	778	1.百花村:百花一队、百花二队;2.营根村:营根村二小组;3.菜队:菜一队、菜三队、菜四队
朝参村委会	422	102	849	781	3	65	1.老村:老村小组;2.新村:新村小组;3.什仲扭村:什仲扭小组
朝根村委会	206.61	33	305	248	5	52	1.朝根村:朝村小组;2.什旦村:什旦小组;3.朝东村:朝东小组
高田村委会	709.6	243	1987	1715	23	249	1.高田村:高田小组;2.南溢村:南溢小组;3.大埇村:大埇小组;4.平坡村:平坡小组;5.什猿村:什猿小组;6.坡田村:坡田小组;7.水潮村:水潮小组;8.高新村:高新小组
加钗村委会	1032.43	331	2584	2402	11	171	1.水朗村:水朗上小组、水朗下小组;2.槟榔园村:槟榔园小组;3.卖刀村:卖刀小组;4.什章阶村:什章阶小组;5.新村:新村小组
那柏村委会	829.75	226	1905	1791	14	100	1.那柏村:那柏上、那柏下;2.番巾村:番巾小组;3.毛限村:毛限小组;4.猿胎返村:猿胎返小组
南丰村委会	1061.38	297	2371	1936	20	258	1.南丰村:南丰一队、南丰二队;2.城文村:城文小组;3.里龙村:里龙小组;4.什庆村:什庆小组;5.牛平村:牛平一队、牛平二队;6南建村:南建小组;7.红洲村:红洲小组
升坡村委会	149.48	189	1198	902	35	261	1.升坡村:升坡一队、升坡二队;2.红郊村:红郊小组
营根村委会	498.93	206	1695	1503	10	182	1.什通村:什通一队、什通二队;2.什金钗村:什金钗小组;3.什也村:什也小组;4.什那难村:什那难小组

2010年营根镇行政村基本情况表

表1-3

村(居)委会	耕地面积(亩)	户数	人口				自然村、村民小组名称
			合计	其中			
				黎族	苗族	汉族	
百花村委会	225.08	255	1871	999	27	750	1.百花村:百花一、百花二、百花三;2.营根二队:营根村二小组;3.菜队:菜一、菜三、菜四队小组
湴湾村委会	872.5	232	1783	1490	9	280	1.新村:新村小组;2.老村:老村小组;3.石六平:石六平小组;4.牛坡:牛坡村小组;5.木麻村:木麻一、木麻二;6.牛古湾村:牛古湾村小组;7.新丰村:新丰村小组
朝参村委会	422	122	940	864	3	62	1.老村:老村小组;2.新村:新村小组;3.什仲扭村:什仲扭小组
朝根村委会	206.61	40	394	276	8	101	1.朝根村:朝根村小组;2.朝东:朝东村小组;3.什旦村:什旦村小组
大朗村委会	248.7	84	611	579	1	31	大朗村:大朗一、大朗二
番沟村委会	199	75	579	442	2	134	1.番沟村:番沟一组、番沟二组;2.番沟三村:番沟三村小组

续表1

村(居)委会	耕地面积(亩)	户数	人口				自然村、村民小组名称
			合计	其中			
				黎族	苗族	汉族	
高田村委会	709.60	297	2289	1852	21	384	1.高田村:高田村小组;2.南溢村:南溢村小组;3.大埇村:大埇村小组;4.平坡村:平坡村小组;5.什猿村:什猿村小组;6.坡田村:坡田村小组;7.水潮村:水潮村小组;8.高新村:高新村小组
红岭村委会	288	160	1110	211	614	283	1.石子坡村:石子坡村小组;2.崩坎村:崩坎村小组;3.新坡村:新坡一、新坡二
加钗村委会	1032.43	360	2774	2562	13	194	1.水朗村:水朗上、水朗下;2.槟榔园村:槟榔园村小组;3.卖刀村:卖刀村小组;4.新村:新村小组;5.什章阶村:什章阶村小组
岭头村委会	811.18	262	1983	953	496	526	1.新铺村:新铺村小组;2.大拉:大拉村小组;3.牛仔田村:牛仔田村小组;4.长田村:长田村小组;5.长流水村:长流水村小组;6.新民村:新民村小组;7.新进村:新进村小组
那柏村委会	829.75	262	2173	2067	11	92	1.那柏村:那柏上、那柏下;2.番巾村:番巾村小组;3.毛限村:毛限村小组;4.猿胎返村:猿胎返村小组

续表2

村(居)委会	耕地面积(亩)	户数	人口				自然村、村民小组名称
			合计	其中			
				黎族	苗族	汉族	
南丰村委会	908.38	296	2432	2096	27	306	1.南丰村:南丰一、南丰二;2.城文村:城文村小组;3.里龙村:里龙村小组;4.什庆村:什庆村小组;5.南建村:南建村小组;6.牛平村:牛平一、牛平二
升坡村委会	302.48	269	1953	1361	48	412	1.升坡村:升坡一、升坡二;2.红郊村:红郊村小组;3.红洲村:红洲村小组
新朗村委会	846.2	269	2182	1921	20	216	1.新朗村:新朗一、新朗二;2.加朗田村:加朗田村小组;3.公头拉村:公头拉村小组;4.新稿村:新稿一、新稿二;5.猫尾村:猫尾村一、猫尾村二;6.牛根村:牛根村小组;7.合罗村:合罗村小组;8.新城村:新城村小组;9.长埇村:长埇村小组
新市村委会	1129.71	427	3244	1799	501	920	1.新市村:新市一、新市二;2.大拉村:大拉一、大拉二;3.枫株村:枫株村小组;4.干埇村:干埇村小组;5.白银村:白银村小组;6.新建村:新建村小组;7.新兴村:新兴村小组;8.练红村:练红村小组;9.加迈村:加迈村小组

续表3

村(居)委会	耕地面积(亩)	户数	人口				自然村、村民小组名称
			合计	其中			
				黎族	苗族	汉族	
营根村委会	498.93	234	1826	1622	6	184	1.什通村:什通一、什通二;2.什金钗村:什金钗村小组;3.什也村:什也村小组;4.什那难村:什那难村小组
营北社区	—	1754	8107	2901	243	4827	营北一组、营北二组、营北三组、营北四组
营东社区	—	2869	12684	5829	487	6137	营东一组、营东二组、营东三组、营东四组、营东五组
营南社区	—	1277	6610	2956	291	3250	营南一组、营南二组、营南三组

第二节 湾岭镇

一、位置与政区

湾岭镇位于琼中黎族苗族自治县东北侧,土地面积308平方公里。地处北纬19°04′05"～19°12′47",东经109°47′06"～110°01′12"。东与屯昌县接壤,东南与中平镇毗邻,南与营根镇相邻,西接红毛镇,西北与黎母山镇、营根镇相邻。往北至海口114公里,往南至琼中县城营根16公里,往西至儋州市那大镇67公里。湾岭镇地域属丘陵台地区,主要以山地、丘陵为主。镇区内有着丰富的水资源和森林资源,有大小河溪20余条,森林植被主要以山地雨林、沟谷雨林、常绿季雨林及大面积的经济林等组成,森林覆盖率达84%以上。

1991年,湾岭镇辖鸭坡、岭门、湾岭圩、新仔、孟田坡、坡寨、加章、南久、岭门老圩9个管理区,58个自然村。总人口11707人,其中汉族1807人,占全镇总人口的15.44%,黎族9147人,占78.13%,苗族732人,占6.25%,壮族21人,占0.18%。1997年,湾岭镇辖区总人口1.2万人。2002年,湾岭镇与乌石镇合并组建为新的湾岭镇,合并后的湾岭镇行政辖区区域面积6.57万公顷,其中水田面积911.53公顷,坡地面积1473.13公顷,森林面积2.97万公顷。下辖乌石、大平、水央、来浩、录南、中朗、北排、大墩、高坡、南久、加章、坡寨、孟田坡、鸭坡、新仔、湾岭、岭门、新坡18个村委会和乌石、湾岭两个社区居委会,共102个自然村131个村小组。总人口19264人,其中汉族

1549人，占全镇总人口的8.04%；黎族16230人，占84.25%；苗族1437人，占7.46%；壮族48人，占0.25%。2010年，湾岭镇所辖村委会、社区居委会、自然村不变。全镇总人口22312人，其中男性11636人，女性10676人；迁出人口188人，迁入人口201人；出生人口801人，死亡人口224人；汉族人口2310人，少数民族人口20002人，其中黎族18184人，苗族1701人，壮族100人，回族1人，其他少数民族16人。全镇共有两所卫生院，分别是湾岭卫生院、乌石卫生院，各行政村都建有卫生室。

2001—2005年，连续5年被县委评为优秀基层党委；2003年，被海南省人民政府评为全省环境卫生乡镇；2004年，被国家环保总局评定为“全国环境优美乡镇”；2005年被国家体育总局评为“全国群众体育先进单位”，被中央文明办评为“全国文明村镇”，新坡村被民政部、司法部评为“全国法制示范村”。

二、经济发展

1991年，湾岭镇农村经济总收入为712.48万元；2000年，湾岭镇农村经济总收入为1476.84万元；2006年，以创建“海南绿橙”品牌为契机，新植绿橙种植面积16.13公顷，总种植面积达428公顷，产生经济效率的有3500多亩，绿橙收入达1000多万元。加大水果管理力度，先后举办培训班31期，新建冷冻厂4家，不断提升绿橙品牌效益，使湾岭镇绿橙生产逐步向规模化、产业化转化。是年，生猪存栏达1.5万多头，共养牛5000多头，鸡鸭鹅存栏达56440只，养蜂268户2632箱。建成黎母山鸡养殖基地一个，存栏量2万多只。橡胶种植面积达1466.67公顷，开割716.4公顷；种植槟榔1265.4公顷；种植沉香1000多亩；种植冬季瓜菜166.67公顷。同年，湾岭镇农村经济生产总值达7781.36万元，人均纯收入2587元。2007年，加大水果管理力度。新植绿橙种植面积22.8公顷，湾岭镇绿橙种植面积达442公顷，产生经济效益的有3500多亩，绿橙收入达1000多万元，湾岭镇农村经济生产总值达8370.36万元。2008年，湾岭镇大力发展养殖业，并以黎母山鸡养殖基地为种苗基地，实施“七彩山鸡、黎母山鸡养殖示范工程”，先后建成长边、山寮等专业村；在种桑养蚕方面，东桑南移在湾岭镇取得良好的经济效益。种桑养蚕已成为农民增收的新亮点，湾岭镇在新宅、水央、中朗等村庄推广种桑养蚕，到2008年末，湾岭镇种桑养蚕达到32公顷。2010年，湾岭镇农林牧渔总产值27031.6万元，其中农业总产值17862万元，林业总产值2842万元，牧业总产值5586万元，渔业总产值484.8万元，服务业总产值257.3万元。诗礼村、山寮村饲养6000余只，养殖户达到79户。

2010年，湾岭镇实有耕地面积3110.18公顷，其中粮食作物播种面积2930.8公顷，产量12131吨；谷物作物播种面积1841.07公顷，总产量8678吨；南药作物生产2056.4公顷，产量2872吨；椰子播种面积20.47公顷，收获7.85万个；槟榔播种面积1876.4公顷，产量2731吨；橡胶播种面积1942.7公顷，干胶总产量1418吨；蔬菜作物播种面积772.67公顷，总产量1385吨；甘蔗作物播种面积28.53公顷，总产量1200.5吨；绿橙种植面积达475.87公顷，已挂果416.93公顷，年产量9847吨，产值2356万元。在种桑养蚕、养蜂等新兴特色农业方面，全镇种桑面积达249.53公顷，养蜂6000多箱，成立了农村专业合作经济组织5家，其中种植类1个、养殖类1个，农机类3个，申请加入的农户达300多户。当年,湾岭镇农村经济生产总值达10769万元。

三、社会事业

1991—2005年,湾岭镇普遍都铺上了水泥路。2006年,湾岭镇冬修期间共投工投劳1.8万个工日,完成湾岭镇的各项冬修任务。同时还对全镇水毁水利工程和病险水库、山塘的修复和加固,共清理渠道34条,长25公里。投入资金10万余元,维修整治堰渠2公里。投入125万元,改造了南久—加章、新坡—坡寨等4条乡村道路,长约10公里,解决了12个村庄3000多名群众的行路难问题。发动群众投工投劳整修和新修村公路16公里。兴建马水村等6个村的饮水工程,解决1200多名群众的饮水卫生问题。建成北排村等10个村的通信线路建设,有580户农户安装了家庭电话。全镇共新建沼气池250个。通过沼气池的建设,村庄脏乱差面貌得到彻底改变。

2008年,湾岭镇围绕琼中县提出的发展特色产业重点,抓好抓实种桑养蚕、饲养等项目的小额贷款工作。全镇共有52户农民申请小额贷款,审批27户,发放金额39.2万元。其中种桑养蚕户已审批16户,金额共22.5万元;养猪户已审批8户,金额共10.7万元;养鱼户已审批3户,资金6万元。

2009年,海榆线—大墩路段14公里、乌那线—录南路段1.9公里已建成并通车;乌石农场胶场—水央路段3公里、大平—中朗路段5公里、海榆线—北排路段3公里、湾岭—高坡路段7公里、木色水库—加章路段2公里、加章—南久路段4公里等39.9公里,完成行政村道路通畅工程。全年共有136户农民申请贷款,经调查符合条件且已审批发放贷款97户,资金160万元。湾岭镇按照县、镇两级《集体林权制度改革的实施方案》要求,全镇除两个居委会外,18个行政村都有林改任务,林改面积8152.84公顷,其中商品林地面积7495.71公顷,公益林地面积657.13公顷。2009年湾岭镇制定方案报县林改办批复,并宣传发动各村委会落实好林改工作。年底,外业勘界测量5797.07公顷,完成任务的71.10%;北排、龙湾村已发林权证42本,面积43.39公顷。

2010年,湾岭镇农村小额贷款共有182户农民申请,审批发放贷款155户,共发放资金235.7万元;利用小额信贷,创建农民增收示范点,对北排村、竹朗村、信安村实施整村推进,建设具有产业发展特色的“橙楼”“蚕楼”“胶楼”。林改完成122292.6亩,发放林权证3011户,做到还权于民、还利于民。完成8个乡村15公里道路改造,并利用县财政财政资金38万元,对种桑养蚕的重点水利及渠道进行修复,建设了坡寨村和金妙朗新村的两座水塔,解决了634人的饮水问题,并抓好抗洪抢险和灾后重建工作。10月份强降雨影响,全镇受灾房屋254间,受灾人口4699人,农作物受灾面积1.3万亩,道路、桥梁被毁15处,水利渠道被冲毁9处,造成严重经济损失。对此,湾岭镇政府采取措施,抗洪救灾、恢复生产,实现了无人员伤亡、无疫情发生、无上访事件;累计出动党员干部180人次,投入100多万元抗洪抢险和生产恢复,及时解决了群众的生活生产问题。

1991年湾岭镇有小学29所,在校学生1051人,教师58人;有中学1所,在校学生575人,教师96人;2002年与乌石镇合并前有小学27所,在校学生986人,教师28人;有中学1所,在校学生530人,教师27人;2006年,湾岭镇贯彻落实《国务院关于加强基础教育改革和发展的决定》,开展“两基”各项工作，不断加大教育事业的投入力度。全年共投入50多万元修建湾岭、乌石两所中学的危房宿舍，解决了324名师生的住房问题，改善了办学条件和教职工的生活条件。全镇小学儿童入学率达到100%，中学生入学率达到98%。2008年，湾岭镇开展“两基”各项工作，小学儿童入学率达到100%，中学生入学率达到98%。2009年，湾岭镇巩固“两基”成果，加大教育事业的投入力度。同年全镇小学入学率达到100%，中学生入学率达到95%。2010年，湾岭镇有小学5所，在校学生1645人，教师132人，小学入学率达到100%；有中学2所，在校学生772人，教师74人，中学生入学率达到100%。

1991年，湾岭镇有湾岭卫生院1所，其中占地10680平方米，建筑面积共1560平方米，其中业务用房面积510平方米，生活用房400平方米。2006年，投入80多万元修建了乌石卫生院的一栋三层办公楼，对湾岭卫生院进行维修改造。2010年，湾岭镇有卫生院2所，湾岭卫生院占地10680平方米，建筑面积1560平方米，其中业务用房面积510平方米，生活用房400平方米，其他用房250平方米，定编床位16张，全院职工28人，其中医务人员14人；乌石卫生院占地8408平方米，建筑面积1341平方米，其中业务用房面积636平方米，生活用房600平方米，定编床位10张，有医务人员21人。

附：原乌石镇简介

乌石镇地处琼中县北部，北与湾岭镇接壤，东南与中平镇毗邻，南与营根镇相邻，西接红毛镇，西北与黎母山镇相接，镇政府驻乌石墟，往北至海口120公里，往南至县城营根镇15公里，往西至儋州市那大镇67公里。境内有省属国营乌石农场。乌那公路、海榆路纵贯镇境，各管理区均通汽车。

因村（墟）旁有山岭石壁乌黑，乌石故名。1957年乌石建立军垦国营乌石农场，场部驻乌石。乌石墟置于1971年，始属乌石人民公社驻地。地居海（口）榆（林）中线，牛（漏）营（根）线、乌（石）那（大）线公路交通要冲。1990年，乌石墟人口2663人。乌石墟面积13.5万平方米。街道3条，总长380米。1991年乌石镇辖北排、大墩、高坡、录南、乌石社区、水央、乌石、来浩、大平、中朗10个村委会。全镇6767人，其中汉族919人，占全乡总人口的13.58%，黎族4934人，占72.91%，苗族914人，占13.51%。有小学18所，在校小学生432人，有中学1所，在校中学生575人，教师19人。2000年全镇7045人，其中汉族800人，占全镇总人口的11.36%，黎族5211人，占73.97%，苗族1023人，占14.52%，壮族11人，占0.16%。

1991年，乌石镇有乌石卫生院1所，乌石卫生院占地8408平方米，建筑面积741平方米，其中业务用房面积516平方米，生活用房200平方米，有医务人员15人。

2002年8月，乌石镇与湾岭镇合并组建成立新的湾岭镇，湾岭镇人民政府迁驻乌石墟。

2010年琼中县湾岭镇行政区划一览表

表1-4

村(居)委会	所辖自然村(街道)
北排村委会(5个村小组)	北排村、龙湾村、北平村、上溪下村、上溪上村
水央村委会(2个村小组)	水央村、丰里村
高坡村委会(6个村小组)	高坡村、岭头村、内村园村、石古村、众加村、加鲜村
新坡村委会(5个村小组)	新坡村、加茂村、信安村、香岭村、鹿寨村
中朗村委会(2个村小组)	中朗一队、中朗二队
录南村委会(4个村小组)	录南一队、录南二队、枫树坪老村、枫树坪新村
来浩村委会(6个村小组)	来浩村、新村、外铺村、荔枝头村、红皮沟村、南片村
湾岭村委会(4个村小组)	老市一队、老市二队、老市三队、老市四队
湾岭社区(1个村小组)	新市村
乌石社区(1个村小组)	富安村
孟田坡村委会(10个村小组)	里寨一队、里寨二队、加顶坡一队、加顶坡二队、孟田坡一队、孟田坡二队、干塘一队、干塘二队、坎坡村、佳田岭
鸭坡村委会(13个村小组)	诗礼一队、诗礼二队、白银埇一队、白银埇二队、石盘岭村、石弄村、石头堀村、排营坡村、加丁村、大路坡一队、大路坡二队、鸭坡一队、鸭坡二队

续表1

村(居)委会	所辖自然村(街道)
新仔村委会（9个村小组）	新仔一队、新仔二队、竹朗村、榕木村、新华村、石丛埇村、岭脚一队、岭脚二队、埇仔坡村
岭门村委会（9个村小组）	山心一队、山心二队、干埇坡村、罗马村、大案村、山寮村、金妙朗老村一队、金妙朗老村二队、新村
坡寨村委会（10个村小组）	城寨一队、城寨二队、加外一队、加外二队、金包一队、金包二队、坡寨一队、坡寨二队、坡寨三队、山诗头村
加章村委会（15个村小组）	黄竹埇一队、黄竹埇二队、黄竹埇三队、黄竹埇四队、加章一队、加章二队、加章三队、崩田坡一队、崩田坡二队、北斗一队、北斗二队、佳闪岭村、南昌园村、岭背园村、三湾村
乌石村委会(8个村小组)	乌石村、里佳村、长边村、山尾村、新宅村、福山村、栋坡村、南斗村
南久村委会（9个村小组）	南久村、加赖石村、罗永村、坡寮村、金竹村、深湴村、水曲村、鸭母坡村、马水村
大墩村委会（8个村小组）	深水村、高湾村、高田村、塔择村、大墩上村、大墩下村、南毛村、南红村
大平村委会（4个村小组）	大平上村、大平下村、毛塘村、大边村

第三节 黎母山镇

一、位置与政区

黎母山镇位于琼中县北部，地处北纬19°16′29″～19°25′00″，东经109°38′42″～109°49′30″，东连屯昌县，西接儋州市，南邻湾岭镇，北与澄迈县毗邻，位于乌那干线上，境内有国营阳江农场和松涛林场。镇政府驻腰子居委会，距县城38公里，离那大45公里。乌那线由东向西从黎母山镇穿过，屯昌至那大，阳江至海口，屯昌到八所，琼海至八所，阳江至三亚等各路长途汽车均从这条线路经过，连通全省各个市县，是重要的交通枢纽。

黎母山镇因位于海南第二大山黎母山脚下而得名。台地、平坡约占总面积43%,山地占35.5%,丘陵占19.5%。地形以丘陵地带为主,坡度多在15~25度之间,中部和东南部坡度约在6~15度不等。辖区多山岭,最高峰黎母岭海拔1412米,大部分海拔在100~200米之间,其他地区为30~100米,最高的西北部皇帝殿岭海拔463米,西北部的马鞍山335米,中部的打鼓岭305.8米。黎母山镇属热带海洋性气候,位于海南岛中部多雨、重风、轻寒地区,气候温和、日照充足、雨量充沛,夏无酷暑,冬无严寒。年平均气温23℃~25℃,年平均降水量2100毫米。境内沟溪涧多,主要为南渡江、腰子河和加喜河。南渡江沿镇域从南向北转东流经西北部出境,江面宽、水量足,水力资源丰富。腰子河发源于南部的黎母山,沿镇域西部穿境而过,最终汇入松涛水库。镇内蕴藏丰富的矿产资源,主要有金矿、锡矿、铜矿和铀矿等。黎母山上植物高大、郁蔽,生物科类高达3000多种,国家级省级保护动物28科57种。主要自然灾害有旱涝、台风、雷击等。台风、暴雨年均2~3次,主要发生在8—10月。

1991年,行政区域面积275.02平方千米,2361户13947人,其中汉族3788人,占全镇总人口的27.16%,黎族8610人,占61.73%,苗族1458人,壮族85人,回族1人,其他少数民族5人。辖南利、南吉、腰子、榕木、握岱、新林、大保、干埇8个村委会,1个居委会,1个镇农场,73个自然村。

2001年,黎母山镇有2990户14797人,其中汉族3497人,占全镇总人口的23.63%,黎族9628人,占65.07%,苗族1576人,壮族53人,其他少数民族43人。

2002年8月机构改革时,全县乡镇撤并,原松涛乡并入黎母山镇,人民政府驻腰子居委会。辖区有耕地面积20044亩,其中水田11286亩,旱田1352亩,旱地7406亩,是琼中县辖区面积第一大镇;人口18695人,辖南利、南吉、腰子、松涛、大木、榕木、握岱、新村、新林、大保、干埇、合究12个村委会,1个居委会,1个镇农场,95个自然村。

2010年,镇辖南利、南吉、腰子、松涛、大木、榕木、握岱、新村、新林、大保、干埇、合究12个村委会,1个居委会,1个镇农场,92个自然村,97个村民小组。全镇土地总面积448平方千米,林业覆盖面积380.8平方公里,覆盖率85%,耕地面积20273.57亩,其中水田面积10547.57亩,旱田面积2134亩,旱地面积7592亩,农用林地面积11.7万亩,其中种植橡胶8.3万亩。全镇6004户23988人,其中汉族5966人,占全镇总人口的24.87%,黎族15683人,占65.38%,苗族2147人,壮族117人,其他少数民族75人。

二、经济发展

黎母山镇以橡胶、水稻为主导产业,木薯、甘蔗、玉米、荔枝、龙眼、南药等中短期经济作物为辅,支柱产业是橡胶、槟榔种植。1991年黎母山镇第一产业总值958.32万元,第二产业总值29.18万元,农民人均纯收入693元;松涛乡第一产业总值169.64万元,第二产业总值28.2万元,农民人均纯收入464元。2002年乡镇合并时,全镇总产值3569.31万元,第一产业总值3436.67万元,第二产业总值132.64万元,农民人均纯收入2199元;2010年,全镇总产值1.1亿元,第一产业总值1.02亿元,第二产业总值0.18亿元,农民人均纯收入4465元。

2010年，种植稻谷15981亩，其中夏季播种6981亩，秋季播种9000亩，总产量3603吨；种植玉米662亩，其中春季播种320亩，夏季播种242亩，秋季播种100亩，总产量122吨；种植番薯1283亩，其中春季播种468亩，夏季播种455亩，秋季播种360亩，总产量440吨；种植木薯12668亩，总产量5152吨；橡胶种植面积55472亩，1830579株，可开割1184700株，产干胶3080.2吨；有椰子620亩，受益面积113亩，收获椰子3.69万个；槟榔种植面积6473亩，总产量211.3吨；胡椒种植面积55亩，总产量11吨；香蕉种植面积620亩，总产量535吨；有荔枝80亩；龙眼种植面积120亩，总产量84吨；养殖黄牛85头，水牛2625头，猪存栏8421头，山羊1053只，鸡鸭鹅86928只。

1991年，共有乡镇企业11个，总产值7068.6万元；有社会商品零售点143个，城乡集贸市场4个。2002年乡镇合并后，共有乡镇企业12个，总产值3547.5万元；有社会商品零售点174个，城乡集贸市场5个。2010年末，共有乡镇企业13个，职工102人，总产值1230万元；有社会商品零售点158个，城乡集贸市场4个。

镇内工业有松涛淀粉厂1家，1986年始建，是海南省最早的淀粉工业企业之一。至2006年底，工厂累计固定资产投资已达1500多万元。已建成日产优质机制淀粉120吨生产线一条。该厂通过近20年的不断改造和完善，已成为国内木薯淀粉行业最大的淀粉企业之一。2010年底，镇政府对黎母山泉水厂、抽水蓄能电站项目做好跟踪服务工作，配合项目部协调解决好征地和青苗补偿、进场公路等问题，促成项目早日建成，发挥效益。

黎母山镇境内有松坡水库、水上岭水库、番审水库，共3座；山塘6个，水利设施完善。

三、社会事业

1991年共有初级中学1所，小学8所，教学点9个。2002年乡镇合并后，共有初级中学2所，小学13所，教学点12个。2010年共有6所学校，5个教学点，其中1所为一体化学校，1所为中小学混合学校，2所公办中学，2所公办小学，在职小学教师252名、初中教师155名、高中教师41名，有在校小学生2671名、初中生1871名、高中生563名。

辖区内有黎母山卫生院、松涛卫生院2所公立卫生院。1991年，黎母山卫生院在岗在编医生3名，护士2名，床位4张；松涛卫生院在岗在编医生2名，护士2名，床位3张。2010年有医院3所，卫生院2个，在岗在编医生46名，跟班医生52名，护士56名，床位213张；有村卫生所14个，乡村医生17人，诊所8家，药店6家。有邮政局2处，电信企业3家，服务网点9个。

2010年末，黎母山镇有学校体育场5个，自然村内篮球场16个，排球场15个，有8个自然村有健身器材，全镇参加体育活动的人员占常住人口的19%。2005年，本地体育健儿邢诒招在全国特殊奥林匹克田径比赛中，获得2金1铜的好成绩，在2007年的世界夏季特奥会和2009年世界冬季特奥会比赛项目中，勇夺3金，先后被评为“全国优秀特奥会运动员”“中国体育代表团优秀运动员”等。

2006—2010年，共开设种桑养蚕、橡胶技术管理等培训班615期，培训12.3万人次。大力发展“非农经济”和“打工经济”，5年来，共转移农村富余劳动力2525人，务工收入约3636万元。

2009年开始实施农村广播电视“村村通”入户工程,共入户119户。2010年完成全镇所有行政村的农村电网改造,为广泛实施农村广播电视“村村通”工程提供条件,“村村通”入户率攀升至171户。至2010年黎母山镇共改造农村公路15条56.38公里,惠及9个行政村,1.25万人口。共争取改厕补贴资金25万元,对22个村庄进行改厕;争取资金45万元解决镇机关、居民饮水难问题。新型农村合作医疗参保人数达17472人,参合率达99%,农村“看病难、看病贵”的问题得到基本解决;新农保工作顺利开展,参保人数达9044人,参保率达91.4%,基本实现老有所养。

2009年底开始实施“场镇共建”模式,深入开展群众性农村环境卫生综合整治活动。2010年3月,召开环境保护工作动员会,各村(居)委会、镇农场、各直属机关单位负责人共30人参加会议。2010年,通过争取上级有关部门的支持及积极开展自筹的方式,共筹集3万元,平均每个自然村投入约2000元,用于环境整治和垃圾池建设。至2010年底,已有8个村委会11个自然村完成30个垃圾池建设。

附:原松涛乡简介

松涛乡位于县境北部。东与屯昌县交界,西濒松涛水库,南与黎母山镇接壤,北隔南渡江和澄迈县相望。面积230505亩。乡政府驻松涛墟,南距县城61公里。

境内地势平坦,松林连片。但少雨偏旱,砾多沙重,土层较浅。南渡江从南向北转东流经西北部出境。矿藏有铜矿、铀矿等。境内有省属国营松涛林场。

乌那公路纵贯乡境,各管理区均通汽车。

明清至民国初期,乡境属琼中县仁政乡林湾都沙湾峒。民国24年(1935),改为琼山十区(民国35年改为六区)林加乡。1948年属新民县(今屯昌县)。1956年划归琼中县,为腰子区松涛乡,1958年9月成立黎母山人民公社,改称松涛管理区。1973年从黎母山公社析出成立松涛人民公社。1983年社改区。1986年改称松涛乡。下辖松涛、新村、合救、大木4个管理区,22个自然村。全乡532户,2786人。其中,黎族399户2112人,苗族4户13人,汉族129户661人。1990年,全乡耕地面积4175亩,其中水田2165亩,旱田536亩,旱地1474亩。主要经济作物有木薯、糖蔗、咖啡、橡胶等。其中橡胶种植4798亩。乡办企业有淀粉厂1家,年产淀粉130吨,产值28.2万元。1990年全乡农村经济总收入197.84万元,人均纯收入464元。2001年全乡农村经济总收入1189.6万元,人均纯收入2387.7元。文教卫生设施有初级中学1所,小学5所,教学点3个;文化站、电影队各1个;篮、排球场6个;卫生1所。

1991年松涛乡辖松涛、大木、新村、合究4个村委会,全乡670户,3276人,其中汉族942人,占全乡总人口的28.75%,黎族2302人,占70.27%,苗族24人,壮族8人。有小学4所,有在校小学生205人,有中学1所,有在校中学生134人。2001年全乡846户3852人,其中汉族1050人,占全乡总人口的27.26%,黎族2752人,占71.44%,苗族26人,壮族24人。有小学3所,有在校小学生133人,有中学1所,有在校中学生95人。

松涛墟置于民国23年(1934),时有店铺30多间。1941年日军侵占松涛,商民逃散。1973年商业部门设店复墟。1990年有人口700人。居民多来自广东梅县,讲客家话。墟区面积8万平方米,街道1条,长400米。有店铺31间,年成交额40多万元。2002年店铺12间,年成交额30多万元。

2002年,全乡954户4982人,松涛乡整体并入黎母山镇。

2002年琼中县黎母山镇行政区一览表

表1-5

松涛乡	一、建制村名称(4个)	一、自然村:村民小组名称(自然村22个、村民小组23个)
	1.合究村 (辖5个自然村、5个村民小组)	1.合究村:合究村小组;2.松坡村:松坡村小组;3.上墩村:上墩村小组;4.长田村:长田村小组;5.波浪村:波浪村小组
	2.大木村 (辖7个自然村、7个村民小组)	1.大木村:大木村小组;2.坡留村:坡留村小组;3.毛合村:毛合村小组;4.山心村:山心村小组;5.风流村:风流村小组;6新丰村:新丰村小组;7.吉头村:吉头村小组
	3.松涛村 (辖4个自然村、5个村民小组)	1.松涛村:松涛村一小组、松涛村二小组;2.番企村:番企村小组;3.番审村:番审村小组;4.三脚岭村:三脚岭村小组
	4.新村 (辖6个自然村、6个村民小组)	1.老村:老村小组;2.新村:新村小组;3.番什岗村:番什岗村小组;4.打印村:打印村小组;5.那坪一村:那坪一村小组;6.那坪二村:那坪二村小组

续表1

黎母山镇	一、建制村名称(8个)	一、自然村、村民小组名称(自然村70个、村民小组73个)
	1.干埇村 (辖9个自然村、9个村民小组)	1.流马村:流马村小组;2.毛丛村:毛丛村小组;3.加剧村:加剧村小组;4.番总村:番总村小组;5.大坡村:大坡村小组;6.坡生田村:坡生田村小组;7.干埇村:干埇村小组;8.常头村:常头村小组;9.新村村:新村村小组
	2.新林村 (辖12个自然村、13个村民小组)	1.新林村:新林村一小组、新林村二小组;2.坡心村:坡心村小组;3.新开田村:新开田村小组;4.高尾田村:高尾田村小组;5.白花村:白花村小组;6.公江村:公江村小组;7.合口村:合口村小组;8.新村:新村小组;9.什仟村:什仟村小组;10.大郎村:大郎村小组;11.包密头村:包密头村小组;12.荔枝湾村:荔枝湾村小组
	3.榕木村 (辖10个自然村、10个村民小组)	1.榕木村:榕木村小组;2.高田村:高田村小组;3.都田村:都田村小组;4.新村村:新村村小组;5.榕木市村:榕木市村小组;6.加族坡村:加族坡村小组;7.排田沟村:排田沟村小组;8.永新村:永新村小组;9.尖石村:尖石村小组;10.永乐坡村:永乐坡村小组
	4.握岱村 (辖5个自然村、5个村民小组)	1.握俗村:握岱村小组;2.槟榔根村:槟榔根村小组;3.牛六园村:牛六园村小组;4.双华村:双华村小组;5.高利埇村:高利埇村小组

续表2

黎母山镇	5.腰子村 （辖10个自然村、10个村民小组）	1.加更村:加更村小组;2.新塘村:新塘村小组;3.永太村:永太村小组;4.坡陆:坡陆村小组;5.腰子村:腰子村小组;6.红罗头村:红罗头村小组;7.梁飞子村:梁飞子村小组;8.九姜头村:九姜头村小组;9.荔枝子村:荔枝子村小组;10.新队村:新队村小组
	6.大保村 （辖11个自然村、12个村民小组）	1.水上市村:水上市村小组;2.南陆田村:南陆田村小组;3.水上村:水上村小组;4.加仔村:加仔村小组;5.加林村:加林村小组;6.大保村 7.大塘村:大塘村小组;8.南里村:南里村小组;9.湾头村:湾头村组小组;10.牛轭曲村:牛轭曲村小组;11.茅桥村:茅桥一小组.茅桥二小组;12.茅桥三村:茅桥三小组
	7.南利村 （辖7个自然村、8个村民小组）	1.什蛮坡村:什蛮坡村小组;2.南利市村:南利市村小组;3.什隆村:什隆村小组;4.乌石村:乌石村小组;5.尚总湾村:尚总湾村小组;6.大边村:大边村一小组.大边村二小组;7.大边三村:大边三小组
	8.南吉村 （辖6个自然村、6个村民小组）	1.南吉村:南吉村小组;2.什雅田村:什雅田村小组;3.关朗村:关朗村小组;4.保蕊村:保蕊村小组;5.烂田村:烂田村小组;6.加玉角村:加玉角村小组
	二、社区名称(1个)	二、居民小组名称
	1.腰仔社区	—

2010年黎母山镇行政村基本情况一览表

表1-6

村(居)委会	耕地面积(亩)	户数	人口				所辖村民小组
			合计	其中			
				黎族	苗族	汉族	
握岱村委会	937.27	290	1322	552	578	192	握岱村、高利埇村、槟榔根村、双华村、牛六园村
榕木村委会	2760	410	1953	1354	282	317	都田村、永新村、高田村、尖石村、榕木市村、排田沟村、永乐坡村、加族坡村、新村、榕木村
新林村委会	3682	363	1802	1559	156	87	新林一队、新林二队、什仟村、高尾田村、新村、坡心村、新开田村、公江村、合口村、包密头村、荔枝湾村、大朗村、白花村
腰子村委会	1310.63	418	2005	1594	282	129	腰子市、九姜头村、荔枝子村、梁飞仔村、红罗头村、坡乐村、永太村、新塘村、新队、加更村
新村村委会	899	219	997	585	15	397	新村、老村、那坪一队、那坪二队、番打岗村、什印村

续表1

村(居)委会	耕地面积(亩)	户数	人口				所辖村民小组
			合计	其中			
				黎族	苗族	汉族	
干埇村委会	3376	386	1786	1435	19	332	干埇村、毛丛村、常头村、大坡村、坡生田村、新村、加剧村、番总村、流马史村
松涛村委会	935	201	776	629	56	91	松涛一队、松涛二队、番企村、三脚岭村、番审村、三丫水村
合究村委会	891	179	861	649	30	182	合究村、波浪村、长田村、上墩村、松坡村
大木村委会	1113	221	1084	885	10	189	大木村、坡留村、吉头村、新丰村、毛合村、风流村、山心村
大保村委会	1803	414	2015	1911	91	13	南陆田村、加子村、加林村、茅桥一、茅桥二、茅桥三、水上市村、大塘村、牛轭曲村、南里村、湾头村、水上村
南吉村委会	843	233	1165	901	141	123	烂田村、保蕊村、关朗村、加玉角村、什雅田村、南吉村
南利村委会	906.5	282	1540	902	224	414	南利市村、尚总湾村、大边一队、大边二队、大边三队、乌石村、什蛮坡村、什隆村

第四节 中平镇

一、位置与政区

中平镇位于琼中县境东部，北纬19°3′48″，东经110°3′26″，东与琼海市会山镇相邻，南连琼中县和平镇，西与营根镇接壤，北与屯昌县乌坡镇毗邻，境内有国营南方农场和白马岭林场。镇人民政府驻思河墟，距县城31公里。

1991年，中平镇辖思河、南坵、中平、南茂、黎明、大坡、新堂7个管理区，45个村民委员会，全镇总人口8008人，其中苗族2703人，黎族4403人，汉族902人。1995年，管理区变更为村民委员会，原村民委员会变更为村民小组。2000年，全镇总人口9629人，其中苗族3605人，黎族5024人，汉族986人，其他14人。2010年，中平镇辖思河、南坵、中平、南茂、黎明、大坡6个村委会和新堂居委会，45个村民小组，全镇总人口9132人，其中苗族3533人，黎族4709人，汉族873人，其他17人。全镇共有农业户数1642户，农业人口7504人。

1998年，中平镇被琼中县委、县政府评为“文明单位”；1999年，被评为“海南省计划生育工作先进集体”；2005年，被中共海南省委、海南省人民政府评为“海南省防风救灾先进单位”；2008年，被中共海南省委评为“海南省先进基层党组织”；2010年，被海南省爱国卫生运动委员会评为“海南省卫生先进单位”；同年，被琼中县委、县政府评为“琼中县创建全国科技进步县工作先进单位”“琼中县新型农村社会养老保险先进单位”“琼中县信访目标管理工作先进单位”。

中平镇地处琼中县东部山区，地形西南高，东北低，山地面积占总面积63.5%，丘陵占18.1%。海拔500米以上的山岭11座，其中南茂岭海拔1270米，白马岭海拔1264米。境内有丰富的森林资源，天然林、公益林面积达17万多亩，水能蕴藏量大，有红岭、合口、黎明、青梯、丹村、山青6座水电站。红岭水利枢纽工程主坝就坐落在境内黎明上水村，大边河自西向东流经北部。南部中平溪和南茂溪自西向东流入牛路岭水库。境内河沟溪涧多，水能蕴藏量大，大边河自西向东流经北部，途经该镇合口、大坡，南部中平溪和南茂溪自西向东流入牛路岭水库。南茂七步水瀑布地处中平镇南茂岭(1271米)，东南部山脉的七步岭瀑布距中平镇墟28公里。该瀑布为台阶落差式瀑布，全长200米，其中落差最高的石屏地段垂直落差达50米。整个瀑布奇石群生，山高路陡，地势险峻，周边原始森林物种较为丰富，森林覆盖率达95%以上。以牛路岭湖旅游风景区为依托，是森林风光探险旅游的理想之地。

二、经济发展

中平镇农业主要以橡胶、槟榔、水稻为主导产业，木薯、甘蔗、玉米、荔枝、龙眼、南药等中短期经济作物为辅，同时发展种桑养蚕、养蜂等特色产业。

1992年，中平镇实现财政收入86万元，1993年，镇财政收入120万元。2005年，全镇生产总值累计完成2042.7万元，其中，农业收入815.3万元，林业收入641.6万元，畜牧业收入280.7万元，其他副业收入305.1万元。农民人均纯收入1956元；财政完成收入48.87万元，完成年度预算的143%。

2010年，全镇实现农林牧渔业总产值达6081.7万元。全镇有耕地面积7511.8亩，主要经济作物有橡胶、槟榔、水稻、花生、木薯、益智等；新兴特色产业有养蜂、种桑养蚕、五月茶、苗绣等，其中养蜂6800群，是琼中县养蜂第一大镇，产值达265万余元。传统种植业平稳增长，其中橡胶开割和槟榔挂果面积大幅增加，分别为1.715万亩和6707亩，总产值达2322.9万元。畜牧业发展较为迅速，全镇生猪、鸡鸭鹅存栏、出栏量均有较大增长，产值638.1万元。全年种植水稻8816亩，总产量2536吨；种植玉米610亩，产量147吨；栽种番薯962亩，产量273吨；木薯种植面积1630亩，亩产878千克，产量1431吨；种植花生2086亩，产量417吨；甘蔗121亩，产量177.6吨；油料作物种植面积2086亩，产量达417吨；水果种植面积1155.5亩，可收获面积1029亩，总产量达448.9吨；椰子种植391亩，产果20.34万个；南药种植面积17890.3亩，收获面积6565亩，产量959.66吨，其中槟榔种植面积16532.3亩，当年新种4270亩，收获面积5207亩，产量859.2吨。

橡胶种植是该镇传统农业项目。2005年产干胶277吨，2006年产干胶471吨，2007年产干胶526吨，2008年产干胶543吨，2009年产干胶762吨，2010年橡胶种植面积30083.9亩，产干胶1132吨。

中平镇气候宜人，雨量充沛，土地肥沃，境内多山，资源较为丰富。2010年来，中平镇依托自然资源优势，通过建立示范基地，唱响品牌，加大农业实用技术培训等力度，积极引导，在适宜区大力扶持和发展养蜂、种桑养蚕等特色产业。养蜂业作为镇最大特色产业，农民自发组建福田养蜂合作社及连生蜂业公司，已经迈向产业化。2010年，辖区养蜂达7500箱，产值670.5万元。种桑养蚕在中平镇作为新兴产业，2010年有桑田802亩，全年蚕茧产量1.93吨，产值4.05万元，蚕农人均年收入达3912元，超过预期增收目标695元。

三、基础设施

1991年，中平镇交通主要依靠省汽班线车，一天一班来往于海口至中平及沿线城镇。邮政电信业务主要由镇邮政所负责。1997年，班车线路增至3条，分别为思河至营根、思河至屯昌、思河至海口。

2008年，全镇基本完成农村电网改造，45个村民小组全部实现通电。完成全镇45个村庄的饮水设施建设,全部用上自来水;建成通信基站5座,实现全镇无线通信全覆盖。

2009年2月3日,海南省人民政府正式同意红岭水利枢纽工程项目开展前期工作,2010年7月1日通过国家发改委审批海南红岭水利枢纽工程可行性研究报告。红岭水利枢纽工程主坝位于中平镇境内黎明上水村,即万泉河合口咀上游33公里处,距琼中县城约30公里。海南红岭水利工程项目总投资26.72亿元,建成后可解决文昌、定安、屯昌、琼海、海口等5个市县137.2万亩农田的灌溉问题和区域内31.97万人饮水安全问题。是一座以灌溉、供水为主,兼顾防洪发电等综合利用的大型水利枢纽工程,水库总库容6.62亿立方米,工程由拦河坝、溢洪道、引水涵洞、坝后和渠首水电站组成。建设工期4年,项目总投资26.72亿元,其中中央投资10亿元,是海南省单个项目获中央投资最多的一个。

2010年,全镇有邮政网点1个,移动,联通,电信营业厅各一所,电话普及率达96%。有公交汽车线路3条(思河至营根、中平村至营根、南茂至营根),日发客运汽车25班次,日均容量800余人次。有长途汽车线路2条(思河至屯昌、中平至海口),日发客运汽车7班次,日均容量250余人次。拥有班车7辆,开通班次多,分别通往县城、屯昌、海口。

四、社会事业

1991年,中平镇有初级中学1所,完全小学7所,教学点4个。2005年,中平镇中平学区更名为中平镇中心小学,全镇有7所完全小学,1所初级中学,2个教学点,共有师生1303人(其中,学生1215人,教师88人)。2009年,农垦体制改革,南方农场学校移交地方管理。2010年,全镇有初级中学1所,九年一贯制学校1所,完全小学1所,教学点4个。

1991—2010年,中平镇九年义务教育得到落实,教学点通过撤并,分布更为合理,教学设施与条件不断得到改善,教学质量稳步提升。

中平镇是一个以黎族、苗族居民为主的少数民族乡镇。1991年,中平镇有镇卫生院1所,全院共有9名医务人员。2003年,中平镇卫生院有6名医务人员和15名乡级卫生员抗击“非典”荣获先进单位的表彰。2005年6月,中平镇卫生院新建220平方米的门诊大楼落成并投入使用,添置了B超机、心电图机等一批医疗设备,改变了卫生院“老三件”(听诊器、体温计、血压表)的落后诊疗手段,并先后聘请了3名医生、3名护士、3名防疫员和1名工勤人员,基本解决了专业技术人员严重缺乏的状况。2010年,中平镇卫生院有医务人员19人,内设有内科、外科、妇产科、儿科、预防保健科、检验科、公共卫生科等8个科室,有住院病床10张,医疗设备有X光机、B超、洗胃机、心电图、心电监护仪、全自动生化分析仪、按摩床、ATP光妇科治疗仪、牙科治疗仪器等。镇卫生院医疗用房面积为两层楼房共440平方米,每日门诊量约40人次;全镇有村级卫生室4所(大坡、中平、南茂、南坵),日门诊量约70人次,基本实现群众小病不出村。2010年,全镇人口出生率16.93‰,符合法定生育率98.5%,先后多次被评为“琼中县计划生育工作先进单位”,1999年被评为“海南省计划生育工作先进集体”。

2009年,全镇新农合参合率达90.95%;2010年末,新农保和新农合普及率分别达90.17%和

96.1%。辖区新型农村合作医疗参保人数7138人，参保率达95%，新农保参保人数4577人，参保率88.26%。乡镇医疗保险人数277人，参合率100%。全年累计共发放救济粮34.5吨，各类救济物资540件，各类抚恤金24.07万元，各类救济款41.34万元。

为丰富群众文化生活，2009年，建成镇综合文化大楼，在南茂村、思河村建起“农家书屋”，收集科教、农业等各类图书近35000册。2009年开始实施农村广播电视“村村通”入户工程。2010年完成全镇所有行政村的农村电网改造，为广泛实施农村广播电视“村村通”工程提供条件，“村村通”入户率逐年攀升。辖区7个村(居)委会45个村小组全部通卫星电视信号，信号覆盖率100%，镇墟思河接通有线电视。设有文化站一个，各村(居)委会均建有村级文化室，文化活动普及率达100%，辖区7个村(居)委会都有自己的健身舞蹈队。积极响应“送电影下乡”活动，全年共下村放映公益电影46场。该镇所有的村都安装了健身器材，经常参加体育活动的人员占常住人口的24%。

为改善人居环境，推进海南省生态村镇创建活动，2002年，中平镇开始创建生态文明村，打造南坵水映田、思河厚皮埇、思河东门等一批生态文明示范村。2009年底，开始实施“镇村共建”模式，全面动员，全民参与，深入开展群众性农村环境卫生综合整治活动。2010年3月，通过争取上级支持及自筹的方式，筹集3万元，平均每个自然村投入约1500元，用于开展环境整治和垃圾池建设。至2010年底，已有6个村委会10个自然村完成30个垃圾池建设。结合生态文明村建设，大力开展“一村一品”活动，专心发展规模较大的特色产业示范村。如，在土沙田、深溢村、土平村建立畜牧示范村，开展鸡鸭鹅养殖。投资22.5万元，重点做好中平镇矛郭水利建设，解决210亩水田灌溉问题；冬种面积3500亩，其中瓜菜380亩，玉米800亩，花生2200亩，甘蔗120亩；冬修水利示范点1250米，以点带面掀起冬修水利高潮；冬修乡村道路39.9公里，投资6.3万元；开展冬季培训45期，参培2300人次。新完成双万田至上水村路口硬化公路，黎明新村一、二环村路600米；投入资金83万元，修建南茂路平村环村路400米。

2010年中平镇行政区域划分表

表1-7 单位：亩、户、人

村(居)委会	耕地面积	户数	人口				所辖村民小组
			合计	其中			
				黎族	苗族	汉族	
黎明	843.4	348	1609	722	445	442	土沙田、烧炭朗、白竹坡、双万田一(苗)、双万田二(苗)、新村一、新村二、深水、上水
思河	1268	379	1724	1423	218	83	田埇、厚皮埇、土坪、文堂、东门、龙头坡、李桂岭、大坡田、新安(苗村)、加擦肚、加凯一、加凯二

续表1

村(居)委会	耕地面积	户数	人口				所辖村民小组
			合计	其中			
				黎族	苗族	汉族	
中平	762	303	1463	932	531	0	新民(苗村)、下溪、新村一、新村二、深溢、加曼、下水田、冲湾
南茂	336.6	235	1155	0	1155	0	一队、五队、路平、加福、田尾
大坡	339.8	170	1021	268	753	0	大坡(苗村)、丁架坡(苗村)、大房(苗村)、白石总、加武肚
南坵	584	195	785	775	0	10	彭田、大村、中村、白银头、水映田、下田坡
新堂	—	34	168	168	0	0	新堂

第五节 和平镇

一、位置与政区

和平镇位于琼中县东南部,地处北纬18°45′40″~18°96′4″,东经109°8′54″~110°05′24″。东与万宁市相邻,南与吊罗山乡接壤,西与长征镇、上安乡相交,北至加器岭国有林区,是琼中县的“东大门”,全镇行政区域面积383.8平方公里。

和平镇自然资源丰富,生态优美。万泉河上游乘坡河石臼群,位于和平镇乘坡河畔,是大自然历经几十万年甚至几百万年磨蚀而成的罕见的摩崖地质奇观。槽状的石臼最长达10余米,成为河床上的一道道小“水沟”;圆形的石臼直径在0.2~2米之间,数量多;筒状的石臼有的深可蓄水,石臼数量、种类多,一眼望去,形态各异,巧夺天工的石臼比比皆是,石臼群融山、石、崖、河流为一体,景致丰富多彩。

和平镇南部的长兴飞水岭热带雨林自然保护区,总面积5.6万亩。这里生长着茂密的热带山地雨林,林中栖息着种类众多的珍稀动植物。区内群峰重叠,气候温和,夏无酷暑,冬无严寒。区内共有大小38个自然景观点,既是天然森林公园,又是娱乐观光、探险旅游的度假胜地。

境内地势自东向北逐渐升高，属多山丘陵区，有海拔500米以上的山岭10座。其中踏器岭海拔1124米，黎毛岭1075.7米。山地面积占63%，丘陵占26.4%，河流阶地占9.1%。境内主要河流为万泉乘坡河和太阳河。乘坡河发源于五指山山脉，属于万泉河干流，流经什介、林田、乘坡等地，在乘坡注入牛路岭水库，有乘坡河三级电站等3个大中型水电站。境内矿藏有磁铁矿。镇境中部有国营长征农场乘坡分场。

和平镇土地肥沃，是热带高效农业、冬季瓜菜、热带水果、淡水养殖的首选之地。盛产橡胶、槟榔、椰子、沉香、咖啡、南药等，还有琼中山鸡、灵芝、桑蚕、蜂蜜、乘坡河淡水鱼、虾等特色产业和品牌产品。

1991年，镇辖什介、林田、新兴、贝湾、加峒、长沙、长兴、干礤8个管理区。全镇总人口7716人，其中汉族873人，占总人口比为11.31%，少数民族6843人，占比88.69%。1997年6月，和平镇析出长沙、长兴村委会和新村给长兴乡；2002年8月，撤长兴乡，长沙、长兴和新村复归和平镇。全镇总人口数7717人，其中汉族690人，占比8.94%；少数民族7027人，占比91.06%。2010年，镇辖和平居委会、堑对、加峒、贝湾、干礤、长沙、长兴、什介、林田和新兴9个村委会，1个镇农场；52个村民小组、44个自然村。该镇是琼中县黎苗汉聚居的乡镇之一，有1964户9063人，其中，黎族6938人、苗族1243人、汉族866人，壮族14人，其他2人。

镇政府驻乘坡墟，西距县城31.5千米。乘坡墟置于1953年。此地原为山丘，因被水冲平得名（“平”，黎语为“乘”）。1991年，墟区面积14.5万平方米，房屋建筑面积6.5万平方米。街道1条，长350米。2010年，墟镇房屋建筑面积达7万平方米。

二、经济发展

1991年，全镇土地面积47.31万亩，其中耕地面积4566亩（其中水田4233亩，旱田147亩，旱地186亩）。2010年，全镇土地总面积45.57万亩，占全县土地总面积的11.24%。有耕地面积7855.57亩（水田4077.20亩、旱地3778.37亩），人均0.927亩（按总人口计算）。农业总产值不断提升，提升幅度最大年份在2007—2010年，其中2009年第一产业2861万元，增幅为近20年最高。

2008年，全镇实现生产总值2193.42万元。其中，第一产业2143.02万元，第二产业20万元，第三产业30.4万元。地方总财政收入95.2万元，农村人均纯收入2105元。2010年，全镇国民生产总产值3929.5万元；地方财政收入264.3万元；农民人均收入3175元。第一产业占生产总值的95%以上。特色产业是和平镇农民收入的主要增长点，产值达147.7万元，超额完成经济社会发展各项预期目标；农业机械3833台，其中柴油机3315台、汽油机92台、电动机426台，大中型拖拉机33台，动力565千瓦；小型拖拉机45台，动力594千瓦；耕整机512台，机引犁320台。

粮食作物以谷物、薯类、豆类为主。1991年，播种粮食作物10630亩，总产量2010.28吨；橡胶种植面积9656亩。2010年，粮食作物播种面积11327亩，亩产284公斤，总产量3219吨（其中春收84吨、夏收1247吨、秋收1889吨）。谷物作物播种面积9116亩，亩产299公斤，总产量2725吨（其中春收38吨、夏收1196吨、秋收289吨）；水稻作物播种面积7328亩，亩产316公斤，总产量

2315吨(其中夏收1154吨、秋收1161吨);玉米作物播种面积1788亩,亩产229公斤,总产量410吨(其中春收38吨、夏收42吨、秋收330吨);木薯作物播种面积为442亩,总产量352.3吨(秋收);番薯作物播种面积1342亩,亩产269公斤,总产量361吨(其中春收46吨、夏收51吨、秋收264吨);大豆作物播种面积870亩,亩产153公斤,总产量133吨(均为秋收)。主要经济作物有油料、甘蔗、药材、蔬菜瓜类、橡胶等。油料作物播种面积304亩,亩产53公斤,总产量16吨(均为夏收);甘蔗作物播种面积105亩,亩产814公斤,总产量85.5吨。蔬菜瓜类作物播种面积1590亩,总产量527吨(其中春收62吨、夏收54吨、秋收411吨)。

畜牧业以猪、牛、家禽为主。2006年末家禽出栏20847只,牲畜2999只,总产值达241.35万元;2010年,猪出栏2661头,年末存栏3757头;牛出栏139头,年末总头数1603头(黄牛282头、水牛1321头);家禽年末存栏263519只(鸡257579只、鸭1338只、鹅4602只),当年出售和自宰鸡鸭鹅71334只,蛋产量共43919吨。肉类总产量336.30吨,其中猪肉204.19吨,牛肉11.21吨,禽肉119.60吨;畜牧业总产值282.6万元。淡水养殖面积1035亩,总产量396吨(捕捞量36吨、养殖量360吨)。

2006年,全镇橡胶开割面积4834亩,干胶产量380吨,产值532万元;2010年,种植橡胶面积3.45万亩,其中开割面积6215亩,平均亩产68.06公斤,单株产量2.06公斤,干胶总产量423吨,产值902万元;水果生产面积1057亩,当年新种212亩,当年收获面积542亩,平均亩产156.4公斤,总产409.8吨;椰子种植面积4121亩,当年收获面积312亩,总产1.38万个;种植槟榔1.54万亩,收果3766亩,产量1035吨,产值724.5万元;种植益智5657亩,产量281.7吨,产值563.4万元。

和平镇的橡胶、槟榔龙头企业主要有:长兴槟榔农民专业合作社、林田新安养蜂经济合作社、民星橡胶合作社、宏兴橡胶合作社,以上企业均以发展橡胶、槟榔和养蜂等产业为重点。2007年,和平镇开始大力发展种桑养蚕产业。2010年,有8个村委会42个村小组417户农户种植桑树。至2010年底,全镇种植桑园面积1922.32亩,养蚕农户累计968户,全镇实现养蚕889.5张,收蚕茧1.85万公斤,产值53.2万元,位列全县第一。全镇养蜂1821箱,产蜜达1.35万公斤,收入94.5万元。全年共投入12万元开办种桑养蚕、养蜂、橡胶和槟榔管理、农作物冬管等科技培训班30期,培训人员1200多人次,每月举办1至2期培训班,建立科技示范基地2个。

大力推广热带作物种植。2005年,热带作物种植面积49433亩。至2010年,热带作物面积54068亩;南药作物种植面积20975.3亩,当年新种1826.3亩,当年收获面积9322亩,总产量1527.7吨。

2010年,和平镇农、林、牧、渔业总产值为5334.9万元,其中农业产值3297万元,林业产值846.1万元,牧业产值665.2万元,渔业产值269.3万元,服务业产值257.3万元。

1991年,墟上除镇办工厂外,还有国营乘坡农场制胶、制茶厂各1家。商店、摊点45家,日赶集者约500人,年营业额约146万元。2010年,有橡胶加工厂2家,商店、摊点46家,年营业额约528万元。

三、基础设施

为改善群众人居环境,推进海南省生态村镇创建活动。和平镇于2006年开始以贝湾村、留山坡村为生态文明村创建示范点;2007年创建新民村、黎毛村为生态文明创建村,至2010年,共建成贝湾村、留山坡、新民村、黎毛村、林田、新民、新安三队、罗寨、贝湾、什介等10个文明生态村。

1991—2010年,和平镇农村交通得到极大改善,经历了小路到简易乡村公路再到水泥路的"三级跳",既方便村民出行,又利于农产品的及时销售。

和平镇乡村通畅公路共有6条,约36.5公里,受益村庄40个。营(根)万(宁)公路横跨镇境,各管理区均通汽车。2005年重修,该公路属于省道二级公路。2008年,完成林田至什介8公里的乡村道路建设;完成加峒村3.5公里的乡村道路建设;建设镇墟至营万线交会处3公里的水泥路面硬化建设。至2010年,全镇除长兴至乘坡乡村道路没有水泥路面硬化外,其余均已进行水泥路面硬化。

2010年,完成堑对村委会、干橾称水沟村民小组、林田合口至总口村小组等总长13.5公里的通畅工程,解决1800人的行路难问题;新建1公里灌溉水利渠道,解决革新村100多亩桑田的灌溉用水;完成什介村委会抄贤村70亩水田4.5公里的水利设施建设,投入35万元修复水毁渠道5宗3800米,改善灌溉面积1500亩。至2010年末,全镇有水利硬化渠道19条,总长约36公里。完成茅草房改造39间、危房改造43间、卫生改厕500户。改造新兴村特困养蚕户蚕房15间。开始动工兴建什介新村到抄贤村及什龙村总长6公里的两条乡村道路。

为实施美丽乡镇建设,维修镇墟街道路灯和绿化行道树,建设改造镇政府机关自来水、食堂、镇卫生院等;成立社区居委会并建成居委会办公场所;对镇墟、乘坡河、各村开展"脏乱差"环境卫生整治;拆除重建镇政府大院左右两幢宿舍,建设干部周转房和经济适用房各1幢;已建成可容纳30人入住的敬老院,有12名五保户老人已入住;建成镇文化活动中心广场,改建农贸市场;加快长兴飞水岭旅游工程建设,该项目已进行整体规划建设,乘坡三级电站已进行试行发电。

四、社会事业

1991年,全镇有初级中学1所,小学10所,教学点4个,其中乘坡中学有教师14人,在校学生325人,入学率94%;2002年,乘坡中学有教师16人,学生361人,入学率95%。2010年,全镇有1所幼儿园,有58名在园幼儿;有1所初中,有342名在校中学生;有1所完全小学和1所初中、小学综合学校,3个教学点,有298名在校小学生;中、小学生入学率分别为95%、100%。

1991年,有镇卫生院1所,医院拥有红外线治疗仪、B超机、麻醉机等医疗设备,有医务人员25人,其中有医生7人,护士5人,年门诊量3000人次,有村卫生院10所;1997年,有医务人员24人,其中医生8人,护士5人,门诊量4000人次,有村卫生院8所;2002年,镇卫生院有医务人员20

人,其中医生4人,护士5人,门诊量5000人次,村卫生院10所。2003年,镇卫生院有医务人员14人,其中医生7名,护士4名。同年,新建1栋妇产科用房。2007年,镇卫生院新建综合门诊楼1栋,建设面积1050平方米,其中业务用房面积736平方米;年门诊量11674人次,住院56人次;全镇有村卫生院9所。2010年,镇卫生院有医务人员17人,其中医生4人,护士5人,门诊量6000人次;添置了物化机、口腔治疗椅、血常规检查仪、电子血压计、离心机、半自动生化仪、急救车一辆等。

2006年,和平镇开始实施农村养老保险和新型农村合作医疗,全镇有6337人参加新型农村合作医疗,参保率位于全县首列,超过县政府下达的85%既定目标,达到93%。2010年,应参保农村新型合作医疗人数7796人,已参合人数7067人,参合率90.65%;应参保农村新型养老保险人数4354人,老农保参保人数45人,老农保参保率1.03%;新农保参保人数为4308人,新农保参保率98.94%。

大力改善群众文体生活设施条件。2010年,全镇包括9个村委会、1个社区和1个镇农场共建有文化室10间,篮、排球场9个,舞台9个,丰富了群众的文化生活。

附:原长兴乡简介

长兴乡位于和平镇南部,1997年6月成立。位于北纬18°45'40.572"～18°48'42.672",东经110°1'27.354"～110°04′84.934″之间。总面积6.6平方公里,耕地总面积914亩。境内东南部多山,长兴河自南向北,转东流入长兴水库。村庄南面有飞水岭旅游区胜地。东边与万宁市兴隆镇毗邻。

长兴乡包含长沙、长兴两地。长沙,原名什密,别名公车田。黎语,什是田,密是菠萝蜜。意含田边种有菠萝蜜树,故名。清、明时期,什密有官署驻军营汛,公车是官署,公车田是官田的名称。解放后更名长沙村。长兴,原称长什。黎语,什是田,田埇又宽卫长,因此得名长什,后更名长兴,意为五谷丰登,长久兴旺。

唐宋元明清至民国初期,属万州、万安军、万宁县(今万宁市)太平峒的鹧鸪啼峒。民国24年(1935)属保亭县第三区太平乡长沙保。1946年12月,改属琼崖东区专署陵(水)保(亭)特别区南和乡长沙保。1949年1月,划归琼中县,属第三区南和乡长沙里。1950年琼中县撤,复归保亭县。

1952年5月,琼中县复县,再次划归琼中县,属第三区太平乡长沙里。1954年,长沙里改称长沙乡。1956年初,人民政府号召发动苗胞下山定居重建家园。其中附近几个散居苗村移民长兴村居住。1958年9月,成立和平人民公社,属长沙大队,其中长兴为长兴黎村生产队、长兴苗村生产队。人民公社化期间,成立长兴黎村生产队、长兴苗村生产队。1962年,长兴黎村析出成立一、二生产队;同年长兴苗村析出成立三、四生产队。1971年,从广东省信宜县移民琼中县,在和平人民公社长兴大队长兴村落户定居,成立长兴村第五生产队。

1983年,属和平区公所长兴乡,辖长兴一村、二村、三村、四村、五村。1986年,改区公所为乡、镇,属和平镇长兴村民委员会。1988年6月,改称长沙、长兴管理区,长兴为长兴一村、二村、三村、四村、五村民委员会。1995年8月复称长兴、长沙村民委员会。1997年6月,从和平镇析出,成立长兴乡,辖长沙、长兴村民委员会。长兴村民委员会有长兴一村、二村、三村、四村、五村5个村民小组。2002年8月,撤销长兴乡,复归和平镇,设长沙、长兴村民委员会,其中长兴为长兴一村、二村、三村、四村、五村民小组,1个自然村,5个村民小组;长沙村委会辖长沙村、田堆一村、田堆二村、留田村、大坡村、内村、加秋村和青竹磜村民小组。

2002年,长兴乡总人口2074人,其中长兴村1276人,长沙村798人。主要农作物有橡胶、槟榔、益智。乡政府驻咧呛隘口,位于长兴地区石岭与万宁兴隆境域交界处,距和平镇政府乘坡墟22公里。咧呛隘口原称坡垒湾,又称玻璃湾,今已建成长兴水库。1887年4月,冯子材率兵从此隘口攻入什密(长沙),直抵五指山脚下,在仕阶勒石"手辟南荒"。1934年,国民党军旅长陈汉光在长兴村前立石碑"物华初丕",石碑已毁。

长兴飞水岭热带雨林自然保护区位于长兴村委会境内,总面积5.6万亩。区内有大小自然景观点38个,是一个探险、旅游度假热带雨林天然林公园。

2002年8月,撤销长兴乡。将长兴、长沙、新村3个村委会并入和平镇管理,将响土村委会并入吊罗山乡管理。

2010年和平镇行政区划一览表

表1-8

村(居)委会	耕地面积(亩)	户数	人口合计	所辖村民小组
镇居委会	—	153	621	—
堑对村委会	338	261	1121	南队村、北队村、万道村、坡村、槟榔园
加峒村委会	755	132	551	加峒上村一组、加峒上村二组、加峒下村、崖上村
贝湾村委会	691	110	423	贝湾一村、贝湾二村、革新村、崖早村

续表1

村(居)委会	耕地面积(亩)	户数	人口合计	所辖村民小组
干礤村委会	859	114	593	留山坡村、槟榔园村、称水沟村、干礤村、新村、新民村
长沙村委会	861	149	878	长沙村、田堆一村、田堆二村、留田村、大坡村、内村、加秋村、青竹礤村
长兴村委会	1126	336	1146	长兴一村、长兴二村、长兴三村、长兴四村、长兴五村
什介村委会	1144	236	1022	罗寨村、抄贤村、什介村、顺作村、什龙村、什吗村、什干村
林田村委会	966	256	1070	林田一村、林田二村、新安一村、新安二村、新安三村、合口村、总口村、新民村
新兴村委会	833	199	910	新兴一村、新兴二村、新兴三村、新兴四村、黎毛村

第六节　长征镇

一、位置与政区

长征镇位于琼中县境内中部偏南，东南接和平镇，北邻营根镇，南濒上安乡，西依红毛镇；地处北纬18°54′02″～19°00′57″，东经109°43′50″～109°59′03″。交通优势明显，有省道S304和省道S215两条重要省道，是营根镇至和平镇、上安乡、吊罗山乡的交通要道，同时也是琼中县城至万宁市、陵水黎族自治县的途经地。镇人民政府驻长征镇墟，距县城11公里。境内有国营长征农场。

长征镇主要自然灾害有大风、暴雨、干旱、冷害等。地形主要以山地、丘陵为主。海拔800米以上的中山面积164381亩，占总面积的54.6%；500～800米的低山面积37251亩，占总面积的12.4%；250～500米的高丘70550亩，占总面积的23.4%；100～250米的低丘2127亩，占总面积的0.7%；100米以下的台地1528亩，占总面积的1.9%；河流阶地21019亩，占总面积的7%。主要河流有南什河和辉草河，境内有什架巴水库、马田水库、辉草水库。

重点景点景区有潮村革命烈士纪念碑，位于潮村村委会新村旁，距镇墟500米。该纪念碑是琼中县政府为纪念王有銮、李联山两位烈士而于1984年4月修建，2008年10月重修并对外开放。纪念碑为水泥砖砌结构，碑高3米，碑身正面刻有"革命烈士永垂不朽"8个大字，碑身下底座刻有"王有銮、李联山同志之墓"，四周有水泥砖砌的围墙，是琼中县爱国主义教育基地。

1991年，长征镇辖潮村、新寨、万众、烟园、深联、新平、罗反、南什、什仍9个管理区，55个自然村。行政区域面积200.7平方千米，全镇总户数1421户，户籍总人口8055人，男性4229人，女性3826人；非农业人口509人，占总人口的6.32%；农业人口7546人，占总人口的93.68%；汉族609人，占总人口的7.56%；少数民族7446人，占总人口的92.44%，其中，黎族6739人、苗族703人、壮族3人，其他少数民族1人。1995年，将9个管理区更改为9个村委会。

2000年，长征镇辖潮村、新寨、万众、烟园、深联、新平、罗反、南什、什仍9个村委会，1个营盘社区居委会，49个自然村，59个村民小组。全镇总户数1671户，户籍总人口8489人，男性4523人，女性3966人；非农业人口535人，占总人口比重的6.3%；农业人口7954人，占总人口的93.70%；汉族678人，占总人口7.99%；少数民族7811人，占总人口92.01%。少数民族包括黎族7061人、苗族746人、壮族4人。

2002年，长征镇的什仍村委会大朗村小组划归营根镇管辖。全镇总户数1677户，户籍总人口8487人，男性4526人，女性3961人；非农业人口549人，占总人口的6.47%；农业人口7938人，占总人口的93.53%；汉族638人，占总人口的7.52%；少数民族7849人，占总人口的92.48%。少数民族中有黎族7092人、苗族752人、壮族4人、其他1人。辖潮村、新寨、万众、烟园、深联、新平、罗反、南什、什仍9个村委会，1个营盘社区居委会，47个自然村，57个村民小组。

2010年，长征镇辖潮村、新寨、万众、烟园、深联、新平、罗反、南什、什仍9个村委会，1个营盘社区居委会，43个自然村，57个村民小组。辖区东西最大距离26.74千米，南北最大距离12.97千米，行政区域土地总面积为179.05平方千米，占全县土地总面积的6.62%。全镇总户数3127户，户籍总人口9440人，男性5029人，女性4411人；非农业人口728人，占总人口的7.71%；农业人口8712人，占总人口的92.29%；汉族752人，占总人口的7.97%；少数民族8688人，占总人口的92.03%。少数民族包括黎族7760人、苗族911人、壮族11人，其他少数民族6人。

二、经济发展

1991年,镇财政收入73万元,生产总值495万元,农民人均纯收入1400元。2000年,镇财政收入68万元,生产总值876万元,农民人均纯收入2040元。2010年,财政收入203万元,生产总值3174.6万元,农民人均纯收入3156元。20年间,长征镇经济高速发展,财政收入增长率178%,生产总值增长率541.3%,农民人均纯收入增长率125.4%。主要经济作物有橡胶、槟榔,粮食作物以稻谷、薯类、豆类为主,蔬菜以叶菜、白菜、萝卜、豆类(菜用)为主,畜牧业以生猪、家禽为主等。

1991年,实有耕地总面积10797亩,其中水田6469亩,旱田489亩,旱地3839亩。1993年农林牧渔业总产值达2331万元。

2000年,粮食播种面积15995亩,亩产772公斤,粮食总产量4185.45吨,其中水稻产量3302.21吨,种植面积11092亩;玉米产量280.18吨,种植面积1701亩;番薯产量591.42吨,种植面积2946亩;豆类产量11.64吨,种植面积256亩。2000年,蔬菜播种面积1273亩,产量253.04吨;橡胶实有面积5152亩,产量85.79吨;槟榔1188亩,产量59.59吨;花生524亩,产量44.69吨;木薯6638亩,产量6409.21吨;益智3861亩,产量77.41吨;椰子1736亩,产量10.13万个。年初猪存栏3355头,当年出栏3090头,年末存栏3286头;牛年初存栏6292头,当年出栏量1459头,年末存栏5791头;羊年初存栏935头,当年出栏441头,年末存栏量740头;家禽当年出栏量38729只,年末存栏42527只。年生产肉类503.67吨,其中猪肉262.68吨,牛肉138.65吨,羊肉5.29吨;禽肉96.85吨。

2010年,实有耕地面积11690.17亩,其中,水田4727.20亩、旱田756.16亩,旱地6206.81亩。农林牧渔业总产值达7340.36万元(其中农业产值5452万元,占74.3%;林业产值726万元,占9.9%;牧业产值581.5万元,占7.9%;渔业产值323万元,占4.4%;服务业产值257.3万元,占3.5%)。粮食作物播种面积9764亩,亩产214公斤,总产量2085吨;谷物作物播种面积8448亩,亩产218公斤,总产量1839吨;稻谷作物播种面积7331亩,亩产225公斤,总产量1648吨;水稻作物播种面积6503亩,亩产232公斤,总产量1512吨;山兰作物播种面积297亩,亩产100公斤,总产量29.7吨;玉米作物播种面积1117亩,亩产171公斤,总产量191吨;番薯作物播种面积1081亩,亩产206公斤,总产量223吨;大豆作物播种面积215亩,亩产104公斤,总产量22吨;油料作物播种面积643亩,亩产180公斤,总产量116吨;花生作物播种面积643亩,亩产180公斤,总产量116吨;甘蔗作物播种面积421亩,亩产2000公斤,总产量842吨;蔬菜作物播种面积4059亩,亩产454公斤,总产量1841吨;木薯作物播种面积3780亩,亩产2000公斤,总产量7560吨。热带作物总面积30249亩(其中橡胶作物年末实有面积22332亩,收获5792.3亩,干胶总产量363吨;椰子面积253.5亩,收获129亩,总产量1.81万个;槟榔面积7663亩,当年收获3765亩,总产量1882.5吨),南药年末面积10569亩,当年收获6671亩,总产量2062.9吨;水果年末面积2594亩,当年收获1869公斤，总产量1965吨。年末牛存栏总数2461头，出售和自宰肉牛167头；猪年末存栏4112头，当年出栏肉猪2539头；家禽年末存栏量47600只，出售和自宰鸡鸭鹅36980只；当年肉类总产量282.1吨。水产品养殖（淡水养殖）面积1470亩，总产量475吨；2010年农业机械总动力总计4111千瓦（其中柴油机3760千瓦、汽油机97千瓦、电动机254千瓦），农业现代化农村用电量28785千瓦时，化肥施用实物量168.7吨，农用柴油使用量22.5吨，农药施用量13吨，农田水利有效灌溉面积739.5亩，农用塑料薄膜使用量9吨。

至2010年末，全镇有防护林61242亩，商品林74669亩，灌木经济林699亩，竹林524亩，林木覆盖率83.74%。有乡镇企业9个，从业人员年末76人，总产值85万元，营业收入113万元，利润总额10万元。

三、社会事业

1991年，长征镇辖区有1所初级中学，完全小学10所，小学在校生1463人，教职工46人（没有办幼儿园）。随着生源逐年减少，学校撤并部分完小。至2010年，辖区内有1所初级中学，在校生250人，教职工38人，完全小学6所（撤并了潮村小学、罗反小学、新平小学、新寨小学），在校生530人，教职工269人。

1991年，全镇有1所卫生院（1958年成立），共有医务人员12人，病床2张，办公楼于1980年建成，占地90平方米，建筑面积180平方米；2000年，共有医务人员16人，病床2张，办公地点于1997年从老卫生院旧址迁入现址，占地面积1170平方米，新建办公楼2层，建筑占地面积450平方米，实际使用面积900平方米；2010年，共有医务人员12人，病床11张，现办公楼在1997年的建设基础上于2007年扩建住院部2层（建筑占地面积120平方米，实际使用面积240平方米），共有办公楼2栋，建筑占地面积共570平方米，实际使用面积共1140平方米。农村新型合作医疗应参合人数7161人，已参合6634人，参合率92.64%；农村新型养老保险应参保人数5280人，已参保4849人，参保率91.84%。

1991年，有已婚育龄妇女人数1038人，本期出生人数中现有孩数184人（其中一孩54人、二孩48人、多孩82人）；2000年9月，全镇期末人口总数9172人，期末已婚育龄妇女人数1214人，本期出生人数中现有孩数89人（其中一孩45人、二孩27人、多孩17人）；2010年，全镇期初人口总数7115人，期末人口总数8382人，期末已婚育龄妇女人数1364人，本期出生人数中现有孩数135人（其中一孩62人、二孩50人、多孩23人）。

1991年有篮球、排球场共12个，文化站、露天剧场、录像放映点、图书馆和电影放映队各1个。2010年有综合文化站一座，中小学校体育场地12处，其中长征中学有50米直道1条、篮球场2个、排球场2个，长征中心小学有篮球场1个、羽毛球场2个，长征学校有200米环形跑道一个、篮球场2个、排球场1个；长征学校有中小学体育器材跳高架3付、低单杠3副、高单杠2副、高双杠2副、山羊2台、小体操垫2块、大体操垫3块、乒乓球台3张、肺活量测试仪3件，长征中学和长征中心小学各有篮球架1副、乒乓球台2张、羽毛球柱4副、跳马1台。

新农村建设步伐加快，各项基础设施建设不断完善。2002—2006年8月，结合营万线省道的建设改造桥头至城镇中心路段的水泥路面建设，完成全镇10个村(居)委会的47个自然村57个村民小组农网改造，完成45个自然村的引水工程(占96%)，农村沼气池和“一池三改”建设499个，投入使用485个。基础教育不断发展，对全镇施教区进行合理调整，完成7500平方米的教室、宿舍和食堂的改造，小学学生入学率平均为99.7%，巩固率为99.6%，中学学生入学率平均为97.7%，巩固率平均为97.7%，中学学生升学率平均为65%。群众文化活动丰富多彩，全镇电视覆盖率达100%；农村社会保障水平不断提高，抗灾救济工作顺利开展，共发放民政救济款51万元，扶助困难户民房改造126间。2005年完成2000平方米敬老院和福利院建设，实现全镇五保户集中供养工作；城镇和农村居民的最低生活保障制度覆盖面进一步扩大，基本实现应保尽保；老龄事业和残疾人事业等得到进一步发展。2006年底，累计改扩建乡村道路65公里，完成各类水利改造建设16宗。2007年，硬化深联—新平道路11公里，改造车路村道路3公里；改善营株村的饮水工程，解决102人长期以来的饮水难问题；完成南什村、什仍村文化室的建设。2008年，完成镇墟旧市场全长10米路面硬化；硬化配套牛堑村的公路7公里，解决3218人的出行难问题；建设罗反下、老辅、福加老、潮村等5座水利工程；投入21万元和60吨水泥建设什日宛生态文明村，硬化环村道700米，建设排水沟300米，改善农民的生产生活条件。2009年，完成南什公路、琼万路至什仍村公路、什云村、什日宛村、牙绿村等乡村道路硬化工程共计24.7公里，解决了近4000名群众长期以来的行路难问题；大力推广“三联通”沼气池建设，共完成“三联通”沼气池472个，普及率35%，同年完成“三联通”沼气池建设20个；在镇粮所用地内建成面积4000平方米新农贸市场；绿化市场和镇卫生院周边以及改造镇墟人行道路；长征四级客运站顺利开工；长征文化活动中心落成；在什马村建起面积40亩的蚕种基地，并在镇墟设立了蚕茧收购站等。2010年，完成什仍、万众、烟园、深联、潮村、新平6个村委会的乡村公路硬化建设工程共25公里，解决了6000多人的出行难问题；筹措资金5.8万元用于南什村土路平整工程；投入42.7万元开通硬化镇政府大门至上安路口的通道；投入资金32.8万元建设什云村U形槽防渗引水渠安装工程；投资29万元建设新丰鸡舍11座及水泥混凝土道路700米；投入60万元建设潮村养猪示范基地；投入117万元在烟园养蚕示范村建成公共蚕房33间；投入29万元对镇政府广场进行改造，配套健身器材、路灯等设施，为镇墟干部群众开展各类文体活动提供便利场所；争取各类资金212万元建设长征乡村客运站项目，该项目为琼中县第一个乡村客运站项目。

为改善群众的居住环境，2002年开始创建文明生态村。至2010年底，共创建文明生态村22个，分别是福加老村、福加新村、冲村、烟园村、什宏村、上状村、也裕村、什连村、什云村、什日宛一村、什日宛二村、新丰村、白鹤一村、白鹤二村、冲打林村、什仍村、罗柳村、岸山村、潮村、老铺村、什各礼村、头鹿村。

2010年长征镇行政区划一览表

表1-9

村(居)委会	户数	人口				所辖村民小组
		合计	其中			
			黎族	苗族	汉族	
潮村	291	1530	1377	12	122	什马村一小组、什马村二小组、什各礼小组、新村上村小组、新村下村小组、潮村小组、老铺村小组、岸山村小组、什架巴村小组、什况村小组、高田村小组
烟园	163	749	12	720	3	烟园村一小组、烟园村二小组、烟园村三小组、烟园村四小组、烟园村五小组
新寨	129	597	487	2	103	什云村一小组、什云村二小组、牙绿村小组、什日宛一村小组、什日宛二村小组、新丰村小组
万众	232	1101	1063	11	13	福加老村小组、福加新村小组、冲村一小组、冲村二小组、铺上村小组、铺下小组、毛项村一小组、毛项村二小组
什仍	122	580	548	7	20	冲打林村小组、什仍村小组、罗柳村小组
深联	185	842	816	3	18	深湴村小组、头鹿村一小组、头鹿村二小组、车路村小组、上瑞村小组、加赖村小组、营株村小组
南什	168	882	848	1	25	南什村小组、什宏村小组、干田村小组、上状村小组、也裕村小组、什连村小组

续表1

村(居)委会	户数	人口				所辖村民小组
		合计	其中			
			黎族	苗族	汉族	
新平	161	804	728	7	47	旧村平村小组、白鹤一村小组、白鹤二村小组、新村仔村小组、牛栏平小组、什晏村一小组、什晏村二小组、牛堑村小组
罗反	93	390	371	2	13	罗反上村小组、罗反下村小组、一心村小组
营盘社区	181	707	456	36	173	—

注：此表的人口部分为常住人口的统计，合计8182人

第七节 红毛镇

一、位置与政区

红毛镇地处琼中县西部五指山山脉北麓，东邻营根镇，南接上安乡，西连什运乡，北与黎母山镇交界，总面积269.2平方公里。2003年镇政府所在地由番响圩移至位于海榆中线156.3公里处，东距县城营根镇24公里。

红毛镇地下水资源丰富。境内山高林深，山地面积占81%，高丘占16%，有17座海拔500米以上的五指山延伸山脉，其中东边操弄岭海拔1190米，南面铁钻岭1781米，西部破法岭1116米，北边割菜岭1021米，尖岭1111米。主要河流有番响河流经中部汇入昌化江；境内有大小50多条沟道溪流，山垣梁峁和河川沟壑纵横交错；地势呈西南高向东南延伸，土壤多为赤红壤和黑土，森林覆盖率近80%，是天然的大氧吧。

1991年，红毛镇辖番响、牙挽、毛西、草南、什寒、什卓、罗担、罗坎、罗解、金屏10个管理区，44个自然村，总人口8339人。1995年，管理区变更为村委会。同年7月，将什卓村委会的架便、常模、坎茂、移民、牙寒一、牙寒二村析出，成立坎茂村委会，并将牙寒一、牙寒二小组更名为共建

一、共建二小组。总人口7821人。2000年，红毛镇有总人口8767人。2010年，红毛镇辖番响、牙挽、毛西、草南、什寒、什卓、罗担、罗坎、罗解、金屏、坎茂11个村委会，45个自然村，51个村民小组。年末总人口9314人，其中城镇常住人口605人，行政区域总面积146.7平方公里。土地面积约11万亩，其中耕地面积11265.5亩，水田6400亩，旱地4865.5亩，林地8.4万亩。

二、经济发展

1991年，全镇工农业总产值达313.52万元，其中农业总产值达236.65万元，工业、副业总产值达76.87万元。2002年，全镇社会总产值达1636.95万元，年均增长9.6%，其中第一产业1451.1万元，年均增长7.9%；第二、三产业总产值185.85万元，年均增长6.8%，农民人均收入1539.28元；全镇粮食播种面积17728亩，总产量3888.05吨。全镇水田面积4609亩，旱田面积1387.3亩，各种经济作物种植面积达29574亩，其中：益智9945亩，咖啡300亩，槟榔585亩，香蕉1456亩，种竹2715亩，橡胶5099亩，玉米1463亩，木茨4130亩，柠檬24亩，种植各种果树539亩，其他作物853亩，造林2465亩；封山育林19428亩。热带作物总产值达75.64万元，牛、猪、鸡鸭鹅肉类总产量144.4吨。

2002年底，全镇粮食播种面积13903亩，其中水稻种植面积9613亩，玉米790亩，番薯3500亩，粮食生产总量为15279.4吨.除此之外，还种植红橙240亩，荔枝、龙眼130亩，椰树210棵，人工造林475亩，益智新增1950亩，草扣150亩，槟榔1345亩，橡胶6114亩，花生270亩，种植瓜菜660亩(含水田改种面积)。生猪5979头，水黄牛7192头，鸡鸭鹅16392只。2006年底，全镇橡胶6745亩，开割面积达1528亩，年产干胶108吨。水果种植面积已达8378亩，其中，龙眼3010亩，荔枝776亩，绿橙3941亩，芒果281亩，杨桃70亩，黄皮300亩。

2010年底，全镇有耕地面积11265.5亩，水田6400亩，旱地4865.5亩，林地8.4万亩。主要以橡胶、槟榔、水稻为主导产业，木薯、甘蔗、玉米、水果、南药等中短期经济作物为辅,同时发展种桑养蚕、养蜂等特色产业。全镇推广良种玉米面积450亩、花生250亩、水稻4000亩、莲藕150亩、野菜88亩、苦瓜112亩、黄灯笼椒86亩。在坎茂村委会移民村发展稻田养鱼，2010年，全村参与稻田养鱼农户7户，改良稻田面积27亩，养殖罗非鱼等优质淡水鱼16200余尾，实现年收入12.96万元，人均增收3811.77元。传统产业橡胶、南药实现产值1880.2万元。进驻红毛镇的龙头企业共有5家，其中引进广东蚕丝公司发展种桑养蚕特色产业。全镇有桑田2815亩，参加种桑养蚕农户139户，项目直接受益群众662人。全年蚕茧产量12448.25公斤，产值34.23万元，人均增收517.07元；依托丰富的南药和林产品资源，培植了王老吉药业；依托天然河流、牧草，培育了草南白鹅养殖场龙头企业。在什寒、草南、罗坎3个村委会新开发养鹅项目，参加农户494户，项目直接受益群众1946人。全年产鹅12700只，实现产值222.3万元，人均增收1142.34元。与新伟农场生猪屠宰场企业联合发展养猪项目。在方响村委会南美村发动71户农户与公司签订了“公司+农户”的养猪项目，公司负责猪苗、饲料、技术等支持，农户负责劳力，初步达成饲养一头生猪到销售农户最低可获50元的利润。县扶贫办在什寒村委会发展石斛产业,初步种植石斛10亩,预计每亩可获利润8万元,由琼中县宝仁堂公司负责收购,同时为67户农户担保贷款,每年人均增收2846.98元。

2010年,全镇国内生产总值(GDP)达2868.37万元,年均增长30.34%,其中第一产业2426.74万元,年均增长34.52%;第二、三产业441.63万元,年均增长9.2%,农民人均收入3020.64元,农民人均纯收入超额完成2689元的增收任务目标。

三、社会事业

1991—2010年,红毛镇的社会各项事业均取得很大发展。九年义务教育得到落实,消除了文盲。教学点通过撤并,分布更为合理,教学设施与条件不断得到改善,教学质量稳步提升。医疗设施与技术不断得到更新,乡村文化红红火火。

1991年全镇有初级中学1所,小学5所,教学点10个,在校学生1770人(其中中学生250人),入学率达98%,年巩固率58%。筹集办学资金1.2万元,修建校舍2间,面积达610平方米。2002年共有中小学12所,适龄儿童入学率99.7%,巩固率99.6%。2010年末,全镇有中小学11所(红毛中学、新伟学校、希望小学),其中初级中学1所,九年一贯制学校1所,完全小学1所,教学点8个。全镇在职教职工147人,其中专任教师134人(初中教师42人,小学教师92人),取得专业技术职称的教师105人(其中中学34人,小学71人);高级职称15人(其中中学3人,小学12人);中级职称32人(其中中学13人,小学19人);初级职称56人(其中中学17人,小学39人);未评职称30人(其中中学9人,小学21人)。小学和初中专任教师学历达标率均为100%。在校中小学生1049人(其中初中在校生278人,小学在校生411人,新伟学校360人);自启动"农村中小学现代远程教育工程"以来,"两免一补""两基"工作成果得到巩固提高,2010年,全镇小学入学率和巩固率均为100%;中学入学率和巩固率均为100%。

2002年,举办各类实用农技骨干培训班6期,累计参加人数140人,参加上级部门组织的各类实用农技培训班4期,累计15人领取到技术管理部门颁发的各类技术员证书。2003年,举办各类农村实用技术培训班37期,受训人数达1540人次。其中,投入2500元举办果树的修枝整形,控梢促花、保花保果等管理知识培训班27期,参加人数达1145人次。2010年,全镇11个村委会都建有农民技术学校或文化室,办学面达100%。向农民传授橡胶栽培和管理技术、养蜂技术、种桑养蚕技术,对农民培训215期,印发科技资料2154份,参加学习人员8707人次。2010年投入农民培训15万元,全镇青壮年人口(15~50周岁)6985人。

2002年,完成金屏、共建、草南、罗坎、什卓等村委会文化室建设,解决了村委会上班及办公场地。2006年全镇共组织"理论下乡"4场,参与群众达到130多人次。国家"万村书库"工程实施以来,金屏、南美、龙简3个村收到一大批书籍、影像、资料等。2007年以参加"三月三"节日活动,民族歌曲比赛为载体,积极参加比赛,一年来,荣获"叫侬唱歌侬就唱——民歌之星"电视大赛、"颂海南"创作歌曲歌手大奖赛和"三月三"民族歌舞狂欢活动组织奖、"三月三"乡土文化巡展活动二等奖。2010年以节庆活动、民族歌曲比赛为载体,紧紧围绕国际旅游岛建设,着力打造方响民族文化示范村。在"三月三"文艺会演和红毛镇庆"七一"文艺晚会上,方响村文艺队均获得一致好评。全年开展各类文体活动12次,送电影下乡达45场次;组织文艺队参加全省林业系统会演,荣获第三名,参加县第二届示范村文艺会演,荣获第二名。

1991年,红毛镇有镇卫生院1所,海南农垦番响医院撤销,大部分人员合并到农垦那大医院。2002年,镇卫生院迁址至海榆中线156.3公里处。2010年,红毛镇有镇中心卫生院1所,有医务人员19人,医疗设备主要有B超、心电图、血、尿液分析仪等,医疗用房面积310平方米,年门诊量6000人次,住院80人次,全镇有村卫生室11所。

乡镇基础设施不断完善,群众住、行得到极大改善。1991年,全镇完成简易瓦房和草房426间;全镇尚有21个自然村饮用山沟水,计划兴建草文、报胶、罗轻等8个村庄的自来水工程。1999年,改厕160间;全镇完成65间民房改造,对合老村、什丘猿村及罗解村的照明线路进行改造,对红星水利、罗眉水利实施维修。2002年,改厕280间,沼气池建设91个;完成民房改造149间;完成牙挽一、二村,草会村、草响村、罗眉村、什冲村饮水工程并维修罗坎村、庆才村引水管道;完成报胶、龙简、什冲、什卓、草响等18个村庄的电网改造,全镇农村电网改造达88%。发放抚恤金48132元,救济款8000多元,救济物资400多种,救济五保户、特困户306户,完成白内障患者手术13例,解决孤儿上学28人。2007年,确定低保户98户341人,五保户39户。共发放低保金7.1万元,救济款8.41万元,抚恤金48,132元,救济物资3500多件。新型农村合作医疗工作,参合人数达8035人,参合率95.5%,获全县先进单位称号。2010年,全镇完成民房改造任务66户,共发放救济物资13万多元,发放救灾粮25吨。投资9万元为1户残疾人和2户复员军人建房,发放低保金21万元。至2010年末,全镇已建沼气池541户,加上使用液化气1042户,清洁能源普及率达64.29%。组织57名白内障患者接受免费检查,其中21人成功接受手术,捐赠残疾人用品用具5件、衣物851件,毛毯、棉被120床。新合医疗参保人数8483人,参合率达到了97.48%,新农村养老保险3361人,参保率68.5%。

红毛镇从2002年开始创建生态文明生态村,涌现出以金屏村为代表的第一批生态文明示范村庄。2003年,全镇共硬化村道10.4公里,新开通村道排水沟4320米,新建文化室4间,球场3个,建成8个文明生态村,即番响村、共建村、牙挽村、报胶村、南美村、草响村、罗坎村、黎凑村。至2010年,红毛镇投入文明生态村建设资金900多万元,建成文明生态村28个,占全镇自然村总数的60%。

2003年,镇政府迁址兴建新办公楼,办公楼位于海榆中线156.3公里处,2006年,镇政府、派出所、卫生院办公大楼相继建成投入使用。2009年开始实施农村广播电视"村村通"入户工程,2010年完成全镇所有行政村的农村电网改造,为广泛实施农村广播电视"村村通"工程提供条件,加强了广播电视村村通建设,全年发放投影仪设备9台,直播星接收设备245台。筹资52万元,在行政文化中心区域建设了占地面积近9000平方米的民族文化广场,为全镇开展文化交流、培训、比赛提供了一个极为便利的场所。此外,就业培训中心和财政所办公大楼建设工程已开工建设,集镇功能更趋完善。

2002年红毛镇行政村基本情况表

表1-10

村委会	所辖村民小组
金屏村委会(5个村民小组)	金屏、上托、南流、什裕、美林
毛西村委会(3个村民小组)	毛西一、毛西二、罗虾
坎茂村委会(6个村民小组)	架便、常模、坎茂、移民、共建一、共建二
番响村委会(4个村民小组)	番响、牙模、道响、南美
草南村委会(4个村民小组)	草南、草会、合老一、合老二
牙挽村委会(3个村民小组)	牙挽一、牙挽二、报胶
什寒村委会(4个村民小组)	冲沙、什托、元也、苗村
什卓村委会(5个村民小组)	龙筒、罗天、草响、什冲、什卓
罗担村委会(4个村民小组)	罗担、草文、毛立、黎凑
罗坎村委会(4个村民小组)	罗坎、庆才、罗眉、什空
罗解村委会(8个村民小组)	罗米一、罗米二、解族、什响、方洞、皇阳、什丘猿、合赖

2010年红毛镇行政村基本情况表

表1-11

村(居)委会	耕地面积(亩)	户数	人口				所辖村民小组
			合计	其中			
				黎族	苗族	汉族	
金屏村委会	570.21	107	557	475	6	73	金屏、上托、南流、什裕、美林
毛西村委会	1105.87	189	852	843	1	8	毛西一、毛西二、罗虾
坎茂村委会	560.5	161	768	707	—	61	架便、常模、坎茂、移民、共建一、共建二
番响村委会	1383.55	226	1050	1019	3	24	番响、牙模、道响、南美
草南村委会	1087.33	174	788	775	—	13	草南、草会、合老一、合老二
牙挽村委会	918.03	145	732	726	1	5	牙挽一、牙挽二、报胶
什寒村委会	698.72	86	481	180	301	—	冲沙、什托、元也、苗村
什卓村委会	619.33	190	852	837	1	14	龙简、罗天、草响、建蒙、什冲、什卓
罗担村委会	1225	170	938	909	1	28	罗担、草文、毛立、黎凑
罗坎村委会	464.09	139	678	668	2	8	罗坎、庆才、罗眉、什空
罗解村委会	2077.42	234	1250	1226	—	22	罗米一、罗米二、解族、什响、方洞、皇阳、什丘猿、合赖

第八节 什运乡

一、位置与政区

什运乡位于琼中县西部。东临红毛镇，西连五指山市毛阳镇，南接五指山水满乡，北濒鹦哥岭,与白沙黎族自治县元门镇交界。地处北纬18°59′39″,东经109°36′14″。驻地位于海榆中线170千米处,因在什运河边和什运村隔河相望,得名什运。黎语:什是田,运(冲运)是木瓜,意为田边种植很多木瓜,故得名,距琼中县城36千米。全乡行政区域面积127.2平方千米。2010年,什运乡辖什运、三联、南流、什统黑、南平、便文6个村委会,24个黎族自然村、30个村小组。

什运墟面积12万平方米。街道1条,长600米,1991年店铺15家,日赶集者150人。2004年,乡政府修建300平方米农贸市场。2010年,店铺24家,乡墟人口112人,日赶集者500人。

1991年,全乡出生128人,出生率47.99‰。出生性别比为116.95。1995年,全乡出生65人,出生率22.29‰。出生性别比为116.67。2000年,全乡出生65人,出生率21.88‰。出生性别比为160。2005年,全乡出生104人,出生率19.64‰,自然增长率12.83‰,出生性别比为131.11。2010年,全乡出生75人,出生率14.46‰,自然增长率9.45‰,出生性别比为102.70。

什运乡是个少数民族聚居乡。1991年,全乡有总人口5097人,其中有黎族4867人,苗族14人,壮族20人,汉族196人。2005年,总人口5320人,其中农村人口4699人。2010年末,总人口5012人,其中农村人口4900人(黎族4648人,汉族224人,苗族11人,其他少数民族17人)。

什运地势呈南北高、中部低的谷地形态。境内多山和高丘,山地面积占95.9%,河流阶地占4.1%。海拔500米以上的山岭6座,其中海南省第二高峰鹦哥岭在境内北麓,海拔1811米。境内河沟溪涧多,主要河流有什运河、喃训河、喃乌河、喃岸河和南般河。昌化江沿乡域由东向西出境,江面宽,水量足,有丰富的水力资源。土壤成土母质以砂页岩和花岗岩风化物为主,全乡蕴藏丰富的萤石矿、大理石矿和石灰石矿。什运乡森林覆盖率为84.3%,境内有野生脊椎动物500多种,列入国家保护的有50多种;有天然植物3100多种,可入药的2000多种,较常用的217种。

什运乡境内旅游资源丰富,主要有鹦哥岭热带森林自然景区、黎族民俗景区、琼崖区党政军机关驻地旧址三大景区。

2010年,什运乡实有耕地面积5418.26亩,坡地面积为2580亩,林地面积为5.7万亩。乡耕地多以梯田为主,其中水田2462.8亩,旱田537亩,旱地1378亩。主要以橡胶、水稻为主导产业,以香蕉、甘蔗、水果、南药等经济作物为辅,同时发展种桑养蚕、养蜂、养牛、养猪等特色产业。什运乡建有全县最大的饲养琼中山鸡示范基地,年饲养山鸡9800只。

二、经济发展

1991年,什运乡财政收入仅6万元;1993年,全乡农村经济收入665.2万元,财政收入2万元。2004年全乡农村经济收入1620万元,财政收入21.2万元,乡镇企业总产值355万元,人均收入1418元。2005年全乡农村经济收入1731.7万元,财政收入22.35万元,人均纯收入1410元。2010年,全乡农林牧渔业总产值3071.1万元,财政收入60万元,乡镇企业总产值413万元,人均纯收入2853元。

2004年粮食作物种植4924亩,总产量1668吨。橡胶种植面积11976亩,总产量110吨。瓜菜种植面积350亩,总产量354吨。水果面积8599亩,总产量1637.4吨。饲养牛3605头、羊382只、猪4396头、禽类42694只,肉类总产量331吨。

2005年粮食作物总产量887吨,橡胶种植面积11285亩,总产量61.7吨。水果种植面积6688亩,总产量853.6吨。槟榔种植面积1169亩。饲养牛2999头,羊72只,猪2795头,禽类12453只,肉类总产量201.63吨。

2010年,全乡有大中型拖拉机34台,588千瓦;小型拖拉机17台,224千瓦;有耕整机437台,机引犁280台。全年粮食作物种植面积5128亩,产量1431吨。橡胶种植面积23001.8亩,产量534.7吨。南药种植面积2384亩,新种630亩,收获面积1045亩,产量125.95吨;槟榔种植面积2009亩,其中新种630亩,收获面积670亩,产量100.4吨;瓜菜种植面积716.8亩,产量443吨。水果面积2081亩,产量443.3吨。饲养牛722头、羊164只、猪3670头、禽类46800只,肉类总产量419.5吨。全乡新增发展养蜂23户480箱,总产量1380千克,创收9.66万元。

三、社会事业

1991年,有初级中学1所,小学9所,教学点5个。2004年在乡中心小学建设食堂,2005—2009年,撤除各村小学和4个教学点,仅保留什统村委会教学点,其余并入什运中心小学。2005年,建设中心小学生宿舍10间,225平方米,建设中学教师宿舍14间,400平方米。2010年末,中学在校生102人,入学率98%,专职教师25人;小学在校生431人,入学率100%,专职教师49人。

1991年,什运乡有卫生院1所,面积1020平方米。1996年10月,在什运乡进行初级卫生保健工作试点。2010年,乡卫生院有16名医务人员,其中4名医生、2名护(助产)士,2名防疫人员,聘用3名护士、1名医生、1名公共卫生人员、3名后勤人员;配备有全自动生化仪、血细胞分析仪、尿液分析仪、便携式B型超声仪等设备,能够开展内儿科、妇产科、中医科、简单的外科等诊疗活动;全乡新型农村合作医疗参保人数4862人,参保率95.6%。

什运乡民族文化底蕴浓厚,1984年乡综合文化站建,2009年重建,总面积306平方米,内设图书室、阅览室、活动室、设备室、电脑室、办公室,装置卡拉OK、投影机、电视机及电脑,藏图书3万余册。2008年,番道村成立黎族织锦专业合作社,有社员46人,农闲织锦。2009年,村民自发组建番道、光一光二、什贡、方青村4支业余文艺队,自编自演歌舞,内容多以劳动、恋爱、猜谜为主,具有浓郁的当地文化特色和生活气息。2010年,中央电视台《乡土栏目》记者到什运录制《寻找龙被》节目。海南省民政厅在什运乡便文村建设琼崖纵队首次代表大会纪念馆。

乡村体育运动不断丰富。2010年末,全乡建有水泥地面篮球场12个。每逢"三月三"、妇女节、春节均组织篮球、拔河比赛。

什运乡交通便利,海榆中线公路和什白(沙)公路在什运墟交会。东距县城30公里,西距五指山市42公里,北距白沙县42公里。前往三亚、五指山、乐东、白沙、昌江、琼海等各路长途汽车均从什运经过,连通全省各个市县,是重要的交通枢纽。2009年全乡行政村道路硬化率达100%。

什运乡从2010年开始创建生态文明村,已创建完成的生态文明村为便文村委会便文村。

2010年什运乡行政村基本情况表

表1-12

村委会	耕地面积(亩)	户数	人口				所辖村民小组
			合计	其中			
				黎族	苗族	汉族	
什运	931	448	962	949	—	13	什运一、什运二、什运三、什龙、方根、牙训
三联	718	124	537	521	—	16	什太、什贡、方板、金山
什统	1106	404	1711	1634	—	77	红一、红二、光一、光二、山村、道秒、方道、方满、方青
南平	527	159	611	599	—	12	青祖湾、南平、南办
便文	724	166	690	678	—	12	伯保、便文、阶一、阶二、冲公保
南流	397	84	387	360	6	21	牙好、什益岸、南流

第九节 上安乡

一、位置与区划

上安乡位于北纬18°46′59″~18°55′50″,东经109°14′36″~109°55′06″,地处琼中黎族苗族自治县南部,五指山脚下,东接和平镇,西靠五指山市,北连长征镇,东南与吊罗山乡接壤,南与保亭黎族苗族自治县、陵水黎族自治县相毗邻;乡政府驻上安社区,距县城24公里。

辖区地处海南中部山区,地形主要为山地和丘陵,境内多山,山地占境域面积的83.5%,高丘占13.7%。海拔500米以上的山岭10座，西边有五指山（海拔1867米）、铁耳岭（海拔1781米）、高湾岭（海拔1195米），南边有罗眉岭（海拔1086米）、水贤岭（海拔1132米）、卜古岭（海拔1167米）、崩岭（海拔1159米），地势西南高、东北低，最高点位于西部五指山主峰，海拔1867米。

万泉河的发源地在上安乡境域，主要河流有南什河、招咱河、什育河。矿藏有金矿、黄铁矿、脉石英矿、花岗岩和闪长岩。

1991年，上安乡辖什坡、南万、长安、什育、抄方、行干、中兴7个管理区，有1020户5766人。2000年，有1050户5667人，其中，少数民族人口5355人。

2002年上安乡行政区划表

表1-13

村（居）委会	耕地面积（亩）	村民小组（个）	户数	人口				所辖村民小组
				合计	其中			
					黎族	苗族	汉族	
什坡	755	5	118	704	704	0	0	什坡、朝东、南托、空示、仕阶
南万	1900	6	208	1078	1078	0	0	什错、南流、什空、黑赤、什黑、牙代
长安	960	5	157	787	779	8	0	招咱、什暗、罗运、牙云、台村
什育	587.3	5	104	564	564	0	0	什育一、什育二、什万章、什礼、什联
抄方	506.9	4	67	380	277	103	0	抄方上、抄方下、河南、罗眉
行干	579	4	102	490	486	4	0	行干、什台、新丰、新建
中兴	976	8	152	867	0	0	0	万赞一、万赞二、什况、什代、志顺、什那训、什味、妚女甫
乡热作场	51	—	25	123	107	0	16	乡热作场

2010年上安乡行政村基本情况表

表1-14

村(居)委会	耕地面积(亩)	村民小组(个)	户数	人口				所辖村民小组
				合计	其中			
					黎族	苗族	汉族	
什坡	755	5	159	751	751	0	0	什坡、朝东、南托、丰示、仕阶
南万	1900	6	263	1210	1206	4	0	什错、南流、什空、黑赤、什黑、牙代
长安	960	6	195	844	832	12	0	招响、什暗、罗运、牙云、台村、什龙
什育	587.3	5	150	641	641	0	0	什育一、什育二、什万章、什礼、什联
抄方	506.9	4	86	415	296	119	0	抄方上、抄方下,河南、罗眉
行干	579	4	119	538	528	10	0	行干、什台、新丰、新建
中兴	976	8	214	1033	1033	0	0	万赞一、万赞二、什况、什代、志顺、什那训、什味、奷女甫
上安社区	51	—	187	635	542	17	76	社区一队(乡热作场)、社区二队

2010年,上安乡辖什坡、南万、长安、什育、抄方、行干、中兴7个村委会和上安社区居委会,1个乡农场,38个自然村。总人口6998人,其中黎族6399人,苗族193人,汉族351人,壮族55人。有土地面积307362亩,耕地面积7008亩。其中陆地面积203.59平方千米,占99%;水域1.74平方千米,占1%。人口密度每平方千米33人。这里民族风情浓郁,民歌盛行,琼中黎族民歌已被列为国家非物质文化遗产保护名录,而上安乡作雅村是琼中县“黎族民歌”之村。

二、经济发展

上安乡是以农业为主的乡。1991年,乡财政收入为10万元;全乡耕地面积6398亩,其中水田面积5056亩,旱地面积1342亩;全乡农业产值259.84万元。全乡林地总面积为30.8万亩;有1个电站——马场电站。

2000年,乡财政收入为45万元。全乡耕地面积6315.2亩,其中水田面积4607.2亩,旱田面积334亩,旱地面积1374亩;全乡农业产值为2763.32万元。全乡林地总面积为30.8万亩,其中可开发林地面积14.2万亩。

2008年，全乡橡胶种植面积11643亩，槟榔12671亩，木薯3157亩，益智3198亩，芭蕉1679亩，绿橙657亩；特色产业养蜂533箱、种桑养蚕15亩、沙姜1500亩。

2010年，全乡实现生产总值5389万元，农民人均纯收入2996元。农业主要以橡胶、槟榔、益智、木薯、芭蕉、水稻、沙姜为主导产业，同时发展种桑养蚕养蜂等特色产业。全乡有林地面积71947.29亩，耕地面积7008亩，其中水田面积4460.20亩，旱田面积453亩，旱地面积2094.80亩；全乡稻谷作物播种面积9781亩，产量2465吨，其中水稻播种面积8721亩，产量2238吨，山兰稻种植面积650亩，产量125吨；种植玉米708亩，产量142吨；种植番薯1050亩，产量251吨；种植大豆140亩，产量28吨；花生种植210亩，产量42吨；橡胶种植总面积为21844亩，其中开割面积3856亩，干胶总产385吨，年产值约953.5万元；槟榔种植面积14071亩，收获2117亩，年产量318.6吨；木薯种植3150亩，产量3150吨；益智种植面积3111亩，产量155.吨，甘蔗种植310亩，产量620吨；沙姜1500亩，产量4500吨；蔬菜瓜果种植面积1868亩，产量934吨；养蜂2200箱，种桑养蚕64亩。

林业方面，全乡完成7个村委会36个村民小组1284户农户的林权证发放，集体林地规划面积71947.29亩，纳入林改范围的集体林地面积70074.08亩，发证林地面积70074.08亩，林地保障率100%，其中商品林35394.48亩、公益林34679.6亩。

全乡工业以小水电站为主，共有5个小水电站，分别是大浪水电站（2006年投产）、仕阶水电站（2006年投产）、朝阳水电站（2005年投产）、长安水电站（2006年投产）、马场水电站。第三产业，辖区内有86户个体户，乡墟营业店面36家，主要涉及饮食、农资、生活杂物、服装、机械修理等七大方面。共有乡企业（不包括个体工商户）3个，从业人员27人，总产值221万元；有城乡集贸市场1个；商店摊点15个。

三、基础设施

1991年，上安乡有邮政网点1个，投递路线长度21千米，乡村通邮率100%。2000年，全乡有邮政网点1个，投递路线长度23千米，乡村通邮率100%；有电信企业1家（电信），服务网点1个。2010年，有邮政网1个，投递路线长度23千米，投递点4个，乡村通邮率100%；有电信企业3家（移动、联通、电信），服务网点3个，网络覆盖率100%。全乡没有金融网点，有三台农信社固网支付终端机。

琼陵公路由北向南从上安乡穿过，琼中至陵水、营根至吊罗山两路班车均从上安乡经过。1991年，全乡共有公交线路1条（由上安至营根）。2000年，全乡共有公交线路1条（上安至营根），行政村道路未进行硬化。至2010年，上安乡改造农村公路3条23公里，惠及7个行政村、5962人，琼陵公路改造工程2010年末建成通车。行政村道路硬化率达100%，农村公路网络布局合理，为上安的长期发展奠定基础。公交汽车线路1条（上安至营根），日发客运汽车8趟，日均容量200余人次。

2003年，为着力改善人居环境，推进海南省生态村镇创建活动，上安乡对乡墟路面全面硬化、安装路灯，利用政府扶持，对街道两旁商户完成危房改造。同时，以南流村为试点开始创建生态文明村。2010年，全乡累计完成灾毁道路维修8条，水利维修整治53宗，更换自来水管255条；解决了5000人、1000头大牲畜的饮水困难问题。

四、社会事业

1991年，上安乡有1所中学即上安中学，有8所小学，即上安小学、什育小学、南万小学、什坡小学、抄方小学、长安小学、行干小学、中兴小学。2000年，上安乡有1所中学即上安中学，有8所小学，即上安小学、什育小学、南万小学、什坡小学、抄方小学、长安小学、行干小学、中兴小学。2010年，共有3所学校(上安中学、上安中心小学、黑赤小学)，1个教学点(中兴教学点)，1个私立幼儿园。有在职小学教师42名，初中教师155名，在校小学生547名，初中生384名。全乡小学入学率和巩固率均为100%；中学入学率和巩固率均为96%。

1991—2010年，全乡有卫生院1个，即上安乡卫生院，在岗在编医生3名，跟班医生2名，护士5名，床位8张，有3个村卫生所，1所开始运营，乡村医生1人，药店1家。2008年，乡总人口6182人，出生122人，出生率为19.73‰。2010年，全乡总人口6184人，本期出生102人，出生率为16.47%，被琼中县评为计划生育工作先进单位。同年，新型农村合作医疗参保人数达5021人，参合率达91%，基本解决农村居民看病问题。发放能繁母猪补贴12675元，农资综合直补53.4261万元，汽车摩托车下乡补贴35447.3元，民政农村低保户55户190人，全年发放低保金180960元，城镇低保8户31人，全年发放低保金57720元，优抚对象22人，发放优抚抚恤金99960元，五保户20人，发放五保金60000元，发放救济粮18吨。新型农村养老保险3223人参保，完成改造茅草房10间。

1991年，有学校体育场3个，篮球场3个。2010年，有学校体育场3个，篮球场5个。兴建7个村级文化活动场所，配套修建农家书屋、排球场、文化室等一批文化基础设施。

为让农民早日脱贫致富，1991年，集中资金、技术力量，对广大农民进行有计划、有目的的集中培训。开设橡胶、槟榔技术管理等各类培训20余期，培训6000余人次。2000年，开设橡胶、槟榔、沙姜种植等各类培训45期，培训1.1万人次。2006—2010年，开设沙姜种植、种桑养蚕、橡胶技术管理等各类培训班60期，培训1.2万人次。

第十节 吊罗山乡

一、位置与政区

吊罗山乡地处琼中县东南部，东与陵水黎族自治县、万宁市接壤；南与保亭黎族苗族自治县毗邻;西与上安乡相接,北与和平镇相邻,西部有国营太平农场。乡府驻吊罗山乡墟,距琼中县城39公里。境内土地总面积314413亩,耕地面积15873.07亩(水田4735.18亩,坡园地11137.9亩),林地面积47929亩。

明清至民国初期,属万宁县太平峒。民国24年(1935)属保亭县。1949划归琼中县,为南和乡。1950年6月仍属保亭县。1952年5月复归琼中县,为太平乡。1958年太平乡成立太平公社。1961年5月析出长安管理区。因位于吊罗山下,1980年更名吊罗山人民公社。1983年社改区。1986年改称吊罗山乡。

吊罗山乡地形主要以山地和丘陵为主。海拔500米以上的山岭有13座。其中大吊罗山海拔1290米,三角山1519米。境域内山地占68.9%,高丘占25%。辖区内有大小河溪10余条,大平河、长田河、咬饭河流经腹部。辖区内主要自然灾害有台风、旱涝灾害等。台风灾害年均发生4至6次,主要发生在8—10月;暴雨灾害一般集中在9—11月;干旱主要在12月至翌年4月。

吊罗山乡位于琼中黎族苗族自治县与陵水黎族自治县交界处。山岭纵横,山环水绕,地貌多样,四季如春。复杂多变的地质、地貌、水文、气象条件,造就了清泉河流、激流瀑布等自然景观,旅游资源得天独厚。主要经济作物有橡胶、槟榔、益智、水果、木薯等。主要特产有野生灵芝、蜂蜜、南药等。

吊罗山乡是一个以黎、苗族为主的少数民族聚居乡。1991年,全乡有6个村委会,即太平村委会、新安村委会、大美村委会、长田村委会、什插村委会和响土村委会。总人口5462人,其中黎族3844人,苗族1531人,汉族87人。2000年,全乡有6个村委会,即太平村委会、新安村委会、大美村委会、长田村委会、什插村委会和响土村委会。总人口5671人,其中黎族3947人,苗族1664人,汉族60人。2010年,全乡有6个村委会,即太平村委会、新安村委会、大美村委会、长田村委会、什插村委会和响土村委会。总人口6285人,其中黎族4093人,苗族1965人,汉族227人。

二、经济发展

1991年,吊罗山乡实现社会总产值207.1万元,人均纯收入260.2元,粮食总产量达1923吨,建设文化室8间。1992年,农村总收入为208万元,人均纯收入311元;粮食总产量为2109.27吨。当年,吊罗山乡大洋田被定为全县冬修水利示范点,全乡共修造水利工程387宗,受益面积3200多亩,整治农田1166亩,完成新造硬化水利渠道1300米,荣获全县冬修水利评比第一名。

1993—1995年,生产粮食6150.48吨,其中水稻种植面积26800亩,亩产200千克,总产值589.5吨;种植木薯3580亩,总产量262.5吨;种植番薯4120亩,总产值411吨;种植玉米1200亩,总产量72吨;种植山兰2100亩,总产量33.5吨;种植果蔗1030亩;全乡橡胶面积5688亩,干胶总产量210吨;槟榔种植270亩;拥有造林面积8000亩;饲养猪7600头;饲养牛11050头;饲养鸡

137000只;饲养鸭11208只。实现农村社会总产值1885.6万元,户均创产值5244元,农村家庭经济总收入1634.8万元,实现财税81.5万元。

1996—1998年,三年农村社会总产值2205.64万元,户均创产值5244元,人均纯收入858元,实现财税任务87万元,占任务的93%,农村家庭经济总收入1821.96万元,其中第一产业1555.7万元,第二产业35.14万元,第三产业231.12万元。生产粮食6374.48吨,其中水稻种植面积27137亩,亩产210公斤,总产值606吨;木薯种植4080亩,总产值306吨;番薯种植5180亩,总产值518吨;玉米种植2988亩,总产量179吨;山兰种植3741亩,总产量59.5吨。果蔗种植1290亩;新种橡胶431亩,新开割98亩,全乡橡胶面积4781亩,干胶总产量163吨;槟榔种植2530亩;拥有造林面积12000亩;饲养猪8503头,出栏4585头,其中1998年计划扶贫70户840头,实际投放331户883头;饲养牛11282头,出栏2570头,其中1998年扶贫饲养8户164头;饲养鸡145000只,出栏27900只,其中1998年计划扶贫9户1350只,实际投放83户2028只;饲养鸭11418只,出栏7900只,其中1998年实际投入21户1455只;新挖建鱼塘15口,面积112亩,全乡拥有鱼塘23口,面积156亩。

1999年,全乡社会总产值1181.66万元,其中第一产业1071.74万元,第二产业50.52万元,第三产业59.40万元。全年粮食总产量2205吨,农村人均纯收入1163元。全年实现税收28万元,完成任务的103.7%,其中工商征税5.1万元,完成任务的113.3%。全乡96%的村庄已通路,92%的村庄已通电,74%的村庄已饮上卫生水,村民住房中的瓦房占比达93%,农村改厕覆盖率达45%以上。水稻种植是吊罗山乡的主要粮食支柱产业,种植水稻3790亩,产量2018吨;种植玉米550亩;种植山兰稻2200亩,产量23.1吨;木茨3860亩;番茨2560亩;荔枝、龙眼水果基地8个,总面积1040亩;菠萝基地6个,面积778亩;种植椰子18600株;种植橡胶1450亩;杨桃55亩。饲养猪3615头,出栏1679头;养牛4235头,出栏571头;鸡鸭鹅饲养23128只,出栏16197只。

2000年,全乡农村社会总产值1265.5万元,其中第一产业814.8万元,第二产业38.7万元,第三产业412万元。全年粮食总产值达1893.25吨,人均纯收入达1470元。基本实现村村通公路,92%以上村庄通电,80%以上的村庄解决饮水问题,村民住房中的瓦房占比上升到95%,农村改厕覆盖率上升到51%。种植橡胶5415亩,新种1280亩,槟榔1475亩,水田改种生姜33亩,树仔菜11亩,玉米275亩,芋头85亩,荔枝、龙眼水果基地8个共1040亩,杨桃基地2个35亩,菠萝基地6个778亩,创建红江橙基地1个100亩。

2002年,全乡农村社会总产值1385.5万元,其中第一产业完成858.4万元,第二产业完成44.5万元,第三产业完成482.6万元;乡镇财政收入37万元,人均纯收入1634元。种植橡胶2720亩,槟榔4364亩,人工造林471亩,南药(益智、草扣)1305亩,共出栏猪2113头、牛650头、鸡鸭鹅17409只。

2007年，全乡农业生产总产值2175.2万元，乡镇财政收入36万元，橡胶种植面积116947亩，干胶总产量176吨，乡镇企业总产值88万元；创建文明生态村共有3个村庄，其中省级文明生态村1个——乡农场，县级文明生态村1个——什办村，乡级文明生态村1个——什富村。

2010年，全乡农业生产总值5221万元；农民人均纯收入3265元。橡胶种植面积17310亩，开割6834亩，年产干胶435吨，年产值870万元；槟榔种植面积12565亩，收获5568亩，年产槟榔干果1189吨，年产值1427万元；养蜂2210箱，产值62.4万元；种植沙姜161亩，收获沙姜322吨，实现产值193万元；打造万及村、什坡村委养鹅专业村，扶持群众鹅苗8500只；扶持什旺二村、上垅坡村创建养猪示范村。共举办农业培训班30期，其中橡胶12期，槟榔7期，养蜂6期，水稻3期，养猪2期，培训人数约2000人次。

三、社会事业

1991—2010年，乡党委、乡政府高度重视民生工作，多方筹措资金，加快建设农村基础设施、教育文化、计生等工作。

1996—1998年，三年农民应向国家上缴公粮4.85万公斤。本届收缴统筹款61605元；征收村提留款21675元，主要用于计划生育经费3.7万元，冬修水利经费3.8万元，五保户、军烈属救灾、救济补助0.3万元；支持学校办学支出1.2万元，其他公益事业支出1.5万元。三年投资27.5万元，筹建新安、新村两个自然村的饮水工程，挖好什托、什阶、公管3口水井，解决179户1496人的饮水难问题。筹集资金28万元，开通牛坡、什母、什托、万根、什富等5个自然村的道路，结束全乡道路不通的历史，解决了70户390人出行难问题。1998年投入2.45万元与太平农场共同建造什插桥，投入资金25万元建造通往万及、乡农场的水面桥。1997—1998年，全乡15个村庄295户民房改造，在全乡19个村新建厕所253间，建有太平洋硬化水利2宗共2400米，龙江硬化水利工程1宗，长1200米，新村水利工程1宗，长320米，高提水利工程1宗，长800米，新安水利工程长860米，什办水利长1200亩，维修一般化水利渠道5条长2350米，加固太平洋水利坝头、什旺水利坝头。新建教学大楼3幢，平顶教室2幢，建设教师宿舍24间。支持水泥25吨，由教师、学生自己动手建花池20个，厕所5间，维修教室18间，建水泥道35米，砌挡土墙30米，围墙40米。全乡出生159人，人口出生率10.4%。

1999年，上缴公粮37.5吨，完成任务99.8%；销售议粮130吨。上缴乡统筹款16905元，上缴村提留款12512.1元，主要用于计划生育经费11000元，夏冬水利经费2500元，五保户、军烈属补助1300元；兴办公益事业经费1500元。建好民房144间，改厕146间，投资39.6万元，建好新村、什坡、什旺、什冲、上堂、什托、什灯、什阶等村庄的饮水工程。由省建行支持水泥80吨，在县财政局、税务局等8个单位及个人捐助下，共筹款8.88万元，工程队垫资17万元，建好全县一流的乡墟水泥道一条，长300米；由省建行支持水泥95吨，县畜牧中心投资3万元，建好高堤村道1条，长130米；由县农综办投资5万元，建好牛坡村道1条，长250米；由县法院投资3.5万元，建好上堂村道1条，长140米；由县保障局投资3.5万元，建好新村村道1条，长140米，挡土墙1条长60米；在国营太平农场的支持下，扩建什坡村道1条，长150米。投资8.8万元，平整民房改造室基88间，建好什灯、什阶灯3个村庄的文化室各1间，由县广播电视局投资6.5万元，为7个村安装有线电视转播台7个。由省建行支持水泥130吨，新安硬化水利120米，加固什旺、上堂、牛坡、公管、新村等水利坝头39宗。筹建中心小学硬化水泥道路1条长180米，大美小学校道1条长110米，长田小学挡土墙1条长90米，花池32个，建设太平中学篮球场1个；投资21万元，筹建好大美、长田教学大楼2幢。

2000年，在省、县扶贫单位的大力支持与帮助下，完成乡墟至营根、乡墟至太平农场及新安村2村的民心形象工程。鼓励农民改建旧瓦房为平顶房5间，完成民房改造17栋，改厕145间。投资8.5万元扩建万及饮水工程，维修村道3条7.5公里，完成水利工程3宗350米。投资11.5万元建好新安村支部、太平村支部和大美村支部文化室。新建电视差转台2个。在省外事侨务办的支持下，分4期选送青年教师到海口景山中学进修学校。

2002年，投入151.6万元，建设一批基础设施项目。完成硬化水利设施1宗，一般化土方工程1宗，增加灌溉面积61亩，改善灌溉面积216亩；完成2宗饮水工程，解决4个自然村600多人的饮水难问题；解决高堤、万及、上堂、大美等11个自然村352户1785人的用电照明问题；建好封岭、响土公路，硬化新村、万及村中心道；完成乡墟范围硬化水泥便道37个，新建农村沼气池135个。投入48.9万元，加强学校软、硬件环境的建设，建好什富、新村、加峒、乡小、长田、大美小学教学楼，教师宿舍，太平中学校门、围墙，大美小学硬化篮球场1个，长田小学饮水工程。

2010年，投资90多万元建设乡政府750平方米的办公大楼；投入300多万元完成什富、太平洋、龙江、高堤、万及、上垅坡等水利工程建设，共建沼气池65个，改厕305间。2005—2010年，共投入300多万元完成林业站办公大楼、新农贸市场第二期建设和38间商品房建设、排污管道建设、路灯亮化等工程建设。投入抗旱资金7万元，购买抽水机、柴油、水泥等帮助农民群众抗旱保收。发放最低生活保障金4万元，涉及农户114户434人，发放救济大米18吨、冬冷衣物300件，发放五保户定期救济金8万元，发放优抚对象抚恤金10万元。完成茅草房改造7间，建设五保户住房、残疾户住房7间，灾后危房重建7间，优抚对象改造2间。

2010年，全乡设有初级中学1所，中心小学1所、村完全小学1所、村教学点5个，九年一贯制学校1所，全乡有教职员工102名，有在校学生801人，毛入学率99.9%，学前教育入园人数184人，入园率52%。

2010年吊罗山乡行政村基本情况表

表1-15

村委会名称	耕地面积（亩）	户数	人口				所辖自然村、村民小组
			合计	其中			
				黎族	苗族	汉族	
太平村委会	3963.8	553	1971	1438	465	61	1.封岭村:封岭村小组;2.高堤村:高堤一小组、高堤二小组;3.上垅坡村:上垅坡小组;4.万及村:万及村小组;5.牛头村:牛头一小组、牛头二小组;6.上堂村:上堂村小组;7.牛坡村:牛坡村小组
新安村委会	2184.7	207	719	24	665	29	新安村:新安一小组、新安二小组、新安三小组
大美村委会	3824.67	370	1332	1266	9	55	1.加峒村:加峒村小组;2.什活村:什活村小组;3.什办村:什办村小组;4.什丁村:什丁村小组;5.什介村:什介村小组;6.什托村:什托村小组;7.万根村:万根村小组;8.什富村:什富村小组
长田村委会	2968	309	1064	634	386	44	1.什坡村:什坡村小组;2.公管村:公管村小组;3.什旺村:什旺一小组、什旺二小组;4.新村:新村一小组、新村二小组;5.什冲村:什冲村小组
什插村委会	2068	153	626	603	2	18	1.什插村:什插村小组;2.什母村:什母村小组;3.六十千村:六十千村小组
响土村委会	1670.93	163	573	128	438	7	1.响土村:响土一小组、响土二小组;2.大从村:大从村小组

第三章 农林(场)企业

第一节 新市农场

一、位置与区划

新市农场是1981年10月创建的县属国营农场。农场地处琼中县境内火岭山下,东与南方农场相隔,北与乌石农场相望,中与岭头茶场相邻,西连县城营根镇,场部位于琼中县营根镇红岛营中公路6公里处,地理位置优越,交通十分便利,营中公路穿过新市农场新市片和红岭片生产队。新市农场属热带季风气候区,具有日照长、温度高、雨量多、季风变化明显等特点,年平均气温23℃。地形复杂,山岭连绵,主要由山地、丘陵、台阶地组成。境内气候温和、雨水充分、土地肥沃,适宜种植橡胶、槟榔、南药、茶叶等热带作物。

农场建制有党委、行政两个机构,企业性质为全民所有制,经济性质为企业独立核算,自负盈亏。1991年农场有下属生产队13个,全场户数368户,总人口1567人。2010年末有下属生产队14个,10个党支部,场部机关设有11个科室。全场234户,1084人,其中:汉族443人,黎族554人,苗族48人,壮族39人。在岗职工358人,退休工人107人,内退、病退35人。农场土地面积24944.8亩,种植橡胶12337.1亩,年干胶总产350~800多吨。资产总额3895万元。

新市农场区域分为两大片作业区:新市片6个生产队(一队、二队、三队、四队、五队、六队),场部、橡胶加工厂一座(2005年已租赁承包,日产标准干胶4~8吨),位于新市村委会、溢湾村委会辖区;红岭片7个生产队(七队、八队、九队、十队、十一队、十二队、十三队),位于红岭村委会辖区;长兴队(2005年农场承包县抚分办长兴橡胶基地),位于和平镇长沙村委会。

二、经济建设

橡胶生产 橡胶是新市农场的支柱产业，也是农场经济效益和职工收入的主要来源。1991年农场种植橡胶9615亩；2010年末，农场种植橡胶12337.1亩，开割橡胶4901亩，161736株。实施橡胶割制改革，从1990—1993年两天一刀割制，到1995—2003年三天一刀新割制，最后到四天一刀涂药刺激阴阳刀结合科学采胶法，干胶产量从原来的288吨，提高到2010年的近700吨，产值收入从280万元提高到2010年的1941万元，胶工年收入从原来的2567元提高到2006年的4125元。2008—2010年全面推行开割胶园职工家庭承包经营责任制，按农场与胶工七三分成比例承包给胶工，干胶报酬随市价结算，超产干胶农场与胶工对半分成，极大激发了胶工生产积极性，干胶产量、职工收入明显提高。2010年产量达到760吨，产值收入1941万元，胶工月割胶收入最低3200元，最多达到6354元。割制改革和开割胶园承包生产经营方式，降低了生产成本，提高了劳动生产率，盘活了橡胶资产，企业增效，职工增收，1991—2010年累计干胶产量9815吨，产值收入13792.4万元。

1991—2010年新市农场橡胶产业情况统计表

表1-16

年度	年末橡胶面积（亩）			干胶产量（吨）	干胶产值	劳均产值收入（元）
	小计	开割	未开割			
1991	9615	1678.8	7936.2	110.8	69.63	1048.60
1992	9714	2879.6	6834.4	196.8	131.71	2117.50
1993	9794	3354	6440	288.6	82.45	1340.65
1994	10971	4086	6885	360.7	403.68	7119.57
1995	9494	4507	4987	418.9	448.12	8717.28
1996	11415	4722.4	6692.6	400.3	647.18	12303.80
1997	10252	4147	6105	442.2	339.89	6317.66
1998	10821	4401	6420	478.4	418.58	8868.22
1999	10784	4506.5	6277.5	517.7	537.84	11322.95
2000	10785	4601.1	6183.9	486.9	385.06	8038.83
2001	11440	4575	6865	407.1	281.31	5959.95
2002	11443	4605.3	6837.7	603.2	534.58	11398.29

续表1

年度	年末橡胶面积(亩)			干胶产量(吨)	干胶产值	劳均产值收入(元)
	小计	开割	未开割			
2003	10844.8	4707.7	6137.1	715.2	832.42	18096.08
2004	11127.1	5009.1	6118	790.2	926.87	19472.05
2005	11127.1	6042.1	5085	568	900.19	16794.58
2006	12338.5	4007.2	8331.3	489.7	917.97	18286.25
2007	12338.5	4550.3	7788.2	598.7	1252.10	29051.04
2008	12338.5	4671.7	7666.8	627.8	1049.23	24687.76
2009	12338.5	4829.9	7508.6	711.6	1371.78	33215.01
2010	12377.1	4901	7476.1	729.6	1826.59	46732.56

自营经济　为了拓宽职工家庭经济收入,让职工尽快富裕起来,农场制定出优惠政策。在土地、技术、资金上扶持职工发展自营经济,鼓励职工利用五边地种植橡胶、槟榔、经济林木,职工自营经济,种植橡胶2300亩,槟榔2500亩,经济林木500亩,全场职工户户有橡胶、家家有槟榔,2008—2010年,部分职工橡胶、槟榔资产、自营经济收入1万~3万元,占职工家庭户的50%,5万~10万元占50%,自营经济年收入200多万元。

三、社会事业

民生建设　农场坚持以人为本的科学发展观,把民生工程列入党委议事日程,作为一项重要工作来抓。2008—2010年,投入2000多万元建设场部职工住宅楼、经济适用房10栋34套;扶持生产队职工自建楼房、平顶房42户,每户补助5000~42000元;1995—2001年,共投入835.5万元,建设八队、九队、十队职工平顶房1200多平方米,日产4~8吨新市农场橡胶加工厂,以及胶厂职工宿舍、场部办公楼三层1426平方米、县城新市农场干部职工综合楼7层2020平方米、场部职工宿舍平顶房706平方米、场部大彩门及球场,全场4个生产队建设职工宿舍楼,10个生产队建设职工宿舍平顶房。为解决农场职工的交通和饮水问题,1992—2007年,为三队、九队、十一队、十二队、长兴队建造5座桥梁,方便职工出行和生产道路交通。2010年,七队、八队、九队、十队、十一队、十二队、十三队用上了山泉自来水,一队、二队、三队、五队、六队、场部建设深口水井自来水,解决了群众的用水困难。

文教卫生　1991年至2001年6月,农场办有五队小学和十一队小学两所学校,在校学生200多人,配备教师8人,学龄儿童入学率达98%,巩固率达100%。2002年7月,农场根据实际情况,撤销场办学校,分流教师,学生分流到红岭小学、新市小学、红岛中学就读,在场部建设学生宿舍,为就读于附近新市小学、红岛中学的本场职工子弟解决食宿问题;红岭片生产队职工子弟就近到红岭小学读书，新市片生产队职工子女就读在新市小学、红岛中学，直至2010年。农场建有卫生院，设有病床8张，西医师1名，西医士2名，扩土1名，职工2名，生产队卫生员3名（西医土）。创办以来，坚持“预防为主”的方针，治疗常见病、多发病，力争小病不出队，一般疾病不出场，大病转送县以上医院治疗，保障了职工的身体健康。同时为周边农村、学校、机关看病治病提供方便。全场14个生产队都建有文化室和职工之家，有篮排球场10个、乒乓球台8张，场部有藏书1万册的职工书屋，做到职工有地方学习，休闲娱乐、强身健体有去处，每逢五一、七一、元旦等重大节日，都举行形式多样的文体活动或组织人员到县参加比赛，与原红岛乡、学校、县有关单位开展联欢活动，活跃了职工的文体生活。

红岭水库移民安置红岭水库工程建设牵涉到新市农场12个生产队，淹没土地10978.34亩，橡胶5261.8亩，槟榔1523.89亩，桥梁3座，其中有5个生产队（四队、三队、九队、十队、十二队）需要整体搬迁安置，户数128户，人口489人。移民安置住房建设标准：4人以下家庭户建设面积90平方米，共71户建房7套，总面积6390平方米；5人以上家庭户建房面积120平方米，共46户建房46套，总面积5520平方米，移民安置住房建设总投资4660.47万元。1998年修建红岭水库，2010年6月新市农场开始搬迁，移民安置三队、九队、十队群众。

文明生态队创建 场党委重视文明生态队创建设，加快新农村（场）建设步伐。2002—2010年，投入800多万元，按照美化、绿化、硬化、亮化标准建设了一队、四队、五队、七队、十一队、长兴队、胶厂共7个文明生态队，占全场基层14个生产队的50%，改善了基层生产队居住环境条件。

第二节 松涛林场

松涛林场位于海南岛腹地五指山区，海南松涛水库下游3公里处，琼中县西北部，地处北纬19°21′4″，东经109°42′28″。南面与海南省国营阳江农场相邻，东西北三面靠南渡江，与澄迈县隔江相望。场部位于省道乌那公路37公里处，距海南省儋州市24公里，交通十分便利。林场有65%的森林在南渡江边，对保护南渡江的水源非常重要。

1957年松涛林场成立，属事业单位，由海南黎族苗族自治州管辖。1988年海南建省后，归海南省林业局管辖，1993年后，省林业局委托琼中黎族苗族自治县人民政府管辖（省林业局管业务，县管人事劳务，实行双重领导）。林场主要职责是对森林进行管护；经营松树、马占、橡胶、槟榔等经济林。

1991年，林场常住人口151人，在职职工58人，退休人员23人，林场内设办公室、派出所、经济区、营林股、财务股，场区内有生产队2个。2010年，松涛林场常住人口318人，在职职工104人，退休人员45人，林场内设办公室、松涛林区派出所（有5名干警）、财务科、生态办公室、生产队。

松涛林场经营总面积28271亩。其中，公益林16501亩（占总面积的58%）、松树3000亩、橡胶13100亩(2010年有7万多株开割)、槟榔817亩(有250亩挂果)、马占相思1500亩。

1996年,林场开始推行职工承包经营责任制,引进外资承包经营责任制,大力发展橡胶产业和种植经济林(马占、松树、桉树等)。1996—2010年,林场累计种植橡胶11000多亩。

2007年,海南省林业局把林场沿南渡江边12518亩的林地划为国家级生态公益林,严禁采伐。2010年省林业局又把公益林面积追加到16501亩。至此,林场的公益林面积占场经营总面积的58%。中央财政安排补偿资金17.27万元,主要用于发放工资和其他公共支出。生态办由1名技术员、1名管理员和4名专职护林员组成,每名护林员每天打卡上班,天天做巡山记录。每名护林员都有自己的分管范围,责任到人,每年都与场签订合同、责任书。同时,省生态办和林场都加强对公益林的监督管理。还负责5000亩中幼林松、马占及南渡江沿岸水源天然次生林的抚育。

2010年,有88户种植橡胶,面积约有13100亩,全场开割的橡胶约2500亩7万多株,年产干胶202吨,经济收入498万元,槟榔挂果200亩,产量220吨,收入22万元。其中,承包种植橡胶早的部分职工,年收入达到14万多元。投资260万元对30套职工危旧房进行改造,面积达2400平方米;投资55.8万元在场部新建一座蓄水量为20立方米的水塔,在林场三队新建一个蓄水量为60立方米的饮水设施;投资50万元修通了场部水泥公路,公路路面宽7米,两旁各2.4米宽的人行道。

第三节　国营白马岭林场

1961年白马岭林场始建,地处海南岛的中部腹地、琼中县东部,位于北纬19°05′~19°21′,东经193°59′~194°05′之间。场址在中平镇镇政府旁,距营林队护林站10千米、加凯护林站8千米、高朗护林站5千米、中平护林站12千米、南茂护林站22千米、合口木材检查站10千米。场部离县城约30千米,林场东与琼海市毗邻,西、南、北分别与琼中县中平镇和南方农场接壤,管护面积为27.48万亩。林场四周群山环抱、林木苍翠,年降水量为2400毫米,雨季多集中于8—10月,占全年降雨量70%以上,年平均温度22.5℃,每年7月为最高气温期,平均气温29℃,极端最高温度为38℃,1月为最低温度期,平均温度12℃。

林场区内有植物1624种,国家级保护林木有21种,主要有母生、野荔枝、加卜(蝴蝶树)、青梅等;有鸟类17目38科131种、兽类6目15科34种,野生动物有猕猴、海南山鹧鸪、小灵猫、松鼠、蟒蛇、野猪、野山羊、金钱龟、穿山甲、果子狸、水獭、白鹇、红毛鸡(毛鸡)等。由于人为活动面积扩大,大型野生动物的活动迹地都转移到偏僻地区,白马岭滴水石壁处有3~4群猕猴分布,天气晴朗时偶尔可远望其踪迹。

林场区内土壤主要由花岗岩和少量紫色砂岩、砂页岩风化而成,土壤类型多样,土层深厚肥沃,有机质含量丰富,主要以黄壤土和赤红壤土为主,海拔350米以下转为红壤土,海拔350~750

米之间为赤红壤土,海拔750米以上为黄壤土。白马岭林场属南茂岭范围,是五指山山脉的一支,境内多山,连绵不断,最高海拔为1270米,最低点万泉河,海拔为49米。山地面积占总面积的90%。

白马岭林场原来是琼中县白马岭伐木场,1988年海南建省后,更名国营海南省白马岭林场,1991年经营林地6.24万亩,其中天然林56027亩,人工林6373亩(内有橡胶林1000亩),从建场至1991年累计采伐木材4.4万立方米。1991—1993年,森林采伐任务平均每年在800立方米左右,1994年,全面停止天然林采伐。2000年,白马岭林场正式实施天然林保护工程。2003年,国家对列入天然林保护工程单位的富余职工实行一次性安置,白马岭林场安置18人。2005年受强台风"达维"的影响,林场1999年种植的8000亩天然保护工程林(马占)被大风全部吹倒,之后,开始将部分林地对外承包,种植沉香、橡胶、槟榔。

1991年,全场有职工68人。1994年停止人工采伐,职工收入大幅减少。1998年,林场被列入国家重点森工企业,经济来源主要靠天保工程专项资金来管护,管辖范围有13个护林站(点)。5个重点护林站为营林队、加凯、高朗、中平、南茂管护站,看护面积6.37万亩;8个场乡共管护林点为南丘、新村、南茂、崩坎、潘沟、什宴、林田、坡头护林点,场乡共管护林面积21.11万亩。2010年有职工88人,其中在岗职工42人,退休26人。

1991年,在营林队点种植橡胶200亩;1992年,在加凯点造林1000亩(马占已更新,部分土地对外承包种植沉香);1997年利用林业贴息贷款在营林队点造林1000亩(马占已更新,部分土地对外承包种植沉香),同年,利用林业贴息贷款在营林队点种植槟榔200亩(承包给职工管理);1999年,天保造林8000亩(马占被全部推断、推倒,部分对外承包种植沉香);2000年,天保造林2872亩(松树)。

2004年,新建场部宿舍楼两栋12套,1200平方米。2007年,新建高朗护林站120平方米。2008年,新建合口木材检查站120平方米。2009年,新建中平护林站120平方米、南茂护林站120平方米。改造从深水路口至营林队公路2.47公里,为3.5米宽水泥路面,配套修建边沟和排水沟。实施危旧房改造工程,建设6栋二层四套混合结构的职工宿舍,共24套、1977平方米。2010年,在营林队新建饮水工程一处,解决林区职工饮水问题。

第四节 海南省国营加钗农场

一、位置与区域

国营加钗农场成立于1959年10月,农场位于海南省琼中黎族苗族自治县境内,地理坐标为北纬18°29′58″~19°06′54,东经109°49′48″~109°52′12″。海榆中线公路从场境内穿过,北至海榆中线130公里处,南至海榆中线169公里处。场部距琼中县城营根镇6公里。

1959年10月,在原国营乌石军垦农场的高田、营根、加钗3个作业区的基础上,创建广东省国营营根农场;同年12月2日,场部从营根迁至加钗,定名为广东省国营加钗农场。1969年4月,改称广州军区生产建设兵团六师十四团;1974年10月,撤销兵团建制,复名广东省国营加钗农场,隶属通什农垦总局。1983年5月,兼用“广东省农垦加钗农工商联合公司”名称。海南建省后,于1988年7月更名为海南省国营加钗农场,归海南省农垦总局管辖,属正处级企业单位。

农场东临乌石农场、红岛牧场;南邻黑沙岭、红毛镇所属罗解村委会、五指山自然保护区;西抵什运乡所属毛秀岭、冲飞岭;北接黎母山林区所属割菜岭、秀寨岭、兰夺岭。场区东北有海拔1411米的黎母山,西部有海拔1812米的鹦哥岭。农场大部分土地在海拔300~500米。中部较平缓,海拔为150~300米。坡面短,坡度大,坡度多为18~35度,是琼中县地势最高的农场。

1991年,加钗农场有人口6420人,职工1880人;种植橡胶26363亩,开割面积16754亩,人工造林2886亩,水果产量296吨,生产粮食106吨,实现生产总值2008万元。

2001年,加钗农场有人口7469人,职工2346人;种植橡胶37813亩,开割面积29206亩,人工造林4721亩,水果产量849吨,生产粮食126吨,实现生产总值2819万元。

2005年3月,海南省农垦总局成立海南天然橡胶产业集团股份有限公司,加钗农场也相应成立海南天然橡胶产业集团股份有限公司加钗分公司。2009年2月,海南农垦实行大规模的农场和分公司重组,原新伟农场重组并入加钗农场,海南天然橡胶产业集团股份有限公司新伟分公司重组到加钗分公司。农场和橡胶分公司实行政企分开、社企分开,农场和橡胶分公司两块牌子,两套人马,两个党委,各司其职。隶属海南省农垦总局,属正处级企业单位。

2010年,重组后的加钗农场有土地面积274424.14亩,确权发证土地164282.34亩,未确权土地91194.46亩。其中:建设用地5838.28亩(含建制镇2个场部2120.09亩、公路用地518亩、生产队居民点3119.29亩、风景名胜及特殊用地80.9亩),农用地267845.86亩(含果园3408.6亩、其他园地24586.14亩、县城周边土地15000亩、国有林地176186.82亩、金华公司林地36882亩、坑塘水面449.3亩、其他农用地11333亩),河流水面740亩。

2010年,加钗农场总人口11798人,职工8872人,场领导5人,农场机关有党委办、纪检监察科、国土资源科、教育卫生科、财务科、劳动保障科、工会、农场社区办、武装部;直属单位有医院、学校、派出所(综合治理办)、水厂、物业公司、招待所、幼儿园,下辖24个生产队、1所职工医院、1所完全中学、1所完全小学。

二、经营管理

(一)产业结构

1991—2009年,加钗农场在经营管理上因地制宜,积极按照“一胶二果三林木四养殖”的产业结构进行经营管理。“一胶”,即橡胶产业。橡胶是农场的经济产业支柱,全场有橡胶面积3.7万亩,全年产量保持在2200吨,干胶生产队有19个。为增强橡胶生产后劲,1996年农场在朝参片区开垦建设新点22队,2001年在朝根片开垦建设23队,种植橡胶,2003年,22队橡胶开始生产干胶。2005年3月31日,海南天然橡胶产业集团股份有限公司揭牌仪式在海口举行,海胶加钗分公司同时揭牌运营。加钗农场和海胶加钗分公司实行“二块牌子、一套人马”运营。2006—2009年，开割胶园实行长期承包经营，实施办法是：加钗分公司的每个员工承包一个岗位，有经营能力的可承包多个岗位。根据各基层单位的情况，割胶岗位分三个类型：一类型为1050株；二类型为1000株；三类型为950株。每个岗位的承包抵押金为1000元。割胶工人收入按照岗位干胶产品结算，当月结算收入=[（实际产量×单价）±（上缴或补贴产量×1.5×当月干胶计划比例）]×90%，10%留年底结算。

自2002年7月开始实施橡胶中小苗承包经营。坚持“六统一”“四到户”“两自理”的原则。“六统一”即胶园设计、开荒质量、品种选择、栽培技术、产品加工、产品销售由农场统一。“四到户”即承包、核算、盈亏、风险到户。“两自理”即生产资金、生活费用职工家庭自理。“两自理”职工个人应负担的社会保险费用（含养老、医疗、失业、工伤）、管理费用、房租、水、电、治安等费用由职工按海南农垦加钗社区管理委员会根据上级规定制订的标准缴纳。每名农场职工承包胶园面积不得少于60亩，每户不得少于100亩。所有的全岗位未开割的胶园中苗实行“核定抚管年限、分年计算投资、竞争长期承包、期满验收结算”的办法。对提前一年达到开割标准的岗位，农场按每株有效正常树奖励1元；如提前二年达到开割标准的岗位，农场按每株有效正常树奖励2元；推迟时间达到开割标准的岗位，农场不增拨推迟投产期的计划投资额，由承包人自投资金继续抚管。

“二果”即绿橙产业。为增加职工收入，农场在原来13队、15队、18队发展绿橙的基础上，在朝参片的16队、19队、20队（后与19队合并），在白石岭片的11队、14队、21队、24队引导职工自费经营管理种植绿橙，全场种植绿橙4000亩，在海南冬季农业产品交易会上获得好评。

“三林木”即公益林和防护林产业。1995年前，农场主要在二道河畔24队种植杉木，1991年种植150亩，1992年种植300亩，1993年种植87亩，1994年种植664.6亩，1995年种植313亩。随后，农场在新开垦建设的22队、23队，以及有橡胶更新的1队、15队、13队、15队、18队发展了林业生产。到2010年，全场干部职工种植马占树林木面积3.7万亩。

“四养殖”即林下果园养殖产业。在4队石头滩职工种植果园发展林下养鸡，年养殖20万只。此外，还利用山塘发展养鱼。靠近琼中县城的生产队如5队、6队、8队、10队、17队，职工养殖的罗非鱼、草鱼在市场受到消费者的青睐。靠近加钗林场的生产队，如11队、12队、16队、18队、19队、21队、24队职工也大力发展养鱼业，增加收入。

（二）经营模式

1991年，农场各生产队配备有专职饲养员负责生产队的牛群饲养，为橡胶生产提供有机肥料。1991年农场有牛720头，1992年有757头，1993年有610头，1994年有427头，1995年有419头。随后，为减员增效，生产队不再配备专职饲养员，将牛群拍卖给职工饲养，成为职工自营经济的组成部分。

2001年12月19日，加钗农场作为垦区建立现代企业制度第二批试点改革单位，为推进改革，农场成立5个小组：宣传教育组、经营体制改革组、资产财务组、领导体制及用工制度改革组、社区管理改革组。

2002年,加钗农场开始建立现代企业制度实施方案,依照《海南省农垦总局关于第二批企业制度创新试点工作的组织实施意见》,结合农场实际,制定《海南省国营加钗农场建立现代企业制度实施方案》,组建海南农垦加钗农场有限责任公司,成立海南省琼中县加钗社区管理委员会。加钗农场当年有场办企业9个:木材厂、水电公司、液化气站、制胶厂、物业管理中心、基建公司、运输公司、编织袋厂、保安队。农场(公司)的主导产业橡胶,通过招标投标形式采取职工家庭经营的模式;场办二级企业采取股份制经营或承包经营,个别单位实行指标控制下的资产经营责任制度;同时国有资产将逐步退出微利或亏损的生产企业。生产队割胶工人实行长期承包责任制,劳动所得为岗位收益扣除岗位租金后的余额,多收多得;其他实行岗位工资为主要形式的工资制度,明确岗位职责和技能要求,以岗定薪,岗变薪变。岗位工资标准与企业效益挂钩,职工工资收入与企业效益和职工实际贡献挂钩。

1998年初,成立加钗农场木材股份有限公司,木材厂以原罐头厂旧址折价2万元入股农场,实行股份制经营,干部职工入股经营,每一股份本金5000元,加工橡胶更新木材,产品供应岛内外。2006年,木材厂股份全部退还,后由地方丝绸厂收购,作为养殖桑蚕基地。

1999年6月,在原来水电公司的基础上,为扭亏增盈,加强管理,农场向全场职工募集资金,实行股份制,经营管理水电产业,每股资金1000元,全场共募集资金150万元,其中国有股77万元,个人股73万元。次年分红,每股红利达到28.4%;2004年,因南方电网牛路岭水电收购,农场干部职工、社会人士参股的股份全部退股。

2000年3月,加钗农场鸿达液化气股份公司成立,实行股份制经营,公开向全场干部职工和社会人士募集资金130万元,其中,国有股100万元,个人股30万元。2003年转让给琼中县营根李记酒家(李传毛)承包经营。每股每年分红3.7%。运输股份公司由农场干部职工、社会人士参股,负责农场生产生活物资的运输和对外运输业务。基建股份公司没有实行农场干部职工参股经营。

2001年以后,海南农垦在全垦区开展养殖牛工作,以解决橡胶生产有机肥料不足的问题。农场对养牛职工实行扶持贷款,养水牛每头提供贷款700元,黄牛每头提供贷款400元。当年职工养牛1100头、养羊2500只,林下养鸡20多万只,自营经济收入占主业收入的54%。

三、生产状况

(一)干胶生产

1991年,加钗农场年产干胶882吨,最好年景是2002年,年产干胶2405吨。2005年,受强台风“达维”袭击,受灾达到三级以上的橡胶树30.73万株(其中开割株数24.68万株,未开割株6.05万株),开割的橡胶树受害率40.17%,未开割的橡胶树受害率19.8%。当年干胶减产865吨,全场橡胶经济损失2118万元。

加钗农场年产干胶2200吨,2005年以前在本场加工生产颗粒胶,烘干后包装运输到省农垦供销公司公开销售。农场生产的宝岛牌5号标准胶获得农业部的奖励。2006年4月开始,把生产队生产的胶乳运到乌石农场胶厂加工为浓缩乳胶。农场橡胶加工厂部分工人(如陈铭强、陈信初等)到乌石农场胶厂工作。农场橡胶加工厂只是负责将生产队的胶乳收集到收胶站,再统一运到乌石胶厂加工为浓缩乳胶。

(二)绿橙生产

从20世纪80年代末期开始,干部职工在抓好主业橡胶生产的同时,利用五边地大力种植绿橙。特别是加钗四队职工在石头滩以发展绿橙带动养殖业闻名省内外。2001年,海南省农垦总局在加钗4队石头滩召开养殖工作会议,在全农垦推广。加钗绿橙多年来在海南冬交会上受到消费者的喜爱和青睐。主要种植绿橙的生产队有2队、4队、8队、11队、12队、13队(15队)、16队、18队、19队(20队)、21队、22队、24队。

(三)水电生产

加钗农场白石岭水库有2个电站,分别为一级电站和二级电站。1979年开始修建,1984年建成并投产发电,白石岭水库和2个水电站总投资300万元,装机容量2170千瓦,发电除供应农场干部职工生产生活需要之外,还供应县城和营根机械厂。1999年实行股份制经营,干部职工参股,每股1000元。2004年6月,农场股份制经营的白石岭电站全部退股,由牛路岭电站承包经营30年。

(四)完善制度

1991—2010年,为加强农场管理,先后制定《劳动力管理规定》《财务管理制度》《土地管理办法》《场务公开实施方案》等制度,对全场各单位、各部门实行财务费用包干,对生产队实行“成本包干、超支自补、节余留队”的承包形式,加强计划管理,实行“一个核定”“三个一点”“四个减少”“六个控制”“十个不准”的具体规定,杜绝项目开支先斩后奏的行为。至2010年12月,加钗农场固定资产净值4270.37万元。

(五)主业带动副业

1991年,全场职工劳均收入2686元;2010年,全场劳均收入主业19500元,副业12300元。

1991—2010年加钗农场生产经营综合情况统计表

表1-17

年度	总户籍人口(人)	职工人数(人)	生产总值(万元)	橡胶				水果产量(吨)	粮食产量(吨)
				种植面积(亩)	株数(万株)	开割面积(亩)	干胶产量(吨)		
1991	6420	1880	2008	26363	46.1	16754	882	296	106
1992	6551	1910	2033	26262	60.1	22519	900	310	106

续表1

年度	总户籍人口(人)	职工人数(人)	生产总值(万元)	橡胶				水果产量(吨)	粮食产量(吨)
				种植面积(亩)	株数(万株)	开割面积(亩)	干胶产量(吨)		
1993	6685	1958	2064	27170	61.1	24399	9702	665	135
1994	6822	1991	2081	27073	64.2	20282	10304	660	84
1995	6891	2035	2096	26912	64	21222	10982	702	124
1996	6960	2068	2222	26900	64.7	22087	14112	1086	96
1997	7102	1723	2447	26434	69.7	25828	13824	726	91
1998	7247	1852	2664	26296	76.6	39776	13959	1002	134
1999	7320	2003	2785	25648	87.8	33610	1472	730	121
2000	7394	2166	2788	37895	87.2	30002	2395	789	129
2001	7469	2346	2819	37813	87	29206	2405	849	126
2002	7544	2404	2870	37823	86.2	29378	1813	1111	115
2003	7621	2465	2977	37840	82.4	29642	1801	1146	129
2004	7693	2535	2999	38629	81.4	29844	1588	1113	33
2005	7695	2606	3043	39626	86.8	30045	1813	1010	17
2006	7688	3102	3033	39926	87.9	30257	1776	341	109
2007	7543	4611	3924	40372	89	30641	1880	461	193
2008	7199	5621	2882	41413	87	33433	1930	399	216
2009	10788	8802	5132	61060	129.2	49789	3187	1684	273
2010	11798	8872	6225	61060	129.2	49789	3481	1598	286

四、社会事业

(一)科技文化

橡胶生产是农场的支柱产业。在生产环节上,橡胶生产冬春施肥,两病防治、割胶技术、劳动竞赛各个环节紧扣。1991—1995年,每年在11月中旬召开冬管工作现场会,掀起冬春管理工作的高潮,并实行“三包”措施(即领导包片、科室包队、队包班),实行每年1—3月挖大穴,扩大环山行、施足有机肥。1995年,农场抓好以增加投入和增施肥料为中心的胶园管理,投资10万元购买牛群积肥，投资9万元购买中型拖拉机解决运输肥料工具。在抓好胶园施肥管理的基础上，加强对白粉病的防治，做到早布置、早撒硫黄粉，早保养机械，实行“六定一奖”措施，对队长植保员全面进行防治知识、机械保养常识培训。在新老胶工培训方面，做到人员落实、时间保证、严格考核。在培训形式上，采取白天培训、业余练习，晚上带灯练割相结合的方法，辅导员跟踪上岗指导，不断提高割胶技术水平。1991—1995年，全场一、二级率分别达到80%、89.5%、81.9%、83.3%、82.7%。此外，在中小苗管理方面，全面采用药剂管理，全场平均保苗率98.3%，每亩保存32.3株。1996—2000年，在每年橡胶开割前，提前对新胶工进行一个月培训，老胶工复训7天，提高胶工的技术水平。全场胶工一、二级率达到85%，合格率达99.5%。2001—2003年，抓割胶技术，提高效益，强化新老胶工的技术培训复训，加强对割胶技术的检查，全场割胶技术等级分别为一、二级84.7%，三级15.3%，合格率99.1%。2006年初，对二级以下的胶工进行强化训练，各割胶单位积极利用死皮树、风残树来训练胶工的技术，割胶技术监督小组对各单位实行交叉检查，严格执行月检查验收制度，严格执行四天一刀制度，全场636个岗位636名胶工全部到位，一、二级率达到91.5%以上，合格率达到100%。2007年初，制定“两病”防治工作的“六定一奖”实施方案，举办为期四天的植保机械和防病训练班，共培训机械手20名、防病植保员22人，使“两病”（白粉病和炭疽病）防治平均防效分别达到90%和93.5%。2008年开始，根据海胶集团《关于开割胶园职工家庭长期承包指导性意见》的要求，于4月开始全面开展开割胶园长期承包工作，社区管理人员积极参与分公司的橡胶生产工作，在“两病”防治、橡胶冬春管理、施肥、中小苗管理等生产，全场完成干胶1880吨。2009年3月，农场开始重组，橡胶产业移交海胶集团加钗分公司经营管理，加钗农场开始非胶农业经济发展方向。

（二）医疗计生教育

1991—2010年，为保证农场职工身心健康，农场不断改善卫生医疗条件，不断更新医疗设备，提高治疗技术。

1991—1995年，农场积极发展医疗卫生事业，投资19.5万元，在农场医院建手术室安装X光设备，逐步解决职工看病难的问题，坚持以预防为主、防治结合的方针，在防疫、计划免疫、食品卫生监督、妇幼保健等方面做了大量工作，无百日咳、破伤风等传染病的发生。计划免疫工作受到海南省农垦总局的表扬。加大卫生基础设备投入，改善医院工作环境和医院职工住房问题，1996年底，门诊大楼投入使用，改善了门诊工作环境。完成原职工宿舍大楼卫生间配置，以及门诊楼周围环境的改造（挡土墙、铺水泥、修建花池等）。1997年，按上级要求，修建供应室，全面装修手术室、病房，把制剂室改建成职工宿舍，解决职工住房问题。1996—1997年，每年选送3~4名专业技术人员到上级医院进修学习，同时有计划安排部分人员到大、中专院校培训，参加由上级机关主办的短期培训班。医院每年有计划地分期分批对基层卫生员进行业务培训，提高他们的业务水平，掌握防保知识。逐年改善医疗条件。1996年，为检验室购买1台日产尿电脑分析仪，为防疫组购买1台低温冰箱。1997年，购买救护车1辆、生化分析仪、B超、心电图机、多功能麻醉机和产程监护仪等基础医疗设备。到2000年，农场医院设有内科、儿科、传染科，能开展外科手术,有病床位50~60张。2000年以后,将农场医院推向社会,进一步改善医疗条件,在加钗、6队办起门诊部。

1991—1995年,农场成立计生协会,实行场领导包片、科长包队,责任明确,人人抓计生工作,有效控制人口无序增长,"四率"达到上级的规定标准。1996—2003年,计生工作贯彻《人口与计划生育条例》,实行电脑化管理,有效控制人口增长。2002年,被农垦总局评为"计划生育工作先进单位"。2006—2010年,农场加强与各单位主管、机关科室签订责任书,顺利通过县计生工作检查小组的检查。

农场在抓好生产的同时,不断改善农场学校教学环境,增加教育投入,提高教学质量。1991—1995年,农场把教育放在优先发展的战略位置,投资90多万元兴建农场中学教学综合大楼1700多平方米,修建中学围墙、校门、厕所等。5年间,适龄儿童入学率达100%,小学升初中率达98%,高中会考合格率达95.7%,31人考上大专院校,77人考上中专、中师和重点高中,比"七五"计划期间增加37人,增长92.5%。1991年获得农垦总局"校风校貌"二等奖、琼中县中学生田径运动会团体第一名。农场中学被农垦总局定为琼中片完全中学。1996—2000年,适龄儿童入学率、小学升初中率、高中会考合格率都达到98%以上。农场根据农垦总局教育工会会议精神,对全场20多名中小学教师实行人事改革,定编定岗。2001—2003年,对中学教学体制进行改革,集中办学,提高教学质量,先后投入85万元建多媒体、电脑、语音室,改善办学条件。2004—2006年,农场先后投入29.01万元为中小学安装门窗防护网,铺设机关至中小学水泥路面。2007—2008年,农场小学继续开展校本研训活动,加强教育教学管理,投入52万元(含农垦总局拨付资金),建设农场中学学生宿舍700平方米;投入4.8万元,修建农场小学挡土墙、围墙、水沟等。2009年,农场中小学校全部移交地方。

(三)基础设施建设

1991—1995年,农场根据农垦总局要求,继续抓好100个文明建设点工作。农场每年从财务计划单列10万元作为精神文明点经费,并把5队、6队、12队、17队作为100个文明先行点,建水塔2座,安装自来水,建图书室、阅览室、篮球场、排球场等文化设施。发动职工捡石头、建水沟、砌挡土墙,种槟榔、九里香、椰子等,使队容队貌焕然一新。1994年,6队被农垦总局评为"文明队先进单位"。

1996—2000年,农场坚持重在建设的方针,成立企业文明办公室,配备5名职工,增加对精神文明建设的投入。其中,对22队、16队、3队文明点投入84万元,在建场40周年,发动全场职工为创办示范中学捐款4.5万元,建起多媒体教室,种植绿化树500株,花500多株,草坪300平方米,改厕100户。为改善全场通信质量,2000年,农场投入资金20余万元开通程控电话;投入7万元为5个生产队进行低压线路改造;投入149.2万元加快小城镇公路改造。在农场经济困难的情况下,每年保证文明点的投入。1999—2003年,创建的16队、3队、8队、22队、23队都能达到农垦总局规定的"文明生产队"标准,共投入精神文明建设资金143万元。2004—2007年,农场采取"总局拨一点、农场出一点、职工集资一点"的办法,推进以改善农场职工居住环境为重点的文明点建设,共投入281.76万元,用于6队、15队、18队、19队、24队等文明点建设。2008年,农垦总局下达农场职工住房的建设任务531套、45135平方米，总投资3425万元(其中：总局下拨资金637.2万元、个人集资资金2787.8万元)。文明生态队建设投资328万元，其中4队投资200万元，9队投资128万元。道路建设投资842.8万元，分两期建设农场21.36公里道路。农场机关饮水工程投资153.4万元，解决了场部及周边生产队3000多职工群众吃水难问题。2009年，农垦总局下达农场危房改造计划任务350套，下达新伟分场安全饮水工程55万元，卫生基础改造75万元，改造维修面积634.1平方米，按质按量完成了任务。2010年，农场全力推进以职工住房建设为重点的民生基础建设工程，推进2010年农垦总局下达的264套改造职工住房任务。全场公路建设总里程为42.083公里。

附:原新伟农场简介

1970年7月1日海南省国营新伟农场成立，位于琼中县境内的五指山腹地，地理坐标为北纬18° 55′68″～19° 06′75，东经109° 34′44″～109° 44′64″。土地面积18万多亩，确权为15.2万亩。海南建省前，隶属广东农垦总局，海南建省后，隶属海南省农垦总局。农场主要以橡胶、茶叶生产为主，多种经营综合发展的中型企业。场区范围东至托我岭、金屏岭、观音掌岭、厚刀岭，与国营加钗农场接壤；南至亲出岭、什响村、民不道岭，与红毛镇罗解村毗邻；西至血岭、什运村、五指山河、冲飞岭东面，与什运乡和红毛镇草南村等单位相连；北至割菜岭、秀寨岭、马定岭、兰夺岭，与黎母山林区分界。全场人口3691人，下辖18个生产队，有加工厂、机运队、基建队学校、医院等，场区内有原海南省农垦通什中专学校和国营红星农场等单位。场部设在海榆中线公路158公里北侧300米处，南距五指山市58公里，东距琼中县营根镇21公里，北距海口167公里，交通便利。

新伟农场是海南地势最高的农垦农场。地处海南中部多雨轻寒山谷地区，南依全省最高峰五指山(海拔1867米)，东北有海拔1411米的黎母山，西有海拔1812米的鹦哥岭，场界四周均为600～1000米的群山环抱。境内地势东高西低，海拔一般在350～500米。

农场境内的土壤主要是砖红壤和赤红壤，山地上部有山地黄壤。土层一般超过一米，地表土为沙壤土，厚约5～15厘米，肥力中等。部分地区有浮石露头，或土层中含半风化母岩碎块，垦前原生植被比较差，北部为稀树草地，茅草占优势，散生枫香等一些乔木树种；西部有少量旱生灌木林，生长密集；东部有成片茅草地。成土母岩以花岗岩为主，局部有石灰岩和砂岩。

根据农场的气象记录，年平均气温22℃左右，夏季平均气温为25℃，冬季平均气温为17℃。年均降雨量2000毫米，但分配不均，冬春季有轻微旱象。年均蒸发量少于降雨量，雾日较多，相对湿度较大。常风风速稍大，3、4月份可达4米/秒。台风少，属较静风环境。

场区水资源丰富。南部为昌化江上游的五指山河流域，该河发源于五指山北麓，向北流至农场中部,又急转向西南流出场外。东北部属于万泉河上游的大边河流域,部分支流源于场内,两河有众多小支流分布场区各地,常年流水不断。

1960年初,海南农垦曾抽调干部12人,工人40人进驻该地,成立“国营五指山农场筹备处”,但由于对该地是否具备建立国营农场的条件认识不一致,建场计划被撤销。后来,根据上级指示,在1967年1月筹建以经营橡胶为主的“国营新伟农场”,并与有关的红毛公社、什运公社以及两个解放军农场初步划定土地界线,农场土地面积183500亩。随后,又于同年缩小规模,改新伟农场为“国营红卫农牧站”,主要发展以养牛为主的畜牧业。1970年7月1日在农场成立广州军区生产建设兵团第六师第十九团。经海南行政区革委会同意,1971年4月1日广东省革委会批准,确定农场土地面积242731亩。1974年10月1日农场改名为国营红卫农场。1985年6月1日,复名为国营新伟农场。海南建省后,1988年7月16日改为海南省国营新伟农场。

1971年开始种胶,1976年开始产胶。1974年开始种茶,引进云南、广东、广西、海南等省内外大、小叶茶十多个,1979年开始批量产茶,是五指山绿(红)茶生产的主要产地之一。生产的新伟牌正宗五指山绿茶、红茶,形、色、香、味均属上乘。1987—1992年连续6年获得粤、桂、琼三省区农垦绿茶质量评比一等奖,1991年生产的红绿茶,参加深圳市全国名优产品展销会。1995年4月被中国绿色食品发展中心评定为绿色食品。

新伟农场经过几十年的发展,建成以经营橡胶为主,农林牧渔多种经营,农、工、商、运、建等综合发展,集经济、文化、教育、公安等多种职能,以全民所有制为主体的中型国有农垦企业。1991年,新伟农场有人口3516人,职工1496人。1993年、1994年被海南省农垦总局评为良好企业;1998年、1999年连续两年被评为海南省农垦总局评为“精神文明建设先进单位”。

1991—1994年,新伟农场始终坚持深化改革方针,转换经营机制,完善经营管理,立足胶、茶生产。1994年,橡胶生产面积12861亩,产干茶164吨,实现国内生产总值1373万元,工农业总产值完成1342万元,全员劳动生产率7824元,职工劳均收入3206元(其中职工自营经济868元),农场实现利润103.8万元。至1996年,农场已开垦利用土地5.2万亩,种植橡胶1.69万亩,已开割1.16万亩,年产干胶921吨,历年总产干胶7092吨。种植茶园2277亩,年产干毛茶241吨,家畜饲养1800头,肉类总产140吨。水产品总量68吨。历年总产干毛茶3456吨。还有人造林2.73万亩,农耕地1939亩,以及种植少量水果和其他热带作物。2000年橡胶面积1.93万亩,其中开割1.4万亩,拥有固定资产3227.5万元。2008年底,全场人口3600多人,职工1500人,土地面积18万亩,已开发4万多亩。

2009年,农场机关设有党政办(宣传、纪审、团委)、工会(人武部)、劳动社保科、国土资源管理与发展改革科、财务结算科、教育卫生科(计生)、社区办事处、派出所(综治办)8个部门。直属单位有小学1所、中学1所、医院1所、茶厂、胶厂、砖厂、基建队、机运队、水电所等单位。建有18个农业生产队，其中6个纯橡胶队，2个纯茶园队，10个胶、茶间种队。农场机关管理人员40多人。

全场有中学1所、小学1所、小学教学点3个，在校学生460多人，适龄青少年全部入学。有广播站、灯光球场、溜冰场、舞台及老年活动中心等职工文体娱乐场所。农场职工医院有5466平方米的医疗用房，45张病床，有X光机3部、心电图机2部、半自动手术床1张、简易手术台2张，以及其他医疗设备等，有基层卫生所17个。全场房屋建设面积72346平方米，内有职工宿舍3052平方米，有765平方米的招待所1幢，70多张床位。有552平方米的中学教学楼1幢，有2030平方米的办公大楼1幢等。

2009年2月，新伟农场和加钗农场重组成为新的加钗农场，同时成立加钗农场新伟分场，分场机关内设党群办、行政办、社区事务管理办。直属单位有茶厂、学校(2009年9月移交地方管理)、医院、物业管理中心、水电站。生产队2个，即13队、17队，为纯茶叶生产队，有茶园面积1281亩。茶叶生产因原新伟茶厂设备陈旧落后、包装陈旧，随后整合到乌石农场岭头茶厂加工，实行统一收购、统一定价、统一加工、统一品牌、统一销售。茶叶生产单位10个(其中纯茶单位13队、17队)，有职工114人，其中干部8人(兼职2人)，茶工81人。重组后，茶叶生产改革管理方法，茶青产量计划到队，分解到岗，以人定岗，以质定价，统一收购，实产计酬，自主投入，强化管理。茶叶加工采取分点收青，集中运输，班组作业，流程加工，轮岗操作，定额计酬，质量监控。2009年以前，茶叶工人平均月收入400多元，2010年之后，人均月收入2000多元。

第五节 海南省国营长征农场

一、位置与区域

1960年1月农垦长征农场建场，隶属海南省农垦总局。位于琼中县境偏南的长征镇、和平镇和上安乡境内，场部设在长征圩营盘溪东侧，与长征镇紧邻，距离琼中县城营根镇11公里，至五指山市89公里，至海口市147公里。农场地处北纬18°30′44″～18°00′57″，东经109°49′58″～109°56′50″。东至天灯岭，斧坑岭、行极岭、长颈岭、牙云岭、赛亲岭，与国营乘坡农场及和平镇紧邻；南至什顺岭、妚托黎、行干村、万泉河，与国营太平农场分界；西至妚堂包、妚冲旗、妚吔星、堂灶潭岭、帽岭、双生岭、什云村，与长安管区、长征镇接壤；北至那贤、风门岭、排面岭、番古岭、那隆山、牛头岭、牛古岭，与国营岭头茶场、国营南丰农场以及营根镇原红岛乡毗邻。此外，在西部场界外5公里处的分界岭地区有块飞地,境内有长征、长安、和平3个区的30多个村的插花地。

1991年,长征农场有人口5189人,其中职工人数2991人,生产总值1107.7万元,有橡胶种植面积30763亩,橡胶开割面积23710亩,人工造林11149亩,生产干毛茶38吨,水果产量6.4吨,粮食产量61.5吨。

2005年3月,农场政企分离,析出成立"海南天然橡胶产业集团股份公司基地分公司",隶属海南天然橡胶产业集团股份有限公司。

2008年,长征农场由海南省农垦总局主管,正处级建制。农场土地总面积13.5万亩,已开垦利用7.7万亩。有户籍人口6201人,常住人口3880人,农场(社区)橡胶由分公司生产经营。农场在职职工1414人,离退休职工1017人;生产总值4771万元;有橡胶种植面积48036亩,橡胶开割面积33329亩;人工造林14989亩。生产干毛茶5吨,水果产量477吨,粮食产量222吨。

2009年3月,海南农垦机构改革,原国营乘坡农场、国营太平农场并入国营长征农场,总部设在原长征农场。在原三个农场设两个分场、一个社区,实行一级核算、两级管理。农场内设机构有党政办公室、财务结算科、劳动社保科、人口与计划生育办公室、发展与改革科、国土资源管理科、审计科、职工自营经济办公室、教育科、派出所。下属单位有医院、基建班、供电所、物业管理中心、阳光学校、幼儿园,年末资产总额6424.3万元,年末负债总额4091.3元,年末所有者权益总额2333.3万元。橡胶归海胶长征分公司管理。

2010年,农场机构包括党政办公室、行政办公室、纪检监察审计办公室、工会、国土资源管理科(畜牧办公室、自营经济办公室)、财务结算科、发展与改革科、劳动社保科、人口卫生科、长征医院、乘坡医院、太平医院、长征物业、长征供电所、基建队等。长征农场有户籍人口13979人,常住人口8476人,职工(参保人数)966人,其中:在职313人(行政干部89人),富余人员653人。土地面积456191.8亩,其中:农场使用面积443296.6亩(其中:耕地5089.9亩,园地131675.1亩,林地290532.2亩,居民点及工矿用地3078.5亩,交通用地1148.3亩,水域面积869.5亩,未利用土地10903亩),外单位占地7879.7亩,与外单位争议地5015.5亩。同年底,农场土地承包人数1317人,土地宗数3312宗,土地面积27454.6亩,应收租金419318元,签订合同1317份。退出土地的17人,面积539.75亩,并签订退出土地协议,重新发包土地,与新承包者签订土地承包合同书。年末资产总额16630.9万元,其中:固定资产8808.7万元,其他应收款5980.2万元。年末负债总额5427.8万元,其中短期借款29万元,长期借款1074.1万元,其他应付款2081.4万元,专项应付款2232.1万元。年主营收入1378万元,利润-436.9万元,工资总额328万元,年人均工资13700元,工资总额占主营收入的23.8%。农场机构包括党政办公室、纪检监察审计办公室、工会、国土资源管理科(畜牧办公室、自营经济办公室)、财务结算科、发展与改革科、劳动社保科、人口卫生科、长征医院、乘坡医院、太平医院、长征物业、长征供电所、基建队等。

1991—2010年长征农场主要经济指标汇总表

表1-18

年份	总户籍人口（人）	常住人口（人）	职工人数（人）	生产总值（万元）	橡胶种植面积（亩）	橡胶开割面积（亩）	人工造林面积（亩）	干毛茶产量（吨）	水果产量（吨）	粮食产量（吨）
1991	5189	5189	2991	1107.7	30763	23710	11149	38	6.4	61.5
1992	5338	4861	2626	1429	35625	24996	11922	30	60.7	111.6
1993	5430	5438	2725	1665	38183	26484	10476	28	95.5	89.7
1994	5391	5391	2119	2256	38570	26444	10861	30	90.8	36.7
1995	5382	5382	2071	2377	39377	26010	11051	27	437	43
1996	5405	5405	2015	2238	39377	26044	11051	25	335	14
1997	5468	5468	2005	2014	39377	26096	11320	25	342	23
1998	5474	5474	1845	1873	38521	26535	11348	24	363	47
1999	5458	5476	1790	1804	39302	27499	11702	21	380	47
2000	5461	6095	1674	2398	40602	28720	11785	15	399	133
2001	5451	5169	1606	2586	39963	28359	11740	14	435	129
2002	5876	5105	1589	2858	41100	29989	12360	13	406	187
2003	5889	4337	1536	3244	44082	32413	13050	8	438	179
2004	6051	3830	1511	3575	45611	32398	13318	7	499	187
2005	6074	3993	1468	2493	47227	32398	14174	6	387	156
2006	6083	3995	1561	2740	47952	32470	14329	6	487	487
2007	6149	4109	1561	4189	48517	33100	14768	5	462	237
2008	6201	3880	1414	4771	48036	33329	14989	5	477	222
2009	14095	8571	3540	11095	136123	102847	39187	0	1684	722
2010	13979	8476	2992	14514	137432	112539	39253	0	1237	531

二、经营管理

(一)经营管理改革

1992年,长征农场制订了"1993—1995年两个翻番方案",即总产值比1991年翻一番,职工收入也要比1991年翻一番,达3700余元。

1994年,制订并施行《关于实行工效挂钩和抓干胶生产与干部联产计酬的若干规定》,主要内容是:1994年利润要比上年有所增加;完成了包干上缴计划所核定的工资总额不足,企业可提出追加,并报局批准可追加工资总额;如利润减少或包干上交不能完成任务的企业,则自行减少工资总额的支出。

工效挂钩的主要规定是:场领导、机关干部、割胶单位干部及辅导员等,按每月完成夺标计划情况与本人工资挂钩,按分管范围承担责任,场长、书记按全场平均数,场副职和机关干部按包片的平均数,割胶队按本队完成额计资。凡是同月完成干胶夺标计划90%以上的工资照发,不足90%的,按下降幅度减发本人的岗位、档次、技能、资历四项组成的工资总额。联产计酬各档次劳务费标准以正处级、场副职、正科级(含队长)、副科级、机关干部、队副职、业务干部(含队辅导员)的规定标准来执行,按分管的责任范围;另外,凡是完成月夺标计划90%以上(含90%)的,可按本人档次发放劳务费,完成夺林计划100%以上的,每超过1%发标准劳务费的2%。

同年,农场从实际出发,适时出台《关于招商引资优惠政策》,主要内容是:为贯彻中央"放开经营、放胆发展、优化结构、增进效益"的方针,为加快农场改革开放和经济建设的步伐,充分利用和发挥农场的资源优势,优化产品、产业结构,不断提高劳动生产率,农场号召全场广大职工要为发展第二、三产业穿针引线、招商引资,使农场的经济建设跟上飞速发展的形势,使广大职工早日奔小康。

经农场管委会讨论决定,对投资者实行四项优惠政策,对招商引资者给予奖励。四项优惠政策是:(1)凡是到农场投资办企业者,农业项目两年内不收土地费,工业项目三年内不收土地费。(2)凡是到农场投资办企业者,电价按市价优惠30%。(3)凡是到农场投资办企业者,住宿优惠。(4)凡是到农场投资办企业者,农场为投资者创造良好的社会环境,免费提供文体活动场所,提供安全、保安措施。对招商引资者的奖励办法是:招商引进美金者,按引进金额的10%给予奖励;招商引进人民币或其他外币者,按引进金额的8%给予奖励。

2000年,为调动各级管理人员的积极性,提高农场管理效益,农场出台"工效挂钩计提效益奖暂行办法",一直延续到2007年。

(二)产业结构

橡胶产业是农场的主体产业,从创建开始就以种植橡胶为主导。1962年,全场近200名干部职工开荒定植橡胶树2075亩,至2008年,橡胶种植面积44359亩,开割32398亩,完成干胶总产1571吨,职工劳均收入13737元。

1999年,农场进一步调整产业结构,加快调整步伐,坚持"按劳分配、效益优先、兼顾公平"的分配原则,积极引导职工发展自营经济。当年职工自营经济农业生产总面积为5810亩;全年实现自营经济纯收入537万元，职工劳均收入3000元，占职工总收入的42.6%。

2001年，为加快农场产业结构调整及经济发展步伐，结合“养殖年”，加大对职工自营经济的投入与扶持。全年职工自营经济纯收入629.3万元；职工自营经济劳均纯收入3921万元，占职工总收入的45.9%。

2002年，全年新发展的自营经济家庭户数为123户，自营经济家庭户数达到1067户，自营经济纯收入663万元，职工自营经济劳均纯收入4149元，占职工总收入的46.1%。

2003年，农场自营种养业拥有面积9250亩，职工自营经济纯收入667.8万元，职工劳均纯收入达到4199元，占职工总收入的42.0%。

2010年，职工自营经济纯收入116万元，职工自营经济劳均纯收入2936元。

1999—2010年长征农场产业结构情况统计表

表1-19

年份	自营经济总收入（万元）	增幅（%）	自营经济劳均收入（元）	增减（元）	增幅（%）	占总收入比重（%）
1999	537	—	3000	—	—	42.6
2001	629.3	17.1	3921	921	30.7	45.9
2002	663	5.3	4149	228	5.8	46.1
2003	667.8	0.7	4199	50	1.2	42
2004	646	-3.3	4275	76	1.8	36.2
2005	590	-8.7	3848	-427	-10	38.9
2006	650	10.1	4433	585	15.2	40.5
2007	721	10.9	4871	365	8.2	35.4
2008	691	-4.2	5141	270	5.5	30.5
2009	1343	94.4	7494	2353	45.7	11.7
2010	116	-91.4	2936	-4558	-60	30.5

三、生产状况

（一）橡胶产业

长征农场是以橡胶业为支柱产业，建场以来，农场根据中央“调整、巩固、充实、提高”八字方针，把发展橡胶种植业摆在首位。进入20世纪90年代后，农场的橡胶生产更是突飞猛进，1991—1995年，农场共定植橡胶树9245亩、30.42万株。由于农场干群狠抓防治橡胶病虫害等关键性工作，1995年，橡胶产量创造有史以来的最高值，干胶产量达2552.3吨，产值达3400余万元。

1998年,全场橡胶种植达38521亩,开割面积26535亩,未开割面积11986亩,干胶产量达2351吨,劳动纯收入达6413元。同年,省农垦局计划橡胶生产要向中西部战略转移的决定,对农场的作物种植结构产生一定的影响。

2004年,农场实施开割胶园长期承包改革,根据橡胶产业当时的生产力水平,为充分调动职工家庭橡胶生产经营的积极性,提高橡胶经营效率,农场实行三割制和四割制的岗位长期承包,承包后岗位由职工(家庭)自主经营,但必须遵守统一的生产栽培标准和生产技术规程,产品由发包人统一收购、加工、销售。承包人在遵守国家法律法规及发包人制定的各种规章制度的前提下,享有橡胶生产的责任管理权和经营收益权,并通过签订长期承包合同,实现产权和经营权分离,为橡胶产权的深化改革奠定坚实基础,使职工从劳动者变为经营者和有一定股权的所有者,职工家庭与农场利益共享、风险共担。承包面积为2.9万亩,占开割橡胶面积的93.5%,参与长期承包改革的胶工508人,占胶工总数的76.6%。

1991—2010年长征农场橡胶产业情况一览表

表1-20

年度	年末橡胶面积(亩)			当年定植		干胶产量(吨)	劳均纯收入(元)
	小计	开割	未开割	面积(亩)	株数(万株)		
1991	30763	23710	7053	500	1.72	—	—
1992	35625	24996	10629	4860	16	1659.5	1959
1993	38183	26484	11699	2560	8.4	1933	2708
1994	38570	26444	12126	473	1.5	2180	3404
1995	39377	26010	13367	852	2.8	2456.7	5456
1996	39377	26044	13333	—	—	2552.3	7197
1997	39377	26096	13281	—	—	2106	7226
1998	38521	26535	11986	—	—	2412	6223
1999	39302	27499	11803	781	2.5	2351	6413
2000	39922	28570	11352	940	3.1	1901	7038
2001	39113	28199	10914	615	0.6	1942.62	7855
2002	40250	29819	10431	1500	5	1921.5	8546
2003	42832	32142	10690	3170	10.5	2153.4	8968
2004	45611	32398	13213	2230	7.4	2282.5	10002
2005	44359	32398	11961	1616	5.3	2306	11799

续表1

年度	年末橡胶面积(亩)			当年定植		干胶产量(吨)	劳均纯收入(元)
	小计	开割	未开割	面积(亩)	株数(万株)		
2006	44359	32398	11961	725	2.4	1499.072	9903
2007	44359	32398	11961	—	—	1333	11006
2008	44359	32398	11961	—	—	1571	13737
2009	—	—	—	—	—	1571	13737
2010	—	—	—	—	—	—	13700

(二)自营经济

1992年,由于技术落后、管理不善,自营经济发展缓慢,职工平均年收入仅350元。1994年,自营经济发展迅猛,纯收入总额达277.8万元,职工平均收入1061元,开始出现万元户。1995年,农场为力争职工年均收入突破2000元,曾邀请有关专家到农场传授热带瓜果栽培知识;场领导和技术人员还多次下队指导种植和放养。同年,全场有30户自营经济收入过万元。1997年,农场鼓励各单位利用自身有利条件和特点去发展多种经济项目。

1998年,经济形势较为严峻,农场把发展自营经济放在更加重要的地位,大力发展香蕉种植,鼓励职工自费成片开发土地,从事种养业,并将香蕉作为本场自营经济的拳头产品,同时发展其他自营经济作物。

1999年,农场坚持"按劳分配、效益优先、兼顾公平"的分配原则,积极引导职工发展自营经济。

2000年,农场制订《2000—2002年职工自营经济发展规划》,各级领导签订2000年单位职工自营经济发展责任书,并成立自营经济管理办公室,加强对职工自营经济的指导和管理。在职工自费投资的基础上,农场千方百计筹集资金,加大投入,强化管理。

2001年,农场抓住省农垦总局提出"养殖年"这一契机,场、队都成立自营经济领导小组,主管领导负总责,机关联系生产队,干胶生产、自营经济一起抓、两不误,全面服务职工发展经济。

2004年,本场充分利用地区优势条件,进一步调动了职工发展自营经济的积极性,做大、做强、做优龙头产业,种养业向着产业化和规模化发展,市场竞争力进一步加强和提高,职工自营经济硕果累累,为增强农场整体经济实力、促进职工队伍稳定起到积极作用。

2009年,根据场区实际条件,本场发挥领导职能,努力引导职工自营经济朝科学化、合理化、规模化、立体化的方向发展,不断增加职工自营经济收入。

2010年,农场全年职工自营经济纯收入达到116万元,职工自营经济劳均纯收入达到2936元,占总收入的30.5%。

1.热带作物

椰子 1992年,农场号召全场职工大力种植椰树,并规定每个职工的种植数目不得少于3株,全场达到10000株;经过全场干部职工的艰苦努力,到1998年,农场共种椰树327亩,收获椰果2万余个,产生了一定的经济效益;2010年末,农场种植椰子276亩,收获椰果64000个。

槟榔 20世纪80年代,场所种植的槟榔主要作为热带自然景观用,面积较少。到1999年末,才种植槟榔44亩,收获槟榔果3吨;2000年,槟榔的种植面积迅速增加到133亩,收获槟榔果4吨。到2010年,种植槟榔7928亩,收获槟榔果826吨,年产值372万元。

胡椒 1999年,种植34亩胡椒,收获5吨胡椒籽。2000年,农场投入25万元为职工购买胡椒柱7000多条,买胡椒苗1.4万株,种植胡椒250亩,收获胡椒籽6吨。2010年,种植胡椒537亩,收获胡椒籽81吨,产值162万元。

1998—2010年长征农场热带作物种植情况一览表

表1-21

年度	椰子			槟榔			胡椒		
	种植面积(亩)	产量(个)	产值(万元)	种植面积(亩)	产量(吨)	产值(万元)	种植面积(亩)	产量(吨)	产值(万元)
1998	327	20000	2	—	—	—	—	—	—
1999	327	23400	2.3	44	3	—	34	5	1
2000	327	34200	3.4	133	4	—	250	6	1
2001	317	37800	3.7	164	4	—	250	8	2
2002	290	57600	5.7	929	30	6	150	2	3.2
2003	250	64800	6.4	1265	42	8	150	3	5
2004	200	65000	6.5	1265	12	9	150	5	7
2005	200	65000	6.5	2000	10	16	150	8	13
2006	300	57000	5.7	2350	60	96	150	6	13
2007	250	50000	5	2400	70	14	150	8	24
2008	250	30000	3	2430	70	14	150	8	25
2009	273	68000	6.8	7935	2418	1112	564	130	260
2010	276	64000	6.4	7928	826	372	537	81	162

2.水果

2000年,农场投入25万元为职工购买荔枝、龙眼苗6000多株,小面积种植。2003年5月,家庭农场种植荔枝1725亩。2005年职工自营种植,种荔枝985亩、龙眼150亩、红橙350亩;农场自营种植,种荔枝985亩、龙眼150亩、红橙350亩。2010年,职工自营种植柑橘、橙450亩,产量65

吨，产值20万元；种植荔枝600亩，产量31吨，产值16万元；种植香蕉1565亩，产量889吨，产值178万元；种植菠萝蜜165亩，产量147吨，产值29万元。

1999—2010年长征农场职工自营种植水果情况一览表

表1-22

年度	荔枝			龙眼			柑橘、橙			香蕉			菠萝蜜			其他		
	面积（亩）	产量（吨）	产值（万元）	面积（亩）	产量（吨）	产值（万元）	面积（亩）	产量（吨）	产值（万元）	面积（亩）	产量（吨）	产值（万元）	面积（亩）	产量（吨）	产值（万元）	面积（亩）	产量（吨）	产值（万元）
1999	—	—	—	—	—	—	—	—	—	662	281	5	—	—	—	—	—	—
2000	250	—	4	210	—	6	195	—	7.5	690	301	5.9	14	—	0.5	45	—	0.5
2001	1725	—	5	120	—	4	195	—	7	720	317	6	14	—	0.4	45	—	1.2
2002	1575	—	6	120	—	4	351	—	9.8	620	280	18.5	14	—	0.5	45	—	1.2
2003	1525	—	8	150	—	3	351	—	9	800	301	15	30	—	1.1	45	—	1.2
2004	1150	—	12	150	—	4	551	—	11.3	570	340	32	30	—	1.1	45	—	1.2
2005	985	—	15	150	—	4	350	—	9	640	300	28	30	—	1.1	45	—	0.8
2006	850	40	14	150	5	5	451	70	20	700	300	30	50	9	8	45	8	2
2007	650	30	12	100	5	6	450	70	19	960	330	66	50	9	8	45	8	2
2008	650	28	14	100	5	7	450	68	18	1010	350	70	50	8	7	45	8	2
2009	630	34	17	50	13	21	450	72	18	18750	1025	205	170	135	27	15	3	1
2010	600	31	16	50	13	21	450	65	20	1565	889	178	165	147	29	—	—	—

3.养殖业

20世纪90年代开始，农场的畜牧业进入稳健发展时期。虽然猪的饲养量徘徊不前，但是牛的饲养头数跨过千头大关，1998年达1032头。此外，同年养羊924只、兔118只，养蜂80箱，饲养家禽（鸡鸭鹅）6万多只。

2002年8月，农场养种鸽1500对，种兔2500只，养牛970头，养羊1750只，肉猪存栏1200头。到2003年5月，养牛1200头，养羊2010只，养鸽3500只，养兔2800只。

2006年9月，省农垦总局对长征农场投资164万元，其中包括总局拨款20万元。2006年末，农场养牛1300头、羊2600只、猪6800头、鸡鸭鹅801万只。

2007年，农场养牛1290头、羊1310只、猪5100头、兔750只，家禽70000只。

在禽类养殖中，农场2001年开辟美国皇家种鸽项目，分三期投入52万元，该项目年产乳鸽15000只，年产值150万元，每年可积肥9万公斤，可为20亩鱼塘提供饲料，满足20亩农业生产用肥的需求,在一定程度上推动了大豆、玉米等农作物的稳产高产,年产值高达35万元以上,年回报率达25%~30%,3年内可全部收回成本;同年11月10日该项目通过竣工验收。

2008年,全场养牛456头、羊400头、猪7148头、家禽40000只。2009年,全场养牛1168头、羊575只、猪9202头、家禽70000只。2010年,全场养牛1785头、羊1574只、猪7392头、家禽50000只。

四、社会事业

(一)科技文化

由于橡胶是长征农场的支柱产业,橡胶也就成为农场科研的主要对象。经农场科研人员的努力,在橡胶的选种、培育、病虫害防治方面都取得了较大成绩。有些科研成果位居全国前列,为农场带来可观的经济效益。此外,农场在其他领域的科研也逐步展开,譬如对热作产业的研究。尤其是20世纪90年代后,农场重视新品种的引进和新技术的推广,使科技迅速转化为新的生产力,取得显著的科技效果。

1995年,农场撤销科研所,在科研方向上做出调整,在机构上再度由生产科监管,直至2008年。

2008年前,农场的科技培训主要针对生产第一线的胶工和植保员,引导工人掌握橡胶病害的防治技术、产胶原理知识、割胶技术以及植保机械的使用和维护知识,满足生产需要。同时,对胶站、胶厂、电站、机运机修人员、医务卫生人员以及各行业技术工种,每年都进行科技培训。农场严格培训新、老胶工割胶技术,坚持岗位辅导和用树桩夜晚练习相结合、生产队检查和生产科抽查相结合的办法,促进了割胶技术的进一步巩固,还积极开展劳动竞赛活动。每年年初,病害严重,橡胶物候参差不齐,全场无法统一开割,农场一方面通过深入调查、科学分析,先后分六批开割,保证树叶正常老化;另一方面根据实际情况,开展劳动竞赛活动,把全场干部职工的工作积极性充分调动起来。

(二)计划生育

1991年11月,农场成立计划生育协会。1996年后,提倡鼓励晚婚晚育。干部职工实行晚婚者,发给晚婚资金,晚育者可延长产假。对办理独生子女证者,每月发给独生子女父母奖励费,从发证之日起到子女14周岁(2003年后此奖励费发放至子女18周岁止)。在规定产假内(90天)办理独生子女证者,发给一次性资金。1998年,对计划生育协会进行调整,成立计划生育协会理事会,进一步加强对计划生育工作的领导。由于措施得力,计划生育工作得到广大职工的理解与配合,人口增长的势头得到控制,多次受到上级部门的嘉奖。

2001年,为确保全年计划生育各项指标的完成及全场女职工的身心健康,做好计划生育工作的检查、评比及妇科病普查普治工作,成立计划生育工作检查及妇科病普查普治工作检查组。对全场的已婚妇女进行计划生育各项措施落实情况的检查和妇科病的普查普治工作,检查率达100%。

2010年,农场、分公司党委按照属地管理原则,联合成立由农场、分公司领导牵头的人口与计划生育工作领导小组，坚决执行人口与计划生育工作目标管理责任制。同时，农场充分利用广播、宣传栏、宣传横幅等载体，大力宣传《人口与计划生育条例》《流动人口计划生育工作条例》等政策法规。

（三）职工住房建设

1991—1998年，农场投入上百万元，对六七十年代兴建的旧房、危房进行改造。1993年，全场基本实现职工住房平顶化，全面消灭了危房，职工人均住宅面积达15.5平方米。1998年，职工住宅面积达51723平方米，人均住宅面积达28.03平方米。改善了职工的居住条件，解决了职工的后顾之忧。

1999—2008年，长征农场职工住房以新建为主、改造为辅。1999—2005年间农场投入文明创建资金338.4万元，建设标兵文明生态队5个。新建和改建的房子全面实现住房、伙房、天井、洗手间"四房一体"平顶化。2002年创建生态文明队7个：太平2队、9队，长征8队、6队，乘坡7队、1队、9队。

2006年，农场成立职工住房改造工程建设领导小组，计划用3年时间彻底解决农场职工的住房问题。仅2006年，农场职工新建住房竣工面积就达3000平方米，农场还投入37万元改造职工住房824平方米。

2007年，农场制定方案，划拨资金，按照"四个一点"的原则（即企业投资一点，职工出一点，总局拨一点，社会赞助一点），共投入资金150多万元，解决队级饮水、道路、居住、通信等。

2008年完成公路改造工程48公里，投入安全饮水工程资金96万元，完成职工住房建设515套，投入医院基础设施改造资金92万元，完成户用沼气86户，完成场队茅草房改造30套。

2009年，农场重组后，长征农场总部、分场、基层单位在规划设计、出资形式、管理模式方面灵活处理，采取集资建房、私建公助、旧房改造三种途径，解决职工住房问题。年底全场（含原乘坡农场、太平农场）开工880套，开工率100%，其中：竣工405套，在建475套。

2010年，全场危房改造300套，其中长征总部2个单位建设46户；乘坡分场4个单位建设121户；太平分场5个单位建设133户。创建县级生态文明队3个。

（四）社会治安

建场初期，民兵是农场生产建设的骨干力量，是补充预备兵员的主要来源。民兵在生产训练的同时，协助有关部门维护农场的社会治安，维持正常的劳动生产秩序，做好抢险救灾、护林保胶等工作。1991—2006年，农场民兵组织先后被海南省农垦总局评为年度"护林保胶先进单位"和海南农垦"防风救灾先进单位"等。

2007年，根据上级统一部署，以"法律进队"为契机，联系农场实际，尤其是严峻的护林保胶工作实际，坚持普法宣传教育和打击犯罪并重，全面加强治安管理，深入开展严打整治斗争。全年发生刑事案件17件，破2件，发生治安案件7件，破3件，确保了场区内的和谐稳定。

2008年，在群众来信来访工作中，始终坚持"群众利益无小事"的原则，高度重视和处理职工群众的来信来访工作，协同有关部门解决矛盾和问题。共受理群众来信来访46件57人次，办结率为100%,全年没有发生集体上访和越级上访。通过认真办理群众来信来访工作,有效维护了社会的稳定。

2009年,农场运用"大接访"工作的成果和经验,采取上访与下访相结合、接访与邀访相结合的办法,健全完善主要领导定期接访制度、矛盾纠纷排查化解制度、领导包案处理信访问题制度、干部下访制度、联合督导和挂牌督办制度,认真对待职工群众的各种诉求,维护社会和谐稳定。

2010年,为有效预防和及时处理重大突发社会安全事件,农场党委成立了由党政主要领导牵头的维稳工作、矛盾纠纷排查调处工作领导小组,下设办公室,负责日常工作。建立健全《重大安全事件应急机制》《维护稳定工作应急预案》《自然灾害应急预案》等,保障群众的生命财产安全。通过防打结合,建立场乡联防,实现"人防、物防、信息防"协调联动。全年发生刑事案件13件,破2件,刑事拘留1人;治安案件44起,查处42起,治安拘留37人。接待上访13次,计118人次。

(五)教育

农场教育事业是随着农场生产发展、人员增加、学龄青少年急增而逐渐发展起来的。已普及幼儿教育、小学教育、初中教育,成人教育也相应发展,教育质量逐步提高。

幼儿教育。农场1963年办起幼儿教育,校舍是面积250平方米的茅草房,可容纳150人,实际学生人数111名,教师12名。1985年,农场创办了中心幼儿园,建筑面积1204方米。经过10多年的发展,20世纪90年代后期,农场中心幼儿园有3个教学班,有幼师4人,幼儿48人。有大型转椅、滑梯、跷跷板、手风琴2台、电子琴3台等游戏、教学设备。2010年,几乎每个生产队都有托儿所,方便职工幼儿入托。幼儿园开设有语言、常识、计算、音乐、美术、体育、智力游戏和生活卫生8门课。

小学教育。农场于1964年创办场部小学,仅设一、二年级,学生32人,教师2人,实行包班教学。1966年有两所小学,在场部和四队,学生85名,教师3名。经过几十多年的变迁与发展,农场教育设施不断完善,农场已拥有2所小学,5个教学点,535名学生、33名教师。在师资方面,农场多次选送救师参加师范院校、电大进修,通过代培、自学、函授来提高教师的专业技术水平。1999年,全场33名小学教师(其中大专17人,中专15人,初中1人),学历达标率91%。

中学教育。农场1969年创办初中,当时校址设在现场机关灯光球场,校舍是茅草房,条件相当简陋。1972年,农场创建高中,与初中班合在一起。1988年,场拨款180万元建起新中学,占地50亩,建筑面积4300平方来,教学大楼有教室12间,学生人均建筑面积22.8平方米,教职员工人均住房面积55.4平方米。学校教学设施不断完善,有教师办公室、试验室、阅览室、体育室、校医室、会议室、食堂、篮球室、运动场。图书室藏书3400册,生均20册,图书室定时开放、专人管理。

1991年,长征农场辖区内有初级中学1所,初中在校生190人,教师16人;小学2所,在校小学生460人,教师30人;幼儿园1所,在校幼儿130人,教师10人。2000年,长征农场辖区内有初级中学1所，初中在校生125人，教师18人；小学2所，在校小学生480人，教师25人；幼儿园1所，在校幼儿110人，教师8人。为应对生源减少，2003年进行学校撤并，将长征农场一小并入长征农场中学，使长征农场中学变为九年一贯制学校，并更名为长征农场学校。2005年撤销长征农场二小，长征农场仅保留一所九年一贯制学校。2009年9月，长征农场学校划归琼中县教育局直属学校，更名为琼中县长征学校。2010年，长征农场辖区内有初级中学1所，初中在校生128人，教师14人；有小学1所，在校小学生355人，教师21人；有幼儿园1所，幼师8人，在校幼儿120人。

（六）医疗

本场的医疗机构从无到有、从小到大，逐渐发展完备起来。1960年创建时农场时，便成立场卫生所，仅有一间10多平方米的茅草房，只有1名卫生人员，负责全场100多人的防治工作。1963年成立场门诊部，卫生人员发展到4名，有了常规的治疗床、治疗椅，只能对地方病、常见病进行一般的诊治。1967年，成立卫生队，卫生人员8人，有了药房、诊断间、观察室，仍然只能做些常见病、多发病的治疗。1975年成立农场医院，面积达4007平方米，卫生人员发展到25人。设置了门诊室、住院部、后勤组。有病床25张，有1台X光机。医疗工作走上正轨，诊断准确率、治愈率不断提高，各种传疑病发病率和病人死亡率逐年下降。

建场几十年来，随着农场事业的发展和职工生活水平的提高，农场医疗机构不断扩展和完善。现在医院设有门诊、内科、外科、妇产科检验室、创剂组、防疫组、住院部和行政后勤组。有床位45张，医院工作人员52名。农场共设卫生所30个，卫生技术人员30人。

附一：原国营太平农场简介

1971年5月成立国营太平农场，属中国人民解放军广州军区生产建设兵团第六师第十八团，部队建制。农场东邻和平镇、南连吊罗山林区，西抵原海南军区军马场和上安乡，北与乘坡农场和长征农场接壤，场部设在场区西部，依傍万泉河支流太平河，场部距琼中县城41公里，距海口市186公里。

1974年，从兵团转制为广东省国营太平农场。1988年海南建省后，是海南省农垦总局领导下的以生产橡胶为主的中型二类国营企业单位。

2005年3月，农场政企分离，析出成立“海南天然橡胶产业集团股份公司基地分公司”，隶属海南天然橡胶产业集团股份有限公司。

2008年末，原太平农场农场拥有土地面积149093亩，已开垦利用52500亩，其中：橡胶种植面积30255万亩，热作园1910亩，林地面积9928亩，耕地面积210亩，果园面积921亩，鱼塘水面85亩，居民点、工厂2938亩，外单位占用土地面积1993亩。有总人口2478人，在职职工人数777人，离退职工472人。太平农场有17个生产队，直属单位有学校、医院、物资供应站、中心收胶站等；农业主要是种植橡胶、龙眼、香蕉、荔枝、甘蔗、木薯、胡椒和养猪、牛、羊、鸡、鱼等，是一个以橡胶生产经营为主，集工农商贸于一体的现代农业企业。

农场机构包括党政办公室、财务结算科、劳动社保科、人口与计划生育办公室、发展与改革科、国土资源管理科、教育科、武装部、社会治安综合治理办公室、女工委、社区办事处、派出所。下属单位有医院、学校、水电站。2008年末农场资产总额3953.6元,其中,流动资产2528.8万元,固定资产1424.8万元;负债1266.8万元,其中,流动资产负债687.2万元;固定资产负债579.6万元。

2009年2月,原太平农场并入新的长征农场。

附二:原国营乘坡农场简介

国营乘坡农场于1959年8月成立,位于琼中县东南面,场区东至万泉河、吊灯岭,与万宁县境内的国营新中农场毗邻;南至中央村,土地公岭,故察岭、干磉岭、山心岭,与国营太平农场相连;西至什龙村、顺作村、新联二村、新村仔村,与国营长征农场交界;北至红叻岭,黎毛岭南麓,接国有山地,隔岭为国营南方农场和国营岭头茶场。场部设在乘坡墟,距县城营根镇32公里,距通什市110公里,距海口177公里。原乘坡农场是海南省农垦总局领导下以生产橡胶为主的中型二类国营企业单位,正处级单位。农业主要是种植橡胶、龙眼、香蕉、荔枝、甘蔗、木薯、胡椒和养猪、牛、羊、鸡、鱼等,是一个以橡胶生产经营为主,集工农商贸于一体的现代农业企业。

1988年7月,更名为海南省国营乘坡农场,隶属海南省农垦总局,属正处级企业单位。2005年3月,农场实行政企分离,析出成立海南天然橡胶产业集团股份公司基地分公司,隶属海南天然橡胶产业集团股份有限公司。

2008年末,原乘坡农场土地面积168196万亩,已开垦利用72121亩,其中:橡胶种植面积56141亩,自营经济种植10124亩,其他利用2145亩,林地3711亩。现有人口5378人,在册职工1270人,离岗职工246人,离退休职工1477人。

2008年农场机构包括党委办公室、财务结算科、劳动社保科、发展与改革科、社会保障科、自营经济办公室、工建办公室、工会(计生办、团委)、派出所,下属单位有医院、学校、胶水转运站、供电所、基建队。2008年末资产总额6187.9万元,流动资产3494.5万元,固定资产2693.4万元;负债2030.3万元,流动资产负债2044.5万元;固定资产负债-14.2万元。

2009年2月,原省国营乘坡农场并入新的长征农场。

第六节 海南省国营乌石农场

一、位置与区域

1957年海南省国营乌石农场创建，坐落在琼中县城北部，地理坐标为北纬19°04′05″～19°12′47″，东经109°47′06″～110°01′12″。场区东至竹竿岭西脚、番旧岭、罗马村、坎坡村和里寨水库，与琼中县湾岭镇毗邻；南至加力争村、鸭头岭、荔枝岭和崩岭，与国营南方农场、国营岭头茶场、国营加钗农场及红岛乡接壤；西至上下岭、四方石岭和洞古岭，与国营黎母山林场交界，北至双炮岭和星山岭北坡，与国营新进农场相连。

乌石农场场界周长约100千米，蜿蜒曲折，总面积142平方公里。场部驻湾岭镇，位于纵贯全岛南北和横穿全岛东西的海榆公路中线和万儋公路的交叉点上，交通便利，四通八达，是海南陆地交通的枢纽，北距海口市130千米，南至琼中县城15千米，东往万宁105千米，西到儋州那大镇67千米。

乌石农场地貌为低、中、高丘陵，最高点为农场东南方向的番归岭，海拔603米，双响炮、乌石岭、南斗岭、马岭、机岭、通天岭都在400米以上，佳节岭、鹦哥岭、鸭头岭、牛头岭、猴毛岭、傲坟岭、双岭、睡牛岭、开工岭、五盆岭、石人岭海拔300～400米。其他山岭在海拔230～300米之间。乌石农场地势西南高，东北部较为平缓，相对落差15米左右。海拔150～300米之间的坡度为8°～15°左右，相对落差20～30米；海拔350～520米之间的坡度为15°～25°，局部30°，相对落差50～100米。

场内有万泉河的上游大边河，流经乌石农场的10队、13队、20队、23队、38队境内，河长36.4千米。大小支流遍布农场，并有水央溪、来浩溪、爱罗河等主要支流，自北向南汇入大边河，并向东流去。农场用水以地表水为主，2004年9月至2005年9月，农场遭受了50年一遇的大旱，但未造成人畜饮水难问题。

农场气候温和湿润，光照充足，雨量充沛，属热带季风气候地区，是发展热带农业生产的理想之地。盛产天然橡胶、海南绿橙、白马岭茶叶等。农场土壤包括水稻土、赤红壤、砖红壤、潮砂土、泥炭土5个土类、6个亚类、10个土属、26个土种。其中砖红壤土类面积最大有187065亩，其次是赤红壤土类12039亩，第三是潮砂土928亩，第四是水稻土355亩，最少的是泥炭土141亩。

1991年，乌石农场土地面积21.3万亩。2002年10月，开始对全场的土地进行发证确权，至2006年6月，已发证面积136395亩，未确定发证面积77523亩。1991年全场人口10538人，在岗职工5382人,离退休人员、退职人员1347人。2010年全场人口15583人,在岗职工964人,离退休人员、退职人员4974人。

2000年,乌石农场生产总值3826万元,人均3519元;1991—2000年生产总值年均增长7.5%,2003年生产总值突破5000万元,2004年达到5878万元;2005年,受“达维”台风影响,生产总值降至4721万元;2006年,生产总值8397万元,人均7206元;2000—2006年,生产总值年均增长8.7%。到2008年,生产总值7071万元,2010年达到15217万元。

二、机构设置

1991年,场机关设有工业科、生产科、审计监察科、纪委、劳工科、供销科、办公室、财务科、派出所、武装部、经管科、国土科、基建科、团委、计生办、工会、组织科、教育科、群工科等,直属单位有机运公司、商贸公司、茶厂等,作业区5个,生产队40个。

1992年11月,农场党委决定在海榆中线123公里处成立农业技术开发公司,同时在海口市成立海口市信达贸易公司。

1993年3月,农场茶叶加工厂实行全员承包、自主经营、自负盈亏、上缴利润的经营模式。同年,农场兴办机运公司、基建公司、商贸公司、信达公司、供销公司、农业开发公司6个经济实体公司。

1999年10月,分场和作业区同时使用,原第五作业区合并在第二作业区管理。

2005年4月,根据海南省农垦总局关于企业体制改革的要求,实行政企分开、成立海南天然橡胶产业集团股份有限公司(海胶集团),原乌石农场即分为乌石农场(社区)和海胶集团乌石分公司。同时,机关职能部门分为农场(社区)与橡胶分公司两大块,在机构、职责、人员、办公场所、资产和财务结算六个方面分开。至2006年底,场下属的生产单位有35个,居民点44个;全场作业区分为第一、第二、第三、第四社区。共有32个生产队,其中一区5个,二区9个,三区10个,四区8个。2006年,本场有干部346人,其中场机关53人,分公司38人、作业区13人、生产队80人、教师90人、卫生人员62人、直属单位10人。

2008年6月18日,国务院常务会议原则通过《关于推进海南农垦管理体制改革的意见》,从体制上明确了海南农垦由省(海南省)、部(农业部)共管改由海南省全面管理,在5年过渡期内,海南农垦逐步移交政府职能,建立现代企业制度。海南农垦由此拉开体制改革序幕,并开始朝着实现政企分开、社企分离,建立现代企业制度的方向发展。

2008年9月,乌石农场正式划分为乌石农场(社区)和海胶集团乌石分公司。乌石农场(社区)成立社区管理委员会。农场职能部门有党政办、工会(女工委、团委)、国土资源管理科、财务结算科、劳动社保科、教育卫生(计生)科、发展与改革科、农牧中心等。海胶集团乌石分公司主要负责橡胶生产管理,分公司职能部门有办公室、人力资源部、生产技术部、财务结算部、经营管理部等。

2009年2月,为贯彻落实国务院《关于同意推进海南农垦管理体制改革意见的批复》、省政府《关于海南农垦管理体制改革的实施意见》、省农垦总局关于重组农场工作要求,原乌石农场、南方农场、岭头茶场合并重组成新的乌石农场。重组后的农场土地面积为515377亩(含海胶集团乌石分公司橡胶用地131216亩);户籍人口2.39万人(含海胶集团乌石分公司和金石加工厂职工2300人),其中,农场管理的在册职工1713人,离退休职工4899人。

至2010年底,农场管理的土地面积384161亩,总人口2.09万人。其中,在册职工1698人,离退休职工4974人,其他人员14228人。农场机关设有党委办公室、行政办公室、劳动社保科、财务结算科、发展改革科、国土林业资源管理科、教育卫生科等13个部门,下辖南方、岭头2个分场,3个社区办事处,6个生产队,并有物业站、种牛场、水电站、茶叶加工厂、医院等12个直属单位及109个居民点(2005年共有32个生产队,到2010年只有6个生产队。因2009年2月,橡胶生产队划归海胶集团乌石分公司后,乌石农场只管理农村场队乌石36队、乌石37队和岭头分场的茶叶生产队2队、3队、15队、16队,共6个生产队)。

原海胶集团乌石分公司、岭头分公司、南方分公司即合并为海胶集团乌石分公司,原岭头分公司和南方分公司即变更为岭头管区和南方管区。

三、农业生产

(一)橡胶生产

农场规划人员对农场土地资源进行生产布局和土地管理规划,其中生产布局规划主要是胶园规划,即胶园中环山行以梯田式为主,按胶园分段化、林网化、良种化和覆盖化原则进行。1974年,进行第二次土地利用规划,1997年进行第三次规划,主要开发10队、30队、41队和15队爱罗河一带,新备地种植橡胶;2004年,对现有橡胶园地更新种植做一次长远规划,2005—2010年更新种植15699亩,主要分布在1队、2队、4队、5队、6队、7队、8队、9队、10队、11队、12队、13队、14队、15队、17队、19队、20队、23队、26队、27队、28队、29队,平均每年以2600多亩的速度更新替换,发展第二代胶园。新一代胶园建设标准按"五高""五化""五提前"规划,"五高"指高起点、高标准、高质量、高投入和高效益;"五化"指良种化、梯田化、林网化、覆盖化和化学化,"五提前"指规划提前、育苗提前、开荒提前、造林提前和覆盖提前。1999年,农场实现橡胶开荒机械化,结束人工开荒的历史。

1991年,有橡胶种植面积53644亩,其中开割胶园42411亩,年产干胶3265.9吨;1995年,开割胶园48406亩,干胶产量突破4000吨,达到4036吨;1997年,开割胶园50329亩,干胶产量创历史最高纪录,达到4688吨。

2000—2003年,农场对生产队实行确定单价、增产奖励、节支提成分配的管理模式,在10队、26队、31队试行风险抵押承包经营形式。同时在5队和13队试行股份合作等多种经营形式。胶工结算体系实行统一单价、以产计酬的方式。2003年,全面实行国有开割胶园长期承包经营改革,全场105万多株开割胶树、951个割胶岗位,全部与胶工签订岗位承包经营责任书,实行职工家庭承包经营,承包上岗率达100%。2006年,全场胶工人均割株1149株,胶工人均年产干胶由1999年的3.7吨提高到4.5吨。2004年4月,农场组织29名"农场劳动模范"和"割胶能手"到泰国旅游。

2005年9月26日,农场遭受32年一遇的超强台风“达维”袭击。台风风力达12级以上,影响时间长达10多个小时,造成农场胶树46.42万株受灾,平均受害率27.2%,其中开割树受害39.13万株,断倒率达22.4%;未开割树受害7.295万株,断倒率为17%;受害报废胶树11.9万株,给农场橡胶生产造成巨大损失。1035.3亩农作物遭受损失。2008年开割胶园53121亩,干胶产量2719吨;农场重组后,2010年开割胶园4818亩,干胶产量392.6吨(2010年不含海胶乌石分公司)。

(二)茶叶生产

乌石农场自1980年开始种植茶叶,种植面积102亩,大多数系胶茶间作。2000年、2001年分别新植高香品种茶212亩和303亩,至2006年共有茶园面积1955亩,主要分布在1队、16队、18队、25队、29队、31队、32队、33队、34队、35队、39队、40队。

1999年前,农场的茶树品系以云南大叶为主,其余为混杂品系。2000年后,茶树品系为奇兰、福鼎大白、福云6号。茶树种植为单行种植和双行种植两种。1991年末,茶园面积2081亩,干毛茶产量达到127.4吨。2000年产量锐减为74吨,2003年后仅有20多吨。由于经营不善、效益低下,2002年,茶厂通过公开招标,承包给五指山茶叶公司经营,承包期限20年。

2009年2月,农场重组后,原岭头茶叶生产划归乌石农场管理。为抓好茶叶生产,农场坚持以科技、无公害、有机、健康为理念,走高效、高产、优质的产业化道路。2009—2010年,农场加大投入,对原岭头茶叶进行全面包装,改进产品的加工工艺,从茶园建设到茶叶的加工、鉴定、包装、销售都层层把关,并申请注册了“白马岭”茶叶商标,在原产红碎茶、简装绿茶的基础上,创新开发红毛峰、精品绿茶、红条茶等茶叶品种。同时,投入10多万元对“白马岭茶”进行广泛宣传,在海口市公交汽车车体做“白马岭茶”广告,取得明显成效。2010年,全年生产干毛茶90吨,产值600万元。“白马岭茶”的销售创历年来最好局面,实现扭亏为盈。

(三)畜牧业、副业生产

20世纪90年代起,农场畜牧业、副业生产主要以职工私养为主、公养为辅。1993年,农场进行牛只产权改革。将全场所有牛只折价后转让给职工个人,产权归饲养户,牛粪由农场统一收购的管理办法。同时,开发科技养牛产业,培养经济增长新亮点。1999年后,养牛业在农场得到较好的发展,农场充分利用国家投资和现代科技,从外地购进3~4龄、体质好的黄牛作为优质母本,通过人工配种、胚胎移植等办法,改良和优化牛只品种结构。

2004年,租用琼中县加章种牛场(面积为1300亩),建成加章种牛育肥基地,实行圈养。2005年,农场投入160万元,重点抓好加章良种种牛场的建设,新建三座以品种改良、育肥为主要功能的牛舍,面积1593.5平方米,配套建设牧草基地、水利灌溉、青贮室、肥池、水池、职工住房等,提高养牛的规模效益。同时进一步加强与科研单位的科技合作,不断开发以人工授精和品种改良技术为主的良种种牛的繁殖项目,繁殖安格斯、利林赞等良种牛仔189头,怀孕待产母牛136头。大力培育和发展本地小黄牛和良种种牛新品种,努力把农场的养牛业推向特色化、规模化和产业化。2006年,牛只存栏526头,是全场种育肥牛最大的生产基地和集散地。

到2010年,牛只存栏2042头。同时,农场与职工合养牛群3群,水牛和黄牛共687头。2010

年底，全场职工个人养牛1355头，养猪12884头，家禽6万只。

（四）绿橙种植

“乌石红”绿橙是乌石农场培育出的优质绿色热带水果。“乌石红”绿橙性喜温暖，最适宜在23℃～34℃气温环境下生长。“乌石红”绿橙果实大、外形好，皮薄果滑，果肉橙红，肉质柔软，纤维量少，汁多爽口，甜度适中，香气浓郁，风味独特，品质上乘。果汁中富含柠檬酸和人体不可缺少的维生素C、B，以及蛋白质、脂肪、胡萝卜素、果胶、钙、磷、镁、硫、铁等微量元素。“乌石红”绿橙是一种可综合利用的水果，既可鲜食，还可加工成罐头、蜜饯、果汁、果酱、果酒、柠檬酸、果胶等，幼果、果皮、种子、橘络、叶片和花都是常用的中药材，花和叶还可以用来提取高级香精。

在农场的大力推广下，2000年后，农场职工大力发展绿橙产业，种植区域主要分布在11队、13队、24队、23队、38队等地。2005年，绿橙种植面积达2387亩，其中收获面积1178亩。2004年、2005年农场相继以股份制集资的方式筹集资金320万元，建成容量1000吨的冷藏库、加工能力达10000吨的水果冷藏加工厂。通过水果冷藏保鲜，开拓“南果北调”市场，实现乌石绿橙保值增值。2006年，农场已种植“乌石红”绿橙近3000亩，亩产量达到5000公斤。2006年1月，农场生产的“乌石红”绿橙在首届中国长春“中华名果”博览会上，被中国果品流通协会授予“中华名果”称号。2010年，农场种植绿橙面积达3894亩，产量达1964吨，绿橙种植户人均收入达8710元。建立和完善农产品质量安全追溯系统，成立农业科技服务“110”乌石服务中心，对绿橙生产实行“五统一”管理，即统一开荒、统一种苗、统一定植、统一施药、统一技术。严格按照无公害质量标准，做优无公害农产品生产基地品牌，提升“乌石红”品牌的市场占有率。

四、基础建设

农场从1995年起实施福利住房制度改革，以工龄计算补贴的分配方式，主要在场部建成区内实施，1995—1999年以福利住房改革建房9888平方米，一定程度上缓解职工住房紧张的局面。1999年，被列入海南农垦首批小城镇建设单位后，农场按照“立足点要高，实用性要强”的总体要求，实施小城镇发展战略。2000年后，实施集资住房制度改革，集资建设盛璟园小区，2001年3月，盛璟园生态住宅小区竣工使用。经过多年在基础设施建设和居住环境改造方面的投入，农场于2003年12月被评为全省第1个、全国第38个“全国环境优美乡镇”。至2005年，全场职工住房面积达143448平方米。

1996年7月，农场南源大厦（招待所）落成使用。

2005年3月6日，农场与省农垦总局教育局共同投资580万元，建筑面积为6318平方米的六层农场中心学校教学综合大楼破土动工。2006年8月，农场中心学校综合教学大楼落成使用，至此撤销各教学点，整合了农场教育资源，实现集中办学、资源共享。

2005年9月，为改善农场教师住房条件，根据学校布局规划要求，教师村第一期4幢24套总面积2821平方米的教师宿舍项目启动，于2006年8月竣工。

2005年，建设小区二期工程配套设施，完成绿化面积3950平方米，营建了人工湖、假山、人行道等休闲景区。并投入90多万元，兴建高规格的场部文体中心广场，在机关南侧和东侧，建起音乐喷泉、露天舞池、凉亭、老年人门球场、人行道等设施，邀请海口园林设计院规划建设了广场园林，完成绿化面积8460平方米，道路建设5117平方米，场部环境焕然一新。

2006年5月21日，由知青场友共同集资1600万元，占地70多亩，11幢150户公寓楼和18套8640平方米的临街商用铺面楼的“知青园”生态小区破土动工。

至2010年，共创建文明生态队31个(含岭头、南方)，其中省级文明生态队4个，即3队、15队、20队和22队。

五、自营经济

20世纪90年代初期，自营经济种植、养殖业和服务业有了较快发展。家庭开始种植益智、砂仁等南药作物，花生、橡胶等农作物；养殖业发展淡水鱼、猪、家禽等养殖；副业发展手工编织藤椅、藤席、缝纫等，服务行业发展汽车个体运输、摩托车运输、个体经商户逐渐增多；第二产业发展门窗、隔热层砖、瓦等预制业。1998年后，职工自营经济得到进一步的发展，特别是种植橡胶、绿橙产业和养猪业得较快发展，职工自营经济如火如荼。

2005年，全场的自营经济林、绿橙、橡胶等作物面积13889亩，养殖猪牛羊存栏8164头，出栏7705头；养殖鸡鸭鹅存栏2.28万只，出栏1.51万只。全场职工自营经济纯收入953.1万元，劳均纯收入3520.8元。

至2006年，参加自营经济户数达2546户，3299人，总收入达1700万元以上，其中：第一产业1300万元以上，第三产业410万元以上，纯收入900万元以上，其中：第一产业700万元以上，第三产业200万元以上。职工自营种养业面积达17381亩，平均每户7亩。其中：橡胶面积7306亩，开割面积841亩，未割面积6465亩；热带作物面积达816亩，槟榔面积达768.2亩，水果面积达2951亩，林地面积达4576亩，生产水面298亩。养猪11000多头，羊2000多头，家禽40000多只。

至2010年，参加自营经济户数达3632户，4803人，总收入达4268万元以上，其中：第一产业3104万元以上，第三产业1095万元以上；纯收入3304万元以上，其中：第一产业2233万元以上，第三产业819万元以上。职工自营种养业面积达81172亩，平均每户22亩。其中：橡胶面积23740亩，开割面积4830亩，未割面积18910亩；热带作物面积8743亩，槟榔面积7833亩，水果面积6374亩，林地面积14065亩，生产水面1057亩。养猪28719头，羊2115头，家禽18万多只。

六、文化体育

自1999年起，乌石农场注重打造企业文化，先后创作了乌石场徽、场歌、品牌产品歌曲，独创了企业品牌系列图案。先后打造了“乌石红”绿橙、“富尔乐”牛肉、“白马岭”茶叶等品牌产品。

1994年1月，由农场干部职工共同捐款兴建的农场场门落成，场门的建成体现了农场职工精诚团结、奋发向上的精神面貌，树立了农场良好的企业形象。

1997年6月，农场职工文体活动中心落成。活动中心的建成使用，丰富了职工业余生活。

2005年1月11日，波黑驻华特命全权大使博里斯拉夫·马里奇率俄罗斯、伊朗、埃及、英国、匈牙利等8国外交官考察乌石农场。同年5月1日，农场与海南广播电视台联合举办以“相聚海南·欢乐乌石”为主题的回场参观访友活动,三省五地共380多名知青场友回场联欢。同年,乌石农场荣获海南省农垦总局举办的男子篮球锦标赛冠军。

2006年3月26日,刚果民主共和国驻华大使穆巴拉·扎卡和经济贸易一等参赞阿鲁马·伊多拉·姆考察农场。

七、教育、医疗

20世纪90年代,幼儿教育一直由农场工会负责。1993年,幼儿教育由工会转归教育科管理。在实行全托时期,入园幼儿数150~160多名,最高达180多名。配备幼师8名,保育员及后勤8名,业务员3名,卫生员1名。2002年实行体制改革,实行第一轮全员承包,聘任幼师11~13人。2006年3月实行第二轮承包,民主选举园长,17人参加投票,聘幼师6人,后勤4人,入园幼儿有本场职工子女及湾乌地区各单位的职工子女共128人。幼师中,具有幼高职称的2人,幼一职称的4人。

1991年,乌石农场有幼儿园1所,有小学2所,在校学生591人,教职工39人;有中学1所,在校学生374人,教职工47人。至2010年,乌石农场有幼儿园1所,在园幼儿347人,有幼师19人;有小学1所,在校学生447人,教职工21人;有中学1所,在校学生313人,教职工29人。

1999年,乌石农场进行教师队伍整改,压缩减少教师28名。并且把农场中学和小学合并为乌石农场中心学校。撤掉五分场小学,其学生转入中心学校。下面分场和生产队还保留一分场小学、三分场小学、四分场小学和10队、11队、23队、24队、29队教学点。

2004年,全场实行统一工资标准,定人定编。乌石农场有教师80人、职工8人。中学高级教师每月工资1070元;中学一级、小学高级教师每月工资900元;中学二级、小学一级教师每月工资800元;中学三级、小学二级教师每月工资700元。

2009年,按照《海南省人民政府办公厅关于农垦中小学校教职工移交地方管理有关问题的通知》和《海南省人民政府办公厅关于印发海南省农垦中小学校移交地方管理实施方案的通知》等文件精神,为确保乌石、南方、岭头3个农场中小学校顺利移交地方管理,农场分别成立乌石、南方、岭头中小学校移交工作领导小组,细分为人员移交工作小组,经费、资产、土地移交工作小组,监督、协调工作小组。2009年9月1日,将乌石、南方、岭头3所中小学移交地方管理,移交教职工173人(其中:乌石88人、南方50人、岭头35人),移交退休教师54人。但受名额限制,尚有未移交人员25人(其中:乌石10人,南方6人,岭头9人)。

1991年,乌石农场医院医疗用房面积1920平方米,科室5个、医护人员39人(其中中级职称5人,初级职称34人)、病床29张,主要设备有X光机、B超机、手术室等,年门诊量500人、住院治疗人次817人、治愈率89%。

农场医院发展到2006年,已设有住院部、门诊部和社区服务门诊,包括骨伤、普外、泌尿、口腔、五官、妇幼和老年病等门诊科室,编制病床30张,并设有28个基层卫生所。1987—2006年,农场投入约80万元,先后购置了300毫安X光机、多功能麻醉机、高频电刀、2台B超机、心电监护仪、血球仪、尿机、生化仪、牙科综合治疗机、妇科光普治疗仪、手术床、产床、医院管理系统等医疗设备。

2010年,为完善社区管理体系,农场进一步对卫生行业进行改革,经与农垦总医院沟通协调,报请省农垦总局同意,于2010年12月以农垦总医院兼并乌石医院的方式,将原海南农垦乌石医院整体移交给海南农垦总医院管理,建立海南农垦总医院乌石分院。分院医疗用房面积3000平方米,科室6个,医护人员96人(其中高级职称2人、中级职称6人、初级职称88人)、病床30张,年门诊量1.2万人,住院治疗900人次,治愈率96%。现有医疗设备价值1000多万元,主要有X光机、B超机、生化仪、血球仪、牙科治疗仪各1台,心电监护仪3台等设备。能开展外科、内科、妇产科一些普通病的医疗救治。

附一:原南方农场简介

国营南方农场位于琼中县东部中平镇境内。东起沙牛岭、山猪浑岭、灯火岭、牛路岭水库西岸,与琼海市境内的会山乡交界;西至常头岭、火(横)岭,与琼中县红岛乡、国营岭头茶场相望;南抵红面石岭、三角岭、龟岭,与万宁市境内的三更罗乡和琼中县的和平镇接壤;北隔万泉河支流大边河、竹竿岭、平岭、牛班岭和大岭,与琼中县的湾岭镇和屯昌县乌坡镇毗邻。海拔1264米的白马岭和海拔1270米的南茂岭双峰雄峙于场区东部边陲。整个场区轮廓酷似巨大马蹄,南北长约21.8公里,平均宽度11公里,总面积122.24平方公里。万泉河支流大边河、黎明河、中平河、青梯溪纵横交错,流经本场区,终年流水不断,水能丰富。场区气候温暖、雨量充沛,年平均气温23℃,长夏无冬,偶有短时霜冻。土地肥沃,植被繁茂,野生动物繁多,物产丰富,是发展热带作物生产的聚宝地。

1991年,南方农场总人口9043人,其中职工4792人。有汉族、黎族、苗族、壮族、侗族、瑶族等民族。管理体制为三级管理、二级核算。下设作业区4个,生产队32个,直属单位有学校、医院、派出所、供电所、基建队、机运队、修路队、胶厂、电站等。种植橡胶28574亩,农业总产值951.3万元,人均自营经济收入122元。2000年,南方农场总人口7884人,其中职工1695人。有汉、黎、苗、壮、侗、瑶等民族。下设作业区4个,生产队35个,直属单位有学校、医院、派出所、供电所、基建队、机运队、修路队、胶厂、2座电站。种植橡胶33738亩,农业总产值2305万元,人均自营经济收入3652元。

1991年,南方农场有幼儿园1所;有小学9所,在校学生1160人,教职工88人;有中学1所,在校学生464人,教职工49人。2000年,南方农场有幼儿园1所;有小学1所,在校学生627人,教职工36人;有中学1所,在校学生192人,教职工13人。2010年,南方农场有幼儿园1所;有小学1所,在校学生445人,教职工28人;有中学1所,在校学生194人,教职工13人。

1991年,南方农场医院医疗用房面积3856平方米,科室5个,医务人员103人,病床65张,年门诊量46829人,年住院人次1641人,治愈率88.6%,主要设备有X光机、显微镜等。2000年,医院医疗用房面积3650平方米,科室5个,医务人员96人,病床35张,年门诊量24606人,年住院人次535人,治愈率89.5%,主要设备有救护车、手术台、无影灯、牙科治疗机等;医疗技术方面,内科可处理急危重诊病例抢救、抢救心衰、呼吸衰竭成功率较高,外科能够开展阑尾炎、疝气手术,车祸、外伤处理。2010年,医院医疗用房面积3010平方米,科室6个,医务人员58人,病床50张,年门诊量4333人,年住院人次954人,治愈率92.3%,主要设备有B超、心电图机、全自动血细胞分析仪、胎音仪、电动吸引仪、电解分析仪、半自动生化仪等;可开展顺产产妇的接生、妇科常见病、多发病的治疗。

2009年2月,南方农场整体合并到乌石农场。

附二:原岭头茶场简介

1960年海南省国营岭头茶场创建,地处海南岛中部,五指山北麓的琼中县红岛区。场界东至横岭西坡、木毛岭,与国营南方农场毗邻;南至什晏岭、牛古岭,与国营长征农场接壤;西至白岭村、鱼金湾、辉草河、白灶岭,与红岛区、红岛牧场交界;北至大边河,与国营乌石农场隔河相望。场部位于场区西侧的新郎河畔,距离琼中县城10公里。农场西部为低山丘陵区,海拔200~350米,少数山岭在海拔450米左右,坡度多在15~20度。东半部为海拔500~600米的低山地带,坡度15~20度。农场平均气温22.3℃,年平均降水量2272.3毫米,相对湿度84%左右。

1991年1月,全场有基层生产队23个,直属单位12个:机关、工程队、机运队、修理厂、茶叶加工厂、胶厂、茶科所、水电站、医院、中学、中心小学、第一小学;场机关设18个科室及部门:行政办公室、经营管理办公室、财务科、生产科、劳工科、审计科、供销科、教育科、机务科、计划生育办公室、派出所、武装部、基建科、组织科、宣传科、纪委、团委、工会。

1991年,岭头茶场有1所中心幼儿园,全日制入托儿童58人,分大、中、小班,幼师4人,保育员5人;1所中心小学、2所完小、5个教学点,班级48个,教师57名,学生433个。1995年根据省农垦总局教育处的要求,结合农场实际,小学进行合并搬迁,撤销教学点,至1995年,本场有2所六年制小学,即场中心小学和第一小学,教学班级16个,教师33人,学生464人;1所中学,1993年7月,中学教师27人,学生167人。由于农垦教育资源整合、学校布局调整,2005年1月学校由岭头茶场中心小学和距离场部3公里外的岭头茶场中学、岭头茶场第一小学搬迁至此,合并集中办学,建成九年一贯制的海南农垦岭头子弟学校。2009年8月,根据省政府《关于海南农垦管理体制改革的实施意见》要求,学校移交给琼中县教育局管理。校园占地33亩,建筑面积5051平方米,其中教学楼2346平方米,男生公寓765平方米,女生公寓648平方米,学生食堂420平方米。

有9个教学班,在校学生425人,其中寄宿生276人。教职工33人,专任教师31人,职工2人。职称结构:中学高级教师1人,中学一级教师2人;小学高级教师19人,小学一级教师8人,小学二级教师1人。具有本科学历6人,专科学历24人,中师学历1人,学历达标率100%。县级骨干教师3人。近几年来,学校不断加大投入,改善办学条件。建有250米跑道1个,内设足球场1个,2个排球场,2个羽毛球场,2个篮球场。各功能室齐全,建有120个座位的多媒体教室1间、18台电脑的电子备课室1间、功能室3间,图书室、阅览室、体育器材室、广播室等专用教室齐全,并配齐了先进的教学设施和教学软件,为学校教育教学提供完善的硬件设施和畅通的信息渠道,实现办公自动化、教学多媒体化。

1964年海南省农垦岭头医院创建,占地面积19998平方米,建筑面积3830平方米,其中业务用房260平方米。全院有编制床位25张,设有临床内科、儿科、外科、精神科等科室。

1991年,岭头医院医疗用房面积1868平方米,医务人员65人,病床45张,年门诊量12014人,年住院人次1100人,主要设备有X光机、牙科椅、洗胃机等;至2010年,医院有职工25人,卫生专业技术人员21人,中级职称2人,初级职称15人,其中:执业医师2人,执业助理医师6人,注册护士8人,注册医药师1人。医院2010年有固定资产162.42万元(不含土地、房屋),现有半自动化分析仪、三道心电图机、300毫安X射线机等医疗设备,医院设备总值574200元。可开展内科、妇产科、儿科、精神科的诊疗,可实行普通外科、创伤骨科、妇产科等危重病症的治疗。

2005年2月,海南天然橡胶产业集团股份有限公司成立,岭头茶场即分为岭头茶场(社区)和海南天然橡胶产业集团股份有限公司岭头分公司。茶场(社区)内设党委办公室、国土资源管理科、发展改革科、劳动社保科、教育卫生科、社区办事处、派出所与综合治理办;岭头分公司包括行政办公室与人力资源部、生产技术部、经营管理部。2008年9月,海南省农垦总局对农场进行改革,正式实行政企分离,农场成立社区委员会。岭头社区机关机构设置(23人):党委办公室、工会、茶场(社区)管理办公室、财务与国有资产管理科、发展改革科、劳动与社会保障科、国土林业资源管理科、文教卫生科。海胶集团岭头分公司机关机构设置(23人):总经理办公室(人力资源部)、财务结算部、经营管理部、生产技术部、物资供应站。

2009年2月,岭头茶场整体合并到乌石农场。

至2010年,原国营岭头茶场全场户籍总人口5451人(含公司职工),常住总人口2054人,其中在职职工978人,退休职工582人。农场职工有汉族、黎族、壮族、侗族、回族、土族等6个民族和209个姓氏。实有确权土地面积96155.9亩,其中:橡胶21218.31亩,茶园3680亩,造林7273亩,自营经济用地11498.18亩。农场建设总用地1846.95亩,其中场部小城镇用地348.15亩,生产队居民点用地948.9亩,其他建设用地549.9亩。场内硬化水泥公路40.07公里。

第七节 海南省国营阳江农场

一、位置与区域

1956年海南省国营阳江农场创建，地处黎母山北麓，地理坐标为北纬19°16′29″～19°25′00″，东经109°38′42″～109°49′30″。场区范围东至水上岭心田村东水沟、黑墨岭南麓，与海南农垦所属的国营中坤农场、黎母山区林场接壤；南至腰子河、加东岭、加喜河，与国营大丰农场、黎母山镇毗邻；西至八角岭、马岭、王帝殿岭、苦香墩岭。北至南档岭、巩简岭、荡耙岭水口山三脚岭、南渡江、打鼓岭，和松涛林场相连。农场境内东南至西北19千米；东北至西南9千米，总面积113.3平方千米。场部设于海榆中线的乌那线27千米处，至琼中县城44千米，距五指山市122千米，距海口市159千米，距儋州市38千米。

国营阳江农场地形以丘陵地带为主，坡度多在15～25度之间。中部和东南部坡度约在6～15度不等。东北部和西北部高于中部和西南一带。最高为西北部皇帝殿岭，海拔463米，西北部的马鞍山海拔335米，中部的打鼓岭海拔305.8米，大部分区域都在海拔100～200米之间，其他地区为30～100米。自然形成西北部的红头岭，中部的打鼓岭、马鞍山，东北部的风柳，东部的南西岭区域。

场区内沟谷纵横，溪水流量小、流程短。有加喜河、南渡江长年流水不断。南渡江沿场区西北部穿过，江面宽、水量足。东南部的腰子河流入场区南部的河段称为加喜河，场内溪水沿着山脉走向的河沟归向加喜河或注入南渡江。场内水系分布均匀，水源丰富，为农场生活、生产提供了方便。2004年9月至2005年9月，农场遭受50年一遇的大旱，但未造成人畜饮水难问题。

农场气候高温、多雨，属热带雨林气候区，植物种类多，生长茂盛，四季常青。农场土壤大致以乌那公路为界，分为两类：乌那公路以东为花岗岩砖红壤，以西为砂页岩砖红壤。在土地普查中，把全场土地类型分为四个养分等级，基本没有一级地；二级地3820亩，占2.5%；三级地86230.9亩，占56%；四级地63236.3亩，占41.1%；五级地656.4亩，占0.4%。

1991年，国营阳江农场土地面积17.48万亩。总人口10109人，其中有汉族9126人，黎族223人，苗族8人，壮族733人，回族2人，其他民族17人。2005年，全场总人口数为11604人，参保职工3438人，离退休人员、退职人员2540人。2008年，阳江农场总人口11840人，其中有汉族9683人，黎族644人，苗族28人，壮族1373人，回族8人，其他民族104人。2010年，全场总人口26042人，有职工6057人，其中在岗职工2188人。

二、机构设置

1991年,阳江农场机关设有工业科、生产科、审计监察科、纪委、劳工科、供销科、办公室、财务科、派出所、武装部、经管科、国土科、基建科、团委、计生办、工会、组织科、教育科、群工科等,直属单位有木材厂和茶叶公司。作业区5个,生产队39个。

2005年3月,根据省农垦总局进一步推进企业体制改革,实行政企分开、社企分离,成立海南天然橡胶产业集团股份有限公司,原阳江农场即分为阳江农场(社区)和海胶集团阳江分公司。同时,机关职能部门分为农场(社区)与橡胶分公司两大块,机构、职责、人员、办公场所、资产和财务结算等六个方面分开。至2006年底,场下属的生产单位有40个;全场作业区分为第一、第二、第三、第四、第五社区。共有35个生产队,其中第一社区8个,第二社区7个,第三社区7个,第四社区7个,第五社区6个;二级企业有胶厂、胶杯厂和木材厂3个直属单位。2006年,农场有干部435人。

2008年6月18日,国务院常务会议原则通过《关于推进海南农垦管理体制改革的意见》,从体制上明确了海南农垦由海南省、农业部共管改由海南省全面管理,在5年过渡期内,海南农垦逐步移交政府职能,建立现代企业制度。海南农垦由此拉开体制改革序幕,并开始朝着政企分开、社企分离、建立现代企业制度的要求和方向发展。同年9月,阳江农场正式划分为阳江农场(社区)和海胶集团阳江分公司。阳江农场(社区)管理范围是农场(社区),成立社区管理委员会,设有党政办、工会(女工委、团委)、国土资源管理科、财务结算科、劳动社保科、教育卫生(计生)科、发展与改革科、农牧中心等。海胶集团阳江分公司主要负责橡胶生产管理,分公司职能部门有办公室、人力资源部、生产技术部、财务结算部、经营管理部等。

2009年2月,为贯彻落实国务院《关于同意推进海南农垦管理体制改革意见的批复》和省政府《关于海南农垦管理体制改革的实施意见》以及省农垦总局关于重组农场工作要求,原阳江农场、大丰农场、新进农场合并重组成新的阳江农场。重组后农场的土地面积为36.85万亩(含海南橡胶阳江分公司橡胶用地),户籍人口2.46万。

至2010年底,属农场管理的土地面积21.08万亩,总人口26042人。农场机构实行二级管理,分为阳江分场、新进和大丰3个分场及1家农场投资公司。农场机关设有发展与改革科、财务科、行政办、党政办、国土、社保、工会等14个职能部门,另有3家医院;有11个居民委员会。有管理干部322人,其中,行政管理干部158人,3家医院医务技术人员164人。领导干部队伍中,处级领导6人,其中正处级领导2人,副处级领导4人;科级干部63人,其中,正科级35人,副科28人,一般干部199人。原海胶集团阳江分公司、大丰分公司、新进分公司即合并为海胶集团阳江分公司。

三、农业生产

(一)橡胶生产

农场规划人员对土地资源进行生产布局和土地管理规划,其中生产布局规划主要是胶园规划,即胶园中环山行以梯田式为主,按胶园分段化、林网化、良种化和覆盖化原则进行。2005—2010年,更新种植橡胶172910亩,主要分布在1队、2队、4队、5队、6队、7队、8队、9队、10队、11队、12队、13队、14队、15队、17队、19队、20队、23队、26队、27队、28队、29队、30队、31队、33队、34队、35队、36队、37队、38队。新一代胶园建设标准按“五高”“五化”和“五提前”规划,“五高”指高起点、高标准、高质量、高投入和高效益,“五化”指良种化、梯田化、林网化、覆盖化和化学化,“五提前”指规划提前、育苗提前、开荒提前、造林提前和提前种覆盖。1999年,农场实现橡胶开荒机械化,结束了人工开荒的历史。

1991年,橡胶种植面积60891亩,其中开割胶园48085亩,年产干胶3418吨;1995年,开割胶园48482亩,干胶产量4803吨,1997年,开割胶园49316亩,干胶产量创历史最高纪录,为5140吨。

2000—2003年,农场对生产队实行确定单价,胶工结算体系实行统一单价、以产计酬。2003年,全面实行国有开割胶园长期承包经营的改革,全场178.5万多株开割胶树,全部与胶工签订岗位承包经营责任书,实行职工家庭承包经营,承包上岗率达100%。2006年,全场胶工人均割株1320侏。

2005年9月26日,农场遭受32年一遇的超强台风“达维”袭击。台风风力达12级以上,影响时长10多个小时,造成农场胶树受灾33.37万株,农作物损失1011.2亩,给农场橡胶生产造成巨大损失。2008年,开割胶园59666亩,干胶产量4410吨。农场重组后,2010年,开割胶园140835亩,干胶产量10420吨。

(二)茶叶生产

1983年茶叶加工厂原建,建在场部东边乌那公路南侧,年生产能力为干茶3000担,其中红茶1454担,绿茶17.5担,年产值43.6万元。1983年,农场有茶园1460亩,其中,部分茶园为胶茶间作:橡胶宽行密植,名为“双龙出海”,密植两行紧靠,宽行种植茶叶。至橡胶开割后,间种茶叶空间隐蔽。茶量逐年减少,另有其他外在原因,1994年茶厂停业,干部、工人调离或转岗就业。

(三)咖啡生产

原海南省国营大丰农场是海南研究咖啡种植较早的单位之一,早在1989年就注册了“琼丰”作为咖啡品牌(2017年注册为“母山”),发展至1988年种植面积达3500亩,主要种植原大丰农场研发培育的品系“大丰1号”和“大丰2号”咖啡品种。2009年原海南省国营阳江、大丰、新进农场重组为新的“海南省国营阳江农场”。由于原海南省农垦总局推进产业结构调整,将种植的咖啡更新为橡胶产业。重组后,咖啡种植面积仅存340亩的老咖啡园。

(四)牧副业生产

2004年,农场利用搬迁后的旧中学校址,通过合作方式,引进罗牛山股份有限公司年养生猪1万头的项目,辐射和带动全场职工,职工养猪户达到1642户。农场通过发放无息贷款,扶持职工养羊、养猪。采取滚动发展的模式:无息贷款户在羊群繁殖到一定头数时,分出一部分由农场按市场价格进行收购,又将收购羊群按原价以贷款形式扶持其他职工发展。另外,经过考察,农场引进水奶牛饲养项目,投资69万元,建造3个水奶牛养殖示范场,养殖业收入455.68万元。

1991—2010年阳江农场生产经营综合情况统计表

表1-23

年度	户籍人口(人)	职工人数(人)	生产总值(万元)	橡胶				水果产量(吨)	粮食总产量(吨)
				种植面积(亩)	株数(万株)	开割面积(亩)	干胶产量(吨)		
1991	10891	5654	3931	60891	16291	48085	3418	62	120
1992	10872	5367	4140	60300	1533	47580	3827	48	148
1993	10487	5043	4660	59924	1524	47152	3928	100	93
1994	9915	4209	7493	59126	1522	47824	4318	94	35
1995	9939	4128	9951	59961	1553	48482	4803	140	86
1996	9197	4021	9599	59780	1512	48863	4383	265	85
1997	9405	3965	9348	60344	1598	49316	5140	27	100
1998	9337	3808	7652	60857	164	49506	5275	34	78
1999	10708	3676	8584	61158	1662	50083	5521	152	272
2000	10892	3514	9347	62751	1708	50651	5606	182	289
2001	9278	3438	8201	63784	1758	50021	5018	122	295
2002	11138	3415	9814	64322	1777	49306	5080	472	341
2003	11199	3117	9553	64126	1785	50195	5098	369	291
2004	11402	2964	10182	65814	1818	52592	5326	541	230
2005	11604	2859	9812	72428	189	55734	4093	424	207
2006	11692	3019	13097	72535	1905	56617	4116	668	209

续表1

年度	户籍人口（人）	职工人数（人）	生产总值（万元）	橡胶				水果产量（吨）	粮食总产量（吨）
				种植面积（亩）	株数（万株）	开割面积（亩）	干胶产量（吨）		
2007	11758	2870	18329	74514	1995	57958	4486	602	382
2008	11840	3016	21049	75818	202	59666	4410	223	354
2009	25788	6522	40610	172910	42120	142370	9608	1457	651
2010	26042	6057	27958	176396	4213	140835	10420	1404	687

四、自营经济

自营经济最初的形式是1985年创办的“三自型”（自筹资金、自主经营、自由发展）家庭农场。20世纪90年代以后，农场鼓励职工利用闲置荒地和部分更新地，有规划地安排富余劳动力，发展以种植荔枝、龙眼、胡椒等热带水果为主的种养业并重的自营经济。至2005年，自营经济不断发展壮大，全场自营经济年收入达2075.3万元。2006年，自营产干胶296吨、荔枝1968亩、龙眼931亩、胡椒47亩、稻类478.4亩、蔬菜422亩、鱼塘240亩，薯、豆等作物4070亩。全场自营经济种植业收入1193.07万元，二、三产业经济收入415.4万元。

农场职工从事二、三产业均列入自营经济范畴，由自营经济办公室负责业务指导和项目登记，非职工从事二、三产业主要集中在场部城镇市场及周边地区，大部分为个体工商户，主要有建筑业、饮食业、商业零售、农资（化肥、农药、农具等）供应、电器维修、个体诊所、机械安装和修理、农副产品收购、加工、成衣类日用必需品消费、禽畜鱼肉、蛋类摊档、蔬菜类摊档、小摊小贩等。

五、基础建设

1995年、1997年、2004年农场分别进行三次规划设计。1995年制定《海南省国营阳江农场场部规划（1995—2010）》，规划期限为1995—2010年，农场性质定为：海南阳江农场行政中心，农场职工居住、文化、教育中心，阳江农场商贸、金融等经济中心，以橡胶加工为主导产业的生产基地。人口规模1995年5000人，2010年控制在8000人。用地规模：规划控制范围1.04平方公里，建设用地0.94平方米，人均用地117.40平方米。

1997年，农场与农垦总局合作兴建经济适用房二幢，地点位于商业一条街国税所旁，制定《海南省国营阳江农场住房制度改革（97）售房办法》，优先出售给中、低档收入的无房户、危房户和住房困难户。至2005年底，全场职工人均住房面积达28平方米。

为改善农场农村居住条件,2003年开始创建生态文明村。至2010年,农场共创建34个文明生态队,占全场生产队总数的91.8%。

2010年农场房地产开发,阳江雅苑养生城占地近52.6亩,总投资额为1.107亿元,由阳江农场与琼中海福房地产开发有限公司合作开发建设。项目规划建筑面积5.508万平方米,其中6~9层住宅650户、单身公寓200个房间,集中式商铺4000平方米,物业管理用房及会所1000平方米。拟定容积率1.7,建筑密度28.5%,绿化率35.7%。建筑风格体现黎族特色,小区绿化景观体现黎族的地域格调。首期兴建的三层临路商铺楼和1号、4号住宅楼已经封顶,即将开盘,兴建的17套商铺已订购完毕,126套住宅已认购近70套。

阳江小城镇的嘉园商业街占地8.72亩,计划总投资1564万元,规划建设三层楼的商铺49间9720平方米;坐落在大丰分场场部的大丰商业街,计划分两期兴建楼式商铺40间和住宅24套。嘉园商业街首期建设的23套、每套218平方米的三层商铺楼已封顶;大丰商业街两期工程,均已建到两层以上。

2010年正在招投标开发的大丰分场黎母山休闲会馆,占地面积4.3亩,预计投资839万元,建筑面积5300平方米;阳江六路职工商住楼占地面积2.79亩,预计投入788万元,建筑面积5600平方米。筹备立项开发的阳江机运北路商住小区占地面积4.65亩,预计投入660万元,建筑面积4320平方米。

六、文化体育

阳江农场注重打造企业文化,创作了《阳江场》歌。

1991年组织职工观看《焦裕禄》首映式,组织各项活动迎接海南农垦创建四十周年,挂牌成立中国共产党阳江农场党校和职工培训中心。

1991—2010年,全场各单位均建有“职工之家”,内设有“三室一场”(图书馆、月报室、娱乐室、篮球场),职工业余时间可到这些文化娱乐场所读书、娱乐。每年国庆节、元旦、春节等节假日以及场庆等,均组织文艺晚会,活跃气氛。

1994年安装闭路电视,电视节目更加丰富多彩;2006年,全场开始普及数字电视。

七、教育医疗

从1960年开始创建第一所小学(校址设在场部旧联合厂),1963年兴办初中,1970年兴办高中,校址迁至旧中学地点。

1975年,农场办学规模不断扩大,除场部中小学外,增办松涛、培红、枫柳、一区小学等,并在边远生产队设教学点,共有5所学校,6个教学点。1979年扩大学校建设规模,共有15所学校,6个教学点。在此期间,教职工72人,在校学生1834人。初高中教学从二年制改为三年制。

1993年农场投入400万元,为场中心小学搬迁新址,盖一幢4层3000平方米的教学楼大楼和两幢4层2060平方米的教职工住宅楼，建设学校的四周围墙和一个标准的大运动场。1996年，“两基”工作通过省级验收，被评为“两基”工作合格单位、扫盲先进单位，并通过国家教委验收达标。

2009年，按照《海南省人民政府办公厅关于农垦中小学校教职工移交地方管理有关问题的通知》和《海南省人民政府办公厅关于印发海南省农垦中小学校移交地方管理实施方案的通知》等有关文件精神，为确保阳江、大丰、新进3个农场中小学校顺利移交地方管理，农场通过分别成立阳江、大丰、新进中小学校移交工作领导小组，细分为人员移交工作小组，经费、资产、土地移交工作小组，监督、协调工作小组。2009年9月1日，将阳江、大丰、新进3所中小学顺利移交地方管理。

1991年，阳江农场有一家医院和25间基层卫生所。医院占地面积88476平方米，1997年在上级组织“评等上级”和“初保达标”评审工作中，以全省垦区最高分的成绩顺利通过，晋升为一级甲等医院。设有住院部、门诊部和社区服务门诊，集骨伤、普外、泌尿、口腔、五官、妇幼和老年病等综合专业，购置X光机、多功能麻醉机、高频电刀台B超机、心电监护仪、血球仪、尿机、生化仪、牙科综合治疗机、妇科光普治疗仪、手术床、产床、医院管理系统等一批先进设备。

2004—2010年，实行医保和人事制度改革，增加防疫经费，个别仪器设备、医疗用房改造等卫生经费投入，保证了医院的稳定发展。医院以外科和产科为主的专科业务整体实力增强，能开展的外科手术有：外伤胆肝脾破裂、胃溃疡穿孔大部分切除、先天性肛门闭锁、尿道裂、甲亢、乳腺Ca、植皮、子宫肌瘤、卵巢囊肿、宫外孕、剖宫产、肠梗阻、前列腺摘除、胆肠吻合术、RONX-cn-Y宫肠吻合术等等，手术成功率达100%、治愈率、好转率达98.5%。

附一：原大丰农场简介

大丰农场位于海南岛中部的黎母山北面盆地，经纬度为北纬19° 16′，东经109° 44′，东有腰子岭，南有黎母山，西有岗岭，北有加喜岭，临近省道乌那公路，距离琼中县城约42公里，距离儋州市那大镇约37公里，规划中的万宁至洋浦高速公路经过该场，区位条件十分优越。属于热带海洋季风气候，气候凉爽，雨量充足，热量丰富，光照时间长，四季有雾，高温多湿，没有严寒和酷暑，具有独特的山区气候特点，年均日照时数1911.3小时，年均气温22.9℃，日均气温15℃～33℃的天数有237天，≤15℃的天数只出现15天，≥33℃的天数有113天，年均相对湿度85%，年均降雨量2278毫米，雨日187天，年风速较小，平均为1.7米/秒，≥8级台风年均1次，≥10级台风年均0.3次。土壤为花岗岩和变质发育而成的黄色砖红黏土，土层深厚，肥力中等，排水良好，pH值4.5～6.5，磷元素含量较缺乏，钾的含量较为丰富。植被繁茂，野生动物繁多，物产丰富。

1991年，大丰农场有总人口5568人，其中职工3238人，有汉、黎、苗、壮、侗、瑶6个民族。管理体制为三级管理二级核算。下设作业区3个，生产队22个，直属单位有学校、医院、派出所、供电所、基建队、机运队、修路队、胶厂、电站，主要产业橡胶种植面积3.71万亩，农业总产值1570万元，人均自营经济收入1536元。2000年，大丰农场总人口5288人，其中职工1754人。有汉、黎、苗、壮、侗、瑶6个民族。下设作业区4个，生产队22个，直属单位有学校、医院、派出所、供电所、基建队、机运队、修路队、胶厂、2座电站，主要产业有橡胶31746亩，农业总产值3193万元，人均自营经济收入4365元。2008年，大丰农场农场总人口6176人。

1991年，大丰农场有幼儿园1所；有小学4所，在校学生1800人，教职工32人；有中学1所，在校学生360人，教职工15人。2000年，大丰农场有幼儿园1所；有小学1所，在校学生620人，教职工48人；有中学1所，在校学生202人，教职工18人。2010年，大丰农场有幼儿园1所；有小学1所，在校学生730人，教职工38人；有中学1所，在校学生230人，教职工19人。

1991年，大丰医院占地面积8.8亩，科室5个，医务人员103人，病床75张，年门诊量56829人，年住院人次261人，治愈率98.6%，主要设备有X光机、显微镜等。2000年，医院占地面积9亩，科室5个，医务人员63人，病床85张，年门诊量34606人，年住院人次635人，治愈率91.5%，主要设备有救护车、手术台、无影灯、牙科治疗机等；医疗技术方面：内科可处理急危重诊病例抢救、抢救心衰、呼吸衰竭成功率较高、外科能够开展阑尾炎、疝气手术、车祸、外伤的处理。2010年，医院医疗用房面积9亩，科室6个，医务人员63人，病床85张，年门诊量5623人，年住院人次1082人，治愈率93.3%，主要设备有B超、心电图机、全自动血细胞分析仪、胎音仪、电动吸引仪、电解分析仪、半自动生化仪等；医疗技术方面，可开展顺产产妇的接生、妇科常见病、多发病的治疗。

2009年2月，大丰农场整体合并到阳江农场。

附二：原新进农场简介

1956年海南省国营新进农场创建，总面积12.226万亩。地处海南岛中部，位于琼中县黎母山镇境内，东起鸡嘴岭、尖岭，与湾岭镇坡寨村委会、国营乌石农场交界，南至绿南水村委会、双响炮岭，与握岱村委会交界；西至新林村委会、加弄岭；北至雷公岭、加花岭、鸡嘴岭，海拔552米的雷公岭位于新进场部南面。

1991年1月全场基层生产队32个，直属单位有农场机关、工程队、机运队、修理厂、胶厂、医院、1所九年制学校；农场机关设18个科室及部门：行政办公室、经营管理办公室、财务科、生产科、劳工科、审计科、供销科、教育科、机务科、计划生育办公室、派出所、武装部、基建科、组织科、宣传科、纪委、团委、工会。1991年人口8950人，2001年人口8431人，2008年人口7697人。

2009年8月，根据省政府《关于海南农垦管理体制改革的实施意见》要求，学校移交给琼中县教育局管理。各功能室齐全，建有120个座位的多媒体教室1间、阅览室、体育器材室、广播室等专用教室，并配齐了先进的教学设施和教学软件，为学校教育教学提供了完善的硬件设施和畅通的信息渠道,实现了办公自动化、教学多媒体化。

海南省农垦新进医院占地面积16.07亩,总建筑面积3320平方米,设有门诊部、住院部,配备DR机、心电图、血生化等设备。全院编制床位60张,设有临床内科、儿科、外科、精神科等科室。

1991年,新进医院占地面积16.07亩,医务人员43人,病床36张,年门诊量22014人,年住院人次28320人,主要设备有X光机、牙科椅、洗胃机等;至2010年,医院有职工57人,其中在册人员38人,行政管理人员4人,卫生专业技术人员19人,医院勤杂人员3人,防疫组5人,卫生员7人,在岗聘用人员19人。现有半自动化分析仪、三道心电图机、500毫安X射线机等医疗设备,可开展内科、妇产科、儿科、精神科等诊疗活动,可治疗常见的普通外科、创伤骨科、妇产科等危重病症。

2005年2月,海南天然橡胶产业集团股份有限公司揭牌仪式在海口举行,由罗铁英任新进农场场长和海胶集团新进分公司总经理。农场(社区)内设党政办公室、国土资源管理科、发展改革科、劳动社保科、教育卫生科、社区办事处、派出所与综合治理办;橡胶基地分公司设行政办公室与人力资源部、生产技术部、经营管理部、财务管理部。

2008年9月,海南省农垦农场实行改革,正式实行政企分离,农场成立社区委员会。新进社区机关内设党委办公室、工会、场(社区)管理办公室、财务与国有资产管理科、发展改革科、劳动与社会保障科、国土林业资源管理科、文教卫生科。海胶集团新进分公司机关内设总经理办公室(人力资源部)、财务结算部、经营管理部、生产技术部、物资供应站。

2009年2月,农场整体并入阳江农场。

2010年,国营阳江农场新进分场户籍人口有7372人(含公司职工),在册职工人数2107人,离岗职工633人,离退休职工2082人。有土地12.23万亩,其中橡胶园地5.1万亩,人工林地15225亩。

第四章 自然环境

第一节 地形地貌

琼中县地貌呈穹隆山地状,地势自西南向东北倾斜,最高点为西南部的五指山峰,海拔1867.1米;最低为白马岭林场旧址,海拔仅25米。境内地形复杂,重峦叠嶂,连绵不断。海拔千米以上的山峰大部分蜿蜒于南部和西部边界之上。中部多为低山高丘,北部为丘陵、台地,河流阶地穿插于崇山峻岭之间,西部的什运河沿岸和东部的长兴河中段为冲积平原。

琼中县在其地质演化进程中,曾经受过各种地质作用,特别是多次强烈的构造变动,构成错综复杂的地质地貌。岩浆岩占据了全县面积的60%以上,次为沉积质岩。

全县以山地与丘陵为主。山地面积1536.47平方千米,占总面积的57%;丘陵面积659.1平方千米,占总面积的24.47%;台地面积344.5平方千米,占总面积的12.8%;河流阶地面积152.1平方千米,占总面积的5.73%。

第二节 山脉水系

一、山岭

琼中县境内群山环抱,高山林立,全县海拔1000米以上的山有52座,500～1000米的山有100多座。海南岛的三大山脉中,有两大山脉的主峰位于县境内。著名的海南最高峰五指山(海拔

1867.1米)就位于县境西南部的上安乡和五指山市五指山乡的交界线上;海南省第二高峰鹦哥岭(海拔1811米)位于县境西部与白沙黎族自治县交界线上;黎母山(海拔1411.7米)主要位于琼中县西北部的湾岭镇和黎母山镇的交界线上。根据山脉走向,全县分为三大山脉:

五指山山脉屹立于琼中西南部,自西向东沿县南边界延伸,经上安乡至吊罗山连成一脉。沿线有水贤岭、碍市定岭、香蕉岭、打禾岭、吊罗仔、牛上岭、吊罗山、大吊罗、大理岭、崖献岭、牛上岭和斩岭。五指山的东北面还有高湾岭、白石岭、铁耳岭、仲冲什岭、东瓦岭、托统岭、田头岭、那罗岭、大针岭、并扬坡岭、奇人岭、操弄岭、亲出岭、摇耳岭、墨纱岭。由于奇峰环列,形成屏障,阻截了东西海风。

黎母山山脉从鹦哥岭发脉,自南向北,沿县西边界蜿蜒伸展,经什运乡、红毛镇至黎母山镇的黎母岭绵延相接。沿线有白水岭、红布岭、中树岭、鹦哥嘴、黄家岭、托赤岭、水长山、冲向岭、毛秀岭、割菜岭、二尖岭、头尖岭、三清林岭、鹦哥傲和三曲岭。

踏器岭山脉由东南部的踏器岭、南茂岭和白马岭延绵连接构成,横跨和平、中平和营根3个镇。沿线有蒙天岭、黎看岭、三角岭、火岭、黄竹岭、南茂岭和白马岭。海拔均在500米以上,余脉成网状,地势逐渐平缓,自低山、高丘、中丘而成丘陵台地。

二、河流

琼中县的山涧溪多,境内有大小河溪27条,水能蕴藏量10.83万千瓦,是海南省三大河流——南渡江(干流在白沙黎族自治县境内,支流在琼中县境内)、万泉河、昌化江的发源地,支流密如蛛网,呈放射状向四周奔流,河网密度系数1.32平方千米,主要支流有乘坡河、大边河、什运河、腰子河。

乘坡河发源于五指山山脉,流经长征镇的什仍、南什,上安乡的黑赤、招咱,吊罗山乡的太平、长田、大美,和平镇的什介、林田、乘坡等地,在乘坡注入牛路岭水库后,经万宁市折向琼中、万宁两地交界处,接纳中平河注入,再沿着两市县边界向北流,至合口南茂河汇入,最后在琼中、琼海、万宁三市县交界处出境,乘坡河是万泉河的干流,在琼中县境内长62千米,集雨面积947平方千米,流域平均宽度15.3千米,年平均流量66.9立方米/秒,主河道天然落差点1251米,河床平均宽度80米,流域内多属山地。

大边河发源于黎母山和割菜岭,流经红毛镇的罗担,营根镇的加钗、高田,湾岭镇的大墩、大边、中朗,长征镇的营盘、营株,营根镇境域的新市农场、国营岭头茶场,中平镇的合口、大坡至白马岭采伐场旧址出县境,是万泉河的一级支流。在琼中县境内河长34千米,集雨面积874.9平方千米,流域平均宽度10.53千米,多年平均流量45.4立方米/秒,主河道天然落差828米,河床平均宽度63米,流域内多属丘陵。

什运河发源于五指山西北部,流经红毛镇的罗解、番响,什运乡的什运、南平、什统黑等地,在海榆中线公路183千米处出县境,是昌化江干流。在琼中县境内河长58千米,集雨面积367.7

平方千米，流域平均宽度9.35千米，多年平均流量15.8立方米／秒，主河道天然落差1470米，河床平均宽度42米，流域内多属山地。

腰子河发源于黎母山和鸡嘴岭，流经黎母山镇的腰子圩、国营阳江农场、国营大丰农场，至黎母山镇的亲足口注入南渡江。在琼中县境内主河长34千米，集雨面积415平方千米，流域平均宽度11.05千米，多年平均流量12.1立方米／秒,主河道天然落差753米,河床平均宽度45米。上游河床很陡,中、下游是丘陵地,河床比较平缓。

三、水库

琼中是南渡江、万泉河、昌化江三大江河的主要发源地，琼中被誉为海南的“水塔”。

2010年琼中主要水库有29个。

2010年琼中县主要水库情况一览表

表1–24

库名	集水面积（平方千米）	库容		设计浇灌面积（亩）
		总库容（万立方米）	正常库容（万立方米）	
辉草水库	64.4	1410	710	4000
百花岭水库	8.48	950	900	4000
里寨水库	3.52	610	540	4000
松坡水库	5.3	326	224	2260
什育水库	10.3	270	203	1000
什架巴水库	1.06	168	126	300
大拉水库	0.36	96.5	81.5	200
鹿寨水库	0.61	73	58	600
大岭水库	1.89	92	81	1888
南久水库	2.26	22.51	15.3	550
鸭头水库	0.23	11.5	10.2	166
城文水库	0.64	95	82.4	710
里龙水库	2.07	21	16	680

续表1

库名	集水面积（平方千米）	库容		设计浇灌面积（亩）
		总库容（万立方米）	正常库容（万立方米）	
平坡水库	0.36	15.8	12.2	1100
130水库	0.35	11.8	8.2	133
加柳水库	1.2	40	33.7	300
草会水库	1.03	26.2	21.8	200
立龙水库	0.26	24.6	21.2	200
托金水库	0.3	16	14	200
水上岭水库	0.36	60	50.6	1000
番审水库	0.43	14	12	220
马田水库	0.33	65	42	300
什勇水库	0.23	26	22	300
新丰水库	1.75	14	11.7	500
台锦水库	1.03	15	12	300
罗眉水库	27.36	35.05	12.18	发电用
白石岭水库	42.5	977.6	720	800
牙来河水库	2.76	320	220	发电用
黎母山水库	5.5	308.3	205.8	发电用
合计	186.87	6114.86	4466.78	25907

第三节 四季特征

琼中具有热带季风山区气候特征，湿度大，冬无严寒，但偶有寒霜，夏无酷热，春季干旱，夏秋多雨兼有台风，秋末和冬季少日照，雨季、旱季较分明。全年东南部地区多雨，降雨量在2400～2800毫米之间，西北部地区少雨，降雨量在1500～1800毫米之间。雨量主要集中在5—

10月,占全年降雨量的85%;12月至翌年4月为旱季,雨量仅占全年雨量的15%,干、湿季节明显。

春季(3—5月)平均气温在21.5℃~26.0℃之间,温和宜人,春季日均日照时数5.8小时,适于蔬菜和其他喜温作物生长。春季常常出现干旱,春旱明显,年年皆有,严重干旱,两年一遇。春旱最严重的年份是1987年,连续干旱天数达85天,其次是1969年84天,1995年82天,1960年80天,这种大旱情况一般10年一遇。1—2月,低温阴雨多,最长可达21天。

夏季(6—8月)平均气温在26.2~26.8℃之间,夏季日均日照时数6.3小时。夏季为本县雨季,降雨多为午后的地方性阵性降水,降水强度大,每小时可达5.5~7.6毫米,如遇台风或热带低压影响,狂风暴雨每小时可达105毫米。由于太阳辐射强、气温高,日最高温度在30℃~35℃以上,气候湿热。

秋季(9—11月)平均气温在20.2℃~25.1℃之间,秋季日均日照时数4.4小时,温凉多湿,初秋有暴雨,秋末有低温。在秋季冷空气和热带气旋的共同作用下,常发生大暴雨或特大暴雨天气,造成山洪暴发,洪水泛滥成灾,因而秋季是气象灾害最频繁的季节。

冬季(12月至翌年2月)平均气温在17.1℃~18.6℃之间,冬季日平均日照时数3.7小时。本县地处低纬,北方冷空气到达时影响已弱,因而低温天气较少,自有气象记录以来,历年气温达到冬季标准的仅有1955年、1962年、1970年、1973年、1975年和1976年,最长冬季为1973年,有46天,冬季日平均气温最低也在5℃以上,无严寒。

第四节 自然资源

一、土地资源

琼中县的土壤主要由花岗岩和少量紫色砂岩、砂页岩、安山岩风化而成。土壤类型多样,土深厚肥沃。按成土母质的不同,全县共分为南方山地灌丛草甸土、黄壤、赤红壤、砖红壤、红色石灰土、紫色土和水稻土7个土类,14个亚类,37个土属,103个土种。

南方山地灌丛草甸土类分布在海拔1600米以上的高山顶部,成土母质为砂页岩风化物,面积3860亩,占自然土壤的0.12%,土层厚40厘米;黄壤土类分布于海拔750~1600米山地,成土母质为花岗岩或砂质岩的风化物,面积232071亩,占自然土壤的7%,土层厚24~85厘米;赤红壤土类分布于海拔400~750米的山地,成土母质为花岗岩及砂质岩风化物,面积950247亩,占自然土壤的28.7%,土层厚110厘米;砖红壤土类分布于海拔400米以下的低丘和台地缓坡,面积1995042亩,占自然土壤的60.4%,土层厚约100厘米。

红色石灰土类分布在什运乡西部一带山丘,成母土质为石灰岩风化物,面积1781亩,占自然土壤的0.05%,土层厚度54厘米;紫色土类分布在北部黎母山镇的松涛至大保村一带的低矮山丘,成土母质为紫色砂岩风化物,面积42359亩,占自然土壤的1.3%,土层厚度62厘米;水稻土类零星分布在各乡镇的丘陵、台地,成土母质为山地或丘陵峡谷的洪积物,面积80545亩,占自然土壤的2.43%,占全县总面积2%,占耕地面积57.4%,土层厚度66厘米。

二、作物资源

琼中县作物资源种类繁多,主要有粮食作物、热带作物、经济作物。粮食作物是琼中县种植业分布最广的作物,包括水稻、旱粮(玉米、山兰稻、坡稻)、番薯等。

热带作物是全县面积最大、品种最多的作物,其中橡胶种植面积72.12万亩,槟榔9.93万亩,南药、椰子等也超过10万亩。橡胶园、槟榔园、南药园遍布全县10个乡镇、11个国营农场。

经济作物主要有水果、甘蔗和油料。其中水果种类较多,有绿橙、香蕉、珍珠石榴、菠萝蜜、荔枝、龙眼、杨桃等。绿橙是琼中的特色水果,至2009年全县种植面积达4.3万亩,挂果面积超过3万亩。

三、植物资源

琼中县植物资源种类众多,其中林产资源非常丰富,是全省森林林木蕴藏量较大的县份之一。2009年,全县林业用地总面积335万亩,占全县总面积的83%,其中有林地面积309.7万亩,森林覆盖率达81.67%。按森林规划分:商品林用地185万亩,公益林用地149.9万亩。

琼中县是海南省现存热带雨林的重点林区之一,共有8个重点区域林区,即五指山林区、鹦哥岭林区、冲向岭林区、崩岭林区、飞水岭林区、加器岭林区、白马岭林区和百花岭林区,以及县境内的省管黎母山、吊罗山林业局的林区和一些集体林地等。

木材种类也较多,仅乔木树种就有700多种,属二类以上的树种和野生油料植物有70多种.主要珍贵的木材有母生、苦楝、八角、胭脂、菠萝蜜、绿楠、油丹、花梨、紫丹、坡垒、鸡毛松、陆均松、青皮荔枝、竹柏、子京等。这些木材质硬而韧、耐腐性能强,是建造楼房和制作高级用具的上等木材。林产资源分布较广,集中在五指山、黎母山、鹦哥岭、加铁岭、白马岭等8座主要山岭。竹类植物主要有斑竹、石竹、毛竹(又名楠竹)、麻竹、青皮竹等。药用植物类主要有沉香、黑老虎、石菖蒲、金毛狗脊、千斤拔、巴戟、大青叶、石苇、茂术、郁金、百部、益智、黄连藤、鸡冠花、百日红、天南星、薄荷、荆芥、车前草、过山龙、野百合、芍药、穿心莲、板蓝根、山桂皮等。

花卉作物有509种,主要有木棉、蒲葵(扇叶葵)、棕榈、牡丹、山茶花、月季、蔷薇、杜鹃(映山红)、桃花、白玉兰、九里香、夜来香、万年青、牵牛花、剪罗兰、菖兰(剑兰)、五指山兰花、一串红、君子兰、月光花、兰香草、一品红、仙人掌、仙人球、昙花、仙人杖、仙人指、毛尾柱等。

四、动物资源

琼中县动物资源十分丰富,种类繁多。稀有珍贵野生动物主要有黑熊、长臂猿、猕猴、金钱豹、金钱龟、山鹿、孔雀雉、穿山甲、蟒蛇、毛鸡、原鸡、鹦鹉等。其中金钱龟是食用滋补品,产量为全省之首。

鸟类有300多种,主要有留鸟和候鸟,其中留鸟有鹭、鸠、啄木鸟、啄花鸟、鹬鸟、鹃鸟、鹰、莺鸟、燕、鹊鸟、画眉、鹏鸟等,候鸟有莺、鹬、鸫、翁鸟、鸥、鸲、野鸭、隼、鹞、沙锥、行鸟、鹳、鹨、杜鹃等。

鱼类有竹鲍鱼、石鲮鱼、白鲢鱼、君鱼、梅鱼和鳗鱼等。溪鳗最大的重达20公斤左右,鱼肉鲜嫩,味道甜美,营养丰富。淡水中还有珍贵的水獭、水龟、鳖等。

节肢动物主要有虾、蟹、蜘蛛、蜈蚣、蝎子、蚰蜒等。

两栖动物有37种,主要是青蛙、蟾蜍等。爬行动物主要有大头龟、眼斑水龟、蟒蛇、大眼镜蛇、金环蛇、坡甲、蜥蜴、壁虎等。软体动物主要有田螺、福寿螺、河蚌、蜗牛等。环节动物主要有蚯蚓、水蚂蟥、山蚂蟥。

五、南药资源

南药也是琼中县的传统支柱产业。槟榔、益智等南药价格较好,农民种植管理积极性较高,出现南药产销两旺的局面。

2009年全县槟榔种植面积99273.3亩,产量7295.62吨;益智种植面积3.5万亩,产量1615吨。2010年,全县南药种植面积达152202.6亩,其中益智种植面积为33096亩,产量达1377.71吨。

六、矿业资源

琼中县已发现的矿产有黑色含金属、有色金属、非金属矿产等14种,矿点、矿化点41处。铁矿见于乖坡大桥上游约100米处花岗岩、石英脉型破碎中。矿物成分为磁铁矿、少量铅锌和碳质,矿化石厚30~80厘米,延长约100米。黄铁矿(又称硫铁矿)分布于营根的百花村、红毛的牙挽、上安的罗运、国营新进农场一队等地。

黄金矿点、矿化点11处,含金口位较低,储量规模属小型,主要分布于上安、乌石、中平、红岛、黎母山等地。铜矿点分布于黎母山与番企之间的公路边。铅、锌矿分布于乘坡桥上游约100米处的河中,以及国营乘坡农场茶厂南面1.5公里处的橡胶林内。银矿分布于湾岭镇的中朗、大平两地。在非金属矿点中,有水晶矿、脉磺矿、荃石矿、石灰石矿、大理矿、花岗岩类等,其中什运一带的辉长岩(大理石)和石灰石蕴藏量高达500多万吨,具有较高的开采价值。

第五节 气候灾害

琼中县影响较大的灾害性天气有:暴雨、干旱、大风、冷灾和冰雹。

一、冷灾(低温阴雨)

每年12月至翌年2月,当北方冷空气频繁南下,遇上北上的南方海上暖湿气流,冷暖空气在岛上空交汇时,常造成低温、阴霾或阴雨绵绵、日照少的低温阴雨天气,对早稻播种以及橡胶、牲畜等安全越冬极不利,也影响早春正常的萌发。

1990—2010年,除了1991年、1997年、2000年、2001年、2002年外,共有15年出现低温阴雨,占总年数的75%,其中出现重过程影响的有9年(1992—1995年、2003年、2007年、2008年、2009年),占总低温阴雨年数45%,约两年一遇。低温阴雨天气最长连续出现5年(1992—1996年),最长连续中断3年(2000—2002年)。低温阴雨总天数年平均为11天,年最多为38天(2008年),连续最长日数为38天(2008年)。

二、旱灾

干旱是琼中县最常出现的、影响范围最广的灾害性天气。按照《海南省气象灾害指标》(2005年2月前)中的干旱指标进行统计分析,琼中县1990年1月至2010年12月,春旱日数占全年总日数的13%,冬旱占11%,秋旱占3%,夏旱占5%,年平均干旱天数69天。夏旱、秋旱发生概率少,发生频率最高的是冬旱和春旱,概率达50%。

三、台风

热带气旋是琼中县最主要的自然灾害之一。据统计:琼中县1990—2010年平均受3~4个热带气旋影响,年均造成灾害性经济损失有1个。受其影响最多的年份是8个(1990年),最少的年份(2004年)0个,平均初旋在6月上旬,平均终旋在10月下旬,盛期在8—10月。自建站以来,热带气旋影响日降雨量最大值为330.4毫米(200114号"菲特"台风),过程降水量最大值为678.3毫米(197619号台风),极大风速最大值29.1米/秒(200518号"达维"台风)。2005年9月25—27日,强台风"达维"袭击海南,琼中县出现特大暴雨和11级大风,8级大风维持近32小时。9月23日,县气象局预报强台风'达维'将登陆海南岛,对琼中造成严重影响,积极开展气象服务,取得"大灾无人员伤亡、经济损失减少到最低限度"的效果,被县委、县政府评为"防风救灾先进单位"。

根据三防办统计,"达维"给全县造成的损失:粮食损失1150.8万元,农作物损失8436.8万元,水产损失32万元;民房损失1260万元;交通道路损失215万元;水利设施损失1900万元;橡胶损失预计3.66亿元等,全县经济损失达5.532亿元。

四、非台暴雨灾

暴雨是琼中县降水的重要形式和来源,暴雨虽有害,却是水库蓄水的主要来源,暴雨少的年份往往会发生干旱。暴雨主要集中在汛期,占全年总次数的86%。

五、雷暴

琼中县全年雷暴日93天,一般出现时间为3—9月,造成人员伤亡和经济损失在5—9月。

六、农业防灾减灾

农业气象灾害是不利气象条件给农业生产造成的灾害,琼中县每年农业生产都因气象条件影响遭受灾害,例如:热带气旋、洪涝灾害、干旱、低温冷害、干热风、大风等农业气象灾害。对县危害最大的农业气象灾害是热带气旋、非台暴雨洪涝灾害,据统计,1990—2010年各类气象灾害有76个。

第二编　居 民

第一章 人口

第一节 人口总量与密度

一、户籍人口总量、总户数

1991年琼中县年末总户数47340户，总人口为194288人，其中：非农业人口32901人，农业人口159653人，未落户口人员1734人。非农业人口占总人口的16.93%，农业人口占总人口的82.17%；到2010年，全县年末总户数72301户，总人口为228984人，其中：非农业人口107477人，农业人口121507人，非农业人口占总人口比重46.94%，农业人口占总人口比重53.06%。

2010年与1991年对比，20年期间全县总户数增加24961户，增长52.73%；总人口增加34696人，增长17.86%；其中：非农业人口增加74576人，增长226.67%，增长达到两倍，而农业人口减少38146人，减少23.89%。

1991—2010年琼中县户籍人口情况一览表

表2-1

年份	年末总户数(户)	总人口(人)	按农业、非农业分			非农业人口占总人口比重(%)	农业人口占总人口比重(%)
			非农业人口	未落户口人员	农业人口		
1991	47340	194288	32901	1734	159653	16.93	82.17
1992	48231	194117	33634	2769	157714	17.33	81.25

续表1

年份	年末总户数(户)	总人口(人)	按农业、非农业分			非农业人口占总人口比重(%)	农业人口占总人口比重(%)
			非农业人口	未落户口人员	农业人口		
1993	47990	194822	33299	1933	159590	17.09	81.92
1994	48537	195586	33846	2078	159662	17.30	81.63
1995	48590	196725	35602	2154	158969	18.10	80.81
1996	48451	196921	38219	2032	156670	19.41	79.56
1997	48837	195225	37817	2404	155004	19.37	79.40
1998	49123	196203	38211	1924	156068	19.48	79.54
1999	49232	196581	38599	1929	156053	19.64	79.38
2000	50386	200636	39339	3501	157796	19.61	78.65
2001	50930	201160	39547	2045	159568	19.66	79.32
2002	52333	202550	40171	2402	159977	19.83	78.98
2003	54158	203620	42365	2196	159059	20.81	78.12
2004	55586	206494	99715	—	106779	48.29	51.71
2005	56683	208921	100127	993	107801	47.93	51.60
2006	63731	212678	98243	—	114435	46.19	53.81
2007	65469	215785	99608	—	116177	46.16	53.84
2008	66294	216763	100340	—	116423	46.29	53.71
2009	68737	218178	102771	—	115407	47.10	52.90
2010	72301	228984	107477	—	121507	46.94	53.06

二、人口密度

琼中县以山地与丘陵为主。人口密度北部较稠密,南部山区较稀少。1991年人口密度为72人/平方公里,2010年为85人/平方公里,2010年与1991年相比,每平方公里人口密度增加13人。

按区域分,1991年地方人口118989人,农垦人口75299人,居住人口上万的区域有县城、湾岭镇、黎母山镇、乌石农场、阳江农场；2010年，地方人口154224人，农垦人口74760人，居住人口上万的区域增加了营根镇。2010年比1991年相比，地方人口增加35235人，增长29.61%，农垦人口减少539人，下降0.72%。

1991年和2010年户籍人口区域分布情况一览表

表2-2　　单位：人、%

项目	1991年总人口	1991年汉族人数	1991年少数民族人数	2010年总人口	2010年汉族人数	2010年少数民族人数	2010年比1991年人口增减数	2010年比1991年人口增长率
总计	194288	93073	101215	228984	92050	136934	34696	17.86
地方人口	118989	25514	93475	154224	30841	123383	35235	29.61
农垦人口	75299	67559	7740	74760	61209	13551	-539	-0.72
按区域分								
县城	17807	11092	6715	31993	15791	16202	14186	79.67
营根镇	9374	1674	7700	19097	3183	15914	9723	103.72
黎母山镇	13947	3788	10159	23988	5966	18022	10041	71.99
湾岭镇	11707	1807	9900	22312	2310	20002	10605	90.59
中平镇	8008	902	7106	9384	832	8552	1376	17.18
长征镇	8055	609	7446	9440	752	8688	1385	17.19
红毛镇	8339	341	7998	9755	501	9254	1416	16.98
和平镇	7716	873	6843	9063	866	8197	1347	17.46
上安乡	5766	383	5383	6998	351	6647	1232	21.37
什运乡	5097	196	4901	5508	142	5366	411	8.06
吊罗山乡	5462	87	5375	6686	147	6539	1224	22.41
乌石镇	6767	919	5848	—	—	—	—	—
松涛乡	3276	942	2334	—	—	—	—	—

续表1

项目	1991年总人口	1991年汉族人数	1991年少数民族人数	2010年总人口	2010年汉族人数	2010年少数民族人数	2010年比1991年人口增减数	2010年比1991年人口增长率
红岛乡	7668	1901	5767	—	—	—	—	—
乌石农场	10436	8558	1878	10606	7414	3192	170	1.63
新进农场	8950	8551	399	7768	6943	825	−1182	−13.21
阳江农场	10119	9126	993	12003	9787	2216	1884	18.62
南方农场	8368	7596	772	7644	6453	1191	−724	−8.65
大丰农场	5568	5228	340	6186	5332	854	618	11.10
岭头农场	5818	5378	440	5446	4988	458	−372	−6.39
长征农场	5452	4806	646	6176	5055	1121	724	13.28
太平农场	2626	2327	299	2722	2243	479	96	3.66
乘坡农场	6508	5461	1047	5460	3963	1497	−1048	−16.10
新伟农场	3516	3377	139	3512	3037	475	−4	−0.11
加钗农场	7556	6787	769	7237	5994	1243	−319	−4.22
牙挽学校	382	364	18	—	—	—	—	—

第二节 人口变动

一、户籍人口自然变动

1991年琼中县出生人口3067人，死亡人口628人，出生率15.86‰，死亡率3.25‰，自然增长2439人，自然增长率12.61‰。2010年琼中县出生人口5748人，出生率25.71‰，死亡人口1334人，死亡率5.97‰，自然增长4414人，自然增长率19.74‰。2010年出生人口较多的主要原因是在2010年第六次全国人口普查登记期间，历年出生未办理户口入户的都在普查期间登记入户。

1991—2010年琼中县户籍人口自然变动表

表2-3　　　　　　　　　　　　　　　　　　　　　　　　　　单位：人、‰

年度	出生人口	死亡人口	出生率	死亡率	自然增长人数	自然增长率
1991	3067	628	15.86	3.25	2439	12.61
1992	2705	696	13.93	3.58	2009	10.34
1993	2929	676	15.06	3.48	2253	11.59
1994	2839	737	14.54	3.78	2102	10.77
1995	2350	742	11.98	3.78	1608	8.20
1996	2320	724	11.79	3.68	1596	8.11
1997	1913	708	9.76	3.61	1205	6.15
1998	1937	691	9.90	3.53	1246	6.37
1999	1745	677	8.89	3.45	1068	5.44
2000	2978	768	14.99	3.87	2210	11.13
2001	2117	678	10.54	3.37	1439	7.16
2002	2034	642	10.08	3.18	1392	6.90
2003	2127	773	10.47	3.81	1354	6.67
2004	3274	838	15.97	4.09	2436	11.88
2005	3788	876	18.24	4.22	2912	14.02
2006	3045	768	14.45	3.64	2277	10.80
2007	3174	598	14.82	2.79	2576	12.02
2008	2573	617	11.90	2.85	1956	9.04
2009	2962	755	13.62	3.47	2207	10.15
2010	5748	1334	25.71	5.97	4414	19.74

2010年与1991年对比，20年间出生人口增加2681人，增长87.41%；死亡人口增加706人，增长112.42%，出生人口和死亡人口都呈上升趋势。

二、户籍人口迁移变动

1991年琼中县迁入人口5422人,其中:省内迁入2767人,省外迁入2655人;迁出人口5695人,其中:迁往省内3115人,迁往省外2580人。2010年,琼中县迁入人口1754人,其中:省内迁入1136人,省外迁入618人;迁出人口1863人,其中:迁往省内1208人,迁往省外655人。

2010年与1991年对比,20年间迁入人口减少3668人,下降67.65%,迁出人口减少3832人,下降67.29%。

1991—2010年琼中县户籍人口变动情况一览表

表2-4　　单位:人

年份	迁入人口	其中		迁出人口	其中	
		省内迁入	省外迁入		迁往省内	迁往省外
1991	5422	2767	2655	5695	3115	2580
1992	3927	2240	1687	6003	2315	3688
1993	3787	1887	1900	5714	2719	2995
1994	3662	2329	1333	5171	3091	2080
1995	3079	2311	768	3367	2345	1022
1996	1965	1559	406	2939	1938	1001
1997	5610	5080	530	7994	7151	843
1998	1541	1160	381	2138	1472	666
1999	1037	766	271	1943	1360	583
2000	1819	1359	460	1912	1462	450
2001	1038	735	303	1788	1207	581
2002	987	671	316	1810	1196	614
2003	1022	770	252	2022	1321	701
2004	2844	2284	560	3467	2491	976
2005	1972	1336	636	2346	1487	859
2006	2689	1950	739	2892	1729	1163
2007	2560	1748	812	2638	1565	1073
2008	1703	1052	651	2874	1570	1304
2009	1707	1139	568	1877	1072	805
2010	1754	1136	618	1863	1208	655

第三节 人口结构

一、性别结构

1991年琼中县总人口194288人,其中,男性104438人,女性89850人,性别比为116.24;2010年,全县总人口228984人,其中,男性122278人,女性106706人,性别比为114.59。

2010年与1991年对比,20年间男性人口增加17840人,增长17.08%,女性人口增加16856人,增长18.76%,性别比下降1.42%。

1991—2010年琼中县性别结构一览表

表2-5　　单位:人、%

年份	按性别分		男性占比	女性占比	性别比
	男	女			
1991	104438	89850	53.75	46.25	116.24
1992	104103	90014	53.63	46.37	115.65
1993	104444	90378	53.61	46.39	115.56
1994	104510	91076	53.43	46.57	114.75
1995	105747	90978	53.75	46.25	116.23
1996	105051	91870	53.35	46.65	114.35
1997	104430	90795	53.49	46.51	115.02
1998	105097	91106	53.57	46.43	115.36
1999	105147	91434	53.49	46.51	115.00
2000	107103	93533	53.38	46.62	114.51
2001	108749	92411	54.06	45.94	117.68
2002	108553	93997	53.59	46.41	115.49
2003	109257	94363	53.66	46.34	115.78

续表1

年份	按性别分		男性占比	女性占比	性别比
	男	女			
2004	110625	95869	53.57	46.43	115.39
2005	111908	97013	53.56	46.44	115.35
2006	114385	98293	53.78	46.22	116.37
2007	116077	99708	53.79	46.21	116.42
2008	116865	99898	53.91	46.09	116.98
2009	116330	101848	53.32	46.68	114.22
2010	122278	106706	53.40	46.60	114.59

二、民族结构

琼中县人口中,汉族、黎族、苗族人口占绝大多数,1991年,琼中县总人口为194288人,其中:汉族人口93073人,少数民族人口101215人,汉族人口占总人口比重47.90%,少数民族人口占总人口比重52.10%;2010年,琼中县总人口为228984人,汉族人口92050人,少数民族人口136934人,汉族人口占总人口比重40.20%,少数民族人口占总人口比重59.80%。

20年间,全县汉族人口减少1023人,减少1.10%,少数民族人口增加35719人,增长35.29%;少数民族人口占人口比重由52.10%上升到59.80%,上升14.78个百分点;汉族人口占总人口比重由47.90%下降到40.20%,下降7.70个百分点。

1991—2010年琼中县户籍民族结构情况一览表

表2-6　　单位:人、%

年度	总人口	汉族	少数民族	其中					汉族占人口比重	少数民族占人口比重
				黎族	苗族	壮族	回族	其他		
1991	194288	93073	101215	84670	10984	4959	60	542	47.90	52.10
1992	194117	91792	102325	85698	11027	4997	63	540	47.29	52.71
1993	194822	90804	104018	87472	11160	4753	53	580	46.61	53.39
1994	195586	90629	104957	87861	11263	4926	50	857	46.34	53.66
1995	196725	90739	105986	89040	11279	4859	57	751	46.12	53.88

续表1

年度	总人口	汉族	少数民族	其中					汉族占人口比重	少数民族占人口比重
				黎族	苗族	壮族	回族	其他		
1996	196921	89681	107240	90274	11050	5116	60	740	45.54	54.46
1997	195225	87977	107248	89518	11521	5277	76	856	45.06	54.94
1998	196203	88390	107813	89522	11968	5386	82	855	45.05	54.95
1999	196581	88486	108095	89630	12093	5387	94	891	45.01	54.99
2000	200636	88097	112539	93771	11706	5690	102	1270	43.91	56.09
2001	201160	88766	112394	93841	11791	5540	103	1119	44.13	55.87
2002	202550	88910	113640	94442	11877	5860	113	1348	43.90	56.10
2003	203620	88445	115175	95668	12008	6356	113	1030	43.44	56.56
2004	206494	89741	116753	96497	12606	6437	108	1105	43.46	56.54
2005	208921	89691	119230	98643	12902	6525	159	1001	42.93	57.07
2006	212678	89255	123423	101964	13428	6756	73	1202	41.97	58.03
2007	215785	90083	125702	103879	13885	6738	103	1097	41.75	58.25
2008	216763	89559	127204	104938	13846	7105	83	1232	41.32	58.68
2009	218178	90966	127212	104251	14410	7228	72	1251	41.69	58.31
2010	228984	92050	136934	113100	14987	7453	86	1308	40.20	59.80

三、年龄结构

琼中县户籍人口中，1991—2002年没有分年龄阶段统计，从2003年开始分年龄阶段统计。2003年，18岁以下人口49870人，占总人口的24.49%，18～35岁人口64849人，占总人口的31.85%，36～60岁人口69473人，占总人口的34.12%，60岁以上人口19428人，占总人口的9.54%；2010年，18岁以下人口54053人，占总人口的23.61%，18～35岁人口70447人，占总人口的30.77%，36～60岁人口81137人，占总人口的35.43%，60岁以上人口23347人，占总人口的

10.20%。

2010年与2003年对比,8年期间18岁以下人口增加4183人,增长8.39%,18～35岁人口增加5598人,增长8.63%,36～60岁人口增加11664人,增长16.79%,60岁以上人口增加3919人,增长20.17%。按各年龄阶段人口占比来看,2010年与2003年相比,18岁以下人口占比下降0.88个百分点,18～35岁人口占比下降1.08个百分点,36～60岁人口占比上涨1.31个百分点,60岁以上人口占比上涨0.66个百分点。

2003—2010年琼中县户籍年龄人口阶段情况表

表2-7　　单位:人、%

年份	18岁以下人口	18～35岁人口	36～60岁人口	60岁以上人口	18岁以下人口占总人口比重	18～35岁人口占总人口比重	36～60岁人口占总人口比重	60岁以上人口占总人口比重
2003	49870	64849	69473	19428	24.49	31.85	34.12	9.54
2004	51336	65432	70243	19483	24.86	31.69	34.02	9.44
2005	50865	64517	73564	19975	24.35	30.88	35.21	9.56
2006	47510	68305	74966	21897	22.34	32.12	35.25	10.30
2007	49453	68745	75282	22305	22.92	31.86	34.89	10.34
2008	46035	69381	77663	23684	21.24	32.01	35.83	10.93
2009	49723	67158	77632	23665	22.79	30.78	35.58	10.85
2010	54053	70447	81137	23347	23.61	30.77	35.43	10.20

第二章 计划生育

第一节 机 构

一、管理机构

1991年，琼中县计划生育委员会是县政府组成部门，设有2股1站，即行政秘书岗、业务岗和技术服务站，有工作人员35人（含乡镇专干），其中主任1名，副主任2名，工会主席1人，股级干部1人，一般干部20人，职工10人。

1995年，县计划生育委员会与县卫生局合并，成立县卫生与计划生育局。1997年，县计划生育局独立设置，编制13名，公务员职数12名，工勤人员数1名。2003年12月，县计划生育局更名为县人口和计划生育局。2004年，县人口和计划生育局有人员编制12个，其中行政编制11个，事业编制1个；设局长1名，副局长2名，内设行政秘书岗、人口规划与统计岗、法规宣传教育岗、技术指导岗。

2009年10月，琼中县人口和计划生育局更名为琼中县人口和计划生育委员会，为县人民政府职能部门。2010年，行政编制11个，工勤编制1个，设主任1名，副主任3名，内设办公室、法规宣传岗、发展规划与信息岗、科学技术服务岗、流动人口服务管理岗。

二、服务机构

（一）县计划生育服务中心

琼中县计划生育服务中心是琼中县人口和计划生育委员会直属事业单位，主要承担宣传教育、节育技术服务、人员培训、药具管理任务。1991年，核定财政预算管理事业编制10名。其中，管理人员岗位3个,专业技术人员5个,工勤人员岗位2个。1994年,县委、县政府投入10万元装修县计划生育服务站和增加设备。2005年,为使县计生服务中心评上甲级标准,县委、县政府无偿划拨县计生局1100平方米土地,用于新建县计划生育服务中心大楼。

2004年,计生服务中心有9人,其中,妇产科主治医生2人、妇科医生1人、工勤人员2人、内科医生1人、检验科1人、护士2人。2007年,县计生服务中心核定编制数12名,其中,领导2人,管理人员2人,专业技术人员7人,工勤人员1人。

2010年,县计生服务中心核定编制12名,其中,领导职数2人,管理人员2人,专业技术人员7人,工勤人员1人。并先后添置计划生育技术、生殖保健和优先检测等方面的医疗器械,能开展孕情环情检查、妇科检查治疗、人流、输精(卵)管结扎等技术服务项目。

(二)乡镇计划生育服务所

2006年,采取医疗卫生资源共享的方式,在乡镇卫生院增设服务室10个。2010年,全县招录了20名乡镇计划生育技术服务所专业技术人员,其中,医生10名,护士10名,全部分配到全县10个乡镇服务所,为基层计生系统提供优质服务配备了专门人员。

(三)县计划生育协会

1990年12月28日琼中县计划生育协会成立,协会选举产生理事47人,常务理事15人。1991年,在县计划生育委员会设立县计划生育协会办公室,设秘书长、秘书各1人。

1992年,全县已建立各级计生协会321个,其中:县级协会1个,乡镇一级协会13个,国营农茶场一级协会11个,县机关战线一级协会8个,管区协会93个,企事业单位协会195个。同年发展会员8352人,建立会员之家98个,会员联系户611户。

1993年,全县各乡镇、农场、管区、作业区、村队、院、校、公司和厂矿均成立了计划生育协会。全县共有各级协会341个,会员人数达10859人,占总人口的5.52%,全县有兼职工作人员573人,有会员之家482个,会员联系户1750户。

2001年,县计生协会编制1名,挂靠县计划生育局。2008年,在机构改革中,把县计生协会列入特殊的群众团体,列入公务员序列,办公室编制从原来的1名增加为3名。

2004—2010年,计生协会配合计生局开展各种群众性计划生育工作。利用《海南省人口与计划生育条例》的颁布实施、计划生育的各种"活动日"开展培训和形式多样的宣传活动;结合实际,开展"婚育新风进万家访谈"专题培训班共24期,受训人数1600人次,并印发计生应知应会知识2万多份,使全县生殖健康知识宣传覆盖率达92%以上,接受率达80%以上;积极抓好"全省村级计生员、中心户长、协会会员等"计生知识竞赛活动,在县城和各乡镇、农场举办25场计生知识竞赛活动,组织参加省的竞赛活动并分获团体优秀奖和个人一等奖、二等奖各一名;大力推进村民自治,广泛开展"生育关怀"行动、"少生快富工程""幸福工程"等活动,扶持计生困难户脱贫致富。

第二节 政策与宣传

一、政策法规

1991—2010年,琼中县执行的计生条例包括1989年3月11日海南省人民代表会议常务委员会第四次会议通过、1989年10月9日颁布施行的《海南省计划生育条例》,1995年10月27日海南省第一届人民代表大会常务委员会第十九次会议修正的《海南省计划生育条例》,2003年12月1日施行的《海南省人口与计划生育条例》,新《条例》取消了生育间隔期。

二、奖励政策

2004年,结合实际,县委、县政府出台《琼中县人口与计划生育工作奖励办法》,规定自愿终身只生一个子女的夫妻,经县人口和计划生育行政部门审批,给予奖励费。2005年开始,对全县农村只生育一个子女或两个女儿或子女死亡无子女的夫妇,年满60岁后发放奖励扶助金。同时,开始推行少生快富工程,对农村自动放弃生育指标的家庭给予一次性奖励。同年,出台《琼中县计划生育奖励实施意见》,完善奖励项目,提高奖励金金额。

2006年,出台《关于印发琼中县对部分计划生育人口实行奖励实施意见的通知》,规定农村居民领取独生子女父母光荣证,每月发奖励费,从发证之日起至子女满18周岁止,每半年发放一次。城镇居民夫妻双方待业、下岗和夫妻双方是个体经营者领取独生子女父母光荣证的,每月发给奖励费,从发证之日起至子女满18周岁止。农村居民育龄夫妻自愿放弃生育指标给予一次性奖励。城镇居民夫妻双方待业、下岗和夫妻双方是个体经营者的育龄夫妻自愿放弃生育指标给予一次性奖励。2008年,推行特别扶助制度,每年对计划生育特别扶助对象给予奖励。2009年,奖励扶助制度对全县农村只生育一个子女或两个女儿或子女死亡无子女的夫妇,年满60岁后发放奖励扶助金,提高每人每年的补助标准。

2010年,全县共有奖励扶助对象115人,少生快富工程对象1户,特别扶助制度27人。

2005—2010年琼中县享受国家"三项制度"人员情况表

表2-8　　单位:人

年份＼项目	奖励扶助对象	少生快富对象	特别扶助对象
2005	58	0	0
2006	71	107	0
2007	91	23	0
2008	106	15	0
2009	112	6	19
2010	115	1	27

三、宣传教育

至2010年,全县建设婚育新风进万家示范村,10个村委会、15个自然村成为示范村,县、乡镇、村宣传覆盖面达到100%;重点对象人口计生基础知识知晓率达95%以上;人口计生宣传品进村率和入户率分别达到100%和96%以上。

1991—2010年,积极创新宣传方式,结合本地黎、苗族风情,开展具有本地特色的人口与计划生育宣传工作。有上门访谈方式,面对面宣传;有结合乡土文化文艺演出的方式宣传,竖立计生宣传栏、壁报栏、刷标语、流动服务车、广播等宣传;有制作政策围裙、日历等发放到每位已婚育龄妇女家庭宣传。效果较好的是结合"婚育新风进万家"活动,利用黎、苗族青年结婚喜庆过后的日子上门访谈,为新婚夫妇送上计划生育政策法规及优生优育、卫生保健等知识的宣传册子,并免费发放生育、生殖健康知识光盘,日后定期走访新婚夫妇,用面对面的形式将计划生育宣传落实到位。同时,利用"5·29"会员活动日、"7·11"世界人口日等活动日,营造计生舆论氛围。

第三节　计划生育状况及管理

一、概况

"十五"期间,琼中黎族苗族自治县人口计生工作以争取先进市县为目标,把优生优育与利益导向机制相结合,以优质服务引导全民主动实行计划生育,把宣传教育贯穿到工作重点难点中，注重在“实”字上下功夫，努力推进全县人口和计划生育工作整体上水平。2003年、2004年和2005年连续三年进入全省先进市县行列。在此期间，全县共出生13601人，年均出生2720人，年平均出生率为15‰，年平均法定生育率为95.8%。

2010年，全年地方财政共投入人口计生经费285万元，人口计生事业费本县财政投入人均16元以上，其中预算内经费182万元，预算外还追加103万元，用于筹建计划生育服务中心甲级服务评估和基层服务所配套设备及村级服务室建设资金等。

1991—2010年，琼中县把人口计划生育工作纳入社会发展总体规划，纳入干部领导目标责任制，并作为考核各级领导干部政绩的一项重要内容，有效地控制了人口过快增长，逐步实现全县人口经济社会资源环境的协调持续发展。

二、管理

（一）目标管理

1991—2010年，县政府每年与各乡镇、有关部门签订人口与计划生育目标管理责任书。年底，由县人口计生领导小组办公室负责对县直、乡镇进行年度考核。

（二）村级管理

2001年，琼中县推行村民自治，推进村级计划生育民主管理，各村制定计划生育章程、村规民约，签订自治合同。2006年出台《琼中县计划生育村民自治工作方案》，开展计划生育村民自治试点工作。按照“建章立制、村务公开、民主管理、优质服务”的要求，推行计划生育村（居）民（生产连队）自治试点。2006年，有13个行政村（生产连队）推行计划生育村民自治。2010年，全县共建设了71个村（居）民自治示范点。

（三）流动人口管理

2010年，琼中县先后与省内19个市县（区）和广东省高州市等省内外市县签订了《流动人口计划生育服务管理双向协作协议书》，明确流出地和流入地的协作内容、服务和管理责任、义务等，充分利用国家、省流动人口平台及电函等方式，及时通报反馈双方流动人口计划生育协查信息。2010年，全县共有流动人口5903人。流动人口主要分布在营根镇和湾岭镇。对流动人口实行查验证、建档，按照属地管理原则，将流动人口纳入常住人口管理，为流动人口提供免费计生技术服务。据统计，2010年，琼中县流入人口5903人，其中已婚育龄妇女1510人、建立档案卡册5903人，建档率达100%，验证率达100%；全县流出已婚育龄妇女4855人，办理婚育证明4593人。在流动人口计划生育服务管理过程中，县计生管理部门利用国家流动人口信息交换平台，做好流动人口信息交流工作。

（四）人口问题综合治理

2001年，全县实行出生实名登记等制度，进一步规范B超的使用，全县医疗保健机构实行妊娠14周以上孕妇B超孕检实名登记。深入开展“关爱女孩”宣传活动。2010年，县政府重新调整打击“两非”工作领导小组，制订下发《琼中县打击“两非”检查工作方案》，并分别在3月、9月由县纪检监察部门牵头，组织卫生、计生、药监、公安等相关部门10名工作人员，组成县综合治理出生人口性别比暨出生实名登记制检查组，开展了为期各10天的治理活动，对全县29家具有B超机的单位、46家药店、36家个体诊所进行检查，没有发现“两非”现象。县人民医院、阳江农场医院两家定点引产单位严格执行凭证引产制度，没有发现个体诊所从事计划生育手术、个体药店销售终止妊娠类药品。县卫生、药监部门每季度对系统内部开展自查，加强B超机管理，清查整顿终止妊娠药品器械市场，有效地遏制了非法胎儿性别鉴定、非法终止妊娠等问题。

（五）行政执法

1991—2010年，县人口计生部门按照计划生育依法行政的工作要求开展行政执法工作。一是严格按照政策口径和规定程序确认年度农村部分计划生育家庭奖扶对象、特别扶助对象、“少生快富工程”对象，截至2010年，共确认奖励扶助对象115户，特别扶助对象27户、“少生快富工程”1户。二是重视信访工作。10年共接待来信来访162件(次)，办理信访案件适用法律、法规正确。

第四节 技术服务与计划生育成果

一、技术服务

1991—2004年，全县计划生育服务部门全面开展以避孕节育技术服务为重点的服务工作。

2005年，开始加强孕前管理和孕情跟踪服务工作，先后投入15万元给10个乡镇各配备一台手提式B超机，使全县“三查”(查环、查孕、查病)工作顺利开展，及时为重点对象提供优质服务。充分发挥县计划生育服务中心和各乡镇计生服务所阵地的优势，抓好育龄妇女避孕节育措施的落实，要求村(居)计生员认真填写《孕情全程管理和服务情况表》，开展对已婚育龄妇女的“三查”工作，对重点对象和服务对象做到月见面、季度访查。

2010年，建立健全“以县服务中心为龙头、乡镇服务所为依托、村服务室为基础、流动服务车为纽带”的三级计划生育服务网络，服务范围覆盖全县所有自然村，优质服务范围实现全县覆盖。

二、计划生育成果

1991—2010年，全县人口自然增长率保持在可控范围内。2001年，全县常住总人口180449人，人口自然增长率8.19‰；2002年，全县常住总人口182406人，人口自然增长率6.38‰；2003年，全县常住总人口178553人，人口自然增长率8.5‰。

2010年,全县总人口180907人,人口自然增长率9.6‰。1990—2010年,逐年加大计划生育经费投入,加大计生培训、考核机制、村级计生员待遇、计划生育村(居)民自治工作、宣传教育、依法行政、计划生育综合治理及利益导向等方面工作的力度,使全县的人口计生工作稳步发展,受第四次出生人口高峰影响,全县出生人口20年来呈缓慢上升趋势,基本实现出生人口低增长,稳定低生育水平。

2001—2010年琼中县常住人口基本情况一览表

表2-9　　单位:人、‰

年度	常住总人口	已婚育龄妇女	常住的出生人口	人口自然增长率
2001	180449	33549	2156	8.30
2002	182406	33497	1886	6.40
2003	179553	31518	1884	6.29
2004	179125	32921	2115	7.82
2005	181670	33408	2726	10.16
2006	182593	33432	2654	9.11
2007	181404	33849	2619	8.96
2008	184689	33655	2879	10.54
2009	183138	33385	2751	10.27
2010	180593	33302	2714	9.61

第三章 居民生活

第一节 居民收入

一、城镇居民收入

1991年琼中县城镇居民人均可支配收入为1550元,2010年人均可支配收入达到11903元,20年间城镇居民人均可支配收入增长了6.68倍,年均增长速度为11.3%。城镇居民人均可支配收入1991—1995年为1550~3191元;1996—2000年为3449~4274元。进入21世纪后继续增长,2001—2005年达到4857~6735元;2006—2008年为7171~9223元;2009年城镇居民人均可支配收入突破万元大关,达到10008元;2010年人均可支配收入年增长额突破千元大关,增长1895元,达到11903元。

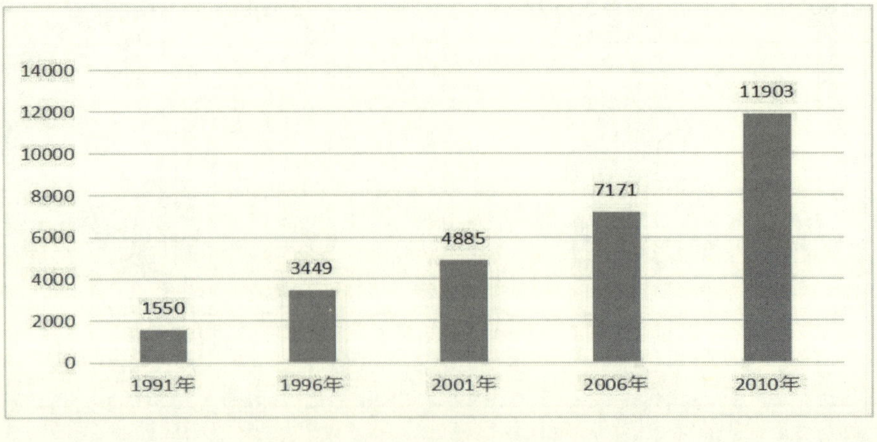

1991—2010年城镇居民人均可支配收入状况示意图(单位:元)

琼中县城镇居民收入结构特点是工薪收入是家庭收入的主体,20年间此项收入占家庭总收入的比重均在70%以上;转移性收入稳步增长,成为城镇居民收入的第二大来源,1991年人均转移性收入为278元,2010年达到3242元,增长了10.7倍,这主要得益于养老金和离退休金标准的不断提高;经营净收入和财产性收入波动较大,占比较小,拉动居民收入增长的效果不明显。

从琼中县城镇居民收入结构变化可以看出,全县居民收入结构比较单一,一定程度上制约了居民收入的持续快速上涨。

二、农村居民收入

据国家统计局琼中调查队调查资料显示,1991—2010年琼中县农村居民收入平稳增长。20年间农村居民家庭人均收入增长了4.86倍,从1991年的736元增长到2010年的4316元,年均增长速度为8.7%;农村居民人均纯收入从1991年的619元增长到2010年的3341元,增长了4.4倍,年均增长速度为9.3%。从调查资料看:农村居民家庭人均收入1991—1995年为736~1161元;1996—2000年为1480~1957元;2001—2005年为2090~2279元;2006—2010年为2544~4316元。农村居民人均纯收入1991—1995年为619~748元;1996—2000年为916~1348元;2001—2005年为1390~1739元;2006—2010年为1871~3341元。

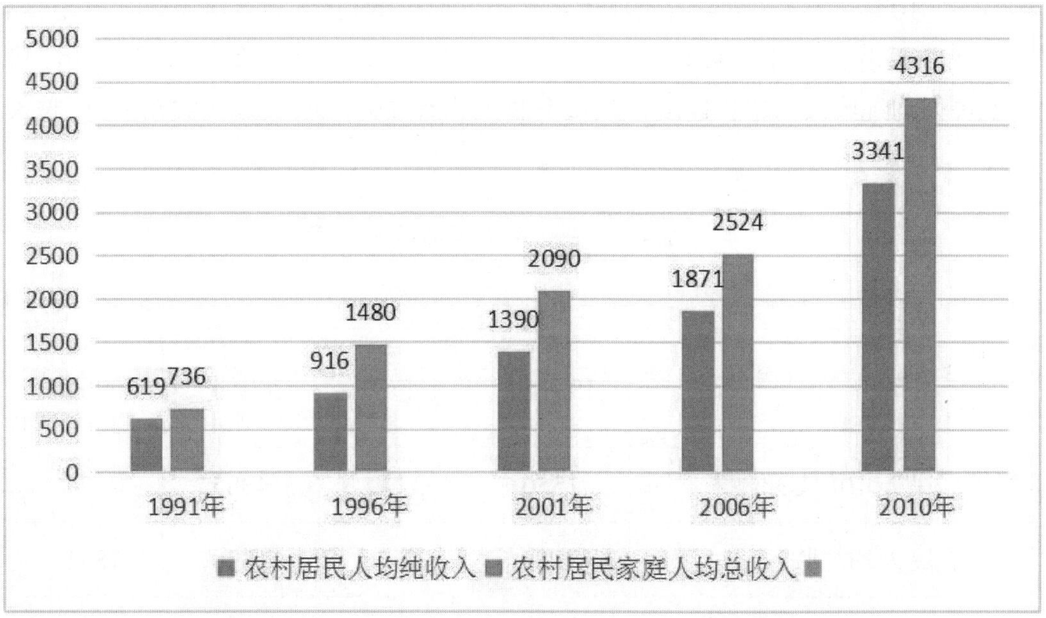

1991—2010年农村居民人均收入状况示意图(单位:元)

琼中县农村居民收入结构特点是农村居民人均家庭经营收入(包括第一产业收入,即农业、林业、牧业、渔业收入;第二产业收入;第三产业收入)占据家庭总收入的绝对主体地位,除2006年的比重为78.8%外,其余年份均在80%以上,比重最高的年份为2000年,达到97.3%,农民全部收入几乎都来自家庭经营收入;务工及工资性收入和转移性收入大幅增长,所占比重不断提高,有效地带动了农民收入的增加;财产性收入波动性较大,对农民增收的贡献较小。

1991—2010年农村居民收入构成一览表

表2-10 单位:元、%

项目\年份	1991年		1996年		2001年		2006年		2010年	
	数值	占比	数值	占比	数值	占比	数值	占比	数值	占比
人均家庭总收入	736	100	1480	100	2090	100	2544	100	4316	100
家庭经营收入	693.3	94.2	1375.6	92.9	1918	91.8	2005.4	78.8	3528	81.8
务工及工资性收入	4.7	0.6	21.1	1.4	6.2	0.3	212.1	8.3	321	7.4
转移性收入	38	5.2	56.8	3.9	159.2	7.6	286.1	11.3	438	10.1
财产性收入	0	0	26.9	1.8	6.7	0.3	40.4	1.6	29	0.7

三、城乡居民收入差距

1991—2010年,琼中县城乡居民收入水平有了成倍增长,但城乡居民收入差距逐渐拉大,城乡居民收入差距由1991年的931元拉大到2010年的8562元,绝对值增加了8.2倍,其增长速度远大于农民人均纯收入的增长速度。从城乡收入比看,20年间,收入比波动上行,收入差距逐渐拉大。

城乡居民收入差距情况一览表

表2-11 单位:元

项目\年份	1991年	1996年	2001年	2006年	2010年
城镇居民人均可支配收入	1550	3449	4885	7171	11903
农民人均纯收入	619	916	1390	1871	3341
城乡绝对差距	931	2533	3495	5300	8562
城乡收入比	2.50:1	3.77:1	3.51:1	3.83:1	3.56:1

第二节 居民消费

一、城镇居民消费

随着城镇居民收入的不断增加，人们的消费水平日益提高，结构趋向合理。据国家统计局琼中调查队调查资料显示，1991—2010年的20年间，琼中县城镇居民人均消费支出增长4.6倍，由1991年的1320元增加到2010年的7397元。

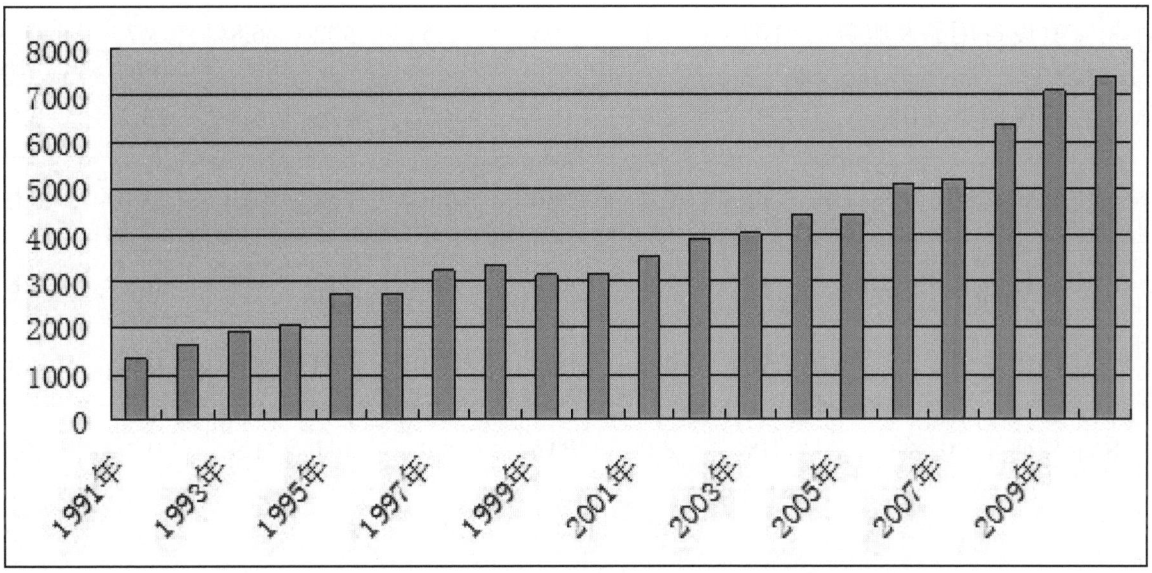

1991—2010年城镇居民消费支出情况示意图(单位:元)

琼中县1991—2010年城镇居民恩格尔系数变动情况一览表

表2-12 单位:%

年份	1991年	1996年	2001年	2006年	2010年
恩格尔系数	62.5	63.8	45.6	47.7	49.8

琼中县城镇居民的恩格尔系数从1991年后虽呈下降趋势，但也有波动。与小康标准比，琼中县2010年的恩格尔系数仅比50%的小康标准低了0.2个百分点，刚刚达到小康标准。

1991—2010年琼中县城镇居民消费结构变化情况一览表

表2–13

年份	1991年		2001		2010年		2010年比1991年增减	
	元	%	元	%	元	%	倍	百分比
人均消费支出	1320	100	3552	100	7397	100	4.6	—
1.食品支出	825	62.5	1621	45.6	3685	49.8	3.5	–12.7
2.衣着支出	91	6.9	154	4.3	481	6.5	4.3	–0.4
3.家庭设备用品及服务	107	8.1	195	5.5	502	6.8	3.7	–1.3
4.医疗保健类支出	30	2.3	167	4.7	426	5.8	13.2	3.5
5.交通和通讯支出	32	2.4	266	7.5	768	10.4	23.0	8.0
6.娱乐教育文化支出	94	7.1	449	12.6	732	9.9	6.8	2.8
7.居住类支出	61	4.6	386	10.9	662	8.9	9.9	4.3
8.杂项商品和服务	106	8.0	315	8.9	141	1.9	0.3	–6.1

1991—2010年琼中县城镇居民平均消费倾向值变化一览表

表2–14

年份	单位	1991年	1996年	2001年	2006年	2010年
人均可支配收入	元	1550	3449	4885	7171	11903
人均年消费性支出	元	1320	2748	3552	5108	7397
平均消费倾向值	%	85.2	79.7	72.7	71.2	62.1

1991—2010年琼中县城镇居民每百户主要消费品拥有量情况一览表

表2-15

年份	单位	1991年	1996年	2001年	2006年	2010年
1.成套家具	套	—	—	—	28	—
2.摩托车	辆	—	8	15	34	60
3.家用汽车	辆	—	—	1	—	4
4.洗衣机	台	56	54	32	74	74
5.电冰箱	台	14	20	10	30	44
6.彩色电视机	台	58	78	54	112	122
7.家用电脑	台	—	—	1	30	50
8.组合音响	套	—	20	12	28	44
9.摄像机	台	—	—	—	—	2
10.照相机	台	14	10	5	6	14
11.空调器	台	—	—	1	4	28
12.淋浴热水器	台	—	28	33	84	84
13.普通电话	部	—	6	—	94	82
14.移动电话	部	—	—	5	126	166

1991—2010年琼中县城镇居民主要食品消费情况一览表

表2-16 单位:公斤/人·年、%

年份	1991年	2001年	2010年	2010年比1991年增长率	2010年比2001年增长率
粮食	106	78.8	70.74	-33.3	-10.2

续表1

年份	1991年	2001年	2010年	2010年比1991年增长率	2010年比2001年增长率
植物油	3.1	4.8	4.9	58.1	2.1
猪羊牛肉	25.7	18.7	32.9	28.0	75.9
家禽	5.9	16	19	2.2倍	18.8
鲜蛋	2.6	3.5	4	53.8	14.3
鱼虾	18.1	21.4	16.6	-8.3	-22.4
蔬菜	100	91.1	91.6	-8.4	0.5
食糖	1.7	1.22	0	-100.0	-100.0
糕点	1.9	2.5	3.6	89.5	44.0
鲜果	14.2	15.2	32	1.3倍	1.1倍
鲜奶	0.01	0.02	0.01	持平	-50.0

二、农村居民消费情况

据国家统计局琼中调查队调查资料显示，1991—2010年，琼中县农村居民人均生活消费支出增长了4.7倍，由1991年的484元增加到2010年的2746元。

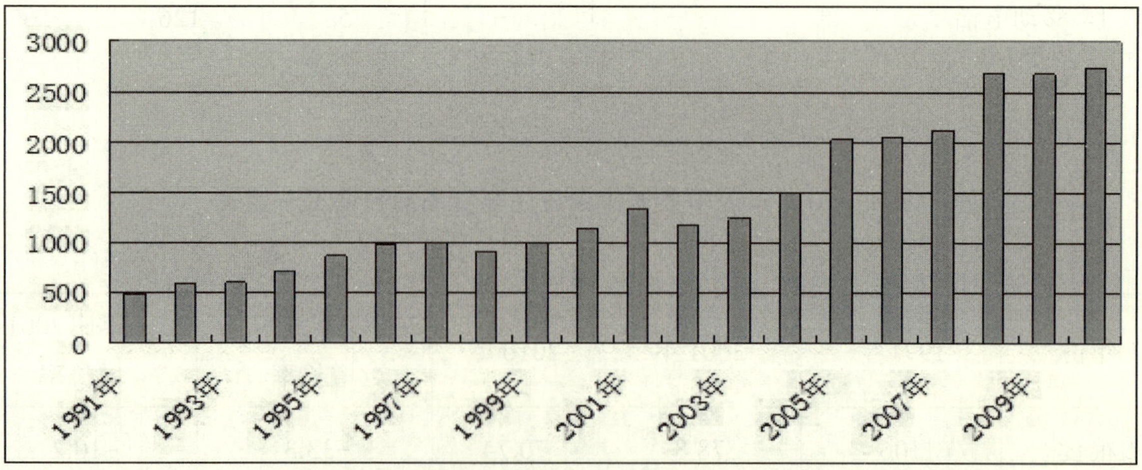

1991—2010年农村居民消费支出情况示意图(单位:元)

1991—2010年琼中县农村居民消费结构变动情况一览表

表2-17

年份	1991年		2001		2010年		2010年比1991年增减	
	元	%	元	%	元	%	倍	%
人均生活消费支出	484	100	1343	100	2746	100	4.7	—
1.食品支出	327	67.6	767	57.1	1736	63.2	4.3	-4.3
2.衣着支出	23	4.8	36	2.7	101	3.7	3.4	-1.1
3.家庭设备用品及服务	18	3.7	55	4.1	107	3.9	4.9	0.2
4.医疗保健类出	15	3.1	32	2.4	125	4.6	7.3	1.5
5.交通通信支出	6	1.2	29	2.2	279	10.2	45.5	8.9
6.文教娱乐用品及服务支出	35	7.2	214	15.9	138	5.0	2.9	-2.2
7.居住类支出	25	5.2	137	10.2	217	7.9	7.7	2.7
8.其他商品及服务	36	7.4	70	5.2	43	1.6	0.2	-5.9

2005—2010年农村调查户耐用消费品每百户拥有量

表2-18

品 种	单位	2005年	2006年	2007年	2008年	2009年	2010年
大型家具	件	192	200	—	—	—	—
洗衣机	台	5	5	5	5	3	3
电风扇	台	88	90	—	—	—	—
电冰箱	台	3	3	3	3	2	2
抽油烟机	台	2	2	2	2	2	1
微波炉	台	0	2	2	2	2	2
热水器	台	15	17	20	20	20	—
自行车	台	17	22	27	22	20	9

续表1

品 种	单位	2005年	2006年	2007年	2008年	2009年	2010年
摩托车	辆	58	63	62	63	60	100
电话机	部	50	50	43	35	30	16
移动电话	部	28	33	40	38	60	100
彩色电视机	台	93	102	95	90	98	100
接入有线电视网	台	33	35	22	23	78	100
黑白电视机	台	3	3	3	3	—	—
录放像机	台	18	18	—	—	—	—
影碟机	台	60	58	50	53	45	26
组合音响	台	42	47	—	—	—	—
收录机	台	5	2	—	—	—	—

注:1991-2004年数据丢失

1991—2010年琼中县农村居民家庭住房情况一览表

表2-19 单位:平方米/人·年

年份	1991年	1996年	2001年	2006年	2010年
人均生活用房面积	19.3	15.7	16.8	26.3	28
其中:砖木结构面积	15.1	13.2	15.2	24.1	22
钢筋结构面积	0	0.3	0.8	2.2	6

第四章 民族 宗教

第一节 机 构

1991年，琼中黎族苗族自治县民族事务委员会有行政编制5名。1995年10月，变更为琼中黎族苗族自治县民族宗教事务局，编制5人。2002年3月，全县机构调整，确定编制为7人，其中行政编制6人，工勤人员1人。

2009年9月，琼中黎族苗族自治县民族宗教事务局更名为琼中黎族苗族自治县民族宗教事务委员会，有行政编制5人，工勤人员1人，其中领导职数3人（1正2副）。内设办公室、民族岗、宗教岗3个股室。2010年，琼中黎族苗族自治县民族宗教事务委员，内设机构与编制人员未变。

第二节 民 族

一、少数民族人口

琼中黎族苗族自治县是少数民族县，全县居住的少数民族有20多个，其中尤以黎族人口最多。

1991年，琼中县人口194288人，其中汉族93073人，占总人口的47.90%；少数民族101215人，占总人口的52.10%，其中，黎族84670人，苗族10984人，壮族4959人，回族60人，其他少数民族542人。

2000年,第五次全国人口普查,琼中县共有22个民族;全县人口171598人,其中汉族62668人,占总人口的36.52%;少数民族108930人,占总人口的63.48%。少数民族中,黎族89297人,占总人口的52.04%;苗族11715人,占总人口的6.83%;壮族6325人,占总人口的3.69%;回族65人,占总人口的0.04%;其他少数民族1528人,占总人口的0.89%。

2010年,第六次全国人口普查,琼中县共有22个民族;全县人口174076人,其中汉族60174人,占总人口的34.57%;少数民族人口为113902人,占总人口比重65.43%。少数民族中,黎族93408人,占总人口的53.66%;苗族13872人,占总人口的7.97%;壮族5371人,占总人口的3.09%;回族46人,占总人口的0.03%;其他少数民族1205人,占总人口的0.69%。

二、民族成分认定

根据国家民委《关于中国公民确定民族成分的规定》,琼中县有档案记录是从1993年进行民族成分审核认定。

1993年,审核少数民族考生及民办教师转正222人,其中黎族考生196人,苗族14人,壮族10人,土家族及瑶族各1人。1995年,审查230名考生的民族成分,共有4人提出更改民族成分,因不符合规定,未予办理。1996年,审查证明考生民族成分269人,更改民族成分2项6人。1997年,审查证明考生民族成分450人,更改民族成分3项3人。1998年,审查证明考生民族成分227人,更改民族成分6项6人。1999年,审查证明考生民族成分220人,未有更改民族成分。2000年,审查证明考生民族成分350人,更改民族成分1项2人。

2001年,审查证明考生民族成分470人,更改民族成分2项2人;2002年,共审查证明考生民族成分500人;2003年,共审查证明考生民族成分500人;2004年,共审查证明考生民族成分680人;2005年,共审批少数民族考生成分证明1150人;2006年,共审查批准少数民族考生证明表1897人;2007年,共审批少数民族大中专考生证明1065人,审批民族成分更改11人。2008年,全县共审查民族考生1681人,其中,高中417人,中考1264人。2010年,共审查各类少数民族成分证明表2000多人。

第三节 宗 教

一、道教

1991—2010年,琼中县城乡道教活动多为民间信仰,没有履行严格的教义戒律等,农村复兴土地庙属于民间信仰场所,规模较小(村庄内的或家族内的土地庙)。

土地庙是庇佑村民平安,祈福风调雨顺、国泰民安、五谷丰登的祭祀土地公的地方,它是民间信仰的产物，是村民自发建造的。琼中县自然村几乎每个村都建有庙，庙宇一般建在村的入口处，建筑主要是瓦木结构，建筑面积几十平方米或几平方米不等。每座土地庙建成后一般都要请当地资深的道士举办开光仪式，开光后就正式供奉祭祀了。每座土地庙都由村民自发管理，每逢农历初一和十五供奉祭祀。

二、基督教

1991年，全县有教堂12间，传教点6个，义工(负责人)34人，教徒1249人。2010年，琼中县登记的宗教团体有“琼中县基督教三自爱国运动委员会”和“琼中县基督教协会”。这两个组织成立于1988年，每五年为一届。2004年“三自会”换届产生“琼中县基督教协会”，会议选举会长、副会长、总干事。选举“三自会”主席、副主席、秘书长。会议共选17名“两会”委员。2009年12月10日，第四届琼中县基督教三自爱国运动委员会、琼中县基督教协会(简称两会)召开，选举产生委员21名，常务委员7名，三自爱国运动委员会主席1名、副主席2名、秘书长1名、副秘书长1名、协会会长1名、副会长2名、总干事1名、副总干事1名。全县共登记的合法宗教活动场所14处，经登记备案基督教教职人员18人，信众1300多人。14个教堂点分布于长征镇、上安乡、中平镇、黎母山镇、吊罗山乡、营根镇及乌石农场、新进农场等县镇与农场。信徒中，以苗族群众居多，占信教人数约60%，信教群众占全县总人口的0.6%。

三、宗教管理

(一)健全基层工作网络

1991—2010年，琼中县各乡镇将宗教工作纳入党建和农村工作总体规划，建立县、乡镇、村委会三级宗教工作网络，形成“乡镇负责、村级落实”的工作局面。各乡镇配备一名干部具体抓宗教工作，各自然村配置宗教信息员，有宗教活动的村成立“村管小组”。做到宗教工作层层有人管、宗教信息及时报、宗教矛盾适时调处。

2010年7月20日，全县宗教工作联席会议在红毛镇召开。县委统战部、县国保大队、县民宗委和有关单位及各乡镇分管领导参加会议。

(二)规范宗教活动场所管理

自1991年开始，县民宗委会同县委统战部等有关部门不定期地根据全县宗教情况进行调查摸底，开展调研活动，将全县宗教状况建档立卷，全面掌握基督教私设点的基本情况并分析其存在的原因，及时向县委、县政府汇报，制定整治方案。为规范宗教活动场所的管理，县民宗委先后制定了《基督教两会财务管理制度》《教堂点财务管理制度》《宗教活动场所管理制度》《教职人员管理制度》和《基督教目标管理责任书》等规章制度，禁止私设宗教活动地点，规范基督教“两会”和各教堂点教职人员的管理。

(三)宣传宗教政策

1991—2010年，县政府多次组织举办全县党政干部学习《宗教事务条例》培训班；对全县干部进行《宗教事务条例》知识考试；编制《宗教事务条例知识问答》发放到全县副科级以上及基督教教职人员，加强对《宗教事务条例》的学习理解。多次组织县基督教“两会”和基督教教堂点神职人员进行《宗教事务条例》等宗教政策法律法规的培训学习。为加强基督教“两会”和各教堂点的财务管理和开展创建和谐教堂活动,2010年底,县民宗委在县党校举办了宗教活动场所财务管理培训暨创建和谐教堂动员会,县基督教“两会”班子成员,各教堂点负责人和财会人员参加了培训。会议要求“两会”和各教堂点按《宗教事务条例》规定,成立财务管理小组,实行财务民主管理,重要事项通过管理组织集体讨论决定,落实场所财务管理负责人、会计、出纳的分岗设置和回避制度,明确各自职责,形成互相监督的制约机制;执行《非营利组织会计制度》,普遍建立资金管理制度,固定资产管理制度和财务公开制度,开设单位银行账户等。

四、重要宗教活动

(一)圣诞节

圣诞节是基督教最重要的节日,为庆祝耶稣诞生,定于每年的12月25日为圣诞节。琼中县的基督教徒每年都举办庆祝圣诞节活动,庆祝活动的组织领导主要由县基督教“两会”(即县基督教三自爱国运动委员会和县基督教协会)负责,活动的主要内容是赞颂主的恩典,活动的主要形式是歌舞表演,每年有14个教堂组织的表演队参加。

(二)礼拜

礼拜是基督教主要的崇拜活动,内容包括祈祷、读经、唱诗、讲道、祝福等。琼中县的基督教徒和其他地方一样,一般是星期日在各自教堂举行,由神职人员主礼。

第三编　国土　环保　城乡建设

第一章 国土资源管理

第一节 机 构

1991年,琼中县土地管理局位于营根镇虎头路14号。1995年,琼中县土地管理局与县建设局合并成立琼中县建设与国土环境资源局;2005年,两局分设,成立琼中县国土环境资源局。内设8个股级机构,即办公室、法规监察股、规划用地股、耕地保护股、地籍管理股、环境保护股、矿产资源管理股和测绘管理股;5个直属事业单位,即国土环境资源监察大队、土地开发整理储备中心、环境保护监测站、矿务站、资源保护站;乡镇国土所10个,即营根镇、红毛镇、什运乡、湾岭镇、黎母山镇、长征镇、中平镇、上安乡、和平镇、吊罗山乡国土环境资源所。

2010年全县国土部门职工有96人,其中县局职工40人。

第二节 土地利用总体规划

根据《海南省土地利用总体规划(2006—2020年)》要求,结合县域实际,2006年琼中县人民政府组织编制了《琼中县土地利用总体规划(2006—2020年)》,确定了全县2006—2020年土地利用目标、土地利用结构调整方案、土地利用空间布局、土地利用重点任务、城镇土地利用、土地整治重点项目和规划实施保障措施。

琼中县国土资源管理和利用目标为:正确处理保障发展和保护资源的关系,保障合理的用地需求,优化土地利用结构和空间布局,严格保护耕地,增强国土资源公共服务功能,全面实现琼中发展目标,提供土地资源保障,主要以坚持最严格的土地管理制度和节约集约用地制度落实实施。

根据总体规划,对全县土地利用制订了调控指标,有约束性指标和预期性指标。

一、约束性指标

2005年全县耕地面积为11271.1公顷,到2010年,耕地保有量不低于11210公顷,到2020年,不低于11153公顷。

2005年,全县基本农田保护面积为9505.5公顷,规划期间基本农田保护面积不低于9019公顷。

2005年,全县城乡建设用地规模为3795.1公顷,2005年全县人均城镇工矿用地为192.8平方米,到2010年,全县城乡建设用地规模控制在3869公顷以内,到2020年,控制在3966公顷以内。到2010年,人均城镇工矿用地控制在195平方米以内,到2020年,控制在170平方米以内。

2006—2010年间,全县新增建设占用耕地面积控制在175公顷以内,通过土地整理复垦开发补充耕地面积不少于175公顷。

2011—2020年间,全县新增建设占用耕地面积控制在374公顷之内,通过土地整理复垦开发补充耕地面积不少于374公顷。

二、预期性指标

2005年全县园地面积为45201.9公顷,到2010年和2020年,全县园地面积分别达到47022公顷和55046公顷。

2005年全县林地面积为167259.7公顷,到2010年和2020年,全县林地面积分别达到177449公顷和186574公顷。

2010年和2020年,全县牧草地面积分别达到200公顷和400公顷。

2005年全县建设用地总规模为5401.6公顷,到2010年和2020年,全县建设用地总规模分别控制在6153公顷和7632公顷内。

2005年全县城镇工矿用地规模为2186.6公顷,到2010年和2020年,全县城镇工矿建设用地规模分别控制在2265公顷和2405公顷以内。

2005年全县交通、水利及其他建设用地面积为1606.5公顷,至2010年和2020年,全县交通、水利及其他建设用地规模分别控制在2284公顷和3666公顷以内。

2006—2010年和2011—2020年间,全县新增建设占用农用地面积分别不超过610公顷和1207公顷。

现行《琼中黎族苗族自治县土地利用总体规划》(2006—2020年)(以下简称《规划》)计划于2011年编制完成。上一轮土地利用总体规划年限为(1997—2010年)。

海南省下达琼中县2005—2020年土地利用主要调控指标一览表

表3-1　　单位:公顷

主要调控指标		2005年	2010年	2020年	指标属性
总量指标	耕地保有量	11271.1	11210	11153	约束性
	基本农田面积	9505.5	—	9019	约束性
	园地面积	45201.9	47022	55046	预期性
	林地面积	167259.7	177449	186574	预期性
	建设用地总规模	5401.6	6152	7632	预期性
	城乡建设用地规模	3795.1	3869	3966	约束性
	城镇工矿用地规模	2186.3	2265	2405	预期性
	交通水利及其他用地规模	1606.5	2284	3666	预期性
增量指标	新增建设占用耕地规模	—	175	374	约束性
	整理复垦开发补充耕地义务量	—	175	374	约束性
效率指标	人均城镇工矿用地(平方米)	218.4	195	170	约束性

第三节 地籍管理

2009年为贯彻国土资源部《关于进一步加快宅基地使用权登记发证工作的通知》、县政府《关于全面开展农村宅基地确权登记发证工作的通知》精神，根据《琼中县农村宅基地确权登记发证工作实施方案》，采取“试点示范，总结经验，全面铺开”，开展全县农村宅基地确权登记发证工作。至2009年底，已完成农村宅基地现状测量面积7358.1亩，全县农村宅基地已发证3155宗，面积764.69亩。

2009年琼中县国家建设用地统计表

表3-2　　单位：公顷

名称	代码	面积	建制镇	村庄	采矿用地	风景名胜及特殊用地
琼中县	469030000000	4154.25	1600.89	1550.22	61.46	941.68

2009年琼中县各乡镇基本农田面积表

表3-3　　单位：公顷

名称	代码	总面积	水田	水浇地	旱地
营根镇	469030100	1659.90	1368.17	3.17	288.56
湾岭镇	469030101	2511.70	2015.56	3.25	492.89
黎母山镇	469030102	2120.56	1497.93	3.51	619.12
和平镇	469030103	868.57	645.11	1.21	222.25
长征镇	469030104	825.66	723.49	2.08	100.09
红毛镇	469030105	947.50	822.09	0.90	124.51
中平镇	469030106	813.62	681.53	0.00	132.09

第四节 用地管理

一、用地审批

根据统计,1994—2008年15年间,全县累计项目建设使用地面积703亩。从2009年起,加大全县基础设施的投入,增加用地。2010年全县在建项目29项,项目用地面积约49451.86亩,征收土地面积46859.16亩;办理出让招拍挂土地8宗,面积50989.45平方米;协议出让土地3宗,面积703.6平方米;划拨补办出让11宗,面积50989.45平方米;国有土地承包1宗;追缴拖欠的土地出让金1宗;共办理24宗。征用3.5公顷以下(不含耕地)由县人民政府审批;3.5公顷以上、35公顷以下(含35公顷)的耕地(不含基本农田)和70公顷以下(含70公顷)的由省政府审批;基本农田、35公顷以上耕地及70公顷以上的土地由国务院审批。

二、耕地保护

2002制定《琼中黎族苗族自治县基本农田保护办法》,2006—2010年规划期间琼中县将耕地保护目标纳入年度考核评价体系,落实土地违法责任追究制度,建立领导干部耕地和基本农田保护离任审计制度,建立耕地保护补偿机制,县政府与14个乡镇政府和国营农场签订28份耕地保护责任书,乡镇政府与各经济合作社签订30976份耕地保护责任书。同时在营根镇红洲洋、中平镇中村放板田(门头田)田洋、什运乡什统黑村脚田洋、黎母山镇南里田洋、湾岭镇新仔公路圮田洋竖立了10座标志牌(其中5座保护牌,5座宣传牌,每个点两座)。

三、土地市场管理

2005年以来,为提高土地资源利用效率,保障全县经济社会发展合理用地需求,以科学发展观为指导,在县委县政府的正确领导决策下,琼中县土地交易主要通过招拍挂方式出让,但成交面积不大,地价不高,其成交总面积及成交总额较少。

四、执法监察

2005年5月,根据省人民政府《关于印发海南省国土环境资源管理体制改革实施意见的通知》,设立琼中县国土环境资源监察大队,隶属县国土环境资源局。负责对全县土地、环境保护和矿产资源保护工作的监督检查,管理全县区域内的土地、环境保护和矿产资源违法行为等案件查处工作,负责收取属于县级征收的排污费,负责组织指导全县排污企业申报登记工作。

2010年,共出动266人次对全县辖区内的土地、环保、矿产等行进行常规性巡查管理,填写巡查记录表175份,累计检查排污企业120家次。2008—2010年共查处矿产案件2起,罚款金额1560万元;查处土地违法案件11起,下达土地违法处罚决定书11份,下达责令停止违法行为通知书7份,处罚97465.8元;立案查处违法排污企业1家,罚款18508元。

第五节 矿产资源管理

琼中县的矿产资源种类较丰富,已初步勘明金属矿产、非金属矿产和水气矿产三大类共23种,其中:金属矿产13种,包括金、银、铜、铁、钛、锡、钨、钼、铅、锌等;非金属矿产10种,包括萤石、硫铁矿、高岭土、大理岩(石灰石)、饰面用闪长岩、建筑用花岗岩、砖瓦用黏土、河砂、石墨、水晶等;水气矿产包括矿泉水、热矿水、地下水。全县比较有优势的矿产是什运和红毛一带地区的萤石与大理岩;金矿主要集中在岭头、中平、乌石、黎母山等地。已开发利用的矿种有萤石矿、建筑用花岗岩矿、砖瓦用页岩和水泥用大理岩矿。

2010年,全县持证矿山企业8家,萤石矿山1家、建筑用花岗岩矿山5家、砖瓦用页岩矿山1家和水泥用大理岩矿山1家。依据《海南省矿产资源补偿费征收管理规定》,2005—2010年征收矿产资源补偿费232599元。根据国家发展改革委、国土资源部、建设部、农业部等四部门发布《关于印发进一步做好禁止使用实心黏土砖工作的意见的通知》,全县停止审批出让砖瓦用黏土矿,关闭2家实心黏土砖厂。

2010年共对5家不按开采方案开采和边开采边复垦的矿山下发整改通知书,注销采矿许可证7个。全年出让采矿权5宗,共收取采矿全价款107.3万元。

第二章 环境保护

第一节 机 构

一、县环境资源局

1991年,琼中县环境资源局内设人事股、矿产股、监督股和监测股,有干部职工19名。

1995年,县环境资源局与县建设委员会、县国土局合并成立琼中县建设与国土环境资源局。2006年,县建设与国土环境资源局改设,成立琼中县国土环境资源局,内设环境资源保护股、地籍股、用地股、办公室5个股室,核定人员编制17名。下设国土环境资源监察大队(副局级事业单位)、环境保护监测站、矿务站、资源保护站等4个股级事业单位,至2010年未变。

二、县环境保护监测站

1985年琼中县环境保护监测站成立,隶属于琼中县国土环境资源局,为正股级事业单位。2005年县编制委员会核定编制10人,具体负责全县辖区内大气环境、水环境、声环境等各种环境要素环境质量的例行监测,污染源排放监督性监测等,为环境管理部门提供科学、准确的监测数据。根据国家三级站的建设标准,实验室配备的专业监测仪器64件,其中有多参数水质监测仪、原子荧光仪、原子吸收光谱仪、美国热电比空气自动仪系统等先进的进口仪器,现场采样车2辆。实施对琼中县辖区内环境监测工作。

三、琼中黎族苗族自治县国土环境资源监察大队

2005年5月琼中黎族苗族自治县国土环境资源监察大队成立,隶属琼中县国土环境资源局

的副局级事业单位,依照国家公务员制度管理,核定财政预算管理事业编制15名,其中,单位领导岗位2名(正职1名、副职1名),其他管理人员岗位12名,工勤人员岗位1名。具体贯彻国家和省有关生态环境保护的方针政策和法律、法规、规章;依法对全县生态环境保护进行现场执法;负责对全县排污费、生态补尝费征收工作,以及对所管辖企业拒付排污费的催缴及处罚工作;负责对所管辖区域内生态环境破坏事件、环境污染事故和环境污染纠纷进行调查处理;负责所管辖区域建设项目、限期治理项目实施过程的监察并参与验收工作;参与对所管辖企业的排污许可证执行情况进行现场监督检查;承办县委、县政府以及上级部门交办的系列工作。

四、琼中黎族苗族自治县资源保护站

2005年5月琼中黎族苗族自治县资源保护站成立,隶属琼中县国土环境资源局,为正股级事业单位,核定财政预算管理事业编制5名,其中,单位领导岗位1名,其他管理人员岗位4名。具体贯彻国家和省有关环保保护政策法律法规;负责监督和保护本县辖区内地下自然水源的过量开发与防止地表水及地下水的污染;保护地质环境,防止山体滑坡的地质灾害,负责地质地貌类自然保护的调查、监测,对自然成果资料进行收集、保管、整理、研究及提供使用;参与水资源、森林资源调查、规划,对地下水资源进行勘查管理、统计、分析及开发利用监督管理;负责地质勘查项目登记,发放勘查许可证;协助县国土环境资源局对地质、矿物地质、水文地质、工程地质、环境地质等地勘行业的管理;协助县国土环境资源局做好全县自然生态环境的保护工作;承办县委、县政府以及上级部门交办的系列工作。

第二节 环境质量

琼中县环境质量在全省乃至全国处于领先水平。2004—2006年,根据中国环境监测总站生态环境质量评价通报结果,琼中县生态环境综合指数在全国2348个县(市)中排名第四位,在海南省19个县(市)中排名第一。2006—2010年,全县城镇集中式生活饮用水、地表水源地水质达到或优于国家地表水类标准,饮用水源水质综合指数在2.3~2.56之间,年际之间的微小变化是社会、经济发展和人口增长速度引起的饮用水水源综合污染指数增高的结果。

一、水环境质量

1991—2010年,琼中县水环境质量总体保持良好,监测河段和监测水库水质达到或优于可作为集中式饮用水源地的国家地表水Ⅱ类标准,绝大部分地表径流水质处于无污染的清洁状态,县城集中饮用水源地——百花岭水库更是纯净的山泉水,地下水质优良。对百花岭水库一级饮用水源地保护区和百花溪二级饮用水源地保护区实现每月监测,每年对全县10个农村饮用水源地开展2次监测。监测项目共109项,水质符合国家相应的水环境质量标准。

全县河流水质总体优良，在全县地表径流9个监测河段中，符合国家地表水Ⅰ、Ⅱ类标准的监测河段占90%，Ⅲ类水质占10%。出现Ⅲ类水质主要原因是红口溪监测段面受奔鹿淀粉有限公司季节性生产影响，具有季节性轻度污染的特点。主要污染指标为化学需氧量、氨氮。

琼中县境系南渡江、万泉河、昌化江三大河流的发源地。南渡江上游的松涛河段、万泉河上游的乘坡河段、昌化江上游的什运河段水质优良，均达到或优于Ⅱ类标准。

琼中县湖库主要是百花岭水库，水质达国家地表水Ⅰ类标准。

二、大气环境质量

1991年后，琼中县环境保护工作得到加强。2003年，中国环境监测总站对全国除台湾以外的31个省、自治区、直辖市的生态环境质量进行评价，海南空气质量为全国最优，琼中的空气质量为海南最优。1983—2010年，琼中县开展环境质量监测工作，主要对污染物，如二氧化硫、氮氧化物、总悬浮颗粒物、可吸入颗粒物、自然降尘进行检测。2008年，参照国家环境空气质量标准二氧化硫、二氧化氮年平均值符合国家环境空气质量一级标准（GB3095-1996）中的一级标准和《环境质量报告书编写技术规定》中的污染综合指数法和空气污染指数法（API），以二氧化硫0.02毫克/立方米，氮氧化物0.05毫克/立方米，二氧化氮0.04毫克/立方米，总悬浮颗粒物0.08毫克/立方米，可吸入颗粒物0.04毫克/立方米，自然降尘8吨/平方公里，酸雨降水pH值<5.6作为划分界限，手工采样，每年12期，每期5天。2010年，二氧化硫、二氧化氮年均值符合国家环境空气质量一级标准，二氧化硫0.02毫克/立方米，二氧化氮0.04毫克/立方米，可吸入颗粒物年均浓度值分别为0.006毫克/立方米、0.008毫克/立方米、0.022毫克/立方米，远低于国家污染物浓度一级标准规定的可吸入颗粒物年均值0.04毫克/立方米的标准。

三、声环境质量

交通噪声：2010年监测县城交通干线各个测点年平均等效声级范围为66.3～71.5分贝，平均值为67.7分贝，达到68～74分贝的标准要求。区域环境噪声：以二类区（居住、商业、工业混合区）为主，零类区（疗养、高级别墅、高级宾馆区）和一类区（居住、文教区）面积较小。从昼间监测结果，县城区域声环境质量较好，各个测点等放声级范围为47.1～62.3分贝，年均等效声级为51.5分贝，达到55～60分贝的标准要求，基本符合国家一类区居民文教区标准。

四、生态环境质量

2003年海南省生态环境质量工作开始，中国环境监测总站对全国除台湾外的31个省、自治区、直辖市的生态环境质量主要指标——生物丰度指数、植被覆盖指数、水网密度指数、土地退化指数、污染负荷指数5项指标进行评价。海南省总体生态环境优质指数全国排名第一，琼中县在全国2436个县中，总体生态环境指数为96.43，排名第四。

2009—2010年，琼中县继续加大生态环境保护和建设力度，生态环境质量总体优良。森林覆盖率远高于全国平均水平，天然林保护基本完好。截至2010年底，拥有吊罗山热带雨林生态系统、五指山热带原始林生态系统两个国家级自然保护区和黎母山热带季雨林生态系统、鹦哥岭热带季雨林生态系统两个省级自然保护区。2010年琼中县生态环境指数等级为优良，生物多样性十分丰富，城镇、农村生态环境良好，维系生态功能的各项生态系统指标基本能满足生态平衡要求。但是，毁林开荒、毁林种植、毁林采矿、乱猎滥杀野生动物等破坏生态事件仍时有发生，某些地方存在一定程度的水土流失，不合理的开发活动对生态环境造成一定影响，比2003年的生态环境质量有所下降。

第三节 污染治理

一、工业污染与防治

1991—1995年“八五”期间，加大对排污企业的监管力度，对全县11家国营农场橡胶加工厂、2家淀粉厂实施管控，有效遏制环境污染的发生。1996年，根据县政府《关于取缔上安乡等五家造纸厂的紧急通知》要求，对全县5家小型造纸厂实施关停取缔，完成省和县布置的工作任务，被省里评为先进单位。

1996—2000年“九五”期间，县委县政府履行环境监督管理工作职能，制定了《琼中黎族苗族自治县污染源达标排放实施计划》，对全县65家污染源排放企业、单位下达了污染达标排放指标和限期治理目标。开展对县淀粉厂、屠宰场和9个年产胶1000吨以上的企业排放污水的监测工作，对以上排污企业实施监测，分别布设5个监测采样点，测试水温、pH值、COD、悬浮物4个项目，共取得数据56个。全县污染物排放总量比1995年减少了15%。与此同时，1999—2000年，为实现2000年所有工业污染源治理达标，继续加大环保执法和污染源治理工作，全面着手开展“一控双达标”工作，针对工业污染源治理是县达标排放工作的重点和难点这一情况，县政府制定了《琼中县2000年工业污染源达标排放工作方案》等措施，采取一系列相应专项整治工作，共投入治理资金1431万元，并于2000年11月底使全县工业污染源企业全部实现达标排放，顺利通过省组织的达标验收，2002年被国家、省评为“一控双达标”先进单位，被省厅评为“环境统计”先进单位。2004年被省国土环境资源厅评为“生态环境监控工作”先进集体。

二、城镇环境污染与防治

1996年，在全县范围内开展一次全面的污染源调查活动，对全县餐饮服务、医疗卫生等行业的污水排放情况和环境噪声污染、固体废物产生及处理等情况进行全面调查，调查了79个污染源单位，对全县的污染治理设施和县城的环境噪声污染实施全面监理，各建筑工地和娱乐场所的噪声污染有所好转。2005年被国家环境总局授予“创建全国环境优美乡镇优秀组织者”称号。2007—2008年，琼中县开展主要污染物总量控制工作，分别投入3931万元、2056万元建设县城污水处理厂和县城生活垃圾处理场；申请国家专项环保资金900万元，用于万泉河上游琼中段水环境污染治理项目8个生活污水人工湿地处理工程建设，同时争取省环保资金建设中平、加钗农场2个点的3个人工湿地。2009年底，县城污水处理厂及8个生活污水人工湿地处理工程建成投入使用。

三、生活污染治理

（一）兴建琼中县生活垃圾卫生填埋场

1991—1997年，城区无垃圾填埋场，每天收集的生活垃圾只能运到郊区进行简单的填埋处理。

省“十一五”计划制定城镇垃圾无害化处理目标，建设生态省，琼中县在位于海榆中线147公里处的营根镇那柏上村建设占地97亩的生活垃圾卫生填埋场，项目投入资金1900万元，2009年5月12日动工兴建。至2010年，已完成第一标段总工程量的90%。

（二）建设县城污水处理厂

营根污水处理厂是一座日处理污水能力14000吨（实际日排放量5000～6000吨）的污水处理厂，其中一期（2010年）日处理污水7000吨，二期（2020年）日处理污水7000吨，形成COD削减能力500～600吨；再生水日利用力1000吨，形成COD化学需氧量削减能力365吨。污水处理厂于2008年6月开工兴建，2010年1月项目一期工程竣工投入试运营，共投入资金4044万元，其中：中央及省资金2878万元，县配套1166万元。

（三）实施万泉河流域（琼中段）水环境污染的治理工程

万泉河上游琼中段水环境污染治理项目属2008年国家环保专项资金项目，项目总投资900万元，主要用于琼中县万泉河上游琼中段水环境污染的治理，整个工程项目包括湾岭镇（乌石墟）、乌石农场、和平镇、乘坡农场、长征镇与长征农场、上安乡、吊罗山乡、太平农场等8个生活污水人工湿地处理工程。工程自2009年2月进场开工建设，于2009年底全部完成施工，进行试运行。2010年初，各项水质指标通过五指山市环境资源监测站的监测验收，经监测，全部达到设计要求和规定排放标准，4月下旬通过省国土环境资源厅验收组的验收。8个人工湿地投入运营后，为琼中县年削减COD约100吨。

（四）农业污染治理

农药是重要的生产资料，在农业生产中发挥了积极作用。但随着使用量和使用年数的增加，农药对土壤产生很多不良影响，甚至危害人体健康。

为防治农药对土壤和生态环境的影响,2001年,琼中县农业技术推广服务中心组织6次农药经营大检查活动,查处无证经营者7人次,没收高毒、剧毒农药28公斤,查封假劣农药18瓶。2002年,琼中县严禁销售16种高毒、剧毒农药,取缔摊点17个。对“三证”不全的假劣农药进行查处,收缴了高毒农药“甲胺膦”、呋喃丹等164件56公斤,价值1130元,收缴“三证”不全或包装不合理的农药674件722公斤,价值5542元。同年9月,组织经营农药店的上岗人员107人参加《农药管理条例》的学习培训。2003年,严禁销售16种高毒、剧毒农药,对“三证”不全的假劣农药进行查处,没收伪劣化肥62包,假劣、高剧毒农药344件,收缴剧毒杀鼠药144件,总价值0.84万元,涉案人员24人。2004年,琼中县农业技术推广服务中心派员15人次,配合农业局、工商、技监局等部门,对农资经营单位、店铺进行执法检查,没收伪劣农药212公斤,没收被淘汰的籼优3550种子352公斤。植物检疫派出115人次,调运检疫大宗农产品南药120吨、种苗49万株、绿橙1250亩,收取检疫费12365元,有效防止植检危险性病虫害的传播蔓延。2005年,琼中县农业技术推广服务中心派出56人次深入相关农业种植园及农产品收购店,调运检疫农产品26车次,收入检疫费4560元,有效预防危险性病虫害向外地传播。2006年,调运检疫农产品60车次,收取检疫费5800元。2007年,共完成橡胶、绿橙、槟榔种苗的产地检疫3次,办理绿橙、益智等农产品的调运检疫38车次,收取检疫费4130元。此外,中心还协助县农业局抓好农资打假执法活动,对全县40家农资经营店铺进行检查,查处4家无农药经营许可证的农药销售商铺,查处10家商铺,查封、没收假农药登记证、套证、一证多用等27种,共394.65公斤,货值2万多元,罚款7500元。先后15次对县农贸市场出售及种植基地生产的农产品进行农药残留检测,检测的农产品有绿橙、瓜、果、菜等88个样品,绝大多数为合格产品,并及时向农业局或县政府报告检测情况。2008年奥运期间、十一黄金周期间,加强对县农贸市场出售及种植基地生产的农产品的抽样检查,共抽检250例,合格率达89%。2009年,完成对瓜果菜及南药产品的植物检疫16次,对县农贸市场出售及种植基地生产的农产品进行抽样检测,共抽检546个样品,合格475个,合格率达87%,其中:瓜菜抽检398个,合格335个,合格率84.2%;绿橙抽检148个,合格140个,合格率94.6%,并将检测情况报告县政府、农业局。2010年,完成对瓜果菜及南药等1080个样品的抽检工作,检测合格率达到95%以上,完成对县农贸市场出售及种植基地生产的农产品的抽样检测,共抽检324个样品,合格311个,合格率达96%,其中:瓜菜抽检199个,合格190个,合格率95.5%;绿橙抽检125个,合格121个,合格率96.8%。

(五)城区污水处理

2008年,为加强对城区污水排放及处理,县委、县政府组织召开专题会议,制定征收城镇污水处理费方案和实施意见,从2008年10月1日起征收城镇污水处理费。核定征收标准为:居民污水处理费0.40元/立方米;城镇居民最低生活保障对象污水处理费由县财政补贴一半,即0.20元/立方米;其他用户污水处理费0.70元/立方米(学校用水按居民户标准收取),并委托县自来水公司代征污水处理费。

为解决城区生活污水问题，2008年6月开工兴建营根污水处理厂，日处理污水能力14000吨（现实际日排放量5000～6000吨）的污水处理厂，其中一期（2010年）日处理污水7000吨，二期（2020年）日处理污水7000吨，形成COD削减能力500～600吨；再生水日利用力1000吨，形成COD削减能力365吨。污水处理厂于2010年1月项目一期工程竣工投入试运营，共投入资金4044万元（其中：中央及省资金2878万元，县配套1166万元）。

第四节 生态保护

一、生态保护区

琼中县土地总面积27万公顷，公益林面积50667公顷。至2010年，琼中县境内有自然保护区4个，其中：国家级2个（五指山和吊罗山自然保护区），省级2个（黎母山和鹦哥岭自然保护区），保护区面积为27459.27公顷，占陆地面积的10.3%，其中：五指山自然保护区为10191.2公顷，占陆地面积的3.7%；吊罗山自然保护区为3473公顷，占陆地面积的1.2%；黎母山自然保护区为11701公顷，占陆地面积的4.3%；鹦哥岭自然保护区为2094.07公顷，占陆地面积的0.7%。保护区的建立与保护对于全省的生态环境、经济全面协调、持续稳定发展及保护珍稀物种起着重要作用。

二、重点生态建设工程

（一）生态县建设规划编制

2000年4月，琼中县十一届人大三次会议审议通过《琼中黎族苗族自治县建设生态县规划》，规划制订了县生态建设和维护生态平衡的各项目标。

总体目标：按照可持续发展的要求，结合琼中区域位置、资源优势、环境特点和现有经济社会发展基础，以实现“科学发展、绿色崛起”为主线，以建设海南中部绿色崛起试验示范区和全县各族人民的美丽幸福家园为目标，按照“一心一园一带八区”的总体发展布局，通过扎实推进生态县建设工作，加快县域经济发展转型，以发展山区特色产业和森林生态旅游为重点，提升绿色农业，做优绿色工业，构建以绿色环保产品、清洁生产、资源节约高效为重点，以低碳循环为特色的经济结构，进一步提高生态环境质量和生态系统服务功能，营造人与自然和谐相处的城乡人居环境，弘扬具有黎苗族特点的生态文化，促进生态社会文明，使得社会各项事业得到显著发展，人民生活得到显著提高，到2020年，将琼中县建设成为经济繁荣、社会文明、生态环境优美、人与自然和谐发展、文化特色突出的海南中部山区生态县。

阶段目标：根据《海南生态省建设规划》和海南省政府对生态县生态建设规划的要求，并结合县内生态环境和社会经济实际，将琼中生态县建设分为近期(启动与推进生态县建设阶段)和远期(达标与巩固生态县建设)两个阶段。

1.近期(2011—2015年)启动与推进生态县建设阶段

全面启动生态县建设，按照"一心一园一带八区"的总体发展布局，加快县域经济转型发展，以发展山区特色产业和森林生态旅游为重点，大力发展生态型产业，以"国家绿色农业示范县"为起点，建成一批新兴特色农业标准化示范生产基地，提升绿色农业。重点扶持湾岭农副产品加工园、湾岭综合物流园、生态科技产业园等园区建设，发展绿色工业，初步构建以绿色环保产品、清洁生产、资源节约高效为重点，以低碳循环为特色的经济结构，到2015年，全县生产总值超过25亿元，年均增长15%。启动并稳步推进生态县重点工程建设，生态环境基础设施建设优先项目起步，加强城镇基础设施建设，尤其是污水处理设施、固体废物无害化处理等环境基础设施建设，确实保证各项指标达到预期目标。

2.远期(2016—2020年)达标与巩固生态县建设阶段

再用5年左右的时间，进一步协调生态环境建设和社会经济发展，使生态县各大体系建设趋于完善，生态农业、生态工业和生态服务业较为发达，生态环境质量位居全省前列，生态文化氛围全面形成，经济结构的全面升级，并建立起通畅的生态县建设公众参与机制和比较完善的生态行政管理体系，全市经济、社会与人口、资源、环境全面协调发展，可持续发展能力显著增强。到2020年，全县经济、社会和生态环境等各项指标达到省级生态县的标准。

(二)生态建设综合治理示范工程

2008年，申请国家专项环保资金实施营根镇营根村农村环境综合整治工程，项目主要建设湿地、沼气池、垃圾收集站以及垃圾运输设备等，对农村污水及垃圾进行综合整治。2009年获批国家农村环境综合治理专项资金88万元。

第三章 城乡建设

第一节 机 构

1991年,琼中县建设委员会内设办公室、基建管理股、规划股、城镇建设管理股。1995年,撤销琼中县建设委员会,与县土地管理局合并成立县建设与国土环境资源局。2005年5月,县建设与国土环境资源局分设为县建设局和县国土环境资源局。建设局为负责全县建设行政管理的县政府工作部门。内设办公室、城镇市政建设管理股、建设工程施工管理股、建设规划管理股,行政编制12名,机关工勤事业编制1名;下辖二级机构县房管所、县质监站,为股级事业单位。

2007年4月,县建设局增挂县地震局牌子,人员和编制从县建设局调剂,其他不变。

2008年4月,县房管所更名为县住房保障与房产管理局,为县建设局下属副科级事业单位,定编11名,负责住房保障和房产管理的工作。

2009年,根据《县人民政府关于县政府机构改革有关事项的通知》要求,县建设局更名为县住房和城乡建设局。

2010年,县住房和城乡建设局内设办公室、城乡建设管理股、建设工程施工管理股、地震管理股、人防管理股、行政审批股6个职能部门,有编制12名,其中行政编制11名,机关工勤事业编制1名。

第二节 县城建设

一、市政建设管理局

2010年8月,设立市政管理局,为隶属县人民政府的正科级事业单位,主管全县市政监督、环卫、园林绿化、城市综合管理。核定财政预算管理事业编制8名。办公地点借用县住房和城乡建设局一间办公室。同年10月,县住房和城乡建设局隶属的股级事业单位县城建监察大队、县卫生管理站、县园林管理站、县路灯管理站4个单位,成建制划转县市政管理局管理。工作人员4名,其中局长1名,副局长1名,科员1名,办事员1名;下属路灯管理站编制2名,园林管理站4名,城建监察大队10名,卫生管理站37名。

二、街道建设

1991年,县城的街道路网虽已初步形成,但除主要街道外,其他街道多数是依地形建成的黄泥沙土道路,街道的排水设施薄弱,每逢下雨,路面多处出现积水,路面损坏严重,街道坑坑洼洼,三轮车满街跑,灰尘满天飞。后逐年修建混凝土路,修补街道路面,新建、改建排水沟等。至1994年,共投入1770万元修建县城三条街道混凝土路面工程,面积77640平方米,排水沟长6748米;修建虎头路路面长540米,包括人行道9720平方米,排水沟长1080米;修建长600米的营根路路面,包括人行道14400平方米,排水沟长1200米;长2230米的海榆路路面,包括人行道53520平方米,排水沟长4460米;修建营根对水沟300米,同时修建公厕3座;修建车站出口处挡水墙及台阶。随着全县经济的不断发展,人口和财政收入逐年增加,狭窄的道路无法满足人们的出行交通和贸易往来。自1995年起,进一步完善道路建设,投入2360万元对县城海榆路、营根路、虎头路、营工巷等进行全面扩建,共扩建街道3640米,并新建街道一条(县中路),新建道路700米,面积77640平方米。

直至1996年经多方筹集资金,全年投入近150.6万元完成海榆路人行道交叉口路面305平方米的建设;疏通教育路及车站路口水沟60米;铺设光荣厂至食品厂处海榆路段柏油路面约400米长,12米宽;开辟临时停车场2个;购置安装被损坏水沟生铁盖板50块;改造扩建教育路排水沟120米;完成营工巷水泥混凝土路面1610平方米。同时相继投入营根路、海榆路、虎头路、教育路的各项配套建设。1997年,安装水泥墩交通安全栏杆1800多米;投入安装配置被窃的到来入口铁栏61个;修建主街道两旁绿化树木树位围池782个。到了1999年,对原有周边街道进一步修整完善。全年投资铺设县城零公里至县二小道路柏油路;教育路的路面改造和水沟改建以及该路巷道、道路及建筑物之间庭地的硬化;百花路已建好混凝土路面至建筑线之间庭地的硬化;建筑公司至食品公司路段的路面改造和路面至建筑线之间庭地的硬化;县委、县政府大院和招待所交界路段旧道改造和里巷土路以及路面至建筑线之间庭地的硬化;新营红路从新、旧营红交叉口至县中学路段的道路改建、路面硬化和水沟、里巷及路面至建筑线之间庭地的硬化;原旧营红路零公里交叉口至县二小教师村路段的改造建设和水沟、里巷及路面至建筑线之间庭地的硬化;县城邮电局、公安局、农行、人行、县一小、防疫站、幼儿园、县医院、武装部等10个单位住宅及庭院硬化。同时投入42万元对原营红路路面进行硬化;投入10万元对水朝巷路面硬化;投入20万元建设虎岭公园环山步行道;投入6.5万元用于县城排水沟、排污沟维修;主街道护栏杆维护;购置街道落水井盖板62套进行补损,补缺安装。经过几年逐步完善市政道路设施,整个县城街道宽敞,交通往来有序,基本满足人们日常的出行需求。

2000年,琼中县投入100余万元建设县城1号新区主干道220米长的混凝土路和110米长的次干道混凝土路面；投入22万元对县城主街道护栏、排水排污沟盖板进行维护维修，建设县城1号新区水沟和排污沟；投入36万元建设300米的县城百花路混凝土路面工程；投入10余万元建设完成县城虎岭公园环山步行道。

2006年重点建设县二小至县中道路、百花大桥、营根河防洪堤工程。随着道路使用日渐损坏，2008年，琼中县对市政道路进行大面积修建及维修，其中修复虎头路、教育路、县中路、琼中县幼儿园通市场小路、医院路、县委招待所至县政府大院道路、县中路人行道改造、民中路及八起商城对面人行道改造、公务员小区道路建设、政府大院东国土宿舍前出口入改造及人行道、修建县中路挡土墙；更换井盖34套；疏通4米排水管道；铺设6751米污水管道；修复路面2700平方米；修复人行道690平方米。2009年，琼中县主要对龙溪路、思源学校校路、制药厂道路、虎头路、三月三文化广场等市政道路的改造建设；共完成铺设沥青路面150万平方米，水泥路面1.2万平方米，人行道3000米，路缘石2.2千米。2010年共对城区8条主次干道进行整治，修复道路150米。全城街道宽敞、四通八达，特别是新建成的新区，道路宽敞，沿街商铺整齐有序，街道两旁绿树成荫，交通护栏、路灯、排水沟等道路配套设施齐全,满足居民日常购物休闲以及经济贸易往来的需求。

2010年琼中县城市道路一览表

表3-4　　　　　　　　　　　　　　　　　　　　　　单位：米、平方米

道路名称	起点	终点	长	宽	面积
平坡水库路	海榆路	平坡水库	343	7.2	2469.6
海榆路	北门	南门	3972	24	95328
虎头路	教育局	自来水厂	726.2	10	7262
水潮路	海榆路	水潮巷	841.7	5.2	4376.84
营根路	海榆路	廊桥	678	16	10848
营工街	教育路	海榆路	688.2	5	3441
营万路	零公里	万宁	324	9.2	2980.8
百花路	虎头路	百绿园	228	9	2052
昌化路	海榆路	木棉路	2402	6	14412
龙溪路	富山村	特种水泥厂	2416.7	10	24167
兴教路	海榆路	县中	1200	17	20400
教育路	海榆路	虎头路	931	7.8	7261.8

续表1

道路名称	起点	终点	长	宽	面积
木棉路	海榆路	昌化路	350	11.2	3920
营红路	营万路	兴教路	850	12.6	10710

三、桥梁建设

琼中县城狭小,无大型桥梁。2007年,由上海李炎桥梁设计院设计,上海远东国际桥梁建设有限公司承建百花廊桥。位于琼中县县城营根路,桥长204米,宽16米,高18米。2007年10月开工,2011年7月19日竣工,是全省首座具有黎苗风情特色的廊桥。廊桥建成后可缩短县城到百花岭旅游区的路程。

四、路灯照明

1991年,在县城主街道增设路灯10杆,维修街道路灯27杆。1995年,共投入70万元购买3条主街道路灯的材料进行安装,打造亮化工程,方便市民夜晚出行。

1996年,县政府共投入9万元,在山兰大厦和海榆路零公里处建设高杆灯2座;投入81万元,安装路灯162杆,432盏。全年共投入路灯电费及维修费5万元。1997年,政府主要对县城街道路灯进行维修更新,全年实有路灯194杆,共有路灯490盏。1998年,由于资金投入困难,教育路、营红路、水朝巷等道路的照明设施建设和损坏的灯具有时无法及时维修。1999年,琼中县动员和组织全县有关单位和个人设置霓虹灯广告牌,广告灯箱28个,同时投入22.2万元在虎头路、教育路安装路灯37杆;全年维修及更换灯泡350盏。2000年,琼中县投入3万余元购置路灯灯泡450盏和配件,维护县城路灯,使县城路灯亮化率达95%以上。

2001年,投入10多万元在县城主街道设置各种灯箱广告牌26座。2002年前,县城道路仅有路灯250杆(其中海榆路师范门前至县光荣厂段162杆324盏;营跟路32杆64盏;虎头路37杆185盏;教育路15杆15盏)。2003年,政府对新城区扩建的同时,不断完善城区各道路路灯的建设,在北出口道路新增安装路灯116杆228盏,总瓦数为114千瓦;年增电费284407元;1号新区新增安装路灯48杆96盏,总瓦数为5.76千瓦,年增电费693元;县中路西侧新增安装路灯18杆18盏,总瓦数为4.5千瓦,年增电费14370元。2004年,在县中路口段至县光荣厂段路灯更新安装80杆160盏。2005年,在多方筹资下,县委大院、水朝巷等小巷安装了66盏路灯。

2006年,更换虎头路、教育路65盏路灯;在营工巷、农机巷等小巷安装了128盏路灯。2007年,完成营根街路灯改造、光荣厂至三厂、琼中县长征路至淀粉厂路路灯安装;完成海榆路增加路灯、县委干部周转房路灯、虎头路射灯工程。同年"三月三"节日期间更换50多盏路灯灯具,检修盒修复灯箱,在文化广场内安装12盏射灯,在海榆路、营跟路、县中路等主街道张挂灯笼400多串,在营根路、海榆路拉起长达1公里的霓虹灯。2008年,全县完成富山村、交通局、党校路、法检路、经济适用房等路段共3000米道路和路灯建设,安装路灯84盏;维修排除故障200多处,路灯平均亮灯率保持在98%以上,设备完好率达99%,路灯维护投资874万元。2009年,安装路灯120杆,全县完成富山村、思源学校、百花岭、县中路、地震台、经济适用房等路段共5000米道路和路灯建设,安装路灯120杆;维修排除故障200多处,路灯平均亮灯率保持在98%以上,设备完好率达99%,路灯维护投资874万元。2010年安装节能减排路灯450个,建设LED大电视栏一个。大街上灯火辉煌,特别是传统节日"三月三",大街小巷张灯结彩,热闹非凡。至2010年末,县城有路灯道路总长12.6千米,有路灯杆1157根,路灯1516盏,总功率293.43千瓦。

五、旧城区改造与楼房建设

1994年由乡镇企业局下属县乡镇企业发展总公司自筹资金在现琼海酒店斜对面新建一座八起商城,集农产品交易、商住、饮食为一体。同年由清华大学建筑学院城市规划系编制完成县城营根镇的总体规划,并在1995年经海南省人民政府审核批准实施,琼中县旧城商业街和农贸市场片区是50多年来县城唯一的商业中心,是县城3万居民每天购买肉食、蔬菜和其他衣食住行必需品的唯一场所,但同时也是县城条件最差、环境最差、交通最差的街区。1995年建成琼中县法院办公楼、县图书馆、县政协住宅。1996年县政府对县城的主要街道进行改造扩建,同时也对县城的市容市貌进行全面整治,强化软硬环境建设管理,县城海榆路旧楼房进行整修,对11个单位进行改造装饰,面积达4259.68平方米。1997年共完成海榆、营根、虎头3条主街道44幢旧楼房的拆除与改造,同时对县政府广场、县中路、民中商住区进行建设。全年共审批建设用地31宗,总面积16571.97平方米,其中私人用地9宗,面积985.6平方米,单位用地22宗,面积15586.37平方米。1998年,充分利用县城海榆中线两侧置闲土地,收回琼中县民族中学运动场沿海榆中线部分约5000平方米的土地,作为单位办公楼和职工住宅建设规划用地,使用的建设单位为县电业公司、新市农场、农业局、计生局、电信局,同时把民族中学的海榆中线入口校道70米长的南边沿路部分约6000平方米土地留给民族中学作为勤工俭学用地。之后建设县城教师村(县第二小学处);乡镇干部楼(县政府小广场旁)、经济适用房;拆除筹建农垦居住小区。2002年,琼中县政府决定对1号新区进行开发利用县中路至龙溪路片区,由中国城市规划设计研究院海南分院承担设计。将新区建成集居住、商业、办公、教育为一体的综合性开发小区。新区规划总面积75.33公顷,其中:居住用地33.43公顷;办公用地4.60公顷;商业用地3.77公顷;公共设施用地1.85公顷;道路及停车场用地10.63公顷;广场用地1.48公顷;公共绿地用地5.82公顷;防护林用地8.69公顷。2005年琼中县委托海南都市规划设计院对《县城总体规划》进行修编,将民族特色、地方文化、城市景观、百花岭风景名胜区纳入《县城总体规划》,琼中县政府对新区实施统一绿化。

直至2004年对县城2号新区市政配套工程建设龙溪路至北门片区,主要建设的工程项目有县房改办的干部职工房改楼、县民政局的老年人活动中心、县征稽站的办公楼、县总商会综合楼等工程、县领导干部公寓楼项目和县法院、县检察院干警住宅公寓楼建设,并把百花岭风景名胜旅游区列入县城总体规划建设范围。2005年建设面积向城区主干道逐步扩建,分别对县二小至县中路道路、百花廊桥、营根河沿河路两侧沿岸防洪堤、中源酒店、奥雅府宾馆、县城垃圾处理厂建设(在原县城垃圾填埋场兴建一个日处理垃圾达60吨的垃圾处理场,工程总造价464680.92元),同时实施琼中县虎岭公园建设。2006年对县二小至县中市政道路的房屋进行拆迁。2008年,县人民医院住院综合楼、水潮巷县物资公司职工住宅区珉华·百花苑、海汽琼中公司新建客运站左侧金裕开发区绿橙花园、海南琼中思源实验学校破土动工。2009年琼中县计划生育服务中心、龙溪路工程举行开工奠基仪式。全年完成市政建设投资3700万元,拆除各种违章建筑3万平方米,刷新大小楼房53栋,刷新面积14万平方米,对沿街不规则和破旧的围墙、防盗网、门窗等设施进行改造和更新。2010年,全县新建项目16个,总建筑面积13.94万平方米。至2010年,县城建有住宅楼58幢,1718套,城区楼房式的住宅小区有16个。

六、园林绿化

1991年在城区街道两旁种植绿化树木150株。1994—1995年种植绿化树木2506株,铺种花圃草皮856平方米。1996年县政府实施琼中县虎岭公园建设,推进县城园林、街道和庭院的绿化工作。组织广大居民开展义务植树种花活动,建设装修街心花圃33个,共计856平方米;新建街道种植绿化树木1358株,铺种花圃草皮856平方米,共投入资金39950元。1997年,在搞好县城道路市区绿化树木的强化管理的同时,全年筹集资金订购绿化树苗1300多株,基本完成对枯死树位的补种和增种工作,修建主街道两旁绿化树木树位围池782个。1998年,共筹集3万元订购绿化树苗780株,对枯死树位进行补种,新增种灌木、花苗300多株,种植绿化草皮3800平方米;1999年动员县城各单位搞好办公和居住庭院的绿化美化建设,完成扩大后的县城绿化地的绿化种植,共投入37.5万元在县城海榆路、营跟路建设2000米街心花池;新建街头绿地500平方米,种植街道行道树200棵;购买树木1000多株,美人蕉等花卉3万多株。全年城市绿化建设投入资金与上年相比增长48%。2000年购买黄蝉花、变色花、黄金球、黄金梅、满天星等花卉共计8400株,在县城街心花池种植及绿地场地种植;在虎岭公园种植树木1000余株。

2001年在县城新营红路种植紫檀乔木85株;在海榆路种植花灌木1273株。2002年建设营根润绿园。2007年节假日在山兰大厦高杆灯及民族文化广场内摆放鲜花近4000盆。2008年,琼中黎族苗族自治县完成“三月三”广场二期绿化工程项目、县中学绿化工程、县第二小学绿化工程等道路绿化建设和6个改造项目。全年累计完成乔木种植897株;共种(补)植灌木1205株。至2008年底,城区绿化覆盖率达到19.2%;绿地率达17.5%;人均公园绿地面积达到6.28平方米。县城公园、广场及道路的树木郁郁葱葱,草坪常青常绿,花团锦簇。海榆中线、营根路、虎头路等道路的行道树遮阴效果良好,并在城区和道路加大乔木种植量。全县主、次干道普遍实现绿化,已完成的乔、灌、花、草绿化面积共计35公顷。同年,琼中县抓好公务员小区道路、县中路、民中路、三月三文化广场等市政道路的改造建设;共完成铺设沥青路面165平方米,砼路面7500平方米,人行道1680米,路缘石3公里,安装路灯84盏,完成绿化6000平方米;投入1200万元完成民族文化广场二期工程建设。2009年,琼中县主要完成的街边绿化建设和改造工程有:全长1公里的绿化两侧行道树的海榆路建设工程,种植重阳木600株;全长400米的两侧行道树的营根路绿化建设工程,种植重阳木160株;县体育广场绿化改造工程,种植火焰木5株、凤凰木10株、紫硬郊15株、花叶扶桑20株、海梅50株。共组织开展公共绿地环境、破坏园林绿化设施和占道经营的专项整治工作，出动车辆25次，整治县城绿地内乱停乱放车辆及乱摆摊点等现象。制止多起乱砍树木、偷盗花木行为，并对一些多次教育仍不悔改的违法人员进行处罚。2010年营根（县城）与百花岭名胜风景区连成一体，建设成为全省中部具有少数民族特色的“百花旅游城”。全县主次干道普遍实现绿化，已完成的乔、灌、花、草绿化面积共计35.5公顷。县城公园、广场和道路的树木郁郁葱葱。海榆中线、营根路、虎头路等道路的行道树遮阴效果良好，全年累计种植乔木约900株；共种（补）植灌木约1000株，城市建成区绿化覆盖率达到19.8%；绿地率达18.5%；人均公园绿地面积6.5平方米。完成绿化8000万平方米。2010年，琼中县修复花池200平方米，建绿地0.6万平方米。

七、环境卫生

（一）道路清扫

1973年4月2日琼中县卫生管理站成立。1991年全站共有环卫工人33人（含正副职3名）。负责清扫街道4条，分别是海榆路、营根路，虎头路，教育路。

1994街道实际清扫面积850800平方米，垃圾年运量达到2160吨。日均清运垃圾6吨多。全年共收取各种卫生费2.16万元。1996年县城3条主干路建设全部竣工投入使用，加上临街建设项目逐月增加，县城的生活垃圾和建筑垃圾等日产量和清扫面积比以往年大大增加，街道实际日清扫面积82350平方米，全年清扫面积达247.05万平方米，日均清运垃圾30吨。全年收取各项费用6.8万元。1997年，铺点全面开张，县城的生活垃圾和建筑垃圾等日产量和清扫面积比1996年大大增加，据统计，年街道实际日清扫面积43275平方米，年清扫面积达268040平方米，日均清运垃圾34吨，全年共清理卫生死角13处，收取各项费用60500元。1998年街道实际日清扫面积197280平方米，全年清扫面积达3552万平方米，日均清运垃圾35吨，消灭卫生死角50多处，全年共收取各项费用3.8万元。到1999年，县城的环境综合整治管理工作全面加强，卫生管理工作全面落实门前三包制度。日清扫面积19.73万平方米，日均清运垃圾40吨，投入资金5693元，消灭卫生死角17个，取缔乱倾倒垃圾点19个，收取各项卫生管理费用2.3万元。2000年日清扫街道面积19.7万平方米，日清垃圾40吨。投入资金6000元清理卫生死角12处，同时投入10万元用于购买环卫用垃圾斗及环卫用工具。2005年与沿街个体户签订“门前三包”责任书，推行垃圾袋装化，全年共清理垃圾1.83万吨。2006年，特别是在传统节日“三月三”、国庆、中秋节期间，全县组织卫生管理站420多人次重点对背街小巷、小区庭院、市场滩区和绿地等环境卫生死角进行全面清理，在居民住户多的小区增设垃圾桶，加大夜间保洁及县城主要街道的清扫保洁力度，及时清扫和外运垃圾，全年共清理垃圾2.16万吨，确保城区的垃圾日产日清。2008年，全县主要对8条共9公里长、近23万平方米的道路进行清扫保洁，对道路两侧店铺垃圾进行收集、对县直属机关、事业单位、学校、宾馆、酒店等居民生活垃圾实行有偿清运，并对道路两侧店铺、单位“门前三包”责任制签订挂牌管理。同时对县城垃圾填埋场、城区垃圾收集点、公厕等设施的建设管理和全县居民生活垃圾清运处理工作。卫生管理站拥有环卫垃圾车5台，其中后装压缩车1台，摆臂式垃圾车1台，挂桶式垃圾车1台，小型全密封垃圾车1台，工作用车1台。2010年5月，共组织6次卫生大整治，清理卫生死角5处，清理垃圾15吨，安排出动水车清洗路面3～5天。

2010年，县卫生管理站有保洁员66人，负责对城区6条街道、24万平方米路面每日清扫2次，保洁率达80%。

（二）垃圾处理

1991—1997年，县城区无垃圾填埋场，每天收集的生活垃圾只能运到县城郊区进行简单的填埋处理。

1997年，琼中县在海榆中线133～134公里之间、加钗农场胶园（木麻村路距200米外）修建垃圾场，面积约2公顷。1999年共投入25万元用于县城环卫设施改造工作。在县城2条主要街道安装使用，建设公厕1座；建设垃圾处理场改造项目；在县城主街道安装垃圾箱51个。投入34883元用于垃圾处理场路面建设和垃圾处理场填埋工作；投入15295元购买环卫手推车和环卫工人制服；做好县城环卫“门前三包”工作，签订“门前三包”责任书2000多份。收取各项卫生管理费88624元。随着县城的扩大建设，生活垃圾和建筑垃圾日益增多，已有垃圾处理场已不能满足垃圾处理要求，卫生管理站每年由财政划拨的经费十分短缺，环卫工人数量少，环卫清运设施破旧缺乏，造成县城环卫工作压力过大。2000年全县投入资金1.5万元整治县城垃圾处理场。直至2003年，全县多次组织开展城乡环境卫生综合整治，共清理卫生死角350多处，清理流经县城的营根河河道2000多米，清理垃圾4500吨。2005年县城生活垃圾和污水的数量剧增，生活垃圾污染问题日益突出，严重影响了城市环境卫生状况和人民群众的生活质量。琼中县卫生保洁工作相对滞后，生活垃圾无害化处理水平低，资金投入不足，垃圾处理设施严重滞后，县城的大多数垃圾只能简易填埋，有的甚至露天堆放，污染了周围环境。在省建设厅支持50万元和多方筹资，兴建一个日处理垃圾量达60吨的新型垃圾处理场。2008年，琼中县加大对环卫设施建设的投入，进一步完善城区环卫基础设施建设，有效发挥环卫设施作用。此时全县共有移动垃圾屋5间，垃圾屋合理布局，安置在城区道路两旁。每天由环卫工人及时清运处理，杜绝了市民乱倒乱丢现象。通过政府采购的办法，购置环卫垃圾车2台，进一步缓解了环卫设备不足等车辆老化问题。2008年，县城区增设垃圾收集点43处。每个垃圾收集点由专人负责监督管理，做到垃圾日产日清，收集点周围卫生干净清洁，县城垃圾场位于海榆中线134公里处内进200米，占地约20亩，建设高平台1座，于1998年4月建成投入使用，并按时做好垃圾场清理填埋和道路保养、排水沟清理等，坚持一季度2次喷药杀蝇，做到垃圾场垃圾处理无害化标准。2009年，琼中县加大对环卫设施的投入，进一步完善城区环卫基础设施，全县有垃圾屋2间。新设置果皮箱200多个，垃圾果皮箱合理安置在居民区及道路两旁。由建设局出资6万元新建垃圾池8处，每天由环卫工人及时清运处理，既方便市民垃圾投放，又改善了县城周边环境卫生脏乱差现象。

2009年，县城区有垃圾收集点51处。每个垃圾收集点由分管领导负责监督管理，做到垃圾日产日清，收集点周围卫生干净清洁，并按时做好垃圾场清理填埋和道路保养、排水沟清理等，坚持一季度两次喷药杀蝇，力争做到垃圾场垃圾处理无害化标准。由于现有的垃圾场将近饱和，新一座无害化垃圾处理场开工建设，建成后旧的垃圾场将被停止使用。2009年组织市容卫生监督员每日进行不定时的巡逻检查，督促沿街店铺认真抓好“门前三包”卫生保洁工作，对“三包”卫生不达标的店铺和不按规定时间在街道两旁、路口乱倒乱丢垃圾的个人、单位给予严肃查处，对单位责任区和单位环境卫生按照属地管理的原则，由所在单位或部门进行清理，从根本上改善了垃圾乱堆乱倒现象，2010年受理户外广告设施设置审批事项35项，整治、改造门店招牌664块，清除各类形式的横幅广告，散发传单式广告2万条。与沿街单位和门店签订“门前三包”责任状4500多份，印制宣传“城乡清洁工程”横幅300条。清理城区卫生死角5处，清理造成路面污染的泥土面积约13800平方米。清理杂草杂物面积约8400平方米。

八、市容管理

1991年，清理搬迁(拆)影响市容市貌的个体户铁皮、木板屋40间。1996年，县城主要街道地段发生乱占乱建，摆摊设位等，严重影响市容市貌行为，同年共取缔占道摊点60多处；拆除处理违章建筑物3处，面积100多平方米；查处损坏路灯及交通安全栏事件10起，罚款3000多元；清理乱停乱放车辆100多辆次。共收取各种费用98000元。

1997年县委、县政府提出的“创建一个优美、卫生、整洁、文明、有序的社会环境”，全年共依法处理违章建筑15宗，面积1650平方米；调处损坏花池事件3起，责令其修复；处理违反县城卫生管理规定事件12起，罚款100元；调处损坏交通安全栏事件2起，责令其修复；全县调整海榆路交通安全栏5次，清理违章张贴广告535张，拆迁违章搭建物、障碍物98项，调处临街建筑工地违章占道事件10起，全年完成临街建筑工地占道监督共24项；处理违章停放车辆15辆次；处理乱摆摊位35个，并做好规划摆放。全年共收取各种监察管理费用6万多元。进一步改善县城的市容市貌环境卫生、交通秩序等方面的质量，1998年，共处理违章建筑35件，面积1675平方米；调处损坏花池事件4起，损坏路灯事故2起，全部责令其修复；处理违反县城卫生管理规定事件25起；调处损坏交通安全栏事件5起，责令其修复；全线调整海榆路交通安全栏8次，清理乱张贴广告700多张，横幅广告130多条；处理乱摆摊位70多个，并做好规划摆放，完成了县城四条主街道违章搭建场，障碍物的调查，共完成拆除、拆迁违章搭建物、摆设物、障碍物60多项。经过多年的强化管理，市政和建筑市场管理质量不断提高。全年城监部门共收取各种监察管理费用30578元。1999年城市监察中队全年共处理损坏县城街心花池事件3起；全线调整海榆路交通安全维护栏3次；清理违章悬挂宣传广告横幅140多条；消除乱张贴广告标语500多张；处理乱摆摊设点50多个，拆除违章建筑物、摆设物、障碍物70多个；完成临街建筑、土地占道监督10多项；处理违章停放车辆20多辆次；在建筑市场监察工作中，共查处违章建筑工程26项；合同主管局下达“停工通知书”和”拆迁通知书“40多次。全年共收取各项监察管理费3360元，处理各种违章事件罚款9541元。

2000年共查处违章燃气经销点6个。查处违章经营行为一起，并罚款5000元。2005年，全县大力开展“讲文明、讲卫生、改陋习、树新风”活动，与沿街个体户签订“门前三包”责任书，门前卫生管理与垃圾规范化管理同步实施；专项整治人行道乱停乱放车辆，规范流动摊点、夜市排档管理，有效治理非法小广告，拆除影响市容景观的牌匾、标语，严厉打击在公共场所乱张贴、乱刻画、乱堆放、乱吊挂等行为，全年共查处违章搭建物38宗，拆除违章破损广告及横幅等509幅；邀请省民宗厅民族研究所帮助在县城主街道的一些标志性建筑物上设计和制作一系列精美的黎苗民族图腾；积极做好房屋产权登记、发证工作，全年办理房屋所有权登记发证117宗，建筑面积18324.69平方米，比上年减少19宗。2006年，共查处违章建筑工程16宗，下达停工整改通知书16份。在“三月三”节庆期间，琼中县组织一百多人整治占道经营、车辆乱停乱放行为，开展卫生大扫除活动，重点对背街背巷、小区庭院、市场滩区和绿地等卫生死角进行全面清理。拆除违章广告牌12块，取缔流动摊点8处，有效整治了县城的“脏、乱、差”现象。2007年琼中县投入600万元在城北新区兴建民族文化广场。

2008年，琼中县对乱搭抢建的违章建筑进行强制拆除，强制拆除36座重点项目用地、重点景观路段非法抢建建筑和主城区内乱搭乱建、严重影响市容景观的违法建筑，建筑面积5000多平方米，使多年来违章建筑失控的局面得到有效控制。全县拆除各类违章建筑及乱搭屋棚3000平方米，取缔乱占乱摆摊点200个，受理相关投诉举报案件50多起，处理率达到98%。同时初步建立健全定人员、定岗位、定责任、定标准的“四定”管理机制，推行“综合行政执法+属地联动管理”工作方式。全面规范了临时占用城市道路设施、临时建设工程、户外广告设施设置的受理和审批工作。

第三节 乡镇建设

一、机构

1991年，琼中县建设委员会内设办公室、基建管理股、规划股、城镇建设管理股。2005年5月，县建设与国土环境资源局分设为县建设局和国土环境资源局。建设局内设办公室、城镇市政建设管理股、建设工程施工管理股、建设规划管理股。建设规划管理股有1～2人从事县城规划工作，至2010年，规划岗位人员编制未变。

二、城市总体规划

(一)第一次城市总体规划

由于琼中地处海南岛中部，经济欠发达，城乡发展较其他市县缓慢，县城街道狭小，城镇规划相对滞后。随着社会经济的不断发展，县城区人口不断增加。2005年，县建设局开始编制《琼中黎族苗族自治县总体规划》，2006年完成，同年9月27日经海南省城乡规划委员会表决通过。

(二)专项规划

琼中黎族苗族自治县城镇燃气专项规划。规划供气总面积为2706.14平方公里。

根据规划所确定的用气范围及供气原则,考虑到燃气企业的经济效益,并结合琼中县各类用户的用气特点及价格差异,燃气专项规划用气用户主要有天然气用户(居民用户、商业用户、工业用户、天然气汽车用户)和液化石油气用户(居民用户商业用户)。

根据各类用户需求,至2010年琼中县尚未建设管道燃气,全县居民的民用燃料以液化石油气为主。规划近期建设一座LNG气化站,将以LNG气化站为气源点供气。以海南(洋浦)LNG项目为主气源、海南马村LNG站为辅助气源,从洋浦经济开发区或澄迈马村采用低温槽车将LNG运至琼中县新建LNG气化站,经贮存、气化、调压、计量、加臭后送入城市中压管网,供给琼中县城用户。

(三)县城营根镇控制性详细规划(2006~2020)

2007年由雅克设计机构·海南雅克城市规划设计有限公司编制完成。规划建设用地总面积3.57平方公里,人均建设用地面积119.08平方米。城市发展方向为限制向南、西北方向发展,不宜向西发展,重点向东发展,适度向北发展。

县城城区为"两廊""两带"及"三区""三轴"的总体布局结构。

两廊,即沿海榆中线营根城区段和琼中大道(原县中路)形成的城市主要综合交通廊道。

两带,即沿省电网营根高压电线通道形成的防护绿带和利用营根河防洪堤改造形成的滨河带状公园及防护绿带。

三区,即以虎岭为中心的城市综合生活区、东部的产业园区以及南部的百花岭风景名胜区。

三轴,即沿虎头路布置的以行政办公用地为主的城市建设轴线(行政办公发展轴)、沿琼万路布置的以文化娱乐用地与餐饮服务用地为主的具有民俗风情特色的城市建设轴线(民俗风情景观轴)、沿生活区中心城市次干道营盘路布置的以商业服务用地为主的城市建设轴线(商业服务发展轴)。

规划着重于"护山、理水、靠景"。

"护山"——保护山体,创造多层次的城镇景观。

"理水"——拓宽水面,使城镇与自然山岭、河流水系相互渗透、相互融合,为城镇居民提供公共活动的城镇空间与聚集地,且改善城镇人居绿化环境。

"靠景"——紧靠百花岭风景名胜区,城区合理布置旅游服务用地,使城区和风景区融为一体。

另外,还应充分体现"山水、风景名胜、民俗风情"三大特色。

(四)农村茅草房与危房改造

从1992年琼中县就开始茅草房改造工作。18年来,全县累计完成13773户茅草房的改造任务,近10万名群众告别茅草房。2010年,根据省委省政府提出的消灭茅草房的要求,琼中县先后投入300万元,完成150户茅草房的改造任务,在全县完全消灭了茅草房,改变了困难群众长期以来生活在阴暗、破旧、潮湿的茅草房的居住条件。

开展农村危房改造是解决农村困难群众安居问题的重要民生工程。自2009年琼中县开展农村危房改造工作,在2009年琼中县实现农村危房改造400户,2010年,实现农村危房改造300户。

第四节 城市供水

一、自来水公司

1991—2007年12月,城市供水主要依靠1985年1月建成投产的原自来水厂供水,水厂以百花溪为水源,水厂设计供水能力为5000立方米/日,随着琼中县城的不断建设发展,已不能满足城镇及周边农村居民日益增长的生活、生产用水需求。为满足群众用水需求,2005年2月动工兴建琼中县自来水公司营根水厂(以下简称供水厂)扩建一期工程,2007年12月建成投产(新供水厂建成供水试运行后,原供水厂即停止使用),供水能力为10000立方米/日,水厂坐落在百花岭林场上面,与原供水厂相连,距离县城1公里,占地面积21.11亩,源水取自琼中县百花岭水库,水库正常库容为800万立方米,通过总长1.1公里、口径600毫米的输水管道自流到营根水厂,水质优良,水源稳定。水厂供水规模为1万吨/日,总投资2550万元,其中,国债资金1500万元,国债转贷300万元,其余为地方政府配套资金。

主要建设有:一幢两层综合大楼(办公场地、化验室),制水车间(含管式静态混合器、穿孔旋流絮凝池、斜管沉淀池、普通单层快滤池、2000立方米清水池),2台15千瓦的高扬程潜水泵,200立方米的高位水池(生产用),消毒加药间,应急发电机组,生产配电机房、保安室等。水厂采用常规模式进行生产、管理,安装14台红外线彩色摄像头监控系统,对各个生产设备车间进行动态安全监控,确保出厂水的水质符合国家生活饮用水卫生标准。新供水厂自2007年12月至2010年10月供水以来,出厂水的水质控制较好,按国家规定标准定期进行采样化验分析,严格做好源水、出厂水、管网水的管理,并按时检测,水质综合合格率达98%以上,各项指标均达到国家生活饮用水卫生标准。

二、供水情况

2001年,水厂全年实际完成供水量154万吨,完成售水产值113万元;2002年水厂全年实际完成供水量153万吨,完成售水产值127万元;2003年水厂全年实际完成供水量151万吨,完成售水产值134万元;2004年,水厂全年实际完成供水量155万吨,完成售水产值136万元;2005年水厂全年实际完成供水量150万吨,完成售水产值131万元;2006年水厂全年实际完成供水量155万吨,完成售水产值156万元;2007年水厂全年实际完成供水量160万吨,完成售水产值193万元;2008年水厂全年实际完成供水量185万吨,完成售水产值226万元,新水厂建成后,售水产值比上年同期增长14.6%，全年拥有用水户5520户，供水普及率达90%，满足全县2万多人口的生产生活用水需求。各项指标均达到国家生活饮用水卫生标准，全年水质综合合格率达98%。2009年水厂全年实际完成供水量188万吨，完成售水产值238万元；2010年，水厂全年实际完成供水量203万吨，完成售水产值250万元，出厂水水质控制较好，各项指标均达到国家饮用水卫生标准，全年水质综合合格率100%，化验室可检测项目29项，2010年11月15日化验室获得省级资质认证。全年拥有用水户5910户，供水普及率达95%，基本覆盖了整个县城及周边农村地区。

三、管网建设与维修

2000年，主要在县城营根路、县中路安装直径100～150毫米的主干管道，总长1公里；2001年，在海榆路安装直径80～200毫米的支管与主干管道，总长1.6公里；2002年，在海榆路安装直径150毫米的主干管道，总长0.06公里；2003年，在海榆路、营城路安装直径100～200毫米的主干管道，总长1.7公里；2004年，在教育路、海榆路安装直径80～200毫米的支管与主干管道，总长1.7公里；2005年，在教育路、海榆路、虎头路、营根路安装直径200～400毫米的主干管道，总长2.6公里；2006年，在海榆路安装直径150毫米的主干管道，总长0.8公里；2007年，在海榆路安装直径110毫米的主干管道，总长2.2公里；2008年，在营根路、海榆路安装直径80～150毫米的支管与主干管道，总长0.6公里；2009年，在县医院、思源学校安装直径360～440毫米的主干管道，总长1.5公里（以上管道安装解决了县医院、思源学校约1300人口的生活用水需求）；2010年，对县城区管网扩建改造，主要在县公务员一区、公务员二区、加钗农场六队安装直径440～640毫米的支管与主干管道，总长8.1公里（以上管道安装解决了公务员一区、公务员二区、加钗农场六队约350户的生产生活用水需求）。2000—2010年以来，该公司不断扩大县城及周边农村的管道安装，增加用水户，增加覆盖面积，确保县城与周边地区居民的生产生活安全供水。在管网覆盖范围内，对用水户报装与管道保障维修要求能及时安装、维修。定期巡检、维护保养和管理供水管线及附属设施，确保安全供水，供水设施完好率达90%以上，管网修漏及时率达98%以上。2001年全县供水管道用水户3500户，2010年全县供水管道用水户5910户，10年间累计增加用水户2410户。

第五节 建筑业与房地产业

一、建筑业

（一）建设项目

1991—2010年，全县建设完成房屋建设项目205项，建筑面积4068592平方米，总投资875123.5万元，市政工程项目89项，总投资557835.4万元。其中，成果突出的公共建设项目为三月三广场建设项目、百花廊桥重点工程、城镇保障性住房建设项目等。

1.三月三广场建设项目

位于琼中县民政局办公楼旁,是琼中县城最大的健身休闲活动场所,全县重要的大型文体、商贸活动一般都安排在广场举办,可同时容纳2万多人观看演出。2007年4月16日开工建设,2008年4月5日竣工验收,总投资约为2318.25万元,总体规划160亩,其中基础设施占地60亩,绿地80亩。

2.百花廊桥

位于琼中县风景秀丽的百花岭下、县城营根路,是全省首座具有黎苗风情特色的廊桥。2007年10月21日开工建设,2011年7月19日竣工验收,桥高18米,长204米,宽16米,由上海远东国际桥梁建设有限公司中标施工,总投资约为4956.79万元。工程完工后成为琼中县城到百花岭的主要通道,对于扩大县城规模,提升城市品位,促进百花岭旅游开发,加快旅游业的发展具有重要作用。

3.城镇保障性住房建设项目

地点主要位于新城区,从2008年起,琼中县调动各方力量,按照“大项目引进,大企业带动”的发展思路,开展重点项目建设工程,进入大开发建设的新时期。保障性住房项目包括经济适用住房、县城廉租住房、城市棚户区改造、公共租赁住房、限价商品房项目。

2008—2010年琼中县城镇保障性住房建设项目情况一览表

表3-5

项目名称	项目建设地址	项目主管单位	开工日期	竣工日期	住宅套数(套)	总建筑面积(平方米)	总投资(万元)
县廉租房一期	县烟草公司西南面	县建设局	2008-12-1	2009-12-1	120	7200	1250
县廉租房二期	县烟草公司西南面	县建设局	2008-12-1	2009-12-1	84	4200	714
县廉租房三期	县烟草公司西南面	县建设局	2009-8-30	2010-1-30	56	2800	392

续表1

项目名称	项目建设地址	项目主管单位	开工日期	竣工日期	住宅套数（套）	总建筑面积(平方米)	总投资(万元)
县廉租房四期	县烟草公司西南面	县建设局	2010-9-1	2011-9-1	320	16000	3997
木材厂棚户区改造	木材厂	县商务局	2010-10-1	2011-12-1	300	18000	3500
县经济适用房一期	县城派出所对面	县建设局	2008-12-1	2009-9-1	84	10255	2179
县经济适用房二期	县城派出所旁	县建设局	2009-9-1	2010-6-1	112	13440	3085
县经济适用房二期(新增三幢)	县城派出所旁	县建设局	2010-1-1	2011-4-1	42	5040	756
县经济适用房三期	县城派出所旁	县建设局	2010-9-1	2011-12-1	256	29018	5403
县人事局2008年经济适用房	县人事局居住区	县人事局	2008-1-1	2009-1-1	24	2805	300
县农机中心经济适用房	县农机中心办公室	县农机中心	2008-1-1	2009-1-1	28	3273	350
城乡调查队经济适用房	县城派出所对面	国家统计局琼中城乡调查队	2008-8-1	2009-6-1	20	2338	250
县交通局经济适用房	交通局宿舍区	县交通局	2008-8-1	2008-9-1	12	1228	60

续表2

项目名称	项目建设地址	项目主管单位	开工日期	竣工日期	住宅套数（套）	总建筑面积(平方米)	总投资(万元)
县第一小学经济适用房	教育路	县一小	2008-1-1	2008-9-1	14	1637	175
县委办经济适用房	县委宿舍区	县委办	2008-1-1	2008-9-1	28	3273	350
县供电公司住宅楼	百花岭小水电站	海南电网琼中分公司	2010-1-1	2010-12-1	72	8640	1296
检察院经济适用房	县检察院宿舍区	县检察院	2010-1-1	2010-6-1	12	1440	216
琼中县人事局经济适用房	人劳局	县人事局	2010-1-1	2011-1-1	16	1920	288
县民族中学经济适用房	民中校区	县民族中学	2010-1-1	2010-8-1	56	6720	1008
县职业技术学校经济适用房	职校校区	县职业技术学校	2010-1-1	2010-9-1	26	3120	468
县地方公路管理站经济适用房	县公路局	县地方公路管理站	2010-9-1	2011-6-1	16	1920	288
琼中中学经济适用房	县中校区	县中学	2010-6-1	2011-3-1	72	8640	1296
县公安局民警经济适用房	县城派出所	县公安局	2010-7-15	2010-10-30	14	1680	252

续表3

项目名称	项目建设地址	项目主管单位	开工日期	竣工日期	住宅套数（套）	总建筑面积(平方米)	总投资(万元)
湾岭镇政府2010年经济适用房	湾岭镇	县湾岭镇政府	2010-8-1	2011-7-1	56	6720	1008
县长征卫生院经济适用房	长征院卫生院内	长征卫生院	2010-1-1	2011-6	12	1440	216
湾岭镇限价商品房	湾岭镇	湾岭镇人民政府	2010-8-1	2011-7-1	28	3024	450

（二）建筑管理

1.招标投标

2005年5月,成立琼中黎族苗族自治县建设项目招投标管理办公室,建设工程招标投标领导小组办公室设在县住建局,专门从事县建设项目招投标管理工作,为琼中县人民政府投资建设工程项目提供公开、公平、公正的招投标平台。

2005—2010年,共完成72个政府投资项目的招投标工作,其中公开招标项目56个,邀请招标项目16个。为加强招投标信息网络化建设,招标信息要在《海南日报》进行公告,同时为紧跟时代变化,2010年琼中县计划开通建设招标信息网上公告,加快提高招投标工作效率,直接降低运营成本,保证招投标活动的公开、公平、公正。

2.建筑资质审查

琼中县项目工程建筑资质审查主要建立在招标报名资格审查的基础上。利用《海南日报》对招投标信息进行公告,凡有意向参与县项目工程招投标竞争的各建筑行业潜在投标人,必须携带其法人代表身份证、营业执照、资质证书、项目负责人执业证书等资料前往县招标投标办公室接受建筑资质审查,由县招标投办公室对其进行各项资料审查,并办理投标企业注册备案,审查通过的潜在投标人方可参与项目工程招投标有关活动。截至2010年12月,招标投标管理中心共对100多家包含施工、监理、设计、勘察及招标代理机构等在内的潜在投标人进行建筑资质审查,并为其办理县投标企业注册备案业务。

3.施工监理、质检验收

琼中县建设工程质量安全监督站是县住建局下属事业单位。人员编制8人,临时工2人,实际在编4人领财政拨款差额工资,2人由单位自筹工资。现有助理工程师职称的4人,承担着全县建设项目的施工监督和质量检验工作。2004—2010年,全县共监督项目200个,建筑面积107792平方米。

2004—2010年县建设工程质量安全监督站共验收房屋工程面积约100552平方米。

4.工程质量管理

建筑工程质量监督管理由县住建局下属的工程质量安全监督站负责,在勘察、设计、施工、验收等环节跟踪监督,严格执行国家和海南省及琼中县关于建筑工程有关方面的标准规定。发现问题,依法处理。随着商品房的开发,楼房工程的质量管理已有所延伸。除了建筑基础和建筑主体的质量管理,楼房的装修及设备的安装环节的质量问题也受到高度重视。发现在卫生间、地下室漏水,墙体粉刷,电气安装等方面存在问题,一律依法处理,消除安全隐患。

琼中县1991—2010年没有建筑施工队伍,所有的建筑施工队伍都是由省住建厅派驻。

二、房地产

(一)商品房开发

琼中县房地产业发展起步较晚,真正意义的房地产开发是从2008年开始,房地产开发投资保持有序增长,商品住房销售面积和房价保持稳定。随着海南国际旅游岛建设的逐步深入和琼中县城镇投资建设力度的不断加大,琼中县的资源优势、区位优势和基础设施优势日益显现,房地产发展步入新的阶段。

至2010年,进驻琼中县的房地产开发企业有5家,共开发建设房地产项目5个,开发面积达12.65万平方米,总投资3.5亿元,批准预售面积2.91万平方米(其中住宅面积占93%、商业用房面积占17%),累计完成销售面积1.6万平方米,销售套数174套(其中商业用房6套),完成销售金额0.34亿元。主要购房户来自岛外,约占70%,结构方面,主要以120平方米左右的大面积楼房为主,50~80平方米的小户型销售情况良好,但数量较少,仅占年度开发量的30%左右。本地居民市场需求量较小,主要购买或租赁保障性住房。据琼中县相关统计资料显示,琼中县商品住房均价从2008年的1800元/平方米左右,增长到2010年的3500元/平方米左右,受海南国际旅游岛建设及土地价格、建筑“三材”价格上涨和人工工资成本增加,以及商品房配套设施、环境建设档次提高等因素的影响,2010年全县商品住房平均售价有较大幅度增长,市场供给与需求同步增长,商品房价格与商品住房价值基本相符。

(二)经济适用房建设

保障性住房建设是解决城镇中低收入家庭住房困难的一号“民生工程”,琼中县委县政府认真贯彻执行省委省政府的工作部署,全力落实保障性住房目标责任状,强化领导、细化责任,大力推进保障性住房建设。

2008—2010年,琼中县开工建设经济适用房1080套,其中2008年新建经济适用房234套,建筑面积27614平方米，完成投资3998万元；2009年新建经济适用房168套，建筑面积19986平方米，完成投资3840万元；2010年新建经济适用房678套，建筑面积79658平方米，完成投资12999万元。解决约3780人住房困难问题。

（三）房产管理

1.产权产籍管理

贯彻落实《物权法》《房屋登记办法》等法律法规，努力提高房屋登记人员的业务素质和管理水平，规范房屋登记行为，完善登记资料，降低登记风险，维护房产交易安全。通过实行登记询问制度，使房屋产权更加明晰，特别是家庭共有产权，减少隐性共有的房屋给登记工作带来的诸多问题，确保房屋产权审查更趋合理化和科学化，有效保障了房屋权利人的合法权益。至2010年，共发放房屋权属证书8042本，其中发放所有权证7107本，发放他项权证935本。

2.房租管理

1993—2010年间，琼中县的住房制度主要实施了如下改革：小幅提高住房租金，出售公有住房，实行缴交住房公积金制度，取消住房实物分配（即福利分房），实行单位集资建房与建设经济适用住房并举的制度。

根据海南省批复的《琼中县住房制度改革实施方案》的总体要求，1994—1996年上半年，琼中县采取小幅提高住房租金的措施，将住房租金从原来的0.1元/平方米，按照瓦房、平房、套房及1994年1月后新建住房超面积部分的租金分别提高为每平方米0.2元、0.3元、0.5元和0.8元。

（四）房产交易

2008—2009年，整体表现为供过于求。供应量为5.18万平方米，开发企业对于市场预期信心不足，因此纷纷减少供应计划，与此同时，成交量下跌更加明显。2008—2009年，琼中县商品房成交面积为0.4万平方米，下跌的主要原因是2008年国家分阶段对商品住宅采取了调控政策，抑制了投资需求，同时，由于大量保障性住房建设，导致商品房成交量大幅下降。

2010年在建设海南国际旅游岛的大背景下，一定程度上提升了商品房的整体成交量，拉升了成交均价，商品房成交均价为3500元/平方米，环比前年上涨45%。商品房销售合同备案面积1.6万平方米，金额0.34亿元，其中商品住宅面积1.5万平方米，金额0.3亿元。存量房转让面积3.14万平方米，交易额0.4亿元，全部为存量住宅转让。房地产抵押登记面积24.93万平方米，抵押贷款额1.5亿元，全部为个人住房消费抵押贷款。

（五）房地产重点开发企业简介

1.海南鼎泰房地产开发有限公司

海南鼎泰房地产开发有限公司是隶属于河北东龙集团的核心企业，河北东龙集团是集投资、工业、房地产、建筑安装、设计监理、电信服务、网络科技、文化影视等跨行业的企业集团。2010年5月入驻海南鼎泰房地产开发有限公司琼中县，承建水晶绿岛项目。项目总投资约3.5亿元，位于琼中县营根镇环城东路与龙溪路交会处，整个项目占地77.73亩，规划建设11栋18层的高层住宅楼、一栋综合会所。总建筑面积约12万平方米,容积率2.0,绿化率49.32%。房屋结构为框架结构,小区内部一层全部为架空绿化,确保了景观的连贯性和居住的舒适性。项目整体建筑为东南亚风格,主要采用暖色系,充分利用自然条件增加建筑的通风采光,同时还以黎、苗等少数民族文化为底蕴,从当地特色的黎族瑰宝"黎锦"图案中提炼景观中的抽象符号和表达形式,将当地特色景观与东南亚海岛风情相结合,打造生态特色名宅。随着海南建设国际旅游岛成为国家战略,琼中将发展成为全新的海岛生态旅游核心区域,该项目的建成为琼中房地产指明发展方向,进一步促进琼中经济。

2.琼中新奇房地产开发有限公司

2007年11月琼中新奇房地产开发有限公司成立,是一家立足本地、以商品房开发为主、服务于本地业主的地产开发企业。公司所开发的项目均位于琼中县城,而且所开发房地产项目都处于交通比较便利区域。

绿橙花园项目由琼中新奇房地产开发有限公司承建,总投资约3000万元,项目位于琼中县海榆中线大道(距离琼中汽车站约150米),2009年9月开始动工建设,总建筑面积22969平方米,共建设4栋商住楼。其中1、2栋楼为小高层电梯房,户型以2房2厅及3房二厅为主,3、4栋楼为6层楼梯房,户型以3房2厅及4房2厅为主,3、4栋楼首层为商铺,商业面积约2082平方米。绿橙花园小区环境优美,房间楼层好,视野空旷,周边配套设施全,有车站,超市,适合居住养老、休闲度假。

睿康佳园商住小区是新奇房地产开发有限公司在琼中县另一个房地产开发项目,睿康佳园位于琼中县城县中路,地块长280米、宽40米,位于琼中新旧城区的交界处,与海榆中线交汇,小区占地面积约8327平方米,建筑面积约40364平方米,规划建设2栋11层的商住宅楼,2010年底已经完成各项前期准备工作。睿康佳园小区地理位置优越,周边有琼中县中学、特产超市、县中医院、商业街等,生活配套设施齐全。

第六节　住房制度改革

一、住房制度改革

1996年1月设立县住房制度改革办公室。1996—2010年间,琼中县实施住房制度改革,小幅度提高住房租金,出售公有住房,实行缴纳住房公积金制度,取消住房实物分配(福利分房),实行单位集资建房与建设经济适用住房并举。同时,根据《琼中县住房制度改革实施方案》的总体要求,1994—1996年上半年,琼中县采取小步提高住房租金的措施,住房租金从原来每平方米0.1元提高到按照瓦房、平房、套房及1994年1月后新建住房超面积部分的租金分别为每平方米0.2

元、0.3元、0.5元、0.8元的标准。1996年下半年，以《琼中县出售公有住房实施细则》为依据，按照出售公有住房价格测算要求，以标准价即个人拥有80%、单位20%产权，成本价个人拥有100%产权，超面积部分按照市场价格标准，全面出售单位公有住房。至1996年底，琼中县出售公有住房数量占已售住房数量的76%，实现住房无偿供给到有偿居住的过渡。

1994年停止住房实物分配后，自1997年开始，琼中县各单位根据单位职工的住房需求，在单位原有土地基础上采取职工集资合作建房的方式解决职工住房困难问题。1998年，根据《国务院关于进一步深化城镇住房制度改革加快住房建设的通知》精神，琼中县在原各单位集资建房的基础上，采取由政府统一建设经济适用住房的措施，加快全县住房建设，满足职工住房的不断需求。通过上述措施，琼中居民的住房条件得到很大改善，人均住房面积从改革前的9平方米左右增至改革后的15平方米，初步实现"居者有其屋"的目标。

二、住房公积金

1996年1月设立琼中县住房制度改革办公室，为常设机构，主要负责贯彻落实住房制度改革的各项工作，包括出售公有住房，管理全县住房资金和住房公积金。2007年12月，根据《海南省政府办公厅关于做好市县原住房公积金管理机构移交工作的通知》要求，经县政府同意，将县房改办管理的住房公积金移交海南住房公积金管理中心，设立"海南住房公积金管理中心琼中管理所"，2011年更名为琼中住房公积金管理局。

1996年，省驻琼中部分单位开始缴交住房公积金。县属财政全额拨款的单位自2005年1月起缴交住房公积金，财政差额拨款单位及部分企业单位也陆续缴交。到2010年，全县共有6794人缴存住房公积金，缴存总额为15231万元，余额为10265万元。

附：琼中县城市建设投资有限公司

琼中黎族苗族自治县城市建设投资有限公司成立于2005年6月13日，在县政府直接领导下，由县招商局、县土地储备中心共同组建具有独立法人资格的城市市政公共基础设施建设投资企业，公司注册资金3000万元，下设办公室、财务部、协调部、项目部。

公司自成立起至2010年，分别向国家开发银行、中国农业银行融资42550万元建设基础设施项目，投资兴建的建设项目有县二小路工程、百花廊桥工程、污水处理厂工程、营根河综合治理工程、保障性住房（惠民家园）、环城路市政工程等。

第四编　交通 电力 邮电

第一章 交 通

第一节 公路建设

1991年,全县有国道1条,省道4条,县道7条。至2010年,琼中县公路总里程为1099.648公里。有国道70公里,省道132.948公里,县道112.4公里,乡道、村道784.3公里;有二级公路153.3公里,三级公路12公里,四级公路为208.9公里,等外公路为725.448公里。

一、国道

琼中县有国道1条,为G224线(海榆中线琼中段),从屯昌县穿过,进入琼中县境内,经湾岭镇、国营乌石农场、营根镇、国营加钗农场、国营新伟农场、红毛镇、什运乡,从什运乡出境进入五指山市和白沙黎族自治县。县境内路段长82公里,是琼中县沟通南北的对外交通的主要干线。20世纪50年代通车,1991—2010年经过2次改造并对路基、路面进行改造。其中,1999年8月,海榆中线(K111+000 ~ K137+500)枫木至营根段将原有的沥青表处路面进行全面改造,铺设水泥混凝土路面(26.5公里),路基宽度12米,路面宽度9米,使该线达到二级公路标准;2001年5月,海榆中线(K137+500 ~ K181+000)营根至什运段将原有的沥青表处路面进行全面改造,铺设水泥混凝土路面(43.6公里),路基宽度10米,路面宽度7.5米,使该线达到三级公路标准。

二、省道

省道牛营线起点在海南岛东部万宁市的牛漏镇,从东南向西延伸至和平镇加峒村进入琼中县,经过国营乘坡农场、和平镇、国营长征农场、长征镇、国营南丰农场,到营根镇与海榆中线相连为终点。这是琼中县通往东部沿海地区的公路干线,境内全长37.248公里。1991—2010年,牛营线进行过2次改造,并对路基、路面进行改造。其中,1995年,牛营线牛漏至营根段将原有的砂土路面进行全面改造,铺设沥青混凝土路面,路基宽度8.5米,路面宽度6.5米,使该线达到三级公路标准。2004年再次改造牛营线,将原有的沥青混凝土路面改造为水泥混凝土路面,路面等级不变。

乌那线起于湾岭镇乌石,向西北方向延伸,经过国营新进农场、黎母山镇、大丰农场、国营阳江农场、松涛林场,在松涛以北出境,进入儋州市,境内全长45公里,是琼中县沟通西部沿海地区的公路干线。1991—2010年,牛营线进行过2次改造,并对路基、路面进行改造。其中,1995年,乌那线乌石至那大段将原有的砂土路面进行全面改造,铺设沥青混凝土路面,路基宽度12米,路面宽度9米,使该线达到二级公路等级。2003年,再次改造乌那线,将原有的沥青混凝土改造为水泥混凝土路面,路面等级不变。

什邦线起于琼中县什运乡,向西方向延伸,境内公路里程长12公里。1991—2010年牛营线进行过2次改造,并对路基、路面进行改造。其中,1993年,什邦线什运至白沙段将原有的砂土路进行全面改造,铺设沥青贯入式路面,路基宽度8.5米,路面宽度7米,使该线达到三级公路标准。2005年,再次改造什邦线,将原有的沥青贯入式路面改造为沥青混凝土路面,路面等级不变。

长本线起于长征镇向东南方向延伸,经过上安乡,从吊罗山乡出境,境内公路里程长38.7公里,是琼中县与陵水县相沟通的主干线。1991—2010年牛营线进行过2次改造,并对路基、路面进行改造。其中,1992年,长本线(K29+000～K38+700)太平至本号段将原有的等外路改造为四级扩宽砂土路面。2009年,长本线(K0+000～K29+000)长征至太平段将原有的砂土路改造为水泥混凝土路面,路基宽度6.5米,路面宽度5.5米,使该线达到四级公路标准。

三、农村公路

2002年,羊榕线将原有的砂土路6.255公里改造成水泥混凝土路面公路。2003年,百花线将原有的砂土路7.148公里改造成水泥混凝土路面公路。2004年,叉乘线将原有的砂土路3.318公里改造成沥青表处路面公路;2009年,将原有的沥青表处路面公路改造成水泥混凝土路面公路。

2006年,海南省开展公路建设管养体制改革,琼中县承建了县道营根至中平公路改建工程,建设里程29公里,总投资1965万元。该项目是海南省交通厅2005年下放各市县管理的通乡油路中里程最长、投资最大的一个项目。2007年,营南线将原有的砂土路25.082公里改造成沥青表处路面公路。2008年,什横线将原有的砂土路11.5公里改造成水泥混凝土路面公路。

2008年,加峒线将原有的砂土路2.863公里改造成水泥混凝土路面公路。

2007年，里中线将原有的砂土路（K24+000～K29+000）改造成水泥混凝土路面公路；2008年4月，将K29+000～K36+200段改造成水泥混凝土路面公路；2010年10月，将K5+000～K17+000段改造成水泥混凝土路面公路。

2009年，琼中县承建省道长征至吊罗山乡公路改进工程，总里程28.7公里，总投资达6080万元。2009年7月开工建设，至2010年底尚未完工。

至2010年，琼中县农村公路总里程为896.7公里，其中：县道8条112.4公里；乡道、村道181条784.3公里，共327.25公里已水泥硬化路。琼中县共有10个乡镇，有8个乡镇的公路已通水泥（或沥青）路面，到2010年底，96个行政村公路已通水泥硬化路。在537个自然村中，已通水泥硬化路的有320个，占总数的60%。

琼中县国道、省道公路状况一览表

表4-1

路线编号	线路性质	路线名称	起止地名	起止桩号	管养长度(公里)	路面里程（公里） 小计	水泥	沥青砼	砂土路	最后改建交工日期
一、	—	国道	—	—	70	70	70	—	—	—
G224	国道	海榆中线	鹿场—181界	111+000～181+000	70	70	70	—	—	—
				111+000～137+500			26.5	—	—	2001.8
				137+500～181+000	—	—	43.5	—	—	2003.5
二、	—	省道	—	—	132.948	132.948	83.25	11	38.7	—
S215	省道	长本线	长征—崖献岭	0+000—38+700	38.700	38.7	—	—	38.7	K000～K28+000在改建中

续表1

路线编号	线路性质	路线名称	起止地名	起止桩号	管养长度(公里)	路面里程(公里)				最后改建交工日期
						小计	水泥	沥青砼	砂土路	
—	—	—	—	0+000 ~ 28+000	—	—	—	—	28	—
—	—	—	—	28+000 ~ 38+7000	—	—	—	—	10.7	1993.6
S304	省道	牛营线	三更罗分界岭—营根镇	25+300 ~ 62 +548	37.248	37.248	37.248	—	—	(k25+300 ~ k35+300) 2005.5
						—	—	—	—	k35+300 ~ k62+548 2006.12
S307	省道	乌那线	乌石—番宝村	0+000 ~ 45+000	45	45	45	—	—	2004.4
S310	省道	什邦线	什运—牧场	0+000 ~ 12+000	12	12	1	11	—	2006.12
				0+000 ~ 1+000	—	—	1		—	—
				1+000 ~ 12+000	—	—	—	11	—	—
合计	—	—	—	—	202.948	202.948	153.2	11	38.7	—

琼中县县道公路技术状况一览表

表4-2

路线编号	线路性质	路线名称	起止地名	起止桩号	管养长度(公里)	路面里程(公里)					最后改建交工日期(年月)
						小计	水泥	沥青砼	沥青表处(贯入式)	砂土路	
—	—	县道	—	—	112.4	86.9	68.9	—	58.8	47.2	—
X380	县道	羊榕线	都田桥—榕落坡	33+300～39+200	5.9	5.9	1.05	—	1	3.85	—
				33+300～37+150	—	—	—	—	—	3.85	1964年5月
				37+150～38+150	—	—	—	—	1	—	2003年8月
				38+150～39+200	—	—	1.05	—	—	—	2004年10月
X389		里中线	乌坡—老中平	5+000～36+200	31.2	31.2	20.2	—	4	7	—
				5+000～16+900	—	—	11.9	—	—	—	2010年10月
				16+900～23+900	—	—		—	—	7	
				23+900～25+200	—	—	1.3	—	—	—	2007年2月
				25+200～29+200	—	—	—	—	4	—	2008年4月
				29+200～36+200	—	—	7	—	—	—	2010年3月

续表1

路线编号	线路性质	路线名称	起止地名	起止桩号	管养长度(公里)	路面里程(公里)					最后改建交工日期(年月)
						小计	水泥	沥青砼	沥青表处(贯入式)	砂土路	
X460	—	营南线	营根—南丘	0+000 ~ 25+400	25.4	25.4	1	—	24.4	—	2008年4月
				0+000 ~ 1+000	—	—	1	—	—	—	—
				1+000 ~ 25+400	—	—	—	—	24.4	—	—
X461	—	百花线	营根—百花岭	0+000 ~ 6+500	6.5	6.5	6.5	—	—	—	2006年6月
X463	—	叉乘线	乘坡农场四队—乘坡场部	0+000 ~ 3+400	3.4	3.4	3.4	—	—	—	2009年1月
X467	—	加峒线	木材检查站—加峒	0+000 ~ 3+000	3	3	3	—	—	—	2008年5月
X437	—	兴留线	兴隆—留山坡	18+500 ~ 44.000	25.5	—	—	—	—	25.5	1989年

琼中县农村公路状况一览表

表4-3

序号	路线编号	路线名称		合计里程（公里）	路面类型		竣工日期
		起点	止点		水泥	砂土	
合计	—	—	—	329.54	327.25	2.29	—
1	Y002469030	什横线K9+300至朝根村委会		5.90	5.90	—	2009年5月
2	Y006469030	营根镇	升坡村	1.00	1.00	—	2006年12月
3	Y008469030	中线K132	湴湾	6.50	6.50	—	2008年6月
4	Y009469030	营根	高田村	10.84	10.84	—	2008年6月
5	Y010469030	岭背园	南久	9.10	9.10	—	2008年11月
6	Y011469030	大路坡	湾岭中心小学	7.10	7.10	—	2007年12月
7	Y012469030	湾岭中学至海榆中线K113+850		8.69	6.40	2.29	2008年12月
8	Y014469030	海榆中线K121	水央	4.00	4.00	—	2009年11月
9	Y015469030	乌石十二队	大墩	13.70	13.70	—	2007年12月
10	Y016469030	中线K124+800	北排	3.09	3.09	—	2010年5月
11	Y019469030	海榆中线K125	中朗	5.60	5.60	—	2009年1月
13	Y020469030	乌那线K15	牛六园	3.94	3.94	—	2008年12月
14	Y021469030	乌那线K22+800至南六田		3.35	3.35	—	2009年5月
15	Y022469030	乌那线K35	合究村	1.00	1.00	—	2006年12月
16	Y023469030	乌那线K7+800至绿南水		2.90	2.90	—	2009年6月
17	Y024469030	乌那线K28	大木	11.90	11.90	—	2008年6月
18	Y025469030	乌那线K23+400至干埇		3.78	3.78	—	2009年1月

续表1

序号	路线编号	路线名称		合计里程（公里）	路面类型		竣工日期
		起点	止点	水泥	砂土		
19	Y026469030	乌那线K21+370至旧林场		9.80	9.80	—	2009年4月
20	Y029469030	海榆中线K173至南平村委会		2.00	2.00	—	2009年1月
21	Y030469030	和平	什介村	8.50	8.50	—	2008年6月
22	Y031469030	乘坡	新兴	6.07	6.07	—	2009年11月
23	Y032469030	和平镇	堑对	7.71	7.71	—	2010年7月
24	Y036469030	海榆中线K169	方板村	6.60	6.60	—	2006年12月
25	Y038469030	海榆中线163+400至草南村委会		2.62	2.62	—	2009年5月
26	Y039469030	海榆中线K172	南流村	8.60	8.60	—	2008年6月
27	Y049469030	海榆中线K179+000至便文村		5.64	5.64	—	2009年1月
30	Y052469030	海榆中线K153	什空	4.30	4.30	—	2009年11月
31	Y055469030	海榆中线	罗解	9.00	9.00	—	2008年6月
32	Y058469030	什卓村	罗担村	9.12	9.12	—	2007年5月
34	Y059469030	牛营线K51	牛堑	9.00	9.00	—	2008年6月
36	Y061469030	长征	什仍	12.73	12.73	—	2010年5月
39	Y063469030	长征	南什村	7.80	7.80	—	2008年12月
41	Y064469030	长本线K12	响土	11.20	11.20	—	2008年6月
42	Y066469030	加筒至大美小学		6.62	6.62	—	2009年6月
43	Y067469030	太平	崩岭	6.60	6.60	—	2009年11月
45	Y068469030	什喑村	抄方村	12.77	12.77	—	2008年9月
46	Y069469030	上安	中兴村	5.00	5.00	—	2008年12月

续表2

序号	路线编号	路线名称		合计里程（公里）	路面类型		竣工日期
		起点	止点		水泥	砂土	
47	Y070469030	营南线K10	番沟	7.10	7.10	—	2009年11月
48	Y071469030	中平	南茂村	8.66	8.66	—	2008年8月
49	Y073469030	里中线K13+900至大坡小学		6.68	6.68	—	2009年6月
50	YR01469030	湾岭	岭脚	1.76	1.76	—	2010年6月
51	C015469030	罗虾路口至罗虾村		1.62	1.62	—	2007年7月
52	C026469030	新平至新村仔	—	1.01	1.01	—	2009年4月
53	C033469030	加章路口	山湾	5.60	5.60	—	2009年11月
54	C037469030	海榆中线K162	河老	2.52	2.52	—	2009年10月
55	CR079469030	营南线K3+900	枫株	1.20	1.20	—	2009年11月
60	CR11469030	乌那线K40+900至新村村委会		5.60	5.60	—	2009年4月
61	CT04469030	营南线K4	大拉	0.83	0.83	—	2009年11月
63	CT13469030	乌那线K14	包密头	1.26	1.26	—	2009年11月
64	Z001469030	山心	高坡	6.50	6.50	—	2009年11月
75	C446469030	罗马路口	罗马	0.85	0.85	—	2009年11月
76	C444469030	新村	山寮	2.66	2.66	—	2009年11月
77	CT18469030	留山坡	称水沟	2.48	2.48	—	2010年5月
78	CT19469030	牛营线K38	总口	5.22	5.22	—	2010年7月
79	C018469030	南利路口	南利小学	1.79	1.79	—	2010年5月
87	CR14469030	大丰农场	永泰	1.65	1.65	—	2010年5月
88	C005469030	乌那线K17+800	白花	2.57	2.57	—	2010年5月
90	CT27469030	中线K150+450	南流	3.05	3.05	—	2009年12月
91	CB60469030	新村	黄帝殿	3.50	3.50	—	2010年5月
92	CA93469030	乌那线K6+700	枫树坪	1.37	1.37	—	2010年1月

第二节 桥梁涵洞渡口

一、桥梁

(一)国道桥梁

海榆中线(G224):2003年1月建成上贺桥。桥长34.23米,桥面总宽10米,车行道宽7.5米,桥下净高12.1米。

(二)省道桥梁

长本线(S215):1994年5月建成太平河一桥,桥长75米,桥面总宽9米,车行道宽7米,桥下净高16.8米。

1994年6月建成太平(二班)三桥,1994年9月分别建成省道长本线太平(二班)一桥和太平(二班)二桥,桥长22.2米,桥面总宽8米,车行道宽7米,桥下净高5米。桥长20.4米,桥面总宽8米,车行道宽7米,桥下净高6.4米。

1994年10月和11月分别建成吊罗一桥和吊罗二桥,桥长21.1米,桥面总宽8米,车行道宽7米,桥下净高6米。桥长20.4米,桥面总宽10米,车行道宽9.3米,桥下净高5.3米。2000年建成长安马场桥。桥长146.2米,桥面总宽9米,车行道宽7米,桥下净高13米。

牛营线(S304):1995年分别建成红太阳桥和蛇盘桥,桥长52米,桥面总宽9.1米,车行道宽7.1米,桥下净高10米。桥长53.04米,桥面总宽12.5米,车行道宽9米,桥下净高214.025米。1996年1月建成什那村桥,桥长22米,桥面总宽9.2米,车行道宽7.2米,桥下净高6.5米。1996年建成长征桥,桥长55.08米,桥面总宽12.5米,车行道宽9米,桥下净高6.4米。1998年建成什那二桥,桥长54.04米,桥面总宽12米,车行道宽9米,桥下净高13米。2005年建成卫国桥。桥长37.4米,桥面总宽9米,车行道宽7米,桥下净高10.6米。

乌那线(S307):1995年3月建成腰子北桥,桥长24米,桥面总宽13米,车行道宽11米,桥下净高8米。1995年8月分别建成新林桥和阳江桥,桥长44.84米,桥面总宽12米,车行道宽11米,桥下净高10米。桥长7.4米,桥面总宽22米,车行道宽9米,桥下净高2.7米。1995年11月建成牛轭曲桥,桥长7.1米,桥面总宽21米,车行道宽9米,桥下净高4.5米。1995年12月建成番企一桥,桥长66.08米,桥面总宽12.5米,车行道宽10米,桥下净高9米。2005年3月建成高架桥。桥长97.6米,桥面总宽12米,车行道宽9.1米,桥下净高30米。

(三)县道

羊榕线(X380):1992年建成都田桥。桥长20.5米,桥面总宽9.1米,车行道宽7米,桥下净高4.6米。

营南线(X460):2000年建成岭头世纪大桥,桥长88.04米,桥面总宽12.5米,车行道宽10米,桥下净高6.2米。2010年建成红口溪桥。桥长74.04米,桥面总宽8米,车行道宽7米,桥下净高14.5米。

加桐线(X467):1999年建成崖上桥。桥长26.3米,桥面总宽7米,车行道宽5.4米,桥下净高5.3米。

1994年5月建成太平河一桥,桥址位于省道长本线K33+743,一类桥梁,桥身单孔,跨径40米,桥面净宽7米,全长74.8米的石拱桥。

2000年改建长安马场桥,桥址位于省道长本线K12+655,一类桥梁,桥身6孔,跨径20米,桥面净宽7米,全长126米的T形梁桥。

2009年2月18日,《海南日报》以《坚强的脊梁博大的爱》报道了琼中大墩小学王文周、王升超两位黎族教师,数十年坚持背学生过河上学的感人事迹,引起有关部门的高度重视,海南省交通运输厅决定特批建设马干河桥项目,以解决当地群众出行和学生上学难的问题。桥全长6跨73延米,桥宽4.5米,工程投资247万元(含大墩小学至高田村公路,全长2.7公里),2009年4月10日动工建设,2009年8月1日实现功能性通行,2009年9月20日竣工验收,被命名为"马干河爱心桥"。桥建成后,3个村庄1500多人受益,大墩小学的学生从此告别"以背作桥"的历史。

至2010年,琼中县共有桥梁319座,其中:大桥5座、中桥67座、小桥247座;国道公路18座、省道公路48座、县道公路40座、乡村道公路213座。

琼中公路分局管辖内有5座大桥,均为永久性桥梁,除太平河一桥桥面铺装为泥结碎(砾)石,其他均为水泥混凝土,同座桥梁跨径相同。

马干河原貌

马干河爱心桥

琼中县国道、省道、县道、永久性桥梁一览表

表4-4　　　　单位:米

桥梁名称	路线名称	桥梁全长	类型	修建年份
大边桥	海榆中线	91	中桥	2001
牙训桥	海榆中线	48.6	中桥	1954
走鸡桥	海榆中线	40	中桥	1954
报胶桥	海榆中线	7.8	小桥	1954
槟榔园桥	海榆中线	16.4	小桥	1954
加钗桥	海榆中线	57.75	中桥	1954
加垌桥	海榆中线	30.2	小桥	2001
金山桥	海榆中线	19.8	小桥	1954
罗眉桥	海榆中线	31	小桥	1954
南阶桥	海榆中线	77	中桥	1954
上贺桥	海榆中线	34.23	小桥	1954
什那别桥	海榆中线	17.25	小桥	1954
什那难桥	海榆中线	10.2	小桥	1954
什统黑二桥	海榆中线	10.2	小桥	1954
什统黑一桥	海榆中线	26.1	小桥	1954
什运桥	海榆中线	7.8	小桥	1954
新宅桥	海榆中线	33.2	小桥	1954
牙挽桥	海榆中线	13.6	小桥	1954
太平桥	长本线	6.2	小桥	1985
长安马场桥	长本线	126	大桥	2000
长安桥	长本线	50	中桥	1970
吊罗二桥	长本线	20.4	小桥	1994
吊罗一桥	长本线	22.4	小桥	1994
罗反二桥	长本线	7	小桥	1969

续表1

桥梁名称	路线名称	桥梁全长	类型	修建年份
罗反三桥	长本线	8.4	小桥	1969
罗反一桥	长本线	24.8	小桥	1969
什败桥	长本线	16.8	小桥	1963
什玛桥	长本线	12.3	小桥	1967
太平二班二桥	长本线	20.4	小桥	1994
太平二班三桥	长本线	18	小桥	1994
太平二班一桥	长本线	22.2	小桥	1994
太平河大桥	长本线	74.8	小桥	1994
行干桥	长本线	15.6	小桥	1970
长征桥	长本线	19	小桥	1966
长征桥	牛营线	51.8	中桥	1996
贝湾桥	牛营线	79.3	中桥	1986
乘坡大桥	牛营线	147.4	大桥	1985
吊排桥	牛营线	57.5	中桥	1986
红太阳桥	牛营线	52	中桥	1995
林田桥	牛营线	46.2	小桥	1995
留山坡桥	牛营线	63.2	中桥	1986
蛇盘桥	牛营线	29.2	小桥	1995
什加玛桥	牛营线	116.26	中桥	1996
什那村桥	牛营线	22	小桥	1996
什那一桥	牛营线	23.4	小桥	1998
什祥桥	牛营线	30.04	小桥	2009
卫国桥	牛营线	37.4	中桥	2005
冲山桥	什邦线	24	小桥	1984
观山二桥	什邦线	12	小桥	1984
观山一桥	什邦线	12	小桥	1984

续表2

桥梁名称	路线名称	桥梁全长	类型	修建年份
瀑布桥	什邦线	42	中桥	1984
什龙桥	什邦线	14	小桥	1984
什运大桥	什邦线	97.4	中桥	1985
莺歌二桥	什邦线	20	小桥	1984
莺歌桥	什邦线	7	小桥	1995
莺歌三桥	什邦线	24	小桥	1984
高架桥	乌那线	97	中桥	2005
牛轭曲桥	乌那线	7.1	小桥	1995
山口桥	乌那线	44.7	中桥	1998
新林桥	乌那线	44.84	中桥	2000
阳江桥	乌那线	7.4	小桥	1995
腰子北桥	乌那线	24	小桥	1995
潘企桥	乌那线	54.7	中桥	1995
松涛大桥	乌那线	157	大桥	1967
腰子大桥	乌那线	110.1	大桥	1970
百花桥	百花线	62.5	中桥	1986
瀑布桥	百花线	8.8	小桥	1985
望城桥	百花线	12.6	小桥	1985
乘坡桥	叉乘线	21.2	小桥	2000
加峒桥	加峒线	19.8	小桥	1986
崖上桥	加峒线	26.3	小桥	2000
白银头桥	里中线	15	小桥	1978
合口二桥	里中线	50	小桥	1969
合口一桥	里中线	70	小桥	1969
黎明二桥	里中线	11.6	小桥	1954
黎明桥	里中线	20	小桥	1966

续表3

桥梁名称	路线名称	桥梁全长	类型	修建年份
南川桥	里中线	23	小桥	1978
南平桥	里中线	12	小桥	1965
南溪桥	里中线	30	小桥	1965
青梯桥	里中线	58	中桥	1964
思河桥	里中线	16.3	小桥	1966
挑水桥	里中线	13	小桥	1977
朝参桥	什横线	30.9	小桥	1970
什军桥	什横线	5.9	小桥	1970
都田桥	羊榕线	20.5	小桥	1992
新进桥	羊榕线	15.2	小桥	1985
跃进桥	羊榕线	22.7	小桥	1979
二十一队桥	营南线	15.6	小桥	1982
岗坎桥	营南线	20	小桥	1982
合罗桥	营南线	15.5	小桥	1988
红光桥	营南线	22.85	小桥	1979
红口溪桥	营南线	74.04	中桥	2010
红岭班桥	营南线	12.1	小桥	1982
红岭桥	营南线	46	中桥	1988
红卫二桥	营南线	16	小桥	1979
红卫一桥	营南线	8.5	小桥	1989
岭头二桥	营南线	16	小桥	1988
岭头世纪大桥	营南线	85	中桥	2000
致富桥	营南线	46	中桥	1988
长兴二桥	兴留线	7	小桥	1983
长兴一桥	兴留线	15	小桥	1983
长沙桥	兴留线	15	小桥	1984

续表4

桥梁名称	路线名称	桥梁全长	类型	修建年份
新村桥	兴留线	30	小桥	1984
干磔桥	兴留线	36	中桥	1988
留山坡桥	兴留线	25	小桥	1988

琼中县乡、村道永久性桥梁一览表

表4-5　　单位:米

桥梁名称	路线名称	桥梁全长	类型	修建年份
罗马桥	山心—高坡村委会	18.00	小桥	1975
加凯桥	加凯村路口—加凯村	15.00	小桥	2002
南万二桥	上安乡—什坡小学	16.00	小桥	1991
南流桥	上安乡—什坡小学	22.00	小桥	1991
万众漫水桥	长征镇养老院—什仍路口	16.50	小桥	1977
烟园桥	长征镇养老院—什仍路口	32.50	中桥	1977
新兴二桥	乘坡派出所—新兴村委会	11.00	小桥	1981
新兴一桥	乘坡派出所—新兴村委会	20.00	小桥	1990
水坝桥	乘坡派出所—新兴村委会	40.50	中桥	1981
乘坡二桥	乘坡派出所—新兴村委会	17.00	小桥	1987
乘坡一桥	乘坡派出所—新兴村委会	56.00	中桥	1987
南吉桥	大丰农场路口—南吉村委会	26.00	小桥	2001
石人桥	乌石农场十二队—大墩村小学	8.00	小桥	1988
大墩桥	乌石农场十二队—大墩村小学	60.00	中桥	1989
南毛桥	乌石农场十二队—大墩村小学	8.50	小桥	1988
坡寨桥	湾岭中学—海榆中线K113+850	18.00	小桥	2002
岭门桥	大路坡—湾岭中心小学	8.30	小桥	1980
坡田二桥	海榆中线K133+100—气象局	14.50	小桥	2005

续表1

桥梁名称	路线名称	桥梁全长	类型	修建年份
坡田桥	海榆中线K133+100—气象局	43.20	中桥	1985
什统二桥	柏保村—海榆中线K179	10.00	小桥	2013
什统一桥	柏保村—海榆中线K179	16.00	小桥	2004
罗解电站二桥	电站—什丘猿	10.00	小桥	1987
罗解电站桥	电站—什丘猿	26.00	小桥	1999
新伟农场8队桥	海榆中线K150+450—南流村	12.00	小桥	1980
三家桥	牛营线K38+000—总口村	10.00	小桥	1990
合口大桥	牛营线K38+000—总口村	80.00	中桥	2009
什袋桥	中兴村委会—二十五队	25.00	小桥	2005
什托桥	什托村路口—什托村	20.00	小桥	2000
土沙田桥	南方农场十一队—白马林场	18.00	小桥	2010
新村桥	老中平—新村	30.00	小桥	1999
那坪二桥	乌那线K40+900—新村村委会	16.00	小桥	1999
那坪一桥	乌那线K40+900—新村村委会	20.00	小桥	1999
南丘电站桥	南方农场南丘路口—南丘电站	30.00	小桥	2010
乌石农场十四队桥	海榆中线K130—乌石农场二十四队	8.00	小桥	2006
什空桥	什空一村路口—什空一村	25.00	小桥	2002
南托桥	仕阶检查站—南坡出口	26.00	小桥	2006
什坡桥	仕阶检查站—南坡出口	42.00	小桥	1978
三星林岭桥	黎母山林业公司—黎母山林业公司四分场	9.20	小桥	1976
黎母山林业公司水坝桥	三合口分路口—三合口	46.50	中桥	1974
黎母山林业公司场部桥	三合口分路口—三合口	10.50	小桥	1972
什云桥	牛营线K55+580—什云村	8.00	小桥	2002
南利桥	南利小学—南利出口	30.00	小桥	2005

续表2

桥梁名称	路线名称	桥梁全长	类型	修建年份
马干桥	大墩村委会—高湾村	66.10	中桥	2009
长流水桥	岭头农场一区—长流水村	10.00	小桥	2005
枫树坪桥	乌那线K6+200—枫树坪村	10.00	小桥	2010
山湾桥	加章村路口—山湾村	18.00	小桥	2009
岭头农场胶厂桥	岭头农场场部—岭头农场兴建队	39.00	中桥	1978
红藤岭桥	中平大坡—南方农场一队	12.00	小桥	1982
南方农场三十一队桥	新村路口—南方农场胶站	32.10	中桥	1985
南方农场六队桥	南方农场七队—南方农场六队	30.00	中桥	1985
南方农场加湾桥	南方农场七队—南方农场六队	10.80	小桥	1984
南路桥	南方农场南路队路口—南方农场南路队	24.00	小桥	1978
白马桥	南方农场东门路口—南方农场十四队	26.50	小桥	1980
南方农场十八队桥	南方农场东门路口—南方农场十四队	8.00	小桥	1981
长征农场三十队桥	长征农场十队路口—长征农场三十一队	49.00	中桥	1980
乘坡农场二十八队桥	牛营线K35+010—乘坡农场二十九队	13.20	小桥	1979
槟榔二桥	牛营线K35+010—乘坡农场二十九队	23.00	小桥	1978
槟榔一桥	牛营线K35+010—乘坡农场二十九队	26.00	小桥	1978
乘坡农场二十九队桥	牛营线K35+010—乘坡农场二十九队	13.00	小桥	1979
乘坡农场二十七队二桥	乘坡农场二十六队—乘坡农场十三队作业区	12.40	小桥	1978
乘坡农场二十七队一桥	乘坡农场二十六队—乘坡农场十三队作业区	11.30	小桥	1978
乘坡农场十二队桥	乘坡农场二十六队—乘坡农场十三队作业区	49.80	中桥	1979
麻疯桥	乘坡农场二十六队—乘坡农场十三队作业区	14.00	小桥	1978
太平农场十六队桥	太平农场十六队路口—太平农场十七队	42.00	中桥	1991
太平农场七队桥	太平农场十二队路口—太平大美村委会	12.70	小桥	1980
太平农场电站桥	太平农场十二队路口—太平大美村委会	75.00	中桥	2005

续表3

桥梁名称	路线名称	桥梁全长	类型	修建年份
太平农场三队桥	太平农场三队路口—太平农场三队	19.00	小桥	1973
万及桥	太平农场三队路口—太平农场三队	58.16	中桥	1987
太平农场十四队桥	太平农场六队路口—太平农场十五队	50.00	中桥	1970
阳江农场四区桥	阳江农场十一队路口—阳江农场十二队路口	9.40	小桥	1977
阳江农场十一队桥	阳江农场十一队路口—阳江农场十二队路口	5.40	小桥	1978
阳江农场七队桥	阳江农场七队路口—阳江农场三十四队	24.20	小桥	2001
阳江农场一区桥	阳江农场二区—毛合村	24.10	中桥	1990
加钗农场十八队二桥	毛限村—加钗农场十八队	13.00	小桥	1979
加钗农场十八队一桥	毛限村—加钗农场十八队	6.60	小桥	1979
加钗农场二十二队桥	加钗农场十九队路口—加钗农场二十二队	12.40	小桥	1997
加钗农场二十四队桥	海榆中线K142+400—加钗农场二十三队	41.50	中桥	1997
白石岭溢洪桥	海榆中线K142+400—加钗农场二十三队	36.00	中桥	1995
加钗农场十七队桥	高田小学—加钗农场十七队	9.40	小桥	1975
新进农场大朗桥	新进农场医院—新进农场十队	11.10	小桥	1976
新进农场胶板厂桥	新进农场医院—新进农场十队	23.90	小桥	1975
新进农场四队桥	新进农场四队路口—新进农场四队	18.30	小桥	1975
新进农场水电站桥	加族村路口—新进农场二十七队	15.80	小桥	1971
新进农场二十五队桥	加族村路口—新进农场二十七队	18.00	小桥	1970
都田桥	加族村路口—新进农场二十七队	12.00	小桥	1985
乌石农场二十二队桥	乌石农场十九队路口—乌石农场二十二队	8.40	小桥	1970
乌石农场二十六队桥	乌石农场二十六队路口—大平村口	32.00	中桥	1976
乌石农场三十五队桥	乌石南片村路口—乌石农场四十队	7.60	小桥	1975
乌石农场八队桥	乌石南片村路口—乌石农场四十队	8.70	小桥	1974
岭头村桥	乌石高坡村路口—乌石农场三十八队	7.90	小桥	1972
乌石农场三十一队桥	乌石高坡村路口—乌石农场三十八队	7.90	小桥	1971

续表4

桥梁名称	路线名称	桥梁全长	类型	修建年份
乌石农场四十一队桥	乌石大墩村路口—乌石农场四十二队	25.30	小桥	1975
新兴苗村桥	新兴村A支线起点—新兴苗村	15.00	小桥	2002
烂田桥	南吉村—烂田村	40.00	中桥	2000
大木二桥	阳江六队—大木村	26.00	小桥	1985
干田桥	上状村—干田村	18.00	小桥	2004
新兴桥	营南线K4+550—新兴村	8.00	小桥	2004
坡留桥	坡留村路口—坡留村	23.00	小桥	1996
南建桥	地震台桥—南建村	18.00	小桥	2006
深水桥	大墩公路K11+650—深水村	9.20	小桥	2006
万众二桥	万众村路口—万众村	18.00	小桥	2006
来浩新村桥	三十五队路口—来浩新村	10.00	小桥	2006
牛坡桥	乌石农场二十四队—牛坡村	10.00	小桥	2006
什庆桥	百花村—什庆村	9.00	小桥	2008
皇阳桥	方洞村—皇阳村	8.00	小桥	2004
加鲜桥	加鲜村入口—加鲜村	16.00	小桥	2003
山尾桥	海榆中线K120+300—山尾村	18.00	小桥	2001
水潮桥	水潮村入口—水潮村	26.00	小桥	2003
槟榔园桥	槟榔园村入口—槟榔园村	8.00	小桥	2000
什章阶桥	海榆中线K143—什章阶村	18.00	小桥	2010
罗米桥	方洞村—罗米村	96.00	中桥	2006
番巾桥	番巾村入口—番巾村	16.00	小桥	2003
大朗四桥	大朗二村—冲打林	18.00	小桥	2006
大郎三桥	大朗二村—冲打林	15.00	小桥	2002
大郎二桥	大朗二村—冲打林	8.00	小桥	2002
新建桥	长本线K25—新建村	10.00	小桥	2006

续表5

桥梁名称	路线名称	桥梁全长	类型	修建年份
什裕桥	什裕村入口—什裕	9.00	小桥	2000
龙简桥	龙简村入口—龙简村	26.00	小桥	1999
合老桥	牙挽村—合老村	15.20	小桥	1984
尚总二桥	尚总村入口—尚总村	11.50	小桥	1982
大丰大边三队桥	尚总村入口—尚总村	22.00	小桥	1975
大丰农场十七队桥	尚总村入口—尚总村	10.30	小桥	1977
加章二桥	加章村委会—加章村	15.00	小桥	1984
加章一桥	加章村委会—加章村	15.00	小桥	1983
城文桥	南丰—新建小学	7.00	小桥	2003
什错桥	什错村入口—什错村出口	42.00	中桥	1978
老铺桥	潮村—什况村	29.50	小桥	1998
毛立桥	什横线K4+100—草文村路口	6.50	小桥	1999
黎凑二桥	什横线K4+100—草文村路口	7.00	小桥	2002
黎凑桥	什横线K4+100—草文村路口	10.00	小桥	1997
解族桥	罗解村委会旁—解族村	9.00	小桥	1989
什马桥	什马村路口—什马村	8.00	小桥	2006
什晏七桥	新安—什宴	18.00	小桥	2006
什晏六桥	新安—什宴	18.00	小桥	2006
什晏五桥	新安—什宴	10.00	小桥	2006
什晏四桥	新安—什宴	14.00	小桥	2006
什晏三桥	新安—什宴	18.00	小桥	2006
什晏二桥	新安—什宴	10.00	小桥	2006
什晏一桥	新安—什宴	26.00	小桥	1998
长湾桥	什猿村路口—什猿村	21.40	小桥	2005
大坡桥	里中线K13+900—大坡小学	37.00	中桥	1983

续表6

桥梁名称	路线名称	桥梁全长	类型	修建年份
南茂桥	下溪村路口—南茂小学	25.00	小桥	1982
路平二桥	下溪村路口—南茂小学	12.00	小桥	1988
路平桥	下溪村路口—南茂小学	13.00	小桥	1986
加福二桥	下溪村路口—南茂小学	23.00	小桥	1985
加福桥	下溪村路口—南茂小学	45.00	中桥	1982
三十五队桥	下溪村路口—南茂小学	20.00	小桥	1982
下溪桥	下溪村路口—南茂小学	54.00	中桥	1984
番沟桥	营南线K10+500—番沟村委会	10.00	小桥	1986
中兴桥	中兴村路口—长征二十四路口	57.00	中桥	1976
什育桥	什暗—抄方村委会	16.00	小桥	1996
胶厂小桥	太平农场门口—高堤小学	7.00	小桥	1990
什班二桥	加筒—大美小学	15.00	小桥	1986
什班桥	加筒—大美小学	15.00	小桥	1916
什插桥	什仟村—六十仟	10.00	小桥	1984
什冲桥	长本线K33+100—响土小学	18.00	小桥	1996
什冲小桥	长本线K33+100—响土小学	10.00	小桥	1987
长田桥	长本线K33+100—响土小学	10.00	小桥	1987
什坡桥	长本线K33+100—响土小学	30.00	小桥	1978
什宏桥	长安大桥—什宏村	40.00	中桥	2005
牙云王桥	长安大桥—什宏村	46.00	中桥	1979
地震台桥	牛营线K61+200—地震台	23.00	中桥	1984
木麻桥	海榆中线K132+800—木麻村	8.00	小桥	1987
草文桥	什卓村—罗担村委会	10.00	小桥	2002

续表7

桥梁名称	路线名称	桥梁全长	类型	修建年份
毛立桥	什卓村—罗担村委会	6.50	小桥	1996
什麻桥	什卓村—罗担村委会	10.00	小桥	1996
贝湾桥	牛营线K30+贝湾老村	8.00	小桥	2006
岭头二桥	营中线K13+000—岭头村委会	36.00	中桥	1993
岭头一桥	营中线K13+000—岭头村委会	20.00	小桥	1990
合赖桥	海榆中线K158+900—罗解小学	8.50	小桥	1980
什寒桥	海榆中线K160+500—什寒村委会	7.00	小桥	1986
坎茂桥	海榆中线K160+500—什寒村委会	20.00	小桥	1986
架便桥	新伟农场大门—架便村	8.00	小桥	1986
什卓桥	新伟农场大门—架便村	15.00	小桥	1986
罗坎桥	海榆中线K153+250—什通村路口	17.00	小桥	1991
水面桥	海榆中线K176+400—海榆中线K179+950	15.00	小桥	1983
漫水桥	什黑村入口—什黑村	37.00	中桥	2010
长田桥	岭头十四队—长田村	7.50	小桥	2009
新进桥	新进村路口—新进村	16.00	小桥	2003
保蕊桥	保蕊村路口—保蕊村	34.00	中桥	1994
南流二桥	海榆中线K172+050—南流村	15.00	小桥	1998
南流一桥	海榆中线K172+050—南流村	14.00	小桥	1983
草南二桥	海榆中线K161+800—草南村	16.00	小桥	2003
草南一桥	海榆中线K161+800—草南村	16.00	小桥	2003
牙挽桥	海榆中线K162+900—牙挽村委会	8.80	小桥	1984
加秋桥	加秋桥—加秋	8.00	小桥	2006
堑对二桥(水面桥)	和平镇政府—堑对村	18.00	小桥	1987
堑对一桥(水面桥)	和平镇政府—堑对村	7.00	小桥	2003

续表8

桥梁名称	路线名称	桥梁全长	类型	修建年份
什介二桥	什介村路口—什介小学	41.00	中桥	2004
什介一桥	什介村路口—什介小学	38.00	中桥	1982
干埇桥	大丰木材加工场—阳江电网营业厅	7.00	小桥	1987
什隆桥	大丰木材加工场—阳江电网营业厅	74.00	中桥	1979
大木一桥	阳江中心学校—大木小学	26.00	小桥	1985
牛六园桥	乌那线K15+700—牛六园	11.00	小桥	2004
高利埇二桥	乌那线K15+700—牛六园	7.50	小桥	2004
高利埇桥	乌那线K15+700—牛六园	18.00	小桥	2001
中朗桥	海榆中线K125+900—中朗希望小学	7.00	小桥	1982
大平村桥	海榆中线K125+900—中朗希望小学	8.70	小桥	1976
来浩桥	乌石农场四分场—乌那线K3+500	12.80	小桥	1989
罗虾桥	罗虾村路口—罗虾村	33.00	中桥	1998
内村二桥	长沙医院—内村	8.00	小桥	2006
内村一桥	长沙医院—内村	8.00	小桥	2005
什贡桥	方板村路口—什贡村	11.00	小桥	1970
罗永桥	岭背园—南久村委会	31.00	中桥	1979
加章桥	岭背园—南久村委会	36.80	中桥	1979
大拉桥	海榆中线K132+300—红岛派出所	20.00	小桥	1976
高田桥	加钗七队—海榆中线K13+900	9.00	小桥	1980
里龙桥	南丰农场—里龙小学	14.00	小桥	1993
大朗桥	加钗农场—大朗小学	15.00	小桥	2006
毛限桥	加钗农场—大朗小学	16.00	小桥	2003
那柏桥	加钗农场—大朗小学	25.10	小桥	2001
什旦桥	加钗农场十六队—朝根村委会	7.00	小桥	1982

二、涵洞

至2010年，琼中县国道、省道、县道建成永久性公路涵洞1045道，总长15378.61米。其中：国道公路242道，长5211.61米；省道公路428道，长6920.7米；县道公路375道，长3246.3米。

桥涵均为钢筋水泥灌注，空心板结构，坚固稳定。

三、渡口

琼中县历史上没有成规模的水上运输。

2010年6月2日，琼中县交通运输局成立水路运输管理所。同年，投入71.72万元，建设和平坡村渡口、长征辉草渡口、乘坡渡口3个渡口。

第三节 公路管养

为了加强农村公路建设与养护管理，经海南省人大常委会批准，琼中县于2008年8月颁布《琼中县农村公路条例》，这是海南省第一部市县农村公路建设养护管理的地方性法规。

《海南日报》及中央电视台第一频道相继报道了琼中县农村公路建设的情况。2008年2月交通部原副部长黄先耀、2009年2月交通运输部副部长冯正霖、2009年8月交通运输部公路局副局长李睿等先后考察琼中县农村公路建设情况。

2006—2010年，琼中县交通运输局连续5年被省公路管理局评为全省农村公路建设先进单位。

至2010年，琼中县接管公路里程619.388公里。其中：国道70公里、省道132.948公里、县道112.4公里、乡村道304.04公里。国道、省道、县道共设有16个道班——新伟道班、三十三道班、长征道班、绿南道班、什白道班、红岛道班、岭头道班、红岭道班、罗返道班、太平一道班、太平二道班、朝参道班、长安道班、长兴道班、长沙道班、坡寨道班，共有道班养护人员189人。其余农村公路由所在乡镇养护。

琼中公路分局始终贯彻落实"畅通主导、安全至上、服务为本、创新引领"16字养护方针，对养护道班的管理，在不同时期采取不同的管理模式。20世纪90年代主要实行"定额包干、以分计酬"的管理方式，实行全员劳动合同制度。人员组合方面实行"班长选班员、班员选班长"，达到最佳组合，提高劳动效率。2010年，道班管理模式主要实行按照管养里程和定员人数计划投资、每月下达生产任务、月度检查验收的模式，工程技术人员分片包点，负责养护生产工作的督促和指导。

2007—2010年，琼中县交通运输局连续4年被省公路管理局评为农村公路养护工作先进单位。

1995—2010年琼中县省养公路绿化情况一览表

表4-6

年份	种树(万株)	种花(万株)	投资(万元)
1995	2.1	0	3
1996	2.5	0	3
1997	3.1	0	3
1998	3	0	3
1999	3.5	0	3
2000	3	0	3
2001	4	0	4
2002	4.2	0	4
2003	4.5	0	4
2004	10	42.5	49
2005	5	26	27
2006	0	10.8	10.1
2007	0	8.5	8
2008	0	5.2	5
2009	0	10.5	10
2010	0	3.7	3

注:1991—1994年无绿化记录

第四节 交通管理

一、机构

琼中公路分局是海南省公路管理局下属事业单位,负责琼中县境内省养公路的养护与管理工作。琼中公路分局的前身是琼中县公路工区。1989年琼中县公路工区更名为海南省公路局琼中黎族苗族自治县分局,1996年5月23日撤销海南省公路局琼中黎族苗族自治县分局。2009年3月31日恢复设立海南省公路管理局琼中公路分局,单位性质为自筹经费的正科级事业单位。至2010年,琼中公路分局内设工会、办公室、计划财务股、生产技术股、机械材料股和路政保卫股6个业务股室,下属20个养护道班,1个机械维修班、1个路面维修班和1个材料管理班,在职职工259人,离退休人员166人,初级、中级、高级、技师养护人员199人,专技人员10人,具有公路养护工程施工二类(乙级)、三类(甲级)资质。

1989—1991年间,琼中公路分局三十三道班先后被交通部评为"全国交通系统先进单位""全国公路系统优秀养护道班""全国两个文明先进单位";1994年,蓝保才被国务院授予"全国劳动模范"称号,同年,三十三道班被全国总工会授予"全国先进班组"称号;2003年,琼中公路分局被省交通运输厅评为"养护体制改革先进单位",被省团委评为省青年"五四"红旗团支部,同年,李家友被全国总工会授予"五一劳动奖章",大边道班被全国总工会评为"全国先进女职工集体",被省委、省政府评为"全国文明样板路";2004年,琼中公路分局被省文明委评为"青年文明号";2005年,琼中公路分局被省委、省政府评为"省防风救灾先进单位",同年,李强被国务院授予"全国先进工作者"称号;2007年,琼中公路分局被省委、省政府评为"海南省文明单位",同年,吴开义被交通部授予"全国农村公路调查先进个人"称号;2009年,林鸿飞被海南省交通运输厅授予"技术创新标兵"称号;2010年,陈允裕被海南省交通运输厅授予"养护标兵"称号。

二、路政管理

1991年,琼中公路分局仅有路政人员4人,路政管理工作主要是查处公路沿线乱放、摆摊设点行为,查处影响道路畅通的违章建筑,维护路产路权。1997年7月《中华人民共和国公路法》颁布实施后,路政管理工作进一步加强。至2010年,路政执法人员7人,配备执法车辆2辆。公路路政部门积极开展工作,依法对公路实施管理,规范执法行为,维护公路安全畅通。2006—2010年,公路路政部门共查处损坏路产案件76起,许可审批18起,治理超限车辆5134辆(起),路政案件查处率100%,结案率100%,路政补偿费收入226.83万元。

第五节 海汽集团琼中分公司

1991年,琼中汽车站位于琼中县营根镇海榆路119号,有员工80人,有客运车辆30辆,每天发班约80个班次,省内客运线路7条,县内客运线路有营根至思河、太平、新进、毛阳等4条。

1994年,琼中汽车站实行单车承包经营制度,稳住客运主业。2000年,恢复公车经营,同年12月,根据客运市场需求情况,琼中车站先后投入320多万元,购置4辆豪华空调“海汽快车”,经营琼中至海口线路,“海汽快车”增加客车班次,从2小时一班调整为1小时一班,增加了客运市场份额。

1996年,琼中汽车站改名为海南省汽车运输总公司琼中公司。2004年通过ISO9001:2000质量管理体系认证。2005年1月,琼中汽车站进站经营发班车辆达112辆。

2007年12月,企业改制,更名为海南海汽运输集团有限公司琼中分公司(以下简称海汽琼中分公司),是一家以道路旅客运输为主业,兼营货物快递、汽车维修等多元化的运输企业,公司由综合部、计财部、经营发展部、治安办、站务部、快递部、车队、维修厂8个部门组成,有员工110人,补票验票点2个。

2009年9月27日,琼中汽车站搬迁至海榆路县城2号新区,正式开业营运。新车站占地面积27133.3平方米,建筑面积2434平方米,站前广场面积1148平方米。站内设有16个发车位,还设有候车大厅、售票大厅、快递部、站务部、司乘人员休息室、治安室、广播室、质询服务处、失物招领处等。每天发班120个班次,发往省内班车有琼中至海口、三亚、那大、金江、陵水、五指山、琼海、文昌、万宁等线路,发往县内的有县城至和平、中平、太平、什运、乌石、阳江、腰子等乡镇与农场,日客流量达到2000人次,高峰期可达5000人次。

2010年,公司有员工130人,有营运车辆45辆,其中海汽快车15辆,跨市县客运班线12条,即琼中至海口、三亚、那大、金江、陵水、五指山、琼海、文昌、万宁以及太平至海口、太平至陵水、中平至海口;县内区间客运线路5条,即琼中至加钗、长征、红毛、南茂、上安仕阶村等线路。琼中汽车站每天发班约125个班次,年发送旅客约79万人次。公司于2000年开通海汽快递业务,海汽快递主营业务为海汽快递,依托海汽集团完善的班线车运营网络和汽车站点,服务网络遍及全省各市县、各省外部分地区。2010年,公司快递业务发货量约1.6万件,发货营收约17万元;收货1.5万件,收货营收约16万元。

第六节 海南耀兴运输集团有限公司琼中分公司

海南耀兴运输集团有限公司琼中分公司（以下简称“耀兴琼中分公司）成立于2009年2月26日，是中国500强企业郑州宇通客车股份有限公司和海南海汽运输集团股份有限公司控股(非公有制企业)的 海南耀兴运输集团有限公司下属企业。公司主要从事县内班车客运，还涉及出租客运、汽车修理等业务，是琼中县主要道路客运企业之一，其营运线路几乎遍及全县各乡镇黎苗寨，2009年之初，海南耀兴运输集团有限公司根据琼中县当时县内乡镇班线客车多数是社会个体经营，车辆车况差，管理不规范，服务质量差，车辆经营期限将到期，不适应社会客运需要的情况，在县政府和交通主管部门的大力支持下，于2009年2月份成立耀兴琼中分公司，把当时个体经营的几十辆社会客车收入公司，实行公司化经营。从2009年下半年开始，耀兴琼中分公司逐渐淘汰到期旧车，更新宇通客车，至2011年初，公司营运线路达13条，主要有营根至乘坡、太平、思河、阳江、上安、长兴、什运、中平、湾岭、大丰、大墩、南流、长流水等，营运客车34辆，客位达612位，年客运量达67.96万人次。

在经营体制上，公司成立之时，营运车为社会个体车辆，为个人所有。2009年下半年起，公司开始更新车辆，实行车辆产权清晰、线路经营所有权分明的公司化经营，经营方式为责任承包经营，消除了挂靠经营。在经营管理上，原经营车主个人管理，不进站，在街道边乱停乱靠拉客，乱收票价，竞争激烈。2009年下半年公司进行整治，规范管理，引导车辆进站经营。从2010年起，在交通部门的领导下，所有营运车辆进站规范经营，同一线路车辆，实行内部滚动发班，统一排班，统一管理，消除了恶性竞争。

第二章 电 力

第一节 发 电

琼中县水能资源丰富，是南渡江、昌化江、万泉河三大河流的发源地，境内有大小河流241条，主要河流有腰子河、大边河、乘坡河和什运河，分别发源于鹦哥岭、黎母山、五指山和吊罗山。水能理论蕴藏量约21万千瓦，可利用量约11.3万千瓦。改革开放前，琼中县电力工业很落后，电源极度缺乏，电网设施建设基础薄弱。

1991—2010年间，国家实施农村电网一、二期建设与改造工程，极大地促进了水电资源的开发利用，截至2010年，琼中县小水电站有45座，装机容量已达5.093万千瓦，年发电量11751万千瓦时。琼中县小水电站大多是径流水电站，地点分散，装机容量较小，发电量和出力受来水限制，丰水期(5—10月)满发电，除供琼中县用电外，富余电量从110千伏营根变电站110千伏营根至屯昌线路、110千伏乘坡变电站110千伏乘坡至红石线路输送到省大电网，枯水期(11月至次年4月)倒用省大电网的电。具有蓄水调节功能的水电站有3座：辉草水电站，装机容量1400千瓦，年发电量521.59千瓦时；加钗水电站，装机容量2120千瓦，年发电量437.801千瓦时；吊灯岭水电站，装机容量6400千瓦，年发电量936.642千瓦时。

2010年琼中县小水电站情况统计表

表4-7

序号	电站名称	所在地点	规模(千瓦)	年发电量(万千瓦时)	投产年度	备注
1	红口溪电站	营根镇	200	65.0376	2000	改建
2	辉草电站	营根镇辉草	1400	521.59	2004	改建

续表1

序号	电站名称	所在地点	规模(千瓦)	年发电量(万千瓦时)	投产年度	备注
3	加钗电站	营根镇	2120	437.801	2000	改建
4	高峰电站	营根镇高峰村	500	100.9166	2004	—
5	岭头茶场电站	营根岭头红岭村	1000	221.2879	2002	改建
6	亲冒电站	长征农场	570	160.9056	2001	—
7	青竹湾电站	乘坡农场	720	170.3438	2010	改建
8	和兴电站	和平镇长沙村	500	96.608	2006	—
9	岭头电站	湾岭镇大墩村	800	193.2409	2004	—
10	鹦哥岭四、五级站	红毛镇	1880	28	2010	改建
11	罗解电站	红毛镇	720	163.7378	2010	改建
12	什寒电站	红毛镇牙寒村	1260	282.012	2003	—
13	毛西水电站	红毛镇毛西村	1500	347.292	2006	—
14	高堤电站	吊罗山乡高堤村	800	194.7811	2010	改建
15	太平电站	吊罗山乡曙光村	1920	258.65	2005	改建
16	龙江水电站	吊罗山乡	1300	346.58	2005	—
17	泰平电站	吊罗山乡	1000	350.418	2004	—
18	明发电站	吊罗山乡高堤村	800	343.4895	2006	—
19	长流河水电站	吊罗山乡什富村	960	318.996	2004	—
20	马场电站	上安乡马场	250	90.3243	2003	—
21	朝阳电站	上安乡什育南村	800	281.0236	2005	—
22	鹦哥岭二、三级站	红毛镇	2060	400	2010	改建
23	河南电站	上安乡	800	267.902	2005	—
24	长征电站	上安乡	1500	556.588	2006	改建

续表2

序号	电站名称	所在地点	规模(千瓦)	年发电量(万千瓦时)	投产年度	备注
25	万泉电站	上安乡	800	160.0672	2006	—
26	龙源电站	上安乡	800	245.3767	2006	—
27	长安水电站	上安乡	3200	765.645	2005	—
28	黎明电站	中平镇黎明村	800	201.6825	2004	改建
29	合口电站	中平镇	2760	679.396	2001	改建
30	宏吉电站	阳江农场	250	18.6608	2002	改建
31	阳江电站	阳江农场	850	183.668	2000	改建
32	李民水电站	新进农场	250	42.6856	2005	改建
33	山西电站	新进农场	560	48.3168	2004	—
34	银河水电站	大丰农场	4000	714.9175	2005	—
35	天河甲极电站	大丰农场	250	58.376	2006	—
36	牙挽电站	红毛镇牙挽村	1200	203.9352	2004	—
37	新伟电站	红毛新伟农场	785	47.733	2010	改建
38	强生电站	什运乡	250	76.9804	2006	—
39	隆丰水电站	和平镇合口村	1000	318.426	2004	—
40	什晏水电站	乘坡农场	500	109.2053	2005	—
41	大浪水电站	上安乡	800	204.1878	2007	—
42	吊灯岭水电站	湾岭镇大墩村	6400	936.642	2010	—
合计			50930	117581	—	—

第二节 供 电

1995年6月,海南电网公司接管县级供电企业并入统一管理时,琼中供电公司的供电资产仅为247.784万元,只有1座35千伏变电站,单台主变容量5000千伏安,35千伏线路1条46公里,只负责县城营根镇及郊区的供电,用电基数小,1999年用电量仅为553万千瓦时。其余各乡镇均由地方或农场小水电站自给自供。全县大部分地区靠煤油灯照明。1998—2008年陆续接收乡镇、农场小水电站的供电区域,各小水电站不再有各自供电区域,所发电量直接销售给省大电网,由琼中供电公司统一负责全县的供电。

1999—2010年期间,国家加大投资力度,琼中县委县政府先后实施第一期农村电网建设与改造工程、第二期农村电网建设与改造工程、农村电网完善工程、无电地区电力建设工程、新增中央预算内投资工程、林区林场及自然保护区电网改造工程、中央投资中西部农网完善工程、中央扩大内需投资农网完善工程,琼中电网建设取得快速发展。截至2010年,全县有110千伏变电站2座,主变3台,总容量9.15万千伏安;35千伏变电站9座,主变12台,总容量5.5万千伏安;110千伏线路2条共91.01公里(不含在建项目);35千伏线路11条,共212.35公里;10千伏线路53条,总长度1137.35公里,其中公用线路34条共1012.54公里,专用线路19条共124.81公里。配电变压器1201台,总容量4.543万千伏安,其中公变921台,容量4.26万千伏安,专变280台,容量0.283万千伏安。形成以110千伏和35千伏线路为主网架,以10千伏线路、0.4千伏线路为配网架的供电网络。供电能力和供电质量大幅提高,基本满足全县生产生活用电需求。

一、110千伏变电站

110千伏营根变电站位于营根镇,2000年10月投运。主变1台容量20000千伏安,主变1台容量40000千伏安,35千伏出线间隔5个,10千伏出线间隔6个。主要供电县城及周边郊区,供小水电上网。

110千伏乘坡变电站位于和平镇,2010年12月投运。主变1台容量31500千伏安,35千伏出线间隔2个,10千伏出线间隔6个。主要供电长征镇、长征农场、和平镇、乘坡农场等地区,供小水电上网。

二、35千伏变电站

35千伏红口溪变电站位于营根镇,1990年1月投运。主变1台容量5000千伏安,10千伏出线间隔10个。主要供电县城及周边郊区。

35千伏乌石变电站位于湾岭镇乌石农场,2001年6月投运。主变1台容量3150千伏安,主变1台容量6300千伏安,10千伏出线间隔7个。主要供电湾岭、乌石农场。

35千伏阳江变电站位于阳江农场,2002年4月投运。主变1台容量4000千伏安,主变1台容量3150千伏安,10千伏出线间隔6个。主要供电松涛乡、黎母山镇、阳江农场、大丰农场等地区。

35千伏上安变电站位于上安乡,2003年6月投运。主变1台容量8000千伏安、主变1台容量4000千伏安,10千伏出线间隔8个。主要供电吊罗山、上安乡地区。

35千伏合口变电站位于中平镇,2003年9月投运。主变1台容量4000千伏安,10千伏出线间隔4个。主要供电中平镇、南方农场地区。

35千伏新进变电站位于新进农场,2004年7月投运。主变1台容量2500千伏安,10千伏出线间隔6个。主要供电新进农场。

35千伏吊罗山变电站位于吊罗山乡,2004年11月投运。主变1台6300千伏安,10千伏出线间隔8个。主要供电吊罗山乡、太平农场。

35千伏红毛变电站位于罗解电站农场处,2008年11月投运。主变1台容量6300千伏安,10千伏出线间隔8个。主要供电红毛镇、新伟农场。

35千伏鹦哥岭变电站位于什运乡,2007年11月投运。主变1台容量1000千伏安,10千伏出线间隔4个。主要供电什运乡。

三、110千伏输电线路

110千伏屯营线由110千伏屯昌变电站出线,进入110千伏营根变电站。

110千伏红乘线由万宁红石220千伏红石变电站出线,进入110千伏乘坡变电站。

110千伏乘营线由110千伏乘坡变电站出线,进入110千伏营根变电站。在建工程,2010年11月开工建设,计划2011年9月竣工。

四、35千伏输电线路

35千伏营溪红挽英线由110千伏营根变电站出线,途经35千伏红口溪变电站、红毛变电站35千伏牙挽水电站升压站,进入35千伏鹦哥岭变电站。

35千伏营乌线由110千伏营根变电站出线,进入35千伏乌石变电站。

35千伏乌新银蓄阳线由35千伏乌石变电站出线,途经35千伏新进变电站、35千伏黎母山银河水电站升压站、35千伏抽水蓄能电站,进入35千伏阳江变电站。

35千伏营上I线由110千伏营根变电站出线,进入35千伏上安变电站。

35千伏南合线由35千伏南吕变电站出线,进入35千伏合口变电站。

35千伏英毛线由35千伏鹦哥岭变电站出线,途经35千伏萤石用户站,进入35千伏毛阳变电站。

35千伏上罗线由35千伏上安变电站出线,进入35千伏吊罗山变电站。

35千伏营上II线由110千伏营根变电站出线,进入35千伏上安变电站。

35千伏合红线由35千伏合口变电站出线，进入红岭水库用户电站。

35千伏营吊线由110千伏营根变电站出线，途经35千伏乌石变电站，进入35千伏吊灯岭水电站升压站。

35千伏乌华线由35千伏乌石变电站出线，进入35千伏华盛用户变电站。

五、配电线路

至2010年，10千伏配电线路共有53条，总长度1137.35公里，其中公用线路34条共1012.54公里，专用线路19条共124.81公里。

六、配电变压器

至2010年，10千伏配电变压器共有1201台，总容量4.543万千伏安，其中公用台数921台，容量4.26万千伏安，专用台数280台，容量0.283万千伏安。

七、供电设备运行

（一）110千伏输电线路运行方式

屯昌站110千伏屯湾线送电至湾岭站，湾岭站110千伏湾营线Π接送电至营根站；220千伏红石站110千伏红乘线送电至乘坡站，乘坡站110千伏乘营线Π接送电至营根站。正常方式下110千伏屯湾线、湾营线与110千伏红乘线、乘营线合环运行。

（二）110千伏变电站运行方式

1.110千伏营根站运行方式

110千伏营根站主变运行方式由#1变（20兆伏安）高压侧、中压侧与#2变（40兆伏安）高压侧、中压侧并列带35千伏上安线、上安Ⅱ线、乌石线、营毛线和营吊线运行，35千伏上安线、上安Ⅱ线为双回线路，正常方式时并列运行；#1变低压侧10千伏母线带10千伏营根Ⅰ线、营根Ⅱ线、营根Ⅲ线、联络Ⅰ线运行，10千伏营根路线冷备用；#2变低压侧热备用，低压侧备自投压板投入。该站10千伏联络Ⅰ线与35千伏红口溪站联络，正常方式时营根站侧运行，红口溪站侧备用。

2.110千伏乘坡站运行方式

110千伏乘坡站主变（3.15兆伏安）中压侧35千伏母线带35千伏乘坡水电站线运行，低压侧10千伏母线带10千伏和长线、和平墟线、加峒线、五队线、十三队线和青竹湾水电站线运行。该站10千伏和长线与35千伏红口溪站10千伏长征线长和支线（137#杆）联络，正常方式时联络开关断开。

3.35千伏输电线路运行方式

（1）35千伏乌石站、上安站、鹦哥岭站从110千伏营根站35千伏乌石线、上安线及上安Ⅱ线（双回线）、营毛线接入电源；35千伏红口溪站、红毛站通过营毛线（营溪红挽英线）T接入电源。35千伏阳江站从35千伏乌石站35千伏乌新银蓄阳线Π接入电源，35千伏新进站、抽水蓄能用户站从35千伏乌新银蓄阳线T接入电源。35千伏吊罗山站从35千伏上安站35千伏上罗线Π接入电源。35千伏合口站从35千伏屯昌南吕站35千伏南合线接入电源。

(2)35千伏乌石站35千伏湾乌华线与110千伏湾岭站联络,正常方式时湾岭站侧运行,乌石站侧备用。35千伏阳江站35千伏阳兰线与35千伏兰洋站联络,正常方式时兰洋站侧运行,阳江站侧备用。35千伏鹦哥岭站35千伏英毛线与35千伏毛阳站联络,正常方式时鹦哥岭站侧运行,五指山毛阳站侧备用。

4.35千伏变电站运行方式

35千伏乌石站运行方式。35千伏乌石站#1主变(3.15兆伏安)和#2主变(6.3兆伏安)高压侧并列运行带35千伏母线及35千伏营乌线、35千伏乌新银蓄阳线运行,35千伏湾乌华线冷备用;#1主变低压侧带10千伏Ⅰ段母线及乌石Ⅰ、乌石Ⅱ线、里佳线运行,#2主变低压侧带10千伏Ⅱ段母线及湾岭线、胶厂线、大平线运行。35千伏湾乌华线与110千伏湾岭站联络,正常方式时湾岭站侧运行,乌石站侧备用。

35千伏新进站运行方式。35千伏新进站#1主变(2.5兆伏安)低压侧带10千伏母线及三区线、场部线、一区线、四区线、水电站线运行。该站10千伏三区线新村支线与35千伏阳江站10千伏黎母山镇线阳黎支线联络,正常方式时联络开关断开。

35千伏阳江站运行方式。35千伏阳江站#1主变(3.15兆伏安)和#2主变(4兆伏安)高、低压侧并列运行,35千伏母线带35千伏乌新银蓄阳线运行,35千伏阳兰线热备用,35千伏进线备自投投入;10千伏母线带黎母山镇线、松涛线、阳江水电站线、阳江场部线、大丰农场线运行。该站10千伏黎母山镇线阳黎支线与35千伏新进站10千伏三区线新村支线联络,正常方式时联络开关断开。

35千伏红口溪站运行方式。35千伏红口溪站#1主变(5兆伏安)低压侧带10千伏母线及南丰线、辉草水电站线、牧场线、污水处理厂线、加钗水电站线、高峰线、金光制药厂线、岭头线、长征线运行,10千伏营溪联络I线冷备用。10千伏营溪联络I线与110千伏营根站联络,正常方式时营根站侧运行,本站侧备用。

35千伏红毛站运行方式。35千伏红毛站#1主变(6.3兆伏安)低压侧带10千伏母线及罗解水电站线、新伟农场线、红毛线、皇阳线、什寒水电站线、毛西水电站线运行。

35千伏鹦哥岭站运行方式。35千伏鹦哥岭站#1主变(4兆伏安)带35千伏Ⅰ段母线及35千伏营溪红挽英线、35千伏英毛线运行;主变低压侧带10千伏母线及什运乡线、红Ⅰ线、鹦哥岭五级水电站线、纸厂线运行。35千伏英毛线与35千伏毛阳站联络,正常方式时鹦哥岭站侧运行,五指山毛阳站侧备用。

35千伏上安站运行方式。35千伏上安变电站#2主变(8兆伏安)和#1主变(4兆伏安)高压侧并列运行带35千伏母线及35千伏营上Ⅰ线、35千伏营上Ⅱ线及35千伏上罗线运行;#1主变低压侧带10千伏Ⅰ段母线及上安墟线、长征水电站线、马场水电站线运行,#2主变低压侧带10千伏Ⅱ段母线及龙源水电站线、新丰线、长安水电站线运行。

35千伏吊罗山站运行方式。35千伏吊罗山站#1主变(6.3兆伏安)和#2主变(6.3兆伏安)高压侧并列运行带35千伏母线及35千伏上罗线运行;#1主变低压侧带10千伏Ⅰ段母线及明发水电站线、泰平水电站线、吊罗山乡线、龙江水电站线运行,#2主变低压侧带10千伏Ⅱ段母线及长流河水电站线、曙光水电站线运行。

35千伏合口站运行方式。35千伏合口站#1主变(4兆伏安)高压侧带35千伏母线及35千伏南合线、合红线及丹村水电站线运行;低压侧带10千伏母线及中平镇线、合口水电站线、黎明水电站线运行。

八、供电指标

在保障优质高效电能上,从提高供电可靠率和改善电压质量入手。随着农村经济提升和政府惠民政策的落实,农村群众收入明显增加,空调、电饭煲、冰箱等家用电器已逐步普及,农村地区用电负荷增长势头逐年加快。作为县行政区域内唯一一家供电企业——琼中供电公司,本着"细致规划,合理布局"的原则,组织生产、营销技术人员对电压质量差的台区和线路进行实地调研和检查,精心编制农村配电网改造项目,重点将农网改造不彻底、配变容量小、线路供电半径大以及末端电压低的供电台区列入整改计划。采取多种措施,结合配网技改、农网完善和标准化台区建设等,统一进行改造,切实解决农村用户低电压的难题,供电能力和电能质量有了很大提高。2010年售电量7840万千瓦时,城镇供电可靠率99.9212%、农村供电可靠率99.6797%,综合电压合格率93.43%。

2002—2010年琼中供电指标统计表

表4-8

年份	最高负荷（万千瓦）	供电量（万千瓦时）	售电量（万千瓦时）	线损率（%）	供电可靠率
2002	7.2	2196	1821	17.06	城镇99.9143% 农村99.9694%
2003	7.7	2995	2533	15.43	城镇99.9237% 农村99.97025%
2004	8.1	3670	3108	15.97	城镇99.9324% 农村99.7147%
2005	8.9	4872	4148	14.87	城镇99.9454% 农村99.7241%
2006	13.0	5659	4833	14.60	城镇99.9473% 农村99.7374%

续表1

年份	最高负荷（万千瓦）	供电量（万千瓦时）	售电量（万千瓦时）	线损率（%）	供电可靠率
2007	13.88	6121	5236	14.46	城镇99.9497% 农村99.6436%
2008	17.60	7021	5992	14.66	城镇99.8354% 农村99.7969%
2009	18.65	7890	6788	13.96	城镇99.9050% 农村99.7536%
2010	20.85	9050	7840	13.38	城镇99.9212% 农村99.6797%

九、台风抢险

2005年9月26日凌晨4时左右，第18号台风“达维”在万宁山根镇沿海地区登陆，最高风速超过55米/秒，相当于16级台风。这是海南省32年来罕见的最强台风，对海南影响十分巨大，引发电厂连续跳机解列，最终于9月26日凌晨1时26分导致系统瓦解，造成全省范围的大面积停电，给海南省电力设施造成严重破坏。琼中县电网受到的破坏也是历史罕见。据统计，35千伏线路有安全隐患电杆1基(山体滑坡威胁到电杆安全)；10千伏线路断杆139基；0.4千伏线路断杆44基；10千伏倒杆463基，0.4伏倒杆94基；10千伏断线249处，0.4千伏断线44处。10千伏配电变压器损失9台。10千伏避雷器损坏46个；0.4千伏避雷器3个，直接经济损失128万元。

在县委、县政府及海南电网公司的领导下，琼中供电公司立即启动防汛应急预案，迅速组织力量全力抢修，克服山体滑坡、道路被堵、桥梁水毁、物资运送不便、树障清理难等诸多困难，发扬不怕苦、不怕累、连续作战的精神，9月27日晚6时，县城和湾岭、黎母山、阳江、上安、吊罗山乡镇政府及阳江、新进农场场部恢复送电，9月28日，全县乡镇机关和垦区农场场部恢复送电，10月8日全县行政村、自然村恢复正常供电。

第三节　电网建设与改造

1998年，改造红岛乡、什运乡和上安乡的供电线路。1999年琼中县实施“两改一同价”(农电体制改革、农村电网改造、城乡用电同网同价)工作，琼中电网建设掀开崭新的一页。特别是加入南方电网后，琼中供电局借助集团化运作、精细化管理和标准化建设，加快了琼中电网的发展。1999—2002年，琼中县一期农村电网建设与改造工程共完成449个项目，投资2662.719万元；2002—2007年，琼中县二期农村电网建设与改造工程共完成756个项目，投资4059.102万元；2003—2007年，琼中县县城电网建设与改造工程共完成35个项目，投资1106.646万元；2007—2008年，琼中县农村电网完善工程共完成515个项目，投资4583.65万元。1999—2008年国家共投入12412.12万元专项资金对琼中县农村电网进行建设与改造。

国家投入专项农村电网建设与改造情况表

表4-9

<table>
<tr><th rowspan="2">序号</th><th rowspan="2">项目类别</th><th rowspan="2">项目数量（项）</th><th colspan="2">主要内容</th><th rowspan="2">投资金额（万元）</th></tr>
<tr><th>变电容量（千伏安）</th><th>线路长度（公里）</th></tr>
<tr><td colspan="6">一、一期农网</td></tr>
<tr><td>1</td><td>110千伏项目</td><td>0</td><td>—</td><td>—</td><td>—</td></tr>
<tr><td>2</td><td>35千伏项目</td><td>2</td><td>6300</td><td>53</td><td>413.007</td></tr>
<tr><td>3</td><td>10千伏项目</td><td>308</td><td>8795</td><td>326.081</td><td rowspan="2">2249.712</td></tr>
<tr><td>4</td><td>0.4千伏项目</td><td>139</td><td>—</td><td>110.184</td></tr>
<tr><td colspan="2">小计</td><td>449</td><td>15095</td><td>489.265</td><td>2662.719</td></tr>
<tr><td colspan="6">二、二期农网</td></tr>
<tr><td>1</td><td>35千伏项目</td><td>2</td><td>8000</td><td>70.6</td><td>482.677</td></tr>
<tr><td>2</td><td>10千伏项目</td><td>364</td><td>1122</td><td>339.839</td><td rowspan="2">3576.425</td></tr>
<tr><td>3</td><td>0.4千伏项目</td><td>390</td><td>—</td><td>309.133</td></tr>
<tr><td colspan="2">小计</td><td>756</td><td>9122</td><td>719.572</td><td>4059.102</td></tr>
<tr><td colspan="6">三、县城网</td></tr>
<tr><td>1</td><td>110千伏及以上项目</td><td>0</td><td>—</td><td>—</td><td>—</td></tr>
<tr><td>2</td><td>35千伏项目</td><td>0</td><td>—</td><td>—</td><td>—</td></tr>
<tr><td>3</td><td>10千伏项目</td><td>11</td><td>5605</td><td>27.971</td><td>1106.646</td></tr>
</table>

续表1

序号	项目类别	项目数量(项)	主要内容		投资金额(万元)
			变电容量(千伏安)	线路长度(公里)	
4	0.4千伏项目	24	—	36.425	—
小计		35	5605	64.396	1106.646
四、农网完善					
1	10千伏项目	163	—	281.21	4583.65
2	0.4千伏项目	352	13030	461.80	—
小计		515	13030	743.01	4583.65
合计		1755	42852	2016.243	12412.12

2008—2010年间,先后实施了新增中央预算内投资工程(2008年)、林区林场及自然保护区电网改造工程(2009年)、第三批中央投资中西部农网完善工程(2009年)、中央扩大内需投资农网完善工程第一批工程(2010年)、中央扩大内需投资农网完善工程第二批工程(2010年),共投资3538.27万元对琼中县农村电网进行建设与改造,琼中地区电网结构不断完善。

至2010年,全县有110千伏营根变电站、110千伏乘坡变电站2个电源点,35千伏毛阳变电站、35千伏阳江变电站、35千伏合口变电站3个电源点,形成以110千伏和35千伏线路为主网架、以10千伏线路、0.4千伏线路为配网架的供电网络。供电能力、供电可靠性和供电质量大幅提高,为琼中县域经济持续快速发展提供了可靠的电力保障。

一、主网建设

(一)变电站项目

110千伏营根输变电工程占地面积13965平方米,由海南省电力设计院设计兴建,2000年10月投运。站内安装变压器1台,安装变压器1台,真空断路器1台,隔离刀闸2组,35千伏出线间隔5个,10千伏出线间隔6个,110千伏线路长度46.51公里。

110千伏乘坡输变电工程占地面积12567平方米,由海南省电力设计院设计兴建,2010年12月投运,站内安装变压器一台,真空断路器1台,隔离刀闸1组, 35千伏出线间隔2个,10千伏出线间隔6个,110千伏线路长度44.5公里。

35千伏红口溪变电站项目占地面积1300亩,由海南省电力设计院设计兴建,1990年1月投运。站内安装变压器一台,真空断路器1台,隔离刀闸1组,10千伏出线间隔10个。

35千伏乌石变电站项目占地面积2150平方米,由海南省电力设计院设计兴建,2001年6月投运。站内安装变压器2台,真空断路器2台,隔离刀闸2组,10千伏出线间隔7个。

35千伏阳江变电站项目占地面积1255平方米,由海南省电力设计院设计兴建,2002年4月投运。站内安装变压器2台,真空断路器2台,隔离刀闸1组,10千伏出线间隔6个。

35千伏上安变电站项目占地面积1250平方米,由海南省电力设计院设计兴建,2003年6月投运。站内安装变压器2台,真空断路器2台,隔离刀闸2组,10千伏出线间隔8个。

35千伏合口变电站项目占地面积887平方米,由海南省电力设计院设计兴建,2003年9月投运。站内安装变压器一台,真空断路器1台,隔离刀闸1组,10千伏出线间隔4个。

35千伏新进变电站项目占地面积1887平方米,由海南省电力设计院设计兴建,2004年7月投运。站内安装变压器1台,真空断路器1台,隔离刀闸1组,10千伏出线间隔6个。

35千伏吊罗山变电站项目占地面积1780平方米,由海南省电力设计院设计兴建,2004年11月投运。站内安装变压器2台,真空断路器2台,隔离刀闸2组,10千伏出线间隔8个。

35千伏红毛变电站项目占地面积1360平方米,由海南省电力设计院设计兴建,2008年11月建成投运。站内安装变压器1台,真空断路器1台,隔离刀闸1组,10千伏出线间隔8个。

35千伏鹦哥岭变电站项目占地面积800平方米,由海南省电力设计院设计兴建,2010年5月建成投运。站内安装变压器1台,真空断路器1台,隔离刀闸1组,10千伏出线间隔4个。

1991—2010年琼中县35千伏变电站统计表

表4-10　　　　　　　　　　　　　　　　　　　　　　单位:千伏安、个

序号	变电站名称	地点	主变容量	10千伏出线间隔	建成时间
1	35千伏红口溪变电站	营根镇	5000	10	1990.1
2	35千伏乌石变电站	湾岭镇	1#3150 2#6300	7	2001.6
3	35千伏阳江变电站	阳江农场	1#4000 2#3150	6	2002.4
4	35千伏上安变电站	上安乡	1#8000 2#4000	8	2003.6
5	35千伏合口变电站	中平镇	4000	4	2003.9
6	35千伏新进变电站	新进农场	2500	6	2004.7
7	35千伏吊罗山变电站	太平农场	1#6300 2#6300	8	2004.11

续表1

序号	变电站名称	地点	主变容量	10千伏出线间隔	建成时间
8	35千伏红毛变电站	红毛镇	6300	8	2008.11
9	35千伏鹦哥岭变电站	什运乡	4000	4	2010.5

(二)线路项目

110千伏屯昌至营根线路,长46.51公里,总投资2847.25万元,2000年10月投运。

110千伏红石至乘坡线路,长约44.5公里,总投资2786.18万元,2010年12月1日投运。

110千伏乘坡至营根线路,在建工程,2010年11月开工建设,总投资1589.03万元,长约29.2公里,计划2011年9月竣工。建成后将连接110千伏营根变电站与110千伏乘坡变电站,极大提高供电可靠性。

35千伏营溪红挽英线,长33.9公里,总投资846.85万元,2000年12月投运。

35千伏营乌线,长14公里,总投资256.85万元,2001年12月投运。

35千伏乌新银蓄阳线,长44.1公里,总投资442.33万元,2002年4月投运。

35千伏营上I线,长21公里,总投资264.05万元,2003年4月投运。

35千伏南合线,长17公里,总投资236.8万元,2003年9月投运。

35千伏英毛线,长15.7公里,总投资450万元,2003年12月投运。

35千伏上罗线,长11.3公里,总投资402万元,2004年11月投运。

35千伏营上II线,长21.3公里,总投资270.12万元,2006年7月投运。

35千伏合红线,长4.3公里,总投资126万元,2009年12月投运。

35千伏营吊线,长18.5公里,总投资544.39万元,2010年9月投运。

35千伏乌华线,长11.25公里,总投资531.57万元,2010年11月投运。

2010年35千伏以上输电线路统计表

表4-11　　单位:千米、万元

电压等级	序号	线路名称	线路长度	投资数额	投运时间
110千伏	1	110千伏屯营线	46.51	2847.25	2000.10
	2	110千伏乘红线	44.5	2786.18	2010.12
	3	110千伏营乘线	29.2	1589.03	在建
合计	—	—	120.21	7222.36	—

续表1

电压等级	序号	线路名称	线路长度	投资数额	投运时间
35千伏	1	35千伏营溪红挽英线	33.9	846.85	2000.12
	2	35千伏营乌线	14	256.85	2001.12
	3	35千伏乌新银蓄阳线	44.1	442.33	2002.4
	4	35千伏营上I线	21	264.05	2003.4
	5	35千伏南合线	17	236.8	2003.9
	6	35千伏英毛线	15.7	450	2003.12
	7	35千伏上罗线	11.3	402	2004.11
	8	35千伏营上II线	21.3	270.12	2006.7
	9	35千伏合红线	4.3	126	2009.12
	10	35千伏营吊线	18.5	544.39	2010.9
	11	35千伏乌华线	11.25	531.57	2010.11
合计	—	—	212.35	4370.96	—

二、配网建设

第一期农村电网建设与改造工程，1999年6月开工建设，2002年9月竣工。项目总投资2233.31万元。改造10千伏线路331.8公里，低压台区139个，0.4千伏线路110.2公里，更换（新增）配变246台，配变容量9095千伏安。

第二期农村电网建设与改造工程，2002年7月开工建设，2005年9月竣工。项目总投资3437.30万元。改造10千伏线路366.6公里，低压台区420个，0.4千伏线路313.3公里，更换（新增）配变301台，配变容量15520千伏安。

2006年和2007年农村电网完善工程，2008年4月开工，2009年9月竣工。项目总投资5022.58万元。改造10千伏线路362.29公里，低压台区361个，0.4千伏线路610.44公里，更换（新增）配变361台，配变容量15505千伏安。

无电地区电力建设工程，2008年8月开工，2009年9月竣工。项目总投资244.89万元。改造10千伏线路44.11公里，低压台区26个，0.4千伏线路34.3公里，更换（新增）配变25台，配变容量750千伏安。

2008年新增中央预算内投资工程，2009年4月开工，2010年5月竣工。项目总投资584.4万元。改造10千伏线路12.5公里，低压台区8个，0.4千伏线路9公里，更换（新增）配变8台，配变容量470千伏安。

2009年林区林场及自然保护区电网改造工程，2009年8月开工，2010年8月竣工。项目总投资135.3万元。改造10千伏线路11.5公里,低压台区5个,0.4千伏线路2.2公里,更换(新增)配变3台,配变容量70千伏安。

2009年第三批中央投资中西部农网完善工程,2009年10月开工,2010年10月竣工。项目总投资958.7万元。改造10千伏线路28.5公里,低压台区73个,0.4千伏线路56.78公里,更换(新增)配变25台,配变容量1700千伏安。

2010年中央扩大内需投资农网完善工程第一批,2010年6月开工,2011年8月竣工。项目总投资795万元。改造10千伏线路21.80公里,低压台区29个,0.4千伏线路28.76公里,更换(新增)配变7台,配变容量750千伏安。

2010年中央扩大内需投资农网完善工程第二批,2010年6月开工,2011年8月竣工。项目总投资1064.87万元。改造10千伏线路43.22公里,低压台区41个,0.4千伏线路37.47公里,更换(新增)配变41台,配变容量1710千伏安。

第四节 用 电

全县用电客户主要是工业企业、乡镇企业、党政机关和城乡居民以及农田排灌、农副产品加工用电。2002年全县用电量为1820万千瓦时,人均年用电量607千瓦时。城乡用电量不均衡,城镇人均用电远高于农村。至2010年,电力供应充足,保证了各行业的用电需求,全县用电量7839.78万千瓦时,人均用电量达2304千瓦时,比2002年同期增加1697千瓦时,上升379.6%。人均用电量增加的主要原因是工农业用电量上升。

一、工业用电

2002年,全县有各类工业企业42家,工业用电量321万千瓦时,占全县用电总量的17.65%。到2010年,全县各类工业企业达146家,工业用电量达2188.06万千瓦时,占全县总用电量7839.78万千瓦时的27.91%,工业企业仍是琼中县的用电大户。

二、农业用电

1999年后随着农电事业的发展,通电范围逐步扩大,用电水平不断提高,农村用电量逐年上升。2002年农业年用电量12.0267万千瓦时,占全县总用电量1820.98万千瓦时的0.66%。此后,农业用电发展迅速,农村不断进行农网改造,村委会农户通电率逐年提高。电价的降低和供电质量的提高,对启动农村电力市场、扩大内需发挥了积极作用。拉动了农电材料、家电农用机器销售市场,群众购买使用家用电器明显增加,活跃了市场;农村和农场的加工业得到发展,搞活了农村经济。至2010年,7088户城镇居民、26941户乡村居民全部通电,农业用电量高达64.1900万千瓦时,占全县用电量的0.8%,比2008年增长8倍。农业用电除一部分用于农田水利电力排灌外,大部分用于农副产品加工业。

三、城乡居民生活照明用电

2002年,城镇与农村居民生活照明用电量达940.32万千瓦时,人均用电409千瓦时。2010年全县城镇居民生活用电1063.55万千瓦时,人均用电1410千瓦时,农村居民生活年用电量2276.37万千瓦时,人均用电742千瓦时。

2002—2010年琼中县购售电情况一览表

表4-12　　单位:千瓦时、%

年度	购电量	售电量	线损率	水电站上网电量
2002	21955458	18209780	17.06	24058335
2003	29948281	25326575	15.43	35230310
2004	36984063	31077215	15.97	36686162
2005	48723265	41478259	14.87	61504821
2006	56592562	48329698	14.60	108672714
2007	61207062	52356517	14.46	117954321
2008	70208592	59916378	14.66	111008633
2009	78900113	67882310	13.96	155564388

第五节 电业管理

一、电力体制改革

1999年,琼中县实施“两改一同价”(农电体制改革、农村电网改造、城乡用电同网同价)工作,对电力管理体制进行适时调整。从政企不分到公司化改制,促进管理思路、管理模式、管理措施的与时俱进和不断更新,从自由管理到规范化管理。

1995年5月海南省电力体制改革,琼中县小水电公司加入海南电业股份有限公司,成为海南电业股份有限公司的子公司,更名为琼中电业公司;1999年,海南电业股份有限公司改组后,改为海南电业股份有限公司的子公司,更名琼中供电公司。2002年12月29日,南方电网公司成立,海南省电力公司部分资产剥离后划归南方电网公司,成为南方电网公司的全资子公司,2004年9月29日完成工商注册更名为海南电网公司,2004年10月16日正式挂牌并运作;琼中供电公司作为海南电网公司下属的分公司,于同年10月25日更名为海南电网琼中供电公司;2009年11月20日改称海南电网公司琼中供电局。

农电体制改革以前,琼中县农电管理体系不顺,琼中供电公司仅负责县城营根镇的供电,其他13个乡镇都由农场或地方小水电站供电。全县还有14个行政村,143个自然村用不上电。这些小水电站都有自己的供电区,各水电站之间各自为政,且供电质量不稳定,没有小水电的乡镇由邻近的农场就近供电。由于存在多家供电企业,互相挤占供电区域,争夺用户,造成无序竞争,供电秩序混乱,农户用电价格居高不下,一般都在1.5~3元/千瓦时不等,有些地方的电价高达4元/千瓦时,另外,由于一些小水电站都是径流电站,装机容量小,发电全靠降雨量,每逢枯水期,因缺水发电,往往在晚上6—8时发电供照明,其他时间都停电积水,供电可靠性和供电质量极差。

1998—2007年,琼中县14个乡镇(后合并为10个乡镇)撤销了全部乡镇电管站,将管电权统一移交供电公司,由供电公司根据营业需要,组建派出机构——乡镇供电营业所,负责各自辖区内的供电营销、供用电的管理、安全生产、用电报装等工作。建立供电营销服务新体系,实行由供电公司直接垂直管理到农户,全面规范农村电力市场,实现城乡用电一体化的农电管理体制,供电管理和服务水平有了较大提高。开展城乡用电同网同价工作后,农村用电实行"三公开"(电价公开、电量公开、电费公开)、"四到户"(销售到户、抄表到户、收费到户、服务到户)、"五统一"(统一电价、统一发票、统一抄表、统一核算、统一考核)的农村电价管理措施,农村照明电价从1999年10月起,农村生活电价从1.5~3.0元/千瓦时降到0.8元/千瓦时,自2002年10月1日起降为0.60元/千瓦时,自2006年7月1日起居民生活电价为0.6083元/千瓦时。

1998年,为解决什运乡和红岛乡供电质量差、电价高等问题,琼中县政府责成琼中供电公司接管红岛乡、什运乡和上安乡的供电业务。

1999年,农网一期工程启动,为全面贯彻落实国务院关于农电"两改一同价"的实施意见,县供电公司根据《国务院批转国家经贸委关于加强农村电力体制改革加强电力管理意见的通知》和省政府及琼中县政府下发的《农村电力体制改革实施方案》精神进行体制改革。采取以点带面进行清产核资,全面完成资产移交手续,从1999年到2004年,完成了农村电力体制改革任务,接管农村用电户2.58万户。2003年成立营根、上安、湾岭供电所。在完成农村电力体制改革的基础上,从2003年7月开始,对农垦供电区域的新进、长征和乌石、阳江4个农场进行电力体制改革,至2004年3月,完成以上4个农场电力体制改革任务,共接管农场用电户5939户。2007年2月,成立红毛供电所。全县还有南方、加钗、乘坡、岭头、大丰、新伟、太平等7个农场没有进行电力体制改革和电网改造,还有167个自然村由农场供电。

2007年4月19日,琼中供电公司接管南方农场供电区域。8月,琼中供电公司接管加钗、乘坡、岭头、大丰、新伟、太平等6个农场供电区域。9月，成立长征、中平供电所。至此，琼中县行政村、自然村通电率达100%，老百姓长期使用的煤油灯退出历史舞台，彻底告别无电历史。全县实现电网统一管理。

二、供电服务

加入南方电网公司后，海南电网公司始终坚持以客户为中心，从客户需求出发，建立全方位的客户服务机制，为客户提供优质、方便、规范和高效的电力服务。根据南方电网公司营业窗口规范化建设标准，琼中供电公司执行《海南电网公司供电营业厅分级装修规范手册》，逐步对各供电营业所按统一标准建设。各供电所营业厅在功能、平面布置、色彩基调、形象墙等方面协调合理、规范统一，树立南方电网品牌形象。截至2010年，全县7个供电营业窗口的硬件设施已实现标准化配置。

"十一五"时期，琼中县大力推广电力营销信息化应用。2005年，开通全省大集中模式的"95598"服务热线，全县电力客户可以在全省范围内异地拨打"95598"服务热线，进行各种营销业务的查询和办理，标志着供电服务能力有了质的飞跃。2007年，加大营销自动化和信息化投入，积极采取措施，加快营销技术更新步伐。全县7个供电所、14个营业部全部实现电费管理自动化，电费管理现代化水平显著提高。截至2010年，营销信息化全面支持供电营业、电力服务、计量、客户、购电管理五大营销业务领域，固化核心流程，覆盖全县7个供电所、14个营业网点，实现省、地、县三级营销服务与管理一体化运作。

第三章 邮 政

第一节 机 构

1991年,琼中县邮电局位于营根镇营根路77号,内设办公室、计财股、邮政股和电信股4个股室,下辖17个邮政所。

1997年10月1日邮电体制改革,琼中县邮电局实行邮政与电信分营,成立琼中黎族苗族自治县邮政局,直至2010年,内设1室1部(综合办公室、市场经营部),7个班组(安保中心、邮件处理中心、投递中心等)。全县共有邮政服务网点20个,其中自营网点12个,分别为大楼营业所、海榆路邮政支局、教育路邮政支局、思河邮政支局、新进邮政支局、阳江邮政支局、大丰邮政支局、新伟邮政所、岭头邮政所、长征邮政所、乘坡邮政所、加钗邮政所;邮政代办点8个,分别为乌石、太平、湾岭、番响、长安、什运、松涛、腰子邮政代办所,实现全县各个乡镇均有邮政服务网点。共有从业人员95人,其中在岗职工(包括聘用工)为51人。

2008年,历时两年建设的琼中县邮政局综合办公大楼正式启用,新址为海榆路(财政局对面)。

第二节 邮政设施及邮路邮网

1991年,全县单程邮路为310千米,邮运汽车1辆,邮电局所17处。2000年,全县单程邮路为340千米,邮政局所19处,邮运汽车2辆。

至2010年,全县单程邮路为340千米,全局有投递功能的支局所(点)共17个,邮运汽车2辆,全县乡镇均实现通邮。

2010年琼中县各乡镇(农场)邮政编码表

表4-13

乡镇名称	邮政编码	农场名称	邮政编码
营根镇(县城)	572900	太平农场	572921
上安乡	572919	南方农场	572915
中平镇	572915	岭头茶场	572914
长征镇	572917	乌石农场	572911
什运乡	572923	阳江农场	572928
红毛镇	572924	乘坡农场	572918
吊罗山乡	572921	长征农场	572917
和平镇	572918	加钗农场	572925
松涛乡	572927	大丰农场	572926
湾岭镇	572911	新进农场	572931
湾岭墟	572912	新伟农场	572933
黎母山镇	572929	—	—

第三节 邮政业务

一、普通函件与包件

1991年,普通函件业务量为7.98万件,包件业务量为4.47万件;2000年普通函件业务量为9.77万件,包件业务量为7.32万件;2010年普通函件业务量为1.83万件,普通包件业务量为0.41万件。

二、特快专递与汇兑

1991年,特快专递业务量为0.1万件,汇票业务量为4.95万张。2000年,特快专递业务量为0.57万件,办理汇票9.05万张。至2010年底,特快专递业务量为1.94万件,汇票业务量为5.6万张。

三、报刊发行

1991年,报纸期发数55.37万份,杂志期发数0.7万份。2000年,报纸期发数为109.18万份,杂志期发数2.6万份。2010年,报纸期发数为197.03万份,杂志期发数达7.04万份。

1991—2010年琼中县邮政主要业务统计表

表4-14

年份	邮政业务总量（万元）	函件（万件）	包裹（万件）	汇票（万张）	特快专递（万件）	订销报纸（万份）	订销杂志（万份）
1991	833.79	7.98	4.47	4.95	0.1	55.37	0.7
1992	871.22	9.86	5.07	5.14	0.12	60.56	0.88
1993	993.19	10.72	5.21	5.67	0.17	63.15	1.02
1994	1108.13	12.14	7.94	6.42	0.21	66.05	1.17
1995	1019.28	11.08	7.29	6.08	0.2	68.3	1.23
1996	1098.35	12.46	8.03	6.76	0.23	70.38	1.41
1997	1210.37	13.26	9.95	7.99	0.31	77.28	1.84
1998	1499.21	11.19	8.72	8.84	0.36	83.15	1.79
1999	1421.7	10.97	8.95	9.32	0.4	91.05	2.13
2000	1685.19	9.77	7.32	9.05	0.57	109.18	2.6
2001	1714.65	8.35	7.03	7.74	0.55	133.38	3.75
2002	1637.94	8.06	6.17	7.35	0.59	140.25	3.93
2003	1894.55	6.27	4.56	6.78	0.74	144.6	4.07
2004	1925.19	6.84	3.53	6.9	0.81	161.92	4.33
2005	1903.17	6.51	2.52	6.74	0.99	172.13	4.86
2006	1883.25	6.39	0.49	6.31	1.29	193.75	5.19
2007	1778.3	6.07	0.41	5.83	1.56	221.78	6.14
2008	1483.84	5.03	0.4	5.98	1.32	209.5	5.96
2009	1673.29	4.21	0.42	5.76	1.56	208.06	6.81
2010	1254.8	1.83	0.41	5.6	1.94	197.03	7.04

第四节 邮政资费

邮政资费是指邮政企业为用户提供各项服务而收取的费用标准。琼中县的邮政资费与国家邮政资费的标准一致、调整同步。1990年7月31日至2010年12月31日,琼中县邮政资费共进行6次调整。

第一次调整是从1990年7月31日起执行,此次是全面调整。第二次调整是从1996年12月1日起执行,此次为部分调整,取消本埠、外埠之分,信函调整为0.50元、明信片调整为0.40元、印刷品调整为0.30元、挂号信调整为1.00元,其余收费标准未变。第三次调整是从1999年3月1日起执行,此次调整恢复本埠、外埠资费之分,信函资费本埠为0.60元、外埠为0.80元;明信片资费为0.60元;印刷品资费本埠为0.30元、外埠为0.60元;挂号信资费为2.00元。第四次调整是从2004年1月1日起执行,此次将国内挂号信资费从2元调整为3元。第五次调整是从2006年1月1日起执行,此次将国内印刷品资费调整为本埠0.40元、外埠0.70元。第六次调整是从2006年11月15日起执行,此次将信函资费调整为本埠0.80元、外埠1.20元;明信片资费为0.80元。

第四章 电 信

第一节 机 构

1988年4月,海南省邮电管理局成立,设立琼中黎族苗族自治县邮电局。1997月10月,邮政、电信分营,设立琼中黎族苗自治县电信局。1999年7月,移动业务剥离,形成电信、移动、联通、铁通等通信企业的竞争格局。2000年8月,电信政企分开,中国电信集团海南省电信公司注册成立,琼中黎族苗族自治县电信局成为新组建的中国电信集团海南省电信公司的下属单位。2000年9月,设立琼中黎族苗族自治县电信营销公司,将23人划归营销公司,与琼中黎族苗族自治县电信局并行运作。

2001年初,全局共有在职职工58人,设置3个职能部室,1个营销公司。2002年4月,撤销电信营销公司,将原营销公司的23人重新划归电信局管理。同年,进行机构兼并和全员竞争上岗改革,办理员工退养7人,协议解除合同5人。改革前,共有员工58人,改革后仅有46人,机构和人员进一步精减。

2004年1月,根据中国电信集团的统一布置,对中国电信集团海南省电信公司的电信业务资产进行重组改制,在保留原有公司的基础上,新设立海南省电信有限公司,2004年6月,设立海南省电信有限公司琼中县分公司,在职员工46人。

2006年6月,电信管理体制实施改革,建立区域中心管理体制,琼中电信划归万宁区域中心管理,公司内部精减管控和后端部门人员,充实营销力量。2008年2月,海南省电信有限公司注销,新设立中国电信股份有限公司海南分公司,原下属单位海南省电信有限公司琼中县分公司变更为中国电信股份有限公司琼中分公司。

2009年12月,建立纵向管理体制,万宁区域中心撤销,琼中电信重新归口省电信公司管理。

2010年,设有综合部、市场部、网络部及政企客户中心、公众客户中心、客户服务支撑中心、客户服务中心(主厅),专营店5家,7月阳江支局成立。全公司在职员工48人。

第二节 电信设施建设

从1997年开始进行撤点并网工作。2001年,完成县城主干电缆8000对扩建工程、营根地区配线电缆12582对扩容工程,新建海榆路通信管道17孔公里。2002年,新建县城出局主干电缆2800对,配套管道3.29管孔公里,新建县城新区接入网出局主干电缆1800对,扩建营红路至县中段通信管道2.24管孔公里。2002年4月,琼中县电信局开始筹建小灵通(无线市话)工程,7月在城区开通了UT斯达康小灵通设备,新建500毫瓦基站32个,10毫瓦基站25个。2002年完成县城地区52个小灵通基站建设,其中500毫瓦基站20个、200毫瓦基站20个、10毫瓦基站12个,总用户4559户。

到2003年底基本结束撤点并网工作,完成虎头路、教育路、营根路3项通信管道58孔公里,完成县城新区、县一号廉租房小区等配线工程,完成配线1200对。全县只在营根保留1个端局,其他端局全部通过改为接入网、模块局等方式接入县局,最大限度地实现"大容量、少局所"为原则的电话网络优化。2003年在县城加装小灵通基站18个,加装组控设备一套,县城覆盖面达95%,同时相继开通了阳江、大丰、新进3个农场小灵通业务,实现小灵通覆盖范围由县城向农村地区延伸,小灵通覆盖范围不断拓宽。随着基站的扩建,信号覆盖面的扩大,小灵通受到广大民众喜爱,用户数逐年增加,

2004年,全县新建配线6908对公里、接入光缆382芯公里;2005年,全县新建配线6694对公里、接入光缆510芯公里、大客户引入光缆87芯公里、本地管道7.3孔公里;2006年,新建配线2328对公里、大客户引入光缆25芯公里、本地管道4.78孔公里。2006年小灵通用户增加5828户,达到历史最高峰6769户,业务收入约占电信全业务收入的19%。自2007年起,由于移动电话的逐步普及,小灵通业务逐渐萎缩,小灵通用户逐渐减少到4075户。2008年,依据"光进铜退"的工程建设思路,加强转型业务工程建设和强化投资管控力度,基本不进行铜缆项目建设。2010年6月,根据省电信公司的政策,开始办理小灵通迁移,逐步促进小灵通退网,年底小灵通用户为2623户。由于业务萎缩,用户数量少,2010年停止运行或拆除部分小灵通基站。

2001—2010年,新增出局主干电缆6200对、新增配线电缆183956对,新增接入网窄带31486线、宽带8160线,建设接入光缆5898芯公里、大客户引入光缆8771芯公里、本地管道440孔公里。

2010年,中国电信琼中分公司在琼中县布置的光缆已密布全县,全县11个乡镇、四大农场

100%覆盖,行政村覆盖率达86%。全县已形成3个SDH骨干传输环、2个CWDM骨干传输环南北两个光缆环组成的光缆及传输系统。在对外出口上,已开通海口、三亚和琼中3个方面的电路及数据出口,通信网络稳定性有充分保障。

1991—2010年,琼中县通信建设取得长足进展:完成载波通信、交换程控化、传输数字化,从模拟到数字、从载波到微波到光缆、从有线到无线的一系列转变和技术更新,建成以县城交换局为中心、乡镇18个接入网点为辐射点的交换网点和纵横贯穿全县的光缆传输环形网络。2010年底,琼中电信光传输网遍布城乡。全县建成以光缆通信为主,数字微波和卫星通信为辅的大容量、高速率的通信传输网,大部分站点均有传输自逾环保护,可为用户提供高可靠性的有线和无线通信服务。

第三节 固定电话

一、长途电话

1994年4月琼中县开通了程控电话交换机,开通了至海口180条长途线路,随着1997年大量农村接入网设备的安装开通使用,固定电话业务迅猛发展,每年都依据长途话务量扩容电路。2001—2010年,琼中县电信局陆续增开至海口长途局电路580条、海口汇接局电路660条。

二、市话

2001年初,琼中县城已建有一个程控交换机端局,交换机总容量6000门,有4个模块局,分别是新区模块局,2800门容量;阳江模块局,1024门容量;乌石模块局,368门容量;新伟模块局,256门容量。2001年完成县城交换机2000线扩容,全市程控交换机总容量8000门,长途业务电路186条,中继电路1680条。2002年扩容,扩容容量1500门,交换机总容量达到9500门,中继线增加到2050条。随着接入网V5技术的成熟应用,自2003年起,琼中县电信局在全县推广华为公司的V5接入网设备安装,对程控市话交换机进行V5扩容,中继端口从2050个扩到2380个,同时新增程控市话交换机板卡。2004年3月交换机扩容一个AIU用户线2.5千线。2004年交换机总容量12000门,长途业务电路192条。由于市话发展日趋饱和,自2005年起,交换机容量没有进行扩容。2010年,交换机总容量12000门,长途业务电路580条,中继电路3720条。

三、农话

2001年,全县农话交换机容量11000门,全县通电话的行政村87个、自然村210个,农村接入网点数18个。自2001年起,琼中县电信局加快实施农村地区撤点并网工作,加强配线建设、无线接入建设，开展光接入网、远端模块建设。2002年完成21项配线工程，共计15072对公里。配线工程的建设，扩大了覆盖范围，促进了电话放号的良好发展。

至2003年底，利用全县的农村光缆网络，全县乡镇和农场共开通了26个华为接入网点，实现撤点并网，优化网络结构，提高通信质量。2003年，全县通电话的行政村85个、自然村250个。自2004年起，开展推进“村村通”工程。

2006年，为解决农村特别是偏远地区的通信需求，开始加大对无线接入电话的投入，开通了蚂蝗岭、红岭等4个无线接入基站和本号1个直放站，在全县范围内100%实现了电话覆盖。

2007年，增加农村电缆12.281皮长公里，2007—2008年，建设机房环境监控管理系统，将全部26个农话接入网点纳入监控系统，增强网络运行安全。

2010年，光纤网络演进,光纤到户是通信应用的变革，告别电缆时代，光进铜退电缆10000多对公里，全面推进光缆传输建设，通过EPON网络接入方式，建设投产宽带设备42套，建成EPON设备75套，将ATMDSLAM设备更换EPON设备9套，农话开通15098部电话，宽带开通7240户，快速解决农村的宽带上网需求。建设开通45座手机基站，手机信号得到明显改善。

四、电报

1991年，琼中县载报机2部，电传打字机2部，收发电报1.2万份。

1992年起，琼中县电信局只有1台传真机。

1993年，琼中县载报机1部，电传打字机1部，收发电报1.3万份。

1994年，琼中县载报机1部，电传打字机1部，收发电报1.35万份。

1995年起，琼中县发放电报数量逐年下降。

1998至1999年琼中县载报机1部，电传打字机1部，传真机1台。

1999年，琼中县载报机1部，电传打字机1部，收发电报1000份。 固定电话的普及，手机、传真机和互联网的兴起，使得电报数量明显下跌。

1999年后，传真机逐渐成为常见办公设备应用于各个办公场所。

第四节 移动通信

2008年10月，中国电信成功收购中国联通C网业务，同时开办CDMA移动电话业务，开始经营移动业务，成为全县第三家移动运营商。2008年有移动C网基站24个，用户4023户。2009年起，大力推进移动C网基站建设，2009年在琼中蚂蟥岭、长田岭、黎母岭、长征农话接入网、长征农场、什运、乘坡农场、通天岭、红岭水库、乘坡加垌、新进雷公、中平黎明、新进农场等处新建或租赁机房建设移动基站1个，基站数达14个。

2009年,推进移动业务在行业的应用,发展林业定位对讲业务。2009年3月29日,中国电信琼中分公司在县城开通了EVDO 3G通信业务。2010年继续加大县城开发区及农村C网信号覆盖建设,新建基站14个,移动基站达到52个,同时在农村移动基站上安装设备,提供部分农村地区手机无线上网功能,满足农村无线上网的需求。至2010年,琼中地区的C网基站已翻了一番,且70%以上的基站都开通了EVDO,EVDO覆盖全县100%的乡镇和绝大部分的行政村。2010年,琼中共有C网基站52个,用户数8000户。

第五节 寻 呼

1992年10月琼中县开通“127”台无线自动寻呼系统,投放市场的寻呼机有诺基亚、摩托罗拉、三星等进口品牌。业务开放初期由于寻呼机售价较高,一部需要2000多元,业务受到限制,1992年底用户仅302户。1995年10月,“128”中文无线寻呼网开通。随着技术的发展,寻呼机的品牌种类由原来的几个增至十多个,国产寻呼机大量投放市场,机身价格快速下降,一部寻呼机由2000多元下降至一百多元甚至几十元,使用人数不断增多,寻呼业务成倍增长,1997年达4825户。1998年3月无线寻呼业务剥离,划归新成立的海南国信寻呼有限责任公司经营管理。1999年,琼中电信开通了999寻呼台业务,引入市场竞争,推动寻呼业务的发展。1999年寻呼用户达5059户,2000年达6523户。2000年5月,国信寻呼有限责任公司成建制划入中国联通,成为联通的一个业务部门。

1998—2000年是寻呼业务发展的鼎盛时期。而后,随着移动电话业务的快速发展,主要是第二代蜂窝移动通信系统(即GSM)的出现,其所具有的短信功能完全成为寻呼业务的替代品。GSM手机终端价格的快速降低和短信资费的低廉使GSM成为取代无线寻呼的重要商业因素,因此寻呼业务发展受到抑制并逐渐萎缩。

2001年,寻呼业务发展缓慢,无线寻呼业务年末用户6873户,达到历史最高峰,每部寻呼机150~500元之间,每月服务费18元。自2002年起,由于小灵通业务开放和手机的普及,999无线寻呼业务逐渐萎缩,年底用户4220户。2010年寻呼业务停止。

第六节 互联网

2002年以前,琼中县尚未开通宽带业务,县城和所有乡镇只安装窄带设备,计算机互联网(Internet)主要采用163/169拨号方式接入。2002年,在县城建设ATM双平面宽城域网网络,开通了市内ADSL宽带业务。2003年在县城安装了ADSL上行DSLAM宽带设备,容量共计312线。随着建设的不断深入,宽带业务延伸到各乡镇,至2007年,在全市各乡镇21个接入网点安装4套设备、17套宽带设备,增加了1248个ADSL端口,镇上居民都可以使用宽带上网。2008年底,ADSL已覆盖全县100%的乡镇和50%以上的行政村。2008年,使用了14年的分组交换设备全部退网。

2008年,中国电信琼中分公司开始启动让光纤靠近用户的"光进铜退"项目。2009年新建增加ADSL端口2784线,重点保障县城地区。自2009年起,设备逐渐退网,2010年,市区设备完全退网,全部采用更为先进的IP DSLAM设备。2009年3月29日,中国电信琼中分公司开通C网基站的EVDO业务,正式开办无线上网3G业务。自2010年起,启动光网城市建设工作,推进光网城市任务的落地实施,以FTTH光接入技术为基础,开始进行光纤到户(FTTH)小区建设,初期覆盖了县委、人行、交通局等宿舍小区的196户住户。2010年底,无线互联网基本实现全县覆盖,基本解决了琼中县的随时随地宽带上网需求,有线网络已经覆盖98个行政村,县城电话用户的接入铜缆基本实现小于1.0公里,乡镇小于3.0公里,极大地改善了ADSL上网用户的上网质量。2010年全县ADSL宽带用户6210户。

第五章 通信公司选介

第一节 中国移动琼中分公司

一、机构

1999年9月，从琼中县电信局剥离分营，成立海南移动通信公司琼中分公司；同年12月，更名为海南移动通信有限公司琼中分公司（简称“琼中移动公司”）；1999年至2001年11月，琼中移动公司内设办公室和1个营业小组。办公室设在琼中黎族苗族自治县电信局办公大楼5楼，建筑面积26平方米，营业厅设在电信营业厅一个柜台里。

2001年12月，琼中移动公司搬到位于琼中黎族苗族自治县营根镇海榆路477号的海榆路营业厅办公，建筑面积230平方米（其中营业厅面积120平方米），设业务主管、综合事务员、客户经理、营业班长、稽核员、代办督导员、营业员等岗位。

2004年，在原来岗位设置的基础上，成立新业务直销组。2005年2月，把办公室迁至营根镇营根路（工商银行旁）的营根路营业厅二楼办公，办公场地建筑面积300平方米（其中营业厅面积110平方米）。2006年10月12日，琼中移动公司更名为中国移动通信集团海南有限公司琼中分公司（简称“中国移动海南公司琼中分公司”）。

2007年12月，琼中分公司迁入新建办公大楼办公。办公大楼位于琼中黎族苗族自治县县城新区海榆中线西侧（琼中征稽局旁边），高4层，建筑面积1500平方米，占地5亩，拥有配电房、通信传输机房、员工工作活动场所等设施。分公司下设综合部、市场部、合作组、客服组、营业组。

2008年10月，中国移动海南公司琼中分公司内设2部（综合部、市场经营部）、3中心（重点客户中心、合作渠道管理中心、营业中心）。

二、客户服务

2001年7月，中国移动海南公司琼中分公司在营业厅内设置客户休息区，首次免费为客户提供饮水服务。自2003年11月起，海榆路营业厅内安装自助清单打印机，免费向客户提供自助清单打印服务。自2004年3月起，向客户公开承诺“话费误差，双倍返还”。2006年5—9月，开展“满意100”系列服务活动(即开展“5·17”客户接待日活动、在公司门户网站上建立“满意100”主题服务专栏、开展客户意见的征集和回复、开展活动的整体宣传告知、开展评选服务明星和服务满意之星活动、开展评选服务明星班组活动、梦网服务温馨提醒、客户入网温馨提示、客户离网真情挽留、业务办理挑战三分钟、营业厅等候特色关怀、欠费停机温馨提醒、话费信息主动提供、服务热线亲切问候、实用手册送到手、优势服务推广，包括热线号码升位和服务升级、“信息费误差双倍返还”、全新格式合同启用、电话卡余额解决的推广、重点服务有奖举报等)，表达为客户提供满意服务的决心和诚意。

2007年，开展“诚信服务满意100”服务文化活动，向客户公开八项服务承诺(即“全面启用新版入网协议”、全面实施“收费误差，双倍返还”“先提醒，后停机”“清晰透明提供收费信息”“全面实施业务定制客户确认”“48小时首次回复客户投诉”“业务办理免填单和一台清”，全面实现电子化自助服务和“专线受理不良好信息举报”)，制定系列满意度改进计划。从2007年起，每年都开展高考客户现场服务活动，并举办全球通积分高考专场讲座。

2008年，首次在海榆路营业厅内安装自助缴费机，方便客户缴纳话费和办理简单业务，减少客户等候时间。开展“金牌服务、满意100服务活动”“奥运服务大使”评选和“服务一致性”活动，向外公布“五心”(即“奥运服务全程创优，为盛事添欢心”“携手治理垃圾信息，让消费更舒心”“量身优选资费套餐，让选择更省心”“强化增值业务监督，让使用更放心”和“广开便捷电子渠道，让服务更随心”)服务举措。2009年，在海榆路营业厅安装电子叫号排队系统，实现对客户的“一对一服务”。2010年，推广网上营业厅、短信营业厅、手机缴费通、自助终端等电子渠道，使客户方便、快捷缴纳话费和办理业务。2010年，公司荣获2007—2010年度“海南省文明单位”称号。

三、移动业务

1991年寻呼机是主流通信工具。1995年(中国2G元年)，GSM数字电话网(2G)正式开通。1996年，移动电话实现全国漫游，并开始提供国际漫游服务。2000年5月，中国移动移动梦网开通，手机WAP能上网。2000年12月，移动梦网开通移动证券业务。2001年7月9日，中国移动GPRS(2.5G)投入试商用。2001年12月31日，中国移动关闭模拟移动电话网，停止经营模拟移动电话业务。2002年5月17日，中国移动GPRS业务正式投入商用。2002年10月1日，中国移动彩信(MMS业务)正式商用，铃声图片游戏随时下，WAP娱乐一网抓。2003年5月，中国移动彩铃业务试商用，打电话变成听音乐。2008年4月1日，中国移动3G(TD-SCDMA)试商用，可视电话开通，随时随地当面沟通。2009年1月7日，工信部发放3G牌照，正式进入3G移动通信时代。2010年9月1日，正式实施手机用户实名登记制度。

第二节 中国联通琼中分公司

一、机构

2000年,中国联通有限公司琼中分公司成立,有员工11人。内设总经理办公室、市场中心、集团中心和综合中心。办公地址和通信主机房设在琼中县海榆路336号。公司实行代理商代销方式,负责经营琼中县境内的长话、市话、移动通信业务和增值业务。其人事、财务、电信规划、计划、工程管理、技术规范等服从省公司统一管理,执行省公司的有关规定。

2005年底,中国联通有限公司琼中分公司迁至琼中县海榆路思源学校左侧,2007年,又迁至思源学校对面。

2008年12月21日,中国联通有限公司琼中分公司与中国网通琼中分公司合并,改名为中国联合网络通信有限公司琼中县分公司,办公地址设在海榆路思源学校对面。内设机构有市场营销部、集团客户事业部、综合财务部、网络建设部,共有员工20人。

截至2010年底,分公司名称、办公地址、内设机构及员工人数未变。

二、客户服务

(一)主要业务

2000年中国联通有限公司琼中分公司开通传统的固定长途电话业务,接入网号为193。同年7月,数据通信网建成开通,开始经营固定数据业务,提供互联网接入业务(网号165,有专线接入和拨号接入两种方式)、ATM/FR数据专线业务、VOIP业务(即IP长途电话业务,接入号码17911和17910,其中17911为一次拨号,17910为二次拨号);10月17日,130手机IP长话全面开通,所有130用户均可通过17911一次拨号拨打长途电话。2001—2003年,先后推出包括“两网通”“三网通”“一点通”“联通在信”“TSP”等在内的20项新业务。2008年中国联通有限公司琼中分公司与中国网通琼中分公司合并后,中国联合网络通信有限公司琼中县分公司开始经营包括市内电话在内的所有通信业务,成为全业务通信运营商。2009年1月6日中国联通由原中国网通和原中国联通的基础上合并组建而成。2009年1月7日,中国联通获得了3G牌照。2009年5月17日,WCDMA沃3G试商用,开始提供3G业务和服务,推出手机上网、手机音乐、手机电视、可视电话、手机报和无线上网卡等六项3G业务。9月28日,中国联通召开以“3G精彩,精彩在沃”为主题的沃3G业务正式商用新闻发布会。10月1日,沃3G正式商用。11月1日,iPhone首售仪式在海口举办,智能手机iPhone在海南上市。2010年,3G业务强劲增长,用户市场份额达30.3%,3G手机上网户均流量达89.22M。宽带业务快速发展,用户市场份额达20.2%。集团业务实现新突破,与省内26家重点客户深化了战略合作关系。3G行业应用取得显著突破。实施电力抄表、手机定损、视频监控、移动办公、车辆智能化、警务通、消防通等一批应用项目,推广视频直播、企税通、校园手机一卡通等本省3G特色应用产品。2010年8月19日,沃商店中国联通应用软件平台在上海正式发布。2010年10月,工信部在天津和海南两地推行"携号转网"政策,中国移动2G用户可携号转到中国联通和中国电信。

(二)品牌建设

2002年4月,中国联通有限公司琼中分公司推出"联通新时空",逐步发展成为行业客户品牌。2003年7月,推出"如意通"品牌,标志着面向大众的业务品牌正式运营。2004年8月,推出"世界风"业务品牌,实现C、G两网双模业务。同年,"联通130"品牌融入客户品牌。2005年3月,推出针对青少年客户的"UP新势力"品牌,逐步在校园用户市场形成影响力。4月,"世界风"品牌全面升级,转变为社会精英群体、中高端客户的客户品牌,打破C、G两网区隔。2006年,改变以技术、产品来区隔C、G两网业务的历史,统一品牌口号,形成"世界风""新势力""如意通""联通新时空"全新的四大品牌体系,并通过多形式营销服务,增强品牌的核心价值。2009年5月17日,中国联合网络通信有限公司琼中县分公司全业务品牌"沃"正式上市。"沃"品牌作为全业务品牌,分别推出面向个人、家庭客户群体。

(三)营销渠道

2001年中国联通有限公司琼中分公司提出"销售社会化,服务社会化"的策略,在琼中率先采用"特许营业厅和网络服务商"的分销渠道模式。全年新建了1家特许营业厅,20多家代办点。2002年,随着CDMA网的开通,中国联通琼中分公司筹划建设CDMA专营店,扩大了CDMA的品牌形象宣传。2003年推出店员积分计划,调动渠道店员的积极性。2007年6月,开始建设乡镇"一村一点"村级便利服务网点,发展便利网点近100家。2008年4月8日,网上营业厅(www.10010.com)正式上线;同年5月,手机营业厅(wap.10010.com)正式上线;是年12月,网上营业厅交费充值功能上线。2009年,中国联合网络通信有限公司琼中县分公司交费充值系统上线,实现全渠道全业务银行卡交费功能,支持为全国手机用户、固定电话、小灵通、宽带用户充值,支持所有联通用户。2010年3月,自助服务终端投入使用,7×24小时对用户查询、交费充值、业务办理服务,并提供号码销售功能;10月,Mini营业厅上线,提供终端方式的多种业务办理功能,支持农村、边远地区等网点办理充值交费、话费查询、号卡销售等业务。

三、营业收入

2009年,中国联通有限公司琼中分公司完成移动业务收入370多万元,固网出账收入30多万元,2G出账用户数10890户,3G出账用户数329户;宽带出账用户数312户。2010年,中国联通有限公司琼中分公司完成移动业务收入510多万元,固网出账收入60多万元,2G出账用户数9940户,3G出账用户数438户;宽带出账用户数389户。

第五编　农　业

第一章 农业综述

第一节 机 构

琼中黎族苗族自治县农业局（简称县农业局）前身为琼中黎族苗族自治县农业委员会（简称县农委）。

1996年，撤销县农委，成立琼中黎族苗族自治县农业局（简称县农业局）；同时撤销原县农业局，成立琼中黎族苗族自治县农业技术推广服务中心（简称县农技中心）。县农业局下辖农业综合开发办公室，为直属县人民政府的机关单位，负责全县农业生产经营管理工作，组织协调农口战线各部门（水务局、扶贫办、畜牧兽医局、农技中心、气象局、林业局、热作局），指导农村（农民）生产经营工作。全局编制13人，内设办公室、生产组、农村经营管理站，在虎头路县政府第三办公楼办公，2001年，县农业局迁到海榆路农业综合大楼办公。

至2010年，机构设置、人员编制和办公地点未变。

第二节 农业区划

根据地貌、土壤、气候地域性差异和农作物的生长特点，琼中县境可划分为3个农业区：

1. 中北部丘陵台地的粮、油、果、采区。包括松涛、黎母山、湾岭、乌石、红岛、营根、长征等7个乡镇和阳江、大丰、新进、乌石、岭头、加钗、长征等7个国营农场。地坪土肥，雨量充沛。主要农作物有水稻、番薯、木薯、果蔗、瓜菜、香蕉等，是全县的粮食和经济作物生产基地。

2. 西南部中山的粮、果区。包括什运、红毛、营根的朝参、朝根、长征的什仍、南什、上安的什坡、南万、乌石的大墩,以及国营新伟农场。主要农作物有水稻、木薯、番薯、玉米、果蔗、豆类。因地势高、日照少、气温低、产量不高。

3.东南丘陵低山的粮食、经济作物区。包括中平、和平、吊罗山、上安等4个乡镇和南方、乘坡、太平3个国营农场。温光适宜,雨量充足,土层肥厚。主要作物有水稻、山兰、坡稻、菠萝、番薯、木薯、益智等。

第三节 农村土地体制改革

从1982年开始的农村集体土地承包,实际承包经营期限为15年,至1997年期限已到,根据政策规定,开展第二轮农村土地承包延包工作。琼中县从1997年5月份在湾岭镇开展,试点结束后,10月在全县范围内铺开。全县13个乡镇、100个村委会、615个村民小组,严格按照政策要求,进行第二轮承包,全县共发包耕地172047.8亩,其中,水旱田76965.46亩,坡地95082.34亩,共签订土地承包合同15848份,土地承包期限为30年,进一步完善和稳定了土地承包关系,稳定了农村基本经营体制,让农民吃了长期的“定心丸”。1999—2000年,根据农村土地政策要求,向已签订农村土地承包合同的农户颁发农村土地承包经营权证书。

自2002年7月后,琼中县贯彻落实农业部《关于贯彻落实中共中央关于做好农户承包土地使用权流转工作的通知》精神,做好延长土地承包期的后续完善工作,引导和规范土地流转,加强指导和管理。主要是继续抓尚未开展延包工作的村小组,组织做好延包工作;对承包地块没有落实到户的,继续落实到户;对没有与农户签订承包合同的,要补签合同;并继续抓好承包经营权证书的发放和管理工作。同年,根据省国土环境资源厅和农业厅《关于认真贯彻〈海南省农业用地处置规定〉做好闲置农业用地处置工作的通知》精神,全县共清理整顿规范处置农业用地117宗,面积13460.34公顷,完善合同手续、兑现拖欠土地承包金、规范土地流转程序。同时全面开展农村土地确权工作,进一步明确乡镇与农场、村组之间的土地权属关系。2003年9月,进一步完善农村土地承包及退耕还林工作,主要是针对第二轮土地承包工作期间遗留的问题进一步完善,以促进全县退耕还林工作的开展。

2004年10月,根据海南省政府《关于进一步加强农村土地流转管理工作的通知》精神,加强引导和规范土地流转,禁止国家机关和行政、事业单位工作人员承包、租赁农村土地,完善农村二轮土地承包工作。

2005年8月,根据农业部《关于进一步做好稳定和完善农村土地承包关系有关工作的通知》精神,全县认真开展完善农村第二轮土地承包及土地承包经营权新证发放工作。开展工作期间,共发放土地承包经营权新证16418本,发放率达96%。重新登记发包给农户的耕地面积16.1万亩,占耕地总面积的97.3%,其中水旱田7.1万亩,坡园地9万亩。

2007年，清理整顿国家机关、企事业单位、科研机构和国家工作人员、离退休工作人员到农村承包地、租赁地，清理清退。

自2008年10月起，全县积极稳妥地开展集体林业产权制度改革工作。通过开展林权制度改革工作，化解农村林权矛盾，调动全社会发展林业的积极性，解放和提高林业生产力，以达到推动林业发展，促进生态建设，增加农民收入，确保社会稳定的目的。经过三年的工作，到2010年9月底基本完成，据统计，全县规划林地总面积为335万亩，占全县土地总面积的82.5%。经统计，截至2010年8月底，全县林权可确权发证面积73万亩，已确权发证70万亩，占总任务的95.89%，其中商品林48万亩，公益林22万亩，共计发证宗地数35273宗15505户，证书16547本。

第四节 农业结构调整

琼中县位于海南岛中部，五指山腹地，全县辖10个乡镇、102个村（居）委会，602个村民小组，土地总面积2704.66平方公里，全县总人口23.4万人，其中农业人口12.6万人，是典型的山区农业县，是万泉河、昌化江和南渡江的发源地，是海南桑蚕生产的发源地。森林覆盖率达83.47%，环境质量综合指数位居全国第四、全省第一，属海南的生态核心区，素有“绿色宝库”“五指山明珠”之美称。琼中属于热带海洋季风区北缘，雨水充沛，气候温和，有独特的山区气候特点，年平均温度22.5℃，年最高温度33℃，年平均最低温度12.8℃，日夜温差大于10℃，夏无酷暑，冬无严寒，生态环境优美，是发展热带高效农业的理想之地。

1991年后，琼中县农业发展立足本地资源优势，加大土地开垦量，加大对农业结构调整力度，不断优化产业结构，充分利用现有的山地资源，大力发展荔枝、龙眼等经济作物，同时利用水田改种冬季瓜菜。成立琼中县水果开发公司和琼中县扶贫开发公司，通过公司从广东省高州市、东莞市、海南省琼中县国营大丰农场引进龙眼和荔枝种苗，以“公司+农户”的模式实施和推广以龙眼、荔枝为主的水果产业。使传统农业注入新的活力，特色产业效益明显提高，新兴特色产业发展规模逐年壮大，实现了产业化发展的基础，荔枝种植面积从1991年的1159亩发展到2000年的15810亩，收获面积从1991年的1159亩发展到2025亩，产量从1991年的117吨发展到365吨；龙眼种植面积从1991年的238亩发展到34650亩。收获面积从1991年的238亩发展到2000年的3525亩，产量从1991年的18吨发展到636吨；瓜菜种植面积从1991年的12034亩发展到29250亩，产量从1991年的2778吨发展到8450吨；传统产业的产业化建设和特色产业开发的长足发展，成为农民增收新途径。琼中农业发展结构趋于合理，目前已逐步形成粮、胶、果、林、牧、渔并举，长中短结合，具有区域特色的农业产业格局。2000年，全县农业总产值达39081万元，比1991年的11980万元增长226.2%，年均增长22.6%。

第五节 生态农业

琼中是海南岛中部的传统农业县,是海南省生态核心保护区,地处全国第10个一级农业区的第Ⅶ4区,即华南区的琼雷及南海诸岛农林区的海南岛中部。具有发展绿色农业的最佳生产环境和生态基础。

21世纪后,琼中经济有了较快发展。2009年全县GDP达到104285万元,县财政收入为6270万元,与2005年相比,分别增长了66.50%和91.57%;一、二、三产业结构为50:14:36;农业生产水平逐步提高,2009年农、林、养殖业的比重为52:22:26;农民的生活水平有了明显改善,2009年,农民人均纯收入2709元,比2005年增长55.78%。

自1990年起,琼中县贯彻落实科学发展观,不断调整和优化产业结构,实施和推广琼中产业扶植模式。传统农业注入新的活力,传统特色产业效益明显提高,新兴特色产业发展规模逐年壮大,出现了产业化发展的基础。传统产业的产业化建设和特色产业开发的长足发展,成为农民增收的新途径。传统支柱产业包括天然橡胶和槟榔,特色农业有种桑养蚕、琼中绿橙、山兰稻、蜂蜜、小黄牛、鹅、灵芝和优质南药。实现农业由粗放型向集约型转变,资源开发型向综合加工型转变,传统农业向循环农业转变。逐渐形成农业经济布局合理、管理科学、流通有序、农产品竞争力强的产业体系。至2010年,全年种植山兰稻面积500亩,建设精品蔬菜基地1500亩,打造生态畜牧业的名牌产品1~2个,全县森林覆盖率不低于84%,新增绿橙种植面积5000亩,全年全县蜂蜜生产达到100吨,桑园总面积达到1.5万亩,中药材GAP生产基地900亩,全县养殖面积达到1.8万亩,总产量1.2万吨,建设户用沼气池配套200个。实施10个乡镇测土配方施肥5万亩。

积极推动"牧—沼—果—蔬"等生态农业模式,发挥综合效益,推广沼气综合利用技术,扩大利用范围。

第六节 扶贫开发

自1990年起,琼中县开始实施扶贫开发规划,贯彻落实"三集中"(集中扶贫对象、集中扶贫资金、集中解决制约贫困地区发展的突出问题)的扶贫新机制,坚持开发式扶贫方针,实行扶贫到村到户,实行整村推进扶贫、产业化扶贫,形成以点带面、一村一品、整体推进的产业发展扶贫格局。至2010年,共投入扶贫资金13125.08万元,发展种植橡胶30.24万亩,已开割16万亩,槟榔11.98万亩,已结果5.2万亩,绿橙4.3万亩,益智3万亩,种桑2.29万亩,养蜂4.1万箱,项目惠及426个村庄16678户7.56万人,初步形成以橡胶、槟榔、琼中绿橙等为主的支柱产业,从而缓解和消除贫困。境内贫困地区基础设施明显改善,农村贫困人口大幅减少,最低生活保障制度全面建立,年人均收入由1990年的693元提高到2010年的3341元,基本解决农村居民的生存和温饱问题。

一、机构沿革

1989年成立琼中县扶贫办公室(简称县扶贫办),1995年下辖琼中县扶贫开发总公司,为参公事业单位,直属县政府,负责全县扶贫开发工作,组织协调和指导全县革命老区建设工作。全办编制8人,内设办公室、综合统计室、财务会计室和老区办公室。至2010年,机构设置及人员编制未变。

二、基础设施建设

1990年制定并开始实施扶贫规划。1993年起,改善贫困地区的基础设施建设条件,夯实扶贫地区经济发展基础,同时把扶贫开发工作跟文明生态村建设、中小学校危房改造有机结合起来。至2010年,共投入资金6396万元(其中老区建设资金898万元),建设乡村道路124公里(其中老区28.6公里),建桥15座,钻打机井9口,建水塔33座,铺设引水管46.8公里,建设水利灌溉工程12座,解决279个贫困村的8.09万人行路难、饮水难和农业生产用水难问题。

三、挂钩联手扶贫

1998年4月,海南省委常委会议专门研究解决农村贫困人口温饱问题,决定在全省范围内开展联手扶贫行动。5月,省委办公厅、省政协办公厅等16个省直机关单位在县红毛镇什寒村委会、和平镇新兴村委会等16个行政村通过"帮思想、帮门路、帮技术、帮资金"等方式开展联手扶贫工作,多方筹集资金帮助定点村委会完善基础设施建设,帮扶当地困难群众发展生产脱贫致富。

省委办公厅联手扶贫什寒村委会,先后协调投入扶贫资金2100多万元,完成帮扶项目32个,完成危房改造71间,村民人均纯收入由2009年的946元增至2010年的5320元。硬化村中道路800米,修建环村旅游水泥道路5公里,修缮5处护坡墙,开挖3口12亩鱼塘,加固硬化塘坝230米;建设村"两委"办公室、村文化室和卫生室,建成篮球场一个、文艺表演台一个,在村两委办公室前空地改建成村文化中心广场,安装文化体育设施;协调移动公司投入100多万元,建成无线通信信号发射塔投入使用,结束什寒村与外界信息封闭的历史;协调英利集团捐赠并安装80盏太阳能节能照明灯,有效解决了村庄电压不稳定照明问题;林下益智种植面积由2010年的300亩扩大至目前的2200多亩;以元也村为试点,首期试养蚕成功,获利5万多元,发动村民新栽植桑树118.2亩;引入省农业龙头企业,投入20多万元,建设规范鹅舍,带动村民养鹅,出栏16000多只;挂牌成立"奔格内"什寒客栈,启动原生态民俗体验游。

省委统战部在琼中县兴建40个扶贫民生项目,总投资逾350万元,涉及教育、文体、医疗、卫生、农业科技、生态旅游、法律援助等方面,主要有中共海南省委统战部150万元援建琼中县营根中学教学楼、海南海外联谊会50万元援建琼中县10所村级医疗卫生室、三亚南山寺新成方丈和明生法师资助琼中县贫困大学生50万元、致公党海南省委会26万元援建琼中县什运中心小学学生食堂、民建海南省委会出资10万元资助琼中县女子足球队、省党外知识分子联谊会向琼中县人民医院捐赠10万元医疗设备、海航集团5万元资助琼中县和平镇农户养蚕房建设、台盟海南省委会协助琼中县建立绿橙种植示范基地等。

省政协办公厅联手扶贫新兴村,引导举办橡胶、槟榔、桑蚕农技培训班21期,培训农民1800多人次,发放资料1000多份;协调扶持54万元,帮农民种桑养蚕。全村拥有桑园460亩,蚕房15间,全村实现养蚕230张,收获蚕茧10504公斤,产值36万元,其中养蚕年收入达万元的农户有11户;与省财政厅、发改厅、水务厅等部门沟通与协调,整修河堤,并为项目启动筹集资金380万元。

四、科技扶贫

2006—2010年,县扶贫办联合有关部门,深入贫困农村,开展各类农业实用技术培训班,投入369万元,举办农业实用技术培训班197期,培训农民87916人次;举办贫困村干部培训班15期,培训贫困村干部540人次。

2007年开始实施"雨露计划"培训工程,至2010年,全县整合扶贫资源,举办各种劳动力转移短期培训班52期,培训贫困农民3120人次;配合省扶贫办举办"雨露计划"中等职业教育学历班,5年定向招收琼中县农村贫困家庭初高中毕业生368人。

五、信贷扶贫

1991—1995年,国有银行各项贷款余额3.4亿元,增长11.3%;投向基本合理,主要支持工业、农业和基础设施建设,其中农业贷款6000多万元。

1996—1998年,全县金融机构各项贷款余额4.66亿元,增长7.4%,其中国家银行贷款余额4.51亿元,增长7.6%。贷款增幅低于上年。新增贷款主要投向农业,全年农业贷款累放5535万元,占总数的75%。

1999—2004年，各金融机构存款余额10.56亿元，增长17.1%；全年农业贷款累放占总数的23%。

2005年，琼中县抓住国家开发银行海南省分行与市县共建开发性金融合作平台的有利时机，成立城市建设投资有限公司、小额贷款担保公司和城乡信用协会，与国家开发银行海南省分行签订《开发性金融合作协议》，形成开发性融资框架。琼中县一批大项目获国家开发银行海南省分行初审，并有5家城乡信用协会会员通过信用评级，获国家开发银行海南省分行发放贷款390万元。开发性金融合作已成为琼中县经济社会发展中的一个亮点。

2007年，琼中率先在全省搭建“一无一贴一为主”的农村小额贷款新平台，全年有1100多户农户通过小额贷款平台获得小额贷款，贷款总额达1320万元，直接受惠农民5000多人。琼中推出的农村小额贷款模式，不仅使农村经济发展缺乏资金的瓶颈得到解决，促进了农村经济发展，也在社会上引起积极反响，在海口举行的中国（海南）农村小额信贷国际论坛上，琼中经验得到与会者普遍认同。

2008年，实施贫困村村级发展互助资金试点、“县为单位、整合资金、整村推进、连片开发”扶贫试点和小额贴息贷款试点等扶贫试点项目，扶贫成效显著。全县整合资金2782万元，其中中央财政扶贫试点资金950万元，财政扶贫专项资金372万元，部门资金1460万元，并结合新阶段扶贫开发实际情况和产业发展进行综合规划，项目覆盖22个行政村、96个自然村，受益人口1.90万人。在琼中独创的农村小额贷款试点方面，全县全年累计向2269户农户发放农村小额贷款3000多万元，通过农村小额贷款帮助，出现一批快速增收致富的“专业户”和“专业村”，不仅解决了农民发展资金短缺问题，且到期还款率98.0%，2008年全县减少贫困人口2600多人。

2009年，做好小额信贷发放工作，帮助农民解决资金不足问题，全年向854户种桑养蚕户贷款，发放小额贷款940.30万元；延长种桑养蚕产业链，与广东省丝绸纺织集团公司、浙江嘉兴中达集团公司以股份合作形式组建海南中丝发展有限公司，以龙头企业带动整个桑蚕产业的发展。

自2010年10月起，省级第一次为琼中扶贫小额贷款安排贴息资金150万元，引导扶贫贷款发展生产。贴息对象是贫困农民，主要用于发展种植业和养殖业，贷款额度不超过2万元，贴息资金按贷款额度的5%进行贴息；由县信用联社、县农业银行、县邮储银行负责贷款，县扶贫办负责贴息。往后贴息贷款资金将逐年增加，从而缓解了贫困农户发展生产资金短缺和负担重的问题。

至2010年底，全县累计向6014户农户发放农村小额贷款7628.55万元，惠及农民3万多人，到期还贷率一直保持在98%。贷款主要用于种桑养蚕、养蜂、灵芝栽培、养猪等短平快特色产业和传统产业，农民通过农村小额贷款发展经济收入占家庭总收入的40%左右。全县有2326户农户因提前还清贷款，被评为“信用户”，有11个村被评为“信用村”。琼中县农民年人均纯收入3340元，比2009年增加631元，增长23.3%；连续实现四个季度增幅排名全省第一。

2006—2010年，小额贷款共贷出11975.7万元，已补贴扶贫到户财政贴息资金324.75万元，共成立39个互助社，互助资金扶持农户1016户。

六、农业扶贫

1991—1996年，通过“机关+农民”、领导干部“攀穷亲”、农民自筹资金等形式，拓宽扶贫资金来源。有51个单位以“机关+农民”的模式参与扶贫开发，投入资金300多万元，发展种养专业村32个，建果园78个、面积800公顷，受益农民1250户9565人。有391名副局科级以上干部“攀穷亲”，平均每人出资1000元扶持1户贫困户发展生产。1996年全县有1530户9180人脱贫，农村人口贫困面从1995年的41.7%下降到31.5%。

1996—2003年，以贫困村为主战场，以贫困户为对象，开展开发式扶贫，培育特色产业。主要实施优势产业战略，把优势产业做大做强。全县种植橡胶1.26万公顷、水果6881公顷、南药5521公顷，造林3.33万公顷，牛存栏5.68万头，生猪存栏4.93万头，胶、果、林、牧、药已成为农民增收的支柱产业。

2004—2010年，采取多项措施促进农民增收。出台《琼中县促进农民增收三年实施方案》，实行县领导包乡镇、机关包村联手增收责任制度。派出工作人员200多人次进村入户，安排资金1400万元，帮助贫困农民出思路、找门路、促增收。大力发展特色产业和“一村一品”特色经济，在巩固提升橡胶、槟榔等传统产业的基础上，重点扶持种桑养蚕、养蜂等新兴特色农业。年种桑面积1533.33公顷，养蜂4.10万箱，创建种桑养蚕、养蜂等“一村一品”特色专业村30多个。进一步提高群众生产组织化程度，累计成立农民专业合作组织50个。

第七节 沼气建设

沼气既可为农民提供高品位清洁能源，又可以通过生态链的延长增加农民收入，同时，能够保护和恢复深林植被。一口8～10立方米的新型高效沼气池，全年产沼气380～450立方米，可解决3～5口人的农户10～12个月的生活燃料，节煤2000公斤，节电200千瓦时左右，全年可节约燃料费300元，节约电费100元。一口8立方米的沼气池，一年提供的沼肥，相当于50公斤硫酸铵、40公斤过磷酸钙和15公斤的氯化钾。一口8立方米的新型高效沼气池，一年所产沼气的能量相当于3亩薪炭林，节约造林费用600元。

农村生活能源短缺,使农村地区陷入“能源短缺—乱砍滥伐—生态破坏—能源短缺”的恶性循环,农村能源技术的发展极为缓慢。全县农村大多通过燃烧薪柴、秸秆、煤等来获取能源,能效低、破坏生态环境。2005年,琼中县开始大力推广农村沼气建设工程。

2005—2010年,琼中县共建设农村沼气“一池三改”项目11000个,养殖小区12个、村级服务网点50个。2010年,建好南方万头养猪场500立方米大中型沼气项目一个。同时,加强对农村沼气池建设的宣传与培训,进村入户,深入农村,对农民群众进行宣传发动。此外,充分利用各乡镇召开各种会议、培训班的机会,对农民进行宣传,传授沼气池的建设技术和安全使用知识。2010年,培训技术工294人次,33人取得国家沼气生产工证书,50人取得抽渣车驾证,使广大农民群众认识到建造沼气池的重要性。在做好沼气池建设和技术指导工作的同时,对农村沼气用户的档案进行核对、整理、归档、输入电脑,做到无重复、无失误。

以沼气建设为主要工程,按照“高起点规划、高标准建设、高水平管理”的要求;沼气建设做到“五个结合”,即与社会主义新农村建设相结合、与项目建设相结合、与规模养殖相结合、与大棚种植相结合、与绿色农业生产相结合;通过“一池三改”(即建沼气池、改圈、改厕、改厨),引导农民发展户用沼气池,改变落后的生产生活方式,实现农民增收、农业增效和农村环境卫生的彻底改善。

2001年,项目农村沼气建设任务1200个,完成1200个;2002年,项目农村沼气建设任务2300个,完成2300个;2003年,项目农村沼气建设任务3000个,完成3000个;2004年,项目农村沼气建设任务2000个,完成2000个;2005年,项目农村沼气建设任务1880个,完成787个;2006年,项目农村沼气建设任务1610个,完成1200个;2007年,国债项目新建农村沼气195个;2008年,新增项目户用池建设301个,养殖小区2个、村级服务网点18个;2009年,新增项目南方大型沼气1个和25个村级服务网点。2010年,新增项目中型沼气4个。

第二章 种植业

第一节 粮食作物

一、耕地面积

1991年末，全县有耕地面积123275亩，其中水田72743亩，旱田3087亩，旱地47445亩，人均耕地面积1.04亩。2000年末，耕地面积119520亩，水田65530亩，旱田2250亩，旱地54740亩。2005年末，耕地面积125857亩，水田61530亩，旱田8997亩，旱地55331亩，当年增加面积4755亩，其中新开荒面积3648亩，园地改为耕地1107亩。2010年末，全县有耕地面积133168亩，水田63133亩，旱田5819亩，旱地46365亩，临时性耕地1785亩，当年增加面积118亩，新开荒面积116亩，当年减少面积6783亩，国家基建占用55亩，其他基建占地6727亩。

1991—2010年琼中县耕地面积统计表

表5-1　　单位：亩、亩/人

年份	耕地面积	水田	旱田	旱地	人均占有耕地面积	农业人口人均耕地
1991	123275	72743	3087	47445	1.04	1.27
1992	119106	72946	2686	43474	0.99	1.22
1993	119030	72597	2606	43827	0.98	1.2
1994	11910	72440	2681	43989	0.10	0.12
1995	119588	72191	3347	44050	0.98	1.20

续表1

年份	耕地面积	水田	旱田	旱地	人均占有耕地面积	农业人口人均耕地
1996	125037	72262	3091	49684	1.01	1.25
1997	123675	73995	3825	49680	1.01	1.26
1998	124095	69945	4050	50100	1.01	1.26
1999	122400	69945	4050	48405	0.99	1.24
2000	119520	65530	2250	54740	0.95	1.18
2001	119100	63530	2250	53320	0.94	1.13
2002	126165	66901	5141	54123	0.99	1.24
2003	120645	61530	5911	53204	1.04	1.24
2004	121102	61530	5382	54191	0.93	1.18
2005	125857	61530	8997	55331	0.94	1.20
2006	135628	61530	8997	65101	0.98	1.26
2007	152207	59599	5799	86809	1.08	1.39
2008	152105	62363	6121	83621	1.07	1.39
2009	139785	63068	6409	70308	0.97	1.27
2010	133168	63133	5819	46365	0.86	1.13

二、粮食生产

琼中县粮食作物有水稻、山兰、坡稻、玉米、番薯、芋头等。

(一)水稻

水稻是琼中县播种面积最多的农作物。一年两造,各乡镇均有种植。

1991年,琼中县有水稻种植面积145610亩,总产量21388吨,其中早造72728亩,产量1893吨,晚造72882亩,产量19495吨。

1996年,琼中县有水稻种植面积143544亩,总产量45877吨,其中早造71584亩,产量19964吨,晚造71960亩,产量25913吨。

2001年,琼中县水稻播种面积达159197亩,粮食总产量45075吨。

2005年,水稻种植面积为103674亩,总产量24830吨,其中早造种植48246亩,总产12470吨,晚造种植55428亩,总产12360吨,山兰种植723亩,总产93吨。

2010年,水稻种植面积为112571亩,总产量30552吨,其中早造种植53191亩,总产17117吨,晚造种植59381亩,总产13435吨。

1991—2010年琼中县水稻生产情况统计表

表5-2　　单位:亩、吨

年度	水稻		早造		晚造	
	面积	产量	面积	产量	面积	产量
1991	145610	21388	72728	1893	72882	19495
1992	145355	41328	72624	20090	72731	21238
1993	140749	40948	69639	17942	71110	23006
1994	143465	43617	71430	19354	72035	24263
1995	140382	41744	68974	16712	71408	25031
1996	143544	45877	71584	19964	71960	25913
1997	145245	44570	72225	21289	73020	23281
1998	140550	42419	70080	19310	70470	23109
1999	139110	42312	68205	20407	70905	21905
2000	129345	39640	65565	19965	63780	19675
2001	126345	39691	62610	19397	63735	20294
2002	127755	37371	62910	17813	64845	19558
2003	126630	39561	62490	19730	64140	19831
2004	124023	39816	62504	19993	61519	19823
2005	102240	24661	47356	13072	54884	11589
2006	123196	38980	66651	20516	56545	18464
2007	113154	35853	55931	19239	57223	16614
2008	115261	33857	56953	18715	58308	15142
2009	112839	33739	54835	18417	58003	15322
2010	112571	30552	53191	17117	59381	13435

(二)旱粮

琼中县种植的旱粮作物主要有山兰、番薯等。

山兰 琼中县种植山兰已有一千多年历史。一年一造,春种秋收。品种有长忙、短忙、无芒、黑芒、黄丝、坡光等20多个。

1991年，种植面积4909亩，总产量591吨；1996年，种植面积8228亩，总产量1059吨；2001年，种植面积8295亩，总产量1316吨；2006年，种植面积2474亩，总产量314吨；2010年种植面积1336亩，总产量193吨。

番薯 琼中县种植的番薯品种有粉薯（俗称“长年碰”）、“白肚面”、芳薯、乌心薯、“关公红”、“小叶子”、“州农13”、松涛薯等，每年春、夏、秋季均有种植，春秋季比夏季多。

1991年，番薯种植面积19721亩，总产量1902吨；1996年，种植面积33127亩，总产量4599吨；2001年，种植面积39510亩，总产量10439吨；2006年，种植面积15610亩，总产量4907吨；同时，琼中县农科所进行广薯87、广薯79、普薯24、广薯104、龙薯10号、湛薯99-8、小叶薯、州农13等8个品种种植试验2亩，广薯87亩产达2626公斤。2010年，种植面积21858亩，总产量6779吨。

1991—2010年琼中县山兰、番薯种植情况一览表

表5-3　　单位：亩、吨

年度	山兰		番薯		年度	山兰		番薯	
	种植面积	产量	种植面积	产量		种植面积	产量	种植面积	产量
1991	4909	591	19721	1902	2001	8295	1316	39510	10493
1992	7147	702	21326	2452	2002	7635	1296	36615	9918
1993	4739	597	25446	3315	2003	3480	580	28785	9700
1994	4859	651	26758	3401	2004	2709	346	29858	8129
1995	5363	737	27983	6368	2005	2088	197	28541	7393
1996	8228	1059	33127	4599	2006	2474	314	15610	4907
1997	9825	1575	39975	6535	2007	2314	295	22779	8538
1998	15705	2204	41040	13328	2008	2110	246	19051	6683
1999	12540	1722	36285	10239	2009	974	115	23450	793
2000	9750	1566	36570	10320	2010	1336	193	21858	6779

第二节 杂交水稻推广

琼中县水稻常规种植品种有大叶青、桂毕、七桂早等,杂交水稻品种有汕优63号、广优4号、博优64号等。2001年,琼中县开始推广杂交水稻28486亩,占早造播种面积36%。早造推广以Ⅱ优128、特籼占25号、丰矮占、华粳汕74号等新品种,亩产在350~440公斤以上;从海南省农科院引进新组合65002、琼农占1号、琼农占2号、新万香、梅浓香、泰占等6个水稻品种,分别在湾岭、营根、长征、黎母山进行对比试种,6个新品种水稻亩产分别是:琼农占2号亩产378公斤、65002亩产425公斤、琼农占1号亩产213公斤、梅浓香亩产352公斤、新万香亩产264公斤、泰占亩产251公斤;其中65002号品种和琼农占2号品种产量较高,生长长期稳定。

2002年杂交水稻面积达82984亩,水稻播植总面积66.36%,推广种植的Ⅱ优128、博优961、博优64、粤杂922、两优培九等杂优组合,具有抗性好、高产、稳产的性能,亩产均为300~350公斤,经测试,每亩单产比常规水稻增产40~50公斤,增产效果显著。2003年杂交水稻总面积82813亩,占水稻播种总面积的64.1%,推广种植的杂交组合为Ⅱ优128、粤杂922、特优63、广优4号、汕优3550、博优961。水稻抛秧栽培培训班16次,参加人数为7070人次。水稻抛秧栽培总面积42012亩,亩单产比常规手插增加稻谷40公斤,粮食总产增加1680吨,提高经济效益134.4万元。

2003年,琼中县农科所从广东农科院、三亚等地引进特优63、特优721、粤杂922、博Ⅱ优15、振优988、博优290等杂优组合进行试种。

2004年,杂交水稻总面积93000亩,占水稻播种面积的71%,推广种植杂交水稻有Ⅱ优3550、Ⅱ优128、粤杂922、特优63、特优524、博优961、博优15、博优964等组合。从海南省农科院引进两个超级稻组合P88S/0389、P88S/0293,在营根镇红州洋进行试种8亩,亩产稻谷573公斤,比普通杂交稻每亩增产200公斤。2004年水稻抛秧栽培派出技术人员60人次,培训农民500人次,水稻抛秧栽培面积4.85万亩,占水稻种植面积的38.3%。

2005年,水稻种植面积103674亩,仅占水田总面积的74.6%,杂交稻种植面积83660亩,占水稻种植面积的80.7%,种植组合有Ⅱ优128、粤杂922、特优524、特优63、Ⅱ优3550、博优961、博优964、博优6410、博Ⅱ优15等。

2006年,杂交稻种植面积101500亩,占水稻种植面积的84%,种植组合有Ⅱ优128、粤杂922、特优524、特优63、博优961、Ⅱ优3550等,全年共举办水稻高产技术及抛秧栽培技术培训班13期,培训农民群众650人次,推广抛秧栽培55000亩,2006年水稻种植总面积120832亩,总产量41872吨,其中早造种植60368亩,总产22078吨,晚造种植60464亩,总产19794吨。2005年超级水稻品种P88S/0239、P88S/0389示范种植100亩,其中:湾岭、黎母山、营根各种12亩,长征、中平、和平、红毛各种植10亩,什运、上安、吊罗山各种植8亩;共举办4期超级稻栽培技术培训班参加660人次。2006年琼中展示种植项目,种植的品种有琼两优05、Ⅱ优1566、粤杂156、Ⅱ优339、天优2168、天优804、海丰优408、琼两优07、Ⅱ优明118、Ⅱ优128(CK)、广超丝苗、宜香优629、特籼占25(CK)共14个品种(组合)。产量较高的品种是:Ⅱ优339,亩产520公斤;琼两优05,亩产500公斤。

2007年,杂交稻种植面积有11.5万亩,占水稻种植面积的97%,种植组合有Ⅱ优128、粤杂922、特优524、特优63、博优961、Ⅱ优3550、华优86、T优551等,共举办水稻高产技术及抛秧栽培技术培训班12期,培训农民群众630人次,推广抛秧栽培5.1万亩。

2008—2009年,琼中县水稻播种面积12.2万多亩,其中杂交稻推广面积11.6万多亩,约占水稻播种面积的95.1%。推广高产、稳产的杂交稻组合(品种)主要有华优86、特优128、特优108、粤杂922、博Ⅱ15、博Ⅱ138等19个。引进早造"两优389""琼香Ⅱ优1号""琼香Ⅱ优2号"3个超级稻良种在本县示范点10个。示范面积为1337.5亩,虽然初遇近40年来罕见低温寒害天气,但超级稻低产的田块亩产仍有405公斤,高产的田块亩产达630公斤,平均单产为516.5公斤。"准两优572"种植面积977.5亩,平均亩产达480公斤,比"三系"杂交稻增产85公斤,增幅达21.5%,增产效果显著,产量最高的是长征镇高村埇6亩稻田,亩产达605公斤。2009年技术培训,推广新技术,超级稻高产栽培、水稻抛秧及免耕抛秧技术、水稻病虫害防治等技术,全年共举办水稻高产栽培技术培训班16期,培训农民群众900多人次,发放技术资料1400多份。2009年,琼中县营根镇新建村和上安乡南流村进行稻田改制试验,改制总面积410亩,其中:营根镇新建村改制种植的114亩水稻,提早播种,及时插秧,成熟收获比以往提早15天,平均亩产325公斤,比未改制的田块亩均增产61公斤。

2010年,琼中县水稻总种植面积达112571亩,其中杂交稻总推广面积为9.2万亩,约占水稻总播种面积的81.73%,早造推广5.0万亩,占早造播种面积的91%,晚造推广4.2万亩,占晚造播种面积的93%。早造总推广杂交稻品种为29个,经测产调查表现好的品种有特优009、华优86、T优551、特优128、特优524等。晚造推广品种近30个,主推品种为博Ⅱ优629、博优235金博优168、博优729、特优248等。早造水稻平均单产为385公斤,晚造为135公斤。早造从省农科院引进超级稻新品种"Y两优439"总试种示范面积为1000亩,分别安排在吊罗山、上安、营根、黎母山、湾岭5个乡镇试种,经抽样测产验收,该品种最高亩产532公斤,平均亩产462公斤,早造其他品种亩均增产稻谷52公斤,增幅达11.3%。为确保水稻稳产丰产,举办新技术培训12期,技术跟踪服务指导48次,传授超级稻高产强化栽培方法、水稻免耕抛秧及免耕直播栽培技术、稻种包衣剂"旱育保姆"使用技术、本县水稻常见病虫害防治技术、稻田耕作改制及品种季节安排技术,培训人数近600人次,发放技术资料1200多份。

第三节 其他农作物生产

一、油料作物

玉米 玉米是琼中县传统旱粮作物,品种有黄粒、白粒、红粒3种。1991年种植面积8280亩,总产量759吨;2001年种植面积16950亩,总产量2695吨;2010年17314亩,总产量4354吨。玉米种植主要分布在湾岭镇、营根镇、黎母山镇、长征镇。

1991—2010年玉米种植情况统计表

表5-4 单位:亩、吨

年度	1991	1992	1993	1994	1995	1996	1997	1998	1999	2000
种植面积	8280	6913	13564	15416	15429	16523	14355	21615	18255	24900
总产量	759	482	2179	2440	2111	2008	2432	3258	2962	3948
年度	2001	2002	2003	2004	2005	2006	2007	2008	2009	2010
种植面积	16950	13320	16410	11501	16762	13697	15923	12815	17119	17314
总产量	2695	2210	2890	2138	2533	2725	3358	2808	4017	4354

大豆 1991年种植面积2464亩,总产量154吨,2010年4555亩,总产量662吨,主要分布在湾岭镇、和平镇。

1991—2010年大豆种植情况统计表

表5-5 单位:亩、吨

年度	1991	1992	1993	1994	1995	1996	1997	1998	1999	2000
种植面积	2464	3847	4378	4555	5426	600	915	3570	4515	855
总产量	154	343	416	442	57	51	44	373	345	66
年度	2001	2002	2003	2004	2005	2006	2007	2008	2009	2010
种植面积	945	2235	1410	731	3520	491	502	2683	3154	4555
总产量	147	213	177	98	246	48	56	358	468	662

花生 花生是琼中县主要油料作物。1968年起,开始从广东、省内的屯昌、陵水引进狮头巨、

顿地雷、豆仔、陵育一号等优良品种种植。1991年,种植面积7037亩,总产量506吨;2010年种植面积14391亩,总产量2156吨。

1991—2010年花生种植情况统计表

表5-6 单位:亩、吨

年度	1991	1992	1993	1994	1995	1996	1997	1998	1999	2000
种植面积	7037	8363	8874	8798	9248	12092	12735	13845	11280	11940
总产量	506	706	1169	1066	1164	1742	1854	1723	1406	1490
年度	2001	2002	2003	2004	2005	2006	2007	2008	2009	2010
种植面积	14445	22605	13500	17773	14441	8352	9528	13067	15081	14391
总产量	1640	2245	1664	1856	1283	1001	1286	1836	2250	2156

芝麻 芝麻有黑、白、赤3种,产量微少。1991年种植面积163亩,总产量7吨;2007年,种植面积122.9亩,产量13吨。

1991—2010年芝麻种植情况统计表

表5-7 单位:亩、吨

年度	1991	1992	1993	1994	1995	1996	1997	1998	1999	2000
种植面积	163	37	29	—	11	26	120	915	180	240
总产量	7	1	1	—	0	1	8	63	20	27
年度	2001	2002	2003	2004	2005	2006	2007	2008	2009	2010
种植面积	165	150	150	184	190	—	122.9	—	—	—
总产量	18	18	19	21	19	—	13	—	—	—

注:1994、2006、2008—2010年无统计数据

二、其他作物

木薯 琼中县盛产木薯,素有“地下粮仓”之称。品种有红心、黑心、白茎3种。木薯具有投资少、见效快的特点。1991年,全县种植木薯33704亩,总产量32785吨。2010年,种植的木薯以华南5号、华南8号和华南205等为主,优良高产品种种植面积达3.3万亩,良种推广覆盖率达96%以上。同时,在县红岛牧场建立试验种植基地,进行华南8号、华南5号、品系1424等24个品种的对比试验,为推广良种木薯提供科学依据。当年全县种植39623亩,总产量54973吨,主要分布在黎母山镇、湾岭镇、长征镇。

甘蔗 有果蔗、糖蔗两种,各乡镇均有种植。种植品种有牛腿蔗、黄皮蔗、黑皮蔗、台糖124、

海蔗4号、粤糖63/237、儋蔗1号等。1991年，种植面积11303亩，总产量31392吨，2010年，种植5468亩，总产量16322吨，主要分布在黎母山镇、红毛镇。

蔬菜 全县种植瓜类品种有甜瓜、南瓜、冬瓜、毛节瓜、水瓜、丝瓜、苦瓜、木瓜、葫芦瓜、茄子、西红柿等；菜类有空心菜、白菜、芹菜、苋菜、椰子菜、油菜、菠菜、芹菜、韭菜、萝卜、葱、生姜、木耳、木菰等。

1991年全县蔬菜种植面积12034亩，总产2778吨；2010年，种植面积39219亩，总产17840吨。

1991—2010年琼中县主要农作物播种面积统计一览表

表5-8　　单位：吨

年份	油料			甘蔗			瓜菜类			木薯
		花生	芝麻		糖蔗	果蔗		蔬菜	瓜类	
1991	7200	7037	163	11303	8724	2579	12034	12034	—	33704
1992	8400	8363	37	9662	5614	4048	14421	14421	—	40422
1993	8903	8874	29	8510	4056	4454	17021	17004	17	42012
1994	8798	8798	—	5331	1272	4059	19172	19155	17	41206
1995	9259	9248	11	5555	1044	4511	21195	21161	34	40822
1996	12118	12092	26	8095	3771	4324	31581	31544	37	47949
1997	12855	12735	120	10140	1815	8325	24840	24780	60	48900
1998	14760	13845	915	12330	900	11430	27630	27630	—	59100
1999	11460	11280	180	8775	345	8430	27450	27345	105	80595
2000	12180	11940	240	8895	210	8685	29250	29250	—	84045
2001	14610	14445	165	9195	360	8835	52575	52365	210	65145
2002	22755	22605	150	8940	630	8310	30060	29400	660	52170
2003	13650	13500	150	5700	330	5370	31155	30405	750	42465
2004	17957	17773	184	7862	879	6983	33554	33245	309	33536
2005	14631	14441	190	8167	493	7674	40572	38995	1577	37015
2006	8352	8352	—	5472	550	4922	48928	36351	12577	34751
2007	9651	9528	122.9	4464	370	4094	31225	29013	2212	39528
2008	13067	13067	—	7501	1444	6057	34075	32279	1796	45867
2009	15081	15081	—	7581	1837	5744	34340	33206	1134	44537
2010	14391	14391	—	5468	1789	3678	39219	38212	1007	39623

1991—2010年琼中县主要农作物产量统计表

表5-9 单位:吨

年份	甘蔗	糖蔗	果蔗	瓜菜类	蔬菜	瓜菜	木薯
1991	31392	22736	8657	2778	2778	—	32785
1992	23435	14150	9285	3948	3948	—	41694
1993	26306	9876	16430	5298	5279	19	41504
1994	12736	3199	9537	5794	5775	19	41799
1995	10596	2500	8096	5610	5605	5	40569
1996	19762	15972	3790	7671	7665	6	57950
1997	14678	1170	13508	8270	8218	52	52909
1998	43155	2007	41148	8742	8742	—	73875
1999	24063	788	23275	15808	7910	7898	97861
2000	24448	475	23976	8450	8450	—	102038
2001	16624	768	15856	10200	10140	60	92855
2002	15917	1082	14835	12965	12689	276	85959
2003	7531	492	7039	14390	14173	217	78553
2004	8315	1197	7118	11948	11887	61	45500
2005	8482	683	7799	13153	12589	564	36293
2006	8424	785	7639	12384	12010	375	42397
2007	7025	1070	5955	17026	16417	609	53075
2008	16833	5345	11488	14971	14548	424	72281
2009	21641	9408	12234	15664	15325	339	76412
2010	16322	9721	6601	17840	17281	558	54973

第四节 热带作物与南药种植

琼中县热带作物主要有橡胶、椰子、咖啡、胡椒等,主要分布在营根镇、黎母山镇、湾岭镇;南药种植主要有槟榔、益智等,主要分布在湾岭镇、营根镇、中平镇、和平镇。

1991年,热带作物种植总面积119690亩,其中新种面积5930亩,收获面积23703亩;南药总面积66188亩,其中新种面积753亩,收获面积42189亩。2010年,热带作物总面积427885亩;南药总面积152202亩,同年新种12727亩,收获面积85268亩。

1991—1994年热带作物、南药面积和产量一览表

表5-10

项目	单位	1991年	1992年	1993年	1994年
一、热带作物总面积	亩	119690	137351	138944	122715
年度新种面积	亩	5930	10278	6538	1472
收获面积	亩	23703	31484	35249	30631
1.橡胶面积	亩	102841	122204	125825	110742
年度新种面积	亩	4755	8954	6413	1304
收获面积	亩	18097	26283	29190	25137
总产量	吨	1014	1463.3	1727	1702
2.椰子面积	亩	1518	2635	2700	2779
年度新种面积	亩	197	1065	100	—
收获面积	亩	853	952	1043	1211
总产量	吨	94	122.03	130	130
3.咖啡面积	亩	5414	3678	1680	1201
收获面积	亩	1042	720	836	314
总产量	吨	78.87	63.02	62	59

续表1

项目	单位	1991年	1992年	1993年	1994年
4.胡椒面积	亩	159	284	267	64
收获面积	亩	78	195	248	53
总产量	吨	4	14.47	16	2
二、南药种植面积	亩	66188	56353	60469	44987
年度新种	亩	753	234	25	—
收获面积	亩	42189	51473	56126	41323
总产量	吨	1484.54	1435.8	1507	1457
1.槟榔面积	亩	7310	6697	6892	6573
年度新种	亩	753	234	25	—
收获面积	亩	1292	1817	2549	2909
总产量	吨	400	355.14	399	467
2.益智面积	亩	58878	49316	53577	38414
收获面积	亩	40897	49316	53577	38414
总产量	吨	1084.54	1079.7	1108	990

1995—1998年热带作物、南药面积和产量一览表

表5-11

项目	单位	1995年	1996年	1997年	1998年
一、热带作物总面积	亩	14176	136981	136680	167985
年度新种	亩	13559	5981	15435	27510
收获面积	亩	47619	42598	41625	56490
1.橡胶面积	亩	124542	120057	108675	123975
年度新种	亩	8811	3646	1815	9435
收获面积	亩	39203	36577	34725	47220
总产量	吨	2689	2500	2800	3195
2.椰子面积	亩	3694	3283.03	3165	4680

续表1

项目	单位	1995年	1996年	1997年	1998年
年度新种	亩	599	186	30	2205
收获面积	亩	1303	1019.4	1395	1590
总产量	吨	155	361	393	200
3.咖啡面积	亩	1250	1096	840	870
年度面积	亩	49	—	—	15
收获面积	亩	632	590	495	540
总产量	吨	60	54.9	53	51
4.胡椒面积	亩	251	219.7	75	90
年度新种	亩	17	40	—	15
收获面积	亩	223	169.84	75	60
总产量	吨	26	12.47	2	5
5.槟榔面积	亩	9276	10770	23715	35790
年度新种	亩	2711	2001	13590	15270
收获面积	亩	3634	3025	4725	5070
总产量	吨	522	973.64	1006	1041
二、南药种植面积	亩	38520	36720	46515	62610
年度新种	亩	2711	3006	13590	15270
收获面积	亩	32878	23994	27525	31890
总产量	吨	1415.27	1490.4	1736	2181
1.槟榔面积	亩	9276	10770	23715	35790
年度新种	亩	2711	2001	13590	15270
收获面积	亩	3634	3025	4725	5070
总产量	吨	522	973.64	1006	1041
2.益智面积	亩	29244	25950	22800	26820
年度新种	亩	—	1005	—	—
收获面积	亩	29244	20969	22800	26820
总产量	吨	893.27	516.72	730	1140

1999—2002年热带作物、南药面积和产量一览表

表5-12

项目	单位	1999年	2000年	2001年	2002年
一、热带作物总面积	亩	184650	191355	219855	237375
年度新种	亩	26805	3120	28500	21735
收获面积	亩	55530	58065	60945	75915
1.橡胶面积	亩	133605	134130	159555	169200
年度新种	亩	9900	840	25425	13560
收获面积	亩	47865	47955	52440	64665
总产量	吨	3330	3345	3584	4536
2.椰子面积	亩	18285	18390	19530	19125
年度新种	亩	13605	240	1140	525
收获面积	亩	2115	2325	2055	2340
总产量	吨	208	233	319	232
3.咖啡面积	亩	120	—	—	—
收获面积	亩	120	—	—	—
总产量	吨	1	—	—	—
4.胡椒面积	亩	150	225	345	405
年度新种	亩	75	135	120	30
收获面积	亩	7	30	105	270
总产量	吨	38595	1	3	15
5.槟榔面积	亩	32490	38610	40335	48645
年度新种	亩	5355	540	1725	7620
收获面积	亩	5170	6465	6255	8640
总产量	吨	1121	1318	1422	1826
二、南药种植面积	亩	75105	67470	70605	84360
年度新种	亩	5355	540	1725	7620

续表1

项目	单位	1999年	2000年	2001年	2002年
收获面积	亩	47785	35325	36525	44355
总产量	吨	2718	3971	3445	2143
1.槟榔面积	亩	32490	38610	40335	48645
年度面积	亩	5355	540	1725	7620
收获面积	亩	5170	6465	6255	8640
总产量	吨	1121	1318	1422	1826
2.益智面积	亩	42615	28860	30270	35085
收获面积	亩	42615	28860	30270	35085
总产量	吨	1597	2653	2023	2269

2003—2006年热带作物、南药面积和产量一览表

表5-13

项目	单位	2003年	2004年	2005年	2006年
一、热带作物总面积	亩	267525	294333	279244	304079
年度新种	亩	34080	28496	16994	25136.2
收获面积	亩	79035	85959	79855	94004.6
1.橡胶面积	亩	189555	206708	189348	208271.5
年度新种	亩	20355	18399	11064	18923.5
收获面积	亩	66720	71677	62745	74049
总产量	吨	4678	5260	4446	5459.4
2.椰子面积	亩	15360	15064	13684	13599.2
年度新种	亩	165	103	—	4.7
收获面积	亩	2565	3204	3965	4015.3
总产量	吨	23.36	307511	61.4	69.95
3.咖啡面积	亩	—	—	200	—

续表1

项目	单位	2003年	2004年	2005年	2006年
4.胡椒面积	亩	405	372	153	159
年度新种	亩	—	5	27	18
收获面积	亩	225	59	59	104
总产量	吨	6	4	3	10.4
5.槟榔面积	亩	62205	72189	75059	81249
年度新种	亩	13560	9989	4903	6190
收获面积	亩	9525	11019	13086	15836.3
总产量	吨	2099	2231	2488	4045.4
二、南药种植面积	亩	82815	110409	103807	92396.41
年度新种	亩	13560	9989	4903	6190
收获面积	亩	30135	49239	44834	26983.71
总产量	吨	4717	4609	5743	5701.4
1.槟榔面积	亩	62205	72189	75059	81249
年度新种	亩	13560	9989	4903	6190
收获面积	亩	9525	11019	13086	15836.3
总产量	吨	2099	2231	2488	4045.4
2.益智面积	亩	20520	38220	31748	11147.41
收获面积	亩	20520	38220	31748	11147.41
总产量	吨	2611	2378	3255	1656

2007—2010年热带作物、南药面积和产量一览表

表5-14

项目	单位	2007年	2008年	2009年	2010年
一、热带作物总面积	亩	327702	343931	371883	427885
年度新种	亩	19969.3	18936.9	—	—

续表1

项目	单位	2007年	2008年	2009年	2010年
收获面积	亩	108446	12332.6	—	—
1.橡胶面积	亩	222804.6	235285.9	256894.3	300412.3
年度新种	亩	7489.4	12711.3	21868.2	43818.43
收获面积	亩	82916.2	92149.92	103721.3	131697.3
总产量	吨	6220	7016.5	7739.17	10139.2
2.椰子面积	亩	10288	9254.6	8499.8	8226.5
年度新种	亩	87	4.6	9.2	28.3
收获面积	亩	3320.8	2145.4	2329	2010.4
总产量	吨	717633	57.21	61.39	65.20
3.胡椒面积	亩	175	117	110	140
年度新种	亩	20	14	—	30
收获面积	亩	130	102	110	110
总产量	吨	12.3	9.08	20.3	21.65
二、南药种植面积	亩	123988.9	134394.8	139107.3	152202.6
年度新种	亩	12372.9	6207	7311	12727.3
收获面积	亩	51632.9	64050.3	73961.4	85268.5
总产量	吨	6993.99	9153.29	11072.14	12296.71
益智面积	亩	29554	35121.5	32728	33096
收获面积	亩	29554	35121.5	32728	33096
总产量	吨	1112.69	1857.67	1656.69	1377.71

第五节 水果蔬菜生产

一、水果

1991年,琼中县政府做出产业调整,掀起种植水果热潮,提出争当“水果大县”的口号。1994年8月,成立琼中县水果开发公司,隶属县农委。

1994年11月，公司在湾岭镇新仔村委会创建了第一个水果基地——“湾岭科技园”，该基地面积650亩，从广东省高州市引进优质龙眼种苗“储良大广眼”种植。1995年3月，公司在县原种场创建龙眼苗圃场，专门培育储良、石硖等优良种苗，通过扶贫方式供应全县农户及企业种植。1995—1999年间，采取“公司+农民”方式在湾岭镇、乌石镇、营根镇及上安乡创建8个水果基地，总面积8000多亩，种植品种为龙眼、荔枝、绿橙、橄榄、杨桃、造林等。(1)湾岭科技园：开发于1995年，面积650亩，种植品种为龙眼。(2)湾岭鸭坡基地：开发于1996年，面积500亩，种植品种为龙眼。(3)湾岭加外基地：1997年开发，面积909亩，种植品种为龙眼、荔枝。(4)湾岭苗圃场：1994年开发，面积100亩，种植品种为龙眼、荔枝、橄榄和培育种苗。(5)湾岭大墩基地：2000年开发，面积3100亩，种植品种为绿橙、荔枝。(6)营根南丰基地：1997年开发，面积524亩，土地性质为国有土地，种植品种为龙眼、荔枝、橄榄。(7)上安山基地：1997年开发，面积2707亩，种植品种为荔枝、龙眼和造林。(8)上安农场基地：1999年开发，面积289亩，种植品种为荔枝、龙眼。公司按照技术要求、技术措施，实行定岗位，岗位责任制进行经营管理。2000年起，由于缺少资金，公司无法对各基地进行正常管理。为了引进技术及资金，经县政府批准同意，公司把各基地对外承包联合经营管理。至2010年，部分基地已改种橡胶、柑柚和造林。琼中的“五月荔枝、七月龙眼、九月红橙”正逐步成为闻名省内外的名牌产品，水果大县已成雏形。

1991—1995年琼中县水果生产情况一览表

表5-15　　单位：亩、吨

项目	1991年	1992年	1993年	1994年	1995年
水果年末种植面积合计	19929	18590	19729	27261	42599
年度新种面积	517	436	498	8317	16513
年度收获面积	12358	11072	13707	16405	19404
总产量	4654	4171	4137	3523	6334
1.柑橘、橙年末种植面积	644	725	743	825	562
年度新种面积	—	14	52	43	127
年度收获面积	132	469	548	661	401
总产量	33	146	231	220	227
2.香蕉年末种植面积	5845	5625	6210	7330	8195
年度新种面积	328	351	429	1610	2579
年度收获面积	3958	3613	4085	4349	5629
总产量	1102	1221	1348	1673	3275
3.菠萝年末种植面积	11159	9820	9416	11183	13407

续表1

项目	1991年	1992年	1993年	1994年	1995年
年度新种面积	189	46	17	2152	1426
年度收获面积	6227	6201	6478	8457	9599
总产量	3196	2362	2233	1275	2447
4.荔枝年末种植面积	1159	1038	1153	2733	6761
年度新种面积	—	—	—	1569	4028
年度收获面积	1159	105	1153	1361	1563
总产量	117	118	84	196	105
5.龙眼年末种植面积	238	178	138	1722	10074
年度新种面积	—	—	—	1584	8353
年度收获面积	238	25	138	689	982
总产量	18	29	15	17	13
6.芒果年末种植面积	142	428	731	2090	2089
年度新种面积	—	—	—	1359	—
年度收获面积	45	67	142	111	346
总产量	20	15	17	22	141
7.其他水果年末种植面积	742	776	1338	1378	1511
年度收获面积	599	588	1163	777	884
总产量	168	280	209	120	126

1996—2000年水果生产情况一览表

表5-16 单位:亩、吨

项目	1996年	1997年	1998年	1999年	2000年
水果年末种植面积合计	73082	83325	80985	87511	88215
年度新种面积	4386	12030	12735	8865	6810
年度收获面积	13062	12975	13695	15719	29010
总产量	2910	3536	5055	7778	10802
1.柑橘、橙年末种植面积	417	2175	945	1284	3480

续表1

项目	1996年	1997年	1998年	1999年	2000年
年度新种面积	54	120	45	180	2190
年度收获面积	346	330	480	789	795
总产量	140	174	669	1088	1188
2.香蕉年末种植面积	8958	9315	11790	12345	9090
年度新种面积	1089	750	2760	4127	3810
年度收获面积	5261	5130	6435	5498	7845
总产量	1033	2126	2747	3084	3152
3.菠萝年末种植面积	9120	9000	14370	17376	17325
年度新种面积	3243	75	8895	3656	150
年度收获面积	5877	4830	5070	6926	12480
总产量	1223	885	1091	2810	4863
4.荔枝年末种植面积	18881	20115	15405	15813	15810
年度新种面积	—	870	450	513	270
年度收获面积	730	915	315	363	365
总产量	82	101	57	360	365
5.龙眼年末种植面积	32459	35520	32730	34632	34650
年度新种面积	—	9000	465	35	30
年度收获面积	120	135	60	248	3525
总产量	8	10	5	55	636
6.芒果年末种植面积	3182	5415	4680	3944	4980
年度新种面积	—	1215	120	345	30
年度收获面积	663	570	495	879	1020
总产量	154	180	283	175	309
7.石榴年末种植面积	—	—	—	1045	1245
年度新种面积	—	—	—	—	45
年度收获面积	—	—	—	300	450
总产量	—	—	—	45	68

续表2

项目	1996年	1997年	1998年	1999年	2000年
8.其他水果年末种植面积	65	1785	1065	1072	1635
年度新种面积	—	—	—	10	285
年度收获面积	65	1065	1065	1072	1635
总产量	269	60	203	161	221

2001—2005年水果生产情况一览表

表5-17　　单位:亩、吨

项目	2001年	2002年	2003年	2004年	2005年
水果年末种植面积合计	93165	107820	103219	90438	86833
年度新种面积	11430	2100	6334	7873	9410
年度收获面积	20535	36480	36426	38470	38917
总产量	14452	2700	3195	22485	21109
1.柑橘、橙年末种植面积	7995	7995	10140	19315	25888
年度新种面积	3975	870	2145	7234	6573
年度收获面积	1455	2700	3195	7092	8160
总产量	2411	4725	4909	12684	7467
2.香蕉年末种植面积	10860	23370	18672	10329	8737
年度新种面积	870	990	401	286	892
年度收获面积	6660	7425	6738	6964	8567
总产量	4330	5064	4340	4770	6724
3.菠萝年末种植面积	13035	11760	11055	8461	5414
年度新种面积	270	135	3308	216	1518
年度收获面积	8745	8235	8055	6846	5831
总产量	5966	4151	3348	2587	2795
4.荔枝年末种植面积	20235	22470	22485	14818	11720
年度新种面积	3420	—	15	2	—
年度收获面积	1350	4155	4946	5967	5954

续表1

项目	2001年	2002年	2003年	2004年	2005年
总产量	462	780	450	537	1027
5.龙眼年末种植面积	30480	30450	30179	29506	27171
年度新种面积	300	75	23	—	—
年度收获面积	945	7215	8532	7806	4389
总产量	392	593	838	847	1459
6.芒果年末种植面积	4170	4035	4439	4045	3398
年度新种面积	—	30	404	—	5
年度收获面积	660	1395	920	1009	2923
总产量	488	232	225	203	355
7.石榴年末种植面积	1350	1350	1389	488	537
年度新种面积	105	—	39	20	49
年度收获面积	—	—	1389	378	419
总产量	—	158	321	368	397
8.其他水果年末种植面积	5040	6390	4860	3476	3968
年度新种面积	2490	—	—	115	373
年度收获面积	720	4005	2652	2408	2674
总产量	403	828	436	489	885

2006—2010年水果生产情况一览表

表5-18　　单位:亩、吨

项目	2006年	2007年	2008年	2009年	2010年
水果年末种植面积合计	79810	71915	67809	52112	45825
年度新种面积	1101	1344	11809	1258	1440
年度收获面积	32790	37861	37895	33473	34097
总产量	20749	25748	30528	30758	31521
1.柑橘、橙年末种植面积	23950	23602	23840	22525	18614
年度新种面积	541	373	174	0	58

续表1

年度收获面积	8055	10866	13352	13676	13955
总产量	9950	13111	19163	18061	18693
2.香蕉年末种植面积	8158	6756	6208	5569	5928
年度新种面积	368	674	454	375	523
年度收获面积	5730	5602	5257	5200	5202
总产量	4628	4777	5519	5544	4752
3.菠萝年末种植面积	5338	4860	4120	1862	2290
年度新种面积	53	143	10	67	767
年度收获面积	4756	3866	3908	2650	1287
总产量	2180	1852	2110	2404	697
4.荔枝年末种植面积	11194	10193	8594	3259	3298
年度收获面积	2813	3310	2049	1277	1805
总产量	582	660	407	510	1229
5.龙眼年末种植面积	24044	19407	18407	11810	11089
年度新种面积	—	—	—	—	—
年度收获面积	7604	9330	8114	6803	7779
总产量	1842	3130	1088	2076	3170
6.芒果年末种植面积	2725	2804	2736	2475	439
年度新种面积		98	527	20	14
年度收获面积	851	1650	2006	124	128
总产量	202	325	381	22	608
7.石榴年末种植面积	522	437	361	383	360
年度新种面积	20	13	24	36	2
年度收获面积	447	367	284	355	332
总产量	447	371	231	389	390
8.其他水果年末种植面积	3879	3856	3543	4229	3807
年度新种面积	119	44	—	760	76
年度收获面积	2535	2870	2925	3388	3609
总产量	917	1524	1629	1751	1982

二、蔬菜

2000年，琼中县大力推广水田改制工作，农民群众掀起种瓜、果、菜的热潮。2001年，琼中县瓜、果、菜种植面积达29179亩。

2003年，海南省农业厅科教处安排琼中县农业技术推广服务中心实施海南省百项农业新技术项目之一“超甜一号”玉米示范种植，在营根镇营根洋进行示范种植，亩产鲜果840公斤。2007年，琼中县农业技术推广服务中心派员到红毛、长征、什运等乡镇，举办瓜菜种植技术培训10期，培训农民605人次。

2008年，在红毛、长征、什运等乡镇，举办瓜菜种植技术抗寒救灾恢复生产培训5期，培训农民300余人次。2010年，蔬菜产业已成为农民经济的主要产业之一。

第六节 琼中绿橙

1988年从广东引进的橙类品种，冠上“琼中绿橙”的称号得益于琼中特有的地理位置和气候。琼中县山清水秀，资源丰富，是海南南渡江、昌化江、万泉河三大河流的发源地，素有“绿色宝库”的美称。琼中地处亚热带，年均气温22.8℃，年均日照1743.1小时，年均降雨量2444毫米，土地肥沃，光照充足，气候温和，雨量充沛，特别是琼中夏长冬短，昼夜温差大，有利于“琼中绿橙”生长。

海南“琼中绿橙”以皮绿、橙甜、汁多、皮薄而闻名全国，是海南热带水果的一大品牌。“琼中绿橙”是一种纯天然无公害水果，产自五指山下、万泉河畔的琼中黎族苗族自治县。

海南“琼中绿橙”，曾用名为“红江橙”“琼中红橙”，生长在海南琼中独特的土壤、气候环境中，素有果实饱满、皮绿肉红、皮薄多汁、色泽润绿有光，肉质香软、化渣率高、酸甜适度、上市早、果实大等特点。

1999年，县政府把绿橙作为果树发展的主导品种大力推广，先后建起了红毛绿橙扶贫基地、湾岭大墩绿橙基地和长兴绿橙基地，不少外地客商和当地农民也纷纷跟进种植。统计数据显示，全县有5000多户农户和20多家企业开发种植“琼中绿橙”，创办标准化绿橙基地150多个，绿橙种植面积达1284亩。

2008年前，由于管理不善，有许多不法商贩打着“琼中绿橙”的品牌以次充好，在市场上销售橙果，使“琼中绿橙”品牌受到极大影响，“琼中绿橙”平均价格从以前的每公斤4～6元降到每公斤2元以下，极大地影响了“琼中绿橙”的产业发展。2010年，根据县政府工作安排，由县农技中心负责“琼中绿橙”品牌的管理工作。为维护好“琼中绿橙”品牌形象，提高“琼中绿橙”品牌的市场竞争力，2010年9月15日至10月25日举办了琼中绿橙包装箱设计竞赛活动，选出“琼中绿橙”

包装箱设计最优的规格和图案。同时,进行“琼中绿橙”包装箱生产厂家的招投标,并确定了生产厂家,对其生产的“琼中绿橙”包装箱进行统一管理,果园需采果样到县农技中心植检站检测合格,方可使用“琼中绿橙”包装箱。为维护“琼中绿橙”的市场秩序,县农技中心还联合“琼中绿橙”协会和工商部门到海口、三亚等地市场进行维权打假,有效地维护了“琼中绿橙”品牌利益。

为确保“琼中绿橙”产业的发展,努力提升“琼中绿橙”标准化高产栽培技术管理水平,真正把“琼中绿橙”产业打造成农民增收致富的主导产业,根据“琼中绿橙”产业发展的需要,围绕科学技术是第一生产力的要求,进一步完善“琼中绿橙”产业发展规划;解决好“琼中绿橙”产业发展过程中技术方面的重点、难点问题;为县委、县政府科学决策发展“琼中绿橙”产业提供科学依据。县农技中心成立了“琼中绿橙”发展研究所,并于2010年10月15日举行揭牌仪式。2010年,举办培训班35期,培训果农1750多人次,现场指导25期,人数达895人次,印发绿橙生产管理技术资料2800份。

2010年,县农技中心在“琼中绿橙”上开展绿色防控技术的推广应用工作,主要采取黄板、太阳能灯和统防统治等技术手段,并取得良好的效果。2010年在全县推广面积已达到18559亩,大大地减少了农药的用量,取得很好的经济效益。

2002年“琼中绿橙”被评为海南省优质农产品、博鳌亚洲论坛2003年年会指定产品、第53届世界小姐总决赛组委会指定水果,并获得农业部无公害农产品认证,2004年又被评为海南省名牌产品。

1991—2010年琼中县绿橙种植面积和产量一览表

表5-19　　单位:亩、吨

年份	年末面积	收获面积	总产量
1991	644	132	33
1992	725	469	146
1993	743	548	231
1994	825	661	220
1995	562	401	227
1996	417	246	140
1997	2175	330	174
1998	945	480	669
1999	1284	789	1088

续表1

年份	年末面积	收获面积	总产量
2000	3480	795	1188
2001	7995	1455	2411
2002	7995	2700	4725
2003	10140	3195	4909
2004	19315	7092	12684
2005	25825	8160	7467
2006	23887	8000	9895
2007	23539	10811	13052
2008	23785	13297	19101
2009	22470	13621	18000
2010	18559	13900	18646

第三章 养殖业

第一节 畜禽饲养

一、家畜

猪品种有杜洛克猪、长白猪、大白猪、汉普夏猪、屯昌黑猪、五脚猪、陆川猪等;1991年全县生猪饲养量46152头,存栏量30369头,出栏量15783头,给社会提供猪肉产量1249吨。1995年,为加快发展养猪业,在琼中县红毛镇什卓村改建为农民养猪培训基地,共培训23期,各乡镇采取"公司+农民"的形式创建了营根镇大堝村、新朗村、红毛镇庆才村等14个养猪专业村,生猪出栏量达41010头,猪肉产量4553吨。原先全县规模养猪场比较少,1997年饲养量在200头以上的只有4家——毛塘猪场、什卓猪场,三好猪场,畜科所猪场,到2007由于有政府改扩建项目支持,规模养猪场相继落户琼中,截至2010年,全县饲养100头以上的猪场有17家,年出栏万头以上的有3家——海垦健牧猪场、海垦泰牧猪场、海垦润牧猪场,生猪存栏量55638头,出栏量87408头,肉类总产量达9572吨,比上年增长22.2%,牧业产值占农业产值的19.26%。

牛品种有兴隆水牛、魔拉水牛、高峰黄牛(俗称上安小黄牛)、波罗门、南德温、娟姗牛、利木赞、安格斯、荷兰奶牛等。1991年全县牛饲养量44655头、存栏量39520头,出栏量5135头,产肉量452吨,产值811万元,占牧业总产值35.2%。1991—1993年,红岛牧场还有荷兰黑白花奶牛65头。1995年红岛牧场从广西引进80头么拉奶水牛。1999年省农业厅支持1740万在湾岭镇加章建种牛场,并从云南引进婆罗门公牛10头,从上海引南德温公牛5头,做颗粒冻精,还从广西品种改良站引进利木赞、安格斯、么拉水牛,尼里水牛等的试管冻精2万支,在全县展开牛人工授精。2000—2006年间,年均产杂交黄牛400头左右。在湾岭镇黄竹堝村、营根镇先锋村等还产魔拉水牛和尼里水牛，充实了琼中的牛的品种。但琼中还是以饲养小黄牛为主，琼中小黄牛属海南高峰黄牛，具有耐热、耐寒、耐粗饲、抗病力强的特点，公牛肩峰隆起，像瘤牛的瘤峰，公牛肩峰高度12～15厘米，成年公牛体重200～250公斤；母牛额部中央稍有隆起，耳薄而大，鼻镜有黑色斑、肉色等，前肢端正、后肢略弯，毛色以黄色为多，成年母牛体重200公斤。海南高峰黄牛产肉性能居华南牛之首，在国内外销售历史悠久，屠宰率为46.4%，净肉率为33.8%。2008年后，由于农业机械化的发展，许多水牛不再用于耕田，牛的饲养量逐年减少。2008年，饲养量31497头，存栏量26534头；2009年饲养量29478头，存栏24193头；2010年全县存栏18383头，养牛大户19户。

羊品种有东山羊，1991年全县饲养羊以小群散养为主，全县饲养量211只，存栏179只，出栏32只。1996年县畜牧公司以"公司+农户"在什运乡什运村、什龙村、光一、光二村、什运电站等村扶持农民饲养山羊达2400只；海南椰风集团在湾岭金包村扶持农民200只山羊饲养。随着饮食文化的改变，对羊肉的需求量越来越大，养山羊的数量也逐年提高。2010年，存栏量3255只，出栏量3026只。原种牛场的公牛舍由琼中大泽林农畜有限公司改建成羊舍，准备饲养山羊1万只，商标名称为田东山羊，采用"公司+农户"的形式发展养羊业。

二、家禽

家禽饲养是琼中农村传统副业，1991年，全县家禽447911只，其中鸡344601只，鸭87895只，鹅15415只。2005年，全县兴起饲养七彩山鸡的高潮，家禽饲养量961982只，存栏450136只，出栏量511846只。至2010年，全县家禽饲养量1155938只，存栏442170只，出栏713768只。

鸡 主要品种有882石歧杂大黄鸡、红佛罗、文昌鸡、麻花鸡、来航鸡、绿壳蛋鸡、黎母山鸡、七彩山鸡等品种。1991年县畜科所从广东佛山引进882石歧杂大黄鸡3000只，原有的石歧杂500只进行繁殖，1991年全县鸡的饲养量344601只，当年存栏量152220只，当年出栏量192381只；1996年全县出栏30993只；2000年全县出栏232744只；至2010年，全县有养鸡专业合作社9个，养鸡大户38户，全年出栏量32089只。

鹅 养鹅是琼中原有的饲养习惯，品种有阳江白鹅、狮头灰鹅、白莲鹅、浙东白鹅、阳春鹅等，1991年全县鹅的饲养量1.55万只，到2010年在天富鹅业、海平达畜牧有限公司带动下，琼中县鹅产业向专业化、规模化方向发展，饲养量60万只。

鸭 品种有樱桃谷鸭，麻花蛋鸭，1991年全县饲养量8.7万只，2000年饲养量19.2万只，樱桃鸭的饲养一般都是成规模的饲养，到2010年全县饲养量达30万只。

三、其他饲养业

兔 1997年，有浙江老板饲养东江玉兔3000只，还与加钗农场的连队合伙饲养，1999—2003年，原白水泥厂改成养兔场，饲养了几千只种兔，在全县采用"公司+农户"的形式饲养。

第二节 养 蜂

琼中县农民养蜂历史悠久，上百年来，每年的清明前后，到山中寻找蜂蜜，捕获蜂王回来放入木桶、木箱中饲养，生成的蜂蜜销售到海南全岛，由于琼中花木种类繁多、量大、花期长，一年四季蜜蜂都可以采集花蜜，因此“琼中蜂蜜”含有丰富的果糖、葡萄糖、维生素、氨基酸、微量元素和生物活性酶等，营养价值高。2005年开始，琼中县政府把养蜂当作一门致富的产业，鼓励农民发展养蜂产业。

一、蜜蜂养殖

(一)政府扶持

2005年，由县科协、县科技信息产业中心负责抓好琼中县蜂业协会的筹建工作，年初对全县10个乡镇的农户养蜂数量、效益、技术水平、主要存在问题进行调查，8月，举办全县蜜蜂产业形势报告会暨养蜂技术骨干培训班，聘请中国农业科学院蜜蜂研究所博士石巍前来授课，县四套班子领导、各乡镇党委书记、乡(镇)长、分管科技工作副乡(镇)长、有关单位主要领导、蜂业协会全体会员200多人参加报告会，还培训60多名骨干。争取到中部扶贫资金15万元，作为扶持养蜂示范基地、示范户和养蜂技术培训经费。制标准蜂箱200个，推广科技养蜂。同年7月28日，召开琼中蜂业协会成立大会，表决通过《琼中县蜂业协会章程》，选举产生第一届理事会，理事15人。

2006年，县成立蜂业工作领导小组，领导小组下设办公室，办公室设在县科技局。

2007年4月，召开了琼中县蜂业发展研讨会，共同探讨全县蜂业发展大计，开展蜜源植物调研、对计划养蜂村庄实地考察。县委、县政府把养蜂列入“十一五”经济发展规划。同年建立琼中蜂业技术服务部，为蜂农提供养蜂及蜜蜂病害防治技术指导、咨询服务，供应摇蜜机、标准蜂箱、巢础及防治蜜蜂病害药物等，为蜂农代销蜂蜜等蜂产品，发布有关蜜蜂产业的市场信息等服务。

(二)技术支持

2005年，县科协在湾岭大平下村、和平新安三村、红毛庆才村、中平上水村建立4个养蜂示范村，进行技术培训和技术跟踪指导，并取得一些成效。2006年，中平镇上水村28户村民自筹12万多元，从外地购回蜂种400群。2007年，上水村村民自筹30多万元，从外地购回蜂种1100群。投资最多的村民高连生一家，一次就投资10万余元，购回蜂种530群。年底，该村养蜂达2300多群，收获蜂蜜0.5万多公斤，增收40多万元。同年召开琼中县蜂业发展研讨会，邀请中国农业科学院蜜蜂研究所、中国蜂业学会、中国热带农业科学院、广东省昆虫研究所、福建漳州蜂业协会、海南省农业科学院等单位的专家到会研讨蜜蜂养殖、蜂蜜加工等问题，为琼中蜂业发展献计献策。会上，县政府聘请中国农业科学院蜜蜂研究所博士石巍、广东省昆虫研究所教授韩日畴、福建漳州蜂业协会养蜂专家吴正国、中国蜂业学会常务理事、海南卓津蜂业有限公司总经理陈昌卓等4位专家为琼中县发展蜂业技术顾问；对各养蜂示范村进行技术指导，举办技术培训班52期，培训3000多人次；12月，邀请广东昆虫研究所的工程师到县举办养蜂技术培训班10期，培训1200多人次；购置《蜜蜂标准化饲养新技术》2000份，编印《养蜂实用技术问答》3000份，刻录《养蜂技术》光盘1000多套5000多个，发放给参加培训的养蜂农户。

2010年，全县发放蜂种6500多箱；为蜂农提供养蜂及蜜蜂病害防治技术指导、咨询服务，供应摇蜜机、标准蜂箱、巢础及防治蜜蜂病害药物等；对各个养蜂示范村进行技术指导，举办技术培训班78期，培训3100多人次；编印《养蜂实用技术问答》3000份，发放给参加培训的养蜂农户；由县政府办、县科协、县蜂业办、蜂业企业、农民养蜂合作社及中国热带农业科学院环境与植物保护研究所蜜蜂研究中心主任、中国养蜂学会饲养管理委员会委员高景林副研究员组成的考察团赴抗州、重庆进行考察，学习借鉴先进地区的蜂产品加工业的成功经验，学习借鉴中蜂保护区建设的做法和经验，并撰写《蜂业考察工作的报告》上报给县人民政府。

（三）养殖规模

1991—2004年，全县养蜂都是农民自发采用传统土法饲养，从山中捕获蜜蜂回来放入简易木箱或掏空的木段中饲养，每年清明前后割一次巢蜜，产量低，全县每年饲养估计在3000～4000箱。活框饲养的占少数，中平镇加福村的王录天活框饲养100多箱，年收获蜂蜜500多公斤，年收入3万～4万元。

2005年，全县的蜜蜂养殖4600多箱。2006年底，发展到7000多箱，收入180万元。2007年，养殖农户2100多户，养殖发展到1.3万多箱，收入420多万元。2008年发展到3万箱，产蜜23万公斤，产值1350多万元。2009年，饲养3.5箱，产蜜26.25万公斤，产值1575万元。2010年，全县10个乡镇创建养蜂科技示范村42个，饲养农户3400户，饲养4.1万箱，产蜜30.75万公斤，产值1800多万元。

全县有养蜂专业合作社6个：琼中中平福田农民养蜂专业合作社、琼中营根众益养蜂产销农民专业合作社、琼中和平新安山农民养蜂专业合作社、琼中黎母山绿源农民养蜂专业合作社、琼中森林养蜂农民专业合作社、琼中营根永壮农民养蜂专业合作社。

二、蜂蜜加工

2008年初，成立琼中奇峰特色农副产品有限公司和琼中连生蜂业有限公司，建立两个蜂蜜加工厂。这两个公司投资200多万元，购买蜂产品加工设备，建设厂房、贮藏库、包装间、原材料仓库、样品化验室、办公室、员工宿舍等，2010年，这两个公司已办理蜂蜜卫生许可证、标准号、条形码、QS认证等，可生产“百花蜜”“益智蜜”“野蜂蜜”等蜂产品，年加工蜜蜂能力25万公斤。较好地解决蜂蜜销售问题,为打造蜂蜜品牌奠定基础。

2010年12月,县政府组织县工商局、县科协和蜂蜜加工企业,携带“琼中蜂蜜”产品,参加在北京举办的“第十届中国特产文化节暨首届中国地理标志文化节”。

第三节 养 蚕

一、种养条件

琼中县的气候、地势非常适合发展蚕桑产业,全年均可种桑养蚕,有着极好的发展生态农业条件。桑树全年都可生长,桑叶资源优势明显,可实现全年不间断滚动养蚕,年均亩产优质蚕茧200~250公斤,桑园亩均纯收益高达5000元,比种植水稻经济效益高4倍以上。年每亩桑产茧量和养蚕收益是江浙地区的3~4倍,比两广地区也高出约30%,且春茧早上市3个月,秋茧晚收2个月,既可以调节市场,也能得到高额利润。

二、政府扶持

2008年6月初,县委、县政府主要领导亲自带队到北京、江浙、广东等地考察和调研。8月12日县委、县政府邀请广东省丝绸纺织集团、国家茧丝办及中国丝绸协会等领导到琼中考察,并签订了《琼中县桑蚕产业发展合作意向书》。特别是8月26日海南省委书记卫留成专程实地调研琼中县的桑蚕生产,对琼中发展蚕桑产业给予很高的评价:蚕桑产业在琼中县的首获成功将对海南省的农业结构调整和农业、农村的发展带来变革。2009年2月19日,琼中县第十五届人大五次会议通过的《政府工作报告》,明确将蚕桑产业作为琼中在全县范围内推广的特色农业,予以重点支持。

2009年8月中旬,省农业厅做出规划:以琼中为中心,在五指山市、保亭黎族苗族自治县、白沙黎族自治县、儋州市、屯昌县等周边扩大桑树种植面积,力争2015年种植面积达到10万亩。

2009年10月15日,琼中县委、县政府与广东省丝绸纺织集团、浙江嘉兴中达集团三方正式签订《三方合作发展琼中县蚕桑产业的意见》。意见明确了琼中蚕桑产业的发展必须坚持“政府引导、企业主体、农民参与”“以政策支持为保障,以龙头企业为带动”的模式。

三、种养业绩

2006年11月在琼中县湾岭镇竹朗村、和平镇新民村各选100亩和8亩水稻田开始“试水”桑蚕生产,2008年发展到1200亩,2009年发展到5718亩,2010年发展到2.29万亩。

2010年全县桑园面积已达到2.29万亩,带动农户5454户,生产鲜茧2万多担(折合干茧400多吨),琼中缫丝厂建设项目已正式纳入2010年《省政府工作报告》及《省农业农村工作要点》。

第四节 淡水养殖

一、机构

1991年，琼中县渔业局为琼中县水利局水产股。1993年5月，更名为琼中县水产服务公司。1995年8月，更名为琼中县水产服务中心，内设办公室、养殖股、技术推广站，事业编制15名。

2005年1月，更名为琼中县渔业局，内设办公室、养殖股、技术推广站、渔政管理站，有事业编制12名。至2010年底，琼中县渔业局内设机构与人员编制未变。

二、水产养殖

琼中县淡水水产养殖主要分布在湾岭镇、营根镇、黎母山镇、长征镇、和平镇等5个镇和阳江、新进(后并入阳江农场)、长征3个国营农场。

1991—1994年，琼中县水产养殖面积约2000亩，主要为池塘养殖，无水库、河段养殖。养殖品种以青鱼、草鱼、鲢鱼、鳙鱼等“四大家鱼”养殖为主，养殖方式是传统粗放粗养，平均亩产量约为300公斤，养殖规模较小，养殖分布较为分散，以农民个体户养殖为主。陆续建立了白花岭鱼苗场、乌石农场三十四队鱼苗场，生产的鱼苗主要供应本县农户进行水产养殖。

1995年8月，成立琼中县水产服务中心后，开始引入罗非鱼养殖，引导农户饲料养殖罗非鱼。虽然琼中县可以生产罗非鱼鱼苗，但主要还是从屯昌县、定安县和五指山市购买。

2001年，全县淡水养殖面积401公顷（含水库、山塘），总产量1777吨。从2003年开始，引进和推广罗非鱼、红宝石鱼、花鳗鲡养殖，均获得成功。个别农户进行特色品种养殖。

2006年，实现水产养殖方式转变，不断扩大生产规模，拓宽思路，由原来的传统粗放粗养转变为全饲料养殖。淡水养殖鱼类也由传统的“四大家鱼”向以罗非鱼精养为主、“四大家鱼”养殖为辅的转变。2006年琼中县首次在湾岭镇进行全饲料精养罗非鱼，并获得成功。每亩年产量为1000公斤，比原来的池塘放养，每亩年产量增长300公斤。在此期间，海南对发展罗非鱼有特别的优惠政策，县制定了实施方案，规定凡养殖池塘面积5亩以上的养殖户，每亩一次性补贴500元。这一优惠政策，促进了琼中淡水养殖迅速发展，2009年罗非鱼养殖面积达4130亩，2010年罗非鱼养殖面积达6000亩。

2010年，全县淡水养殖面积达到833公顷（含水库、山塘），总产量3964吨。

2010年湾岭镇罗马村成功养殖淡水虾、沙峰鱼30亩；在黎母山镇松坡水库养殖花鳗鲡60

亩;阳江农场大丰鳄鱼龟养殖场养殖鳄鱼龟60亩。

2001—2010年,淡水养殖品种基本没有变化,主要有罗非鱼、青鱼、鲤鱼、鲳鱼、鲢鱼、鳙鱼等。

2001—2010年渔业生产情况统计表

表5-20　　单位:吨、公顷

年份	总产量	淡水捕捞产量	淡水养殖产量	淡水养殖面积
2001	1777	338	1439	401
2002	1952	371	1581	440
2003	2145	408	1737	483
2004	2435	463	1972	531
2005	2675	509	2166	584
2006	1925	527	2409	608
2007	1873	633	2903	790
2008	3282	550	3132	796
2009	3382	302	3472	800
2010	3964	356	3608	833

注:1991—2000年数据丢失

1991—2010年琼中县渔业产值统计表(按当年价计算)

表5-21　　单位:万元

年度	1991	1992	1993	1994	1995	1996	1997	1998	1999	2000
产值	238	264	387	528	1585	1018	1115	812	875	934
年度	2001	2002	2003	2004	2005	2006	2007	2008	2009	2010
产值	975	1028	1268	1440	1551	1348	1349	2133	2029	2696

三、培训与管理

2001年琼中县水产服务中心开始进行渔业养殖技术与相关法律方面的培训。

2001—2009年,累计举办各种科目培训班120期,14600人次参加培训。其中,渔业技术专题培训班60期，培训8100人次；渔业法律法规知识、水生动物保护安全生产专题讲座30期，培训6500人次。科技下乡现场咨询指导280人次，1200人次接受咨询；外出参观学习200余人次，共印发技术资料30000份。

2010年，组织技术员、邀请省厅技术推广专家分别在县职业技术学校、各乡镇举办培训班34期，培训3000人次，发放《水产养殖技术》《罗非鱼养殖》等渔业实用技术资料达4000份。

四、渔政管理

2002年，琼中县人大常委会制定《关于春季休渔的决定》，休渔制度成为对淡水渔业资源增殖保护、合理开发管理的重要手段。

2005年1月成立琼中县渔业局，内设渔政管理站，站长1名，渔政检查员1名。管辖琼中县水域渔业资源繁殖保护，对全县渔业资源进行保护，对水产品质量安全进行监督管理，维护渔业生产秩序。

2002—2010年，渔政在春季休渔行动上投入管理人力1200多人次，巡查南渡江、万泉河、昌化江上游河段300多次。处理电、毒、炸鱼等违规案件6件，调解养殖生产纠纷案件3件。在水产品质量安全监督方面，2008年后才开始重视，建立了养殖池塘三项记录，鼓励和帮助养殖场申报无公害养殖产地认定和产品认证，开展水产品养殖池塘抽样检测工作，形成日常监管机制，确保水产品质量安全。

2005—2010年，县渔业局渔政管理站将工作重点放在水域渔业资源保护上，积极开展春季休渔行动，春季休渔行动已成为渔业资源增殖保护和管理的重要手段。6年来，每年都开展春季休渔行动，利用电视新闻、挂横幅、宣传车等形式，在全县各乡镇、国营农林(茶)场深入宣传，对农贸市场、饭店、酒家等场所开展检查；投入经费10多万元，投入管理人力350多人次，派出执法人员巡查南渡江、万泉河、昌化江等河流60多次，巡查500多公里，取缔违法围网3张，查处电鱼工具3个，打击各种电、毒、炸鱼等违法行为，保护琼中县水域渔业资源，促进全县渔业生产可持续发展。

第五节 动物疫病防治

一、春秋防疫工作

为预防重大动物疫病发生和蔓延，保障畜牧业健康发展，确保公共卫生安全和社会稳定。1991年后，琼中县每年都坚持搞好一年一度的春秋两防工作，特别是1999年12月，经农业部批准建设海南无规定动物疫病以后，琼中县对春秋两防工作更为重视，每年3月上旬都组织召开全县动物防疫工作会议，传达省有关会议和文件精神，全面部署全县重大动物疫病免疫工作。县政府也非常重视动物防疫工作，下发重大动物疫病免疫工作方案，开展重大动物疫病免疫工作的通知等指导性文件,层层签订防疫工作责任状(县政府与省农业厅签订、乡镇政府与县政府签订、县畜牧兽医局与乡镇站签订),按时落实防疫配套工作经费。各乡镇也制定防疫工作方案,下发免疫通知,召开动员会,全面部署辖区内的动物防疫工作,并安排工作经费支持动物防疫工作,确保动物防疫工作的顺利开展和按时完成,确保无重大动物疫病发生。

在防疫工作开展期间,县重大动物疫病防控指挥部组织两个动物防疫督导小组分赴各乡镇,进行督导检查,督导各乡镇的春秋两防工作,发现问题及时整改。防疫工作结束后,为全面了解和掌握各乡镇的动物防疫工作开展情况,两个督导小组继续对各乡镇动物防疫工作进行全面检查。通过实地督导,走村串户的调查与抽样检测,有效地促进了各乡镇的动物防疫和档案建立,各乡镇的免疫工作更加到位,免疫档案建立越来越完善。猪瘟、猪口蹄疫、高致病性猪蓝耳病免疫率达95%以上,牛、羊口蹄疫免疫率达90%以上,禽流感、鸡新城疫免疫率达92%以上,免疫材料建档率100%。

二、畜禽常见疫病防控

畜禽疫病防控工作除重大动物疫病进行强制免疫以外,对畜禽常见疫病防控也非常重视,每年都要采购仔猪三价苗、猪喘气蜂胶、猪伪狂犬病苗、犬五联苗、鸡法氏囊疫苗、新支H120苗、新支H52苗、兔三联蜂胶等常见畜禽疫病疫苗在局部地区进行专项防控。此外,为提高基层人员和养殖户的自身素质,县畜牧兽医局每年都要派出技术骨干下到各乡镇、农村举办畜禽饲养和防病治病技术培训班,现场解决养殖疑难问题,不断提高他们的饲养管理和防病治病技术水平,促进农业增效、农民增收。

三、处置重大动物疫情

2009年6月,琼中县乌石镇高坡村委会石古村发生牛"五号病",县召开四套班子领导和各乡镇、国营农场、农业局、畜牧局、公安局、司法局、工商局、交通局、卫生局及省驻琼中农垦办事处等单位主要领导会议,对"防五"工作进行部署和安排,成立"防五工作指挥部",县长、分管副县长及县畜牧兽医局技术人员于6月21日到疫情重点乡镇乌石镇召开"防五"工作现场会,下午又带队深入到疫情重点村庄乌石镇高坡村委会石古村召开全村群众大会,亲自做群众的思想工作,讲明"五号病"的危害性、紧迫性和重要性,要求各农户要从全县的大局出发,自觉配合做好当前病畜的处理工作。

为制止"五号病"迅速蔓延,县成立牲畜"五号病"扑杀处理行动小组,对"五号病"牲畜进行强制性扑杀处理,严格执行"早、快、严、小"四字方针和"五个强制"措施,疫情很快得到控制。截至2009年9月,全县共扑杀"五号病"牛167头,注射牛"五号病"疫苗13250头;扑杀"五号病"猪37头,注射猪"五号病"疫苗8750头;注射羊"五号病"疫苗720只。

第四章 农田水利与水土保持

第一节 农田水利建设

1991年，在湾岭镇进行里寨水利灌区配套工程，南北干渠总长36千米，其中南干渠长15千米，北干渠长21千米。农渠7条，总长11.5千米。其中南渠3条，长3.5千米。北渠4条，长8千米，工程分两期进行施工。重点修复红星水利、里寨水库灌溉渠道，全年全县投入水利建设劳动积累工日55万个；全县冬修水利累计投入76万个劳动工日，维修加固水利工程409座，渠道456条，共长250公里，完成土方89万立方米，石方2.075万立方米，改善、恢复灌溉面积45318亩，新增灌溉面积2696亩，改造低产田300亩。

1992年，全县冬修水利累计投入劳动工日96.46万个，投入资金200.8万元，完成土方96.4万立方米、石方2.94万立方米；维修加固水利工程418座，清淤维修渠道483条294千米；整治农田481亩，恢复和改善灌溉面积31462亩，新增灌溉面积382亩。

1993年，全县投入水利建设资金168.3万元，新建水利工程18座，配套渠道3条，长4千米。维修水陂、山塘及水毁工程281座，渠道236条、344千米。全县搞样板点19个、标准化土渠道29条，长18.3千米。整治田洋3个，共847亩。恢复灌溉面积6900亩，改善灌溉面积36200亩，新增灌溉面积1842亩。

1992—1994年，琼中县第二期农业综合开发水利项目在湾岭、乌石、吊罗山3个乡镇实施，共完成三座水利工程，即里寨南干渠配套工程、太平洋引水工程和大岭水库工程。完成水库一座，库容量76.8万立方米；水坝一座；防渗加固水利渠道2条，长5.74千米，渡槽5座；修挖农田整治灌渠3条，长3.1千米；排水渠2条，长1.9千米；人行路5条，长6.5千米；机耕路4条，长3千米；人行桥16座及输水、排水洪、闸门、斗门、明暗涵等59座建筑物。完成土方20万立方米，石方0.88万立方米，投入劳动力8万个工日。

1995年,全县投入冬修水利人数达2.67万人次,投入建设资金275.4万元,完成土石方131.5万立方米;在里寨、大岭水库灌区建成预制块防渗180米、U型槽防渗2480米、钢筋混凝土倒虹吸管500米(内径50厘米)、渡槽3座(总长240米),排洪设施9座、公路桥7座、斗门5宗、U型槽2条(总长600米)、机耕路2条(总长1000米)、建筑物56座。重点维修配套各种水利工程38座(其中铺水泥U型槽防渗渠道25座),新增灌溉面积1250亩,改善灌溉面积4.399万亩,恢复灌溉面积4176亩。

1996年,建设湾岭大岭水库干渠衬砌防渗配套工程,渠道长3.46千米,渡槽3座,公路桥7座,斗门5宗,排洪闸9座,钢筋水泥混凝土倒虹吸管一条,内径50厘米,长0.5千米。同时对湾岭石头堀 120亩园地进行综合治理,建设排灌系统,铺设U型渠道长1.1千米,道路长0.5千米。

1997年,完成吊罗山乡高提水利拦河浆砌石重力式坝维修工程,完成工程量浆砌石1100立方米,混凝土80立方米,批挡1500立方米,土方1900立方米。修建南利水利工程,衬砌防渗南利水利尾端渠道0.8千米;修建溢洪道一宗。

1998年,完成南利水利续建渠道防渗和溢洪道配套工程,砌衬防渗渠道长4.4千米、涵闸2个、斗门3个,人行桥涵8宗等建筑物共29宗。修建大墩水利渠道配套工程,砌衬U型槽(D=80厘米)防渗渠道3.5千米,维修公路桥5座,人行桥20宗,斗门31宗等建筑物共71宗。实施除险加固工程4宗,修复水毁工程3宗,新建防渗硬化水泥U型槽渠道16条,长23千米;维修清理面上水利465宗,长125千米;整治田洋14个,面积2150亩。全年共投入水利建设和饮水工程资金(不含农综和以工代赈项目)279.5万元,续建和新建水利工程18宗、新建饮水工程6宗,解决6个村庄饮水难问题;全年发电量为790万千瓦时(县管电站),完成全年计划任务70%。

1999年,修建南利水利南渠砌衬防渗渠道长2.24千米,涵闸3个,斗门10个,人行桥涵6座。汽机桥涵3座等建筑物22座,汽机路1条,长1千米。人行路2条,长3.6千米。北渠砌衬防渗渠道0.8千米,涵闸、斗门等6个。完成吊罗山乡太平洋农田整治中心沟渠道工程,中心排灌沟0.3千米,分水闸5处。黎母山镇打雅田洋整治和上安乡南酸水利引水渠道工程,开挖疏浚渠道18条,长24.92千米(其中田间渠道3.6千米),硬化防渗渠道4条,长10.33千米(其中田间渠道3.21千米),配套桥、涵、闸、斗门、渡槽等各种建筑物193座,田间机耕路2条,长1.2千米,整治田洋面积250亩。投入资金798.5万元,农民投劳积累工79.3万个,完成603座面上水利工程维修,新建及维修配套各类工程20座,完成防渗硬化水泥U型槽及预制块渠道25条,长29.4千米,新开挖标准土方渠道14条,长17.3千米,整治田洋14个,改造低产田1600亩,新增灌溉面积1600亩,恢复灌溉面积3200亩,改善灌溉面积31000亩。

2000年,完成什运乡番道田洋整治工程和水毁工程的建设,兴建、修复拦河坝3座,开挖疏浚渠道12条,长19.5千米;衬砌防渗渠道3条,长8.65千米,配套渡槽、输管道、公路桥、人行桥、排洪槽和斗门等建筑物185座。整治田洋面积320亩,配套农渠13条,防渗渠道2.5千米;修复水毁工程3座。修复水毁工程127处,维修渠道83条,长972千米。投入资金943万元,累计工日66.2万个,完成土方58万立方米,石方3.87万立方米,浆砌石0.73万立方米,砼0.5万立方米,新增灌溉面积235亩,改善灌溉面积0.86万亩,恢复灌溉面积208亩。改造田洋3个,共485亩。

2001年,完成铁坡水利及什乾节水利维修加固,开挖水渠26条,U槽防渗11850米,配套建筑物458座,机耕路5条,长4550米;农田网格化2处。

2002年,对保蕊、大边、长田、加洞及高田等5座小型引水工程进行维修加固。保蕊引水渠系:干渠U槽防渗1960米,配套建筑物15座,斗渠2条,U槽防渗660米;农渠6条,U槽防渗1800米,配套建筑物40座。大边引水渠系:干渠U槽防渗1900米,配套建筑物12座,斗渠2条,U槽防渗640米,农渠4条,U槽防渗1200米,配套建筑物22座。长田、加洞及高田引水渠系:干渠U槽防渗2000米,配套建筑物26座,斗渠3条,U槽防渗1200米,农渠6条,U槽防渗1800米,配套建筑物42座。中心排沟3条,防崩衬砌长960米,配套建筑物5座。斗渠排沟4条,U槽防崩长1260米,配套建筑物32座;农排10条,U槽防崩长2000米,配套建筑物45座。简易公路及机耕路5条,长7300米,配套建筑物53座。

2003年,综合开发中平镇的公庙洞及大田岭田洋工程。维修加固及新建引水坝12座,新建引水渠12条,U槽防渗长14180米,配套建筑物134座;修建农渠35条,U槽防渗长6180米,配套建筑物75座;修建中心排沟3条,防崩衬砌长450米,配套建筑物16座,农排U槽防渗620米,配套建筑物12座;修建简易公路3条长5300米,配套建筑物10座;修建手扶机路3条,长3200米,配套建筑物24座。投入资金1152万元,新建、修复、加固、续建、配套水利工程18座,完成防渗硬化渠道18条、长31.3千米,铺设PVC管道9.7千米,整治10个田洋,新增灌溉面积9130亩,恢复灌溉面积1140亩,改造中低产田2500亩,改善灌溉面积44140亩。

2004年,综合开发建设湾岭镇竹朗洋及黄竹埇节水灌溉工程建设。维修加固引水坝五座;修建斗渠5条,砼U槽防渗长7600米,配套建筑物78座;修建农渠12条,砼U槽防渗长2200米,配套建筑物68座;修建主排沟2条,防崩衬砌长1400米,配套建筑物22座;新修农排沟4条,防崩衬砌长1000米,配套建筑物32座;修建机耕路6条,长6200米,配套建筑物65座。投入资金892万元(其中国家投资465万元,地方配套166万元,群众自筹261万元),对1300多座水利工程清淤、砍芭、维修、堵漏的基础上,新建、修复、加固、续建、配套红星水利、牙挽拦水坝加固及管道工程、平坡水库等17座水利工程,防渗配套渠道27.33千米,新增灌溉面积860亩,恢复灌溉面积2050亩,改善灌溉面积42430亩。

2005年,建设长征镇里龙洋及烟园洋,维修加固水坡5处、灌溉渠道10条,砼U槽防渗长10490米,配套建筑物42座;排水沟12条,防崩衬砌长2000米,配套建筑物48座。修建手扶机路5条,长6600米,配套建筑物61座;土地平整田块方格化。投资1180万元(其中中央投资577万元,省级投资149万元,县级投资157万元,乡镇投资107万元,机关及社会投资80万元,群众集资110万元),清淤、砍芭、维修水利工程1293座,渠道长540千米。其中:新建、修复、加固、配套水利工程37座,防渗配套渠道40千米,新增灌溉面积1520亩,恢复灌溉面积16850亩,改善灌溉面积39100亩。

2006年,修建引水坡6处、引水支渠8条,加固防渗22.6千米,斗渠4条,砼U型槽防渗长5.25

千米，农渠18条，砼U型槽防渗3.678千米，斗排沟1条，防崩衬砌长0.38千米，农排沟16条，防崩衬砌2.312千米，手扶机路18条，长9.9千米，配套渠系建筑物459座。全县农田水利基本建设投资1668万元，其中水利建设投资1481万元，重点抓好松坡水库灌区配套、红星水利续建、什统黑管道水利、毛合山塘等25座(含农综项目1个、老区项目2个)骨干水利工程的维修配套建设，新增旱涝保收面积2770亩，新增灌溉面积970亩，恢复灌溉面积1800亩，改善灌溉面积25200亩；新增除涝面积2500亩，改造中低产田2260亩；新增节水灌溉面积8100亩。

2007年，引水灌渠(包括渠首工程)10条，防崩衬砌长8215米，南万引水渠维修加固460米，农渠17条，防崩衬砌长5321米，农排沟5条，防崩衬砌长1630米，机耕路8条，长5800米，配套建筑物247座。全县水利建设投资2866.2万元，重点对辉草水库除险加固、水上岭水库除险加固、里寨水库溢洪道除险加固等25座(含农综项目1个、老区项目1个、以工代赈项目3个)工程维修配套建设。新增灌溉面积1500亩，恢复灌溉面积2500亩，改善灌溉面积35000亩，新增除涝面积1600亩，改造中低产田2000亩；新增节水灌溉面积7600亩。

2008年全县水利建设投资4064.497万元，重点抓好里寨水库除险加固、猿胎返水利管道配套、罗眉水利防渗配套等13座工程的维修配套建设。新增灌溉面积1540亩，恢复灌溉面积3154亩，改善灌溉面积35930亩，新增除涝面积1375亩，改造中低产田8340亩；新增节水灌溉面积16684亩，其中：渠道防渗14500亩、管灌2184亩。

2009年，实施山心洋及新仔洋农田整治工程。共完成维修加固和新建17座小型引水坡，配套引水干渠道22条，长17.72千米；田洋农灌溉18条，长3.93千米；排水渠道14条，长2.405千米；田间机耕路11条，长6.28千米；配套人行桥等各类建筑物600座。全县水利建设投资3776.2万元，重点对辉草、里寨、什架巴、松坡水库除险加固、山心洋及新仔洋农田整治、中平镇基本农田整治、里寨水库灌区北渠节水改造、什也水库等8座重点工程建设。新增旱涝保收面积3551亩，新增灌溉面积911亩，恢复灌溉面积9840亩，改善灌溉面积38380亩，新增除涝面积550亩，改造中低产田1660亩；新增节水灌溉面积16531亩，其中：渠道防渗1.51万亩、管灌1431亩。

2010年，实施黎母山镇高利涌洋、大涌洋及合究洋农田整治工程。建设引水坡21座，引水渠道42条，长33.27千米；农灌渠道31条，长5.57千米；排沟1条，衬砌长0.64千米；机耕路30条，长11.44千米；配套建筑物1195座。全县水利建设投入8894万元，重点对种桑养蚕水利(县贷款)、国土土地整治、农综农田整治、朝南训水陂渠道防渗配套、高架水利渠道防渗配套、城文水库灌区管道输水和白石岭、朝阳、加柳水库除险加固等9座重点工程建设，修复水毁工程780处(其中：10月上旬洪灾水毁460处)。完成土方188.36万立方米，石方8.27万立方米(其中浆砌石5.1355万立方米)，混凝土3.44万立方米。新增旱涝保收面积2500亩，新增灌溉面积1500亩，恢复灌溉面积27450亩，改善灌溉面积5.0万亩，新增除涝面积0.25万亩，改造中低产田6620亩；新增节水灌溉面积36050亩；治理水土流失面积13.4公顷。

第二节 防汛抗旱

1991年,琼中县出现历年来罕见旱情,全县共投入抗旱人数1.3万人,其中机关干部357人。

1993年,全年共投入资金68万元、各种抗旱机具58部、水泥100吨,维修、新开渠道121条,长13千米,封江堵河248处。1995年12月底至1996年3月中旬,全县降雨量仅为49.3毫米,全县普遍出现旱情。同年全县水稻实插面积71904亩,插后受旱18042亩,其中5497亩旱情较为严重,枯死554亩。其他作物受旱面积16374亩,全县有28眼水井干涸,共30个村5761人饮水困难。全县投入资金6.425万元,15330人次,柴油机32台192匹马力,各种抗旱工具225件,封堵江河181处,维修渠道187条104.4千米,新开渠道6条3.02千米,因地制宜全民抗旱。

1996年,受第12号台风影响,全县降雨量240.7毫米,日降雨量204.1毫米。造成电站渠道滑坡18处,塌方达1043立方米;高压线路倒杆18支,导线线路被打断24处,瓷瓶损坏63个,鹦哥岭五级电站被浸,全县供电中断达36小时;刮倒开割橡胶树526株,未开割324株,槟榔432株;毁坏瓦房4间,门窗26个;造成全县水利系统直接经济损失14.6万元。

1998年,全县晚稻受旱面积18278亩,水果受旱面积12670亩,经济作物受旱面积8005亩,旱粮作物受旱面积11244亩;2座小(一)型水库干枯,5座小(二)型水库干枯,45座山塘干枯,河溪断流30条;44个村庄的37口水井干枯,造成8209人饮水困难。为降低旱灾损失,全县2万多人投入抗旱工作,抗旱资金8万多元、抗旱机械43部239匹马力、柴油3.5吨、其他抗旱工具9000多件;封江堵河(沟)100多处,清理疏通渠道242处、92.7千米,抗旱抢插晚稻2387亩,抗旱管理53245亩。

1999年,受旱情影响,全县小型水库干涸6座,塘坝干涸52处,农作物受旱面积达34851亩,其中水稻受旱面积12201亩。为降低旱灾损失,全县投入抗旱人数1.2万人次,提水设备45套,投入抗旱资金17.5万元,抗旱机械75部909匹马力,柴油5.83吨,共抗旱浇灌14895亩。新建抗旱水池500个,保证2.5万亩果树的抗旱用水。同时设立2个人工增雨作业点,进行人工增雨高炮作业17次,消耗炮弹365发,炮点累计降雨量280.8毫米。11月上旬,县降雨量达419.1毫米,受特大暴雨影响,造成全县19座重点水毁工程,其中冲毁塘坝12座、损坏渡槽5座,桥涵16座,渠道决口48处长0.56千米,直接经济损失5100万元。全县共组织干部群众1326人次,维护病险塘坝14座,堵住决口渠道43处,长1.23千米,疏通滑坡堵塞渠道56处1.03千米。

2005年,除险加固水库8座,修复水毁工程213处;省拨给抗旱资金155万元,修建提水站、电灌站和水泵站7座、拦河坝2座,挖田头井69口,修复山塘1座,挖水井67口,确保人畜饮水和农业生产灌溉用水;受"达维"等3个热带风暴的影响,全县将重点防风防汛区域的3253人进行撤离,并做好安置工作;争取省拨给水毁项目资金145万元,修复草会水库工程、立龙水库等5座水毁项目。

2009年，县政府支持配套资金50万元，完成水库水雨情自动测报系统和大屏幕显示系统建设，在县城地区划给3.5亩地，作为省级防汛物资储备仓库——中部琼中储备点建设用地。

2010年，全县共有8.49万亩农作物受旱，40多个村庄1.5万人饮水困难。面对旱情，县委、县政府从县地方财政安排资金，建设百花岭水库放水口改造、坡寨村饮水、水潮村、烟园村饮水、和平抄贤和红毛新村水利等工程项目，改善灌溉面积1.2万亩，解决1650人饮水问题。同时，划拨100万元全额拨付到各乡镇，投入抗旱救灾，使1.26万亩水田、2.53万亩桑田灌溉用水和2800多人饮用水状况得到改善。县"三防"指挥部办公室不断加强信息化管理，配备PDA综合应用系统终端设备4部(掌上电脑)，购置3万条编织袋，土工布2000平方米，完成县级山洪灾害防治非工程措施自动雨量测报站55个、水位站12个、预警系统46个。

第三节 水务管理

一、机构

1991年，琼中县水务局时称县水利电力局。1992年，成立水利水电勘测设计室，设计室内设电力、水利水电、水产三组；同年，成立琼中县水电建设工程质量监督站。1993年7月，核定县防汛防风防旱办公室4名事业编制。1995年8月，琼中县水利电力局更名为琼中县水利电力服务中心，原内设机构及实有人员不变。1997年，成立琼中黎族苗族自治县水政监察大队。

2001年6月，琼中县水利电力服务中心更名为琼中县水利局，原内设机构及实有人员不变。2003年10月，琼中县水利局更名为琼中县水务局，原内设股级职能机构及人员不变。2007年10月，县编委印发琼中黎族苗族自治县水务局机构编制方案，核定水务局为正科级事业单位，内设5个股级职能机构(办公室、规划计划股、水资源与水土保持股、建设与管理股、供水节水股)和县防汛防风防旱指挥部办公室，事业编制18名。2009年6月，增设移民股，为水务局内设机构，核定财政预算管理事业编制3名。2010年3月19日，水政监察中队升格为水政监察大队，为副科级事业单位，隶属县水务局，核定财政预算管理事业编制5名，同时加挂"琼中黎族苗族自治县排水管理工作站"牌子。

二、管理体制改革

1998年，全县有大小水利工程2318座，其中永久性水利工程468座。灌溉面积达100亩以上的水利工程均成立管理机构，制定管理措施，实行承包管理责任制，共对6座县管、16座乡镇管工程进行水改工作，实行承包管理。

2005年，实行小(二)型以上水库工程管理改革，全县范围内23座小(二)型以上水库均划归县水务局统一管理，并配备管理机构及管理人员。农民或农民集体自行修建的水库不列入统一管理范围。

2006年5月25日，琼中县制定《琼中县水利工程管理体制改革实施方案》，对辉草水库、里寨水库2个水管单位定编定岗31名管理人员，实行差额补助，推进了县水利工程管理体制的改革工作。

2007年10月31日，经县政府第六次常务会议批准同意实施《琼中县水利工程体制改革实施方案》，重新核定了辉草、里寨水库工程管理单位改革补助标准"工资补助标准""补缴社保费""工程维修养护费"等方面内容。具体情况为：一是两个水管单位定编定岗31名管理人员；二是工资补助标准按全县事业单位2007年从业人员月平均工资1177元标准来测算，县财政给予补贴367524元/年；三是对应补缴的社会保险费，单位部分(401291.59元)由县财政全额补缴，以后社会保险费由县财政预算拨付按月缴交；四是两个水管水利工程每年维修养护费共413390.76元，由县财政每年全额补贴。

2008年，经县编委审批，辉草和里寨水库管理所核定事业编制8名，水利工程管理体制改革工作稳步推进。

2010年11月25日，海南省第四届人民代表大会常务委员会第十八次会议同意由琼中县人大常务委员会公布施行《琼中黎族苗族自治县水利设施保护条例》。

第四节 河道水库治理

1992年，县水利电力局组成7人水资源现状调查组和5人水资源规划组，对《农业发展规划》《供水规划》《工农业发展规划》等10多个水资源规划做出了四个水平年(共20年)的规划。拟定《琼中黎族苗族自治县人民政府关于水费征收标准和办法的通知》《琼中黎族苗族自治县人民政府关于做好农田水利基本建设劳动积累工作的通知》《琼中黎族苗族自治县人民政府关于征收水资源和河内采砂费的规定》《琼中黎族苗族自治县人民政府关于水利渠道管理规定》《琼中黎族苗族自治县人民政府关于水库大坝管理规定》初稿。对全县集雨面积100平方千米以上的支流进行分级规划与管理，查处河道设置障碍物两处，并没收作案工具。同年全县有淡水养殖面积7050亩，全县共改造鱼塘415亩。对全县11个国营农场和13个乡镇以及县城区域内的460个取水点实行取水登记，发放取水许可证24本，收取水资源费1743元。

1993年，全县有淡水养殖面积7300亩，其中池塘养殖面积4830亩，水库养殖面积2470亩。全县共改造鱼塘415亩，总产量928吨，淡水养殖66吨，江捕268吨。

1998年，水库实行承包管理责任制。破坏水利设施和用水纠纷情况较少，共收取水资源管理费9万元。1999年，加大水费回收力度，水费回收率达66%，全年共收水费38万元。加大用水行政执法力度,依法收取规费,全年没有发生破坏水利工程设施和用水纠纷事件。

2006年,共收取水资源费12.51万元。2007年,按照属地管理原则,开展对松涛水库、辉草水库、琼海市中平仔水库(水浸区)、南塘水库(水浸区)、牛路岭水库(水浸区)、万宁市军田水库等浸区移民情况调查工作,核定琼中县大中型水库浸区农业户籍移民共3886人,每年每人补助扶持资金600元,并做好移民补助款发放工作。依法收费共201336.65元,收费次数45次,其中:水资源管理费199036.65元、河道采砂费1400元、水土流失防治费900元,并全额上缴国库。2008年,共发放大中型水库浸区农业户籍移民补助金发放231.12万元,共3852人,每年每人补助扶持资金600元。开展全县水资源费、河道采砂费征收检查工作,共征收水规费60万元。2009年,征收水规费584115元,其中水资源管理费573115元,河道采砂管理费11000元。完成红岭水库库区人口、房屋及附属物清点登记,经过三榜公示,依照移民意愿确定移民安置点,完成上水、加鲜村82户344人的征地搬迁安置点规划工作。2010年,加强河道采砂管理和水资源费征收,共征收65万元,其中水资源费59万元,河道采砂管理费6万元。

第五节 农村改水

为解决农村人口饮用安全卫生水,1993年投入农村饮水建设资金58.86万元,新建饮水工程8座,解决11个村庄共325户农民饮水困难问题。

1998年,新建人畜饮水工程11座,解决5个乡镇6个村庄共8346人饮水困难问题。完成土方58万立方米,石方9.3万立方米,浆砌石0.14万立方米,混凝土0.52万立方米。1999年,投入建设资金135万元,新建饮水工程8座,解决1.3万人饮水困难问题。投入资金15万元,架设10千伏高压线路3千米(不含由县供电公司投资建设的),全年县管电站发电930万千瓦时。

2003年,投入饮水建设资金740万元,兴建饮水工程47座,引山泉水38处,打井9口。县管电站发电1221.9万千瓦时,完成年计划任务的107%。2004年,新建人畜饮水工程70座,解决70个村庄的9890多人的饮水困难问题,县管4座电站总发电量920万千瓦时。2005年新建人畜饮水工程18座,解决18个村庄4700多人的饮水困难问题,改造中低产田5700亩。2006年,全县人畜饮水工程建设投资187万元,重点抓好11座人畜饮水项目建设,解决3324人饮水困难问题。

2007年,全县人畜饮水工程建设投资457万元,建设农村饮水工程项目38个(扶贫项目10个、国债项目8个、以工代赈项目2个、民政项目2个、中部资金项目16个),解决9560人的饮水困难问题,其中饮水不安全人口3697人。全年辉草、岭头2座水电站发电760万千瓦时,产值190万元。2008年,建设人畜饮水安全工程33座、总投资579万元,解决8270人的饮水困难问题。2009年,全县农村饮水安全工程建设投资672.36万元,共建设55个农村饮水安全工程项目,解决7365人的饮水安全问题。

2010年,全县农村饮水安全工程建设投资362万元,建设89座农村饮水安全工程,解决2.07万人的饮水安全问题。

第五章 农业服务

第一节 农业机械

一、机构

县农机局 1991年1月至1995年5月,琼中县农机局为正科级事业单位,隶属县农业局,内设办公室、农机安全监督管理站、农机推广站及农机学校,人员编制30个。1995年6月,琼中县农机局更名为琼中县农业机械化管理服务中心(简称县农机中心),正科级事业单位,隶属县农业局,内设办公室、农机安全监督管理站、农机推广站及农机学校,编制28人。2004年6月,编制调整,县农机中心内设办公室、农机推广站及农机学校,编制16人,实有人员16人;下属单位有琼中县农机安全监督管理站,人员编制6人;下辖10个乡镇农机管理站,有农机员14人。2010年10月,琼中县农机中心更名为琼中县农业机械化管理局,内设办公室、农机推广岗、农机培训岗、农机安全监督管理岗及农机学校,人员编制14人,下属单位有县农机安全监督管理站,人员编制6人;下辖10个乡镇农机管理站,每个乡镇安排农机员编制2人,实有乡镇农机员13人。

2002年,县农机中心被评为海南农业厅农机化工作先进单位;2008年度被海南农业厅农机安全监督管理所评为"农机安全生产工作先进单位";2010年荣获海南省"'平安农机'示范县"和"农机购置补贴先进单位"等称号。

乡镇农机维修点 1991—1995年,全县乡镇农机维修点只有黎母山镇1家,主要从事农机维修保养、零配件销售和农机油料供应等;农机经销点只有县农机公司1家,由于管理不善,连年亏损,已经倒闭;农机从业人员1524人;2000年,全县乡镇农机维修点8家,其中县城3家,乡镇5家,私营农机经销点3家,农机从业人员2853人;2005年,全县乡镇农机维修点16家,其中县城5家,乡镇11家,农机从业人员6520人;2007年,琼中县第一家农机专业合作社中平杨进农机专业合作社成立,同年全县成立9家农机专业合作社,成为全省农机专业合作社最多的县;2010年,全县有农机维修技术合格证的农机维修点18家,其中县城5家,乡镇13家,农机经销点6家,农机从业人员8534人。

二、农业机械化水平

(一)动力装备水平

1991—1995年,全县农机总动力为7600千瓦,农业机械原值230万元,大中型拖拉机60台360千瓦,小型拖拉机393台2690千瓦;拖拉机配套农机具3部,其中:大型轮式拖拉机配套1部,中型履带式拖拉机配套2部;农机排灌机械动力103台1236千瓦;微型耕整机38部。

2000年,全县农机总动力16484千瓦,农业机械原值1350万元。其中大中型拖拉机39台、手扶拖拉机439台、农用运输车63台,三轮农用运输车370台、耕整机58台、履带式拖拉机16台,另外各类柴油机、碾米机、水泵等机械1122台(部)。

2005年,全县农机总动力47327千瓦,与2000年相比,增加30843千瓦,增长187.1%,农业机械原值3302万元。其中运输机械1778台、耕整地机械4096台、加工机械1533台、排灌机械777台、水稻联合收割机7台。

2010年全县农机总动力79637千瓦,与1995年相比,增加72037千瓦,增长947.8%,农业机械原值6048万元,增加5818万元,增长2502.5%。其中运输机械2287台、耕整机械6364台、加工机械1810台、排灌机械1104台、水稻联合收割机20台,收获后处理机械980台、农田基本建设机械(农用挖掘机)3台。

(二)农机作业水平

1995年,全县机械作业面积1900亩,机耕作业率4.5%,农机作业总收入250万元。2000年,全县机械作业面积2900亩,机耕作业率6.9%,农机作业总收入1449.93万元。

2005年,全县机耕作业面积51340亩,机耕作业水平60.1%;机收作业8135亩,机收作业水平率10.2%,农机作业总收入2470.3万元。

2008年琼中县实施农业部水稻育插秧机械化示范推广项目,实现水稻育插秧机械化技术零的突破,同年在江西省召开的机插示范现场会受到表扬,在海口召开的全国农机站长会议上,副县长李伏云做经验介绍。

2010年,全县机耕作业面积71400亩,机械作业水平85%;机插作业8400亩,机插作业水平10%;机收作业12000亩,机收作业水平15%;农副产品加工作业水平60%;农业生产物资运输水平80%;机械、机插、机收、运输、维修等农机作业总收入3070.8万元。

三、技术培训与安全生产

(一)技术培训

1995年,县农机局与县交警大队联合举办汽车驾驶培训班4期,培训驾驶员67名;举办拖拉机驾驶员培训班4期,培训拖拉机驾驶员74名,培训耕机操作手8名。

2000年,举办拖拉机驾驶员培训班3期,培训拖拉机驾驶员96名;举办推土机、挖掘机操作手培训班1期,培训操作手15名;举办农机维修工培训班1期,培训修理工8名;举办耕整机手培训班1期,培训操作手16名。

2001—2005年,举办拖拉机驾驶员培训班20期,培训拖拉机驾驶员632名;举办推土机、挖掘机操作手培训班2期,培训操作手30名;举办农机维修工培训班5期,培训修理工120名;举办耕整机手培训班12期,培训操作手983名。

2006—2010年,举办拖拉机驾驶员培训班20期,培训拖拉机驾驶员913名;举办农机维修工培训班4期,培训修理工173名;举办耕整机手培训班35期,培训操作手2575名;举办机械育插秧技术培训5期,培训机插农民500人;举办联系点村农民实用技术培训班1期,培训农民102人;组织农机系统管理人员参加省农业厅举办的各类培训班13次,参加人员92人次。

2010年12月25—26日,海南省首届"七州洋杯"农民风采拖拉机大赛在琼中黎族苗族自治县隆重举行,大赛由海南省农业厅、琼中县政府主办,海南省越野运动协会、海南省七州洋影视文化传媒有限公司承办,琼中七州洋新型生物制品有限公司、海南金鹿农机发展股份有限公司协办。来自全省18个市县和省农垦总局27支代表队的54名优秀农机手,经过2天激烈角逐,团队奖项中,有8个代表队获奖,白沙县代表队获车队第一名,屯昌县代表队获车队第二名,琼中县农垦代表队获车队第三名;个人奖项中,琼中县农垦代表队潘万杰获拖拉机大赛个人冠军,获得双缸拖拉机一辆及奖杯、证书;赛事组织奖项中,琼中县农机化管理局、琼中七州洋新型生物制品有限公司、海南金鹿农机发展股份有限公司获赛事组织奖牌及证书。

(二)安全生产

1991—1995年,全县开展农机田查路检及宣传活动205天,参加人员有1090人次,共发放宣传资料25000份,检查机车2008台次;年检机车1747台,年检率为全县拥有量的78.5%;共办理机车入户533本(台),办理驾驶证446本(人)。

1996—2000年全县开展农机田查路检及宣传活动408天,参加人员2448人次,发放宣传资料27000份,检查机车5024台次;年检机车2024台,年检率为全县拥有量的80.1%;办理机车入户113本(台),办理驾驶证156本(人)。

2001—2005年,全县开展农机田查路检及宣传活动415天,参加人员有3320人次,发放宣传资料27200份,检查机车7000台次;共年检机车2320台,年检率全县拥有量的79.3%;共办理机车入户133本(台),办理驾驶证96本。

2006—2010年,全县开展农机田查路检及宣传活动393天,参加人员有2280人次,发放宣传资料27200份,检查机车6810台次;年检机车2310台,年检率为全县拥有量的78.5%;办理机车入户504本(台),办理驾驶证671本(人)。

截至2010年,琼中县境内没有发生重特大农机事故。

四、农机经营

1991年,农机经营主要是以国企县农机公司为主,主要经营东方红-70型履带拖拉机、东方红轮式拖拉机、工农-12K手扶拖拉机零配件，抽水机、水力发电机等小型农业机械整机和零配件等四大类20多个品牌的农机具，年销售额约150万元；1993年6月，个体经营店琼中业滨农机商场开始参与市场竞争，后又陆续有湘琼农机商行和南山农机综合商场参与竞争，农机经营市场呈现个体经营和国营企业竞争经营的态势，农机产品增加到6大类32个品牌，年销售额也增加到350万元左右。1997年6月，县农机公司因为管理不善，经营方式跟不上市场变化，之前又连年亏损、债台高筑，只能宣告倒闭。此时县城个体农机经营店有6家，年销售额约500万元。

1998—2001年，农机经营仍以6家个体农机经营店为主，经营机具和品牌也没有太大变化，销售额也变化不大；2002年，开始实施农机购置补贴，琼中业滨农机商场、琼中湘琼农机商行、琼中南山农机综合商场等3家农机店被指定为农机补贴定点经销商，2002—2010年，全县共投入农机购置补贴资金345万元(其中2003—2004年国家没下达农机购置补贴资金)，对购置农机的农民进行专项补贴，受惠农民10077户，补贴农机具10577台，完成率100%，带动农机购置资金1200万元。其中，2010年，立足山区,着力补贴适用于山区农业生产的中小型农业机械,全年共补贴200万元,补贴农机具3623台(部),其中补贴耕整地机械227部、植保机械1970台、收获机械194台、收获后处理机械980台、加工机械242台(部)、轮式拖拉机27部；补贴惠及农民3305户、农机专业合作社1家、绿橙生产基地1个；补贴机具促使全县农机动力增加13990千瓦,增长20.3%；拉动农民投入购机资金700多万元。

第二节 农业科技

一、机构

1995年9月原农业委员会由行政机构转为事业单位农业技术推广服务中心，主要从事全县农业技术实验推广和服务工作。

2004年，农业技术服务推广中心内设办公室、植保植检站、种子管理站、技术推广站、土肥站、农村环保能源站，财政预算管理事业编制19名，隶属农业局，正局级事业单位。

2007年，根据琼中县委、县政府关于事业单位机构改革的要求，县热作服务中心、县水果技术服务中心并入县农业技术推广服务中心，重新核定机构编制为29名，隶属县农业局，为正科级事业单位。内设办公室、植保植检股、种子管理股、技术推广股、土壤肥料技术股、农村环保能源股、热作技术股、水果技术股8个职能部门。下辖县农科所、县农作物病虫测报站、县热作公司、县种子公司、各乡镇农技站。

2010年琼中县农业技术推广服务中心设8个科室:综合办公室、植保植检站、能源站、种子站、热作站、土肥站、推广站、水果技术股,有编制29人,实有职工33人。下辖县农科所、县农作物病虫测报站、县热作公司、县种子公司、各乡镇农技站。

二、农业生产新技术推广

(一)杂交水稻生产技术推广

1994—2001年,全县年均水田面积约为7.3万亩,早造杂交稻品种推广面积3万~5万亩,晚造杂交稻品种推广面积4万~6万亩。其中,早造品种主要推广汕优63、Ⅱ优501、Ⅱ优128,配搭常规推广品种广优4号等。1994—1997年,配搭常规推广品种桂毕1号、七桂早25号、珍桂矮1、桂毕选、大叶青等。

2002—2004年,全县年均水田面积约为7.3万亩,早造杂交稻品种推广面积3万~5万亩,主推Ⅱ优128、粤优922、D奇宝优1号等;晚造杂交稻品种推广面积4万~6万亩,主推博Ⅱ优15、博优961、博Ⅱ优964、博优1025、Ⅱ优3550、汕优3550等,常规种植品种:特粘占25号、七桂早、大叶青等。

2005—2008年,全县年均水田面积约为7.3万亩,早造杂交稻品种推广面积3万~5万亩,重点推广华为86,其次有Ⅱ优128、特优128、T优551、天优2168、特优524、红泰优996、两优389等;晚造杂交稻品种推广面积4万~6万亩,主要推广博Ⅱ优15、博优961、博优1025、Ⅱ优3550、金稻138等。2007年早造共推广超级稻1500亩,品种有两优389,两优293,琼香两优1号,平均亩产518.7公斤,最高亩产为680公斤。

2009年,早造重点推广品种有特优009、T优551、特优128、D奇宝优1号、华优86、特优524、京福1优527、红泰优996等,晚造主要推广博Ⅱ优15、博Ⅱ优134、博优729、特优524等。其中,早造推广超级稻品种3个,准两优527,琼香两优1号、琼香两优2号,合计面积1337.5亩,平均亩产480公斤。

2010年,早造重点推广特优009、华优86、T优551、特优128、特524、红泰优996卢香658等,晚造主要推广品种博Ⅱ优629、博优235、金博优168、博优729、特优248等。2010年早造推广超级稻Y两优439面积1000亩,平均亩产462公斤,高产田块达532公斤/亩。

1996年开始推广塑料软盘抛秧技术。2007—2010年,在全县范围内开展推广与之相应的新技术,包括超级稻高产栽培、水稻抛秧及免耕抛秧技术、水稻病虫害防治等技术,连续4年举办水稻生产技术相关培训班60期,参训人数3130人次,为全县水稻稳产、高产奠定了基础。

(二)橡胶优良品种及新技术推广

2007—2010年,主要在全县范围内开展推广热研7-33-97橡胶优良品种,并做好橡胶良种苗木补贴工作。2007年,在全县范围内完成132000株热研7-33-97品系袋装苗的补贴,共补贴资金39.6万元,增加橡胶优良品种种植面积4000亩;2008年,完成2500亩橡胶良种苗木(热研7-33-97)补贴工作;2009年,完成2000亩橡胶良种苗木(热研7-33-97)补贴工作。2010年,在2010年天然橡胶良种补贴项目中,琼中共有410户农民申请补贴手续并得到补贴,共购买胶苗330714株,享受国家良种补贴款992142元。项目补贴区域内新种橡胶良种覆盖率达到100%,种植成活率达95%以上。同时,为提高琼中农民的割胶技能水平,依据琼中县政府办《关于印发2010年农村劳动力转移培训阳光工程实施方案的通知》的相关要求,受琼中县阳光工程办公室的委托,在琼中县内启动阳光工程割胶工培训行动计划,着重对胶农的割胶操作技能进行强化培训。在全县10个乡镇的13个自然村举办了13期培训班,参加学习的胶农646人,共发放技术资料700份。

(三)木薯优良品种推广及示范

木薯是琼中农村的主要经济作物之一,具有投资少、见效快的特点。2008—2010年,全县年均种植木薯近3.68万亩,主要以华南5号、华南8号和华南205等为主,良种推广覆盖率达95%以上。2009—2010年连续两年在县红岛牧场建立试验种植基地,进行华南8号、华南5号、品系1424等24个品种的对比试验,为推广良种木薯提供科学依据。

(四)绿橙种植技术推广

绿橙种植产业是琼中县农民增收的特色产业,为推广绿橙种植、提高绿橙产量、增加农民收入,2007年,全年共举办绿橙种植、管理技术培训班135期,培训果农5400人次,印发绿橙生产管理技术资料5500份;2008年,全县共举办绿橙种植、管理技术培训班40期,培训果农2000多人次,印发绿橙生产管理技术资料2500份;2009年共举办培训班35期,培训果农1750多人次,现场指导25期,人数达895人次,印发绿橙生产管理技术资料2800份;2010年,共举办培训班35期,培训果农1750多人次,现场指导25期,人数达895人次,印发绿橙生产管理技术资料2800份。

(五)槟榔种植技术推广

2007—2010年,琼中县年均种植槟榔8.8万亩,县业技术服务推广中心连续4年派出专业技术人员深入乡镇举办槟榔种植技术培训班,指导农民抓好种植管理、防治病虫害,4年共培训农民4450人次,发放技术资料5200份,促进槟榔种植增产增收。

(六)种桑养蚕技术推广

为大力推广种桑养蚕,促进农民增收,2009—2010年,县业技术服务推广中心完成种桑养蚕技术培训和指导39期,培训、指导农民1960人次,并制作种桑养蚕技术光盘发放给农户,使种桑养蚕户基本掌握了种桑养蚕技术,为桑蚕产业的发展打下技术基础。

(七)瓜菜生产技术推广

利用冬闲农田推广瓜菜种植,增加农民经济收入。2007—2010年,县业技术服务推广中心连续4年组织专业技术员到红毛、长征、什运等乡镇,举办瓜菜种植技术培训10期,培训农民605人次;举办瓜菜种植抗寒救灾恢复生产技术培训13期,培训农民790余人次,推进了琼中县冬季瓜菜生产。

三、农作物病虫害监测与防控

（一）水稻病虫害监测与防控

2001—2004年，全县共防治水稻各类病虫害103587亩，稻田病虫害有叶瘟病、纹枯病、胡麻叶斑病，虫害有螟虫、稻蓟马、稻纵卷叶螟、稻飞虱以及鼠害等，防治面积5200亩。2004年，稻瘟病0.51万亩，纹枯病0.76万亩，白叶枯病0.48万亩、细菌性条斑病0.02万亩，稻纵卷叶螟0.98万亩，水稻螟虫0.64万亩，鼠害面积1.95万亩。2005年，中心派出30人次，协助县农业局开展红火蚁疫情普查工作；派出8人次参加农业厅科教处、植保处举办的红火蚁、外来生物防治等新技术培训。2009年，"南方水稻黑条矮缩病"对全县晚造水稻危害严重，"南方水稻黑条矮缩病"病毒导致植株不能生长、死根，抽穗短小或不能抽穗，严重时造成失收。针对这一情况，中心及时与省植保站联系并上报县政府，举办培训班，使乡镇分管领导、技术人员都了解与认识病害，经全面普查，全县晚造发生的病毒面积为8500多亩。2010年，全县发生南方水稻黑条矮缩病面积15000亩，为了做好病害防控工作，7—10月，在省植保植检站的指导下，中心在长征镇老铺新村村脚洋进行了20亩田间防控试验研究，获得成功，为之后推广应用提供了科学依据。

（二）柑橘病虫害监测与防控

2006年，中心开始监测到柑橘小实蝇入侵琼中，并对柑橘产生危害。柑橘小实蝇是柑橘类果树毁灭性害虫，其幼虫群集在果实中取食危害，形成"蛆果"，使果实空虚腐烂，严重影响产量，甚至导致绝收。2007年，针对柑橘小实蝇，中心组织专业人员在全县范围内开展调查，并与省植保植检站联合在湾岭镇北排村果园设立防治示范观察点，为今后进一步抓好柑橘小实蝇防控工作做好准备。

2010年，柑橘小实蝇在琼中大面积暴发，造成琼中绿橙大量落果，直接威胁琼中绿橙的安全生产。诱测虫量比往年同期增加12.86倍，为切实做好柑橘小实蝇重大疫情的阻截工作，10月，琼中县农业技术推广服务中心向县委、县政府做了《关于琼中县琼中绿橙暴发柑橘小实蝇的疫情报告》，并制定了防控工作方案，组织开展统防统治工作，取得明显效果。同年，县农技中心承担农业部公益性行业(农业)科研项目子课题工作，负责项目第三层柑橘有害生物种类与发生危害特点调查监测工作，从7月份开始正式启动该项目工作，11月份顺利完成农业部项目组专家验收。

（三）橡胶病虫害监测与防控

2008年，为做好橡胶病虫害的监测与防控，海南省农业厅和琼中县农业技术推广服务中心联合制作了《橡胶小蠹虫防治技术》光盘，在琼中县实地指导防治50余次，技术咨询服务40多次。2010年，琼中县部分乡镇的民营橡胶树发生了小蠹虫、黄蜘蛛的危害，造成橡胶树叶片枯黄、脱落严重，被迫停割。据统计，吊罗山、黎母山、红毛、什运等乡镇部分民营胶林段发生小蠹虫或黄蜘蛛为害，其中：黄蜘蛛为害面积1500多亩，小蠹虫为害面积约200亩。县农技中心及时组织专业技术人员深入各乡镇虫害严重的村庄林段,全面指导农户开展防治工作,同时编写防治技术资料,制作技术操作视频光盘等,发放给农户,并无偿提供10部热力喷雾器给农户,有效防止了虫害进一步扩展蔓延。

四、测土配方施肥

从1997年琼中县开始推广水稻测土配方施肥技术。1999年,在全县进行大面积推广,取得显著效果,打破了传统施肥方法。2001年,测土配方施肥面积达56000亩,占全年水稻种植面积的43.6%,平均亩产增产粮食15公斤,增产稻谷840吨,增加产值75.6万元。2002年,稻田推广测土配方施肥55000亩,平均亩产增加稻谷15公斤,全年增产稻谷825吨,产值增加57.8万元。2003年,琼中县水稻“配方施肥”面积达68000亩,每亩增产稻谷20公斤,增产稻谷1360吨,产值增加108.8万元。2004年,稻田配方施肥面积70000亩,每亩增产稻谷20公斤,增产稻谷1400吨,产值增加244万元。2005年,水稻配方施肥的面积65000亩,每亩增产稻谷20公斤,增产稻谷1300吨,产值增加208万元。2008年,琼中县在营根镇红州洋开展水稻测土配方施肥3414田间试验工作,印发资料110份,参加培训人数达630人次。2009年,琼中黎族苗族自治县为国家测土配方施肥项目县。2010年,完成土壤样品采集334个,建立采样地块基本情况调查档案334份,已检测土壤样品334个;完成3414田间肥效试验4个,水稻示范方8个,桑树示范方2个;发放测土配方施肥建议卡16000份,推广水稻测土配方施肥面积5万亩。举办测土配方施肥技术培训班8期,培训技术骨干200人次,培训农民1200人次,发放技术资料5000份。同时,继续在营根镇什也村和什那难村的桑园和木薯园分别开展桑树、木薯的测土配方施肥“3414”试验,为摸索琼中县桑树、木薯的测土配方施肥提供科学依据。

五、植保植检、农药残留检测

农药是重要的生产资料,在农业生产中发挥了积极作用。但随着使用量和使用年数的增加,农药对土壤产生很多不良影响,甚至危害人体健康。

为防治农药对土壤和生态环境的影响,2001年,县农技中心组织6次农药经营大检查活动,查处无证经营者7人次,没收高毒、剧毒农药28公斤,查封假劣农药18瓶。2002年,琼中县严禁销售16种高毒、剧毒农药。取缔摊点17个,查处“三证”不全的假劣农药,收缴高毒农药“甲胺膦”、呋喃丹等164件56公斤,价值1130元,收缴“三证”不全或包装不合格的农药674件722公斤,价值5542元。同年9月,组织农药店的上岗人员107人学习培训,学习《农药管理条例》。2003年,严禁销售16种高毒、剧毒农药,查处“三证”不全的假劣农药,没收伪劣化肥62包,假劣、高剧毒农药344件,收缴剧毒杀鼠药144件,总价值0.84万元,涉案人员24人。2004年,县农技中心派员15人次,配合农业局、工商局、技监局等部门,对农资经营单位、店铺进行执法检查,没收伪劣农药212公斤,没收淘汰的籼优3550种子352公斤。植物检疫派出115人次,进行调运检疫的大宗农产品南药120吨、种苗49万株、绿橙1250亩,收取检疫费12365元,有效防止植检危险性病虫害的传播蔓延。2005年,县农技中心派出56人次深入相关农业种植园及农产品收购店,调运检疫农产品26车次,收取检疫费4560元,有效预防危险性病虫害向外地传播。2006年,进行调运检疫的农产品60车次,收取检疫费5800元。2007年,完成对橡胶、绿橙、槟榔种苗的产地检疫3次,办理绿橙、益智等农产品调运检疫38车次,收取检疫费4130元。此外,县农技中心还协助县农业局抓好农资打假执法活动,完成对全县40家农资经营店铺的检查,查处无证农药经营许可证4家,查封、没收10家店铺的假农药登记证、套证、一证多用等农药产品27种,共394.65公斤,货值2万多元,罚款7500元。先后15次对县农贸市场出售及种植基地生产的农产品进行农药残留检测,检测的农产品有绿橙、瓜、果、菜等88个样品,绝大多数为合格产品,及时向农业局或县政府报告检测情况。2008年奥运会期间、十一黄金周期间,加强对县农贸市场出售及种植基地生产的农产品的抽样检查,共抽检250例,合格率达89%。2009年,完成对瓜果菜及南药产品进行植物检疫16次,对县农贸市场出售及种植基地生产的农产品进行抽样检测,共抽检546个样品,合格475个,合格率达87%,其中:瓜菜抽检398个,合格335个,合格率84.2%;绿橙抽检148个,合格140个,合格率94.6%,并将检测情况报告县政府、农业局。2010年,完成对瓜果菜及南药等产品抽检样品1080个,检测合格率在95%以上,完成对县农贸市场出售及种植基地生产的农产品的抽样检测,共抽检324个样品,合格311个,合格率达96%,其中:瓜菜抽检199个,合格190个,合格率95.5%;绿橙抽检125个,合格118个,合格率94.4%。

六、农业科技电视预报节目

2007—2009年,组织科技人员下乡开展技术培训、技术咨询指导,同时,还根据全县农技推广的需要,认真抓好“科技指南”及“农作物病虫害预测预报”节目的拟稿与录制,通过县电视台及时将农技知识及农作物病虫害的防治知识传播给广大农民群众。2007年,共成功制作电视节目21期,播放287次;2008年,共制作电视节目16期;2009年,共制作电视节目5期。

七、新型农民科技培训工程

2006年,在专项培训经费的支持下,开展新型农民培训工程。在湾岭镇、黎母山镇、长征镇、红毛镇的34个村培训农民1360人学习橡胶生产新技术;2007年,新型农民科技培训项目村涉及全县10个乡镇34个村,受训农民1360人,主要培训课程为绿橙、橡胶的种植、管理、防治病虫害、增产技术等技术知识。培训采取理论知识学习与现场操作相结合的方式进行,使受训农民真正学到橡胶、绿橙生产的实用知识,提高生产管理水平。至2008年,培训工程结束。

第六章 林 业

第一节 机 构

一、县林业局

1991年,县林业局内设办公室、财务室、林政股、营林股、森工股、防火办等股室,人员21人,下属单位有15个。1995年11月,实行党政机构改革,县林业局(原属行政性质)改为琼中县林业服务中心(事业性质),内设机构6个。1999年7月12日,成立县森林植物检疫站(股级单位)。2001年,县林业服务中心更名为县林业局;2003年底,成立办证服务大厅;2004年9月28日,县编制委员会印发《琼中黎族苗族自治县林业局机构编制方案的通知》,将县林业局的职能进行调整完善,隶属县政府,为负责全县森林资源保护、造林绿化工作的正局级事业单位。内设机构9个(股级),即办公室、林政股、营林股、森林防火办、绿化办、森林植物检疫站、木材管理站、办证服务大厅和工会。机关编制20人。2005年,海南省林业局为做好候鸟(野鸟)疫源疫病监测工作,成立海南琼中古月山庄疫源疫病监测站(为省属单位);2009年,成立县林业调查规划设计室,为股级事业法人单位,编制7人;2010年7月,县人力资源和社会保障局批复同意调配14名转制森工企业人员调入乡镇农业服务中心,任林业工作人员,同年10月,县林业局借用回原岗位。

2010年,县林业局内设7个股室:办公室、林政股、营林股、森林防火指挥部办公室、森林病虫害防治检疫站、木材管理站和林权管理服务中心;有直属单位8个:百花岭林场、红星林场、林业科学研究所、什运木材检查站、加峒木材检查站、松涛木材检查站、湾岭木材检查站、长兴木材检查站,有工作人员26人,其中编制内16人,借调10人。聘用公益林专职管护人员368名,其人员工资从生态公益林补偿基金中支出。

二、直属单位

（一）县森林公安局

1992年8月，成立琼中县公安局林业分局，属事业编制。1999年10月，实行财务独立核算。2005年6月，更名为琼中县森林公安局，隶属县林业局下属单位，业务上受县公安局指导，2010年12月，在编人员全部过渡为公务员（政法专项编制）。在职人员14人。

（二）县百花岭林场

1963年建，属于股级事业单位，企业管理，2007年改为企业单位。经营林地46646亩，其中：生态公益林23320亩，场内经营经济作物加勒比松100亩、橡胶50亩、槟榔50亩。1996年，县百花岭水库工程开始动工兴建，征用百花林场土地469.5亩，林场范围内损失的松树、马占相思树及橡胶、槟榔等作物，根据琼中县人民政府《关于征用土地补偿标准方案若干问题暂行规定》，给予补偿。1997—2004年，向外发包土地面积3429.8亩。2002年，原生产林地200多亩发包给场内职工种植经济作物，解决生计。2008年11月1日，百花岭体育公园在百花岭林场所辖林内地动工兴建（那青岭的生产林地），征用林地面积1620亩，年限为30年，租金80元/亩，每年应补偿12.96万元。全场2010年有在职职工39人，退休职工41人，总户数有52户，总人数188人。

（三）县红星林场

属地方国营林场事业单位，自1994年起禁伐天然林，全面停产禁伐。1999年，红星林场与县国营新伟农场联合将国有土地3775.17亩承包给海南金华林业总公司，种植马占相思树，2001年将红毛镇境内海榆中线161公里处的940亩地承包给县扶贫开发公司，种植红橙，年租金1.88万元。2004年，转为国有企业。2005年开始将林场2队附近荒地承包给场部20名职工，开发种植经济作物，平均每人50亩地；2010年，将距本场162公里岭上53.2亩荒地承包给海口鑫绿源林业科技有限公司，种植槟榔和橡胶。2010年底，红星林场现有职工40人，其中在职人员18人，退休22人。

（四）县林业科学研究所

1982年建，属差额拨款股级事业单位，土地面积1451亩。1991—1992年，科研育苗非洲楝、玉兰竹1.5万株；1995年，荒山造林马占相思树65亩；1999—2002年，培育马占相思苗10万株，加勒比松7万株；2004年，县自来水公司征用8.8亩苗圃标本试验地被，原坡地引种试验85个树种，12个科、35个属的调测工作停止。2006年开始，职工主要依靠培育苗木和发展林下经济作物如种植益智、草寇等维持生计。2010年，有职工10人，退休人员10人。

（五）县木材经销公司

1979年建，1981年5月1日正式投产，为县属国营企业。地址在县城民族中学（现思源中学）旁。从1994年起县政府禁伐天然林，县人工林尚未成材，无材加工，只能停产。同年，公司另谋发展，筹资建卫生纸厂，制作仿古家私。1996年，因销路不畅，企业资不抵债，职工下岗。2010年企业破产改制，职工按政策安置解决。

(六)乡镇林业工作站(木材检查站)

简称“两站”,一个机构,两块牌子。1982年,开始筹建中平、红岛林业工作站;1991年6月,筹建湾岭、黎母山、什运林业工作站;至1993年5月,全县已增设到8个乡镇林业工作站,为差额拨款事业单位,由镇和县林业局双重管理,全县工作站28人,其中正式职工10人,临时工(木材检查站兼职18人),站长由副镇长兼任。1997年2月24日,海南省政府办公厅撤销琼中新进木材检查站,同时在松涛乡新设立松涛木材检查站。2000—2004年,完成什运、加峒、湾岭、松涛木材检查站标准化建设,创造良好的工作环境和生活条件。2004年,乡镇机构改革,对行使职务职能为主的事业单位农技站、农机站、经管站、水利站、林业工作站等合并为“农业服务中心”。自2010年底,县政府同意将原森工企业14人按照身份安置到10个乡镇农业服务中心的林业站岗位。同年,乡镇“两站”362人全部转为公益林管护人员,人员工资从生态公益林补偿基金中支出。

第二节 退耕还林 绿化造林

一、退耕还林

2002年,琼中黎族苗族自治县开始实施退耕还林工程,全县完成退耕还林22400亩,其中:荒山造林10000亩,退耕地还林12400亩,占省下达任务的100%。2003年,实行退耕还林大会战。全年完成退耕还林工程76000亩,其中:荒山造林45000亩,退耕地还林31000亩,完成省下达任务的100%。2004年度完成退耕还林工程43000亩,为荒山造林,完成计划的100%,林木郁闭度在85%以上。

2005年度完成退耕还林工程20000亩,为封山育林,完成计划的100%,林木郁闭度0.4以上。2007年度省下达退耕还林工程计划2000亩,为荒山造林,完成计划的100%。2002—2009年,累计完成退耕还林165400亩,占任务的100%。其中,完成退耕地还林面积43400亩(生态林38253亩,经济林5147亩);荒山配套造林面积102000亩,封山育林20000亩。涉及10个乡镇、两个农场、两个林场,户数6966户,惠农约3.48万人。

截至2009年,国家下拨琼中县退耕还林补助资金8571.01万元。其中粮食补助资金8072.1万元,生活补助498.91万元;种苗补助837万元,兑现到户的资金有7543.83万元。

二、绿化造林

1993年,全县完成造林面积30867亩,占计划任务的128%。1994年,全县完成造林面积15000亩。1995年全县营造各类林木22299亩,其中用材林0.4525万亩,各类果树经济林1.774万亩。1996年,全县完成防护林造林1600亩,笋材两用经济林498亩。

2002年底，新增造林面积包括退耕还林40889.5亩，其中营造用材林15597亩，经济林24660.5亩，防护林337亩。2006年全县造林面积7167亩，育苗700万株、1228亩。2007年全县造林面积4803.19亩。

第三节 林业管理

一、封山育林

从1992年开始，琼中县实施封山育林保护工作，到2003年，全县封山育林3333.87公顷。至2010年未变。

二、森林防火

1991年，全县发生森林火灾17起，火场面积70.11公顷，受害面积40.77公顷，损失幼林23637株，损失折款14196元，出动扑火车辆18辆次，出动扑火人员1242人，扑火经费2111元，已调查结案6起，处理人员6名（其中：2名教育，2名行政处罚，2名行政拘留）。1992年，为加强森林防火宣传工作，喷刷、张贴森林防火标语4480条，钉挂塑料宣传牌485块，召开森林防火会议10场，参加人员46170人，放映森林防火宣传电影68场，印发森林防火宣传手册500份，出动防火宣传车辆40次。全县仅发生森林火灾2起（其中4月6日，新丰三加罗岭火场面积8.6公顷，受害森林人工林4公顷，损失幼林6600株，损失折价6000元；5月4日深联头鹿打铁岭火场面积6公顷，受害森林人工林面积2公顷，损失幼林440株，损失折价440元）。1993年，发生森林火灾11起，过火面积82.1公顷，受害面积27.86公顷，损失幼林24360株，出动人员700人，损失折款13647元，扑火经费750元。1994年，为加强森林防火宣传工作，设立硬化防火牌16个，铁皮防火牌4个，出动宣传车辆40次。全县发生森林火灾3起，过火面积6.3公顷，受害面积4.25公顷，损失幼林2800株，损失折价5000元，出动人员80人次。1995年，发生火灾次数10起，火场面积133.3公顷，受害面积15.9公顷，人工林面积7.8公顷，天然林8.1公顷，损失折价12535元，出动扑火车辆86次，人员1574人，扑火经费15650元。

1996年，继续加强森林防火宣传工作，设立硬化防火宣传牌48个，悬挂防火宣传横幅4条，喷刷防火宣传标语1条，发放各种防火文件资料2500份。发生火灾2起，过火面积10.3公顷，受害面积1.7公顷，损失幼林600株，出动扑火车辆8辆，人员102人次。1997年3月20日，县委、县政府召开全县森林防火工作会议，县委书记要求进一步提高全民防火意识，健全森林防火队伍，抓好森林防火工作，严格执行野外生产用火管理规定。5月21日至6月5日，先后对什运、红毛、红岛等乡镇12个村庄进行防火宣传，共放电影21场。1998年3月20日，县委、县政府召开全县森林防火工作会议。出动防火宣传车到各乡镇开展森林防火宣传15天,放映森林防火宣传电影18场,受教育人员10200人。发生森林火灾2起,过火面积13.1公顷,受害面积3.5公顷,损失折价5800元,扑火经费450元。1999年,印发森林防火宣传资料8400份,设立硬化防火宣传牌15个,悬挂防火宣传横幅20条。发生森林火灾4起,过火面积8.47公顷,受害面积0.2公顷,损失折价720元。2000年,开展森林防火宣传10次,放映电影7场,悬挂横幅20条,设立防火宣传牌29块。发生森林火灾2起,过火面积16.6公顷,受害面积9.3公顷,损失折价42480元。

2001年,召开森林防火会议78次,县电视台播出县领导防火工作讲话20日次,印发各种防火材料15000份,开展森林防火巡回宣传138天次,设立硬化防火宣传牌8个,刷新宣传牌30个,悬挂横幅50条,张贴防火宣传标语2000条,放映电影70场。2002年,召开森林防火(大小)会议36次,出动防火车辆65辆次,人员310人次,刷新宣传牌48个,悬挂横幅42条,张贴防火宣传标语26000条,印发森林防火宣传资料1万份,发出各种防火通知书2600份,县电视台播出森林防火宣传标语60天次。发生森林火灾(火警)7起,过火面积63.31公顷,受害面积8.81公顷,损失折价53000元。2003年,出动防火巡回宣传76辆次,人员170人次,刷新宣传牌35个,悬挂横幅50条,张贴宣传标语31000张,发放宣传单4万张,县电视台播放森林防火宣传标语52天,受教育群众5万多人次,放映电影5场。发生森林火警5起,查破4起,过火面积为14.2公顷,未造成任何经济损失。2004年,琼中县制定《琼中黎族苗族自治县扑救森林火灾预案》,加强森林防火宣传,出动车巡回宣传73两次,人员272人,刷新防火宣传标语牌25个,新建防火警示牌4个,悬挂横幅40条,发放森林防火宣传光碟13个,协调县电视台播出森林防火宣传标语30天,受教育群众达7万多人次。发生森林火警3起,查破2起,过火面积3.5公顷,受害面积1.2公顷,经济损失折价1330元。2005年,发生森林火灾23次(其中14起森林火警),查破19起,过火面积59.03公顷,受害面积9.13公顷,并对有涉案人员进行教育或处罚。

2006年,发生火警7起:(1)红毛朝南村牛坡火警,过火面积50亩,无受害面积;(2)国营南方农场三队新点东面火警,过火面积63亩,无受害面积;(3)吊罗山乡什丁村婆罗门岭火警,过火面积76亩,无受害面积;(4)4月4日,金华公司(百花岭)造林区,4月6日,湾岭镇石土掘村,4月12日,黎母山镇槟榔枫林高架岭等发生3起火警,过火面积共71亩,无受害面积。2007年,继续加强森林防火宣传工作,悬挂横幅10条,安设硬化森林防火宣传牌10个,出动森林防火宣传车20次,电视宣传7天。发生森林火警4起,火场面积29.92公顷,受害面积25.19公顷。2008年,出动宣传车187辆次,刷新硬化宣传牌90个,悬挂横幅120条,发放森林防火宣传光碟300多张,电视宣传90日次。发生森林火警3起,火场总面积2.33公顷,受害面积0.03公顷,损失幼林600多株,行政处罚2人。2009年,出动防火宣传车巡回宣传60辆次,发放《森林防火条例》《扑火安全知识》900本,悬挂横幅40条,钉挂塑料宣传标语牌60个,发放防火宣传光碟175个。发生森林火警2起,过火面积2.15公顷,无受害面积。2010年,制定《处置重特大森林火灾应急预案》,县委、县政府先后下发《关于进一步加强春季森林防火工作的通知》《关于做好当前森林防火工作的紧急通知》等文件。全县共发生森林火灾5起，其中一般森林火灾3起，较大森林火灾2起，过火总面积11.531公顷，受害面积11.231公顷，在扑救森林火灾中未发生人员伤亡事故。

三、森林病虫害防治

1999年11月，成立琼中县森林植物检疫站，该站为县林业服务中心的内设股级单位，其人员从现有的编制中调制解决。2000年，开展站内硬件及人员配备，并明确责任，开展林业有害生物的检疫、测报及防治工作。2005年初，琼中县发生外来有害生物椰心叶甲疫情，县林业局制定《琼中黎族苗族自治县椰心叶甲防控实施方案》，并由县林业局森林植物检疫站组织实施，开展具体工作。

琼中县森林植物检疫站设专职测报岗位，随着人员配置到位和制度的完善，首个国家级中心测报点在琼中黎母山国家森林管理委员会获批。全面完成省林业主管部门下达的年林业有害生物防治目标。检疫执法，预测预报疫情相继开展，宣传林业有害生物防控知识。

2005—2010年，林业有害生物（尤其是外来有害生物）一直是琼中县林业可持续发展的重要障碍，随着琼中旅游和交通迅速发展，为外来物种远距离迁移与入侵，传播、扩散到新的环境中创造了条件。外来有害生物入侵的危险性也日益倍加。其间，持续爆发的椰心叶甲，每年对琼中的生态、经济等造成严重损失，严重影响到琼中县的经济安全、生态安全、社会安全。监测发现林业外来有害入侵物种1种。全县平均林业有害生物测报率90%，成灾率0‰，无公害防治率96%，种苗检疫率100%。县政府共投入150万元作为防治经费，开展并完成棕榈科植物外来有害生物专项防控，并将林业有害生物椰心叶甲、松材线虫病、红棕象甲等列入监测防治对象。至2010年底，为防止椰心叶甲疫情的发生，在全县548个自然村投放天敌寄生蜂1.2亿头，挂药包防治20万株次椰子等棕榈科植物4万株，有效控制椰心叶甲疫情扩散的势头。同时，发放植物检疫证书1500余份。棕榈科植物景观得到有效保护。

四、林政管理

为加强对森林资源的管理，1993年，全县开始实施人工造林，同时成立林政督导工作领导小组。1994年，共破获各类森林案件51起（其中森林刑事案件1起，治安案件13起，林业行政案件37起），在查处上述案件过程中，共处罚78人（其中行政拘留17人，治安罚款7人，林业行政罚款7人，其他处罚23人），没收木材351.106立方米，折价181.977元，治安罚款651元，林业行政罚款52.420元。1995年，破获各类森林案件32起，处罚6人。1996年，共破获各类森林案件32起，其中森林治安案件14起（野生动物5起，销毁木材7起，盗伐林木2起），林业行政案件27起，受处罚人数32人（行政拘留4人，治安罚款16人，林业行政罚款31人），没收木材319立方米，折价219032元，治安罚款3000元，林业行政罚款83559元，共计305591元。1997年，破获各类森林案件46起，其中林业治安案件5起（销赃木材4起，殴打他人1起），林业行政案件41起，（其中无证运输木材，扣留非法运输木材车辆38辆)，处罚违法人员61人，其中治安拘留7人，治安罚款3人，林业行政处罚28人，赔偿森林植被恢复费23人，做其他处理4人，治安罚款500元，林业行政罚款77072元，赔偿森林植被恢复费50133元，没收木材317.9立方米，折价131.316元，共计258.821元。1998年，全县共发生各类森林案件31起，均查破，其中林区治安案件1起，林业行政案件30起(非法收购运输木材20起，非法经营收购野生动物10起)。1999年，破获各类森林案件34起，其中林业法治案件15起(侵占故意毁坏林木案件9起，过失引起森林火灾案件2起，殴打他人1起，盗伐林木3起)，林业行政案件20起(非法收购木材案件10起，故意毁坏林木案件4起，过火引起森林火警1起，非法收购野生动物4起，无证经营野生动物及其产业1起)。

2002年，共查处各类森林案件29起，处罚30人、单位1个，其中，林政18起，没收木材74.6立方米，罚款5万元，行政处罚18人。2006年，共发生各类森林案件11起，其中森林刑事案件受案9起，立案9起，破案6起(滥伐林木案1起，盗伐林木案5起)，破案率67%，移送起诉6起。2007年，办理采伐76起，采伐面积5188亩，总蓄积量41040立方米，总出材量26574立方米。2008年，共发生各类森林案件61起，其中，林业行政案件40起，没收木材94.9立方米，行政罚款19249元，行政处罚40人(其中行政拘留6人)；森林刑事案件受理21起，立案21起，破10起(滥伐林木案1起，盗伐林木案9起)。办理采伐38起，采伐面积3403.5亩，总蓄积量18653.41立方米，总出材量12700.5立方米。2009年，共发生各类森林案件83起，其中森林刑事案件受案19起，立案19起，破4起(滥伐林木案1起，盗伐林木案2起，故意毁坏林木1起)。办理采伐17起，采伐面积3131.4亩，总蓄积量14957.8立方米，总出材量10172.8立方米。

2010年，全县共发生各类森林案件81起，其中林业行政案件60起，刑事案件受案21起，破案13起，移送起诉10起。全年办理采伐林木1.98万立方米。

五、森林执法

琼中地处海南岛中部，是海南的生态核心区，西南部有五指山，西部有鹦哥岭，南部有吊罗山，北部有黎母山，东北部有白马岭保护区，是全省的林业大县，森林资源十分丰富。全县林地总面积379.99万亩，天然林面积158万亩，公益林面积81万亩，森林覆盖率达83.74%，是万泉河、南渡江、昌化江三大河流的发源地，地理位置十分独特、重要，琼中的生态关系到全省人民的生活质量和经济的发展。

(一)琼中县公安局林业分局

琼中县森林公安局原为琼中县公安局林业分局，1982年8月20日，根据县政府《关于成立琼中县公安局林业分局的通知》文件正式成立，规格为县副科级单位，分局既是林业部门的职能机构，也是公安局的派出机关。政治思想、行政管理以县党政领导为主，公安业务受县公安局和上级林业公安机关双重领导，以县公安局领导为主。内设秘书股和治安股，定编11人，为事业编制，下设松涛林场派出所和黎母山伐木场派出所，各定编5人，均为林业事业编制。1999年10月

26日为财务独立核算单位。2004年9月28日，县公安局林业分局内设的秘书股更名为政秘股，治安股更名为刑侦治安股，增设法制宣传股。2005年6月24日更名为琼中县森林公安局，更名后的县森林公安局机构级别、性质、职能、人员编制和经费形式保持不变。2008年7月2日，县森林公安局内设的政秘股更名为办公室，刑侦治安股更名为刑事侦查大队，法制宣传股更名为法制督察室，至2010年未变。

1991—1999年，琼中县公安局林业分局的办公设备、装备都非常简陋，办公室及设备都是琼中县林业局的。从1999年起，琼中县公安局林业分局有独立账户，购置了一批会议桌等办公设备。从2010年起，逐步实现办公自动化、信息化。2名在岗公务员配备一台电脑，部分电脑接通互联网，并且接入公安网，配备了打印机、传真机、复印件、摄影机等。

（二）打击涉林违法犯罪，维护林区治安稳定

1998—2003年，琼中县公安局林业分局重点查处盗伐、滥伐、非法运输林木案件；打击毁林犯罪行为；打击非法运输野生动物案。5年共受理案件224起，其中立森林刑事案件10起，破5起，抓获犯罪嫌疑人8人；受理行政案件114起，查处114起。2004—2010年，县森林公安局针对琼中的重点林区各类涉林违法犯罪特征，先后精心组织、周密部署，全力开展"冬季行动""保护森林资源专项行动""飞鹰行动"、林业执法和治理整顿专项行动等一系列专项行动，打击了各种破坏森林资源的违法犯罪活动，取得显著成效。共受理各类涉林案件210起，其中立森林刑事案件109起，侦破森林刑事案件52起，共抓获犯罪嫌疑人95人；办结林业行政案件101起。清理县城饭店、餐馆、酒店60多家，木材加工厂80多个；没收野生动物活体121条，野生龟13只，动物死体80多只，协同县林业局放生野生动物一批。共出动警车1704辆次，警力7582人次。2007年被国家林业局授予"绿盾二号行动"先进集体、有1人被国家林业局森林公安局授予"森林卫士"称号，并荣立一等功。县森林公安局民警10多人次获海南省森林公安局记个人"三等功"嘉奖。

第四节 集体林业产权制度改革

一、基本林情

琼中县位于海南岛中部，全县管辖10个乡镇、100个村委会、589个村民小组(其中涉及林改541个村小组)，农村户数20856户(其中涉林户16230户)，农村人口101666人(其中涉及林改人口96483人)。全县土地面积405.8万亩，规划林业用地面积335万亩，其中集体林地面积79.8万亩(其中：商品林地55万亩，公益林地24.8万亩)，可发证面积76.77万亩(其中：商品林52.78万亩、生态林23.99万亩)。2010年，全县有人工林216.6万亩，主要树种有橡胶、槟榔、相思、松树、桉树、绿橙等，森林覆盖率达83.74%，林木绿化率为90.91%。

琼中县林权发证工作主要是农村集体林权制度主体改革期间核发的林权证工作，自2009年3月林改工作全面启动后，用了一年多的时间完成农村集体林权制度主体改革工作，按照海南省集体林权制度主体改革工作的要求，及时进行自查和整改。2010年11月顺利通过省林改检查组的检查验收，林改工作荣获省政府颁发“海南省集体林权制度改革三等奖”。

二、林权主体改革

2009年3月20日，琼中县召开集体林权制度改革工作动员大会，安排部署全县集体林权制度改革工作，拉开林改工作的序幕。以明确产权、确权发证为主要任务，以“农民得实惠，生态得保护，林业得发展”为目标，加强领导、精心组织、周密部署、创新思路，扎扎实实推进全县集体林权制度改革工作。林改涉及全县10个乡镇、100个村委会、541个村民小组，占全县村民小组总数的91.8%；涉及农户16230户、农民96483人，分别占全县农户和农民总数的77.8%和94.9%。林地保障率101.2%。全县规划内集体林地798794.87亩，已发证80.9万亩，其中，规划内73.2万亩、规划外4.7万亩(含金华公司)、退耕还林3万亩。家庭承包率96.09%。全县家庭承包集体商品林地面积241632.82亩，占实有集体商品林地(可发证)总面积527834.2亩的45.8%；由于265598.78亩商品林地为天然林地，不宜发包到户，已确权发证给村集体，将这部分计入家庭承包中，家庭承包集体商品林地总面积为476037.73亩，则家庭承包率为96.09%。林权证发证率95.7%。全县林改已(换)发证面积总和732031.77亩，占符合条件的林权申请登记总面积767775.49亩的95.34%。林权证准确率100%。全县抽查10个乡镇、30个村委会、30个村小组的53块地，经实地核查，合格53起，合格率达100%。纠纷调处率91%。林改以来，成功调处林地26起，占总起数28起的92.8%。县级档案合格率100%。抽查林权档案200起，合格起数200起。

2010年8月底，顺利完成全县林权主体改革工作。共确权发证732031.77亩，发证率达到95.34%，发证17011本，发证户数16230户，发证起地数38244块。林权证的发放，给林农吃了“定心丸”，大大调动了广大林农发展林业的积极性，变林农过去的“要我造林”为现在的“我要造林”，使琼中县森林资源得到更好的保护和发展。

第七章 海南省黎母山国家森林公园

第一节 管理机构

海南省黎母山林区位于海南岛中部，是海南生态核心区域，是海南省四大林区之一，隶属海南省林业厅管辖，挂海南黎母山省级自然保护区管理站（简称管理站）和海南省黎母山国家森林公园管理委员会（简称管委会）两块牌子。

管理站（管委会）为国有事业单位，前身是国营海南黎母山采伐场，1988年海南建省后，更名为海南省黎母山林业公司，1994年海南林业局批准设立海南省黎母山森林公园，2002年12月，经国家林业局批准，晋升为海南省黎母山国家森林公园；2004年7月，获海南省政府批准成立海南黎母山省级自然保护区管理站。

1994年前，管理站（管委会）一直以森林工业采伐为主，1994年后，省委、省政府率先停止天然林采伐，转而发展人工林与经济林，初步开发和探索森林旅游，从1998年起，被国家林业局列入国有重点林区“天然林保护工程”实施单位，其主要工作任务：一是封山育林，巡山护林；二是培育树苗，植树造林，增加森林覆盖率；三是开发森林旅游，扩大就业渠道，解决林区职工家属子女就业问题；四是加快林下经济的发展，增加职工的收入。

1994年停止天然林采伐，实施森工转向，林业公司机构设置：办公室、人事科、生产科、财务科、工业科、多种经营部、工会，下辖林区派出所、职工子弟学校、职工医院、综合厂、竹笋厂、林贸公司、发电站、养路班，以及一、二、三、四、五林场。主营事务有：竹笋加工，竹笋、橡胶、槟榔等经济作物种植与管理，松树采脂，小水电建设和林区道路养护工作。2002年12月，经国家林业局批准，成立“海南省黎母山国家森林公园”，管理机构设置“四室一局”，即事务管理办公室、党委办公室、资源管理办公室、资源利用办公室、林区森林公安分局，下辖5个管理区（鹦哥傲管理区、银河管理区、佛母岭管理区、三星林岭管理区、锦绣谷管理区），实行二块牌子、一套班子的管理体制,承担实施天然林保护工程职责。2004年7月,省政府批准建立黎母山省级自然保护区。2005年11月,省机构编制委员会批准设立海南黎母山省级自然保护区管理机构,2010年1月,省林业厅下文将海南省黎母山林业公司更名为海南黎母山省级自然保护区管理站,加挂海南省黎母山国家森林公园管理委员会牌子。保护区管理站站长同时兼任森林公园管委会主任,为法人代表。建制由企业单位转制为事业单位。管理机构包括行政办公室、党委办公室、组织人事科、计划与资金管理科、森林资源管理科、项目基建科、森林防火办公室、营林生产科、森林旅游科、工会、天然林保护办公室、计划生育办公室、综合治理办公室、森林检疫站、离退休服务管理中心等15个职能管理部门,下辖海口办事处、职工医院、养路队和一分站、二分站、三分站、白沙共管区、儋州共管区、琼中共管区等基层管护单位。主要工作任务有:一是封山育林,加强巡山护林,打击破坏森林资源的违法违规行为;二是加大林区基础设施的建设,改善职工居住环境;三是挖掘林区森林旅游资源,做大做强黎母文化,吸引八方游客;四是发展林下经济。

2010年管理站(管委会)现有职工人数609人,其中在职职工244人,离退休职工365人,林区总人口1200多人。

第二节 自然地理

一、地理位置

黎母山国家森林公园位于北纬19°07′~19°14′,东经109°39′~109°49′,南北最大宽度9.7千米,东西最大长度15.5千米,地处海南岛中部琼中黎族苗族自治县境内,与儋州市、白沙黎族自治县交界,距省会海口市165千米,距三亚市200千米,离西部儋州市62千米,距五指山市120千米,离琼中县县城营根镇48千米。公园机关驻地至新林管委会出口14.5千米,从新林出口上乌石—那大线(307省道),可通往岛内各地,交通便利。

二、地形

黎母山国家森林公园属高山地带,境内主山脉是黎母山脉,山脉由黎母岭向鹦哥岭伸展,呈西南向东北走势,整个山脉连绵百里,广袤无垠,起伏较大。主山脉通过林区中部,主要山峰有黎母岭(1411米)、三星林岭(1062米)、鹦哥傲(1006米),一般山峰600~1000米,且多为丘陵地形,坡度20°~35°,间有小盆地和河谷。

三、土壤

黎母山是一座地垒式的断块山,地质构造较完整,为中生代—古生代花岗岩中低山和低山高丘地貌。境内土壤大部分是花岗岩和砂岩风化而成的沙壤土及少部分轻壤土,pH值5~6,海拔1000米以上的土壤呈较强酸性，腐殖质层厚4～25厘米，表土深30～40厘米，土层深60～100厘米，土质肥沃，排水情况良好；主要土壤类型有黄壤、赤红壤和砖红壤。黄壤主要分布在海拔350～750米地带，砖红壤则多分布在350米以下地带，适宜多种植物、动物和微生物生长。

四、气候

黎母山国家森林公园属海洋性热带季风气候，四季不明显，冬无严寒，夏无酷暑，终年温暖湿润，雨量充沛，年平均气温22.5℃，1月份最冷，月均温16℃，7月份最热，月均温26℃，年降雨量2188毫米，5—10月是雨季，降雨量为1809毫米，占全年降雨量的83%，10月份最高时达254.7～520.9毫米/日；年蒸发量1391～1426毫米，相对湿度87%～88%；年均风速1.1米/秒，极端最大风速达24米/秒；风向多偏东南和西风；年日照1773.5～1918.3小时，年日照率40%，是座理想的"天然空调区"，既可避寒，又可避暑。整个林区光、热、水、土资源都非常丰富，适宜多种植物和动物生长繁衍。

五、河流

黎母山国家森林公园地处海南岛中部高峰区，山高林密，降水丰富，是海南三大江河南渡江、万泉河、昌化江的主要发源地。主要河流有白和河、大边河、南吉河、白花河和细水河。

白和河发源于黎母山的主峰黎母岭，全长7.5公里，平均河宽14米，集水面积22.2平方公里，年均流量2477万立方米，落差442.5米。2003年省测绘局、海南探险协会、《南国都市报》等单位经实地探测考察，证实"白和河是万泉河北支源头"。

白和河流至吊灯岭以下河段是大边河。大边河全长18.7公里，河宽16米，集水面积72.4平方公里，年均流量10660万立方米，汇入万泉河水系。

南吉河发源于鹦哥傲，全长8公里，年均径流量0.38立方米/秒，主河道落差100多米，是琼中抽水蓄能电站下库坝址。

白花河是南渡江的一级支流源头之一。发源于黎母岭东北与佛母岭，河长约7.1公里，其上游很陡，中、下游是丘陵地，河床比较低平缓，经腰子河最后注入南渡江。

细水河发源于三星林岭、头尖岭、鹦哥傲，在白沙流入松涛水库。

六、自然资源

黎母山国家森林公园有土地权属总面积193335亩，有天然林13.1万亩，人工林4.16万亩，森林覆盖率89.3%。黎母山国家森林公园地处热带常绿季雨林地带，是中国热带生物资源最丰富的地区之一，整个公园最显著的特征，是随着海拔高度的不同，天然植被有明显的垂直地带性，由山顶苔藓矮林、热带山地雨林、沟谷雨林、常绿季雨林、半落叶季雨林等5个植被景观带组成。公园内林木高大挺直，个别植株高30～40米，群落层次复杂，荫生、附生植物种类繁多，为多层常绿阔叶混交。据调查统计，园区内有野生陆栖脊椎动物262种，属国家I级保护6种，国家II级保护26种;鱼类31种;昆虫类624种。有野生维管束植物190科759属1490种,其中国家Ⅰ级保护植物有龙尾苏铁、台湾苏铁、海南粗榧、坡垒等四种;国家Ⅱ类保护植物有大叶黑桫椤、黑桫椤、海南白桫椤、刺桫椤、阴生桫椤、白木香、油丹、青梅、降香檀、缘毛红豆、海南风吹楠、异叶翅子木、四药门花、海南石梓、海南紫荆木、蝴蝶树、驼峰藤、钩叶藤等18种。被列入《中国珍稀濒危植物红皮书》的植物有32种,其中列入濒危植物的有7种,分别是香籽含笑、蕉木、海南梧桐、海南巴豆、缘毛红豆、刺桫椤、坡垒;列入渐危的有长叶竹柏、鸡毛松、陆均松、海南罗汉松、乐东木兰、海南粗榧、油丹、海南风吹楠、白木香、蝴蝶树、海南大风子、粘木、降香檀、红楝子、粗枝木楝、野生荔枝、野生龙眼、爪耳木、巴戟天、青梅、海南紫荆木等21种;列入稀有的植物有观光木、囊瓣木、见血封喉、海南假韶子等4种。天然乔木树种有海南五针松、广东松、岭南稠、桢楠、青皮等700多种,海南特有树种500多种;灌木树种有厚皮树、山茶、桃金娘、野牡丹、布渣叶、乌饭等;草木有芒萁、粽叶芦、五节芒、勾藤、铺地蜈蚣、飞机草等。属高等植物94科487种,其中珍稀植物和重要经济植物115种;药用植物有300多种,特产药用植物20多种;兰花资源已发现97种,属海南特有的20多种;矿产资源主要有高岭土矿、陶石矿、铝锌矿、花岗岩、砂锡矿、水晶矿、长石矿等;水力资源的开发利用,从2000年起,通过招商引资模式,陆续建设了天河一级、天河二级、银河、吊灯岭等5个水力发电站,总装机容量10650千瓦;森林旅游资源主要有锦绣谷休闲度假区、黎母石像宗教文化旅游区、黎母岭热带雨林探险区。其中以黎母石像、黎母庙、黎母传说为代表的黎母文化是人文资源中最具特色的优势品牌。从2000年起,每年的农历三月十五“黎母婆祖诞辰日”前后,各地游客从四面八方慕名而来,拜婆祈福、络绎不绝。景区内人来人往、车水马龙的繁忙景象,成为一道亮丽的人文奇观。

第三节 山地林权

黎母山国家森林公园山地林权属国有,1990年完成林区山林权属确权发证工作。

2008年5月,根据国家林业局《自然保护区总体规划标准》的要求,在省林业局的统一领导下,完成设置保护区界碑界桩工作。共竖界桩102根、区碑4块。此项工作动用人工360人次,车辆22辆次。五指山自然保护区管理局抽调技术骨干及设备前来支援。共投入经费8.164万元。

第四节 植树造林

黎母山林业公司(自然保护区前身)1991年起实施世行贷款造林项目,截至1999年天保工程试点期间,共造林4万亩,其中加勒比松用材林1.9万亩(世行贷款造林项目),生态公益林1.6万亩(天保造林资金),其他经济林0.5万亩(省财政扶持资金和林业公司自筹资金)。造林期间,

1992年林业公司造林实绩被省林业局重奖；1996年，林业公司被林业部授予“全国灭荒造林先进单位”称号；第四林场职工李国娟被评为“全国灭荒造林先进个人”；1999年完成封山育林2万亩。林区的森林蓄积量由1994年的178万立方米增加到1999年的243万立方米。

第五节 天保工程一期

从2000年起，黎母山国家森林公园的中心任务是实施国家天然林资源保护工程（简称“天保工程”）。

一、基本情况

天保工程一期规划总面积61.8万亩，其中重点管护区17.9万亩（森林公园权属林地），场乡共管区43.9万亩（地方权属林地），其中琼中共管区18.1万亩、白沙共管区20.2万亩、儋州共管区5.6万亩。森林管护区域跨琼中黎族苗族自治县、白沙黎族自治县、儋州市2县1市。实施时间2000—2010年。

为保证天保工程一期的顺利实施，森林公园管委会（林业公司）根据国家林业局《天然林资源保护工程管理方法》等政策文件，成立由单位主负责人为组长的天保工程领导小组，并成立天保工程管理办公室，具体负责实施天保工程的组织、协调、检查和监督工作，由分管领导兼任办公室主任（2008年后分管领导不再兼任办公室主任），下属机构共设8个管护区、10个护林站点，共安排129人上岗（其中33人从地方村庄招聘），从事天保工程森林管护工作，人均管护林地面积4791亩。上岗人员一律与公园管委会（林业公司）签订《森林管护责任状与合同书》，一年一签，管护责任具体落实到山头地块，做到责任全覆盖。出现管护责任事故的，一律按规章制度问责。

天保工程一期实施期间，森林公园管委会（林业公司）制定出台了内控制度13个，每年举办天保工程培训活动1～2次，多次邀请省局有关专家、检察院领导到林区做专题讲座和警示教育，提高森林管护人员的综合素质；与森林公安局相继开展以打击违法采伐、乱砍盗伐为重点的“天保一号行动”“天保二号行动”，加大对辖区森林资源的保护力度，对破坏森林资源的违法行为进行处置，侦破了一大批重点案件；逐年增加护林经费的投入，购买护林防火车2辆、电脑15台、摩托车14部、GPS机13部，有效提高了天保工程的组织管理能力。

2007年10月，银河管理区护林员李善凡被国家林业局授予“全国优秀护林员”称号。

二、成果

2000—2010年，黎母山国家森林公园（林业公司）实施国家天然林资源保护工程，经省级有关专家评审，主要成果有：

（一）天然林资源得到有效保护，森林质量和生态功能明显增强。

据调查统计，天保工程区内通过加强森林管护，实行封山育林和人工造林，有林地面积从

2000年的47.79万亩增加到2010年的61.6万亩,森林覆盖率从2000年的77.33%增加到2010年的98%、森林蓄积量从2000年的591.4万立方米增加到2010年的749.4万立方米;野生动物生存环境得到保护和改善,野生动植物明显增加,一些几乎灭绝的物种逐步繁衍,种群数量日益增多,林区内飞禽走兽随处可见;林区生态环境明显改善,曾经遭受破坏的林相已逐步恢复热带天然林的原貌,面临断流的涧溪重现潺潺流水;森林的固碳释氧、涵养水源、保护水土等生态功能明显增强。

(二)林区职工得到妥善分流安置,职工收入不断提高。

黎母山国家森林公园(林业公司)坚持以人为本,落实政策,拓宽渠道,妥善分流安置富余职工,促进职工转岗就业;有43名职工分流到森林管护岗位,开展林下经营活动,做到管护和经营结合;一次性安置职工250名;120名职工开拓了新的事业,转到新岗位就业。2010年,黎母山天保工程区林业职工人均月工资1974元,是1999年300元的6.58倍。

(三)资金投入得到保障,历史遗留问题得到有效解决。

天保工程实施后,中央和地方政府累计向黎母山林业公司投入天保资金5668万元。其中中央投入2968.3万元,占52.4%,地方配套2699.7万元,占47.6%。工程实施后,有效解决了林区诸多历史遗留问题:一是解决了职工工资历史拖欠问题,补发了拖欠工资;二是基本实现职工社会养老保险省级统筹,医疗、失业、工伤、生育保险地方统筹;三是通过国有林区危旧房改造,职工的居住环境条件有了大幅改善;四是林区公安过渡为公务员,教育机构移交地方管理,减轻了单位的经济负担;五是普遍应用先进技术和仪器设备,改变了林区管理手段落后的局面,提高了综合管理能力。

(四)民生事项得到改善,生态意识深入人心。

天保工程缓解了黎母山林业公司经济危困的局面,保障了林区职工的基本生活。社会保障体系初步建立并不断完善,初步实现老有所养、病有所医。天保工程取得了集生态保护、宣传教育、社会行动于一体的效果,形成全社会关心天保、支持天保、参与天保的良好局面。最为突出的是场乡共管区的林业案件和森林火灾明显减少,当地群众保护森林的意识和法制观念有了很大提高,靠山吃山的原始生产生活方式有了很大改变,乱砍滥伐、毁林开垦、烧山狩猎等不良习俗得到根本扭转。

第六节 森林旅游

一、景点开发

黎母山国家森林公园的旅游资源丰富,但森林旅游业尚在起步阶段。1994年10月,海南省林业局批准建立海南黎母山省级森林公园,同年设立黎母山森林公园管理处。2001年3月设立旅游开发办公室,专门从事公园的旅游开发工作,并定制黎母山森林公园旅游三维地理模型图,编制《千山行尽逢黎母》宣传画册。个别景点享誉省内外,游客常年不绝。

(一)黎母庙和黎母石像景点

黎母石像是琼黎民族的始祖圣像,常受黎民崇敬祭拜。相传,有一穷家女,嫁人为妾,常受秉性泼辣、刻薄而妒忌的大妈欺凌,黎女非常伤心委屈,经常一人到山坡上哭泣,直到死去,变成一块石头,并留有她的头像,这就是"黎母石"。

石像的发现也充满神奇色彩,是黎母托梦给姓陈的台商,在黎母的东南部,经数月寻找,终在新开辟的黎母岭东南线公路上发现,天然形成的黎母石像形态逼真,长20米、高3米、宽1米的巨石,正面犹如仙女传说的黎母(婺)女神。在石像的下方(公路旁)还有一处仙人洞,也有不少的神话传说。石像的发现,在港台商人中传开,致使港台商人及各地信徒纷至沓来,烧香祭拜,祈福求财。

1994年建成黎母庙,庙内供奉黎母神像,每年的"三月三"及三月十五和每月初一期间,各支黎族同胞乃至社会的善男信女不远千里,不畏山高路险,竞相前往拜祭和祈祷。据不完全统计,黎母庙的游客人数从1994年的3000人/年增至2010年的30000人/年,16年间,游客人数增加10倍。

(二)黎母岭主峰探险线路

2001年开通公园机关—主峰—黎母庙的探险线路,给喜欢探险的游客多了一重选择。从机关到顶峰,共有780米的落差,行走在山径小道上,在沟谷和雨林中穿梭,让人置身于绿色的海洋,那里有参天大树和高山矮林,各种奇景一饱眼福。经过两个半小时的跋涉,主峰就站在脚下,举目眺望,松涛水库尽收眼底,让人心旷神怡、美不胜收,有一览众山小的感叹。沿山脊南下,回到黎母庙。此条线路在让游客领略森林景观的同时,也能了解黎母文化。

(三)曲岭古林园

位于公园机关对面山里,步行十分钟就能进入森林,是森林公园为数不多保留较为完整的一片原始森林。进入森林,领略热带雨林的勃勃生机,有四个大人才能环抱的陆均松、鸡毛松,有国家一级保护树木"坡垒",有过去林区职工喜欢的家具材"油丹"、造船材各类"稠木"和野生兰花。是教学科研、旅游观光、探林赏花的好去处。

(四)石臼群落景点

位于森林公园(机关)南部约一公里处,是万泉河源头,是白和河的一大奇观。河床里的石臼造型各异,有直径达30米的矩形臼,有臼中套臼、臼处连臼,还有"连心臼""鸳鸯臼"等。传说是冰臼时代地质变化遗留下来的,具有很高的科研和观赏观值。

(五)吊灯岭瀑布

位于吊灯岭景区,距公园机关7公里,瀑布落差近200米,宽20多米,水从岩面倾泻而下,气势恢宏,且瀑布下有一深潭,名为仙女潭,传说仙女常来沐浴,凡间女子到此潭沐浴,会愈发美丽。

(六)红粉石河谷

在公园鹦哥傲景区内,全条河谷由红粉石组成,两边陡峭悬崖上生长着特有的峭壁矮林,每到秋冬季节,成熟的树叶由绿逐渐变红,令人心旷神怡,河谷内溪水长流清澈,像一首催人奋进的乐曲;河谷平坦处,经长年雨水冲刷和天然雕琢,布满奇形怪状、大小各异的红粉石;水里随处可见鱼儿游弋,是一处既可以赏美景又可避暑的好去处。

二、接待设施

2001年8月,公园“梦仙阁”宾馆对外营业,2010年,安排职工入住;2007年6月“七家坊度假村”开工建设,已对外营业,有42个床位,房间按三星级标准装修。标准房180元/间,套房280元/间,可接待小型团队和散客。

三、交通条件

(一)公园机关至四分场道路已硬化。在地方政府的支持下,该路面硬化在2008年开动建设,路面设计宽度3.5米,按畅通公路标准设计,2009年1月验收交付使用,路经七家坊度假村。

(二)黎母山国家森林公园旅游公路。主要是改造林区主干道。新林至公园驻地(机关)14.5公里,双车道,硬化路面按6米设计,公园驻地至黎母庙9公里,路面硬化按3.5米设计。工程项目在2010年6月动工建设,项目完工后,将极大地方便发展森林旅游。

(三)与外部连接。北部线路进入林区:一是从西线高速转入307省道“乌那线”至新林管委会路口(18公里处),进入林区;二是从307省道“乌那线”琼中抽水蓄能电站专用通道(19.5公里处),经黎母山国家森林公园鹦哥傲管理分站进入林区。

南部线路进入林区:从乌石农场跑乡村畅通公路经大墩管委会到高湾村,进入吊灯岭水电站发电机房,沿水电站便道穿越松树林,到达公园驻地。此路在进入林区路段后,弯急路陡,如无向导,建议从北部进入林区。

林区内部道路的路面已基本硬化,有少部分土质路面,长年有职工维护。

海南田字高速公路的建成,极大地方便林区职工以及游客的出行,从林区通往岛内各地都将十分便利。另外,未来西部机场和博鳌机场的建成,给黎母山国家森林公园的旅游发展带来空前的机遇,也将对整个海南的中部崛起带来前所未有的影响。

第七节 林区民生建设

一、八大民生工程建设

黎母山国家森林公园根据国家有关政策,采取积极措施,2008年启动林区民生工程建设。

主要有:(1)2008年8月,林区林场棚户区改造工程建设,共建30套,户型面积71.45平方米,总建筑面积2143平方米,总投资267万元。(2)2009年9月,国有林场危旧房改造(一期)项目实施,共建110套,楼房60平方米、平房53平方米,总投资636万元。(3)2010年,建设2项饮水工程,总投资88.54万元。公园总部及居民小区供水系统一套；鹦哥傲分站供水系统一套。(4)2010年建设七家坊度假村，共7栋，建筑面积494平方米，一期投资150万元。(5)2010年建设环形路，长728米，宽5～8米，总投资90万元。(6)2010年建设环形路路灯，共18盏，总投资18.87万元。(7)2010年建设挡土墙建设工程(白和河综合治理及住宅小区)：总长度1092.49米，总工程量2899.88立方米，总投资159.86万元。建成高山湖泊一个，水面面积7.4亩；水坝桥一座，长30米，宽8米。(8)2010年护林站点工程建设，山庄点250平方米，五公里点250平方米，一分站点107.43平方米，吊灯岭点70平方米，总投资88.78万元。

实施天保工程前黎母山林区的社会经济发展状况一览表

表5-22 单位：人、元

时段	林区社会发展状况											
	发展阶段	人口	职工总数	在职	退休	就业人数	失业人数	主业	人均工资	企业办社会		
										公安	学校	医院
1958—1959	开发起始	350	350	300	0	300	0	采伐	35	—	—	卫生所
1960—1962	压缩调整	320	270	270	0	270	0	采伐	40	—	—	卫生所
1963—1972	休养生息	800	500	480	20	480	0	采伐	45	—	原小	卫生所
1973—1983	恢复发展	2500	780	680	100	680	0	采伐	55	派出所	原中	医院
1984—1993	转轨经营	2500	870	470	400	470	0	采伐	150	派出所	初中	医院

续表1

时段	林区社会发展状况										
	发展阶段	人口	职工总数	在职	退休	就业人数	失业人数	主业	人均工资	企业办社会		
										公安	学校	医院
1994—1997	二次创业	1200	877	472	405	251	221	种养	120	公安分局	原小	医院

实施天保工程黎母山林区的社会经济发展状况一览表

表5-23　　单位:人、元

年度	阶段	林区社会发展状况								
		职工总数	在职职工	退休职工	年未实际安置富余职工人数				从事主业	职工收入情况(元/月)
					1.年未实际分流到各个岗位上的富余职工人数			2.下岗或一次性安置职工		
					小计	天保工程	其他岗位			
1998	试点	887	482	405	251		251	231(下岗)不做安置	管护	150~180
1999		887	482	405	251	210(公益林建设)	41	231(下岗)不做安置	管护	300
2000	第一阶段	887	482	405	251	210(公益林建设)	41	231(下岗)不做安置	管护	300
2001		887	482	405	166	150	16	316(下岗)不做安置	管护	350
2002		887	482	405	166	150	16	316(下岗)不做安置	管护	350
2003		887	482	405	166	150	16	250(一次性安置)66待安置	管护	356

续表1

年度	阶段	林区社会发展状况								
		职工总数	在职职工	退休职工	年末实际安置富余职工人数				从事主业	职工收入情况(元/月)
					1.年末实际分流到各个岗位上的富余职工人数			2.下岗或一次性安置职工		
					小计	天保工程	其他岗位			
2004	第二阶段	637	232	405	166	150	16	66 待安置	管护	623
2005	第二阶段	643	254	398	188	150	38	66(待安置)	管护	774
2006	第二阶段	643	254	389	191	150	41	63(待安置)	管护	795
2007	第二阶段	637	255	382	194	150	44	61(待安置)	管护	852
2008	第二阶段	627	255	372	206	150	56	49(待安置)	管护	1157
2009	—	626	267	359	218	150	56	49(待安置)	—	1445
2010	—	609	244	365	244	164	70	10(解除劳动合同)	—	1974

二、实施天保工程期间，林区经济发展情况

海口办事处安排4名工作人员，设主任1名，主要对办事处的物产进行管理，办理离退休职工日常业务，接待到海口出差的办事人员和领导交办的工作。人员工资由管理站发放，靠收取场租和房租费维持营运。通过几届领导和办事处员工的努力，已将海口办事处工业用地变性为经济适用房用地，各项手续已通过海口市政府有关部门的批复。

小水电开发建设境内建有5座中小型水电站，大河水电站和吊灯岭水电站由个人出资兴建；天河一级、天河二级和银河水电站由海南黎母山水电开发有限公司通过内部职工集资兴建，装机总容量4000千瓦，总投资2000万元。3座电站分别于2003年5月、2004年6月和2005年6月并网发电。

油茶管理 20世纪70年代中期种植的油茶共有600亩，于1998年由职工承包管理200亩，每年采摘鲜果榨油15公斤，能增加职工收入3000元。

蜜蜂养殖 2005年，林区职工李勇、鄞光锋放养成功后，2008年下岗职工王良君林下放养200

多箱又获得成功,,2010年发展到500多箱规模,年产值15万元以上。在他们的带动下,有更多的职工参与到养蜂业,有些家庭通过散养,不但能自给自足,还能向游客出售,增加收入。

野生茶叶采摘 野生茶叶资源主要分布在海拔500~800米之间,每年春分、清明时节,多以家庭组合进行采摘,然后自行加工,年产量在150~250公斤,售价200~300元/公斤,产值达5万元左右。这种无序的作业形式,逐步转为家庭式的经营管理,李国良、梁炳荣二人先后进行林下移植集中管理,并取得可喜的成果。干茶产品主要是满足家庭消费,剩余部分供应游客。

橡胶种植 历年种植331.3亩,2010年保存141.3亩。

槟榔种植 历年种植218亩,2010年保存218亩。

益智种植 林区是野生益智种源基地,在三分站9、13、14、15林班分布连片的益智地,约1000亩。在森工企业停止采伐天然林期间,很多职工通过移植方式,在居住区周边林下种植益智,有1500亩,干果产量达2500公斤。

牛大力种植 2010年,鄞光锋在承包林地里套种140亩牛大力,通过科学管理,作物长势喜人,经济潜力巨大。

附:1992—2010年黎母山林区历史大事一览

1992年,造林实绩被海南省林业局重奖。

1992年,完成《海南黎母山省级自然保护区综合考察报告及规划设计说明书》《海南黎母山国家森林公园规划设计说明书》。

1994年10月,海南省林业局批准设立"海南省黎母山森林公园",并挂牌营运。

1995年9月,领导班子换届,李子勤任党委书记、经理。

1996年,黎母山林业公司被林业部授予全国灭荒造林先进单位,李国娟被评为全省灭荒造林先进个人。

1998年10月,国务院通过实施天保工程,林区成立"天保办",并完成1.6万亩造林任务。

1999年9月9日,领导班子换届,谢明生任党委书记、经理。

2000年11月30日,省、县人大代表视察黎母山森林公园。

2000年,经国务院批准,天然林保护工程(一期)在全国17个省(自治区、直辖市)全面启动,工程规划期从2000年至2010年。黎母山林区被纳入实施范围,管护面积为61.8万亩,管护岗位150个,主要任务:一是全面停止采伐天然林,加大森林管护力度;二是加大荒山荒地的造林绿化;三是妥善分流安置企业富余职工。

2002年申报国家森林公园,同年12月,获得国家林业局批复,于2003年6月挂牌设立海南省黎母山国家森林公园管理委员会,与海南省黎母山林业公司两块牌子、一套班子,实行企业、事业分开。

2002年,林业公司与琼中电网联合成立海南黎母山水电开发有限公司。让职工参股融资,通过3年建设,分别建成天河一级、二级水电站和银河水电站各一座,装机总容量4000千瓦,总投资2000万元。3座电站分别于2003年5月、2004年6月和2005年6月并网发电。

2002年6月,创维集团董事会主席黄宏生、深圳市副市长陈应春带领海口文教系统上山下乡知青，回访林区。

2003年5月2日，海南省委副书记蔡长松、省政协副主席洪寿祥在林区考察。

2003年8月，完成对林区富余职工250人的安置，安置补偿标准按1112元/年计，共支付安置费509万元。

2004年7月获海南省政府批复，获准设立海南黎母山省级自然保护区，资金自筹，保护区面积193335亩。

2005年1月领导班子换届，曾睿任党委书记、经理、主任。

2007年5月1日，海南省委常委、政法委书记肖若海在林区考察。

2007年6月，七家坊度假村奠基兴建，通过多年建设，建有42个床位，基本满足到林区休闲度假游客的住宿需求。

2007年，黎母山森林公园李善繁被评为“全国优秀护林员”。

2008年8月，黄儒新（副书记、副主任）负责全面工作。

2008年8月，黎母山林区棚户区改造工程项目进入实施阶段，工程投资267万元，共30套，建筑面积2143平方米，于2009年7月竣工，验收交付使用。

2009年9月，危旧房改造二期工程项目进入实施阶段，工程概算623万元，共110套，建筑面积6398平方米。

2009年11月领导班子换届，李大江任主任、站长。

2010年3月，海南省黎母山林业公司大中型水库移民子女调查摸底工作全面启动，于同年11月结束，涉及161户、495人。按政策规定，对林区移民每人给予13平方米、单价1120元/平方米，共721万元的住房补助。移民住房工程的实施，极大地改善了移民子女的居住条件，告别了危房。

2010年4月，在49名待岗工人中，有28人重新上岗，被安排在一线护林，有10人与企业解除劳动关系，11人办理退休。

2010年6月，黎母山国家森林公园旅游公路（主干道新林至黎母庙公路改造工程）工程项目动工建设，极大地方便了林区职工出行。

2010年9月，环城路工程项目动工建设，道路硬化总长728米，沿路安装路灯18盏，总投资108.87万元。

2010年12月，危旧房改造三期工程启动，工程概算2366万元，共205套，建筑面积1.85万平方米。

第六编　工业 商业 旅游业

第一章 工业 乡镇企业

第一节 机 构

一、县工信局

1988年,成立琼中县对外贸易局。1990年,成立琼中县经济合作局。1995年9月,撤销外贸局、经济合作局,成立琼中县贸易局,内设行政秘书岗、国内贸易岗、对外贸易岗、经济合作岗。核定行政人员编制14个。

2001年11月,撤销琼中县贸易局、琼中县工交局,成立琼中县经济贸易交通局。2003年9月,成立县商务局,内设行政秘书岗、贸易与技术合作岗、国有企业管理岗、市场运行管理岗。行政编制8名,其中,局长1人,副局长2人,机关工勤人员财政预算拨款事业编制1人。

2004年,根据琼中县政府《关于印发琼中黎族苗族自治县商务局职能配置、内设机构和人员编制规定的通知》,县商务局内设行政秘书岗、贸易与技术合作岗、国有企业管理岗、市场运行管理岗。行政编制8名,其中,局长1人,副局长2人,机关工勤人员财政预算拨款事业编制1人。2008年,行政编制9名。

2009年11月,成立琼中县工业与科技信息产业局(简称县工信局),原属县商务局管辖的工业职能归口到县工信局。县工信局内设办公室、科技与知识产权岗、工业管理岗、信息化岗,核定编制8人。2010年不变。

二、乡镇企业中心

琼中县乡镇企业服务中心前身是琼中县乡镇企业局。2005年开始,乡镇企业中心出台一系列政策措施,鼓励扩大就业和发展农副产品加工业,鼓励支持个体私营经济等非公有制经济发展,加快开发和振兴琼中的旅游业发展战略。2010年,有编制人员6人。

1991—2010年,琼中县的乡镇企业从单一落后的家庭作坊转型升级为股份制、联营、私营的生产加工销售一条龙企业,从自产自销转化成公司加农户加基地,产品销往岛内外。琼中乡镇企业主要是种植橡胶。

第二节 工业体制改革

1990年,全县工业企业共有167家,行业有机械、化工、建材、食品、制药、造纸、印刷、电力、制胶等。琼中县工业开始进入快速发展时期,涌现了一批知名工业企业和名牌产品,如五指山制药厂、亚洲食品厂、光荣酱料厂、营根机械厂、水泥厂等,各企业生产的产品行销国内外,并屡获国家、省部级颁发的各种大奖,如亚洲食品厂生产的乳香饼、香蕉饼、芝麻糖获广东省优秀产品奖,中华大米酒获海南省优秀产品金马奖,五指山制药厂生产的鸦胆子油和人工牛黄获海南省优秀产品金马奖,并作为第十一届广州亚运会指定产品;淀粉厂的"奔鹿"牌淀粉荣获首届科学进步奖。从90年代中期开始,随着市场经济体制的建立和完善,行业竞争日趋激烈,琼中县工业企业设备和技术落后、机制不活等问题开始显现,工业生产出现滑坡。

1998年,琼中县开始实施国有企业改革,对国有企业实行委托运营、承包租赁、股份制改造、部分和整体转让等。改革涉及的企业主要有:县毛丹电站(整体转让)、县二轻工服装厂(关闭)、县食品厂(整体转让)、县碳酸钙厂(承包)、县印刷厂(股份制改造)、县制药厂(部分转让)、商业系统企业(整体转让)、县物资总公司(整体转让)、县医药公司(部分转让)。完成改革的企业有县毛丹电站、县二轻服装厂、县食品厂米面分厂、县淀粉厂、县医药公司、县水泥厂。到2000年,全县12家国有工业企业基本停产。企业处境十分艰难,全县工业企业开始在困境中挣扎。

2005年,县国有工业企业有县亚洲食品厂、光荣酱料厂、印刷厂、五指山制药厂、材料厂、木具厂、农机厂、特种水泥厂、碳酸钙厂9家,都属于小型工业企业。由于长期管理不善,企业生产设备老化,自我积累差,技术开发能力薄弱,缺乏高素质管理人才,产品缺乏市场竞争力,负债严重,企业无法适应市场经济的转变。全县工业完成总产值9956万元,工业增加值2441万元。金光药业的南药加工项目,李氏实业公司和海迅农业公司的绿橙冷藏、刨光、包装项目,以及一批木材加工项目的建成投产,成为拉动琼中县工业增长的主要动力。

2010年,对县农机厂、光荣酱料厂、木具厂、印刷厂、建材厂、亚洲食品厂、特种水泥厂、碳酸钙厂、五指山制药厂、商业大厦和林业木材公司11家企业进行整体改制。改制方式为:对11家企业实行统一关闭,发放职工经济补偿金,补缴企业拖欠职工的社会保险金,与职工解除劳动关系。对11家企业进行清产核资、财务审计和资产评估;进行企业职工人数和劳动关系的调查和确认,11家企业职工总人数1549人,其中在职职工1027人,退休职工522人,寄户129人,临时合同工269人,调出人员158人,解聘、开除、判刑人员23人;对职工各项社会保险费、拖欠的工资及医疗费等情况进行调查核算。

2010年12月，与11家企业的1021名职工签订《解除劳动关系协议书》，并发放职工经济补偿金，累计发放职工经济补偿金1410万元；补缴拖欠职工的社会保险费5624万元，其中政府核销部分2111万元；支付拖欠退休职工的社保费5029万元，其中，政府核销退休职工养老基金补偿金4845万元；支付医疗基金补偿金184万元；偿还退休职工垫付的养老、医疗保险费350万元；支付职工住院医疗费70万元；支付拖欠的职工工资48万元；支付独生子女奖励和丧葬费抚恤金38万元，各项支出合计2879万元。

处置企业资产债务。据统计，11家企业历年拖欠单位及个人债务118万元，银行债务11017.291万元，其他债务7020万元，债务总计18155. 291万元。

从2010年3月开始国有企业改制，历时近2年时间，成功完成11家国有企业的改制任务目标。开展改制后职工就业培训。共投入培训资金82万元，培训人员772人，发放失业金1234万元。召开招聘会，帮助32名职工实现再就业。

1991—2010年间，琼中县工业经济在经济体制改革和实施"工业兴县"战略的背景下，一方面对国有企业进行改制，另一方面加大招商引资的力度，工业企业由以国营企业为主向以民营企业为主转化。至2010年，琼中县的工业主要包括建材、电力、机械、制药、食品、制胶、制茶、编织、供水、采矿、木材加工、农产品加工等10多个工业门类。

1991年全县独立核算工业企业有26个，2010年全县工业企业有93个，其中规模以上企业5个。1991年全县工业总产值3783万元（当年价），2010年全县工业总产值22269万元（当年价），增长了4.89倍，年均增长率为12%；1993年工业增加值1168元，2010年全县工业增加值6332万元（现价），增长了4.42倍，年均增长率约为11%。

1991—2010年间，琼中县工业经济有了大幅增长，但总体上基础差、规模小、水平低，经济总量不大，属工业欠发达地区。据县统计局资料，2010年工业产值为22269万元（现价），只占全县生产总值的17.27%。

1991—2010年琼中县工业总产值一览表

表6-1　　单位：万元

年份	工业产值（当年价）	按经济类型分			工业净产值（当年价）	工业增加值（当年价）	工业销售产值（当年价）
		规模以上	规模以下	其他企业			
1991	3783	3469	314	—	1181	—	—
1992	4029	3667	362	—	1257	—	668
1993	4789	3637	1152	—	从该年起算增加值	1168	4046
1994	5974	3227	877	1870	—	1115	4175

续表1

年份	工业产值（当年价）	按经济类型分			工业净产值（当年价）	工业增加值（当年价）	工业销售产值(当年价)
		规模以上	规模以下	其他企业			
1995	2190	1796	394	—	该年总产值按新规定算	519	1624
1996	2294	1881	413	—	—	564	1960
1997	2586	2279	307	—	—	741	2338
1998	4113	3010	1103	—	—	875	2622
1999	5192	3907	1285	—	—	1171	3183
2000	6207	4639	1568	—	—	1486	3866
2001	5625	4078	1547	—	—	1418	4236
2002	6414	4839	1396	182	—	1822	4512
2003	7316	5853	1256	207	—	2052	4728
2004	8203	5961	2035	207	—	1875	5210
2005	11644	8115	2337	1192	—	2662	8733
2006	13555	10692	2863	—	—	2942	10844
2007	18659	12931	5728	—	—	4124	14927
2008	21230	15273	5957	—	—	4280	16984
2009	22043	15041	7002	—	—	5198	17634
2010	22269	14169	8100	—	—	6332	17815

注:增长速度按可比价计算

1991—2010年琼中县工业企业个数、发展速度一览表

表6-2　　单位:个、万元、%

年份	企业个数			发展速度		
	总计	规模以上	规模以下	总计	规模以上	规模以下
1991	26	18	8	0	6.3	−39.3
1992	26	18	8	6.5	5.7	15.3
1993	32	23	9	18.8	−0.8	218
1994	29	22	7	24.7	−11.3	138.4
1995	27	20	7	−63.3	−44.3	−85.6
1996	29	20	9	2.7	4.7	4.8
1997	28	20	8	14.9	21.1	−25.7
1998	70	20	50	59	32.1	259.3
1999	78	12	64	26.2	29.8	16.5
2000	77	11	66	19.5	18.7	22
2001	69	11	58	−9.3	−12.1	−1.3
2002	74	14	60	−14	−19	−9.7
2003	75	11	64	−14	21	−10
2004	100	13	87	1.8	1.8	6.2
2005	89	11	78	4.1	3.7	1.4
2006	92	11	81	1.6	3.2	2.2
2007	93	4	89	3.7	2.0	1.0
2008	98	5	93	1.3	1.8	0.3
2009	101	5	96	0.4	−1.6	1.7
2010	93	5	88	0.1	−0.5	1.4

1991—2010年琼中县主要工业产品产量与工业增加值统计表

表6-3

年份	发电量（万千瓦时）	供电量（万千瓦时）	自来水（万吨）	淀粉（吨）	工业增加值绝对数(万元)	发展速度(%)
1991	861	—	139	3335	—	—
1992	1058	—	150	4009	—	—
1993	2127	—	152	3249	1168	—
1994	1505	—	164	2567	1115	-4.5
1995	1194	—	154	3872	519	-53.4
1996	1515	—	147	5216	564	8.7
1997	1867	1694	146	6477	741	31.3
1998	1347	1419	136	8471	875	18.1
1999	1455	1609	141	10983	1171	33.8
2000	1752	2000	154	16515	1486	26.9
2001	1699	1558	180	17462	1418	-4.5
2002	1991	1821	180	19417	1822	28.5
2003	2753	2533	180	19264	2052	12.6
2004	3175	3108	180	19415	1875	-8.6
2005	4402	4148	180	11627	2662	41.9
2006	4950	4833	180	15329	2942	10.5
2007	11795	5236	190	27843	4124	40.2
2008	12352	5992	220	19822	4280	3.7
2009	15556	6788	220	26668	5198	21.4
2010	11751	7840	240	16600	6332	21.8

注:1996年前供电量不详

1991—2010年琼中县工业企业主要财务指标一览表

表6-4　　单位:家、万元

年份	企业家数	亏损企业家数	库存产品总值	资产合计	负债合计	产品销售收入	利润总额
1991	24	12	—	56960	—	28900	1530
1992	24	11	33240	59700	—	35910	-1480
1993	33	16	6265	104418	99662	43880	-720
1994	28	6	39620	119870	108320	36010	3570
1995	27	18	10330	167175	120469	19161	-5005
1996	24	16	18040	185310	133110	20450	-11100
1997	27	7	5372	97744	58234	20532	1342
1998	29	11	3308	118424	82756	27183	-2842
1999	12	7	5164	115457	79153	30519	-2031
2000	11	5	7561	128246	111906	38664	-993
2001	11	4	5969	118862	107019	39387	-107
2002	11	6	1550	132610	65800	48700	-1220
2003	11	2	2530	90020	25420	48750	6090
2004	11	5	5984	151428	122293	67473	5554
2005	11	3	2646	190485	117242	77626	7825
2006	11	6	3590	173690	96150	100720	7200
2007	4	2	2539	199953	164884	121018	14092
2008	5	0	184	212893	171418	147003	3118
2009	5	0	3310	306418	266165	163873	12474
2010	5	0	5075	351343	309039	136730	12853

第三节 工业门类

一、电力

1991—2010年间,琼中县电力工业有很大发展,电力运营模式由趸售方式提升为全省电力统一管理;供电电力从以县内小水电上网为主转变为由省供电电网为主。1991年全县发电量881万千瓦时;1995年发电量1194万千瓦时,比1991年增长35.53%,年均递增7.1%;2000年发电量1752万千瓦时,比1995年增长46.73%,年均递增9.3%;2005年用电量4402万千瓦时,比2000年增长151.25%,年均递增30.25%;2010年发电量11751万千瓦时,比2005年增长166.94%,年均递增33.39%。

二、制药

1998年海南金光药业有限公司成立,是一个高起点、高标准、高效益的具有现代化管理的高新技术认证企业。以打造绿色精华——"康恩来"品牌为战略方针。主要产品有"春砂软胶囊""海马胶囊""灵蝎胶囊"等。金光以全国独有的优势资源"胆木"药材为基础,开发"胆木"系列药品,开拓国内外市场。自1999年后,"胆木"系列药品已在全国29个省区建立销售网点80多个,产品连续5年供不应求。2010年,金光药业为确保"胆木"系列产品的质量和可持续发展,开发现代化高科技中药制剂,积极实施万亩胆木、砂仁为主的南药种植基地计划,实现公司南药种植(GAP)、南药生产(GMP)和南药产品经营(GSP)、南药研发(GLP)的产业发展战略目标。

海南金光药业有限公司十分重视科技投入,发展自己的知识产权。公司科研人员围绕利用海南药、海洋生物的自然资源优势,先后取得8项发明专利,并已转化了多项成果——"春砂软胶囊""海马胶囊""灵蝎胶囊"等新产品,新产品的投产将为公司的发展奠定坚实基础。

海南金光药业有限公司开发现代化高科技中药制剂,发展海洋生物现代高科技产品、天然维生素和功能保健品等,创建绿色精华——"康恩来"品牌,发展成为上规模的、高科技的药品和保健食品股份制企业。

五指山制药厂,全年产值885万元,产值占工业总产值的30.9%。生产各类中西药品120种,其中针剂1100万支,片剂17000万片。1996年全面停产。

三、淀粉

1988年琼中奔鹿淀粉有限公司成立,总投资5000万元,是省内第一家引进国外先进设备的淀粉企业,也是海南第一家获得QS认证的淀粉企业。

2010年，公司有员工250人，设有经理室、办公室、化验室、财务室、销售部、材料部和两个生产车间。每年产量达到25000吨。日产150吨。公司以本地盛产的鲜木薯及百花岭优质泉水为原料，生产的“奔鹿”牌木薯淀粉，不添加任何漂白化学试剂，属天然产品，对人体没有任何副作用。产品远销全国各地及海外。公司在技术、设备和管理、产品质量等方面，在同行业中达到领先水平。

“奔鹿”牌产品创立20年以来，多次获得省部级奖励，被评为“海南省农业产业化重点龙头企业”，获得优质产品“金马奖”和省首届“科学技术进步奖”，2005年被评为“海南工业行业排行头兵企业”“AAA级信用企业”，连续多年被评为“重合同、守信用企业”。

2002—2008年各年度均被评为“年度诚信纳税企业”“琼中县2007年科技成果转化先进单位”。公司还被指定为中国农业机械化科学研究院淀粉加工科研示范基地。公司在发展经济的同时，十分重视社会效益，每年投入大笔资金治理环境污染。1998—2007年间，公司共投入1500万元用于环保建设，生产的污水排放达到国家规定的排放标准，公司的废水治理项目也被确定为省废水治理的示范工程，并获得“海南省生态环保贡献奖”。

第四节 重点企业

琼中华盛新人造板有限公司是海南华盛集团公司的分公司，注册资本2000万元。

公司位于海南省琼中县湾岭镇工业开发区内，处于海南海榆中线114公里处。占地面积126亩，总投资1.5亿元，员工220人(其中管理人员约30人，生产工人约190人)，各类技术人员60人(其中高级工程师1名，中级技术职称20人)。公司成套引进上海人造板机器有限公司的设备，并有一套造纸机械有限公司提供的纤维分选系统。公司主要以海南橡胶木为原料，年产8万立方米中密度纤维板。2007年5月筹建，2010年投产。公司主要产品有厚度12毫米、15毫米、18毫米，长2.44米，宽1.22米的纤维板。产品通过海南省质量技术监督检测，达到E2标准。产品主要销往海南、广东沿海地区，广泛用于家具、建筑及室内装修等多个领域。

第五节 小型国有企业

一、海南省五指山制药厂

1970年成立。生产各类中西药品120种，其中针剂1100万支，片剂17000万片。由于企业管理问题和市场竞争激烈，该企业于1996年全面停产。

二、县碳酸钙厂

1987年成立，企业在长期的生产过程中，由于企业管理问题和市场竞争激烈，该企业于1995

年全面停产。

三、县人民印刷厂

前身是广州公私合营云城印刷厂,1960年为支援海南山区建设,从广州迁到琼中。2007年全面停产。

四、县特种水泥厂

1987年成立,企业在长期的生产过程中,由于企业管理问题和市场竞争激烈,1996年全面停产。

五、县亚洲食品厂

1960年成立,1995年全面停产。县亚洲食品厂米面分厂于2000年4月出让给三亚远鹏实业有限责任公司,由该公司创办琼中远鹏植物厂。由于多种原因,该工厂一直无法开机生产。2002年8月,远鹏公司决定终止办厂,处理完厂的机械设备后,于2002年9月与县亚洲食品厂签订终止合同协议书,厂房及土地归还给亚洲食品厂。

六、县光荣酱料厂

1960年成立,1998年已全面停产。

七、县木材公司

为林业局下属企业,1979年成立,1993年已全面停产,改制时间2010年12月31日。

八、县农机修造厂

1958年成立,由于生产设备陈旧、技术落后,同时受流动资金、管理体制等因素的影响,1995年全面停产。

九、县木具厂

1956年成立,企业在长期的生产过程中,由于种种原因,已全面停产。

十、县建材厂

1958年成立,于1993年全面停产。

十一、县商业总公司

1990年从县饮食服务公司分开,是独立法人的经济实体。由于多年连续亏损,在扭亏无望的情况下,于2005年全面停业。

十二、县水泥厂

是1984年扩建改造的机立窑小型水泥厂,由于生产资金不足,加上水泥市场疲软,从1997

年起出现严重亏损，企业陷入困境。2002年县水泥厂改制。2004年4月，整体转让给五指山市大江南水泥厂。同年8月，组成工作队进驻水泥厂开展职工安置工作。2005年1月开始进行职工经济补偿金发放和债务偿还。

第六节 乡镇企业

1991年，琼中县有乡镇企业427家，从业人数2013人，总产值1346万元；1996年，有乡镇企业3318家，从业人数7278人，总产值15589万元；2001年，有乡镇企业总产值698家，从业人数3206人，总产值3126万元；2010年，有乡镇企业778家，从业人数4255人，总产值5537万元。

2001—2010年，琼中乡镇企业得到长足发展。乡镇企业总产值由2001年的3126万元增长到2010年的5537万元；上缴税金由2001年的104万元增长到2010年的339万元。

2001—2010年乡镇企业发展主要经济指标一览表

表6-5

年度	企业家数（家）	从业人数（人）	营业收入（万元）	总产值（万元）	上缴税金（万元）
1991	427	2013	1348	1346	27
1992	748	2974	1858	1865	44
1993	1734	4025	4537	3697	188
1994	2731	5809	5632	9113	126
1995	3035	6320	13453	12358	713
1996	3318	7278	16281	15589	1040
1997	44	1024	2824	1463	112
1998	181	1470	1608	1718	123
1999	683	3066	4112	2052	52
2000	729	3321	4821	2673	179
2001	698	3206	6012	3126	104
2002	721	3302	6195	3220	116
2003	735	3365	6313	3281	128
2004	738	3432	6439	4268	146
2005	743	3505	6576	4359	160
2006	749	3580	6717	4452	174
2007	764	3730	6998	4638	181
2008	767	3836	7197	4770	186
2009	772	3950	7411	4912	288
2010	778	4255	8691	5537	339

第二章 商贸 服务业

第一节 机 构

一、商务局

1991年4月22日,经县编委批准,商业局将基层股、特供股更名为商管股,其职能不变。

1992县商业局与县民族贸易总公司实行“二块招牌,一套人马”,合署办公。内设机构以商业局为主,设办公室、人保股、教育股、商管股、计统股、物价股、财会基建股、储运股、业务股等一室八股。在海口市设县商业局驻海口采购站、民族贸易总公司海口分公司、商业局海口招待所。在广州市设琼中黎族苗族自治县商业局驻广州联络组。下设县百货公司、五交化公司、糖烟酒公司、食品公司、饮食服务公司,此外还有县百货公司针织批发部、百货批发部、百货商场等3个非独立核算的副股级企业,设有新进商店、一八五商店等基层商店。县食品公司下设食品站13个(县城、长征、和平、吊罗山、湾岭、中平、乌石、黎母山、什运、红毛镇等乡镇食品站,及新进、大丰、阳江农场食品站),实行承包经营。

1995年9月,县委、县政府决定撤销商业局,转为经济实体,组建商业总公司,与民族贸易总公司合署办公。内设机构由原来的1室8股精简为人事秘书部、计统财务部、经营指导部和安全保卫部。

1997年6月9日,县商业总公司撤销民族贸易总公司贸易部。

2000年1月26日,县商业总公司调整内设机构为人事部、办公室、计财部、保安部、青工部。

2003年9月成立商务局,内设秘书岗、贸易技术合作岗、国有企业管理岗、市场运行管理岗。行政编制8名。县商业总公司管理县观山楼大酒店、总公司贸易部、海口办事处招待所3个企业,总公司下属公司、商店有县百货公司、县糖烟酒公司、县五交化公司、县食品公司、县饮食服务公司、新进商店、一八五商店等7个单位。

2010年，根据琼中县政府《关于印发琼中琼中黎族苗族自治商务局职能配置、内设机构和人员编制规定的通知》，商务局内设办公室、贸易与技术合作岗、市场运行管理岗、行政审批岗4个岗。行政编制9人，其中，局长1人，副局长2人，机关工勤人员财政预算拨款事业编制1人。

二、外贸局

1990年8月设立琼中县经济合作局，县外经委改称为外贸局，取消原在县对外贸易总公司加挂外贸局的牌子，县对外贸易总公司保持原来的企业性质不变。1994年县政府同意县对外贸易总公司增设"物业发展公司"和"海口公司"，以上两个公司均为总公司统一领导下自主经营、自负盈亏、独立核算、自担风险的下属企业。

1995年，撤销原外贸局、经济合作局、县财贸办3个单位，1996年1月5日成立县贸易局。行政人员编制14名。内设行政秘书、国内贸易、对外贸易、经济合作岗4个岗位。

2001年琼中县实施党政机构改革，撤销贸易局，2002年9月18日成立琼中县经济贸易交通局，设办公室、经济运行信息规划岗、贸易市场岗、交通岗、安全生产岗、交通战备办公室6个岗。行政编制21名，其中局长1名，副局长2名；县交通战备办公室主任1名(正局级，局长兼任)，副主任1名(1名副局长兼任)，一般干部18名，工勤人员2名。2003年县外贸局从县经济贸易交通局析出，业务并入商务局。

三、供销社

1991年初，海南省供销合作联社下发《关于深化改革完善经营承包责任制的通知》，对全省供销社的改革进行全面部署，对县供销合作联社的改革进行较大调整，特别是对县联社本级的工作重新确认，明确了工作责任。1991—2001年，琼中县供销合作联社内设机构一直保持10个股室：行政秘书股、人事股、教育股、保卫股、基层股、业务股、财务股、计统股、物价股、储运股，县联社共有工作人员32人。联社有下属公司4家：土产日杂公司、农业生产资料公司、果菜副食品公司、综合贸易公司，4家公司共有管理人员近40人。2006—2010年，供销合作联社的内设机构由原来的10个减少为5个，即人事秘书股(后改为联社行政办公室)、财务审计股、综合股、基层股、保卫股，联社工作人员只保留15人。联社下属公司仍为4家，即土产日杂公司、农业生产资料公司、副食品公司和综合贸易公司，共有管理职工18人。

第二节 商业体制改革

1991年上半年，各公司、商店在深化改革中，遵循商业部提出的"一是稳定，二是完善"的指导思想，从琼中县实际出发，采取不同行业实行不同的承包经营形式：一是对食品站和饮食行业试行"定死上交，自负盈亏"的办法；二是对经营工业品的公司、商店实行"联销联利计酬"的办法;三是旅店业实行“定额管理,超额分成”等办法,并在一季度前后将经营责任普遍落实到门店和柜组。

1992年,琼中县商业部门采取各项改革措施。首先,调整承包经营方法,完善企业内部管理责任。县百货公司在企业社教工作队的帮助下,在8月底将原试行的“联销计酬”办法,改为结构效益工资制(即发60%基本工资,40%作为结构效益工资,在月终按完成指标比例计发),并从8个方面完善各项管理责任制。精减办公室50%人员,即12名职工直接参与批发部、商场的业务活动,两个批发部从二楼搬到楼下,和门市部一起,实行批零兼营。其次,调整定额,指标到位。食品公司通过完善承包经营责任制,合理调整上交任务,把指标全面落实到各食品站,使屠宰量增加。截至12月,共屠宰生猪43214头,超额4214头,完成全年计划任务,总收入58.4万元,实现经营性盈利4万元。最后,改变承包经营方式,将“联销计酬”改为“定死上交,自负盈亏”办法,体现了自主经营、自我约束机制。县糖烟酒公司推行这一办法后,对调动职工的积极性,克服经营资金困难起到一定作用。

1996年,为适应市场竞争的需要,县商业总公司按照“划小经营,自负盈亏”的改革路子,将经营门店全部实行承包经营。

1998年,县商业总公司对百货公司进行改革:(1)把原有的四个商场化整为零,改造为10间门店,以内部租赁经营的方式,投标招租,优先租赁给干部职工经营,有效利用国有资产;(2)实行人员优化组合、优胜劣汰、下岗分流,营业员由原来的55人减少为48人,下岗7人;(3)为了减员增效、减少开支,办公室实行人员分流,将原来20个管理人员压缩为10人,比原来减少50%,年减少开支2.5万元。

1998年12月商业总公司也将百货、五交化、糖烟酒等公司的临街铺面实行内部职工承包经营。1999年1月,分别将县印刷厂和制药厂的生产经营权承包给内部职工经营。县饮食服务公司“山城酒楼”改制工作从2006年3月份开始,4月初完成《山城酒楼体制改革方案》和《山城酒楼职工安置方案》,4月19日,山城酒楼职工大会以记名投票方式表决通过两个方案。6月20日,县政府批复同意该方案。

2000年,琼中县饮食服务公司实行企业改革,公司共有5个经营门店,即:百花旅社、岛中餐厅、山城茶楼、山城冰室、山城照相馆。

自2004年后,县商务局陆续实施并完成县水泥厂、医药总公司、饮食服务公司山城酒楼等一批企业的改制,取得很好的社会反响,不仅妥善安置了大批企业下岗职工,而且盘活了大量的企业资产,促进了琼中的城市建设和经济发展。2010年3月,县农机厂、光荣酱料厂、木具厂、印刷厂、建材厂、亚洲食品厂、特种水泥厂、碳酸钙厂、五指山制药厂、商业大厦和林业木材公司11家国有企业整体改制工作正式启动。11家改制企业职工总人数1552人,其中在职职工1020人,退休职工532人。截至年底,已与1024名职工解除了劳动关系。共支付各项资金3192.8万元,其中,兑现经济补偿金1590万元,补缴社会保险金855万元,退还职工垫付单位应缴部分的社保、医疗费76万元,支付拖欠职工的住院医疗费68万元,支付单位应奖励职工的独生子女费10万元，支付死亡职工丧葬费、抚恤金27万元，支付退休职工522名人员垫付的社保、医疗费304万元，支付退休职工住院医疗费、补缴基本医疗保险费（单位部分）185万元，偿还拖欠职工工资及其他钱款73万元，协调办理调出、解聘、开除、判刑人员补缴拖欠的社会保险费4.8万元。

2010年10月，经县政府批准，公开拍卖县商业大厦资产，评估总价为535.33万元，并同意将用地性质调整为商业金融用地，由商务局委托海南宏志拍卖有限公司对商业大厦资产进行拍卖。县信用社以546万元拍得商业大厦资产。11月26日，经县政府批准，依法公开拍卖光荣酱料厂11327平方米国有划拨土地，评估总价为1152.0061万元，由商务局委托海南恒鑫拍卖有限公司公开拍卖，拍卖成交价1200万元。

第三节 商业网点

商业网点主要以县城和乡镇为主，县城商业网点仍以原有的商业、供销、粮食部门和个体经营者为主，主要经营五交化、饮食、百货、糖烟酒等。2004年，个体工商户共有2444户。各乡镇基本上都设有商业网点，有批发、零售商店，还有经营日常生活、生产资料的农家店、经销店及代销店。

主要商业街情况：营根路，主要为政府部门办公地、万福隆商厦、百家超市等；虎头路，主要有部分政府部门办公地、露天水吧、茶馆等；教育路，主要集中餐饮、服装、美容美发、电脑销售、副食品等小规模商业网点；海榆中线，主要集中餐饮、钢材批发、农资批发、美容美发、酒行、娱乐场所、宾馆、旅店等较大规模网点。

县城有商业网点1829个，商业从业人员2492人。

2010年全县有集贸市场16个，面积8335平方米，摊位823个，其中权属县市场建设服务中心管理的市场有12个，私营市场4个，零售业网点1829个，从业人员2492人。规模相对较大的超市有海南特产超市和百佳自选商场2家，连锁经营店主要是361°、才子、匹克等5家服装品牌店。此外，经营通信产品、酒类专卖店和娱乐休闲产业发展迅速，物流配送也发展较快，全县有5家物流配送中心。

琼中主要商业网点大多数集中在海榆中线、营根路、教育路和虎头路。海榆中线从营根机械厂到新区工商局办公楼，主要集中琼中规模较大的宾馆、酒店、建材批零店、娱乐场所、酒行批发商店等；营根路上主要集中原先的供销、商业、粮食等经营网店，以副食店、烟酒商店、小餐饮店、茶坊等主。近年来，琼中宾馆、酒店业发展迅猛，从原先只有几百个床位，发展到2010年有1000多个床位。2008年建成四星级宾馆1家。

营根集贸市场 位于营根镇营工巷集贸106号，原建于1996年，为水泥钢筋建筑结构，占地面积3833平方米，建筑面积3144.68平方米。

和平集贸市场 位于和平镇，建于2006年，为水泥钢筋建筑结构，占地面积800平方米，建筑面积522.16平方米。

什运集贸市场 位于什运乡，建于2003年，为水泥钢筋建筑结构，占地面积320平方米，建筑面积100.77平方米。

吊罗山市场 位于吊罗山乡，建于2003年，为水泥钢筋建筑结构，占地面积399平方米，建筑面积299.14平方米。

乌石集贸市场 位于湾岭镇乌石墟，建于1986年，为水泥钢筋建筑结构，占地面积2576平方米，建筑面积941.99平方米。

黎母山集贸市场 位于黎母山镇腰子墟建于1984年，为水泥钢筋建筑结构，占地面积943.42平方米，建筑面积340平方米。

新伟集贸市场 位于红毛镇原新伟农场，建于2001年，于2019年改造，为水泥钢筋建筑结构，交易大厅面积约1500平方米。

长征集贸市场 位于长征镇，建于2001年，为水泥钢筋建筑结构，交易大厅面积约600平方米。

新进集贸市场 位于黎母山镇新进农场，建于2004年，于2011年改造为水泥钢筋建筑结构，交易大厅面积约1800平方米。

大丰集贸市场 位于黎母山镇原大丰农场，建于1980年，为水泥钢筋建筑结构，交易大厅面积约600平方米。

阳江集贸市场 位于黎母山镇阳江农场，建于1997年，于2014年改造，为水泥钢筋建筑结构，交易大厅面积约1500平方米。

岭头集贸市场 位于营根镇岭头居，建于1998年，为水泥钢筋建筑结构，交易大厅面积约360平方米。

第四节 商品经营

1991年，全县商业企业商品购进总额581.2万元，其中国内纯购进231.3万元，农副产品购进22.4万元；商品销售总额688.3万元，其中国内纯销售552.5万元；期末商品库存437.4万元；上缴给国家税金15.9万元；由于购销大幅度下降和其他因素，企业亏损严重，全县7家商业企业，有6家亏损，共亏损168.5万元。1993年，全县商业企业商品购进额195万元，商品销售额300万元，期末商品库存290万元，企业亏损额达194万元。1995年，全县商业系统商品购进额436.2万元，销售额457.2万元，企业亏损总额156.3万元。1997年，全县商业系统商品购进总额204万元，营业额410万元，饮食业收入64万元，旅馆业收入93万元，屠宰收入29万元，企业亏损160万元。2000年，全县商业系统营业收入295万元，亏损120万元；全年生猪屠宰总量31900头，生猪屠宰收入35万元。2002年，全县国营商业企业经营收入总额300万元，全年亏损120万元；全县生猪屠宰总量30000头，生猪屠宰总收入40万元。2004年，全县社会商品零售总额14280万元。2006年，全县社会商品零售总额11647万元，其中批发零售贸易业7907万元，餐饮和其他服务业2810万元。2008年，全县社会商品零售总额为18241万元，其中批发和零售业3096万元，住宿和餐饮业1808万元。2009年2月18日开展家电下乡活动，至年底，全县备案登记的家电下乡销售网点有52家，共销售汽车49辆、摩托车459辆、家电下乡产品1589部，销售总金额7028952元，受惠农民2000人，各项补贴资金811435元。2010年，全县社会消费品零售总额86975.7万元；销售家电下乡产品4735台，销售金额8277047元，补贴金额173059元；销售汽车61辆，摩托车2274辆，销售金额12274289元，财政补贴资金1409395元。

一、烟草专卖管理

（一）简况

琼中黎族苗族自治县烟草专卖局（公司）成立于1988年12月，实行两块牌子一套人马的运行机制，负责琼中境内烟草专卖行政执法和卷烟经营等双重职能，2003年12月改制，取消县级烟草公司的独立法人资格，成立县级营销部，企业经营归入海南琼海烟草专卖局（公司）管理，县烟草专卖局的名称及职能不变，正式更名为琼中黎族苗族自治县烟草专卖局（营销部），受上一级烟草专卖局(公司)和琼中县委县政府的领导，以行业为主,2004年，琼中县烟草专卖局（营销部）下设综合办公室、专卖监督管理办公室、客户服务部3个部门，2008年增设内部专卖管理监督派驻组。2011年，全单位共有员工35人（其中在职员工26人，内退职工4人，退休员工5人）

（二）专卖管理

琼中黎族苗族自治县烟草专卖局（营销部）认真贯彻执行《中华人民共和国烟草专卖法》及其《烟草专卖法实施条例》等法律法规，以“国家利益至上、消费者利益至上”的行业价值观为宗旨，深入开展清理整顿卷烟市场，严厉打击各种涉烟违法活动，加强专卖内部监管和卷烟市场日常监管。2003—2010年，共查处涉烟案件117宗，罚没款62576.9元，有效地打击卷烟违法违纪的行为，促进了琼中有一个合法良好秩序的卷烟市场。

专卖零售许可证管理。琼中县烟草专卖局贯彻落实《烟草专卖法》及有关规定，根据琼中县的卷烟零售合理布局并对全县300人以上的自然村、每个行政村至少办理一户专卖零售许可证的要求。截至2010年12月，全县共有持证户711户，均实行卷烟访销、配送等服务。

内部专卖管理监督。严格按照《烟草专卖法》等法律法规，监督、协调有关部门制定和落实卷烟生产经营活动的内控制度，查找、核实不规范经营线索；监督专卖人员依法行政，文明执法；监督干部职工是否存在违法违规行为，规范行业行为、树立行业良好形象。

（三）卷烟营销

琼中黎族苗族自治县烟草专卖局（营销部）紧密联系琼中县工作实际，全面落实科学发展观，稳步推进卷烟销售网络建设，加强客户服务，积极开拓卷烟市场，不断提高经济运行质量，狠抓安全生产经营,2003—2010年,琼中县烟草专卖局(营销部)销售卷烟由24180万支增加到40645万支,年均增长7.70%;销售收入由2899万元,增加到11711万元,年均增长22.07%;税收从1992年的8.2万元到2010年的338万元,年均增长22.95%,1992年至2010年累计上缴税收1614.94万元,为国家和琼中县的经济建设做出了贡献。

二、成品油专卖管理

1991—2010年中石油分公司尚未入驻琼中县。

中国石化海南琼中分公司是原琼中县石油公司,1998年改制划转到中国石化集团海南石油总公司,2002年后经营业务板块划归中国石化销售股份有限公司。20世纪初期只有琼中营根和乌石两座加油站,随着社会经济发展,企业经营规模也随之扩大。

2002年5月底,琼中县共有加油站18座,加油点1个。2002年琼中县人民政府编制《琼中黎族苗族自治县加油站行业发展规划》(琼中府〔2002〕41号),根据规划要求,为规范琼中县成品油供应市场,满足城乡生产和生活的用油需要,决定清理关闭部分手续不齐全、布局不合理、具有严重安全隐患的加油站。其中依此要求,国道海榆中线公路应保留中石化海南乌石(琼中)加油站、中石化海南新伟(琼中)加油站,而海南美孚乌石加油站、国营加钗农场工贸公司加油站列为清理关闭对象;省道乌那公路应保留中石化海南阳江(琼中)加油站、中石化海南腰子(琼中)加油站和新进农场加油站,而大丰农场机运公司加油站列为清理关闭对象;省道营牛公路应保留中石化海南长征(琼中)加油站,国营乘坡农场加油站列为清理关闭对象;省道琼中长征至陵水县公路上由中石化在2003—2004年间新建中石化海南太平(琼中)加油站,而国营太平农场加油站列为清理关闭对象;县乡营根至中平上的公路由中石化在2003—2004年间新建中石化海南南方(琼中)加油站,而国营岭头茶场加油站和国营南方农场加油站列为清理关闭对象。

截至2010年,中国石化海南琼中分公司持有成品油零售经营批准证书的加油站共9座,分别是位于琼中县城的琼中城东、营根、城西、网络等4座加油站,位于乡镇的琼中乌石、腰子、阳江、长征、新伟等5座加油站,基本实现县域范围全覆盖。

三、天然气管理

(一)煤气站基本情况

1991—2010年琼中共有两家煤气站建立并运营。1995年,琼中第一家煤气站营根煤气站建立并运营,有安全管理人员1人,充装气瓶人员6人,均持证上岗,原拥有气瓶数17000个。2003年,琼中第二家煤气站乌石煤气站建立并运营,有安全管理人员2人,充装气瓶人员2人,均持证上岗。因气瓶产权改革,2010年底已无气瓶。

(二)监管情况

琼中县相关部门工作人员始终以严要求、高标准每月对煤气站检查一次,主要检查:(1)是否存在特种设备超期未检；(2)作业人员是否持证上岗；(3)气瓶是否粘贴充装合格证；(4)充装许可证是否超期等。特别是2003年6月实施的《特种设备安全监察条例》更是为相关部门对煤气站检查提供了指导和法律支撑。

1991—2010年期间，未发生任何煤气安全事故。

第五节 供销合作经营

1991年8月，商业部下发《关于加强基层供销社工作的若干意见》，对供销社的工作进行全面部署，结合当时供销社的工作特点，明确了供销社作为联结城乡商品流通的纽带作用，在国家计划经济的指导下，从20世纪90年代初开始，全面加强供销社在农村的商业网点建设，1991—2001年，先后在湾岭镇建有2家商业网点，在乌石镇建有2家商业网点，在长征镇建有1家商业网点，在太平乡(现吊罗山乡)建有2家商业网点，在红毛镇建有1家商业网点，在中平镇建有2家商业网点，在营根镇建有3家商业网点，在长安乡建有1家商业网点，在黎母山镇建有2家商业网点，在阳江农场和新进农场各建1家商业网点，全县供销系统共有商业网点18个。

琼中县是个典型的山区县，果菜种植较为滞后，为改变这一被动局面，长期以来，琼中县供销社通过各种手段，在各类农产品的购销方面取得一定成绩。这个时期的供销社，主要工作是努力完善代购、自购、自销、联销等经营方式。一些基层供销社仍保留着“扁担”“货郎”等经营方式。在总结了20世纪70年代县土产日杂公司以红麻生产为主体的成功经验上，强化对农副产品的种植、收购和销售，以点带面，各基层供销社在种植项目上都有所突破。2006—2010年，由于市场放开的影响及供销社自身存在的负债问题，全县供销系统各类销售网点不足10家，农副产品的销售基本上都由个体经营户承担。

一、农业生产资料经营

1992年上半年，海南省供销社进行大规模的体制改革，主要涉及整顿经营管理模式，完善自我经营约束，改革组织体制，组建供销企业集团，改革经营方式、结构及经营范围等。从这年开始，琼中县供销社组建供销集团公司，参与到各种经营活动，特别是参与到海南的房地产经营活动，在银行的支持下，资金运转正常，对农副产品、农资产品的收购、销售、开发利用等方面都逐步走上正轨。但由于开发力度不够，农资销售网点还较为滞后，农药、化肥、种子的销售仍是供销社的主打产业。1991年，全县供销系统农资销售网点10家，销售额60万元。1996年，全系统农资销售较为正常，农资销售网点达到20多家，化肥销售额为826万元，农药销售额98万元。2001年，由于市场变化，化肥销售总额下降幅度较大，全年化肥销售116万元，农药销售额20万元。2006年，由于市场全面放开的影响，农资销售更是每况愈下，全年仅销售化肥22万元，销售农药26万元。2010年,农资销售维持在前几年的水平,全年销售化肥28万元,销售农药34万元。

二、日用生活用品及烟花爆竹经营

1995年2月,供销系统再次进行改革,把供销社真正办成农民的合作经济组织,理顺了供销合作社的组织体制。正是在这一年,按照政企分开的原则,供销社退出政府行政机构行列,改为以经营管理为主体的企业。供销社的性质由行政职能变为企业职能,由于供销社退出政府机构,失去财政支持,在经营资金方面带来极大困难,供销社开始进入依靠自身力量,自主经营、自负盈亏的时代。由于缺乏资金,供销社经营陷入低谷,同时由于历史包袱过于沉重,使供销社的各项工作处于被动局面。供销合作联社下属4个公司,除土产日杂公司还在经营烟花爆竹,副食品公司还在经营食盐外,其他公司都处于没有主打项目的状态。农业生产资料公司原来一直主营全县的农药、化肥和种子销售,市场放开后,各种小规模的个体经营网点占据着整个市场,作为主营生产资料的企业,农业生产资料公司在缺乏资金的情况下,只能被动地维持生计,在激烈的市场竞争下,难以占有一席之地。而综合贸易公司是一家在计划经济体制下建立的企业,一直以从事商品贸易为主,在市场经济的洪流中,企业更是步履维艰,以收取房租为生,企业发展陷入停滞状态。土产日杂公司在经营烟花爆竹方面也遇到各种阻力,特别是一些个体商户以次充好,以假冒真,扰乱了市场秩序,土产日杂公司长期要在打击这些违法行为上投入大量的人力、物力和财力,该公司的经营效益受到很大影响,长期以来,土产日杂公司的年销售额一直徘徊在几十万元上下。1991年的销售额仅为43万元,1992—2006年间,烟花爆竹的年销售额在50万~70万元之间。到2010年,烟花爆竹经营网点达到85个,年销售额突破百万元大关,达到116万元,但与同省其他市县相比,差距较大。

作为全县唯一经营食盐的副食品公司,长期以来,把打击各种违法行为当作首要任务,同时,不断探索食盐管理上存在的问题及解决办法。1991年,全县食盐销售额仅有68万元,1996年,销售食盐67万元,与前几年相当。到了2001年,由于自身管理的问题及市场管理的不到位,食盐销售出现较大幅度的下降,全年仅销售28万元。2006年,通过加强市场管理,食盐销售有所回升,全年销售43万元。2010年,由于政府各部门通力协助,强化市场管理,食盐销售重新回到正常轨道,全年销售达到135万元,比1991年翻了一番。

1991—2006年,琼中县供销合作社全系统各类销售网点徘徊在50家上下(包括烟花爆竹销售网点),商品销售额仅为500万~800万元,主要的农业生产资料销售仍没有突破。2006—2010年,全系统各类销售网点大幅减少,仅有不足10家,但销售额有较大提高,2010年,全系统商品销售额达1846万元,但由于管理较为滞后,对市场估计不足,造成经营利润较低,2010年,全系统利润仅为6万元。

从2008年开始,海南省供销合作联社为了切实解决好供销社存在的客观问题,扭转长期以来的被动局面,与省政府相关部门及国家有关部门进行大量的协调和沟通,并在全国总社的大力支持下，把海南县级供销联社的体制改革问题再次列入政府的重要议题，并从同年开始，由省社牵头，各市县大力配合，把海南省各市县供销社的体制改革问题列入重要的议事议题，提出把供销社重新划入政府职能范围，由过去的企业重新划为由财政支付费用的事业单位，使供销社为“三农”服务的职能得到充分体现。

第六节 对外贸易

1991年，全县共出口创汇594056.64美元，完成省下达任务的198%；上缴国家外汇235900美元，完成任务的201%，外贸系统出口总额3663900元，为各企业办理退税60045396元，超额完成省下达给县的出口总额30万美元、出口创汇23万美元、上缴中央外汇额度11.7万美元三项指标。

1992年，共签订合同8份，合同金额500多万元，全年共出口创汇7.1万美元，占全年出口创汇指标的1%(全年出口创汇指标为70万美元)。

1995年，县外贸总公司在资金十分紧缺的情况下，经过努力，达成协议，12月底出口锡矿2000吨，氧锡锭500吨，填补琼中县出口创汇的空白。

1996年，该公司出口水泥到越南。县外贸总公司兴办500亩龙眼生产基地，在原有基地的基础上，采取内联形式，引来海口两大公司投入450万元兴办2000亩龙眼基地，台资企业湾岭古月山庄和华泰公司分别投入1000万元和1万美金，用于基础设施建设；县进出口总公司在什运兴办140亩蔬菜生产出口商品基地，投入10万元左右。

2003年，外贸出口额为8万美元。2005年，外贸出口总额9万美元。2007年，全县外贸出口12万美元。琼中海迅农业开发有限公司出口木瓜创汇31万元，海南金光药业有限公司生产胆木片60万盒，产值500万元，创税20万元。

2010年，全县外贸出口总额50万美元，有出口企业1家，即海南农垦营根机械厂。出口产品为橡胶加工设备，产品主要出口东南亚地区。

第七节 餐饮服务业

一、餐饮业

琼中县餐饮酒店主要集中于县城海榆路沿线，营业面积在300平方米以上的餐饮酒店主要有琼中东来福酒店、琼中营根潮州餐馆、琼中营根营林酒店、琼中纪营大排档、琼中潮兴酒店、琼中利中酒店、琼中添福城酒店、琼中万隆酒店、琼中琼海酒店、琼中兴盛餐馆、琼中顺发酒店、琼中李记酒店。

二、特色饮食

(一)乘坡石鲮鱼 和平镇特有的一种淡水鱼类,因长期生活在乘坡河中而得名,主要以河流中微小细生物为食。由于乘坡河两岸生态优美、植被繁多,河流中富含被雨水冲刷下来的有机物,因而这里的石鲮鱼营养丰富,味道也更加的鲜美独特。

(二)琼中蜂蜜 和平镇森林覆盖率高,物种丰富、蜜源充足,为养蜂提供了得天独厚的自然环境,这里的蜂蜜芳香甜蜜、纯度高。和平镇有养蜂专业合作社一个,年养蜂800箱,带动周边村民养蜂致富。

(三)苗族三色饭 是苗族最具特色的食品,具有节令性,在"三月三"期间普遍制作和食用,是用山兰糯米、桑叶、红蓝藤叶、黄姜、椰浆、小山棕叶若干包制而成。一般在农历三月三节庆之时,苗寨家家户户都制作三色饭。三色饭原为五色饭,为红、黄、蓝、白、黑五色,皆用植物汁液作为天然色素拌在山兰米中,放在特制的独木蒸笼中蒸成。五色饭色彩鲜艳,清香可口,是开胃去火的清凉食品。如今五色饭已改为三色饭,有红、黄、黑三色,分别取色于新鲜植物红蓝藤、黄姜和三角枫汁液,有药味甘香,饭团甜滑,形态美观。

(四)竹筒饭 又名香竹饭,用新鲜竹筒装着大米及味料烤熟的饭食,多于山区野外制或在家里用木炭烤制。人们上山劳动或外出狩猎时,常砍下一节鲜竹将米装进其中,加上适量泉水,放在火塘上烧煮。待米饭煮熟后,将竹筒带饭砍成两半,或四半,各端一半食用。那竹节不仅代替了锅,也代替了碗。煮得好的竹筒饭,米饭软而适口,融米香、青竹香于一体,别具一番风味。竹筒饭方便携带,可热吃亦可冷吃,是色、香、味俱佳,具有民族特色的风味食品。

(五)山兰糯米酒 在黎族地区也称之为"biang酒"。酒含有极为丰富的营养,清醇可口、味美甘甜,还有补气养颜和滋阴补阳的功效。饮用此酒可消食化滞、愈伤生肌,常饮驻颜长寿。黎家妇女生孩子之后,都要喝此酒用以滋补养身,去湿防病。

(六)鱼茶味 酸而微咸,甘香可口,诱人食欲,吃鱼茶,一次怯之,二次适之,三次瘾之。闻时臭,吃时香,咬食时柔软且稍韧,气爽神清,五内透明。封存时间越长越好吃。密封过程忌沾到油,否则便会腐烂。鱼茶是黎族、苗族招待客人的主要菜肴,也是黎苗族人的风味食品。

(七)黎母山鸡 是黎母山镇和湾岭镇的优良肉用鸡,具有腿短体宽、皮薄骨酥、肉质脆嫩、肉味香浓、高蛋白低脂肪等特点。黎母山鸡偏于野性的生理习性,使其肉质鲜美,成为禽中珍品。黎母山鸡适于在有充足的绿色植被、野生植物的地区生长,是无公害绿色食品和地方风味特产。

(八)湾岭鸡 湾岭地区特色菜,以本地散养的土鸡为原料,可用清蒸、油煎、爆炒等方式制作。此菜肴皮质金黄,肉质鲜嫩且富有弹性,口感绝佳,属于绿色原生态食材。

(九)桑葚酒 由桑树的果实发酵制作而成,色泽鲜红,是一种新兴的果酒,是水果酒之中的极品,具有滋补、养身及补血之功效。饮用后,不但可以改善女性手脚冰冷毛病,更有补血、强身、益肝、补肾、明目等功效。

（十）牛大力酒 牛大力别名猪脚笠、金钟根、山莲藕、大力薯，为豆科崖豆藤属植物，是一种常见的山草药。牛大力以根入药，主要成分为蛋白质、淀粉质及生物碱等。牛大力酒有补虚润肺、强筋活络之功效。

（十一）野生蜂 蛹蜂蛹又名蜂胎、蜂子，蜂蛹在发育中均以王浆、蜂蜜、花粉为食，其营养丰富，是一种高蛋白、低脂肪、含多种维生素和微量元素的理想保健食品。

（十二）糯米灌猪大肠 是一道典型的农家菜。具体做法是把现成的猪大肠翻开仔细地洗干净，用棉线把已灌好糯米的猪大肠扎紧，然后放入水中煮好晾干，后放入油锅煎炸至金黄色即可取出切件食用。这道菜外面的猪大肠焦黄香酥，里面糯米晶莹发亮，松软上口，毫无油腻之感。

（十三）腌雷公根 雷公根别名大叶金钱草、崩大碗，味苦、辛寒。有清热解毒、利湿通淋、利湿消肿之功效。把雷公根洗净，用辣椒腌制，吃起来有酸辣的味道，过后有甘甜的感觉，是一道美味的凉菜。

（十四）萝卜钱焖五花肉 将本地方法腌制的萝卜块、新鲜五花肉放在砂锅坛内，加上生姜、胡椒等配制好的佐料，用中火焖一小时左右即可食用。此菜香滑爽口，五花肉油而不腻，十分可口。

（十五）炒黑骨笋 此笋自然生于河沟边，属于野生笋。逢雨季时生长，此菜清脆爽口，有清热解毒利湿之功效。

三、旅馆

琼中宾馆、酒店主要集中于县城海榆路，营业面积1500平方米以上的宾馆酒店有：琼中乐园酒店，营业面积10000平方米，四星级；琼中宾馆，营业面积3000平方米，三星级；琼中万泉宾馆、琼中交通大厦、琼中潮仙宾馆、琼中强兴大厦、琼中荣成宾馆、琼中营城宾馆、琼中银河宾馆、琼中新华宾馆、琼中兴华宾馆、琼中祥云宾馆、琼中丰达宾馆。

1995年，琼中县正式纳入旅游统计的住宿业经营单位只有两家，有房间67间，床位164张。至2000年宾馆逐年增加，但档次较低。2002年，琼中县旅游接待宾馆发展到8家，共有房间241间，床位417张。琼中宾馆正式挂牌为二星级酒店，成为琼中首家星级酒店。2006年，琼中县旅游接待宾馆发展到13家，共有房间323间，床位583张。

2010年，琼中县旅游接待宾馆仍只有13家，但部分宾馆进行扩建，房间增至403间，床位增至707张。其中：三星级酒店只有琼中宾馆一家。黎母山森林公园内的七家村酒店是一家富有热带雨林特色的酒店。

总体而言，琼中旅游宾馆数量少，档次普遍较低，许多旅游宾馆硬件设施还需大幅度改善，特别是在娱乐、休闲和保健设施上需要增加投入，才能为到琼中旅游的客人提供良好的休闲服务。

第八节 商场选介

一、琼中百家商贸有限公司

始建于2003年,位于县城海榆中线一间500平方米的门面,营业员只有8名,年收入仅为80万元。后经过10年的不断努力,不断扩建,成为琼中最大的商业超市。超市经营面积2000平方米,员工108人,年收入为700万元。主要经营日用品、图书、食品、生鲜蔬菜、冷冻食品等。公司曾获得“百城万店无假货示范点”称号。

二、琼中营根万华海南特产超市(原海南特产经销部)

成立于1989年,在税务大楼一楼批发经营副食品与日用百货,1993年在原来的基础上开展海南特产产品批发,2004年搬迁到百货大楼负一楼,业务覆盖县城和乡镇。2009年搬迁到海榆路职业学校对面,经营面积760平方米,从业人员19人,年收入69万元。

第三章 招商引资及开发区建设

第一节 招商引资

一、机构

2002年，成立由县委、县政府主要领导任主任的招商委员会，把招商引资作为“一把手”工程摆上突出位置。同年9月10日，成立琼中黎族苗族自治县招商办公室。各乡镇、县直有关部门也相应建立健全招商机构，形成多层次招商机制。2004年，县招商办公室定编10人，内设办公室、招商股、综合股3个股室，人员共有10人，其中领导3人，工勤人员1人。至2010年，县招商办公室机构与人员编制不变。

1997—2010年，各级招商队伍先后外出招商12次，接待外方1000人次。

二、招商管理与服务

（一）招商引资组织

2004年，为了进一步加强招商引资工作，优化内设机构设置，内设办公室、招商股、综合股3个股室，进一步明确工作任务和职责范围：主管全县招商引资工作，制定和实施全县招商引资中长期规划与年度计划；策划、组织全县的重大招商引资活动；联络、邀请外商和境外、县外组团到琼中县考察、洽谈；加强招商引资对外宣传工作；策划和包装招商项目建立招商项目库；牵头制定招商引资优惠政策；建立琼中招商引资网站；负责招商引资项目的协调、服务工作；监督、检查投资软环境，协调解决投资者的投诉，建立招商引资服务体系；负责组织全县招商引资方面的业务和人员的培训工作。

(二)监督管理与服务

1.引资方案与奖励制度

2006年,对入驻湾岭农副产品加工园的项目实际投资额在5000万元以上(含5000万元),享有以下优惠待遇:(1)投资奖励:对于投资力度在80万元/亩以上(含80万元/亩)的企业,政府按实际投资额的4%安排奖励资金作为企业发展资金。最高投资奖励强度不超过6万元/亩。(2)产值奖励:若企业在投产当年产出达到80万~100万元/亩,政府按产出额的3%安排奖励作为企业发展资金;若企业投产当年产出在100万元/亩(含100万元/亩)以上,政府按产出额的4%安排奖励资金作为企业发展资金,最高生产奖励强度不超过6万元/亩。

2007年,对年应纳税额度低于10万元(含10万元)的小型微利企业,其所得减按50%计算应缴纳税额,按20%的税率缴纳企业所得税。符合小规模纳税人的入园企业销售自己使用过的固定资产,减按2%征收率征收增值税;销售自己使用过的除固定资产以外的物品,应按3%的征收率征收增值税。园区内属于增值税一般纳税人的药品经营企业生产、销售生物制品,可以选择简易办法按照生物制品销售额和3%的征收率计算缴纳增值税。为园区建设引进的"两院"院士,在园区工作期间,除企业给予的报酬外,园区根据实际情况给予工作津贴,津贴数额不低于海南省最低标准。企业引进、聘用博士或教授等高级专业技术和管理人才的工资、奖金等收入所缴纳的地方个人所得税地方留成部分,全额奖励。对从事管理、技术工作的人员给予地方个人所得税奖励,期限5年,奖励标准如下:工作期满一年,年工资性收入100万元以上的人员,按其缴纳的个人所得税地方留存部分全额给予奖励;年工资性收入50万~100万元的人员,按其缴纳的个人所得税地方留存部分的60%给予奖励;年工资性收入30万~50万元的人员,按其缴纳的个人所得税地方留存部分的40%给予奖励;年工资性收入10万~30万元的人员,按其缴纳的个人所得税地方留存部分的20%给予奖励。

2.优化投资环境

2009年,为了改善服务、提高效率,努力打造"政策最优、体制最活、服务最佳"的招商引资环境,为外来客商提供优质、高效服务,县招商办采取一系列的措施优化投资软环境,颁布实施县各有关职能部门的限时办理制度,涉及40多个有关单位的办事时限办理制度,对有关职能部门做出明确要求,最后由政府审定并获得通过。打造琼中县"电子政务大厅",使广大投资者可以在网上对琼中县的招商项目和自然环境资源进行了解,也可以在"电子政务大厅"上进行项目申报、资料填报等事宜。学习其他市县先进经验,推介招商项目。为了提高政务服务管理能力,推介琼中县政务服务体系创新,县招商办先后派员到珠海、内蒙古、广州等地学习政务服务和招商经验。继海口、三亚之后,琼中县顺利开通12345便民热线,这一举措是琼中继启动"数字琼中"实现网上无纸化办公后,简化网上政务大厅服务又一新举措。热线的开通使得政府通过服务热线及时掌握各种情况,对提高行政机关效能,促进政府机关转变职能、改进工作作风有极大的督促作用,热线在政府与广大市民间搭建起沟通的桥梁。

三、招商引资政策

为鼓励境内外客商到琼中境内投资开发工业、农业和第三产业,兴办各种经济实体和社会事业,根据国家有关法律法规和有关政策规定,结合琼中县实际,2006年12月5日,经县党政联席会议讨论通过,正式实施《琼中县生态产业园入园条件和优惠办法的通知》,制定招商引资优惠政策。

2006年,土地当年一次性基建投资100万元以上的高科技项目、工业项目、旅游项目,使用土地100亩以内的一律免收地价款;用于农业开发的国有及集体所有荒山、坡地、荒地可采用联营、租赁、承包、股份等多种形式给予方便和优惠,用于高效农业生产的土地承包款一般每亩每年10~20元。

税收 (1)投资基地设施建设或农副产品加工企业的,经营期限在10年以上的,从开始获利年度起,第一至第十年免征所得税,第十一至第二十年减半征收所得税。(2)从事第三产业的企业,投资总额超过500万美元或2000万元,经营期限在10年以上的,从开始获利年度起,第一年免征所得税,第二年减半征收所得税,第三年起按15%税率征收所得税。(3)凡到琼中县投资建设有一定规模项目,其新增增值税地方所得25%部分由财政返还50%以上。(4)投资者用获得利润在琼中县再投资扩建新办联营企业的,返还再投资部分所得税。(5)外业投资在琼中县办第三产业,除产权交易机构、房地产开发联营、投资性公司和集团公司外,其他企业的注册资金可减少10000元。乡镇和农村村委会兴办的第三产业,可先登记后注入资金,注册资金最低额可减到5000~2000元。(6)在县内偏僻交通不便的地区兴办第三产业,凡月营业额300元以下的,可选试业一年后补办登记手续,试业期间免交税费,第二年至第三年减半收取。

服务 (1)对外来投资项目实行"一个窗口"和"一条龙"服务的审批制度,县投资促进委员会负责外来投资的协调工作,县贸易局具体办理外来投资的有关业务。(2)对所有外来投资项目,属县内审批的,由县投资促进委员会讨论审批,自证件交齐之日起5个工作日内批复;需报上级主管部门审批的,8个工作日内上报,并负责催办,经县投资促进委员会批准的项目,由县贸易局负责协调办理有关手续,不需投资者跑任何部门。(3)制订各种税费收取"明白卡"。县政府及有关部门根据上级有关规定,将企业的各种税费收取标准明确写在"明白卡"上,"明白卡"外的任何税费,企业有权一律拒付。各种收费按县政府及有关部门统一规定,企业应按时上缴所指定的银行账户。(4)琼中县各级政府和公安机关依法为外来投资经营者提供安全保障,对投资企业加强治安保卫,维护企业正常的生产生活秩序,确保企业的人身和财产安全,保障投资者的合法权益。(5)凡是到琼中县投资办企业的,因治安问题造成投资者损失的,县政府承诺负责协调赔偿。(6)凡在县城购买商品房者,可凭建设部门颁发的房产证到有关部门办理直系亲属"农转非"指标4名。(7)建立重点项目责任制。对重点投资项目,县委、县政府组织有关单位,选派有关人员协调解决各种困难,确保投资项目顺利实施。(8)县纪委监察局设立投诉中心和投诉电话,并指定专人负责受理外来投资者的投诉。

四、软环境建设

2007年,为了改善服务、提高效率,努力打造"政策最优、体制最活、服务最佳"的招商引资环境,为外来客商提供优质、高效服务,县招商办采取了一系列措施优化投资软环境:(1)开展"为外来投资企业排忧解难活动月活动",内容包括组织各有关职能部门在县领导的带动下,开展中秋佳节慰问活动,走访重点企业,召开全县投资客商及工商联代表中秋茶话会,向每个在琼中县投资的客商发放由县招商办自行设计的"琼中县投资客商服务卡",承诺全心全意为投资者提供良好服务,第一时间为客商排疑释难。(2)进一步完善招商引资工作人员的职责,对接触项目实行询问责任制。(3)制定了县各有关职能部门的限时办理制度,涉及40多个有关单位的办事时限,对有关职能部门办事做出明确要求。(4)制定客商投资鼓励制度,县招商办从年初就开始探索如何鼓励客商在琼中办企业,为此县招商办组织人员到各兄弟市县学习取经,并出台县投资客商奖励办法。(5)制定琼中县农业生态产业园的入园条件和优惠办法。2007年，县委、县政府把农业生态产业园作为重点开发建设项目，并要求尽快出台优惠政策，县招商办组织人员用近一个月的时间，并经过6次修改，最后由政府审定获准通过出台实施。(6)制定投资服务卡，针对投资客商在琼中可能出现的投资服务不到位的情况及其他问题，县招商办制定了投资服务卡，发放到全县范围的各投资商，并成功地解决一些投资商的投资投诉。

五、重要洽谈活动

2007年，利用庆祝黎族苗族传统节日“三月三”的主会场设在琼中的机会，引进9个项目，总投资4.23亿元。9个项目全部当年动工，当年投入资金2000多万元。同年，县招商办通过海南省电视台、《海南日报》、宣传画册等多种渠道向社会推荐琼中县重点招商项目，其中，投资1.5亿元的华盛新人造板有限公司就是通过项目宣传推介的招商项目。同年，利用中国(海南)国际热带农产品冬季交易会，开展县农业生态产业园的招商推介活动，有5个项目成功签约，合同投资达5.15亿元。

2008年，利用首届海南(琼中)优质农资、特色产品展销会在琼中举办的机遇，开展招商活动，有9个项目成功签约，合同投资总额4.226亿元。同年，县招商办依托琼中政府网、海南在线等网站，把一些前景好、可操作的项目发在网上进行招商，取得很好的效果，吸引大批客商到琼中实地考察，仅来人、来电咨询就有30多人次。

2009年，华宇集团多次到琼中县实地考察后，10月正式落户琼中，投资5亿元开发飞水岭。

2010年，在海口寰岛泰得大酒店举办极富民族特色的项目招商推介会，成功签约17个项目，意向投资54.72亿元。同年下半年，县招商办充分利用“海交会”作为招商的载体，成功签约3个项目，意向投资14.5亿元。同年，县招商办与海南省总商会及各省驻海南商会进行项目推介招商，有6个项目落户，投资金额达1.2亿元，正在洽谈的大项目4个，意向投资100多亿元。

六、招商成果

1997年，引进4个外来投资企业，开展农业开发种植和旅游，投入600多万元、3.09万美元。

2007年，引进项目18个，合同投资8.13亿元，实际投资7000多万元。

2008年，引进项目15个，合同投资10.136亿元。其中：旅游项目2个，投资4.5亿元；房地产项目1个，投资3600万元；农业开发项目2个，投资约8500万元；农资产品购销、承保合同3项，投资3700万元；电子信息化建设项目2项，投资160万元，工业项目4个，投资3.82亿元；农资批发市场建设项目1项，投资5000万元。2008年实际投资金额达1.4亿元。

2009年，共引进项目7个，合同投资总额5.57亿元，实际投资金额1200多万元。其中：农业开发项目4个，投资约1500万元，工业项目2个，投资4200万元，旅游项目1个，投资5亿元。

2010年，共引进项目19个，项目涉及旅游房产、休闲养生、农业开发、生态养殖和加工等领域，合同投资总额70多亿元。

农业项目 引进4家外来投资企业，开展农业开发种植和旅游项目，投入600多万元，3.09万美元；农业开发项目2个，投资约8500万元；农资产品购销、承保合同3项，投资3700万元；农业开发项目4个，投资约1500万元。

工程建设项目 房地产项目1个，投资3600万元；农资批发市场建设项目1项，投资5000万元。

旅游开发项目 2008年旅游项目2个，投资4.5亿元；2009年旅游项目1个，投资5亿元。

电子信息化建设项目 2项电子信息化项目，投资160万元。

工业项目 6个工业项目，投资4.24亿元。

第二节 开发园区

一、琼中农业生态产业园

琼中县生态产业园位于琼中县营根镇境内，距县城5公里，海榆中线公路141公里处，是县“十一五”发展规划重要建设项目，也是琼中县农业生产技术现代化和农业经营管理现代化的示范性和导向性工程。

园区于2006年成立，通过在园区示范栽培、养殖具有琼中特色的产业，培育优良种苗，提供科技服务等，把园区建成中部地区集现代农业高新技术试验示范、环保生态型效益农业生产、农业科普教育及都市体验型旅游休闲农业于一体的，“农科教、产学研”相结合的农业基地，把周边农村的种植业和养殖业带动起来，促进和带动区域农村经济向更高层次的迈进，推进琼中农业产业化、科技化、标准化、市场化和现代化。

入园企业有海南中丝发展有限公司、琼中爱奇兰园有限责任公司、琼中连生蜂业有限公司、琼中营根康发手提袋加工厂、海南宝元堂农产品贸易有限公司、琼中晨风林业有限责任公司、琼中兰源农业开发有限公司、琼中奇峰特色农副产品有限公司、琼中锦绣吉贝实业有限公司等9家企业。

二、琼中县湾岭农副产品加工园

湾岭农副产品加工园位于海榆中线114公里处，离县城22公里。园区于2007年开始创建，规划为农林产品加工、生物医药、新型建材、矿产深加工、外向型综合工业、服务产业等六大产业板块，是按照“规划一体化、投入多元化、经营市场化、服务系统化、管理规划化”的要求，借鉴新型工业园区发展模式，以高规格高标准着力打造特色精品的新园区。2010年有华业卡板厂、琼中华盛新人造板有限公司等2家企业入驻。

第四章 粮油销售

第一节 机 构

1991年,琼中县粮食局内设行政秘书、人事保卫、财会、统计、储运、供应、农村、教育8个股,下辖粮油贸易公司、粮食饲料工业公司、营根粮油加工综合厂和县城、营根、红岛、长征、上安、吊罗山、和平、乌石、腰子、松涛、湾岭、思河、红毛、什运14个粮食管理所,加钗、中平两个粮食管理站及海口秀英粮食转运站。

1997年4月,县粮食局改设为县粮食储备管理局,县粮食储备管理局为正局级事业单位,与粮油贸易总公司实行两块招牌、一套人马管理,核定事业编制18人。1998年9月,原县粮食储备管理局改设为县粮食局,正科级事业单位,县粮食局正副局长不再兼任粮油贸易总公司正副经理。

2004年12月,县粮食局隶属于县发展和改革局,为正科级事业单位,内设行政秘书股、人事股、综合股、储备股4个股室,核定财政预算管理编制14人。

2007年6月,经县编委重新核定,县粮食局编制8人。同年10月,经海南省人事劳动保障厅《关于琼中县粮食局等21家事业单位参照公务员法管理的批复》文件批准,县粮食局列入参照公务员法管理的事业单位。

2010年,内设机构未变,有干部职工13人。

第二节 粮食体制改革

1991—1997年，琼中县原有国有粮食企业22家，其中经营省级储备粮和县级储备粮的企业2家，承担军粮供应任务的企业1家，从事小批量粮油贸易的企业7家，从事粮食加工的企业10家，从事服务业的企业2家。

1998年9月根据省政府《关于进一步深化粮食流通体制改革的实施方案》文件要求，县人民政府制定了《琼中县关于深化粮食流通体制改革实施方案》。实行粮食流通体制改革后，政府粮食行政管理职能与粮食企业经营彻底分离。县粮食局代表政府负责全县粮食流通管理，不直接管理企业，不参与粮食经营，不干预企业自主经营活动，与粮食企业在人、财、物等方面彻底脱钩。所有粮食企业都根据生产、经营业务量进行定员，择优上岗，全县13家粮食收储企业留用69人，富余人员下岗待业。粮食收储企业与附营企业分开，设立单独法人，实行资产、人员、机构分离。全县有22家粮食企业，其中13家为粮食收储企业，9家为附营企业。独立核算的附营企业有县城粮所、粮油贸易公司、粮食加工厂、省营根粮食储备库、秀英粮站、琼苑综合大楼等，均为独立法人资格的企业。各粮食企业附营业务占用的贷款都从农业发展银行划转到农业银行，粮食收储企业与附营企业在资产、人员、机构上彻底分离，各自成为具有独立法人资格的企业。自1998年6月1日起，所有粮食收储企业不允许再发生新的亏损挂账。

1998年，粮食流通体制改革后，国有粮食企业连年亏损，至2004年底，原22家县国有粮食企业中能正常经营的仅有3家，全面停业或半停业的企业有19家。2004年11月，根据《海南省人民政府办公厅关于印发省直国有粮食企业改革实施方案的通知》文件要求，琼中县国有粮食企业改革进入准备阶段。2006年，按照琼中县人民政府办公室《关于琼中县国有粮食企业改革实施方案的批复》文件和相关政策，关闭营根粮所、乌石粮所、湾岭粮所、腰子粮所、松涛粮所、红岛粮所、思河粮所、长征粮所、和平粮所、上安粮所、吊罗山粮所、红毛粮所、什运粮所、县粮油贸易总公司、县粮油贸易公司、乌石粮油贸易公司、思河粮油贸易公司、县粮食加工厂、省营根粮食储备库、秀英粮站、琼苑大楼、县城粮所22家国有粮食企业，退出国有粮食企业行列，职工退出国有企业身份。重新组建琼中县粮食储备库(同时经营省级储备粮和县级储备粮)和琼中县军粮供应站，分别承担地方储备粮和军粮供应业务。2007年10月底，琼中县已关闭22家国有粮食企业，完成390名国有粮食企业职工的分流安置工作，基本完成全县国有粮食企业改革。

2008年7月，琼中县被海南省政府授予省国有粮食企业改革先进县称号，县粮食局林树军、陈荣和黎业平等人被评为先进个人。

第三节 粮食购销和粮油加工

一、粮食购销

1991年5月1日至1995年,粮食购销遵循价值规律进行改革,按照现行市价,实行城乡同价、购销同价。1991年,3号稻谷收购价每50公斤,3级标2大米每50公斤50元,1995年,稻谷收购价提高,3号稻谷收购价每50公斤60~68元。1997—2001年,全县共入库粮食12494吨,销售贸易粮9695吨。

自2001年5月1日起取消"市镇居民粮食供应转移证"(简称"市转证"),城市居民户口在全国范围内迁移,农业户口转为非农业户口不再办理"市转证",此前关于"市转证"的文件和规定,以及印制发放的"市转证"同时废止。随着"市转证"的取消,国营粮食市场被私营粮食市场逐步取代,2002年全县粮食销售已基本以私营为主。

2002年,随着《海南省人民政府关于加快推进粮食购销市场化改革的意见》两个文件的相继出台,实行"放开收购,放开市场,放开价格",各级政府不再下达粮食收购计划,粮食流通实现市场化。

2006年8月,琼中县粮食局开始执行《海南省粮食收购许可管理若干规定》,要求年收购粮食高于50吨收购者必须申请办理粮食收购许可证,方可从事粮食收购活动;年收购量低于50吨的个体工商户从事粮食收购活动,无须申请粮食收购许可证。

2010年,全县共发放粮食收购许可证17份,其中国有粮食企业1份,私营粮食企业16份。

二、粮油加工

2006年7月,琼中县粮食局才开始对县域内的粮油加工企业进行统计。全县粮油加工企业(非国有)有13家,其中,粮食加工企业10家,日加工能力为60吨;食油加工企业3家,日加工能力为1吨。2010年,粮油加工企业数量和日加工能力不变。

第四节 粮食应急和储备库

一、粮食应急

2006年9月6日，省政府下发《关于印发海南省粮食应急预案的通知》。2009年4月22日，县政府办公室下发《关于印发琼中县粮食应急预案的通知》，县政府成立粮食应急指挥部，由分管副县长任总指挥，县有关部门负责人任副总指挥和指挥部成员，各职能部门各司其职，切实有效地应对琼中县粮食市场可能发生的冲突性情况，确保粮食供应，维护粮食稳定。县粮食局与13家非国有粮食经营企业、2家粮食加工企业签订粮食应急销售(加工)合同。同年12月，省发展和改革委、省粮食局下发《关于印发海南省粮食经营者最低和最高存量标准规定的通知》和粮食应急预案的要求，县粮食局核定全县各粮食经营(收购)企业最高和最低库存量标准，要求粮食经营(收购)企业平时多储粮，当粮食市场发生突发情况时及时抛售粮食，防止粮价上涨，保障市场供应。

二、粮食储备库建设

2002年琼中县粮食储备库成立，是具有独立法人资格的企业，实行资产、人员、机构自负盈亏，承储省级下达储备粮任务。2003年承储县级下达储备粮任务。2006年琼中县粮食企业关闭后，2007年重新组建琼中县粮食储备库(同时经营省级储备粮和县级储备粮)和琼中县军粮供应站，分别承担地方储备粮和军粮供应业务。2009年2月县政府拨款49万元，新建加钗库区仓库一幢，面积322.97平方米。2010年3月县政府拨款50万元，新建长征库区仓库一幢，面积320平方米，两座仓库库容量均为400吨。

第五章 旅游业

第一节 机 构

1988年,琼中县成立旅游公司,配备8名工作人员。1991年,琼中县旅游公司增挂县旅游局的牌子,行使行业管理职能(事业单位性质),实行一套人员,两块牌子。

1992年内设办公室、企业管理处。1994年,鉴于县旅游公司业务范围不断扩大,原公司名称已不适应琼中县市场经济发展形势,县旅游公司更名为县旅游总公司。2009年,根据省委、省政府办公厅《关于印发〈琼中黎族苗族自治县人民政府机构改革方案〉的通知》,县旅游局使用行政编制,编制6人,内设办公室、规划发展岗、综合管理岗、质量监督岗。2010年,琼中县旅游总公司(县旅游局)内设机构不变,由县旅游局局长兼任琼中县旅游总公司法人代表。

第二节 旅游资源

2010年,全县共有旅游景区(点)10个,其中,国家级森林公园1个,全国爱国主义教育基地1个,省级景区1个,县级景区7个,分别是黎母山国家森林公园、百花岭旅游风景名胜区、五指山仕阶旅游区、鹦哥岭旅游区、白沙起义纪念园、琼崖纵队遗址、什运番道黎家风情村、什寒客寨、乘坡石臼、飞水岭景区。

一、黎母山国家森林公园

位于琼中县境内西北部,距县城48公里,离黎母山镇19公里,其山高大浑厚、山势险峻、林海茫茫,既是海南的名山,也是黎族人民的始祖山,拥有丰富的热带天然林资源,山清水秀、风光旖旎,是一个热带植物王国,也是野生动物的乐园。1994年10月,省林业局批准建立海南黎母山省级森林公园，2002年，国家林业局批准成立黎母山国家森林公园。

二、白沙起义纪念园

白沙起义纪念碑位于琼中县红毛镇境内，距县城24公里，离红毛镇3公里，是为纪念黎族领袖王国兴带领农民起义的历史事迹而建的。1997年4月被评为省级爱国主义教育基地，2006年8月被国家民委列为首批全国民族团结进步教育基地，2009年3月，被评为第五批全国重点烈士纪念建筑物保护单位。

三、百花岭风景名胜区

百花岭位于琼中县营根镇西南面的6公里处，有瀑布直下，颇为壮观，是海南省重要的风景名胜与自然保护区之一，素有“绿色宝库”的美称。拥有丰富的植物生态景观和形态各异的石景。此外，拥有海南落差最大的百花岭瀑布，景色壮观迷人。

四、五指山仕阶旅游区

五指山雄居海南岛中部，距琼中县城34公里，是世界现存的三大片热带雨林之一，山峰自西南向东北排列，贯穿琼中黎族苗族自治县、五指山市、保亭黎族苗族自治县和陵水黎族自治县等市县。五指山是黎、苗族同胞远祖的聚居地，最高峰海拔1867米，素有“海南屋脊”的美誉。五指山因山峰起伏跌宕，形似五指而得名，也是万泉河的主要发源地。观望与攀登五指山仕阶可从东南西北四个方位，但最佳点在上安乡仕阶村。在仕阶村旁尚有一片清代摩崖石刻群，有清光绪十三年（1887）钦差大臣、太子少保冯材才所书“手辟南荒”石刻，还有“百越锁钥”“一手撑天”“巨手擎天”等十多处摩崖石刻。此外，还有水温为47℃的温泉。

五、鹦哥岭旅游区

鹦哥岭位于县城西南部41公里处，距什运乡7公里，是海南三大山脉之一黎母山的重要山脉。最高峰鹦嘴峰海拔1811米，居海南第二高峰，因形似鹦嘴而得名。登上顶峰可眺望五指山，尽览美景。山林深处保存完整的热带原始森林，生长多样的植物群落，蕴藏多种自然资源。

六、琼崖纵队遗址

位于琼中县什运乡便文村，位于什运乡鹦哥岭南麓半山腰上。1943年8月，黎族首领王国兴在此发动“白沙起义”，黎苗族同胞揭竿而起，反抗国民党反动派。不久，白沙起义受挫，王国兴带领起义队伍退守鹦哥岭坚持斗争，便文村黎胞积极参加白沙起义，掩护支援王国兴在鹦哥岭艰苦斗争。王国兴派出代表寻找救星共产党，终于在儋临地区找到共产党。冯白驹派出武装工作组潜入鹦哥岭地区同王国兴等起义领导人会见。至此，黎苗同胞在共产党的领导下开展抗日斗争，直至取得抗战的最后胜利。

七、什运乡番道黎家风情村

琼中番道村位于海榆中线177公里处，是一个乡土气息浓郁的黎族村庄。依山而建，树木繁茂,村前有一条清河绕村而过。河水清澈透明,宛若一条天然的玉带依附村落,给古朴的村庄平添一份柔美。山水构就一副和谐、秀美的乡村风光图景。主要特产是黎族织锦,此外,村民还自编、自导、自演黎族风情歌舞。

八、什寒客寨

红毛镇什寒村位于海榆中线166公里,内进9公里处,沿途林木繁茂,风光秀丽,景色宜人。近可观雄伟的鹦哥岭,远可眺神秘的五指山。该村是乡土气息浓郁的黎、苗族村庄,92户村民依山建房而居。村庄海拔高度近700米,是海南海拔最高的村庄。村中小道很有特色,分居着黎、苗两族村民。

九、乘坡石臼

位于琼中县和平镇境内、万泉河上游,石臼是大自然历经几百万年磨蚀而成的作品,数量之多、体形之大、造型之绝妙、水流之变幻,是我国乃至全世界都罕见的地质奇观。

十、飞水岭景区

位于琼中县东南部,景区占地面积5.6万亩,生长着茂密的热带山地季雨林,林中栖息着种类众多的珍稀动物,被誉为海南物华天宝之地。有一处自然瀑布,落差80多米,宽约10多米,是县境第二大瀑布。景区群峰重叠,巍峨蜿蜒,小溪流水淙淙,细泉涓涓,飞瀑如泻,涧流如脉。景区气候温和,年均气温22.5℃,夏无酷暑,冬短无严寒。此外,区内共有大小38个自然景观,是一个蓝天、白云、碧水、怪石、热带雨林浑然一体的天然林公园和理想的娱乐观光探险旅游度假胜地,具有很高的开发价值。

第三节 旅游规划和景区建设

一、旅游规划

2010年,琼中县已完成规划的景区只有百花岭风景名胜区,景区规划面积21.93平方公里。百花岭风景名胜区是以瀑布跌水、山石奇景为主要资源特色,以观光览胜、休闲度假为主要功能,具有民族风情的热带雨林型省级风景名胜区。景区划分为滨河旅游服务区、白龙溪度假区、百花湖景区、什那青溪休闲度假区、百花岭瀑布景区以及观音岭动植物园六大功能分区。景区用地结构为"一心、两区、四片"。一心:以百花岭瀑布和百花湖为风景核心,是景区的游览主体,也是百花岭生态旅游的高潮部分和水源保护核心。两区:即按用地使用性质划分的旅游发展区和生态保育区,其中以什那青溪为主要的旅游发展区,形成景区旅游发展轴和主要旅游线路。

生态保育区以生态保护和保育为主，其中穿插游览景点。四片：即旅游发展区中的四个片区——白龙溪度假木屋区、滨河旅游服务区、什那青溪休闲度假区、观音岭动植物园。

二、景区建设

（一）百花岭风景名胜区

琼中县百花岭风景名胜区是1988年海南省首批榜上有名的十大风景名胜区之一，但长期处于未开发状态。直至1994年，海南省旅游局给予资金支持，琼中县政府多方筹措项目资金，百花岭景区方开始旅游基础设施建设。1996年底，开通一条自琼中县城至百花岭观瀑亭的旅游公路，全长6.64公里；修建第一级观瀑的简易登山栈道；建成一座观瀑亭、一间洗澡间和工作人员办公室；针对百花岭观音庙的破败情况，重新修建了庙宇。1998年，完成第二级观瀑的简易登山栈道。2001—2005年，在推进编制百花岭景区详细规划的同时，县旅游局为加强百花岭旅游基础设施建设，先后完成景区旅游基础设施的设计、工程项目预算，完善百花岭观瀑步阶、登山栈道、登山防护栏、天池公路等旅游基础设施。2006年，琼中县政府多方筹措项目资金780万元，拓宽改造百花岭旅游公路，全长6.6公里。建成后不仅方便游客的观光，而且对今后旅游业的发展提供了强有力的保障。2007年，琼中县旅游局经过多年的招商引资工作后，由北京龙德行投资有限公司独资开发建设的百花岭体育公园旅游项目成功落地。2009—2010年，中豪威尔置业有限公司的旅游地产项目、海航投资有限公司的白龙溪休闲度假区项目先后在百花岭景区落地。至2010年底，百花岭风景名胜区有3家公司进行旅游开发建设，项目工程仍在建设当中。

（二）黎母山国家森林公园

黎母山是海南四大国有林区之一，2002年建成国家级森林公园，正式发展森林旅游业。历年来，黎母山国家森林公园管委会自主筹措资金，依托优良的热带雨林资源、奇特的自然景观、丰富的动植物资源，修建开通两条探险线路：黎母山国家森林公园游客中心到主峰的探险线路，沿路景点众多，站在主峰的黎头巨石上，可以远眺海南最大水库——松涛水库及海南中部自然生态，并可俯看周边茂密的热带雨林，有一览众山小的感觉；吊灯岭瀑布的攀岩探险线路，吊灯岭瀑布高100多米、宽20多米，水势恢宏，蔚为壮观。黎母山四季如春，空气清新，气候凉爽，是生态观光、休闲度假的好地方，已建成七家村度假山庄，开通三星林岭采摘园的生态观光线路，正拟建体育休闲中心。以黎母婆生日（农历三月十五）为契机，逐年完善黎母圣石、黎母庙两景点的基础设施。此外，还向国家发改委争取到2600万元的项目资金，将森林公园25公里的主干道改造成旅游公路。至2010年，项目仍在建设中。

（三）白沙起义纪念园

1986年，为了纪念黎族领袖王国兴领导黎族、苗族同胞发动白沙起义的光辉事迹，琼中县政府向原自治州人民政府申请兴建白沙起义纪念碑。经自治州人民政府同意，筹资174万元兴建白沙起义纪念碑。1987年9月动工兴建白沙起义纪念碑的主碑，至1991年12月底先后建起主碑1座、石碑简介（纪念碑简介）1座及石桥、水池等设施。纪念碑占地面积60亩。1992—1999年间，省政府先后拨款160万元，续建白沙起义纪念碑，先后兴建大门和后门、围墙200米、水沟180

米、纪念陈列馆1间200平方米、大门直道水泥路面200米、后门道水泥路面120米、花池8个。但由于白沙起义纪念碑四面环山，山区雨水多、雾气重、湿度大，园内大部分建筑物已经风化，尤其是烈士纪念碑座和碑座平台四周环绕的石栏杆风化较为严重。2004年5月，省政府对白沙起义纪念碑进行全面维修。2005年，为进一步美化白沙起义纪念碑园，逐步将白沙起义纪念碑园建设成为省红色旅游点，海南省政府出资247.57万元，在白沙起义纪念碑园内增加园林建设、人物雕像，道路、步级、凉亭，安装铁门、打水井、拉水电等工程。2009年3月，根据省发改委、省民政厅的通知精神，为迎接中华人民共和国成立60周年大庆，做好全国重点烈士纪念设施保护改造工作，经报请县委、县政府主要领导同意，由县民政局提出可行性项目研究，县发改局立项，报省发改委向国家发改委申报批准，列入2009年第四批国家扩大内需建设项目。项目原申报投资总额为529.11万元，申请中央预算内投资423.27万元，地方配套105.84万元。计划项目规模及内容为主碑修护、纪念馆翻扩建1000平方米，英烈纪念广场改造、纪念雕塑墙、排水沟、挡土墙及围墙改造。2009年，国家发改委批准下达白沙起义纪念碑园保护改造工程项目总投资285万元，改造纪念碑园及附属设施：建设33米长的纪念雕塑墙，广场改造3900平方米，主纪念碑修护，建设停车场、旅游公厕、绿化等。

2010年，白沙起义纪念园被定为全国民族团结进步教育基地、海南十大红色旅游景区。

（四）长兴飞水岭风景区

长兴飞水岭景区生长着茂密的热带山地季雨林，林中栖息着种类众多的珍稀动物，被誉为“海南物华天宝之地”，具有很高的旅游开发价值。2010年，琼中县通过招商引资，由山西华宇集团投资25亿元对长兴飞水岭进行开发建设，项目包括新农村建设、风情小镇、南药园种植基地、雨林度假酒店。项目仍在建设当中。

（五）特色旅游项目

黎母山森林探幽探险。黎母山山岭高大浑厚、山势险峻、林海茫茫、山高水长，既是海南的名山，又是黎族人民的始祖山，拥有丰富的热带天然林，奇特的自然景观，是一个热带植物王国，也是野生动物的乐园。2010年已开辟两条探幽探险线路：游客中心到主峰的探险线路；吊灯岭瀑布的攀岩探险线路。

百花岭体育公园。琼中县百花岭有优越而独特的地理环境，园区内的山地高尔夫球场在海南高尔夫球场中也独具魅力。百花岭四季春意盎然，任何时候都可以挥杆健身。运动的同时，还可以饱览热带雨林特有的林中奇景，高负氧离子的空气让这项目爱好者流连忘返。

作雅民歌村在五指山脚下的上安乡，有一个地处偏僻、风光优美、景色怡然、黎族民俗十分浓郁的黎村——作雅村。村中盛行唱黎歌，村民无论男女老少，个个爱唱、会唱曲调优美黎族民歌。作雅村把黎族民歌传承之完整而备受世人的关注。2005年，上安乡被文化部命名为“中国民间艺术之乡”，作雅村也被誉为黎族民歌的博物馆，成为民俗文化研究专家及民歌民俗旅游爱好者的首选之地。

第四节 旅游服务

一、宣传促销

2000年琼中旅游宣传开始，琼中县政府及旅游管理部门把旅游宣传、旅游招商当作发展琼中社会经济的一项重要工作，在遵照“招商引资为主，政府基础投资为辅”的原则的基础上加大对琼中旅游的宣传力度，投入的宣传促销资金也在逐年增加，宣传手段也是形式多样。如：参加各种级别的旅游项目推介会、旅游产品促销会、旅游商品推广展销会、国内旅游交易会、国际旅游交易会及国际旅游博览会等，期间发放大量的琼中旅游宣传册、招商项目书、多媒体光盘，起到良好的宣传促销作用。在广泛借助各种新闻媒体力量的同时，积极发挥琼中政务旅游网站宣传平台，加大对琼中旅游的宣传力度。此外，以“大型活动牵引，假日宣传推动”为契机，借助琼中黎苗“三月三”这一知名节庆，全面宣传琼中旅游产业，琼中旅游形象全面提升。至2010年底，与琼中县签约的上亿元旅游重点项目就有8个。其中，世界南药园项目(25亿元)、百花岭体育公园项目(4亿元)、氧立方高端旅游地产项目已开工建设。琼中旅游步入全新的发展阶段。

二、旅游产品

至2010年，琼中旅游业仍处在打基础起步阶段，开发的旅游产品类型较少、品种不多，分类如下：

观光旅游产品：百花岭瀑布、鹦哥岭鹦嘴、黎母山奇景、飞水岭热带雨林、五指山雄姿、仕阶摩崖石刻、生态农业产业园、阳江石林、黎母山明代会所遗址、百花岭观音庙、黎母山黎母庙等。

度假旅游产品：黎母山七家村度假酒店。

康体休闲旅游产品：百花岭体育公园、番道黎族风情村、琼中热带水果采摘园等。

文化类旅游产品：琼中黎苗传统节日“三月三”、作雅民歌村、白沙起义纪念园等。

专项类旅游产品:五指山科考登山、黎母山探幽登山、鹦哥岭户外体验登山等。

三、旅游购物

琼中县现有的旅游工艺品、纪念品、旅游食品和其他旅游用品有几十个品种。各种各样的琼中旅游商品就地取材,体现出地域特色、乡土风格、民族特色,颇受游客的欢迎。琼中现有的旅游工艺品和纪念品有黎锦、苗绣、根雕、木雕、椰雕、木画等。琼中的旅游食品非常丰富,地域特色鲜明,最具代表的旅游食品有绿橙、白马骏红茶、五月茶、野生蜂蜜、灵芝等。总体而言,琼中旅游商品开发远没有充分发挥应有的潜力,从事旅游商品研发、生产、销售的市场从业主体十分分散,整个旅游商品产业的开发、生产和销售还处于分散经营、各自为政的状态。琼中旅游商品生产企业普遍规模较小、资本集中度较低,产供销脱节,缺乏龙头企业带动和支撑,缺少精品。

四、旅游效益

1991—2010年,琼中县旅游资源开发利用、旅游基础设施、接待能力的不断完善和提高,旅游经济效益逐年上升。

1991—2010年旅游人数与收入情况一览表

表6-6

年度	旅游接待人数(人)	同比增长(%)	旅游收入(万元)	同比增长率(%)
1991	15721	—	141	—
1992	15431	-1.8	174	+23.4
1993	13862	-10.1	74	-57.4
1994	14579	+5.2	134	+81
1995	14679	+0.8	139	+3.7
1996	14801	+0.8	141	+1.4
1997	13420	-9.3	136	-3.5
1998	12507	-6.8	120	-8.8
1999	11223	-10.2	113	-5.8
2000	18130	+61.5	150	+32.7
2001	48290	+166.4	120	-20

续表1

年度	旅游接待人数(人)	同比增长(%)	旅游收入(万元)	同比增长率(%)
2002	32000	−33.7	248	106.7
2003	32945	0.03	262	0.06
2004	21516	−34.7	280	0.07
2005	18595	−13.6	298	0.06
2006	20223	8.8	330	10.7
2007	19810	−2	264	−20
2008	23451	18.4	385	45.8
2009	111784	376.7	890	131.2
2010	140250	25%	1092.15	22.7

第七编　综合经济管理

第一章 计 划

第一节 机 构

1991年,琼中县计划委员会主管全县国民经济和社会发展计划工作,内设办公室、社会事业组、国民经济综合组、项目组、以工代赈办公室,定编9人。1995年,琼中县计划委员会与琼中县统计局合并,更名为琼中县计划统计局,内设行政秘书岗、国民经济计划岗、社会发展计划岗、农业综合统计岗、工业贸易统计岗、行政事业性收费管理岗、价格调控管理岗,定编18人。

2001年实行机构改革,划出统计局,更名为琼中县发展计划局,内设行政文秘岗、社会事业岗、国民经济综合岗、项目管理岗、价格监督管理岗,定编12人。2007年,更名为琼中县发展改革局,内设行政秘书岗、国民经济岗、项目编制岗,社会事业发展岗、价格监督管理与市场监测信息岗、收费管理岗、农资成本调查岗,定编13人。2009年,更名为琼中县发展和改革委员会,内设行政秘书岗、国民经济岗、项目编制岗,社会事业发展岗、价格监督管理与市场监测信息岗、收费管理岗、农资成本调查岗,定编13人。2010年,内设机构不变,实有人员15人。

第二节 计划体制改革

海南建省办经济特区伊始,省委省政府就致力于建立社会主义市场经济体系,对过去沿袭了几十年的管理体制进行大刀阔斧的改革。1991—2010年,琼中县计划体制和投融资体制改革取得较大进展。

一是强化了计划部门在社会主义市场经济条件下的宏观调控职能,转移和弱化了微观经济职能。1991年后,逐步取消了指令性计划。至1993年底,除个别关系到国计民生、对经济和社会发展宏观有重大影响的计划属指令性外,其他一律为指导性计划,并实行层层分解下达。从根本上改变了过去以计划手段为主进行资源配置的做法。计划管理从行政性手段逐步转移到以经济手段、法律手段为主,计划部门的职能从直接管理逐步过渡为间接管理。

二是拓宽了投融资渠道。琼中县积极进行投融资体制改革,以利于大量吸引投资。许多建设项目都由股份公司筹资、决策和实施,较好地解决了建设项目资金不足的问题,加快了项目的建设速度。特别是1993年,琼中县改变了过去基础设施建设由政府包办的投资体制,变政府行为为社会行为、企业行为和市场行为,走出一条加快基础设施建设的新路子,取得明显效果。自1991年以来,多种形式的投融资机构得到较快发展。此外,还有许多以租赁、招商等形式进行融资的经济实体。这些金融机构和经济实体的发展,促进了琼中投融资体制的改革,为琼中引进资金发挥了重要作用。

三是简化审批程序和手续。只要资金等建设条件落实、不影响环境保护、不需要国家和省里平衡的项目,投资额在5000万元或500万美元以下的,琼中县可以自行审批立项。将过去审批项目要经过批项目建议书、可行性研究报告、初步设计、开工报告等,简化为除需政府投资的基础设施、基础产业项目外,一般项目只批立项,大项目批可行性研究报告,大大减少了审批时间。一般项目只要材料完备,批准立项在10天之内就可以完成。

四是实行建设项目业主责任制。政府一般不干预业主的投资决策。政府审批立项只看项目是否符合产业政策和产业布局,是否符合城市总体规划,是否符合环保要求,是否有资金来源。只要符合这些条件,都给予审批。项目建成后的原料来源、产品销售、经济效益等问题,都由企业自主决策。

五是基本取消了对全民、集体、个体、外商投资的种种限制,进一步放宽经营范围,鼓励各种经济成分平等竞争,各类投资主体的积极性得以充分发挥,基本形成投资多元化的格局。特别是实行企业直接登记制,先登记企业,后选择投资项目,这一改革加快了与国际惯例接轨的步伐,受到投资者的欢迎,吸引了众多客商到琼中投资办企业。

第三节 计划编制

1991—2010年,琼中县编制执行20个年度计划,执行“八五”计划,编制和执行“九五”“十五”“十一五”计划。20年间,琼中县为适应市场经济需要,缩小指令性计划,扩大指导性计划和市场调节,适时调整计划。

一、年度计划编制与执行

从1991年起,年度计划编制的内容包括:上一年度国民经济和社会发展计划执行情况、当前经济社会发展中存在的主要问题、下一年度经济社会发展的总体要求和预期目标、下一年度经济社会发展的主要任务和措施等。

年度计划编制的一般程序有:调研收集分析资料,研究下一年度经济趋势,起草计划文本,征求县委、县政府及各部门意见,上县政府常务会、县委常委会研究,通过县人大审议通过,执行。

二、五年计划编制与执行

(一)"八五"计划(1991—1995年)

"八五"计划1991年已完成编制并开始颁布实施,1993年初进行调整,重点放在经济和社会发展的方向、任务、政策以及改革开放的总体部署上,在计划指标上做调整,缩减了指标范围,提高计划的科学性。计划确定全县的发展重点,提出调整结构、提高经济效益,特别在调整计划中突出发展农业、乡镇企业、第三产业为重点产业,确定国民经济发展的突破口。

"八五"计划执行情况。1995年,琼中县国内生产总值20827万元(以1990年不变价格计算),完成计划的106.8%,比1990年增长49.9%,年均增长8.4%,其中第一产业年均增长11.1%,第二产业年均增长10.8%,第三产业年均增长3.4%。三次产业比为53.7:14.0:32.3。全社会固定资产投资累计完成31167万元,完成计划的136.5%;公路通车里程达到1040公里,完成计划的94.5%;全社会货运量154万吨,完成计划的61.6%;邮电业务总量805万元,完成计划的217.6%;全社会消费品零售总额13633万元,完成计划的96.7%;地方财政收入3640万元,完成计划的173.3%;地方财政支出6524万元,完成计划的103.2%。

农村经济主要产品,除木薯、槟榔和人工造林外,其他主产品产量超额完成"八五"计划的年度产量计划。在水利建设方面,全县共建设小水利45宗,小型山塘水库6座,新增灌溉面积5460亩,改善灌溉面积67613亩,建设农村饮水工程256宗,改建农村小水电站3个,解决92个村、3433户、18900人的饮水困难。完成与省电联网,缓解县城生产生活用电紧张状况。

固定资产投资明显加快,全社会固定资产投资累计完成31167万元,完成计划的136. 5 %,比"七五"时期增长440.3%,年均增长40.2%。"八五"期间新增主要产品的生产能力为:白色硅酸盐水泥15000吨、轻质碳酸钙5000吨、重质碳酸钙8000吨。交通运输和邮电生产持续增长。建筑业生产经营稳定。1995年,建筑业总产值1140万元,比1990年增长380%,年均增长36.8%。

交通运输和邮电生产持续增长,1995年公路通车里程达到1040公里,完成计划的94.5%,比1990年增长13.7%,年均增长2.6%。已通车村委会96个。邮电业务总量805万元(按1990年不变价格计算),完成计划的217.6%,比1990年增长455.9%,年均增长40.9%。

国内贸易发展平稳,物价涨势较猛。1995年,全社会消费品零售总额13633万元,完成计划的96.7%,比1990年增长44.7%,年均增长7.7%。1995年物价总指数比"八五"计划增高0.87%。"八五"期间,进出口贸易额330万美元,比"七五"期间增长292%,年均增长31.3%,借用外国贷款150万美元,外商直接投资242.8万美元。

财政收入显著,金融和保险业发展较快。1995年,地方财政收入3640万元,完成计划的

173.3%,比1990年增长247%,年均增长28.2%。1995年,地方财政支出6524万元,完成计划的103.2%,比1990年增长106.8%,年均增长15.6%。1995年末,城乡居民储蓄存款余额33645万元,比1990年增长218.7%,年均增长26.1%。1995年,保险业务总收入732万元,比1990年增长198.8%,年均增长24.4%。

科技、教育、文化、广播电视、卫生、体育等社会事业全面发展。"八五"期间科学技术成果推广应用项目13个,比"七五"期间增加7个。1995年,全县普通初中、小学和幼儿园分别增长0.7%、3.8%和18.1%。报纸杂志发行分别比1990年增长23.7%和55.5%,广播人口混合覆盖率和电视人口混合覆盖率达到63%和85%,比1990年增长10%和11%。医院床位283张,平均每千人2.3张,专业卫生技术人员369人。

(二)"九五"计划(1996—2000年)

1996年制定,重点放在以经济建设为中心,加快产业结构优化调整,在保持第一产业较快增长的同时,发展提高第二产业,加速发展第三产业,合理开发利用和优化配置资源,控制环境污染,改善环境质量,保持生态平衡。以省内外市场为依托,加快改革开放进程,扩大工农产品的销售市场,发挥"龙头""支柱"产业作用,带动其他产业发展。

"九五"计划执行情况。2000年,国内生产总值36386万元。其中,第一产业增加值21662万元,年均增长9.55%;第二产业增加值4726万元,年均持平;第三产业增加值9998万元,年均增长1.3%。三次产业比为:59.5∶13∶27.5。全社会固定资产投资24500万元,年均增长10.3%;地方财政收入4392万元,年均增长3.8%;城镇居民可支配收入4242元,年均增长5.4%;农村人均纯收入1652元,年均增长17.2%。

产业结构调整初见成效,农村经济快速发展。在提高单产,增加总产的基础上,适当调减水稻种植面积,实行水田"两改",培育名牌产品,大力发展水果种植业。2000年,全县水田改制1.5万亩,改种8173亩,水果种植面积8.8万亩,荔枝、龙眼、红江橙成为省内外的名牌。

国有企业改革深化,企业市场竞争力提高。"九五"期间,国有企业实行结构调整、资产重组、承包经营、委托运营等有效措施,实施名牌战略,生产规模不断扩大,产品质量和经济效益明显提高,市场占有率进一步提高。

固定资产投资扩大,基础设施建设取得长足进展。固定资产投资重点向水、电、路、通信等基础产业倾斜。百花岭水库等一批水利项目建成投入使用,城乡电网建设和农电"两改一同价"工作进展顺利,农村通电率95.2%,全县95%以上的自然村通公路。

扶贫攻坚工作成效显著。"九五"期间,琼中县采取联手扶贫措施,农业、农村经济取得长足发展,农村人均纯收入取得大幅增长,年均增长17.2%,农村贫困面下降到3.6%,基本解决温饱问题。

生态建设步伐加快,生态保护取得明显成效。"九五"期间,全县植树造林28.4万亩,年均增长20.1%,破坏生态、毁林开荒现象得到遏制,退耕还林还草步伐加快,生态保护和生态建设协调发展。

社会事业全面发展。“九五”期间，普及九年义务教育在达标的基础上不断巩固和提高，并朝着素质教育方向迈进；广大农民都掌握1～2门实用技术；广播电视“村村通”工程进展顺利；2000年，广播电视综合覆盖率达93.8%；大力推进社会主义精神文明和民主法制建设，加强社会治安综合治理，着力改善社会治安环境。

（三）“十五”计划(2001—2005年)

2001年制定，重点放在以经济结构调整为主线，合理调整生产力布局，巩固提高第一产业，加速发展第二产业，全面提升第三产业。调整和完善所有制结构，发展非公有经济。加强基础设施建设，提高城镇化水平。培育新的经济增长点，扩大就业门路，增加城乡居民收入，提高人民群众的生活水平和质量。

“十五”计划执行情况。2005年，全县生产总值62635万元。其中，第一产业增加值32257万元，年均增长8.3%;第二产业增加值8831万元，年均增长13.3%；第三产业增加值21547万元，年均增长16.5%。三次产业比为51.5∶14.1∶34.4。全社会固定资产投资累计完成8.83亿元，年均增长29.1%；地方财政收入3273万元，年均增长7.9%；社会消费品零售总额15601万元，年均增长8.9%；城镇居民人均可支配收入和农民人均纯收入分别为6754元和1738元。县域经济呈现速度加快、结构改善、效益提高、活力增强态势，经济实力进一步增强。

深入推进国有企业改革，基本上完成对水泥厂和淀粉厂的转让；加大项目招商引资力度，引进金光制药项目、水力发电项目以及农产品加工和深加工项目；干部人事制度改革、县乡机构改革取得积极成果，乡镇由14个减少到10个；财税体制改革不断深化，理顺县乡财政体制、部门预算和收支两条线，政府采购改革不断深化，公共财政框架初步建立；全面取消农业税及农业特产税，县域经济发展的体制优势显著增强。

“十五”期间，全县固定资产投资完成8.83亿元，完成计划的88.3%；全县城乡电网建设和农村电网改造不断深入，累计投入8000多万元，改造高压线路627公里，改造低压线路490公里，改造率95.2%，农场并网率40%；完成对海榆中线和乌那线、牛营线改造，全面实施“通达工程”和“通畅工程”，乡村道路建设投入3924万元，新建和改造乡村道路88条，363公里；农田水利设施建设投入5802万元，新建和改造水利166宗，增强了农田水利灌溉能力；旧城改造和新城区开发拓展了城镇发展空间，城区面积不断扩大，生态环境和农村基础设施建设力度加大，生态环境质量进一步改善，累计完成造林面积27.9万亩，其中退耕还林11.2万亩，宜林荒山造林16.7万亩。

推进扶贫开发工作，减少贫困人口21680人，贫困乡村生产生活条件得到改善；劳务经济规模不断扩大，劳务收入成为农民增收的重要来源；城镇职工养老、失业和医疗保险基本实现全覆盖；就业和再就业工作取得明显成效，城镇登记失业率控制在4%以内；“十五”期间，全县农民人均纯收入年均增长6.23%；城镇居民人均可支配收入年均增长9.58%。城乡市场繁荣，商品供应充裕，人民群众生活质量提高，城乡居民消费结构升级。

社会事业投资大幅增长，社会发展的基础条件明显改善。农村科普工作进一步加强，一大批先进技术得到推广应用；优化教育资源配置，教育质量逐年提高；推进农村健康工程和乡镇中心卫生院建设;广播电视、文化体育事业快速发展。

(四)“十一五”计划(2006—2010年)

2006年制定,以国家扶贫开发、海南省实施中部开发战略为有利契机,做好“经济社会、城乡、区域、人与自然、改革与发展、保护与开发”六个统筹,加速推进工业化、城镇化和农业产业化进程,统筹社会各项事业,提高综合竞争力和人民生活水平。

“十一五”计划执行情况。经济持续健康发展,经济总量明显增加。通过不断调整和优化产业结构,实施和推广琼中模式小额信贷,加强技术培训,橡胶、槟榔等传统特色产业效益明显提高,桑蚕、养蜂、灵芝等新兴特色产业发展规模逐年壮大。同时,积极创造条件,发展特色农产品加工业,促进商贸、流通等服务业的发展。2010年,全县生产总值13.06亿元。其中,第一产业增加值6.26亿元,年均增长11.5%;第二产业增加值1.8亿元,年均增长15.1%;第三产业增加值5亿元,年均增长16.3%。三次产业比为46.1∶13.8∶40.1。地方财政收入1.03亿元,年均增长25.7%;全社会固定资产投资21.8亿元,年均增长19.8%;社会商品零售总额2.6亿元,年均增长17.8%;城镇居民可支配收入11902元,年均增长12%;农民人均纯收入3513元,年均增长15.1%。

社会事业取得重大进步,先后实施了一系列民生工程,长期困扰群众的上学难、就医难、住房难等问题明显改善。撤并了一批布局不合理的中小学校,新配备了一批教学设备,“两基”工作进一步巩固和提高。在全省率先启动了建设廉租房、经济适用房和改造基层卫生院职工危房工程。在巩固和提高农村合作医疗参合率的基础上,实施了城镇居民医疗保险制度;低保对象由农村居民向农垦职工、城镇居民延伸,补助标准逐年提高,网络不断拓宽。粮食综合直补、农机具购置补贴、良种良苗补贴、退耕还林补助等惠农政策得到全面落实,并全部实现“一卡通”发放。

改革开放深入推进,“乡财县管”财政管理制度改革、农村税费综合改革、集体林权制度改革、国有企业改制、义务教育阶段“两免一补”政策的实施、医药卫生体制改革的全面启动等重点领域和关键环节改革取得新突破,发展活力不断增强。

城乡基础设施建设力度加大,县城老城区建设力度加大,县二小路、百花岭路改造完工,百花廊桥、县宣传文化中心、万福隆商城、自来水厂等一批项目建成使用。县城新区开发有序推进,人气不断集聚。新客运站、“三月三”民族文化广场、乐园酒店等一批标志性建筑相继建成使用。同时,各乡镇多方筹集小城镇建设资金,快步推进各镇需求的美化、亮化、硬化和水、电、路网建设,积极打造环境优美、人居舒适的山区黎族苗族城镇,环境明显改善,城镇化水平逐步提高。农村水、电、路等基础设施得到加强。顺利完成58个自然村的扶贫开发整顿推进试点项目;全县消灭了无电村,87%的村委会通了水泥或柏油路,97%的农户住上了砖瓦房或楼房,90%的群众饮上了卫生水,57%的农户用上了沼气。

招商引资成效显著,出台了招商引资“限时办结制”“奖励办法”等制度,对大项目实行县领导一对一的挂钩跟踪服务,把责任分解到单位、个人。尤其是以“项目建设年”和“三园”建设为载体,狠抓项目落实,大打项目攻坚战和工业翻身仗。加钗农业生态产业园、湾岭农副产品加工园建设加快推进，早期入园企业全部动工建设，相继投产。萤石矿精加工厂、华盛新人造板厂、百花岭体育公园等一批投资上亿元的大项目相继动工，成为琼中二、三产业经济发展新亮点。

生态环境保护进一步加强，累计完成造林面积51318亩，其中退耕地造林0.4万亩，宜林荒山造林47318亩，森林覆盖率达到81.67%，生态环境质量进一步改善。

第四节 项目管理

一、项目审批

1991年，琼中县的项目审批主要执行1989年以来国家制定的关于适当集中新开工项目审批权限的有关规定，在2005年12月《产业结构调整指导目录》发布后，该目录是引导投资方向，政府管理投资项目，制定和实施财税、信贷、土地、进出口等政策的重要依据。1991—2010年，琼中县未另行制定鼓励类、限制类和淘汰类清单，主要执行国家《产业结构调整指导目录》。

《产业结构调整指导目录》分为鼓励类、限制类和淘汰类。不属于上述三类，但符合国家法律、法规和政策规定的，为允许类，允许类不列入目录。鼓励类主要是指对经济社会发展有重要促进作用，有利于节约资源、保护环境、产业结构优化升级，需要采取政策措施予以鼓励和支持的关键技术、装备及产品。限制类主要是指工艺技术落后，不符合行业准入条件和有关规定，不利于产业结构优化升级，需要督促改造和禁止新建的生产能力、工艺技术、装备及产品。淘汰类主要是指不符合有关法律法规规定，严重浪费资源、污染环境、不具备安全生产条件，需要淘汰的落后工艺技术、装备及产品。

二、项目建设

自“九五”计划开始，琼中县把项目争取工作提升为全局性、战略性的高度来抓，围绕国家重点投向、重大生产力布局、统筹城乡重大改革试点、新型城镇化推进等方面，谋划琼中县未来发展的重大项目。其中，2000年开始实施的县城供水项目，总投资2070万元，日供水3万吨，可解决县城人口的生活用水及工业生产用水；修建长征至吊罗山公路、营根至中平公路、和平至长兴公路，总投资7310万元，道路总长87公里，沿途受益群众近15万人；实施全县农村电网10千伏建设改造项目，总投资4926万元，新建线路400公里，改造线路310公里，解决全县农村用电难、用电贵问题；建造百花岭电视发射塔，总投资309万元，解决全县80%的村庄看电视难问题。

第二章 工商行政管理

第一节 机 构

1991年,琼中县工商行政管理局内设行政秘书股、合同股、企业登记股、经济检察股、商标管理股、个体股、市场股、人事股8个股,下辖营根、乌石、新进、大丰、阳江、红毛、长征、吊罗、和平、中平、湾岭、加钗、黎母山、上安、岭头、什运16个工商行政管理所。全系统干部职工149人。1994年,营根集贸市场被评为1993—1994年度、1995—1996年度省级文明集贸市场。1997年,营根工商所被省工商局评为"为人民服务,树行业新风"文明示范单位。1998年,县工商局上划归海南省工商行政管理局直接管辖,实行机构改革和人员分流。至1998年12月,县工商局全系统有在职人员157人,局内设机构8个,下设16个工商行政管理所。

2001年,营根工商所被海南省人事劳动保障厅和海南省工商局联合授予集体二等功。2004年4月,乡镇工商所进行调整,撤销湾岭、加钗、黎母山、上安、岭头、什运6个乡镇工商所,保留营根、乌石、新进、大丰、阳江、红毛、长征、吊罗、和平、中平10个工商所。同年,营根工商所被国家工商总局评为"全国先进工商所"。2008年,琼中县工商局被海南省工商局评为"业务信息系统推广应用先进工作单位"。2009年11月,增设12315投诉举报中心。县局内设有办公室、企业注册监督管理股、市场监督管理股、经济检查监督管理股、个体私营经济监督管理股、商标广告监督管理股;下设2个常设群团组织机构,即个体私营经济协会和消费者协会。

2010年,琼中县工商局被海南省工商局评为"全省工商系统队伍教育管理活动先进集体""2010年度商标工作先进单位"。至2010年底,琼中县工商局内设机构7个股(室),分别为:办公室、企业注册监督管理股、市场监督管理股、经济检查监督管理股、个体私营经济监督管理股、商标广告监督管理股、法制股,2个协会(个体私营协会、消费者协会)。全局(含乡镇所)有公务员101人,另有离岗退养人员和离退休人员13人。

第二节 市场管理和消费维权

一、市场管理

1991—2010年,县工商局共查处各类经济违法违章案件2210件,罚没金额23万元。在查处的案件中,涉及的案件类型主要有不正当竞争案件、投机倒把案件、侵害消费者权益案件、传销案件和变相传销案件、其他违法违章案件等。

1991年,县集贸市场发展到10个,集贸市场成交额400万元,摊位户380户。1992年,农贸市场采取"三个限制"(限制经营范围、限制摊位垄断、限制私扩摊位),实行"开放、吸引、管理、服务"的方针,全县集贸市场成交额500万元。1993年,市场管理坚持"管理、收费、服务"三兼顾原则,积极开展市场"十查"(一查经营主体资格,二查进货票证,三查市场开办者,四查食品质量,五查虚假宣传,六查不合格食品,七查进口食品,八查经营场所,九查生产卫生,十查食品经营从业人员)、"十服务"(窗口服务、常规服务、品牌服务、特殊服务、应急服务、定期服务、预约服务、组团服务、自助服务、互助服务)活动,市场成交额600万元。

1997年,琼中县市场管理走上正轨,逐步规范化,实行摊位证、信誉卡制度,坚持亮照经营,取缔无照经营。1998年,在"放而有度,管而有法,活而有序"的市场管理原则下,全面推行集贸市场规范化管理。1999年,配合农资部门,宣讲政策法规,理顺农资经营渠道,较好地维护了农资市场的经营秩序,市场成交额1500万元。2000年,县组织整治队,彻底整治离店经营状况;对欺行霸市、哄抬物价、掺杂使假、以次充好、以劣充优、以假充真和短斤少两的不法菜霸、肉霸、鱼霸予以坚决打击;县工商局鼓励帮助农民入城经营,农村贩运队伍逐步扩大,商品流通更加活跃,2000年全县共有农民贩运户26户,市场成交额达2500万元,培育发展市场15个,查处个人经营农资0.3吨,并积极开展了"扫黄打非"工作。

2001年,各类商品上市成交额达3000万元,查处无照从事粮食加工经营4户,查扣稻谷3吨、大米0.8吨。2002年兴建了中平农贸市场、和平市场、吊罗市场,市场成交额达3500万元。2003年市场各类商品上市成交额达4000万元,进一步加强和规范了市场管理,在全县各大集贸市场推行市场巡查制。

2009—2010年,加强对食品安全的监管力度,实行商品准入制,对全县经营食品批发零售的60家超市建立了市场准入制度,县工商局为各基层分局配备了食品快速检测箱,对全县各大市场每天上市的蔬菜、瓜果、水产品等食品进行抽检。累计出动5200人次,160车次,对全县食品生产销售经营户进行检查和规范,查处食品案件160起,案值100多万元。

二、消费维权

1994年3月15日琼中县消费者协会成立,由全县各方面消费者代表依法组成,属县政府领导,归琼中县工商局管理。消费者协会是依据《中华人民共和国消费者权益保护法》的规定,履行对商品和服务进行社会监督职能,保护消费者合法权益的社会团体。机构设在县工商局内,实行会长领导下的秘书长负责制,有基层消费者协会分会13个,有法院、技术监督局、卫生局、防疫站、城建局、物价局等10个理事单位。

1993年,吸纳个体会员547人;1996年,个体会员增至2608人,吸纳私营企业团体会员29户;2000年,个体会员数增至3878人,私营企业团体会员62户;2010年,个体会员数增至6468人,私营企业团体会员402户。

1991—2010年,县消费者委员会先后接受投诉321件,受理解决321件,挽回经济损失5万元。

第三节 企业登记

1991年,全县共有企业139户,从业人员25930人、注册资金26858.49万元。1993年,海南省出台了《海南经济特区企业法人登记管理条例》,在全国率先实施以“直接登记制”为主要内容的企业法人登记制度改革,规定工商登记采取“先照后证”方式,降低准入门槛,除了设立金融、保险业的企业法人和发行个人股份的股份制企业法人需要按国家规定办理登记外,投资者可以先登记注册成立企业法人,后申办行政许可。这一登记制度当时在全国处于领先地位,但后来因种种原因在实施过程中出现反复,部分行业甚至恢复了“先证后照”的登记制度。

至1996年,全县企业达361户,从业人员41975人、注册资金60079.09万元。此后,琼中县对部分企业实行转制,并进一步规范了企业的登记管理,严格企业登记注册条件,对不符合登记条件的企业予以撤销,转为个体或私营企业登记。规范登记管理后,至2000年全县共有企业510户,从业人员43766人,注册资金80031.32万元。

2008年,琼中县拓宽直接融资渠道,指导、帮助企业进行股权、债权和产权等直接融资,支持鼓励农民成立专业合作社,共成立31家,从业人员432人,注册资金3821.92万元。2009年,全县第一家外资企业分支机构注册登记成功,从业人员8人。至2010年12月,全县外资企业仅注册分支机构3家,从业人员41人。

1991—2010年,琼中县工商局依照《企业年检办法》和国家总局、省工商局的安排要求,认真结合琼中县实际情况,全面实施年检工作,在年检中严格审查年检资料,规范企业档案资料,及时采集企业动态信息、丰富企业经济户口内容。为了加强扶持企业力度,在年检中积极实行规范服务、引导服务、及时服务、预约服务、延时服务、上门服务等6项服务措施,设立年检“绿色通道”，对下岗职工、残疾人、老年人和大学生开办的企业，年检审核员当场受理、当场审查、当场录入，做到即来即办。共吊销企业营业执照227份，占企业总数的0.2%。自2001年起，根据国家工商总局的通知要求，琼中县工商局迅速对“三无”企业（即无资金、无场地、无机构）和无照经营活动进行专项整治，琼中县范围内未发现有“三无”企业，但查处无照经营案件490起，罚没款75700元。

1991—2010年琼中县工商市场主体情况一览表

表7-1　　　　单位：户、人、万元

年份	合计			其中											
				内资企业			外资企业			个体户			农民专业合作社		
	户数	从业人员	注册资金	户数	从业人员	注册资金	户数	从业人员	注册金	户数	从业人员	注册资金	户数	从业人员	注册资金
1991	162	25976	26887.94	139	25930	26858.40	–	–	–	23	46	29.45	–	–	–
1992	194	33071	33515.14	163	33014	33481.69	–	–	–	31	57	33.45	–	–	–
1993	240	37206	47529.24	201	37139	47488.89	–	–	–	39	67	40.35	–	–	–
1994	313	40671	53287.25	265	40592	53243.19	–	–	–	48	79	44.06	–	–	–
1995	382	41616	58688.62	327	41529	58640.99	–	–	–	55	87	47.23	–	–	–
1996	442	42097	60148.69	361	41975	60079.09	–	–	–	81	122	69.6	–	–	–
1997	506	42745	69276.47	400	42593	69194.79	–	–	–	106	152	81.68	–	–	–
1998	549	43179	75547.24	432	43026	75459.09	–	–	–	117	171	88.15	–	–	–
1999	598	43501	77663.83	460	43303	77553.04	–	–	–	138	198	110.79	–	–	–
2000	1133	44706	80724.63	510	43766	80031.32	–	–	–	623	940	693.31	–	–	–
2001	1241	45104	82199.52	547	44068	81385.82	–	–	–	694	1036	813.7	–	–	–
2002	1321	45462	83664.59	590	44368	82806.82	–	–	–	731	1094	857.77	–	–	–
2003	1403	45951	91465.26	637	44802	90575.42	–	–	–	766	1149	889.84	–	–	–
2004	1643	46778	98449.15	678	45324	97311.42	–	–	–	965	1454	1137.73	–	–	–

续表1

年份	合计			其中											
	户数	从业人员	注册资金	内资企业			外资企业			个体户			农民专业合作社		
				户数	从业人员	注册资金	户数	从业人员	注册金	户数	从业人员	注册资金	户数	从业人员	注册资金
2005	1863	47891	107860.74	733	46173	106511.92	–	–	–	1130	1718	1348.82	–	–	–
2006	2106	48681	118941.71	775	46675	117224.92	–	–	–	1331	2006	1717.79	–	–	–
2007	2348	49475	128455.05	818	47122	126080.92	–	–	–	1530	2353	2374.13	–	–	–
2008	2735	51340	139536.78	870	48118	132579.91	–	–	–	1841	2862	3348.62	24	360	3608.25
2009	3097	53184	153411.66	931	49346	145375.92	1	8	0	2126	3284	4138.64	39	546	3897.10
2010	3514	55042	216987.27	1015	50480	206653.42	3	41	0	2444	3785	5594.95	52	736	4738.90

第四节 商标广告管理

1991年全县申报商标注册2件，获准2件；1992—1994年，申报商标注册7件，全县广告经营额1000万元。1992年，查处非法印制商标案1件；1995年《广告法》实施后，琼中县工商局发放宣传手册200份、悬挂横幅10条，宣传《广告法》。同年，申报商标注册1件，申请户外广告10户，查处商标广告违法违章案1件。1996年，申报商标注册1件，全县广告经营额600万元，

2000年，申报商标注册2件；同年，建立对商标印制企业的定期检查制度，督促印制企业建立商标、广告印制、审查及内部管理制度。2006年，琼中县水果技术服务中心申报"琼中绿橙"地理性商标得到核准。2007年，"黎村""乌石红""乌石富乐尔""绿强"商标获准注册。2008年，"盛璟园""掬月园""WS"获准注册，同时引进LED液晶滚动显示屏，用于商标广告管理宣传。2010年，"黎母山""壹蜂源""白马岭""阳江永华""琼中蜂蜜""金真金""阿西罗拉"商标获准注册。至2010年12月底，全县有地理性商标2件（琼中绿橙、琼中蜂蜜），省著名商标2件（奔鹿牌淀粉、琼中绿橙）。

1995—2010年琼中县广告发放情况一览表

表7-2

年份	发放宣传手册(份)	悬挂横幅(条)	播放LED显示屏(条)	申请户外广告(户)
1995	200	10	0	10
1996	300	12	0	9
1997	230	8	0	16
1998	320	10	0	24
1999	320	12	0	18
2000	300	11	0	20
2001	270	12	0	10
2002	350	10	0	18
2003	400	11	0	27
2004	290	13	0	31
2005	340	10	0	28
2006	320	11	0	36
2007	410	16	0	29
2008	360	16	2791	21
2009	400	15	3184	39
2010	500	20	5719	45

注:1991—1994年无统计

第三章 价 格

第一节 机 构

1991—1995年,琼中县物价局为县政府组成部门(正科级),行政编制7人,领导职位一正二副。下设物价检查所(股级事业单位),配编制5人。

1996年1月20日实行机构改革,统计局与计划局合并,称县计划统计局,挂物价局牌子,设有价格、收费2个岗位,物价局长由计划统计局长兼任。计划统计局隶属事业机构有物价检查所,事业编制5人;价格事务所(1998年设立事业机构,职能为价格服务,没有单独编制,人员由物价局、物价检查人员兼职),隶属机构领导职位各配所长1名。

2002年9月18日撤销县计划统计局,设立县发展计划局,内设物价局,设有价格岗和收费岗2个岗位。物价局长由发展计划局副局长兼任;计划局属事业机构,有物价检查所,人员编制5人;价格认证中心(2003年由价格事务所更名),没有人员编制。

2004年2月18日撤销县发展计划局,设立县发展和改革局,内设物价局,物价局长由发展和改革局副局长兼任。发展改革局下属机构有行政机构价格监督检查所(2009年转为行政编并更名),人员编制7人;事业机构价格认证中心,人员编制3人,配主任1名,由物价局长兼任。

2010年7月29日撤销县发展和改革局,设立县发展和改革委员会,内设物价局,设价格、收费、监测3个岗位,物价局长由发展和改革委副主任兼任;隶属发展改革委的行政机构有价格监督检查所,人员编制7人,配所长1名、副所长1名;事业机构价格认证中心,人员编制3人,配主任1名,由物价局长兼任。

第二节 价格体制改革

琼中县价格体制改革与国家、海南省的价格改革同步进行。1991—2010年,农副产品的肉、禽、水产品,工业消费品的钢筋、水泥,生活消费品的食用油、布料、烟酒、粮食价格等商品价格逐步放开。全县商品的价格几乎全面放开,实行以市场调节价格为主,政府指导价和政府定价品种所剩不多,仅有电力、自来水、部分药品、客运票、成品油、食盐等重要能源和少部分涉及民生商品(服务)的价格由政府定价。为确保农民利益,对早晚籼稻收购实施保护价政策;对民生用液化石油气、旅游客房价格实行政府指导价和价格备案管理。1998年10月1日,《中华人民共和国价格法》颁布实施,价格管理工作步入法制化轨道。

第三节 价格管理

一、物价监管

20世纪90年代初,受到经济体制和价格体制改革的影响,琼中县的商品价格与全省各地一样呈现上涨势头,价格涨幅在两位数以上,严重影响广大人民群众的生产、生活。1993—1994年对价格过高商品实行物价补贴,1995年、1996年县政府对猪肉、活禽等部分农副产品价格实行最高限价,同时加大对生产、流通环节的清理整顿,基本抑制了全县物价上涨的势头。

2008—2010年受国际金融风暴影响,全县通货膨胀随之出现。在此期间,琼中县物价局根据省物价局有关文件精神,制订了控价方案报经县政府批准,出台一些调控措施,如对部分重要商品及服务实行临时价格干预,主要干预品种有成品粮、食用植物油、牛奶、化肥、河沙和水泥等,对这些产品实行调价备案制度。2010年对低收群体实行物价联动补贴,发放补贴资金114.06万元,其中住房困难补贴621户,金额6.52万元;城镇低保2294户7371人,金额66.33万元;农村低保1110户3879人,金额34.91万元;农村五保户661户699人,金额6.29万元。

二、水价改革

(一)城镇自来水价格调整

1993—1994年,县政府对自来水价格进行调整:居民生活用水由原来的0.40元/吨调整到0.48元/吨,第三产业用水由原来的0.50元/吨调整到0.80元/吨,生产用水(指工业)由原来的0.55元/吨调整到0.60元/吨,基建用水由原来的0.55元/吨调整到1.00元/吨。

2006年10月,县物价局召开城镇自来水价格调整听证会,征求社会各界意见和建议。经县政府同意,报省物价局批准,2007年3月1日调整县城自来水价格:生活用水由0.8元/立方米提高到1.10元/立方米,经营服务业用水由1.80元/立方米提高到2.10元/立方米。

(二)污水处理费开征

2008年开征污水处理费,居民污水处理费0.4元/立方米,城镇居民最低生活保障对象污水处理费财政补贴一半,即0.2元/立方米,其他用户污水处理费0.7元/立方米。

三、客运票价改革

1994年,根据琼中市场情况,为了规范县城客运三轮摩托车客运价格,对价格进行政府定价管理,票价1元。

2009年,规范公路客运票价,根据车辆型号等级规定上限运价:高二级0.26元/公里,高一级0.23元/公里,中级0.19元/公里,普通0.15元/公里。

四、价格执法

1988年县物价局设物价检查所,2009年更名为琼中黎族苗族自治县价格监督检查所(保留琼中黎族苗族自治县价格举报中心牌子)。内设市场价格检查岗、收费检查岗、价格举报岗,人员编制6名。其中,所长1名,副所长1名,一般干部4名。机关工勤人员财政预算拨款事业编制1名。

1991—2010年,琼中黎族苗族自治县价格监督检查所充分发挥价格行政执法职能,共查处各类价格违法行为191件,查处违法金额240万元,其中退还用户77.5万元,没收违法所得21.9万元,罚款金额12.5万元,上缴财政金额34.4万元。1991—2010年间琼中县贯彻落实省政府一系列治乱减负精神,认真开展治乱减负工作,前后取消了60多项收费项目,免收4项,降低8项,停止收费2项。2010年行政事业性收费和经营服务性收费仍按省的规定,执行收费许可证管理、年审工作制度管理和收费公示制度管理。

五、价格认证与评估

1991—1997年,价格鉴定评估工作处于不规范、不统一的初始阶段,没有设立专门机构,其业务列入物价局正常行政业务范围。随着市场价格的放开、物价职能的转变,价格服务工作步入正轨，1995年成立琼中黎族苗族自治县价格事务所。1995—1997年间，主要业务涉及司法财物估价和少数财物评估，据不完全统计，约有500多件，估价600多万元。1998年更名为琼中县价格认证中心后，各项工作步入规范，业务量增大，涉及领域包括司法案件价格鉴定、纪检案件价格鉴定、财物评估、拆迁补偿评估和涉税财物认定等。

1998—2010年，价格认证中心（前身为价格事务所）累计出具各类价格鉴证报告2308件，价格认证总价值3500万元，其中：涉案价格鉴证2300起，价格鉴证值690万元；涉纪1起，1000万元；征地拆迁财产评估3起，评估总值60万元；土地评估5件，评估值300万元，为县经济发展和社会和谐稳定做出了贡献。

第四节 商品价格

1991—2009年，市场价格体制逐步形成，逐步形成以市场调节价为主，政府指导价、政府定价等价格形式并存的价格体制模式，市场形成的价格比重占95%以上。工业消费品除了食盐、药品、黄金制品、报刊、教材等少数重要商品仍由政府定价管理外，其余已全部放开，市场形成价格占96%以上；生产资料价格除了石油、化肥、农药、电力、农膜、天然橡胶等由中央和省管理，其余品种的价格全部放开；第三产业除了交通、邮电、城市公用事业、医疗卫生等垄断性行业和旅游、物业管理仍实行政府定价或指导价管理，其余全部放开。1992年7月1日按省的规定，将钢材、水泥、成品油等生产资料向市场调节价并轨；1993年6月1日起放开粮食价格和经营；1993年，公路客运运价基价调整，从原来的0.0425元提高到0.0508元。1994年，成品油价格并轨油料差价也相应并入运价基数，公路客运运价实行“下保基价，上浮限价”的政策指导价管理，浮动幅度为30%。2006年按照省规定，对民用液化石油气销售价格实施政府指导价管理。

至2010年末，除电力、自来水、石油等关系国计民生的重要商品由政府定价外，其余商品的价格均已市场化。

2010年琼中县主要副食品价格一览表

表7-3

序号	商品名称	规格、等级	指标解释	单位	产地	价格
食用油						
1	菜籽油	散装	统一填报棕榈油	元/500克	—	6
2	大豆油	散装	—	元/500克	—	—
3	花生油	一级桶装	压榨（鲁花牌）	元/5升	—	122.9
4	花生油	散装	—	元/500克	—	14

续表1

序号	商品名称	规格、等级	指标解释	单位	产地	价格
5	大豆调和油	一级桶装	浸出(金龙鱼牌)	元/5升	—	62
肉禽蛋						
6	鲜猪肉	精瘦肉	—	元/500克	—	12
7	鲜猪肉	肋条肉	五花肉	元/500克	—	9
8	鲜猪肉	排骨	—	元/500克	—	18
9	鲜牛肉	新鲜去骨	—	元/500克	—	37
10	鲜羊肉	新鲜去骨	—	元/500克	—	38
11	鲜羊肉	新鲜带骨	—	元/500克	—	38
12	活鸡	活肉鸡1～1.5公斤	土鸡	元/500克	—	10
13	鸡肉	白条鸡、开膛上等	小种鸡	元/500克	—	12
14	鸡蛋	新鲜完整鸡场蛋	普通(罗牛山或本地产)	元/500克	—	6
水产品						
15	带鱼	冻250克左右	—	元/500克	—	17
16	草鱼	活1000克左右1条	—	元/500克	—	12
17	鲤鱼	活500克以上1条	—	元/500克	—	8
18	虾	活30～50尾/公斤	养殖基围虾	元/500克	—	20
19	螃蟹	活6～10只/公斤	活肉蟹	元/500克	—	45
20	罗非鱼	当地主销	—	元/500克	—	4.5
22	金鳞鱼	8～10尾/公斤	又称为金线鱼	元/500克	海南	13
蔬菜						
23	菜心	新鲜一级	—	元/500克	—	2.5
24	生菜	新鲜一级	—	元/500克	—	2.5
25	芹菜	新鲜一级	—	元/500克	—	3
26	小白菜	新鲜一级	(本地产)	元/500克	—	2
27	萝卜	新鲜一级	白萝卜	元/500克	—	2

续表2

序号	商品名称	规格、等级	指标解释	单位	产地	价格
28	茄子	新鲜一级	—	元/500克	—	1.5
29	土豆	新鲜一级	—	元/500克	—	2.5
30	胡萝卜	新鲜一级	—	元/500克	—	2.5
31	青椒	新鲜一级	柿子椒	元/500克	—	2.5
32	尖椒	新鲜一级	—	元/500克	—	2.5
33	圆白菜	新鲜一级	包心菜、卷心菜	元/500克	—	1.8
34	豆角	新鲜一级	扁豆	元/500克	—	2
35	蒜苔	新鲜一级	—	元/500克	—	5
36	韭菜	新鲜一级	—	元/500克	—	2
37	黄瓜	新鲜一级	—	元/500克	—	1.5
38	西红柿	新鲜一级	—	元/500克	—	3
39	油菜	新鲜一级	—	元/500克	—	2.5
40	空心菜	新鲜一级	—	元/500克	—	1.5
41	地瓜叶	新鲜一级	—	元/500克	—	2
水果						
42	芦柑	一级	—	元/500克	—	
43	苹果	红富士一级	—	元/500克	—	6
44	香蕉	海南产一级	—	元/500克	—	1
45	西瓜	当地主销一级	—	元/500克	—	2
副食品						
46	豆腐	无包装	盐豆腐	元/500克	—	3
47	食用盐	精制含碘盐	—	元/500克	—	1.5
47	白砂糖	当地主销(散装)	—	元/500克	—	2.5
49	红糖	当地主销(散装)	—	元/500克	—	3.8
50	酱油	当地主销 瓶装500毫升	生抽	元/瓶	—	6
51	醋	当地主销 瓶装500毫升	—	元/瓶	—	4.5

续表3

序号	商品名称	规格、等级	指标解释	单位	产地	价格
52	鲜牛奶	纯牛奶250毫升/盒	利乐砖装	元/盒	—	2.8
粮食						
53	早籼米	标一	—	元/500克	—	2.3
54	晚籼米	标一	—	元/500克	—	2.3
55	粳米	标一	—	元/500克	—	2.7
56	面粉	标准粉	—	元/500克	—	2.2
57	面粉	富强粉	—	元/500克	—	2.5
其他						
58	液化气	14.5公斤装	—	元/瓶	—	125

第五节 价格监测与成本调查

一、价格监测

1991—2010年，根据省物价局、省价格监测中心的安排，琼中县主要监测品种有日用生活消费品，如金龙鱼调和油、精瘦肉、五花肉、猪排骨、牛肉、西红柿、豆角、胡萝卜、羊肉、光鸡(开膛上等)、光鸭、菜心、青椒、土豆、生菜、地瓜叶、燃气等120多个品种；农业生产资料如化肥、农药、成品油等；公用(公益)服务价格如水价、客运票价和行政事业性收费(如教育收费、公安、林业收费)等。每月定期上报价格监测表和相关的分析材料。为分析、预测市场价格变化提供科学数据，为党委政府提供决策服务。1996年，琼中县物价局被海南省物价局评为全省价格信息工作先进单位；2007年，琼中县物价局黄进民被国家发展改革委评为全国收费统计工作先进个人。

1995年10月13日琼中县农副产品市场价格旬报表

表7-4

品名	规格等级	计量单位	价格(元)		品名	规格等级	计量单位	价格(元)	
			本日	上年同期				本日	上年同期
面粉	富强粉	公斤	3.50	3.00	鸡蛋	新鲜完整	公斤	12.00	—
粳米	标一	公斤	3.60	3.600	福寿鱼	中等	公斤	12.00	—

续表1

品名	规格等级	计量单位	价格(元)		品名	规格等级	计量单位	价格(元)	
			本日	上年同期				本日	上年同期
籼米	标一	公斤	3.20	2.60	红线鱼	中等	公斤	—	—
黄豆	一等	公斤	3.80	3.10	鲢鱼	中等	公斤	9.00	—
大白菜	一等	公斤	3.00	3.00	带鱼	中等	公斤	—	—
韭菜	一等	公斤	3.40	4.20	苹果	一级	公斤	6.40	6.40
黄瓜	一等	公斤	2.00	3.80	柑	一级	公斤	4.00	3.00
西红柿	一等	公斤	4.00	—	梨	一级	公斤	6.20	6.00
茄子	一等	公斤	2.60	3.60	菠萝	一级	公斤	—	—
萝卜	一等	公斤	2.00	3.60	西瓜	一级	公斤	—	—
青椒	一等	公斤	3.80	4.50	果蔗	中等	公斤	1.00	0.60
土豆	一等	公斤	—	—	椰子	中等	公斤	—	—
豆腐	水豆腐	—	2.00	2.00	胡椒	二级	公斤	—	—
猪肉	去骨统肉	公斤	14.00	13.00	益智	中等干果	公斤	—	—
瘦猪肉	新鲜	公斤	22.00	—	槟榔	中等鲜果	公斤	—	—
牛肉	去骨统肉	公斤	16.00	14.00	咖啡	中等咖啡豆	公斤	—	—
羊肉	去骨统肉	公斤	30.00	26.00	番薯	中等新鲜	公斤	1.20	0.70
活鸡	本地顶鸡	公斤	26.00	—	花生油	二级	公斤	15.00	12.00
白条鸡	中等开膛	公斤	18.00	—	稻谷	中等	50公斤	—	—
活鸭	中等	公斤	12.00	—	生猪	出肉率63%～65%	50公斤	505.00	380.00

1995年10月13日生产资料市场成交价格报表

表7-5

品名	规格等级	计量单位	价格(元)		品名	规格等级	计量单位	价格(元)	
			本日	上年同期				本日	上年同期
一、钢	—	—	—	—	1.水泥	425#普通硅酸盐	吨	390.00	430.00
1.元钢	10～20毫米	吨	—	—	—	525#普通硅酸盐	吨	—	—
2.角钢	2-6#	吨	—	—	2.平板玻璃	普通3毫米	重量箱	—	—
3.螺纹钢	18～25毫米	吨	—	—	3.红砖	5×10×20	千块	250.00	—
4.线材	6.5毫米	吨	—	—	4.石灰	氧化钙	吨	50.00	50.00
5.薄板	1毫米	吨	—	—	5.沙	河沙	立方米	—	—
6.镀锌板	0.5毫米	吨	—	—	6.石料	碎石	立方米	—	—
7.重轨	60公斤/米1174	吨	—	—	六、木材类	—	—	—	—
二、有色金属	—	—	—	—	1.松原木	二等长4～5.8径14-28米	立方米	—	—
1.铜	1#电解铜	吨	—	—	2.杉原木	二等长4～5.8径14～28米	立方米	—	—
2.铝	1#电解铝	吨	—	—	3.胶合板	五合板5×6厚5毫米	每张	—	—
3.铅	1#电解铅	吨	—	—	七、化肥类	—	—	—	—

续表1

品名	规格等级	计量单位	价格(元)		品名	规格等级	计量单位	价格(元)	
			本日	上年同期				本日	上年同期
4.锌	1#精锌	吨	—	—	1.尿素	含N是46%	公斤	2.60	—
三、燃料类	—	—	—	—	2.硫酸氢铵	含N是17%	公斤	—	—
1.无烟煤	—	吨	—	—	3.过磷酸钙	含磷量18%	公斤	0.80	—
2.烟煤	一般用	吨	—	—	4.硫酸钾	含钾量48%	公斤	—	—
3.汽油	90#车用	吨	4600	—	八、农药类	—	—	—	—
4.柴油	0#轻柴油	吨	2900	—	1.钾铵磷	含量50%	公斤	23.00	19.00
四、化工燃料类	—	—	—	—	2.敌百虫	90%乳剂	公斤	20.00	—
1.烧碱	固体含量≥98%	吨	—	—	3.稻瘟净	45%~50%乳剂	公斤	20.00	10.00
2.纯碱	含量≥98%一级品	吨	—	—	4.乐果	40%乳剂	公斤	21.00	16.00
3.硫酸	含量≥98%	吨	—	—	九、其他类	—	—	—	—
4.聚乙烯	高压工业用	吨	—	—	1.农用塑料薄膜	聚氯乙烯	公斤	—	—
5.合成橡胶	丁笨橡胶	吨	—	—	2.农用塑料地膜	聚乙烯	米	1.00	1.00
五、建材类	—	—	—	—	混合资料	鸡资料	公斤	3.20	3.20

1995年10月13日工业消费品价格及服务收费标准报表

表7-6

品名	规格等级	计量单位	价格(元)		品名	规格等级	计量单位	价格(元)	
			本日	上年同期				本日	上年同期
一、食品类	—	—	—	—	1.自行车	男26型一级品	架	360.0	360.00
1.精盐	再制盐	袋500克	1.20	1.00		山地车	—	—	—
2.酱油	二级瓶装	瓶	4.50	3.50	2.洗衣机	全自动	—	—	—
3.醋	二级瓶装	瓶	1.50	1.50	3.电冰箱	国产双门180立升	—	—	—
4.白沙粮	国产机制一级	公斤	5.60	5.00	4.彩色电视机	国产21英寸平面直角服控	架	3600.00	—
5.鲜牛奶	瓶装消毒	公斤	—	—	5.黑白电视机	国产17英寸	架	650.00	—
6.宝岛香烟	软包装	盒	2.50	2.00	6.录像机	国内组装自定	台	—	—
7.红塔山香烟	软包装	盒	10.00	11.00	7.空调机	KC18	—	—	—
二、衣着类	—	—	—	—	8.抽油烟机	双孔全自动	—	—	—
1.白细布	36"32×32 79.5×78	—	—	—	9.冰柜	100立升	—	—	—
2.汗衫	32支普梳精漂园领95厘米	件	11.00	7.50		150立升	—	—	—

续表1

品名	规格等级	计量单位	价格(元)		品名	规格等级	计量单位	价格(元)	
			本日	上年同期				本日	上年同期
3.背心	32支普梳精漂园领95厘米	件	9.00	6.00	10.小轿车	上海桑截那	—	—	—
4.棉毛衫	32S 95厘米	件	17.00	12.00		天津夏利	—	—	—
5.纯毛毛线	272号	公斤	—	—	五、服务收费类	—	—	—	—
6.混纺毛线	670号毛晴混纺70/30	公斤	—	—	1.居民住房租金	混合租价	平方米	0.25	—
7.絮棉	梳棉	公斤	—	—	2.自来水	生活用水	吨	0.48	—
	棉胎	4斤	—	—	3.电	民用220伏	度	0.45	—
三、一般日用品	—	—	—	—	4.学杂费	—	学期	—	—
1.牙膏	中号	支	3.00	3.00	5.托儿所	—	月	—	—
2.肥皂	地产一级品	条	1.20	1.10	6.公共汽车票	—	张	—	—
3.洗衣粉	B级500克袋装	袋	4.80	2.80	7.挂号	西医复诊	次	0.50	0.50
4.卫生白纸	短卷纸	卷	1.20	1.20	8.电影票	一级影院混合平均价	张	3.00	3.00
5.蜂窝煤	—	百公斤	—	—	—	—	—	—	—
6.液化石油气	15公斤瓶装	瓶	42.00	62.00	—	—	—	—	—
四、机电消费品	—	—	—	—	—	—	—	—	—

二、农业成本调查

1991—2010年，琼中县农产品成本调查项目品种主要有生猪、水稻、茶叶和木材4项常规调查，专项调查有农户种植意向、农户存粮、农户购买生产饲料及价格等5项。

1997—2010年，由于调查品种的调整需要，取消茶叶和木材2个品种，增加水稻1个品种。全县的农业成本调查具体调整为:(1)常规调查为生猪、早籼稻和晚籼稻的成本收益调查。(2)专项调查。主要是农户种植意向调查;农户存粮、售粮情况调查;农户农资购买情况调查。(3)成本预算调查主要是早籼稻和晚籼稻预测调查。(4)直报调查主要是生猪、早籼稻、晚籼稻预测调查，上半年规模生猪直报调查，下半年规模生猪直报调查，全年散养生猪直报调查。向省反映关于“三农”问题的常规调查材料和专项资料100多篇。1996年，琼中县物价局被国家计委表彰为全国物价系统农产品成本调查先进集体;2000年，琼中县物价局王家丽被国家计划委员会表彰为全国农产品成本调查优秀个人。

1991年种植业(木材)生产成本收益劳动生产效率调查表

表7-7

项目名称		计量单位	琼中
调查县数		个	1
调查户数		个	2
调查面积		亩	3500
该地区播种面积		亩	6590
每亩	主产品产量	立方米	1.15
	副产品产量	立方米	—
	产值合计	元	277.50
	主产品产值	元	277.50
	副产品产值	元	—
	物质费用合计	元	154.56
	用工作价	元	258
	用工数量	个	43
	劳动日工价	元	6.00
	总生产成本	元	412.56

续表1

项目名称		计量单位	琼中
	税金	元	31.25
	净产值	元	122.94
	减税纯收益	元	-166.31
	成本纯收益率	%	-40.31

1995年种植业(茶叶)生产成本收益劳动生产效率调查表

表7-8

项目名称		计量单位	琼中
调查县数		个	1
调查户数		个	1
调查面积		亩	15
该地区播种面积		亩	1500.4
每亩	主产品产量	500克	210
	副产品产量	500克	—
	产值合计	元	1025.50
	主产品产值	元	1025.50
	副产品产值	元	—
	物质费用合计	元	1099.10
	用工作价	元	258.84
	用工数量	个	30.4
	劳动日工价	元	8.50
	总生产成本	元	1357.50

续表1

项目名称		计量单位	琼中
	税金	元	46.70
	净产值	元	−73.60
	减税纯收益	元	−378.70
	成本纯收益率	%	−27.9

1991年饲养业(生猪)生产成本收益劳动生产效率调查表

表7-9

项目名称		计量单位	琼中
调查县数		个	1
调查户数		个	9
调查数量		头	22
平均饲养天数		天	121
该地区饲养量		头	11450
每头	主产品产量	500克	177.9
	副产品产量	500克	—
	产值合计	元	402.43
	主产品产值	元	402.43
	副产品产值	元	—
	物质费用合计	元	261.45
	用工作价	元	130.95
	用工数量	个	29.1

续表1

项目名称		计量单位	琼中
每头	劳动日工价	元	4.5
	总生产成本	元	392.40
	税金	元	17.38
	净产值	元	140.98
	减税纯收益	元	−7.35
	成本纯收益率	%	−1.87
	耗精资料折粮	—	112.9

2000年饲养业(规模生猪)生产成本收益劳动生产效率调查表

表7-10

项目名称		计量单位	琼中
调查县数		个	1
调查户数		个	2
调查数量		头	203
平均饲养天数		天	166
该地区饲养量		头	—
每头	主产品产量	公斤	110.8
	副产品产量	公斤	—
	产值合计	元	777.10
	主产品产值	元	770.8
	副产品产值	元	6.30
	生产成本	元	704.50

续表1

项目名称		计量单位	琼中
每头	物质费用	元	664.60
	用工作价	元	39.90
	用工数量	个	2.10
	劳动日工价	元	19.00
	总生产成本	元	730.40
	税金	元	15.10
	净产值	元	112.50
	减税纯收益	元	46.70
	成本纯收益率	%	6.39
	耗精资料折粮	—	187.00

2010年琼中县饲养业产品成本收益表

表7-11

项目	计量单位	中等规模生猪饲养
主产品产量	公斤	108.40
产值合计	元	1303.83
主产品产值	元	1286.43
副产品产值	元	17.00
总成本	元	1015.55
生产成本	元	1010.97
物质与服务费用	元	874.12
人工成本	元	136.85
家庭用工折价	元	44.85
雇工费用	元	92.00
土地成本	元	4.58
流转地租金	元	—

续表1

项目	计量单位	中等规模生猪饲养
自营地折租	个	—
净利润	元	288.28
成本利润率	%	28.4
平均出售价格	元	593.37

2010年琼中县种植业产品成本收益一览表

表7-12

项目	计量单位	早籼稻	晚籼稻
主产品产量	公斤	276.22	139.62
产值合计	元	590.20	352.49
主产品产值	元	585.59	348.97
副产品产值	元	4.61	3.52
总成本	元	412.80	392.80
生产成本	元	347.80	327.80
物质与服务费用	元	232.62	217.43
人工成本	元	—	—
家庭用工折价	元	115.18	110.37
雇工费用	元	—	—
土地成本	个	65.00	65.00
流转地租金	元	—	—
自营地折租	元	—	—
净利润	元	177.40	-40.31
现金成本	元	232.62	217.43

续表1

项目	计量单位	早籼稻	晚籼稻
现金收益	元	357.58	135.06
成本利润率	%	43%	-10.3
附:	—	—	—
每亩用工数量	日	8.86	8.49
每亩主产品出售数量	公斤	61.57	—
每亩主产品出售产值	元	130.49	—
商品率	%	29.25	—
每亩补贴收入	元	61.91	60.00

2010年度主要农产品(水稻)生产成本调查预测情况报告:根据对全县15个农户种植水稻的生产成本进行调查,并对农户种植情况进行预测,其预测情况显示:(1)早稻生产情况。琼中县农户种植早稻预测产值合计为727元,比上年晚稻实际亩产值725.86元略有增长;预测亩产量为380公斤,基本保持去年水平。预测亩成本为439.50元,比上年度370.77元增长18.5%。净利润为287.50元,比上年实际利润355.09元减少19%。现金成本大幅增加,致使现金收益减少。从市场情况分析,预测当年早稻每50公斤平均出售价格仍为95元,与上年持平。(2)晚稻生产情况。2010年,全县农户种植晚稻预测产值合计为746元,比2009年晚稻实际亩产值387.49元增长93%;预测亩产量为390公斤,比2009年晚稻198.76公斤增长96%。预测亩总成本440.17元,比2009年的398.27元增长10%左右。净利润为305.83元,比2009年实际利润-10.78元增长2937%。现金成本同比增加16%,现金收益同比增长196%。从市场情况分析,预测2010年晚稻每50公斤平均出售价格仍保持95元左右。综观情况分析,2010年早稻产值、产量基本保持上年水平,但成本略有增加,其主要是化肥、机械作业费有所增加,致使成本增加,同时销售价格不变,利润减少。而晚稻生产情况不同。2009年下半年,琼中县因受长时间雨水的影响,晚稻生产欠收,产量低。预测2010年下半年在没有自然灾害的情况下,销售价格保持原来的价格水平,全县晚稻生产仍保持增产增收。因此,只要农户加强管理,防治病虫害,保障水利灌溉,水稻生产会有好的收成,农户收入会有所提高。

2010年琼中县主要农产品成本统计表

表7-13　　预测品种:(早稻)　　调查户型:一般户

项目	单位	栏次	上年度实际	本年度实际	增长幅度(%)	简要理由
一、产值合计	元/亩	1=2+5	725.86	727.00	—	—
1.主产品产值	元/亩	2=4*3/50	720.94	722.00	—	—
(1)主产品产量	公斤/亩	3	379.44	380	—	—
(2)平均出售价格	元/50公斤	4	95	95	持平	—
2.副产品产值	元/亩	5	4.92	5	—	—
二、总成本	元/亩	6=7+26	370.77	439.50	19%	市场价格调节
(一)生产成本	元/亩	7=8+20	314.27	383.00	22%	—
1.物质与服务费用	元/亩	8	201.46	266.00	—	—
(1)种子费	元/亩	9	52.46	65.00	—	—
(2)化肥费	元/亩	10	58.33	70.00	—	—
(3)农家肥费	元/亩	11	3.79	5.00	—	—
(4)农药费	元/亩	12	7.32	11.00	—	—
(5)农膜费	元/亩	13	—	—	—	—
(6)租赁作业费	元/亩	14=15+16+17	—	—	—	—
机械作业费	元/亩	15	77.78	100.00	28.5%	市场价格调节
排灌费	元/亩	16	—	—	—	—
畜力费	元/亩	17	9.10	15.00	—	—
(7)税金	元/亩	18	—	—	—	—
(8)其他费用	元/亩	19	—	—	—	—
2.人工成本	元亩	20=21+24	112.84	117.00	—	—

续表1

项目	单位	栏次	上年度实际	本年度实际	增长幅度(%)	简要理由
(1)家庭用工折价	元/亩	21=23*22	112.84	117.00	—	—
家庭用工天数	日/亩	22	8.68	9	—	—
劳动日工价	元/日	23	13.00	13.00	—	—
(2)雇工费用	元/亩	24	—	—	—	—
雇工天数	日/亩	25	—	—	—	—
(二)土地成本	元/亩	26=27+28	56.50	56.50	—	—
流转地租金	元/亩	27	—	—	—	—
自营地折租	元/亩	28	56.50	56.50	—	—
三、净利润	元/亩	29=1-6	355.09	287.50	-19%	同上
四、现金成本	元/亩	30=8+24+27	201.46	266.00	32%	—
五、现金收益	元/亩	31=1-30	524.40	461.00	-12%	—
六、每50公斤总成本	元/50公斤	32=6/1*4	48.52	57.43	19%	—
七、每50公斤现金成本	元/50公斤	33=30/1*4	26.37	34.76	30%	—

注:上表8栏=9+10+11+12+13+14+18+19栏

2010年琼中县主要农产品成本统计表

表7-14　　预测品种:(晚稻)　　调查户型:一般户

项目	单位	栏次	上年度实际	本年度实际	幅度%	简要理由
一、产值合计	元/亩	1=2+5	387.49	746	93%	去年因受雨水
1.主产品产值	元/亩	2=4*3/50	382.8	741.00	—	灾害影响
(1)主产品产量	公斤/亩	3	198.76	390	96%	—
(2)平均出售价格	元/50公斤	4	96.3	95	—	—
2.副产品产值	元/亩	5	4.69	5	—	—

续表1

项目	单位	栏次	上年度实际	本年度实际	幅度%	简要理由
二、总成本	元/亩	6=7+26	398.27	440.17	10%	—
(一)生产成本	元/亩	7=8+20	335.70	377.60	12%	—
1.物质与服务费用	元/亩	8	222.40	258.00	—	—
(1)种子费	元/亩	9	55.31	70.00	—	—
(2)化肥费	元/亩	10	50.25	65.00	—	—
(3)农家肥费	元/亩	11	2.38	5.00	—	—
(4)农药费	元/亩	12	12.20	15.00	—	—
(5)农膜费	元/亩	13	—	—	—	—
(6)租赁作业费	元/亩	14=15+16+17	—	—	—	—
机械作业费	元/亩	15	100.16	100.00	—	—
排灌费	元/亩	16	—	—	—	—
畜力费	元/亩	17	2.10	3.00	—	—
(7)税金	元/亩	18	—	—	—	—
(8)其他费用	元/亩	19	—	—	—	—
2.人工成本	元亩	20=21+24	113.39	119.60	—	—
(1)家庭用工折价	元/亩	21=23*22	113.39	119.60	—	—
家庭用工天数	日/亩	22	8.72	9.2	—	—
劳动日工价	元/日	23	13.00	13.00	—	—

续表2

项目	单位	栏次	上年度实际	本年度实际	幅度%	简要理由
(2)雇工费用	元/亩	24	—	—	—	—
雇工天数	日/亩	25	—	—	—	—
(二)土地成本	元/亩	26=27+28	62.57	62.57	—	—
流转地租金	元/亩	27	—	—	—	—
自营地折租	元/亩	28	62.57	62.57	—	—
三、净利润	元/亩	29=1-6	-10.78	305.83	2937%	同上
四、现金成本	元/亩	30=8+24+27	222.40	258.00	16%	—
五、现金收益	元/亩	31=1-30	165.09	488.00	196%	—
六、每50公斤总成本	元/50公斤	32=6/1*4	98.98	56.05	-42%	—
七、每50公斤现金成本	元/50公斤	33=30/1*4	55.27	32.86	-41%	—

注:上表8栏=9+10+11+12+13+14+18+19栏

第四章 质量技术监督管理

第一节 机 构

1988年1月成立琼中县计量局，1990年更名为琼中县标准计量局，1995年3月成立琼中县技术监督局。2001年，海南省质量技术监督系统实行省以下垂直管理，成立海南省琼中质量技术监督局，下设海南省琼中质量技术监督稽查队和海南省琼中质量技术监督技术所。垂直管理后，琼中质量技术监督局、琼中质量技术监督稽查队实行“一套人马、两块牌子”，内设办公室、特种设备监察岗、计量岗、质量与认证岗、执法监督岗，编制6名；琼中质量技术监督技术所编制3名，质量技术监督技术所由原来的自收自支管理转变为财政全额供养的事业单位。

2010年，海南省委省政府增加质量技术监督系统的人员编制，琼中质量技术监督局增加行政编制3名。2010年，琼中质量技术监督局和琼中质量技术监督技术所共有干部职工12人。

第二节 计量监督管理

一、标准检定

1988年1月，随着经济社会的发展，琼中县辖区内计量器具得到广泛使用，种类也越来越多，为了满足工作需要，确保量值准确传递，琼中质量技术监督技术所先后建立了燃油加油机检测规程、压力表检测规程、血压计检测规程、衡器检测规程4项标准,用于开展县内在用计量器具的检定。

二、商贸计量器具的检定

1988年1月,依据建立的燃油加油机检测规程、压力表检测规程、血压计检测规程、衡器检测规程4项检定标准,琼中质量技术监督局组织人力物力对在用强检计量器具进行周期检定,检定率达95%以上。至2010年底,全县共有强检计量器具1462台件,其中血压计183台,压力表64块,衡器类1096台,加油机96支枪,医用超声源9台,CT、X光机4台,心脑电图机10台。

第三节 标准化管理

1991年后,琼中县的标准化工作得到长足发展,2010年全县43家企业采用国家标准46个、行业标准17个、企业标准21个。2003年底,国家标准委批准创建琼中绿橙国家农业标准化示范区,通过开展创建示范区工作。制定了琼中绿橙3项地方标准,分别是种苗标准、栽培标准、鲜绿橙标准。组织农业技术员多次深入到各乡镇的琼中绿橙种植户现场,推广琼中绿橙栽培技术。据不完全统计,截至2010年底,组织和举办专项培训班52期,先后对绿橙种植比较集中的营根、湾岭、红毛、长征、上安、中平6个乡镇52个村庄的绿橙种植户进行培训,参加培训人数2452人次。2005年底,全县绿橙种植面积达3.2万亩,已挂果产生直接经济效益的达8000亩,产量达2万吨,产值达1亿元。

海南省自1993年开始实行组织机构代码制度,1998年5月6日,海南省人民政府颁布实施《海南经济特区组织机构代码管理办法》。1993年琼中质量技术监督局开始办理组织机构代码证。初始,组织机构代码证不被广大组织机构接受,随着经济社会的发展,组织机构代码已在税务、银行、工商、公安、统计、人事、劳动、社会保障、民政、海关、外贸、财政、工会、机构编制、经济贸易等部门得到广泛应用。组织机构代码已经成为各类机构身份的标志。

2010年,新办证186份,变更44份,换证50份,年检260份。至2010年12月底,全县办理组织机构代码证1225份。

2001-2010年琼中县组织机构代码证办证情况统计表

表7-15 单位:张

年份	新办证数	证书变更数	换发证数	证书年检数	证书废置数
2001	68	—	—	—	—
2002	56	—	—	—	—
2003	65	—	38	36	—
2004	62	6	62	47	—
2005	90	11	98	53	—
2006	106	10	123	56	—
2007	122	13	165	50	—
2008	102	28	186	37	—
2009	221	47	125	138	3
2010	186	44	50	260	0

注:1993—2000年数据未统计

第四节 质量监督和管理

一、监督抽查

为全面掌握琼中的产品质量水平,琼中质量技术监督局每年都对涉及国计民生的食品、橡胶、建筑材料、农资、胶合板等进行监督抽查,通过比对,琼中县的产品质量水平逐年上升,同时稳定在较高的水平。2005—2010年抽查合格率为:2005年合格率为78%,2006年合格率为85%,2008年合格率为72.7%,2009年合格率87%,2010年合格率为85%。

二、打假

1991年后,琼中的集贸市场开始繁荣,商品品种逐年增多,假冒伪劣商品也开始出现。质量技术监督局加强了稽查打假力度。2003年,组织了3次全县范围的打假行动和若干次不定期执法检查。全县共出动执法人员68人次,检查商店180家,查处违法经营商店25家,查处大米、棉被、化肥、涉案物品货值1.8万元。2004年,组织85人次开展春季农资打假行动、食品专项打假、奶粉专项执法检查、酒类市场专项整顿等专项行动,检查66家店铺。查获问题农药22件,收缴40%乳油稻瘟灵4瓶、植病灵1瓶、奥普尔有机腐殖酸活性液肥1瓶、触杀康1瓶、小叶脱3瓶、801植物生长素3瓶、果虫灭1瓶、特效慢性传染灭白蚁粉1瓶、锰锌乙铅1袋、45%石硫合剂结晶2袋。扣押、查封轴承、油封、摩托车帽、后观镜、刹车皮、食品一批,货值近8000元。

2008年,组织开展烟花爆竹市场检查、农资专项检查、建材市场专项检查、家电市场检查、奶粉市场专项检查等专项检查。2010年,琼中质监局组织开展农资专项整治行动、建材专项整治行动、"家电下乡"和能效标识执法检查、计量监督专项整治行动。出动执法人员200人次,检查店铺82间、加油站3间,地中衡使用单位7家,建筑工地6个。参与琼中绿橙市场整顿行动,没收违法使用包装箱上千个,发放由政府统一制作的包装箱2000多个。

2001—2010年间,共办理行政案件57宗,罚没收入27.9万元。

第五节 食品生产环节安全监管

20世纪90年代初期,琼中县食品生产企业(含小作坊)寥寥无几,随着改革开放的深入、人民群众物质需求的增长、生活水平的提高,琼中县食品生产企业及小作坊逐渐增多,至2010年底,琼中县共有食品生产企业及小作坊41家。为了规范食品行业的生产,国家出台《市场准入制度》,对列入目录的产品实行生产许可证制度。琼中质量技术监督局积极引导企业升级改造,帮助企业申请办理生产许可证,至2010年,共有17家企业获得生产许可证,获证率达41.5%。采取有效措施,切实加强食品生产加工环节的监管工作。一是台账管理。要求食品加工企业和小作坊填报食品添加剂和食品生产助剂使用备案表,详细登记生产原料的进货、出货等情况,使食品生产加工企业及小作坊能够认真开展进货登记、索证索票、食品添加剂使用、产品销售登记工作,逐步建立食品安全溯源机制。二是限定区域销售,掌握流向、严防事故。2009年,监管部门和辖区39家食品生产企业100%签订安全承诺书,全面落实限定区域销售制度,严格控制流向。严防发生重大食品质量安全事故。三是加大执法查处力度。2010年中秋节期间出动执法人员80人次,检查商店35家,没收无证月饼188筒(盒),涉案货值1239元。组织开展地沟油专项整治行动,出动执法人员18人次,检查有关食品生产加工企业及小作坊41家,发现2家米粉加工小作坊使用劣质棕榈油掺入鸭油,且不能提供进货票据,执法人员当场对小作坊使用的2桶劣质油共11.5公斤进行封存,并责令其停产整顿。

第六节 特种设备安全监察

琼中县是农业县，工业不发达，特种设备使用量少。2003年“五一”节前，针对起重机械厂内机动车检验率低的情况，琼中质量技术监督局会同省锅检所技术人员，对全县的特种设备开展安全大检查。发现存在安全隐患的设备12台，立即责令其限期整改，对3台设备判定报废、停止使用。

2004年，根据《气瓶安全监察规定》，琼中质量技术监督局抓好气瓶产权转移及整治工作。协调辖区内中石化乌石气站、琼中鸿达气站、琼中营根气站，2004年5月24日开始从用户手中收购瓶，进行产权转移。截至2004年11月，琼中3家气站收购产权转移的气瓶量达14401个。在整治工作中发现存在超期使用的气瓶量多的突出问题，共有1100多个超期使用瓶，执法部门对此类气瓶进行强制性报废。

2005—2010年，出动执法人员527人次，对全县在用特种设备进行检查，发出安全监察指令意见书15份，整改项数12项。经过检查，以上在用设备使用持证率达100%，人员持证率达99%，设备年检率达100%，设备主要硬件安全率达100%，主要安全附件都能按时检验，各种设备的技术资料建档规范，资料较为完整，各使用单位都建立健全严格的安全管理制度和操作规程，并设立专门的安全管理机构，配备专职人员或兼职人员，不存在严重的安全隐患，事故发生率为零。

至2010年底，全县在用的特种设备主要有15台锅炉、18台压力容器、9台桥式吊车、1台移动式起重机械、3台厂内机动车辆、10台电梯。琼中质量技术监督局每年都对全县各类锅容管特等特种设备开展不定期监察，保证事故率为零。

第五章 安全生产监督管理

第一节 机 构

1991—2003年7月，全县安全生产的管理职能部门设县人事劳动局。2003年7月4日，设立安全生产监督管理局，挂靠县经贸交通局，定编7人。2003年12月原经济贸易交通局取消，县安全生产监督管理局归口人事劳动保障局管理，在县人事劳动保障局挂牌办公。

2010年，根据《琼中黎族苗族自治县安全生产监督管理局主要职责内设机构和人员编制规定》，在县安全生产监督管理局内设2个职能岗室——办公室（行政审批岗）和综合监管岗，行政编制4人。

第二节 安全宣传与培训

1991年，举办2期特种作业人员岗位业务培训，培训特种作业人员118人。1995年，琼中县通过第五次“安全生产周”活动，大力开展安全生产宣传教育工作，仅在5月“安全生产周”期间，就利用电视、广播宣传7天，宣传车宣传3天，贴安全生产标语1500多条，发放安全生产招贴画、挂旗95套，县属各单位还以出黑板报、挂横幅、搞硬化标语等形式进行宣传。1996年，在县电业公司举办安全上岗培训班3期，230人参加上岗培训；受理2起安全生产案件，组织征订安全生产画图24幅，硬化标语18幅，发出生产隐患整改指令书2份。

2000年，利用“安全生产周活动”进行安全宣传，共出动宣传车6车次，悬挂横幅5条，在县城境内各街道，各场厂、车间张贴安全宣传标语3000余条，利用广播电视宣传11次。组织县电业公司、县商业总公司、县汽车运输站等26家企业的领导和职工参加全国安全生产与工伤保险知识竞赛,参加人数达708人。

2001年6月,协同县委宣传部组织县质量技术监督局、农机厂、公安局、供电公司等36家单位到县委党校二楼电教室观看《生产安全是人命关天的大事》VCD教育片。2004年6月中旬,县安监局与县工商局、文化广电体育局、消防大队一起组织琼中宾馆、新市农场、车站,歌舞厅、茶艺馆等单位的责任人和个体户观看《以人为本,安全第一》电教片。2007年安全生产月期间,全县共悬挂横幅300条,发放安全知识读本3500册,防火、防雷防电、交通安全小知识30000多张。

2008年,向10个乡镇、13个国营农场、30多所中小学和70多家企事业单位赠送安全生产知识读本500本,公众应急知识读本300本,宣传画10000多张,组织观看《安全生产专题电影》50场,悬挂横幅300多条,发放防火、防雷、防电、交通安全小知识35000张。

2010年6月7日,县安监局和吊罗山乡政府共同在吊罗山乡开展"安全伴我行"演讲比赛;6月13日,开展安全生产月咨询日活动,悬挂安全生产横幅35幅,在现场摆放70多块大大小小的宣传展板,同天各单位共发放宣传资料10000多份。

第三节 安全生产检查

1991年,琼中县先后开展4次安全生产检查,检查组从有关单位抽调20多人组成检查组,采取分片检查形式,对全县各厂矿、乡镇企业和国营农场等单位,检查了100个点,通过检查,评选出乌石农场、农垦机械厂、五指山制药厂为先进单位。检查整改事故隐患8起。全年发生火灾7起,一般火警10起,经济损失折款14196元。1995年,在安全生产检查中,发现县五指山制药厂的锅炉出现漏火现象,炉体出现几处裂痕,抽风机有点磨损,当即要求制药厂停产整改。1996年,组织安全生产知识竞赛活动,550人参加知识竞赛考试,及格率100%。全年开展2次安全生产大检查活动,对全县57家生产单位进行全方位检查。

2003年,县分别制定了《消防安全责任制》《交通道路事故与预防重特大事故责任制》《中小学校安全管理措施和责任制》,把安全生产工作列入各级政府、职能部门年终考核内容之一。全年检查火灾隐患158家,发现火灾隐患110处,消除火灾隐患97处,整改率达88%;先后组织开展6次交通检查,共查扣报废车38辆,查扣无证驾驶168辆次,处罚超载无证驾驶年检审核逾期等违章563人次,扣查驾驶证56本,对"三违反"车主(司机)进行处罚;全县有烟花爆竹批发企业1个(县土产日杂公司),有销售点(店)124个,共检查批发仓库1间,个体户仓库5间,销售点86个,检查发现烟花爆竹库存163件(箱),其中,县土产公司库存86件(箱),其他个体销售点库存量77件(箱),发现安全隐患29处,责令整改29处;根据全国《关于清查收缴毒鼠强等禁用剧毒杀鼠剂的通知》精神,先后2次开展大检查,收缴剧毒杀毒剂14包、气死猫39包、一闻死77瓶、好猫药10支、神奇快杀鼠灵156支、海强鼠药王4支、强鼠剂7支,共312件,约合2.53公斤,另外,还收缴无证经营农药流动摊点2家;对全县电力线、通信线、广播电视线(以下简称"三线")的交越搭挂安全整治，发现“三线”交越搭挂70处，已整改29处；根据《琼中县防雷减灾实施方案》，对全县水果种植基地、水产养殖场、养殖基地等19个单位进行检查，对25个单位进行防雷装置检测。检查中发现安全隐患34处，整改30处。此后至2010年，县安监局与各有关单位每年都进行一次全面安全生产检查，内容有火灾隐患检查、交通安全检查、非矿山安全生产检查、烟花爆竹安全销售检查、禁用农药、鼠药检查、防雷设施检查等。

2005年，全县开展道路交通秩序联勤整治工作，主要在辖区“一横三纵”主要路段的湾岭、乌石、黎母山、长征等地。全年共处罚各类交通违法人员976人，扣留车辆533辆，纠正各类违法行为90多例，暂扣汽车32辆、摩托车512辆、行驶证43本、驾驶证56本，劝返超限超载车32辆，治安拘留3人。同年对县城的工业品市场、百佳超市、海南特产超市及阳江、大丰等农场的集贸市场进行消防安全检查，发现火灾隐患38处。填发《责令限期改正通知书》7份，复查意见书1份，处罚决定书1份；组织30人次对全县45家危化品从业单位进行检查，检查范围包括加油站、液化气站、胶厂、医院、杀鼠剂经营单位。共发现25处隐患，当场下达整改指令书，消除隐患20处；对全县沙场、石场全面检查12次，发现非法生产点12个，持过期采矿许可证4个，当即下发责令停止开采指令书。特别在黎母山镇荔枝沟采石场“6·18”事故发生后，对仍存在重大事故隐患的采石场要求停产整改。

2010年，共对矿山进行13次检查，检查中发现隐患20处，当场下达整改指令书4份，消除隐患16处；严厉打击非法经营危险化学品行为，取缔非法经营点，特别是对非法加油点存在的严重安全隐患，进行依法取缔，严厉打击无“危险化学品经营许可证”的非法经营行为。检查中发现隐患6处，当场下达整改指令书3份，消除隐患3处；全力打好“春运”“三月三”和“五一”交通安全管理攻坚战，开展道路交通安全综合整治、路面巡逻管控、打击取缔农用三轮车和改装三轮摩托车从事载客经营活动。集中整治机动车违法超员、超载、超限和酒后驾驶行为。截至10月，出动车辆67次，检查车辆752辆，查处超限超载车辆574辆，查处酒后驾驶24起，摩托车无证驾驶152起，违法超速2129起；把烟花爆竹安全专项整治与实施和完善安全生产许可证制度结合起来，到县土产日杂公司、烟花爆竹仓库和各销售点进行安全检查，同时对营业人员、管理人员进行培训。开展“打非治违”专项行动，经过严厉打击，发现非煤矿山隐患20处，消除隐患20处；发现危险化学品隐患6处，当场下达整改指令书3份，消除隐患6处；发现建筑施工隐患6处，消除隐患6处。

第六章 统 计

第一节 机 构

1991年，琼中县统计局在县政府办公大楼二楼办公。1995年9月，县统计局、县计划委员会和县物价局合并为计划统计局，办公地点迁到县政府三办公楼。随着经济社会的不断发展，统计工作受到各级政府的重视，为适应新形势的需要，2001年7月统计局从计划统计局中分离出来，成为独立的法人单位，核定行政事业编制10人，其中行政编制9人，工勤人员事业编制1人。内设综合统计岗、核算统计岗、农业统计岗、工业统计岗、商业贸易旅游统计岗、投资建筑业统计岗、物资能源人口统计岗、交通运输科技统计岗、劳动工资基本单位统计岗、法规检查教育统计岗。

2009年6月，县编委印发《关于成立琼中黎族苗族自治县统计局普查中心的批复》，核定县统计局普查中心为财政预算事业单位，编制4名。2010年琼中县统计局内设办公室、综合核算(服务业)统计岗、农业统计岗、工业统计岗、商业贸易旅游统计岗、投资建筑业统计岗、物资能源人口统计岗、交通运输科技统计岗、劳动工资基本单位统计岗、法规检查教育统计岗，有编制人员14人。

第二节 统计调查

1992年，全县范围内开展第一次全国第三产业普查。主要调查对象为服务业法人单位、产业活动单位和个体户。1995年，开展1%人口变动抽样调查。同年，开展第三次全国工业普查。

1996年,全县范围内开展第一次全国农业普查和第一次全国基本单位普查。琼中县第一次全国农业普查办公室被授予省级先进集体。2000年,全县范围内开展第五次全国人口普查。此次普查的标准时点为2000年11月1日零时,这是世纪之交的一次重大的国情国力调查,普查结果为:琼中县总人口为171598人,其中男性93271人,女性78327人。2001年,进行全国第二次基本单位普查。普查结果为:琼中共有法人单位405家,从业人员10920人。其中,企业法人单位125家,从业人员4819人;事业法人单位100家,从业人员3719人;机关法人单位65家,从业人员1732人。2004年,全县范围内开展第一次全国经济普查。普查结果为:琼中共有法人单位376家、产业活动单位775家、个体经营户2800户。琼中县第一次全国经济普查办公室被评为省级"先进集体"。2005年,开展1%人口变动抽样调查。文化产业调查从2006年开始,每年一次,调查以"条块结合、以块为主"、全面调查和抽样调查相结合的方式进行。2006年,全县范围内开展第二次全国农业普查。普查的标准时点为2006年12月31日,调查时期为2006年1月1日至12月31日。普查的主要内容:农业生产条件、农业生产经营活动、农业土地利用、农村劳动力及就业、农村基础设施、农村社会服务、农村居民生活,以及乡镇、村委会和社区环境等方面的情况。本次普查,琼中共登记农村住户18761户,其中家庭户18759户。农村常驻户数12732户,农村常住人口84649人。在此次农业普查工作中,琼中县农业普查办公室被授予"省级先进集体"称号。2007年,开展投入产出调查、文化产业调查。文化产业调查包括文化、体育两个产业,调查范围涉及制造业、批发和零售业、租赁和商务服务业、文化体育和娱乐业、科学研究等行业门类。具体包括新闻服务,出版发行和版权服务,广播、电视、电影服务,文化艺术服务,网络文化服务,文化休闲娱乐服务,其他文化服务,体育服务,文化体育用品印刷、设备及相关产品生产,文化体育用品、设备及相关产品销售等行业。文化产业调查对象为全市范围内所有党政机关、社会团体、企事业单位和私营企业、个体经营户,即全县行政区划范围内从事文化体育产品生产、经营和提供文化体育服务的法人单位及所属产业活动单位、个体经营户。调查内容包括:从事文化产业的单位数、企业业务活动、资产情况、财务收支情况、从业人员等。对法人单位、产业活动单位采用全面调查方法,对个体经营户采取抽样调查方式。2008年,全县范围内开展第二次全国经济普查。此次普查结果为:琼中有法人单位416家、产业活动单位881家、个体经营户3141户。2010年,开展第六次全国人口普查,次普查结果为:琼中县总人口为174076人,其中男性93999人,女性80077人。

第三节 统计服务

一、统计资料发布

1986年,县统计局编撰第一部《琼中统计年鉴》,收编了1949—1985年的统计报表数据。1986—2010年间没有编撰《琼中统计年鉴》。

二、信息化建设

1995年,琼中县统计局开始配备电脑。2004年,县统计局建成计算机局域网,并与省统计局局域网联网。2007年底,县统计局借用海口市统计局的数据平台,采集、上报数据。

2009年,县统计局组织多批网上直报企业及单位工作人员参加省局培训,参加培训达50多人次。联网直报工作取得明显突破,实现区、镇农业统计报表拨号联网直报,各规模以上工业企业、限额以上贸易住宿餐饮以及各相关企事业单位都可以通过互联网,与统计部门联网,实行联网直报。网络化工作方式已成为统计部门数据交换、信息共享的主要途径。

第四节 统计质量检查

一、基层统计组织建设

自2006年起,县统计局以规范统计业务工作流程为重点,以实现统计管理制度化、统计工作程序化、统计手段电子化、统计资料档案化为目标,促进统计业务规范化建设上新台阶。(1)建立了基层单位统计员信息库;(2)制定统计员管理规定,规定要求基层必须配备统计员,写明了基层统计员的职责,并要求任何单位不得随意更换统计员;(3)实行统计报表报送电子化,至2010年,对镇级统计报,采用计算机报送,准备在年报工作中以劳动工资报表为突破口,实现网上直报;(4)统计资料档案管理井然有序,在2008年聘请专业人士整理统计资料并移交县档案局。

2007—2010年,先后在镇一级全部成立统计办公室,配备专职统计人员,统计人员持证上岗率达95%。2008年初,全县配备村居委会统计协管员,为乡镇配备摩托车11辆,电脑10台,打印机10台,对村(居)委会统计员每人每季度补助100元,2010年补助增加到每人每月100元。村(居)委会统计协管员的主要任务是了解收集村居委会的农业生产情况,把农业生产情况登记到"农村统计台账"上,汇总后上报乡镇统计办公室,从源头上确保了数据质量。县统计局每年都组织村(居)委会统计培训,提高统计员业务素质。

二、制度建设

建立和完善基层统计工作制度。2008年,全县各镇先后制定了《村级统计协管员的工作职责》《统计台账、原始资料记录制度》《统计报表、资料报送制度》《统计报表和统计资料管理制度》等统计工作制度,使镇、村级统计工作规范化和制度化。

强化数据管理制度。参照《中华人民共和国统计法》及《海南省统计管理规定》等相关法律法规,县统计局定期公布相关统计数据。

规范部门统计工作。加强对部门统计工作的管理和指导,提升部门统计工作服务水平,科学组织实施统计调查,完善部门统计信息发布机制,夯实部门统计基层基础工作,强化部门统计保障,建立部门统计考核机制等。

三、执法检查

琼中县统计局每年利用"12·4"法制宣传日和"12·8"统计法颁布纪念日,采用多种形式开展统计法制宣传。同时,依照《中华人民共和国统计法》《全国经济普查条例》《统计违法违纪行为处分规定》和《海南省统计管理规定》,对全县统计工作进行定期或不定期执法检查。1995—2010年间,均例行检查,但没有处罚案件。

第五节 人口普查

一、第五次人口普查主要数据

2000年11月1日0时是第五次人口普查标准登记时间,在各级政府的领导和全县人民的大力支持下,在全县1700多名普查工作人员的辛勤努力下,取得成功。第五次人口普查以"光电录入"处理数据,主要数据情况如下:

(一)总人口

全县总人口有171598人。其中,农业人口104217人,占总人口的60.73%,非农业人口64117人,占总人口的37.36%,未落户常住户口人员3264人,占总人口的1.90%。

(二)人口增长

全县总人口与1990年第四次人口普查对比,10年共减少了24282人,下降12.40%,平均每年减少2428人,年均下降1.24%。

1.按地方、农垦区域分:地方人口115922人,占总人口的67.55%;农垦人口55676人;占总人口的32.45%。地方人口与第四次人口普查相比减少了3863人,下降3.22%,平均每年减少386人,年均下降0.32%。农垦人口与第四次人口普查相比减少了20419人,下降26.83%,平均每年减少2042人,年均下降2.68%。

2.按城乡区域分:城镇人口25292人,占总人口的14.74%;乡村人口146306人;占总人口的85.26%。城镇人口与第四次人口普查比,增加了2687人,增长11.89%,平均每年增加269人,年均增长1.19%。乡村人口与第四次人口普查比,减少了26969人,下降15.56%,平均每年减少2697人,年均下降1.56%。

(三)户数构成

全县共有44258户,与1990年第四次人口普查对比,10年共增加了1080户,增长2.50%,平均每年增加108户,年均增长0.25%。户均人口数为3.88人,家庭户均人口数为3.92人;人口密度为每平方公里63人,比第四次人口普查的72人减少9人,下降12.40%。

1.按地方、农垦户分:地方总户数为26380户,占总户数比重59.61%;农垦总户数为17878户,占总户数比重40.39%。

2.按家庭、集体户分:家庭户43720户,集体户538户。家庭户占总户数的98.78%、集体户占1.22%。

(四)性别构成

全县总人口中,男性为93271人,占总人口的54.35%;女性为78327人,占总人口的45.65%;性别比(以女性100,男性对女性的比例)由第四次人口普查的116.37上升为119.08。

男性人口与第四人口普查对比减少了12080人,下降11.47%,平均每年减少1208人,年均下降1.15%。

女性人口与第四次人口普查对比减少了12202人,下降13.48%,平均每年减少1220人,年均增长1.35%。

(五)年龄构成

按年龄构成分,0~14岁少年儿童人口48605人,15~64岁劳动力人口(或青壮年人口)113755人,65岁及以上老年人口9238人,其中:90~99岁长寿老人有128人,百岁老人有4人。

0~14岁人口占总人口的28.32%,15~64岁人口占总人口的66.29%,65岁及以上人口占总人口的5.38%。

(六)民族构成

全县总人口中,汉族人口为62668人,占总人口的36.52%;少数民族人口为108930人,占总人口的63.48%。与第四次人口普查相比,汉族人口减少31710人,下降33.60%,平均每年减少3171人,年均下降3.36%;而少数民族人口增加7428人,增长7.32%,平均每年增加743人,年均增长0.73%。

少数民族中,黎族89297人,苗族11715人,壮族6325人,回族65人,其他1528人。

(七)各种受教育程度人口

6岁及以上人口157460人的文化程度,研究生13人,大学本科354人,大学专科2764人,中专5050人,高中13158人,初中56908人,小学64126人,文盲半文盲15087人。与第四次人口普查相比,研究生、大学本科、大学专科、中专、初中人口数量有所增长,而高中、小学、文盲半文盲文化程度人口分别下降31.38%、3.34%、48.36%。文盲率由第四次人口普查的14.91%下降到8.79%。

(八)出生、死亡人口情况

出生人口2132人,其中:男1200人,女932人;出生性别比128.76;死亡人口768人,其中:男468人,女300人。与第四次人口普查对比,出生人口减少5330人,下降71.43%,平均每年减少533人,年均下降7.14%;死亡人口减少520人,下降40.37%,平均每年减少52人,年均下降4.04%。

2000年第五次人口普查与1990年第四次人口普查各项指标情况表

表7-16　　单位:人、%

指标	1990年第四次人口普查	2000年第五次人口普查	第五次比第四次增减	第五次比第四次增长率	平均每年增减(10年)	年均增长(%)
一、总人口(人)	195880	171598	-24282	-12.40	-2428.2	-1.24
1.农业人口	163651	104217	-59434	-36.32	-5943.4	-3.63
2.非农业人口	29762	64117	34355	115.43	3435.5	11.54
3.未落户人口	2467	3264	797	32.31	79.7	3.23
农业人口占总人口比重	83.55	60.73	-22.81	-27.31	-2.28	-2.73
非农业人口占总人口比重	15.19	37.36	22.17	145.92	2.22	14.59
未落户人口占总人口比重	1.26	1.90	0.64	51.03	0.06	5.10
按区域分:						
1.地方人口	119785	115922	-3863	-3.22	-386	-0.32
2.农垦人口	76095	55676	-20419	-26.83	-2042	-2.68
地方人口占总人口比重	61.15	67.55	6.40	10.47	0.64	1.05
农垦人口占总人口比重	38.85	32.45	-6.40	-16.48	-0.64	-1.65

续表1

指标	1990年第四次人口普查	2000年第五次人口普查	第五次比第四次增减	第五次比第四次增长率	平均每年增减(10年)	年均增长(%)
按城乡区域分						
1.城镇人口	22605	25292	2687	11.89	269	1.19
2.乡村人口	173275	146306	-26969	-15.56	-2697	-1.56
城镇人口占总人口比重	11.54	14.74	3.20	27.72	0.32	2.77
乡村人口占总人口比重	88.46	85.26	-3.20	-3.62	-0.32	-0.36
四、全县总户数(户)	43178	44258	1080	2.50	108	0.25
地方户数	23035	26380	3345	14.52	335	1.45
农垦户数	20143	17878	-2265	-11.24	-227	-1.12
地方户数占总户数比重	53.35	59.61	6.26	11.73	0.63	1.17
农垦户数占总户数比重	46.65	40.39	-6.26	-13.41	-0.63	-1.34
家庭户	42372	43720	1348	3.18	135	0.32
集体户	806	538	-268	-33.25	-27	-3.33
家庭户数占总户数比重	98.13	98.78	0.65	0.66	0.07	0.07
集体户数占总户数比重	1.87	1.22	-0.65	-34.88	-0.07	-3.49
户均人口数	4.54	3.88	-0.66	-14.53	-0.07	-1.45
家庭户均人口数	4.62	3.92	-0.70	-15.10	-0.07	-1.51
人口密度	72.42	63.45	-8.98	-12.40	-0.90	-1.24
陆地面积	2704.66	2704.66	—	—	—	—
按性别分						
1.男性人口	105351	93271	-12080	-11.47	-1208	-1.15
2.女性人口	90529	78327	-12202	-13.48	-1220	-1.35
男性人口占总人口比重	53.78	54.35	0.57	1.06	0.06	0.11
女性人口占总人口比重	46.22	45.65	-0.57	-1.24	-0.06	-0.12
性别比(女=100)	116.37	119.08	2.71	2.33	0.27	0.23

续表2

指标	1990年第四次人口普查	2000年第五次人口普查	第五次比第四次增减	第五次比第四次增长率	平均每年增减(10年)	年均增长(%)
按年龄分						
1. 0～14岁(少年儿童人口)	63719	48605	-15114	-23.72	-1511	-2.37
2.15～64岁(劳动力人口或青壮年人口)	126847	113755	-13092	-10.32	-1309	-1.03
3.65岁及以上(老年人口)	5314	9238	3924	73.84	392	7.38
其中:90～99岁(长寿老人)	78	128	50	64.10	5	6.41
100岁以上(百岁老人)	4	4	0	0.00	0	0.00
0～14岁人口占总人口比重	32.53	28.32	-4.20	-12.93	-0.42	-1.29
15～64岁人口占总人口比重	64.76	66.29	1.53	2.37	0.15	0.24
65岁及以上人口占总人口比重	2.71	5.38	2.67	98.44	0.27	9.84
七、总抚养比	54.42	50.85	-3.57	-6.57	-0.36	-0.66
1.少儿抚养比	50.23	42.73	-7.51	-14.94	-0.75	-1.49
2.老年抚养比	4.19	8.12	3.93	93.85	0.39	9.39
按民族分						
1.汉族	94378	62668	-31710	-33.60	-3171	-3.36
2.少数民族	101502	108930	7428	7.32	743	0.73
其中:黎族	84567	89297	4730	5.59	473	0.56
苗族	10606	11715	1109	10.46	111	1.05
壮族	5662	6325	663	11.71	66	1.17
回族	49	65	16	32.65	2	3.27
其他	618	1528	910	147.25	91	14.72
汉族人口占总人口比重	48.18	36.52	-11.66	-24.20	-1.17	-2.42

续表3

指标	1990年第四次人口普查	2000年第五次人口普查	第五次比第四次增减	第五次比第四次增长率	平均每年增减(10年)	年均增长(%)
少数民族人口占总人口比重	51.82	63.48	11.66	22.50	1.17	2.25
按学历分						
6岁以上人口学历情况	169501	157460	−12041	−7.10	−1204.1	−0.71
1.研究生	0	13	13	—	—	—
2.大学本科	170	354	184	108.24	18	10.82
3.大学专科	1725	2764	1039	60.23	104	6.02
4.中专	3687	5050	1363	36.97	136	3.70
5.高中	19174	13158	−6016	−31.38	−602	−3.14
6.初中	49190	56908	7718	15.69	772	1.57
7.小学	66341	64126	−2215	−3.34	−222	−0.33
8.文盲、半文盲	29214	15087	−14127	−48.36	−1413	−4.84
文盲率	14.91	8.79	−6.12	−41.05	−0.61	−4.10
(1)研究生占6岁以上文化程度人口比重	—	0.01	—	—	—	—
(2)大学本科占6岁以上文化程度人口比重	0.09	0.20	0.11	128.02	0.01	12.80
(3)大学专科占6岁以上文化程度人口比重	0.90	1.57	0.68	75.46	0.07	7.55
(4)高中(含中专)占6岁以上文化程度人口比重	11.88	10.37	−1.52	−12.78	−0.15	−1.28
其中:中专占6岁以上文化程度人口比重	1.92	2.87	0.96	49.98	0.10	5.00
高中占6岁以上文化程度人口比重	9.97	7.49	−2.48	−24.85	−0.25	−2.49

续表4

指标	1990年第四次人口普查	2000年第五次人口普查	第五次比第四次增减	第五次比第四次增长率	平均每年增减(10年)	年均增长(%)
(5)初中占6岁以上文化程度人口比重	25.57	32.40	6.82	26.68	0.68	2.67
(6)小学占6岁以上文化程度人口比重	34.49	36.50	2.02	5.85	0.20	0.58
(7)文盲半文盲占6岁以上文化程度人口比重	15.19	8.59	-6.60	-43.45	-0.66	-4.34
出生、死亡情况						
1.出生人口	7462	2132	-5330	-71.43	-533	-7.14
其中:男	4041	1200	-2841	-70.30	-284	-7.03
女	3421	932	-2489	-72.76	-249	-7.28
出生性别比(女=100)	118.12	128.76	10.63	9.00	1.06	0.90
2.死亡人口	1288	768	-520	-40.37	-52	-4.04
其中:男	773	468	-305	-39.46	-31	-3.95
女	515	300	-215	-41.75	-22	-4.17

二、第六次人口普查主要数据

根据国务院的决定,我国以2010年11月1日零时为标准时点进行第六次全国人口普查。全县通过1800名普查工作人员的努力,完成人口普查的各项工作任务。普查登记的对象是指普查标准时点在琼中县辖区内的自然人以及在中华人民共和国境外但未定居的琼中户籍公民,不包括在琼中县辖区内短期停留的境外人员。普查的全部数据以计算机处理,主要数据情况如下。

(一)总人口

全县总人口有174076人。其中,农业人口107795人,占总人口的61.92%,非农业人口63745人,占总人口的36.62%,未落户常住户口人员2536人,占总人口的1.46%。

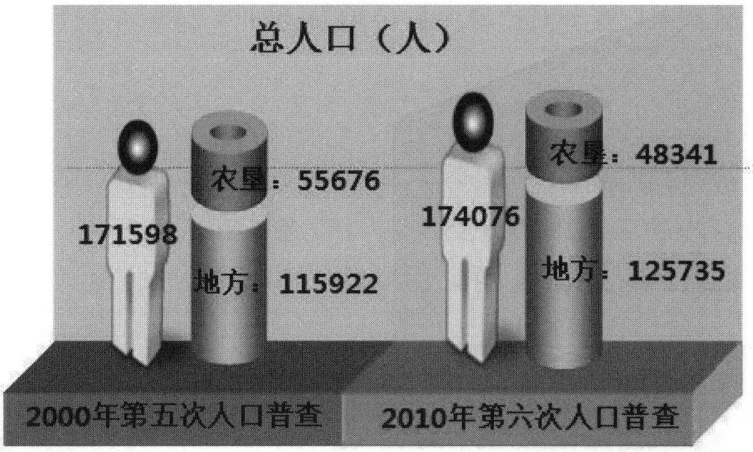

（二）人口增长

全县总人口与2000年第五次人口普查相比，10年间增加了2478人，增长1.44%，平均每年增加248人，年均增长0.14%。

1.按地方、农垦区域分：地方人口125735人，占总人口比重72.23%；农垦人口48341人；占总人口比重27.77%。地方人口与第五次人口普查相比增加了9813人，增长8.47%，平均每年增加981人，年均增长0.85%。农垦人口与第五次人口普查相比减少了7335人，下降13.17%，平均每年减少734人，年均下降1.32%。

2.按城乡区域分：城镇人口51767人，占总人口比重29.74%；乡村人口122309人；占总人口的70.26%。城镇人口与第五次人口普查相比，增加了26475人，增长104.68%，平均每年增加2648人，年均增长10.47%。乡村人口与第五次人口普查相比，减少了23997人，下降16.40%，平均每年减少2400人，年均下降1.64%。

（三）户数构成

全县共有51513户，与第五次人口普查对比增加了7255户，增长16.39%，平均每年增加726户，年均增长1.64%。户均人口数为3.38人，家庭户均人口数为3.44人；人口密度为每平方公里64人，比第五次人口普查的63增加1人，增长1.44%。

1.按地方、农垦户分：地方总户数为33063户，占总人口的64.18%；农垦总户数为18450户。占总人口的35.82%

2.按家庭、集体户分：家庭户50667户，占总人口的98.36%；集体户846户，占总人口的1.64%。

（四）性别构成

全县总人口中，男性为93999人，占总人口的54.00%；女性为80077人，占总人口的46.00%；性别比由第五次人口普查的119.08下降为117.39。

男性人口与第五人口普查对比增加了728人，增长0.78%，平均每年增加73人，年均增长0.08%。

女性人口与第五次人口普查对比增加了1750人,增长2.23%,平均每年增加175人,年均增长0.22%。

(五)年龄构成

按年龄构成,0~14岁人口有35947人,15~64岁人口有124771人,65岁及以上人口有13358人,其中:90~99岁长寿老人有182人,百岁老人有10人。0~14岁人口占总人口的20.65%,15~64岁人口占总人口的71.68%,65岁及以上人口占总人口的7.67%。

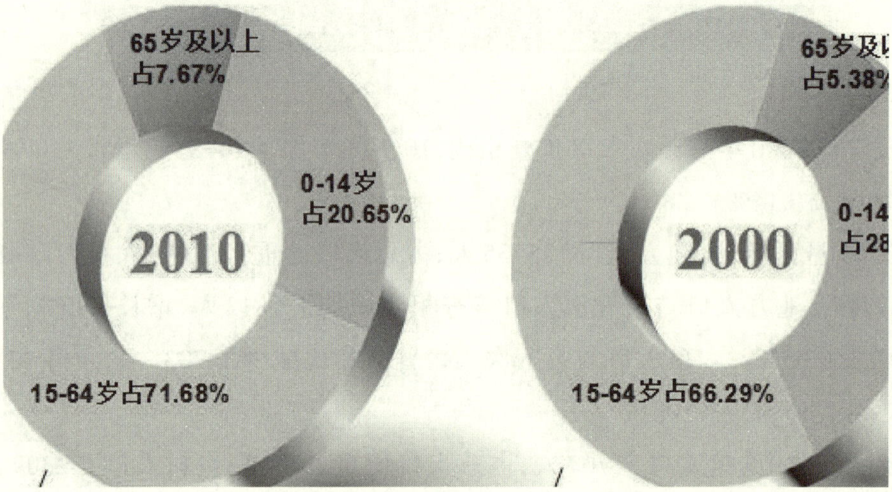

各年龄阶段人口占总人口比重示意图

(六)民族构成

全县总人口中,汉族60174人,占总人口的34.57%;少数民族113902人,占总人口的65.43%。与第五次人口普查相比,汉族人口减少2494人,下降3.98%,平均每年减少249人,年均下降0.40%;而少数民族人口增加4972人,增长4.56%,平均每年增加497人,年均增长0.46%;

少数民族中,黎族93408人,苗族13872人,壮族5371人,回族46人,其他1205人。

(七)各种受教育程度人口

6岁及以上人口157055人,其文化程度,大学以上7386人(其中:研究生29人,大学本科1755人,大学专科5602人),高中(含中专)21523人,初中76459人,小学43379人,文盲半文盲8308人。与第五次人口普查对比,大学以上、高中(含中专)、初中文化程度人口明显增长,而小学、文盲半文盲文化程度人口分别下降32.35%、44.93%;文盲率由第五次人口普查的8.79%下降到4.77%。

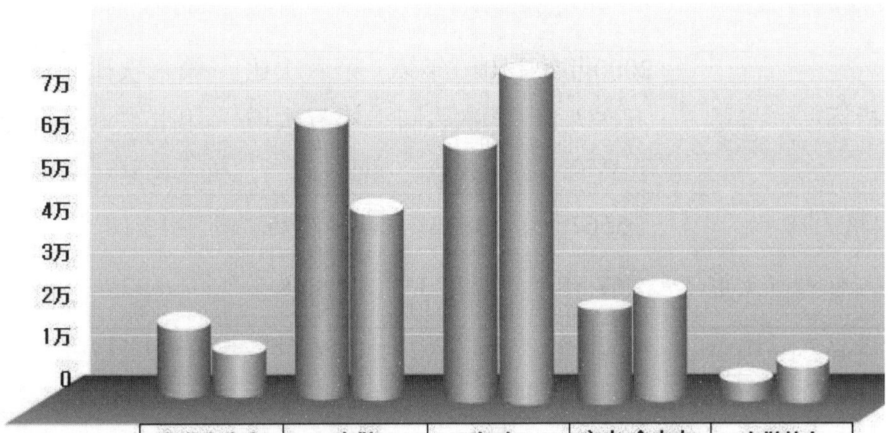

	文盲半文盲	小学	初中	高中(含中专)	大学以上
2000年	15087	64126	56908	18208	3131
2010年	8308	43379	76459	21523	7386

6岁及以上人口文化程度示意图

（八）出生、死亡人口情况

出生人口2784人，其中：男1514人，女1270人；出生性别比119.21。死亡人口952人，其中：男620人，女332人。与第五次人口普查对比，出生人口增加652人，增长30.58%，平均每年增长65人，年均增长3.06%；死亡人口增加184人，增长23.96%，平均每年增加18人，年均增长2.40%。

2010年第六次人口普查与2000年第五次人口普查各项指标情况表

表7-17　　　　单位：人、%

指标	2000年第五次人口普查	2010年第六次人口普查	第六次比第五次增减	第六次比第五次增长率	平均每年增减(10年)	年均增长率
一、总人口	171598	174076	2478	1.44	248	0.14
1.农业人口	104217	107795	3578	3.43	358	0.34
2.非农业人口	64117	63745	−372	−0.58	−37	−0.06
3.未落户人口	3264	2536	−728	−22.30	−73	−2.23
农业人口占总人口比重	60.73	61.92	1.19	1.96	0.12	0.20
非农业人口占总人口比重	37.36	36.62	−0.75	−2.00	−0.07	−0.20
未落户人口占总人口比重	1.90	1.46	−0.45	−23.41	−0.04	−2.34
按区域分：						
1.地方人口	115922	125735	9813	8.47	981	0.85

续表1

指标	2000年第五次人口普查	2010年第六次人口普查	第六次比第五次增减	第六次比第五次增长率	平均每年增减(10年)	年均增长率
2.农垦人口	55676	48341	−7335	−13.17	−734	−1.32
地方人口占总人口比重	67.55	72.23	4.68	6.92	0.47	0.69
农垦人口占总人口比重	32.45	27.77	−4.68	−14.41	−0.47	−1.44
按城乡区域分:						
1.城镇人口	25292	51767	26475	104.68	2648	10.47
2.乡村人口	146306	122309	−23997	−16.40	−2400	−1.64
城镇人口占总人口比重	14.74	29.74	15.00	101.76	1.50	10.18
乡村人口占总人口比重	85.26	70.26	−15.00	−17.59	−1.50	−1.76
四、全县总户数(户)	44258	51513	7255	16.39	726	1.64
地方户数	26380	33063	6683	25.33	668	2.53
农垦户数	17878	18450	572	3.20	57	0.32
地方户数占总户数比重	59.61	64.18	4.58	7.68	0.46	0.77
农垦户数占总户数比重	40.39	35.82	−4.58	−11.33	−0.46	−1.13
家庭户	43720	50667	6947	15.89	695	1.59
集体户	538	846	308	57.25	31	5.72
家庭户数占总户数比重	98.78	98.36	−0.43	−0.43	−0.04	−0.04
集体户数占总户数比重	1.22	1.64	0.43	35.10	0.04	3.51
户均人口数	3.88	3.38	−0.50	−12.84	−0.05	−1.28
家庭户均人口数	3.92	3.44	−0.49	−12.47	−0.05	−1.25
人口密度	63	64	0.92	1.44	0.09	0.14
陆地面积	2704.66	2704.66	0.00	0.00	0.00	0.00
按性别分:						
1.男性人口	93271	93999	728	0.78	73	0.08
2.女性人口	78327	80077	1750	2.23	175	0.22
男性人口占总人口比重	54.35	54.00	−0.36	−0.65	−0.04	−0.07

续表2

指标	2000年第五次人口普查	2010年第六次人口普查	第六次比第五次增减	第六次比第五次增长率	平均每年增减(10年)	年均增长率
女性人口占总人口比重	45.65	46.00	0.36	0.78	0.04	0.08
性别比	119.08	117.39	−1.69	−1.42	−0.17	−0.14
按年龄分:						
1. 0～14岁(少年儿童人口)	48605	35947	−12658	−26.04	−1266	−2.60
2.15～64岁(劳动力人口或青壮年人口)	113755	124771	11016	9.68	1102	0.97
3.65岁及以上(老年人口)	9238	13358	4120	44.60	412	4.46
其中:90～99岁(长寿老人)	128	182	54	42.19	5	4.22
100岁以上(百岁老人)	4	10	6	150.00	1	15.00
0～14岁人口占总人口比重	28.32	20.65	−7.67	−27.10	−0.77	−2.71
15～64岁人口占总人口比重	66.29	71.68	5.38	8.12	0.54	0.81
65岁及以上人口占总人口比重	5.38	7.67	2.29	42.54	0.23	4.25
七、总抚养比	50.85	39.52	−11.33	−22.29	−1.13	−2.23
1.少儿抚养比	42.73	28.81	−13.92	−32.57	−1.39	−3.26
2.老年抚养比	8.12	10.71	2.59	31.83	0.26	3.18
按民族分:						
1.汉族	62668	60174	−2494	−3.98	−249	−0.40
2.少数民族	108930	113902	4972	4.56	497	0.46
其中:黎族	89297	93408	4111	4.60	411	0.46
苗族	11715	13872	2157	18.41	216	1.84
壮族	6325	5371	−954	−15.08	−95	−1.51
回族	65	46	−19	−29.23	−2	−2.92
其他	1528	1205	−323	−21.14	−32	−2.11
汉族人口占总人口比重	36.52	34.57	−1.95	−5.35	−0.20	−0.53
少数民族人口占总人口比重	63.48	65.43	1.95	3.08	0.20	0.31

续表3

指标	2000年第五次人口普查	2010年第六次人口普查	第六次比第五次增减	第六次比第五次增长率	平均每年增减(10年)	年均增长率
按文化程度分:						
6岁以上人口文化程度情况	157460	157055	−405	−0.26	−41	−0.03
1.研究生	13	29	16	123.08	2	12.31
2.大学本科	354	1755	1401	395.76	140	39.58
3.大学专科	2764	5602	2838	102.68	284	10.27
4.高中(含中专)	18208	21523	3315	18.21	332	1.82
其中:中专	5050	—	—	—	—	—
高中	13158	21523	—	—	—	—
5.初中	56908	76459	19551	34.36	1955	3.44
6.小学	64126	43379	−20747	−32.35	−2075	−3.24
7.文盲半文盲	15087	8308	−6779	−44.93	−678	−4.49
文盲率	8.79	4.77	−4.02	−45.72	−0.40	−4.57
(1)研究生占6岁以上文化程度人口比重	0.01	0.02	0.01	119.44	0.00	11.94
(2)大学本科占6岁以上文化程度人口比重	0.20	0.98	0.78	387.68	0.08	38.77
(3)大学专科占6岁以上文化程度人口比重	1.57	3.14	1.56	99.37	0.16	9.94
(4)高中(含中专)占6岁以上文化程度人口比重	10.37	12.05	1.69	16.28	0.17	1.63
其中:中专占6岁以上文化程度人口比重	2.87	—	—	—	—	—
高中占6岁以上文化程度人口比重	7.49	—	—	—	—	—
(5)初中占6岁以上文化程度人口比重	32.40	42.82	10.42	32.17	1.04	3.22

续表4

指标	2000年第五次人口普查	2010年第六次人口普查	第六次比第五次增减	第六次比第五次增长率	平均每年增减(10年)	年均增长率
(6)小学占6岁以上文化程度人口比重	36.50	24.29	-12.21	-33.46	-1.22	-3.35
(7)文盲半文盲占6岁以上文化程度人口比重	8.59	4.65	-3.94	-45.83	-0.39	-4.58
出生、死亡情况:						
1.出生人口	2132	2784	652	30.58	65	3.06
其中:男	1200	1514	314	26.17	31	2.62
女	932	1270	338	36.27	34	3.63
出生性别比(女=100)	128.76	119.21	-9.54	-7.41	-0.95	-0.74
2.死亡人口	768	952	184	23.96	18	2.40
其中:男	468	620	152	32.48	15	3.25
女	300	332	32	10.67	3	1.07

注:2010年第六次人口普查统计的高中文化程度人口是包含中专文化程度人口

(九)2010年第六次人口普查90岁以上老年人口分布情况

90岁以上老年人口共有192人,其中,地方老年人口有158人,农垦老年人口有34人;老年人口居住排列前三位的乡镇是营根镇、湾岭镇、黎母山镇。百岁老人共有10人,其中:地方有7人,农垦有3人。

2010年第六次人口普查90岁以上老年人口分布情况表

表7-18

名称	90岁以上人口(人)	男	女	100岁以上人口(人)	其中:男	女
总计	192	68	124	10	2	8
其中:地方老年人口	158	57	101	7	1	6
农垦老年人口	34	11	23	3	1	2
按区域分						
营根镇	45	17	28	0	0	0

续表1

名称	90岁以上人口(人)	男	女	100岁以上人口(人)	其中:男	女
湾岭镇	33	11	22	3	1	2
黎母山镇	20	8	12	2	0	2
和平镇	8	3	5	0	0	0
长征镇	17	6	11	1	0	1
红毛镇	3	2	1	0	0	0
中平镇	7	4	3	0	0	0
吊罗山乡	5	0	5	0	0	0
上安乡	14	4	10	1	0	1
什运乡	6	2	4	0	0	0
阳江农场	15	7	8	2	1	1
乌石农场	7	1	6	0	0	0
加钗农场	2	0	2	0	0	0
长征农场	9	2	7	1	0	1
黎母山林业公司	1	1	0	0	0	0

(十)2010年第六次人口普查各民族人口情况

第六次人口普查各民族人口中,琼中有22个民族,人口最多的是黎族,其次是汉族、苗族、壮族。

2010年第六次人口普查各民族人口情况表

表7-19　　　　单位:人

序号	民族	小计	男	女	序号	民族	小计	男	女
	总人口合计(人)	174076	93999	80077					
1	黎族	93408	50580	42828	12	满族	18	11	7
2	汉族	60174	33129	27045	13	畲族	11	6	5
3	苗族	13872	6985	6887	14	白族	7	6	1

续表1

序号	民族	小计	男	女	序号	民族	小计	男	女
	总人口合计（人）	174076	93999	80077					
4	壮族	5371	2648	2723	15	仫佬族	7	6	1
5	瑶族	784	396	388	16	傣族	6	1	5
6	土家族	155	80	75	17	水族	5	3	2
7	侗族	115	61	54	18	蒙古族	4	3	1
8	回族	46	29	17	19	傈僳族	4	4	—
9	哈尼族	33	17	16	20	藏族	2	2	—
10	彝族	31	21	10	21	仡佬族	1	—	1
11	布依族	21	11	10	22	怒族	1	—	1

（十一）2010年第六次人口普查姓氏情况

2010年，第六次人口普查姓氏统计中，琼中县有姓氏402个。

2010年第六次人口普查按拼音排序姓氏情况表

表7-20

序号	姓氏	序号	姓氏	序号	姓氏	序号	姓氏	序号	姓氏	序号	姓氏	序号	姓氏	序号	姓氏	序号	姓氏	序号	姓氏	序号	姓氏
1	艾	16	卜	31	充	46	刁	61	房	76	弓	91	杭	106	火	121	蒋	136	康	151	黎
2	爱	17	步	32	仇	47	丁	62	费	77	宫	92	郝	107	霍	122	降	137	柯	152	李
3	安	18	才	33	楚	48	东	63	丰	78	龚	93	昊	108	姬	123	娇	138	孔	153	利
4	白	19	蔡	34	从	49	董	64	封	79	贡	94	何	109	稽	124	焦	139	寇	154	栗
5	柏	20	曹	35	崔	50	都	65	冯	80	苟	95	和	110	吉	125	解	140	邝	155	连
6	班	21	岑	36	达	51	钭	66	符	81	古	96	贺	111	汲	126	金	141	喇	156	练
7	包	22	查	37	笪	52	窦	67	付	82	谷	97	弘	112	计	127	经	142	来	157	梁
8	保	23	柴	38	代	53	堵	68	傅	83	顾	98	红	113	纪	128	荆	143	赖	158	廖
9	鲍	24	昌	39	岱	54	杜	69	盖	84	关	99	洪	114	季	129	井	144	兰	159	林
10	贝	25	常	40	戴	55	段	70	干	85	官	100	侯	115	冀	130	景	145	蓝	160	蔺
11	贲	26	车	41	丹	56	法	71	甘	86	管	101	后	116	郏	131	敬	146	郎	161	凌

续表1

序号	姓氏	序号	姓氏	序号	姓氏	序号	姓氏	序号	姓氏	序号	姓氏	序号	姓氏	序号	姓氏	序号	姓氏	序号	姓氏	序号	姓氏
12	边	27	陈	42	单	57	凡	72	高	87	广	102	胡	117	贾	132	居	147	劳	162	刘
13	卞	28	成	43	党	58	樊	73	杲	88	郭	103	华	118	简	133	鞠	148	乐	163	柳
14	别	29	程	44	邓	59	范	74	戈	89	国	104	怀	119	江	134	巨	149	雷	164	龙
65	薄	30	池	45	邸	60	方	75	葛	90	韩	105	黄	120	姜	135	瞿	150	冷	165	隆
166	娄	186	米	206	潘	226	丘	246	尚	266	斯	286	童	306	邬	326	邢	346	杨	366	禹
167	卢	187	苗	207	盘	227	邱	247	邵	267	松	287	涂	307	巫	327	幸	347	仰	367	庚
168	芦	188	闵	208	庞	228	秋	248	佘	268	宋	288	屠	308	吴	328	熊	348	姚	368	喻
169	鲁	189	敏	209	逄	229	曲	249	申	269	苏	289	土	309	伍	329	胥	349	叶	369	元
170	陆	190	缪	210	裴	230	屈	250	深	270	素	290	万	310	武	330	须	350	衣	370	员
171	禄	191	莫	211	盆	231	权	251	沈	271	溯	291	汪	311	郗	331	徐	351	易	371	原
172	路	192	墨	212	彭	232	阙	252	盛	272	隋	292	王	312	奚	332	许	352	羿	372	袁
173	吕	193	母	213	蓬	233	冉	253	施	273	孙	293	危	313	习	333	宣	353	益	373	苑
174	罗	194	木	214	骈	234	饶	254	石	274	台	294	韦	314	席	334	薛	354	阴	374	岳
175	骆	195	牧	215	平	235	任	255	时	275	谈	295	隗	315	夏	335	荀	355	殷	375	越
176	马	196	慕	216	浦	236	荣	256	史	276	覃	296	卫	316	咸	336	鄢	356	尹	376	云
177	满	197	那	217	戚	237	容	257	侍	277	谭	297	未	317	冼	337	闫	357	印	377	宰
178	漫	198	能	218	漆	238	茹	258	寿	278	汤	298	位	318	相	338	严	358	英	378	曾
179	毛	199	倪	219	祁	239	汝	259	舒	279	唐	299	蔚	319	向	339	言	359	尤	379	翟
180	茅	200	聂	220	齐	240	阮	260	束	280	陶	300	魏	320	项	340	沿	360	游	380	詹
181	卯	201	宁	221	钱	241	芮	261	帅	281	腾	301	温	321	萧	341	颜	361	有	381	斩
182	梅	202	牛	222	强	242	桑	262	双	282	滕	302	文	322	肖	342	燕	362	于	382	展

续表2

序号	姓氏	序号	姓氏	序号	姓氏	序号	姓氏	序号	姓氏	序号	姓氏	序号	姓氏	序号	姓氏	序号	姓氏	序号	姓氏	序号	姓氏
183	蒙	203	农	223	谯	243	沙	263	水	283	田	303	闻	323	谢	343	扬	363	余	383	占
184	孟	204	欧	224	钦	244	商	264	司	284	通	304	翁	324	辛	344	羊	364	鱼	384	张
185	糜	205	欧阳	225	秦	245	赏	265	司徒	285	佟	305	沃	325	刑	345	阳	365	俞	385	章
386	仉	387	赵	388	甄	389	郑	390	支	391	终	392	钟	393	周	394	朱	395	诸	—	
396	竺	397	主	398	庄	399	卓	400	宗	401	邹	402	左	—							

(十二)历次人口普查总人口、总户数按区域分布情况

1.历次人口普查总人口分布情况

据1990年第四次人口普查统计,按区域分,营根镇居民人口占总人口比重最高,为13.87%,其次是黎母山镇,占6.64%,湾岭镇占5.93%。

据2000年第五次人口普查统计,按区域分,营根镇居民人口占总人口比重最高,为17.25%,其次是黎母山镇,占7.52%、湾岭镇占6.29%。

据2010年第六次人口普查统计,按区域分,营根镇居民人口占总人口比重最高,为24.03%,其次是阳江农场,占11.25%、湾岭镇占11.03%。

历次人口普查区域人口分布情况一览表

表7-21

名称	总人口(人)		各区域人口占总人口比重(%)	
	2000年第五次人口普查	2010年第六次人口普查	2000年第五次人口普查占比	2010年第六次人口普查占比
一、总计	171598	174076	100.00	100.00
其中:地方人口	115922	125735	67.55	72.23
农垦人口	55676	48341	32.45	27.77
二、按区域分				
营根镇	29594	41835	17.25	24.03

续表1

名称	总人口(人)		各区域人口占总人口比重(%)	
	2000年第五次人口普查	2010年第六次人口普查	2000年第五次人口普查占比	2010年第六次人口普查占比
乌石镇	7496	—	4.37	—
湾岭镇	10789	19208	6.29	11.03
黎母山镇	12908	16645	7.52	9.56
长征镇	7302	6966	4.26	4.00
和平镇	5649	8452	3.29	4.86
中平镇	7482	7798	4.36	4.48
红毛镇	8650	8153	5.04	4.68
红岛乡	7090	—	4.13	—
松涛乡	3447	—	2.01	—
上安乡	5668	6113	3.30	3.51
吊罗山乡	4835	5665	2.82	3.25
什运乡	5012	4900	2.92	2.81
长兴乡	2376	—	1.38	—
新进农场	6778	—	3.95	—
大丰农场	4605	—	2.68	—
阳江农场	9548	19584	5.56	11.25
乌石农场	8328	14287	4.85	8.21
南方农场	4295	—	2.50	—
岭头农场	2768	—	1.61	—
加钗农场	4866	6027	2.84	3.46
长征农场	3359	7771	1.96	4.46

续表2

名称	总人口(人)		各区域人口占总人口比重(%)	
	2000年第五次人口普查	2010年第六次人口普查	2000年第五次人口普查占比	2010年第六次人口普查占比
乘坡农场	3935	—	2.29	—
太平农场	1806	—	1.05	—
新伟农场	2257	—	1.32	—
黎母山林业公司	755	672	0.44	0.39

注:此表未填项的乡镇、农场已撤并

2.历次人口普查户数分布情况

据1990年第四次人口普查统计,按区域分,营根镇居民户数占总户数比重最高,为13.77%,其次是阳江农场,占6.39%,南方农场占6.05%;

据2000年第五次人口普查统计,按区域分,营根镇居民户数占总户数比重最高,为16.99%,其次是阳江农场,占7.13%、黎母山镇占6.26%。

据2010年第六次人口普查统计,按区域分,营根镇居民户数占总户数比重最高,为22.27%,其次是阳江农场,占13.65%、乌石农场占11.78%。

历次人口普查区域居民户分布情况一览表

表7-22

名称	总户数(户)		各区域户数占总户数比重(%)	
	2000年第五次人口普查	2010年第六次人口普查	2000年第五次人口普查占比	2010年第六次人口普查占比
一、总计	44258	51513	100.00	100.00
其中:地方人口	26380	33063	59.61	64.18
农垦人口	17878	18450	40.39	35.82
二、按区域分				
营根镇	7519	11472	16.99	22.27
乌石镇	1655	——	3.74	0.00

续表1

名称	总户数(户)		各区域户数占总户数比重(%)	
	2000年第五次人口普查	2010年第六次人口普查	2000年第五次人口普查占比	2010年第六次人口普查占比
湾岭镇	2421	5180	5.47	10.06
黎母山镇	2769	4056	6.26	7.87
长征镇	1568	1774	3.54	3.44
和平镇	1233	2006	2.79	3.89
中平镇	1651	2105	3.73	4.09
红毛镇	1707	2048	3.86	3.98
红岛乡	1600	——	3.62	——
松涛乡	847	——	1.91	——
上安乡	1263	1609	2.85	3.12
吊罗山乡	1045	1428	2.36	2.77
什运乡	1102	1385	2.49	2.69
长兴乡	487	——	1.10	——
新进农场	2176	——	4.92	——
大丰农场	1517	——	3.43	——
阳江农场	3157	7033	7.13	13.65
乌石农场	2616	6067	5.91	11.78
南方农场	1405	——	3.17	——
岭头农场	927	—	2.09	——
加钗农场	1599	2252	3.61	4.37
长征农场	1106	2870	2.50	5.57
乘坡农场	1263	——	2.85	——
太平农场	636	——	1.44	——
新伟农场	760	——	1.72	——
黎母山林业公司	229	228	0.52	0.44

注:此表未填项的乡镇、农场已撤并

第七章 审 计

第一节 机 构

1991年,琼中县审计局共定编20人(其中行政编制12个,事业编制8个);下设县审计师事务所。1996年定编16人,其中公务员14人,工勤2人。1998年4月3日,因资金不足,自行注销县审计师事务所。2002年9月18日,县审计局内设办公室、行政事业审计岗、财政金融审计岗、经贸审计岗、经济责任审计岗和投资审计岗,核定行政编制14名,其中:局长1名,副局长2名;一般干部11名;机关工勤人员财政预算拨款事业编制2名。2004年9月23日,县审计局的领导职数和非领导职数调整为正职1名、副职2名、非领导职数2名。2010年3月19日,批准成立琼中黎族苗族自治县政府投资审计中心,核定行政编制3名,其中主任1名,办事员2名。

2004—2010年,琼中县审计局内设机构与编制人员调整为:内设办公室、行政事业审计岗、财政金融审计岗、社会保障审计岗、政府投资审计岗和经济责任审计岗,行政编制14名。其中:局长1名,副局长3名,科员10名。琼中县政府投资审计中心行政编制未有变化。

第二节 财政财务审计

琼中县审计局在对财政部门、税务部门进行审计的同时,还延伸审计了相关的重点部门和单位,在审计的深度和力度上,坚持面上收缩,点上深入,注重实效,提高质量,一切为财政增收节支服务;在审计方法上,坚持以资金为主线,从银行帐户入手,从源头上摸清预算内、预算外资金的底数和总体运作情况,注意发现财政预算管理的隐性问题。对审计中查出的截留、挤占、坐支财政收入;虚列支出,转移资金;违规调整预算支出等问题,提出了有针对性的审计建议。

1991—1995年,共完成审计项目138个,查出各种违纪违规金额1386.26万元,其中:应上缴财政金额326.97万元,已上缴入库167.26万元。上报各种材料75份,提交审计信息11篇,被省审计厅采用1篇,编发审计简报4期。

1996—2000年,共完成审计项目94个,查出各种违纪违规金额7599.1万元,其中:应上缴财政金额348.89万元,已上缴入库184.92万元。共移送纪检监察处理案件3件,移送纪检监察处理金额2.81万元。上报各种材料90份,提交审计信息22篇,被省审计厅采用3篇,被党政领导批示1篇,县政府转发1篇,编发审计简报6期。

2001—2005年,共完成审计项目61个,查出各种违纪违规金额2567万元,其中:应上缴财政金额313万元,应归还渠道资金797万元,应调账处理342万元,已上缴入库295万元,管理不规范金额106万元。共移送纪检监察处理案件2件,涉案2人。上报各种材料61份,提交信息简报36篇。

2006—2010年,共审计单位81个,查出各种违纪违规金额806.2万元,应归还渠道资金10万元,应调账处理3561万元,管理不规范金额10680.3万元。共移送纪检监察处理案件1件。上报各种材料110份,提交信息简报31篇。

第三节 政府投资审计

自2007年开始,琼中县审计局以"规范管理、节约资金、提高效益、预防腐败"为目的,加强对政府投资建设项目的审计监督,规范投资行为,提高资金效益。审计局根据投资项目的规模大小,对社会关注、群众关心的程度相对划分重点建设项目与一般建设项目,对重点建设项目实行(概)预算、在建、竣工决算全过程跟踪审计,即事前事中审计与事后审计并重,对一般建设项目实行竣工决算审计,即事后审计。

2007—2010年,琼中县审计局共完成40个政府投资审计项目,审计总投资额34508.8万元,审定金额31340万元,核减政府投资3106.8万元,即已减少财政拨款3106.8万元,核减率为9%。重点揭露了高估冒算、多报工程量、弄虚作假等问题。通过履行和发挥审计的监督、服务职能作用,对政府投资建设的项目资金的运行、规范及效益情况开展监督与服务,提出建议,确保资金使用的高效节约。

2007—2010年政府投资项目审计情况一览表

表7-23　　单位:万元、个

年度	项目个数	送审金额	审定金额	核减金额	核减率
2007	6	1844	1798	45	2.44%
2008	10	1673	1552	121	7.23%
2009	10	6491.8	5799	692.8	11.95%

续表1

年度	项目个数	送审金额	审定金额	核减金额	核减率
2010	14	24500	22191	2248	9.17%
合计	40	34508.8	31340	3106.8	9%

第四节 经济责任审计

自1998年开始琼中县审计局开展经济责任审计。1998—2000年，共完成审计项目26个，查出各种违纪违规金额1323万元，其中，应上缴财政金额136万元，应归还渠道资金205万元，应调账处理金额1082万元。

2001—2005年，共完成审计项目49个，查出各种违纪违规金额1136万元，其中，应上缴财政金额306万元，应归还渠道资金206万元，应调账处理金额623万元。

2006—2010年，共完成审计项目41个，查出各种违纪违规金额195万元，其中，应上缴财政金额69万元，应归还渠道资金111万元，应调账处理金额15万元。

第五节 专项资金审计和审计调查

自2004年开始，琼中县审计局根据省审计厅的安排部署及年度项目审计计划安排，开展专项资金审计和审计调查。2004—2005年，共进行专项资金审计和审计调查5个，查出各类违纪违规金额129万元，其中，应上缴财政金额128万元，应归还渠道资金1万元，共移送纪检监察处理案件1条，涉及2人，涉及金额1万元。

2006—2010年，共进行专项资金审计和审计调查25个，查出管理不规范金额6万元，其中应调账处理金额6万元。

第八章 食品药品监督管理

第一节 机 构

2002年,成立琼中黎族苗族自治县药品监督管理局,为正科级单位,行政编制5人,工勤编制1人,7月30日挂牌对外办公。2005年,荣获"海南省食药监系统先进单位"称号。

2010年,县药品监督管理局更名为县食品药品监督管理局,是主管全县食品药品工作的县政府工作部门。将食品、保健品、化妆品安全的综合监督、组织协调和依法组织开展对重大安全事故查处的职责划给县卫生局。将原县卫生局承担的餐饮业、食堂等餐饮服务环节食品、保健食品、化妆品行政许可及监督管理的职责,第一类医疗器械生产审批职责划入县食品药品监督管理局。内设办公室(行政审批岗),药品、医疗器械市场、安全监管岗,餐饮服务监管、保健食品、化妆品监督岗。行政编制5人,工勤编制1人。内设办公室、药品综合监管岗、保化餐饮监管岗等3个职能岗室。

第二节 食品安全监管

2003年,配合卫生、工商、公安、防疫等部门联合行动,检查各类食品生产经营单位475家,其中,责令整改22家,责令停业整顿53家,行政罚款8家,罚款13500元,取缔经营资格2家。

2004年,牵头组织相关职能部门开展联合行动10余次,全面检查食品卫生安全工作,综合协调各职能部门开展食品安全法实施宣传、"3·15"、食品安全宣传周、产品质量月、拒绝假劣保健食品等大型食品安全宣传活动。有效地预防与控制食品中毒时事件的发生。

2005年,开展城乡食品市场有毒咸鱼干及注水肉类专项检查、含"苏丹红"食品、保健食品及婴幼儿食品等专项检查。

2006年，全县出动执法人员1147人次，车辆141车次，检查城镇农贸市场25个次，生产加工企业18家次，食品经营企业1773家次。检测蔬菜农药残留30种，平均合格率达到96.7%，检测餐具717份，取缔悬挂横幅，责令整改18家，查处违法行为11起，涉及物品总价值22599元，罚款16200元。

2007年，琼中县食药监局发挥“抓手”作用，以食安办名义组织牵头工商、卫生、质监等职能部门开展元旦、春节、五一、三月三等节假日期间食品安全专项检查，出动检查车辆62辆次，出动检查人员216人次。对检查发现的问题责成相关部门查处并定期回访，确保全县群众度过安乐、祥和的节日。

2008年，组织开展食品安全联合专项检查5次，全县出动执法人员46人次，车辆16次，共检查城镇农贸市场8个次，经营企业295家次，生产加工企业18家次，学校食堂14个次，警告6家，责令整改5家。没收货值3000余元的过期变质食品及无QS质量安全标志食品，现场销毁过期霉变食品10公斤。

2009年，由县食品药品监督管理局牵头，组织各职能部门开展重大节日期间食品安全专项检查，检查范围涉及县城及各乡镇的农贸市场，食品批发、零售企业，学校食堂，餐饮店，食品加工小作坊等。全县出动执法人员54人次，车辆24车次，每次检查分成两个检查组，检查城镇农贸市场22个次，经营企业632家次，生产加工企业43家次，学校食堂36个次，警告15家，责令整改7家。

2010年，组织元旦、春节、“三月三”、五一、安全活动月、学校食堂食品安全联合专项检查5次，全县共出动食品执法人员670人次，检查各类业户1572家次，查处违法行为2起，查获货值500元，罚款800元。全县连续6年无一起重大食品安全事故发生。市场整顿工作取得明显成效。

第三节 药品与医疗器械监管

2002年，县食品药品监督管理局采取日常巡查与突击检查相结合的方式，开展专项检查15次，查获劣药38种，价值16万元，警告12家，限期整改5家，罚款25915元。配合省稽查总队查处五指山制药厂一案，共查处685箱劣药，壮阳丸8铁桶，价值15万元，全部销毁。

2003年，县食品药品监督管理局全面清理并监督销毁过期药品及“界定”药品，共清理“界定”药品404种，货值金额18.7万元。

2004年，县食品药品监督管理局加大打击力度，整顿与规范药品市场秩序。对全县27家医疗机构、56家个体诊所和34家药店进行全面检查。

2005年，县食品药品监督管理局开展了5次专项检查。出动执法人员98人次，检查医疗机构169家次、药品经营企业136家次，共没收假劣药品65种，货值5878元，取缔无证经营药品企业4家，当场处罚12起，立案查处3起，罚没15164元。

2006年,共出动执法人员350人次,检查医疗机构186家次,药品经营企业162家次,药品生产企业6家次,开展查处纯金胶原高素能美容丝、假冒柏芪讲堂胶囊、"欣弗"注射液等专项稽查14次。受理案件23起,立案21起,取缔无证经营(流动药贩)4个,没收假劣药品36种,货值42080元,罚款3948元。

2007年,县食品药品监督管理局出动执法人员360人次,检查医疗机构206家次、药品经营企业182家次、药品生产企业20家次,开展人血白蛋白、避孕套、妊娠药品、植入性人体医疗器械、医疗用氧气、违法广告等专项稽查16次。共受理案件15起,立案4起,结案4起,结案率100%,取缔无证经营(流动药贩)6个,药品抽样16各批次。没收假劣药品46种,货值16500元,集中监督销毁各类药械货值56650元。

2008年,共出动执法人员170人次,检查医疗机构351家次、药品经营企业262家次、药品生产企业12家次,开展肝素钠、蛋白同化制剂、刺五加注射液、手足口病防治药品等专项检查16次。共受理案件12起,当场处罚10起,立案2起,取缔无证经营(流动药贩)2个,没收假劣药品9种,货值2000元,罚款1650元。

2009年,县食品药品监督管理局全面展开日常巡查工作,较好地规范了琼中药品市场经营行为。加强对农村食品药品质量监督协管员、信息员队伍的培训。引导建立了琼中县农村药品配送中心,加强力度打击违法药品广告。2009年,出动执法人员150人次,检查医疗机构345家次、药品经营企业272家次、药品生产企业15家次,开展香丹注射液、痰热清注射液、肾康注射液、双黄连注射液、妊娠药品等专项稽查11次。共受理案件12起,当场处罚10起,立案2起,没收假劣药品7种,货值2100元,罚款4670元。监督抽样:快速鉴别检验5件,监督送检16件。开展食品药品安全知识和法律法规宣传,提高群众合理用药能力。

2010年,县食品药品监督管理局,紧紧围绕工作目标和省药监局交办的各项工作任务,严格依法行政,采取日常巡查和专项整治相结合的方法,开展药品稽查工作,加大药品市场整顿力度,严厉打击制售假劣药品违法犯罪行为。及时启动换证、GSP再认证工作,完成所有换证药店的认证工作,加强ADR监测管理。开展医用氧、非药品冒充药品、终止妊娠药物检查,查处假药补肾益脑胶囊,调查注射用头孢曲松钠、茵栀黄注射液使用情况,"牛黄解毒片"监督抽样等专项行动7次。出动执法人员189人次,检查医疗机构167家次、药品经营企业128家次,药品生产企业6家次,责令整改15家。受理当场处罚案件6起,没收假劣药品2种,货值500元,罚款1150元。

第四节 食品药品安全宣传

2002年,在对全县药品经营情况与用药情况调查摸底的同时,对广大人民群众进行《药品管理法》的宣传,组织县级医院、卫生院、个体诊所和药店的药品从业人员参加《药品管理法》《药品管理法实施条例》培训学习。结合9月15日《药品管理法实施条例》的颁布实施,专门制作宣传车,在县城及邻近乡镇宣传。

2003年,县食药监局深入开展实施药品放心工程的宣传教育活动。广泛宣传《药品管理法》《药品管理法实施条例》及相关的法律法规和假劣药品简易识别法。共印发公告100份,悬挂条幅15条,出动宣传车3次。

2004年,为加强药品从业人员的业务水平和法律意识,县食药监局举办全县药品从业人员培训班,共200余人参加此次培训。

2005年,琼中县食药监局先后4次组织食安委成员单位工作人员学习省政府办公厅《关于印发海南省2005年食品药品专项工作方案的通知》文件精神,强化领导干部的学习,不断提高政策理论水平。开展对《食品卫生法》《产品质量法》《药品管理法》等法律法规的宣传教育,全县共悬挂横幅12条,出动宣传车14车次,宣传单600份。

2006年,组织开展"3·15"宣传活动,共发放宣传资料1000多份,展示假劣药品21个品种,接受咨询160余人次,在县城主要街道悬挂宣传横幅8条,在各零售药店张贴宣传海报30张。利用日常巡查的同时印发宣传册,悬挂横幅等方式开展《食品卫生法》《产品质量法》《标准化法》等法律法规和食品安全常识宣传。

2007年,县食药监局开展为期一周的食品安全宣传活动,出动宣传车辆12车次,悬挂横幅15条,发放宣传资料2000多份,接受咨询1000余人次。

2008年,开展"3·15"宣传活动,共发放宣传资料600多份,展示假劣药品11个品种,接受咨询700余人次。举办3期食品药品质量监督协管员培训班,提高监管成效。

2009年,为进一步提高全县食品药品协管员、信息员的业务素质和工作能力,宣传贯彻落实《食品安全法》,完善农村食品药品监督网络建设。琼中县食品药品监管局在县委大礼堂举办全县食品药品协管员、信息员培训班。培训内容有:药品和医疗器械管理相关知识、产品质量法等。开展"3·15"国际消费者权益日宣传活动。活动现场工作人员向群众讲解如何识别假劣食品、宣传食品安全相关法律法规,并印发《食品安全基本知识》《食品安全知识进课堂》等宣传材料。活动后,将相关资料分发到县中心小学,让食品安全知识进学校、进课堂。据统计,参加此次宣传活动的执法人员28人次,出动宣传车辆4车次,悬挂宣传横幅15条,发放各种宣传资料2000多份,咨询群众达1000多人次。

2010年,开展食品药品安全知识和法律法规宣传,提高群众合理用药能力。"3·15"国际消费者权益日,县食药监局联合工商、卫生、质监、新闻媒体等部门共同开展以宣传食品药品管理法律法规、维护消费者权益、增强群众维权意识为主要内容的食品药品安全宣传咨询活动,解答消费者关心的食品药品质量等方面的问题,手把手地教会群众如何辨别假劣药品、安全用药等。宣传活动共发放宣传资料600多份,展示假劣药品16个品种,接受咨询700余人次。

第八编　财税 金融

第一章 财 政

第一节 机 构

1991年,县财政局内设人事行政秘书、预算管理、企财财务管理、农业财务管理、监察、综合计划(社会保障)、会计事务管理、行政事业财务管理等8个股和1个国债服务部,下辖营根、黎母山、乌石、长征、什运、松涛、湾岭、中平、和平、红毛、红岛、上安、吊罗山等13个财政管理所,财政系统人员76人,其中助理经济师、助理会计师2人,经济员、会计员14人。同年,县财政局纠正行业不正之风领导小组成立,成员11人,办公室设在财政局监察股。

1992年6月,县彩票部更名为海南省彩票管理中心琼中彩票部。1994年8月1日,县财税机关改革,撤销县财政局和县税务局,分别成立县财政税务局、县国家税务局和县地方税务局。1997年设立长兴乡财政税务所。1999年5月,农业税征收管理职能转划县地税局;同年3月成立会计管理中心(副科级)。2002年,县财政局内设人事行政秘书、预算管理、综合计划(含社会保障)、行政事业财务管理、农业财务管理、企业财务管理(含国有资产、商贸)、会计事务管理、监察等8个职能岗位;同年7月底,撤销长兴乡、红岛乡、乌石镇、松涛乡4个乡镇财政所。2002年8月起下辖红毛镇、什运乡、湾岭镇、上安乡、和平镇、中平镇、长征镇、营根镇、黎母山镇、吊罗山乡等10个乡镇财政所,核定局机关行政编制22人,事业编制2人。

2009年,县财政局内设办公室、预算岗、国库岗、行财岗、综合岗、农财岗、社会保障岗、会计岗、监督检查岗、乡财岗、企财岗、票据建账岗等12个职能岗位。挂靠县财政局单位有农业综合管理办公室;下属事业单位有会计管理中心(下设4个业务股,6个会计核算站,1个村级代理服务站)及10个乡镇财政所。

2010年,监督岗更名为监督检查局。

2010年11月完成部门预算、国库集中支付、政府采购“三项体制改革”,农税职能划转县地税局,农税局机关7人划转到县地税局,乡镇农税所24人划转到乡镇财政所。全县财政系统编制共90人,其中局机关(含会计管理中心)26人、乡镇财政所64人。

第二节 财政体制

1990—1992年,实行财政包干第三个包干期。财政包干的方法在1981年开始实行,并逐步得到完善,具体办法在不同年度不同。在此期间,琼中县实行"划分税种,核定收支,分级包干,一定三年"财政管理体制,基本上按照利改税第二步改革以后的税种设置,按隶属关系划分中央财政收支和地方财政收支,根据地方的收支基数,计算确定地方新的收入分成比例和上解、补助数额,除中央直属企业、事业单位的收支和关税划归中央外,其余收支均由地方管理。在当时情况下,财政包干是一种传统有效的方法,它扩大了地方的财政收支范围和管理权限,调动了地方筹集财政基金的积极性,有利于国家财政的综合平衡,改变了吃"大锅饭"的现象,所以又被称为"分灶吃饭"的财政体制。

1993—1995年是第四个包干期的前3年。海南省财税厅《关于对琼中县实行第四财政包干体制的决定》确定琼中县财政收入基数为1423万元,支出基数2007.4万元,收支差额584.4万元,收支差额固定补助519.7万元,22种经常性补贴74.6万元,加薪增补120.3万元,总计定额补助714.6万元。

1993年琼中县人民政府根据和海南省《关于建立乡镇一级国库试点的通知》精神,县财政局决定在营根镇和乌石镇试行乡镇级财政管理体制,同时分别配套建立镇一级国库。试行体制规定:"划分税种,核定收支,基数包干,收支挂钩,定额补助,超收分成,一定两年"。两镇的收入,以前3年收入年均数为包干基数,超收部分镇、县七三分成。营根镇和乌石镇的收入基数分别核定为49.52万元和38.32万元。支出基数按原由财政拨款的行政事业单位人员和离退休人员的工资、福利、生活补贴、公务费等核定,营根镇106.51万元,乌石镇76.87万元,同年9月分别调整为117.31万元和80.27万元。包干期内,收入基数不因税收政策变动而变动,支出基数也不因人员增减而增减。镇一级财政收入项目有:工商税、农牧业税、国有企业所得税、国有企业上缴利润和调节税、教育费附加、能源交通建设基金、预算调节基金、土地出让款和其他款项(含罚没款)等。支出包括县划归乡镇管理的乡镇行政人员、农业技术员、畜牧站人员、农技站人员、管区干部补助、广播员、计划生育专职干部、文化站人员、中小学校教职员工、卫生院医务人员、法庭人员(后取消)的经费、公务费和医疗费等。支出包干指标核定后,县按月拨给定额补助,年终决算,超支不补。1994年仍按此执行,其中营根镇包干基数收入49.52万元,支出120万元,实收120.7万元,实支167.9万元;乌石镇包干基数收入38.32万元,支出84.02万元,实收126.5万元,实支126.5万元。

1994年开始实施以分税制为核心内容的预算管理体制。分税制财政体制是在中央与地方各级政府之间，根据各自的职权范围划分税源，并以此为基础确定各自税收权限、税务机构和协调财政收支关系的一种制度。

一是划分中央与地方的支出范围。琼中县地方财政主要承担本地区政权机关运转所需支出以及本地区经济、文化、社会等各项事业发展所需支出。具体包括：地方行政管理费，地方统筹的基本建设投资，支农支出，城市维护和建设经费，地方文化、教育、卫生等各项事业费，价格补贴支出以及其他支出等。

二是按税种划分中央与地方收入。将维护国家权益、实施宏观调控所必需的税种划为中央税，主要有关税、消费税、进口产品消费税和增值税、中央企业所得税等；将同经济发展直接相关的主要税种划为中央与地方共享税，主要有增值税、资源税等；将适合地方征管的税种划为地方税，主要有营业税、地方企业所得税、个人所得税等，并充实地方税税种，增加地方税收入。2002年国家对所得税划分进行了调整，琼中县自2003年起，将企业所得税和个人所得税改为中央与地方共享税，中央分成60%，地方分成40%。

三是确定中央财政对地方税收返还数额。按照1993年琼中县地方实际收入、税制改革、中央与地方收入划分情况，核定1993年中央从地方净上划的收入数额(即消费税+75%的增值税－中央下划收入)。1993年中央净上划收入，全额返还地方，保证现有地方既得财力，并以此作为以后中央对地方税收返还基数。1994年后，税收返还额在1993年基数上逐年递增，递增率按全国增值税和消费税的平均增长率的1:0.3系数确定，即上述两税全国平均每增长1%，中央财政对地方税收返还增长0.3%。如若1994年以后净上划中央的收入达不到1993年基数，则相应扣减税收返还数额。

1995年，琼中县各乡镇均实行收支包干财政管理体制。建立乡镇一级财政管理体制后，乡镇一级的预算管理和各类预决算执行程序与县相同。

1996年，营根镇包干基数收入129.31万元，支出129.31万元，乌石镇包干基数收入183.20万元，支出183.20万元。

2007—2009年乡镇财政预算管理体制已到期，充分调动了乡镇抓财源、办事业、促发展的积极性。

2010年根据县政府《关于印发琼中县乡镇财政管理方式改革实施方案的通知》(琼中府[2005]38号)，为解决乡镇财政运行中出现的新问题，更好地促进乡镇经济的发展，对现行的乡镇财政体制重新调整。县对乡镇实行“划分税种，核定收支，定额上解或补助，超收入基数上解，一定一年”的财政体制。在本轮体制期限内，除遇国家重大财税政策变动及机构改革调整编制外，乡镇财政收支范围、收支基数、上解(补助)基数等原则上不作调整和变动。乡镇的正常增人增资等增加支出超过支出基数部分，全部由乡镇财政自行负担解决。乡镇财政增收增加的财力，由乡镇财政自行统筹安排。

一是县与乡镇财政收入范围的划分。

1.县级财政固定收入：(1)县国税部门征收的增值税和所得税县级库部分；(2)县级职能部门

征收的行政事业收费、罚没收入和其他收入，以及乡镇公安机关征收行政事业性费和罚没收入；(3)琼中县范围内的政府性基金收入；(4)琼中县范围内的城市维护建设税、教育费附加；(5)投资额500万元以上项目的税收收入(含500万元)；(6)各乡镇征收的社会抚养费县本级分享20%，乡镇分享80%。

2. 乡镇财政固定收入：除上述所列县级收入外，各乡镇征管范围内的其他各项收入为乡镇级财政固定收入(不含营根镇)。

二是收支基数的确定。各乡镇税收固定收入基数的确定：以乡镇2006—2008年税收固定收入三年平均数增长10%为基准数确定。地税部门没有在营根镇设征收机构，该镇的工商税收收入基数按县城地税所、企业所、营根地税所征收的营业税75%部分(不含金融、保险营业税)、所得税30%部分(含个人所得税和企业所得税)、资源税、房产税、印花税、城镇土地使用税、土地增值税75%部分、车船税等税收2006—2008年三年平均数增长10%为基数，与县本级二八分享，营根镇分享20%，县本级分享80%。农业二税按2006—2008年三年平均数增长10%为固定收入基数。乡镇的支出基数有：人大事务、政府办公厅(室)及相关机构事务、财政事务(包括财政所人员经费、公用经费和项目经费及乡镇会计核算站项目经费)、税收事务(农税所人员经费、公用经费)、人口与计划生育事务(计划生育专干人员经费和公用经费以及从税费改革转移支付资金中安排的计生信息费支出)、党务、群众团体事务、文化体育与传媒(包括文化站、广播站人员经费和公用经费)、社会保障和就业、社会保险基金支出(包括在职人员基本养老、失业保险、基本医疗保险、工伤保险、生育保险等支出)、农林水事务、其他支出、预备费。其中：(1)人员经费、离退休费按实际数核定；(2)抚恤救济费和村干部生活补助以实际数按新标准核定；(3)公用经费参照县本级2010年部门预算定额标准(一类一档单位标准)执行；(4)项目支出标准：乡镇政府项目经费按乡镇分类分别核定，其中：一类乡镇60万元、二类乡镇55万元、三类乡镇50万元(一类乡镇：营根、湾岭、黎母山；二类乡镇：红毛、长征、和平、中平；三类乡镇：什运、上安、吊罗山)。乡镇财政所项目经费按每个所7万元/年核定。乡镇农税所项目经费：营根所3万元，乌石所3万元，其余2个农税所2万元核定；(5)预备费按支出数的3%核定。

三是乡镇补助基数的确定。县对乡镇补助基数＝乡镇年税收固定收入基数－支出核定基数。对收支结果为负数的，由县对乡镇给予财政转移支付；对收支结果为正数的，由乡镇上解县级。

四是乡镇超收入基数上解的确定。各乡镇固定的税收收入超基数的，按一定的比例上解。其中：超税收收入基数10万元(含10万元)以下的，留乡镇财政作为机动财力；超税收收入基数10万~30万元(含30万元)部分，10%上解县财政，其余留乡镇财政作为机动财力；超税收收入基数30万元以上部分，20%上解县财政，其余留乡镇财政作为机动财力。营根镇与县本级分享税收收入超体制基数的，按一定的比例和县级分享，其中：超体制基数的税收收入100万(含100万元)以内按5:5分成(营根镇分享5成，县本级分享5成)，超100万元以上按3:7分成(营根镇分享3成，县本级分享7成)，营根镇超收分成达到200万元后不再享受分成。

第三节 财政收支

一、财政收入

1991—2010年，琼中县财政收入仍以工商税和农业税为主。1994年，随着橡胶开割面积的增加和橡胶价格的上涨，农业四税（即农业税、农林特产税、契税和耕地占用税）收入突破2278万元大关，成为地方财政收入重要支柱。

2000年地方财政收入首次突破4392万元大关，主要是同年限制进口橡胶准入，橡胶市场价格上涨。1998年国有资产改制后，国有企业迅速扭亏为盈。2002年工商税收入1096万元，农业四税收入1674万元。2004年3月全部取消农业特产税，2005年5月取消农业税；农业两税取消后，工商税成了地方财政收入的主要来源，2010年突破亿元大关。2006—2010年，基金收入大幅攀升，2009年基金预算收入780万元，上级补助879万元，上年结余1349万元，合计3008万元。

2010年基金预算收入9845万元，上级补助3410万元，上年结余626万元，合计13881万元。

1991—2010年琼中县地方财政收入情况一览表

表8-1 单位：万元

年份	地方财政收入	各项税收	类别			国有资产经营收益	国有企业计划亏损补贴	其他收入	基金收入
			工商税收	企业所得税	农业四税				
1991	1210	17	673	1	677	—	-224	53	27
1992	1346	22	683	4	835	—	-241	33	14
1993	1378	34	744	34	766	—	-258	58	4
1994	2895	28	589	16	2278	—	-114	97	1
1995	3640	37	772	3	2849	—	-112	90	1
1996	3247	44	779	—	2446	—	-22	—	—
1997	3221	272	862	2	2054	—	-17	2	46

续表1

年份	地方财政收入	各项税收	类别			国有资产经营收益	国有企业计划亏损补贴	其他收入	基金收入
			工商税收	企业所得税	农业四税				
1998	3813	511	1131	1	2172	—	-22	—	20
1999	4006	628	1046	—	2256	71	-20	25	—
2000	4392	1088	1132	—	2026	64	-15	97	—
2001	3847	920	970	13	1783	84	—	77	172
2002	3767	745	1096	26	1674	79	—	147	200
2003	4706	910	1247	15	2064	337	—	133	169
2004	3191	636	1333	40	659	340	—	183	345
2005	2800	568	1861	24	78	152	—	117	473
2006	3519	411	2070	37	89	652	—	260	160
2007	4070	603	2746	86	45	537	—	53	557
2008	4733	787	3137	142	74	585	—	8	998
2009	6270	983	3898	295	196	858	—	40	780
2010	10293	1725	5360	220	379	2111	—	498	9845

注:(1)工商税收1985年以前仅包括产品税、增值税和营业税,1985年起包括城市维护建设税等税种;(2)农业四税从1985年起包括农林特产税、耕地占用税和契税;(3)从1994年起按税制改革新口径统计;(4)2008年以后,地方财政收入不含基金收入,为同一口径,地方财政收入均不含基金收入;(5)1990—1996年基金收入均含“国家预算调节基金类”,分别为8.30万元、8万元、10万元、3万元、1万元、1万元、1万元

二、财政支出

自2006年起,实行政府收支分类改革,对财政统计体系进行重大调整,支出科目调整变化较大,不可简单加总,故将1990—2010年支出分类划分为两部分:

(1)1991—2005年,琼中县地方财政支出从1991年的3429万元逐年增长至2005年的25257万元,其中有6年的同比增幅达到20%以上:1995年同比增幅26%,1998年的同比增幅高达44%,

2000年同比增幅23%,2002年同比增幅20%,2004年同比增幅24%,2005年同比增幅26%。

1991—2005年，地方财政支出科目主要有:农林水支出、文教卫生支出、抚恤和社会救济、社会保障补助支出、行政管理费、公检法司支出、支援不发达地区支出，从各类支出累计占比来看，其中文教卫生支出、行政管理费支出、支援不发达地区支出为财政主要支出:文教卫生支出累计占比为23%、行政管理费支出累计占比为13%、支援不发达地区支出累计占比为14%，随着地方财政增加对农业、水利、教育、卫生、社会保障补助等资金的投入，以上支出同比都在逐年不同程度的增长，特别是社会保障补助支出，从1999年的20万元逐年增长至2005年的1509万元。2005年的社会保障补助支出主要有:投入711万元用于全县行政事业企业干部职工基本养老;投入376万元用于国有企业下岗职工基本生活保障以及就业和再就业补助;投入424元万元用于农村和城市居民最低生活保障支出;用于解决企业军转干部三拖欠及生活困难支出28万元，用于优抚对象生活医疗补助支出201万元，投入72万元用于小额贷款，扶持下岗职工再就业。

(2)2006—2010年，琼中县地方财政支出从2006年的29879万元逐年增长至2010年的127616万元,从2007年起同比增幅为均达40%以上,其中2008年的同比增幅高达49%,在2010年地方财政支出首次突破10亿元大关，达127,616万元。

2006—2010年，琼中县财政局坚持科学理财，依法理财，进一步深化财政改革，加强财政监管，狠抓增收节支，优化支出结构，充分发挥财政职能作用财政工作职能，取得明显成效;优化支出结构，保障公共部门经费，提高公共服务水平和质量;加大教育支出力度，支持教育改革和发展。完善社保和就业体系，促进琼中和谐和稳定;加大医疗卫生投入，保障人民群众的身体健康;落实支农惠农政策，改善农民生活生产条件;地方财政支出科目主要有:一般公共服务支出、国防、公共安全、教育、文化体育与传媒、社会保障和就业、医疗卫生、环境保护、城乡社区事务、农林水事务、工业商业金融等事物支出，从各类支出累计占比来看，其中农林水事务支出、教育支出、社会保障和就业支出和一般公共服务支出为财政主要支出:农林水事务支出累计占比为17%、教育支出累计占比为17%、社会保障和就业支出累计占比为14%，一般公共服务支出累计占比为13%。2006—2010年,琼中县政府基金预算支出从2006年的364万元逐年增长至2010年的11833万元,政府基金预算支出在地方财政总支出中的占比,也从2006年的1.2%逐年增长至2010年的9.3%。

1991—2005年琼中县财政支出分类统计表

表8-2　　　　单位:万元

年度	支出合计	其中:							
		农林水支出	文教卫生支出	抚恤和社会救济	社会保障补助支出	行政管理费	公检法司支出	支援不发达地区支出	其他
1991	3429	129	980	114	—	571	159	164	1312

续表1

年度	支出合计	其中:							
		农林水支出	文教卫生支出	抚恤和社会救济	社会保障补助支出	行政管理费	公检法司支出	支援不发达地区支出	其他
1992	4108	181	1294	149	—	847	225	132	1280
1993	4543	200	1573	99	—	1012	252	132	1275
1994	5181	223	1729	168	—	1242	333	140	1346
1995	6524	272	2189	176	—	1413	357	219	1898
1996	6318	258	1817	239	—	1395	340	186	2083
1997	7421	321	1637	205	—	1055	307	1472	2424
1998	10708	324	1973	252	—	1007	347	2704	4101
1999	9141	265	2101	201	20	963	429	1542	3620
2000	11244	421	2195	350	27	1112	478	2354	4307
2001	12906	339	2443	277	518	1267	610	2363	5089
2002	15490	499	2833	379	1028	1506	611	2613	6021
2003	16292	1104	3238	628	1091	1806	664	3119	4642
2004	20099	3504	4244	774	829	2105	741	2955	4947
2005	25257	3424	5989	1067	1509	2845	1231	2491	6701

2006—2010年琼中县财政支出分类统计表

表8-3　　单位:万元

年度	2006	2007	2008	2009	2010
财政总支出	29879	41712	62106	8900	127616
地方财政支出	29792	41587	61781	88455	—
一般预算支出	29428	40936	59762	86137	114964
一般公共服务	5299	7314	10042	9999	13189
外交	—	—	—	—	—
国防	86	173	91	100	207
公共安全	1727	1990	2857	5187	6752

续表1

年度	2006	2007	2008	2009	2010
教育	5175	6423	8504	13564	24640
科学技术	321	775	1063	1504	1966
文化体育与传媒	355	587	1170	2042	2471
社会保障和就业	3813	6651	8372	15482	13153
医疗卫生	2128	2218	4658	6304	7540
环境保护	1130	1667	2333	4900	3189
城乡社区事务	898	2274	9385	6990	4995
农林水事务	6533	8371	7876	15323	20337
交通运输	72	416	398	253	4637
工业商业金融等事物	409	1255	1257	1339	2407
其他支出	1482	822	1756	2581	461
基金预算支出	364	651	2019	2318	11833
调出资金(包括基金调出)	—	—	—	—	—
年终滚存结余(包括基金结余)	8849	8672	7114	4824	15889
县本级	—	—	—	—	—
净结余	2891	912	2746	2956	6634

注:自2006年起,实行政府收支分类改革,对财政统计体系进行重大调整,支出科目调整变化较大,不可简单加总,故将1990—2010年支出分类划分为两部分

第四节 财政管理

一、预算管理

预算管理是财政部门对财政资金筹集、分配、使用过程进行的总体设计、综合平衡和调节监督,是实施财政调控的重要手段。

预算编制 1991—1995年,根据“八五”计划和“十年”规划确定年度预算的主要经济指标,它以促进本县经济发展为前提,以收入为基础,支出按“一要吃饭,二要建设”的原则进行,在保证

政权建设和各项事业适度发展的同时，适当加大对农业的投入，不断增加教育、科技等支出，压缩非生产性开支。执行中注意兑现超收分成，节支留用政策，调动琼中县人民增收节支积极性。

1994年开始实施以分税制为核心内容的预算管理体制。分税制财政体制是在中央与地方各级政府之间，根据各自的职权范围划分税源，并以此为基础确定各自税收权限、税务机构和协调财政收支关系的一种制度。1995年，各乡镇均建立乡镇一级财政，琼中县对乡镇实行“划分收入范围，核定收支、定额补助(支出大于收入的乡镇)或定额上解(收入大于支出的乡镇)，超收分成，一定二年”的财政管理体制编制预算。

2003年起琼中县将企业所得税和个人所得税改为中央与地方共享税，中央分成60%，地方分成40%。2007—2009年琼中县进行乡镇财政管理方式改革，实行“乡财县管理”，进一步规范乡镇财政管理，充分调动了乡镇抓财源、办事业、促发展的积极性。2010年为解决乡镇财政运行中出现的新问题，更好地促进乡镇经济的发展，对现行的乡镇财政体制重新调整。县对乡镇实行“划分税种，核定收支，定额上解或补助，超收入基数上解，一定一年”的财政体制编制预算。

二、预算外资金管理

预算外资金是根据国家财政体制和财务制度规定，不纳入国家预算，由地方各部门、各单位自行收支，自行管理使用的地方自筹性资金。按其管理权限分为地方财政部门管理的预算外资金，行政事业单位管理的预算外收支，国营企业单位管理的各种专项基金收入。

(一)预算外收入管理

1991年，琼中县经济发展迅速，预算外资金收入712万元，比上年增加59万元，增长9%。

1992年琼中县预算外资金收入增至814万元，比上年增加102万元，增长14.3%，为历年最高。其中行政事业单位管理的预算外收入383万元；财政部门管理的预算外收入62万元；国营企业及其主管部门预算外收入369万元。增收主要原因有：(1)抓好企业整顿，让职工收入与企业效益挂钩，提高职工生产积极性，扭亏增盈，如水泥厂整顿后创利润150万元，仅从留利中就提取“三金”58万元。(2)建委收支纳入预算外管理，收入全额上缴，支出由财政核拨。

1993年，会计制度改革，国营企业不设预算外资金科目，全县预算外收入仅有地方财政部门和行政事业单位两部分，计522万元，占预算内收入的38%。

1994年和1995年，琼中县预算外收入项目与1993年相同，其收入分别为634万元和1096万元。

1996年琼中县预算外资金收入1568万元。

1997年琼中县预算外资金收入1753.6万元，比上年同期的1568万元增加185.6万元，增长11.8%，占财政预算内收入53.7%。其中：(1)行政事业单位管理的预算外资金收入877万元；(2)乡镇自筹、统筹资金收入30万元；(3)社会保障基金收入846.6万元。

1998年琼中县预算外资金收入846.3万元，比上年同期的907万元(剔除社会保障基金收入846.6万元后的净额)减少60.7万元，下降6.7%，占财政预算内收入22.1%，其中：(1)行政事业单位管理的预算外资金收入788.7万元;(2)乡镇自筹、统筹资金收入57.6万元。

1999年琼中县预算外资金收入632.2万元,比上年同期的846.3万元,减少214.1万元,下降25.3%,占财政预算内收入的5.8%,其中:(1)行政事业单位管理的预算外资金收入557.7万元;(2)乡镇自筹、统筹资金收入74.5万元。

2000年琼中县预算外资金收入1182万元,比上年同期的632.2万元,增加549.8万元,增长87%,占财政预算内收入的27.4%,其中:(1)行政事业单位管理的预算外资金收入877万元;(2)乡镇自筹、统筹资金收入305万元。

2001年琼中县预算外资金收入1096.64万元,比上年同期的1182万元,减少85.36万元,下降7.2%,占财政预算内收入的23.5%。

2002年琼中县预算外资金收入1006.5万元,比上年同期的1096.64万元,减少90.14万元,下降8.22%,占财政预算内收入的25.2%。

2003年琼中县预算外资金收入831.1万元,同比减少175.4万元,下降17.4%,占财政预算内收入的17%。

2004年琼中县预算外财政专户收入781万元,上年结余收入44万元。

2005年琼中县预算外财政专户收入580万元,上年结余收入87万元。

2006年琼中县预算外财政专户收入955万元,上年结余收入32万元。

2007年琼中县预算外财政专户收入994万元,上级补助156万元(其中彩票公益金69万元,公共照明电费87万元),上年结余收入9万元。

2008年琼中县预算外财政专户收入1496万元,上级补助6万元,上年结余收入192万元。

2009年琼中县预算外财政专户收入1225万元。

2010年琼中县预算外财政专户收入1030万元。

(二)预算外支出管理

琼中县预算外资金支出根据上级财政部门的有关规定安排,量入支出,专款专用。

1991年行政事业单位支出318.4万元,国营企业单位支出355.3万元。

1992年行政事业单位支出383万元,国营企业单位支出390万元。

1993年行政事业单位支出483万元。

1994年行政事业单位支出652万元。

1995年行政事业单位支出1057万元。

1996年预算外资金支出1552万元。

1997年预算外资金支出1730.6万元,占预算内支出的23.3%,比上年同期1552万元增支178.6万元,增长11.5%,其中:(1)行政事业单位预算外资金支出853.9万元;(2)社会保障基金支出851.7万元;(3)乡镇自筹、统筹资金支出25万元。

1998年琼中县预算外资金支出926.1万元,比上年同期的878.9万元(剔除社会保障基金支出851.7万元)增支74.4万元,增长8.5%,占财政预算内支出的8.6%,其中:(1)行政事业单位预算外资金支出867.2万元;(2)乡镇自筹、统筹资金支出58.9万元。

1999年琼中县预算外资金支出638.7万元,比上年同期的926.1万元,减少287.4万元,下降31%,占财政预算内支出的7%,其中:(1)行政事业单位预算外资金支出568.6万元;(2)乡镇自筹、统筹资金支出70.1万元。

2000年琼中县预算外资金支出1174.2万元,比上年同期的638.7万元增支535.5万元,增长83.8%,占财政预算内支出的10.4%,其中:(1)行政事业单位预算外资金支出864.5万元;(2)乡镇自筹、统筹资金支出309.7万元。

2001年琼中县预算外资金支出1079.15万元,比上年同期的1174.2万元,减少95.05万元,下降8.1%,占财政预算内支出的8.29%,其中:(1)行政事业单位预算外资金支出1050.27万元;(2)乡镇自筹、统筹资金支出28.88万元。

2002年琼中县预算外资金支出993.9万元,比上年同期的1079.15万元,减少85.25万元,下降7.9%,占财政预算内支出的6.28%,其中:(1)行政事业单位预算外资金支出991.5万元;(2)乡镇自筹、统筹资金支出2.4万元。

2003年琼中县预算外资金支出704.8万元,同比减支289.1万元,下降29.1%,占财政预算内支出的4.3%。

2004年琼中县预算外财政专户支出738万元,年终滚存结余87万元。

2005年琼中县预算外财政专户支出635万元,年终滚存结余32万元。

2006年琼中县预算外财政专户支出978万元,年终滚存结余9万元。

2007年琼中县预算外财政专户支出967万元,年终滚存结余192万元(彩票公益金结余69万元)。

2008年琼中县预算外财政专户支出1491万元,政府调剂资金(福彩公益金)69万元;年终滚存结余134万元。

2009年琼中县预算外财政专户支出1083万元。

2010年琼中县预算外财政专户支出1006万元。

三、会计管理

自1991年至2002年琼中县各行政事业预算单位都各自配备一名会计及出纳进行会计核算。

2003年《琼中黎族苗族自治县会计委派制实施方案》经2003年12月21日县人民政府第15次常务会议讨论通过,开始实施会计委派工作,成立了县会计管理中心,是财政全额拨款副科级事业单位。方案中明确了县会计管理中心定编人员80名,其中会计人员编制70名,管理人员编制9名,工勤编制1名。

2005年,实行会计集中核算,为确保会计委派人员及时到位,经2005年1月11日县政府第

35次常务会议讨论，县直机关、事业单位设6个核算站，各乡镇设10个核算站。在保证预算单位资金的所有权、使用权和审批权不变的前提下，对单位的会计业务进行集中管理分户核算，单位印鉴统一预留。由核算站会计进行交叉审核预算单位的原始凭证并且对单位的收支行为进行会计核算，每月按时向单位提供会计报表并且每季度按时向单位提供财务分析。

2007年6月县政府有关部门对县会计管理中心人员编制进行重新核定，重新核定后，中心定编66名，其中会计人员58名，管理人员编制7名，工勤编制1名。

2008年8月县政府有关部门再次对县会计管理中心人员编制进行重新核定，定编61名，其中会计人员52名，管理人员编制8名，工勤编制1名。目前中心编制仍按2008年8月核定编制。

设立会计核算站，实行集中委派和分散委派两种方式，以集中委派为主。对属于财政拨款或实行收支两条线管理的县直属82个单位，实行委派会计集中核算，根据单位性质与工作量划分，设7个会计核算站。对全县10个乡镇实行集中委派，设10个会计核算站。负责对县行政事业单位和财政拨款及实行收支两条线管理的事业单位的会计人员（含会计员和出纳员）、账务和账户实行统一集中管理；负责派驻会计人员的选派、考核和管理；检查派驻单位的财务工作；负责县各单位人员工资实行统一集发放和办理社会保障费有关业务；参与各单位预算编制工作；负责向县财政局报告派驻各单位财政资金使用及其他收支情况。

2009—2010年，实行国库集中支付改革，通过国库集中支付将单位各种资金统一划转到财政往来专户，使分散的资金集中在一起统一调配使用。

四、国有资产管理

1997年，根据全省清产核资工作会议精神，确定全县17户城镇企业开展清产核资工作，主要是做好资产产权登记，产权界定、价值重估等清产核资阶段性工作，清查资产1148万元，负债1109万元，所有者权益39万元。全面完成城镇集体企业清产核资工作。

2004年，转发并参照《海南省省属国有企业改制工作规程》《海南省省属国有企业关闭破产工作规程》执行，确保国有企业改制有序推进。

2007年，开展行政事业单位国有资产清查工作，规范行政事业单位国有资产管理。经过清查核实，全县行政事业单位总资产为33407万元，负债总额为5692万元，净资产为27715万元。

2009年，转发并参照《海南省省直行政事业单位国有资产使用管理暂行办法》《海南省省直行政事业单位国有资产配置管理暂行办法》及《海南省省直行政事业单位国有资产处置管理暂行办法》执行，规范国有资产使用、配置和处置行为，防止国有资产流失。同时，对全县各行政事业单位的相关人员进行国有资产管理业务知识培训，切实增强国有资产管理意识和业务水平。

2009—2010年行政事业单位资产管理划归琼中县财政局管理。目前尚未出台地方性的国有资产管理规定，资产处置、使用、配置参照省级办法执行。

五、财政监督

根据《关于开展国库资金报解入库情况检查的通知》,1991年4月中旬,对琼中县各国库经收处、所3月份的税款报解入库情况进行检查,检查面达85%,对有些所附加检查了1、2月份的情况,共核对税款678笔,金额275万多元,报解入库127笔,金额246多万元。自国务院发布《关于开展1991年税收财务物价大检查的通知》和省税收财务动员大会后,11月,全县开展大规模的检查工作,县财政局组织的专项检查组,对全县11个国营农场进行检查,催交原欠税274万元,全部入库。

截至1992年12月26日,琼中县1992年度税收财务大检查违纪金额入库57.8万元。

1993年,琼中税收、财务大检查,从11月1日至11月30日,已重点检查75户,有违纪问题的32户,占检查面的42%,违纪金额86.86万元,入库金额41.82万元,入库率48%。

琼中县1994年税收财务大检查,全县组织20个重点检查组,对62个单位进行重点检查。查出违纪金额22.35万元,已入库金额21.31万元,入库率达95%。追回拖欠税款78万元,自查率达100%。重点检查率达41%。此次检查严肃了琼中县的财经纪律,打击了经济领域中的违法乱纪行为。

1995年,琼中县在省财税厅的业务指导和县政府的直接领导下,在县税收财务大检查办公室具体安排部署下开展清查"小金库"工作,从县财政、税务、审计和人行抽调9人,组织两个检查组,对全县52个单位进行为期两个月的检查,查出"小金库"资金12.47万元,已入库9.85万元。1995年11月6日至1996年2月5日,全县开展税收财务大检查工作,从有关部门抽调人员组成10个检查组,共41人按业务对口原则进点检查,共重点检查60个,重点检查面42.5%,发现有违纪问题的单位16个,查出违纪金额30万元,应入库金额30万元,已入库金额29万元,入库率96.7%。此外,还重点检查了个体工商户234户,违纪168户,共查出违纪金额10万元,已全部入库。

1996年10月初至1997年1月底,在各级党政的重视和大力支持下,在有关部门的相互协助下,开展税收财务检查工作,经过全体检查人员的共同努力,全县组织检查组12个,共52人,对全县57个单位进行重点检查,共查出违纪金额35.78万元,应入库金额35.78万元,已入库金额32.63万元,入库率91%,达到国务院入库率指标85%以上的要求。

从1997年10月30日开始,在全县范围内开展税收财务物价大检查工作,经过财政、税务、审计、纪检等部门的通力合作,截至1998年1月10日,共检查60个单位,有违纪问题的单位17户,违纪金额17万元,已入库金额14万元,占应缴入库的82.3%。

1999年,大力清理资金账户,整顿财政工作秩序,首先从内部着手,撤销财政资金账户14个。在此基础上,会同纪检、监察、审计等部门,对全县行政事业单位进行检查。在单位自查自纠的基础上,重点检查了公检法、工商等62个部门。通过清理检查,全县共查出有偿使用资金2988万元,回收2081万元;查出账户183个,撤销114个,保留账户59个,查出应缴预算外资金、行政性收费和罚没收入535万元。县财政局原开设资金账户20个,经过清理,注销资金账户4个,合并资金账户1个,保留资金账户15个。

2001—2005年,组织开展"收支两条线"专项检查、财经纪律专项检查、会计信息质量检查,实行收费票据限量供应和验旧领新制度,清查应缴财政国库税费金额218万元。建立和完善专项资金报账制,建立专项资金项目管理档案,实行预决算制度。清理财政资金账户240个,撤销账户32个。落实农村税费改革转移支付政策,重点对乡村两级办学、乡村计划生育、乡村优抚、乡村道路、村提留是否专款专用开展专项检查。

2006年,组织开展国债专项资金检查、农村税费改革转移支付资金作用情况检查,重点对中小学危房改造、财政支农扶贫、农村低保、农村新型合作医疗等专项资金和各乡镇的财政财务收支情况进行检查。下半年全县开始实行新型农村合作医疗制度,截至2007年4月,县新型农村合作医疗基金收入301.7万元,基金支出149.6万元,收支相抵,结余152.1万元。

2007年,琼中县开展"收支两条线"专项检查工作,采取自查自纠和重点检查结合的方式,重点检查23个单位,2006年被列入重点检查的23个单位共执收非税收入1275万元,应缴财政专户1256.6万元。

2008年,配合纪检监察部门对全县行政事业单位开展政府采购制度执行情况大检查,对制度执行不力、违规操作、私自组织采购的单位限期整改;坚决打击政府采购领域的商业贿赂行为,净化政府采购环境。

2009年7月,根据县140个单位"小金库"治理工作中的自查自纠情况,发现存在违纪问题的单位有9个,违规资金18.80万元。

2009年,开展会计质量检查工作,共抽查企事业单位6家、行政单位6家、中小学校4家,从财政、监察、审计、会计中心抽调12名政治业务素质好的人员组成4个检查组,对重点检查的单位实施检查。

2010年,联合纪检、监察、审计等部门组织开展全县党政机关和事业单位的"小金库"专项治理工作,重点检查30个单位,发现4个单位私设"小金库",查处违规违纪金额39.50万元。

六、国库集中支付业务改革

为了加强财政性资金的管理与监督,提高资金运行效率和使用效益,不断完善国库集中支付运行机制,2009—2010年,逐步开展国库集中支付业务改革,至2010年底,琼中县共有预算单位189个,已实施国库集中支付业务改革66个单位,覆盖率为34.9%。

全面落实国家惠民补贴政策,加强财政惠民补贴资金的监督管理,建立科学规范的财政惠民补贴资金发放机制,为广大补贴对象提供便捷高效服务。2009—2010年实行惠农补贴资金"一卡通"改革,规范惠农补贴资金管理和发放,累计发放"一卡通"存折25190张,发放各类惠农补贴资金累计4947万元,惠及13万人次。

第二章 国 税

第一节 管理机构

1994年8月前,琼中县国税机构与地税机构皆属县税务局管辖,1991年县税务局内设8股2室,下辖14个所7个站,人员170人。1994年8月,因分税制改革的需要,原琼中县税务局分立为琼中县国家税务局、琼中县地方税务局。同年12月6日,县国家税务局完成内设机构和派出机构设置,内设行政股室5个:办公室、税政审理股、计划财务股、人事教育股、监察室;直属机构3个:稽查分局、管理服务分局、征收分局;基层单位17个,由9个税务所和8个征收站组成。9个税务所分别是:红岛、中平、乌石、黎母山、新进、阳江、红毛、和平、长征;8个征收站分别是:松涛、大丰、湾岭、新伟、什运、吊罗山、上安、岭头。

2000年10月20日,派出机构精简为6个基层国税所,分别是红毛、中平、长征、阳江、乌石、和平税务所。

2003年12月30日,再次调整,内设机构6个:办公室、法规税政股、征管股、计征股、人事教育股、监察室;直属机构1个:稽查局;事业机构1个:信息中心;派出机构4个:红毛、乌石、长征、阳江税务所。

2004年1月1日,对征管机构进行重组,将征收分局与计划财务股合并,设立计征股;撤销管理服务分局,设立征管股;撤销税政审理股,设立法规税政股;撤销中平国税所,设为征收点,其原有的征管工作归并到乌石国税所;撤销和平国税所,设为征收点,其原有的征管工作归并到长征国税所;其他征管机构设置不变。

2005年8月3日,又进行机构调整,内设机构6个:办公室、计划征收股(办税服务厅)、征收管理股、综合业务股、人事教育股、监察室;直属机构1个:稽查局;事业单位1个:信息中心;派出机构4个:阳江税务分局、乌石税务分局、长征税务分局、红毛税务所。

2010年2月11日,省国税局批准,琼中县国税局内设机构6个:办公室、政策法规科(税政科)、收入核算科(征收管理科)、纳税服务中心(信息中心)、人事教育科、监察室;派出机构4个:第一、第二、第三、第四税务分局。

第二节 税制改革

一、征管制度改革

1995年,国家税务总局推行《税收征管计算机改革方案》,改革重点是:巩固、发展和完善纳税人的自核自缴申报制度;推行税务代理,强化税务稽查力度,大力推广计算机在税收征管工作的应用,充分发挥计算机的监控和服务功能。琼中县国家税务局积极落实国家税务总局和海南省国税局的工作部署,推行税收征管计算机改革。

1996年,按照《海南省国税系统税收征管改革方案》的要求,琼中县国家税务局全面推行新一轮的税收征管改革,主要内容有:"确立一个模式",即以申报纳税和优化服务为基础,以计算机网络为依托,集中征收,重点稽查的税收征管模式;"建立四个体系",即税务机关和社会中介组织相结合的服务体系、以计算机为依托的税收监控体系、人机结合的稽查体系和与征管功能相适应的组织体系。在类型上,依据税源多少、纳税户多少以及地理位置等因素划分,分类进行。在改革措施上,主要是采取直接报送、邮寄、电传等形式,提升纳税人自觉申报的自觉性;优化纳税服务,建立办税服务厅;健全基层税务机构。

1997年8月,按照海南省国税局的工作部署,琼中县国税局推行"以申报纳税和优化服务为基础,以计算机网络为依托,集中征收,重点稽查"的税收征管模式,实现新旧征管模式的顺利转换。

1998年,琼中县国税局按照省国税局的统一部署,重点加强对城区征管改革的巩固、完善、规范、提高、发展,全面推进农村征管改革,规范征管工作流程,改善办税服务厅办税条件,扩大计算机应用范围,推广税银一体化,注重以征管运行机制的根本改变促进税收征管质量和效率的提升。

1999—2000年,省国税局积极推进税收征管改革,主要是推广全国税收综合征管软件(CTAIS)应用,进一步理顺关系,明确征管职责,调整基层征管机构,统一办税程序,推进办税服务厅建设,加强征管基础建设。琼中县国税局积极落实省国税局的工作部署,征管工作取得明显成效。

2002—2006年,琼中县国税局根据全省国税系统关于加快税收征管信息化建设,推进税收征管改革的要求,推行以省国税局为中心的全省征管数据高度集中处理的信息平台,以CTAIS软件支撑、规范科学的征管流程支撑、严密的岗责体系支撑,实现"五个目标",即申报多元化、监控网络化、管理专业化、稽查集约化、机构扁平化,建立起以全省集中的税务管理信息系统为基础的,以专业化为标志的,流程化、标准化的税收征管新体制。

2007—2010年,按照省国税局的统一部署,琼中县国家税务局引入税收风险管理模式,以标准化建设为抓手,以素质、体制机制、信息化"三大工程"建设为保障,全面推进税收征管改革。

二、税种改革

(一)增值税

1994年,海南省确定增值税起征点的具体标准为:销售货物的起征点为月销售额600元;销售应税劳务的起征点为月销售额200元;按次纳税的起征点为每次(日)销售额50元。

2003年1月,根据财政部和国家税务总局有关规定,省增值税起征点进行大幅上调,销售货物调高至3000元,销售应税劳务2000元,每次(日)销调高至200元,对销售额未达到新起征点的个体双定户,对其应免予征收而实际已征收的税款;2004年5月1日,增值税起征点进行现次调整,销售货物调高至月销售额5000元,销售应税劳务为月销售额3000元,按次纳税起征点仍为每次(日)销售额200元。

(二)消费税

1994年,税制改革在流转税中新增的一个税种。2010年消费税的征收范围主要包括:烟,酒及酒精,鞭炮,焰火,化妆品,成品油,贵重首饰及珠宝玉石,高尔夫球及球具,高档手表,游艇,木制一次性筷子,实木地板,汽车轮胎,摩托车,小汽车等税目,有的税目还进一步划分若干子目。消费税实行价内税,只在应税消费品的生产、委托加工和进口环节缴纳,在以后的批发、零售等环节,因为价款中已包含消费税,因此不用再缴纳消费税,税款最终由消费者承担。

(三)企业所得税

1.企业所得税。1993年12月13日,国务院将《中华人民共和国国营企业所得税条例(草案)》《国营企业调节税征收办法》《中华人民共和国集体企业所得税暂行条例》和《中华人民共和国私营企业所得税暂行条例》进行整合,制定了《中华人民共和国企业所得税暂行条例》,自1994年1月1日起施行,统一内资企业所得税,实行33%的比例税率。

2.个人利息所得税。1980年通过的《个人所得税法》和1993年修订的《个人所得税法》,再次把利息所得列为征税项目。1999年11月1日,开始施行《对储蓄存款利息所得征收个人所得税的实施办法》,在1999年11月1日以后支取的,1999年11月1日起开始滋生的利息要按20%征收所得税。2007年8月15日起,将储蓄存款利息所得个人所得税的适用税率由现行的20%调减为5%。2008年10月8日,国家宣布次日开始取消利息税,同时存款利率下调0.27个百分点。具体办法为,储蓄存款在1999年10月31日前的利息所得,不征收个人所得税;在1999年11月1日至2007年8月14日的利息所得,按照20%的比例征收个人所得税;在2007年8月15日至2008年10月8日的利息所得,按照5%的比例征收个人所得税;储蓄存款在2008年10月9日后(含10月9日)的利息所得,暂免征收个人所得税。

(四)车辆购置税

从2001年1月1日起实施《中华人民共和国车辆购置税暂行条例》。车辆购置税的纳税人为购置(包括购买、进口、自产、受赠、获奖或以其他方式取得并自用)应税车辆的单位和个人,征税范围为汽车、摩托车、电车、挂车、农用运输车,税率为10%,应纳税额的计算公式为:应纳税额=计税价格×税率。

第三节 税种税率及征收

一、税种税率

(一)增值税

增值税税率采取基本税率再加一档低税率和零税率的模式,基本税率为17%,低税率为13%,小规模纳税人适用税率为3%,出口商品一般适用零税率;实行价外计征的办法(按不含增值税税金的商业价格和税率计算征收增值税)和根据发票注明税金进行税款抵扣的制度。

(二)消费税

2010年消费税的征收范围主要包括:烟,酒及酒精,鞭炮,焰火,化妆品,成品油,贵重首饰及珠宝玉石,高尔夫球及球具,高档手表,游艇,木制一次性筷子,实木地板,汽车轮胎,摩托车,小汽车等税目,有的税目还进一步划分若干子目。消费税实行价内税,只在应税消费品的生产、委托加工和进口环节缴纳,在以后的批发、零售等环节,因为价款中已包含消费税,因此不用再缴纳消费税,税款最终由消费者承担。

2010年消费税税率

表8-4

税 目	税 率
一、烟	
1.卷烟	56%加0.003元/支
(1)甲类卷烟	36%加0.003元/支
(2)乙类卷烟	5%
(3)批发环节	36%
2.雪茄烟	30%
3.烟丝	

续表1

税　目	税　率
二、酒及酒精	
1.白酒	20%加0.5元/500克（或者500毫升）
2.黄酒	240元/吨
3.啤酒	250元/吨
（1）甲类啤酒	220元/吨
（2）乙类啤酒	10%
4.其他酒	5%
5.酒精	
三、化妆品	30%
四、贵重首饰及珠宝玉石	
1.金银首饰、铂金首饰和钻石及钻石饰品	5%
2.其他贵重首饰和珠宝玉石	10%
五、鞭炮、焰火	15%
六、成品油	
1.汽油	1.40元/升
（1）含铅汽油	1.00元/升
（2）无铅汽油	0.80元/升
2.柴油	0.80元/升
3.航空煤油	1.00元/升
4.石脑油	1.00元/升
5.溶剂油	1.00元/升
6.润滑油	1.00元/升
7.燃料油	
七、汽车轮胎	3%

续表2

税　目	税　率
八、摩托车 1. 气缸容量(排气量,下同) 在250毫升(含250毫升)以下的 2. 气缸容量在250毫升以上的	3% 10%
九、小汽车 1. 乘用车 (1)气缸容量(排气量,下同) 在1.0升(含1.0升)以下的 (2)气缸容量在1.0升以上至1.5升(含1.5升)的 (3)气缸容量在1.5升以上至2.0升(含2.0升)的 (4)气缸容量在2.0升以上至2.5升(含2.5升)的 (5)气缸容量在2.5升以上至3.0升(含3.0升)的 (6)气缸容量在3.0升以上至4.0升(含4.0升)的 (7)气缸容量在4.0升以上的 2. 中轻型商用客车	1% 3% 5% 9% 12% 25% 40% 5%
十、高尔夫球及球具	10%
十一、高档手表	20%
十二、游艇	10%
十三、木制一次性筷子	5%
十四、实木地板	5%

(三)企业所得税

企业所得税的税率即据以计算企业所得税应纳税额的法定比率。根据《中华人民共和国企业所得税暂行条例》的规定,2008年新的《中华人民共和国所得税法》规定;一般企业所得税的税率为25%。

(四)个人利息所得税

储蓄存款在1999年10月31日前的利息所得,不征收个人所得税;在1999年11月1日至2007年8月14日的利息所得,按照20%的比例征收个人所得税;在2007年8月15日至2008年10

月8日的利息所得,按照5%的比例征收个人所得税;储蓄存款在2008年10月9日后(含10月9日)的利息所得,暂免征收个人所得税。

(五)车辆购置税

从2001年1月1日起实施《中华人民共和国车辆购置税暂行条例》。车辆购置税的纳税人为购置(包括购买、进口、自产、受赠、获奖或以其他方式取得并自用)应税车辆的单位和个人,征税范围为汽车、摩托车、电车、挂车、农用运输车,税率为10%,应纳税额的计算公式为:应纳税额=计税价格×税率。

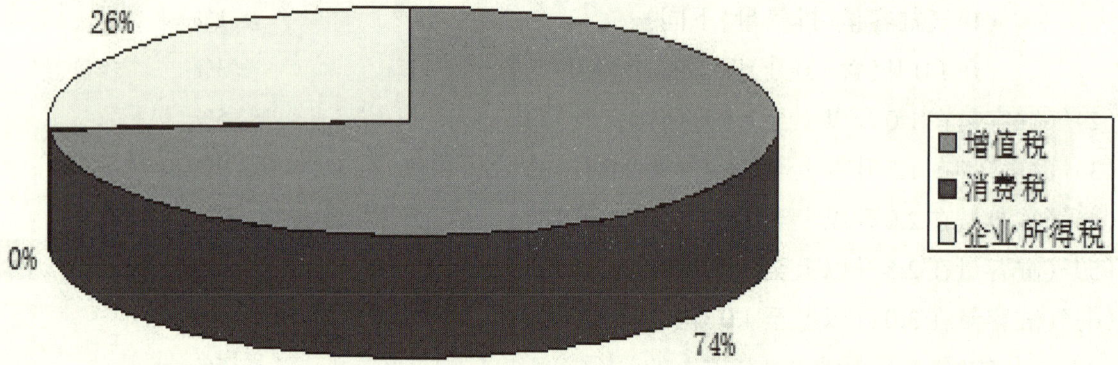

1994年各税种占税收收入比重图

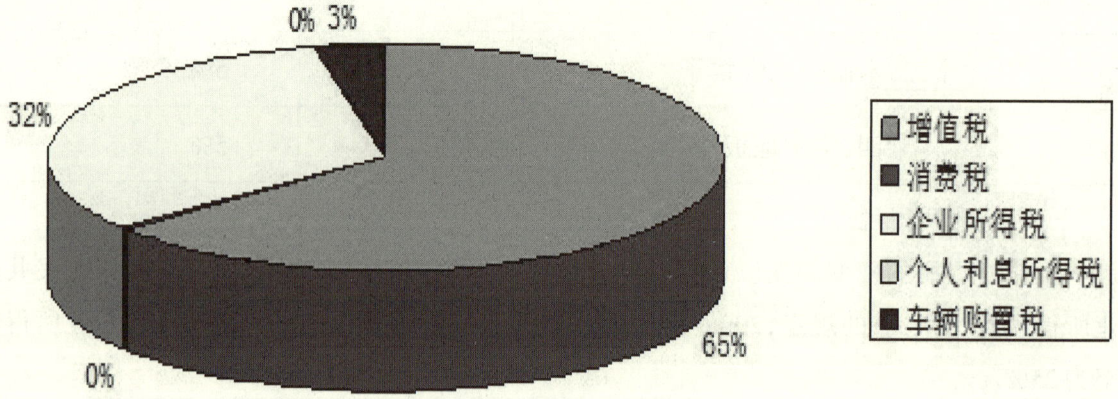

2010年各税种占税收收入比重图

二、税款征收

1994年县国税局完成税款征收额418万元，1995年完成423万元，比上年增长1.2%；2000年完成825万元，比上年增长17%；2005年完成2042万元，比上年增长34.2%；2010年完成3048万元，比上年增长12%，是1994年征收款的7倍。

1994—2010年琼中县国税局税收收入情况统计表

表8-5　　　　单位：万元

年度	计划	完成	占计划	比上年增长率(%)
1994	—	418	—	—
1995	350	423	121%	1.2
1996	390	545	140%	29
1997	430	567	132%	4
1998	500	659	132%	16
1999	570	705	124%	7
2000	620	825	133%	17
2001	780	900	115.3%	1
2002	820	917	118.2%	2
2003	850	1202	142%	31.1
2004	1000	1521	152%	27
2005	1350	2042	151%	34.2
2006	1500	2083	139%	2
2007	1750	2181	125%	4.7
2008	1900	2158	113.6%	-0.11
2009	2000	2718	136%	26
2010	2450	3048	124.4%	12

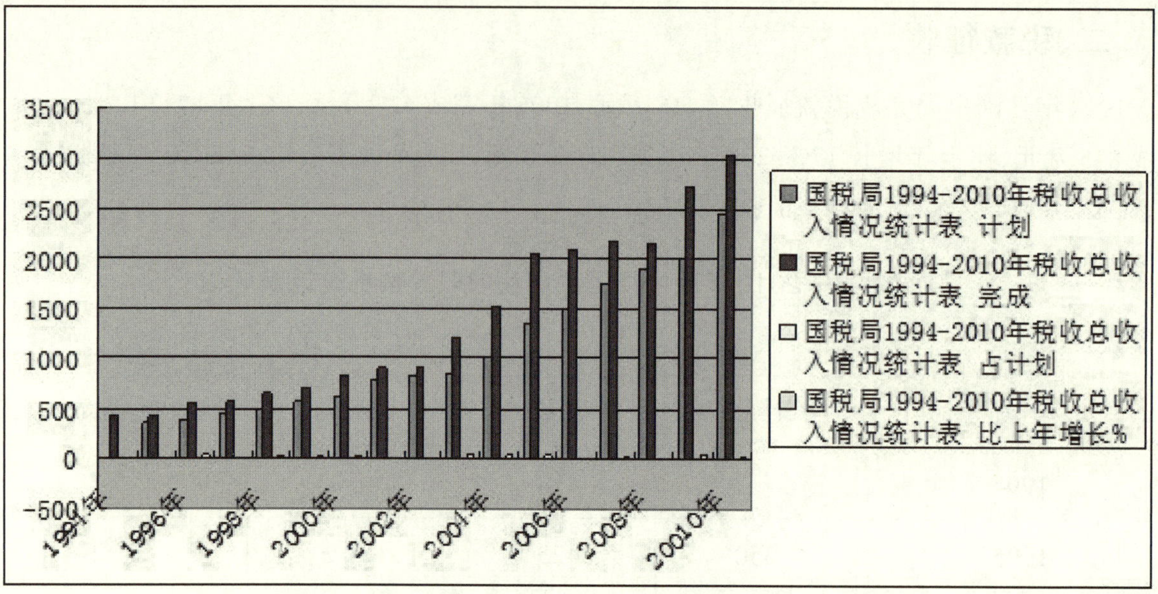

琼中县国税局1994—2010年税收收入统计图

第四节 税务管理

一、税务登记

1996年，按照“统一代码，分别登记，分别管理”的原则，琼中县国税局实施税务登记换证工作。自1998年7月1日起，县税务部门执行国家税务总局《税务登记管理办法》，对开业登记、变更登记、停业复业登记、注销登记、外出经营报验登记、登记核查、非正常户处理、违章处理等规定。

2001年，县国税局按《关于开展税务登记证件验审工作的通知》，要求规定税务登记证每年验审一次。

2004年，按照省国税局的要求，琼中国税局对重码的个体工商户的税务登记号码进行重新编制。

2006年6月，琼中县国税局执行《国家税务总局关于完善税务登记管理若干问题的通知》，明确企业分支机构识别号、个体工商户识别号等的编码规则问题。

2009年1月，琼中县国税局按照《税务登记行业信息采集工作管理办法》的要求，规范税务登记行业信息采集工作，提高税务登记汗液信息采集工作质量。

2010年12月，省国税局发布《关于从2011年起免收税务登记证工本费的通知》，从2011年开始，将税务登记证工本费纳入正常地方预算支出，不再对新办税务登记的纳税人收取税收登记证工本费。同年在县国税局登记的纳税人共2765户。

二、税源管理

(一)对固定税源的控管

2003年前,琼中税务局通过做好税务登记工作,包括税源登记、验证、核定等环节加强对固定户的控管。首先是对新开业的纳税户,基层税务机关在税务登记环节,准确核定应征税税种、适用税率、定税额。对登记在册的正常纳税户每年进行一次验证,每两三年换发一次新证,借助验证换证定期对其注册资本、经营范围等进行核定,及时掌握税源变化情况。对歇业、停业、破产和改组、合并、兼并、转业的税源户进行认真核定,督促其重新进行税务登记,防止虚假和转移税源现象的发生。

(二)建立重点税源联系制度

县税务局对生产经营规模较大、上缴税收比重较大的企业和重要税源,指定专人管理,动态掌握和监控重点企业的税源变化情况。

(三)实行分类管理和信用等级管理

2003年,县税务局依托计算机网络,把纳税人全部纳入税收综合征管软件(CTAIS)监控,分户建立纳税人户籍档案,在属地管理基础上,按照纳税人的经营规模、经营性质、行业特点进行科学分类,并按纳税情况、税法遵循情况等分成A、B、C、D四个纳税信用等级,推行纳税人分类管理。

(四)推行税收管理员制度

2005年,全县推行税收管理员制度。税收管理员的主要职责:一是户籍管理,做到户数明、税源清,及时掌握税源变化情况;二是催报催缴,提高按期申报率和税款入库率;三是调查核实,采取税源信息。

(五)户籍清理,控制税源流失

不定期开展"地毯拉网式"户籍清理,清理漏征漏管户,减少税款流失。

(六)以票控税

认真落实《发票管理办法》,进一步完善管理制度,加大规范管理力度,使发票管理工作更好地为强化税收征管服务,为维护全县市场经济服务。在具体工作中,对小规模纳税人,要根据经营规模、征收方式和纳税额度实行分类、限版管理,积极推行定额发票和电脑发票;要提高纳税人发票使用率,继续推行有奖发票,鼓励消费者主动索取发票。

三、申报征收

自1996年1月起,国税局执行《增值税一般纳税人纳税申报办法》,所有增值税一般纳税人按该办法进行增值税纳税申报,原外商投资企业和外国企业增值税一般纳税人使用的增值税申报表停止使用。同时,明确规定增值税的申报期限:纳税人应按月进行纳税申报,申报期为次月1—10日。

1999年5月，国税局按照省国税局《关于对实行定期定额征收税收的个体工商户进行重新核定和调整定额工作实施方案的通知》要求，将必须建账而不实行建账的商业批发、批零兼营、汽车配件修理、五金交电、家用电器、药店和加油站等行业的业户，以及定额明显偏低的业户列为重点，进行定额调整。

2001年12月，国税局根据国家税务总局《关于加油站一律按照增值税一般纳税人征收的通知》，进一步加强加油站的税收征管，将加油站认定为增值税一般纳税人，并适用税率(17%)征收增值税。

2004年1月，国税局实行催缴制度，建立欠税档案，有欠税行为的纳税进行欠税公告。

2007年3月，国税局根据省国税局印发的《个体工商户税收定额征收管理实施办法》的要求，对实行定期定额征收方式的范围、定额核定程序、核定方法、申报纳税方式等予以明确，同年4月，推行税库银横向联网电子缴税系统，以人民银行国库为信息交换中心，连接税务、财政、商业银行等有关金融机构，利用电子信息和网络数据交换方式代替传统的手工单据及票据交换方式，实现国库支付业务的电子化、网络化处理和票据交换的无纸化，一笔税款从上解到划缴入国库只需3秒，大大提升了税款征收率。

2008年1月，国税局依托“海南国税门户网站”，全面推行网上申报系统，系统支持增值税、消费税、企业所得税等国税主体税种的申报，涵盖了网上申报、网上认证、网上抄报税、网上“一窗式”比对与税控IC卡清卡、网上开具税票和网上实时划缴税控六大业务，纳税人足不出户即可轻松完成纳税申报和缴税等涉税事宜。

自2009年1月起，根据《中华人民共和国增值税暂行条例》，将增值税申报期限调整为次月1—15日，企业所得税申报期限保持不变。

自2010年4月1日起，车辆购置税实行电子缴税方式，即委托车辆经销商代征，受托代征税款的车辆经销商必须与税务机关、开户银行签订三方协议，指定扣缴账户，纳税人在购车付款时，同时将税款交由车辆经销商代征缴入扣缴账户，代征的税款从扣缴账户实行电子缴税。

四、执法监察

自国税局成立以来，贯彻落实“带好队，收好税”的指导思想，不断加强税收执法监察和队伍廉政建设，坚持标本兼治、综合治理、惩防并举、注重预防的方针，有效遏制违法违案件的发生。

1995年，根据《海南省国家税务局关于市县局设置监察室的通知》，琼中县税务局成立监察室，1995—2001年全省实施交叉检查，2002年开始由各市县局自行组织税收执法检查，每年都开展税收执法检查。

1995年税收执法监察的重点：一是税款入库环节，是否按照新的税收制度和规定，分级次及时足额入库各项税款；二是税种税率的适用和增值税的抵扣、一般纳税人认定等是否符合规定，有无评关系税、人情税的现象；三是票证管理环节，是否有弄虚作假、贪污挪用税款，接受纳税人贿赂的行为；四是经费管理环节，是否有公款吃喝玩乐和滥发钱物等问题。

1996年、1997年税收执法监察的重点：一是检查是否违反新税制和统一规定，自行其是，造成国家税款流失；二是检查增值税专用发票的管理使用情况；三是检查有没有违反规定乱开减免税的口子。

1998年、1999年税收执法监察的重点：一是增值税专用发票管理；二是出口退税政策的执行；三是税款入库、税务稽查、基建工程、大宗物品采购，各项经费的使用情况；四是执行党的政治纪律、人事纪律情况。

2000年税收执法监察的重点：一是增值税专用发票的管理和使用情况；二是纳税单位出岛产品比例的核定情况；税务登记率、税款入库率、欠缴税款增减率、纳税申报率等征管质量情况以及个体工商户的税款核定情况；三是查处税务人员违法违纪案件，重点检查税务人员执行税收政策法令情况，以权谋私行为、贪污挪用税款情况。

2001年税收执法监察的重点：一是对个体工商户核定税款是否按照规定审批手续和程序办理，税务人员是否有利用核定税款的机关以权谋私行为；二是一般纳税人认定是否按规定的程序审批，手续是否齐全；三是基建工程项目是否进行招投标，手续是否齐全，基建工程资金是否按规定专款专用，资金来源是否合理，是否挪用其他资金用于基建工程；四是有没有违反财务制度、乱开支各项经费现象；五是税款是否按规定及时足额报解入库，是否有积压截留税款现象。

2002年税收执法监察的重点：一是下岗再就业税收优惠政策的执行情况；二是所得税分享体制改革的执行情况，是否虚增2001年所得税收入基数，是否严格执行了总局关于所得税征管范围的有关规定；三是税收计、会、统工作的执行情况，是否有隐瞒税收收入或欠税的情况，税收会计制度是否健全、规范，是否取消了各种税款过渡账户，是否严格执行了提退手续费的有关规定。

1994—2010年，共处理违纪人员8人，其中：开除4人，行政记大过4人。

第三章 地 税

第一节 管理机构

1991年,琼中县有14个税务所和4个税务站,14个税务所分别是:营根、县城、国营企业、长征、和平、中平、湾岭、乌石、黎母山、阳江、新进、红岛、红毛、吊罗山税务所;4个税务站分别是松涛、上安、什运、大丰。1994年8月,税制改革,琼中县国地税分设,税务局分设为县地方税务局和县国家税务局,地方税务局与财政局合署办公。1995年1月,县地税局称县征税中心,各税务所、站改称征税站。同年11月,撤销大丰征税站,原县局所辖各站更名为地方税务所。

1998年8月,县地方税务局正式独立运作并成为正科级机构,归属省地税局垂直管理,负责全县地方税收征收管理工作。县地方税务局设6个职能岗位(股室),分别是办公室岗位、计划财务室管理岗位(股)、征收管理岗位(股)、税政和所得税管理岗位(股)、监察人事教育管理岗位(股)、农业税管理岗位(股)。机关专项编制为18名,其中局长1名,副局长2名,一般干部13人,工勤2人。稽查分局专款编制15人。基层地税所专项编制86人。同年,原由县财政局分管的农业税征管职能机构整体划拨给县地税局。2003年,县农业税征收管理局升格为正科局单位,更名为琼中县农税局,隶属县人民政府,机关行政编制8人,工勤人员1人,基层所(股级)编制49人。

2003年5月,琼中地方税务局进行机构改革,属海南省地方税务局直属局,内设办公室、计划财务室、人事教育室(与机关党委、机关工会合署办公)、监察室(与纪检组合署办公)、征收管理室、法规税政室等6个职能机构,行政编制15名,工勤编制3名。下设副科级机构稽查局,行政编制12名。下设13个正股级派出机构:办税服务大厅和营根税务所、县城税务所、建筑安装车辆税务所、乌石税务所、黎母山税务所、中平税务所、红毛税务所、什运税务所、长征税务所、和平税务所、上安税务所、吊罗山税务所，行政编制88名。设立信息中心(正股级)，为所属事业单位，事业编制8名。

2010年9月，全省地税系统进行地税农税体制和社保费征管3项体制调整改革。撤销全县各镇的税务所，征管区域重新整合，由新成立的一、二、三、四分局负责。一分局负责原来建安车辆所、营根所行政区域的税收征管；二分局负责红毛、什运、县城所个体户的税收征管；三分局负责湾岭、黎母山、中平行政区域的税收征管；四分局负责长征、和平、吊罗山、上安行政区域的税收征管。同时，原县农业税征收管理局并入地税局，更名为直属分局，负责耕地占用税和契税的管理。县社保费征稽局划归县地方税务局统一管理，更名为琼中县地方税务局社保费征管局。改革后，县地方税务局主要负责全县的地方税费征收工作，内设7个职能股室：办公室(挂牌信访办公室)、计划统计室、组织人事室(挂牌老干部室、与机关工会合署办公)、监察内审室、征收管理室、税政法规室、财务装备室；2个正科级直属机构：直属分局和社保费征管局；对外设立6个副科级派出机构：第一分税务局(营根镇)、第二税务分局(营根镇)、第三税务分局(湾岭镇)、第四税务分局(长征镇)、纳税服务管理局(营根镇)和纳税评估管理局(营根镇)；下设1个附属事业单位，即电子税务管理中心。

2010年，琼中县地税系统人员编制144人，在职人员138人，其中行政人员编制100人、事业人员编制33人(包括社保费征管局15人，直属分局13人，电子税务管理中心5人)、工勤人员5人。

第二节 地税制度改革

1994年琼中县税务部门贯彻落实第八届全国人民代表大会常务委员会第四次会议通过《关于修改〈中华人民共和国个人所得税法〉的决定》，国务院发布《中华人民共和国增值税暂行条例》《中华人民共和国消费税暂行条例》《中华人民共和国营业税暂行条例》《中华人民共和国企业所得税暂行条例》和《中华人民共和国土地增值税暂行条例》《中华人民共和国资源税暂行条例》，将琼中县税种划分为中央固定税、地方固定税、中央与地方共享税，同时取消产品税、盐税、特别消费税、国企业所得税、国营企业调节税、集体企业所得税和私营企业所得税。

1994年7月16日，海南省人民政府发布《关于海南省财税机构改革的决定》，琼中县开始进行财税机构改革。

1999年1月22日，国务院发布《社会保险费征缴暂行条例》，其中规定社会保险费的征收机构由省级人民政府规定，可以由税务机关征收，琼中县由社保费征稽局负责征收。

第三节 地税税率及征收

一、税种税率

1991—2010年,琼中县开征过的税种主要有11个。

(一)营业税

自1994年1月1日期施行《中华人民共和国营业税暂行条例》。营业税是对在境内提供劳务、转让无形资产或者销售不动产征收的一种税,适用3%或5%的税率,娱乐业适用5%~20%的比例税率,具体适用的税率,由省、自治区、直辖市人民政府在条例规定的幅度内决定。自2009年1月1日起施行修订后《条例》。

(二)个人所得税

1993年10月31日实施《中华人民共和国个人所得税法》,对境内外所得征收个人所得税,个人所得税的税率为:(1)工资、薪金所得,适用超额累进税率,税率为5%~45%。(2)个体工商户的生产、经营所得和对企事业单位的承包经营、承租经营所得,适用5%~35%的超额累进税率。(3)稿酬所得,适用比例税率,税率为20%,并按应纳税额减征30%。(4)劳务报酬所得,适用比例税率,税率为20%。对劳务报酬所得一次收入畸高的,可以实行加成征收,具体办法由国务院规定。(5)特许权使用费所得,利息、股息、红利所得,财产租赁所得,财产转让所得,偶然所得和其他所得,适用比例税率,税率为20%。

1999年8月30日,第九届全国人民代表大会常务委员会第十一次会议第二次修正《关于修改〈中华人民共和国个人所得税法〉的决定》,新增了对储蓄存款利息所得征收个人所得税。2007年12月29日,第十届全国人民代表大会常务委员会第三十一次会议第五次修正《关于修改〈中华人民共和国个人所得税法〉的决定》,修改了工资、薪金所得,以每月收入额减除费用1600元后的余额,为应纳税所得额。第十届全国人民代表大会常务委员会第二十八次会议决定对《中华人民共和国个人所得税法》做出修改,第十二条修改为:"对储蓄存款利息所得开征、减征、停征个人所得税及其具体办法,由国务院规定"。中华人民共和国第十届全国人民代表大会常务委员会第三十一次会议于2007年12月29日通过,自2008年3月1日起施行,工资、薪金所得,适用超额累进税率,税率为3%~45%,工资、薪金所得,以每月收入额减除费用3500元后的余额,为应纳税所得额。

(三)企业所得税

自1994年1月1日起,统一内资企业所得税,实行33%的比例税率。2007年3月16日中华人民共和国第十届全国人民代表大会第五次会议审议通过《中华人民共和国企业所得税法》,并自2008年1月1日起施行。新所得税法规定法定税率为25%,内资企业和外资企业一致,国家需要重点扶持的高新技术企业为15%,小型微利企业为20%,非居民企业为20%。

(四)城镇土地使用税

自1988年11月1日起施行《中华人民共和国城镇土地使用税暂行条例》,城镇土地使用税适用地区幅度差别定额税率,城镇土地使用税采用定额税率,即采用有幅度的差别税额。按大、中、小城市和县城、建制镇、工矿区分别规定每平方米城镇土地使用税年应纳税额。城镇土地使用税每平方米年税额标准具体规定如下:(1)大城市0.5~10元;(2)中等城市0.4~8元;(3)小城市0.3~6元;(4)县城、建制镇、工矿区0.2~4元。

2006年12月31日对1988年制定《中华人民共和国城镇土地使用税暂行条例》做出修改,自2007年1月1日起,将城镇土地使用税每平方米年税额在原《条例》规定的基础上提高2倍,即大城市由0.5~10元提高到1.5~30元;中等城市由0.4~8元提高到1.2~24元;小城市由0.3~6元提高到0.9~18元;县城、建制镇、工矿区由0.2~4元提高到0.6~12元。同时,将外商投资企业和外国企业纳入城镇土地使用税的征税范围。

(五)房产税

1986年10月1日起施行《中华人民共和国房产税暂行条例》,房产税是以房屋为征税对象,按房屋的计税余值或租金收入为计税依据,向产权所有人征收的一种财产税。房产税征收标准分从价或从租两种情况:(1)从价计征的,其计税依据为房产原值一次减去10%~30%后的余值;具体减除幅度,由省、自治区、直辖市人民政府规定。(2)从租计征的(即房产出租的),以房产租金收入为计税依据。税率为12%,个人出租租房按照4%税率。

2010年7月22日,在财政部举行的地方税改革研讨会上,相关人士表示,房产税试点将于2012年开始推行。但鉴于全国推行难度较大,试点将从个别城市开始。

(六)契税

契税是土地、房屋权属转移时向其承受者征收的一种税收。1997年10月1日起施行《中华人民共和国契税暂行条例》。契税实行3%~5%的幅度比例税率。

(七)耕地占用税

耕地占用税是国家对占用耕地建房或者从事其他非农业建设的单位和个人,依据实际占用耕地面积、按照规定税额一次性征收的一种税。考虑到不同地区之间客观条件的差别以及与此相关的税收调节力度和纳税人负担能力方面的差别,耕地占用税在税率设计上采用了地区差别定额税率。税率规定如下:(1)人均耕地不超过1亩的地区(以县级行政区域为单位,下同),每平方米为10~50元;(2)人均耕地超过1亩但不超过2亩的地区,每平方米为8~40元;(3)人均耕地超过2亩但不超过3亩的地区,每平方米6~30元;(4)人均耕地超过3亩以上的地区,每平方米5～25元。

经济特区、经济技术开发区和经济发达、人均耕地特别少的地区，适用税额可以适当提高，但最多不得超过上述规定税额的50%。根据2008年10月27日海南省五届政府第16次常务会议审议通过《海南省实施〈中华人民共和国耕地占用税暂行条例〉办法》，琼中县耕地占用税适用税额标准为每平方米20元。

(八)城市维护建设税

城市维护建设税是对从事工商经营，缴纳消费税、增值税、营业税的单位和个人征收的一种税。1994年税制改革后，改为缴纳增值税、消费税、营业税的单位(不包括外商投资企业、外国企业和进口货物者)和个人为城市维护建设税的纳税人。自2010年12月1日起，对外商投资企业、外国企业及外籍个人征收城市维护建设税。实行分区域的差别比例税率，即按纳税人所在城市、县城或镇等不同的行政区域分别规定不同的比例税率。具体规定为：(1)纳税人所在地在市区的，税率为7%。这里称的“市”是指国务院批准市建制的城市，“市区”是指省人民政府批准的市辖区(含市郊)的区域范围。(2)纳税人所在地在县城、镇的税率为5%。这里所称的“县城、镇”是指省人民政府批准的县城、县属镇(区级镇)，县城、县属镇的范围按县人民政府批准的城镇区域范围。(3)纳税人所在地不在市区、县城、县属镇的，税率为1%。

(九)印花税

印花税是对经济活动和经济交往中书立、领受具有法律效力的凭证的行为所征收的一种税。因采用在应税凭证上粘贴印花税票作为完税的标志而得名。印花税共有13个税目。印花税的税率有2种形式：比例税率和定额税率。

印花税税目税率表

表8-6

序号	税目	范围	税率	纳税人	说明
1	购销合同	包括供应、预购、采购、购销、结合及协作、调剂等合同	按购销金额0.3‰贴花	立合同人	—
2	加工承揽合同	包括加工、定作、修缮、修理、印刷广告、测绘、测试等合同	按加工或承揽收入0.5‰贴花	立合同人	—
3	建设工程勘察设计合同	包括勘察、设计合同	按收取费用0.5‰贴花	立合同人	—

续表1

序号	税目	范围	税率	纳税人	说明
4	建筑安装工程承包合同	包括建筑、安装工程承包合同	按承包金额0.3‰贴花	立合同人	—
5	财产租赁合同	包括租赁房屋、船舶、飞机、机动车辆、机械、器具、设备等合同	按租赁金额1‰贴花。税额不足1元,按1元贴花	立合同人	—
6	货物运输合同	包括民用航空运输、铁路运输、海上运输、联运合同	按运输费用0.5‰贴花	立合同人	单据作为合同使用的,按合同贴花
7	仓储保管合同	包括仓储、保管合同	按仓储保管费用1‰贴花	立合同人	仓单或栈单作为合同使用的,按合同贴花
8	借款合同	银行及其他金融组织和借款人	按借款金额0.05‰贴花	立合同人	单据作为合同使用的,按合同贴花
9	财产保险合同	包括财产、责任、保证、信用等保险合同	按保险费收入1‰贴花	立合同人	单据作为合同使用的,按合同贴花
10	技术合同	包括技术开发、转让、咨询、服务等合同	按所载金额0.3‰贴花	立合同人	—
11	产权转移书据	包括财产所有权、版权、商标专用权、专利权、专有技术使用权、土地使用权出让合同、商品房销售合同等	按所载金额0.5‰贴花	立据人	—

续表2

序号	税目	范围	税率	纳税人	说明
12	营业账簿	生产、经营用账册	记载资金的账簿,按实收资本和资本公积的合计金额0.5‰贴花	立账簿人	—
			其他账簿按件计税5元/件		
13	权利、许可证照	包括政府部门发给的房屋产权证、工商营业执照、商标注册证、专利证、土地使用证	按件贴花5元	领受人	—

(十)农业税

税率平均为7%,农业税附加为正税的10%。2002年税费改革后,平均税率下调到5%,附加为正税的20%。2005年1月,琼中县按上级规定,取消农业税。

(十一)农业特产税

1983年11月12日开征农业特产税。自1994年9月16日起,琼中县按照《海南省农业特产税征收办法》列举的应税产品及税率征收。自2003年7月1日起,按税费改革新修订的《海南省农业特产税税目税率表》征收。2004年3月,琼中县取消该税。

二、税款征收

1998年,县地税局税收收入1232万元;1999年,税收收入1347万元;2000年,税收收入1458万元;2005年,税收收入2493万元;2010年,税收收入7958万元,是1998年税收收入的6.5倍。

琼中县地方税务局2001—2010年组织收入完成情况一览表

表8-7　　　　单位:万元

项目	2001年			2002年		
	本年完成	比上年同期增减		本年完成	比上年同期增减	
		增减额	±%		增减额	±%
总计	1611	111	7.4	1789	178	11.0
一、税收收入合计	1572	114	7.8	1747	175	11.1
(一)增值税	162	1	0.6	164	2	1.2
(二)地税部门工商税收合计	1410	113	8.7	1583	173	12.3
其中:中央级	215	—	—	249	34	15.8
省级	298	—	—	323	25	8.4
市县级	897	—	—	1011	114	12.7
1.营业税	738	80	12.2	819	81	11.0
2.企业所得税	22	11	100.0	42	20	90.9
3.个人所得税	408	25	6.5	456	48	11.8
4.资源税	7	3	75.0	5	−2	−28.6
5.城镇土地使用税	5	−3	−37.5	8	3	60.0
6.城市维护建设税	60	5	9.1	65	5	8.3
7.印花税	7	0	0	20	13	185.7
8.土地增值税	0	—	—	0	0	—
9.房产税	88	−4	−4.3	120	32	36.4
10.车船税	34	−2	−5.6	37	3	8.8
11.屠宰税	41	−2	−4.7	11	−30	−73.2

续表1

项目	2001年			2002年		
	本年完成	比上年同期增减		本年完成	比上年同期增减	
		增减额	±%		增减额	±%
二、教育费附加	38	−1	−2.6	41	3	7.9
三、文化事业建设费	1	−2	−66.7	1	0	—
四、其他收入	—	—	—	—	—	—

项目	2003年			2004年		
	本年完成	比上年同期增减		本年完成	比上年同期增减	
		增减额	±%		增减额	±%
总计	1940	—	—	2155	215	11.1
一、税收收入合计	1890	—	—	2091	201	10.6
(一)增值税	199	35	21.3	249	50	25.1
(二)地税部门工商税收合计	1691	108	6.8	1842	151	8.9
其中:中央级	299	50	20.1	379	80	26.8
省级	320	−3	−0.9	310	−10	−3.1
市县级	1072	61	6.0	1153	81	7.6
1.营业税	913	94	11.5	880	−33	−3.6
2.企业所得税	37	−5	−11.9	133	96	259.5
3.个人所得税	462	6	1.3	499	37	8.0
4.资源税	12	7	140.0	11	−1	−8.3
5.城镇土地使用税	11	3	37.5	41	30	272.7
6.城市维护建设税	83	18	27.7	100	17	20.5
7.印花税	13	−7	−35.0	16	3	23.1
8.土地增值税	0	—	—	0	0	—

续表2

9.房产税	120	0	0	130	10	8.3
10.车船税	40	—	—	32	-8	-20.0
11.屠宰税	—	11	—	—	—	—
二、教育费附加	51	10	24.4	63	12	23.5
三、文化事业建设费	1	0	0	2	1	100.0
四、其他收入	—	—	—	—	—	—

项目	2005年			2006年		
	本年完成	比上年同期增减		本年完成	比上年同期增减	
		增减额	±%		增减额	±%
总计	2575	668	35.0	2915	340	13.2
一、税收收入合计	2493	651	35.3	2831	338	13.6
其中:中央级	484	105	27.7	554	70	14.5
省级	455	145	46.8	495	40	8.8
市县级	1554	401	34.8	1782	228	14.7
1.营业税	1291	411	46.7	1398	107	8.3
2.企业所得税	80	-53	-39.8	124	44	55.0
3.个人所得税	726	227	45.5	798	72	9.9
4.资源税	13	2	18.2	5	-8	-61.5
5.城镇土地使用税	47	6	14.6	59	12	25.5
6.城市维护建设税	130	30	30.0	139	9	6.9
7.印花税	22	6	37.5	21	-1	-4.5
8.土地增值税	4	4	—	24	20	500.0
9.房产税	156	26	20.0	240	84	53.8
10.车船税	24	-8	-25.0	23	-1	-4.2
二、教育费附加	80	17	27.0	82	2	2.5
三、文化事业建设费	2	0	0	2	0	0
四、其他收入	—	—	—	—	—	—

续表3

项目	2007年			2008年		
	本年完成	比上年同期增减		本年完成	比上年同期增减	
		增减额	±%		增减额	±%
总计	3992	1076	36.9	4646	654	16.4
一、税收收入合计	3875	1044	36.9	4523	648	16.7
其中:中央级	654	100	18.1	832	178	27.2
省级	733	239	48.3	772	39	5.3
市县级	2488	705	39.6	2919	431	17.3
1.营业税	2321	922	66.0	2235	-86	-3.7
2.企业所得税	286	162	130.6	466	180	62.9
3.个人所得税	805	7	0.9	921	116	14.4
4.土地增值税	26	2	8.3	61	35	134.6
5.资源税	6	1	20.0	8	2	33.3
6.城镇土地使用税	50	-9	-15.3	342	292	584.0
7.城市维护建设税	197	59	42.4	171	-26	-13.2
8.印花税	29	8	38.1	30	1	3.4
9.房产和城市房地产税	149	-91	-37.9	262	113	75.8
10.车船税	6	-17	-73.9	28	22	366.7
二、教育费附加	112	30	36.6	106	-6	-5.4
三、文化事业建设费	5	2	100.0	3	-2	-40.0
四、其他收入	—	—	—	14	—	—

项目	2009年			2010年		
	本年完成	比上年同期增减		本年完成	比上年同期增减	
		增减额	±%		增减额	±%
总计	6309	—	—	7652	1343	21.3
一、税收收入合计	6143	—	—	7958	1815	29.5
其中:中央级	1153	—	—	1178	25	2.2
省级	1098	—	—	1359	261	23.8

续表4

项目	2009年			2010年		
	本年完成	比上年同期增减		本年完成	比上年同期增减	
		增减额	±%		增减额	±%
市县级	3892	—	—	5421	1529	39.3
(一)工商税	5934	1410	31.2	7483	1549	26.1
1.营业税	2990	755	33.8	3529	539	18.0
2.企业所得税	890	423	90.6	774	−116	−13.0
3.个人所得税	1031	110	11.9	1188	157	15.2
4.土地增值税	147	86	141.0	207	60	40.8
5.资源税	12	4	50.0	11	−1	−8.3
6.城镇土地使用税	278	−64	−18.7	871	593	213.3
7.城市维护建设税	234	63	36.8	268	34	14.5
8.印花税	30	1	3.4	63	33	110.0
9.房产和城市房地产税	282	20	7.6	541	259	91.8
10.车船税	40	12	42.9	30	−10	−25.0
(二)耕契二税	209	—	—	475	266	127.3
1.契税	55	—	—	386	331	601.8
2.耕地占用税	154	—	—	89	−65	−42.2
二、教育费附加	140	34	32.1	164	24	17.1
三、文化事业建设费	5	0	0	5	0	0
四、工会经费	21	—	—	23	2	9.5

注:1991—2000年数据未统计

第四节 地税管理

1993年12月23日，县地税局开始执行《中华人民共和国发票管理办法》。1994年9月16日，根据国家税务总局制定的《税务代理试行办法》，县地税局实行会计师事务所、律师事务所、税务咨询机构等社会中介机构代理办税制度。

1995年12月1日，县地税局实行国家税务总局制定的《税务稽查工作规程》，逐步建立起"以纳税申报和优化服务为基础，以计算机网络为依托，集中征收，重点稽查"的新的税收征管模式。

1998年9月，为规范税收执法，建立健全各项内部管理制度，县地税局在全县开展内部税收征管检查。同年10月，为进一步做好发票的管理、发放工作，县地税局下发《关于购领发票有关问题的通知》；为加强企业财务监督，保证税务机关正确计算税款，维护国家和纳税人的利益，县地税局下发《关于加强纳税申报管理的通知》。开展漏征漏管户清查工作，共清理漏征漏管户272户，查补税款33.3万元，滞纳金0.7万元，罚款0.9万元。

2004年，严格按照省局关于加强货物运输业税收征收管理有关通知，进一步加强货物运输业税收管理，办理货物运输业纳税人认定，抓好税款征收和运输发票数据信息采集传输工作。

2006年，制定《琼中地方税务局推行税收管理员制度的实施方案》，明确税收管理员的工作职责、工作标准，实行以划片管理为主，以行业管理、重点税源管理为辅的管理方式。同年9—10月，在全县范围内开展清理检查漏征漏管户工作，这次清理检查采取"拉网式""走街串户式"的清查方式，逐街逐巷逐户实地核实。经过近两个月的努力，清理出应办未办税务登记户数19户；清理漏征税款户数153户，其中企业13户，个体户140户；清理出应征税款14.7万元，并全部征收入库。

2008年，执行地方各税征收管理工作规程，做好新政策落实和新旧政策的衔接工作，包括对土地使用税税额、纳税期限的调整、房地产税收新政策、个人所得税新起征点政策和工会代收经费等的落实。针对车船税代征主体的变化，积极落实《车船税暂行条例》，建立健全以保险机构代收代缴车船税征管模式。同年4—6月，结合省局文件精神，对从事金融保险业、邮政通信业、建筑业、房地产业、交通运输业、旅店业等查账征收的纳税人进行信用等级评定，评出A、B、C三个等级，并且与县国税局共同成立纳税信用等级评定管理委员会，联合开展信用等级评定工作。

2009年，开展全年征管质量检查工作，历时约2个月，检查全县12个所的税收征管工作情况，检查内容有征管"六率"、征管报表的报送、建安工程的监控等13种税收情况。通过开展征管检查，促进各所进一步夯实征管基础。

2010年4月，联合县国税局、公安局在全县范围内开展打击整治发票违法犯罪活动专项行动，检查发票入账单位60户，抽查发票1353份，发现发票违法违规16户，处罚4户，其余责令限期改正，共计罚款4160元。

第四章 银行业

第一节 中国人民银行琼中支行

一、机构

1991年,琼中县人民银行内设:人秘股、金管稽核股、计划股、会计股、发行股、保卫股,编制34人。1995年,《中华人民共和国中国人民银行法》(以下简称《人民银行法》)颁布,确立了人民银行作为中国央行的法定地位。2003年,银行监管职能自人民银行剥离,《人民银行法》修改法案通过,金融监管形成“一行三会”格局。之后,人民银行琼中县支行主要履行贯彻执行货币政策、维护辖内金融稳定和提供优质高效的金融服务等三项职责。

2007年,人民银行琼中县支行撤销发行库,人员分流,内设部门仅剩三个,分别为办公室、货币信贷与统计股和营业室;在职职工18人,退休职工9人。

2010年,内设办公室、货币信贷与统计股、营业室,有员工18人。

二、业务

作为基层央行,根据修改后的《人民银行法》等法律法规赋予的法定职责,人民银行琼中县支行近年来不断加强货币信贷政策的宣传、传导和信息反馈,做好存款准备金、支农再贷款等货币政策工具日常管理工作,引导县域金融机构,加强对“三农”、小微企业和扶贫开发等重点领域和薄弱环节的金融支持,积极发挥窗口指导作用;不断推进辖内金融服务基础设施建设,加强支付结算与账户管理,做好国库业务和国库监督管理工作,加强人民币管理和反假币工作,推动县域和农村信用体系建设,特别是农村的信用体系建设,提高县域和农村金融服务水平;努力推进农村金融改革和农村金融体系的完善,加强地方金融事务的协调,协助地方政府运用金融手段促进经济发展、产业结构优化和和谐社会建设,为县域经济发展创造良好的外部环境;监测辖区内的金融运行情况，分析和评估辖区金融风险，配合地方政府阻止突发性事件，维护金融稳定。

（一）金融动态监测和评估

2006年，琼中县银行业资产质量不断改善，整体盈利能力增强，法人银行机构的资本实力提高；在辖内各类金融机构的参与下，金融市场功能发挥较为充分。金融监管的效能提高，监管协调机制建设进一步完善，监管机构合作加强，监管水平提升，在防范和化解金融风险中发挥了重要作用。

2007年，在其他国有商业银行分支机构逐步完成改革后，中国农业银行琼中县支行也按照股份制改革方向稳步推进各项工作，琼中县农村信用社在成立海南省农村信用社管理机构后也积极采取措施完善内部管理机制，取得积极成效。金融生态建设成绩突出体现在信用环境进一步好转及征信系统建设取得较大进展两方面。一是信用环境有了较大好转。“诚信有价”的认识得到广泛认同。

2008年，对农信社的资金风险进行监测，对辖区金融稳定情况进行总体评估，对澄迈县区域金融风险做出评价并发放有关风险提示函。同年12月，琼中县农信社完成统一法人改制，2010年12月完成股份制改革。

2009年，牵头成立琼中县金融稳定协调工作领导小组，8月召开了首次联席会议。加强金融危机背景下区域经济、金融发展状况监测，对可能影响经济金融平稳运行的经济事件及社会现象在第一时间上报并采取有效措施处理。对农信社的资金风险进行监测，及时发放有关风险提示函。

（二）反洗钱活动

1999—2007年(2003年起办理反洗钱业务)，

2003年，该支行的反洗钱工作开始于2003年，主要宣传和培训中国人民银行制定的《金融机构反洗钱规定》《人民币大额和可疑支付交易管理办法》《金融机构大额和可疑外汇资金交易报告管理办法》以及《个人存款账户实名制》等规定，并按照上述规定开展反洗钱工作。

2004年，进一步加强对中国人民银行制定的《金融机构反洗钱规定》《人民币大额和可疑支付交易管理办法》《金融机构大额和可疑外汇资金交易报告管理办法》以及《个人存款账户实名制》等规定的培训力度，提升公众对反洗法的认知度和责任意识。

2005年，组织琼中县金融机构开展反洗钱宣传工作，对辖区商业银行的反洗钱业务开展执法检查，确保辖区金融环境的稳定性，并将检查结果及时反馈给商业银行和上报海口中心支行。

2006年，组织琼中县金融机构开展反洗钱集中宣传活动，提高县内人民群众反洗钱意识，维护辖内金融环境的稳定性。建立反洗钱协调机制定期通报反洗工作动态，扎实稳步推进反洗钱工作，根据上级的反洗钱工作精神，和琼中县实际情况，组织辖内各金融机构开展反洗钱自查工作。为确保反洗钱自查工作扎实开展，避免走过场，要求各金融机构定期报告进展情况，深入商业银行进行现场检查，切实撑握第一手资料，加大辖区反洗钱工作的力度。

2007年，制定反洗钱宣传月活动方案，组织辖内金融机构一同参与宣传工作，以各自营业网点为宣传阵地，和选择在热闹街道设点开展活动，全方位开展宣传工作。金融机构热火朝天开展不同形式的反洗钱知识培训。

2008年，组织金融机构开展反洗钱宣传活动，在金融机构网点、闹市设点进行宣传。组织人员对县农发行的反洗钱工作进行现场检查，检查内容包括：组织机构建设、内控制度的建立、大额和可疑交易等七个方面。对发现问题进行及时反馈并提出整改意见。完善《琼中县反洗钱工作联席会议制度》，加强反洗钱部门合作，提高反洗钱工作效率。

2010年，宣传普及反洗钱知识，抓好反洗钱监管工作，做好反洗钱监管交互平台系统上线准备工作，组织辖内各金融单位进行系统测试，并将系统存在问题及时上报海口中心支行反洗钱处。

（三）再贷款业务

作为基层央行，中国人民银行琼中县支行充分运用再贷款等货币政策工具，积极引导县域法人金融机构申请使用支农再贷款，加大低息政策性资金支持县域涉农企业和农户等的发展。

2009年11月，中国人民银行海口中心支行首次向琼中支行下达支农再贷款限额3000万元，2010年琼中支行向琼中县农信社累计发放支农再贷款2000万元，全部用于支持县农信社发放涉农贷款。截至2010年末，琼中支行支农再贷款余额2000万元，限额利用率66.67%。

（四）征信工作

1999年10月，在海口中心支行统一布署下，各县支行征信系统上线运行。

2000年系统正式运行，为了发挥系统的作用，规定所有需要贷款的企业必须办理贷款卡，并以此收录企业的信息。

2001年开始对已办理贷款卡进行年审，年审时间为4月1日至6月30日。

2002年银行信贷登记咨询系统建成地、省、总行三级数据库，实现了全国联网。

2004年中国人民银行建成全国集中统一的个人信用信息基础数据库，开展办理个人征信业务。

2005年，做好前期准备工作，为全国个人信用信息基础数据系统的正式上线运行打好坚实基础，扎实开展征信知识宣传。

在2006年，个人信用信息基础数据库正式运行，原有的“银行信贷登记咨询系统”与全国统一“个人信用信息基础数据库”的成功联网运行，中小企业信息体系的建立，初步形成一个覆盖企业、个人信用记录的较为完善的社会信用登记体系。征信体系的建立和完善，将在提高企业和个人的信用意识、解决借贷双方信息不对称、防范金融风险方面发挥越来越重要的作用。

2007年，金融生态建设成绩突出，体现在信用环境进一步好转及征信系统建设取得较大进展，信用环境有了较大好转。“诚信有价”的认识得到广泛认同。

2008年，提高服务工作的效率和水平。不断提高服务水平，切实提高服务个人及企业信息查询质量，做好个人信用报告和异议处理工作，有效处理个人信用报告。实现对金融机构征信业务检查的制度化和标准化。

2009年,在抓好征信服务的同时,加强对辖区征信信息安全的监管。组织相关人员对征信查询点查询情况及辖区征信信息管理情况进行了排查,开展征信业务现场检查,维护信息主体合法权益,促进辖区征信业务规范开展。

2010年,开展征信宣传活动。完善征信系统建设。提供征信服务。

1991—2010年琼中县人民币存、贷款一览表

表8-8　　单位:万元

年份	各项存款	各项贷款	年份	各项存款	各项贷款
1991	18180	24115	2001	67941	45312
1992	23629	25709	2002	75764	44644
1993	27405	27571	2003	90213	41570
1994	36559	31587	2004	105636	40463
1995	44616	35169	2005	126574	41839
1996	48403	39687	2006	148223	34532
1997	52286	43443	2007	143602	39553
1998	59418	46570	2008	171345	30064
1999	61298	58223	2009	211708	39866
2000	65500	44237	2010	327965	64438

第二节 琼中县农业发展银行

一、机构

1996年12月26日,中国农业发展银行琼中县支行成立,内设办公室、信贷部和会计部3个部门,全行员工11人,其中行领导2人,中层干部3人,一般员工6人。办公楼位于琼中县营根镇海榆路157号。至2010年底,琼中县支行内设机构和员工人数无变化。

二、存货业务

1996年琼中县支行各项存款余额1430.86万元,2000年各项存款余额121.49万元,2005年各项存款余额449.12万元;2010年各项存款余额18414.31万元,比1996年增加16983.45万元。

1996年各项贷款余额8822.13万元，2000年各项贷款余额3272.67万元，2005年各项贷款余额4034.10万元；2010年各项贷款余额16908.24万元，比1996年增加8086.11万元。

1996—2010年琼中县农业发展银行存贷情况统计表

表8-9　　　　单位：万元

年份	各项存款余额	各项贷款余额	年份	各项存款余额	各项贷款余额
1996	1430.86	8822.13	2004	74.75	2585.67
1997	1576.76	12364.63	2005	449.12	4034.10
1998	122.60	4166.16	2006	217.27	3981.00
1999	170.39	3418.62	2007	868.89	4767.20
2000	121.49	3272.67	2008	1395.28	6377.20
2001	33.95	2775.03	2009	2977.59	8557.44
2002	33.33	2549.64	2010	18414.31	16908.24
2003	93.05	2719.63	—	—	—

第三节　中国工商银行股份有限公司琼中支行

一、机构

1985年12月中国工商银行琼中支行成立，隶属原海南黎族苗族自治州中心支行。工商银行琼中支行成立初期，有职工132多人，拥有营业网点9个，分布在琼中县城和毛阳镇（1987年划归五指山市）、阳江农场；内设机构有办公室、人事股、监察股、稽核股、科技股、储蓄股、会计股、信贷股、政工股、出纳股。1988年，海南建省办大特区，工商银行琼中县支行隶属于海南省分行管辖。1997年，进行内部机构改革，设立“两部一室”，即营业部、业务部和办公室；1999年9月，为了实行集约化经营，进行机构改革、人员分流，网点大量收缩，机构级别为分理处，内设综合组、业务组；2003年9月，机构升格为中国工商银行琼中县支行，内设市场部、业务部2个部门；2005年10月，根据国务院批准，中国工商银行进行股份制改革并挂牌营运，更名为中国工商银行股份有限公司琼中支行（简称工行琼中支行），内设业务发展部、业务管理部和办公室，附设在职党支部、离退休党支部和基层工会组织；2006年10月1日，为加强管理，降低成本，提高效率，构建精简、高效的分支机构管理体制，琼中支行挂靠经营规模大、经营状况和经营环境较好的儋州支行管理，取消内设机构，保留党支部。

2010年,有员工12人,在员工中党员、学历、职称数量分别有:中共党员3人,本科学历3人、大专学历4人、中专3人,具有中级职称1人、初级职称3人。支行内部设置营销客户经理岗,营业部。支行成立以来曾荣获海南省1996年文明单位、1995—1996年度文明单位标兵、海南省金融系统安全达标先进单位;1995—1997年度省行级“双先”先进集体、1996年度“经营管理工作”先进单位、1996年度“存款工作”先进单位、1997年工行系统保卫人员业务比赛团体总分第三名、1996年度储蓄专业业务技术比赛团体总分第四名、1999年度储蓄专业业务技术比赛储蓄专业业务技术比赛第六名;1991、1995年度获琼中县“两个文明建设”先进单位;1994年“争先创优”先进党支部;1997年“双学”先进党支部;1997年创建安全文明活动模范单位;2004年度“人口与计划生育”先进单位等荣誉称号。有2人荣获总行级先进个人称号;党支部书记、行长宋统洲于2001、2002、2005、2007年荣获省行“优秀工会干部”称号。

二、存款业务

“十一五”(2006-2010)期间,支行跟踪琼中地方政府的项目建设,挖掘企事业单位存款潜力,壮大资金实力,大力营销金融产品。

2010年底,全行有12名员工,通过网点及网上银行、电话银行、自助银行等分销渠道,向380多家企事业单位客户和2万多个人客户提供广泛的金融产品和服务,在商业银行业务领域保持国内市场领先地位。2010年末,各项存款余额48652.59万元,其中,对公存款31292.07万元,储蓄存款17360.52万元;各项贷款5108.53万元,其中,个人贷款283.53万元,住房公积金委托贷款4825万元;拨备前利润4814.4万元,拨备后利润4806.83万元,净利润3605.12万元。

1991—2010年工行琼中支行存贷业务统计表

表8-10　　单位:万元

年份	各项存款余额	各项贷款余额	年份	各项存款余额	各项贷款余额
1991	5985	8851	2001	12245	4651
1992	6558	9891	2002	12856	1265
1993	6879	10085	2003	13284	949
1994	9839	10424	2004	13622	731
1995	12370	10254	2005	16762	444
1996	12680	10520	2006	16867	348
1997	13020	10823	2007	20348	261
1998	12666	10650	2008	30793	194
1999	10243	10274	2009	38843	143
2000	11542	9591	2010	48653	5109

第四节 中国农业银行琼中县支行

一、机构

1991年，中国农业银行琼中县支行内设7个部门：办公室、人事股、监察股、保卫股、会计股、信贷股、计划股，下辖营业网点15个：阳江营业所、新进营业所、大丰营业所、乌石营业所、什运营业所、和平营业所、岭头营业所、长征营业所、红毛营业所、加钗营业所、营根营业所、腰子营业所、湾岭营业所、太平营业所、营业部，全行员工100人。1999年，中国农业银行琼中县支行内设3个部门：综合管理部、运营财会部、客户部，下辖营业网点5个：阳江分理处、新进分理处、乌石分理处、营根分理处、营业部。

2009年6月中国农业银行琼中县支行实施股份制改革，更名为中国农业银行股份有限公司琼中县支行，办公大楼位于营根镇海榆路213号。至2010年底，琼中县支行内设机构分别为综合管理部、运营财会部、客户部。全行下辖5个营业网点：支行营业部、营根分理处、乌石分理处、新进分理处、阳江分理处。全行在职员工101人，其中行领导3人，中层干部11人，一般员工87人。

二、存货业务

1991年，琼中县支行各项存款余额11004万元；1995年，琼中县支行各项存款余额20766万元；2000年，琼中县支行各项存款余额28641万元；2005年，琼中县支行各项存款余额48110万元；至2010年12月31日，各项存款余额79607万元，比1991年增加68603万元。

1991年，琼中县支行各项贷款余额11081万元；1995年，琼中县支行各项贷款余额13184万元；2000年，琼中县支行各项贷款余额28647万元；2005年，琼中县支行各项贷款余额22277万元。2006—2008年上级行要求停放贷款。2009年恢复发放贷款，2009—2010年共发放贷款4393万元。

1991—2010年中国农业银行琼中县支行存贷业务统计表

表8-11　　单位：万元

年份	各项存款余额	各项贷款余额	年份	各项存款余额	各项贷款余额
1991	11004	11081	2001	28178	10530
1992	13071	9985	2002	33399	10474

续表1

年份	各项存款余额	各项贷款余额	年份	各项存款余额	各项贷款余额
1993	16321	12789	2003	39976	10584
1994	20403	10502	2004	44491	19307
1995	20766	13184	2005	48110	22277
1996	22921	15047	2006	57145	—
1997	24355	16039	2007	50710	—
1998	29715	16532	2008	53656	—
1999	28000	—	2009	62413	1106
2000	28641	28647	2010	79607	2181

注:1999年、2006—2008年上级行要求停放贷款

第五节　中国建设银行股份有限公司琼中支行

一、机构

1979年8月1日中国建设银行股份有限公司琼中支行成立,成立时名为中国人民建设银行海南省黎族苗族自治州支行。1996年3月26日支行更名为中国建设银行海南省琼中黎族苗族自治县支行;1998年12月14日支行降格为中国建设银行海南省琼中黎族苗族自治县分理处;2004年9月实行股份制改革,更名为中国建设银行股份有限公司琼中分理处;2007年4月15日分理处升格为支行,升格后名称为中国建设银行股份有限公司琼中支行;2010年,中国建设银行琼中支行内设办公室、客户部和营业部3个部室,有员工20人,其中男员工14人,女员工6人。

二、存货业务

1991年,中国建设银行琼中支行一般性存款1177万元,其中,对公存款799万元,个人存款378万元,贷款1023万元;1996年,一般性存款4689万元,其中,对公存款1170万元,个人存款3519万元,贷款1219万元;2000年,一般性存款5948万元,其中,对公存款1928万元,个人存款4020万元,贷款829万元;2004年,一般性存款突破亿元大关,达10510万元,其中,对公存款5128万元,个人存款5382万元,贷款25万元;2005年,一般性存款14853万元,其中,对公存款8745万元,个人存款6108万元,贷款17万元;2009年个人存款突破亿元大关,达11533万元;2010年,一般性存款48138万元,其中,对公存款33973万元,个人存款14165万元,贷款895万元。

1991—2010年琼中县建设银行存贷情况统计表

表8-12　　　　　　　　　　　　　　　　　　　　　　　　　单位:万元

年度	一般性存款	对公存款	个人存款	贷款
1991	1177	799	378	1023
1992	1777	973	804	1050
1993	2632	1325	1307	1099
1994	3906	1889	2017	1544
1995	5022	1948	3074	902
1996	4689	1170	3519	1219
1997	5044	1131	3913	1147
1998	6107	1907	4200	891
1999	6482	2242	4240	860
2000	5948	1928	4020	829
2001	6765	2720	4045	637
2002	7375	3025	4350	361
2003	8635	3906	4729	36
2004	10510	5128	5382	25
2005	14853	8745	6108	17
2006	15624	8629	6995	14
2007	20754	13088	7666	11
2008	24570	14891	9679	7
2009	35826	24293	11533	345
2010	48138	33973	14165	895

第六节 中国邮政储蓄银行琼中县支行

一、机构

2008年5月16日中国邮政储蓄银行琼中县支行(简称“县邮储银行”)成立,位于琼中县营根海榆路邮政办公大楼三楼,是在改革邮政储蓄管理体制的基础上组建的现代化商业银行。内设综合管理部、综合业务部和会计核算部;下辖营业网点14个,其中一类网点2个、二类网点3个、代理网点9个。员工人数由成立时的27人发展到2010年的33人,自营收入年平均增幅16%。自成立以来,充分依托和发挥网络优势,以打造全功能的零售商业银行为目标,完善城乡金融服务功能,为地方经济和社会发展提供金融支持,为广大城乡居民群众提供金融服务。

二、业务

2010年末,县邮储银行个人存款余额63151万元,其中自营网点个人存款余额18304万元;公司存款余额11337.58万元,余额首次突破亿元大关;发放各项贷款1405万元,各项贷款余额1318.80万元,贷款放款和余额首次突破1000万元大关。

三、风险管控与服务

2010年6月,支行办公场所从邮政办公大楼3楼迁至2楼,员工的办公环境得到改善。2010的11月,湾岭镇支行进行网点搬迁,完善了服务功能,提升了网点服务能力。通过推广电子银行、POS机、商易通业务,安装新ATM机、叫号机等,不断拓宽电子服务渠道,进一步增强自助服务能力。通过推进服务质量监督考核机制,完善奖励与考核办法,开展“服务明星”评选活动和“合规管理年”活动,提升网点服务水平。银行内部强化风险控制、规范业务行为,提升风险管理能力,审慎合规经营。2008—2010年间无重大资金案件、无重大事故发生。

2008年5月—2010年琼中县邮储银行经营绩效情况表

表8-13　　单位:万元

年份	自营网点个人存款余额	公司存款余额	贷款余额
2008	13251.25	354.98	169.80
2009	14302.00	850.00	266.00
2010	18304.00	11337.58	1318.80

四、储蓄

1990年8月,开始办理邮政储蓄业务,同年完成邮储余额124.12万元,1992年,邮储网点由1处发展为8处,邮储余额达到790.25万元;至2010年底,期末余额为4.48亿元,琼中邮政系统累计净增余额市场占有率为31.78%,居全县第2位。

第七节 琼中县农村信用合作联社股份有限公司

一、机构

琼中县农村信用合作联社股份有限公司,前身为20世纪50年代成立的信用合作社,是琼中县最早成立的金融机构。经过几十年的发展,2008年12月23日完成市县统一法人改革,成立琼中县农村信用合作联社,取消琼中县农村信用合作社联合社和辖内7家乡镇法人农村信用合作社独立法人地位;2010年4月8日,海南银监局核准县农信社改制为琼中县农村信用合作联社股份有限公司,股东人数184人,股本6000万元。2010年12月30日,公司正式成立。公司具有完善的公司治理结构,股东大会以下设立"两会一层",董事会下设风险管理委员会、关联交易控制委员会、薪酬委员会、提名委员会;包括办公室、信贷管理部、电子银行卡部、安全保卫部、稽核监察部、人力资源部、资金部、计划财务部、法律合规部、资产风险管理部、营业部、小额信贷总部在内的12个职能部门。

辖内有营根信用社、营城信用社、阳江信用社、腰子信用社、长征信用社、乌石信用社、阳江信用社、吊罗山信用社、上安信用社、什运信用社、加钗分社、大丰分社、湾岭分社、和平分社、南方分社15个营业网点,有简易便民服务网点和流动服务网点424个,全面覆盖全县100个行政村。

二、业务

琼中县农村信用合作联社股份有限公司自成立以来,坚持走稳健经营、规范管理、高质量、高水平、高效益的发展之路。2008年1月,海南农信社与尤努斯合作,在格莱珉银行两名专家的指导下,借鉴吸收孟加拉格莱珉银行小额信贷的精髓,结合海南农村和农民的实际,在琼中县开展小额信贷项目试点,创新性建立了全新的、独立运行的小额信贷运行及管理模式,成功摸索出"2万以下,不需审批,7天到位,财政贴息"的"琼中模式"。主要特点:一是贷款额度在2万元以内;二是贷款方式为5户联保,贷款对象以妇女为主;三是政府提供担保。政府财政出资500万元成立小额信贷担保公司,为农民贷款提供担保;四是财政贴息。对农民贷款提前还款的全额贴息,到期还款的贴息80%,逾期还款的不予贴息。"琼中模式"以其贷款门槛低、利率优惠、方式灵活、手续简便等优势,破解了"农民贷款难、增收难和农村信用环境差"等难题,对帮助农民脱贫致富、加快农村产业结构调整、改善农村金融生态环境、促进农信社业务发展发挥了积极作用。

2009年7月23日，琼中联社在总结琼中小额信贷试点经验的基础上，在全省推广"一小通"小额信贷模式，促进农业增产、农民增收、农村发展。该模式先后被中国银监会、中国银行业协会、中国人民银行授予"最佳农户金融产品创新奖""2010年最佳服务三农贡献奖""银行科技发展二等奖"，并获"2010年海南省科学技术奖三等奖"。

1999—2010年琼中县信用社存贷款情况表

表8-14　　单位：万元

年份	贷款余额	存款余额	年份	贷款余额	存款余额
1999	1631.93	6205.19	2005	3858.90	17091.32
2000	1860.86	6837.44	2006	3552.42	19490.59
2001	1959.61	6868.00	2007	5240.65	19705.88
2002	2394.14	14341.17	2008	23306.52	31044.71
2003	4383.21	11036.21	2009	29585.95	44341.09
2004	3206.24	14331.61	2010	43135.33	80463.54

第五章 保 险

第一节 中国人民财产保险股份有限公司琼中支公司

一、机构

2001年,中国人民财产保险股份有限公司琼中支公司时称中国人民保险公司琼中支公司,设经理1名,经理助理1名,在职员工8人。2003年更名为中国人民财产保险有限公司琼中支公司,2005年更名中国人民财产保险股份有限公司琼中支公司(以下简称为"琼中财产保险公司"),设经理1名,副经理1名,下设综合部、营销业务部,在职员工10人,营销员3人。

二、保险业务

(一)险种

中国人民保险公司琼中支公司2001年的保险险种有:机动车辆保险、企业财产保险、家庭财产保险、责任保险、农业保险、人身意外伤害保险。至2010年,在原开设的险种基础上,新开办的险种有水稻、橡胶、香蕉、森林、大棚瓜菜、能繁母猪、育肥猪等政策性农业保险业务。

(二)保费收入

2001—2010年,琼中财产保险公司累计保费总收入4050万元,年均收入405万元。其中2001年保费收入350万元,2010年保费收入550万元,2010年较2001年收入增加200万元,增长57.14%。

2001—2010年琼中财产保险公司保险收入一览表

表8-15　　单位:万元

年份	保费收入	年份	保费收入
2001	350	2006	395
2002	364	2007	411
2003	360	2008	420
2004	380	2009	420
2005	400	2010	550

(三)保险理赔

2001—2010年,琼中财产保险公司共处理各种理赔案件3300件,累计支付各险种赔款2734万元,其中2001年赔款支出240万元,2010年赔款支出360万元,2010年较2001年增加120万元,增长50%。在理赔过程中,县人保财险公司坚持主动、准确、迅速、合理的理赔原则,为客户提供优质的保险理赔服务,很好地保障了广大客户和农民的利益,对全县经济、生活和社会安定起到“稳定器”作用。

2001—2010年琼中财产保险公司理赔支出一览表

表8-16　　单位:万元

年份	理赔支出	年份	理赔支出
2001	240	2006	173
2002	272	2007	234
2003	271	2008	276
2004	291	2009	310
2005	307	2010	360

第二节 中国人寿保险股份有限公司琼中县支公司

1986年注册中国人民保险公司琼中县支公司;1996年4月份设为中保人寿保险有限公司琼中县支公司;2003年10月10日更名为中国人寿保险股份有限公司琼中县支公司,是海南省下辖19家县支公司之一,位于琼中县营根镇虎头路3号。公司设有经理室、客户服务中心、个险销售部、团体业务部、银行保险部等部门;公司下设4个营销服务部:阳江农场营销服务部、大丰农场营销服务部、新进农场营销服务部、乌石农场营销服务部。2010年公司员工10人,其中党员1人、本科学历2人、大专学历6人、中专学历2人;营销人员58人,其中县城22人、阳江部15人、大丰部8人、新进部10人、乌石部3人。

该公司主要经营范围为:公司向个人及团体提供人寿、意外和健康保险产品,涵盖生存、教育、养老、疾病、医疗、残疾、身故等多种保障,全面满足客户的保险保障和投资理财需求。

2003—2010年人寿保险琼中分公司保费收入及赔付支出一览表

表8-17　　单位:万元

年份	保费收入	赔款及给付支出
2003	753.50	260.30
2004	883.00	212.80
2005	1028.40	233.10
2006	921.10	500.20
2007	1094.70	1307.70
2008	1299.90	500.10
2009	1291.80	442.90
2010	1535.80	740.40

第九编　中共琼中黎族苗族自治县地方组织

第一章 党员和党代会代表

第一节 党 员

1991年，全县共发展党员229名；1993年，全县共发展党员130名；1994年，全县共发展党员235名；1995—1997年，全县共发展新党员712名，其中工人和农民党员549人，占77%；妇女181人，占25.4%；高中及以上文化383人，占53.8%，35岁以上316人，占44.4%。

1996年，全县共发展党员249名，全县共有党员5643名。从1998年起，发展党员的重点放在生产、工作一线骨干中，注意吸收优秀知识分子，尤其是年轻知识分子。1996—2000年，共发展党员826人，其中发展生产一线党员438人，占50.8%，发展教育一线党员123人，占14.3%，发展女性党员198人，占23%；发展少数民族党员655人，占76%；发展高中以上学历党员548人，占51.9%；发展35岁以下党员568人，占68.1%，有效改善、调解了全县党员队伍的结构和分布。

2001年，全县共发展党员294名。2004年，全县共有党员7241名，其中女党员1288名，占全县党员总数的17.79%。

2006年，全县共发展党员213名，其中，女党员41名，占新党员总数的19.24%。全县共有党员7508名，其中女党员1578名，占全县党员总数的21.02%。

2010年，共培训党员3850人次，其中培训农村党组织书记1179人次，新发展党员333人。至2010年12月31日，全县共有党员8534人。其中，女党员1651人，少数民族党员5936人，45岁以下中青年党员3620人，高中(中专)以上文化程度的党员4326人。

1991—2010年琼中县发展党员情况一览表

表9-1　　单位:人、%

年度	发展党员总数	其中					
		女	占比	35岁及以下	占比	大专及以上文化程度	占比
1991	229	37	16.16	128	55.89	34	14.85
1992	209	32	15.31	107	51.20	29	13.88
1993	226	—	—	134	59.3	—	—
1994	210	27	12.86	126	60	39	18.57
1995	198	24	12.12	159	—	—	—
1996	249	7	2.81	—	—	—	—
1997	278	67	24.1	—	—	—	—
1998	263	51	19.39	—	—	—	—
1999	278	65	23.4	—	—	—	—
2000	321	82	25.5	—	—	—	—
2001	294	—	—	—	—	—	—
2004	279	62	22.22	170	60.93	67	24.01
2005	285	—	—	—	—	—	—
2006	213	41	19.25	134	62.91	47	22.07
2007	173	40	23.12	86	49.71	34	19.65
2008	281	55	19.57	161	57.30	59	31.00
2009	323	85	26.32	198	61.30	92	28.48
2010	333	84	25.23	204	61.26	92	27.63

1991—2010年琼中县党员基本情况统计表

表9-2　　　　　　　　　　　　　　　　　　　　单位:人

年度	总人数	性别		年龄					民族		学历					
		男	女	25岁以下	26~35岁	36~45岁	46~55岁	56岁以上	汉族	少数民族	研究生	大学本科	大学专科	中专	高中中技	初中及以下
1991	4750	4069	681	77	775	1360	1228	1310	1330	3420	大专及以上学历410			470	730	3140
1992	4892	4189	703	86	772	1380	1176	1478	1322	3570	大专及以上学历452			490	788	3162
1998	6043	5075	968	151	1054	1596	1305	1937	1509	4534	2	122	682	647	1194	3396
1999	6155	5135	1020	156	1038	1633	1362	1966	1534	4621	1	119	730	694	1218	3393
2000	6414	5318	1096	180	1055	1722	1469	1988	1577	4837	4	113	803	737	1275	3482
2001	6610	5463	1147	186	1089	1724	1487	2124	1625	4985	5	166	801	799	1268	3571
2002	6821	5619	1202	177	1121	1770	1597	2156	1669	5152	5	182	865	823	1309	3637
2003	7034	5800	1234	155	1217	1841	1647	2174	1745	5289	6	189	948	863	1344	3684
2004	7241	5953	1288	145	1208	1914	1611	2363	1816	5425	5	210	1038	842	1349	3797
2005	7388	6061	1327	116	1257	1986	1690	2339	1857	5531	5	215	1069	869	1322	3908
2006	7508	5930	1578	121	1352	2037	1598	2300	1899	5609	5	227	1105	906	1342	3923
2007	7543	5960	1583	119	1358	2044	1708	2314	1928	5615	3	245	1118	918	1305	3954
2008	7766	6147	1619	132	1232	2143	1753	2506	2045	5721	4	384	1177	927	1313	3961
2009	8006	6302	1704	126	1436	2173	1843	2428	2095	5911	8	389	1216	903	1594	3896
2010	8534	6878	1656	—	—	2077	1/55	2962	—	—	9	624	1412	955	1421	4113

第二节 党代会代表

一、琼中黎族苗族自治县历次党代会代表

中共琼中黎族苗族自治县第八次党代会代表 1992年11月14日，中共琼中县委转发了县委组织部《关于召开中国共产党琼中黎族苗族自治县第八次代表大会和乡镇党代会的请示》，对代表选举工作进行安排。全县共选举发生第八次代表大会代表210名，占全县党员总数9961名(含驻琼中县各国营农场党员5057名)的2.1%。代表中，县直各单位99名，占47.1%；农垦34名，占16.2%；各级领导干部(副科以上)代表127人，占60.5%；各类专业技术人员代表31人，占14.8%；先进模范人物代表48人，占22.8%；解放军武警代表2名，占1%；机动2名，占1%。其中有妇女代表43名，占总代表人数的20.5%；少数民族代表108名，占51.4%。

中共琼中黎族苗族自治县第九次党代会代表 中共琼中县委下发《关于中国共产党琼中黎族苗族自治县第九次代表大会代表选举工作的通知》，对代表选举工作进行安排。琼中县第九次党代会代表名额为189名，全县共划分为31个选举单位，其中14个乡镇各为一个选举单位，县直机关与企事业工作委员会、县公安局党委、新市农场党委各为一个选举单位，驻琼中各国营农(茶)场、营根机械厂党委、县人武部党委、横岭部队党委各为1个选举单位。各选举单位按照县委分配的名额、构成比例和代表条件，采取自下而上的方式提名，经充分酝酿协商，根据多数党组织或多数党员的意见提出代表初步人选，经过自上而下征求所在单位和有关方面的意见后，以书面形式报县委组织部。经县委组织部原则同意后，各选举单位对候选人进行考察，并召开党的委员会全体会议，按照多于代表应选人数的20%以上的差额确定代表候选人预备人选，各选举单位上报的代表候选人预备人选报县委审查同意后，召开党员代表会议或党员大会进行选举，按照候选人不少于应选人数20%的比例，以无记名投票的方式进行选举，选出的代表报县委审批。全县共选举产生第九次代表大会代表189名，其中各级领导干部代表134人，占70.90%；各类专业技术人员代表26人，占13.76%；先进模范人物代表27人，占14.29%；解放军武警代表2人，占1.06%。其中有妇女代表31人，占总代表人数的16.4%；有少数民族代表121人，占64.2%。

中共琼中黎族苗族自治县第十次党代会代表 根据中共琼中黎族苗族自治县委下发《关于中国共产党琼中黎族苗族自治县第十次党代会换届选举工作方案》，对代表选举工作进行安排。本次县党代表大会代表名额为203名，其中，由县委提名39名，由各级党组织推荐164名，全县共有23个基层党委，拟在每个党委设1个选举单位，共设23个选举单位，其中在乡镇和新市农场设11

个选举单位,在县直工委和各条战线党委设12个选举单位,代表名额分配方案和选举单位设置均符合中央的要求。县十次党代会代表的推荐过程分两步进行:首先是由各级党组织组织党员按自下而上,自上而下,上下结合的方式,按多于应选代表30%以上的比例提出代表候选人推荐人选270名,比应选代表多67名,差额率为33%,接着选举单位和县委组织部沟通,经县委组织部同意后,各选举单位按多于应选代表20%以上的比例共提出代表初步人选249名,比应选代表多46名,差额率为22.6%,整个推荐程序符合中央的规定。23个选举单位分别于3月14、15日按代表大会、党员代表会议、党员大会三种形式分别召开选举会议,其中,12个选举单位召开党代表大会,3个选举单位召开党代表会议,8个选举单位召开党员大会。各个选举单位不论召开任何一种形式的会议,在选举中都按多于应选名额20%的差额比例,进行差额选举,每个选举单位参加选举的代表或党员都超过应到会人数的80%,其中,15个选举单位到会人数超过90%,人武部参加会议人数达100%,符合有关规定。根据各选举单位报来的会议情况报告,选举结果是:应选县十届党代会代表203名,提出候选人249名,实际选举产生203名。符合选举工作方案和县委的要求。203名党代表的构成比例是:各级领导干部119名,占58.6%;各类专业技术人员44名,占21.7%;各条战线先进模范人物40名,占19.7%,驻军代表1名,占0.5%。妇女27名,占13%;少数民族149名,占73%,45岁以下123名,占60.9%;大专以上学历113人,占55.6%;中专、高中、初中88人,占43.3%;小学2名,占1%;基本符合有关规定。

中共琼中黎族苗族自治县第十一次党代会代表 2006年11月27日,根据中共海南省委《关于做好2007年市、县(市)领导班子换届工作的意见》精神,中共琼中黎族苗族自治县委员会下发《关于中国共产党琼中黎族苗族自治县第十一次代表大会选举工作的通知》,对代表选举工作进行安排。琼中县第十一次党代会共设置代表选举单位23个,即10个乡镇党委、新市农场党委、工商局党委、公安局党委、县直工委、政府办口机关党委、农业口机关党委、经贸交通口党委、文化卫生口机关党委、财税口机关党委、教科口机关党委、计建口机关党委、政法口机关党委、人武部党委(含横岭部队),代表名额为221名,占全县党员7388名的2.99%。代表的选举,在坚持先进性的同时,要具有广泛性。各级领导干部代表应占58%左右;各类专业技术人员代表应占21%左右;各条战线的先进模范人物代表应占19%左右;解放军、武警部队代表一般应占2%左右。其中,妇女和少数民族代表所占比例,一般不少于选举单位妇女、少数民族党员占党员总数的比例。代表主要应从第一线工作的党员中推选。45岁以下的代表不少于50%。县党代会代表与县人大代表、县政协委员一般不交叉。出席县第十一次党代会的代表,由各选举单位召开党代表大会选举产生。各选举单位按照分配名额,采用自下而上的方式提名,经过充分酝酿协商,根据多数党组织或多数党员的意见提出代表候选人初步人选;选举单位对候选人初步人选逐个进行全面考察,并征求所在单位和有关方面的意见后,于2006年11月28日前向县委组织部汇报;由选举单位召开党的委员会全体会议,按不少于应选代表21%的差额确定代表候选人预备人选;各选举单位于2006年11月30日前将代表候选人预备人选报送县委组织部审查原则同意后,由选举单位召开党代表大会选举;各选举单位进行选举前,要对代表候选人预备人选进行充分酝酿，根据多数选举人的意见确定候选人，可直接采用候选人数多于应选人数的差额选举办法进行正式选举；也可以先采用差额选举办法进行预选产生候选人名单，再进行正式选举。选出的代表，于2006年12月10日前报县委组织部审批。

选出的县第十一次党代会代表中，各级领导干部代表129人，占58.37%；各类专业技术人员代表47人，占21.27%；先进模范人物代表43人，占19.46%；解放军武警代表2名，占0.9%。其中有妇女代表41名，占总代表人数的18.55%；县委提名代表43名，占19.46%。

中国共产党琼中黎族苗族自治县第十一次代表大会于2007年1月8—10日在营根镇召开。

2008年12月26日，中共琼中县直工委补选出席县第十一届党代会代表会议在琼中宾馆迎宾楼3楼会议室召开。会议应出席代表76名，实到会68名，因病因事请假8名，符合规定人数。会议以无记名投票方式进行选举。会议共发出68张选票，收回68张选票，有效票68张。傅信平、黄俊东、王淑菲3人高票补选为县第十一届党代会代表。

同日，在和平镇、长征镇、中平镇、吊罗山乡、县人武部和县公安局等6个选区分别召开党员代表会议，以无记名投票方式对9名候选人进行选举。陈超、林淑兰、杨庆冠、吴国平、彭朱强、李立凯、王芳敏、黄文波等9人高票补选为县第十一届党代会代表。

二、海南省党代会代表

中国共产党海南省第一次代表大会代表 中共琼中黎族苗族自治县委按照海南省工委组织部关于琼中黎族苗族自治县出席中共海南省第一次党代会代表(11名候选人中选9名为正式代表)的批复，1988年8月20日在营根召开党员代表大会，选举出席中共海南省第一次代表大会代表。大会对初定11名候选人提交各代表团进行充分酝酿后，采取无记名选举方式，选出王学萍(省监察厅厅长)、陆万朝、盘明精、冼树棠、黄交儒、王金珠、陈玉英、林师锦、符明春等9人为正式代表。当选的9名代表中，领导干部代表7名(其中厅级干部1名、农垦干部1名、县级领导干部4名、乡镇级领导干部1名)，占77%；专业技术人员代表1名，占11%；少数民族代表6名(其中黎族4名，苗族2名)，占66%；妇女代表2名，占22%；工农先进模范代表1名，占11%；年龄在50岁以下的7名，占77%；文化程度在大专以上的6名，占66%；高中1名，占11%；初中1名，占11%；小学1名，占11%。

中国共产党海南省第二次代表大会代表 根据省委《关于选举出席中共海南省第二次代表大会代表的通知》和《关于出席中共海南省二次代表大会代表候选人预备人选的批复》精神，1993年6月16日，在县委会议室召开县委扩大会议，选举琼中黎族苗族自治县出席中共海南省第二次代表大会代表，会议在充分酝酿讨论的基础上，采用候选人不少于应选人20%的比例，以无记名投票的方式选举产生琼中县出席中共海南省第二次代表大会代表9名，均为省委组织部批复的代表候选人预备人选，即省委安排到琼中县参选的周松，琼中县当选的8位代表为何利华、黄兴富、许达钟、杨菊飞(女)、王国仁、邓运英、周世莲、王必忠。

中国共产党海南省第三次代表大会代表 1997年12月31日,根据《中国共产党章程》和《中国共产党地方组织选举工作例》的有关规定,中共琼中黎族苗族自治县委员会下发《琼中县出席省第三次党代表大会代表选举办法》。琼中黎族苗族自治县出席省第三次党代表大会代表候选人,采取自下而上提名,自上而下征求意见反复酝酿,根据多数党组织和党员的意见,并报省委原则同意确定,召开党代表会议正式选举产生代表。出席省第三次党代会代表应选名额为8名,实行差额选举,代表候选人差额比例不少于代表名额的20%,确定代表候选人10名。大会选举采用无记名投票方式,当选的9位代表为邢贻强、符跃兰、王尤华、陈超、王国仁、邓琼荣、柯景彬、胡瑞明。

中国共产党海南省第四次代表大会代表 2002年3月12日,根据《中国共产党章程》和《中国共产党地方组织选举工作例》的有关规定,中共琼中黎族苗族自治县委员会下发《琼中县出席省第四次党代表大会代表选举办法》。琼中县出席省第四次党代会代表候选人,采取自下而上提名,自上而下征求意见反复酝酿,根据多数党组织和党员的意见并报省委原则同意确定,县委召开党代表会议正式选举产生代表。出席省第四次党代表大会代表应选名额为9名,实行差额选举按代表候选人差额比例不少于代表名额的20%,确定代表候选人13名;大会选举采用无记名投票方式,提出候选人人选13名:省委提名王厚宏;县党政领导干部符跃兰、陈超、曾平、余以龙、邓琼荣等;各类专业技术人员吴坤俊、陈平、黄宏拉;各方面先进模范人物党员王居进、邓玉珍、陈国跃。出席省第四次党代表大会代表以无记名投票方式和差额选举办法选举产生。3月12日,召开党的代表会议,选出出席省第四次党代表大会代表:王厚宏、符跃兰、陈超、余以龙、曾平、邓琼荣、王居进、吴坤俊等9人。

中国共产党海南省第五次代表大会代表 根据中共海南省委组织部《关于省第五次党代会代表选举工作的通知(预)》要求,切实做好琼中县出席省第五次党代会代表选举工作。根据《中国共产党地方组织选举工作条例》和省委有关要求,琼中县出席省第五次党代会代表为10名(包括省委提名的代表候选人1名)。根据省委分配的代表名额和有关要求,组织全县各级党组织采取自下而上、自上而下、充分酝酿协商的办法,提出代表候选人推荐名单,然后根据多数党组织或多数党员的意见,按照多于代表名额30%的比例从推荐名单中提出代表候选人预备人选名单。琼中县出席中国共产党海南省第五次代表大会代表候选人预备人选名单差额数为3名,差额率为27.3%。经省委批复后,于2007年1月8—10召开中国共产党琼中黎族苗族自治县第十一次代表大会,以无记名投票方式,选举产生琼中出席中国共产党海南省第五次代表大会代表11名:陈成(省政府副省长)、周松(省政协副主席)、王家荣、伍学云、杜海山、陈荣、林海云、卓玲、盘明昌、董宪曾、曾维生。11名当选代表中,各级领导干部8名,占72.7%;生产和工作一线党员3名,占27.3%;女代表2名,占18.2%;少数民族6名,占54.5%。

琼中县出席中国共产党海南省历次代表大会代表名录

表9-3

届别	姓名	性别	民族	籍贯	备注
中共海南省第一次代表大会	陆万朝	男	黎	琼中	1988.9—1993.7
	盘明精	男	苗	琼中中平	1988.9—1993.7
	冼树棠	男	汉	广东	1988.9—1993.7
	黄交儒	男	黎	海南五指山	1988.9—1993.7
	王金珠	女	黎	琼中红毛	1988.9—1993.7
	陈玉英	—	—	—	1988.9—1993.7
	林师锦	男	汉	海南文昌	1988.9—1993.7
	符明春	—	—	—	1988.9—1993.7
中共海南省第二次代表大会	何利华	男	汉	广东惠阳	1993.7—1998.2
	黄兴富	男	黎	海南陵水	1993.7—1998.2
	许达钟	男	汉	海南文昌	1993.7—1998.2
	杨菊飞	女	黎	海南保亭	1993.7—1998.2
	王国仁	男	黎	琼中湾岭	1993.7—1998.2
	邓运英	女	苗	琼中长征	1993.7—1998.2
	周世莲	女	黎	琼中长征	1993.7—1998.2
	王必忠	男	黎	琼中上安	1993.7—1998.2
中共海南省第三次代表大会	邢贻强	男	黎	海南乐东	1998.2—2002.4
	符跃兰	女	黎	海南白沙	1998.2—2002.4
	王尤华	男	黎	海南陵水	1998.2—2002.4
	陈超	男	汉	海南万宁	1998.2—2002.4
	王国仁	男	黎	琼中湾岭	1998.2—2002.4
	邓琼荣	女	苗	琼中长征	1998.2—2002.4
	柯景彬	男	汉	海口琼山	1998.2—2002.4
	胡瑞明	男	黎	琼中黎母山	1998.2—2002.4

续表1

届别	姓名	性别	民族	籍贯	备注
中共海南省第四次代表大会	符跃兰	女	黎	海南白沙	2002.4—2007.4
	陈超	男	汉	海南万宁	2002.4—2007.4
	余以龙	男	土家	湖南保靖	2002.4—2007.4
	曾平	男	黎	海南澄迈	2002.4—2007.4
	邓琼荣	女	苗	琼中长征	2002.4—2007.4
	王居进	男	黎	琼中上安	2002.4—2007.4
	吴坤俊	男	黎	琼中营根	2002.4—2007.4
中共海南省第五次代表大会	王家荣	男	黎	琼中什运	2007.4—20012.4
	伍学云	男	黎	海南陵水	2007.4—20012.4
	杜海山	男	黎	海南陵水	2007.4—20012.4
	陈荣	女	黎	琼中红毛（含营根镇）	2007.4—20012.4
	林海云	男	汉	海南万宁	2007.4—20012.4
	卓玲	女	黎	琼中乌石（含湾岭镇）	2007.4—20012.4
	盘明昌	男	黎	琼中中平	2007.4—20012.4
	董宪曾	男	汉	天津市	2007.4—20012.4
	曾维生	男	汉	海南琼山	2007.4—20012.4

三、中共全国党代会代表

1997年5月26日，县委书记在县委会议室主持召开县委扩大会议，会议采用无记名投票方式推选出席中共十五大代表人员，与会人员一致投票同意推选王国仁为中共十五大党代表。

2002年，琼中黎族苗族自治县委副书记、县长符跃兰当选为中共十六大党代表。

第二章 组织机构

第一节 历次党代会

1991—2010年，琼中县共召开中共琼中黎族苗族自治县第八、九、十、十一次代表大会。大会代表由基层党委和县属各条战线党委的党员代表大会或党员大会选举产生。

一、县第八次党的代表大会

1993年4月20—21日，在营根镇召开。出席会议的应到代表210人，实到191人，列席代表63人。县委常委符明善致开幕词，县委书记书记何利华代表琼中县委做题为《解放思想、振奋精神、同心同德，加快琼中改革开放和经济建设步伐》的工作报告，许达钟作纪律检查工作报告，黄兴富致闭幕词。大会审议讨论并通过了这两个决议。选出县委委员24人，即王允华(黎族)、王有富(黎族)、王先川(黎族)、王兴胜(黎族)、王儒连(黎族)、许达钟、严以滨(壮族)、李会明、杨菊飞(女，黎族)、吴清英(女，黎族)、何利华、汪其冠、陈政民(黎族)、陈宗贤、林文东(黎族)、罗国想、周世莲(女，黎族)、胡瑞明(黎族)、黄兴富(黎族)、符明善、符祥日、盘明昌(苗族)、盘明精(苗族)等；候补委员4人，吴亚雄、林绍辉、高日精、陈昌强等。在第八届县委全委会第一次会议上，选出县委常委9人，何利华、许达钟、黄兴富、符明善、杨菊飞、严以滨、盘明昌、陈宗贤等；其中何利华当选为县委书记，黄兴富、符明善、许达钟当选为副书记。同时选举产生了由许达钟、胡振钧(黎族)、袁名硕、王振法(黎族)、邓文权(苗族)、王金珠(女，黎族)、王国平(黎族)等7人组成的县纪律检查委员会常务委员会，许达钟当选为县纪委书记，胡振钧、袁名硕、王振法当选为县纪委副书记。

二、县第九次党的代表大会

1998年3月6—7日，在营根镇召开。出席会议的应到代表188人，实到186人，列席代表27名；会议做题为《加大改革开放和扶贫攻坚力度，推动我县经济发展和社会全面进步》的工作报告。大会通过了《第八届县委工作报告的决议》，并选举产生了中共琼中黎族苗族自治县第九届委员会及其组成委员。会议采取无记名投票方式和差额选举的方式，选出县委委员26人，候补委员5人。26名县委委员为王尤华(黎族)、王必忠(黎族)、王兴胜(黎族)、邓琼荣(女,苗族)、邢贻强(黎族)、李传芳、李会明、吴亚雄、吴清英(女,黎族)、邱育斌、陈超、陈昌强、陈宗贤、郑光锋(黎族)、胡瑞明(黎族)、高永利、黄瑞开、符跃兰(女,黎族)、盘明昌(苗族)、曾平(黎族)、谢在卫等。5名候补委员为李兴育(黎族)、邢诒颂、王光业(黎族)、李远胜、赵文晓。第九届全体委员会第一次会议选举产生、邢贻强、符跃兰、曾平、陈超、王尤华、陈宗贤、王兴胜等9人为县委常委，其中邢贻强、符跃兰当选为副书记。同时选举产生由王尤华、王显标、梁文安、王国平、王金珠、梁广章、钟小明7人组成的县纪律检查常务委员会，王尤华当选为县纪委书记，王显标、梁文安当选为县纪委副书记。

三、县第十次党的代表大会

2003年3月23—25日，在营根镇召开。出席会议的应到代表203人，实到202人。大会听取和审议中共琼中黎族苗族自治县第九届委员会的工作报告，并选举产生中共琼中黎族苗族自治县第十届委员会及其组成委员。会议采取无记名投票方式和差额选举的方式，选出县委委员23人，候补委员5人。在第十届全委会上，选出县委常委9人，其中曾平、陈超、余以龙当选为副书记。同时选举产生了由余以龙等7人组成的县纪律检查常务委员会。

四、县第十一届党的代表大会

2007年1月8—10日，在营根镇召开。出席会议的应到代表221人，实到215人。大会听取和审议中共琼中黎族苗族自治县第十届委员会的工作报告，选举产生中共琼中黎族苗族自治县第十届委员会及其委员。会议采取无记名投票方式和差额选举办法，选出县委委员31人，候补委员6人。在第十一届县委全委会上，选出董宪曾、伍学云、曾维生、杜海山、林海云、王光业、符建群、王先国、许教春等9名县委常委，其中董宪曾当选为县委书记，伍学云、曾维生当选为副书记。同时选举产生了由杜海山等7人组成的县纪律检查常务委员会，选举杜海山为县纪委书记。

第二节 县委全体委员会

1991—2010年,共选举产生4届中共琼中黎族苗族自治县委员会,每届任期5年。

一、七届二次全体(扩大)会议

1991年2月25—27日,在营根镇召开,参加会议的有第七届全体委员、候补委员。会议主要研究贯彻党的十三届七中全会精神,传达中共海南省委一届五次全体(扩大)会议精神,总结1990年工作情况和讨论1991年工作意见,讨论《关于琼中县经济建设和社会发展"八五"计划和十年规划的建议》。

二、七届三次全体(扩大)会议

1993年2月17—18日,在营根镇召开,参加会议的有第七届全体委员、候补委员和县纪委委员,以及县人大、县政府、县政协党员领导同志和县直单位、各乡镇主要负责同志。会议主要传达学习和研究贯彻落实党的第十四大和省委第一届第八次全体(扩大)会议精神,会议听取和讨论何利华代表县委作的《认真贯彻省委全委扩大会议精神,加快改革开放步伐,促进市场经济发展,把我县经济建设推向新的台阶》的报告。会议认为,报告以党的第十四大和省委第一届第八次全体(扩大)会议精神为指导,实事求是地总结琼中县几年来的经验教训,全面分析琼中县各方面情况,明确提出了今后一个时期工作的指导意见、奋斗目标和主要任务、部署了1993年的工作,报告对指导今后一个时期各项工作有着非常重要的意义。

三、八届四次全体(扩大)会议

1996年3月29日,在营根镇县委会议室召开,参加会议的有第八届全体委员、候补委员。会议听取了县委书记作的县委工作报告,审议通过《中共琼中黎族苗族自治县委关于制定琼中黎族苗族自治县国民经济和社会发展"九五"计划和2010年远景目标的建议》,审议通过《中共琼中黎族苗族自治县委第八届四次全体(扩大)会议决议》。

四、八届六次全体(扩大)会议

1997年3月,在营根镇县委会议室召开,参加会议的人员有第八届全体委员、候补委员。会议由县委书记主持,会议回顾了1996年的工作,确定1997年的工作:做好农村经济工作建设、扶贫工作的开展、工贸企业经济建设、招商引资工作、基础设施建设、精神文明建设、党建工作、法制建设等工作，会议以无记名形式投票通过了会议决议。

五、九届三次全体（扩大）会议

2000年4月24日，在营根镇县委会议室召开，参加会议的人员有第九届全体委员、候补委员。会议主要贯彻落实《中共海南省委、省人民政府关于加快我省中部地区发展的决定》，总结县委1999年工作，部署2000年工作。

六、九届四次全体（扩大）会议

2000年8月29日，在营根镇县委会议室召开，参加会议的人员有第九届全体委员、候补委员。会议主要贯彻落实《中共海南省委关于“三个代表”重要思想总揽全局，全面加强党的建设的决议》，推动全县工作进一步开展。

七、九届五次全体（扩大）会议

2001年1月15日，在营根镇县委会议室召开，参加会议的人员有第九届全体委员、候补委员。会议主要贯彻落实党的第十五届五中全会精神及中共海南省委第三届第六次全体扩大会议精神，回顾总结全县“九五”时期工作，讨论“十五”计划建议，为琼中21世纪前五年的发展指明方向。

八、九届六次全体（扩大）会议

2001年12月4日，在营根镇县委会议室召开，参加会议的人员有第九届全体委员、候补委员。会议主要是贯彻落实党的第十五届第六中全会精神及海南省委第三届第九次全体扩大会议精神，进一步加强和改进琼中党的作风建设。

九、九届七次全体（扩大）会议

2002年11月27日，在营根镇县委会议室召开，参加会议的人员有第九届全体委员、候补委员。会议主要任务是传达贯彻党的第十六大精神和省委第四届第二次全会精神，进一步动员全县广大党员干部认清形势、坚定信念、团结拼搏、与时俱进、艰苦创业，打好奔小康的基础，为加快琼中经济和社会各项事业的全面发展贡献力量。

十、十届二次全体（扩大）会议

2003年12月22—23日，在营根镇县委会议室召开，参加会议的人员有第十届全体委员、候补委员。会议主要任务是学习贯彻党的第十六届第三中全会、省委四届四次全会会议精神，在推进体制创新中促进琼中经济社会全面发展。会议听取了县委常委会向全会做的报告和曾平做的《〈中共琼中黎族苗族自治县委关于加快体制创新的实施意见（讨论稿）的起草说明》，审议通过《中共琼中黎族苗族自治县委关于加快体制创新的实施意见》《中共琼中黎族苗族自治县委关于实施人才强县战略的实施意见》《中共琼中黎族苗族自治县委、琼中黎族苗族自治县人民政府关于加快招商引资工作的决定》。

十一、十届四次全体(扩大)会议

2006年2月8日,在营根镇县公安局三楼会议室召开,参加会议的人员有第十届全体委员、候补委员。会议主要任务是回顾琼中县2005年在经济建设与社会发展各个领域取得的成绩,听取2006年琼中黎族苗族自治县经济发展的工作意见,会议集体审议了琼中县十一五规划建议的说明。

十二、十一届三次全体会议

2008年12月25日晚,中共琼中黎族苗族自治县第十一届委员会第三次全体会议在琼中宾馆迎宾楼三楼会议室召开。会议总结县第十一次党代会第一次会议以来常委会的工作情况,提出2009年县委常委会的工作思路、工作任务和工作要求,审议通过向县第十一届党代会第二次会议提交的有关报告、决议和决定,并对2008年度干部选拔任用情况进行民主测评。县委书记傅信平,县委副书记、县长伍学云,县委副书记曾维生,县委常委、纪委书记杜海山,县委常委、组织部部长林海云,县委常委、政法委书记王光业,县委常委、宣传部部长符建群,县委常委、常务副县长许教春,县委常委、人武部政委廖朝阳出席会议;县人大常委会主任盘明昌、县政协主席曾令锦、县人民政府副县长李伏云、盘大克、郭光星等县委委员和县委候补委员出席会议。会议应出席的县委委员30名,实到28名,应到会的县委候补委员6名,实到6名,符合规定人数。傅信平代表县委常委会做报告;曾维生宣读《中国共产党琼中黎族苗族自治县第十一届委员会第三次全体会议关于召开中国共产党琼中黎族苗族自治县第十一届代表大会第二次会议的决议》(草案)和《中国共产党琼中黎族苗族自治县第十一届委员会第三次全体会议关于将〈中共琼中黎族苗族自治县代表大会常任制度(试行)〉等五项制度提交县第十一届党代表大会第二次会议审议的决定(草案)》;林海云宣读了《中国共产党琼中黎族苗族自治县第十一届委员会第三次全体会议关于递补县委候补委员王哲斌同志为县委委员的决定(草案)》和《中国共产党琼中黎族苗族自治县第十一届委员会第三次全体会议关于中国共产党琼中黎族苗族自治县第十一届代表大会第二次会议代表增补的决定(草案)》。会议以举手表决的方式通过了上述决定、决议。本次会议专题报告了2008年度干部选拔任用工作情况,并在全委会上对干部选拔任用工作进行民主评议,对2008年新提拔的党政主要领导干部进行民主测评。这在琼中县尚属首次。

十三、十一届四次全体(扩大)会议

2009年12月22日,在营根镇琼中宾馆迎宾楼三楼会议室召开。会议审议通过中国共产党琼中黎族苗族自治县第十一届代表大会第三次会议有关材料和文件,并对2009年度全县干部选拔任用工作及提拔的党政主要领导干部进行民主评议和测评。县委书记傅信平,县人大常委会主任盘明昌,县委副书记、县长王琼龙,县委副书记张长丰,县委常委、组织部部长刘峰松,县委常委、纪委书记杜海山，县委常委、常务副县长许教春，县委常委、人武部政委廖朝阳，县委常委、副县长黎伟珠出席会议。十一届县委委员、候补委员，县级党员领导干部、县纪委常委，各乡镇党委书记，新市农场党委书记，县委各部门主要负责人参加会议。会议应出席的县委委员32名，实到28名，应到会的县委候补委员4名，实到4名，符合规定人数。傅信平代表县委常委会向全会作2009年度干部选拔任用工作情况报告。张长丰通报了中国共产党琼中黎族苗族自治县第十一届代表大会第三次会议筹备情况，宣读了《中国共产党琼中黎族苗族自治县第十一届委员会第四次全体(扩大)会议关于召开中国共产党琼中黎族苗族自治县第十一届代表大会第三次会议的决议》(草案)。刘峰松宣读了《中国共产党琼中黎族苗族自治县第十一届委员会关于将〈中国共产党琼中黎族苗族自治县委员会重大决策征求意见制度(试行)〉(草案)等两项制度和〈琼中黎族苗族自治县创建农村示范党支部实施办法(试行)〉(草案)等两项办法提交县第十一届党代表三次会议审议的决定》(草案)。县委委员以举手表决的方式审议通过了《关于召开中国共产党琼中黎族苗族自治县第十一届代表大会第三次会议的决议》，通过了中国共产党琼中黎族苗族自治县第十一届代表大会第三次会议议程、日程等，通过了《关于将〈中国共产党琼中黎族苗族自治县委员会重大决策征求意见制度(试行)〉(草案)等两项制度和〈琼中黎族苗族自治县创建农村示范党支部实施办法(试行)〉(草案)等两个办法提交县第十一届党代表大会第三次会议审议的决定》，同意将县委工作报告、县纪委工作报告、《琼中黎族苗族自治县试行党代表大会常任制工作情况的报告》等六个报告提交大会讨论。

十四、十一届五次全体会议

2010年12月13日，在营根镇琼中宾馆迎宾楼三楼大会议室召开。出席会议的有县委委员32人，县委候补委员3人，县纪委常委王乙、钟小明、曾庆权等人也参加会议。会议主要是围绕做好中国共产党琼中黎族苗族自治县第十一届代表大会第四次会议的各项筹备工作。会议讨论和审议通过中国共产党琼中黎族苗族自治县第十一届代表大会第四次会议有关材料和文件，并对2010年竞争性选拔长征镇政府镇长拟任人选进行差额票决。会议以举手表决形式，一致通过《中共琼中县代表大会代表评议县委委员制度(试行)》(草案)、《中共琼中县代表大会代表质询县委委员制度(试行)》(草案)、《中共琼中县委组织部关于党费收缴、使用和管理情况的报告(草案)》《代表资格审查委员会关于代表资格的审查报告(草案)》《中共琼中县第十一届代表大会第三次会议闭会期间任命的县委常委、县委委员情况和代表变化情况的报告(草案)》《中共琼中县第十一届代表大会第三次会议代表提案办理情况的报告(草案)》《琼中县试行党代表大会常任制工作情况的报告(草案)》。会议决定，中国共产党琼中黎族苗族自治县第十一届代表大会第四次会议定于12月16—17日在琼中大礼堂召开。

第三节 县委常委会

每届县委员会都设立县委常委会，县委常委经县委全体委员会选举产生，任期与县委相同。在县委全体会议期间，行使县委职权，主持县委日常工作。

县委按照“集体领导、民主集中、个别酝酿、会议决定”的原则，完善党委内部议事和决策机制，发挥县委全委会作用，健全县委常委会决策程序。县委全委会一般每年召开2次，遇有重要情况可随时召开，全委会议题由常委会确定。县委常委会召开时间、次数没有固定限制，根据工作需要不定期召开。

一、第七届县委常委会

1991年10月26日，县委书记何利华在县委会议室主持召开常委会会议。会议上学习了省委书记邓鸿勋在省人大工作讨论会上的讲话，讨论县“二五”普法规划、农村土地承包提取集体提留、乡镇清房、纠风以及社教工作队收兵时间等问题。

1992年2月22日，县委书记何利华在县委会议室主持召开常委会会议。会议学习了党的十三届八中全会《决定》以及省委一届六次扩大会议精神，并讨论了民主作风以及围绕党要管党原则加强基层党建的问题。11月12日，县委书记在县委会议室主持召开常委会议，讨论1993年换届工作方案、乡镇党政班子职位设计、乡镇党代表会方案，乡镇领导班子换届考察方案以及拔尖人才，成立关心下一代工作委员会、老干部检查身体、考勤奖励工资、扶贫定点挂钩、加强工厂领导问题。

二、第八届县委常委会

1993年5月17日，县委书记何利华在县委会议室主持召开常委会会议。会议讨论上报省优秀党员、优秀党员标兵、七一活动、宣传工作先进单位等问题。

1994年，共召开常委会会议28次，主要内容有：总结1993年全县经济工作情况，要因地制宜，发挥本地旅游资源和人才资源优势，发展本县经济；发展民族团结，为全县人民多办实事，实行县、乡镇经济目标责任制；大力发展与扶持本地企业，每名县委常委挂钩联系一家企业；讨论成立农村工作领导小组，研究制定全县“严打”斗争方案；讨论调整县编委等机构班子成员和县城区3条主要公路建设，重点扶持湾岭农业示范基地建设；讨论1995年龙眼、荔枝等水果生产计划，研究如何开展冬修水利和有关人事任免等问题。

1995年2月16日，县委书记在县委会议室主持召开常委会会议。会议讨论农业生产、市政建设、投资促进委员会机构、土地项目联审、外引内联、扶贫等问题。3月9日，县委书记在县委会议室主持召开常委会会议，讨论财税体制改革、城建、计生、水果种植工作问题，以及与高州建立友好市县、人事安排。

1996年9月3日，县委书记在县委会议室主持召开常委会会议。会议讨论了“双学”工作，农村党建、文联代表大会、自治条例领导小组、调整县武装委员及综治委委员、人事安排等问题。11月12日，县委书记在县委会议室主持召开常委会会议。会议讨论精神文明建设、贯彻十四届六中全会精神、调整财政预算、乡镇领导购房等问题。

1997年4月4日，县委书记在县委会议室主持召开常委会会议。会议传达省组织工作会议、农村工作及计生工作会议精神，各乡镇汇报计划生育、民房改造、水果种植等工作情况。12月29日，县委书记在县委会议室主持召开常委会会议，讨论减少省党代会代表人选以及救济款发放工作等问题。

1998年2月21日，县委书记在县委会议室主持召开常委会会议，会议讨论县四套班子组成人员及县委委员、纪委委员、人大常委人选，同时传达省第三次党代会及省委三届一次会议精神。9月10日，县委书记在县委会议室主持召开常委会会议，讨论关于村务公开民主管理、琼中县村委会换届工作选举方案、关于在扶贫攻坚战中进一步做好民主评议党员的问题和农村发展专项资金使用管理暂行规定的问题。

三、第九届县委常委会

1999年常委会会议主要内容有讨论防治5号病、干部年度考核等次、“七一”表彰、聘用水果技术员、土地利用规划修编经费、开设民中民族寄宿班、计划生育、学习会议纪律、推荐全国民族团结进步模范果园检查、团代会、妇代会召开时间等。

2000年县委常委会会议主要内容有：讨论“三讲”教育整改、剖析，以及有关文件的起草问题，同时还讨论了厂务、政务、村务公开、对部分干部进行处理的问题，以及人事安排；开展禁毒、赌工作，文化下乡工作，各单位借用干部问题，安排解决歌舞团经费问题，工商局成立工委问题，同时对“普九”工作优秀的单位及个人进行表彰，“七一”活动的安排；讨论贯彻“三个代表”重要思想，加强党建工作，调整农业生产结构，严肃工作纪律问题，禁毒工作会议，解决土地纠纷问题。

2001年4月26日，县委书记主持召开第二十三次常委会会议，会议主要讨论接待、攀穷亲、无会周、干部作风廉政、农业税等问题。11月20日，县委书记在县委会议室主持召开第三十八次常委会会议，主要讨论机构改革、检察工作、有线电视、工商联、少代会、党费使用、选聘村干部、县委九届六次会议、组建居委会以及讨论处分王文雄等工作。

2002年4月17日，县委书记主持召开县委常委会第48次会议，会议通报朱镕基总理到琼中县视察工作情况、传达全省农村工作会议精神、讨论琼中县退耕还林工作方案、听取工作汇报等。8月5日，县委书记主持召开县委常委会第56次会议，会议讨论撤并乡镇领导班子安排方案、讨论部分乡镇行政区域调整方案、讨论县地税局局长高配问题、讨论人事职位安排事项、讨论关于部分领导家属照顾工作安排、讨论王国雄在长征镇任职一年来的工作表现及其先进事迹、文明先进村总结表彰工作等。

四、第十届县委常委会

2003年3月11日,县委召开县委常委会,会议传达省委关于琼中黎族苗族自治县新一届四套班子人选人事安排的反馈意见、讨论县四套班子委员拟订方案、研究提名党代表及人大代表候选人、研究县人大十届一次会议主席团组成人员、研究"三月三"活动筹备方案、讨论推荐团省委委员等事宜。5月23日,县委召开县委常委会第六次会议,会议研究政法工作、文明生态村建设、离退休干部"两费"、退伍士兵安置等问题。

2004年1月14日,县委常委会第27次会议召开,会议传达第三次全省公安工作会议精神、听取各乡镇、各国营农场执行《2003年琼中县社会治安综合治理目标管理责任书》情况汇报、讨论《2004年琼中县社会治安综合治理目标管理责任书》、传达全省调整产业结构提高工业化水平座谈会精神、讨论县委组织部《琼中黎族苗族自治县副局级以上干部2003年度考核工作实施方案》、研究人事安排等问题。

2005年10月18日,县委书记董宪曾主持召开县委常委会第47次会议,会议传达全省人大工作会议精神并确定召开人大会议时间。会议讨论并原则通过了《琼中黎族苗族自治县关心下一代工作委员会工作规定》。研究县广播电视局撤局改台的问题,表彰防风救灾工作先进单位和先进个人等问题。

2006年,县委书记董宪曾主持召开第50至67次县委常委会会议。会议主要内容有:讨论召开县委第十届四次全体(扩大)会议有关问题、公安局禁毒大队队长等人事安排的相关问题,集体讨论研究县委组织部起草的《琼中黎族苗族自治县新农村建设活动总体实施方案》;讨论县委十届四次全会上的材料;研究武装部工作中存在的困难和问题,协调解决落实预备役建设问题、驻军部队随从家属就业安置问题、退伍军人转业安置问题;讨论研讨县第十二届人大第四次会议和县政协第七届第四次全会召开时间及会议议程;讨论县政府"十一五"规划纲要报告和研究琼中县保密工作;传达学习罗保铭在全省市县领导干部学习第十届六届五中全会精神培训班的开班动员讲话精神;研究公安机关内设机构领导职务任免、权限归口管理问题;讨论《县委2006年工作要点》,传达全省廉政工作会议精神;通报先进性教育活动领导干部履职情况民主评测结果和通报各基层党委推荐海南省先进基层党组织、优秀共产党员及优秀党务工作者得票情况;讨论老干局关于上报先进集体和先进个人的请示,讨论县国土环境资源局关于上报先进集体和先进个人的请示;讨论县委组织部《关于确定2005年度科级领导干部考核等次的请示》;讨论县四套班子人事安排,会议讨论上报第十一届县委委员、候补委员提名名单及县纪委委员名单,讨论琼中黎族苗族自治县推荐出席党的第十七大代表候选人提名人选及出席省第五次党代会代表候选人提名人选等相关问题。

五、第十一届县委常委会

2007年3月5日，县委书记董宪增主持召开县委常委会第2次会议，讨论干部人事安排问题、通报省公安厅挂职干部职务安排、讨论上报全国"五一"劳动奖候选人、讨论《琼中县关于加强领导干部作风建设为主题党员领导干部民主生活会实施方案》等。

2008年，县委书记董宪曾主持召开县委常委会议14次，县委书记傅信平主持召开县委常委会议4次。会议听取了县委第十一届第二次全体(扩大)会议筹备情况的汇报，会议听取县十三届人大例会会议筹备情况的汇报和县政协八届二次会议筹备情况的汇报、县十一届纪委二次会筹备情况的汇报，讨论廖朝阳任县委常委的有关问题，讨论上报全国五一劳动模范奖人选，研究部署人口与计划生育工作。研究省委调研提纲，会议讨论申报2007年度海南省杰出青年岗位能手、海南省青年岗位能手人选情况。讨论拟申报2007年度海南省青年五四奖章人选，学习贯彻《党政领导干部选拔任用工作条例》；听取杜海山常委关于对陈某违纪情况的调整核实情况的说明，会议一致同意免去陈某的县城派出所所长职务，由马琼才兼任县城派出所所长。讨论2008年计划招录公务员选调生等有关问题，讨论给予林某生、陈某海开除党籍处分等问题。讨论县党政领导班子后备干部人选名单，讨论钟小辉等干部人事安排问题，研究建立干部监督工作联席会议制度。讨论公安局机构改革及二级机构领导成员的调整。

集体讨论关于进一步加强人才工作的若干规定和《琼中县选拔优秀青年干部双向挂职锻炼工作的方案》，讨论给予陈某党纪处分等有关问题；对近期社会治安整治进行部署。讨论琼中2008年依法治县工作要点，讨论恢复符振华党员权利的有关问题；讨论琼中县纪念建党87周年活动方案和学习贯彻《关于深入整治用人不正之风进一步提高选人用人公信度的意见》；传达全省领导干部大会会议精神，研究"数字琼中"建设有关问题，讨论调整县委党校校长和调整县政府党组成员方案，讨论表彰先进基层党组织、优秀共产党员和优秀党务工作者，讨论县公安局中层以上领导干部任职和离职待遇问题。传达7月2—3日在河南郑州召开的全国农村基层党风廉政建设工作经验交流会精神和省委五届三次全体(扩大)会议和省委2008年理论研讨会精神，讨论同意曾庆武、梁定利辞去政协琼中黎族苗族自治县第八次委员会常委、委员职务，同意范青、吴兰辞去政协琼中县第八届委员会委员职务，讨论通过县纪委提交的有关违纪问题的立案报告，讨论通过琼中县"清风拂绿地，廉政兴百村"实施方案(纲要)，讨论向省委组织部上报晋升正处级干部，同意黄交儒晋升正处级干部。讨论琼中县"清风拂绿地，廉政兴百村"试点活动方案和讨论琼中县无党派人士主题教育活动方案。讨论关于贯彻省委书记卫留成重要讲话精神，讨论调整县领导扶贫点的有关事项，讨论公安厅党委推荐县公安局局长任职考察人选，讨论省国土厅党组关于符兆国兼任职务征求意见，研究琼中黎族苗族自治县开展党的代表大会常任制试点工作，讨论给予县农综办在实施农业机械化购置补贴专项资金管理中违纪人员处分等有关问题，讨论给予陈某霞等人处分等有关问题，讨论建立宗教工作联席会议制度实施方案和传达党(市、区)委书记接访活动经验交流会精神；讨论公安局局长人选等问题，会议一致同意推荐严兴为琼中县公安局局长。讨论拟任庄耿晏为关心下一代工作委员会副主任等有关问题，讨论确定2007年度科级干部考核等次，讨论王哲彪等人的干部人事安排；讨论给予周某琼开除党籍处分等有关问题，讨论严兴拟任县长助理；审议县第十一届党代会第二次会议有关事宜，审议傅信平书记在县第十一届党代会第二次会议上的工作报告，审议县纪委在县委十一届党代会第二次会议上的报告，审议《琼中县党代表大会常任制度(暂行)》等五项制度，讨论增补县政协八届委员会委员，常委人选等有关问题。

2009年，由县委书记傅信平主持召开县委常委含(扩大)会议19次。会议主要内容有听取《县项目策划包装工作领导小组工作汇报》《全县漫水桥建设情况汇报》《县重点工程项目建设工作领导小组工作汇报》《县重点建设项目跟踪服务领导小组工作汇报》《关于县集体林业产权制度改革动员大会议程、工作目标责任状、林权改革工作方案、领导讲话等有关事项》《讨论琼中县2009年黎族苗族“三月三”节庆活动方案》《传达全省领导干部大会精神》《关于研究部署琼中县学习实践科学发展观活动》的报告；讨论县委机要局机构设置、加挂牌子、归口管理等有关问题；传达全省对台工作会议精神，讨论琼中县思源学校校长人选，讨论个别人事处罚、县农村基层党风廉政建设联席会议制度、琼中县关于党政机关厉行节约若干问题、干部人事安排等；听取《县委、县政府领导班子成员2009年党风廉政建设和反腐败任务分工意见》《琼中县2009年党风廉政建设和反腐败工作实施意见》《琼中县2009年文明生态村建设工作方案》，传达全省政府机构改革动员会议精神，研究全县农村综合改革工作方案，讨论琼中县为民办“十件实事好事”实施方案(征求意见稿)，讨论琼中县农村(社区)党组织和村居委会干部补贴发放实施办法(暂行)、琼中县鼓励机关事业单位和在职干部参加学历教育暂行规定，听取龙溪路规划设计情况汇报。听取《关于审议县委常委会深入学习实践科学发展观活动分析检查报告》《2009年度招录公务员、参照公务员法管理事业单位工作人员招录计划》《2009年选调生招录计划》等，讨论拟上报全国先进离退休干部党支部和离退休干部先进个人，确定县推荐人民满意的公务员和人民满意的公务员集体，讨论《积极稳妥推进集体林权制度改革的决定》《县委统战部做好省统一战线在我县建立科学发展实践基地的服务工作方案》等；听取《关于在县领导兼任正职的县委部门设立常务副职有关问题》《干部人事安排、讨论领导干部试用期转正有关问题》《公开选拔部分乡镇和县直单位副科级领导干部工作方案》《关于选派黄良梅等五位同志到国家海洋局挂职有关问题》《琼中县水利设施保护条例立法工作实施方案》《审议县委常委会深入学习实践科学发展观活动整改落实方案》《审议县政府机构改革方案》，讨论成立县集体林权制度改革驻乡镇工作队有关问题。听取《审议县政府机构改革方案》《县委常委“七一”期间慰问老党员活动安排》《关于贯彻〈省委办公厅、省政府办公厅关于进一步加强政法基层基础建设的意见〉的实施意见》《表彰2007—2008年度社会治安综合治理工作先进单位和先进个人》《县委书记与政法系统领导联合大接访信访事项领导方案安排》《县委关于进一步加强新时期工会工作的意见》《县委关于进一步加强新时期共青团和青年工作的意见》《县委关于进一步加强新时期妇联工作的意见》；传达省委常委(扩大)会议精神，讨论成立营根河综合整治工程工作领导机构有关事宜，通报1993年10月至1994年12月期间拖欠干部职工套改增资额清欠工作情况，通报全县未参照公务员法管理事业单位工作人员和机关工勤人员增加津贴补助有关情况，讨论近期干部职工信访工资待遇等有关问题，讨论县政府与农业银行海南省分行战略合作协议，讨论举办琼中县在职干部本科学历班、举办琼中县干部领导力提升研修班、琼中县农村两委干部大专在职学历班、选派第一期琼中县科级领导干部培训班学员外出考察有关事宜；传达2009年全省社会治安综合治理基层基础建设现场经验交流会精神；讨论给予莫献忠等党纪处分、对县畜牧兽医局发放生猪补贴资金失职错误立案调查、县纪委县监察局机构职能编制、干部人事安排、2008年度科级干部考核等次、在县直机关设置党组、关于进一步加强和改进农村基层组织建设的实施意见、增补李立凯为县人大常委会党组成员、县委政法委综治办维稳办机构设置等内容；讨论县公安局政委人选、党代表调研实施方案、《琼中县2009年度惩治和预防腐败体系建设暨党风廉政建设责任制执行情况检查考核工作方案》、县妇女联合会换届选举工作方案、成立市政管理局有关事宜等，审议中共琼中县第十一届代表待会第一次会议有关事宜，通报营根河综合整治工程项目征地补偿标准，听取琼中县环城路等两个市政工程项目筹资方案通报。

2010年，共召开县委常委会会议14次，主要内容有：传达学习中央、省委、省政府有关会议精神，讨论县第十三届人大第七、八次会议和县政协八届四、五次会议相关事项，增补县政协委员，讨论县政府工作报告；研究讨论农业和农村工作问题，创建"一村一品"、实施田洋整治、加快农村住房建设和农村党员电教远程站点建设、扶持养蚕产业发展，讨论村级换届事项等；研究红岭水库和大丰电站建设情况；研究国有企业改革、关停并转、人员分流与安置、节能减排等；讨论机关人员分流与基层乡镇紧缺人员招聘方案、优秀人才引进与管理、公务用车管理；讨论设立县检察院纪检、卫生局党县委，讨论部分单位级别升级和准备召开中共第十一届第四次会议等内容；研究加强社会治安、禁毒工作，加大环境综合治理，创建省级文明卫生县城和建设文明生态村问题；讨论县预防和处置重大社会安全事件应急预案，研究县侨联、工商联换届工作方案，布置县残疾人工作；讨论评先评优和人事任免等问题。

1991—2010年中共琼中县委历届书记、副书记、常委名录一览表

表9-4

届次	职务	姓名	籍贯	任职时间	备注
第七届 1990.4—1993.4	书记	何利华	广东惠阳	1990.4—1993.4	—
	副书记	黄交儒	海南五指山	1990.4—1992.9	届中免职
		符明善	海南东方	1990.4—1993.4	—
		黄兴富	海南陵水	1992.9—1993.4	届中增补
		许达钟	海南文昌	1993.3—1993.4	届中增补

续表1

届次	职务	姓名	籍贯	任职时间	备注
	常委	王启民	海南五指山	1990.4—1993.4	—
		林冠瑚	海南乐东	1990.4—1992.11	届中调离
		严以滨	广西柳州	1990.4—1993.4	—
		杨菊飞	海南保亭	1990.4—1993.4	—
		盘明昌	海南琼中	1990.4—1993.4	—
		许达钟	海南文昌	1990.4—1993.4	—
		陈宗贤	海南陵水	1992.11—1993.4	届中增补
		王尤华	海南陵水	1993.3—1993.4	届中增补
第八届 1993.4 — 1998.3	县委书记	何利华	广东惠阳	1993.4—1995.1	届中调离
		张力夫[①]	—	1995.1—1998.3	—
	副书记	许达钟	海南文昌	1993.4—1996.3	—
		黄兴富	海南陵水	1993.4—1994.3	—
		符明善	海南东方	1993.4—1996.3	—
		符正才	海南屯昌	1994.3—1996.11	届中增补
		邢贻强	海南乐东	1996.11—1998.3	届中增补
		符跃兰	海南白沙	1997.2—1998.3	届中增补
	常委	杨菊飞	海南保亭	1993.4—1996.6	届中调离
		严以滨	广西柳州	1993.4—1993.9	届中调离
		盘明昌	海南琼中	1993.4—1998.3	—
		陈宗贤	海南陵水	1993.4—1998.03	—
		林枝桁	海南昌江	1993.11—1997.4	届中增补
		曾平	海南澄迈	1996.4—1998.3	届中增补
		陈超	海南万宁	1996.6—1998.3	届中增补
		王尤华	海南陵水	1997.8—1998.3	届中增补

续表2

届次	职务	姓名	籍贯	任职时间	备注
第九届 1998.3 — 2003.3	县委书记	张力夫①	—	1998.3—1998.8	—
		朱清敏②	—	1998.8—2003.3	—
	常委	邢贻强	海南乐东	1998.3—1999.2	—
		符跃兰	海南白沙	1998.3—2002.4	届中调离
		陈超	海南万宁	1999.5—2003.3	届中增补
		余以龙	湖南保靖	2002.9—2003.3	届中增补
		曾平	海南澄迈	1998.3—2003.3	—
		陈超	海南万宁	1998.3—1999.5	—
		王尤华	海南陵水	1998.3—1999.6	届中调离
		陈宗贤	海南陵水	1998.3—2003.3	—
		王兴胜	海南琼中	1998.3—2002.8	—
		裴秋玉	海南东方	1998.8—2003.3	届中增补
		余以龙	湖南保靖	1999.9—2003.3	届中增补
		曾维生	海南海口	1999.9—2003.3	届中增补
		李伏云	湖南湘乡	2001.6—2003.3	届中增补
第十届 2003.3 — 2007.1	县委书记	朱清敏②	—	2003.3—2005.1	—
		董宪曾	天津市	2005.1—2007.1	—
	副书记	曾平	海南澄迈	2003.3—2006.9	—
		陈超	海南万宁	2003.3—2007.1	—
		余以龙	湖南保靖	2003.3—2006.12	—
	常委	曾维生	海南海口	2003.3—2007.1	—
		裴秋玉	海南东方	2003.3—2006.12	届中调离
		李伏云	湖南湘乡	2003.3—2004.4	届中调离
		杜海山	海南陵水	2003.3—2007.1	—

续表3

届次	职务	姓名	籍贯	任职时间	备注
		王光业	海南琼中	2003.3—2007.1	—
		伍学云	海南陵水	2006.9—2007.1	—
		林海云	海南万宁	2003.3—2007.1	—
		符建群	海南白沙	2003.3—2007.1	—
		王先国	湖北黄陂	2004.6—2007.1	届中增补
第十一届 2007.1 — 2012.1	县委书记	董宪曾	天津市	2007.1—2008.9	届中调离
		傅信平	河南通许	2008.9—2012.8	届中增补
	副书记	伍学云	海南陵水	2007.1—2009.9	—
		曾维生	海南海口	2007.1—2009.10	—
		王琼龙	海南万宁	2009.11—2010.12	届中增补
		张长丰	海南昌江	2009.10—2010.12	届中增补
	常委	杜海山	海南陵水	2007.1—2009.9	—
		林海云	海南万宁	2007.1—2003.3	—
		王光业	海南琼中	2007.1—2010.12	—
		符建群	海南白沙	2007.1—2012.1	—
		王先国	湖北黄陂	2007.1—2008.3	—
		许教春	广东潮阳	2007.1—2011.5	—
		刘峰松	湖北鄂州	2009.11—2010.12	届中增补
		廖朝阳	湖南武岗	2008.3—2010.12	届中增补
		黎伟珠	海南三亚	2009.5—2010.6	挂职
		陈旭	海南临高	2010.6—2011.8	挂职
		杨庆冠	海南琼海	2010.8—2015.7	届中增补

注:①2016年3月30日开除党籍;②2020年8月开除党籍

第四节 县委工作机构

1991年,县委设办公室、组织部、宣传部、纪律检查委员会、统战部、政法委员会、党史研究室、信访办公室、老干局、机要科、党校、政策研究室、保密局。

1995年,琼中黎族苗族自治县设置县委工作机构6个:办公室(撤销政策研究室,职能划归县委办公室,内设机要室、保密室)、组织部(内设老干部局)、宣传部(精神文明建设办公室职能划归宣传部)、统一战线工作部(撤销台湾事务委员会,其职能划归统一战线工作部)、直属机关与企事业工作委员会(撤销直属机关党委和企业机关党委,职能划归直属机关与企事业工作委员会)、纪律检查委员会机关、政法委员会。

1999年9月22日,县委常委会研究决定,成立县委办公室督查室,为县委办内设机构,为副局级单位,配行政编制3名(从已有的行政机动编制中调剂)。10月25日,县委常委会决定县委新闻报道岗位改设在县委办公室,同时撤销县委宣传部新闻报道岗位,其岗位编制和岗位职责划归县委办公室。

2000年11月,琼中县党政机构改革,县委工作机构共设6个,部门管理机构1个,部门内设机构2个,合署办公机构3个,部门挂牌机构2个。县委机关行政编制由原来的60名减为51名,精简15%。名称如下:纪律检查委员会(与县监察局合署办公)、办公室、组织部、宣传部、统一战线工作部(与县民族宗教事务局合署办公,挂县人民政府台湾事务办公室牌子)、政法委员会(挂社会治安综合治理办公室牌子)。原保密室、机要室分别更名为保密局、机要局(县委办公室内设机构),老干局由组织部管理。县直属机关与企事业工作委员会更名为直属单位工作委员会(与组织部合署办公)。机构编制委员会办公室列入县委工作机构序列,为县机构委员会常设办事机构,既是县委的工作机构,又是县政府的工作机构,挂靠县人事劳动保障局,不计县委机构个数。

2010年9月,县委决定“琼中黎族苗族自治县委办公室督查室”更名为“中共琼中黎族苗族自治县委督查室”,为县委办公室内设副科级机构,行政编制2人,从县委办公室行政编制追加一个编制。

2010年底,琼中黎族苗族自治县委工作机构设有纪律检查委员会、办公室、组织部、宣传部、政法委员会、统一战线工作部、直属机关委员会、机构编制委员会办公室。

第五节 乡镇党委

1991年,琼中全县设8个镇党委和5个乡党委,即营根、长征、乌石、湾岭、黎母山、红毛、中平、和平镇党委和红岛、松涛、上安、吊罗山、什运乡党委。

1997年6月,成立长兴乡。全县的镇党委个数增加到14个,设8个镇党委和6个乡党委。

2002年8月,乡镇党政机关根据省政府关于乡镇撤并的要求,在原14个乡镇的基础上,撤并4个乡镇,设置7个镇党委和3个乡党委,即营根、长征、湾岭、黎母山、红毛、中平、和平镇党委和上安、吊罗山、什运乡党委。

至2010年,以上基层乡镇党委设置不变。

第三章 重要决策

第一节 党的建设

1993—1997年，第八届县委组织实施了《干部廉政自律工作方案》，对全县农村38个后进党支部进行认真整顿，同时对50个集体经济“空壳村”进行重点扶持，帮助村党支部发展集体经济。1994年，县委重点抓党的基层组织建设，对全县517个基层党支部进行改选和调整，调整了支部书记142人，把一批年富力强的青年党员充实到支部班子中。

1998—2002年，第九届县委组织新设立了9个战线党委和36个单位党组，充分发挥机关党组织作用，积极推行领导干部公开选拔、竞争上岗、任前公示等制度。

2003—2006年，第十届县委大力推行干部人事制度改革，实施重要领导干部投票表决、差额考察和考察预告、干部交流轮岗等制度。

第十一届县委，2007—2008年，顺利完成县、乡、村三级党委班子换届，村支部书记和村委会主任100%实现“一肩挑”。县委将2008年定为“加强干部作风建设年”，建立和完善了领导干部廉洁自律、民主监督的各项制度。

2009年，出台了《琼中县2009年党风廉政建设和反腐败工作实施意见》《县委、县政府领导班子成员2009年党风廉政建设和反腐败任务分工意见》《琼中县农村基层党风廉政建设联席会议制度》。

2010年，出台了干部调整动议、提名办法等8个制度，第六届村级组织换届选举工作圆满完成，选举产生新一届“两委”班子成员共447人，村（居）支书、主任“一肩挑”达97.3%，“两委”成员交叉任职率达92.9%。

第二节 精神文明建设

1993—1997年，县委通过组织广大干部群众学习邓小平理论，广泛开展共产主义理想、信念、道德教育和白沙起义革命传统精神教育，激发干部群众艰苦创业、爱岗敬业的热情。1994年，琼中县精神文明建设获得全省“二等奖”。

1998—2002年，县委组织开展“两基”教育和农村科普工作，实施《公民道德建设实施纲要》，组织科技、文化、卫生、法律“四下乡”活动，在机关单位开展“齐心塑造琼中形象”活动。1999年9月24日，县委为加强农村精神文明建设，印发了《关于加强农村精神文明建设的实施意见》。

2003—2006年，县委把文明生态村建设作为精神文明建设的有效载体，新建文明生态村171个，其中省级文明生态村50个，县级文明生态村121个。

2007年至2010年，县委深入推进精神文明建设，以文明生态村为载体的群众性精神文明创建活动颇有成效。2008年，全县文明生态村普及率达37%。2009年，县委出台《琼中县2009年文明生态村建设工作方案》。2010年，全县文明生态村普及率达57.55%。

第三节 经济发展

1993—1997年，全县国内生产总值年均增长13.7%，农村人均收入年均增长14.4%。1994年，研究制定了琼中县农村1994—2000年的“八七”扶贫计划，提出了“加强农业，稳定粮食、橡胶生产，发展热带水果、畜牧业和淡水养殖业、乡镇企业”的发展农村经济思路。

1998—2002年，琼中县立足山区资源优势，大力发展特色经济，引导农民大力发展橡胶、水果、林业、南药、畜牧五大优势产业。国内生产总值年均增长6.3%，农民人均纯收入增长7.9%。

2003—2006年，琼中县一、二、三产业在国民经济比重由2002年57.67∶12.73∶29.6，调整到2006年53.9∶12.1∶34。

2007—2008年，琼中县农村经济结构不断优化，特色产业迅速发展壮大，通过龙头企业带动、产业支撑、信贷扶持、政府服务、农民生产的产业经营模式，成功培植了桑蚕、养蜂、山鸡、灵芝、兰花等特色产业，推动“一村一品”“一乡一业”经济发展壮大，初步形成“春酿蜂蜜、夏养鸡、秋采灵芝、冬摘橙”格局。2008年，琼中县成功举办了首届海南(琼中)优质农资、特色农产品展销会。

2010年，琼中县实施“项目强县”战略，通过加大招商引资、争取中央扩大内需项目等形式，把项目建设作为拉动县域经济增长的重要引擎。

第四节 基础设施建设

1992年，全县有小电站114座，全年发电量1000万千瓦时左右；全县境内有公路218条，长1135公里，79%的自然村通车；全县有20个邮电所；县城已开通1000多门自动电话和100多门长途直拨电话。

1993—1997年，全县通话率达85.7%；兴建乡镇、农场市场8座；新建城乡公路218公里，全县自然村通车率达80%；兴建一批中小型水利工程。

1998—2002年，以县城和湾岭、乌石“一城两镇”为重点，推动全县小城镇建设。

2003—2006年，琼中县开展民族特色城镇创建活动，实施城镇美化亮化绿化硬化工程，打造环境优美、适宜居住的山区黎苗城镇。2005年，湾岭镇获评“全国环境优美乡镇”。

2007—2008年，全县消灭了无电村，75%的村委会通了水泥或柏油路，97%的农户住上了砖瓦房或楼房，90%的群众饮上了卫生水，57%的农户用上了沼气。

第五节 扶贫攻坚和“三农”工作

1993—1997年，琼中县坚持以扶贫攻坚总揽全县农村工作全局，全县大多数党政机关、企事业单位与农村挂钩扶贫，投入大批人力、物力、财力扶持所挂钩村庄发展经济，创办社会各项事业。一批机关干部深入农村，同贫困户攀上了穷亲，帮助穷亲发展经济，搞好改水改厕和民房改造，推动农村各项工作发展。

1998—2002年，琼中县各级党委和领导干部把扶贫攻坚作为首要政治任务，实施了民房改造、改水、改厕、改建沼气池和通水、通路、通电、通广播电视“四改”“四通”工程，改善农村生产生活条件；先后从县机关单位派出九批共1200余名党员干部组成联村扶贫工作对进村驻户，开展“帮思想、帮技术、帮门路、帮资金”活动。全县贫困面从1998年的14.7%下降到2002年的3%。1999年10月21日，县委为了巩固、发展和壮大琼中农村集体经济，印发了《琼中黎族苗族自治县农村集体经济发展和管理办法》。

2003—2006年，琼中县以发展农村经济作为新农村建设的着力点，在做大、做强、做进、做优胶、果、林、南药、畜牧等传统优势产业的基础上，又成功培植了养蜂、黎母山鸡、七彩山鸡、灵芝、黎苗织锦等新产业；同时引导农民大力发展“非农经济”“打工经济”“百姓经济”等，农民增收渠道大大扩宽。2003年11月7日,县委召开了关于琼中海南绿橙发展战略研讨会,提出统一琼中海南绿橙的品牌及生产标准,加强生产管理,大力宣传营销,努力把琼中海南绿橙品牌打造成琼中县的名片。2006年10月11日,县委出台《琼中县生态产业园建设实施方案》,着力打造中部地区集现代农业高新技术实验示范、环保生态型效益农业生产、农业科普教育及都市体验型旅游休闲的农业基地。

2007—2008年,琼中县扶贫开发取得新成效,村级组织发展互助资金项目开始实施,顺利完成58个自然村的扶贫开发整村推进试点项目。2007年,琼中县作为海南省唯一的市县代表,在中国(海南)农村小额贷款国际论坛上作了经验发言。2008年,全省农村小额信贷现场会在琼中县召开,"琼中模式"小额信贷已在全省推广。

2009年,县委坚持把"三农"工作摆在各项工作的重中之重,积极整合各类涉农资金,深入实施扶贫开发整村推进、农业综合开发、民房改造等工程;农村饮水、道路、农田水利等基础设施进一步完善;家电下乡、粮食直补、农资综合直补、退耕还林等强农惠农政策得到落实,惠农资金"一卡通"全面启动。

2010年,县委把帮助农民增收作为新农村建设的核心任务来抓,全省中部市县农民增收现场会在琼中县召开;下派200名干部进村入户帮农民出思路、找门路、促增收;整合涉农资金,建成一批水利、饮水、道路、桥梁等基础设施,农村生产生活条件持续改善。

第六节 生态建设

1999年11月,县委、县政府做出把琼中建成生态县的战略部署,随后县人大批准了《琼中黎族苗族自治县建设生态县规划》,进一步明确了生态县建设的战略地位和目标任务,从而把生态建设提到更重要的议事日程。

2002年7月,县委县政府做出《关于加快推进文明生态村建设的决定》。为抓好文明生态村的创建工作,县成立文明生态村建设工作领导小组,明确责任,规定县党政班子领导每人联系一个乡镇,负总责,并抓1个创建村庄,各乡镇相应成立领导小组,乡镇党委书记是文明生态村建设的第一责任人。县直机关、企事业单位、各人民团体和省驻琼中各单位都安排参与一个文明生态村的创建工作,主要领导亲自抓,落实具体的创建任务,实行定村、定任务、定完成时间的"三定"制度,切实把文明生态村建设列入重要议事日程,做到领导到位、精力到位、工作到位、任务到位。

2003—2006年,琼中县开展打击乱砍滥伐违法犯罪活动,加大重点工业企业排污情况的监督,对一批排污超标企业进行停产整顿,森林覆盖率达76%。2006年,全县生态环境质量在全国2000多个县(市)中名列第四位,在全省各县(市)中名列第一位。

第七节 社会各项事业

1998—2002年，琼中县先后获得全国民族团结先进集体、全国科普工作示范县、全国经济林建设先进县、全国环境综合治理优秀县城等32项国家和省级荣誉称号。

2003—2006年，琼中县人口与计生工作每年都保持在省先进二类市县行列。

2003年，琼中县被授予海南省第一个“无毒县”称号。

2004年，琼中县被评为“全省科技进步先进县”。

2006年，琼中县被省政府授予“海南省教育收费规范县”称号。

2007年，县委县政府实施了15项民生工程。县人口与计划生育局被评为“2007年全国计划生育优质服务先进单位”。3月8日，“2007年海南黎族苗族‘三月三’节”全省主会场活动第一次定在琼中县举行。

2008年，琼中县承诺为民办了10件好事实事，初步建立了覆盖城乡的生活和医疗保障体系。县疾控中心被评为“2008年全国疟疾防治工作先进单位”。

2009年3月23日，县委出台了《关于召开琼中县深入学习实践科学发展观活动动员会的通知》，在全县党员中分批开展深入学习实践科学发展观活动；县蜂业协会被授予2009年全国“科普惠农兴村计划”先进单位。4月，县委制定《琼中县为民办“十件实事好事”实施方案》。6月，县委出台《关于县委书记与政法系统领导联合大接访活动信访事项领导包案的通知》，实现县委书记与政法系统领导联合大接访活动抓出实效，切实解决当前琼中县存在的各类信访问题，尤其是群众反映强烈的以及重大突出、疑难复杂的信访问题，真正做到信访事项“案结事了”“罢访息诉”。这一年，全省唯一一支女子足球队——琼中女足荣获全国U16青少年女足锦标赛季军。

2010年，琼中县选手在第五届残奥会上取得4金2银；琼中女子足球队两队员被选拔为国家U19集训队员。

第四章 纪检监察

第一节 机 构

1979年,中共琼中黎族苗族自治县纪律检查委员会(简称县纪委)成立。1986年琼中黎族苗族自治县监察局(简称县监察局)成立。1991年,县纪委内设办公室、控告申诉室(信访室)、党风廉政室、纠正行业不正之风办公室、执法室等5个职能机构。县监察局内设办公室、调查股、审理股、信访股等4个职能机构。

1993年4月,县纪委与县监察局合署办公,行政编制27人,在职26人。内设机构6个,即纪委监察办公室、执法监察室、案件审理室、纪检监察室、信访举报室、党风廉政建设室。

1996年,琼中黎族苗族自治县编制委员会"三定"方案确定县纪委监察局职能配置、机构设置和人员编制方案,县纪委监察局内设6个岗位,即行政秘书、执法监察、案件审理、纪检监察、信访举报和党风廉政建设岗位。核定县纪委行政人员编制9人。其中:正职领导1个,副职领导2个,一般干部5个,工勤人员1个。核定监察局行政人员编制12个,其中:正职领导1个,副职领导2个,一般干部8个,工勤人员1个。

2002年9月,县纪委监察局内设6个职能机构,即纪委监察办公室、执法监察室和纠风办、案件审理室、纪检监察室、信访举报室、党风廉政建设室。规定琼中县纪委监察局行政编制19名,其中:书记1名(副处级,属县委常委编制);副书记2名,其中:1名兼任县监察局局长;2名常委兼任监察局副局长。一般干部13名,机关工勤人员财政预算拨款事业编制3名。2003年,全县乡镇机构调整后保留10个乡镇纪委,设有乡镇纪委书记10名,全县10个乡镇纪委书记全部由同级党委副书记担任。

2010年,县纪委监察局内设9个职能机构(派驻乡镇纪检监察组为正科级,其他机构为副科实职),即办公室、党风廉政建设室、纪检监察室、宣传教育室、信访室(举报室)、执法监察室、纠正行业不正之风办公室、案件审理室和派驻乡镇纪检监察室。行政编制22名。其中,县纪委书记1名(县委常委兼),副书记2名(1名兼监察局局长),县纪委专职常委4名(1名常委兼监察局副局长),监察局副局长1名。科室主任8名,派驻乡镇纪检监察组组长1名。非领导职数的正科级和副科级纪检员、监察员6名。机关工勤人员事业编制财政预算管理3名。

第二节 信访举报受理

严肃信访问题处理程序。坚持"及时、公正、公开"的原则,采取"限期办结、及时反馈、跟踪服务"三步走的办理方法。县纪检监察机关在处理群众举报问题时,坚持原则,要求办结的案件决不拖延。1998—2002年,全县纪检监察机关共受理群众来信来访和举报133件次,立案38件,办结37件。并将处理结果及时向举报人和被举报人反馈,做好跟踪监督、指导和教育工作,防止问题反弹。

2003—2010年,全县纪检监察机关共受理群众来信来访和举报192件次,立案48件,办结48件。2010年共受理信访件41件次,其中来信39件、来访2次、重复信访3件次,转县有关单位受理24件,信访了结4件。

1996—2010年,琼中县纪委监察局拓宽案源渠道,受理群众来信来访。建立健全了信访举报工作制度,建立信访举报工作网络,先后制定《琼中县纪检信访十二项制度》《信访工作人员守则》《琼中县纪检信访制度》《信访工作人员岗位责任制》《乡镇纪检信访工作制度》《信访工作制度》和《领导接待群众来信来访制度》等7项工作制度,及时收集人民群众反映的问题,形成了较为完整的纪检监察信访工作网络,推动纪检信访工作制度化、规范化、科学化、条理化。

第三节 案件查处

1991—1995年,立案查处党员干部违纪案件47件,其中开除公职6人,留用察看一年7人,撤职13人,降级10人,记大过3人,记过8人。1991年共查处案件22件26人,其中县纪委共受理党内各种违纪案件8件11人,结案5件9人;查处党员参与赌博案2件8人。在处分的党员中,科级干部2人,股级干部2人,一般党员5人,给予开除党籍1人,党内严重警告2人,留党察看6人。县监察局受理案件14件16人,立案9件8人,给予政纪处分5人,1人免予处分。1992年,共受理贪污受贿、赌博等案件13件,涉及党员干部16人,查结9件,处理党员干部12人,行政处分16人,挽回经济损失44.96万元。

1998—2000年，严格查处各种违纪违法案件，查处违纪违法案件逐年增加。1998年立案5件；1999年立案7件，办结7件，处分违纪党员10人，其中党纪处分8人，政纪处分2人，党纪政纪双重处分4人。受处分人员中，副科级及以上干部6人，一般干部4人。通过办案为集体挽回经济损失19.23万元。2000年立案8件；2001年立案14件，共计立案34件，给予党纪政处分40人，涉及副局(科)级以上干部26人，开除党籍9人，移交司法机关追究刑事责任3人。查处涉案金额万元以上的经济大案6件，其中百万元以上1件。通过办案为国家和集体挽回经济损失91.51万元。

2001—2002年，立案查处党员干部违纪案件19件，给予党纪政纪处分23人，其中党纪处分8人，政纪处分3人，党纪政纪双重处分11人，移交检察机关追究刑事责任1人。2003—2007年，累计受理群众来信来访169件(次)，初查初核79件，立案32件，结案31件，给予党纪政纪处分36人，其中科级干部24人，一般干部12人；受党纪处分24人，其中开除党籍13人，留党察看两年2人、留党察看一年4人，撤销党内职务2人，党内严重警告7人，党内警告6人；受政纪处分18人，其中开除公职3人，行政撤职6人，降级5人，记大过2人，记过2人。移送司法机关追究刑事责任1人。通过办案，追缴赃款23.68万元，为国家和集体挽回经济损失124.62万元。

2007—2010年，共受理信访件194件，立案27件，结案26件，给予党纪政纪处分46人，其中科级干部18人，一般干部18人，其他人员11人,收缴违纪金107万元，为国家挽回经济损失485万元。2010年立案4件，结案8件(4件为上年结余)；给予党纪政纪处分10人，其中科级干部3人、一般干部7人；有2人被开除党籍，有3人被行政开除；收缴违纪金26.5万元，为国家挽回经济损失142万元。

第四节 反腐倡廉宣传教育

一、抓党风党纪廉政教育

1991—2003年，在县委大会议室多次举办领导干部先进事迹报告会，为全县410多名党员干部宣讲先进事迹报告。1999—2003年，在县财政十分困难的情况下，共投入315万元建立县广播电视发射塔，在县委党校建起多媒体电化教育中心，为全县10个乡镇及部分村委会配备了一套VCD影碟机等播放设备，组织全县410多名党员干部观看警示教育录像片60余次，实现廉政基层教育全覆盖，首次获得省纪委的肯定。2005年8月，组织召开党风廉政建设形势报告会，全县376名科级干部听取了县委书记董宪曾和县委副书记、纪委书记余以龙作的党风廉政建设专题报告。

从2003年开始，县纪委监察局大力开展以“八荣八耻”为主要内容的社会主义荣辱观教育，大力倡导新形势下廉政文化建设，在党风廉政建设方面取得新的突破。为全县党员制作人手一卡的“八荣八耻”宣传卡片，让党员干部常看常记，牢记荣辱观。开展廉政书法比赛评选和巡展活动，全县党员干部、群众和离退休干部提供120多幅廉政书法作品。把其中的30幅优秀作品送到乡镇机关、学校、企业中巡展18场次，基层群众反应热烈。开展学习新党章、建设新农村知识竞赛活动，有11个乡镇代表队参赛，让农村基层党员对《党章》和“八荣八耻”内容有了更深更全面的认识。举办“建党85周年‘七一’演唱会”，有11个乡镇代表队和11个县直机关党委代表队参赛，以革命和廉政歌曲演唱为主，全县唱响廉政歌，颂歌献给党。

2007年，县纪委监察局领导班子结合琼中反腐败工作的实际，加强监督，积极推进惩治和预防腐败体系建设。及时制定下发《琼中县学习宣传贯彻〈实施纲要〉的意见》，组织全县22个基层党委、80个机关党组及广大党员干部认真集中学习《实施纲要》，参加学习人数达11000人次。将《实施纲要》的63项工作任务分解到24个牵头部门、40个责任单位，科学规划工作目标和各阶段工作任务。推进反腐败工作制度化，制定《琼中县党风廉政建设宣传教育联席会议制度》《琼中县行政首长问责制》《县直部门领导班子就重大问题议事规则》等7项制度。强化监督，把监督的重点环节放在对党员领导干部权力运行的监督、对干部工作纪律的监督、对党员干部廉洁自律的监督和对乡镇基层站所干部的监督。

2003—2010年，组织党员干部8200多人次观看反腐倡廉电影片《郑培民》《任长霞》《生死界线》《焦裕禄》等，同时组织观看《枕边钟》《王怀忠两面人生》等电教片。通过多形式专题活动，切实抓好反腐倡廉“大宣教”，筑牢党员干部拒腐防变的思想道德防线。

二、抓好反腐倡廉宣传教育

2007—2010年，围绕“六个一”（即：“一把手”上党课活动、一场讲座、一场专题学习会、一册书籍发送、一场考试、一次展览）开展“党风廉政建设宣传月”活动，向全县基层党组织和领导干部寄送廉洁倡议书3500多份，举办廉政知识讲座8场，召开全县党政机关主要领导干部“贤内助”座谈会4次，在县电视台播放廉政公告35次。县纪委编印廉政文化读物《廉荣腐耻》4000册，全县股级以上干部人手一册。在300多名中学生和200名青年公务员中组织开展廉政文化知识考试2场；组织全县437名副科级以上领导干部参观反腐倡廉警示教育展览；组织全县1000多名党员干部参加《领导干部廉洁从政若干准则》知识考试。全县各单位共组织专题学习会98场，主要领导讲党课113场，撰写心得体会67篇，筑牢拒腐防变的思想防线。

开展廉政文化“六进”（进机关、进社区、进家庭、进学校、进企业、进农村）活动。2010年，选定县教育局、县检察院、县工商局等10家单位及10个乡镇各选一个点作为全县廉政文化创建活动示范点。开展廉政文化教育基地命名活动，向省纪委申报白沙起义纪念园为全省廉政文化教育基地，廉政文化示范点遍布全县各个领域、各个部门。

第五节 党风廉政建设

一、组织开展好民主生活会

1991—2010年,每年定期组织各级党组织围绕民主集中制、廉洁自律、“三讲”教育、科学发展观、创先争优、为民办事、绿色高端、进位赶超和《廉政准则》为主要内容,召开专题民主生活会,县党政主要领导亲临重点单位指导,县纪委监察局派员深入到重点部门和单位参加民主生活会,通报班子党风廉政建设和作风建设情况,民主生活会上各级班子及领导干部分别做批评与自我批评,查找和整改存在的问题。

二、落实党风廉政建设责任

1991—2010年,县纪委监察局协助县委、县政府制定《琼中县党风廉政建设和反腐败工作实施意见》《琼中县党风廉政建设领导小组成员》《关于县委、县政府领导班子成员党风廉政建设和反腐败任务分工意见》《琼中县党风廉政建设责任制目标考核标准》等相关配套制度措施,把党风廉政建设工作任务分解到各职能单位,落实到县委、县政府领导班子成员中。1992年起,全县各级党组织加强党风廉政建设,从县机关到基层党组织,成立党风与廉政建设领导小组,县直机关党组织和乡镇党委都制订党风廉政建设目标故管理责任制和评比办法。各单位、各部门根据实际制订制度,如《领导干部工作制度》《党内生活制度》《干部学习制度》《接待群众来访制度》《财务管理制度》等。

严格约束管理党员干部。为加强对干部工作生活小事的监督教育,注重抓早抓小,深化对干部的约束管理,防止出现严重问题。1998—2003年,县纪委监察局制定了党政机关工作人员不准赠送和收受“红包”“礼品”的规定;协助县委指导各单位开好专题民主生活会,解决好领导班子中存在的突出问题;会同有关部门制定落实领导干部任期经济责任审计制度。5年来,全县共对52名领导干部开展任期经济责任审计,查出违纪违规金额1934万元,发现违纪干部7名并立案查处;制定并执行《关于克服乡镇干部“走读”现象的有关规定》,较好地解决了乡镇干部“走读”问题。

为有效防止公款吃喝,从2003年起,琼中县在全省率先创办乡镇机关食堂,70%的乡镇接待实现了食住一体化,既克服了乡镇干部的吃喝风、走读风,又减轻了乡镇财政的过重负担。

2004—2006年，全县机关接待费逐年下降，累计支出接待费45.9万元，并从节约的经费中清还历年拖欠的赊账款23.8万余元，占历年赊账总额的82%。琼中乡镇机关食堂建设得到省纪委的充分肯定，并在全省纪检监察系统领导干部廉政座谈会上做经验介绍。

狠刹党员干部借婚丧喜庆等事宜敛收钱财的不正之风。2004年，县纪委监察局在全省率先实施《关于共产党员、国家工作人员婚丧喜庆重大事项报告制度》，对党员及其他机关工作人员的婚丧喜庆等事项实行申报审批制度。制度实施以来，共有224名干部职工向县纪委监察局进行了申报。申报制度的实施，刹住了随意大操大办、敛收钱财的歪风。这一经验做法，被省纪委充分肯定，并在全省推广。

加强反腐倡廉制度机制建设。执行"三谈两述"和询问质询制度。继续落实《琼中县领导干部诫勉谈话制度》《琼中县领导干部任前谈话制度》《关于实行县纪委负责人同下级党政主要负责人谈话制度实施办法》和《关于在领导干部中开展述职述廉工作实施意见》等四项制度。2007—2010年，县委、县纪委主要领导对新任职的250多名干部进行任前廉政谈话，对出现轻微问题的8人进行诫勉谈话。有338人在提拔任用党政领导干部前征求纪委意见，建议暂缓提拔任用5人。通过执行任前谈话和诫勉谈话制度，少数干部苗头性问题得到及时纠正和整改。

在坚决惩治腐败的同时，更加注重治本，更加注重预防，更加注重制度建设。1998年，先后出台《关于在县领导班子换届选举中进一步严肃党的纪律的通知》《关于再次重申厉行节约反对奢侈浪费行为的规定》《琼中县人民政府关于加强公款电话管理若干规定》《琼中县行政事业单位业务招待费列支管理暂行规定》《关于在县二级班子换届期间严肃纪律的若干规定》《关于对领导干部实行经济责任审计的暂行规定》《关于县四套班子接待费、领导成员办公室电话费和工作用车维修费用管理的暂行规定》等十几个规定和制度，加大治本力度，形成制度管人、控权的机制。1999年，印发《关于元旦春节期间控制人员车辆进出县级领导住宅区的通知》《关于县四套班子领导成员办公电话费、接待费、工作用车维修费实行包干标准的通知》。

积极履行党内专门监督机关职责。县纪检机关加强对领导机关和领导干部的监督管理，落实反腐败体制改革措施，以零容忍态度惩治腐败，坚决遏制腐败蔓延势头，严明党的政治纪律，增强党的意识、责任意识，切实执好纪、问好责、把好关，发挥党内监督专门机关的作用。1998年，县纪委监察局主动配合县有关部门，在县二级班子换届期间，要求党员干部及代表"五讲""五不准"，禁止公款大吃大喝，派出纪律监督员8名，深入代表团中，防止出现拉帮结派、贿选现象。2000年，开始建立县四套班子领导成员个人廉政档案，执行党政"一把手"党风廉政建设年终报告制度。

三、专项治理

1991—2000年，加强对中小学收费情况及减轻农民负担情况进行督导检查治理，在全县74个企事业单位推行"三务公开"，实行领导干部离任审计和会计委派制度。加强对脱钩企业的跟踪监督和对行政事业单位缴纳养老金情况的检查，仅1999年，追缴拖欠养老金5.31万元，在“收支两条线”检查中查出违纪金额10.54万元、应缴未缴财政预算款和专户款98.8万元，注销不合理资金账户38个。

2001—2006年，开展对食品药品专项整治，出动检查人员80人次、车辆20辆次，检查药品经营企业31家、医疗机构72家，查封齐二药的3个品种200支。协助配合县有关部门全面清理矿产资源管理中的违法违规行为，打击非法行医，依法查处商业贿赂案件，查处国土环境资源违法案件，开展企业违法排污、道路运输危险化学品安全和虚假违法广告专项治理、行政许可法执行情况和自然保护区专项检查及农产品流通“绿色通道”建设等。

2002—2008年，开展户籍学籍专项清理整顿工作。成立琼中县户籍学籍专项清理整顿工作联席会议，对全县户籍学籍专项清理整顿工作进行统筹协调、政策指导、监督检查。经核查，发现违规办理户口140人，其中违规办理入户108人，弄虚作假32人，清理户口31人。在高考学籍清查过程中，对有问题的28名考生作限报处理。

对探矿权招标拍卖挂牌出让制度的执行情况进行严格清理。经查，2007年，全县依法出让采矿权19个，其中以拍卖方式出让1个，挂牌出让18个，没有发现违规审批出让采矿权行为。

围绕加快转变经济发展方式，推动琼中经济较快发展，加强监督检查，会同有关部门对节能减排、规范和节约用地、生态环境保护、保障和改善民生等决策部署执行情况进行专项检查。县纪委监察局对26个工程项目进行备案，发现工程项目报建资料不全等问题45个，已督促纠正。开展保障性住房建设和分配情况的监督检查。2008年，全县保障性住房竣工1701套，在建2863套，取消27名不符合条件申报购买保障性住房的人员。加强对节能减排落实情况的监督检查。协助有关单位监控重点企业排污，专项整治20多家排污企业，对3家企业下达《责令限期改正通知书》，促使排污企业的废水稳定达标排放。

2008—2010年，对中央和省财政下达的19项惠农补贴资金及县配套资金管理使用情况进行重点检查，检查资金9318.9万元，发现违规违纪问题2件，涉及金额16万元。同时，检查还发现一些涉农部门仍存在使用不规范、项目建设进度较慢、制度不够健全、监管不力等问题。至2010年11月底，全县通过“一卡通”发放的补贴项目22个，累计发放存折24402张，发放3790万元。2010年分段认真查纠教育乱收费。春秋开学，制定方案，成立检查小组，对全县中小学春秋季教育收费进行监督检查，进一步规范教育收费和中小学办学行为。同年，全县义务教育阶段都严格执行国家义务教育阶段“零收费”政策，非义务教育阶段学校的收费项目和标准按物价部门规定严格执行，没有出现教育乱收费现象。

2009—2010年，深入开展“小金库”专项治理活动。追缴“小金库”违纪金额23.3万元，及时将违规资金转入财政专户。开展清收农村干部拖欠农信社贷款工作，收回15名村干部拖欠农村信用社贷款本息14.5万元，清收本金完成100%。

2010年，开展旅游市场环境综合治理。对旅游酒店、家庭旅馆、旅游景区(点)开展旅游安全检查11次，检查及督查23家单位，检查覆盖率达100%，对发现安全生产隐患的单位责令限期整改,基本排除了安全隐患。加大医疗行业药品市场整顿力度。检查医疗机构167家次,药品经营企业128家次,药品生产企业6家次,责令整改15家,当场处罚案件6件。截至2010年11月,县人民医院、县中医院、县妇幼保健站药品网上采购金额共计1161万元。督促职能部门加大农资市场监管和打假工作力度。对全县农药市场进行拉网式联合执法清查,检查16个农资市场的47家农药经销点,取缔2家无证经营点,查获一批标签不规范的水稻杂优种子。

四、加强政风行风建设

1991—1992年,由县纪委监察局牵头组织县委组织部、县委宣传部、县委党校等3家单位共6人组成调研小组,深入全县13个乡镇和546个农村党支部开展调查研究工作,分别在4个乡镇召开了党员座谈会,广泛听取意见,并撰写调查报告两篇和专题报告一篇。县委还组织了由县四套班子领导成员为组长的党风建设检查组分成八个片区,对全县三十六个副局级以上党政企事业单位进行抽查,通过听取汇报座谈了解、查阅材料和征求群众意见等形式。

1994年,大力纠正部门和行业不正之风。根据上级的部署进一步整顿清理行政事业单位利用职权乱收费的不正之风,维护了国家、企事业单位和群众的合法权益,完善收费管理措施。1994年9月—10月底对琼中县党政机关及其工作人员自1992年7月份以来利用职权无偿占用企业钱物的情况进行了清查,经过自查自纠和重点抽查,基本掌握了琼中县党政机关及其工作人员利用职权无偿占用企业钱物的情况,并起草印发《关于禁止党政机关及其工作人员向企业索要赞助钱物的通知》。

1995年,对琼中县实施贯彻《统计法》情况开展执法检查。对琼中县1994年乡镇企业统计年报中的销售收入,交纳税金等主要指标进行重点检查,并抽查了全县部分乡镇企业,有效促进了琼中县《统计法》的贯彻实施。

1998年,为贯彻中央"关于军队武警部队政法机关不再从事经商活动决定"电视电话会议精神,根据海南省统一部署,结合琼中县实际,成立了琼中县"关于军队武警部队政法机关不再经商"清查工作领导小组。通过自查自报,摸底排查,未发现琼中县军队武警政法机关存在经商办企业情况。

1999—2000年,由县纪委监察局牵头,统计、工商、粮食、农发行等7家单位成立联席会议制度,对14个乡镇自1998年6月1日以来粮食三项政策及改革工作情况和市场监管情况进行检查。通过检查,改进和规范了粮食企业的管理。从县人大代表、政协委员、离退休干部中聘请38名行风评议代表,协助县国税、地税、卫生系统开展行风评议工作。

2001年,开展治理医药购销中不正之风工作。县纪委监察局督促县卫生局会同有关部门组织由9人组成的"整顿医药市场检查小组",深入到部分乡镇和国营农场的医疗机构、私人诊所、个体药店,销售监督检查,共清理取缔5家非法私人诊所,没收药品及器械一批,价值2800元,净化了琼中县医药市场环境。

2002—2004年,推行政务公开制度,在乡镇、县政府直属机关单位及其属下所、站、县城中小学校，乡镇中学、中心小学、学区等97家单位推行政务公开，公开率达100%。制定了《琼中黎族苗族自治县村务公开制度》全县105个村(居民)委员，503个村民小组开展村务公开，公开率达100%。制定《琼中黎族苗族自治县厂务公开制度》，在新市农场、自来水公司试点成功后在全县67家单位推广，推广率达100%。

2005—2007年，持续抓好对全县共产党员、国家机关工作人员操办婚丧喜庆等事项实行申报审批制度，党员干部借婚丧喜庆等事宜大操大办、敛收钱财的不良风气明显好转。出台《琼中县乡镇基层站所主要领导干部监督管理实施意见》，对乡镇基层站所(包括工商、税务、林业、学校、卫生、财政、公安等)主要领导干部在政治纪律、组织工作纪律、经济工作纪律、群众工作纪律、廉洁自律等方面的监督管理作出了规定。

2008—2009年，大力推行村级重大事项“四议两公开”，建立健全民主决策机制，45个行政村明确了重大事项内容和标准。各行政村成立村务监督委员会，村务监督委员会在村党支部领导下，依法监督，实行村民自我管理、自我监督。完善村务公开硬件设施建设，各行政村制作统一规格的公开栏，村务公开做到规范、时间规范、档案规范。乡村两级做到“三个统一”，统一归档内容，统一装订成册，统一保管。制定完善《农村财务支出审批制度》《村委会换届后工作移交制度》《农村集体财务审计制度》《农村干部述职述廉、民主评议制度》《农村民主评议村干部程序》《农村干部责任追究制度》等。把新农村建设指导员确定为“基层民意调研员”。建立“民情日记”制度，要求每一名驻村指导员认真记录农村基层党风廉政建设方面的新情况、新问题，并提出相应的意见和建议，每半月上报乡镇党委。制定《民情日记调阅制度》，县、乡(镇)党委定期不定期对驻村指导员的“民情日记”进行调阅、汇总、分析、研究农村基层党风廉政建设存在的新情况、新问题，及时作出工作部署，把问题解决在萌芽状态，维护农村稳定。

2010年，开展民主评议活动。以县教育局保留不变、县人民医院保留不变，乡镇派出所、工商所为试点开展民主评议工作，共查找问题、意见和建议56条，民主测评结果满意度达90%。开播政风行风热线。琼中县“政风行风热线”共投入44.8万元，于2010年11月4日顺利开播。

第六节 纪检监察组织建设

严格执行内部管理的各项规章制度，逐步制定和完善业务部门的目标管理责任制。1992年，严格执行《县监察局工作规章》《监察工作人员十项纪律》和《监察工作人员八项守则》，明确岗位职责，保证工作顺利开展。同年，制定学习计划，规定学习时间、学习内容、学习人数，并结合主业工作中遇到的实际问题开展讨论，探讨纪检监察工作的理论。

加强对干部的政治理论教育和业务培训。组织干部学习党的十四届、十五届、十六届全会精神，重温《党章》《中国共产党纪律处分条例(试行)》《中华人民共和国行政监察法》，传达学习中央纪委的文件精神和中央领导重要讲话精神，派员参加上级组织的业务培训班。1994年，举办两期乡镇纪委书记业务学习班，每期有20人参加。到乐东县乡镇纪委取经，提高履职业务能力。1995年，制定《工作人员写实制度》，对每个人员的工作情况和完成任务情况如实记载，每月进行检查评比，奖勤罚懒，激励先进，调动全体干部工作积极性和责任心；举办为期4天的全县纪检监察干部业务培训班，共50余人参加学习。1999年，运用中纪委和省纪委编印的教材，举办培训班，对干部理论和业务知识辅导培训。

2000—2010年，先后选送纪检监察干部97人次参加中纪委和省纪委举办的业务培训班，对县直12个纪检组组长采取以会代训形式进行培训，共82次；2004年，制定了《纪检监察办案“六不准”》《琼中县纪检监察机关节假日“十条禁令”》《关于严肃委局机关工作人员纪律的规定》及《县纪检监察机关考勤制度》等规章制度。组织两个“条例”学习测试，及格率均达100%，优秀率达90%以上。2009年以来，为加强纪检监察干部队伍建设，调任1名非中共人士充实领导班子，提拔2名30岁以下青年干部到中层领导岗位。同时，主动与相关单位协调，在省纪委、省监察厅的大力支持下，委局人员安排、办公设备、车辆配备、经费保障等事项基本达到中央纪委规定要求。

2002年以“三个一流”为标准，进一步加强纪检监察机关自身建设。把开展“做党的忠诚卫士，当群众贴心人”主题实践活动与创建“三个一流”活动紧密结合起来，县纪委监察局领导班子带头深入开展理想信念、作风、廉洁自律和党规党纪教育，带头加强党性锻炼，带头讲操守、树正气、做表率，切实提高班子成员的思想政治素质，保持政治上的坚定性和思想道德上的纯洁性。不断推进纪委班子组织建设。2007—2010年，有2名领导班子成员交流；组织班子成员45次下基层调研，撰写调研课题86篇。同时，常委班子积极抓好纪检监察干部队伍建设，有3名干部提拔到中层领导岗位。

2010年，为提高纪检监察干部队伍的素质，制定了纪检监察干部资格准入制度，明确干部进入纪检监察队伍的资格和条件。

第五章 组织工作

第一节 机 构

1991年,中共琼中黎族苗族自治县委组织部内设办公室、干部组、组织组、电教组、青干组、干审组、调研组、档案室,编制23人,其中行政编制14人,事业编制(组织员)9人。2002年9月18日,核定行政编制12名,其中领导职数3名,一般干部9名;内设机构调整为办公室、干部组、乡镇组织组、老干局。2004年9月28日,县编委明确党员电化教育中心隶属县委组织部,为正股级事业单位,编制4名(单位领导岗位1名,其他管理人员岗位3名)。2006年7月10日,县编委重新调整6个内设职能岗位,分别为办公室、组织组、干部调配组、干部监督组、人才与培训工作组、老干部局(副科级),编制11人。

2008年10月26日,海南省委组织部印发《关于印发〈在万宁、琼中开展党的代表大会常任制试点工作方案〉的通知》,琼中黎族苗族自治县和万宁市被列为两个试点市县。2010年4月21日,县编委印发《关于设立中共琼中黎族苗族自治县委党代表联络工作办公室的通知》,设立党代表联络工作办公室,作为正科级单位挂靠县委组织部,编制3名。同年9月28日,党员电化教育中心升级为副科级事业单位。同年10月19日,县编委印发《关于设立中共琼中黎族苗族自治县委组织部干部信息管理办公室的批复》,设立干部信息管理办公室,作为副科级事业单位隶属县委组织部,编制5名。同年10月19日,县编委印发《关于设立中共琼中黎族苗族自治县委党建工作巡回检查办公室的批复》,设立县委党建工作巡回检查办公室,作为正科级行政单位挂靠县委组织部,编制5名。同年10月19日,县编委印发《中共琼中黎族苗族自治县委组织部主要职责内设机构和人员编制规定》的通知,核定行政编制11名,其中单位领导职数10名,科员1名,内设机构由组升格为科，科室主要负责人职级由股级提格为副科级，升格后内设办公室、研究室、组织科、干部科、干部监督科、干部培训科、人才工作科。

至2010年12月，中共琼中县委组织部内设、挂靠、隶属机构及人员编制未变。

第二节 基层组织建设

1991年，全县共有570个基层党组织，其中：党委24个，党总支部（党支部）546个，党员4541人。1993年，琼中黎族苗族自治县农村撤销管理区，设立村民委员会，全县设100个村委会。是年，党支部数量压缩至517个，其中党政机关、企事业单位党支部247个，农村支部270个，同年，开展了党支部换届改选和整顿农村后进党支部工作，调整支部书记142人，整顿36个后进农村党支部；1994年，为提高党员队伍素质，开展民主评议党员工作，全县4555名党员参加评议，处置不合格党员12人。1995—1996年开展乡镇班子换届，全县13个乡镇配备党政、人大领导班子成员166人。从1995年开始，县委以扶贫攻坚统揽工作全局，抓住整顿农村后进党支部和发展村级集体经济两个重点，加强以农村党支部为核心的村级基层党组织整顿和建设，选派2批398名机关干部进驻农村，组织乡镇党委书记与县委书记签订《党建工作目标责任书》，实行“一票否决”；同时规定县直每个副科级以上单位负责包干一个村委的党建工作，突出帮助村党支部发展村级集体经济。到1997年底，全县104个党支部都制定并执行《党支部成员岗位责任制》《党支部“三会一课”制度》《党员联系户制度》《党员活动日制度》等规章制度，还各自兴办了50亩以上的村集体种植基地。县委书记倡导成立农村老党员基金会，募集社会资金40多万元。基金会每月发给37位中华人民共和国成立前农村老党员每人60元，给77户农村困难党员建起砖瓦房。1995—1997年，全县共发展新党员712名，其中，工人和农民党员549人，占77%；妇女181人，占25.43%；高中及以上文化程度383人，占53.79%；35岁以上316人，占44.38%。1998年的村“两委”换届工作首次提出“交叉任职、减员增效”的原则，换届后，村“两委”班子成员488人，比前届减少96人，年龄结构、文化结构都有明显改善。2000年，县委结合开展“三讲”教育活动，提出建设农村基层党组织建设先进县目标，组织开展县委、乡镇党委和村党支部“三级联创”活动，下拨文化室建设资金14.5万元，水泥50吨，瓦片7.5万块，重点建设和改造28间文化室，同时为54个村党支部购置了影碟机，全县100个农村党支部党员电教设备配备率达100%。实行党员干部“攀穷亲”活动，全县391名副科级以上党员干部与391户贫困户攀穷亲，有1400名党员实行亮牌攀穷亲。是年，琼中被评为全省农村基层党组织建设先进县，黎母山镇党委、吊罗山乡党委被评为全省“六个好”党委，4个村党支部被评为省“五个好”党支部。至2000年底，全县有基层党委17个，其中乡镇党委14个；党支部349个，其中农村党支部105个；有党员6156人，10年增长1615人，其中农村党员2820人。此外，从1998年起，琼中把发展党员的重点放在生产、工作一线骨干中,注意吸收优秀知识分子,尤其是年轻知识分子,3年发展党员826人,其中发展生产一线党员438人,占50.8%,发展教育一线党员123人,占14.3%,发展女性党员198人,占23%,发展少数民族党员655人,占76%,发展高中以上学历党员548人,占51.9%,发展35岁以下党员568人,占68.1%,有效改善了全县党员队伍的结构。

2001年,开展第三届村支部换届选举,产生新一届村支部班子成员307人,其中妇女干部由原来的57人增加到73人,占23.7%,35岁及以下干部比例达19.9%。2000—2003年,全县通过"县拨一点、乡镇出一点、扶贫工作队投一点、村支部自筹一点、社会捐助一点"的方法,筹集经费212万元,在全县107个村(居)委会中,新建和改造文化室91间7750多平方米(其中水泥钢筋混凝土结构平顶房文化室77间5980平方米),村村有文化室的目标基本实现。2004年,开展第四届村级组织换届选举,选举产生新一届村(居)两委成员396人,较上届减少54人,交叉任职率达96%,其中104名村(居)实现书记、主任"一肩挑",比例达97%。新一届村两委成员中,平均年龄42.9岁,比上届下降2.3岁;党员377人,占95.2%,妇女干部103人,占26%,少数民族381人,占96.2%;大专学历6人,占1.5%,高中(中专)学历172人,占43.4%。为发挥党员的先锋模范作用,同年还开展了"党日"活动,各基层党组织和党员为民办了40件好事,帮助400多户群众建设"一池三改"沼气工程,推进88个生态文明村建设等。2006年,县委开展"村级组织党员活动阵地建设年"活动,投入185万元完成新建或改造村(居)党支部文化室38间。同年,自成立农村党员电化教育中心后,琼中县开始建设农村党员干部现代远程教育网络体系,累计投入60万元完成128个农村远程教育站点及配套设施建设,农村党员教育正式告别了传统的广播和录像时代,进入时时更新的电视、网络时代。2007年,开展第五届村级组织换届选举工作,选举产生新一届村(居)两委班子成员411名,书记、主任全部实现"一肩挑"。同年,中央、省委下拨100多万元村级组织活动场所建设资金,新建15间村级组织活动场所,并配套文化室、图书室、篮球场等功能,使村级组织活动场所初步具备了学习、娱乐等功能。至2007年底,全县有10个乡镇党委,107个村(居)委会,党员7521人,其中农村党员3825人;有村(居)两委文化室82间,覆盖率为77%;创建文明生态村120个;创办村级集体经济基地933.33公顷,但由于缺乏管理和种植产业不盈利等,基地逐渐被村民"蚕食",以致一些原来有村集体收入的村又变回"空壳村";全县391个村小组配备了广播设备,重点对水果种植推广开展培训,培训农村党员和群众7万多人次。为贯彻落实省委关于"强核心"工程,琼中按照"规划先行、资金联动、突出民俗、产业支撑"的基本思路,组织开展创建农村示范党支部活动,建立乡镇党委书记专项述职报告制度,推行"驻村、坐班、代访"、党建巡回检查等工作制度;以中组部、省委组织部第二轮村级组织活动场所建设为契机,时任县委常委、组织部部长刘峰松提出"县委统筹,部门联动;资金整合,资产划转;宜建则建,宜改则改"的建设思路,围绕"村墟"和"山区旅游客栈"两个建设理念,充分利用农村闲置教学点,利用3年时间新建、改建、扩建100个村级组织活动场所,通盘考虑村"两委"办公室、卫生室、文化室、警务室、农村远程教育站点,以及大学生"村官"宿舍等功能,捆绑相关建设资金统一规划建设。2010

年投入1900多万元，建设了45间，是历年来投入最多、变化最大、成效最显著的一次。同年，开展第六届村级组织换届选举工作，选举产生村(社区)“两委”班子成员447名(含兼职)，村(社区)党支部书记、村(居)委会主任“一肩挑”达97.3%，“两委”成员交叉任职率达92.9%。其中，大学本科学历1人，大专学历42人(含在读)，高(中)专学历163人，初中及以下学历241人。同时，给每个行政村在原基础上每年再增加3000元工作经费，并将农村党建保障工作经费列入县财政年度预算，确保每个村“有钱议事”。此外，县委建立了县领导包乡镇、机关包村的联手增收工作责任制，安排县直机关90个党支部到100个行政村党组织开展结对帮扶，加强和完善了“攀穷亲”和“三级联创”等做法，把党员干部密切联系群众的传统保持下来。

2010年，全县共有391个基层党组织，其中党委16个，党总支部8个，党支部367个，有党员8534人。其中：女党员1656人，占比19.40%；少数民族党员5936人，占比69.56%；有党政机关工作人员党员962人，事业单位管理人员、专业技术人员党员1314人，企业管理人员党员205人，企业专业技术人员党员119人，工人党员328人；非公有制经济单位党员19人，农牧渔民党员4238人，离退休党员1128人，其他党员221人。

第三节 干部人事制度改革

一、制度改革

1991年，全县有县直党政机关58个。1995年9月，根据省委有关党政机关机构改革文件的精神，县委按照精干高效的原则和“小政府大社会”的目标进行县直党政机关机构改革，共设立科级党政机构20个，比原来减少了38个，精减65.5%；人员编制由原来的917人减少到400人，精减人员517人，精减56%。同年，县委重点抓“党的机关工作者”和“国家公务员”考核过渡工作，改革领导干部任免制度，引进领导干部竞争机制，县人民法院率先在中层领导干部中实行公开竞争上岗，为优秀人才的脱颖而出创造条件。1996年乡镇机构改革结合乡镇换届一起开展。为调动干部工作积极性，加强干部管理，1997年制定出台《关于县直党政机关岗位轮换交流的暂行规定》等政策性文件，收到良好效果。1995—1997年，为加强对年轻干部、少数民族干部和妇女干部的培养和选拔，共选拔年轻干部173人、少数民族干部186人、妇女干部38人，并有选择地选派部分干部到农村党支部挂职锻炼。1997年，在抓好乡镇领导干部、县直党政机关领导干部年度考核工作的基础上，制定了《琼中县国有企事业单位领导班子考核工作方案》，同年，按照党管干部原则，首次把科员及以下干部年度考核列入干部管理范畴，下放到各党政机关、事业单位、群团自行组织，干部年度考核工作进一步完善。2000年开始，制定《琼中县党政领导干部任职试用期暂行规定》《琼中县党政领导干部任前公示实施办法》《琼中县选拔任用科级干部提名办法

(试行)》《琼中县选拔任用领导干部调整动议暂行规定》《县管干部任职前中共琼中县委组织部听取中共琼中县纪律检查委员会意见和中共琼中县纪律检查委员会回复中共琼中县委组织部意见试行办法》和三个票决办法等9项制度，起草差额选拔任用干部办法、选拔任用工作全程纪实办法、破格提拔领导干部规定等7个制度及相关配套措施，进一步健全和完善干部工作规章制度，建立起科学、规范的干部选拔任用监督机制，促进选人用人的程序正义和结果公正。在干部能上能下方面，县委结合"计生""社会治安综合治理"和"党建"三项一票否决指标，逐步推行领导干部任期目标责任制，加大对不胜任现职领导干部的调整力度，1998—2001年有12名正科级干部被降职，有13名科级干部因生态环保工作、计生工作不力或因涉及经济问题被免职，4名副科级干部因违反劳动纪律被辞退。

2002年，撤销松涛乡、红岛乡、乌石镇、长兴乡4个乡镇的行政机构，把松涛乡并入黎母山镇管理，把红岛乡并入营根镇管理，把乌石镇并入湾岭镇管理，把长兴乡并入和平镇管理。至此，全县仅保留营根镇、湾岭镇、黎母山镇、中平镇、和平镇、长征镇、红毛镇、什运乡、上安乡、吊罗山乡10个乡镇，乡镇领导职数减少到100名。

2008年起，县委创造性提出"以奖促退"的办法，在充分调研和论证的基础上，探索破解公务员退出难问题。2008年、2010年，县委先后两次启动了提前退休工作，对符合《公务员法》有关规定且男性年龄满55周岁、女性年龄满50周岁的公务员及参照公务员法管理人员，鼓励其办理提前退休，县地财以奖励方式一次性补偿其个人至法定退休前工资、福利方面的损失。共有77人办理提前退休，其中副科级以上干部60人。同时，对13名年龄偏大、学历偏低或群众满意度低的科级领导干部进行"转非"，为优秀人才脱颖而出腾出位置。

二、干部吸收录用、招聘

1991年，省人事劳动厅下达给琼中县从五大生毕业生中录(聘)用干部指标17名，其中行政、事业吸收录用12名，企业聘用5名。大中专毕业生分配：48名(其中本科5名，大专18名，中专25名)。此外教育系统分配70名大中专毕业生。

1992年通过考试录用乡镇干部3名。聘用乡镇专职武装干部7名；招收计划生育专职干部4名。大中专毕业生分配：48名(其中本科10名，大专11名，中专27名)。此外教育系统分配70名大中专毕业生。军转工作：省军转办分配给琼中县2名军转干部(均为连级)，其中1人分配到农业银行，1名分配到县公安局。

1993年，录(聘)用干部81名，招收大中专毕业生59名(不含教育系统)。其中，本科7名，大专16名，中专36名。分配到行政单位24名，事业单位26名，企业单位9名。

1994年，共录聘用干部65人，其中录用21人，聘用44人。大中专毕业生分配：全年共分配大中专毕业生36人(不含教育系统)，其中本科3人，大专9人，中专24人。

1995年，共录聘用干部42人，其中录用4人，聘用38人。大中专毕业生分配：全年共分配大中专毕业生55人，其中本科6人，大专11人，中专38人。

1996年，引进农业专业大专以上技术人才6人，安置退伍兵43人。安置大中专毕业生88人就业。

1997年，录(聘)用干部15人，其中录用9人，聘用6人。大中专毕业生分配79名。引进专业人才3人，安置退伍兵21人。

2000年，安排大中专毕业生就业12人。

2006年，招录公务员13名；招聘事业单位工作人员25名(全部为县国土资源局下属事业单位工作人员)。

2007年，招录公务员23名。招录网络信息管理员8名。

2008年，招录25名公务员，1名参公人员。招聘7名事业单位管理人员。

2009年，招录46名公务员和参照公务员法管理事业单位工作人员；招录13名乡镇种桑养蚕技术员。

2010年，招录公务员和参公人员44名(其中公务员职数34名、参公人员职数10名)；招聘25名乡镇事业单位工作人员和10名乡镇计划生育技术服务中心专业技术人员。

第四节 干部结构

1991年，全县干部共3258人，其中行政机关干部1373人，企事业单位干部1885人。全县干部中，妇女干部698人，少数民族干部1651人，大学专科以上学历796人，高中学历(含中专)1841人，初中以下学历621人。

1995年，全县干部共3098人，其中行政机关干部1050人，企事业单位干部2048人。行政机关干部中，县处级干部25人，科长及相当职务干部285人。全县干部中，硕士以上学历2人，大学本科学历129人，大学专科学历809人，高中学历(含中专)1353人，初中以下学历805人。

2000年，全县干部共3113人，其中行政机关干部730人，企事业单位干部2383人。行政机关干部中，县处级干部22人，科长及相当职务干部480人。全县干部中，硕士以上学历4人，大学本科学历203人，大学专科学历935人，高中学历(含中专)1893人，初中以下学历78人。

2010年，全县干部共3546人，其中行政机关干部993人，企事业干部2553人。行政机关干部中，县处级干部21人，科长及相当职务干部538人，妇女干部232人，少数民族干部556人，本科学历及以上350人。全县干部中，硕士以上学历9人，大学本科学历857人，大学专科学历1815人，高中学历(含中专)425人，初中以下学历440人。

第五节 干部教育培训

1991年,琼中县探索新形势下党政干部教育培训的新模式,不断创新干部培训方式,加大培训经费投入力度,推进干部培训工作迈上新台阶。

1991—1995年,主要对干部加强中国特色社会主义理论教育,掌握其精神实质,正确认识把握中国国情,学会运用马克思主义的立场、观点与方法来观察、认识和处理现实问题,增强抵御各种错误思潮的侵蚀和反对和平演变的能力,提高在建设和改革中正确处理各种实际问题的本领。鼓励干部进行学历教育;举办各种形式的干部文化学习班,提高干部队伍的文化素质。5年内举办各类培训班473期,有4920人次干部参加培训,其中科局级干部培训班16期,培训科局级干部1824人次。

1996—2000年,开展以中国特色社会主义理论和党章学习为主要内容的"双学"活动,以讲学习、讲政治、讲正气为主要内容的党性党风教育,抓好干部队伍的政治理论、科学技术和计算机操作技能培训。2000年,重点学习邓小平理论和"三个代表"重要思想,开展党性党风教育。5年内共举办各类培训班及讲座394期,61201人次的党员干部接受教育。

2001—2005年,坚持开展党性党风党纪教育和思想道德教育,巩固和扩大"三讲"教育和"三个代表"重要思想学习教育成果,重点学习党章和其他党内基本法规,学习党史、中国历史特别是近代史及世界历史,开展全心全意为人民服务的宗旨教育、社会主义道德和中华民族优良传统教育、反腐倡廉教育,抓好专业知识与能力培训,提高干部工作水平和创新能力。继续改善干部的文化和专业结构,鼓励干部特别是年轻干部利用业余时间在职自学,不断提高科学文化水平。5年内共举办各类培训班及讲座402期,44778人次干部参加培训。

2006—2010年,紧紧围绕省委推进国际旅游岛建设的部署,按照建设高素质干部队伍的要求,对各级各类干部在理论素养、思想品德、业务能力、知识水平等方面有针对性地加大培训、轮训力度,整合培训资源,充分发挥县委党校主阵地作用。2007年,县委实施"种子工程",出台《琼中县新农村建设指导员总体培训方案》,每年从琼中40岁以下的农村青年党员、青年入党积极分子、大中专(含高中)毕业生中挑选学员,集中投放到部队兵营里进行为期15天的封闭式培训,将部队的衣、食、住、行等纪律要求和行事风格纳入培训内容,培训结束后,对学员进行跟踪管理,建立集选拔、培养、管理、激励于一体的新农村建设指导员培训及农村党员教育管理工作机制,为新农村建设输送实用人才和农村后备干部。此项工程一直延续到2010年,被县委列为农村党员干部教育重点工程。自2010年起提出“大培训、强培养”思路，实施“请进来”和“走出去”干部教育培训计划，依靠省委党校、海南电大等阵地办好各类主体班次，全县共投入200多万元举办各类培训班53期，培训干部8034人次。组织党政考察团一行60多人赴广东增城、阳春、高州等地进行为期5天的学习考察，组织40多名领导干部赴重庆培训和考察，选派20名领导干部和1名村干部赴中国台湾、德国、日本考察学习。

第六节 知识分子(人才)工作

1991年，县委、县政府继续把知识分子工作列为重要战略工作来抓，通过招收入党、鼓励深造、过渡为公务员、强化培训培养等手段，加大对知识分子的培养、管理、使用。

1995—2001年，有286名知识分子主动申请到乡镇和村一级工作，不仅直接指导农民发展橡胶、林业、畜牧、水果等产业，同时把抛秧技术、橡胶割胶技术等一批科技技术在农村推广，使全县80%以上的农民掌握了一至两门农业实用技术，还以事实打破了琼中不能种植荔枝、龙眼的论调，推广种植荔枝、龙眼5.1万亩，创造新增产值1320万元的出色成绩。为此，琼中从1997年起，连续三年被评为全国、全省科普先进县，2000年还被中国科协评为全国百名科普示范县。至2001年底，全县有知识分子3125名，其中大专以上学历1303名，占40.5%；获得专业技术职称的2251名，占70%。在专业技术人员中，有高级职称27名，中级职称415名，初级职称1809名；教学人员1660名，卫生技术人员337名，农业技术人员180名，工程技术人员74名，比例分别为73%、15%、8%、3.2%。知识分子总数与1995年相比增加了18.5%，年均增加3.6%。为发挥知识分子在经济建设中的作用，县委提出“科技强县”的战略目标，针对知识分子开展“科技下乡”“科技有偿服务”等活动，引导知识分子到农村基层大展拳脚。

2007—2010年，县委相继颁发《琼中县中长期人才发展规划纲要(2010—2020年)》《琼中县人才引进和使用暂行办法》和《琼中县优秀农村实用人才评选和管理暂行办法》等多个配套性文件，调整县人才工作协调领导小组，建立县委常委会听取人才工作专项报告制度和人才工作协调领导小组每季度召开一次会议的工作机制，把人才工作纳入党建工作目标，形成党委统一领导、组织人事部门牵头抓总、有关部门各司其职、上下联动的人才工作机制。在此期间，引进山西足球教练谷中声成立海南省第一支女子足球队——琼中女足，琼中女足在2010年的U18比赛中获得全国第四名的好成绩，有2名队员被国家队选中。琼中女足是继琼中绿橙之后又一张靓丽品牌。2009年8月，出台《琼中县鼓励机关、事业单位干部参加在职学历教育暂行规定》，鼓励45岁以下的机关、事业干部和38岁以下的农村干部、新农村建设指导员参加在职学历教育，县财政给予80%～95%不等的学费补贴。加大黎族、苗族少数民族文化传承人才的保护和传承，推出一年一度的“三月三”节庆活动，选送织贝、钻木取火等5项传统艺术列入国家非物质文化遗产项目；建立艺人评定职称机制。授予有海南“刘三姐”之称的王妚大、黎族民间舞蹈《咚铃伽》的重要传人王中信和会演奏多种民族乐器的陈有华3位民间艺人为“琼中民族文化终身成就”“琼中民间艺术大师”荣誉称号。同年,借助省委组织部引进人才平台,首次引进5名紧缺专业的应届硕士研究生,其中一名为“海归”——毕业于新加坡南洋理工大学的姚旺。

至2010年12月,琼中县人才总量为9072人,比2004年增加6048人,增长200%。先后邀请和引进孟加拉国、中国农业科学院柑橘研究所、中国(海南)改革发展研究院、农业、文化领域的专家200多人次为琼中县经济发展服务,吸引海航、华宇等企业冠名投入资金参与人才培养。

第七节 老干部工作

一、机构

1991年琼中县老干部局为县委正科级机构。1995年10月,改为县委组织部副科级内设机构,更名为县委组织部老干部局。2010年4月升格为正科级单位,挂靠县委组织部,更名为县委老干部局。编制4人,其中行政编制3人,工勤编制1人。下属单位有县老干部活动中心,挂靠单位有县关心下一代工作委员会。

二、老干部管理和优惠待遇

根据老干部工作的有关规定,县委老干部局主要负责全县离休干部的管理服务、落实老干部政治和生活待遇,做好老干部思想政治工作等。至2010年底,全县健在的离休干部75人,其中享受厅(局)级待遇的有1人,县(处)级待遇的有17人,处级待遇以下的有57人。至2010年,琼中县共有离退休干部党支部5个,有离退休干部党员95名,大部分老干部党员组织生活正常,按时缴纳党费。

离休费与生活补助。2007年3月,为全县离休干部调整工资,离休干部工资每人每月增发350~690元,从2006年7月执行。2001年3月,县委、县政府优先给全县离休干部补发1993年10月至1994年12月浮动工资,计151人,共补38万元。自2003年1月起,县行政事业单位离休干部离休费由县财政局统一拨付,并通过银行发放,企业单位离休干部离休费参加社会保障的由县社会保障局统一拨付,并通过银行发放;未参加社会保障的离休干部(4人)离休费,由县财政局统一拨付,并通过银行发放;根据省委组织部、省财政厅、省人事劳动保障厅、省地方税务局《关于企业离休干部护理费和遗属生活困难补助金发放有关问题的通知》,县政府在2005年10月14日办公会议上,同意从财政专户中补发亏损企业所欠离休干部遗属抚养费,符合条件的离休干部遗属有5人,共补发36260元。

生活补助。将企业单位离休干部护理费纳入社会保障发放;根据省委组织部《关于调整离休干部护理费标准的通知》;将全县离休干部的护理费标准,按政策依据不同历史时期参加工作的标准给予提高;协调落实好离休干部的阳光津贴,自2009年1月起,将全县离休干部的阳光津贴补助标准从在职人员的80%提高到90%。

健康检查和医疗待遇。琼中县委老干部局每年组织全县离休干部进行健康检查,使老干部

“有病早治，无病预防，健康长寿”。1997年，琼中县委、县政府先后出台《关于落实企业离休干部离休费的暂行办法》《关于离休干部医疗费实行统筹单列管理暂行办法》《转发县委组织部老干部局〈关于建立和完善琼中县离休干部“两费”保障机制与财政支持机制意见〉的通知》和《关于印发做好国有企业离休干部管理服务工作意见的通知》等文件。对离休干部在省级医院和县人民医院、县中医院住院治疗采取挂账的优惠政策。2000年，琼中县财政拨付离休干部医疗费78万元，2010年增至500万元，加大财政支持力度。

省情县情通报。1991—2010年，琼中县委、县政府每年都定期召开老干部通报会和春节座谈会，向老干部通报全县的经济社会发展建设情况和今后的工作目标。组织离休干部、县处级退休干部400多人次，参观全县农业开发、文明生态村等建设情况，开阔老干部的视野，加深老干部对县委、县政府工作的了解与支持。此外，每年组织老干部在省内开展参观考察暨健康疗养活动1次。

慰问活动。1991—2010年，每年春节、端午、中秋及其他重大节日，都组织开展走访慰问活动，前往各乡镇及海口、三亚、琼海、文昌、屯昌、万宁、儋州等市县进家入户慰问离休干部、县处级退休干部，给每位老干部赠送慰问金和慰问品；1991—2010年，琼中县委老干部局坚持对老干部大事必访、住院必访、去世必访制度。每当离休干部去世，都派员参加悼念活动并帮助做好善后处理工作；走访慰问省外易地安置的离休干部。

三、文体活动

1997年7月，县政府召开县长办公会议，讨论县老干部文化娱乐活动场所问题，由于土地问题未解决，决定暂把虎岭溜冰场及有关房屋改建成老干部活动中心，由县政府投资30万元改建，改建后的老干部活动中心于1998年10月正式挂牌开放。

2005年，获全省老年文艺表演三等奖；2009年，海南省中老年太极拳比赛金奖；2009年，海南省中老年人太极剑比赛金奖；2010年，中南六省六市协作区老年门球赛第三名、全省农村基层单位老年人体育健身活动展示一等奖、“天泉杯”海南省中老年人健身操舞比赛一等奖等。

除组织老年人参赛外，琼中县老年人体育协会还组织开展形式多样的老年人文体活动，如门球、地掷球、气排球、乒乓球、广场舞、腰鼓、太极拳（剑）、健身操、健身舞、秧歌等。

第八节 关心下一代工作

一、机构

1992年11月，琼中县关心下一代工作委员会（简称“县关工委”）成立，是以离退休老同志为主体、党政有关部门和群团组织负责人参加，以关心、教育、培育青少年健康成长为目的的群众性工作组织，办公室设在县委老干部局。2007年3月，琼中县关工委被海南省关心下一代工作委员会评为“海南省关心下一代先进集体”。8月14日，县编制办印发《关于印发琼中黎族苗族自治县关心下一代工作委员会办公室职能配置、内设机构和人员编制规定的通知》规定，县关工委办公室核定财政预算管理事业编制3名，其中主任1名，科员2名。至2010年，全县共有关心下一代工作组织47个，其中县直单位关工委2个，乡镇级关工委10个，地方农场关工委1个，学校关工委34个，“五老”人员达466人。

二、主要工作

1996年，县关工委围绕纪念长征胜利六十周年活动和“迎接香港回归祖国”为主题开展爱国主义教育活动。

1998年，为纪念周恩来和刘少奇同志诞辰100周年，县关工委以此开展爱国主义教育活动。

2000年，县关工委利用少先队建队50周年的契机，集中宣讲少先队组织50年的光辉历程；与团县委联手，发动全县捐赠图书3000多册；与县司法部门合作，深入学校上司法教育课10场，受教育学生达7988人次。

2001年6—7月，以纪念中国共产党成立80周年为主题，开展爱国主义教育活动。

2005年，县关工委以纪念抗日战争胜利60周年和海南解放55周年为契机，邀请省关工委副主任林坚作纪念抗日战争胜利60周年报告大会。县中学、县民族中学、县职业中学共856名师生参加报告会。组织县教科局、县妇联和有关部门的关工干部，到关心下一代工作开展较好的海口市秀英区、东方县、昌江县进行交流学习。

2006年1月10日，召开琼中县关心下一代工作会议，会上表彰在2005年关心下一代工作中做出突出贡献的营根镇关工委等5个集体和刘大洲等20人，分别授予“琼中县关心下一代工作先进集体”和“琼中县关心下一代先进工作者”的荣誉称号。3月6日，县关工委主任王光业在县党政会议上汇报关工委工作，县委书记董宪曾听取汇报后出指示。4月24日，县关工委组织由苏定焕、吴瑞华等组成的报告团，由县委常委、县关工委主任王光业，县政府副县长、县关工委副主任林海云，县关工委常务副主任林淑兰带队，深入县民族中学、黎母山中学、长征中学、长安中学，作了《弘扬先辈精神，努力创造明天》和《用历史事实告诉未来》等专题的报告会。2006年共做报告7场，受教育人数达5000多人。6月17日，县关工委积极配合县妇联、县教科局在电影院举办家庭教育知识讲座，1000余名家长参加讲座，省关工委家教辅导团成员郑传庆、蓝祖军为家长们介绍了《做一个合格的父母》和《父母怎样提高管教孩子的实效性》的家庭教育知识。6月24日，县关工委配合公安局在乘坡农场，新伟农场中小学举办“不忘历史，关爱生命，远离毒品”的禁毒宣传活动，副主任苏定焕作了禁毒报告，共6189人听报告。10月20日，县关工委配合县教科局组织县城中小学部分学生和红毛中学、红毛希望小学的全休师生共1000余人到白沙起义纪念园，开展革命传统教育活动。

2007年4月29日，县关工委召开部分家长学校校长座谈会，参加座谈会的有琼中县民族中学、黎母山中学、营根中学等9个家长学校的校长，座谈会由县关工委名誉主任许达钟主持，林淑兰常务副主任做题为《与时俱进，努力办好家长学校》的主题发言，座谈会上，县关工委给黎母山中学等6所家长学校拨发6000元的奖金。6月22—28日，县老干局副局长王能江，县关工委副主任柯景英、苏定焕、吴瑞华，与陈振伦等分别到琼中县中学、县民族中学等中学作了6场报告，报告场场满座，听课的师生和党员群众共3868人。9月17日，县关工委在县城举办科普知识宣传和图片展览，进行科技咨询，请11名科技人员参加咨询。

2008年，由于县民族中学部分学生受社会不良风气影响，一度出现斗殴打架现象，县关工委及时向县委、县政府提出整顿校风的建议，受到县委县政府的重视，公、检、法等有关部门通过实地调查，采取措施，制止学生的打架斗殴行为，保护学校的平安和谐。组织召开总结表彰大会，表彰8个先进单位和20名先进工作者。10月中旬，县关工委对全县养蜂、种桑养蚕等特色农业的生产进行了调研，科技组的成员到科技部门调研，副主任沈耀民拟写了《关于我县发展养蜂情况的汇报》的调研材料，就琼中县发展特色农业的利弊提出建议，积极为全县经济的生产发展献言献策。

2009年，县关工委、司法局、老干局等单位一行10人组织“关爱团”，走进县看守所、县拘留高墙内，开展“告别昨天，走向明天”的关爱活动，县关爱团在看守所会议室与20多名在押人员讲课、座谈。县关工委特邀副主任、1939年参加革命的唯一地专级离休干部、85岁高龄的陈振伦到县民族中学、什运中学作爱国主义主题教育报告，报告在琼中县干部群众中反响很大。琼中县关工委的爱国主义主题教育全县覆盖面达91%。

2010年清明节期间，县关工委配合教育局组织青少年到白沙纪念园等爱国主义教育基地开展祭扫英烈、看革命影片、唱红歌、听革命故事、阅读革命故事书籍等革命传统教育和爱国主义教育活动，据统计，清明节期间“五老”投入教育活动包括乡镇、中小学关工委共68人次，受教育的青少年8339人次。6月23日，常务副主任林淑兰主持学习《中国关心下一代工作委员会条例》和《中国火炬》“六十问”。县关工委分三组到什运乡、长征镇、和平镇等宣传表彰大会精神。

第六章 宣传工作

第一节 机 构

1991年,县委宣传部编制6人,其中行政秘书1人、理论与调研信息1人、社会宣传1人、对外宣传1人、新闻报道1人、司机1人。

2004年,内设行政文秘岗、理论岗、宣传岗、调研信息与新闻报道岗、精神文明建设办公室5个职能岗。核定行政编制6名,其中副部长2名,一般干部4名(注:部长1名,属县委常委编制);机关工勤人员财政预算拨款事业编制1名。2004年9月县委宣传部的领导职数和非领导职数调整为正职1名(县委常委兼)、副职3名,非领导职数1名,另外,县文联挂靠县委宣传部,合署办公。至2010年,县委宣传部内设机构未变;人员编制6人。

第二节 理论学习与宣传

一、理论学习

1991年,制订县委理论中心组学习和干部理论培训计划,建立理论学习领导责任制和学习管理制度,抓好理论学习制度、内容、人员、材料"四落实"。以中心组学习为主,带动全县党员干部学习。县委中心组成员为县四套班子成员,各乡镇和各直属单位也相应成立理论学习中心组。

1992年7月28日,县委中心组学习邓小平南方谈话精神,结合琼中实际,把邓小平理论与改革开放和经济发展结合起来,开展系列学习研讨活动。同时,县委宣传部组织各乡镇党委和县直各战线机关党委开展学习。学习活动以《邓小平建设有中国特色社会主义的论述专题摘编》和《邓小平文选》第三卷作为中心组学习的基本材料，结合《十四大政治报告》《党章》等，采取以自学为主、学习原著为主，每月安排一天时间集中研讨。全年县委中心组集中学习12次，并联系琼中实际开展讨论，提出“立足本县资源优势，以建材工业为龙头，农工贸旅并举，三次产业协调发展”“琼中县鼓励外来投资的优惠政策”等振兴山区经济的思路和措施。

1996年，县委中心集中学习12次，中心组成员撰写理论探讨文章12篇，报送省委宣传部或发表在省级报刊上。中心组紧密联系工作实际开展讨论，做出领导干部下乡扶贫“攀穷亲”、创办专业村、专业户和精神文明建设一条街等重大决策；县委宣传部以县委党校和“党员之家”为阵地，举办理论培训班，组织县直机关单位党员、干部深入学习《邓小平同志建设有中国特色社会主义理论学习纲要》和党的十四届五中、六中全会精神；全年共举办股级以上党员干部短期培训班16期，参加人数1.25万多人次，其中副科级以上干部培训班6期，参加人数2340人次；组织“双学”讲师团，深入乡镇和县直机关做好学习辅导。各乡镇以乡镇党校和农村文化室为阵地，组织党员、干部开展学习；组织2761名党员参加县及中组部举办的“双学知识竞赛”活动；印发学习《理论参考》4期、资料7896份和农村党员《五懂+知道+记住》手册3000份；开展电视直观教育，组织拍摄党员教育电视录像片35部，在县城有线电视站播出，并在农村巡回播放。

2001年7月4日，在中国共产党成立八十周年之际，县委宣传部印发在全县开展理论研讨活动的通知，号召全县广大党员干部认真学习江泽民总书记在庆祝中国共产党成立八十周年纪念大会上的讲话精神，进一步提高认识，组织好党员、领导干部的学习、研讨活动，推动琼中县两个文明建设向前发展。

2004年，县委理论中心组先后学习中央1号文件、胡锦涛总书记关于求真务实的重要论断、科学发展观和全国、全省两会精神，学习《宪法》和《行政许可法》，学习党的十六届四中全会精神，以及《中共中央关于加强党的执政能力建设的决定》等。通过学习，县四套班子领导真正把思想统一到“三个代表”重要思想上来，统一到党的十六届四中全会精神上来，统一到全面加强党的执政能力、提高党的执政水平上来，落实到立党为公、执政为民的实际工作中去。

2006年，根据省委宣传部《关于做好2006年党委中心组理论学习的意见》的精神，结合琼中县实际，县委宣传部制订县委理论中心组学习计划和理论专题研讨方案，以县委名义发文到各乡镇党委，要求各单位抓好党委中心组理论学习，以社会主义新农村建设，构建和谐社会，倡导“八荣八耻”，创建文明生态村的重点，扎实有效地搞好党委中心组学习。按照“生产发展、生活宽裕、乡风文明、村容整洁、管理民主”的二十字方针，把县“三农”工作和文明生态村创建工作紧密联系起来，推进新农村建设，为促进经济社会发展奠定基础。

2008年，县委中心组按照省委宣传部《关于2008年党委中心组理论学习的意见》要求，深入学习党的十七大及十七届二中、三中全会精神，学习三中全会通过的《中共中央关于推进农村改革发展若干问题的决定》，学习胡锦涛总书记视察海南时的重要讲话精神、省委书记卫留成在省委五届三次全会上的重要讲话和考察琼中时的讲话精神。在抓好县委中心组学习的同时，配合县委召开两次中心组学习(扩大)会议,引领各级领导干部学习党的创新理论。同年,琼中县委在三亚市委党校召开"统一思想,科学发展,服务'三农'"理论研讨会。

2009年,根据学习实践科学发展观活动的要求,制定《关于进一步建立健全县委中心组学习制度的若干规定》,认真抓好县委中心组理论学习。全年县委中心组集中学习8次,重点学习党的十七大和十七届三中全会精神,学习省委五届三次、四次全会精神,通读《科学发展观学习读本》等,把学习实践科学发展观活动抓好抓落实。特别是党的十七届四中全会召开后,县委中心组集中学习了十七届四中全会的重要文件,传达贯彻十七届四中全会精神,学习中共中央《关于加强和改进新形势下党的建设若干重大问题的决定》,把全县党员干部的思想统一到四中全会精神上来,统一到加强和改进基层党组织建设,增加基层党组织的凝聚力、创造力和战斗力上来,全面推进党的建设。

2010年,根据省委宣传部《关于2010年全省县级以上党委(党组)中心组学习的意见》要求,结合县实际情况,制订《琼中黎族苗族自治县2010年党委(党组)中心组学习的意见》,并经县委同意,印发全县各级党委(党组)实施。各级党政机关党委(党组)中心组紧紧围绕建设学习型领导班子、学习型党组织、学习型政党和学习型社会建设,扎扎实实地抓好理论学习。营根镇、湾岭镇、黎母山镇等党委中心组始终坚持每周星期一集中学习的制度,按计划、分步骤安排学习内容,突出学习重点。各级党委把学习中国特色社会主义理论体系,学习科学发展观,学习党的十七届三中、四中和五中全会精神和"十二五"《建议》与开展村级组织换届选举工作,开展"创先争优"活动和开展促进农民增收工作有机结合起来。6月下旬,组织全县科级领导干部学习《国务院关于推进海南国际旅游岛建设发展的若干意见》,学习《中共海南省委、海南省人民政府贯彻实施〈国务院关于推进海南国际旅游岛建设发展的若干意见〉的决定》《海南国际旅游岛建设发展纲要》。邀请省委宣讲团成员、省委党校副校长王和平教授作《国际旅游岛建设是海南特区的第二次发展机遇》的专题报告。8月中旬,县委中心组集中学习胡锦涛总书记在中共中央政治局第二十二次集体学习时的重要讲话精神,以及李长春在中央宣传思想文化部门负责人会议的讲话精神,深入领会党中央关于深化文化体制改革的意见,为推动琼中县文化事业和文化产业发展做出战略部署。

二、社会宣传

1993年,组织干部群众深入学习贯彻党的十四大和省第二次党代会精神,学习《邓小平文选》第三卷,用邓小平同志关于建设有中国特色社会主义的理论武装头脑,多层次、多形式、分阶段、分专题、有重点地组织广大党员干部群众学习。在人民群众中进行有中国特色的社会主义理论教育、爱国主义、集体主义、社会主义教育以及国情、省情、县情教育,引导人们发扬社会主义现代化建设所必需的解放思想、实事求是为核心的创业精神,帮助广大党员干部群众树立正确的人生观和价值观,开展村镇文化、企业文化、校园文化建设活动和军民、警民共建文明单位活动。利用广播、电视、电影、宣传栏等媒介，结合重大节日、纪念日，加强对广大干部职工的教育，组织人民群众观看具有深刻教育意义的影片《蒋筑英》《白沙恨》《毛泽东传》《天边的云——纪念辛亥革命八十周年》《剪不断的记忆——纪念“九一八”六十周年》等。

1997年，成立“双学”讲师团，充分利用农民之家、农村文化室等理论教育阵地，向农民宣传邓小平建设有中国特色社会主义理论的观点，引导农民阅读《农民理论教育通俗读本》，农村党员、干部受教育面达90%以上。在党员干部中开展“讲学习、讲正气、讲政治”教育，引导党员干部树立正确的世界观、人生观、价值观，确立社会主义共产主义道德信念；在职工队伍中开展以培养艰苦创业精神为主要内容的“爱岗敬业”教育活动；在国家机关工作人员、国家公务员和服务行业人员中开展职业责任、职业道德、职业纪律教育；在人民群众中开展以“尊老爱幼、男女平等、夫妻和睦、勤俭持家、邻里团结”为主要内容的家庭美德教育；在广大青少年中开展民族政策、国防教育；开展“讲法律、讲道德”宣传教育活动，完成三年普法教育规划项目，增强民主法治观念。深入宣传琼中县改革开放成果和经济建设成就，宣传2010年愿景目标的指导方针、主要任务和战略布局，宣传琼中县扶贫攻坚、民房改造的新举措，宣传党的十五大精神，宣传迎接香港回归祖国系列庆祝活动，宣传“三月三”节等重大节庆活动，宣传琼中县丰富的自然资源和优惠政策，开展纪念《保密法》颁布十周年宣传活动。

2004年，学习贯彻党的十六大和十六届三中、四中全会精神以及全国、全省“两会”精神，在各级领导干部中率先树立和落实科学发展观；全年印发《琼中宣传》《学习辅导》等8期1200多份。同年，会同县人大、县司法局等部门开展宣传《宪法》和《民族区域自治法》颁布20周年活动。分别在7月6—31日举办了2期全县副科级以上领导干部培训班，通过办班考试，合格率达98%以上。同年，11月20—21日，第三届中国柑橘产业化论坛暨全国无公害水果生产技术培训班和首届海南绿橙节在营根镇隆重召开，县委宣传部做好活动宣传工作。发动县城各单位悬挂标语，大力营造会议气氛。协调新闻媒体记者，做好新闻宣传工作。邀请来自《海南日报》《人民日报》、海南电视台、凤凰卫视、《中国食品质量报》《海口晚报》《特区法制报》《中国绿色画报》等8家媒体25名记者参加活动报道；指导县广播电视台及时报道此次活动，使全县群众当天便能收听收看到绿橙节的有关情况。

2006年，县委宣传部开展社会主义荣辱观理论宣讲活动，举行专题报告会15场次，受教育群众1500多人次。组织全县各单位制作“八荣八耻”户外广告牌50多块，在县城主要街道、乡镇主要墟道制作悬挂宣传标语80多条。全县500多个自然村都制作2条以上宣传标语，深入开展宣传活动。

2007年，为深入学习宣传贯彻党的十七大精神，县委宣传部与县委党校等部门组成十七大精神宣讲团，到20个单位举办20场(次)学习贯彻十七大精神专题报告；开展省第五次党代会精神理论宣讲活动18场次；开展2007年中央1号文件精神宣讲活动11场次；开展胡锦涛总书记在中央党校“6·25”重要讲话精神宣传活动10场次。全年县委理论宣讲团下乡宣讲59场次。同时，专门邀请省委十七大精神宣讲团副团长冯尔忠到琼中县解读党的十七大报告。

2009年,开展庆祝中华人民共和国成立60周年爱国主义教育宣讲活动,以中宣部提出的“六个为什么”为重点,在广大党员干部中开展为什么要坚持马克思主义,为什么要坚持走社会主义道路,为什么要坚持党的领导,为什么要坚持社会主义基本经济制度,为什么要坚持发展社会主义民主政治,为什么要坚持改革开放等6个专题的宣传教育活动,邀请省委宣讲团成员、省委党校常务副校长、党委书记彭京宜授课。同时,抓好全国“双百双评”活动,开展“100位为新中国成立做出突出贡献的英雄模范人物”及“100位新中国成立以来感动中国人物”评选活动;与县文体局等有关部门密切配合,精心组织文艺下乡活动,举办文艺晚会25场次,播放《铁人》《集结号》等爱国主义电影100多场(次);与县旅游局、县文体局等单位开展旅游征文比赛、摄影比赛、民歌比赛等活动。

2010年1月,县委宣传部创办“琼中手机报”平台,每天向全县420多名领导干部提供县委县政府的重要信息和各单位、各乡镇的工作动态。全年通过手机快讯平台,向各级领导发送手机信息620多条,为县委、县政府领导及时了解全县的重大活动,了解各单位、各乡镇的工作动态增加便捷渠道。

三、专题宣传

2004年,开展王国兴诞辰110周年纪念宣传活动。县委宣传部举行纪念王国兴诞辰110周年缅怀仪式和“纪念王国兴同志诞辰110周年座谈会”,这次座谈会共有120多人参加,与会人员参观了王国兴故居,缅怀王国兴的革命业绩,增强工作责任心和事业感。

2004年,开展向洪志功学习活动。2004年洪志功的事迹在《海南日报》首版连续报道后,全县开展学习洪志功活动,通过下发文件,组织各部门、各单位召开座谈会,利用简讯、宣传栏、黑板报、广播电视等开展宣传,使志功精神在广大群众中产生深远影响。除此之外,还在全县开展以实际行动学习洪志功精神的购书活动,把《痛苦中的微笑》作为学习洪志功精神,教育青少年自勉自励、发奋拼搏的主要教材,各单位征订图书4500册。

2005年,开展向甘志远同志学习活动。2005年县委宣传部发文要求各级党组织开展向甘志远学习活动。甘志远是海南日报社的资深记者,因工作劳累,病倒在工作岗位上。《海南日报》及其他报刊连续首版报道他的事迹。在9月24日至10月24日宣传月期间,全县利用电视、广播、墙报、简讯、黑板报等大力宣传,上万群众参加学习活动。

以社会主义荣辱观为重点,开展社会主义核心价值体系学习宣传活动。2007年,深入贯彻落实公民道德建设实施纲要,广泛倡导爱国、诚信、友善、勤俭、敬业等道德规范,深入开展社会公德、职业道德、家庭美德教育,把“知荣辱、讲正气、促和谐”作为公民道德建设实践的主要内容,使全县逐步形成团结互助、平等友爱、共同进步的和谐人际关系和良好社会环境。以加强未成年人思想道德建设为切入点,积极抓好青少年的思想道德和心理素质教育,努力健全和完善学校、家庭、社会各负其责，又密切配合的教育长效机制，加大未成年人思想道德建设工作力度，不断开创未成年人思想道德建设新局面。围绕香港回归10周年、纪念建军80周年、建省20周年深入开展爱国主义、革命传统优良作风和拥政爱民等宣传教育，采取有效措施，精心组织好重大纪念活动的宣传报道，弘扬民族精神和时代精神，推动琼中经济社会又好又快发展。

2004—2010年开展“三月三”民族节日宣传活动。“三月三”是黎族苗族的传统节日，为了更好地宣传琼中经济，让琼中走向世界，让世界了解琼中。县委宣传部每年牵头各部门做好节前的筹备工作。要求各单位制作横幅、彩旗、灯笼悬挂各主要街道，装扮节日气氛；协调文体部门，自编自演群众喜闻乐见的节目，在琼中影剧院或虎岭灯光球场等处演出；通过大力宣传琼中“三月三”，较好地提高了琼中的知名度。

2007年4月17—19日，由省委宣传部、省民宗厅、省文化广电出版体育厅主办，琼中承办的海南省2007年黎族苗族“三月三”节庆主会场活动隆重举行。大力营造“三月三”节庆活动氛围；指导县广播电视台做好节前的新闻报道工作，让全县群众及时了解“三月三”节庆活动的最新动态；县广播电视台还创办了《山兰园》节目，每天播出一首本地民歌，逐渐把“三月三”节庆气氛推向高潮。4月8日，县委宣传部在海口成功召开“2007年海南省三月三节庆主会场活动新闻发布会”，副省长符桂花及省有关部门领导和32家省内外新闻媒体记者参加会议，扩大了琼中“三月三”节庆活动的影响。本次主会场共邀请省内外28家新闻媒体的75名记者参加采访活动，包括中央电视台、凤凰卫视、新华网海南频道、人民网海南视窗、《海南日报》、海南广播电视台等。活动期间，海口广播电视台为县录制3台文艺节目，新华网海南频道对“三月三”主会场开幕式作现场直播，中央电视台旅游指南节目、旅游卫视、海口广播电视台做专题报道，《经济日报》《海南日报》《海南特区报》《南国都市报》、南海网等媒体对“三月三”活动做现场报道，网站转载的新闻达213条。

2007年，做好20周年县庆活动的宣传工作。2007年是琼中黎族苗族自治县成立20周年，为营造民族团结进步、和谐发展的氛围，县委宣传部做好相关宣传工作：督促县城各单位张灯结彩、悬挂标语，营造喜庆气氛，县城及主会场悬挂宣传标语200多条；举办“琼中黎族苗族自治县成立20周年图片展”，通过200多幅珍贵图片，多角度、多层面地反映了琼中20年来社会各项事业的发展成就；邀请省内7家媒体、12名记者采访县庆活动，《海南日报》、海南电视台、新华网、南海网、海南视窗、《海南特区报》对县庆活动做了详细报道。

2010年，开展海南省首届“七州洋”杯农民风采拖拉机大赛宣传活动。2010年12月25—26日，由省农业厅和琼中县人民政府主办、海南省越野运动协会和海南七州洋影视文化有限公司承办的海南省首届“七州洋”杯农民风采拖拉机大赛在琼中举办。按照方案要求，12月12日，县委宣传部举办大赛前的新闻发布会扩大拖拉机大赛的影响；大赛期间，县委宣传部完成对县城主街道的氛围营造；邀请12家新闻媒体的15名新闻记者对大赛进行宣传报道；同时，配合“海南在线”对大赛进行现场直播，取得良好的宣传效果。

第三节 精神文明建设

一、机构

1991年,县精神文明建设指导委员会成立,在县委宣传部设县精神文明建设指导委员会办公室,主任由县委宣传部副部长兼任。县精神文明建设指导委员会成立前,由县精神文明建设领导小组负责全县精神文明建设。1993年,县委重新调整和充实精神文明建设领导小组。在《关于调整琼中黎族苗族自治县精神文明建设指导委员会领导成员的通知》中,确定县委书记为领导小组组长。从此,领导小组组长由历届县委书记担任。

二、创建文明生态村

创建文明生态村是县文明委的一项重要工作内容,也是惠民政策的直接体现。自2002年琼中县开展文明生态村创建后,县文明办严格按照海南省相关文件精神和县委县政府的决策部署,围绕“生产发展、生活宽裕、乡风文明、村容整洁、管理民主”的社会主义新农村建设的总体目标,立足本地实际,把发展生产作为核心,把创建文明生态村作为造福老百姓的一项民心工程、文明工程、富民工程和生态工程,狠抓落实,直至2010年,全县已创建文明生态村324个,占全县自然村总数(567个)的57%,打造出和平镇新民村、黎母山镇加林村、湾岭镇竹郎村等一批文明生态村创建示范村。

为解决文明生态村建设资金不足的问题,县委、县政府采取“四个一点”的办法(即县、乡镇投入一点,联系单位支持一点,农民群众自筹一点,社会力量赞助一点)多方筹措资金。同时,把农村基础设施建设的各项资金,如改水改厕、民房改造、建沼气池和扶贫开发资金等集中起来捆绑使用,投入到重点创建村庄,强化文明生态村基础设施建设,大幅改变了创建村庄的整体面貌,呈现出良好的经济效益和社会效益。在创建活动中,充分发挥县政府职能部门的作用,协调县发改委、县财政局、县农业局、县民政局、县民宗局、县扶贫办、县水利局、县交通局等部门为文明生态村建设落实项目资金,协调农村信用社为创建文明生态村的农户建房提供贷款,发挥县农机中心的机械力量,支持文明生态村修路,有效解决了资金缺口问题。2008年,全县投入文明生态村建设资金1790多万元,其中省扶贫办投入970万元作为整村推进资金,省以工代赈资金400多万元,省文明办生态建设经费51万元,县投入250万元,驻点联系单位及社会资金60多万元,群众出资(含投工投劳)50多万元。

以文明生态村建设为载体。鼓励和引导农民充分利用自然资源,大力发展绿色、环保、无公害农业,培育农村经济发展新的增长点。以胶、果、林、药、畜等为发展重点,做到宜工则工、宜农则农、宜种则种、宜养则养、增加农民收入。如黎母山镇梁飞仔村率先在全县成立第一个农民专业合作组织——黎母山鸡饲养专业合作社，有45户农户加入合作社，2007年仅养鸡一项，户均收入就达2200元。和平镇新民村充分利用自然资源条件，大力发展林下经济、庭院经济和山区特色经济，产业新增养蜂、养蚕、种灵芝等。全村24户村民，共养蜂820箱，全年全村仅养蜂一项收入24万元。

为加强对全县文明生态创建工作的领导，县文明委要求各乡镇每月25日前要向县文明办报送一次文明生态村的创建进度，全县每3个月召开一次文明生态村建设工作现场会，每半年组织检查一次，推动创建工作开展。实行创建工作汇报制度，由各乡镇(牵头单位配合)定期召集联创单位汇报文明生态村创建工作进度，每月月底汇总情况上报县文明办，县委、县政府年终组织人员对文明生态村创建工作进行检查评比，对评比成绩突出的村庄进行表彰、奖励，对成绩显著的单位和个人，县政府给予嘉奖、记功。对创建工作不力，年终检查评比不合格的乡镇和驻村的县机关单位进行通报批评，限期整改。

2002—2007年，全县共创建204个文明生态村，其中一类文明生态村58个，二类146个，占全县563个自然村总数的36.2%，完成计划任务(331个)的61.6%，新建水泥硬化村道82526米，改造水沟24万多米，新建篮球场56个，农村文化室58间，建沼气池2383座，总投入达9491万元，成效明显。2005年，湾岭镇被中央文明办评为"全国文明村镇"。

2008—2010年，共创建120个文明生态村，其中一类文明生态村33个，二类87个。2008年，为了摸清底细，掌握情况，做到心中有数，进一步明确目标，加快推进文明生态村建设步伐，迎接省委宣传部、省文明办对文明生态村建设工作的检查验收。3月，组织人员对全县文明生态村建设情况进行普查。制定方案，确定普查内容；做好普查登记，建立文明生态村档案，做到每个文明生态村建设情况有底可查，心中有数。2008年，琼中县创建40个文明生态村。

2009年是历年来全县文明生态村创建力度最大、投入最多、效果最好的一年。县财政局安排专项建设资金200万元，省文明办支持20万元，着力创建了一批上规模、上档次的文明生态村，其中一类文明生态村10个，受到上级有关部门的好评。在开展文明生态村创建活动中，主要抓好"七个方面"的工作：(1)抓好文明生态村调查摸底工作。利用一个月时间全面调查40个新建文明生态村的具体情况，做到心中有数，明确创建工作的重点和措施。(2)制订全县文明生态村建设方案，进一步明确发展生态经济、优化生态环境和培育生态文化是文明生态村创建的重要内容。2009年新建40个文明生态村，其中，新建一类文明村10个、二类文明村30个。(3)抓好驻点单位创建文明生态村活动。要求各联创单位选派责任心强、熟悉农村工作的优秀干部驻点包村，组织开展文明生态村创建活动。引导部分有条件的农民从事非农经济，拓宽农民增收的门路。全年全县驻点包村工作队员有120多名，为农民办实事做好事300多件。(4)发动群众投工投劳创建文明生态村，全县投工投劳达10多万元。(5)抓好硬化村道建设质量，全年组织工程队施工协助创建32个文明生态村，经检查验收，工程质量均符合要求。(6)协调利用好交通、扶贫、民宗、水利等部门的涉农资金，整合资源。充分发挥各部门的职能作用，全力支持文明生态村建设，县发改局、农业局、交通局、水务局、卫生局、民宗局、扶贫办、林业局、农技局等涉农部门整合1360多万元，集中投入到文明生态村建设，进一步完善农村基础建设，使文明生态村建设顺利进展。(7)抓好检查督促，县文明办经常深入到各创建村庄检查指导工作，及时了解、通报情况，督促进度。实行创建工作汇报制度，由各乡镇定期召集联创单位汇报文明生态村创建工作进展情况，总结经验，发现问题，及时查漏补缺。推动文明生态村建设健康发展。

此外，县文明委实施文明生态镇创建活动，在红毛镇、长征镇、湾岭镇3个镇开展文明生态镇创建活动，其中，湾岭镇的创建活动成效显著，初具规模，改善小城镇环境卫生面貌，提高村(居)民思想道德素质和生活质量，推动农村"四个文明"建设健康协调发展。2001年，湾岭镇通过省文明委考核，被评为省级文明生态镇；和平镇新民村、黎母山镇加林村、湾岭镇竹郎村被评为省级文明生态村。

三、创建文明单位

2000年，县文明委结合实际，在2月底制定《琼中黎族苗族自治县关于进一步加强精神文明建设的意见》，开展群众性精神文明创建活动。4月14日，召开全县精神文明建设工作会议，表彰1999年度精神文明建设县级文明单位39个，文明村镇先进单位17个，先进个人84人，文明户163户。为了使"让琼中更加文明"活动向广度发展，县文明办组织人员深入宣传1998至1999年度省级文明单位和先进个人，并在县广播电视台进行系列宣传，发挥辐射、示范和带动作用。通过深入开展"让琼中更加文明"活动，使县城乡环境卫生面貌和交通秩序、公共秩序发生巨大变化，党政机关、窗口行业服务质量有了明显提高，社会风气进一步好转，好人好事和先进典型层出不穷，争创"文明村镇""文明单位""文明小区""文明家庭""先进个人"在琼中县蔚然成风。2007年，扎实推进文明诚信企业、文明高效机关、文明规范行业创建活动。文明诚信企业以打造绿橙品牌、发展特色农业和旅游业为重点，突出讲诚信、讲信用的和谐理念；文明高效机关以勤政为民、廉洁奉公、务求实效为重点，以"政务公开制、社会承诺制、首问负责制、社会监督制"为主要内容，突出能干事、会干事、干好事、干实事，出实效理念，讲究工作效率，维护政府形象。文明规范行业以建章立制，规范行业行为，改进行风成效为重点，广泛开展文明示范窗口活动，推进精神文明建设深入开展。

2008年，琼中公路分局、琼中气象局被评为全国第二批精神文明创建先进单位，湾岭镇被评为全国文明镇。2007—2010年，县国税局、检察院、公安局、中国电信琼中分公司、中国移动琼中分公司、县农村信用合作联社6个单位被评为省级文明单位；和平镇新民村、黎母山镇加林村、湾岭镇竹郎村3个村被评为省级文明生态村，县交通局局长王川芳、湾岭镇人民政府镇长黄海、县人民法院副院长林万强3人被评为海南省精神文明建设先进工作者。

四、创建文明家庭

1991—2010年，琼中县表彰"五好文明家庭"1585户，12户家庭被评为"省五好文明家庭"，2户家庭被评为"省五好文明家庭标兵"，3户家庭被评为"全国五好文明家庭"。

第七章 统战工作

第一节 机 构

1991年，县委统战部内设行政秘书岗、工商岗、党派岗、民族宗教岗、对台岗。2002年，经县编委会审定，县委统战部行政编制4名，部长1名，副部长1名，一般干部2名。至2010年，机构与人员未变。

第二节 统战基地建设

2009年，省政协副主席、省委统战部部长邱德群多次到琼中考察调研，组织省统战系统和八个民主党派等13个省级单位在琼中设立统战服务发展基地，县委统战部积极开展协调联络、对接沟通等服务工作，配合开展考察、调研、座谈会18次，初步拟定基地项目85个，年底启动第一批项目42个，援助资金超过350万元（不含培训项目），涉及教育文化、医疗卫生、农业技术、生态旅游、司法服务及民生工程等领域。省委统战部援助150万元建设琼中民族中学教学楼，南山寺新成方丈、明生法师捐助50万元资助县45名贫困大学生，致公党海南省委援助26万元建设什运小学食堂。

2010年，继续建设基地项目31个，其中，教育类项目11个，医疗类项目6个，扶贫类项目14个。省佛教协会会长印顺法师捐资56万元资助县贫困大学生39名，省委统战部捐资95万元援建的县民族中学运动场及挡土墙开工建设；农工党海南省委在琼中县举办基层医疗卫生机构国家基本药物培训班，共培训120余名基层卫生专业人员；由台盟海南省委联系、中国西部促进会协调,深圳市捐助县人民医院黑白B超、胎儿监护仪、心电图机、电解质分析仪及监护仪等医疗器械,价值62万元;民建省委会援助148.75万元修建营根镇里龙村3.8公里公路项目,援助151.06万元修建黎母山镇新队村3公里公路项目,已完成设计工作;省委统战部统筹下拨琼中县的"三老"特困老人困难补助金20万元,补助琼中县"三老"人员100名,每人2000元。

第三节 党外人士工作

1991—1993年,组织党外人士对职业中学办学方向、乡镇卫生院设施的情况、老少边穷地区如何脱贫致富、苗族教育情况、工业亏损等问题开展5次专题调研,向县委县政府和有关部门提出合理建议案,这些建议案均被采纳并实施,取得较好的效果。1991年1月,邀请党外的农艺师、农业技术员10人,组成调查组,针对部分农民没有解决温饱问题,到上安乡行干管区新丰村进行调查,探讨致富途径。调查组将实际情况向县政府报告,县政府主要领导到该村作详细调查,与有关部门领导研究制定扶贫方案。林业部门率先拨出一笔专款帮助该村发展杉木生产。在该村种植橡胶2500株、杉木44000株、木薯150亩、竹类2300株,取得较好的经济效益。

1994—1998年,统战部把一些重要议题与琼中的工作大局相结合,与县政协邀请县公安局、财税局领导在县政协五届委员会上向各常委通报全县社会治安和财政收支情况。与县政协一起组织政协委员、党外人士到上安乡新丰村和红毛镇考察,写出了《新形势下如何加强农村工作的领导》和《红毛镇经济发展缓慢的原因》的考察报告。同时,县委统战部主要就贯彻实施九五计划、加强农业和农村工作的领导、中小学教育状况、精神文明建设等进行考察、调研,写出专题报告4份。

1999—2003年,县委统战部按照"议大事,抓重点,讲实效"的工作方针,组织党外人士参加各种调研考察活动,参加人数达129人次,形成调研报告16篇。围绕中部开发,琼中应怎么办的问题,深入进行专题调研。深入县内部分重点果园和部分商场、酒店、企业和窗口单位就琼中县水果生产管理和非公有制经济发展问题进行专题调研,听取各方面人士的意见和建议,形成调研报告,报送县委、县政府领导,得到县委、县政府领导的肯定,县委、县政府及时召开了全县私营经济现场会,促进全县非公有制经济健康发展。在此期间,县委统战部参与考察活动46次,党外人士参加活动143人次,就琼中县扶贫开发,中部地区经济发展,非公有制经济,文明生态村建设,中小学以及水果生产,社会治安等进行调研,报送报告21件。

2004—2007年,县委统战部参加县政协考察调研活动20多次,形成考察调研报告9份,供县委、县政府决策参考。为了创建生态县目标,政协委员就县红口溪营根河水污染问题和小造纸厂污染问题进行专门调研视察;针对琼中黎族苗族自治县近年来出现的乱砍滥伐毁林现象,在县政协第七届十五次常委会上,党外代表人士就琼中毁林开荒现象及如何采取措施制止毁林展开大讨论,并组成调查组,就如何保护青山绿水问题,向县委提交了《关于要求采取措施制止乱砍滥伐天然林保护森林资源的建议》，得到县委的重视和采纳。

2008—2010年，县委统战部先后组织党外代表人士对琼中县农业、教育、卫生、住房及群众关心的热点问题进行专题调研20余次。针对百花岭毁林种植及百花岭水库移民遗留问题、琼中县特色产业发展、环境卫生综合整治等问题，通过召开会议研究部署、深入实地视察，走访农民群众等形式开展调研，并组织人员撰写调研报告。《关于琼中县农业特色产业视察调研的报告》《关于琼中县桑蚕产业发展调研的报告》《关于全县乡镇(村)垃圾处理情况的调研报告》《关于琼中绿橙产业发展情况的调研报告》等报告受到县委、县政府主要领导的高度重视，在县委决策中发挥了重要作用。

第四节 民族宗教事务管理

1991—2010年，县委统战部贯彻党的民族宗教政策，重视和加强与宗教人士、少数民族委员的联系，发挥他们在维护稳定、增强民族团结进步工作中的重要作用，同时利用黎、苗族“三月三”等节日，引导他们开展健康有益的活动，增强各民族大团结。

2009年，协同县公安局、县民宗局深入各乡镇、国营农场等15个宗教堂点开展调研检查。确保宗教活动规范开展，使之自觉抵制外来渗透。针对营根镇长流水村部分党员参加基督教活动问题，统战部与民宗局等有关部门深入该村开展细致的思想工作，使他们回到正常的党组织生活。积极开展民族宗教问题调研座谈，探讨县宗教工作新对策，为做好民族宗教工作打下良好基础。

2010年，县委统战部建立县、乡、村三级网络，及时发现因民族宗教问题可能引发的突发事件，使民族宗教问题在第一时间内有人问事、妥善处理。7月，统战部在红毛镇召开全县宗教联席扩大会议，全面布置下一阶段县宗教工作。统战部紧紧围绕“宗教和谐、民族团结、社会稳定、促进经济发展，推动琼中和谐”的主题，积极开展各项工作，为琼中县做好民族宗教工作打下良好基础。

第五节 台湾事务和对外工作

2010年，琼中县在台湾21人，台属40户99人，有台资企业2家。

县委统战部贯彻落实中央对台工作的方针政策和省对台工作会议精神，紧紧围绕全县工作中心，在维护台胞台商台属合法权益，完善基层对台工作组织网络，增强服务意识，尽力为台资企业、台胞和台属排忧解难，动员台湾乡亲支持家乡建设等方面做了大量工作，取得显著成效。

1990—1993年，县内台属与台湾亲人通讯联络40多人次。共接待台胞300多人次，其中琼中籍台胞4位。1991年清明期间，从琼中去台湾定居40多年的王勤文第一次从台湾回家乡祭祖扫墓、探亲旅游，县委统战部非常重视，派车接送，并召开座谈会，县委主要领导向王勤文介绍琼中县几十年来的发展情况。

1998—2003年，统战部每年中秋节召开一次“联谊会”，邀请台胞、台属、台商、民主党派、无党派人士和非公有制经济代表人士参加，围绕祖国发展的大好形势，宣传党和政府对台湾同胞、海外侨胞的政策，引导和鼓励海外侨胞、台湾同胞和各界人士积极参与祖国的开发建设。为台胞台属台商做好服务工作，帮助营根镇台属王德波到台湾办理继承财产手续，帮助台属林水来申请经济适用房，每年慰问困难台属等。把台属的困难当作大事来抓，使他们感受到祖国大家庭的温暖和热情。

2003年，针对陈水扁在台湾进行分裂祖国行径，县委统战部借召开县政协七届委员会的机会，组织民主党派、无党派人士、台胞、台属、台商一起座谈，严厉批驳陈水扁的“两国论”，强烈反对台湾当局妄图分裂祖国的阴谋。2003年，争取来自美国的文教专家、美国国际交流协会总裁艾迪·米歇尔捐赠4万元，为湾岭镇来浩小学购置教学设备。

2004年，为红毛中学争取日本政府“利民工程”无偿援助资金28万元，建造学生宿舍楼。为吊罗山乡争取德国政府援助资金8万元，帮助农民建设沼气池。

2006年，热情接待马来西亚彭女士一行十多人，到琼中县进行家具市场的实地考察；联系县分管侨联工作的副县长李伏云到欧洲考察，走访当地侨团，增进交流与合作；县侨联主席冯秀金随省侨联组团赴马来西亚参加槟城海南会馆成立140周年庆典活动，拜访了当地重要侨团、侨领。

2007年，参与黎母山黎族始祖文化苑的建设，热情接待每一位到黎母山考察的外商，促使琼中的旅游业尽快步入海南旅游业的快车道。

2009—2010年，经省侨联牵线，县委统战部配合县侨联，引进澳洲金晖国际集团董事长捐助20万元建设“侨心小学”。给困难归侨侨眷送去慰问金3万多元。培训农村归侨侨眷掌握养蜂、养鹅等技术。

第八章 政法综治工作

第一节 机 构

1991年4月29日，成立琼中县社会治安综合治理委员会，由县委副书记、县长任综治委主任，县委常委、副县长任综治委副主任。主要职责包括“打击、防范、教育、管理、建设、改造”六个方面。全县有各级综合治理委员会29个，成员299名，其中农林茶场综合治理委员会15个，成员164名，乡镇综合治理委员会13个，成员116名，各级综合治理委员会主任大部分由党委或政府第一把手担任。县、乡镇、场综合治理委员会都设立综合治理办公室，办公室工作人员有163名，办公室主任大部分由派出所所长担任。全县100个农村管区625个村民小组和国营农林茶场404个基层单位均成立综合治理领导小组，共有成员2442名。农村管区和农场作业区成立普法小组142个，成员426名，县直机关（包括各工厂）成立综合治理领导小组135个，成员405名。

1993年，全县13个乡镇共设立治保会221个，成员814人，调解会391个，成员1169人，保安队9个，成员37人，护村队595个，成员2091人。

1996年12月11日，县委、县政府联席会议决定，政法委员会办公室与县社会治安综合治理办公室合署办公，实行两块牌子、一套人马，定编3名。同时撤销县委办公室内设的政法岗和综合治理岗。

2010年，全县共有基层综治、维稳组织121个，基层党组织137个，群众自治组织132个，调解会110个，基层法庭2个、检察室2个，司法所10个，治保会110个，巡逻队28支405人，综治工作中心和矛盾调处工作中心10个65人，综治工作站110个。同年11月15日，县编制委员会印发了《关于县委政法委内设机构升格的通知》，将政法委办公室升格为副科级、社会治安综合治理委员会办公室升格为正科级，维护社会稳定工作领导小组办公室（正科）挂靠县委政法委，增加县政法委行政编制2名。政法委共有行政编制7个。

第二节 落实综合治理各项制度

一、落实领导责任制和综治目标管理责任制

1991—2010年,琼中县各级党委、政府严格按照《海南省社会治安综合治理领导责任制实施细则》的要求,认真贯彻落实中央五部委联合颁布的《关于实行社会治安综合治理领导责任制的若干规定》,层层建立社会治安综合治理领导责任制,把社会治安综合治理工作、确保一方平安,作为各级党委、政府和各部门党政领导干部的任期目标之一,与领导干部政绩考核、晋职和奖惩直接挂钩,层层签订责任书。1999年3月18日,县委、县政府党政一把手与辖区内14个乡镇、15个农场的党政主要领导签订了《琼中县1999年社会治安综合治理目标管理责任书》,农场与乡镇把责任书签订到连队与村委会。同年6月,县综治委组织抽查了阳江农场、营根镇等8个单位执行责任书的情况,加强执行工作的检查与监督。1999年11月29日至12月2日由县综治委牵头,会同县组织、纪检、人事、监察等部门组成检查组对各乡镇、农林茶场执行责任书情况进行全面检查验收,严格考核,真正把党政领导干部抓综治工作的能力和实绩与干部的政绩考核、晋职、晋级、奖励挂钩。经检查验收,全县执行落实《琼中县1999年社会治安综合治理目标责任书》情况良好,达标率100%,各级党政主要领导真正负起保一方平安的政治责任。

二、综治一票否决制

1991—2010年,琼中县各级党委、政府各单位、各部门认真履行社会治安综合治理的工作职责,落实多种有效措施,在广大干部、群众的共同努力下,琼中县持续保持社会政治稳定、良好的治安秩序,人民安居乐业,全县不存在“一票否决”情况。

第三节 平安创建

一、安全文明小区创建活动

1999年开始,县委政法委对安全创建工作进行规划,并加强指导和监督,形成各级党委、政府统一领导,综合治理部门组织协调,以公安机关为骨干,以村委会(连队)为依托,基层政法组

织和综治组织参与，形成合力，共同开展安全文明创建活动。

1999—2010年，全县成立创安领导小组29个，县综治办把县城86个单位划分为42个小区开展创安工作，570个村庄和440个农场连队全面开展安全创建活动。县综治办和文明办经常组织人员到基层检查指导创建工作，落实各项安防范措施，完善防范机制。经综治委组织检查验收，全县创安达标的村庄365个，达标率66.7%，农场352个连队达标，达标率80%，安全创建工作成效明显。

二、开展平安创建活动

2008年，制定《琼中县2008年开展平安建设实施方案》，进一步加大对平安建设工作的力度，集中开展平安建设。组织开展平安乡镇、平安农场、平安村(生产队)、平安社区、平安单位、平安校园、平安家庭创建活动。进一步加大平安建设与综治工作宣传力度。按照省综治办《关于近期在全省集中开展平安建设宣传工作的通知》文件精神和宣传内容，组织开展“平安琼中”建设宣传月活动。

以“三月三”主会场庆典活动为契机，以“平安琼中”等为主题，召开宣讲会58场次，宣传车宣传156次，电视宣传15天，张贴标语3024条，挂横幅84幅，宣传画500张，文艺演出10场次，为综治工作与平安建设营造良好的舆论氛围。投入近6万元在县城街道和乡镇、农场制作硬化配图宣传牌29个。县综治办编制了《琼中县创建平安工作手册》，内有创建平安工作意义、目标、任务、标准、制度、措施、口号等内容，下发给各乡镇、农场，用于指导基层开展全县的平安创建工作。制作《和谐琼中·平安琼中》制度图册发到乡镇农场，指导工作。县综治办主要领导亲自备课，给全县党员骨干和镇、村委会、村民小组干部上创建平安工作辅导课。由县平安办牵头，县护胶办和县教科局联合制作了“创建平安农场”“创建平安校园”宣传光盘，下发到乡镇、村委会、农场连队和全县各中小学。通过宣传，充分调动各方力量参与平安建设，促进平安创建顺利实施，健康发展。

开展平安建设典型创建工作。把文明生态建设和农村平安建设结合起来，评定和平镇、乘坡农场、营根镇、湾岭镇、阳江农场、大丰农场、乌石农场、加钗农场等单位为典型创建单位，建立综治委成员单位联系点制度，抓好典型创建示范工作。同时，要求各乡镇、各国营农场抓好2～3个基层试点单位，推广平安创建工作，推动和促进全县的平安建设活动顺利开展。

至2010年，琼中县共创建“平安乡镇”10个，“平安农场”12个；“平安家庭”642户，“平安医院”31个，平安村(居)委会、社区93个，“平安学校”79所，“平安单位”36个，“平安景区”1个，“平安边界”7个，“平安文化市场”20个，“平安连队”245个。

第四节 社会治安综合治理

一、创建“无黄、无赌、无毒”三无县

1999年初,县委、县政府在全省提出创建“无黄、无赌、无毒”三无县创建目标。成立琼中县创建“三无”县领导小组,组长由县委书记,人大主任担任,副组长由县长符跃兰和县委常委、政法委书记、副县长陈宗贤担任,成员由政法委、综治办、公安局、检察院、法院、司法局、工商局、文体教育局、卫生局等部门主要领导组成。县长符跃兰多次主持会议研究部署创建工作,县委常委、副县长、政法委书记陈宗贤亲自主持创建“三无”县工作。建立“三无”县责任制,层层签订责任状,把创建“三无”县工作作为考核各级党政干部的重要内容,对“黄、赌、毒”查禁不力,造成“黄、赌、毒”蔓延的党政一把手和直接责任人一律就地免职,并追究主要责任人的责任,同时制订《琼中黎族苗族自治县创建“三无”县工作实施方案》,精心组织、严密部署。按照《方案》要求,各乡镇、国营农场、各成员单位、各职能部门紧紧围绕创建“三无”县工作目标,密切配合,形成齐抓共管的工作局面。

2001年,全县有23个社区被省政府评为“禁毒优秀社区”,覆盖率达90%。2007年6月23—26日,开展禁毒宣传“六进”活动,出动警力120人次,组织禁毒宣讲活动16场次,发放禁毒宣传资料14500份,张贴禁毒宣传标语1200多条,悬挂横幅100多条。2010年,开展禁毒宣传进校园活动。民警为各学校师生讲解了全县禁毒形势,介绍了常见毒品种类、危害和青少年违法犯罪案例。

二、严打和整治治安突出问题

1992年初,将什运、营根、乌石、湾岭、中平5个乡镇作为重点治理地区。针对重点地区盗窃、打架斗殴突出的治安问题,采取严打和整治措施。侦破各种刑事案件86件,抓获各种违法犯罪分子489人,摧毁各种犯罪团伙24个。开展“破大案、挖团伙、缴黑枪、追逃犯、重点治理”专项斗争。1994年,全县共发各类刑事案件86件,破61件。其中重特大案53件,破35件,破案率分别为70%和66%,破案率比上年提高6.5%和10.9%;治安案件230起,查处225起,查处率为95.7%,摧毁犯罪团伙21个77人,其中盗窃团伙12个44人,抢劫团伙4个成员11人,流氓团伙1个6人,其他团伙4个16人。共抓获各类违法犯罪分子440人,其中团伙成员77人,涉枪犯罪分子7人;

流窜犯19人，其他盗窃犯45人，抢劫犯罪分子4人，逃犯24人，其他违法犯罪人员264人。1995年，开展打击卖淫嫖娼专项活动4次，抓捕嫖娼人员2名、卖淫人员6名；开展打击赌博专项活动5次，摧毁赌窝2个，抓获赌博人员11名，抓获贩毒吸毒人员11名。

1996年，针对杀人、抢劫等严重暴力犯罪和带黑社会性质的犯罪团伙以及流氓势力予以严厉打击，坚决查禁吸食毒品、赌博和卖淫嫖娼等社会丑恶现象。县成立"严打"指挥部、下设办公室。全县分为八个战区，由县"严打办"组织8个行动组织奔赴八个战区，协助开展"严打"行动，共抓获各类违法犯罪分子315名，其中杀人嫌疑犯6名，抢劫嫌疑犯32名，强奸嫌疑犯12名，盗窃嫌疑犯32名，其他嫌疑犯233名。破各类刑事案件52件，摧毁犯罪团伙24个，抓获团伙成员184名。缴获黑枪12支，子弹38发，录像机、电视机4部、摩托车8部、耕牛23头，木材23立方米，金戒指25枚等赃物，折价29万余元。1998年，坚持什么犯罪突出就重点打击什么，哪里问题严重就整治哪里的原则，先后在全县范围内开展4次严打专项斗争，抓获各类违法犯罪分子285人，破获各类刑事案件50件，破获各类违法犯罪犯罪团伙7个10人。开展扫除"黄、赌、毒"专项整治行动，抓获赌博人员46人，抓获吸毒人员13人。1999年，琼中县在禁赌禁娼工作中，组织警力、党政干部、治安积极分子2689人次、车辆81部，对全县的宾馆、招待所、旅店、出租屋315间，发廊、美容店62间，歌舞厅、卡拉OK音乐茶座、电子游戏屋等148处公共场所进行全面清查。通过清查和打击，取缔了松涛、乌石、什运乡的3个赌博窝点，抓获涉赌人员12人，没收赌资3000余元，麻将、扑克牌等赌具一批，查获明星发廊从事暗房按摩，责令其停业整顿。经过多次清查专项行动，卖淫嫖娼等社会丑恶现象得到遏制。

2002年，开展严打斗争工作，全年公安机关立刑事案件143件，破70件，抓获犯罪嫌疑人82人；治安案件90起，治安处罚196人，查扣无牌无证车辆1294辆；共缴获赃款12600元；没收木材40.823立方米，挽回经济损失64701元。2008年，琼中县公安机关处理治安案件276起，查处263起，查处率为96%；抓获违法人员333人，其中拘留199人，罚款58人。由县委政法委牵头，县森林公安局和检察院共同开展打击破坏森林资源违法犯罪活动，共立刑事案件23件，破10件，刑拘25人，其中逮捕21人，取保候审2人；查处治安案件3起，拘留8人，罚款2650元。在打击"两抢两盗"犯罪活动中，破获盗窃案件29件，其中涉"三电"案件3件。在打击毁林偷胶违法犯罪行动中，全县垦区共立涉胶刑事案件13件，破9件，刑拘13人；发生涉胶治安案件37起，查处31起，拘留39人。

2010年，县综治委将县城、湾岭、长征三个地区列为全县重点整治地区，突出整治毒品犯罪、入室盗窃、伤害他人等主要治安问题；其他地区重点整治酒后滋事、群体性斗殴等治安问题。政法综治部门特别是公安机关在整治工作中充分发挥主力军的作用，派出14个工作组深入县城、湾岭、长征等重点地区开展综合整治工作。通过整治，取得明显成效。截至2010年10月31日，重点整治地区共破获刑事案件32件（其中盗窃案件16件），刑事拘留16人；查处治安案件63起，抓获违法犯罪人员84人（群众扭送2人），教育警告33人，群众提供线索6条，维护了良好的治安秩序。

三、护林保胶

1991年,黎母山地区民营橡胶收购管理混乱,导致偷割偷收重新抬头,引起县委领导高度重视,县委常委许达钟奔赴当地召开联防指挥部会议,对民营橡胶的收购管理和黎母山镇及橡胶加工厂的加工原料来源做了明确规定,使偷割偷收农场橡胶的现象迅速减少。同年9月,成立黎母山地区联防指挥部,农垦公安分局及场、镇派出所干警采取突出行动,取缔了12个非法收购点,没收胶块1000余公斤,处罚了一批套购人员,刹住了套购风,使该地区的护林保胶工作恢复正常。

1993年,根据县委,县政府对护林胶工作的指示,县委政法委把这项工作列为重要工作任务,经常会同有关部门深入各乡镇、国营农场了解情况、指导工作,全年共参加处理因护林保胶问题引发的纠纷13起,打击偷胶起到积极作用,全县垦区橡胶被偷20648株,干胶产量达到212940吨。1995年,在护林保胶工作中,加大力度,重点打击偷胶毁林的违法犯罪分子。全年共抓获偷胶毁林违法犯罪分子203名,缴获橡胶产品33523公斤,木材3272立方米。全年干胶总产为29550.69吨,占地方财政收入的80%以上。

2004年,查处涉胶刑事案件13件,刑拘8人,涉胶治安案件42起,抓获违法人员933人,缴获杂胶(水)43.803吨。全县垦区橡胶生产秩序良好,共完成干胶产量27396吨。2005—2010年,随着橡胶价格的波动起伏和全县护林保胶的高压态势,偷胶现象明显下降。

四、化解纠纷及维稳

1991—2010年,县综治办按照矛盾纠纷排查化解工作的要求,抓好矛盾纠纷大调解工作,有效维护了全县社会和谐稳定。

加强信访工作,解决突出问题。落实领导包案责任制度,认真组织开展大接访活动,妥善化解矛盾纠纷。2008年,在县委书记、县长大接访活动中,县委、县人大、县政府、县政协等主要领导共接访群众358批795人,其中集体访30批350人;受理信访事项158件,办结158件,使一大批信访突出问题得到及时解决。县领导包案办理信访突出问题37件,已妥善办理33件。在5月22日开展的全县涉法涉诉“大接访”活动中,政法部门共接访群众16批24人次,大部分涉法涉诉案件得到解决,实现了省委政法委提出的“事要解决,案结事了,息诉息访”的工作目标。2009年,开展县委书记大接访和政法系统领导干部联合大接访活动,县委、县人大、县政府、县政协和政法系统等主要领导共接访103批312人次,其中集体访8批72人。2010年,共接访257批1006人次,其中集体访32批508人。对群众的来信来访,做到信件有落实,来访有回音,信访案件处理率达到95%以上。

开展矛盾纠纷集中排查化解工作。2008年,组织开展了3次矛盾纠纷集中排查调处活动,对近年来未得到妥善解决的突出矛盾纠纷问题进行大排查和调处化解工作,共排查出15件涉及土地承包纠纷、征地补偿、工商人员分流、体制改革、师范生分配等矛盾纠纷问题，严格按照责任制挂牌督办，限期解决。同年已妥善解决9件。

加大防范和处置群体性事件的力度。制定、完善防范和处置群体性工作预案，建立健全处置群体性事件领导责任制，一旦发生群体性事件，相关部门在第一时间迅速处置。2008年，全县共发生群众性事件12起，全部得到妥善处置。共发生各类矛盾纠纷460起，调处460起，调处率为100%，调处成功450起，调处成功率为97.8%。使影响社会稳定的不安定因素得到及时化解。2009年，全县共发生各类矛盾纠纷652起，调处652起，调处率100%，调处成功630起，调处成功率96.6%。2010年，全县共排查矛盾纠纷512起，调处512起，调处成功487起，调处成功率95.1%。县委政法委组织和协调有关部门成功处置了3起医患纠纷（死亡3人）和1起雇佣纠纷（死亡2人）的群体性事件。

第五节 执法检查与依法治警

1991年，为贯彻落实"每年要开展一次执法检查"的指示精神，琼中县对政法系统执法情况进行依法检查，执法检查领导小组由县委常委严以滨任组长，政法委副书记沈立峰、陈民新任副组长，成员由公、检、法、司各一名领导组成，制定实施方案，召开行动大会，执法检查包括开展自查自纠，交叉检查，总结反馈、整改三部分，对公检法司依法办事取得的成绩予以肯定，对存在问题及执法程序上提出整改意见。1993年，县委政法委根据上级的文件精神，结合琼中县的实际情况，提出《一九九三年执法检查的实施方案》，下发各乡镇、国营农场党委和县政法各部门贯彻执行，全县成立了5个小组，分别下到乡镇、农场、机关、学校进行执法检查，这次执法检查采取以自查自为主、与检查督促相结合的办法，实事求是地查摆问题，认真研究，制订整改意见和措施。

2003年，琼中县政法部门开展政法队伍机制教育整治活动。组织政法干警加强对《人民警察法》《检察官法》《法官法》等法律、法规进行学习，从根本上解决政法干警"为谁执法，为谁服务"的思想认识问题，转变执法观念，政法部门按照省直属部门的部署，对队伍在思想、纪律、作风、执法等工作方面的突出问题进行查摆、整改；清理不具备执法主体资格人员100名，全部调离岗位，进行合理安置，同时将未入警授衔人员和协警人员的新式警服、警衔标志一律收缴，共收缴80套；县法院开展"公正与效率"检查、检察院开展了"强化法律监督，维护公平正义"检查、公安局开展"立警为公 执法为民"检查活动，县法院对2000—2002年间的160多件审结案件进行检查，对4件错案进了纠正，对4名责任人予以严肃处理。

2004—2010年，县政法各部门持续加强政法队伍建设，全面提高政法队伍素质。针对部分政法干警经受不住考验、理想信念动摇、特权思想严重、有法不依、执法不严、违法办案、吃拿卡要、作风粗暴等严重损害政法队伍形象问题，县委政法委以加强基层政法干部队伍建设和提高队伍整体素质为重点,以人民群众满意为标准,通过加强和改进思想政治工作,加强政法队伍作风和廉政建设,深入开展争创人民满意的政法干警(单位)活动,组织干警学习业务知识,开展"大练兵"等措施,不断加大政法队伍工作改革力度。其中,2008年在全县开展为期两个月的思想纪律作风整顿活动,以琼中县政法干警中出现的违法违纪案件作为典型案例,进行查摆和整改。县纪检监察部门依照有关规定对县公安局4名违纪违法干部做出相关处分决定。

第六节 预防青少年违法犯罪

1999—2010年,琼中县多措并举做好预防青少年违法犯罪各项工作。组织实施"为了明天——预防青少年违法犯罪工程",执行"青少年违法犯罪社区预防计划"和"未成年人零犯罪社区"创建工作。

加大对《未成年保护法》《预防未成年人犯罪法》的宣传力度,充分发挥共青团、教育局等部门的作用,经常开展基地教育和革命传统教育活动,向青少年特别是在校学生灌输先进思想和守法观念,增强广大青少年违法犯罪的免疫力。为加强在校中小学生的法制教育,配齐中小学校法制副校长,开展法制教育。全县配备中小学法制副校长58名,达到应配比例的100%。各乡镇以学校为法制宣传教育阵地,以授课的形式开展法制宣传教育。

开展创建"平安校园"活动,整治学校及周边治安秩序,优化育人环境。清理学校周边200米内的网吧、各种电子室、歌舞厅、桌球电及非法书摊,制定禁止未成年人进入上述娱乐场所等规定,从而减少对青少年尤其是未成年人的负面影响。加强对中小学校及其周边的治安环境整治,预防减少斗殴、盗窃、勒索等行为的发生,使青少年在一个和谐的环境下成长。

共青团、教育、综治、司法、宣传等部门利用广播、电视、报纸、演讲等多种形式开展法制宣传教育工作,以身边的典型事例,现身说法,教育青少年。积极做好两劳回归人员的帮教工作和安置工作,解决他们的就业问题,保障其基本生活条件,使这些失足青少年重新回归社会。

第七节 表彰见义勇为行为

至2010年,琼中县见义勇为工作主要由县综治办负责。1991—2010年间,琼中县见义勇为受表彰人员情况如下:

1991—2010年琼中黎族苗族自治县表彰见义勇为人物情况一览表

表9-5

<table>
<tr><th>姓名</th><th>性别</th><th>民族</th><th>籍贯</th><th>先进事迹</th></tr>
<tr><td>朱亚民</td><td>男</td><td>黎</td><td>海南琼中</td><td>1994年11月,被海南省社会治安综合治理委员会授予“海南省见义勇为公民”称号</td></tr>
<tr><td>王明璋</td><td>男</td><td>黎</td><td>海南琼中</td><td>1996年8月被海南省综治委授予“见义勇为先进分子”荣誉称号,1996年9月被琼中县综治委授予“琼中县见义勇为先进个人”荣誉称号</td></tr>
<tr><td>王培</td><td>男</td><td>黎</td><td>海南琼中</td><td>1996年8月被海南省综治委授予“见义勇为先进分子”荣誉称号;1996年9月被琼中县综治委授予“琼中县见义勇为先进个人”荣誉称号</td></tr>
<tr><td>王飞</td><td>男</td><td>黎</td><td>海南琼中</td><td>1996年8月被海南省综治委授予“见义勇为先进分子”荣誉称号;1996年9月被琼中县综治委授予“琼中县见义勇为先进个人”荣誉称号</td></tr>
<tr><td>陈明江</td><td>男</td><td>汉</td><td>海南万宁</td><td>1.2010年7月26日,被授予“琼中县见义勇为公民”荣誉称号;2.2011年6月14日被省委政法委、省委宣传部、省公安厅、省见义勇为基金授予“海南省见义勇为先进群体”荣誉称号</td></tr>
<tr><td>王谋鑫</td><td>男</td><td>汉</td><td>海南澄迈</td><td rowspan="5">2010年7月26日,被授予“琼中县见义勇为公民”荣誉称号</td></tr>
<tr><td>陈石吉</td><td>男</td><td>汉</td><td>海南澄迈</td></tr>
<tr><td>李达龙</td><td>男</td><td>汉</td><td>海南澄迈</td></tr>
<tr><td>王玉芳</td><td>女</td><td>黎</td><td>海南琼中</td></tr>
<tr><td>刘启良</td><td>男</td><td>汉</td><td>海南澄迈</td></tr>
</table>

第九章 党 校

第一节 机 构

1993—1995年县委党校盖起一幢三层综合性大楼(1340平方米),内有大教室一间、中教室两间、小教室一间,办公室、图书室、小会议室各一间,改变过去借用教室培训干部的局面。1991—2004年,有编制16人。2004年,决定把琼中县民族干部学校、琼中县社会主义教育学校都挂靠在琼中黎族苗族自治县委党校,实行"一套人马,三块牌子"。2007年,缩编为8人,内设机构有:办公室、培训岗、教务岗、科研岗,有教职工10人,使党校成为全县党员、干部的培训中心。

校内建一面百米廉政文化长廊,由县纪委主办、党校承办,以"琼中廉韵"为主题,设置廉政规定、廉政典故、廉政格言、廉政物语、廉政漫画、廉政警钟等内容,传播廉政理念,弘扬新风正气,打造琼中廉政文化新天地,从而使党校成为全县廉政文化教育阵地。

第二节 培训轮训

1991—2010年,培训轮训全县副科级以下党员、干部,农村基层支部书记,村级"两委"班子成员,村小组组长,农村党员,机关,企事业单位文秘人员等。培训内容主要以党性教育为主,加强政治思想教育,增强党性修养,坚定理想信念,牢记党的宗旨,树立正确的世界观、人生观、价值观,公文处理等,全面提升党员干部的能力和素养。

1991—2010年,每年举办培训班3期,一共举办35期,共培养各级党员干部4025人次,其中2010年开始举办的"文秘班",成效显著。

第三节 函授教育

1985年3月起，县委党校开始办函授教育班。1985—2003年，函授教育班主要有与广东省委党校合办的党政干部大专班，与中央党校合办的经济管理专科班、法律本科班，与海南省委党校合办行政管理专科班、行政管理本科班等，共26班，函授班毕业学员达1394人。2004年3月，县委党校停止了函授教育大专班及本科班的招生办学工作。

1991—2003年县委党校历届函授毕业班情况统计表

表9-6

班别	专业	人数	学习日期
中央1993级本科班	党政管理	55	1993.8—1995.12
中央1993级大专班	经济管理	78	1993.8—1996.6
中央1994级本科班	经济管理	34	1994.8—1996.12
中央1994级大专班	经济管理	99	1994.8—1997.6
中央1995级本科班	经济管理	29	1995.8—1997.12
中央1995级大专班	经济管理	91	1995.8—1998.6
中央1996级大专班	经济管理	33	1996.8—1999.6
中央1997级本科班	经济管理	19	1997.8—1999.12
中央1997级大专班	经济管理	41	1997.8—2000.6
中央1998级大专班	经济管理	36	1998.8—2001.6
中央1999级大专班	经济管理	60	1999.8—2003.6
中央1999级本科班	法律	36	1999.8—2001.12
中央2000级本科班	法律	32	2000.8—2002.12
中央2000级专科班	经济管理	53	2000.8—2003.6
中央2001级本科班	法律	28	2001.8—2003.12
中央2001级专科班	经济管理	41	2001.8—2004.6

续表1

班别	专业	人数	学习日期
中央2002级本科班	法律	32	2002.8—2004.12
中央2002级专科班	经济管理	61	2002.8—2005.6
中央2003级专科班	经济管理	23	2003.8—2006.6
中央2003级本科班	法律	26	2003.8—2005.12

第四节 教学科研与管理

一、教学与科研

2002年,校领导提出加强调研,狠抓科研成果。教员们深入基层调研,徐本林撰写了《海南琼中新农村建设的新思路》,在2007年第10期海南省杂志《新东方》上发表。此外,通过创办"文秘班",提高全县文秘人员的调研写作、公文处理、公文写作水平与业务能力。通过现场教学调研,文秘人员深入基层开展调研,撰写出43篇涉及琼中县经济社会各领域的专题调研报告。

二、健全规章制度

1991—2010年,县委党校不断完善规章制度。规定了党校的八条基本任务,以及办公室、教务室、科研室、电教室、图书资料室、函授站、专职教员等岗位的工作职责,即培训班管理制度6条、科研工作制度3条、考勤管理制度5条、后勤管理制度4条、财务管理制度7条、财务管理制度5条。健全党支部工作制度,即党支部组织生活制度7条、党风廉政建设制度5条、民主生活会制度3条、党员目标管理制度3条、党员职工学习制度5条等,真正做到用制度管人管事,使党校干部教育培训工作不断向前发展。

第十章 其他工作

第一节 县委办公室

一、机构

1995年，撤销政策研究室，其职能划归县委办公室。县委办内设行政秘书、调查研究、资料综合、信息督查、常委秘书、机要室、保密室7个岗位；人员编制24名，其中主任1人，副主任3人，行政秘书岗位3人，调查研究岗3人、资料综合岗3人、信息督查岗3人、常委秘书1人、机要室5人、保密室2人。

1999年9月22日，县委常委会研究决定，成立县委办公室督查室，为县委办内设机构，规格为副科级，行政编制3名（从已有的行政机动编制中调剂）。10月25日，县委常委会决定县委新闻报道岗位改设在县委办公室，同时撤销县委宣传部新闻报道岗位，其岗位编制和岗位职责划归县委办公室。

2001年，琼中县实施第四次机构改革，保密室、机要室分别更名为保密局、机要局，为县委办公室内设机构，均为副局级建制。

2010年9月，县委办公室督查室更名为县委督查室，为县委办公室内设副科级机构，行政编制2人，从县委办公室行政编制追加1个编制。县委办公室内设行政秘书岗、常委秘书岗、新闻秘书岗、综合调研岗、信息岗、督察室。

二、主要工作

行政秘书工作 县委办围绕县委中心工作，规范高效办文办会。1993年至2010年，起草、修改及印发县委及县委办公室文件3600余份，撰写汇报材料、领导讲话稿400余篇；1999年至2010年处理省委及上级有关部门来文3800余份；2005年至2010年，共承担重要会议180余场，先后接待省领导及兄弟市县领导来琼中视察百余次。确保了县委各项工作及时、准确安排部署,为县委工作的高效、快捷运转做出了积极贡献。

信息工作 1993至2010年,收集加工各类信息5000余条,上报给省委办公厅2880余条,被省委办公厅采用1050余条,采用率36%。1993年至1998年,共编印《琼中简报》154期。通过简报把县委的决策和县委主要领导的工作思路、意图等及时、准确地传到各乡镇各部门,把各乡镇、各部门的工作向县委领导反映,从而促进县委决策层和执行层工作的顺利开展。在信息工作中,曾于1995年、1996年、1997年被省委办公厅评为信息工作先进单位,3人5次被评为信息先进工作者。1999年1月,县委办将原编发《琼中简报》改编成质量较高的县委机关刊物《今日琼中》,1999年至2010年共编发《今日琼中》200余期。2005年至2010年,县委办着力挖掘有一定深度的高层次信息,通过《琼中要情》形式刊发信息,共刊发72期。

督查工作 1993至1997年,配合省委办公厅对琼中县落实"省委二届四、五次扩大会议""省农村工作会议""省保密工作会议""省禁毒工作会议"等会议精神进行督查25次,其中1997年针对省各种会议精神进行督查7次;根据县委八届一、二、三、四、五、六次会议精神,进行分解立项督查46次;1997年,办公室对全县民房改造和改水改厕工作进行专项跟踪督查12次;对全县"献计、献策活动"和"为民办实事、办好事活动"进行综合调查8次,根据县委领导的批示件进行专项督查252次,同时根据督查的热点、难点,编印《督查专报》15期,完成年度任务的25%。1998年至2010年,共编发《督查专报》260余期,做好信件、综合汇报和跟踪督办工作,督办省委、县委领导批示件、信访件2400余件次。很好地促进了省委、县委决策的贯彻落实。

综合调研 1993至1997年,起草了县委八届一、二、三、四、五、六次全体(扩大)会议的工作报告、决定、决议;起草县八届委员会述职报告;编印《决策参考》6期,其中1997年编印3期;为配合海南建省十周年系列丛书,编撰了《中国海南·琼中》《琼中改革大事录》。5年来撰写各类调查报告98篇,其中,21篇报告在香港《大公报》《文汇报》和《人民日报》《海南日报》《今日海南》《崛起的海南农业》等报刊上发表。1995年,县委办有2人被省委办公厅评为"综合调研先进工作者"。1997年,为中央党校供稿1篇(《十五大精神在琼中》),为《中国市县大辞典》一书供稿3篇,均被采用。2002年,县委办加大调研工作力度,组织人力深入乡镇开展调研,撰写了《乌石镇发展树仔菜的调查》《如何发挥乡镇七所八站的作用》等调研文章。2005年,为县委发展大计服务,撰写了《琼中经济社会发展调查报告》。2009年,县委办主动研究和探讨一些带有方向性、全局性、战略性的课题,为领导多出思路,快出思路,出好思路,形成《当前我县农民增收存在的问题与对策》《琼中山鸡产业发展情况调查报告》《关于农民热点问题的调查报告》《解决合理诉求,构建和谐琼中》等一批有深度、有分量的调研文章,得到县领导的一致好评。2010年,县委办深入基层调研,给县委出谋划策,向县委提交《统筹规划大交通促进农村经济发展》《关于琼中县11家县属企业改制的调研报告》《农垦体制改革调研报告》等调研报告。

密码通信工作 2000年琼中县成立了琼中地区国家安全领导小组,认真抓好密码保密和密码通信工作;2002年制定了《琼中黎族苗族自治县各级保密室管理制度》《琼中黎族苗族自治县通信保密管理制度》《琼中黎族苗族自治县计算机保密管理制度》等保密管理制度;2003年接通海南党政网;2004年保密工作获得全省先进单位称号;2006年建设了县党政电子办公自动化网络系统;2009年在全国电子政务效能管理优秀应用案例和全国电子政务公共服务优秀应用案例评比活动中,琼中县协同办公信息系统和琼中县E政热线系统荣获全国案例评比第11名。

第二节 县直工委

一、机构

1991年始，县直单位的党建工作是由各战线党委分管。同年6月，建设战线党委和计划战线党委合并，称计建战线党委，同时增设政法战线党委。1993年7月，撤销8个战线党委，设立2个党委（即县直机关党委，县直企业党委）。至此，全县有24个基层党委。其中，县直机关党委10个，即武装部、公安局、党群、政府、宣教、财贸、农业、工交、计建、政法；镇党委8个，即营根、长征、黎母山、中平、和平、湾岭、乌石、红毛；乡党委6个，即红岛、松涛、什运、上安、吊罗山、长兴；新市农场党委1个。1995年10月，县直机关党委和县直企业党委合并成立中共琼中黎族苗族自治县直属机关与企事业工作委员会。工委共管辖支部129个，党员1763人。2001年，更名为中共琼中县直属单位工作委员会，同时县委恢复战线党委设置，将县直单位党组织按行业就近、工作性质相似的分别划归战线口党委管辖，战线党委对县委负责，接受县直工委领导和业务指导，全县共设置8个战线口机关党委，分别是政府口、农业战线、计建战线、教科战线、经贸交通战线、文化卫生战线、政法战线、财税战线等8个党委，县直工委代表县委领导和指导各战线口党委的党建工作，并具体负责党群口18个支部的党建工作。2007年10月，由于战线党委没有独立编制，县委将各战线口机关党委撤销。县直工委根据各单位职能、党员人数，成立了3个直属机关党委：教科局机关党委、商务局机关党委、工商局机关党委；4个直属党总支：水务局党总支、公路分局党总支、林业党总支、卫生局党总支，其他各单位支部为直属支部。2010年8月，分别成立地方税务局总支和国家税务局总支。至2010年，县直工委负责领导和指导的机关党委有4个（公安、教育、商务、工商）、党总支8个，党支部159个，共有党员2319名。其中直属党总支6个（水务、公路、林业、卫生、国税、地税），直属党支部75个，党员1615人。同年，县直工委编制3人，领导职位1正1副，办事员1名。

二、机关党组织建设

1993年，县直单位共有党支部141个，党员1675人，其中直属机关党委有支部80个，党员968人，直属企业党委有支部61个，党员707人。机关党委管辖的支部基本上是县城的机关事业单位，企业党委管辖的是各公司、银行、厂矿、电站等企业支部，部分支部距离县城较远，如供销海口站支部、185商店支部、毛阳水泥厂支部等。县直工委根据实际情况，为方便管理，通过设立、联合、升级、延伸、划转、撤销"六种办法",把不方便管理或党员人数少的支部撤并。1995年,县机构改革合并后,部分单位未建立健全组织建设,工委及时派出人员深入各单位开展调研,及时撤销、合并、划分、设置党支部,共健全总支6个,支部65个,撤销25个,合并11个,新成立3个,确保机关党的工作适应改革开放的需要。针对县企业经济普遍不景气,大部分工厂处于停产半停产现状,共撤销软弱瘫痪企业支部9个,合并1个。2007年,通过调研发现,原战线党委因没有独立编制,有名无实,经报县委同意,10月,县委下文撤销了8个战线党委。在组织建设中,县直工委始终加强对机关党务干部的培训。从2008年起,陆续选派干部参加省直机关工委组织的在清华大学、复旦大学、井冈山干部学院等地举办的党务干部培训班学习。2009年8月上旬,组织人劳局、财政局、国税局等支部的党务干部到文昌、三亚等地考察机关党组织建设,为县机关创建示范党支部打好基础。同时结合实际,编制《党务工作资料》和直属单位党务干部培训班《学习资料》各一套,编录了中央、省委、县委颁布的有关条例和规定。每年向机关各级党组织发放《党建研究》《党建研究内参》《党课》《党课参考》《党支部书记》《党建文汇》《共产党员》和《党员文摘》等各类学习资料,鼓励机关党组织积极组织党员上党课、集中学习或是自主学习,鼓励党务干部自学巩固提高党务干部业务能力。

1993—2010年,每年都举办一期以上县直单位党务干部培训班,组织机关党务干部外出考察学习。

三、党员队伍建设

1991年初,全县机关、企事业单位有共产党员1500多人。工委成立后,始终把发展党员工作作为加强机关党建工作的重要手段,严格按照程序和标准,至1995年底党员人数1763人,其中预备党员91人。新党员入党宣誓,多选择到临高角解放公园、母瑞山革命根据地纪念园、白沙起义纪念园等地方举行,接受革命传统教育。1994年直属机关党委开展为希望工程交一次党费活动,755名党员共交纳特殊党费11937.6元。1995年开展"献真情,筑丰碑"活动,收到捐款3697.5元,为纪念海南解放45周年献礼,为临高角建设"渡海解放海南岛"纪念碑做出贡献。2000年,全县机关、企事业单位2426名共产党员参加了"三个代表"重要思想学习教育活动。2005年,在县直机关和企事业单位的186个支部2854名党员中开展以学习实践"三个代表"重要思想为主要内容的第一批保持共产党员先进性学习教育活动,通过开展先进性教育活动,取得较好成效。至2008年,党员为群众办实事、好事374件,共投入资金、物资计76.48万元;走访、慰问、救助困难群众1465户(人),慰问钱物价值27.435万元。2010年开展创先争优活动,按县委统一部署,工委指导县直4个党委、8个总支、159个支部,约2300多名党员参加了创先争优活动。通过开展创先争优活动,丰富了党组织活动的内容,教育了队伍,增添了活力,增强了机关各级党组织的凝聚力和战斗力。

2010年末,全县直属单位共有党员2778人。1991—2010年,共培训入党积极分子2611人,发展新党员1300多人。

四、机关文化建设

县直工委坚持党建带工建、带团建、带妇建的工作机制，重视发挥机关工会、团委、妇女组织的作用。每年都组织机关干部参加篮球、乒乓球、羽毛球比赛，"三月三"竹竿舞比赛，演讲比赛，党的知识竞赛等。2001年6月28日，举办"颂歌献给伟大的党"歌咏比赛，共有19支代表队参加。2007年12月，举办庆祝琼中黎族苗族自治县成立20周年科级领导干部篮球比赛。2008年7月1日，为丰富党员的节日文化生活，县直工委和文体局联合举办了一台文艺晚会。在晚会上，县委副书记、县长，县委副书记，县委常委、组织部部长等领导为获得表彰的先进党组织、优秀个人及党的知识竞赛获奖单位颁奖。2009年"七一"期间组织"唱支山歌给党听"大合唱比赛晚会活动，县直单位党组织共组成11个队报名参赛，有6个队获得名次。在晚会上，县委有关领导分别为获得表彰的先进党组织、优秀个人及大合唱获奖单位颁奖。2010年6月30日与文体局在体育中心举办建党89周年联欢颁奖晚会，县委常委、组织部部长刘峰松，县人大常委会副主任许兴雄，县人民政府副县长黎伟珠，县政协副主席林子娥等领导出席晚会，并为获得表彰先进党组织、优秀个人颁奖。

第三节 机要保密

1993年8月，黄招国同志任县委机要科副科长(主持全面工作)；李春郁同志任县委机要科副科长。

1995年11月，黄招国同志任县委办公室内设的机要室主任(保留副科级待遇)，免去县机要科副科长职务；李春郁同志任县委办公室内设的机要室副主任(保留副科级待遇)，免去县机要科副科长职务。

2000年5月，中共琼中黎族苗族自治县委员会决定成立琼中黎族苗族自治县密码工作领导小组，县密码工作领导小组为议事协调机构，下设办公室，与县委办机要室一个机构两块牌子。

2001年7月，黄招国同志任县委机要局局长(副科级)；王宏英同志任县保密局局长(副科级)。

2002年9月，中共琼中黎族苗族自治县委员会印发《中共琼中黎族苗族自治县委办公室职能配置、内设机构和人员编制规定》将县保密局和县委机要局归为县委办公室的内设机构。

2005年8月，董荣同志任县委机要局副主任科员；

2007年4月，县编制委员会同意成立"琼中黎族苗族自治县党政网络管理中心"，为县委办下属股级事业法人独立核算单位，核定财政预算管理事业编制4名。

2007年8月，琼中黎族苗族自治县党政网络管理中心面向社会招考4名信息网络管理员。

2007年8月，县编制委员会印发《琼中黎族苗族自治县党政网络管理中心机构编制方案》，县党政网络管理中心，隶属于县委办公室，具体从事党政网络、信息技术服务的股级事业单位，核定财政预算管理事业编制4名,其中单位领导岗位1名,网络技术人员3名。

2008年8月,县党政网络管理中心4名试用期信息网络管理员经县委组织部同意按期转正。

2009年5月,设立琼中县密码管理局,与县委机要局一个机构两块牌子,履行县密码管理职能,归口县委办公室管理;县党政网管中心为县委机要局内设机构,设主任、副主任二职。县委机要局人员编制单列,共9人(其中机要局5人,网管中心4人)。

2009年6月,县编制委员会批准县党政网络管理中心调整为县委机要局下属事业单位,人员编制、经费来源不变。

2009年8月,曾垂宇同志任县党政网络管理中心主任。

2009年12月,县委机要局挂"琼中黎族苗族自治县密码管理局"牌子,由县委办公室内设机构调整为县委办公室的部门管理机构,其他不变。

2010年6月,董荣同志任县委机要局副局长(副科级)。

第四节 党史编研

一、机构

1985年9月3日,成立琼中县志编纂委员会,下设办公室,定为正局级常设事业单位。核定办公室专职工作人员3人,为事业编制,专职人员工资和各项费用由县财政局拨款解决。

1990年9月,经县委常委会议讨论决定,将"中共琼中县委党史资料征集领导小组办公室"改名为"中共琼中黎族苗族自治县党史研究室",定为正局级事业单位。

1995年,县委党史研究室与县地方志办公室合并为琼中黎族苗族自治县党史县志办公室(简称"县史志办",下同),属正科级单位。2004年,重新核定县史志办事业编制9名,隶属县委,负责琼中中共党史和地方志研究编纂工作,为正科级事业单位,内设秘书股、资料征集股、党史编审股、县志编审股4个股级机构。2007年7月,重新核定县史志办编制为7名。2010年,再次核定该办编制为6名。

1996年,琼中县史志办被中共海南省委办公厅、海南省人民政府办公厅评为"海南省修志先进单位";1997年9月,编修的《琼中县志》(第一轮)在全省新志书评比活动中荣获三等奖;2006年,被省委史志办评为"2001—2005年海南省史志系统"先进单位。

二、党史工作

党史资料征编 1991—2010年,重点开展民主革命时期和社会主义时期地方党史编纂工作,对琼中县抗日期间人员伤亡财产损失调查统计、琼中县革命遗址普查、早期中共琼中地方组织发展概况和早期党领导下的革命武装斗争等进行专题调查研究。先后公开或内部出版《琼中革命斗争大事记》《中国共产党广东省琼中县组织史资料》《琼中人民革命史话》《琼中县党史资料汇编》《琼中党史大事记》《琼中境域日军暴行实录》《琼中县改革开放纪事》《建设新琼中纪事》《海南英烈谱·琼中卷》《海南英名录·琼中卷》《中国共产党革命英烈大典·琼中卷》,征编《抗战时期海南省琼中黎族苗族自治县人口伤亡和财产损失调研报告》。

党史宣传教育 1991—2010年,先后组织干部到白沙起义纪念园、琼崖纵队首次代表大会纪念馆等党史宣传红色教育基地开展瞻仰革命先烈、扫墓、党史教育、党性教育等纪念活动,对群众特别是青少年进行爱国主义教育和革命传统教育,累计教育人数达到10万余人次。

革命遗址普查 2010年,县史志办完成对全县革命遗址普查工作,确定革命遗址18处,其他遗址4处。共拍摄现状图片100多张,史料纪录6万余字。

党史编研工作 1998年,由县史志办撰写的论文《琼中县创立农村老党员基金会纪实》和《黎母山镇大力发展橡胶生产的致富之路》入选《中国新时期农村的变革·海南卷》一书。1999年,撰写的论文《对冯白驹坚定的共产主义信念的思考》和《论母瑞山精神及其现实意义》入选《冯白驹精神永存》一书。2005年,撰写的论文《琼崖抗日游击根据地的建立与发展》论文入选海南省纪念中国人民抗日战争暨世界反法西斯战争胜利六十周年学术研讨会,荣获中共海南省委宣传部优秀奖。2006年,撰写的论文《弘扬英雄人物的革命精神》入选《以史鉴今,资政育人论文集》。2007年,撰写的《改革开放以来我国的文化建设》及获奖的《琼崖抗日革命游击根据地的建立与发展》均入选《海南史志文集》。2008年,撰写的论文《关于各领域的拨乱反正与改革发展》及《把自己"钉"在史志岗位上,一心扑在史志事业上》曾发表于《海南史志》2008年第2期(总第45期)。

第十编　政权 政协

第一章 人民代表大会

第一节 琼中县出席海南人民代表大会代表选举

一、海南省人民代表会议(1988—1992年)代表(9名)

1988年8月6日,召开琼中县人大第八届三次会议,会议选举产生海南省人民代表会议代表9名:王大忠(黎族)、王才芬(女,苗族)、陈妮(女)、陈日发、陆万朝(黎族)、林开少、胡瑞明(黎族)、黄交儒(黎族)、蒋汉东(苗族)。

二、海南省第一届人民代表大会(1992年12月—1998年3月)代表(13名)

海南省人大常委会分配琼中县选区选出海南省第一届人民代表大会代表9名,其代表结构比例要求是工人1人、农民2人、其他劳动者1人、干部3人、知识分子代表2人(教育卫生方面1人、科技方面1人);9名代表中:农民2人、党外人士4人、妇女3人,黎族代表5人、苗族代表2人,农垦代表2人。另外,由省提名附加分配给琼中县参加选举的代表名额3人。两项共选出正式代表12人:马爱群(女)、王明开(黎族)、王育良(黎族)、王法仁、邓章保、李彩花(女,苗族)、胡瑞明(黎族)、吴月莲(女,黎族)、何利华、周松、黄兴富(黎族)、盘明精(苗族)。

海南省第一届人大三次会议后,盘明精辞去海南省第一届人大代表职务,补选许达钟等2人为海南省第一届人大代表,琼中县籍海南省一届人大代表增补至13人。

三、海南省第二届人民代表大会(1998年3月—2002年12月)代表(13名)

1998年3月15—18日,琼中黎族苗族自治县第十一届人民代表大会第一次会议在县城营根镇召开。大会选举产生出席海南省二届人大代表13名:邢贻强(黎族)、杨辉、李彩花(女,苗族)、陈高卫(苗族)、吴晓丽(女)、周宗棋、林子娥(女,黎族)、胡瑞明(黎族)、高永利、黄明海(黎族)、盘明昌(苗族)。

四、海南省第三届人民代表大会(2002年12月—2007年11月)代表(15名)

2002年12月2日,琼中县人大第十一届六次会议选举产生海南省第三届人大代表15名。经海南省第二届人大常委会二十九次会议确定,琼中县出席海南省第三届人大代表为15名:王光业(黎族)、王哲斌(黎族)、冯志明、李礼辉、李春梅(女,苗族)、余以龙(土家族)、陈超、陈高卫(苗族)、赵福成、钟文、符振华(黎族)、盘明昌(苗族)、董范园(女)、曾平(黎族)。

海南省第三届人大二次会议后,李礼辉因工作需要调离海南,其代表资格自行终止。

海南省第三届人大三次会议后,符振华因个人原因向县人大常委会请求辞去海南省第三届人大代表职务,经琼中县人大常委会第13次会议讨论通过,其省人大代表资格终止。2005年3月17日,琼中县第十二届人民代表大会第三次会议补选董宪曾为海南省第三届人民代表大会代表。

海南省第三届人大四次会议后,海南省第三届人大代表曾平、余以龙因工作需要,于2006年11月和12月分别调往海南省林业局和海口市人大常委会。海南省第三届人大四次会议后,2007年1月6日,琼中县第十二届人大常委会第三十次会议补选姜斯宪为海南省第三届人大代表。

五、海南省第四届人民代表大会(2007年11月—2012年12月)代表(15名)

琼中县出席海南省第四届人大代表为15名:钟文、蔡卫华、黄德珍(黎族)、康韬(满族)、伍群、董宪曾、伍学云(黎族)、盘明昌(苗族)、许教春、王尤录(黎族)、卓玲(女,黎族)、陈毓勇、侯翠娟(女,黎族)、卢昌泽(苗族)、林友(黎族)。

2008年9月董宪曾因工作调动,调离本县行政区域。同年11月21日,琼中县第十三届人民代表大会第四次会议补选傅信平为海南省第四届人民代表大会代表。2009年11月24日,琼中县第十三届人民代表大会第五次会议补选王琼龙为海南省第四届人民代表大会代表。

1991—2010年琼中县出席海南省人民代表大会代表名录

表10-1

届别	姓名	性别	民族	籍贯	备注
海南省人民代表会议代表	王大忠	男	黎	海南琼中	—
	王才芬	女	苗	海南琼中	—
	陈 妮	女	汉	海南琼山区	—
	陈日发	男	汉	—	—
	陆万朝	男	黎	海南琼中	—
	林开少	男	汉	—	—
	胡瑞明	男	黎	海南琼中	—
	黄交儒	男	黎	海南五指山	—
	蒋汉东	男	苗	海南琼中	—
海南省第一届人民代表大会代表	马爱群	女	汉	广东广州	—
	王明开	男	黎	—	—
	王育良	男	黎	海南五指山	—
	王法仁	男	汉	海南海口市	—
	邓章保	男	汉	海南文昌	长征农场
	李彩花	女	苗	海南琼中	—
	胡瑞明	男	黎	海南琼中	—
	吴月莲	女	黎	—	—
	何利华	男	汉	广东惠阳	—
	周松	男	汉	海南琼山	—
	黄兴富	男	黎	海南陵水	—
	盘明精	男	苗	海南琼中	中途辞职
	许达钟	男	汉	海南文昌	中途增补

续表1

届别	姓名	性别	民族	籍贯	备注
海南省第二届人民代表大会代表	邢贻强	男	黎	海南乐东	—
	杨辉	男	汉	广东普宁	—
	李彩花	女	苗	海南琼中	—
	陈高卫	男	苗	海南琼中	—
	吴晓丽	女	汉	广东化州	—
	周宗棋	男	汉	广东	—
	林子娥	女	黎	海南海口	—
	胡瑞明	男	黎	海南琼中	届中病故
	高永利	男	汉	海南琼中	—
	黄明海	男	黎	海南琼中	—
	盘明昌	男	苗	海南琼中	—
海南省第三届人民代表大会代表	王光业	男	黎	海南琼中	—
	王哲斌	男	黎	海南琼中	—
	冯志明	男	汉	广东鹤山	—
	李礼辉	男	汉	福建莆田	中途辞职
	李春梅	女	苗	海南琼中	—
	余以龙	男	土家	湖南保靖	中途调离
	陈超	男	汉	海南万宁	—
	陈高卫	男	苗	海南琼中	—
	赵福成	男	—	—	—
	钟文	男	汉	海南东方	—
	符振华	男	黎	海南陵水	中途辞职
	盘明昌	男	苗	海南琼中	—
	董范园	女	汉	上海浦东	—
	曾平	男	黎	海南澄迈	中途调离
	董宪曾	男	汉	天津	中途增补
	姜斯宪	男	汉	江苏江都	中途增补

续表2

届别	姓名	性别	民族	籍贯	备注
海南省第四届人民代表大会代表	钟文	男	汉	海南东方	—
	蔡卫华	男	汉	浙江瑞安	—
	黄德珍	男	黎	海南保亭	—
	康韬	男	满	辽宁沈阳	—
	伍群	男	汉	海南文昌	—
	董宪曾	男	汉	天津	中途调离
	伍学云	男	黎	海南陵水	—
	盘明昌	男	苗	海南琼中	—
	许教春	男	汉	广东潮阳	中途辞职
	王尤录	男	黎	海南陵水	—
	卓玲	女	黎	海南琼中	中途辞职
	陈毓勇	男	汉	海南乐东	—
	侯翠娟	女	黎	海南琼中	—
	卢昌泽	男	苗	海南琼中	—
	林友	男	黎	海南琼中	—
	傅信平	男	汉	河南通许	中途增补
	王琼龙	男	黎	海南万宁	中途增补
	王光业	男	黎	海南琼中	中途增补

第二节 县人民代表大会

一、第九届人民代表大会

第一次会议 1990年5月22—24日在营根镇举行,出席会议代表159人,列席代表94人。会议听取和审议县人大常委会、政府、计委、法院、检察院的工作报告和财政决预算报告。会议肯定3年来国民经济持续增长,人民生活改善,科技文化、教育、卫生等事业健康发展,社会治安和机关作风明显好转。不足之处是管理水平不高,不能适应形势发展,农副产品流通渠道不畅。提出搞好农业综合开发,加强廉政建设,艰苦创业。会议选举产生第九届县人民代表大会常务委员会委员11名和1名主任、3名副主任,选出县长1名,副县长5名,县人民法院院长1名,县人民检察院检察长1名。

第二次会议 1991年召开。

第三次会议 1992年4月8—10日在营根镇召开,出席会议代表157人,列席会议人员120人。会议听取和审议县政府工作报告、县1991年国民经济和社会发展计划执行情况与1992年经济和社会发展计划(草案)的报告、县1991年财政预算执行情况和1992年财政预算(草案)的报告、县九届人大常委会工作报告、县法院和检察院工作报告。

第四次会议 1992年12月27—28日在营根镇召开。出席会议代表155人。会议罢免黄交儒琼中县政府副县长职务;选举琼中县出席海南省第一届人民代表大会代表,选举黄兴富为县政府县长。

二、第十届人民代表大会

第一次会议 1993年4月28—30日在营根镇举行,会议听取和审议县政府工作报告,县政府关于县1992年国民经济、社会发展计划执行情况和1993年国民经济、社会发展计划草案的报告;审查和批准县1992年国民经济、社会发展计划执行情况和1993年国民经济和社会发展计划;听取和审议县政府关于县1992年财政决算和1993年财政预算草案的报告;审查和批准县1992年财政决算和1993年财政预算;听取和审议县人大常委会工作报告、县法院和检察院工作报告;选举盘明精为第十届县人大常委会主任,选举王德标、王进高、马爱群(女)为县人大常委会副主任,选举王世祥、邓章保、华运芳、李兴连、陈显春、胡振钧、黄世训为县人大常委会委员;选举黄兴富为县政府县长,选举黄永礼、王尤华、王雄、郑德宁等5人为县政府副县长;选举林文东为县法院院长;选举吴亚雄为县检察院检察长。

第二次会议 1994年3月29—31日在营根镇召开。会议听取和审议县政府工作报告,县政府关于1993年国民经济、社会发展执行情况和1994年国民经济和社会发展计划草案的报告;审查和批准县1993年国民经济和社会发展计划执行情况与1994年国民经济和社会发展计划;听取和审议县政府关于1993年财政决算和1994年财政预算草案的报告;审查和批准县1993年财政决算和1994年财政预算;听取和审议县人大常委会工作报告、县法院和检察院工作报告。

第三次会议 1995年3月29—31日在营根镇召开。会议听取和审议县政府工作报告、县政府关于县1994年国民经济和社会发展计划执行情况与1995年国民经济和社会发展计划草案的报告、县1994年财政决算和1995年财政预算草案的报告;审查和批准县1994年国民经济和社会发展计划执行情况与1995年国民经济和社会发展计划、县1994年财政决算和1995年财政预算;听取和审议县人大常委会工作报告、县法院和检察院工作报告;大会决定接受盘明精因身体不适辞去县十届人大常委会主任职务,补选许达钟为县十届人大常委会主任,补选符正才为县政府县长。

第四次会议 1996年4月16—18日在营根镇召开。

第五次会议 1997年3月12—14日在营根镇召开。会议听取和审议琼中县人民政府工作报告、县政府关于琼中县1996年国民经济和社会发展计划执行情况和1997年国民经济和社会发展计划(草案)的报告、县政府关于琼中县1996年财政预算执行情况和1997年财政预算草案的报告、县人大常委会工作报告、县法院和检察院工作报告;选举邢贻强为县人民政府县长。

三、第十一届人民代表大会

第一次会议 1998年3月15—18日在营根镇召开。出席会议代表167名,其中中共党员124名,党外人士43名,妇女代表42名,少数民族代表115名。会议听取和审议县政府工作报告、县1997年国民经济和社会发展计划执行情况与1998年国民经济和社会发展计划草案的报告、县1997年财政预算执行情况和1998年财政预算(草案)的报告、县十届人大常委会工作报告、县法院和检察院工作报告;选举产生县第十一届人民代表大会常务委员会主任、副主任、委员,县政府县长、副县长,县法院院长,县检察院检察长,海南省二届人大代表。

第二次会议 1999年3月23—25日在营根镇召开。出席会议代表167名,其中,中共党员124名,党外人士43名,妇女代表42名,少数民族代表115名。会议听取和审议县政府工作报告、县1998年国民经济和社会发展计划执行情况和1999年国民经济和社会发展计划(草案)的报告、县1998年财政预算执行情况和1999年财政预算(草案)的报告、县人大常委会工作报告、县法院和检察院工作报告;听取关于起草《琼中黎族苗族自治县自治条例》情况的说明,审议通过《琼中黎族苗族自治县自治条例》。

第三次会议 2000年4月26—28日在营根镇召开。会议听取和审议县政府工作报告、县1999年国民经济和社会发展计划执行情况和2000年国民经济和社会发展计划(草案)的报告、县1999年财政预算执行情况和2000年财政预算(草案)的报告、县人大常委会工作报告、县法院和检察院工作报告听取和审议关于建设生态县规划(草案)的说明及其他事项。

第四次会议 2001年3月22—24日在营根镇召开。会议听取和审议县国民经济和社会发展第十个五年计划纲要的报告、县2000年国民经济和社会发展计划执行情况和2001年国民经济和社会发展计划(草案)的报告、县2000年财政预算执行情况和2001年财政预算(草案)的报告、县人大常委会工作报告、县法院和检察院工作报告;会议接受吴亚雄辞去县检察院检察长职务,补选郭彪为县检察院检察长。

第五次会议 2002年1月23—25日在营根镇召开。会议听取和审议县政府工作报告、县2001年国民经济和社会发展计划执行情况和2002年国民经济和社会发展计划(草案)的报告、县2001年财政预算执行情况和2002年财政预算(草案)的报告、县人大常委会工作报告、县法院和检察院工作报告。会议接受王先川同志辞去县人大常务委员会委员职务。

第六次会议 2002年12月1日至2日,琼中黎族苗族自治县十一届人民代表大会第六次会议在县城营根召开。会议选举琼中黎族苗放自治县出席海南省第三届人民代表大会代表;会议接受符跃兰辞去琼中黎族苗族自治县人民政府县长职务,选举曾平为琼中黎族苗族自治县人民政府县长。

四、第十二届人民代表大会

第一次会议 2003年3月26—29日在营根镇召开,出席会议代表167名,其中中共党员130名,党外人士37名,妇女代表38名,少数民族代表118名。会议听取和审议县政府工作的报告、县2003年国民经济和社会发展计划执行情况和2004年国民经济和社会发展计划(草案)的报告、县财政预算执行情况及2004年财政预算(草案)的报告、县人大常委会工作的报告、县法院和检察院工作的报告;大会选举新一届县人大常委会主任,县政府县长、副县长,县法院院长,县检察院检察长。

第二次会议 2004年3月17—18日在营根镇举行,出席会议代表167人。会议听取和审议县政府工作报告、县2003年国民经济和社会发展计划执行情况和2004年国民经济和社会发展计划(草案)的报告、2003年县财政预算执行情况及2004年财政预算(草案)的报告、县人大常委会工作报告、县法院和检察院工作报告。

第三次会议 2005年3月15—17日在营根镇举行,出席会议代表167人。会议听取和审议县政府工作报告、县2004年国民经济和社会发展计划执行情况和2005年国民经济和社会发展计划(草案)的报告、县财政预算执行情况及2005年财政预算(草案)的报告、县人大常委会工作的报告、县法院和检察院工作的报告。会议补选董宪曾为省三届人大代表,补选陈昌强、杨斌为县十二届人大常委会委员,表决通过符振华辞去省三届人大代表职务的请求。

第四次会议 2006年3月7—10日在营根镇举行,出席会议代表167人。会议听取和审议县国民经济和社会发展第十一个五年规划纲要的报告、县国民经济和社会发展第十一个五年规划纲要、县2005年国民经济和社会发展计划执行情况和2006年国民经济和社会发展计划(草案)的报告;审查、批准县2005年国民经济和社会发展计划执行情况的报告与2006年国民经济和社会发展计划;审议关于2005年县和县本级预算执行情况及2006年县和县本级预算(草案)的报告；审查2005年县和县本级预算执行情况的报告及2006年县和县本级预算草案；批准2005年县本级预算执行情况的报告及2006年县本级预算；听取和审议县人民代表大会常务委员会工作的报告、县法院和检察院工作报告；审议《琼中黎族苗族自治县自治条例(修订案草案)》的议案。会议选举吴清钰为县人民法院院长。

第五次会议 2006年10月26—27日在营根镇举行，出席会议代表167人。会议听取和审议县政府工作报告；接受曾平辞去县人民政府县长的请求，选举伍学云为县人民政府县长。

五、第十三届人民代表大会

第一次会议 2007年1月15—17日在营根镇举行，出席会议代表167名，其中中共党员125名，党外人士42名，妇女代表34名，少数民族代表109名。会议听取和审议县政府工作报告、县2006年国民经济和社会发展计划执行情况及2007年国民经济和社会发展计划的报告、县2006年县本级预算及县总预算执行情况和2007年县本级预算及县总预算草案的报告、县人大常委会工作报告、县法院和检察院工作报告。会议选举盘明昌为县十三届人大常委会主任，郑德宁、黄交儒、邓琼荣、许兴雄为副主任，王乙、王川芳、王礼忠、王应江、王儒连、冯志明、冯海雄、庄耿联、吴坤俊、吴晓丽、陆京学、林强、钟小科、谢孟意为委员；选举伍学云为县人民政府县长，许教春、李伏云、盘大克、韦求香、许毅、郭光星为副县长；选举吴清钰为县人民法院院长；选举唐论为县人民检察院检察长。

第二次会议 2007年11月28—29日在营根镇举行，出席会议代表166人，列席代表148人。会议选举海南省第四届人民代表大会代表；听取和审议《关于发展琼中黎族苗族自治县特色产业和重大项目建设情况的工作报告》；听取大会秘书长《关于大会选举办法的说明》。会议选举钟文、蔡卫华、黄德珍、康韬、伍群、董宪曾、伍学云、盘明昌、许教春、王尤录、卓玲(女)、陈毓勇、侯翠娟(女)、卢昌泽、林友为海南省第四届人民代表大会代表。

第三次会议 2008年2月27—29日在营根镇举行，出席会议代表166人，列席代表148人。会议听取和审议县政府工作报告、县2007年国民经济和社会发展计划执行情况的报告与2008年国民经济和社会发展计划、县和县本级财政预算执行情况的报告与2008年县本级财政预算草案；批准2007年县本级预算执行情况的报告与2008年县本级预算；听取和审议县人民代表大会常务委员会工作报告、县法院和检察院工作报告；审议通过《琼中黎族苗族自治县农村公路条例(草案)》；审议人大常委会办公室关于2007年代表议案、建议、批评、意见办理情况的报告。

第四次会议 2008年11月21—22日在营根镇举行，出席会议代表166人，列席代表148人。听取了十三届人民代表大会代表资格审查委员会作的《县十三届人民代表大会代表资格审查委员会关于县十三届人民代表大会第三次会议以来代表资格审查情况的报告》。会议表决通过《大会选举办法》，会议选举傅信平为海南省第四届人民代表大会代表。

第五次会议 2009年2月18—20日在营根镇举行，出席会议代表140人。会议听取和审议县政府工作报告、县2008年国民经济和社会发展计划执行情况的报告与县2009年国民经济和社会发展计划、2008年县本级财政预算执行情况的报告与2009年县本级财政预算草案；批准2008年县本级预算执行情况的报告与2009年县本级预算；听取和审议县人民代表大会常务委员会工作报告、县法院和检察院工作报告。

第六次会议 2009年11月23—24日在营根镇举行,出席会议代表156人。会议选举王琼龙为县人民政府县长、海南省第四届人民代表大会代表;接受伍学云辞去县长的请求。

第七次会议 2010年3月16—18日在营根镇举行,出席会议代表161人。会议听取和审议县政府工作报告、县2009年国民经济和社会发展计划执行情况的报告与县2010年国民经济和社会发展计划、2009年县本级财政预算执行情况的报告与2010年县本级财政预算草案;批准2009年县本级预算执行情况的报告与2010年县本级预算;听取和审议县人民代表大会常务委员会工作报告、县法院和检察院工作报告;审议通过《琼中黎族苗族自治县水利设施管理条例(草案)》。会议接受王川芳同志辞去县十三届人大常委会委员职务的请求,补选吴钟良、李立凯、王淑菲三位同志为县第十三届人大常委会委员。

第三节 县人大常务委员会

一、历届县人大常务委员会机构与人员

人大常务委员会是人民代表大会的常设机关,由主任1人、副主任和委员若干人组成,主要对本级人民代表大会负责和报告工作,行使对本行政区域重大事项的决定权和对县人民政府、县人民法院和人民检察院工作的监督权以及人事任免权。

第十届人大常委会(1993年4月至1998年3月)。1993年4月,县第十届人民代表大会第一次会议选举产生第十届县人民代表大会常务委员会。选举县第十届人民代表大会常务委员会主任盘明精;副主任王德标、王进高、马爱群;常委会委员王世祥、邓章保、华运芳、李兴莲、陈显春、胡振钧、黄世训。

县十届人大常委会组成人员变动情况:1995年3月10日,县十届人大常委会第十二次会议讨论决定,同意华运芳辞去县十届人民代表大会常务委员会委员职务;3月29日,县十届人民代表大会第三次会议决定,接受盘明精辞去县第十届人民代表大会常务委员会主任的职务。3月31日,县十届人民代表大会第三次会议补选许达钟为县第十届人民代表大会常务委员会主任,补选曾平、王民英为县第十届人民代表大会常务委员会委员。

县十届人大常委会内设机构有县人大常委会办公室、县人大常委会农村、经济工作委员会和县人大常委会法科工作委员会。

第十一届人大常委会(1998年3月至2003年3月)。1998年3月,县第十一届人民代表大会第一次会议选举产生第十一届县人民代表大会常务委员会。选举县第十一届人民代表大会常务委员会主任张立夫;副主任盘明昌、王进高、马爱群、王启民、黄永礼,常委会委员邢诒颂、周凤活、王显标、李兴莲、冯志明、高永利、姚崇生、王先川。

县十一届人大常委会内设机构有县人大常委会办公室;县人大常委会农村、经济工作委员

会;县人大常委会法制工作委员会。1998年3月24日,经中共琼中县委同意,县人大常委会增设县人大常委会教科文卫民族宗教工作委员会。

第十二届人大常委会(2003年3月-2007年1月)。2003年3月,县第十二届人民代表大会第一次会议选举产生第十二届县人民代表大会常务委员会。选举县第十二届人民代表大会常务委员会主任盘明昌,副主任郑德宁、王进高、方敏华,常委会委员邢诒颂、王翔、许教春、王金珠、王应江、柯景英、李泽尧、冯志明、彭定妹。

县十二届人大常委会组成人员变动情况:2005年3月17日,县十二届人大三次会议补选陈昌强、杨斌为县十二届人民代表大会常务委员会委员。

县十二届人大常委会内设机构:县人大常委会办公室;县人大常委会农村、经济工作委员会;县人大常委会法制工作委员会;县人大常委会教科文卫民族宗教工作委员会。2004年2月2日,县人大常委会教科文卫民族宗教工作委员会更名为县人大常委会民族宗教与教科文卫工作委员会。

第十三届人大常委会(2007年1月至2012年1月)。2007年1月,县第十三届人民代表大会第一次会议选举产生第十三届县人民代表大会常务委员会。选举县第十三届人民代表大会常务委员会主任盘明昌,副主任郑德宁、黄交儒、邓琼荣、许兴雄,常委会委员王乙、王川芳、吴坤俊、林强、王礼忠、王应江、陆京学、王儒连、庄耿联、冯海雄、吴晓丽、钟小科、谢孟意、冯志明。

县十三届人大常委会组成人员变动情况:2009年12月29日,县十三届人大常委会第二十次会议免去吴晓丽的县十三届人大常委会委员职务。2010年3月18日,县十三届人大七次会议同意接受王川芳辞去县十三届人大常委会委员职务,补选李立凯、王淑菲、吴钟良为县十三届人大常委会委员。

县十三届人大常委会内设机构:县人大常委会办公室;县人大常委会农村、经济工作委员会;县人大常委会法制工作委员会;县人大常委会民族宗教与教科文卫工作委员会;2010年3月8日,县人大常委会增设县人大常委会代表选举任免联络工作室。

1991—2010年琼中县人大常委会历届正、副主任名录

表10-2

届别	职别	姓名	性别	民族	籍贯	任期
第九届	主任	盘明精	男	苗	琼中	1991.5—1993.4
	副主任	冯所利	男	汉	琼山	1991.5—1993.4
	副主任	林淑兰	女	黎	万宁	1991.5—1993.4
	副主任	王德标	男	黎	琼中	1991.5—1993.4

续表1

届别	职别	姓名	性别	民族	籍贯	任期
第十届	主任	盘明精	男	苗	琼中	1993.4—1995.3
	主任	许达钟	男	汉	文昌	1995.3—1998.3
	副主任	王德标	男	黎	琼中	1993.4—1998.3
	副主任	王进高	男	黎	琼中	1993.4—1998.3
	副主任	马爱群	女	汉	广州	1993.4—1998.3
第十一届	副主任	盘明昌	男	苗	琼中	1998.3—2003.2
	副主任	王进高	男	黎	琼中	1998.3—2003.2
	副主任	马爱群	女	汉	广州	1998.3—2003.2
	副主任	王启民	男	黎	通什	1998.3—2003.2
	副主任	黄永礼	男	黎	琼中	1998.3—2003.2
第十二届	主任	盘明昌	男	苗	琼中	2003.3—2007.1
	副主任	郑德宁	男	黎	琼中	2003.3—2007.1
	副主任	王进高	男	黎	琼中	2003.3—2007.1
	副主任	方敏华	男	汉	万宁	2003.3—2007.1
第十三届	主任	盘明昌	男	苗	琼中	2007.1—2011.1
	副主任	郑德宁	男	黎	琼中	2007.1—2012.1
	副主任	黄交儒	男	黎	五指山	2007.1—2012.1
	副主任	邓琼荣	女	苗	琼中	2007.1—2008.5
	副主任	许兴雄	男	黎	万宁	2007.1—2011.12

二、县人大常委会会议

县九届人大常委会会议。县九届人大常委会(1990年5月至1993年4月)共举行16次会议。1992年,县九届人大常委会分别召开第八、第九、第十、第十一、第十二、第十三次会议,会议主要内容：审议县人大常委会工作要点，讨论修改县九届人大常委会工作报告；审议召开第九届县人民代表大会第三、四次会议召开的时间、人员分工问题，审议有关人员的人事任免和人大换届选举工作方案。

1993年1—4月，县九届人大常委会分别召开第十四、十五、十六次会议，会议主要内容：审议县乡（镇）选区划分与代表名额分配方案；审议各乡镇选委会组成人员名单；审议并通过人事任免；通报琼中县换届选举工作情况；听取和审议九届人大常委会工作报告；决定十届人大一次会议有关事项；听取选举办组织组关于县代表资格审查情况报告。会议决定县十届人大一次会议召开的时间为4月28—30日；原则通过九届人大常委会工作报告；表决通过十届人大一次会议有关事项。

县十届人大常委会会议。县十届人大常委会（1993年4月—1998年3月）共举行29次会议。

1993年，县十届人大常委会分别召开第一、二、三次会议，会议主要内容有审议通过《县人大常委会议事规则》，审议“一府两院”曾广明、周将文等52人的人事任免事项；听取和审议县人大办关于议案处理的意见；学习有关法规和人大业务，听取人大法科工委关于某些干警执法犯法的情况汇报，听取县监察局关于反腐败情况汇报，听取各乡镇人大汇报换届后工作情况；任命检察员7名。

1994年，县十届人大常委会分别召开第四、五、六、七、八、九、十次会议，会议主要内容为：审议琼中县1993年财政收支计划（财政预算计划调整）；补选华运芳为省人大代表；传达省一届人大二次会议及省人大民族工作座谈会会议精神；讨论决定县十届人大二次会议相关事项；审议县人大常委会在县十届人大二次会议上的工作报告；讨论琼中县开展代表评议工作问题；审议1994年度人大代表评议“一府两院”试点工作情况报告；审议关于补选十届人大代表的决定；审议县人民政府关于本年度财政收支预算调整的决定；审议人事任免事项等。

1995年，县十届人大常委会分别召开第十一、十二、十三、十四、十五、十六次会议，会议主要内容：审议琼中县1994年财政预算调整方案；传达海南省评议工作总结会精神；安排部署县十届人大代表补选工作；听取代表资格审查情况报告；审议常委会工作报告；审议十届人大二次会议有关事项；决定召开县十届人大三次会议时间（3月29—31日）；审议决定红岛乡十届人大三次会议选举事项；传达省监督会议精神；审议《琼中黎族苗族自治县九年义务教育规划（草案）》和《琼中黎族苗族自治县扫盲工作规划（草案）》；审议并通过县人民政府关于调整1995年财政收支计划的议案；审议人事任免事项等。

1996年，县十届人大常委会分别召开第十七、十八、十九、二十、二十一次会议，会议主要内容有任命各乡镇选举委员会成员；任命各乡镇选委会组成人员；决定县十届人大四次会议有关事项；通过县人大常委会工作报告；听取财政、教科、公安、工商、农业、建环6个单位半年工作汇报；通过《琼中黎族苗族自治县依法治县试点工作实施方案》；讨论通过县乡两级政府正副县长、正副乡镇长述职评议工作方案。听取副县长述职，开展评议；审议财政和计划调整；审议人事任免事项等。

1997年,县十届人大常委会分别召开第二十二、二十三、二十四、二十五、二十六次会议,会议主要内容:审议决定县十届人大五次会议相关事项;审议通过县人大常委会工作报告和大会议程;听取县工商局、纪监局局长述职报告;听取和审议人大农经工委关于农业法和产品质量法执法检查情况报告;听取和审议法工委关于食品卫生法执法检查情况报告;审议长兴乡选举委员会组成成员;听取和审议县政府《关于琼中黎族苗族自治县1996年本级预算执行和其他财政收支审计工作报告》;听取县公安局、建设与环境资源局局长述职并进行评议;审议县法院干部免职事项;审议人事任免事项等。

1998年,县十届人大常委会分别召开第二十七、二十八、二十九次会议,会议主要内容:审议1997年县财政预算调整;审议通过县十一届人大换届选举委员会、办公室组成人员名单;审议关于召开县十届人大六次会议时间问题;通报省人大会议关于选举全国人大代表情况;审议人大常委会的工作报告(征求意见稿);决定县十一届人大一次会议召开时间;审议人事任免事项等。

县十一届人大常委会会议。县十一届人大常委会(1998年3月至2003年3月)共举行23次会议。

1998年,县十一届人大常委会分别召开第一、二、三、四次会议。会议主要内容:通报县十一届人大常委会正副主任分工情况和人大常委会增设教科文卫工委情况;讨论常委会1998年工作要点;讨论代表分组和活动内容;讨论建立执法责任制联系点的有关问题;听取检查组关于代表评议"基层所站"、乡镇政府组成人员述职评议后整改情况,县直行政、司法机关落实执法责任制,依法执法检查结果的报告;听取和审议县人民政府《关于1998年上半年琼中县财政预算执行情况和1998年下半年琼中县财政预算计划情况的报告》;听取和审议县人民政府《关于1998年上半年琼中县社会和经济发展计划执行情况和1998年下半年琼中县社会和经济发展计划情况的报告》;审议和决定组织起草琼中县《农作物牛害管理暂行规定》《野生动物繁殖期保护暂行规定》《实行河段鱼类责任管理暂行规定》事宜;传达省人大第三次常委会会议精神;听取和审议县人民法院、县人民检察院关于队伍教育整顿的工作报告;听取和审议县建环局关于县淀粉厂污染治理意见的报告;审议人事任免事项等。

1999年,县十一届人大常委会分别召开第五、六、七、八、九、十次会议。会议主要内容:审议通过常委会1998年年终工作总结和1999年工作要点;传达县委关于召开县十一届人大二次会议的指示;审议十一届人大二次会议的决定、日程安排、会议主席团成员和秘书长名单、常务主席团名单、代表团成员等有关事项;审议乡镇人大换届选举工作的有关事项;审议《琼中黎族苗族自治县自治条例》草案事宜;听取和审议县公安局关于1997年县乡、镇两级人大代表联动评议公安工作所提出的问题及整改情况的报告;听取和审议县建环局关于淀粉厂污染环境的治理情况的报告;听取和审议县卫生局关于琼中县的初级卫生保健工作的报告;听取和审议县教科局关于教育工作情况(重点是1999年全面实现普九目标及存在的问题采取的对策)的报告;研究《琼中黎族苗族自治县自治条例》的颁布实施问题;听取和审议1999年上半年国民经济和社会发展计划执行情况的报告;听取和审议1999年上半年财政预算执行情况的报告;听取和审议县政府关于建设生态县的规划；审议县人大农经工委关于县淀粉厂排污费使用办法的议案，表决通过《关于县淀粉厂排污费使用办法的决定》；听取和审议县审计局关于1999年本级财政预算执行情况和其他财政收支审计工作的报告；审议县政府关于调整财政预算的议案；听取和审议县政府关于调整1999年财政预算的议案；审议决定人事任免事项等。

2000年，县十一届人大常委会分别召开第十一、十二、十三、十四、十五、十六次会议，会议主要内容为：讨论决定补选县十一届人大代表的有关事宜；讨论县人大常委会向县十一届人大三次会议所做的工作报告；讨论决定召开县十一届人大三次会议的时间、地点、议程；讨论决定县十一届人大三次会议列席人员范围；审议县十一届人大财经委员会组成人员范围（草案）、议案审查委员会组成人员（增补）名单（草案）；审议县十一届人大三次会议主席团与秘书长名单（草案）；审议县十一届人大三次会议主席团常务主席名单（草案）、执行主席分组名单（草案）、副秘书长名单（草案）；审议县十一届人大三次会议提交议案截止日期的决定（草案）；审议农经工委关于县人民政府，县国民经济和社会发展计划、县本级财政结预算三个报告的审查意见；审议法制工委关于"两院"工作报告的审查意见；听取代表资格审查委员会关于2000年代表补选情况的汇报；听取和审议《2000年上半年国民经济和社会发展计划执行情况的报告》；听取和审议《2000年上半年财政收支执行情况及下半年财政工作计划草案的报告》；审议《琼中黎族苗族自治县人民代表大会常务委员会议事规则草案》；听取和审议《关于〈土地管理法〉〈森林法〉执行检查情况的报告》；听取县检察院关于逮捕王必忠的申请汇报；会议决定暂停王必忠的县人大代表职务，许可对其进行逮捕；讨论县人大常委会班子成员"三讲"教育整改措施落实情况的报告；会议根据县政府提议，决定成立琼中黎族苗族自治县单行条例编写领导小组，制定法律法规在乡村耕牛管理以及繁殖期的野生动物、水生动物方面加以保护；结合年终考核及"三讲"回头看，对"一府两院"副职领导进行述职评议；听取县法院院长方敏华、县检察院检察长吴亚雄，县政府副县长曾维生、陈宗贤、杜海山、郑德宁、邓琼荣、许兴雄，公安局局长符关秀做述职报告，并对述职人员进行评议；审议人事任免事项等。

2001年，县十一届人大常委会分别召开第十七、十八、十九次会议，会议主要内容为：评议县农业局、工交局、贸易局、卫生局局长的述职报告；听取县审计局2000年度审计工作报告；讨论决定县十一届人大四次会议的有关事项；讨论县人大2001年工作要点；听取和审议县财政局、计统局关于2001年上半年财政预算和国民经济发展计划执行情况的报告；听取财政预算报告；听取县文体广电局、司法局局长述职；审议决定人事任免等事项。

2002年，县十一届人大常委会分别召开第二十、二十一、二十二、二十三次会议，会议主要内容：听取县审计局的审计工作报告，讨论县十一届人大五次会议有关内容；决定罢免陆世谦的县人大代表资格；听取县财政局、发展计划局、计生局局长的述职报告和3个调研组的调研情况报告；通过《琼中黎族苗族自治县关于春季休渔的决定》；听取县纪监局局长的述职报告等事项。

县十二届人大常委会会议。县十二届人大常委会（2003年3月—2007年1月）共召开30次会议。

2003年,县十二届人大常委会分别召开第一、二、三、四、五次会议。会议主要内容:审议并通过县人大常委会2003年工作要点;听取和审议县政府关于《琼中县防治传染性非典型肺炎工作情况的报告》;听取和审议县人民检察院《关于预防职务犯罪的工作报告》;听取和审议县人民政府《关于退耕还林的工作报告》;听取县人大办公室《关于视察和执法检察报告》;听取和审议县人民政府《关于上半年国民经济与社会发展计划执行情况报告》;听取和审议县人民政府《关于上半年财政预算工作报告》;听取和审议县公安局《关于禁毒工作的报告》,人口和计划生育局《关于人口和计划生育工作报告》,国土局《关于国土工作的报告》,审计局《关于审计工作报告》;审议决定人事任免事项等。

2004年,县十二届人大常委会分别召开第六、七、八、九、十、十一、十二次会议。会议主要内容为:听取补选县人大代表的说明;听取代表资格审查报告;听取和审议县政府提请的关于废止琼府[1987]13号文的议案;经会议表决,通过废止琼府[1987]13号文件;听取和审议县人大常委会工作报告;听取和审议县人大常委会2004年工作要点(草案);听取和审议县人大常委会《关于依法对由人大及其常委会选举和任命的干部进行述职述廉评议的办法及工作方案》;听取和审议县人大常委会《关于开展县人大代表向选民述职工作意见及2004年工作方案》;听取和审议县人民政府提请审议的《关于加强琼中县境内国道、省道两旁林地、林木管理的决定(草案)》;审议《县人大常委会2004年执法检查计划(草案)》;审议《县人大常委会2004年听取县政府及其职能部门专题工作报告的安排意见(草案)》;审议《琼中黎族苗族自治县自治条例》修改及单行条例起草领导小组和办公室组成人员名单(草案);审议《关于加强琼中境内国道、省道两旁林木管理的决定》议案;审议《琼中黎族苗族自治县人大常委会〈关于代表议案、建议、批评和意见的办理办法〉》;听取《琼中黎族苗族自治县人大常委会农经工委关于〈土地承包法〉执法检查情况的报告》;表决通过《关于加强琼中境内国道、省道两旁林木管理的决定》的议案;听取和审议县人民政府《关于增加农民收入情况的报告》;听取和审议人事劳动保障局局长王乙和统计局局长杨海明个人述职述廉报告;听取《关于开展县人大代表向选区选民述职试点的工作报告》;审议2003年县本级财政预算执行情况和其他财政收支的审计报告、2003年县本级财政结算及2004年上半年全县财政预算执行情况的报告、2004年上半年国民经济和社会发展计划执行情况的报告;听取县人大常委会关于对《刑事诉讼法》的执法检查报告;听取和审议县司法局局长王德才和县教科局局长王居进的述职述廉报告;听取和审议县人民法院副院长吴坤龙和县人民检察院副检察长凌大群个人述职述廉报告;听取和审议县人民政府关于2004年财政预算的议案、《关于复查张祖武案件的议案》《关于县本级人大代表定期工作交流活动制度》;听取和审议公安局队伍建设和"三无县"的报告;听取《省、县人大代表联合视察报告》《关于贯彻执行〈海南省各级国家机关、事业单位机构设置和编制管理规定〉执法检查报告》;听取和评议副县长许兴雄述职述廉报告;听取和审议《县人民政府关于"四五"普法工作》的专题报告;审议决定人事任免事项等。

2005年,县十二届人大常委会分别召开第十三、十四、十五、十六、十七、十八、十九次会议。会议主要内容:讨论人大例会事项;听取和审议2005年常委会工作要点;听取和审议县民宗局局长、林业局局长、农业局局长、公安局局长、卫生局局长述职述廉报告;听取县人大农经工委关于《水污染防治法》执法检查报告;听取县政府关于水污染防治法执法检查的整改报告;听取县人大民族宗教与教科文卫工委《关于〈执业医师法〉执法检查的报告》;审议县政府《关于乡村道路管理条例(草案)的议案》;听取和审议关于琼中县2005年上半年国民经济和社会发展计划执行情况的报告、县本级2004年财政决算及2005年上半年财政预算执行情况的报告、2004年县本级预算执行情况和其他财政收支的审计报告;审议县政府关于提请审议《琼中黎族自治县乡村道路管理条例》的议案;听取和审议县政府关于对2005年"18号台风"防风救灾情况的专题报告;听取和审议县法院关于加强信用建设的专题报告、县检察院关于加强信用建设的专题报告;审议《关于乡村道路管理条例(草案)》的议案;听取和审议县人民政府副县长林海云的述职述廉报告;审议县人民政府提请《关于将县城市建设投资公司的国家开发银行贷款到期本息列入县财政预算偿还》的议案、《关于联系县人民代表大会代表制度》;听取县人大办关于县十二届人大三次会议代表议案、建议、批评和意见办理情况的报告;听取县人大民族宗教与教科文卫工委关于对《中华人民共和国人口与计划生育法》和《海南省人口与计划生育条例》执法检查的报告;讨论研究召开县第十二届人民代表大会第四次会议有关事项。

2006年,县十二届人大常委会分别召开第二十次至二十九次会议。会议主要内容:表决通过张光亲辞去县法院院长职务的议案;审议《琼中黎族苗族自治县自治条例》修正案;审议县人大常委会工作报告;审议县第十二届人民代表大会第四次会议议程调整、日程安排;审议县十二届人民代表大会第四次会议财政预算审查委员会、议案审查委员会组成人员名单;审议常委会2006年工作要点、人事任免案。经会议表决,通过《琼中黎族苗族自治县自治条例(修订案)》;听取《关于森林法执法检查的报告》;审议《关于严禁天然林下破坏性开垦的决定(讨论稿)》;审议并通过《琼中黎族苗族自治县自治条例(送审稿)》;听取和审议2006年上半年国民经济和社会发展计划执行情况的报告、2005年财政决算和2006年上半年财政预算执行情况的报告、2005年财政预算执行情况和其他财政收支情况审计的报告;听取和审议县司法局《关于"五五普法"工作建议的报告》;审议农经工委《关于水污染整改回头看工作情况的报告》;审议教科文卫工委关于《民族区域自治法》执法检查及全国人大代表调研情况的书面报告;听取人大法工委关于《琼中黎族苗族自治县自治条例》颁布实施的工作意见;审议县乡换届选举工作有关事项(县人大常委会三个决定及各乡镇成立选举委员会的请示);审议县十二届人大五次会议有关事项;听取和审议县十三届人民代表大会筹备工作有关情况;审议琼中黎族苗族自治县县城总体规划;听取和审议县交警大队关于交通安全管理情况的报告;表决任命伍学云为县政府副县长、代理县长职务,任命韦求香、盘大克为县政府副县长,任命唐论为县检察院副检察长、代理检察长职务。

2007年1月6日,县十二届人大常委会召开第三十次会议。会议补选姜斯宪为海南省第三届人民代表大会代表;审议常委会工作报告。

县十三届人大常委会会议。2007年,县十三届人大常委会分别召开第一、二、三、四、五次会议。会议主要内容为:听取和审议县十三届人大常委会2007年工作要点、县十三届人大代表分组名单;表决通过修订《琼中黎族苗族自治县春季休渔的决定》;听取和审议县人大农经工委关于《森林法》执法检查暨2007年度天然林环保世纪行活动情况的报告;听取和审议县2007年上半年国民经济和社会发展计划执行情况的报告、县本级2006年财政决算及2007年上半年财政预算执行情况的报告、县本级预算执行情况和其他财政收支的审议报告、县第二轮新型农村合作医疗开展情况的报告;审议县十三届人大二次会议有关文件;听取和审议县政府关于2007年县本级年初预算部分项目支出的议案。审议决定人事任免事项等。

2008年,县十三届人大常委会分别召开第六、七、八、九、十、十一次会议。会议主要内容:审议县十三届人大三次、四次会议有关文件;听取和审议县人大常委会工作报告、《琼中黎族苗族自治县农村公路条例》;听取和审议检察院《关于对犯罪嫌疑人曾睿采取强制措施提请许可的报告》;听取和审议县政府《关于当前全县手足口病防治工作的报告》《关于琼中县2008年上半年国民经济和社会发展计划执行情况的报告》《关于琼中县和县本级2007年财政决算及2008年上半年全县财政预算执行情况的报告》《关于2007年度琼中县本级预算执行的审计工作报告》;听取和审议县人大民族宗教与教科文卫工委《关于食品、药品管理执法调研工作的报告》;听取和审议县人大常委会2008年工作要点;听取县人大农经工委《关于全县矿产资源执法检查暨2008年环保世纪行活动情况的报告》;审议通过县人民检察院《关于提请任命刘云东为琼中县人民检察院副检察长议案》;听取和审议县人民法院关于《深入开展大学习大讨论促进审判工作,确保司法公正》专题报告;听取和审议县公安局《关于琼中2008年以来社会治安情况的报告》;听取和审议县政府《关于琼中县国有企业下岗职工就业再就业及城镇零就业家庭人员就业情况的报告》《关于提请批准县人民政府回购县城污水处理厂及管网项目并回购资金本息列入年度财政预算》及《提请批准县人民政府回购海南省琼中县廉租住房建设项目并将项目资金列入年度财政预算》的议案;听取和审议县政府关于新增财力预算调整议案。

2009年,县十三届人大常委会分别召开第十二、十三、十四、十五、十六、十七、十八、十九、二十次会议。会议主要内容:审议代表出缺及补选情况的报告;听取和审议关于召开县第十三届人民代表大会第五次会议决定(草案)、县人大常委会2008年工作报告;表决通过接受曾睿(因涉嫌犯罪)辞去县十三届人民代表大会代表职务;审议县人大常委会2009年工作要点;听取和审议县人大常委会执法调研组关于对县交警大队贯彻实施《中华人民共和国道路安全法》情况的调研报告;听取和审议关于县政府关于"三农"补贴落实情况的专题报告;表决通过同意接受董宪曾辞去海南省第四届人大代表职务;听取县人大农经工委关于"三农"补贴工作执法调研情况的报告;审议县人大常委会关于代表建议、批评和意见交办制度;审议批准县人民政府关于调整2009年度县与县本级一般财政预算安排的议案;听取县人民政府关于县人民医院、县污水处理厂、县廉租房、百花廊桥、垃圾填埋场等重点项目建设情况的报告;听取县人大农经工委关于农村土地承包法执法检查情况的报告;审议批准了县人民政府关于从土地出让金投入和上级追加的可用财力中安排项目支出的议案;表决免去朱亚平县人民检察院副检察长、任命王琼龙为县人民政府副县长、代理县长职务,任命王京洲为县人民检察院副检察长;听取和审议2009年上半年国民经济和社会发展计划执行情况的报告、2008年县和县本级预算执行情况及2009年上半年县和县本级预算执行情况的报告、2008年度县本级预算执行情况的审计工作报告；听取县人大民族宗教与教科文卫工委关于食品安全法执法检查情况的报告；审议县十三届人大常委会关于召开县十三届人大六次会议的决定（草案）；听取和审议县人民政府关于提请批准县财政回购琼中县环城路市政工程项目等两个项目并列入年度财政预算的议案；听取和审议县人民政府关于提请王尤录等的任职议案；审议批准县政府关于琼中县百花大桥项目建设资金有关问题的议案；听取和审议县法院2009年集中清理执行积案活动的报告；听取和审议县检察院2009年度打击和预防职务犯罪的工作报告；听取和审议县政府“五五”普法工作报告；听取和审议县人大办公室关于省四届、县十三届人大代表视察情况的报告；听取和审议县教育局《关于琼中县校园及周边环境治安情况调查的报告；会议表决同意接受伍学云辞去海南省第四届人大代表职务、吴晓丽辞去县十三届人大常委会委员职务、王哲彪辞去县十三届人大代表职务的请求；审议决定人事任免事项等。

2010年，县十三届人大常委会分别召开第二十一、二十二、二十三、二十四、二十五、二十六、二十七、二十八次会议。会议主要内容：听取和审议县十三届人大七次会议有关事项；听取和审议补选的县十三届人大代表资格；审议通过《琼中黎族苗族自治县水利基础设施管理条例（草案）》；审议县十三届人大常委会2009年度工作报告、县人大常委会2010年工作要点（草案）；听取和审议县政府关于琼中县营根河综合治理工程项目建设资金有关问题的议案、关于营河路市政工程项目建设资金有关问题的议案、关于全县旱情及其抗旱情况的报告、关于2010年度全县重点项目（百花廊桥、营根河防洪堤整治）建设情况的报告、关于全县桑蚕产业发展情况的报告；听取、审议县检察院关于许可对寇献民代表采取强制措施的报告；听取开展妇女权益保障法和琼中县贯彻实施妇女权益保障法执法情况的报告；听取县人大常委会农经工委关于2010年全县重点项目建设情况的调研报告，县桑蚕生产情况的调研报告；听取县人大常委会民族宗教与教科文卫工委关于食品安全法执法检查情况的告；听取县人大常委会关于省人大调研组对全省少数民族文化资源在建设国际旅游岛中作用开展调研情况的报告；会议表决免去黎伟珠、陈成豪、李立峰县政府副县长职务（因挂职期满），任命符有信、李萍为县政府副县长（挂职一年）；听取和审议县人民政府2010年上半年国民经济和社会发展计划执行情况的报告、2009年县和县本级财政决算及2010年上半年县和县本级财政预算执行情况的报告、2009年度县本级预算执行的审计工作报告；听取和审议县法院关于民事审判专项工作的报告；听取和审议县检察院关于民事审判法律监督工作情况的报告；听取县人大农经工委关于《琼中县农村公路管理条例》贯彻执行情况的调研报告、关于琼中县新增县投资项目和省重点建设项目实施情况的调研报告、关于农业技术推广法执法检查情况的报告；听取县政府关于防汛抗洪救灾及恢复生产情况的报告；听取县人大农经工委关于全县防汛抗洪救灾及恢复生产情况的调研报告；听取和审议县公安局关于贯彻执行《治安处罚法》及《道路安全法》执法检查情况的报告；听取县人大法工委关于《治安处罚法》及《道路安全法》执法检查情况的调研报告；听取县人大办关于县十三届人大七次会议代表建议办理情况的检查报告;听取县人大民族宗教与教科文卫工委关于琼中县教育资源整合情况的调研报告;选举陆冰为海南省第四届人民代表大会代表;审议决定人事任免事项等。

三、人大常委会决议

第九届人大常委会决议。1992年11月19日,县第九届人大常委会第十二次会议审议通过县政府关于县财政预算的部分变更。

2001年11月2日,县十一届人大常委会第十九次会议通过《关于批准调整县2001年财政收支计划的决议》,批准县政府提出的《关于调整县2001年财政收支计划的议案》。

第十届人大常委会决议。1993年8月26日,县第十届人大常委会第二次会议通过《关于从快从严查处司法执法人员违法违纪问题的决定》。会议决定各有关部门对知法犯法、执法犯法人员要依法从快从严处理,对公安政法工作人员开展政治思想教育和法纪教育。

1994年1月12日,县第十届人大常委会第四次会议通过《关于调整一九九三年度财政收支计划的决定》。会议同意将财政总收入调整为4240万元(含省各项补助数及上年结转数),其中地方财政收入由1523万元调整为1382万元,调减141万元。财政支出调整为4779万元(其中专项上缴省支出7万元,结转下年支出238万元)。调整后的财政预算赤字为539万元,比年初预算数增加赤字267万元。同年12月8日,县十届人大常委会第十次会议通过《关于对1994年县财政收支预算调整的决定》,决定由县政府做适当调整并报县人大常委会批准。

1995年11月3日,县十届人大常委会第十五次会议批准《琼中黎族苗族自治县普及九年义务教育规划》。同日,县十届人大常委会第十五次会议批准《琼中黎族苗族自治县扫盲工作规划》。12月29日,县十届人大常委会第十六次会议通过《关于调整1995年财政收支计划的决定》,批准县政府调整的1995财政收支计划;财政预算总收入由原预算的4751万元调整为5093万元;财政总支出由原预算的4747.5万元调整为5081元。

1996年12月27日,县第十届人大常委会第二十一次会议通过《关于调整1996年度财政收支计划和国民经济与社会发展主要指标计划的决定》,审议并通过了县政府《关于调整1996年度县财政收支计划》和《关于调整1996年度国民经济与社会发展主要指标计划》的议案,决定1996年度县地方财政总收入计划,由4380万元调整为3177万元;1996年度县国内生产总值计划(以1990年不变价计算,下同),由22880万元调整为22330万元;工农业总产值由25660万元调整为24180万元。

1998年1月12日,县十届人大常委会第二十七次会议通过《关于调整县1997年财政收支计划的决定》。会议决定:工商税调减140万元,即由原预算数的920万元调整为780万元;农业各税调减690万元,即由原预算数的2810万元调整为2120万元;罚没及行政性收费调减170万元,即由原预算数的482万元调整为312万元;企业亏损补贴调增18万元,即由-2万元调整为-20万元(省追加数)。调减1026万元,其他项目不变,1997年预算数为3224万元。同日,县十届人大常委会第二十七次会议通过《关于1997年财政预算执行情况和1998年财政预算(草案)报告的决议》，同意该草案作为县十一届人大一次会议材料向大会报告。

第十一届人大常委会决议。1998年9月15日，县十一届人大常委会第三次会议批准《琼中黎族苗族自治县1998年上半年国民经济和社会发展计划执行情况和1998年下半年国民经济和社会发展计划的报告》；会议通过《关于批准琼中黎族苗族自治县1998年上半年财政计划执行情况的决议》《关于委托县人民政府组织起草琼中县〈野生动物繁殖期保护暂行规定〉〈实行河段鱼类责任管理暂行规定〉〈作物牛害管理暂行规定〉的决定》，同意《琼中黎族苗族自治县1998年上半年财政计划执行情况的报告》。

1999年8月25日，县十一届人大常委会第八次会议通过《关于琼中黎族苗族自治县1999年上半年国民经济和社会发展计划执行情况报告的决议》，决定同意县政府《1999年上半年国民经济和社会发展计划执行情况的报告》；会议同意县政府作的《关于琼中黎族苗族自治县1999年上半年财政预算执行情况的报告》。会议还通过《关于县淀粉厂排污费收取管理使用办法的决定》，县淀粉厂排污费由建环局依法追缴，所缴费用纳入当年财政预算外收入，再将排污费拨给该厂用于废水治理工程建设。同年10月9日，县十一届人大常委会第九次会议批准《关于琼中黎族苗族自治县1998年本级财政预算执行情况和其他财政收支审计工作报告》。同年11月29日，县十一届人大常委会第十次会议决定批准县政府《关于调解1999年度财政收支计划的议案》，地方财政收入由年初的4025万元调整为3925万元，年增长幅度由5%调减为2.4%。

2000年8月15日，县十一届人大常委会第十三次会议批准《2000年上半年国民经济和社会发展计划执行情况的报告》，批准《2000年上半年财政预算执行情况及下半年财政工作设想》。

2002年4月23日，县十一届人大常委会第二十二次会议通过《琼中黎族苗族自治县禁猎暂行规定》和《琼中黎族苗族自治县关于春季休渔的决定》。

第十二届人大常委会决议。2003年10月29日，县十二届人大常委会第四次会议审议通过县政府关于2003年上半年国民经济和社会发展计划执行情况、县政府关于2003年上半年财政预算执行情况。同年10月28日，县十二届人大常委会。

2004年6月23日，县十二届人大常委会第八次会议审议通过《关于加强琼中境内国道、省道两旁林木管理的决定》。同年9月8日，县十二届人大常委会第十次会议，审议通过县政府2004年上半年国民经济和社会发展计划执行情况、县政府2003年财政决算及2004年上半年财政预算执行情况。同年10月28日，县十二届人大常委会第十一次会议审议通过县政府关于调整琼中县2004年县和县本级财政预算的议案。

2005年9月15日，县十二届人大常委会第十七次会议审议通过县政府关于琼中县2005年上半年国民经济和社会发展计划执行情况，县政府关于琼中县县本级2004年财政决算及2005年上半年财政预算执行情况。同年11月8日，县十二届人大常委会第十八次会议审议通过《琼中黎族苗族自治县乡村道路管理条例》。

2006年4月27日，县十二届人大常委会第二十三次会议审议通过《琼中黎族苗族自治县自治条例(修订案)》。同年7月20日,县十二届人大常委会第二十五次会议审议通过《琼中黎族苗族自治县自治条例(送审稿)》。同年8月30日,县十二届人大常委会第二十六次会议审议通过县政府关于琼中县2006年上半年国民经济和社会发展计划执行情况,县政府关于2005年财政决算和2006年上半年财政预算执行情况。同年12月19日,县十二届人大常委会第二十九次会议审议通过《琼中黎族苗族自治县县城总体规划的议案》。

第十三届人大常委会决议。2007年8月21日,县十三届人大常委会第四次会议批准《琼中县本级2006年财政决算及2007上半年全县财政预算执行情况的报告》《琼中黎族苗族自治县2007年国民经济和社会发展计划执行情况》。同年11月15日,县十三届人大常委会第五次会议批准《关于调整2007年县本级年初财政预算部分项目支出的议案》。

2008年1月30日,县十三届人大常委会第五次会议通过《关于批准琼中黎族苗族自治县人民政府向国家开发银行海南省分行筹借技术援助贷款项目的决议》《琼中县人民政府关于提请审议技术援助贷款项目的议案》,决定批准县政府以县城市建设投资有限公司作为业主,向开发银行贷款400万元,用于琼中县城乡总体规划及各项专项规划。同年8月13日,县十三届人大常委会第九次会议批准《琼中黎族苗族自治县2008年上半年国民经济和社会发展计划执行情况的报告》《琼中黎族苗族自治县县本级2007年财政决算》。同年10月29日,县十三届人大常委会第十次会议通过《关于批准琼中人民政府回购海南省琼中县廉租住房建设项目并将回购资金列入年度财政预算的决定》,要求县人民政府要严格执行财政预算,合理安排回购琼中县廉租房建设项目资金,确保还款计划顺利实现;会议通过《关于批准琼中县人民政府回购琼中县县城污水处理厂(一期7000吨/日)及管网项目并将回购资金及其利息列入年度财政预算的决定》,要求县政府严格按照回购协议,做出回购资金计划安排,确保回购琼中县县城污水处理厂及管网项目顺利进行。同年11月21日,县十三届人大常委会第十一次会议批准《关于琼中县2008年新增财力和调整部分年度财政预算项目安排的议案》。

2009年7月3日,县十三届人大常委会第十六次会议批准《琼中黎族苗族自治县人民政府调整2009年度县与县本级一般预算安排的议案》。同年9月22日,县十三届人大常委会第十七次会议批准《关于琼中黎族苗族自治县人民政府2009年度重点项目建设情况报告》《琼中黎族苗族自治县人民政府关于从土地出让金收入和上级追加的可用财力中安排项目支出的议案》。同年10月21日,县十三届人大常委会第十八次会议批准《琼中黎族苗族自治县2009年上半年国民经济和社会发展计划执行情况的报告》《琼中黎族苗族自治县和县本级财政决算的决议》。

2010年2月9日,县十三届人大常委会第二十一次会议通过《关于同意将偿还琼中县营根河综合治理工程项目建设资金列入财政专项预算的决议》,决定通过琼中黎族苗族自治县人民政府《关于琼中县营根河综合治理工程项目建设资金有关问题的议案》,同意将琼中县营根河综合治理工程项目建设贷款资金及利息列入财政预算,由财政收入或其他资金来源在预算中逐年用于琼中县城市建设投资有限公司偿还银行贷款及利息。4月9日，县十三届人大常委会第二十三次会议批准《琼中人民政府当前抗旱工作情况报告》。6月23日，县十三届人大常委会第二十四次会议批准《琼中黎族苗族自治县人民政府2010年度重点项目建设情况报告》《琼中黎族苗族自治县人民政府桑蚕产业发展情况报告》。8月25日，县十三届人大常委会第二十六次会议批准《琼中黎族苗族自治县2010年上半年国民经济和社会发展计划执行情况报告》《琼中县和县本级2009年财政决算及2010年上半年全县财政预算执行情况的报告》。11月23日，县十三届人大常委会第二十七次会议通过《关于批准县人民政府〈关于安排使用2010年第一批新增可用财力的议案〉的决议》，同意县政府对2010年第一批新增可用财力的安排使用；会议通过《关于批准县人民政府〈关于安排使用2010年第二批新增可用财力的议案〉的决议》，同意县政府对2010年第二批新增可用财力的安排使用；会议通过《关于批准县人民政府〈关于安排使用2010年第三批新增可用财力的议案〉的决议》，同意县政府对2010年第三批新增可用财力的安排使用；会议通过《关于批准县人民政府〈关于安排使用2010年第四批新增可用财力的议案〉的决议》，同意县政府对2010年第四批新增可用财力的安排使用。

第四节 主要活动

一、代表视察

1991年初，县人大常委会组织驻琼中县的全国人大代表和省人代表进行联合视察，跟踪监督公安、检察机关在执法检查后的整改情况。

1991年底，县人大常委会组织部分县人大代表对县进出口公司、石油公司、地道站、制药厂、和光荣厂等5个单位进行视察，指出了在经营管理、资金使用等方面存在的问题。

1995年1月9日至14日，县人大常委会组织代表进行联合视察活动，重点了解1994年琼中县国民经济和社会发展计划执行情况、财政预算执行情况、县政府为民办八件实事的落实情况，以及县法院接受代表评议后的整改情况。12月18日至25日，常委会组织代表视察活动，重点视察了解1995年度琼中县国民经济和社会发展计划执行情况、财政预算执行情况、税收征管情况、农业法执行及农业综合开发情况、教育法和环保法的执行情况、全县基础设施建设情况、土地资源保护及开发利用情况、环保工作情况等。同年底，县人大常委会组织代表视察全县教育工作，召开公安、教育等部门的领导会议，针对学校的治安提出3条切实可行的建议，督促有关部门扭转被动局面。

1997年初，常委会组织琼中选区的省人大代表和部分人大代表，就公安干警队伍建设、扶贫资金管理使用和效果、教育工作等情况进行视察。同年6月，县人大常委会组织琼中县省、县两级部分人大代表到百花岭水库进行视察,代表们对水库建设的工程质量、施工速度等提出宝贵意见,促进了工程建设速度、工程质量监管以及有关问题的解决,解决县城居民生活和工业用水。同年,12月5日,县人大常委会组织省、县两级人大代表视察检查院工作。

1998年6月19日,县人大常委会组织省、县两级人大代表到百花岭水库进行视察,重点视察水库建设的工程质量、施工速度、环境保护、移民等问题。

1999年底,常委会在省第二届人大第三次会议召开前,组织省人大和部分县人大代表20多人进行联合视察。视察组先听取了县法院、公安局、工交局、农业局、人事劳动局、扶贫办等单位的有关情况汇报,然后深入乡镇、国有农场等召开各种座谈会,到长安山万亩水果基地、县淀粉厂、毛阳水泥厂等实地察看,了解琼中县农业开发、扶贫攻坚、木薯收购、国有企业改革工人下岗再就业、社会治安等情况,及时了解人民群众的意见和要求,更好地履行代表职责。同年12月14日至16日,常委会组织省县两级人大代表进行联合视察。分别对农业开发、扶贫攻坚、国企改革、社会治安等工作开展视察。

2000年8月7日至8日,县人大常委会配合省人大对琼中县的开发建设情况进行视察,重点了解琼中县的农业开发和扶贫工作进展情况。同年11月28日至30日,常委会组织省县两级人大代表开展联合视察活动。重点围绕琼中县当前基础设施建设、生态县建设、科技兴农、扶贫工作、国企改革、旅游资源开发、人才培养等方面存在的问题进行视察。同时结合“三讲”教育“回头看”活动,详细了解全县“三讲”教育整改工作的落实情况。

2001年9月初至11月上旬,县人大、政协组织省驻县的省人大代表、政协委员开展“保护五指山青山绿水”环保世纪行活动。重点对县境的万泉河、昌化江、南渡江流域生态环境保护进行视察,对“一控双达标”企业进行复检,增强广大干部群众的环保意识,保护好森林资源。同年11月5日至6日,县人大、政协组织省驻县的省人大代表、政协委员开展了"保护五指山青山绿水"的环保世纪行活动。视察的主要内容是三大河流流域生态现状,三大河流两岸重点企业环境污染治理情况,三大河流流域的乡镇、国营农林茶场人民群众饮水质量和身体健康情况,《水土保持法》《森林法》《环境保护法》等法律法规和《琼中黎族苗族自治县建设生态县规划》宣传力度情况以及贯彻实施情况和“一控双达标”的巩固情况,中部开发情况,扶贫攻坚情况。

2003年10月23—25日,根据海南省人大常委会办公厅《关于安排省三届人大代表视察的通知》的文件精神,县人大常委会组织了代表视察。代表视察的主要内容是退耕还林及土地确权情况,外来公司在琼中县植树造林情况、小城镇建设情况和教育卫生工作情况。发现某机关职工冒用农户的名义领取粮款补助,损害了农民利益;一些乡镇和有关单位在退耕还林土地丈量兑现粮款中不够公正;一些学校违规聘用无上岗证的代课教师,影响了教学质量。一些乡镇卫生院医疗条件简陋、医护人员工资待遇低等情况,向县委、县政府反映并提出许多有建设性的建议。这些意见和建议得到县委、县政府认真采纳,并采取了有力措施,使人民群众关心的热点、难点问题得到及时解决。

2004年12月2—3日，县人大常委会组织省、县人大代表联合视察。代表视察了群众关心的热点、难点问题，重点是“三农”问题、市场经济秩序整顿问题、社会保障问题和食品药品安全问题。同年12月6日至8日，全国人大代表和省人大代表视察组对琼中扶贫开发和社会发展状况进行视察。视察了琼中自来水厂的基础设施建设和制水供水流程；城文村农民的经济发展和收入情况，农村民房改造工作和农民子女入学情况；红岛卫生院基础设施情况，医疗卫生业务工作开展情况；红岛中学生源入学率、巩固率、升学率、一费制执行情况，学校危房、校舍情况和生物资源配置情况；百花岭水库的蓄水量、供水能力和防洪能力。

2005年7—9月，根据省人大常委会关于开展代表视察活动的通知要求，常委会安排组织省人大代表和部分县级人大代表就琼中县完善农村土地承包、重点项目建设、环境保护等情况进行联合视察，深入了解琼中县农村土地确权情况、农村土地承包手册发放情况、农村土地权属纠纷及处理情况，以工代赈资金建设的重大工程项目、扶贫资金建设的重大工程项目实施情况，天然林、水源林保护情况，林地占用及破坏情况特别是林下种植槟榔、橡胶破坏天然林、水源林等情况，将代表提出的建议和意见反馈给相关单位，督促相应主体机关增强法律意识，提高为民办事的责任感，提高“依法行政”水平，推动琼中县各项事业健康发展，构建琼中和谐社会。

2005年12月28—30日，县人大常委会组织省、县人大代表联合视察组视察琼中县2005年部分以工代赈资金建设的重大工程项目和扶贫资金建设的重大工程项目，察看了县百花岭公路、县自来水厂、县辉草水电站项目建设情况、县一小、县民中、上安中学危房改造情况，听取了县交通局关于营根—中平公路建设情况。通过代表视察活动，统一了干部群众的思想认识，推动项目建设顺利进行。

2008年1月15—16日，经县十三届人大常委会第十五次主任会议研究，决定组织县十届全国人大代表、省四届人大代表和部分县级人大代表就琼中县重点工程项目建设、生态产业园建设、新兴特色产业项目以及农村公路建设等情况进行联合视察。同年12月18—19日，经县十三届人大常委会第二十七次主任会议研究，组织驻县省四届人大代表和部分县级人大代表就琼中县群众关心的热点、难点、焦点问题和琼中县重大项目建设等情况进行视察。具体内容有法制建设情况，市场物价管理情况，文教、卫生工作及基础设施建设、配套情况，重点项目建设情况。

2009年10月23日，县人大常委会开展了代表视察活动。视察的主要内容是：退耕还林及土地确权情况，外来公司在琼中县植树造林情况、小城镇建设情况和教育卫生工作情况。同年12月22日至23日，常委会组织省四届人大代表和部分县十三届人大代表围绕2009年琼中县“保增长、保民生、保稳定”的工作主题开展情况进行集中视察。

2010年1月5日至7日，县人大常委会组织省县两级人大代表围绕琼中县“产业结构调整、保障改善民生、国际旅游岛建设、灾后生产生活”的工作情况进行集中视察。同年12月21日至23日，县人大常委会组织省四届、县十三届人大代表集中视察，视察内容是全县农业产业结构调整、农民增收工作进展情况及灾后恢复生产情况；“十一五”期间重点项目建设情况；“十一五”规划主要指标完成情况，小城镇建设情况，保障性住房建设情况，就业情况以及市场物价监管情况；旅游基础设施建设、旅游接待能力建设及挖掘民族旅游文化资源情况。

二、代表评议

1992—1997年，县人大常委会组织省、县两级人大代表57人次，分两批评议了县法院和工商局，指导乡镇人大组织各级人大代表1200多人次，分三批评议了43个基层所站。对各被评单位提出了123条意见和建议，大大促进了被评单位的工作，增强了服务意识。

1994年8月25日至10月31日，县人大常委会以县法院和黎母山镇派出所、工商所为试点单位开展代表评议工作。参评代表40人，走访农村，工厂，学校商场共40个单位，走访选民群众436人次收集意见共26条，召开座谈会40多次，参加人数421人次，利用有线广播宣传16次，张贴标语266条，编印简报4期，查阅重点案卷8宗，接触重点案件当事人7人，对被评议单位提出建议和意见共17条，其中：执法方面10条，管理和服务态度7条。对政府机关工作人员进行监督，同时也为1995年全面开展代表评议工作摸索经验。

1995年代表评议工作五月下旬开始至十二月中旬结束，参评代表243名，确定被评单位33个。其中县城工商局1个；基层工商所10个；派出所12个；征税站3个；财政所2个；木材检查站2个；粮所1个；供销社1个；卫生院1个。评议内容主要是：为政是否清廉；三乱现象是否被遏制；执法是否严明，是否依法办事；工作作风、工作效率、服务态度群众是否满意。

1996年11月，县人大常委会组织代表开展对县乡(镇)两级政府组成人员述职评议的专项活动。全县13个乡镇的58名正副乡镇长和县5名副县长，分别向参评代表作了述职并接受了评议。517名各级人大代表参加了评议工作。这次述职评议促进了琼中县县乡(镇)两级政府组成人员更好地开展工作，县政府领导组织全县投工投劳维修大小水利工程327宗，新建水利设施26宗，举办各级各类农业技术培训班427期(次)，民房改造完成1500户，农村改厕完成2100户。红毛镇镇委镇政府修建了罗解公路。乌石镇率先在全县推出“禁酒令”，自设小食堂按工作餐标准做好公务接待。公检法部门强化了法律意识，对拘留所的工作进行整顿，改变了超期关押的状况。

1997年8—12月，根据省人大常委会的统一部署，常委会开展琼中县省、县、乡镇三级人大代表联动评议公安工作，先后召开近百次各阶层人士参加的座谈会，进行调查研究，对推进公安机关依法行政，确保琼中县公安工作顺利开展起到很大的作用。

1998年6月至7月，县人大常委会组织代表开展了对各乡镇政府组成人员述职评议和在县直20个行政司法机关推行执法责任制工作。通过述职评议，促进了乡镇政府组成人员转变观念，增强了公仆意识。通过推行执法责任制工作，指导20个行政单位重点抓好法律分解工作，根据依法治县办公室编制的法律目录手册，把属于本部门本单位执行的法律法规规定职责分解，使执法职责进一步明确，推行执法责任制工作得到了顺利进行。同年8月至12月，常委会开展省、县、乡镇三级人大代表联动评议公安工作，先后召开了89次各阶层人士参加的各种座谈会，并采取先乡镇后县城的评议方法进行评议，基本上了解和掌握了琼中县公安工作及公安队伍建设情况，为“联动评议”工作的正式启动创造了条件。

1999年11月3日，县人大代表参加了县法院工作评议座谈会。代表们充分肯定了县法院近年来的工作成绩，提出要认真落实“三讲”教育活动，不断加强干警队伍的素质，从严要求干警依法办案等建议。

2003年2月27日，县人大常委会组织7位县人大代表对县法院2003年度工作进行了评议。有效地促进了执法机关工作作风的转变。

三、执法检查

1994年，县人大常委会开展《统计法》贯彻执行情况和普及九年义务教育工作情况的执法检查。

1995年，县人大常委会共开展执法检查3次。4月，县人大常委会对全县环境资源保护情况进行执法检查，查处饭店、酒店非法抓捕和销售野生动物，没收捕抓野生动物的工具，对非法经营的饭店、酒店进行罚款。8月8—15日，县人大常委会开展《中华人民共和国婚姻法》执法检查，检查全县贯彻执行《婚姻法》的情况、经验和做法，执行《婚姻法》中存在的主要问题、原因和解决方法，对进一步贯彻执行和完善《婚姻法》的意见和建议。检查组提出各级政府及司法机关要增强普法和执法力度，解决结婚不办理登记手续的问题，根据琼中县实际情况，依照《婚姻法》第三十六条规定制定变通或补充执行《婚姻法》的地方性规定。9月10日，县人大常委会开展《中华人民共和国科技进步法》执法检查，促进各级政府及其职能部门深入开展以科技兴农，增加农民收入为主要目标的科技活动。

1996年，县人大常委会配合全国人大检查团开展执法检查，主要检查琼中近年来民族地区改革开放和经济发展及社会发展情况、扶贫情况，民族干部建设情况，地方法制建设工作情况和地方自治法规的制订与实施情况。

四、专题调研

1995年3月16日，县人大常委会开展专题调研活动，对土地法律法规实施情况、耕地流失情况、1994和1995年农业发展情况进行专题调研。4月18—26日，县人大常委会开展征收燃油附加费情况和民房改造情况专题调研，主要调研海南省实行征收燃油附加费制度后对民族地区经济发展予以照顾支持的情况、民族地区民房改造的情况。7月11—27日，县人大常委会对全县暂住（流动）人口管理情况开展专题调研，通过调研发现琼中县对暂住（流动）人口管理比较混乱：一是县公安局没有对全县暂住（流动）人口进行全面的统计管理；二是国营农场所招收的胶工大部分没有进行登记和收费；三是地方与国营农场地域管辖界线混乱；四是城市寄户人口多，不登记、不收费、不统计。

1998年7月20—23日，县人大常委会配合省人大开展医药市场经营管理调研活动，先后深入到5个国营农场、4个乡镇，抽样调查了27个医药医疗单位。调研组对销售伪劣药品药店从业人员进行批评教育并没收伪劣药品，进一步规范了琼中对医药市场的管理。8月28日至9月2日，县人大常委会组织开展对公安工作的专题调研，调研琼中县公安队伍教育整顿、公安工作在改革方面采取的重大举措和存在的主要问题、人民群众对公安工作普遍反映的热点问题以及公安工作存在的主要困难。9月7日，县人大常委会组织开展全县地方财政对农业资金投入和农业专项资金管理使用情况的专题调研，调研的主要内容：1994—1997年各年度本县财政对农业的资金投入；各项资金的管理使用情况及使用效果；全县1994—1997年各年度(重点是1997年)县财政以及农口各单位收到上级(中央、省)财政和有关部门拨给的农业专项资金的款项；对农业专项资金是否严格做到专款专用；农业专项资金管理使用方面的经验、教训以及意见、建议。

2000年，县人大常委会主要对国有企业改制、生态建设、扶贫工作情况开展专题调研。2月17日开始，县人大常委会进驻县供销社和县商业总公司进行调研，研究企业改革与解困工作，至10月底，与供销联社共同研究制订供销系统的改革解困方案，减少供销联社管理费用的开支，提高离退休人员和在职人员的工资，利于现有固定资产的管理和债权债务的挂账管理。5月16日，县人大常委会配合省人大对琼中生态县建设情况进行专题调研。6月19日，县人大常委会配合省人大对琼中县扶贫工作进行专题调研，主要了解“八七”扶贫开发计划实施情况，掌握琼中县贫困乡镇农民的生产、生活现状，积极促进扶贫工作扎实开展。7月12日，县人大常委会配合省人大调研琼中县废水污染治理、“一控双达标”工作的进展情况。针对琼中县毁林开荒现象严重，县人大常委会督促县政府立即组织力量制止毁林开荒，并退耕还林，保护琼中的青山绿水。

2001年9月18—20日，县人大常委会调研红毛镇金屏岭退耕还林情况，营根镇槟榔园村及湾岭镇新坡村文明生态村建设情况。12月12—20日，县人大常委会组织人大代表对县政法系统8个单位的执法工作、队伍建设和案件处理情况进行调研。

2002年8月6—7日，县人大常委会配合省人大常委会开展依法治县调研活动。

2003年，县人大常委会主要对社会治安、《中华人民共和国老年人权益保障法》《婚姻法》贯彻实施、教育等情况开展调研。6月18—19日，县人大常委会开展农村沼气池建设专题调研。7月5—15日，县人大常委会对各乡镇贯彻《中华人民共和国老年人权益保障法》情况进行执法调研。主要调研全县贯彻实施老年人权益保障法的基本情况；老年人权益保障法中有关老年人家庭赡养和抚养规定的落实情况；养老金发放、医疗待遇等社会保障规定的落实情况；完善老年人社会保障制度的情况。7月22日，县人大常委会就琼中县贯彻落实《婚姻法》情况开展专题调研。8月11日，县人大常委会就琼中县侨情和港澳台资企业情况开展调研，掌握有关情况，上报省人大常委会。8月25日，县人大常委会就群众反映红岛中学存在管理混乱、教学质量差的情况开展调研。9月17日，县人大常委会配合省人大督查组对海榆中线公路毛阳至营根路段改造工程开展专题调研，针对存在的主要问题提出建议。另外，还配合该工委调研组搞好对琼中县老区建设工作的专题调研。

2004年4月14—15日，县人大常委会陪同全国人大民族委员会就琼中近年来民族地区扶贫工作情况开展专题调研。调研组就琼中县近年来在少数民族人才培养和引进、文化教育、群众生产生活及经济发展等方面存在的突出问题进行探讨。4月中旬，县人大常委会开展农村医疗卫生情况专题调研，主要调研全县传染病和地方病的发生和防治情况，2001—2004年县医疗卫生网络建设和财政经费投入情况，医疗卫生队伍的建设情况。调研组提出以下建议：各级政府要把农村卫生工作纳入政府的重要议事日程；加大投入，改造乡镇卫生院危房；加大卫生经费的投入，补充或配套完善乡镇卫生院的各种医疗卫生设备；加快卫生人事制度改革步伐；加强对卫生技术人员的培训，建立健全继续医学教育制度；切实解决好医务人员的养老保险和待遇等问题；加大计划免疫、妇幼保健经费投入，健全三级网络。6月，县人大常委会配合省人大开展2004年省少数民族地区民房改造及少数民族发展资金建设项目建设情况的专题调研。调研组提出以下建议：进一步重视这两项“民心工程”；进一步加大对民房改造专项资金的投入；多方式推进民房改造工程；对少数民族发展资金项目存在的多报少建和报大建小现象进行清查；严格规范招投标工作和全县的管理。7月，县人大常委会开展《刑事诉讼法》执法情况、《互联网上网服务营业场所管理条例》贯彻情况的专题调研，同时配合省人大开展2004年国民经济运行情况专题调研。调研组提出要加强区域规划，发展特色农业；促进农业产业化经营；加快小城镇建设和农业、农村基础设施建设；加大力度改造改组工业企业；积极增加居民收入提高政府服务意识和办事效能等建议。8月，县人大常委会开展《中华人民共和国刑事诉讼法》贯彻实施情况专题调研，调研组提出要提高琼中县公安刑侦手段，公安干警要文明执法，提高法院审理案件证人出庭率等建议。8月上旬，县人大常委会开展侨情和落实归侨侨眷最低生活保障情况专题调研。8月下旬，开展旱灾救济情况专题调研，对存在问题提出意见和建议，为县政府及有关部门进一步做好救灾救济工作提供参考。11月，对县部分企业不良银行资产剥离后追债引发社会问题情况开展专题调研，调研组提请省人大常委会协调帮助琼中县与华融、信达、长城3大资产管理公司及吴川市建筑安装工程公司海南分公司（以下简称“吴川建安公司”）协商，以双方都能接受的价格将三大资产管理公司和吴川建安公司持有的债权购回；请省人大常委会向省各专业银行协调，在处置银行欠款时，给予政策上的最大优惠；请省人大常委会出面与省高院等司法部门协商，在处理吴川建安公司及其他公司要求财产保全时，要充分考虑困难企业下岗职工的实际困难，在法律允许的范围内尽可能保护下岗职工等弱势群体的利益。

2005年春、秋季学校开学之初，县人大常委会深入县城和农村部分中小学校进行调研，督促教育部门和学校认真做好发动学生入学和控辍保学工作，使中小学的入学率分别达到99.5%和95%以上。

2006年，县人大常委会主要组织开展了5次专题调研。3月下旬，县人大常委会组织对琼中县落实省人大防震减灾执法检查整改意见情况进行专题调研。主要调研防震减灾工作纳入县政府国民经济和社会发展“十一五”规划情况;地震局挂牌及将防震减灾经费纳入年度预算情况;制定琼中地震安全性评价管理办法情况;琼中地震台受干扰问题解决情况;群测群防“三合一”网络的调整优化及经费的落实情况;地震信息反馈系统建设情况;地震监测台站立项列入防震减灾工作“十一五”规划及组织实施情况;地震农居安全工程建设项目开展情况;地震避难场所列入城市规划及组织落实情况。7月,县人大常委会对农村土地承包情况进行调研,主要调研全县农村土地承包的基本情况;国家机关、事业单位、工商企业及国家工作人员、城镇居民在琼中承包农村土地的情况;乡镇企业、集体公益事业建设和村民建房占用承包地的情况及如何补偿、调整等情况。调研组提出进一步做好完善农村土地承包关系,落实农村土地承包政策,加强农村土地流转的管理和农村集体土地管理等建议。9月14日,县人大常委会配合省人大开展《气象法》执法调研,主要调研政府和气象部门贯彻实施《气象法》及其实施办法,为当地经济社会发展提供优质服务的情况;防雷减灾工作依法实行统一组织管理的情况,特别是防雷工程的设计审核和竣工验收,以及重点单位和重要设施的防雷工作落实情况;自动气象站、农村气象站建设的项目规划、经费落实及工程进展情况;地方财政对气象事业的资金投入及双重计划财务体制的落实情况。10月下旬,县人大常委会就琼中县各中小学校办学条件和危房改造、师资队伍建设、教育经费的筹措、拨付和使用、义务教育阶段学生入学率、辍学率和控辍等情况进行调研。12月,县人大常委会开展《海南省禁毒条例》实施情况调研活动。

2007年,县人大常委会主要组织开展了10次专题调研。3月7—8日,针对全县义务教育阶段公办中小学校收费情况开展专题调研,调研的重点是各中小学校是否存在违法违规乱收费的现象。在此次调研中,未发现有违法违规乱收费和搭车收费的现象。同月,县人大常委会开展全县毁林和破坏植被情况专题调研,重点调研2007年以来群众反映较强烈的毁林热点问题。调研组提出县政府要加强生态环境资源保护工作;县公检法机关要共同严厉打击破坏生态违法行为;加强《森林法》和《海南省林地管理条例》宣传力度;加强环境执法队伍的护林队伍建设;加强执法监督和民主监督等建议。4月23—25日,县人大常委会组织开展《中华人民共和国档案法》《〈中华人民共和国档案法〉实施办法》《海南省档案管理办法》执法调研。主要调研档案事业经费列入当地财政预算及拨付到位情况;档案馆库基本情况;档案信息化建设及档案馆信息资源开发利用情况;档案资料的收集、整理、归档和移交情况;档案违法案件发生及查处情况。调研组提出县政府要加大投入,把新建档案馆项目列入琼中县城镇建设规划,扩建档案局办公大楼;加强对各单位档案工作人员的业务培训;加强开展“三法”等法律法规的宣传力度;加强档案执法队伍建设等建议。5月中旬,县人大常委会配合省人大对琼中县农村公路建设情况开展专题调研。6月,对《海南省松涛水库生态环境保护管理规定(草案)》和《海南经济特区机动车辆燃油附加费征收管理条例》自制定和实施以来所产生的作用、取得的成效、存在的问题进行调研。调研组建议根据不同地区实行不同的收费标准,适当降低中部市县的收费标准;不同地区采取不同标准下拨征稽经费；降低柴油车辆燃油附加费征收标准；入户在不同地区车辆采取不一样的征费标准；加强车辆管理与征稽部门的协调沟通；制定收费标准时注重考虑降低农用车的收费标准等建议。7月，就民房改造、新型农村合作医疗工作的情况和发展社区卫生服务情况开展专题调研。9月6日，配合省人大开展驻省第十届全国人大代表2007年城乡公共文化设施建设专题调研活动。调研琼中县图书馆、博物馆、文化馆以及乡镇文化站、文化中心的建设情况；政府发挥公共文化设施在社会主义文化建设中的作用、取得的成就和经验，存在的问题、困难以及意见、建议。9月，对全县禁毒工作进行专题调研，调研组提出进一步加大《条例》的宣传力度；增强各禁毒部门协作的积极性和整体合力；规范和加强对药店的管理等建议。10月15—16日，县人大常委会开展《中国妇女发展纲要(2001—2010年)》《中国儿童发展纲要(2001—2010年)》《海南省妇女发展规划(2001—2010年)》《海南省儿童发展规划(2001—2010年)》执法调研。调研组提出县政府要大力支持"两纲两规"事业发展；填补农村儿童学前教育空白；加大对乡镇卫生院的投入，加大对医务人员的培训；加强计划生育的宣传教育；保障妇女的合法权益等建议。

2008年，县人大常委会主要组织开展了9次专题调研。4月10—11日，县人大常委会对全县贯彻实施《中华人民共和国食品卫生法》《中华人民共和国农产品质量安全法》的情况进行专题调研。调研组提出要求县政府加大投入，支持全县食品安全事业的发展；整合食品安全检测资源，加大对食品安全检测人员的培训力度，增加设备；建立和完善食品安全应急预案，提高县政府处理食品安全事件的能力等建议。5月7日，配合省人大对《海南省实施〈中华人民共和国农村土地承包法〉办法》施行后琼中农村土地管理工作情况、琼中民族地区社会发展情况和贯彻执行《琼中黎族苗族自治县自治条例》的情况进行调研。调研了解农村土地基本情况；农村土地承包、流转情况；农村土地征用、补偿以及失地农民安置情况；土(林)地权属纠纷，以及征地闲置、失地农民安置中遗留问题依法管理建议。调研组提出进一步落实农村土地承包政策；加强农村土地流转管理；加强农村集体土地管理；严格土地合同管理；严格土地承包金支付手续，维护农民权益；做好集体林权制度改革，明晰林地产权；加大农村林权纠纷调处力度等建议；针对县医疗卫生、教育和人力资源开发工作的现状及存在的主要问题提出建议。配合省人大对琼中县贯彻实施《中华人民共和国档案法》《海南省档案管理办法》情况进行专题调研。实地察看了县档案局、财政局等单位档案管理情况，针对存在的主要问题，提出建议。5月28日至6月2日，县人大常委会对全县防控"手足口病"的情况开展调研。调研组提出进一步完善各种防控工作制度，建立防控工作的长效机制；继续开展健康教育工作；加大投入，储备足够的防控药品和医疗器械；进一步对全县卫生专业技术人员和农村防保人员开展系统的防控技术培训；加大环境整治力度，重点抓好农村、学校、幼托机构和医疗机构环境卫生整治工作等建议。6月下旬，县人大常委会配合省人大对全县贯彻实施《中华人民共和国矿产资源法》《海南省矿产资源管理条例》情况进行调研，实地察看了和平的铝锌矿和岭头金矿两个勘查点的情况。9月，县人大常委会对琼中县近三年来高中阶段教育发展情况进行专题调研。主要了解全县高中阶段教育发展的有关情况。10月,县人大常委会组织开展对全县法律工作情况的专题调研,提出加强对法律援助工作人员的业务培训工作;提高法律援助工作人员办案补贴;制定行之有效的奖惩措施等建议。11月14日,县人大常委会配合省人大开展万泉河保护立法调研。主要调研万泉河流域的工业污水、生活污水、水产养殖、农业面源、生活垃圾等污染防治的情况、存在问题及治理措施;万泉河流域水源林保护情况及存在问题;环保行政主管部门对万泉河的保护、污染治理措施和监管情况;对生态补偿方面有何建议和对策。

2009年,县人大常委会对生态环保、"三农"及民生问题开展调研。4月5日,配合省人大常委会开展《海南省万泉河流域生态环境保护规定》立法前期调研活动,为该法规出台提供了第一手材料。6月18—19日,县人大常委会开展全县贯彻实施国家"三农"补贴政策情况专题调研。调研内容共有9项,即全县2007—2009年以来能繁母猪、水稻(早、晚)良种、农民养猪、农机购置、罗非鱼养殖、退耕还林粮食折现补助、粮食直补和农资综合直补、家电下乡、种植橡胶补贴资金发放情况。调研组提出要加大对"三农"补贴工作的宣传力度,完善制度,加强管理,采取措施解决实际问题等建议。8月初,县人大常委会开展机构编制问题专题调研。调研组提出要加强对市县人大机构设置和编制管理的定期评估;加强对人大机构设置编制的有效管理和监督;合理进行机构设置,合理安排编制;要把重视和加强地方人大机构、人员编制设置落到实处等建议。9月18—20日,县人大常委会就百花廊桥、污水处理厂、垃圾填埋场、廉租房、县人民医院综合大楼等重点项目建设情况开展专题调研。调研组提出政府要认真审核项目的可行性报告;认真审查应标单位的资质,严把项目招标操作流程关;加强项目在筹备、规划、征地、赔偿、安置及建设等各个环节的领导;加紧完成2008年下半年省下达的第四季度新增80套廉租房收尾工作,加速完成2009年度56套廉租房建设任务等建议。

2010年,县人大常委会组织开展了11次专题调研。3月,开展《海南省村民委员会选举办法》修订工作调研。4月,县人大常委会对贯彻实施"五五"普法规划及其决议和《农村五保供养工作条例》情况进行调研。5月2日,县人大常委会开展白花廊桥和营根河综合治理工程等重点项目建设情况专题调研。调研组提出县政府要加强营根河综合治理项目工程资金使用的全程跟踪审计;加强营根河综合治理项目征地、赔偿、安置及前期建设等各个环节的领导;严格监管白花廊桥项目追加资金的安全使用等建议。5月19日,配合省人大对琼中少数民族文化开发情况开展专题调研。主要调研琼中少数民族文化资源在旅游方面的开发利用;挖掘、整理、弘扬民族民间文化艺术,发挥少数民族文化在旅游产业中的作用;规划设计、扶持打造独具特色的民族民间文化艺术等情况。调研组提出要结合黎族苗族民俗文化资源,走生态旅游和民族文化相结合的旅游路子;要加大宣传和保护力度,做好民族文化和生态资源的保护工作的建议。5月27日,县人大常委会对全县农民增收、整村推进扶贫、民房改造、种桑养蚕等工作开展专题调研。调研组提出对整村推进扶贫工作要做细思想工作,做好规划布局;要想方设法帮助经济困难群众解决资金问题等建议。对种桑养蚕工作提出加大蚕房建设力度,加大宣传、培训力度,抓好典型示范等建议。7月，县人大常委会对全县村民委员会选举情况进行调研，为省人大常委会修改《海南省村民委员会选举办法》提供依据。7月11—20日，县人大常委会就琼中贯彻实施《琼中黎族苗族自治县农村公路条例》情况、规范农村公路建设与养护工作、提高农村公路建设质量与养护水平情况进行专题调研。调研组提出要加强《公路条例》学习宣传力度；加强农村公路养护，增加农村公路建设和养护资金投入；建立健全新型农村公路建设与养护机制；加大打击严重“超载”和破坏公路设施行为，特别是重点打击超载运沙、石、木材的行为等建议。8月20日，县人大常委会对全县新增中央投资项目和省重点建设项目计划执行和实施情况进行调研。调研组提出要切实加强新增投资监管；努力加快项目建设进度；认真落实项目配套资金；有效扩大信贷资金投入等建议。10月26日，县人大常委会就全县教育资源整合情况进行调研。调研农垦学校移交地方管理情况、实施教育扶贫（移民）工程情况、整合农村学校情况。调研组提出县政府要逐年加大投入解决学校教师的住房、工作间困难问题；要注重解决学校资产移交遗留问题；制定规范的制度，提高全县学校管理的整体水平；尽快补发教师的套改工资等建议。11月，县人大常委会对贯彻执行《中华人民共和国道路交通安全法》情况、全县防汛抗洪救灾及灾后建设恢复生产情况进行调研，提出要做好上级下拨抗洪救灾资金的发放和使用，有效帮助农民恢复生产；继续发动群众抓紧抢修受损的基础设施，尽快恢复农业生产服务能力；组织相关部门及全县各乡镇共同做好冬种工作；做好生产资料的组织落实工作等建议。

五、人事任免

1991年9月7日，县委提议由县政府向县人大常委会提请拟任叶义柳为扶贫办公室主任。10月10日，县人民政府向县人大常委会提请拟任曾广明为县人民政府科技副县长，提请免去陈家俊县人民政府科技副县长职务。

1992年3月4日，县政府提请免去陈坚县供销社主任职务。3月6日，县九届人大常委会第八次会议表决通过，决定任命王礼忠为县人民检察院副检察长、检察委员会委员、检察员；王日东、王京雄、吉雄、陈平、陆万经、张裕义、林开清、周德金为县人大常委会法科工作委员会委员。4月17日，县九届人大常委会第十次会议表决通过，决定免去蔡有德县人民政府副县长职务。9月25日，县九届人大常委会第十一次会议表决通过，决定任命黄兴富为县人民政府副县长、代理县长。

1993年3月6日，县九届人大常委会第十五次会议表决通过，决定任命林文东为县人民法院代理院长。4月6日，县政府提请任命王雄为县人民政府副县长，免去许达钟县政府副县长职务。8月26日，县十届人大常委会第二次会议表决通过，决定任命王世祥为县人大常委会办公室主任，王国承为县人大常委会法科工委主任，莫朝钦为县人大常委会农经工委主任，邓运安为县人大常委会办公室副主任；曾广明为县人民政府副县长，高日精为县人民政府办公室主任，郭泽友为县公安局局长，邓运书为县司法局局长，王俊为县外事侨务办公室主任，颜学宽为县经济合作局局长，王光业为县旅游局局长，吴大修为县老区办公室主任，王尤焘为县审计局局长，王先川为县人事局局长，王振法为县监察局局长，叶世科为县民族事务委员会主任，黄永坤为县民政局局长，林绍辉为县农业委员会主任，王良忠为县农业局局长，王家传为县乡镇企业局局长，邢贻颂为县热作局局长，杨起雄为县畜牧局局长，杨海明为县林业局局长，王必忠为县水利电力局局长，王运辉为县国土局局长，陈家乙为县农机局局长，陈昌强为县经济委员会主任，王德才为县交通局局长，柯国英为县二轻局局长，卓居雄为县外贸局局长，李继禹为县商业局局长，王存为县工商行政管理局局长，李会明为县财政局局长，莫太梓为县粮食局局长，王兴胜为县计划委员会主任，王有富为县劳动局局长，王居进为县环境资源局局长，李琼钰为县统计局局长，王涛为县物价局局长，王家文为县技术监督局局长，杨善琳为县卫生局局长，何忠华为县计划生育委员会主任，陈仕晋为县科学技术委员会主任，王大荣为县文化局局长，古瑞璘为县体育运动委员会主任，汪其冠为县教育局局长。盘明达、周将文、王应东为县人民法院副院长、审判委员会委员，邓运昌、李润合、张廷飞为县人民检察院副检察长、检察委员会委员。11月12日，县十届人大常委会第三次会议表决通过，决定任命王才东、黎新骞、谢伟、赵海明、朱亚平、邢姑、赖沛钦为琼中县人民检察院检察员。

1994年1月12日，县十届人大常委会第四次会议表决通过，决定任命符文任为县人民法院告诉申诉庭庭长，占道山为执行庭庭长，陈振宇为民事审判庭庭长，吉雄为经济审判庭庭长，吴坤龙为营根法庭庭长，林万强为刑事审判庭副庭长，林志贵为执行庭副庭长，黄玉干为审判员、经济审判庭副庭长，王明成为行政审判庭副庭长，王桂英为民事审判庭副庭长，方国强为营根法庭副庭长，刘少丰为审判员、湾岭法庭副庭长，叶伟为审判员、黎母山法庭副庭长。免去符文经济审判庭庭长职务，占道山民事审判庭庭长职务，陈振宁营根法庭庭长职务，吉雄刑事审判庭副庭长职务，吴坤龙黎母山法庭副庭长职务，王明成执行庭副庭长职务。3月14日，县十届人大常委会第七会议表决通过，决定接受黄兴富辞去县长职务的请求，并报县人民代表大会备案；任命符正才为县副县长，代理县长职务。3月31日，县十届人民代表大会第二次会议选举符正才为县人民政府县长，免去黄兴富县人民政府县长职务。6月3日，县十届人大常委会第八次会议表决通过，决定任命王先川为县人事劳动局局长。王先川的原县人事局局长职务，从县编委1994年5月12日琼中编字[1994]4号文件撤销县人事局之日起，已随人事局的撤销而自然消失。8月5日，县十届人大常委会第九次会议表决通过决定任命：王明珍为县计划生育委员会主任；庄耿联为县商业局局长。免去何忠华县商业局局长职务。12月8日，县十届人大常委会第十次会议表决通过，决定任命李会明为县财政税务局局长兼任地方税务局局长。其原县财政局局长职务自行消失；吉雄、潘浪为县人民法院审判委员会委员。免去潘先森县人民法院审判委员会委员职务。

1995年1月4日，县十届人大常委会第十一次会议表决通过，决定任命周铮为县人民政府副县长。6月22日，县十届人大常委会第十三次会议表决通过，决定任命王振法为林业局局长；邓雪玲为审判员、民事审判庭副庭长；侯海波任审判员、告诉申诉庭副庭长，盘文京、翁栩、陈强、王伟奇为审判员；符必明为检察员。免去杨海明林业局局长职务。9月28日，县十届人大常委会第十四次会议表决通过，决定任命林诗钰为县人大常委会农经工委主任；林枝桁为县监察局局长，陈昌强为县政府办公室主任，王兴胜为县计划统计局局长，王德才为县工业交通局局长，周世莲为县贸易局局长，李远胜为县建设与环境资源局局长兼县土地管理局局长，王大荣为县文化体育局局长，王明珍为县卫生与计划生育局局长，叶世科为县民族宗教事务局局长，郑光锋为县教育与科学技术局局长，王玉霞为县审计局局长，李传芳为县公安局局长。原单位不撤并的县财税局、人事劳动局、司法局、工商局、民政局其主要领导人不再重新任命。免去莫朝钦县人大农经工委主任职务；汪其冠县教育局局长职务，王尤涛县审计局局长职务，林照辉县农业委员会主任职务，郭泽友县公安局局长职务，王德才县交通局局长职务，王居进县环境资源局局长职务，陈昌强县经济委员会主任职务，古瑞粼县体育运动委员会主任职务，王明珍县计划生育委员会主任职务，邢贻颂县热作局局长职务，王良忠县农业局局长职务，杨起雄县畜牧局局长职务，陈家乙县农机局局长职务，庄耿联县商业局局长职务，莫泰梓县粮食局局长职务，柯国英县二轻局局长职务，王大荣县文化局局长职务，卓居雄县外贸局局长职务，颜学宽县经济合作局局长职务，王家文县技术监督局局长职务，王涛县物价局局长职务，王运辉县土地管理局局长职务，杨善琳县卫生局局长职务，王俊县外事侨务办公室主任职务，吴大修县老区办公室主任职务，叶世科县民族事务委员会主任职务，王兴胜县计划委员会主任职务，李琼钰县统计局局长职务，高日精县政府办公室主任职务。

1996年3月28日，县十届人大常委会第十八次会议表决通过，决定任命陈宗贤为县人民政府副县长。免去黄永礼县人民政府副县长职务。会议决定接受王德标辞去县十届人大常委会副主任职务，并报县十届人大四次会议备案。4月18日，县十届人民代表大会第四次会议补选黄永礼、王启民为县十届人民代表大会常务委员会副主任。7月9日，县政府提名任命曾广明为县政府副县长，免去其科技副县长职务。(因1993年8月26日县人大常委会已任命曾广明为县政府副县长，并未任为科技副县长，其副县长任期尚未届满，不需重任{见琼中人常[1996]15号文件}。)7月23日，县十届人大常委会第十九次会议表决通过，决定任命：王兴胜为县物价局局长(兼)；王德才为县技术监督局局长(兼)。王日东、王勇坚、李美林、沈跃民、卓居雄、黄法程、韩荣丰为县人大农经工委委员。会议决定接受曾平辞去县人大常委会委员职务。10月30日，县十届人大常委会第二十次会议表决通过，决定任命：龙朝雄为县人大常委会办公室副主任；吴坤龙为刑事审判庭庭长；陈振江为行政审判庭庭长；林志贵为执行庭庭长；叶伟为湾岭人民法庭庭长；

王伟奇为长征人民法庭庭长。免去冯善英刑事审判庭庭长职务;王升春行政审判庭庭长职务;占道山执行庭庭长职务;王国苏什运人民法庭庭长职务;吴坤龙营根人民法庭庭长职务;符保鉴长征人民法庭庭长职务;侯海波刑事审判庭副庭长职务;邓雪玲告诉申诉审判庭副庭长职务;叶伟黎母山人民法庭副庭长职务。12月27日,县十届人大常委会第二十一次会议表决通过,决定任命:邢贻强为县人民政府副县长、代理县长。赵文甫为刑事审判庭副庭长;陈强为执行庭副庭长。免去王桂英民事审判庭副庭长职务;潘先森民事审判庭副庭长职务;王明成行政审判庭副庭长职务;方国强营根人民法庭副庭长职务。会议同意接受符正才辞去县人民政府县长职务。

1997年4月11日,县十届人大常委会第二十三次会议表决通过,决定任命:能志强为县人民政府副县长;吕重庆为县卫生局局长;王明珍为县计划生育局局长;邢诒颂为县农业局局长;王儒连为县民族宗教事务局局长。吴坤龙、陈振宁为县法院审判委员会委员。免去周铮县人民政府副县长职务;叶世科县民族宗教事务局局长职务;王明珍县卫生与计划生育局局长职务;周将文、潘浪县法院审判委员会委员职务。10月7日,县十届人大常委会第二十五次会议审议通过,决定免去:王尤华县人民政府副县长职务;林枝桁县监察局局长职务。11月21日,县十届人大常委会第二十六次会议审议通过,决定免去:符文县人民法院告诉申诉庭庭长、审判员职务;陈振江县人民法院行政审判庭庭长、审判员职务。

1998年1月12日,县十届人大常委会第二十七次会议表决通过,决定任命王尤华为县监察局局长。7月8日,县十一届人大常委会第二次会议表决通过,决定免去:王世祥县人大办公室主任职务;林诗钰县人大农经工委主任职务;陈振宁县人民法院民事审判庭庭长、审判委员会委员、审判员职务。任命王先川为县人大办公室主任;黄永坤为县人大农经工委主任;王尤华为县监察局局长(兼);李会明为县财政局、国有资产管理局局长(兼);邢诒颂为县农业局局长;王光业为县计划统计局、物价局局长;陈昌强为县工业交通局、技术监督局局长;李远胜为建设与环境资源局、土地管理局局长;王儒连为县民族宗教事务局局长;王乙为县人事劳动局局长;王存为县工商行政管理局局长;李传芳为县公安局局长;王德才为县司法局局长;胡瑞明为县民政局局长;郑光锋为县教育与科学技术局局长;王玉霞为县审计局局长;周世莲为县卫生局局长;王大荣为县贸易局局长;谢在卫为县文化体育局局长;王明珍为县计划生育局局长。9月15日,县十一届人大常委会第三次会议表决通过,任命符跃兰为县人民政府副县长;耿传苏为县人民政府科技副县长;林开谟为县人大教科文卫工委主任;陈有清为县人大法制工委副主任;王应东、刘晓、许毅、莫跃、符积颖为县人大法制工委委员;王越雄、叶义柳、叶保宇、李美林、徐日球、黄宏程、韩荣丰为县人大农经工委委员;王世军、王琼兰、邓文权、邓运兴、吕明军、黄金兰为县人大教科文卫工委委员。12月7日,县十一届人大常委会第四次会议决定任命符积颖、陈扬为县人民检察院检察员。

1999年1月29日,县十一届人大常委会第五次会议表决通过,决定免去李会明县人民政府副县长和县财政局局长职务；任命杜海山为县人民政府副县长。3月5日，根据省委决定，县委提名符跃兰为县人民政府县长候选人；邢贻强因工作调动，不再担任县人民政府县长职务。6月22日，县十一届人大常委会第七次会议表决通过，决定免去龙朝雄县人大办公室副主任职务。任命盘明杰为县人大教科文卫工委副主任；王胜勇为县人大农经工委副主任；王朝东为县财政局局长。8月25日，县十一届人大常委会第八次会议表决通过，决定免去林元康县人民政府副县长职务；李传芳县公安局局长职务；赵文甫县人民法院刑事审判庭副庭长职务；黄玉干县人民法院经济审判庭副庭长职务；侯海波县人民法院审判员职务。任命许兴雄为县人民政府副县长；符关秀为县公安局局长；赵文甫为县人民法院民事审判庭庭长；黄玉干为县人民法院行政审判庭庭长；李琼珍为县人民法院告诉申诉庭庭长；盘文京为县人民法院经济审判庭副庭长；郑彬为县人民法院审判员、刑事审判庭副庭长；陈国燕为县人民法院审判员。10月9日，县十一届人大常委会第九次会议表决通过，决定免去王尤华县监察局局长职务。任命曾维生为县人民政府副县长；冯春珍为县监察局局长。11月29日，县十一届人大常委会第十次会议表决通过，决定免去吴坤龙县人民法院刑事审判庭庭长职务。任命吴坤龙为县人民法院副院长；凌大群为县人民检察院副检察长(会上未通过任命)。

2000年8月15日，县十一届人大常委会第十三次会议表决通过，决定免去谢在卫文体局局长职务。任命吴梁书为县文体局局长；王儒龙，谭礼宪，符群为县人民法院审判员；赵文甫，林万强，邓雪玲为县人民法院审判委员会委员。

2001年3月14日，县十一届人大常委会第十七次会议表决通过，决定任命：郭彪为县人民检察院副检察长、代理检察长；李荣东为县人大常委会办公室副主任。3月22日，县十一届人民代表大会第四次会议同意接受吴亚雄辞去县人民检察院检察长职务。3月24日，县十一届人民代表大会第四次会议补选郭彪为县人民检察院检察长，经报海南省第二届人大常委会第二十次会议批准，6月27日县人大常委会予以公告。7月24日，县十一届人大常委会第十八次会议表决通过决定任命：邢诒颂为县人大办公室主任；冯海雄为县人大教科文卫工委主任；王儒连为县人大农经工委主任；林开谟为县人大法制工委主任；凌大群为县人民检察院副检察长；吉雄为县人民法院刑事审判庭庭长。决定任命免去：郑光锋县教育与科学技术局局长职务；王大荣县贸易局局长职务；周世莲县卫生局局长职务；邢诒颂县农业局局长职务；王儒连县民族宗教事务局局长职务；王乙县人事劳动局局长职务；李远胜县建设与环境资源局局长、土地管理局局长职务；陈昌强县工业交通局局长职务；王光业县计划统计局局长职务；吴梁书县文化体育局局长职务。任命王乙为县人事劳动保障局局长；李远胜为县建设与国土环境资源局局长；王光业为县经济贸易交通局局长；吴梁书为县文化广电体育局局长；王居进为县教育与科学技术局局长；杨海明为县统计局局长；卓令乾为县卫生局局长；梁文安为县民族宗教事务局局长；钟小科为县农业局局长。免去：王先川县人大办公室主任职务；黄永坤县人大农经工委主任职务；王国承县人大法制工委主任职务；林开谟县人大教科文卫工委主任职务；吉雄县法院经济审判庭庭长职务。11

月2日，县十一届人大常委会第十九次会议表决通过，决定任命郑辉为县人大常委会法制工委副主任。免去陈有清县人大常委会法制工委副主任职务；王维民县人大常委会秘书职务。

2002年4月23日，县十一届人大常委会第二十二次会议决定，任命陈家乙为县民政局局长。8月30日，县十一届人大常委会第二十三次会议决定，任命林觉文、朱亚平为县人民检察院检察委员会委员，陈明燕、张恒、王京洲、吉万胜、邓程鹏、许晓红、施奇胜为县人民检察院检察员。12月2日，县十一届人民代表大会第六次会议选举曾平为县人民政府县长。

2003年3月20日，县十一届人大常委会第二十五次会议决定免去陈宗贤县人民政府副县长职务；任命张光亲为县人民法院副院长。3月29日，县十二届人民代表大会第一次会议选举：盘明昌为县人大常委会主任；郑德宁、王进高、方敏华为县人大常委会副主任；邢诒颂、王翔、王金珠、冯志明、柯景英、许教春、彭定妹、王应江、李泽尧为县人大常委会委员。曾平为县人民政府县长；黄照良、邓琼荣、许兴雄、林海云为县人民政府副县长。6月20日，第十二届人大常委会第二次会议决定：免去邢诒颂县人大办公室主任职务；林开谟县人大法制工委主任职务；李荣东县人大办公室副主任职务；王光业县发展计划局局长职务；陈昌强县经济贸易交通局局长职务；符关秀县公安局局长职务；免去邓运昌县检察院副检察长职务；张廷飞县检察院副检察长、检察委员会委员职务。任命陈昌强为县人大办公室主任；庄耿联为县人大法制工委主任；卓大友为县人大办公室副主任；李泽尧为县人大农经工委副主任；王朝东为县财政局局长；向前为县发展与改革局局长；王居进为县教育与科学技术局局长；梁文安为县民族宗教事务局局长；李远胜为县国土与环境资源局局长；钟小科为县农业局局长；卓令乾为县卫生局局长；王玉霞为县审计局局长；姚崇生为县经济贸易交通局局长；王德才为县司法局局长；陈家乙为县民政局局长；冯春珍为县监察局局长；杨海明为县统计局局长；吴梁书为县文化广电出版体育局局长；王乙为县人事劳动保障局局长；王明珍为县人口与计划生育局局长。8月26日，第十二届人大常委会第三次会议决定：任命王尤录、李献青、王琼英、陈东飞、符兆明为县人大农经工委委员；陈阵、刘晓、林万强、符积颖、王礼忠为县人大法制工委委员；邓玉莹、何伟、邓玉珍、李明强、邓开扬为县人大教科文卫工委委员；董先金为县人大常委会秘书。10月29日，县十二届人大常委会第四次会议决定：任命谢兴文为县人民检察院检察委员会委员。12月24日，县十二届人大常委会第五次会议决定：任命向前为县发展和改革局局长；王明珍为县人口和计划生育局局长；姚崇生为县交通局局长；王哲斌为县商务局局长。

2004年6月23日，县十二届人大常委会第八次会议决定：任命王应东为县检察院副院长。9月8日，县十二届人大常委会第十次会议决定：任命陈荣为县人口和计划生育局局长；陈强为县人民法院审判委员会委员；决定免去王明珍县人口和计划生育局局长职务；免去赵文甫县人民法院民事审判庭庭长职务，免去陈强县人民法院执行庭副庭长职务。

2005年4月18日，县十二届人大常委会第十四次会议决定：任命邓雪玲、林万强为县人民法院副院长；任命郭光星、张华、青扬、王雄、邢小莉、赵文德、余文清、许静、李伏云为县人民法院人民陪审员。5月31日,县十二届人大常委会第十五次会议决定:免去王哲斌商务局局长职务;王朝东财政局局长职务;王居进教育与科学技术局局长职务;凌大群副检察长、检察员职务。任命郭光星为县教育与科学技术局局长;王哲斌为县财政局局长;谢盛文为县商务局局长;许毅为县建设局局长。9月15日,县十二届人大常委会第十七次会议表决通过,同意接受符振华辞去县人大代表的职务。会议决定:免去卓大友县人大办公室副主任职务,李泽尧县人大农经工委副主任职务;任命李泽尧为县人大民族宗教与教科文卫工委副主任;王胜勇为县人大法制工委副主任。2006年3月10日,县十二届人民代表大会第四次会议选举吴清钰为县人民法院院长。4月7日,县十二届人大常委会第二十二次会议决定任命:方少民、陈少仕为县人民政府副县长(挂职)。李琼珍为县人民法院审判委员会委员;盘文京为县人民法院立案庭副庭长;郑彬为县人民法院审判监督庭副庭长;谭礼宪为县人民法院民事行政审判庭副庭长;潘心情为县人民法院审判员、刑事审判庭副庭长;符必明为县人民检察院检察委员会委员。6月28日,县十二届人大常委会第二十四次会议决定任命:陆京学为县人大常委会办公室主任;龙朝雄为县人事劳动保障局局长;王翔为县审计局局长;杨斌为县农业局局长;叶义柳为县司法局局长;朱亚平为县人民检察院副检察长;王才东为县人民检察院检察委员会委员。免去陈昌强县人大常委会办公室主任职务;王乙县人事劳动保障局局长职务;王玉霞县审计局局长职务;王德才县司法局局长职务;钟小科县农业局局长职务。8月30日,县十二届人大常委会第二十六次会议决定任命:钟小明为县监察局局长。免去冯春珍县监察局局长职务;廖天飞县人大农经工委副主任职务。9月30日,县十二届人大常委会第二十七次会议决定任命:伍学云任县人民政府副县长、代理县长职务;陈建军为县人民法院审判员、执行庭副庭长;符明为县人民法院审判员、湾岭人民法庭副庭长;陈振江为县人民法院审判员、长征人民法庭副庭长;王林、卢英菊为县人民法院审判员。免去:盘文京县人民法院经济审判庭副庭长职务;郑彬县人民法院刑事审判庭副庭长职务。10月27日,县十二届人民代表大会第五次会议选举伍学云为县人民政府县长。12月19日,县十二届人大常委会第二十九次会议决定:任命韦求香、盘大克为县人民政府副县长;唐论为县人民检察院副检察长,代理检察长职务;林益进为县人大常委会农经工委副主任。免去黄照良县人民政府副县长职务。

2007年3月21日,县十三届人大常委会第二次会议决定任命:盘大克为县财政局局长;罗章波为县政府办公室主任;王尤录为县发展和改革局局长;龙朝雄为县人事劳动保障局局长;姚崇生为县交通局局长;谢盛文为县商务局局长;卓令乾为县民政局局长;向前为县建设局局长;杨斌为县农业局局长;梁文安为县民族宗教事务局局长;陈荣为县人口和计划生育局局长;邓开扬为县文化广电出版体育局局长;吴梁书为县卫生局局长;王翔为县审计局局长;钟小明为县监察局局长;杨海明为县统计局局长;叶义柳为县司法局局长。8月21日,县十三届人大常委会第四次会议决定任命:黄玉干为县人民法院执行庭庭长;叶伟为县人民法院审判监督庭庭长;郑彬为县人民法院民事行政审判庭副庭长;卢英菊为县人民法院刑事审判庭副庭长。免去林志贵县人民法院执行庭庭长职务;黄玉干县人民法院行政审判庭庭长职务;郑彬县人民法院审判监督庭副庭长职务;叶伟县湾岭人民法庭庭长职务。11月15日,县十三届人大常委会第五次会议决定任命:罗宁波为县财政局局长;王居进为县民族宗教事务局局长。潘心情为县人民法院刑事审判庭庭长;谭礼宪为县人民法院民事行政审判庭庭长;李辉、王天忠为县人民法院人民陪审员。免去盘大克县财政局局长职务;王哲斌县民族宗教事务局局长职务;吉雄县人民法院刑事审判庭庭长职务;赵文德、余文清县人民法院人民陪审员职务。

2008年6月6日,县十三届人大常委会第八次会议决定任命:王翔为县人民政府办公室主任;卓玲为县审计局局长。免去罗章波县政府办公室主任职务;王翔县审计局局长职务;叶义柳县司法局局长职务。8月13日,县十三届人大常委会第九次会议决定任命:刘云东为县人民检察院副检察长、检察委员会委员。

2009年5月22日,县十三届人大常委会第十五次会议决定任命:黎伟珠、陈成豪、李立峰为县人民政府副县长;向前为县卫生局局长;胡明国为县建设局局长。符明为县人民法院湾岭人民法庭庭长;陈建军为县人民法院立案庭庭长;王青梅、严白羽、吴德江为县人民法院人民陪审员。免去向前县建设局局长职务。陈建军县人民法院执行庭副庭长职务;张华、许静县人民法院人民陪审员职务。7月3日,县十三届人大常委会第十六次会议决定任命:李立凯为县人大常委会办公室主任;陆京学为县人大农经工委主任。免去陆京学县人大常委会办公室主任职务;王儒连县人大农经工委主任职务;邓运安县人大常委会办公室副主任职务。9月22日,县十三届人大常委会第十七次会议决定任命:王琼龙为县人民政府副县长、代理县长职务;王京洲为县人民检察院副检察长。免去朱亚平县人民检察院副检察长、检察委员会委员职务。10月21日,县十三届人大常委会第十八次会议任命:蓝汉军为县人民法院审判员。11月16日,县十三届人大常委会第十九次会议决定:任命王尤录为县发展和改革委员会主任;龙朝雄为县人力资源和社会保障局局长;王居进为县民族宗教事务委员会主任;胡明国为县住房和城乡建设局局长;姚崇生为县交通运输局局长;陈荣为县人口和计划生育委员会主任。免去王尤录县发展和改革局局长职务;龙朝雄县人事劳动保障局局长职务;王居进县民族宗教事务局局长职务;胡明国县建设局局长职务;姚崇生县交通局局长职务;陈荣县人口和计划生育局局长职务。11月24日,县十三届人民代表大会第六次会议选举王琼龙为县人民政府县长。12月29日,县十三届人大常委会第二十次会议决定任命:吴晓丽为县旅游局局长。免去吴晓丽县第十三届人民代表大会常务委员会委员职务。

2010年4月9日,县十三届人大常委会第二十三次会议决定:任命王家荣为县民族宗教事务委员会主任;王川芳为县交通运输局局长;卓泰雄为县司法局局长;吴国平为县审计局局长。免去王居进县民族宗教事务委员会主任职务;姚崇生县交通运输局局长职务;卓玲县审计局局长职务。6月23日,县十三届人大常委会第二十四次会议决定任命:郑忠辉为县统计局局长;周魁龙为县人大常委会办公室副主任;方国强为县人民法院执行局副局长;陈杨栋、王哲斌、李高英、王德旺、邓玉莹、邢小莉为县人民法院人民陪审员。免去:杨海明县统计局局长职务;董先金县人大常委会办公室副主任职务;符明县人民法院湾岭人民法庭庭长职务;卢英菊县人民法院刑事审判庭副庭长、审判员职务。7月12日,县十三届人大常委会第二十五次会议决定任命:符有信、李萍为县人民政府副县长。免去黎伟珠、陈成豪、李立峰县人民政府副县长职务。8月25日,县十三届人大常委会第二十六次会议免去冯海雄县人大常委会民族宗教与教科文卫工委主任职务。

六、指导乡镇人大工作

搞好选举工作 1992年12月至1993年2月,乡镇进行换届选举。县人大常委会针对市场经济逐步建立、外来人口进一步增加、扩镇并乡后区域范围扩大等复杂情况,成立县选举委员会及办事机构,并组织选举工作组,负责对面上选举工作的联系和指导。选举工作发扬民主,做到依法办事,进展顺利,选举产生正、副乡镇长和乡镇人大主席团常务主席。

1995年10月至1996年3月,乡镇换届选举首次与县级选举不同步,代表数量也大幅度减少。针对新情况、新问题,县人大常委会和县选举委员会专门编印有关法律、宣传提纲、标语口号等宣传资料,印发给各乡镇,加强宣传教育和思想发动,激发选民参选热情。在选举期间,县人大常委会组织四个指导组,下乡镇加强督促、检查和指导,使各乡镇人大换届选举圆满成功,顺利选举产生新一届乡镇领导班子。

1999年和2002年是乡镇换届年,常委会认真指导各乡镇圆满完成两次乡镇人大换届选举工作以及乡镇合并调整、各乡镇村委会换届、营根镇社区居委会组建等工作。常委会始终坚持党的领导与充分发扬民主和依法办事相结合,切实尊重和保障选民和代表的民主权利,及时督促纠正在换届选举工作中出现的违法违规现象,保证了乡镇换届选举工作依法、有序进行。

2002年撤乡并镇后,乡镇人大每届任期5年,一直延续至今。

2003年乡镇人大例会是在抗击“非典”战役取得阶段性胜利后召开的,时间较为仓促。为开好例会,人大常委会印发了《乡镇人大例会工作方案》及《关于开好乡镇人大例会的指导意见》,并将人大机关人员分成四组,分别由人大常委会四位正、副主任带队下到乡镇进行指导。有选举任务的乡镇,严格按照选举法定程序,严把选举关。指导乡镇人大例会共选举出乡(镇)长2名,副乡(镇)长7名,乡(镇)人大主席3名,副主席2名。

2004年,县委对乡镇人大、政府班子进行了大幅度的调整,常委会根据当前工作需要和县委人事安排,对乡镇人大例会进行了认真指导,保证了全县10个乡(镇)例会顺利召开,在本年度的乡镇人大例会中安排的乡镇人大政府的候选人都全部依法选举产生,为加强乡镇班子建设促进各乡(镇)安定团结,各项事业顺利进行做出了积极贡献。

2006年9月至2007年1月,根据修改后的《地方组织法》和《选举法》要求,县、乡镇两级人大代表选举同时进行。常委会针对行政村刚调整的实际,根据深入推进民主政治建设的要求,对各乡镇的选举工作作认真的指导和周密的安排，常委会各工作委员会分片对选举工作进行指导和检查，发现问题及时纠正，使选举达到参选率高、候选人当选率高、一次选举成功率高和代表素质高的要求。选举全过程严格按照《选举法》要求进行，选出的代表素质高、结构合理，选出的新一届政府领导人员符合民主政治建设要求。在这次县、乡(镇)人大代表换届选举工作中，全县划分乡镇人大代表选区共215个，全县共登记选民111018名，参选选民104555名，参选率达94.17%。于2006年11月15日依法进行了同时、同地、同步选举，顺利选举产生了468名乡镇人大代表。到12月20日止，县、乡(镇)人大换届工作圆满结束，为琼中基层政权建设，促进经济发展和社会稳定奠定了坚实的组织基础。

加强组织建设 1990年，各乡镇人大换届选举。县人大常委会根据省人大常委会的意见，向县委提出设置乡镇人大主席团主席的建议。13个乡镇人大主席团设立了11名常务主席。

1999年，根据省人大的要求，县人大常委会为各乡镇人大统一刻制新公章，制作新挂牌。将原来的“琼中黎族苗族自治县XX乡(镇)人民代表大会主席团”改为“琼中黎族苗族自治县XX乡(镇)人民代表大会”。

2005年，县委颁发了《琼中黎族苗族自治县委关于加强和改进人大工作意见》，常委会积极向各级政府宣传，得到县、乡(镇)人民政府大力支持，筹措资金，大力改善乡镇人大办公设备和代表活动场所。

2006年，县人大常委会主任会议第四十六次会议通过《加强和改善乡镇人大工作及环境条件实施方案》，以营根镇、湾岭镇为试点单位，对乡镇人大进行全面建设，达到六个基本要求：各乡镇人大有独立的办公室；人大相关工作制度上墙；办公室有文件柜，人大相关文件、会议材料、代表花名册等进行存档；有固定办公电话；配备主席、副主席和人大秘书。自2006年至今，各乡镇人大建设进入规范化、制度化进程。乡镇人大各项工作有条不紊地开展。

提高履职能力 自1991年以来，历届县人大常委会多次组织乡镇人大主席团成员、工作专干到各市县考察学习乡镇人大工作规范化、制度化经验建设。各届乡镇人大均联系本地实际，重新修订和完善人大工作的各项制度和工作职责。常委会对乡镇人大主席团在大会闭会期间如何依法履行职权，提出了指导性的意见。着重指导各乡镇人大开好人大主席团会议，要求各乡镇人大主席团围绕党委中心工作和政府工作中的重要事项召开会议。会议召开前做到向党委报告、与政府沟通，听取代表意见，使会议准备工作充分。在会议的形式上，先听取政府或有关职能部门的汇报，做到集思广益，使作出的决定尽可能符合群众的意愿；在效果上重在推进政府依法行政，促进各项事业发展。督办代表议案，是乡镇人大主席团工作的重要内容。常委会把议案督办工作的程序规范化和方案处理的高质量，当作乡镇人大主席团督办代表议案的工作重点，予以指导和帮助。在常委会的督促和指导下，乡镇人大主席团议案督办工作抓得紧，根据代表提出的议案、建议和意见，及时整理交办，督促政府具体落实，尽可能为群众多办实事。常委会每年举办乡镇人大代表、乡镇人大干部培训班，组织学习有关法律、法规和人民代表大会制度理论，提高人大干部的理论水平和实际工作能力。坚持召开人大工作会议，总结交流工作经验，统一思想，提高认识，推进工作制度化、规范化。常委会充分尊重基层人大的创新精神，每年组织常委会组成人员和有关委办工作人员不定期下乡镇指导工作，对工作成效明显、代表活动有亮点的乡镇人大，常委会通过《琼中人大》《琼中人大常委会工作通报》等刊物向全县推广，促进琼中乡镇人大代表工作平衡发展。

2004年以来乡镇人大代表及人大干部培训工作如下：2004年，常委会对乡镇人大如何开展人大代表持证视察，代表向选区选民述职工作，监督工作和自身建设等都进行了认真指导，使乡镇人大在乡镇经济发展和社会稳定中发挥了应用的作用。2005年，常委会在县委颁发《关于加强和改进人大工作的决定》后，适时举办了县级人大代表小组组长、乡镇人大主席或专职副主席学习培训班，及时将中央9号文件、全省和县人大工作会议精神进行了学习和传达，向代表提供国家有关政治、经济、文化、社会发展新情况。为使代表了解琼中经济建设和社会发展的重大情况，让代表参与管理国家事务，在2005年开展的执法调研和执法检查中，常委会均邀请了各级代表参与，使代表充分了解有关部门法律执行情况和各级政府有关工作情况。常委会制定了《琼中县人大代表定期交流活动制度》，定期组织县直机关、农场、乡镇各级代表开展工作经验交流，增强了人大代表闭会期间参与地方重大事项管理的灵活性、积极性和主动性。

2006年，为提高乡镇人大及乡镇代表素质和参政议政能力，常委会结合琼中实际，按照就近就地原则，采取三级联办，分片集中方式进行了代表培训。专门就人民代表大会制度基本理论，代表法基本知识、代表在开展工作和参加活动中需要了解和注意的问题向代表们阐述和讲解，增强代表们履行代表职责的意识，提高代表业务知识和工作能力。常委会组织制订了《琼中县人大常委会关于开展县人大代表向选民述职工作的安排意见》，并相继在农口战线选区、长征农场选区、黎母山镇南利村委会选区、吊罗山乡机关选区开展了县级人大代表向原选区选民述职试点工作，并邀请乡镇人大代表现场观摹，增强了代表执行职务的自觉性和责任感。

2007年，县人大常委会举办了驻琼中十届全国人大代表、省人大代表和县（乡）级人大代表的学习培训班。培训班从人民代表大会制度基本理论、人大工作职责、人大代表权力和义务、监督法等四个方面对代表开展了培训，提高了代表履职的责任感和工作能力。

2008年，县人大常委会坚持指导和联系乡（镇）人大工作制度，坚持邀请乡（镇）人大主席或专职副主席列席常委会会议制度，坚持对乡（镇）人大主席开展业务培训制度，还通过组织专题研讨和学习考察等活动，加强对乡（镇）人大的联系和帮助，提出阶段性基层人大工作指导性意见，指导乡（镇）人大工作，提高乡（镇）人大的履职能力。

2009年，县人大常委会组织召开了全县代表工作会议暨人大代表小组长培训班。100多位县乡两级人大代表小组长参加了学习培训。代表们通过听取专家授课、座谈发言、交流学习体会，进一步提高了履职的能力和水平。

2010年，县人大常委会注重加强与乡镇人大的联系。一是坚持主任、副主任分片联系乡镇人大工作制度，指导乡镇人大实施监督、组织代表活动等工作。二是坚持乡镇人大领导列席常委会会议制度，邀请乡镇人大主席或专职副主席列席每次常委会会议，听取观摩常委会的审议和会务情况，参加讨论，增强乡镇人大主席的业务能力。常委会于下半年组织三批共40多名县人大常委、人大机关干部以及乡镇人大主席到黑龙江、新疆、陕西、山西、内蒙古等地进行考察学习，扩大视野，进一步提高人大干部业务能力和工作水平。

开展代表工作 1996年11月22日，县人大常委会指导乡镇1996年人大召开政府组成人员述职评议部署会，部署乡镇政府组成人员述职评议各项工作。

1998年6月28日，县人大常委会指导红岛乡开展代表小组集中活动。活动的主要内容是：视察参观新市农场橡胶加工厂，岭头茶场职工胡椒基地，新朗村委会新朗一、二队文明村水泥大道、家庭厕所修建及村务公开试点工作。并通过座谈会由各位代表汇报本选区人民群众最关心的热点、难点问题，对本地区经济的发展提出了新的思路，便于代表更好地履行职责，促进地方经济的发展。6月29日，县人大常委会指导湾岭镇人大组织省，县，镇三级人大代表开展执法检查活动。重点检查镇工商所，镇农技站，镇财政所和镇法庭的执法工作。通过检查，发现镇农技站正在销售的水稻种子质量差，群众意见很大，检查组当即责令镇农技站停止销售，并要求追回已经销售出的种子。镇农技站接受了批评意见，通过县种子公司调换了种子，销出去的种子后来也被追回。8月6日，县人大常委会指导红毛镇开展县乡代表联合视察活动。主要视察红毛镇民房改造情况。提出继续加强领导、严把民房改造质量关、限期动工等建议。9月17日，县人大常委会指导黎母山镇人大组织驻本镇的各级人大代表开展公安工作情况的调查摸底，基本掌握了该地区公安工作情况，为“联动评议”工作的顺利开展打下了基础。11月20日，县人大常委会指导湾岭镇人大召开“湾岭镇联动评议公安工作动员大会”，要求湾岭镇的评议工作要做到明确意义，高度重视，加强领导，制定方案，稳步推进。湾岭镇人大抓住主要问题，有针对性地确定评议内容，把重点放在公安队伍建设、公安人员执法质量上为正式开展联动评议选准了突破口。

2000年11月13日，县人大常委会指导各乡镇人大组织驻本乡镇县人大代表与乡镇人大代表开展联合视察，主要视察2000年国民经济和社会发展计划、财政预算的执行情况；建设生态县、退耕还林、环境和动物保护情况；九年义务教育、农业技术推广实施情况；扶贫、脱贫、民房改造、抗风救灾和生产自救情况；减轻农民负担情况；反腐倡廉、精神文明建设、社会治安情况等。

第二章 人民政府

第一节 工作机构

一、县政府直属机构

1991年,琼中黎族苗族自治县人民政府直属机构有:政府办公室、人事局、计委、统计局、劳动局、物资公司、档案局、监察局、计量局、物价局、审计局、邮电局、交通局、农机局、二轻局、开发公司、公路工区、财贸办公室、财政局、税务局、工商局、粮食局、商业局、供销合作社、医药公司、烟草公司、外贸公司、外经委、经济开发公司、进出口总公司、人民银行、农业银行、建设银行、工商银行、保险公司、石油公司、环境资源局、建委、农委、农业局、林业局、水电局、畜牧局、热作局、乡镇企业局、国土局、气象局、计划生育委员会、三防办公室、教育局、文化局、卫生局、广播电视局、体育委员会、科委、民政局、民委、编委、经济合作局、扶贫办、县志办、旅游公司、公安局、司法局、林业公安分局、工贸公司、外事侨务办公室和接待科。

1992年,增设社会保障局,标准计量管理局更名为技术监督局,国土局更名为土地管理局。1993年,增设行政复议办公室(挂牌县政府办公室)、驻三亚市办事处和驻海口市办事处,残联从民政局划归县政府管理。1994年,设立人事劳动局(人事局、劳动局合并)、财政税务局和地方税务局。1995年,增设农业综合开发办公室和农村社会养老保险局。

1996年,全县实行机构改革,县政府共设工作机构50个,其中工作部门18个:政府办公室(内设信访局)、计划统计局(撤销计划委员会、统计局)、工业交通局(撤销经济委员会、交通局)、贸易局(撤销贸易办公室、外贸局、经济合作局)、农业局(撤销农业委员会、畜牧局、热作局、农业机械局)、建设与环境资源局(撤销建设委员会、环境资源局)、人事劳动局、文化体育局(撤销文化局、体育委员会、广播电视局)、民族宗教事务局(撤销民族事务委员会)、民政局、教育与科学技术局(撤销教育局、科学技术委员会)、卫生与计划生育局(撤销卫生局、计划生育委员会)、监察局、司法局、财政税务局、公安局、审计局、工商行政管理局;挂牌机构10个:外事侨务办公室、行政复议办公室、物价局、技术监督局、粮食局、林业局、水利电力局、乡镇企业管理局、土地管理局、地方税务局;事业单位20个:档案局、机关事务管理局、社会保障局、农村社会养老保险局、三防办公室、林业公安分局、接待科、文学艺术联合会、农业综合开发办公室、扶贫办公室、农业服务中心、畜牧服务中心、热作服务中心、农业机械服务中心、林业服务中心、水利电力服务中心、乡镇企业服务中心、党史县志办公室、广播电视中心、残疾人联合会;派驻单位2个:驻三亚市办事处、驻海口市办事处。

1997年,增设爱国卫生运动委员会办公室、水果技术服务中心和粮食储备管理局。1999年,增设广播电视局。2002年,增设招商办公室和科技信息产业中心。2003年,增设就业管理局、安全生产监督管理局、事业单位登记管理局,社会保障局更名为社会保险事业局。2008年,发展和改革局更名为发展和改革委员会。2009年,人事劳动保障局更名为人力资源和社会保障局。

至2010年末,县政府工作部门有21个:县政府办公室(县政府法制办公室、外事侨务办公室挂靠,内设信访局)、发展和改革委员会(经济动员办公室、物价局挂靠)、农业局、财政局(国有资产管理办公室、农业综合开发办公室、会计管理中心)、人力资源和社会保障局(安全生产监督管理局挂靠,内设社会保险事业局、就业管理局、农村社会养老保险局)、教育局、文化广电出版体育局、卫生局(县食品药品监督管理局、爱国卫生运动委员会办公室挂靠)、公安局(内设交警大队、禁毒大队、国内安全保卫大队)、司法局、监察局、民政局、民族宗教事务委员会、国土环境资源局、住房和城乡建设局(人民防空办公室、地震局挂靠)、交通运输局、旅游局、商务局、审计局、统计局、人口和计划生育委员会;行政事业单位有18个:计划生育协会、接待办、广播电视台、扶贫办公室、招商办公室、党史县志办公室、金融合作办公室、粮食储备局、档案局、林业局(县森林公安局挂靠)、水务局(县三防办挂靠)、畜牧兽医局、渔业局、农税局、地方税务社会保险费征稽局、乡镇企业服务中心、农业技术推广服务中心、农业机械服务中心;文卫事业单位有10个:琼中中学、民族中学、思源实验学校、教师培训管理中心、职业技术学校、人民医院、疾病预防控制中心、妇幼保健院、红十字会、计划生育服务中心;县属企业有19个:城市建设投资有限公司、小额贷款担保公司、自来水公司、水果开发公司、商业总公司、供销合作联社、物资总公司、二轻总公司、对外贸易总公司、进出口总公司、工贸公司、开发公司、印刷厂、光荣酱料厂、特种水泥厂、亚洲食品厂、农业机械厂、木具厂、五指山制药厂。

二、基层行政机构

1991年,全县有13个乡镇(营根镇、中平镇、湾岭镇、乌石镇、黎母山镇、松涛乡、红岛乡、和平镇、长征镇、上安乡、吊罗山乡、红毛镇、什运乡),100个管理区,557个自然村。

1997年6月,增设长兴乡,全县有14个乡镇。

2002年,乡、镇合并,全县8个镇6个乡,合并为7个镇3个乡,即:营根镇(红岛乡并入)、湾岭镇(乌石镇并入)、黎母山镇(松涛乡并入)、和平镇(长兴乡并入)、中平镇、长征镇、红毛镇、什运乡、上安乡、吊罗山乡;10个国营农场合并为4个,即:乌石农场(南方农场、岭头茶场并入)、加钗农场(新伟农场并入)、阳江农场(新进农场、大丰农场并入)、长征农场(乘坡农场并入)。至2010年末,全县基层行政机构未变。

三、政府领导班子

1991—2010年,琼中县经历第九届至第十三届县人民政府,共选举产生第九届至第十三届共8任县长、副县长。

1991—2010年琼中黎族苗族自治县人民政府历任县长名录

表10-3

姓名	性别	籍贯	任职时间	备注
黄交儒	男	海南五指山	1990.5—1992.4	—
黄兴富	男	海南陵水	1992.9—1994.3	—
符正才	男	海南屯昌	1994.4—1996.12	—
邢贻强	男	海南乐东	1997.11—1999.3	—
符跃兰	女	海南白沙	1999.3—2002.4	—
曾平	男	海南澄迈	2002.11—2006.9	—
伍学云	男	海南陵水	2006.9—2009.9	—
王琼龙	男	海南万宁	2009.9—2010	2009年9—11月为代理县长

1991—2010年琼中黎族苗族自治县人民政府历任副县长名录

表10-4

姓名	性别	籍贯	任职时间	备注
许达钟	男	海南文昌	1987.5—1992.5	—
蔡有德	男	海南万宁	1987.5—1992.5	—
洪兴文	男	海南东方	1987.5—1992.5	—
陈家俊	男	广东	1988.11—1991.11	挂职
严以滨	男	广西柳州	1990.5—1993.8	—
黄永礼	男	海南琼中	1990.5—1996.3	—

续表1

姓名	性别	籍贯	任职时间	备注
王尤华	男	海南陵水	1993.3—1997.9	—
王雄	男	海南琼中	1993—1995	—
郑德宁	男	海南琼中	1993.04—2003.3	—
周铮	男	天津	1994.12—1997.3	挂职
陈宗贤	男	海南陵水	1996.3—2003.3	—
曾广明	男	海南文昌	1996.6—1998.3	—
熊志强	男	河北唐山	1997.1—1998.12	挂职
符跃兰	女	海南白沙	1998.9—1999.3	—
林元康	男	海南乐东	1998.3—1999.7	—
李会明	男	海南琼海	1998.3—1998.12	—
邓琼荣	女	海南琼中	1998.3—2007.1	—
耿传苏	男	云南宣威	1998.9—2000.12	科技副县长
杜海山	男	海南陵水	1999.1—2003.3	—
许兴雄	男	海南万宁	1999.8—2007.1	—
曾维生	男	海南海口	1999.9—2003.3	—
黄照良	男	海南五指山	2003.3—2006.12	常务副县长
林海云	男	海南万宁	2003.3—2007.1	—
李伏云	男	湖南湘乡	2005.3—2012.1	—
方少民	男	湖北黄冈	2006.3—2006.12	挂职
陈少仕	男	海南万宁	2006.3—2006.12	挂职
韦求香	女	海南乐东	2006.12—2016.9	—
盘大克	男	海南保亭	2006.12—2011.10	—
郭光星	男	海南琼中	2007.1—2011.3	—
许教春	男	广东潮阳	2007.1—2011.5	常务副县长
许毅	男	海南万宁	2007.1—2011.11	—
黎伟珠	男	海南三亚	2009.5—2010.7	挂职

续表2

姓名	性别	籍贯	任职时间	备注
陈成豪	男	海南临高	2009.5—2010.7	挂职
李立峰	男	海南琼海	2009.5—2010.7	挂职
符有信	男	海南白沙	2010.7—2011.9	挂职
李萍	女	海南海口	2010.7—2011.9	挂职

第二节 重要会议

一、县政府常务会议

1990—1995年,琼中县政府共召开常务会议71次,主要议题:禁止五指山自然保护区内非法采金活动,关于牛皮收购工作,关于食糖购销问题,琼中县八五规划和十年计划说明,讨论成立林业工作站的问题,关于打击香烟走私问题,关于民房饮水资金使用,研究糖蔗生产销售1000吨糖问题,关于工商联大楼的招标投标问题,关于清理项目拖欠款工作的通知,关于整顿党政机关办企业问题,关于研究学习减轻农民负担问题,商量营根第二市场土地问题,商讨县城出口路建设问题,商量冬种蔬菜计划,琼中太平至陵水大里公路工程方案讨论,关于县城规划与百花岭风景旅游区规划的评审,关于红毛希望小学筹建工作的商讨,讨论通过县政府工作规则,关于重新核定主要食品价格补贴问题,改进琼中县民营橡胶产品购销管理情况。

1996—2000年,琼中县政府共召开常务会议78次,主要议题:讨论《政府工作报告》(征求意见稿),讨论《琼中县妇女发展规划(1996—2000年)》;讨论审批琼中县第二轮农村土地承包试点工作方案,讨论果园证申报登记办法,讨论设立乡镇中心卫生院问题,讨论县淀粉厂《关于增建年产2000吨麦糊精粉生产项目的请示》,讨论长安山扶贫开发工程项目,处理制药厂小汽车出售给审计局,给予国税部门征收增值税超收分成,讨论生猪屠宰管理,承包荒地营造经济林,讨论审定长安农场用地界线,野生动物保护管理暂行规定,加强地方公路建设和管理的暂行规定,行政事业性收费管理暂行规定,县长顾问工作制度,营根镇卫生院与中国石油转让土地费用于兴建门诊楼,上报划转农业税征收管理职能由财政或税收部门管理问题,行政单位由财政统一发放工资。

2001—2005年,琼中县政府共召开常务会议78次,主要议题:成立巡警大队,养老保险征稽局工作经费,牛路岭水库堑对作业区收回地方管理,回收县游泳池,基本农田保护,设立县会计管理中心及采购中心问题,讨论商业总公司体制改革,成立百花岭水库管养所,鹦哥岭牧场申请改变土地用途,农村税费改革问题,讨论琼中县水利局更名为水务局问题,讨论成立商业改制清算领导小组,讨论免收琼中公路分局培训中心有土地出让费问题,讨论县城镇土地基准地价更新工作方案,讨论成立行政服务受理中心,讨论《琼中县人民政府关于加强机关作风建设的决定》,讨论《琼中县人民政府工作规则》,讨论《琼中县加油站行业发展规划》,讨论行政服务监督中心工作人员管理规定,讨论《琼中县乡村道路管理条例》,讨论《琼中县农村医疗救助试点工作方案》,讨论乡镇财政定补工作方案,讨论《琼中县关于鼓励投资和奖励招商工作细则》,讨论《县直各单位请款报批程序》,讨论县水泥厂改制问题,讨论关于开发鹦哥岭牧场登山训练基地项目问题。

2006—2010年,琼中县政府共召开常务会议76次,主要议题:县种子公司改制工作问题,县城镇社区卫生服务机构设置方案,关于审议县水利工程管理体制改革实施方案,讨论《琼中县村级干部任期和离任经济责任审计实施方案》,关于县公墓建设选址用地问题,关于湾岭中密度板厂土地征用处理有关事宜,城镇污水处理费实施方案,关于建设经济适用房用地问题,专题讨论种桑养蚕有关事宜,关于对琼中县重点投资项目审计监督实施细则,"数字琼中"电子政务审批网络平台建设方案,湾岭镇大墩小学至高田村道路工程实施方案,长征镇至吊罗山乡公路改建工程实施方案,琼中女子足球基金会章程,讨论县政务服务中心建设方案,讨论建设营根第二集贸市场问题,讨论确定居民私人建房城市基础设施配套费征收标准,讨论《琼中县国有工业企业改革工作实施方案》,讨论《颁布实施价格调节基金征集管理办法》,讨论进一步加强对县属国有企业管理的意见,讨论琼中县贯彻《海南省墙体材料专项基金征收和使用管理办法》实施方案,讨论县乡镇机构改革第二步人员安置工作有关事宜,讨论县种桑养蚕水利灌溉设施建设有关问题,讨论《琼中县利用廉租住房保障补助资金购置廉租住房实施办法》,讨论营根河综合治理工程项目征地补偿工作经费问题,讨论农村住房建设整村推进工作方案。

二、县长办公会议

1991—1995年,琼中县政府共召开县长办公会80次,主要议题:关于营根镇和加钗农场查封琼中乡镇企业食品厂的境况处理,传达省冬种会议精神,检查秋种、冬种落实情况,财务收购物价检查会议,农场欠税问题,讨论政府大楼决算问题,讨论计划生育三个方案,讨论和布置有关参加省洽谈会,讨论县供销社在海口市仓储用地问题,关于工商局、税务局之间的空地处理问题,关于县水泥厂拖欠所得税问题,关于简政放权问题,关于县党校建设教学大楼缺口资金问题,关于在经济领域内从事有关经济活动必须办理公证的通知,讨论有关以工代赈问题,审议讨论补划老区村材料,讨论干部建私房问题,关于五指山制药厂资金问题,关于统一着装问题,研究布置民族节日"三月三"的活动,审查农民电价,工业生产汇报会,关于私人彩票问题,关于村民烧山乱砍滥伐森林的工作会议,关于甘蔗种植及收购有关问题,"三月三"活动汇报会,讨论清理核实粮食亏损挂账问题。

1996—2000年,琼中县政府共召开县长办公会86次,主要议题:各乡镇农业生产情况汇报,评审田东岭农业开发规划,乡镇农技推广机构"三定"工作情况汇报,关于农普报表数据出入问题,讨论研究关于果园证问题,讨论飞播造林事宜,关于贯彻落实省府办粮食收购工作通知精神,讨论用电保险问题,讨论研究阳江农场关于与外招商引资合作三个项目有关事宜,关于百花岭水库工程汇报,有关道路客运市场整顿方案,县党校学员宿舍投标会议,有关道路客运市场整顿问题,研究毛丹—营根水电站有关贷款问题,讨论畜牧发展总公司要求免收南丰耕牛繁殖场2465亩地抵押贷款问题,水果公司、南丰524亩基地作为担保抵押贷款、免收地价款问题,研究解决百花村移民等有关问题,研究留山坡—长沙公路有关问题,讨论分析全县工业情况,研究县民中土地被收回县城统一建设规划,洽谈五指山制药厂委托运营有关问题,汇报社会治安综合治理工作,汇报计划生育工作,讨论打击私彩推行公彩问题,党政机关办经济实体脱钩问题,"普九""普实"工作汇报会,百万亩椰林工程动员会议,讨论农村电网改造"二改一同价"实施方案,讨论农业改制农田改种问题,讨论如何发展非公有制经济,研究县外贸总公司湾岭镇罗麻村农业基地产权归属问题,研究物资公司燃爆仓库周围居民搬迁问题,讨论水果基地搞滴灌问题,讨论鹦哥岭土地确权问题,研究县种牛、肉牛基地方案的有关问题。

2001—2005年,琼中县政府共召开县长办公会84次,主要议题:部署全县农村公路发展规划编制大纲工作会议,讨论县物资总公司防爆仓库周围居民违章建筑拆迁问题,讨论《鼓励和加快发展非公有制经济的决定》,研究黎母山、乌石地区农网改造青苗补偿事宜,讨论县工贸公司房产纠纷问题,研究毛阳水泥厂职工安置问题、研究县技术监督局垂直管理有关事项,研究不良资产贷款有关事宜,讨论琼中县国民经济和社会发展"十五"计划纲要(第五稿),讨论《关于在全县范围内实行春季休猎休渔的决定》,关于土地流转工作,成立粮食购销企业机构改革领导小组,研究营根财政税收问题,研究关闭和注销县淀粉厂4家企业事宜,研究制定农村电网工程验收工作方案,研究印刷厂改制有关问题,协调解决金光药制厂试生产问题,研究县淀粉厂改制有关问题,关于如何做好"非典"防控工作,讨论关于加强流动人口监控的通知,讨论支持岭头茶场经济建设问题,百花岭和两区两路的建设问题,城市供水自来水厂建设问题,讨论粮食建仓贴息贷款问题,讨论关于加快新时期琼中县体育发展的意见,讨论成立联合审批大厅有关问题,研究行政服务中心运转有关问题。

2006—2010年,琼中县政府共召开县长办公会78次,主要议题:机构编制设置,关于解决从未参加基本医疗保险的退休人员医疗补助问题,琼中县农村公路通畅工程建设资金使用监督管理暂行办法,研究营根洋小区道路景观桥等基础设施设计有关问题,生态产业园道路招标问题,革命老区建设情况汇报,关于琼中县原国家机关工作流动到企业后退休待遇有关问题,关于琼中县幼儿园收费标准的问题,关于县城污水处理设施建设有关事宜,关于粮食系统等国有企业改制有关问题,百花岭体育公园建设有关问题,关于乡镇管理体制改革有关事宜,关于百货大楼拍卖事宜,"教育移民"调研汇报,红塔山杯环岛国际公路自行车赛,研究县工业品市场商业楼有关问题,解决粮食系统改革遗留问题,红岭水库移民搬迁安置工作,县城自来水管网建设问题研究,研究县木材公司以土地出让形式与开发商合作解决职工住房及保险问题,进一步加强问题乳粉查处工作,关于琼中县公墓选址等有关问题,研究百花岭体育公园用地遗留问题,研究基础设施建设贷款事宜,专题研究海南省国际旅游岛建设发展规划纲要,专题研究保障性住房问题。

第三节 施政纪要

1991—2010年是琼中经济社会发展历程中较为重要的20年,琼中以发展为第一要务,经济社会发展状况取得巨大成就,全市经济保持平稳快速发展,社会事业全面进步,人民生活不断改善。全县生产总值由1991年的1.58亿元提高到2010年的12.84亿元。

一、以增加农民收入为中心加快推进“三农”工作

围绕创建“全国绿色农业示范县”的目标,以转变农业增长方式为主线,加大结构调整力度,积极培育高效特色产业,建设一批规模标准化基地,扩大特色产业规模。2010年,三次产业结构已优化调整到47.9∶14.1∶38,农业产值从1991年的1.2亿元提高到2010年的10.35亿元,旅游接待过夜人数从1.57万人增加到7.56万人,旅游收入从141万元增加到865万元。

促进农民增收。全面落实《琼中县促进农民三年增收工作实施方案》的各项保障措施,推行县领导包乡镇、机关包村、党员干部包农户的联手增收责任制,下派200名工作队员进村入户,帮助群众找门路、跑项目、拉订单、学技术、扶持资金等。至2010年,城镇居民人均可支配收入11634元、农民可支配收入3551元,分别比1990年增加10062元、2917元,与1990年同比分别增长640%、460%。

提升传统产业效益。琼中通过加强管理、改良品种、加大科技培训等方式,提高橡胶、槟榔、木薯等产业的效益。重视与高等院校、科研院所以及专家的合作,努力增加传统产业对农民收入的贡献份额。至2010年底,全县橡胶、槟榔种植面积从1991年的6853.33公顷、486.67公顷分别提高至15966.67公顷、7940公顷,猪存栏量由1991年的3.04万头增至5.56万头,家禽存栏量由19.1万头增至44.22万头。

加快发展特色农业。集中精力向特色农业做大规模和劳动力向二、三产业转移等方向寻求突破口。重点扶持种桑养蚕、养蜂、罗非鱼养殖等新兴产业,琼中绿橙从1991年的2.2公顷增至2010年的2866.67公顷,桑田从无发展至1526.67公顷。

延长农产品产业链。琼中大力发展农副产品加工业,加快推进蚕种场和缫丝厂、气调冷藏库等项目建设。同时,做好特色产品的宣传推介工作,使琼中绿橙、蜂蜜等一批优质农产品进宾馆进超市、出口出岛,解决农产品销售问题。引导农民走“龙头企业+专业合作社+农户”的生产模式,提高农民进入市场的组织化程度和参与市场竞争的能力,使农户和龙头企业实现双赢。

大力发展非农经济引导农民向非农经济要增收。一方面，依托琼中县丰富的胶、果、林、南药等资源，大力发展农产品加工业，就地解决农村富余劳动力转移就业问题；另一方面，建立健全劳务输出跟踪管理和服务体系，维护外出务工农民权益，保证务工人员出得去、干得来、立得稳。全社会从业人员从1991年的53785人提高至2010年的73980人。

落实惠农政策，助农增收。坚持“多予、少取、放活”方针，严格落实“家电下乡”“粮食直补”“农资综合直补”“退耕还林补助”“农机补贴”“农村义务教育两免一补”等强农惠农政策，增加农民收入。

加强农村基础设施建设，实施农村公路通畅工程。2010年改建修建道路36.448千米。加强农田水利及农村饮水安全工程建设，完成里寨、松坡、什架巴3座小(一)型病险水库的除险加固任务，灌溉面积400公顷；兴建52座饮水工程，实现52个村庄6400多人的饮水安全。加强农村电网建设，“十一五”期间，累计改造农村民房700户，改厕5969间，兴建农村人畜饮水工程186座。改造长征至吊罗山公路、中平公路，新建改造农村公路75条371.33公里，惠及65个行政村的近8万人口。新增电网建设线路1349千米。广泛实施农村广播电视“村村通”工程。场乡联手推进小城镇建设，湾岭、黎母山、长征等重点小城镇建设步伐加快。

二、加强生态环境保护，建设生态县

坚持抓好生态环境保护。琼中县把保护生态环境放在首位，大力推进生态工程建设。不断加大环保执法力度，巩固好“一控双达标”成果。探索建立流域水资源保护等生态补偿机制，大力发展低碳经济，推动经济社会发展向高能效、低能耗、低排放模式转型。抓好节水、节能、节地、节材计划的实施，建立和完善再生资源回收体系。实施城乡清洁行动，加强农村和城镇环境综合整治。1991—2010年，全县共造林43600公顷；森林覆盖率达83.74%，环境质量位居全省前茅。

继续推进生态县建设。琼中县加快生态产业发展，大力推进生态环境工程建设，加快农村能源建设。严格兑现退耕还林补助政策，注意防止在退耕还林过程中发生任何形式侵占农民利益的行为，充分调动农民退耕还林的积极性。实行严格的耕地保护制度，耕地得到有效保护，全县耕地总面积从1991年的8220公顷提高至2010年的8800公顷。

三、深化体制改革，促进经济社会持续发展

琼中县把市场运作的办法、竞争激励的手段引入项目建设、园区开发、产业培育、城市管理和社会事业发展等领域，建立推进各项改革的长效机制。落实海南农垦管理体制改革的实施意见，促进农垦与地方经济社会协调发展。落实权力下放制度，为实现又好又快发展提供强大动力。

加快改革步伐。稳步推进农村各项改革，完善农村土地承包经营制度，完成县水泥厂、淀粉厂、电影公司、医药总公司等国有企业的改制，妥善解决粮食系统和工商系统改制遗留问题，完成5家国有企业及粮食系统的改制工作。2010年，投入8600万元实施11家国有企业改制工作。

推广小额贷款“琼中模式”,累计发放农村小额贷款2269户3000多万元,到期还款率达98%。继续推进农村义务教育体制改革,努力探索乡镇中心小学全日制寄宿办学新模式,逐步把农村小学生转到中心学校读书。顺利完成县和乡镇机构改革。集体林权制度改革顺利通过省级验收,得到省林业局的表扬,至2010年,全县已发(换)证面积48800公顷。顺利完成农垦教育、民政、社保等社会职能移交地方管理工作。

四、推进项目建设,拉动经济增长

琼中县坚持把扩大内需作为促进经济增长的着力点,全面落实中央、省扩大内需的各项部署,全力以赴加快农村饮水、沼气、公路、卫生室等新增中央投资项目建设,定期对项目实施情况进行监督检查,促进经济增长。全社会固定资产投资由1991年的1839万元提高至2010年的75989万元。

推进项目进程。加快推进什运萤石矿厂、县城污水处理厂、百花廊桥、华盛新人造板厂、乘坡河三级电站、海汽新客运站等一批在建项目的工程进度。兴建县城生活垃圾填埋场、百花岭道路、湾岭自来水厂、长征至吊罗山公路、农资批发市场、5000吨气调冷藏库、七洲洋有机生物制品总厂、海南和欣橡胶乳胶制品、华业卡板新厂等项目。配合省水务局做好红岭水库开发建设移民安置工作,促成县城防洪堤建设项目、大朗水库新水源建设项目、县城自来水管网改造项目和中平南茂至琼海石壁公路建设项目动工兴建。

强化招商引资。继续加强农业生态产业园、湾岭农副产品加工园的招商引资工作。组织专门的招商队伍外出招商,努力使琼中的高端旅游实现新的突破。

五、统筹区域协调,推进城镇化

琼中县坚持构建以县城为核心,以湾岭、黎母山、长征为重点,以10个乡镇为网络的城镇体系,提高城镇辐射带动能力。始终把做好规划作为落实科学发展观、保持琼中可持续发展的重要措施,进一步完善并严格执行各类规划。加快供电、供水、电信和旧城区改造,推进营根洋小区开发,兴建县城垃圾处理场、县城污水处理厂,努力促成百花廊桥建设项目,增强县城吸纳和聚集人口能力,使县城城区面积扩大到5平方公里,城区人口达3.5万人以上。全县城镇城区面积达到12平方公里,城镇人口达到5万人,城镇化水平达到23%以上。建设县城社区服务中心和社区电子网络平台,健全城市管理长效机制,提升城市管理水平。

加快县城建设步伐。集中社会各界力量参与城市建设,着力打造黎族苗族风情浓郁、山水园林自然融合的休闲度假山城。建设廉租住房200套、干部职工住房300套。争取2010年内动工建设环城东路、虎头东路等市政道路,抓好百绿园西段、水潮巷等道路改造。

推动小城镇建设。积极鼓励各乡镇通过招商引资等方式,多方筹集资金开发建设小城镇,推进小城镇建设可持续发展。编制湾岭镇、中平镇总体规划,编制长征镇、红毛镇、黎母山镇、和平镇、什运乡、吊罗山乡、上安乡控制性详细规划。加强与农垦系统的沟通联系,场乡联手加快小城镇建设。

六、推进民生事业，改善人民生活

琼中县坚持经济建设、政治建设、文化建设和社会建设“四位一体”一起抓，不折不扣落实民生事业支出。努力构建“民主法制、公平正义、诚信友爱、充满活力、安定有序、人与自然和谐相处”的大美琼中。坚持抓好保障性安居工程，将保障性住房建设作为改善民生的重中之重来抓。加大资金投入，保障土地供应，加快公共租赁住房、经济适用房、廉租房、“城中村”和棚户区改造建设，解决城乡中低收入群众的住房困难。截至2010年底，全县累计建设保障性住房4298套，并启动建设保障性住房2705套，比省下达的建设任务多905套。率先完成150套农村茅草房改造任务，彻底结束琼中县农民居住茅草房的历史。

坚持抓好教育科技事业。坚持把教育放在优先发展的战略地位，加大教育投入，优化教育结构布局，全面提升教育质量。普及学前教育和高中教育，基本实现十二年义务教育。学校数从1991年的117个，撤并或优化至2010年的65个。截至2010年底，全县适龄儿童入学率达99.75%，适龄少年入学率达98.5%，被评为“2009年度全省基础教育工作先进单位”。中等职业教育实现费用全免。

坚持发展文化事业。围绕建设“海南中部民族文化体育中心”目标，成功举办历年黎族苗族传统节日“三月三”节庆活动，创办“黎母文化节”，打造出别具一格的民族节庆文化品牌，提升文化影响力，非物质文化遗产已登记80多项，全县文物普查和登记工作已完成，共登记文物100多件。大力培植农民歌舞队，授予12个村庄“黎族苗族文化综合示范村”称号，启动琼中民族文化产业园区建设，加紧完善百花岭体育公园、县文化馆、县图书馆配套建设，加快推进民族文化活动、琼中女子足球训练等基地建设，到2010年，全县有藏书5万册、运动员65人、专职教练员4人。琼中女足荣获2009年全国U16青少年女足锦标赛季军。

坚持发展医疗卫生事业。积极推进医药卫生体制改革，完善城镇职工、城镇居民基本医疗保险和新型农村合作医疗制度，建立覆盖城乡居民的基本医疗保障体系。新型农村合作医疗参合率达95%，农民“看病难、看病贵”问题得到基本解决。1991—2010年，全县医疗机构从38个增加到2010年的92个，医疗卫生机构病床数增至717张，全县村卫生室覆盖率达75.6%。

坚持不断完善城乡居民社会保障体系建设。实现新型农村养老保险制度全覆盖，逐步提高养老保障水平；进一步完善城乡低保、临时救助、灾民救助等制度，提高救助水平。五项社会保险稳步推进，城镇居民基本医疗保险参保率达92%。新农保工作得到省政府的高度肯定。全县3609户1.2万名城乡困难群众被纳入低保范围，基本实现应保尽保。

七、加强政府建设，建设人民满意政府

琼中县紧紧围绕“保增长、保稳定、保民生”的目标加强行政效能建设。树立为经济服务、为招商服务的理念，推动政府办事大提速、机关干部下基层，为企业排忧、为群众解难。深化行政审批制度改革，贯彻《行政许可法》，减少和规范行政审批制度，清理地方规范性文件52件，全面提高政府服务质量和水平。严格按照法定权限和程序行使权力、履行职责，自觉接受县人大、县

政协及社会监督。人大建议和人大议案、政协提案办结满意和基本满意率达100%;建立健全各项规章制度,规范行政执法行为,“五五”普法顺利通过省级验收。加强电子政务建设,推进政务公开。强化基层基础工作,建立健全四级治安防范网络,加强护林保胶,搞好联防联治,全县安全文明社区覆盖率达90.5%。强化责任制,推行问责制,完善决策目标、执行责任、考核监督“三个体系”,确保政令畅通。落实廉政建设责任制,切实做到为民、务实、清廉。军政军民团结更加巩固。信访、安全生产等工作进一步加强,社会治安保持稳定。民政、民族、宗教、人防、气象、防震减灾、侨联、科技、妇女儿童、老龄、残联等工作都取得较大进步。大力加强公务员作风建设,厉行节约,反对浪费。加强行政监察、财政监督、重点审计和政务督查工作,出台了《重点投资建设项目审计监督实施细则》。保证权力公开透明运行,严肃查处损害群众利益的行为。

第四节 信访工作

一、机构改革

1991—1995年,琼中县委设信访办公室;1995年,全县党政机构改革,县政府办公室内设信访室,县信访工作由县政府办信访室负责。同年,全县各乡镇及党政机关、企事业单位设立了信访工作领导小组,处理信访工作。1997年,县人大、县纪委、县法院、县检察院、县公安局等设立信访常设机构,专门处理信访工作业务。2001年6月21日,将琼中县人民政府办公室内设的信访室更名为信访局,为县人民政府办公室内设机构,副局级单位,人员编制纳入县政府办本级编制,明确局长一名(副局级)。至2010年,信访局的行政级别、人员编制未变。

二、来信来访

1995年,琼中的县、乡镇、村三级党政部门先后成立信访工作领导小组,配备了信访工作人员(信访讲解员)。全年接待群众来信来访396件次,其中来信349件,来访47批次。

1998年,共接待来信来访254件次,较1995年减少142件次,降低35.86%;其中来信227件,较1995年减少122件,降低34.96%;来访27批次,较1995年减少20批次,降低42.55%。

2002年起,琼中县实行信访工作责任制和信访工作月报告制度,县委、县政府把信访工作纳入各单位政绩考核内容,各单位主要负责人作为信访工作第一责任人。信访部门每月对该月信访问题进行梳理分析、总结上报。同年,全县共接待来信来访397件次,其中来信213件,来访184批次。

2003年,琼中县建立信访听证会制度,进一步强化民主监督,增加行政行为的透明度,妥善解决各类信访疑难案件。当年,共召开信访听证会15次。

2004年,琼中县建立信访联席会议制度,成立信访联席会议,多个部门联合调处信访疑难问题。

2007年，县信访联席会议建立了矛盾纠纷排查调处制度，尽可能地把矛盾化解在当地，把上访群众稳定在当地。同年，全县接待来信来访831件次，其中来信195件，来访636批次。

从2008年起，琼中县率先在全省以"信访工作责任状"统揽信访工作全局，实行信访工作目标管理制度。琼中县全面推行信访工作"八大制度"（即：定期研究信访工作制度、领导接待制度、矛盾纠纷排查调处制度、干部代访制度、领导包案制度、检查督促制度、领导现场劝返制度、信访责任追究制度，其中干部代访制度在琼中是一项创新的信访制度），并于同年7月开展为期一个月的县委书记大接访活动，同月县领导接待群众来访38件，解决24件。其中，县委书记在接访日同天接待来访群众25批88人次，当场解决问题8件。

2009年，琼中县开通网上信访，拓宽群众信访诉求渠道。同时，县财政局、县信访局根据《预算法》《信访条例》和《海南省解决特殊疑难信访问题专项资金管理暂行办法》的相关规定制订了《琼中县解决特殊疑难信访问题专项资金管理暂行办法》，规范管理使用好特殊疑难信访专项救助资金。2009—2010年，琼中县政府共使用信访专项资金123.25万元，解决了61件特殊疑难信访问题。

2010年，全县共接待来信来访393件次，其中来信183件，来访210批次共1214人次。

1995—2010年琼中县接待群众来信来访统计表

表10-5

年份	信访总量(件次)	来信(件)	来访(批次)	备注
1995	396	349	47	—
1996	388	336	52	—
1997	398	351	47	—
1998	254	227	27	—
1999	219	185	34	—
2000	281	193	88	—
2001	269	174	95	—
2002	397	213	184	—
2003	397	223	174	—
2004	359	210	149	—
2005	512	251	261	—
2006	—	145	721(人次)	总量866人次
2007	831	195	636	总量1525人次
2008	766	246	520	总量1274人次
2009	509	289	220	总量1329人次
2010	393	183	210	总量1214人次

说明：1991—1994年琼中信访工作由县委设信访办公室负责

第五节 法制工作与提(议)案办理

一、法制工作

1995年9月,琼中县政府挂行政复议办公室牌子。1996年10月,县行政复议办公室更名为法制办公室,保留行政复议办公室公章。2008年5月,法制办公室配备了专职主任。2010年,县政府办公室印发了《琼中黎族苗族自治县人民政府办公室主要职责内设机构和人员编制规定》,明确法制办公室设置主任一名,副主任一名,挂在政府办公室内。

1993—2010年,协助全县各部门制定规范性文件624件。2010年,报省政府备案登记的规范性文件2件。2010年,县政府制定出台了《琼中县施行规范性文件定期清理工作意见》,对规范性文件的有效期、规范性文件清理的情形及清理工作程序等内容做出规定。此外,还协助县人大制定自治条例、单行条例。

执行政府重大行政决策合法性审查制度,要求县法制办公室作为县政府常务会议的固定列席成员单位参加会议,参与各类重大项目、规范性文件、协议合同的研究,并就其合法性进行审查。2004—2010年,累计做出312份书面法核意见。

二、提(议)案办理

1991—1995年,县政府共办理县人大代表建议448件,县政协委员提案157件,答复率95%,满意率92%。其中,1991年办理县人大代表建议116件,县政协委员提案29件,答复率93%,满意率91%。

1996—2000年,共办理县人大代表建议363件,县政协委员提案158件,答复率95.6%,满意率达93%以上。

2001—2005年,共办理县人大代表建议607件,县政协委员提案260件,答复率99.4%,满意率达99%以上。

2006—2010年,共办理县人大代表建议763件,县政协提案266件,答复率100%,满意率100%。其中,2010年办理县人大代表建议108件,县政协委员提案58件,答复率100%,满意率100%。

第六节 外事、侨务、港澳台事务

一、对外联络

1991年，琼中黎族苗族自治县外事侨务办公室成立，系县政府办公室挂牌正科级单位，编制1人。至2010年，机构人员编制未变。

二、出国出境工作

因公出访。1991—2010年，县外事侨务办审批、审核全县临时因公出国(境)、赴港澳和邀请外国(境外)和港澳人员来访事宜，办理有关护照、签证和其他临时业务；统筹安排县级领导的外事活动，做好外事侨务工作。配合省及县相关部门做好各级领导干部赴美国、英国、日本等国和中国香港、中国台湾地区，在经济贸易、文化教育、城市规划等领域进行交流、合作、考察、学习。

国外援助。利用外事多渠道多领域的工作优势，争取国外援助资金支持琼中的社会事业建设。1991—2010年，完成什运乡卫生院、上安乡卫生院、吊罗山乡卫生院、红毛镇中学、湾岭镇来浩小学、湾岭中心小学学生宿舍楼等项目，为改善琼中贫困地区就学就医条件发挥了积极作用。

国外引智。积极引进外籍专家为琼中农村特色产业"一村一品"项目出谋献策，为农业技术部门解决了技术难题，培养了一批精干的技术后备力量，增强了琼中农产品专业合作社的市场竞争力。

三、侨务工作

据2010年琼中县侨情调查数据，全县列表登记归侨侨眷及港澳台属861户4763人，其中归侨户180户191人，约占总数的4%；侨眷823户4115人，约占总数的86.39%；港澳台属457人，约占总人数的9.61%。琼中县归侨侨眷及港澳台属中，少数民族3014人，约为总数的63.28%。散居山区半山区农村归侨侨眷及港澳台属有688户3445人，占总数的72.32%。归侨侨眷遍及县内各个领域和行业，其中，绝大多数散居山区和半山区的农村，以农业生产为主要生活来源。

琼中县外事侨务办公室坚持为侨代言，不断创新参政议政举措。2010年，侨界代表中，有县人大代表4人、县政协委员6人。侨界人大代表、政协委员抓住琼中政治、经济、文化建设中归侨侨眷普遍关心的热点、难点问题开展调查研究，在维护侨益、为全县的经济社会发展建言献策，推动琼中经济文化事业发展。

琼中县外事侨务办公室通过深入基层走访，摸清琼中县归侨侨眷的权益状况及存在问题。同时积极开展了对困难归侨、侨眷调查摸底工作。积极协调民政、就业等部门，逐步帮助困难归侨侨眷家庭解决低保、上学、就业、住房等问题。1991—2010年间，通过协调省侨务部门及县相关单位，积极争取相关帮扶资金，进一步改善困难归侨侨眷生产生活水平。

第七节 金融办工作

一、机构

2006年10月，琼中黎族苗族自治县开发金融协调工作办公室成立，属于县社会信用体系建设领导小组下设的一个办公室，是临时机构。办公室主任由县委常委、常务副县长兼任，1名副主任负责日常工作，其他人员从有关单位抽调或从社会聘请，共有工作人员4人。2010年3月，成立琼中黎族苗族自治县金融管理中心，是副科级事业单位，管理编制5人，其中领导职位一正一副。8月，更改为琼中黎族苗族自治县人民政府金融工作办公室。全县10个乡镇相应成立“农民小额贷款服务站”。

二、主要工作

2006年10月，县政府成立金融工作机构，与县农信社共同搭建农民小额贷款平台，引导、鼓励金融机构加大农村信贷投放，至2009年，中国农业银行琼中县支行和中国邮政储蓄银行琼中县支行也开展农民小额贷款业务，全县有3家金融机构向农村开展信贷业务。

审批农民小额贷款。农民申请贷款经金融办审批后，即可到相关金融机构办理享受政府担保和贴息的贷款。2007年开始发放农民小额贷款，至2010年12月，全县累计新增发放农民小额贷款7628万元，其中，2007年新增发放贷款1200万元，2008年新增发放1703万元，2009年新增发放2723万元，2010年新增发放2002万元。

审批农民小额贷款的贴息。经金融办审批的农民小额贷款，提前还清本息的享受100%贴息，按时还清本息的享受80%贴息。2007—2010年12月，共给予农民贷款贴息352.2万元，其中2007年贴息40.6万元，2008年贴息88.1万元，2009年贴息106.5万元，2010年贴息117万元。

创建“信用户”和“信用村”。2007—2010年12月，全县有2000多户农民户被评为“信用户”，有11个村庄被评为“信用村”，和平镇黎毛村是第一个被评为“信用村”的村庄。

第八节 机关事务管理

一、机构沿革

根据1995年9月20日琼中县编制委员会《关于琼中黎族苗族自治县党政机构改革机构设置的通知》文件精神，成立琼中县机关事务管理局，是具体从事机关事务管理工作的正科级事业单位。内设政秘股、车管股、安全保卫股、综合管理股、财务室等5个股级机构，编制52人。2002年1月18日，中共琼中县委、琼中县政府《关于撤销县机关事务管理局的决定》撤销琼中县机关事务管理局。

二、主要工作

规章制度建设与公务用车管理。1996年完成组建工作以后，为打开工作局面，强化机关内部管理，建立健全监督机制，1997—2002年，县机关事务管理局先后制定出台并不断完善了《工作人员职责》《财务管理制度》《便民措施》《总值班室制度》《考勤制度》《政务公开制度》等多项制度。坚持带卡上班、亮牌办公、办事公开制度等。总值班室坚持24小时值班，做好上传下达工作，4位局领导坚持轮流查班制度，从不间断，全局执行制度不松懈，从制度上保障了各项工作的有序开展。

为切实加强公务用车使用管理，县机关事务管理局结合琼中县实际，1995年调整党政机关工作用车，重新核定工作用车定编数。分别从财政、公安、法院、司法、环保、人大办等单位抽调出多部车辆，安排给统战部、残联等缺车单位，较好地解决了一些单位公务用车空缺的矛盾，同时重新核定全县党政机关公务用车数量，核定四大机关领导公务用车油料数量。1996—2002年先后编制下发《小汽车管理的暂行规定》《小汽车燃料使用的规定》《小汽车油料使用和领导通信费用的规定》。为领导公务用车办理检测、年审、出入省府通行证等，及时更换各类型号轮胎和维修损坏的车辆。1999—2000年，大、中修公务用车8辆，购置公务用车3辆。落实油料包干使用，保障领导工作正常运转。

改善办公条件和住房环境。为改善机关单位的办公条件和干部职工的居住条件，1995年顺利调整领导办公地点。将四大机关集中在政府办公大楼，方便领导工作的沟通联系，同时妥善安排了人事劳动、计统局、司法局、扶贫办、县志办等单位的办公场所。为四大机关领导新添置一批办公设备，其中木条沙发20套，座椅28张，办公桌20张，改善了领导的办公条件。装修常委会议室和县委县政府主要领导的接待室，为领导工作、开会、接待创造良好的办公环境。调整配置干部住房，先后为8位干部调整配置住房，解决他们住房困难问题。

1997年,争取资金,在机关大院建成一个标准篮球场,改建扩建机关院内道路两条。1997—2002年,整理县政府第一、第二办公大楼内务环境卫生,保洁工作管理形成制度。2000年落实机关干部职工住房调查工作,妥善调整干部职工住房,县机关事务管理局商请县建环局质检站一起,检测拆迁改造5间瓦房;为缓解住房紧张局面,县机关事务管理局还将干部食堂底层改造成干部职工宿舍房。为15位干部职工调整了住房,修理房屋6间,对政府办公楼和500平方米的干部住房进行补漏。

通讯管理和会务服务。1995年重新核定局级以上领导住宅电话和机关办公室电话,减少安装电话26部。1997年争取到资金缴清BP机管理费,按月缴交各领导的通话费,及时排除通信故障,保证领导通信畅通。为节省经费开支,领导住宅电话费实行包干开支。1998—2002年,继续实行通信费包干到人、超支不补的制度。

1997年,为各类会议书写、张挂横额36幅,布置会场28场(次)。重新制作领导铭牌和迟到牌、缺席牌,为促进会风好转起到一定作用。1999年,为各类会议书写、张挂横额76幅,布置会场38场次。2000年为各类会议书写、张挂横额145幅,布置会场106场(次)。此外还购置各种室内设备,布置了省政府在海口安排给琼中县的会议大厅。

后勤服务和管理。1999年,县机关事务管理局为6户领导和10户干部职工修理门窗、瓦面等,补漏7幢楼房,面积近千平方米,投入资金6万多元。组织干部职工安装水电,节省经费2万多元;协调各方面做好该楼的定价,安排交付使用工作;为各住户安装安全网,办理了房产权证。抓好县招待所前庭及道路的改造工程,在道路两旁建成高标准花池,安装柱形路灯。维修政府大院宿舍25幢楼的排水排污系统,防止了重大事故隐患的发生。积极参与植树造林活动,县机关事务管理局种植椰子树3.5亩,共30棵,在扶贫点共植树50亩。

2000年县机关事务管理局共为12户领导和多户职工修理水电,为四套班子办公楼改装了路灯。实现"一洁二通三亮"目标,即环境保持清洁,保障水通和电话畅通,实现灯亮、路亮和墙亮。

创建文明小区活动和扶贫工作。1999年,县机关事务管理局为小区管委会制定有关管理规定,发给各家各户,张贴到显眼地方,先后在政府大院宿舍区种风景树60多棵;种地毯草410多平方米。

扶贫攻坚,发展农村经济,帮助农民脱贫致富,是县委、县政府的中心任务。1996—2000年,县机关事务管理局扶贫联系点分别为:黎母山镇榕木管区永新村、长征镇新寨管区、长征镇也裕村、上安乡抄方村、上安乡初咤村等,县机关事务管理局领导干部职工先后与40位贫困户"攀穷亲",投入23984元,通过发动群众、集资、备料、献工等方式,帮助贫困户脱贫。1999年,改造上安抄方村民房23户,住瓦房率100%,改厕30户,建1座小水发电机组,硬化水利51米,维修田间沟渠320米,为管区及立体经济投入1000多元,种植香蕉约20亩450多棵。发展了一大批中、短期经济作物,其中种木薯540多亩,户均达到15亩,仅此项户均收入4500元。至1999年12月底,抄方上村15户,纯收入101420元,人均收入1263元;抄方下村22户,纯收入156903元,人均收入1286元。综合两个村的人均纯收入,达到脱贫标准。

第九节 县政府办工作

一、政务工作

1991—2010年，共拟发县政府和县政府办各类文件1300多件、会议纪要近300期，确保了各项工作及时、有效地部署落实；共撰写各类报告和专题汇报材料近千篇，办理各类文件2万余份；开展调研活动600多次，撰写调研报告600余篇；承办重点项目、扶贫、计划生育工作会议等各类重要会议200余场次；共接待国家部委领导、省级领导及兄弟市县领导到琼中县调研考察600余批次。共印发督办通知单1000余件、《督查专报》100余期。督办省、县领导批示件近千件，县人大代表建议、政协委员提案办结率均为100%。

二、信息工作

1991—2010年，修订完善《信息工作考核奖惩办法》、重大紧急信息报送制度、信息工作例会制度、责任追究等制度，为推进信息规范化管理和运作提供制度保障。按照"真实、全面、准确、管用"的要求，及时反映实际工作中的"亮点"、改革发展中的"热点"、各项工作中的"难点"、工作安排和政策执行中的"盲点"，使信息具有鲜明的工作特色，有效实现"常规信息提质量，问题、调研信息提深度，紧急信息提时效"三大目标，努力做到收集信息第一时间、报送信息第一时刻、处理信息第一时段，及时将琼中县特色经验做法报告省委、省政府及各级领导，为领导掌握情况、指导工作、科学决策提供较好的信息服务。1991—2010年，琼中县上报并采用的信息共200多条。

三、应急工作

严格执行24小时值班制，加强值班工作。明确岗位目标责任，做到来电来信及时分流处置，值班记录规范归档保存，确保值班电话时刻畅通；严格执行重大突发性事件报告制度，确保重大事项及时传达。1991—2010年，接到群众信访近400次，组织应急演练40余次，发放应急宣传手册6万多本。

四、党建工作

1991—2010年，结合"三会一课"制度，定期召开专题学习会，传达学习上级有关文件精神，学习党的各项理论和方针政策，累计召开100多次专题学习会、组织观看廉政教育片80多场次、撰写学习心得体会近300篇；共帮助扶贫点修建水利项目16个，修建漫水桥3座，硬化进村道路6000米，共争取各项扶贫资金78万元，帮助贫困户612户3067人。

第三章 人民政协

第一节 历届政协委员会

一、政协第四届委员会

第二次会议 1991年4月22—24日,在营根镇召开,历时3天。出席会议的委员97人,因公、因病请假8人。大会由陈政民、刘大洲、王裕昌、卢文光、杨光声、罗启昌、刘怡悟等担任执行主席。县政协副主席刘怡悟致开幕词,省政协委派一名副主席代表省政协致贺词,县委书记何利华在开幕式上讲话。会议主要内容:(1)县政协主席陈政民作四届一次会议以来的常委会工作报告;(2)政协副主席杨光声作四届一次会议以来委员提案办理情况报告;(3)全体委员列席县人大九届二次会议,听取县政府工作报告。会议期间,通过陈政民代表常务委员会所做的工作报告;通过第四届委员会第二次会议政治决议。4月24日,县委副书记、县长黄交儒在闭幕会上讲话,陈政民致闭幕词。

第三次会议 1992年4月7—9日,在营根镇召开,历时3天。大会由陈政民、刘大洲、杨光声、王裕昌、卢文光、罗启昌、刘怡悟等担任执行主席,秘书长为侯照民,副秘书长符树潭。县政协副主席王裕昌致开幕词,县委副书记符明善在开幕式上做了讲话。会议主要内容:(1)县政协主席陈政民作第四届第二次会议以来的常委会工作报告;(2)政协副主席杨光声作第四届委员会第二次会议以来的提案工作情况报告;(3)全体委员列席县人大第九届第三次会议,听取县政府工作报告。会议期间,通过陈政民代表常务委员会所做的工作报告;通过第四届委员会第三次会议政治决议。4月9日,县委副书记、县长黄交儒代表县委、县政府在闭幕会上作讲话,陈政民致闭幕词。

二、政协第五届委员会

第一次会议 1993年4月27—29日，在营根镇举行，历时3天。出席会议的委员105人，其中：中共党员12名，教育9名，医学8名，科技2名，农林16名，工商16名，人民团体6名，文体2名，宗教4名，少数民族11名，“三胞”9名，特邀10名（第五届委员会期间，县政协委员增至107名）。会议设大会主席团，由陈政民、杨光声、罗启昌、陈得全、云小平、叶保宇、陈梅芳（女）、陈高明、吴健、吴创礼、韩琳书、侯照民、黄浩才、黄玉峰、谢进盛、王裕昌、刘大洲、刘怡悟、卢文光等组成，秘书长为杨光声，副秘书长侯照民。会议设提案委员会，主任：陈得全；副主任：侯照民；委员：汪其冠、陈永诗、王书才。会议还设委员资格审查委员会，主任：王进元；委员：韩琳书、侯照民。会议主要议程有：（1）听取和审议政协琼中县第四届委员会常务委员会工作报告；（2）听取和审议政协琼中县第四届委员会提案审查委员会《关于政协琼中黎族苗族自治县第四届委员会提案办理情况的报告》；（3）列席县人大十届一次会议，听取和讨论琼中县人政府工作报告和其他报告；（4）选举政协琼中县第五届委员会主席、副主席和常务委员；（5）通过本届一次会议政治决议和其他决议。

第二次会议 1994年3月29—31日，在营根镇举行，历时两天半。出席会议的委员101人。大会设执行主席，由陈政民、杨光声、陈得全、罗启昌等组成。秘书长：杨光声，副秘书长：侯照民。会议主要内容：（1）县政协主席陈政民作五届一次会议以来的常委会工作报告；（2）县政协副主席陈得全作五届一次会议以来的提案工作情况报告；（3）县政协副主席杨光声传达海南省政协二届二次会议精神；（4）全体委员列席县人大十届二次会议听取县政府工作报告。3月31日，陈政民致闭幕词。

第三次会议 1995年3月28—30日，在营根镇举行，历时3天。大会设执行主席，由陈政民、杨光声、陈得全等组成。秘书长：杨光声，副秘书长：侯照民。会议主要内容：（1）听取和审议县政协一年来的常委会工作报告；（2）县政协副主席杨光声作提案委员会一年来的提案工作情况报告，在开幕式上宣读了省政协的贺电；（3）全体委员列席县人大十届三次会议，听取县政府工作报告和其他报告；（4）通过第五届委员会第三次会议政治决议。3月30日，县政协主席陈政民致闭幕词。

第四次会议 1996年4月15—17日，在营根镇举行，历时3天。出席会议的委员有75人。大会设执行主席，由陈政民、杨光声、陈得全等组成。秘书长：陈得全，副秘书长：侯照民。省政协副秘书长范基民出席开幕式并代表省政协致贺词。会议主要内容：（1）县政协副主席杨光声做县政协常委会工作报告；（2）县政协副主席陈得全作提案委员会一年来的提案工作情况报告；（3）全体委员列席县人大十届四次会议，听取和讨论县政府工作报告。会议期间，第五届委员会第四次会议补选主席邱育斌、副主席黄交儒。此次全体委员会议前夕，第五届委员会第二十次常委会通过增补邱育斌、黄交儒为第五届委员会委员。政协琼中县第五届委员会第四次会议决定接受陈政民辞去政协琼中县第五届委员会常务委员会主席职务的请求，会议还决定接受古瑞彝辞去政协琼中县第五届委员会委员职务的请求。4月17日，新当选政协主席邱育斌作闭幕讲话。

第五次会议 1997年3月11—13日,在营根镇举行,历时3天。出席会议委员有87人。大会由黄交儒、陈得全等担任执行主席。秘书长:黄交儒,副秘书长:侯照民。省政协副秘书长范基民出席开幕式并代表省政协致贺词,县委副书记符跃兰代表县委做重要讲话。会议主要内容:(1)听取和审议县政协主席邱育斌所做的县政协一年来的常委会工作报告;(2)听取和审议县政协副主席陈得全所做的提案委员会一年来的提案工作情况报告;(3)全体委员列席县人大十届五次会议,听取和讨论县政府工作报告。会议期间,通过第五届委员会第五次会议政治决议。政协琼中县第五届委员会第五次会议决定接受杨光声辞去政协琼中县第五届委员会副主席职务的请求。3月13日,县政协副主席黄交儒作闭幕讲话。

三、政协第六届委员会

第一次会议 1998年3月14—16日在营根镇举行。出席会议的委员118名,其中中共党员48名,党外人士70名,妇女委员36名,少数民族委员59名。会议议程有:(1)听取和审议政协琼中县第五届委员会常务委员会工作报告;(2)听取和审议政协琼中县第五届委员会提案委员会关于政协第五届委员会提案办理情况的报告;(3)列席县人大十一届一次会议,听取和讨论县政府工作报告和其他报告;(4)选举政协琼中县第六届委员会主席、副主席和常务委员;(5)通过本届一次会议的各项决议。

第二次会议 1999年3月22—24日,在营根镇召开,历时3天。会议设执行主席:黄交儒,副秘书长:黄世训、邓开扬。省政协副秘书长冯涛代表省政协在开幕式上致辞,县委书记在开幕式上作讲话。会议主要内容:(1)县政协主席邱育斌作第六届委员会常务委员会工作报告;(2)县政协副主席陈得全作政协琼中县六届一次会议以来的提案工作情况报告;(3)列席县人大十一届二次会议,并讨论县政府工作报告。会议期间,通过邱育斌代表六届常务委员会所做的工作报告;通过第六届委员会第二次会议政治决议。

第三次会议 于2000年4月25—27日,在营根镇召开,历时3天。省政协副秘书长符和积代表省政协在开幕式上致辞,县委副书记陈超在开幕式上作讲话。会议主要内容:(1)邱育斌作第六届委员会常务委员会工作报告;(2)陈得全作政协琼中黎族苗族自治县六届二次会议以来的提案工作情况报告;(3)列席县十一届人大三次会议,并讨论县政府工作报告。会议期间,通过了邱育斌代表六届常务委员会所做的工作报告;通过了第六届委员会第二次会议政治决议。4月27日,在闭幕会上,黄交儒致闭幕词。

第四次会议 2001年3月21—23日,在营根召开,历时两天半。会议设秘书长:黄交儒,副秘书长:黄世训、冯秀金。会议期间,省政协副秘书长符和积代表省政协在开幕式上致贺词。会议主要内容:(1)邱育斌作第六届委员会常务委员会工作报告;(2)陈得全做政协琼中黎族苗族自治县六届三次会议以来的提案工作情况报告;(3)列席县十一届人大四次会议,并讨论县政府工作报告和其他工作报告。会议期间,通过了邱育斌代表六届常务委员会所做的工作报告;通过了第六届委员会第四次会议政治决议。3月23日,在闭幕式上,县委副书记陈超做讲话。

第五次会议 2002年1月23—24日,在营根镇召开,历时2天。会议主要内容:(1)邱育斌作第六届委员会常务委员会工作报告;(2)陈得全做政协琼中黎族苗族自治县第六届第四次会议以来的提案工作情况报告;(3)全体委员列席县十一届人大五次会议;(4)通过邱育斌主席代表六届常务委员会所做的工作报告;(5)通过第六届委员会第五次会议政治决议。1月24日,在闭幕会上,黄交儒致闭幕词。

四、政协第七届委员会

第一次会议 2003年3月26—28日在营根镇召开。出席会议委员共128名,其中中共党员8人、群众团体4人、"三胞"4人、私营经济14人、医学文卫界12人、教育界15人、农业界18人、农垦界15人、少数民族界16人、宗教界3人、特邀人士19人。会议议程:(1)听取和审议政协琼中黎族苗族自治县第六届委员会常务委员会工作报告;(2)听取并审议政协琼中黎族苗族自治县第六届常务委员会关于提案工作情况的报告;(3)列席琼中黎族苗族自治县第十二届人民代表大会第一次会议,听取和讨论县政府工作报告及会议其他报告;(4)选举政协琼中黎族苗族自治县第七届委员会主席、副主席和常务委员;(5)审议通过政协琼中黎族苗族自治县第七届委员会第一次会议政治决议;(6)审议通过政协琼中黎族苗族自治县第七届委员会第一次会议关于政协琼中县第六届委员会常务委员会工作报告的决议;(7)审议通过政协琼中黎族苗族自治县第七届委员会第一次会议提案审查委员会关于县政协七届一次会议提案审查情况的报告。

第二次会议 2004年3月16—17日在营根镇召开,历时两天。会议设执行主席:邱育斌、黄交儒、李彩花、林子娥。省政协人口资源环境委员会副主任杨文平代表省政协在开幕式上致贺词。会议主要内容:(1)邱育斌作第七届委员会常务委员会工作报告;(2)黄交儒做政协琼中黎族苗族自治县第七届第一次会议以来的提案工作情况报告;(3)列席县人大十二届二次会议;(4)通过邱育斌代表第七届常务委员会所做的工作报告;(5)通过第七届委员会第二次会议政治决议。

第三次会议 2005年3月15—17日,在营根镇召开,历时两天半。会议设执行主席:邱育斌、黄交儒、李彩花、林子娥。会议主要内容:(1)邱育斌作第七届委员会常务委员会工作报告;(2)黄交儒做政协琼中黎族苗族自治县第七届委员会第二次会议以来的提案工作情况报告;(3)全体委员列席了县人大十二届三次会议;(4)通过政协琼中黎族苗族自治县第七届委员会第三次会议政治决议;(5)通过邱育斌代表第七届常务委员会所做的工作报告;(6)通过县政协七届三次会议提案审查情况的报告。

五、政协第八届委员会

第一次会议 2007年1月15—17日,在营根镇召开。出席会议委员共128人,其中中共党员10人,农工党3人,无党派5人,工青妇6人,工商联15人,科协界7人,台联侨联5人,经济贸易15人,农业界23人,教育界13人,医药卫生界6人,少数民族界7人,宗教界3人,特别邀请人士10人。特邀参加大会的有省政协副秘书长潘惠丽等。会议主要内容:(1)会议听取并审议政协琼中黎族苗族自治县第七届委员会常务委员会工作报告;(2)听取并审议政协琼中黎族苗族自治县第七届常务委员会关于提案工作情况的报告;(3)列席琼中黎族苗族自治县第十三届人民代表大会第一次会议,听取和讨论县政府工作报告及会议其他报告;(4)选举政协琼中黎族苗族自治县第八届委员会主席、副主席和常务委员;(5)审议通过政协琼中黎族苗族自治县第八届委员会第一次会议政治决议;(6)审议通过政协琼中黎族苗族自治县第八届委员会第一次会议关于政协琼中县第七届委员会常务委员会工作报告的决议;(7)审议通过政协琼中黎族苗族自治县第八届委员会第一次会议提案审查委员会关于县政协八届一次会议提案审查情况的报告。

第二次会议 2008年2月27—28日,在营根镇召开。特邀参加大会的有:省政协办公厅巡视员周庆民等。会议主要内容:(1)听取并审议政协琼中县第八届委员会工作报告;(2)听取并审议政协琼中县第八届委员会关于提案工作情况的报告;(3)列席琼中县第十三届人民代表大会第三次会议,听取和讨论县政府工作报告及会议其他报告;(4)听取并审议通过政协琼中县第八届委员会第二次会议政治决议;(5)听取并审议通过政协琼中县第八届委员会第二次会议关于政协琼中县第八届委员会常务委员会工作报告的决议;(6)听取并审议通过政协琼中县第八届委员会第二次会议提案审查委员会关于县政协八届二次会议提案审查情况的报告。

第三次会议 2009年2月18—19日,在营根镇召开。会议主要内容:(1)听取并审议政协琼中县第八届委员会工作报告(草案);(2)听取并审议政协琼中县第八届委员会关于提案工作情况的报告;(3)列席琼中县第十三届人民代表大会第五次会议,听取和讨论县政府工作报告及会议其他报告;(4)补选政协琼中县第八届委员会常务委员;(5)审议通过政协琼中县第八届委员会第三次会议政治决议(草案);(6)审议通过政协琼中县第八届委员会第三次会议关于政协琼中县第八届委员会常务委员会工作报告的决议(草案);(7)审议通过政协琼中县第八届委员会第三次会议提案审查委员会关于县政协八届三次会议提案审查情况的报告(草案);(8)会议增补选举王师经、林聪明为县政协八届常务委员。

第四次会议 2010年3月16—17日,在营根镇召开。特邀参加大会的有:省政协办公厅陈少茹副巡视员等。会议主要内容:(1)听取和审议政协琼中县第八届委员会工作报告;(2)听取和审议政协琼中县第八届委员会关于县政协八届三次会议以来提案工作情况的报告;(3)列席琼中县第十三届人民代表大会第七次会议,听取和讨论县政府工作报告及会议其他报告;(4)审议通过政协琼中县第八届委员会第四次会议政治决议;(5)审议通过政协琼中县第八届委员会第四次会议关于县政协常务委员会工作报告的决议;(6)审议通过政协琼中县委员会提案委员会关于县政协八届四次会议提案审查情况的报告;(7)会议增补选举曾令强为县政协八届常务委员。

第二节 政协常务委员会

一、组成人员

政协琼中县常务委员会是政协琼中县委员会的常设机关,主持政协日常工作,召集并主持政协委员会会议。

政协琼中县第四届委员会选举产生主席1人，副主席6人，常务委员会委员12人（其中女性3人），其中主席为陈政民（黎）；副主席为杨光声、刘大洲（黎）、王裕昌（黎）、罗启昌、刘怡悟、卢文光（女）；常务委员为侯照民（黎）、叶保宇、王进元（黎）、丁汉亮、林志强、李彩花（女、苗）、林廷干、刘世忠、吴瑞华、吴健、张志耘（女）、高森。

政协琼中县第五届委员会选举产生主席1人，副主席3人，常务委员会委员11人（其中女性1人），其中主席为陈政民（黎）、邱育斌；副主席为杨光声、罗启昌、陈得全、黄交儒（黎）；常务委员为侯照民（黎）、吴健、黄玉峰（黎）、云小平、叶保宇、陈梅芳（女）、黄浩才、陈高明（苗）、吴创礼（黎）、谢进盛、韩琳书。

政协琼中县第六届委员会选举产生主席1人，副主席2人，常务委员会委员15人（其中女性3人），其中主席为邱育斌；副主席为黄交儒（黎）、陈得全；常务委员为吴震、王峰（黎）、黄世训（黎）、陆万深（黎）、邓修宏、郑辉（黎）、叶义柳（黎）、邓开扬（苗）、陈高明（苗）、侯翠芬（女、黎）、潘先荣、李彩花（女、苗）、李传毛、林子娥（女、黎）、陈平。

政协琼中县第七届委员会选举产生主席1人，副主席3人，常务委员会委员19人（其中女性3人），其中主席为邱育斌；副主席为黄交儒（黎）、李彩花（女、苗）、林子娥（女、黎）；常务委员为陈上英（黎）、龙朝雄（黎）、王儒光（黎）、叶义柳（黎）、寇献民、廖志炳、梁文安（苗）、徐日球、莫献忠（黎）、李兴莲（女、黎）、林山、李传毛、梁南生、陈平、侯翠芬（女、黎）、王峰（黎）、陈高明（苗）、李春梅（女、苗）、黄明海（黎）。

政协琼中县第八届委员会选举产生主席1人，副主席4人，常务委员会委员18人（其中女性4人），其中主席为曾令锦；副主席为王进高、王哲斌、李彩花（女、苗族）、林子娥（女、黎族）；常务委员为陈泰冶（黎）、胡振钧（黎）、王开雄（黎）、王林发（黎）、李自平、李传毛、李春梅（女、苗）、李敏、何莉（女、黎）、陈佩（女）、陈高明（苗）、梁定利、梁南生、黄明海（黎）、寇献民、曾庆武、曾润光、谭丽霞（女、黎）。

1991—2010年政协琼中黎族苗族自治县委员会正、副主席名录

表10-6

届别	姓名	民族	籍贯	界别	职务	任职时间	备注
第四届	陈政民	黎	琼中	中共	主席	1990.5—1993.4	—
	杨光声	汉	海口	中共	副主席	1990.5—1993.4	—
	刘大洲	黎	琼中	中共	副主席	1990.5—1993.4	—
	王裕昌	黎	琼中	中共	副主席	1990.5—1993.4	兼职
	罗启昌	汉	广东	医卫	副主席	1990.5—1993.4	—

续表1

届别	姓名	民族	籍贯	界别	职务	任职时间	备注
	刘怡悟	汉	广西	教育	副主席	1990.5—1993.4	兼职
	卢文光(女)	汉	文昌	教育	副主席	1990.5—1993.4	兼职
第五届	陈政民	黎	琼中	中共	主席	1993.4—1996.4	—
	邱育斌	汉	澄迈	中共	主席	1996.4—1999.3	—
	杨光声	汉	海口	中共	副主席	1993.4—19983	—
	罗启昌	汉	广东	医卫	副主席	1993.4—1998.3	兼职
	陈得全	汉	海口	教育	副主席	1993.4—1998.3	兼职
	黄交儒	黎	五指山	中共	副主席	1996.4—1998.3	—
第六届	邱育斌	汉	澄迈	中共	主席	1998.3—2003.3	—
	黄交儒	黎	五指山	中共	副主席	1998.3—2003.3	—
	陈得全	汉	海口	教育	副主席	1998.3—2003.3	兼职
第七届	邱育斌	汉	澄迈	中共	主席	2003.3—2007.1	—
	黄交儒	黎	五指山	中共	主席	2003.3—2007.1	—
	李彩花(女)	苗	琼中	医卫	副主席	2003.3—2007.1	兼职
	林子娥(女)	黎	海口	特邀	副主席	2003.3—2007.1	兼职
第八届	曾令锦	汉	澄迈	中共	主席	2007.1—2012.1	—
	王进高	黎	琼中	中共	副主席	2007.1—2012.1	—
	王哲斌	黎	琼中	中共	副主席	2007.1—2012.1	—
	李彩花(女)	苗	琼中	医卫	副主席	2007.1—2012.1	兼职
	林子娥(女)	黎	海口	特邀	副主席	2007.1—2012.1	兼职

二、工作机构

1991—1993年4月,政协琼中黎族苗族自治县第四届委员会内设工作机构有:人秘组、文史侨务组、提案与宗教组,办公室为日常办事机构,人员9名。

1993年4月至1998年3月,政协琼中黎族苗族自治县第五届委员会委员内设工作机构有:提案工作委员会、文史资料征集工作委员会,办公室为日常办事机构,机关工作人员11名。

1998年3月至2003年3月,政协琼中黎族苗族自治县第六届委员会委员内设工作机构有:提案工作委员会、文史资料征集工作委员会,办公室为日常办事机构,人员12名。

2003年3月至2007年1月,政协琼中黎族苗族自治县第七届委员会委员内设工作机构有:学习与文史委员会、提案与法制委员会、民族宗教与科教文卫委员会、环境资源与经济委员会,办公室为日常办事机构,办公室人员5名。

2007年1月至2010年1月,政协琼中黎族苗族自治县第八届委员会委员内设工作机构有:提案与法制委员会、学习与文史委员会、民族宗教与科教文卫委员会、环境资源与经济委员会,办公室为日常办事机构,人员15名。

第三节 政治协商工作

一、参政议政

1993年5月至1998年3月,县政协列席县人大会议,组织委员对政府工作报告、财政决算预算报告、国民经济和社会发展计划报告以及琼中县"九五"计划和2010年远景目标开展讨论。在大会发言、小组讨论和提案中,委员们就琼中县改革开放、经济建设、"九五"计划的实施、扶贫攻坚、发展两高一优农业、加强廉政建设、社会治安、文教卫生、城镇建设、精神文明建设等方面的问题,提出了75条意见和建议。大多数建议被县政府和有关部门采纳,为县委、县政府决策提供科学的依据。

1998年4月至2003年3月,县政协常委会运用全体会议、常委会议、主席会议以及各种专题协商会议等形式,进行政治协商活动,就琼中县改革开放、经济建设和社会主义事业发展中的重大问题,充分调查研究,认真协商讨论,积极建言献策,为县委、县政府提供决策依据。五年来,委员们都能以高度的政治责任感对每年一度的县政府工作报告和其他报告,进行认真的讨论,并根据本地区实际情况和各界人士的意见提出了326条意见和建议。同时在每年例会上委员们都以大会发言形式,就琼中县的改革、发展、稳定工作中的热点、重点、难点问题进行协商,提交大会发言稿82篇。这些发言注重全局性、超前性、针对性和可操作性,既反映了全县各地的社情民意和实际情况,又反映了政协各个界别的民意。县委、县政府主要领导对其中的32份当场做了重要批示,要求有关部门认真办理抓落实。

2003年4月—2007年1月,县委讨论安排全县的重大决策和部署重点工作,都召集班子联席会议,邀请县政协领导列席,同时,向政协通报或交流重要情况,听取民主党派、无党派人士提出的意见和建议。县政府坚持每半年向县政协、各民主党派通报一次工作情况。规范完善了县委、县人大、县政府、县政协办公室主任联席会议制度。如在政协换届前,县委充分听取和征求县政协党组的意见后成立换届筹备领导小组,由政协主要领导任组长,县委分管统战工作的县委常委、统战部部长和政协一名副主席任副组长,从县委组织部、县委统战部和政协办各调人员分成两个考察推荐组深入机关、乡、镇、农场、工厂、学校等进行提名推荐。这一制度,得到省政协的充分肯定。在此期间,政协委员们就琼中县的改革、发展和建设社会主义新农村等工作中的热点、难点问题提交大会发言稿47篇。县委县政府主要领导对其中的21份当场做了批示,要求有关部门认真办理落实。特别是2005年县委制定"十一五"规划前,县长带领政府有关职能部门多次参加政协常委会或其他会议,听取意见和建议,为了制定好"十一五"规划,县政协先后召开各种征求意见会6次,提出了56条意见和建议,很多好的意见和建议得到县委、县政府的肯定和采纳,为编制好县"十一五"规划起到一定的作用。

2007年2月—2010年,县政协召开全委会议5次,常委会议18次,主席会议57次,围绕加强人民政协工作、特色产业发展、教育、卫生、文化、生态保护、社会治安、重点项目建设、新农村建设以及改善民生等重要问题进行广泛协商,其间有62篇大会发言材料得到了县委、县人大、县政府主要领导的92条批示,要求相关部门认真办理落实,限期给出办复意见。

在参政议政中,县政协注重"议题的针对性,协商的灵活性,建议的操作性",选择事关全县经济社会发展的重大事项开展重点协商,保证了每一次协商活动的成效。如:组织有关委员到湖南韶山、云南丽江、山西平遥、江西井冈山等地考察红色旅游、休闲旅游以及文化旅游的管理模式和经营理念,同时对琼中县的旅游现状开展调研,经主席会议讨论分析,形成综合意见报告县委、县政府,助力海南国际旅游岛建设。不断加大非公有制经济帮扶力度,琼中县非公有制经济发展后劲明显增强;积极服务琼中招商引资工作,按照县委、县政府的工作要求,认真协商抓好香港泰和国际投资集团有限公司建设五星级酒店—福瑞特大酒店的有关工作,为促成该项目早日动工建设、推动琼中旅游业快速健康发展发挥了重要作用。

二、民主监督

1990年5月—1993年4月,在县级领导干部考核、述职时,特邀请县政协常委参加大会,听取县领导干部的述职报告,与会常委本着肝胆相照、同舟共济的方针,并围绕德、能、勤、绩四个方面进行评议,充分显示了民主监督这一基本职能的作用和影响。

1993年4月—1998年3月,县政协做到上门检查催办,促使提案办理落实。如《搞好县城营根镇街道建设》是一件重点提案,引起县委、县政府的重视并被采纳。县城几条主要街道始建于20世纪70年代,由于年久失修路面坑坑洼洼,市容市貌又脏又差。县委、县政府决定把改造海榆、营根、虎头3条街道列入为民办8件实事之一来抓。为此,县政协加强与县建委等承办单位的联系与协作,组织现场办案与联合办案,经常上门检查催办,促使该提案得到较快办理落实。使这3条街道于1995年5月竣工正式通车,改善了县城的交通和琼中县的投资环境,促进了经济的发展和精神文明建设。又如《加强机关组织纪律整顿》建议案,得到县委的重视和采纳。

1998年3月—2003年3月,县政协领导重视抓好提案的办理落实工作,加大提案办理工作力度,建立了领导督办提案制度,采取"面对面"协商办案、现场办案、跟踪办案、领导督办提案等方式,促进提案办理落实。如在六届二次会议上委员提出《尽快解决南丰水利硬化的建议》和《改造南丰小学瓦房教室漏水问题》的提案,县政协由主要领导带队,邀请水利局、教科局、营根镇领导和提案者,到现场进行"面对面"协商办案,水利局和教科局领导当场拍板,第五天开始实施,只用20多天就解决了久拖近1年时间的提案,受到当地农民群众和师生的好评。

2003年3月—2007年1月,为做好提案的办理和落实,推进民主监督。针对连续几年委员提出的《关于要求改造乌石中学危房》《关于净化县城环境卫生》《关于净化育人环境卫生是当务之急》《关于严禁乱开采钛矿》《关于造纸厂严重污染问题》《关于加强城建规划管理工作》等提案,县政协主要领导都亲自带队,邀请有关单位的主要领导和提案者,到现场进行协商方案,有关单位领导当场拍板落实,受到社会的好评。

2007年3月—2010年,县政协常委会注重完善提案办理相关制度,把抓好提案督办、提高办理质量作为提案工作的重中之重来抓。在提案办理过程中,县政协主要领导和分管领导多次带领有关人员深入提案承办单位督促指导,现场协商办案,能落实的当场要求落实:如政协委员提出的修建县人民医院门口道路的提案,县政协分管副主席亲自带队、督促办理,项目如期竣工,解决了群众出行难问题。又如对《关于加快营根镇岭头村委会长流水公路工程施工进度的建议》等提案反映的问题,县政协组织部分常委、专委会委员和人大、政府相关部门进行实地考察,积极跟踪,督促推进,促使相关问题得到及时整改和有效解决。驻琼中县三名省政协委员在省政协五届各次会议上提交的26份提案全部被立案,立案率100%,提案质量比较高。《关于建设琼中县营根河防洪堤工程的建议》《关于改建黎母山国家森林公园公路的建议》《关于扶持琼中农副产品加工园建设的建议》和《关于把琼中县城列入海南黎族苗族文化地标中心城发展规划建设的建议》等提案涉及的工作或问题通过承办单位和相关部门的努力,取得实实在在的成效。在此期间,县政协常委会先后围绕教育、社会保障、生态县建设等问题扎实推进民主监督,安排12名委员分别担任县法院、县检察院、县教育局、县人力资源和社会保障局等单位的陪审员或监督员;先后组织58人次参加县法院组织的“百案听审”“百万案件评查”等活动。在监督过程中,坚持服务大局、维护群众利益和实事求是的原则,综合运用明察暗访、专题座谈、调研视察、委员约谈等形式,把集中监督与委员个别监督结合起来,把集体的监督建议与委员平时的批评建议结合起来,较好推动了相关部门工作,使政协民主监督更有声势、更有影响、更有成效。

三、考察调研

1990年5月—1993年4月,县政协紧密地围绕着县委、县政府的中心任务,开展了5次专题调研考察,即关于“职业中学办学方向问题”“乡、镇卫生院的设施的情况问题”“老少边穷地区如何脱贫致富问题”“苗族教育情况问题”“工业亏损”等等,通过调研考察,向县委县政府和有关部门提出合理建议案,这些建议案已被采纳并在实施中取得较好的效果。如在1991年1月第四届委员会组织部分委员,邀请县农艺师、农业技术员等10人,组成视察组,针对琼中县还有部分农民温饱没有解决的问题,由省政协委员、县政协主席带领视察组下到上安乡行干管区新丰村进行视察,探讨致富的途径。着重调查该村解放43年来长期贫困的原因,提出脱贫致富的途径。此后县政府主要领导亲自到该村作详细调查,同有关部门领导一起研究制定扶贫方案。林业部门率先拨出一笔专款给该村发展杉木生产。2010年该村已种橡胶2500株、杉木44000株、木薯

150亩、竹类2300株。在此期间,县政协通过召开有各族各界知名人士参加国庆座谈会、春节迎春座谈会,一共6次,每次座谈会都请县委、县政府主要领导来参加,听取委员和各界知名人士的意见和建议。

1993年4月—1998年3月,县政协把会议重要议题和琼中县的工作大局结合起来,邀请县公安局、财税局领导到会向常委们通报全县社会治安和财政收支情况,组织常委和部分委员到上安乡新丰村和红毛镇视察,写出关于《新形势下如何加强农村工作的领导》和《红毛镇经济发展缓慢的原因》的视察报告。在此期间,县政协主要就贯彻实施九五计划、加强农业和农村工作的领导、中小学教育状况、精神文明建设等方面的情况进行视察和调研。1997年10月由三名正、副主席分别带队组织委员11人分成教育和精神文明建设两个组深入到14个单位进行视察、考察,写成专题视察考察报告2篇,提出意见和建议15条,供县委、县政府决策时参考。

1998年3月—2003年3月,县政协及各专门委员会组织委员视察,参与省政协的视察活动达46次,参加的委员和有关人士达286人次,并就琼中县扶贫开发,中部地区经济发展,非公有制经济,文明生态村建设,中小学以及水果生产,社会治安等进行调研视察,报送视察报告21件,促成一些问题的解决。县政协常委会根据县委、县政府关于贫困地区如何发展生产,增加农民收入,尽快脱贫致富的工作要求,先后组织县政协常委和部分委员4批50多人次,到海口、儋州、琼海、澄迈、万宁、临高等市县参观考察学习。

2003年3月—2007年1月,县政协采取各种形式,组织政协委员开展考察调研活动20多次,形成考察调研报告9份送县委、县政府决策参考。如:为了创建生态县的目标,根据广大干部群众强烈反映营根河严重污染问题和小造纸厂严重破坏生态和环境污染问题,组织政协常委和委员专门就琼中县红口溪营根河水污染问题和小造纸厂污染问题进行专门调研视察。在环保、水利等部门的配合下,县政协主要领导多次带领政协常委、政协机关干部深入实地调研视察,先后对营根河四个污染源逐个现场了解视察,然后经过环保部门的监测和量化分析,实事求是地向县委、县政府提交了书面调研报告,引起县委、县政府的重视,县委专门召开常委会听取了政协的汇报,县委书记、县长亲自过问,并指定政府分管的副县长专门负责,政府有关职能部门严格执法。经过调查研究,取缔了全县7家小造纸厂,对营根河进行全面清理,受到上级有关部门和人民群众的好评。针对琼中县出现的乱砍滥伐毁林的现象,委员们极为关注,在县政协七届十五次常委会上,就琼中县毁林开荒现象及如何采取措施制止毁林现场展开大讨论,并组成调查组,在县委主要领导的重视和支持下,采取不打招呼、不通知,突击检查,由政协主要领导亲自带队到毁林较为严重的百花岭视察,目睹参天古树被不法分子成片非法采伐,立即向县委汇报,县委县政府十分重视,立即组织县四套班子领导及有关部门到现场召开分析会,并采取果断措施制止毁林开荒破坏生态环境的行为。并就如何保护青山绿水问题,向县委提交了《关于要求采取措施制止乱砍滥伐天然林保护森林资源的建议》,得到县委的重视和采纳。

2007年1月至2010年,县政协先后组织政协委员和有关单位负责人对琼中县农业、教育、卫生、住房及群众关心的热点问题进行专题调研20余次,如针对百花岭毁林种植及百花岭水库移民遗留问题、琼中县特色产业发展、环境卫生综合整治等问题，通过召开会议研究部署、深入实地视察，走访农民群众等形式开展调研活动，并认真组织人员撰写调研报告。《关于琼中县农业特色产业视察调研的报告》《关于琼中县桑蚕产业发展调研的报告》《关于全县乡镇（村）垃圾处理情况的调研报告》《关于琼中绿橙产业发展情况的调研报告》等报告在县委决策、政府实施相关工作中发挥了重要作用，产生了良好效果。在此期间，围绕县委、县政府中心工作，县政协充分发挥委员视察在知情咨政、参政议政中的主体作用：如针对和平镇新兴村委会群众反映的农综水利项目的质量问题以及政协委员反映的县污水处理厂排污管道偏小等工程质量问题，县政协及时组织委员进行实地视察并与有关部门领导沟通，座谈协调，提出意见和建议，使有些问题得到有效整改，群众满意度大大提高；针对县人大代表、政协委员反映的琼中县公安交警大队执法中存在的问题，县政协会同县人大常委会就此问题开展了联合视察活动，以建议促整改，有效提高了县公安交警大队的工作质量和执法水平。

第四节 “三胞”联谊

1990年5月—1993年4月，县政协共接待台胞300多人次，其中琼中籍台胞4位，其中王勤文从琼中县去台定居四十多年，第一次从台湾回家乡祭祖扫墓，探亲旅游，县政协向县委做了汇报，县委非常重视，派车接送，并召开座谈会。王勤文感慨表示，回台后要把目睹耳闻的东西告诉他的好友，让更多的人消除疑虑，回乡探亲旅游，争取台胞回家乡投资，把家乡建设得更好。

1993年4月—2003年3月，县政协会同统战部门每年中秋节召开一次“联谊会”，邀请台胞、台属、台商、民主党派、无党派人士和非公有制代表参加，围绕祖国发展的大好形势，积极宣传党和政府对台湾同胞、海外侨胞的政策，引导和鼓励海外侨胞、台湾同胞和各界人士积极参与祖国的开发建设。在李登辉抛出“两国论”后，政协琼中县第六届委员会及时组织部分委员和民主党派、无党派人士、台胞、台属、台商一起座谈，严厉批驳李登辉的“两国论”，强烈反对台湾当局妄想分裂祖国的阴谋，坚决维护国家主权的尊严和祖国的统一。

2007年1月—2010年，县政协在每年中秋佳节来临之际，都举办“琼中政协统战中秋座谈会”，邀请县四套班子主要领导及有关领导，各民主党派、台胞、侨胞、港澳同胞、民族宗教界、工商联（总商会）、教育界、企业家代表，离退休老干部代表和县有关单位等领导参加，通报重大事项，听取意见和建议，拓宽知情悉政空间，营造包容性发展的和谐氛围，及时了解并帮助解决各民主党派、“三胞”、工商联、各宗教等团体在工作中遇到的困难和问题，爱国统一战线进一步巩固和发展。

第五节 社情民意信息工作

1991—2010年,根据省政协关于加强信息工作的要求,县政协以反映社情民意为重点认真做好信息工作。广大委员把反映社情民意作为一项重要工作,每年至少要提出一条有质量的建议和一条有价值的信息。通过政协这个信息渠道反映社情民意,为党委、政府全面了解实际情况,体察社情民意,参政议政、民主监督起到重要作用。

1993—1998年4月,政协委员根据本地区实际情况和各界人士的意见,针对县政府工作报告和其他报告进行讨论,并提出326条意见建议。在例会上委员们提交大会发言稿82篇,既反映了全县各地的社情民意和实际情况,又反映了政协各界别的民意。县委县政府主要领导对其中的32份当场做出指示,要求有关部门认真办理抓落实。

2007年7月—2010年,县政协编发了《政协信息》76期,其中被省、县采用的有28条。如2010年10月,特大暴雨灾害致使全县遭受极大损失。县政协及时到红毛镇进行实地调研,了解情况,和红毛镇委、镇政府领导一起研究解决对策,并向县委、县政府上报《关于解决好琼中县农村倒房危房住户安置问题的建议》的社情民意信息,建议县委、县政府做好危房住户的临时安置,并做好灾后农村倒房、危房的重建工作,得到有关部门的重视和采纳。与此同时,县政协主要领导还通过参加"县领导接访日"等活动,广泛了解人民群众关心的热点、难点问题。平时还接待群众来访来信,听取群众呼声,帮助解决合理诉求,维护群众合法权益,密切了党委、政府与人民群众的关系。

第六节 自身建设

自2007年换届后,县政协随即举办委员培训班。编印《政协委员培训学习资料》《政协委员手册》各300份(册)作为委员学习资料,并邀请省委党校廖逊教授作关于党的十七大报告辅导,同时邀请省政协钟彪、伍国斌两人辅导政协有关业务知识。广泛动员各界委员走出去、学回来。为学习外省区和本省兄弟市县先进的工作理念和好的经验做法,县政协五年来组织委员前往湖南、贵州、安徽、江苏、新疆、内蒙古等地考察学习12批146人次,撰写了《关于赴湖南、贵州考察学习的报告》《关于赴新疆、内蒙古考察学习的报告》等报告,就产业发展、城市建设、生态保护、旅游规划等方面提出建议报送县委,以供决策参考;组织委员到海口、文昌、琼海、保亭、屯昌、澄迈、万宁等市县考察学习20批328人次。通过考察学习,委员们增长了见识,开阔了视野,参政议政能力明显得到提高,委员主体作用得到进一步发挥。

从2007年起县政协即着手建立委员电子档案并编印委员工作手册,力求对每个政协委员履行职能情况进行量化考核。届末,县政协本着认真负责的态度,对八届全体政协委员进行了届末考查,对一些不积极参加视察调研活动、消极对待提案撰写和大会发言的委员,经考核不合格进行清退,保障了委员队伍的活力与动力,激情与热情。

2007年换届后,县政协相继制定和完善机关管理的有关制度,强化服务理念,保证政协组织在履行职能时,坚持以服务为第一原则,做到创新、高效、有序。加强机关干部考察培训,定期组织政协机关干部进行专题学习与跟班学习,几年来,安排政协机关干部参加全国政协在北戴河、江苏、郑州、井冈山等地举办的学习培训班共18人次,有效提高了机关干部的理论水平和履行职能的能力;深入开展学习实践科学发展观和创先争优活动,使县政协机关党员干部在思想认识上有了新的提高,工作作风有了新的好转,党员干部职工活力十足,工作效能不断提高,为更好地履行政协职能夯实了基础。几年来,通过抓好政协自身建设,县政协机关党支部先后被县直机关党委和县委评为先进党支部。

进一步健全完善会议、活动、视察、提案等工作程序,明确和规范了履行职能的内容、形式、方法、步骤,建立健全《县政协常务委员会工作规则》《县政协委员参加会议和活动的规定》和《县政协委员视察工作规定》等十项工作制度,严格执行政协机关与各民主党派、工商联等的联系制度,使政协各项工作步入规范化轨道,确实做到开展工作有章可循,有据可依。

第七节 文史工作

1991—2010年编辑出版《琼中文史》共5辑。其中1993—1998年,以黎族史料和日本军队侵琼暴行史料为主要内容开展史料征编工作,指定一名办公室副主任具体抓此项工作,共征集史料84篇,计13.6万字。编辑出版《琼中文史》2辑,刊用史料58篇,计10.2万字。征集出版《琼中境域日军暴行实录》,并且县内许多中小学校均以该书作为爱国主义教育的教材。同时,向省政协文史办提供黎族史料和日军侵琼暴行史料稿件16篇,计5.3万字。编辑出版93期《琼中政协简讯》,刊登交流指导文章258篇。

1998—2003年,编辑完成约12万余字的《琼中县教育史》。共出56期琼中政协简报,向省、县广播电视台和《海南中西部新闻》《省政协信息》等刊物共投稿28篇,被采用21篇。

2003—2010年,编辑出版了《琼中教育史》《委员风采》《琼中政协史》,共印发《政协简报》50多期。编辑出版《琼中黎族民歌》《琼中苗族民歌》《琼中体育简史》等共25万字,161幅照片。

1991—2010年琼中县历届省政协委员名录

表10-7

届别	姓名	性别	民族	籍贯	政治面貌	备注
第一届 1988年8月—1993年1月	陈政民	男	黎	海南琼中	中共党员	省政协少数民族界
第二届 1993年1月—1998年4月	陈政民	男	黎	海南琼中	中共党员	省政协少数民族界
	王德花	女	黎	海南琼中	中共党员	省政协少数民族界
	吴清英	女	黎	海南琼中	中共党员	省政协妇女联合会
第三届 1998年4月—2003年1月	吴清英	女	黎	海南琼中	中共党员	省政协妇女联合会
	邱育斌	男	汉	海南澄迈	中共党员	省政协特别邀请人士
	吴多雄	男	黎	海南琼中	群众	省政协特别邀请人士
第四届 2003年1月—2008年1月	邱育斌	男	汉	海南澄迈	中共党员	省政协特别邀请人士
	吴多雄	男	黎	海南琼中	群众	省政协特别邀请人士
	李彩花	女	苗	海南琼中	群众	省政协少数民族界
	王光业	男	黎	海南琼中	中共党员	省政协少数民族界
第五届 2008年1月—2013年1月	吴多雄	男	黎	海南琼中	群众	省政协特别邀请人士
	黄照良	男	黎	海南五指山	中共党员	省政协少数民族界
	曾令锦	男	汉	海南澄迈	中共党员	省政协特别邀请人士
	王哲斌	男	黎	海南琼中	中共党员	省政协少数民族界
	李春梅	女	苗	海南琼中	农工党	省政协文化艺术界

第十一编　民主党派 群众团体

第一章 民主党派与工商联

第一节 农工党琼中县支部

一、机构

2005年，中国农工民主党海南省琼中黎族苗族自治县支部委员会(简称农工党琼中支部委员会)召开第一次党员代表大会。成立农工党琼中支部委员会。大会选举林子娥为支部主委，曾润光、李春梅为支部委员。有党员5人，至2010年有党员9人，其中具有中级以上职称5人，分布在医疗卫生界、教育界、科技界。

二、参政议政

2005—2010年，在琼中县历届人大、政协中，共有4位党员被选为人大代表或政协委员，其中，林子娥当选为县政协第七、第八届副主席，王开雄当选为县政协第七、第八届常委和琼中县第十三届人大代表，曾润光当选为县政协第七届委员和第八届常委，李春梅当选为琼中县政协第七届、第八届常委、海南省第三届人大代表、省政协第五届委员会委员。

参政议政是民主党派的主要职能，农工党琼中支部对人民群众关心的热点、难点问题，深入调查研究，了解社情民意，广泛收集相关信息，认真进行分类整理、提炼。以人大建议、政协提案形式，积极建言献策。2007年撰写的《关于依靠科技，发展养蜂业的提案》被评为优秀提案，2009年撰写的《关于琼中县发展蚕桑产业的几点建议的提案》被评为优秀提案。

三、社会服务

2008年5月12日，四川汶川地区发生8.0级特大地震，农工党琼中支部委员会积极组织农工党员捐款支援灾区建设，共募捐善款近6000元，为灾区人民贡献自己的一份爱心。

在农工党省委的重视关心与支持下，经过省委主任委员王路、专职副主委蔡小惠等的热心帮助与积极呼吁，争取到农工党中央的项目支持，把琼中黎族苗族自治县湾岭镇卫生院定为农工党海南省委会的定点帮扶单位，同时也是农工党中央的定点帮扶单位(海南省唯一一家)，陆续得到农工党中央和农工党省委赠送的医疗器械，并签订了定期义诊合同，不定期派出医学专家到琼中县为全县医务人员进行专业知识讲座。2009—2010年，农工党省委多次组织义诊活动，义诊群众约100人次。

第二节 工商业联合会

一、机构

1993年11月10日，琼中县总商会(工商联)成立，此前县工商业者事务由县个体劳动者协会(1984年9月成立)办理，个体协会在全县10个乡镇都设有分会，会员2000多人。1993—2000年，县工商联不配编制，由县委统战部直接管理；2001年编制1人，2004年编制3人。2007年3月，办公室搬至中共琼中县委第二办公大楼一楼办公。2010年，增设专职副主席1人、秘书长1人、科员2人。工商联的职能工作由会员大会选出的代表分工负责，工商联内部设办公室协调办理。全县有会员67人，其中企业会员27人。

二、会员大会

1993年11月10日，琼中县总商会第一次会员大会召开，成立县工商联合会(总商会)。50多名会员参加大会，会议选举产生琼中县商会第一届顾问、会长、副会长、秘书长。1997年10月18日召开第二次会员大会，议程与第一次相同。2000年8月，琼中县商会更名为琼中县总商会(工商联)，第一次由民营企业家担任总商会会长职务。2001年11月20日、2006年12月26日先后召开第三、第四次会员大会，议程与第一次相同。2006年12月，琼中县总商会(工商联)更名为琼中县工商联(总商会)，原总商会(工商联)会长改称为工商联(总商会)主席，理事改称为执委。

三、主要活动

(一)思想学习

1993—2010年，组织会员学习党的十五大、十六大、十七大会议精神；组织会员学习邓小平理论和“三个代表”重要思想、科学发展观，尤其是有关工商联的论述；学习和贯彻《中共中央国务院关于加强和改进新形势下工商联工作的意见》《海南省人民政府关于鼓励支持和引导中小企业和非公有制经济发展的若干规定》《海南省中小企业成长性奖励资金管理暂行办法》和《海南省人民政府关于加强中小企业信用担保体系建设的意见》等政策，促进了非公有制经济“两个健康”发展。琼中县工商联坚持党的基本路线教育和形势教育，及时了解非公有制经济人士的思想动态，采取茶话会、座谈会、餐叙会等形式进行“爱国、敬业、守法”的传统爱国主义教育，强烈谴责李登辉抛出图谋分裂祖国的“两国论”、陈水扁的“台独论”，让广大会员始终坚持正确的政治立场，坚决维护国家利益和社会稳定。

（二）参政议政

2007—2010年，工商联界别的人大代表、政协委员共向人大、政协提交提案和议案36条，有的提案被评为县政协优秀提案，如2010年春，在琼中县政协七届五次会议上表彰的10件优秀提案中，工商联界别的《关于加快制订三大工业园产业入园标准的建议》等5条提案被评为优秀提案。2008年以来，每年撰写一篇《琼中非公有制经济发展情况的调研报告》，呈报县委县政府领导，供决策参考。2010年撰写的《浅谈如何加强和改进非公有制经济企业党组织建设》一文获得海南省工商联系统优秀调研成果优秀奖。通过参政议政，向党委和政府反映非公有制经济代表人士在生产经营中遇到的用地、乱收费、乱摊派、经济纠纷、人身和财产安全、法律保障等问题。琼中县工商联还通过召开非公有制经济代表人士座谈会的形式，邀请县党政领导出席，直接听取意见和建议，有些问题当即得到县党政领导的圆满答复或妥善处理，切实维护会员合法权益的工作。

（三）光彩事业

1993—2010年，县工商联贯彻省工商联与省委统战部联合下发的《关于在全省非公有制经济人士中开展"致富思源、富而思进"教育活动的通知》和《关于组织推动非公有制经济人士投身光彩事业的意见》精神，积极引导非公有制经济人士"致富思源、富而思进"，倡议非公有制经济人士投身光彩事业活动。共捐款捐物500多万元，吸纳下岗职工和农村多余劳动力17000多人，为减轻政府压力、保持社会稳定做出积极贡献。在每次救灾中，工商联都带头捐献，2008年"5·12"四川汶川特大地震发生后，共捐赠善款15万元，以实际行动支持抗震救灾。

（四）组织开展各种经济活动

1993—2010年，组织会员企业参加国内省内多种博览会、交易会活动，如历届的"海南冬交会"和"琼中三月三招商"项目推介会等商务活动，工商联都精心组织企业会员参会参展，为参会参展的民营企业展示优良产品、宣传企业形象、沟通交流信息、联系新老客户、发展业务关系提供方便条件。积极与政府职能部门合作，联合信联盛投资担保公司、交通银行海南省分行合作举办"融资面对面对接座谈会"；组织会员参与省工商联（总商会）与建设银行海南分行开展的"扬信用风帆，架融资金桥——2010海南中小企业融资发展推介会"；先后与中国农业银行琼中分行、琼中农村信用合作社、琼中邮政储蓄银行、琼中县金融办举办各类企业融资贷款培训班12期，为缓解会员企业融资难开辟新渠道。

（五）推荐先进人物

1993—2010年，做好非公有制经济人士参加全国、省级和县级先进企业、先进个人等表彰评选推荐工作，认真撰写表彰评选推荐材料。经推荐，会长李传毛、副会长梁南生被评为第一届"海南省建设中国特色社会主义事业建设者"。副主席梁南生、蔡江被评为第二届"海南省建设中国特色社会主义事业建设者"暨"海南省非公有制经济人士突出贡献奖"；主席龙雪保被全国工商联授予"光彩之星"称号，被省评为"诚实守信模范"先进个人；副主席蔡江被民政部授予"优秀退伍军人"称号，被省评为优秀党务工作者；副主席林聪明被评为琼中县第一届"诚实守信模范"先进个人；李传毛、龙雪保、梁南生、蔡江、林聪明、王儒海、盘海珠等先后被海南省工商联（总商会）评为先进个人等。撰写了5名企业家事迹材料被县政协收录入《琼中政协委员风采》。

第二章 群众团体

第一节 县总工会

一、机构

1991年,琼中县总工会在县城办公,内设办公室、保障工作部、组织宣教部、安全生产部、女职工工作部和财务部6个部室,下设工人文化宫。全县有基层工会207个,会员8648人,工会专职干部47人,兼职干部680余人。

2002年,县委、县政府批准印发《琼中黎族苗族自治县总工会职能配置、内设机构和人员编制规定》,县总工会内设办公室、保障工作部、组织宣教部、经济工作部、女职工工作部和财务部6个部室,核定行政编制7名,其中主席1名,副主席2名,一般干部4名。

2004年,全县实行事业单位机构改革,县工人文化宫划转隶属县总工会。县总工会内设宣教组、经济事业组、保障组、体训组等4个工人文化事业工作组,核定自筹事业编制8名,其中主任1名,其他管理人员7名。

2005年,因撤销、合并和企业倒闭、解体等原因,全县基层工会减至164个,会员7077人,其中女会员2898人。

2008年,工会增设法律援助工作部、困难职工帮扶中心、工会经费审查办公室。

2010年,全县有工会组织227个,其中女工委员会165个;会员9477人,其中女职工会员4014人。

二、历届代表大会

1991—2010年,琼中县总工会先后召开2次职工代表大会。

第八次代表大会。1998年11月19日在营根镇召开,出席代表89人,会议号召全县工会会员和工会工作者以邓小平理论为指导,为实现琼中县跨世纪发展的伟大目标做出贡献。大会选举产生县总工会委员21人,常委9人,主席1人。

第九次代表大会。2003年8月15日在营根镇召开,出席代表80人,会议号召全县工会会员、工会工作者学习和实践"三个代表"重要思想,解放思想、转变观念、开拓创新,为琼中县全面建设小康社会的宏伟目标做出工人阶级应有的贡献。大会选举产生县总工会委员18人,常委6人,主席1人。

三、主要活动

(一)生产与管理

1991年,县企业因亏损,导致停产、半停产企业不断增多。1993年,按县委指示"县总工会的工作重点要转移到协助搞活企业上来",组织15个企事业职工代表小组对本企业领导投票评议,落实职代会规定职工的五项法定职权。组织职工参与改革。毛阳水泥厂转变管理方式,采取激励措施,使产量、产值、利润大幅度提高,1993年,厂利润达217.5万元,为国家做出较大贡献。是年,广大职工围绕"双增双节"要求,提出合理化建议147条,为企业节约资金25.8万元。县水电公司发动职工开展"查、算、定"活动,强化管理,节约油、电成本33万余元。1995年,县总工会以光荣酱料厂作为职工聘用制试点单位,完成劳动合同和集体合同全员签订工作,年底,全县96家企业5600名职工签订劳动合同,2家企业签订集体合同。同年,开展企业状况和职工生活调查,全县企业83家,职工6410人,停产半停产企业14个,亏损企业69个,生活困难职工3710人,占职工总数57%,特别困难职工1663人(即家庭人均月收入不足90元),占职工总数的28%;停工下岗职工人数2233人,占职工总人数的34.8%;拖欠职工、离退休人员工资82万元。1998年,积极协助政府抓好国有企业下岗职工基本生活保障和再就业工作,全县68%的企业给下岗职工发放生活费;政府给213名下岗职工发放基本生活费;县政府为下岗职工制定再就业优惠政策,2818名下岗职工中,劳务输出15人,企业安置62人,自谋职业946人。2000年,35个企业兑现给457名下岗职工发放基本生活费。20世纪80年代,全县企业"职工之家"有名无实,职工无活动场所,1991—1993年各级工会重建职工之家,124个基层工会建成"职工之家"91个,占应建数的72.58%,1992年,选出先进职工之家6个、模范"职工之家"2个。1993年、1998年琼中县小水电公司工会和琼中县水泥厂工会被授予"海南省模范职工之家"称号。2006年,海南省总工会开展"创建学习型组织,争做知识型职工"活动,琼中县地方国营新市农场生产供销科及职工欧阳玉兵分获"海南省学习型班组先进单位"和"海南省知识型职工先进个人"称号。同年,在"女职工建功立业工程"评选活动中,县幼儿园获"标兵岗"、县营根镇新丰小学教师黄盛凤获"标兵"、县总工会女职工委员会获“女职工工作先进单位”等称号。

1991—2010年，县总工会在三资企业、乡镇企业组建基层工会组织，开展厂务公开和民主管理工作，推广自来水公司等6个工会在民主参与厂务和民主管理的经验做法，县自来水公司被评为1997年海南省职工职业道德建设先进单位(集体)和海南省2003年度厂务公开工作先进单位。在“95世妇会”期间，县总工会组织2500名女职工参加庆祝大会和游行活动，在女职工中开展社会主义劳动竞赛，“学先进、比奉献”竞赛、“女职工双文明建功立业竞赛”“海南省职工职业道德知识竞赛”等。琼中县在1996-1997年连续两年被省总工会评为“工会工作先进县”。全县评出先进基层工会20个、先进工作组织11个、先进职工之家22个、优秀工会干部30人次。公安系统王国仁等8人被评为全国级劳动模范；五指山制药厂袁海英等7人被评为省部级(广东省、海南省)劳动模范。

2009—2010年，对县百货公司、亚洲食品厂、五指山制药厂、木具厂、特种水泥厂、碳酸钙厂、人民印刷厂、光荣酱料厂、农机厂、建材厂、商业大厦、木材公司等12家企业实行改制。

(二)职工培训教育

1992年，学习宣传新《工会法》，组织各基层工会80人参加骨干培训班；举办工会理论、业务知识等6次培训班，培训干部250人次；女干部职工学习班5期，200人。1993年，县自来水公司每周利用半天时间组织职工学文化、学技术，小水电公司以集中办班、分散培训、以老带新、送外学习、请外地老师登门授课等办法抓职工教育，有效提高职工群众的文化业务水平。1996年，抓精神文明建设，开展香港回归知识和《邓小平建设有中国特色社会主义理论四个专题》内容学习活动。2002年，从关心女职工的身心健康出发，邀请北京妇科教授给县城机关女干部职工以及部分学校农场作6场妇科健康保健知识讲座，参加讲座学习的女工600多人；利用广播、电视等新闻媒体大张旗鼓地宣传《工会法》，悬挂横额8条，举办《工会法》知识竞赛，通过一系列的宣传报道工作，营造职工权益教育氛围。2003年，组织基层工会积极配合县委、县政府做好防“非典”防治工作，当年县总工会被评选为“防非”先进单位。2006年，三次与农垦工会联合召开工会工作座谈会,相互交流经验，共同研究做好新时期工会工作的新举措、新办法。2007年，县总工会在新市农场举办劳动争议调解员培训班，至2010年，全县设县劳动争议调解委员会39个。2008年，组织县城企业职工上街进行“环境卫生大整治，百万职工见行动”活动，教育倡导职工创造、保持优美环境。2010年，对乡镇工会、机关、企业系统工会干部职工进行节能低碳教育；举办工会干部“五五”普法培训班3期，培训121人次。1991—2010年，先后组织362名工会干部参加中华全国总工会、省总工会、县总工会举办的各类时政政策、法律规定、业务提高培训班，有效提高全县工会干部整体素质，夯实工会工作基础。

(三)文娱体育活动

1991—1995年，工会电影队在春节期间到各基层单位放映慰问电影，1995年后转为在县工人文化宫露天剧场向公众公开放映。3月举办一期交际舞培训班，翌年举办第二期交际舞培训班，为全县开展交谊舞国标活动培训骨干。“五一”期间，全县设4个会场举办“高歌猛进万人舞会”。毛阳水泥厂因远离县城，娱乐活动较少，县总工会与县广电局联系开设有线电视，每周放映电影、举办舞会等，深受职工好评。1996年，开展“庆五一，迎三运”活动，组织2450名干部职工参加元极舞、女子健美操、广播体操和中华养生益智功等健身项目表演和1560人参加“奔向2000年”长跑活动，有28个单位获优秀组织奖。2005年10月—2006年5月，以陈有清为责任编辑创办县总工会唯一刊物《工会展望》，后因内容缺乏停刊。2006年，“三八”国际妇女节期间组织女工80多人参加“百花杯”健身长跑活动。2005—2006年“五一”节期间，县总工会组织男女乒乓球比赛和文艺晚会，阳江农场、大丰农场、加钗农场、营根机械厂等4个农垦单位和12个基层工会代表队参加。2007年，开展海南省职工“爱读书，爱海南”捐书活动暨演讲比赛，全县工会踊跃捐书1000本。2009年，在县城成功举办大型的农民工文艺会演，创全省先例。每年重大节日期间坚持开展篮球、羽毛球、乒乓球、象棋、拔河、健身长跑、文娱汇表演、电影放映、趣味游园等文体活动，丰富职工文娱生活。7月，组织全县100多名工会干部职工开展海南省工会“环境卫生大整治·百万职工见行动”活动。2010年10月初，承办海南省首届职工运动会游泳比赛，组织职工代表参加篮球、排球、羽毛球、乒乓球、象棋、游泳6个大项21个小项的比赛，县游泳比赛项目，女队获取3枚金牌、男队获1枚银牌，琼中代表队荣获团体总分第四名，同时获得“优秀组织奖”“体育道德风尚奖”和“特别贡献奖”等奖项。

(四)职工权益福利

1991年，有条件的企业购买个人冲洗器发给女工使用，并建立女工冲洗室，保障女职工的健康卫生。1995年，发动职工参加平安互助保险储金会活动和捐献“救助危难女职工基金”活动。1996年，发动5个单位的309名职工参加平安互助保险储金会活动，参保金额达1.9万元。1998年，发动全县职工参加省总工会举办的职工医疗互助补充保险活动和为下岗女职工捐献10元活动。2002年，县总工会首次帮助琼中石油公司下岗特困妇工黄春凤创办家庭农场，种植南药。自2003年起，动员全县各部门单位女职工参加“女职工安康互助保险”活动。自2005年起，逐年开展“金秋助学”活动，帮扶101名困难职工的子女上学，帮扶金21.57万元。2008年，建立县总工会法律援助工作部和困难职工帮扶中心，动态管理职工档案。2010年，新建工会27家，11家设有女工委员；动员653名女职工参加女职工安康互助活动，指导全县34家单位签订女职工权益保护专项集体合同，为413名困难女工建立档案，使402名女职工得到帮扶中心的救助。

1991—2010年，每逢春节走访基层单位慰问职工10459人次，发放慰问金121.89万元。1996年，开展“献爱心，做贡献”捐款活动，干部职工捐款62290元；1998年，开展“为下岗职工捐献一天工资”活动，捐款52836元。1999年，县总工会被省总工会评为“送温暖基金”先进单位称号；2002年3月，被中华全国总工会评为“全国送温暖工程先进单位”。2008年，动员干部职工参加四川汶川地震救灾捐款活动、救治1名职工患白血病捐款活动，金额达13.7万元。自2009年起，帮扶困难职工、农民工599人，帮扶资金25.53万元。2010年春节期间，对29家企业的1342名困难职工进行慰问，发放资金14.9万元；10月，因洪涝灾害，县帮扶中心给147户受灾家庭救济粮、油、被褥等生活物资，价值21560元；资助32名困难职工、农民工子女8.93万元圆大学梦；同年，组织开展

“百名劳模看海南”和“70岁以上劳模关爱活动”等活动。

第二节 共青团琼中县委

一、组织机构

1991年,全县共有共青团员3576名,有17个基层团委、196个团(总)支部。

2000年,全县共青团组织有基层委员会18个、总支部21个、支部234个,全县团员有3061名。

2010年,全县共青团组织有基层团委22个,团(总)支部253个。全县共有团员总数3300名(其中女团员1520名)。全县有29~35周岁青年5223名,14~28周岁的青年约有23431名。

二、代表大会

1993年7月20日,团县委召开第十一次代表大会,与会代表150名,会议听取并通过第十届团委工作报告,选举产生共青团琼中县第十一届委员会委员21人,常委7人,书记赵文晓,副书记邓开扬、黄良芳。

1996年12月19日,团县委召开第十二次代表大会,与会代表192名,会议听取并通过第十一届团委工作报告,选举产生共青团琼中县第十二届委员会委员21人,常委7人,书记邓开扬,副书记许毅、杨斌。

1999年11月9日,团县委召开第十三次代表大会,与会代表165名,会议听取并通过第十二届团委工作报告,选举产生共青团琼中县第十三届委员会委员23人,常委7人,书记杨斌,副书记杨锋。

2003年1月12日,团县委召开第十四次代表大会,与会代表145名,会议听取并通过第十三届团委工作报告,选举产生共青团琼中县第十三届委员会委员21人,常委7人,书记杨锋,副书记赵文德。

2005年12月22日,团县委召开第十五次代表大会,与会代表135名,会议听取并通过第十四届团委工作报告,选举产生共青团琼中县第十四届委员会委员21人,常委7人,书记赵文德,副书记林美、王业川。

2009年2月26日,团县委召开第十六次代表大会,与会代表155名,会议听取并通过第十四届团委工作报告,选举产生共青团琼中县第十四届委员会委员21人,常委7人,书记王业川,副书记吴德江、陈佩。

三、组织建设

1992年,通过社教工作整顿农村瘫痪团支部35个,成立新团支部10个,在管区设支部,自然村设团小组，完善了团组织建设，充实团干90名。

1993年7月20日，乡镇团委完成换届选举工作，选举产生新一届委员会，14名先进团干被选为新的基层团委书记，充实基层团干力量。

1994年，发展团办实体，走实力兴团道路，各级团组织共创经济实体7个，其中团县委1个，基层团委2个，管区团支部4个。

1995年，按照“一强二轻三高”的要求选配团支书，团支书平均年龄28.6岁，开展团支部整顿工作，合格团委达100%，合格团支部达70%。

1996—2000年，针对农村青年团员严重流失的问题，下发《关于推荐优秀少先队员入团的意见》，积极发展新团员，共发展1640人。为提高基层团委书记的业务能力和综合素质，选派7名乡镇团委书记参加全省团委书记培训班。加强县直机关团组织管理力度，在3个符合建团的单位成立新的团组织机构。并以乡镇换届为契机，将黎母山镇团委和琼中中学团委确定为全国创建五四红旗团委试点单位，将营根镇团委和民族中学团委确定为全省创建五四红旗团委试点单位。狠抓团的阵地建设，在全县建立20个“青年之家”、20所团校和1个青年科技图书站，创建团的经济基地4个。

2001—2005年，以党建带团建为契机，按照“三位一体”的原则，完成基层团委换届工作，配齐配强基层团组织班子，同时非公团建工作也有新发展，创建联通、移动、明珠宾馆等3个非公团组织。委派一位同志到团省委挂职锻炼，学习先进工作经验，同时选派新任命的基层团干参加团省委举办的各类知识培训班，基层团组织和团干队伍得到有效的加强和锻炼。

2006—2010年，5名直属团委书记分别提拔为乡镇副职领导。琼中县共获得1个“五四红旗团委”称号、2个“五四红旗团支部”称号，2名团干部和团员分别被评为省优秀团干部和省优秀团员，1名“海南省优秀青年卫士”称号，2人获得“海南省五四青年奖章”，1个“海南省五四红旗团委”称号，1名基层领导干部获得“海南省五四青年奖章”称号，1名团员被评为“海南省优秀团员”称号。坚持党建带团建，做好团员管理、团干部队伍建设和团建工作，共建起新的团支部46个，新发展团员752人。

至2010年，全县共青团组织共有基层团委22个，团（总）支部253个。全县共有团员总数3300名（其中女团员1520名）。

四、主题活动

1991—1994年，团县委组织青年开展爱国主义、集体主义和社会主义教育，主要开展了听老同志讲革命传统、参观白沙起义纪念园、祭扫烈士墓和国情知识竞赛等活动。1995—1997年，组织全县青少年开展“中国青少年雏鹰活动”“手拉手”互助行动，以红领巾名义开展文明宣誓、爱心互助等活动。

1998—1999年，团县委开展青年文化建设和法制教育工作，向全县14所希望书屋捐赠图书800多册，并联合司法部门开展法制教育，组织青少年观看法制影片、禁毒宣传展等。

2000年，团县委开展解放海南50周年系列纪念活动，举办“祖国宝岛海南在我心中”演讲赛、文艺会演、爱国主义影片、图片展等活动，增强团员的爱国主义教育。

2001—2002年间，开展团员先进性教育活动，加强学习教育，营造浓厚学习氛围，共张贴标语3600条、横幅1350条，制作宣传栏和板报126期。

2003年"非典"时期，团县委组织青年开展"革除陋习•关爱家园"活动，动员团组织、团员青年积极投身预防和控制非典工作。

2004—2005年，组织全县各级团组织团干学习"树组工干部形象"教育活动；此外，在全县范围内开展加强和改进未成年人思想道德建设学教活动，引导青少年向德、智、体、美全面发展。在全县团组织中开展"保护母亲河，建立监护站"行动，建立起监护站2个。

2006—2008年，组织青年团员开展《琼中县青少年树立社会主义荣辱观读本》百万青少年阅读接力大行动和践行以"八荣八耻"为主要内容的社会主义荣辱观活动，掀起广大青少年学习与践行"八荣八耻"社会主义荣辱观的热潮。响应县委、县政府的号召，为鼓励琼中籍应届或往届毕业大学生回乡创业，举办鼓励琼中籍大学生回乡创业座谈会，有100多名琼中籍大学生参加座谈会。

2009年，团县委开展"绿色青春，绿色海南"节能减排生态保护行动。引导青少年自觉投身生态环境保护行动，以"青春向浪费说不"为主题，推出"青年文明号节约减排示范行动"，号召全县人民保护生态环境，投身建设绿色琼中。

2010年，在清明节、"五四"青年节开展祭扫烈士纪念碑及入团宣誓等爱国主义教育活动，引导青少年牢固树立社会主义荣辱观。在全县范围内开展争当"四好少年"及"优秀少先队员"评选活动和"我是国际旅游岛小主人"主题教育实践活动，以实际行动为国际旅游岛建设贡献力量。

五、青年工作

1991—1995年，启动"跨世纪青年文明工程"和"跨世纪青年人才工程"，以经济建设为中心，动员青年加入经济建设主战场。组织青年组成"青年经济联合体"或"团群经济联合体"发展琼中县经济。共青团中央把琼中县列为共青团"服务万村行动"试点县，设立10个村示范点；团县委开展"十佳青年"评选活动，县电视台陈冲等10名优秀青年获得"十佳青年"荣誉称号。

1996年，开展"青年文化园活动"，结合"万村书库"行动，为乌石、松涛、和平、红岛等乡镇的农村和学校送去图书5000多册。

1997年，在香港回归之际，团县委组织开展"海南百万少年喜迎香港回归祖国乐百氏杯"征文比赛、有奖知识竞赛和"迎回归、爱祖国"书画签字等活动，还组织5000多名青少年参加了县委县政府举行的庆祝香港回归万人大会。

1998年，团县委开展"青年星火带头人"培养工作，共开展各类农村实用技术培训50多次，覆盖1000人，并授予85名青年"青年星火带头人"称号。

1999年，在团省委开展的"五四"奖章和省十大杰出青年评选中，琼中县赵文晓荣获"五四"奖章，6个单位被评为先进集体，5名农村青年被评为全县致富能手，2人被评为省级青年岗位能手。

2000年，团县委积极开展建设“生态县”教育活动，广泛开展环保知识和环保法制宣传，创建了2个“共青林”、4个“少先队员林”和3个“共青团花园”。

2002—2007年，团县委大力开展联手扶贫工作，以“四帮”为工作内容，扎实开展扶贫工作和创建“生态文明村”工作，先后投入4000元和水泥、树苗等物资，切实做好帮扶工作，使农村经济和精神面貌有了新的改变。创建6个“青年文明号”单位，其中国家级1个，省级2个，县级3个。在青年人才评选活动中，7名青年被授予海南省“五四青年奖章”“青年岗位能手”“十大杰出青年”和“优秀青年卫士”等称号。

2008—2010年，团县委举办2期琼中县“百花岭下结情缘”未婚青年联谊交友活动。为琼中县青年男女构建沟通交流平台。县直党政机关、企事业单位、各人民团体、省驻琼中各单位工作的100多名未婚男女青年参加了此次联谊活动。在全县的青年文明号单位开展“千号共建，争创双百”行动，通过开展争创活动，推选出琼中县的青年文明号“微笑窗口”和“微笑使者”，引导全县青年文明号在窗口行业的创建、管理上提高服务水平，进一步推动国际旅游岛服务市场的建设。

六、希望工程

1991—1994年，开展“希望工程——百万爱心行动”，救助小学生600名，募得捐款4362.36元；加强希望工程救助工作，被省青少年发展基金会推荐为全国第二届希望工程建设先进集体。

1995年2月15日，琼中县红毛希望小学落成开学典礼，学校设有12个教学班，学生520人。

1997年“六一”期间，团县委争取海口燕泰大酒店的希望工程捐款1万多元，作为加钗小学希望基金。争取国家海洋局、海南新华书店、海南民航局和香港陈廷桦基金会等单位、个人捐资，兴建琼中县5所希望小学。

1998—2000年，团县委开展希望工程志愿者劝募活动，共收到资助款12万元，同时开展百万受助学生资助工作大检查活动，对全县13个乡镇希望工程工作进行检查。海航公司乘务大队捐资1.2万元，资助琼中县希望小学20名失学学生，圆他们上学梦。

2003年8月，团县委组织开展“有爱就有希望——为资助我省优秀高考特困生缴纳特殊团费”活动，获赠捐助金5000多元，资助4位高考特困生圆了大学梦。同时，开展海南省暑期大学生“三下乡”实践活动，来浩小学获得海南省师范学校“爱心”捐赠衣服、学习用品，资助部分困难学生上学。

2005年，团县委开展“明德奖学金”活动，共发放22560元，受益学生105名。

2006年，团县委开展“希望工程圆梦大学”募捐资助贫困大学生活动，募捐57000多元，资助17名贫困大学生，每名大学生受助3000元。由于活动开展有力，团县委被团省委授予“优秀组织奖”。

2007—2010年，举办“迎奥运•圆梦杯”青年男子篮球赛暨2007年资助高考特困生捐款启动仪式，共募捐17541元，资助3名特困生和14名高考特困生；发动全县青年团员为红毛镇患有先天性心脏病的王丽银开展爱心捐款活动，募捐到爱心捐款7415.5元，同时积极报请省青基会从“希望工程圆梦行动”资金里拨出4000多元资助王丽银。为红毛希望小学、和平镇加峒希望小学争取到“希望工程·招商银行快乐体育园地”资助的体育器材，价值4万多元。牵线深圳全健科技公司深入琼中县乘坡中学、和平镇中心小学实地考察，资助9名贫困中小学生。联合县总工会、县妇联开展“希望工程圆梦行动”，募集爱心捐款48426元，资助贫困准大学生24人。牵线海南晨菲药业公司资助琼中县5名贫困学生，资助金额为25000元。争取省“东方广场助学金”资助琼中县贫困学生18名，每人每学期资助135元。

七、青年志愿者工作

大学生志愿服务中西部计划。2006年7月，琼中县正式实施大学生志愿服务中西部计划。县委、县政府成立领导小组，县委副书记曾维生任组长，副县长韦求香任副组长，成员由团县委、教育局、财政局、人劳局、发改委等单位负责人组成。领导小组下设办公室，具体负责日常工作。2006—2012年，大学生志愿服务中西部计划共有81名大学生参加(西部计划5名，中部计划76名)，服务期间，先后有多名志愿者被评为“海南省杰出(优秀)青年志愿者”“先进个人”和“优秀志愿者”等。

青年志愿者活动。1992—1997年度，每逢3月5日，团县委组织各级团组织青年志愿者开展“学雷锋、学赖宁”，通过开展卫生整治、便民服务、植树造林、爱心帮扶等志愿服务活动，为民做好事4000多件，参与青年5000余人。

1998年8月，长江中下游地区、松花江地区、嫩江地区发生特大洪灾，团县委组织全县各级青年团员和少先队员参加“情系灾区小伙伴”活动，为灾区捐资3000余元，物资1万多件。

1999年，组织青年开展“学雷锋、学习李向群”活动，组织180名志愿者开展慰问孤寡老人、义诊和维修家电等活动，为民做好事200多件。以中华人民共和国成立50周年为契机，开展卫生整治、植树造林等绿化活动，种植树木花草5300多棵。

2000年，琼中县遭受百年不遇的洪涝灾害，团县委发动全县团员青年开展“我为灾区献爱心活动”，为灾区捐款6120元，此外，组织青年开展自救活动，在百花岭水库抢险出动团员及民兵410人次。

2001年，组织青年在“3·5”学雷锋、“6·26”禁毒日期间开展文明志愿服务和禁毒宣传活动，覆盖青年3000余人。

2002年，开展“为奉献者奉献”“净化琼中、绿化琼中”活动，号召300名志愿者走上街头开展卫生整治、文明交通和便民服务活动。开展“联通心系万家，关注失学儿童”爱心捐赠活动，共捐款700多元帮助多名失学儿童。

2003年，组织县中学、县民族中学、县医院、县司法局的青年团员400多名，组成青年志愿者服务队伍走上街头，开展理发、修车、医疗卫生咨询、法律咨询等便民活动。开展“绿化琼中、美化琼中”活动。组织100名志愿者沿街打扫卫生，清理卫生死角，在河边和旅游景点清除白色垃圾，并在县城新公园虎岭主干道四周新植树苗1000多棵。

2004—2005年间，开展青年志愿者助残活动，志愿者到县城居住的残疾人员宿舍，帮助修补房屋、锄草、打扫卫生等；县中学、民族中学的青年团员到敬老院帮孤寡老人打扫卫生、砍柴、送食物等，参与活动志愿者共有3000多名。

2006年“环卫工人节”期间，联合县卫生管理站开展“您休息，我劳动”志愿服务活动，组织县城5所中小学校和县职业学校的团员义务打扫清理县城各个人行街道。

2007—2010年间，每逢“三月三”节庆，团县委组织青年志愿者开展“三月三”志愿服务活动，活动涉及接待、清理与布置会场、协同维护开幕式和各个晚会的会场秩序等，4年来共组织1000余名志愿者参与活动，为节庆活动的成功举办贡献自己的力量。

2007年，琼中县大学生中西部计划志愿者工作取得新突破，琼中县1个单位、项目办负责人和4名志愿者被评为省“优秀组织奖”“先进个人”和“优秀志愿者”。

2008年5月，四川汶川地震发生后，全县各级团组织中发起捐款活动，通过县民政局与县红十字会把物资送到四川灾区。同时组织开展“琼川青年心连心，特殊团费献真情”抗震救灾活动、“手拉手情系地震灾区小伙伴”全国统一主题队会与“为灾区孩子捐一本好书”大型图书捐献活动等，共收到捐款1277.4元。

2010年，积极参与“抗旱救灾”“抗震救灾”和“防汛救灾”工作。西南五省旱灾和青海玉树大地震发生后，开展“为灾区献爱心”捐赠活动，向灾区捐款12000余元。国庆期间，受持续强降雨影响，琼中县汛情严峻，团县委积极组织各级团委，开展“抗击风雨——共青团在行动”防汛救灾工作，成立18支志愿者服务队，278人次参与救灾，转移安置群众443人，募集物资总价值7200元。

八、少先队组织

1992年，为理顺少先队工作关系，筹备召开第一次少先队代表大会，成立第一届少工委，表彰了3个先进集体和10个先进个人。1995年，组织召开中国少年先锋队第二次代表大会，完成少工委换届，并在第二次少代会上表彰了5个先进集体，5个优秀辅导员和50名优秀少先队员。1997年3月，团县委选派3名辅导员参加海南省第七期少先队辅导员培训班，在县各重点小学聘请了一批大队、中队辅导员。2002年，县一小五(5)班中队荣获全国红旗中队称号，在省第三届“十佳少先队辅导员”和第四届十佳少先队员评选中，县一小老师王日、学生王意如分别获得“优秀辅导员”“优秀少先队员”称号。2003年，团县委组织少先队开展学雷锋先进事迹专题讲座，在电影院门前开展“新时期爱心少年从我做起”签名活动；开展“寻找革命先辈足迹”活动，组织少年儿童瞻仰革命烈士墓，并举行新队员入队仪式。

2010年“六一”期间，在全县少先队组织中开展争当“四好少年”及“优秀少先队员”评选活动。引导广大少先队员了解、关注海南国际旅游岛建设，激发少先队员的主人翁精神，并开展“我是国际旅游岛小主人”主题教育实践活动。

九、推动青年就业创业

小额贷款工作。2008年,为鼓励引导农村青年积极创业行动,帮助农村青年解决创业过程中的资金短缺问题,团省委与省农联社决定联合实施“海南省农村诚信青年创业小额贷款项目”。2009年,团县委与县农信社签订了农村诚信青年诚信小额贷款项目合作协议书。2010年,稳步推进琼中县小额贷款工作,为农村青年发放410.8万元,带动就业323人。

青年就业创业工作。2010年,为琼中县广大的农村青年提供就业创业实践平台,团县委建设青年创业就业示范基地,在红毛镇什卓村投入3万元修建“青年就业创业示范基地”3间蚕房。

第三节 妇女联合会

一、机构

1991年,琼中县妇女联合会(简称县妇联)内设机构有办公室、组联部、权益部、儿童部、发展部、宣传部,编制7人,其中正副主任3人,干事4人,全县有机关妇委会24个,乡镇妇联13个,管理区妇联100个,均配有妇女主任。从2002年开始,各乡镇合并后,设乡镇妇联10个,各配备妇联主席1人;设村委会(社区)妇联105个,各配备妇女主任1人,

至2010年,县妇联内设机构未变,编制6人,其中正副主席3人,干事3人;全县有机关妇委会42个;乡镇妇联10个,村委会(社区)妇联110个,均配有妇联主席(主任)。

二、组织建设

县妇联重视妇联基层干部队伍建设,除带头学习外,还号召各级妇女组织开展学习活动,1991—2010年,各级妇女共开展学习活动1229次,参训妇女达52000多人次;另外,县妇联采取多种形式,对妇女干部开展岗位培训,1991—2010年,共组织培训23次,参加培训的妇女达900多人次。自20世纪90年代开始,注重妇女干部培养推荐,妇女在人大代表、政协委员、村(居)民委员会中的女性比例逐步提高。1991—1993年,在县委、人大、政府、政协四套班子中,女干部3人,占领导总数(26人)的11.5%。1993—1998年,女干部3人,占四套班子领导总数(31人)的9.7%。1998—2003年,女干部3人,占四套班子领导总数(28人)的10.7%。2003—2007年,女干部4人,占四套班子领导总数(26人)的15.4%。2007—2010年,女干部4人,占四套班子领导总数(29人)的13.8%。

三、妇女代表大会

1994年,琼中县第八届妇女代表大会在县城召开,出席代表157人,会议听取并审议通过县

妇联七届执委会作的《解放思想艰苦奋斗自强不息为加快琼中的改革开放和经济建设而努力奋斗》工作报告，选举产生县第八届妇联会执委会；1999年，召开琼中县第九届妇女代表大会，会议听取并审议通过县妇联八届执委会作的《总结过去展望未来团结全县各族各界妇女为实现琼中县跨世纪宏伟目标努力奋斗》工作报告，选举李兴莲为第九届妇联主任；2004年，召开琼中县第十届妇女代表大会，大会选举陈赞妃为第十届妇联主任。

四、妇女工作

县妇联一直秉持“党建带妇建，妇建服务党建”工作原则，遵循“一手抓发展，一手抓维权”工作思路，实现建设“坚强阵地”和“温暖之家”工作目标，围绕县委县政府中心工作开展各项工作。

(一)“三八”“六一”两大主题活动

每年3月8日，县妇联及各级妇联组织都举行形式多样的纪念国际妇女节的活动。1991—2010年，县妇联表彰“五好文明家庭”1585户、“妇女先进集体”81个、“妇女先进个人”1086人。此外，有7人获得省“三八红旗手”称号，2人获得全国“三八红旗手”称号，12户被评为“省五好文明家庭”，2户被评为“省五好文明家庭标兵”，3户被评为“全国五好文明家庭”，8人被评为“省先进妇联工作者”，4人被评为“省先进妇联干部”，5人被评为“省双学双比先进女能手”，1人被评为“省双学双比活动贡献突出领导干部”，2人被评为“全国双学双比女能手”，8人被评为“省巾帼建功标兵”，1人被评为“省维护妇女权益先进个人”，1人被评为“全国维护妇女儿童权益先进个人”，1人被评为“全国城乡妇女岗位建功先进个人”，1人被评为“省优秀儿童工作者”，2人被评为“省双合格家庭教育工作先进个人”，1人被评为“省识字女状元”，1人被评为“省十佳女杰”，3户被评为“省平安家庭创建示范户”，1人被评为“省美德在农家活动先进个人”，1人被评为“省女扫盲先进工作者”，1人被评为“省三八绿色工程先进个人”，1人被评为“2001—2006年度海南省实施妇女儿童发展纲要、规划先进个人”，4个单位被评为“省巾帼建功先进单位(集体)”，4个单位被评为“省先进妇联组织”，3个乡镇妇联被评为“省先进乡镇妇联”，3个部门被评为“省巾帼文明示范岗”，3个部门被评为“全国巾帼文明岗”，2个集体被评为“省三八红旗集体”，1个集体被评为“全国妇联系统信访工作先进集体”，1个单位被评为“省双学双比先进协调单位”，1个单位被评为“省培养女干部先进单位”，1个集体被评为“省家庭教育工作先进集体”。

由县妇联牵头，到各级小学、幼儿园开展六一节庆祝、慰问活动，慰问孤残、贫困、农村留守和流动儿童，为他们送去书包、文具、书籍等慰问品，给予他们学习和生活上必要的帮助。

(二)促进妇女创业就业行动

深化“双学双比”和“巾帼建功”主体活动，推进城乡妇女工作统筹发展，为妇女搭建创业就业平台，大力开展科技宣传，不断提高妇女增收致富的能力，促进妇女参与经济建设的主动性，激励妇女为全县经济建设多做贡献。1991—2010年，表彰“双学双比女能手”1100人，“巾帼建功先进工作者"481人。

(三)举办农村妇女、妇女骨干、贫困母亲农技综合知识培训班

1991—2010年共举办培训班111期,参训妇女达11000余人次。培训内容为养猪、养鸡、养蜂技术,橡胶、槟榔种植技术,龙眼、绿橙、菠萝等各类水果种植技术,妇科保健知识等;至2010年举办岗位成才、岗位练兵培训班137期,参训妇女达6235人次。此外,为挖掘和传承民族文化,拓宽妇女增收致富之路,2006年,县妇联组织什运乡番道村31名妇女创办琼中县番道村锦绣织贝公司;并大力开展黎锦培训计划,至2010年,举办黎锦培训班29期,受训妇女达1715人次,全县成立黎锦专业合作社2个。

(四)关注妇女儿童健康发展

1991—2010年,医学知识、妇幼保健资料累计达25299份;协调配合卫生局、妇幼保健院等部门免费为儿童进行身体检查,检查儿童10920人;妇科病普查人数达4820人。

县妇联积极抓好女童受教育的宣传工作,配合各学校抓好女童入学工作,保障女孩受教育的权利。1997年,县妇联接收县武装部招待所承办的幼儿园,9月1日开学,解决琼中儿童入园难问题。

(五)维护妇女儿童合法权益

1991—2010年,以"三八"维权周、"6•26"禁毒日、"12•1"世界防艾日、"12•4"法制宣传日等活动为平台,组织开展各类法律知识培训班219期,讲座9期、宣传咨询活动达15场次,参训妇女达91500人,发放普法宣传资料和法律读本9万余份,加大法制宣传、源头维权和社会监督力度,切实维护妇女儿童合法权益。以未成年人思想道德教育为核心,履行指导和推进未成年人家庭教育的职责,举办形式多样的教育活动,做好家庭教育工作,营造有利于儿童思想道德建设的舆论环境。加强信访来访工作,热心帮助来访人员解决婚姻家庭问题,提供法律援助,跟踪事件处理情况,使信访案件落到实处。20年内,共受理信访维权案件719件,接待来访人员740余人次,案件处理率达到100%。

(六)妇女儿童工作协调委员会

2002年,县政府颁布实施了《琼中县妇女发展规划(2001—2010年)》《琼中县儿童发展规划(2001—2010年)》。近10年中,县妇儿工委办公室积极协调成员单位研究解决妇女儿童发展的重点难点问题,探索建立长效工作机制,高标准、务实效,努力推动两个规划顺利实施,协调推进妇女儿童事业与全县经济事业发展,工作成效显著。到2010年,完善县妇儿工委办公室数据库,完成10年"两纲""两规"的档案归档工作,全县实施"两纲""两规"59项主要定量指标达标53项,未达标6项,达标率为89.83%。

1991—2010年县妇联组织获省级以上表彰的先进集体一览表

表11-1

获表彰单位	授奖单位	获奖名称	表彰时间
琼中县妇联	省妇联	海南省兴建“中华女子学院”集资工作先进集体	1993
琼中县红毛镇妇联	省妇联	海南省先进乡镇妇联	1996.12
琼中县乌石镇妇联	省妇联	海南省先进乡镇妇联	1996.12
琼中县妇联	省妇联	海南省先进妇联组织	1996.12
琼中县观山楼妇委会	省妇联	海南省“巾帼建功”先进集体	1996
琼中县妇联	省妇联	海南省“巾帼建功”先进单位	1998.2
琼中县公安局妇女小组	省妇联	海南省巾帼文明示范岗	1998.2
琼中李记酒家	省妇联	海南省巾帼文明示范岗	1998.3
琼中县妇联	省妇联	海南省双学双比先进协调单位	1998
琼中县妇联	省妇联	海南省先进妇联组织	1998
琼中县财政局妇女小组	省妇联	海南省“巾帼建功”先进单位	2000
县人民印刷厂机印车间	省妇联	海南省巾帼文明示范岗	2000
县中医门诊部	省妇联	海南省巾帼文明示范岗	2000
琼中县妇联	省妇联	海南省培养女干部先进单位	2001
营根镇妇联	省妇联	海南省先进乡镇妇联	2001
琼中县妇联	省妇联	海南省先进妇联组织	2003.3
黎母山镇妇联	省妇联	海南省先进妇联组织	2003.3
红毛镇报胶村妇代会	省妇联	海南省三八红旗集体	2003.3
琼中县电信局	省妇联	海南省“巾帼建功”先进单位	2003.3
县卫生管理站	省妇联	海南省巾帼文明示范岗	2003.3
县卫生管理站	全国妇联	全国巾帼文明示范岗	2004
黎母山镇妇联	省妇联	海南省信访工作先进单位	2004.10
县人民医院	全国妇联	全国巾帼文明示范岗	2005.6
琼中县妇联	省妇联	海南省家庭教育工作先进集体	2005.5

续表1

获表彰单位	授奖单位	获奖名称	表彰时间
琼中县妇联	省妇联	海南省《妇女法》电视知识竞赛组织奖	2006.3
县老年人体育协会健身队	全国妇联	全国巾帼文明健身队	2007
县卫生管理站	全国妇女“巾帼建功”领导小组	全国巾帼文明岗	2007
琼中县妇联	全国妇联	全国妇联系统信访工作先进集体	2007
县第一小学	省妇联	海南省三八红旗集体	2009

1991—2010年琼中县妇联获省级以上表彰的先进个人一览表

表11-2

受表彰人姓名	性别	工作单位	授奖单位	获奖名称	表彰时间
王贻荣	女	营根镇工商所	省妇联	海南省三八红旗手	1993.3
苏英珍	女	中平镇	省妇联	海南省《妇女法》宣传先进个人	1993.3
王爱兰	女	县水泥厂	省妇联	海南省三八红旗手	1994
林琼花	女	乌石镇乌石管区	省妇联	海南省《妇女法》宣传先进个人	1994
梁玉霞	女	营根镇	省妇联	海南省《妇女法》宣传先进个人	1994
陈昌玺		琼中县腰子中学	省妇联	海南省优秀儿童工作者	1994.6
蓝织云	女	琼中县二小	省妇联	海南省优秀儿童工作者	1994.6
黄秀兰	女	琼中县一小	省妇联	海南省优秀儿童工作者	1994.6
王兰凤	女	什运乡什流管区方道村	省妇联	海南省双学双比先进女能手	1994.7
王桂莲	女	上安乡中兴管区万赞二村	省妇联	海南省双学双比先进女能手	1994.7
王春荣	女	湾岭镇南管区鸭姆坡村	省妇联	海南省“三八绿色”工程先进个人	1994

续表1

受表彰人姓名	性别	工作单位	授奖单位	获奖名称	表彰时间
吴清英	女	县妇联	省妇联	海南省双学双比活动贡献突出领导干部	1994
李海娟	女	营根镇	省妇联	海南省女扫盲先进工作者	1995
王桂珍	女	营根镇	省妇联	海南省识字女状元	1995.2
吴清英	女	县妇联	省妇联	海南省先进妇联干部	1996.12
吴敏	女	中平镇妇联	省妇联	海南省先进妇联干部	1996.12
罗满	女	红毛镇妇联	省妇联	海南省先进妇联干部	1996.12
王春花	女	乌石镇妇联	省妇联	海南省先进妇联干部	1996.12
林玉珍	女	琼中观山楼酒店	省妇联	海南省“巾帼建功”标兵	1996
韩素琼	女	琼中征税站	省妇联	海南省“巾帼建功”标兵	1996
张观琳	女	琼中国营乘坡农场	省妇联	海南省五好文明家庭标兵	1997
王青兰	女	和平镇柯贤村	省妇联	海南省五好文明家庭	1997
王爱凤	女	中平镇思河中学	省妇联	海南省五好文明家庭	1997
王秀兰	女	红岛乡岭头村委会	省妇联	海南省五好文明家庭	1997
吴应莲	女	红岛乡中心小学	省妇联	海南省优秀儿童工作者	1997
张守苏	女	中国农业银行琼中支行	省妇联	海南省巾帼建功标兵	1998.2
陈泉云	女	琼中人民医院	省妇联	海南省巾帼建功标兵	1998.2
王兰梅	女	和平镇什介村委会	省妇联	海南省双学双比先进女能手	1998
蒋玉英	女	长征镇烟园村委会	省妇联	海南省双学双比先进女能手	1998
蓝德荣	女	中平镇	省妇联	海南省双学双比先进女能手	1998
邢姑	女	琼中人民检察院	省妇联	海南省三八红旗手	1998
王德才	男	琼中县司法局	省妇联	海南省五好文明家庭	1999
李梅	女	湾岭镇金竹村	省妇联	海南省五好文明家庭	1999
李春秋	女	黎母山镇新村一队	省妇联	海南省五好文明家庭	1999
王秀	女	县残联	省妇联	海南省“巾帼建功”标兵	2000

续表2

受表彰人姓名	性别	工作单位	授奖单位	获奖名称	表彰时间
杨荣	女	县第二小学	省妇联	海南省“巾帼建功”标兵	2000
李兴莲	女	县妇联	省妇联	海南省妇联先进工作者	2001
王丹	女	红岛乡妇联	省妇联	海南省妇联先进工作者	2001
朱道梅	女	营根镇妇联	省妇联	海南省妇联先进工作者	2001
王春花	女	乌石镇妇联	省妇联	海南省妇联先进工作者	2001
吉爱英	女	湾岭镇	全国妇联	全国三八红旗手	2003
王菊梅	女	红毛镇	省妇联	海南省十佳女杰	2003
严白羽	女	琼中县人民医院	省妇联	海南省三八红旗手	2003
符巧	女	琼中县地税局	省妇联	海南省三八红旗手	2003
王淑菲	女	琼中县农业局	省妇联	海南省三八红旗手	2003
秦勇慧	女	琼中县饮食服务公司	省妇联	海南省巾帼建功标兵	2003
李兴莲	女	县妇联	省妇联	海南省先进妇联工作者	2003
王晓燕	女	红毛镇妇联	省妇联	海南省先进妇联工作者	2003
朱道梅	女	营根镇妇联	省妇联	海南省先进妇联工作者	2003
陈梅	女	黎母山镇妇联	省妇联	海南省先进妇联工作者	2003
张秀兰	女	琼中地税局	全国五好文明家庭创建小组	全国五好文明家庭	2004
王琼兰	女	县妇联	省妇联	海南省维护妇女权益先进工作者	2004
袁萍	女	湾岭镇	全国双学双比协调领导小组	全国双学双比女能手	2005
王秀兰	女	营根镇	全国五好文明家庭创建小组	全国五好文明家庭	2005
吉爱英	女	湾岭镇	全国五好文明家庭创建小组	全国五好文明家庭	2005

续表3

受表彰人姓名	性别	工作单位	授奖单位	获奖名称	表彰时间
黄桂玲	女	县妇联	省妇联	海南省双合格家庭教育工作先进个人	2005
梁元若	女	琼中中学	省妇联	海南省双合格家庭教育工作先进个人	2005
王小燕	女	红毛镇妇联	省妇联	海南省少生快富先进工作者	2005
蔡贤胜	男	县扶贫办	省妇联	海南省少生快富先进工作者	2005
王秀兰	女	营根镇岭头村	省妇联	海南省少生快富先进工作者	2005
王英梅	女	什运乡什运村	省妇联	海南省少生快富先进户	2005
王秀兰	女	营根镇岭头村	省五好文明家庭创建领导小组	海南省五好文明家庭十标兵	2006
				海南省五好文明家庭	2006
吉爱英	女	湾岭镇	省五好文明家庭创建领导小组	海南省五好文明家庭	2006
王经全	男	什运乡番道村	省五好文明家庭创建领导小组	海南省五好文明家庭	2006
王家存	男	湾岭镇北排村	省五好文明家庭创建领导小组	海南省美德在农家活动先进个人	2006
郭志强	男	湾岭镇新坡村	省平安家庭创建领导小组	海南省平安家庭创建活动示范户	2006
邱健	男	营根镇新丰村	省平安家庭创建领导小组	海南省平安家庭创建活动示范户	2006
王家亲	男	什运乡番道村	省平安家庭创建领导小组	海南省平安家庭创建活动示范户	2006
吴琴	女	红毛希望小学	省妇联	海南省教育系统巾帼建功标兵	2007
王淑菲	女	县农业局	省妇联	海南省三八红旗手	2007
吉爱英	女	湾岭镇	省妇联	海南省五好文明家庭	2007

续表4

受表彰人姓名	性别	工作单位	授奖单位	获奖名称	表彰时间
陈明伟	男	县医院	省妇联	海南省五好文明家庭	2007
陈少霞	女	县妇联	省妇联	海南省五好文明家庭	2007
王淑菲	女	县农业局	全国妇联	全国三八红旗手	2007
			省妇儿工委	2001—2006年度海南省实施妇女儿童发展纲要、规划先进个人	2006
黄秋静	女	县妇幼保健院	省妇联	海南省三八红旗手	2009
陈荣	女	县商务局	全国妇联	全国三八红旗手	2009.9
王淑菲	女	县妇联	全国妇女双学双比活动领导小组	全国城乡妇女岗位建功先进个人	2010

第四节 县科学技术协会

一、机构

1988年4月，琼中县科学技术协会(简称“县科协”)成立，编制4人，其中，主席1名，副主席1名；2002年9月，核定事业编制4人，其中，主席1名，副主席2名，一般干部1名，另有工勤人员2名，与县科技局合署办公。2010年与科技局(县科工信局)分开办公，县科协人员编制不变。

1999年12月，中共琼中县委被中共中央宣传部、科技部、中国科协联合授予“全国科普工作先进集体”；2000年，琼中县科协被海南省科学技术协会评为“1999年度先进市科协”；2001年4月，县科协被海南省科学技术协会评为“2000年度海南省科协系统科普工作先进集体”；2001年6月，琼中县首次被中国科协授予“全国科普示范县”称号；2001年8月，县科协被海南省科学技术协会评为“海南省科协二大以来(1994—2001)先进单位”；2004年3月，县科协被海南省科学技术协会评为“2002—2003年度全省金桥工作先进集体”；2005年，县科协被中共海南省委宣传部、海南省科技厅、海南省科学技术协会评为“2004年度海南省科普工作先进单位”；2006年4月，县科协被海南省人事劳动厅、海南省科学技术协会评为“全省科协系统先进集体”；2008年4月，县科协被海南省科学技术协会、海南省教育厅评为“第二十届海南省青少年科技创新大赛组织奖”；2009年，琼中县被中国科协评为“2008—2009年度全国科普示范县”，同年，县科协被海南省科学技术协会评为“2008—2009年度海南省科协系统科普工作先进单位”。

二、代表大会

1982年12月举行首届科协代表大会。至2010年未召开过代表大会。

三、科普组织

1997年,建立三级科普网络。全县13个乡镇建立科普协会,全县90个村委会和550个村小组分别成立科普分会和科普小组,配备科协会员1780名、科技辅导员1270名。1999年,由于乡镇换届人员变动,科普网络不健全,进行及时调整,由一名县委常委、副县长分管,配备主席、副主席各一名,兼职副主席3名,委员37名。全县14个乡镇(1997年增设长兴乡)都建立科普协会和辅导站,由乡镇长或分管农业副乡镇长担任科普协会副主席、站长,乡镇分管科技副乡镇长担任科普协会副主席、副站长,各级科普协会的健全推动琼中县科普工作的深入开展。2002年,全县14个乡镇撤并为10个乡镇,对科普网络进行调整。

2000年,健全四级科普网络建设,由省内专家、教授33名组成,成立琼中县专家顾问团,调整县农村实用技术讲师团44人,成立全县科普教师队伍105人。

2003年,组建琼中县"中国科普志愿者"队伍。同年7月,琼中县成立由农口各单位、全县10个乡镇和县城学校的152名科技人员组成的县"中国科普志愿者"队伍。

2005年前,琼中县的农技协会大多为水果农技协会,由于缺乏活动经费,仅开展一些培训和技术指导服务工作,不能较好地发挥"产、供、销"作用。为改变这一现状,2005年8—9月,成立琼中县荔枝龙眼协会、绿橙协会、橡胶产业协会、养猪协会、蜂业协会、黎母山鸡协会、林下经济协会、林业协会、沼气协会9个县级协会,会员523人。

四、创建科普示范基地

1998年,琼中县开始创建科普示范基地,确定县科技园水果示范基地、县科协红岛老村水果示范基地、长安山水果示范基地、县红毛养猪农业技术培训中心示范基地、县畜科所良种猪苗示范基地、湾岭岭脚瓜菜示范基地、黎母山镇农场橡胶示范基地、湾岭新仔洋水稻示范基地。其中,县科协红岛老村水果示范基地种植无核荔枝600株、妃子笑荔枝600株、马来西亚杨桃400株。

1999年,创建红岛老村水果示范基地60亩,投资11万元,建设基地管理人员住宿2间,面积50平方米,粪池3个,容量24立方米,由3位农民管理。

2000年,抓科普示范基地建设。县科协抓好湾岭大岭农综办水果基地、长安山万亩水果基地、县科技园水果基地、县科协红岛老村水果基地、湾岭冬季瓜菜基地、县良种牛场、湾岭新坡生姜示范基地、乌石山尾树仔菜示范基地、黎母山镇场橡胶示范基地、红毛和乌石良种木薯基地10个科普示范基地建设。全县各乡镇建有农、林、牧、胶示范基地20个。

2008年,建立绿橙、荔枝、龙眼、超级水稻、瓜菜、黎母山鸡、琼中山鸡、养蜂等科普示范基地32个。县科协会同县养蜂办建立22个养蜂科普示范村,各乡镇围绕本乡镇发展农村生产的需要和特色,分别建立了2~3个科普示范基地,为群众起到较好的辐射作用。全县先后确定科普示范乡镇3个、科普示范村30个、科普示范户900多户,为群众树立看得见、摸得着的活样板。

2010年全县有科普示范基地32个。

五、科技培训

1991—2010年,琼中县科协举办培训班约6000期,县科协利用科普宣传、科技培训和科普服务等形式,加快全县工农业科学普及和技术开发,促进全县经济社会发展。

1997年,琼中县科协开始举办农村实用技术培训,全年共举办各类实用技术培训班364期,培训16864人次。1998年,举办各类农村实用技术培训班357期,培训24864人次。1999年,印发《琼中县1998—2000年农村党员、基层干部农村实用技术培训计划》,全年共举办各类实用技术培训班464期,培训26864人次。2000年,全县共举办长训班18个,培训782人,举办各种短训班498期,培训29441人次。有1788人获得农民技术员职称,其中农村党员、基层干部1027人,占57%。

2001年,开展农村实用技术培训工作,全年共举办各类短训班267期,培训11242人次,印发种植西贡蕉、荔枝、龙眼、红橙等技术资料6000多份,为14个乡镇录制荔枝、龙眼、红橙栽培技术光盘28张。2002年,举办各类农村实用技术培训班561期,培训24199人次,发放技术资料70000多份,播放技术光盘14次,会同县妇联组织农村妇女60人到琼山、定安等地参观学习。2003年,举办各类短训班298期,培训学员21020人次。2004年,举办各类农村实用技术培训班493期,培训25600人次;录制橡胶生产技术VCD光盘680多张,赠送到全县105个村委会、村庄的胶农手中。组织农口部门技术人员编写水稻、绿橙、橡胶、槟榔栽培,鸡、猪、牛科学饲养及常见病防治等的技术资料,印制各类技术资料5万份。2005年,围绕"胶、果、林、牧、南药"五大支柱产业,突出胶、果、牧产业,开展农村实用技术培训,全年共举办各类农村实用技术培训班354期,培训24200人次。

2006年,举办各类农村实用技术培训班390期,培训2.1万多人次,发放各类技术资料3万多份。2007年,围绕特色产业,突出重点,狠抓实用技术培训。围绕县"胶、果、林、牧、南药"五大支柱产业,突出琼中绿橙、琼中山鸡、养蜂产业,制定《琼中县2007年科技培训工作方案》《琼中县2007年冬季农业科技培训工作方案》。据统计,县科协全年举办各类农村实用技术培训班836期,培训36400多人次,发放各类技术资料2.3万多份;与县电视台联合开设"科技服务"专栏,通过电视(每周星期三、四)、广播(每周星期二、五)定时播出各类农村实用技术节目184次。农作物病害预报、科技指南133次、播出133次。2008年,共举办各类农村实用技术培训班445期,培训23200多人次,发放各类技术资料3.3万多份,投入科技培训经费100多万元;同时,在县电视台开设"科技服务"专栏,通过电视、广播定时播出各类农村实用技术98篇,196次;播出农作物病虫害预测预报、科技指南16篇,143次。

通过培训、科技服务,使琼中县广大劳动者的生产技能明显提高。2010年,共举办各类农村实用技术培训班640期,培训4.8万多人次。其中,科技活动月期间"省四送一训"科普惠农活动到琼中县培训360期,培训2.5万多人次,主要集中在养蜂、槟榔种植、割胶技术等培训,发放《中蜂周年管理技术》等资料上万册。

六、科技下乡

1999年，由县科协等10个单位联合主办琼中县科技活动周，11月4—18日，科技周以“建设生态县、美化我的家园”为主题，聘请海南省国土资源环境厅原副厅长、中山大学兼职教授杨冠雄到琼中县举办建设生态省规划纲要专题讲座，分管科技的领导200多人听取讲座。派员参加省科技、省社科联举办的建设生态省研究会。组织农科人员50多人到各乡镇举办水果、冬季玉米、冬管橡胶、淡水养鱼等实用技术培训班124期，培训7250人次。组织宣传车深入乡镇开展森林法宣传。

2001年，组织技术人员18人到全县14个乡镇开展科技周活动和城市社区科普教育，发放技术资料1500多份。

2002年，组织技术人员深入全县各乡镇重点果园举办荔枝、龙眼技术培训班，培训6500多人次，深入全县各乡镇举办橡胶新割制培训班，播放橡胶中小苗管理录像14场。

2004年，在科技周活动期间，会同水果中心、畜牧中心、县防疫站、盐业在县城繁华地段举办“预防艾滋病知识”挂图展和“预防缺碘知识”宣传，并设科技咨询服务点，解答群众咨询43起，发放技术资料600多份；5月，组织县热作中心、畜牧中心、水果中心、农技中心的科普志愿者深入红毛、长征、上安、吊罗山等贫困乡镇的7个偏远村庄，讲授橡胶、槟榔栽培技术和猪、鸡科学饲养及常见病防治，参训农民700多人次；5月20—21日，组织水果技术人员深入湾岭、红毛、营根、长征、中平等乡镇的10个果园，举办荔枝采果后技术管理培训班，现场指导果农做好荔枝采果后的管理工作。

2005年5月，会同县农口各单位组织科技下乡活动6次，举办橡胶、琼中绿橙、荔枝、龙眼、超级水稻、猪、鸡饲养、淡水鱼养殖等技术培训班45期，培训2800多人次；组织技术人员深入偏远村庄举办市场经济知识和农村实用技术培训班5期，培训400多人次；结合全县水果生产需要，与县水果技术服务中心组织技术人员深入各乡镇重点果园，举办荔枝、龙眼、琼中绿橙保花保果技术培训班20期，受训1100多人次；10月，受台风“达维”危害，县及时成立灾后农业生产科技服务总指挥部和7个科技服务队，在营根镇高田村胶园举办橡胶救护现场培训班1期，深入和平镇为7个村举办灾后生产技术培训班，赠送和平镇50张技术光盘(每村一张)。组织科技服务队深入各乡镇指导灾后农业生产，印发橡胶灾后处理、管理技术资料2000多份。11月下旬，会同县有关单位开展理论文化科技法制卫生下乡10场，发放各类技术资料和禽流感防治知识4000多份。

2006年，会同县水果技术服务中心、县气象局、畜牧兽医局、水产局等单位开展科技下乡6次，举办养蜂、养猪、水果生产等农村实用技术培训班42期，培训2709人次；会同和平镇政府，组织干磢村委会的农民党员干部、妇女干部、科技致富能人等，到屯昌县枫木镇参观学习瓜菜产销技术，被海南省科技活动月组委会评为“海南省第二届科技活动月优秀组织三等奖”。9月17日，县科协、农技推广服务中心、畜牧兽医局分别组织技术人员深入部分乡镇的果园、村庄，举办养蜂、水果、畜牧技术培训班17期，培训800多人次。其中，组织技术人员到琼中县4个养蜂示范村举办养蜂技术培训班，课堂授课后，还现场指导蜂农做好蜜蜂紧脾，讲解当前蜜蜂饲养的关键技术，深受蜂农的欢迎。

2007年，组织科技下乡8次，举办各类农村实用技术培训班82期，培训7000多人次；到湾岭镇乌石镇墟、长征镇墟开展科普知识宣传。下乡举办绿橙、荔枝、龙眼、养蜂、养猪、养鸡等技术培训班50多期,培训2200多人次。

2010年,在县城繁华地段,举行琼中县2010年"全国科普日"活动启动仪式。全县27个单位的近300名科技人员、干部职工参加启动仪式。活动启动仪式结束后,组织农业局等18个单位,在利用可移动专栏、图片进行宣传展示的同时,集中设置相关技术、知识咨询点,免费发放科技资料、有关知识手册、避孕药具,开展宣传,接受群众咨询。县科协、县工业与科技信息产业局协同省科协组织科普惠农农村实用技术讲师团20多人,20多部车,历时10天,深入全县360个村庄,开展"四送一训"(送资料、送技术、送新项目、送科技新成果、举办农村实用技术培训班)科普惠农活动,科技讲师团入村入户举办橡胶、槟榔、水稻、种桑养蚕、测土配方施肥等农村实用技术培训班和科技咨询活动,向群众发放各类技术资料,参加培训群众2.5万多人。在科技活动月期间,全县投入科技活动月经费30多万元。其中,县财政拨专款3.5万元,参加活动各单位、各乡镇投入24.5万元。全县开展各类活动126次,参加活动的干部、科技人员637人次,参加活动的农民群众、机关干部、企业职工、青少年学生约37000人次,受益人数约40500人。其中,举办各类农村实用技术培训班352期,培训31709人次;举办科技、文化、卫生、法律"四下乡"活动10次,每个乡镇一次,义诊1195人;开展青少年的科技活动5次,参加活动的青少年学生3250人;农业科技"110"为农民服务等活动16次,服务群众2800多人;发放农村实用技术资料11种37200多份、农业技术光盘80套1090张。

第五节 县归国华侨联合会

一、机构

2005年10月,成立琼中县归国华侨联合会,核定财政预算管理事业编制3名。2005年11月,召开县第一次归侨侨眷代表大会,选举产生第一届委员会,其中常委5人,主席1人,兼职副主席2人,兼职秘书长1人。

2007年8月,县编制委员会核定县归国华侨联合会为正科级单位,财政预算管理事业编制3名,其中主席1名(正科级),秘书长1名(副科级),科员1名。至2010年不变。

二、代表大会

2005年11月9日,琼中县归国华侨联合会在营根镇召开第一次归侨侨眷代表大会,与会正式代表45人,特邀代表11人。会议听取和审议了侨联筹备工作报告,选举产生琼中黎族苗族自治县归国华侨联合会第一届委员会委员、主席、副主席(兼)、秘书长(兼)。庄耿联等11人为县归国华侨联合会第一届委员会委员;冯秀金、罗铁瑛、林明儒、曾令州、曹雪霞5人为常委;冯秀金为主席,罗铁瑛、林明儒为副主席(兼),曹雪霞为秘书长(兼)。

三、侨情

2010年，琼中县共有归侨侨眷及港澳台属4763人，其中归侨191人，侨眷4115人，港澳台属457人，主要分布在县城机关、企事业单位和农垦各国营农场。各国营农场和农村归侨侨眷为散居，无集中安置的华侨农场。

四、主要活动

发挥优势，凝聚侨力。县侨联始终把为地方经济建设服务作为工作的第一要务，发挥好侨界群众在社会经济建设中的能力和潜力，充分运用海内、海外"两个平台"，老侨、新侨"两个优势"，配合全县开展招商引资和招贤引智工作。2003年，争取来自美国的文教专家、美国国际交流协会总裁艾迪·米歇尔先生捐赠4万元，为湾岭镇来浩小学购置教学设备。

2004年，为红毛中学争取日本政府"利民工程"无偿援助项目28万元，建造学生宿舍楼；为吊罗山乡争取德国政府援助资金8万元，帮助农民建设沼气池。2006年11月，经县老归侨蔡先生引介，热情接待马来西亚彭女士一行十多人，到县对家具市场进行实地考察，为下一步投资县家具市场奠定良好基础。2007年，积极参与黎母山黎族始祖文化苑的建设，热情接待每一个到黎母山考察的外商，促使琼中的旅游业尽快步入海南旅游业的快车道。2009年，经省侨联牵线，澳洲金晖国际集团董事长邱维廉捐助20万元建设"侨心小学"。

此外，县侨联每年年底还专门召开侨联委员工作会议，专题研讨新时期促进侨务工作的新方法、新路子，加强与侨界群众的联系，努力实现好、维护好、发展好侨界群众的根本利益。

以侨为本，为侨服务。2005—2010年，联合县侨办和县司法局在依法宣传教育工作方面开展多层次、多形式的学习宣传活动。一是通过县电视台、"今日琼中"、宣传车、横幅、召开座谈会等形式大力宣传侨务政策和涉侨法律法规；二是积极与县侨办、县司法局、县法制办等有关部门配合，充分利用法律下乡、普法宣传等机会，将《归侨侨眷权益保护法》送到基层、送到农村；三是加强对归侨侨眷的宣传教育，提高他们使用法律武器保护自身合法权益的自觉性。5年里共接待来信来访归侨侨眷181人次，解决各类涉侨纠纷46件。每年春节、中秋等节假日，积极开展"送温暖、送爱心"活动，给困难归侨侨眷送去慰问金3万多元，关心广大归侨侨眷的生活。

同时，为发展社会公益事业搭建平台，举办各类培训班和技能竞赛。与县科协联合举办养蜂、养鹅技术培训班，培训农村归侨侨眷掌握养蜂、养鹅技术，5年来，举办各类培训班5期，培训群众349人。

广交朋友，拓展联谊。2005—2010年，县侨联开展招商引资、招贤引智活动。2006年5月，县侨联主席随省侨联组团赴马来西亚参加槟城海南会馆成立140周年庆典活动，拜访了当地重要侨团、侨领，增进了友谊。10月，联系县分管侨联工作的副县长到欧洲国家考察，学习先进经验，走访当地侨团，增进交流与合作；县侨联主席随团到文莱参加"世界海南乡团联谊大会"，加强与海外海南乡团及乡亲的联系,拓展海外联谊工作,促进琼中县对外交流合作。11月,参加在博鳌举办的第一届世界海南青年大会,与全世界20多个国家的青年朋友交流研讨,宣传琼中发展状况,取得较好成果。

县侨联每年还组织部分常委到省内先进市县交流、考察,做到优势互补、资源共享、共同发展。通过这些联谊活动,与广大侨界人士建立了联系,为侨联工作的开展打下基础。

第六节 文学艺术界联合会

一、机构

1995年,琼中县文学艺术界联合会(简称县文联)成立,为群众团体,人员编制3名(机关使用事业编制,参照公务员管理),设主席1名,副主席1名,非领导职务1名,下设办公室和杂志编辑部。1996年9月召开第一次文代会后,文学协会、美术协会、书法协会、摄影协会4个文艺协会陆续成立。

1995年,县文联成立时,定为正科级事业单位;2002年,县文联设有主席1人(由宣传部副部长兼),1名副主席(挂靠宣传部);2003年,调为副科,人员编制调为3人,设主席1名,副主席1名,一般干部1名;2007年,调整单位领导和非领导职数,县文联设主席1人、副主席1人、非领导职务1人。至2010年,机构与人员编制未变。

二、代表大会

1996年9月25日,琼中县文学艺术界联合会第一次代表大会在县大礼堂召开,出席会议正式代表97人,列席代表15人,标志着琼中县文学艺术界联合会正式成立。

第一次文代会成立的各文艺协会,由于没有办公场所、没有专职人员组织工作,业务经费不列入财政预算、活动经费来源不足等原因,随着时间的推移,所有协会已经自行解散或终止。自第一次文代会召开至2010年12月的16年中,县文联没有召开文代会。

三、文艺创作

1991年,琼中本土作家王业养创作的小品《买鸡》获海南少数民族学普通话文艺会演二等奖;王泽亚的摄影作品《山兰美酒醉亲人》《亮亮碗儿进新家》均发表在1993年《人民日报》副刊;1996年4月,王希臻行书作品(录宋欧阳修诗《远山》)入编《世界书画名录》;1996年9月,王清芳参加昆明艺术节,表演的节目《打柴舞》《踏脚舞》分别获金奖与铜奖,个人获得“全国个人优秀表演奖”;1997年7月,王希臻毛笔草书作品(录唐王维诗《竹里馆》)入编《世界华人书画家作品选集》;2001年11月,王希臻受特邀参加第三届祖国颂国际书画摄影大赛,行书作品(宋欧阳修诗《远山》)荣获特等奖,并获得“二十一世纪德艺双馨功勋艺术家”等称号;2002年,上安乡民歌基地被省文体厅命名为“海南省民间艺术之乡”；2004年12月，王清芳参加海南省首届黎苗服饰形象小姐大奖赛，获得黎族十佳·最佳才艺奖；2010年，杨国傅创作的丙烯画《黎族织锦》被中国文化协会评为“弘扬与传承中华文化优秀作品”,荣获“感动中国文化人物”称号。

1991—2010年，琼中县文联经常组织作家、艺术家进行政治、文艺理论学习和创作研讨实践，举办各种艺术展览，开展各种文化艺术交流、采风创作、文化下乡演出活动等。县文学工作者深入生活，挖掘新题材，创造出一批富有生活气息和地方特色的文学作品。在此期间，县文联系统的作家、艺术家出版个人文学专著2部，获省级以上奖项的文学作品4篇(首)；入选省级以上书画展的书法、美术作品200多幅，获奖30多幅；获省级以上摄影创作奖项3个、音乐创作表演奖项12个、舞蹈创作表演奖项20个。

第七节 残疾人联合会

一、机构

1989年，琼中县残疾人联合会成立(以下简称“县残联”)，至1994年隶属县民政局。1995年10月，升格为正科级单位，编制7人，直属县政府领导。2003年5月，县残疾人联合会成立盲人协会、聋人协会、肢残人协会、智力残疾人及亲友协会、精神残疾人及亲友协会等5个专门协会。2010年，县残联有理事长1人、副理事长1人、理事1人，科级以上干部2人、工作人员4人、退休人员1人；内设办公室、康复岗、教育就业岗、组织联络岗、宣传文化岗、维权岗；下设残疾人专门协会5个。

1995—2008年，乡镇残联工作由民政助理代管。自2008年起，全县10个乡镇重新组建乡镇残疾人联合会，残联主席由分管领导兼任，乡镇残联工作由理事长承担。

二、残疾人基本情况

至2010年，琼中县有持证残疾人1248人，其中视力残疾121人，听力残疾28人，言语残疾11人，肢体残疾734人，智力残疾74人，精神残疾130人，多重残疾150人，重度残疾329人。残疾人是弱势群体，绝大多数在农村，很多残疾人在生产、生活上都存在不同程度的困难和问题。

三、主要活动及工作

(一)残疾人康复

1999—2010年，县残联积极配合省残联，协同省眼科医院实施“复明一号”项目，配合省政府实施“亮睛工程”，为893名白内障患者施行免费复明手术，脱盲率达98%；为25名肢体残疾儿童实施矫治手术；为10名残疾人免费安装假肢，为54名听力语言、智力残疾儿童及其家长进行培训和康复训练，扩大全县残疾人康复受益面，发放轮椅、盲杖、拐杖等辅助器具216件。

（二）扶残助学

2010年，琼中县有适龄入学残疾儿童324名，经县残联积极协调教育部门，把接收残疾儿童入学与“普九义务教育”结合起来，在报名、交学杂费方面给予减免照顾。县残联实施“中国残联国家专项彩票公益金助学项目”，资助九年义务教育阶段的残疾学生108人次，资助74000元，选送26名适龄特困残疾儿童免费到省级特殊教育学校就读。县残联为有效实施扶残助学行动，救助贫困残疾大学生和纳入低保的残疾人家庭子女及未纳入低保的重度残疾人子女就学，资助15名符合九年义务教育资格的残疾学生入学。

（三）培训就业

1991—2010年，县残联共举办22期椰雕工艺、种养殖技术培训班，培训1300多人次，使部分残疾人有了生活门路，解除了后顾之忧；选送数十名残疾人参加省残联举办的家电维修、摩托车维修、美容美发等实用技术培训。2005—2010年，县残联积极推荐残疾人外出分散就业、个体从业，输送有劳动能力的残疾人到海口、文昌、三亚等地就业。自2001年起，积极开展按比例安排残疾人就业，主动与劳动部门和用人单位协调，在县医院、自来水公司、电业等部门安排32名残疾人就业。

（四）扶贫解困

1991—2010年，每年春节前，县政府都与县残联组成慰问团走访慰问贫困残疾人，送去慰问金、慰问品，共走访慰问1767户贫困残疾人，送去慰问品及慰问金总计27.8万元。2000年建立残疾人用品用具供应服务站，共有23个品种的辅助器具。2002—2005年，建立南丰残疾人扶贫基地，扶持帮助残疾人种植加勒比松树，养鸭、养鱼，创收8.54万元。2009年，投资70万元建立松坡水库残疾人扶贫示范基地。至2010年，县残联在全县10个乡镇扶持30户农村残疾人发展种养业。投入资金万元，完成390户农村贫困残疾人危房改造。2009—2010年，向130户残疾人次家庭发放“阳光家园计划”家庭补贴金20.52万元，每人月均1578元。2010年，由县残联协调县财政局、信用社，通过“一卡通”向第一批329名重度残疾人发放生活补贴金39.48万元，每人月均1200元。

（五）信访

2001—2010年，共收到残疾人来信75封，接待来访290人，解决民事纠纷18起。对来信来访来电的残疾人，信访接待人员都热情接待、耐心解答，对上访对象提出的解决生产生活困难、子女读书、从事个体经营减免相关税费等问题，都积极主动与相关主管单位协调。

（六）体育

1991—2010年，县残联认真组织残疾人运动员参加全省及全国的体育比赛12次，共获得金牌46枚、银牌18枚、铜牌22枚。1999年10月，琼中籍残疾人运动员在第二届全省残疾人运动会上获得7枚金牌，团体总分第八名；2003年，在第三届全省残疾人运动会上获得2金3银3铜；2005年，在全国特殊奥林匹克田径赛获得2金1铜；2006年，在第一届特殊奥林匹克运动会获得8金2银2铜、团体总分第四名的好成绩，还荣获体育道德风尚奖；在哈尔滨第四届奥运会获得4金

1铜，被国家体育总局评为2001—2005年全国特奥工作先进单位；2007年7月，弱智残疾人邢诒招、陈良代表海南省队参加在哈尔滨举行的特奥运动会，获得4金1铜；2007年10月，邢诒招、陈良代表国家队参加在上海举行的世界特奥运动会，获得2金2铜；2008年5月，邢诒招、陈良在大连举行的全国保龄球比赛中获1金；2009年2月，邢诒招、陈良在美国举办的世界特奥运动会雪鞋比赛，获得3金1银；同年6月，在全省第二届特奥运动会获得8金2银2铜；2010年5月，在全省残奥会获得1金7银10铜；9月，邢诒招、陈良在杭州举办的全国第五届特奥运动会，分别获得4金4银。

（七）助残日活动

1990年12月28日，第七届全国人民代表大会常务委员会第十七次会议审议通过的《中华人民共和国残疾人保障法》第14条规定："每年五月第三个星期日，为全国助残日"。《中华人民共和国残疾人保障法》从1991年5月15日开始实施"全国助残日"活动即从1991年开始进行。县残联每年都积极开展"访残助残"活动，为残疾人送温暖，献爱心，营造良好氛围。1991—2010年，共为数百名残疾人义珍，悬挂及张贴标语1000多条，发放《义务教育法》《残疾人保障法》《残疾人就业条例》《残疾人权利公约》和《公众应急知识手册》200多册。发放宣传单500多张。共走访慰问220人次，发放慰问金8万余元。

第十二编　法治 军事

第一章 公 安

第一节 机 构

1991年，琼中县公安局内设政工股、办公室、法制股、政保股、预审股、刑警队、内保股、通信股、治安股、户政股、交警队、看守所、拘留所等13个股室；下设县城所、营根所、湾岭所、黎母山所、中平所、长征所、和平所、上安所、吊罗山所、红毛所、什运所、红岛所、松涛所、乌石所等14个公安派出所。县公安局全年编制138人，年末在编民警133人。

1992年，县公安局增设纪检组。1993年，成立县公安局党委。1994年，增设消防大队。1996年，增设第一、第二看守所。1997年，刑警队和预审股合并为刑侦大队。2000年，增设长兴派出所和禁毒大队。2001年，组建督察队。2002年，撤销党委办公室。2003年，撤销长兴派出所。2006年，撤销督察队。2008年，将营根派出所和红岛派出所合并为营根派出所，湾岭派出所和乌石派出所合并为湾岭派出所，黎母山派出所和松涛派出所合并为黎母山派出所。2010年，交通警察大队更名为交通管理大队。

至2010年末，县公安局有政工监督室、警务保障室、法制室等3个综合股室，有指挥中心、国内安全保卫大队、刑事侦查大队、交通管理大队、治安管理大队、禁毒大队、经济犯罪侦查大队7个执法勤务机构，县看守所、县拘留所等2个监管场所，以及县城所、营根所、湾岭所、黎母山所、中平所、长征所、和平所、上安所、吊罗山所、红毛所、什运所等11个公安派出所。县公安局实有在编民警140人，工勤人员12人，其中，副处级1人，正科级7人，副科级36人，科员96人，本科及以上文化程度38人，大专65人。

1991—2010年，琼中县公安局单位或个人获省级以上奖项情况。1993年，县公安局民警王国仁被海南省委授予“省优秀共产党员标兵”称号，被公安部授予“全国公安系统廉政爱民先进个人”称号。1996年，县公安局副局长王国仁被中华全国总工会授予“全国先进工作者”称号。

1997—1999年，琼中县公安局连续三年被评为“海南省优秀公安局”。1997年，县看守所被公安部评为“三级看守所”。1998年，县公安局被省委、省政府评为“海南省精神文明建设先进单位”，政委王礼忠被评为“省精神文明建设先进工作者”。2000年，琼中县公安局被公安部评为“全国优秀公安局”，被海南省委、省政府评为“精神文明建设标兵单位”。2003年，海南省委、省政府授予琼中县“无毒县”光荣称号。2005年，琼中县公安局被评为“海南省优秀公安局”。

第二节 刑事侦查

1991—2010年，由于经济发展、流动人员增长迅速等原因，琼中县刑事犯罪呈多发态势，县公安局坚持“严打、严治、严管”的方针，强化动态管理，狠抓侦查破案，不断加大对违法犯罪行为的打击力度，先后开展了“扫黄除六害”“打击流窜犯罪”“打现行、破积案、挖团伙”“打现行、破大案、治乱点”“打击两抢一盗”“缉枪治爆”“灭枪行动”“秋冬破案战役”和“今冬明春会战”等专项行动。共立刑事案件3471起，破案1790起，破案率为51.57%，打击处理各类违法人员1408人。

1991年，开展“扫黄除六害”行动，有效遏制了卖淫嫖娼、贩卖传播淫秽物品、拐卖妇女儿童、私种吸食毒品、聚众赌博和利用封建迷信骗财害人等社会丑恶现象。全年立刑事案件43起，破案40起，打击处理各类犯罪人员21人。

1994年，针对流窜作案特点，开展“打击流窜犯罪”行动，共立刑事案件11起，破9起，打击处理各类犯罪人员5人。

1998年，开展“打现行、破积案、挖团伙”行动，严厉打击盗窃、诈骗等团伙犯罪，全力追捕历年网上在逃人员，共立刑事案件56起，破51起，打击处理各类犯罪人员32人。

2002年，针对“两抢一盗”等治安突出问题，开展“打现行、破大案、治乱点”专项行动，共立刑事案件62起，破58起，打击处理各类犯罪人员26人。

2009年，开展“利剑行动”，严厉打击入室盗窃、“黄赌毒”等违法犯罪活动，大力整治社会治安乱点部位，着力解决村霸、路霸、沙霸、市霸等治安突出问题，共立刑事案件161起，破134起，打击处理各类犯罪人员77人。

2010年，开展“利剑行动”“铁拳行动”，有力打击各种违法犯罪行为，并取得丰硕战绩，全年共接报警情986起，立刑事案件352起，破获刑事案件256起，刑事拘留111人，提请逮捕87人，逮捕87人，移送起诉103人。其中，盗窃案件191起，诈骗案件21起，共发生6起命案，破5起，“1·1”王某文故意杀人案、“3·4”陈某旺故意杀人案、“7·4”洪某麟报复杀人案、“8·15”李某书故意伤害致人死亡案和“9·14”林某故意杀人案件5起命案月内告破，命案破案率达83.33%。

1991—2010年刑事案件立、破案情况一览表

表12-1

年份	立案（起）	故意伤害（起）	杀人（起）	盗窃（起）	毒品（起）	其他（起）	破案（起）	故意伤害（起）	杀人（起）	盗窃（起）	毒品（起）	其他（起）	处理人数（人）	破案率（%）
1991	140	20	1	111	0	28	94	19	1	69	0	5	61	67.14
1992	152	11	4	107	0	30	93	10	3	57	0	23	72	61.18
1993	105	2	3	69	0	31	71	2	2	41	0	26	55	67.61
1994	92	5	2	65	0	20	66	5	2	42	0	17	51	71.73
1995	89	5	5	38	1	40	73	5	3	29	1	35	59	82.02
1996	61	15	1	28	1	16	52	14	1	23	1	13	33	85.24
1997	73	18	3	35	1	16	59	18	3	24	1	13	36	80.82
1998	60	21	3	23	0	13	50	20	3	21	0	6	41	83.33
1999	57	13	1	28	0	15	46	13	1	23	0	9	20	80.70
2000	78	7	5	39	0	27	58	6	4	25	0	23	56	74.35
2001	97	13	1	53	0	30	62	12	1	26	0	23	70	63.91
2002	150	18	4	88	2	38	75	16	4	26	2	27	99	50.00
2003	214	23	2	146	1	42	80	21	2	30	1	26	79	37.38
2004	295	31	3	191	2	68	83	23	4	26	2	28	81	28.13
2005	289	36	2	164	5	82	71	21	2	7	5	36	67	24.56
2006	217	26	5	110	1	75	90	15	3	27	1	44	106	41.47
2007	320	25	2	172	3	118	129	15	2	31	3	78	127	40.37
2008	298	49	3	150	6	90	112	29	3	33	6	41	109	37.58
2009	332	52	2	177	4	97	170	26	2	55	3	84	93	51.20
2010	352	61	5	191	12	83	256	51	4	133	12	56	93	72.72

第三节 治安管理

一、社会秩序治理

1991—2010年,县公安局积极推进社会治安防范体系建设,加强行业场所管理,深入开展“打团伙破大案、缴黑枪、追逃犯”“百日会战”和“禁赌扫黄”等专项行动,加大治安案件的查处力度和各类违法活动的打击力度,同时坚持“打防结合、以防促打”方针,夯实治安管理。在此期间,查处治安案件4540起,查处违法人员6488人,查处涉赌案件63起,捣毁赌博窝点46处,收缴马机9部、啤酒旋盘机23部、苹果机1部,抓获涉赌人员367人,罚款177人,行政拘留79人,刑事拘留1人。查处卖淫嫖娼案件7起,抓获卖淫嫖娼人员12人,收缴黄色书刊、录像带一批。

1991年,有治保组织16个,治保人员35人。1993年,开展“打击涉枪、盗抢机动车、流窜作案”及“打团伙破大案、缴黑枪、追逃犯”等专项斗争。加强治保组织建设,发挥治保组织作用,全县有治保会221个,成员814人。治保会协助办案18件,提供线索37条,调解处理民事纠纷67起。1995年,组建一支10人的巡逻队,配合县城派出所在主要街道24小时流动巡逻,配合全县“处突”行动。

2001年,以创建“人民满意”活动为契机,加大基层基础建设,推行民警户访制。同时,对全县保安行业进行全面清理整顿,摸清从业人员底数,杜绝“黑安全”的存在,并积极推进“情报信息员村村通工程”。至年底,琼中县信息员覆盖每个乡村、连队,为县公安局输送治安信息103条,其中有价值的信息12条。2005年,针对校园周边打击斗殴等治安问题,县公安局组织警力对校园周边治安环境进行全面整治、对学校周围的出租房屋进行清理、对校外住宿学生情况进行统计。共检查网吧23间、游戏厅12家、工地2处、书店1间,净化了校园周边治安环境。2008年,整合巡警大队,组建4个巡警小组,实行24小时全天候巡逻布控。2010年,受理治安案件521起,查处498起,查处率为95.59%;抓获各类违法人员238人,其中摧毁赌博窝点6个,查获涉赌人员9人;开展涉黄专项整治行动21次,查获卖淫嫖娼人员3人,治安处罚3人;清查中小旅店124家次,出租房屋396间次,网吧100家次、责令整改4家,娱乐场所10间次、责令整改2间,电子游戏厅10间,废品回收站60家次,学校56家次;检查涉爆单位30家次,剧毒危险物品单位6家次。

1991—2000年治安案件受理、查处情况一览表

表12-2

年份	受理治安案件(起)	查处治安案件(起)	查处率(%)	查获违法犯罪人员(人)
1991	405	374	92.35	558
1992	287	268	93.38	524
1993	247	238	96.36	429
1994	248	238	95.97	422
1995	229	226	98.69	365
1996	231	230	99.57	529
1997	169	163	96.45	290
1998	137	135	98.54	257
1999	153	152	99.35	285
2000	139	137	98.56	320
2001	142	142	100.00	248
2002	103	103	100.00	276
2003	91	90	98.90	209
2004	184	175	95.10	204
2005	193	189	97.93	214
2006	178	172	96.63	243
2007	346	336	97.10	350
2008	338	323	95.56	267
2009	395	351	88.86	260
2010	521	498	95.59	238

二、特种行业场所管理

县公安局坚持"预防为主、打防并举"的方针，强化特种行业场所的治安管控，建立健全旅馆业、废旧物品回收业、刻字业、复印业等行业的管理规章制度，完善各行业场所档案材料，严格管理行业许可证发放，建立了每日安全检查工作制度，落实业主的自管责任，使行业场所管理工作规范化、信息化、常态化。1991年，全县特种行业经营单位有43家，其中旅店业33家，旧货业8家，刻字业2家。至2010年底，全县共有32家特种行业经营单位，其中旅馆业28家，典当业1家，刻章业1家，废旧金属收购站2家。

1995年，全县特种行业经营单位每年应进行一次年审换证，严格审批个体户申领"公共安全许可证"，全县核发办理特种行业许可证31件次，办理"公共安全许可证"56证次。同时，加强对特种行业从业人员的法制宣传和教育，增强他们的法制观念，落实安全防范措施。1997年，先后对全县24家旅馆业进行全面整顿，落实旅馆业的治安责任制，签订治安责任书24份。2001年，加强对特种行业场所的规范化管理，审批办理特种行业场所许可证22张、公共场所治安合格许可证18张、印章业许可证32份。2005年，县公安局对全县40个金融网点、35个金库、4辆运钞车、4个ATM自动柜员机及枪支进行安全检查。对于检查中发现的防卫器械装备位置不合理、灭火器超期等问题，口头整改21次，发出限期整改通知书3份，整改11处。2007年，联合县工商局开展废旧金属收购行业专项整治行动，检查废旧金属收购站点6处，查处违规行为1起，下发整改通知书2份。2008年，先后6次组织开展废旧金属收购行业集中整治清查统一行动和缉枪治爆、收缴管制刀具专项行动。共检查收购站6处，查处违法违规行为3起，查处治安案件3起，查获违法人员6人，查缴电缆、电线等"三电"设施1020公斤。2010年，实行旅馆业信息系统实名登记住宿，针对各旅馆业主及前台服务员对旅馆业信息系统不熟悉的情况，举办电脑信息上网操作培训班。

三、危险物品管理

1991—2010年，县公安局按照收缴与法制宣传并举的思路，相继在全县范围内开展集中整治爆炸物品、枪支弹药、管制刀具专项行动，严厉打击涉枪涉爆违法犯罪活动。缴获赃款赃物折款37486元，悬挂横幅284条，张贴通知通告11900份，发放爆缉枪专项宣传单59600份。

1993年，联合供销部门全面检查烟花爆竹等易燃物品的销售和储存情况，发现并整改未办理许可证的摊点2处。1996年，进一步规范公务用枪，加强对公务用枪的管理。1997年，开展配备公务用枪人员资格培训6期，共培训350人。2001年，开展缉枪治爆专题普法宣传教育活动23场次，普法宣传教育效果显著，共收缴各类民用火药枪支2912支、炸药16.5公斤、雷管15863枚、导火线587米，极大地消除全县治安隐患。2004年，县公安局严格按照国家法律、法规和有关规定，规范公务用枪的管理使用，对依法配备公务用枪人员进行枪支管理和使用的安全教育。同时严格枪械库管理，对配枪单位枪弹库进行安全检查，进一步强化枪支出入库登记、领用、交接和检查制度。2004年，与省民爆器材专营公司联合举行民爆事故应急救援模拟演练。2005年，开展民用爆炸物品专项整治行动，检查涉爆场所84处、民用爆炸物品仓库2处，发现隐患12起，当场整改6起，限期整改2起，发放整改通知书4份。2006年，开展“百日会战”专项行动。共查处治安案件57起，抓获违法人员56人；收缴火药枪114支、子弹12发、炸药32千克、雷管219枚、管制刀具717把。2007年，建立民爆信息管理系统和枪支弹药信息数据库，对全县涉枪、涉爆单位和人员实行动态管理，加强涉爆许可证件的审验换发工作，取缔非法销售管制刀具摊点2处，查处涉枪涉爆涉刀案件3起。2010年，清查废品回收站60家次、学校56家次，检查涉爆单位30家次、剧毒危险物品单位6家次。召开4次治安行业管理工作会议，层层签订安全责任书。对废品收购市场开展专项整治3次，加强管理。

四、社会治安防范

1991年，健全和恢复治保会、调解会495个，共有治保人员2437名，其中国营农场426个，建立联防队伍、保安队、巡逻队、护校队、护长队340支，1349人。由治保会处理的纠纷145起，协助派出所破案316件。1993—1995年，琼中县建有治保组织16个，共有治保人员35人。

2001年，以创建“人民满意”活动为契机，加大基层基础建设，推行民警户访制。并对全县保安行业进行全面清理整顿，摸清从业人员底数，杜绝“黑安全”的存在，并积极推进“情报信息员村村通工程”。至年底，全县情报信息员已覆盖每个乡村、连队，为县公安局输送治安信息103条，其中有价值的情报信息12条。

2010年，清查中小旅店124家次、出租房屋396间次、网吧100家次，责令整改4家，娱乐场所10间次、责令整改2间，电子游戏厅10间；开展专项整治5次，出动警力110人次，清理学校周边网吧16家、电子游戏厅5家、出租屋142家，有效促进了学校周边治安秩序的稳定。

第四节 户政管理

1991年，琼中县常住人口47340户194288人；2000年，全县常住人口50386户200636人；2003年，全县常住人口54158户203620人；至2010年末，全县常住人口72301户228984人。

一、常住人口管理

1991年起，办理农场户口需先持申请表到县公安局交由局领导审批，然后持审批表到户政股办理准迁证，再持准迁证及相关材料到农场派出所办理入户手续，3—5月共制作3464张居民身份证。经过两年多的发证工作，全县居民身份证颁发工作基本完成，受到省发证办的嘉奖。

1993年，成立“农转非”工作领导小组，制定工作方案，将《海南省“农转非”计划管理暂行办法》转发至各派出所，并把群众上交的农转非申请表统计归档。

1995年，启用新的户口迁移证、户田准迁证，按照《关于“农转非”管理工作有关问题的通知》要求，把“农转非”人口严格控制在下达计划指标内。

1997年,开展"为人民服务,树公安新风"活动,推出向社会承诺40条和18项制度。

2000年,制定《琼中黎族苗族自治县公安局人口信息管理系统建设方案》,推进人口信息微机管理系统联网建设,同时完成全县户口整顿、人口信息微机录入和派出所人口信息微机管理工作。

2001—2002年,加强居民身份证号的清理、纠错工作,逐步完善居民身份证管理机制。2001年,推进小城镇户籍制度改革,各项农转非审批权下放到县公安机关。

2003—2010年,在人口调查摸底的基础上,组织民警深入农村、农场等地区,对县居民出生、死亡、迁出、迁入等变动情况进行逐人、逐户核对,认真做好户口登记和人口统计工作,确保居民信息与居民本人情况一致。2004年,根据重点人口规范化要求,对全县重点人员进行了重新清理,撤管一批重点人员。2009年,严格住宿实有人员登记制度,大力推行治安信息系统建设,严密人口管理措施。至2010年,全县共办理居民二代身份证22320张,常住人口有228984人。

二、流动人口管理

1991年,按照《海南省暂住人口管理暂行规定》,加强流动人口和出租屋管理,有效地预防、发现、打击流窜作案人员,根据统计情况,全县暂住人口将近一万人,办理居住证人数将近一半。

1995年,加强流动人口管理,对县内流动人员进行登记、办证、造册存档。组织有固定住宿、职业的流散人口成立个体协会,由工商和公安部门共同管理个体协会,此外,在全县范围内开展出租屋管理工作,对出租屋逐间逐户登记,然后发放出租房屋管理证。截至年底,全县共有暂住人口6231人,登记出租屋135间,办理发证10份。1998年,加强出租房管理,出租房办证共57家。

2001年,加强对流动人口、暂住人口和重点人口的管理,以海南省清理整顿流动人口专项斗争为契机,全面清理全县流动人口,净化出租屋,打击混杂在其中的不法分子,排查出一批重点人口,为人口管理工作打下坚实的基础。

2005年,加强对学校周围边的出租屋进行清理,对在校外住宿的学生进行登记统计,明确出租屋房主的责任。

2006年,登记暂住人口3759人,发证1021人,登记出租屋432户,发证432户。

2010底,全年登记暂住人口7161人,发证1096人。

三、居民身份证办证与管理

1991年,全县居民累计办理身份证11万张。1992年,共制发正式身份证112000张,其中当年满16周岁的6469人,办理临时身份证1800人。

2005年,县公安局根据部署,完成第二代居民身份证人像采集系统,2005—2008年,完成42160人的换发第二代居民身份证任务,4年内全部完成全县16周岁以上的公民第二代居民身份证换发;县公安局开展居民身份证专项清查行动,经核查,重号2904人,空号1778人,公民出生日期与身份证不相符的有271人。2008年,累计换发第二代居民身份证215785张。2010年,统一开展居民身份证重号、空号纠正专项行动,共核查一代证换发二代证52313人。

第五节 出入境管理

1991年，出入境管理工作由县公安局治安大队户政股负责，办理边境通行证坚决按照省边防局的有关要求办理证件，凡要制作边防证人员，一律持户口本或身份证，填好申请表，由本人到公安局办理，截至1991年上半年，户政股共办理边境通行证1500张。

1992—1996年，按照“中华人民共和国边境管理区通行证”要求，申办边防证的人员，需如实填写申请表，并经本单位领导同意并签字盖章，派出所同意盖章后，由本人持申请表、身份证到县公安局户政股办理。

1997年，根据公安部《关于加强香港回归前后〈中华人民共和国边境管理区通行证〉签发管理工作的通知》要求，严格港澳通行证的签发工作。

2000年，推行一次办结工作机制。对手续齐全的一次办结，绝不让群众跑第二次；手续不全的，耐心讲解，引导群众补全材料。

2010年，县公安局户政股对全县范围内出租房屋、外来人员进行清查登记，清查外来人员2000多名、出租房屋109户。年内暂住人口3629人，其中务工2108人、务农395人、经商431人、服务499人、投靠亲友88人、探亲访友42人、其他66人，均已办证。

第六节 交通管理

1991—2010年，琼中县公安局交管大队紧紧围绕“降事故、保安全、保畅通”的工作目标，以规范道路交通管理秩序、共建文明和谐交通环境为切入点，不断完善辖区道路交通安全设施，依法从严查处酒驾、醉驾、货车超载、客车超员等交通违法行为，保障全县道路交通安全，为群众出行创造秩序井然的路面环境。

一、道路交通管理

1991年，琼中县辖区道路里长约264千米，主干道有国道1条、省道3条。至2010年末，辖区主干道里长约289.848千米，其中国道70千米、省道219.848千米。县乡道路长86.9千米，“村村通”公路长约374千米。

二、车辆和驾驶员管理

1991年，全县小型汽车保有量600多辆，大型汽车保有量800多辆，摩托车保有量1200多辆，驾驶人保有量8000多人。至2010年末，全县摩托车保有量增至34181辆，摩托车驾驶人保有量

50000余人,小型汽车保有量1437辆,小汽车驾驶人保有量10000多人。为规范车辆和驾驶员管理,做好免检车辆上牌、汽车驾驶人科目一考试、违章违法罚款等工作;2010年12月20日,县公安局交通管理大队成立车辆管理所。

三、道路交通事故

1991—2010年,全县辖区共发生道路交通事故9093起,死亡192人,受伤8994人,直接经济损失788.02万元。

1991—2010年琼中县道路交通事故统计表

表12-3

年份	事故数量(起)	死亡人数(人)	受伤人数(人)	财产损失(元)
1991	331	6	301	194571
1992	343	6	329	242267
1993	366	8	376	274357
1994	389	7	397	316573
1995	402	9	391	295771
1996	386	8	365	264558
1997	418	9	386	318723
1998	435	12	420	341400
1999	458	10	484	406157
2000	483	11	491	431678
2001	492	9	476	418762
2002	481	10	454	386474
2003	438	8	412	339871
2004	457	9	468	390445
2005	486	11	472	445696
2006	511	13	533	499764
2007	524	13	512	524830
2008	539	10	536	542931
2009	563	12	587	596125
2010	591	11	604	649255

第七节 消防管理

1989年3月6日，海南省政府批复成立海南省消防总队，同时决定：海南省各市县公安局原消防股撤销，统一改称公安消防大队。至此，琼中黎族苗族自治县公安消防大队、中国人民武装警察部队海南省琼中消防大队同时成立。1999年，成立琼中黎族苗族自治县公安消防中队、中国人民武装警察琼中消防中队，隶属琼中县公安局和武警琼中消防大队。1999—2003年，琼中消防中队一直没有自己的营房和训练场地，条件较艰苦。2004年，省消防总队投资289万元，琼中县政府无偿划拨土地，合力兴建了环境优美、设施齐全的营房，于2004年7月1日竣工落成进驻。2010年11月3日，挂牌成立琼中县应急救援大队。同年，县政府拨付72万元专项经费用于配备应急救援装备。

1991—2010年，全县累计发生火灾199起，经济损失42.18万元。县消防中队不断加强基础设施建设，全力查找消防防范的薄弱环节，深入开展消防安全宣传教育活动和火灾演练活动，积极开展"四个能力"（检查消除火灾隐患能力、扑救初期起火能力、组织人员疏散逃生能力、消防宣传教育培训能力）建设工作，按照"四个能力"建设的标准设立宾馆酒店、娱乐场所、商场和学校四类场所试点。至2010年底，全县22家人员密集场所的重点单位全部开展"四个能力"建设工作，开展率达到100%，共培训人员4000多人。同时，积极指导派出所扎实开展消防工作，将消防工作纳入派出所等级评定内容。此外，加大工作指导和业务培训力度，至2010年，共举办消防监督执法业务培训班22期，培训民警2200人次。2010年，公安部将构筑社会消防安全防火墙工程工作纳入政府任期工作目标，全县10多个部门建立联合执法机制，将消防列为行政审批前置条件，从源头上控制先天性火灾隐患的产生。

第八节 禁毒工作

2000年11月2日，琼中县禁毒大队挂牌成立，禁毒大队长由刑警大队长兼任。2004年3月12日，琼中县被省政府授予"无毒县"称号。2008年1月26日，禁毒大队加挂县禁毒办牌子，禁毒大队长兼任县禁毒办常务副主任。

一、禁毒管理

1991—2010年，县公安局充分发挥禁毒部门的职能作用，开展娱乐服务场所涉毒问题专项整治行动、扫毒害保平安专项行动，突出抓好禁毒基础建设，综合治理毒品问题，全面确保禁毒工作稳步推进。

2000年4月，县委常委会第一次提出创建“无毒、无赌、无黄”目标，同年，琼中县委、县政府下发《关于开展创建“无毒县”的决定》，2001年，全面抓好“无毒社区”创建工作，全县共有“无毒社区”23个，力争在三年内实现“无毒县”目标。2003年，县委、县政府下发《关于进一步加强禁毒工作的决定》，明确提出创建“禁毒优秀县”的奋斗目标，实施禁毒工作领导责任制、目标管理责任制、社会治安综合治理一票否决制等考核制度。

2003年，推行由县领导、乡镇领导、禁毒专干及吸毒人员家属组成的“四位一体”帮教康复模式。为帮助帮教对象解决生计问题，县禁毒办投资3万元在县城“八起商场”旁边建立了洗车场，安排8名吸毒人员在洗车场工作，启动吸毒人员“以劳养场、以劳养戒”的戒毒模式。

2005年，禁毒大队联合安监、药监等单位开展清理整顿易制毒化学品专项行动，将琼中县自来水厂、海南海胶金石橡胶加工公司等5家使用易制毒化学品企业的法人代表、工商许可证等材料进行登记备案，同时要求相关企业限量购买使用。截至2010年，未发生易制毒化学品使用企业违法犯罪案件。

2000—2010年间，禁毒大队(禁毒办)与县各公共娱乐场所签订禁毒责任状45份，要求各场所业主、从业人员学习禁毒相关知识，提高识毒、拒毒、防毒能力，并自行在场所内醒目位置设置禁毒标语和禁毒举报电话。

2009年4月15日，县公安局在琼中县城“小城故事”酒吧抓获5名吸食K粉人员，这是琼中境内首次出现新型合成毒品。

二、禁毒宣传

2003年6月26日上午，县禁毒办组织各中小学生观看“创建禁毒优秀县”大型禁毒宣传图片展；当日下午，组织部分帮教对象观看12集大型电视文献专题片《中国“拒绝毒品”》。

2007年6月23—26日，县禁毒办开展禁毒宣传“六进”活动，共出动警力120人次，组织禁毒宣讲活动16场次，发放禁毒宣传资料14500份，张贴禁毒宣传标语1200多条，悬挂横幅100多条。

2008年，先后深入到营根中学、乌石中学、湾岭中学、加钗中学、乘坡中学等学校开展中小学校毒品预防教育活动，悬挂禁毒宣传横额128幅，出版禁毒知识黑板报234期，上毒品知识课234期，散发禁毒小册8000多本，散发禁毒宣传单1万多张，全面提高全体师生的识毒、防毒、拒毒意识。

2009年6月25日，县禁毒办在县委办公楼的小广场举办禁毒宣传图片展，组织百名禁毒志愿者开展自行车队禁毒宣传巡游活动，共出动宣传车20辆次，悬挂宣传横幅85条，展出禁毒宣传图片70张，发放禁毒宣传单22000多份、《禁毒法》小册子10000多册，受教育人数达3万人。

2010年，开展禁毒宣传进校园活动。活动中，民警为全体师生讲解了琼中县的禁毒形势，介绍了常见毒品种类、危害和青少年违法犯罪案例。

第九节 监所管理

一、县看守所

1994年，琼中县看守所按照因人施教、以理服人的原则，通过强化监仓管理、开展心理辅导等方式推进在押人员的思想教育转化工作。

1995年，县看守所积极推进文明监所创建活动，先后对监仓墙、门、窗进行修补、加固，并在每个监仓内安装电视，在值班室内增设安全设施，还筹建了文化室、广播室、宣传栏等。此外，还通过集体谈话、个别谈话及亲属探监等方式，对在押人员进行规劝教育，受教育达210人次。

1999年，县看守所按照县公安局党委提出的“抓班子、带队伍、促工作、保平安”的工作思路，严抓队伍管理，把民警的政治思想教育和业务理论学习工作摆上重要议事日程，不定期组织全所民警、协警学习《看守所条例》《刑法》和《刑事诉讼法》等法律法规。

2000年，建立健全监所管理的各项制度，严格落实24小时双人值班制和夜间巡视制，有效维护监所秩序。为做好在押人员教育挽救工作，县公安局法制股民警多次给在押人员上法制教育课，组织学习《在押人员行为规范》。

2003年，制定预防“非典”的工作措施和应急预案，做好监区内外环境卫生整治工作，加大宣传力度，让在押人员了解预防“非典”的方法。此外，还为在押人员购买了体温计、口罩、消毒药及防护服，增加放风次数，改善饮食，增加营养，增强在押人员体质。

2004年，积极响应县公安局岗位大练兵的号召，通过政治思想教育、业务技能学习、体能素质锻炼等方式，提升民警的业务素质和身体素质。在此期间，未发生超期羁押案件，发放《羁押期限通知书》54份。

2005年，开展整治“牢头狱霸”活动，安装在押人员受虐报警装置，建立“二岗合一”工作制度（电视监控与值班巡视相结合，设立应急预案工作制度），通过实行过渡监仓管理制度，对新入所人员进行24小时跟踪观察。

2007年，为打牢执法为民的思想根基，提高队伍的整体素质，县看守所利用每周一上午开展教育活动，组织民警学习十七大精神，引导民警树立爱岗敬业的精神。开展“一个党员一面旗帜,多名典型带全局”和“四看四比”活动,形成“一级抓一级、一级带一级,一级促一级”的工作机制,充分激发民警工作的积极性。

2008年,推行监所人性化管理和在押人员一日生活规范化管理工作,对在押人员实施文明管理,做到不打骂、不体罚虐待、不侮辱人格,保障在押人员的基本生活条件,做好监仓卫生管理,每半个月消毒一次,每周晾晒被子一次,并定期组织在押人员理发。

2009年,开展打击“牢头狱霸”行动,扎实推进月初及月底清仓工作,加强监仓管理,强化在押人员思想教育工作,严厉查处“牢头狱霸”的苗头隐患。

2010年,开展看守所安全管理大检查活动。7月建成监控系统,11月县公安局与县人民医院签订医疗服务协议书,县人民医院为在押人员开通绿色通道、开设隔离病房,每周一、三、五还组织医生和护士深入监所开展诊疗活动。

二、县拘留所

1990—1999年,琼中县拘留所一套人马,挂县行政拘留所、县第二看守所、县收容所三块牌子。1999年,加挂县强制隔离戒毒所牌子,撤销县收容所牌子。2007年,撤销县第二看守所牌子,将县行政拘留所更名为县拘留所。2003年,推行监所规范化管理。2010年,开展法治文明窗口建设,落实在拘人员人性化管理。

1991—2010年,拘留所工作经费和在押人员医疗经费由县公安局统一下拨,在拘人员生活费用由其家属担负,县局配一名编制内的监所医生负责拘留所和看守所在押人员健康检查和看病治疗。2005年,县财政局将县拘留所经费(含在押人员医疗经费)列入县政府的财政预算。

第二章 检 察

第一节 机 构

1991年,县检察院内设机构有检察长办公室、刑事检察股、经济检察股、法纪检察股、监所检察股、控告申诉检察股及经济犯罪举报办公室、人事政工股、办公室、政策调研室、民事行政检察股、税务检察室,配正副检察长各1名、工会主席1名、正副股长9名(3名股长享受副科级待遇)。1992年刑事检察股分设为刑事检察一股和刑事检察二股两个股级部门,分别承担批捕和公诉职能。至1993年配备正、副检察长3名。

2001年机构改革后,县检察院内设机构股改为科(科长均为副科实职领导职务),分别为办公室(内设司法警察大队)、政工科、侦查监督科、公诉科、反贪污贿赂局、渎职侵权检察科、监所检察科、控告申诉检察科(举报中心)等8个内设机构,配正、副检察长3名。2005年9月,渎职侵权检察科更名为"反渎职侵权局",配正、副局长各1名。

2009年1月8日和2009年12月14日,分别增设湾岭检察室和长征检察室。至2010年,县检察院政法行政编制50人,事业编制4人,实有政法行政编制38人,事业编制4人。其中检察员16名,助理检察员4名,书记员7名,其他工作人员11名。

第二节 刑事检察

1991年,由刑事检察股承担批捕起诉职能。1992年刑事检察股分为刑事检察一股、刑事检察二股,分别负责批捕和审查起诉工作。1997年更名为审查批捕股和审查起诉股。2002年再次更名,为侦查监督科和公诉科。

县检察院坚持把维稳作为首要任务，认真履行批捕、起诉职能，严厉打击刑事犯罪。1995—1996年“严打”统一行动期间，更是坚持“从重从快”和“两个基本”的原则，严厉打击严重危害社会治安的犯罪分子，受理的批捕案件22件77人、起诉案件21件38人均做到快捕快诉，其中最快的起诉案件从受理到办结只用了两天。由于表现出色，一名干警被海南省检察院记三等功一次，刑事检察一股、二股被县委、县政府评为“严打”斗争先进集体，5名干警被县委、县政府评为“严打”斗争先进工作者。1991—2010年，在审查批捕和审查起诉工作中注意发现遗漏犯，依法追捕63人，追诉13人。同时依法保障无罪人员和犯罪嫌疑人的合法权益，决定不逮捕101人，不起诉39人。在刑事审判监督工作中，重点监督纠正重罪轻判、有罪判无罪的案件，对认为确有错误的刑事判决、裁定，按照诉讼程序和审判监督程序提请抗诉27人。如欧某贤盗窃一案，县法院判决无罪释放，经抗诉，二审法院以欧某贤犯盗窃罪，判处有期徒刑5年。

1991-2010年琼中黎族苗族自治县人民检察院批捕起诉情况一览表

表12-4

年份	受理逮捕(人)	批准逮捕(人)	不批准逮捕(人)	纠正漏捕(人)	立案监督(件)	受理起诉(人)	决定起诉(人)	不予起诉(人)	纠正漏诉(人)	提起抗诉		备注
										(件)	(人)	
1991	92	88	4	3	—	99	88	5	—	—	—	—
1992	74	74	—	1	—	84	69	2	—	—	—	移送分院起诉6人
1993	36	35	—	—	—	40	46	6	—	2	5	移送分院起诉7人
1994	66	62	—	6	—	27	30	4	1	—	—	移送分院起诉3人
1995	70	75	—	7	—	80	55	1	—	—	—	移送分院起诉1人
1996	214	189	5	10	—	138	117	2	2	1	1	移送分院起诉19人
1997	93	104	5	3	3	108	89	1	—	1	2	移送分院起诉35人
1998	61	62	3	3	1	76	83	5	2	4	12	移送分院起诉7人
1999	75	64	11	—	1	68	62	—	1	1	2	移送分院起诉8人
2000	79	73	3	1	3	74	66	1	—	1	1	移送分院起诉2人
2001	57	55	2	1	1	67	44	1	—	—	—	移送分院起诉8人
2002	86	77	4	9	5	68	75	1	—	—	—	移送分院起诉2人
2003	105	97	6	4	39	106	87	2	—	—	—	移送分院起诉2人
2004	75	72	3	1	5	62	52	—	—	—	—	移送分院起诉1人
2005	97	93	4	4	—	93	85	—	—	—	—	移送分院起诉6人

续表1

年份	受理逮捕(人)	批准逮捕(人)	不批准逮捕(人)	纠正漏捕(人)	立案监督(件)	受理起诉(人)	决定起诉(人)	不予起诉(人)	纠正漏诉(人)	提起抗诉		备注
										(件)	(人)	
2006	112	106	4	1	—	90	73	2	—	—	—	移送分院起诉9人
2007	113	103	10	1	17	108	81	1	—	—	—	移送分院起诉7人
2008	94	77	17	2	22	104	100	—	3	1	2	移送分院起诉4人
2009	123	106	17	7	12	139	121	3	2	1	1	移送分院起诉5人
2010	110	102	5	1	6	120	98	2	2	—	—	移送分院起诉7人

第三节 经济检察与反贪污贿赂

1991—1996年，经济检察股共受理各类经济和贪污贿赂案件74件83人，立案侦查30件35人，侦查终结移送起诉部门起诉25件26人，为国家挽回经济损失46.22万元。

1997年，县检察院经济检察股更名为反贪污贿赂局，全年受理各类经济和贪污贿赂案件13件19人，立案侦查6件9人，并全部侦查终结，移送起诉，由法院做出有罪判决，其中万元以上大案5件8人，如县红毛粮所所长王某成挪用巨额公款案等。

1998—2010年，反贪污贿赂局以查办贪污贿赂犯罪案件，促进反腐败斗争深入开展为工作重点，负责对全县贪污、贿赂、挪用公款、巨额财产来源不明、私分国有资产等职务犯罪的侦查、预审工作，受理贪污贿赂犯罪线索133件，通过初查，立案侦查59件70人，其中贪污案件26件35人，贿赂案件16件16人，挪用公款16件16人，私分国有资产案1件3人，为国家和集体挽回经济损失400多万元。

第四节 法纪检察与反渎职侵权

1991—2001年，法纪股主要负责侦查侵犯公民民主权利、人身权利和国家工作人员渎职职务犯罪等案件。共受理各类法纪案件线索17件，立案侦查10件14人，其中非法拘禁案3件6人，玩忽职守案4件5人，滥用职权案2件2人，重大责任案1件1人，为国家挽回经济损失148.46万元。

2001年,法纪股改为渎职侵权检察科,2005年后改为反渎职侵权局。

2002—2010年,县检察院渎职侵权工作除了查处非法拘禁、玩忽职守、徇私舞弊和重大责任事故等案件外,还重点查处一批发生在群众身边、妨害群众利益的职务犯罪案件。共受理各类法纪案件线索28件,立案查处各类渎职犯罪案件11件16人,其中玩忽职守案3件8人,滥用职权案4件4人,刑讯逼供案2件2人,徇私舞弊案1件1人,徇私枉法案1件1人。

第五节 控告申诉

1991—2010年,控告申诉部门共受理群众来信来访1293件。受理的线索除直接答复、存查外,均按规定及时审查,分流至相关部门办理。其中检察院自办809件,转有关单位办理484件。1992年开始实行检察长接待日制度,正副检察长接待群众来访338次599人。每年坚持开展举报宣传周和大接访活动,为群众提供方便的诉求平台。2008年,为更加方便群众控告、申诉,县检察院在4个国营农场、3个乡镇建立举报、控告申诉和民事行政检举工作联系点。

2008年起,试推行公开审查制度,举行公开听证会,邀请县人大、县政协、县政法委、县纪委的同志和检风监督员参加听证,对2件不服检察机关决定的刑事申诉案件进行公开审查,在接受社会各界对检察工作监督的同时,达到让当事人服判息诉、案结事了的目的。2009年,琼中县检察院受理举报职务犯罪案件线索30件36人,其中群众来信举报23件,来访举报4件,自行发现3件,重复信访率6.7%;受理控告申诉案件线索66件85人,其中来信32件,来访32件,电话举报2件,重复信访率16.7%;控告检举60件79人,民事申诉6件6人;办理民事督促起诉案件7件,刑事申诉案件2件。严格实行按管辖和级别双向分流方式,强化线索流程管理,对受理的信访事项均在规定期限内分流完毕,并按时做好职务犯罪案件线索清理、涉检信访动向分析、控告情况分析、刑事申诉案件清理等工作。

第六节 民事行政

县检察院民事行政检察股依法对法院的民事审判、行政诉讼活动进行法律监督。1993年,县检察院民事检察工作股正式设立,配备2名干警,妥善处理县城电子游戏机商场发生的2起纠纷案。同时主动走出去和企业单位接触,调查摸底,为经济建设服务,针对群众举报,深入到县城粮食系统调查研究,防止国有资产转移,使国家经济利益免受更大的损失。1994年,民事行政检察股在工作中注意调查研究,强化对民事、经济审判和行政诉讼的法律监督职能。在办理申诉案件中,采用"积极、慎重、稳妥"的方针,坚持以事实为根据,以法律为准绳,对法院正确的判决和裁定坚持予以维护,做好息诉罢访工作,在承办一起不服离婚判决的案件中,深入法院民行庭进行调查,做好当事人的息诉工作。

2000年共审查受理民行案件2件,息诉2件,打开了多年来民事行政检察工作始终没有打开的局面。2001年,民事行政检察部门合并到控告申诉检察部门,同年协助反贪局办理2起贪污案件,协助审查批捕股办理批捕案件7起11人。2003年,琼中县检察院实行机构改革,民事行政检察工作合并到控告申诉检察工作中。全年受理并立案民事申诉案件1件,成功办结一件某国营农场合伙纠纷案,向法院提出书面建议,要求按审判监督程序重新审理该案。2007年,控申部门受理民事申诉案件3件3人。

2008年,按照海南省检察院海南分院民行一体化的要求,聘请10名民行联络员,协助开展息诉罢访及提供案源等工作,民行工作初有起色。全年共受理民事申诉案件5件5人。9月,琼中县检察院到县内4个国营农场、3个乡镇建立举报、控告申诉、民事行政检举工作联系点,把检察业务员延伸到基层,方便群众随时就近控告、申诉,让群众更加方便快捷地通过法律手段维护自身的合法权益。

2009年,受理民事行政案件13件,其中民事申诉案件6件(2件属于民行一体化案件),民事督促起诉案件7件。同时积极开展民事督促起诉工作,做出立案决定7件,达成还款协议3件,追回国有资产507711元,发出督促起诉书4份,发出检察建议书1份。

2010年,受理民事行政案件13件,其中民事申诉案件2件(1件属于民行一体化案件),民事督促起诉11件。

2009—2010年,民行科积极开展民事督促起诉工作,共向被督促起诉单位发出民事督促起诉书16件,为国家、集体挽回经济损失130万余元,督促国有或集体单位收回闲置国有土地611.79亩。因工作成绩显著,2010年荣获全省检察机关民事督促起诉工作先进集体称号。

1993—2010年,共受理民事行政申诉案件35件,立案28件,移送其他检察院3件,提出检察建议2件,有关单位采纳2件,息诉2件,建议县法院再审并被采纳1件。

第七节 监所检察

1991—1996年,县检察院监所检察股大力开展清理超期羁押活动,口头、书面纠正超期羁押834人次,超期羁押现象有所减少;纠正不依法投劳46人,纠正保外就医不规范8人次,发检察建议49次,对刑罚执行和监管活动实行监督;抓好被监管人员的教育,上法制课29次,受教育人数2025人次,个别教育谈话965人次;协助看守所解决被监管人员必要生活费用5万多元,帮助被监管人员及时就医158人次。1997—2000年,监所检察股认真贯彻落实新刑法和刑诉法,纠正超期羁押142人次,纠正不依法投劳3人次,纠正混管混押13人次,发出检察建议48份,打击牢头狱霸,查处犯人违法事件6起38人。

2001年,监所检察股改名为监所检察科。

自2002年起,按照最高检察院指示,成立清理和纠正超期羁押专项行动工作小组,联合公安、法院和看守所召开超期羁押工作协调会,对超期羁押案件进行全面清理。2003年7月,提出“超期羁押就是犯罪,超期羁押就是非法拘禁”的口号,两周内清除超期羁押案件11件15人。自2003年8月起,县看守所未再发现超期羁押现象,至2004年第一次实现全年零超期羁押。2006年后实行定期入所检查,提前3~5天预警羁押期限制度,杜绝超期羁押现象,监所检察工作更加规范。2008年以后,随着各项规范性制度的相继颁布,监所检察工作进入新的发展阶段,县检察院致力于驻所检察室工作的规范化建设,于2008年被省检察院评为三级规范化检察室。

2001—2010年,监所检察室共口头纠正违法行为99次,发出检察建议30份,纠正违法混管混押6次,纠正脱管漏管、保外就医届满未办理手续4人。

第八节 驻乡镇检察室

2009年1月和12月,根据省检察院统一部署要求,县检察院分别在区位相对重要、人口相对集中、农业产业相对发达、产业规划相对集中的湾岭镇、长征镇设立派驻湾岭检察室和长征检察室。湾岭检察室管辖琼中县北部湾岭、黎母山、中平等3个乡镇,乌石、阳江等7个农场和松涛、白马岭2个林场,辖区内有38个村委会、2个居委会、278个自然村、1个镇农场和22个相关单位,辖区人口约11万人;长征检察室管辖琼中县南部营根、长征等7个乡镇,长征、乘坡2个农场和红星林场,辖区内有64个村委会、358个自然村、7个居委会,辖区人口约11万人。

两个派驻乡镇检察室,立足检察职能,深入推进化解社会矛盾、创新社会管理、公正廉洁执法三项重点工作和治安环境综合整治工作,延伸法律监督触角,着力服务三农,保障民生,维护琼中农村改革发展。2009—2010年,共受理各类来信来访28件43人,成功化解矛盾纠纷1件,为群众排忧解难4件;开展各类法制宣传教育、职务犯罪预防29次,散发各种法律宣传资料11330多份、接受群众法律咨询1030多人次,受教育干部群众1400多人次;强化法律监督,协助侦监部门监督公安机关立案18件,自行收集、发现职务犯罪案件线索12件。积极参与社会管理创新,针对县非法采矿的情况以及行政机关执法过程中存在的问题,形成专题调查报告,得到县委主要领导高度重视,以此为契机开展专项整治活动,有效规范县矿产资源秩序。

第三章 法 院

第一节 机 构

1991年,琼中县人民法院设有办公室、告诉申诉庭、刑事审判庭、民事审判庭、经济审判庭、行政审判庭、执行庭、政工室,6个派出法庭,即营根、湾岭、什运、长征、黎母山、加钗法庭。翌年,撤销加钗法庭。1995年,撤销营根、什运法庭。1996年,为加强法院廉政、调研和安全保卫工作,增设纪检监察室、调查研究室和法警队。1998年,撤销调查研究室,告诉申诉庭分为立案庭和审判监督庭。2002年,立案庭和审判监督庭合并为立案、审判监督庭,黎母山法庭和湾岭法庭合并改为乌石法庭。同年,民事审判庭和经济审判庭分别改为民一庭、民二庭,乌石法庭改为湾岭法庭。2004年,立案、审判监督庭分别设置立案庭和审判监督庭,民一庭、民二庭和民行政审判庭合并为民事行政庭。2009年,执行庭更名为执行局。2010年,民事行政庭分设为民事审判庭和行政审判庭。至此,县法院的内设机构10个,分别为办公室、纪检监察室、政工室、刑事审判庭、民事审判庭、行政审判庭、审判监督庭、立案庭、执行局、司法警察大队,派出法庭两个:长征人民法庭和湾岭人民法庭。核定编制56人,实有44人,其中局(科)级以上审判员8名、副局(科)级审判员8名,一般审判员4名、助理审判员3名、书记员9名、法警6名、其他人员6名。

第二节 审判程序

一、刑事审判方式改革

1991—1996年,在审理刑事案件过程中所适用的法律是1979年制定的《刑事诉讼法》,采用的是纠问式审判方式。这种审判方式在计划经济体制下,曾发挥了打击犯罪、保证国家利益的职能。但这种审判方式比较注重庭前审查,只有对犯罪事实清楚、证据充分的案件才能决定开庭审判,法官在庭审中既要出示证据证明犯罪,又要进行裁判,控审不分。这种重公诉权而轻辩护权,辩护权相对弱化的状况,存在一定的缺陷,容易导致法庭审判的公开性和民主性程度不高,不利于保证案件质量和实现司法公正。

1997年《刑事诉讼法》修正后,对传统的纠问式刑事审判方式进行一系列改革,实行控辩式审判方式,即控辩双方当庭举证、质证、当庭辩论、法官居中裁判为主要内容的庭审方式。落实公开审判原则,把原有的只注重庭前审查,庭审活动只不过是把庭前审查认定的案件事实和形成的判决意见,通过公开开庭的形式确定下来的形式上的公开审判方式,改革为法官庭前对案件不进行实体性审查,只作程序性审查,只有通过庭审,在公诉人、当事人和其他诉讼参与人的参加下,通过控辩双方在法庭上公开举证、质证、辩论等来查明案件事实的做法,实现实质意义上的公开审判。庭审中,科学地安排举证、质证、认证,每起案件都按"六个一"执行,即一事、一指、一证、一质、一辩、一清,但对于适用普通程序审理的案件,对不能当庭认证的证据要说明理由,可在庭后评议时进行认证,并在判决书或裁定书中加以阐述。新的《刑事诉讼法》增加了被告人和其他当事人的诉讼权利,因此在刑事诉讼过程中,积极维护当事人的合法权益。刑事审判实行控辩式审判方式后,法院的刑事审判由职权主义向职权主义"当事人化"方向发展。

二、民事、经济审判方式改革

1991年4月,新的《民事诉讼法》颁布,原有的开庭以询问当事人为主的纠问式审判方式已不适应新民事诉讼法的规定。因此,对庭审方式进行革新:开庭审理时,改变以往询问当事人的纠问式庭审方式,实行当事人自己辩论的庭审方式;改变过去由法官向当事人质证为当事人之间的质证,让当事人自己出示证据;改变法官与当事人争论为当事人之间的辩论;加强当庭认证,对证据的认定应由合议庭集体行使。全面落实公开审判原则,对各类民事、经济案件,凡是依法应当公开审理的一律公开审理,对依法不公开审理的案件,在开庭审理后公开宣判,对于违反公开审判制度的案件依照法定程序纠正,以落实公开审判制度,带动审判方式和庭审方式的改革。

2000年以后,更加严格执行最高法院《关于严格执行公开审判制度的若干规定》,进一步强化当事人举证责任,改变过去法官包揽一切,代替当事人调查举证的习惯做法,实行谁主张,谁举证,由当事人承担举证不利的后果。在审判方式改革中,还提出还权审判组织,把审与判的职权全部给合议庭和独任审判员。1999年10月1日,《中华人民共和国合同法》实施,经济审判改称为商事审判,与民事审判合称为民商事审判。自2002年起,县法院根据最高人民法院《关于民事诉讼证据的若干规定》,不断深化民商事审判方式改革:一是强化当事人的举证责任。审判人员在法庭上的主要任务是听取双方当事人对自己主张的事实进行举证、质证和辩论。庭审以双方当事人诉讼言词对抗为主线,改变当事人在庭审中的被动地位以及法院包揽一切的纠问式审判。充分调动当事人及其诉讼代理人举证的积极性,使庭审活动客观、公正,也使当事人不再认为输官司是法院偏袒对方所致,而是因为自己举证不力,这有利于消除当事人与法院的对立情绪。二是完善认证方式。对适用简易程序审理的案件采用一证一认的方式;对证据存疑的案件采用分阶段认证的方式;对适用普通程序审理的案件采用全案综合认证的方式,提高法官对证据效力的认证能力。三是扩大简易程序适用范围。从2003年起,民商事审判按照最高人民法院《关于适用简易程序审理民事案件的若干规定》的要求,扩大审理案件适用简易程序的范围,提高了办案效率。

第三节 立案程序

1991—1997年,琼中法院立案工作由告诉申诉庭负责,共收到和接待告诉及非诉来信来访1596件(人)次,其中决定立案转各业务庭办理185件,按督促程序办理简易借贷纠纷的支付令133件,自动履行133件。1998年8月,3位来自四川的民工家属哭诉,其儿子在乌石承包种马占树时被雷击身亡,经镇政府、派出所调解无效,请求法院处理。院领导高度重视,立即带领法官赶往乌石镇,用一天的时间使双方当事人达成和解协议,执行完毕,有效防止一起恶性事件的发生。同年,撤销告诉申诉庭,成立立案庭。

2003年,建立以立案庭为中心的审判、执行案件流程管理建设工作,实现审判、执行案件流程管理电脑化建设;建立申诉、复查听证制度。2004年,相继出台《关于减、缓、免交诉讼费的具体办法》《琼中法院司法为民措施》《关于收取其他诉讼费用的实施细则》等条例,规范诉讼收费和司法救助制度。同年,县法院对案件主办人及开庭日期的确定、案件审理、执行流程进行跟踪,对超审限、超执限案件进行预警等均由电脑实行规范化、科学化管理,杜绝了法官选案、拖案、揉案的现象,并将民商普通程序案件的审理期限由6个月缩短为3个月,将民商简易程序案件的审理期限由3个月缩短为1个月,案件的执行期限一般也要求在3个月内执结。2005年,琼中法院制定《来信来访接待制度》《案件审限制度》《案件受理制度》《立案工作细则》《立案庭庭前调解操作规程(试行)》和《关于对行政案件立案审查的规定》等制度,规范立案、信访工作。

第四节 刑事审判

1991—1993年,贯彻依法从重从快的方针,进一步加强刑事审判工作,依法严厉打击严重刑事犯罪活动。受理刑事案件152件,审结152件,判处案犯252人,判处5年以上有期徒刑的案犯98人。如1992年审理陈某厚贪污一案,原县印刷厂出纳员陈某厚,在1987—1991年任职期间,利用职务便利,采取收款不上账的手段,从中贪污公款34000多元,给国家企业造成重大损失,依法判处其有期徒刑13年,剥夺政治权利3年。1994—1995年,审结各类刑事犯罪案件46件,判处案犯103名。1996—1997年,严格执行新的《刑法》和《刑事诉讼法》,坚持“严打”方针,依法打击各类犯罪分子，审结刑事案件127件，判处案犯217人。在“严打”斗争中，成立“严打”小组，制定“严打”斗争方案，并设置了信息反馈、上传下达等“严打”联络员。为扩大办案的社会效果，先后组织召开海南中级人民法院暨琼中法院宣判大会6场，公开审判61名刑事犯罪案犯，处决14名死刑罪犯。

1998—2000年，审结刑事案件157件226人。继续贯彻学习新《刑法》和《刑事诉讼法》，防止错案发生。如被告人王某生、王某洪等人抢劫案，审理后发现被告人主观上没有犯罪故意，只是因醉酒而殴打被害人，被害人因害怕将身上的20元交给被告。按照《刑法》规定，不构成犯罪，建议公诉机关撤回起诉。2001年全国开展第3次严打整治专项斗争，至2005年，审结各类刑事案件282件，刑事处理364人。在“严打”整治过程中，会同海南中院召开公判会1次，并以“推行司法公正、弘扬法治”为主题宣扬法制。2006—2007年，开始坚持“严打”方针和宽严相济的刑事政策，贯彻“教育、感化、挽救”的刑事方针，审结各类刑事案件158件202人。2008—2010年，审结各类刑事案件262件，判处罪犯320人。

2006—2010年琼中县刑事案件情况一览表

表12-5

案件类型	2006	2007	2008	2009	2010
危害社会治安犯罪（故意伤害、抢劫、抢夺、盗窃、强奸等案件）	37件44人	45件51人	—	62件83人	38件62人
职务犯罪（贪污受贿等案件）	6件8人	3件4人	—	3件3人	11件11人
破坏森林资源犯罪（滥伐、盗伐林木等案件）	9件14人	19件29人	—	13件16人	15件26人
破坏社会主义市场经济秩序犯罪（诈骗等案件）	2件3人	无	无	无	无
毒品犯罪案件	9件11人	2件2人	—	3件3人	4件4人

1991—2010年琼中县刑事案件审判情况一览表

表12-6 单位:件

年份	受理案件	审结案件	年份	受理案件	审结案件
1991	67	67	2001	40	40
1992	44	44	2002	50	50
1993	41	41	2003	76	76
1994	31	31	2004	46	46
1995	46	46	2005	70	70
1996	72	72	2006	81	81
1997	55	55	2007	77	77
1998	55	55	2008	92	92
1999	49	49	2009	83	83
2000	53	53	2010	87	87

第五节 民事审判

1991年,琼中县法院受理各类民事案件135件,审结109件,结案率为80.7%。一是审理离婚、抚养、继承等案件,保障婚姻自由,保护妇女、儿童和老人的合法权益。二是审理大量损害赔偿、债务、房屋、林木、土地等案件,保护合法的债权债务关系,依法维护公民、法人和其他组织的财产关系。三是坚持"着重调解"这一办案原则。在办案过程中,不畏艰辛和繁琐,做到耐心听讲、细心分析、公平合理合法的调解。四是业务指导与办案相结合。1992年,共处理简易纠纷、防止矛盾激化92件次,对受案较多的黎母山法庭、营根法庭,在业务上加强指导,结案率均达80%。1993年,贯彻着重调解的原则,谨慎处理婚姻家庭案件。如原告人陈某辉诉与被告人李某丽婚姻纠纷一案,原、被告人于1987年9月登记结婚,婚后夫妻感情和睦,共同经营一间服装店。由于女方身体原因,婚后多年不育,故原告提出离婚。经法院两次耐心细致做双方思想工作,调解结案。1995年,县法院慎重处理12件在深化改革过程中引发的有关房屋、土地、山林、水利案件。1996年,县法院探索民事审判方式改革的新路子,承办法官不在庭审前单独接触当事人,也不做庭审前的调查取证工作,而是做必要的准备工作就开庭审理,让双方当事人在法庭上举证、质证,法官当庭认证,并在掌握事实、分清是非的基础上,对双方当事人进行调解,调解不成及时判决。1998年,县法院成功审结多起新类型案件。如王某义等25户诉山兰贸易公司购房纠纷集团诉讼案,从立案时从5户,诉讼标的才几十万,后逐渐增加到25户,诉讼标的增至上千万元,案自1996年立案时,法官没有把握好案件的各个法律关系,把购房纠纷、借款合同纠纷、承包工作合同纠纷合并审理,加大了案件审理难度,且违反诉讼程序,不同法律关系的案件不能合并审理。此案已开过两次庭,仍无法审结。为了尽快地审结此案,审判委员会就该案专门讨论2次后,将承包合同、借贷合同从案件中分开审理,只审理购房纠纷集团诉讼,在较短时间内审结此案。1999年,民事审判适用简易程序审理,所审结的266件案件中适用简易程序审理的152件,调解案件110件,且审结的案件全部在审限内结案,其中一个月内结案166件,当庭宣判17件。

2000年,县法院受理民事案件1022件,比上年度的362件增长2.82倍,审结1017件。2002—2003年,县法院贯彻省高院关于审判方式改革的规定,所有民商事案件的审判全部实行一步到庭,强化当事人的举证责任与举证意识,强化庭审功能,实行公开审判、当庭举证、质证、认证、当庭宣判等。2004—2007年,县法院注重对涉农案件的审理,依法保护了农民和投资者的合法权益,受理各类涉农案件294件,全部审结。原告琼中县扶贫办公室与被告舒某等人的4宗涉"海南绿橙"农业承包合同纠纷案的审理及执行,以及利某、王某等10名下岗职工与县政府招待所劳动争议案件,冯某、陆某等10名离退休工人与国营乌石农场劳动争议的依法审理,收到很好的法律与社会效果,为地方特色农业经济的发展及企业改革提供了优质的法律服务。2009年,县法院开展依法清收农村信用不良贷款案件工作,共受理农村信用不良贷款案件513件,全部调解结案,结案标的498.45万元。2010年,县法院深入贯彻落实司法为民30条措施,严格执行案件繁简分流和速裁原则,坚持巡回办案,就地开庭审理、调解的指导思想,通过立案调、庭前调、庭中调、庭后调、电话调"五步调解法",努力形成民商案件大调解格局,为方便当事人参加诉讼活动、心平气和地协商解决矛盾纠纷,促进人与人之间的和谐共处,最大限度地提供司法保障和法律服务。

1991—2010年琼中县法院民事收结案情况表

表12-7　　单位:件

年份	受理案件	审结案件	调解案件
1991	135	109	66
1992	121	106	75
1993	113	104	60
1994	98	79	61
1995	103	97	—
1996	170	164	62
1997	136	133	51
1998	171	168	51

续表1

年份	受理案件	审结案件	调解案件
1999	171	167	96
2000	271	266	110
2001	1022	1017	105
2002	260	249	82
2003	256	253	95
2004	199	198	118
2005	221	219	140
2006	215	213	181
2007	227	223	143
2008	227	226	174
2009	779	774	695
2010	397	391	277

第六节 经济审判和行政审判

一、经济审判

1991—1993年，受理经济纠纷案件41件，审结36件，在审判中克服地方保护主义，注重保护“三资”联营企业的合法权益。如台商投资的海南合成石材开发公司诉儋县永昌石料资源公司购销合同纠纷一案，审判人员多次奔赴现场，了解石料的生产、销售情况。经审判人员多次做调解工作，使双方在履行部分合同的基础上，达成新的协议。1994年，受理3件经济纠纷，均审结，并成立依法治贷小组，为金融部门追回贷款2.6万元。1998年，县法院开始适用简易程序审理合同纠纷案件，如受理县水产养殖公司诉黄某雄、王某等18人扶贫贷款纠纷案件中，有10件适用简易程序审理，一周时间全部结案，缩短了诉讼周期。2000年，县法院审理长征镇53户农户诉陈成进等销售假种子案，为53户讨回公道，挽回经济损失7万多元。2002年，民事审判和经济审判合并为民商事审判。1991—2001年，琼中县法院审结各类经济案件179件。

二、行政审判

1991—1995年，在大多数百姓心中，还没有“民告官”意识。百姓不知告、不会告、不敢告的思想普遍存在，因此行政案件较少，共计10件，全部审结。1996—1997年，县法院受理行政案件

7件,审结7件。1998年未受理行政案件。行政庭除了协助其他庭室审理案件外,大力开展调查研究,认为行政案件少的原因:一是人民群众对《行政诉讼法》不熟悉,不懂得运用法律维护其合法权益;二是对《行政诉讼法》的宣传力度不够;三是"民告官"对当事人心有余悸;四是一些行政机关对违法行为处理偏轻,管理较松,消极地减少了行政争议。在此期间,县法院研究行政审判庭审方式改革,撰写了《如何审查具体行政行为的合法性》的论文,在全省行政审判方式改革研讨会上获三等奖。1999年,受理行政诉讼、申请非诉审查执行案件7件,审结7件。2000年,县法院受理行政诉讼案件、申请非诉审查执行案件7件,审结7件。其中,依法妥善处理两件涉及中小学生乱收费行政处罚案件,减轻了家长的负担。2002—2009年,县法院共受理行政案件18件,全部审结。2010年,按照海南省高级人民法院的工作意见,把行政审判庭从民事审判庭中分离出来,设立了行政审判庭,全年共受理行政案件7件(含行政非诉1件),审结7件。在审理原告黄某与被告琼中某局行政处罚一案中,县法院依法判决驳回原告黄某的诉讼请求,维护和支持政府部门依法行使职权。

第七节 审判执行和审判监督

一、审判执行

1991年,县法院在县政府的支持下,先后拨出执行会战专款4000元,在3个月内,清理执行积案17件,部分执行16件,执结标的249981.48元。在执行工作中,县法院积极贯彻最高人民法院关于在全国统一执行大会战的部署,及时清理执行本院历年执行积案,积极派员到外省、市协助执行。申请执行人庄某元申请的被执行人陈某丹合伙联运一案,陈某丹将执行物转移到外地一年之久,经邓某学庭长多方奔波,了解到被执行人的银行存款后,果断扣划,使该案的执行工作走出困境,为当事人的合法权益提供了法律保障。1997年,针对执行案件的情况,县法院采取"以物抵债""牵线搭桥"等措施,缓解"执行难"的被动局面。在执行农村案件过程中,针对农民工作的特殊性,改变工作策略,充分利用午间和傍晚时间寻访当事人,使许多农村案件得到及时执行。1998年,县法院对多起执行难钉子户进行强制执行,收到很好的社会效果。县信用社合作社诉梁某梅房屋侵权案,案件发生法律效力已久,但因被执行人关系复杂,长期得不到执行,在县城造成不良影响。1998年6月2日,由院长亲自带队,组织全体干警,将被执行人梁某梅强占的铺面迁出。有群众反映说:"人民法院执行动真格"。同年,乌石农场申请执行被高坡村民强占土地案,高坡村民强占乌石农场土地300多亩种马占树,县政府做出决定生效后,乌石农场向县法院申请执行,在有关部门的配合和支持下,于7月18日将被执行人高坡村民强占乌石农场土地中的马占树强行迁出。1999年,县法院贯彻执行工作文件以"三讲"教育工作整改为契机,以下放执行权力、集中兵力强制执行和执行大会战等方式,执行案件猛增到219件,共执结93

件。2000年,执行案件激增到625件,执结456件。

2001—2003年,县法院规范执行工作,一是执行案款、财务事项分开管理,设立案款专户;二是实行执行裁决权与裁决事实权相分离、相制衡的执行改革,提高执行公开度,减少实行强制措施的随意性,规范执行行为;三是坚持实行执行财产申报、执行风险预告知的做法;四是加强案件执行的时限管理、流程管理、规范化建设,确保案件执行的公正和高效;五是实行严格的执行听证制度,对重大执行事项或当事人提出异议的案件进行听证、合议,增强执行的透明度,以公正促公开;六是实行电脑委托拍卖系统,规范拍卖环节的执行行为,使之公开、公正、透明。2004年,对涉党政机关、政府部门的执行积案进行清理,妥善处理大批疑难积存案件。同年,开展执行投诉专项检查,对受理的申诉、投诉、涉弱势群体的案件重点检查,检查处理的3起案件全部执结完毕。2005年的执行工作将拖欠农民工工资、拖欠工程款、涉弱势群体、涉国家机关为被执行人的案件列为重点,执结此类案件9件,执结标的4.3万元。2006年,县法院开展集中清理涉政府部门为被执行主体的执行积案活动,办结10件此类案件。2008—2009年,开展集中清理执行积案活动,对清理出的193件执行积案积极查找执行线索,全部清理完毕。2010年,县法院进一步规划执行工作,一是完善立、审、执协调配合机制,加强立案、审判和执行三个环节的协助配合,形成法院内部解决执行难合力;二是建立健全执行工作长效机制,改变执行案件"累积—清理—再累积—再清理"的被动局面,进一步巩固清理执行积案活动成果,实现执行工作的良性循环;三是强化执行监督制约机制,推行执行全程公开和执行事项告知制度,邀请人大代表、政协委员参加重大执行活动,规范执行行为,确保执行公正。全年共邀请人大代表、政协委员参加重大执行活动或执行听证11件次;四是依法对不履行或不积极履行法律义务的被执行人,依法利用财产举报申报、评估拍卖等措施,督促其积极履行法律义务,震慑不积极履行法律义务的当事人。全年共依法采取拍卖评估、财产举报申报等强制措施执行案件2件。

二、审判监督

1991—1997年,县法院的审判监督工作由告诉申诉庭处理,负责接待当事人的信访、申诉,并审理再审案件。工作中,充分发挥告诉、申诉的窗口作用,为告状求助的群众排忧解难,化解社会矛盾;加大审判监督力度,依法保护当事人的合法权益。1999年,县法院进一步加强审判监督机制,先后出台了《审判质量年实施方案》《案件审限催告若干规定》、执法监督卡、《案件审理流程表》《错案责任追究实施细则》等制度。2000年,县法院聘请8名执法监督员对法院的公平执法实行严格监督,有5起案件因7名审判员对法律理解片面、不深入调查研究而造成错案,责令7名审判员向院党组做出书面检讨。2003年,告诉申诉庭分为立案庭和审判监督庭,信访接待业务由立案庭负责,审监庭成为专职的审判监督机构。2004年,县法院开展错案责任追究专项检查活动,对自2001年以来发回重审、改判的案件逐案检查、评定。经检查,有5起案件被确定为错案,错案承办法官3人被扣发法官津贴,2人被通报批评。

1991—2010年,县法院共受理申诉案件31件,全部审结。

第四章 司法 行政

第一节 机 构

1991年,县司法局定编28名。司法局增设政工股。黎母山镇、和平镇成立法律服务所。1994年,司法局有编制28人,在职干部22人。局内设政工股、宣教股、基层股、办公室、公证处、律师事务所6个职能部门。7月16日,成立对台工作领导小组。1996年,成立营根镇司法所、松涛司法所。1997年,成立黎母山镇司法所、乘坡农场司法所、长征农场司法所。1998年,司法局内设行政秘书、政工监察、法制宣传、基层调解、公证、律师事务所(属事业单位)、行政复议岗位。局机关编制22个(不包含乡镇14个司法助理员编)。成立黎母山林业公司司法所,上安乡司法所、法律服务所。1999年,成立红毛镇、中平镇、红岛乡、长兴乡司法所和法律服务所。2000年,成立长征镇、乌石镇、长兴乡司法所。

2001年,琼中县司法行政编制精简后核定为29名。县编委同意在全县14个乡镇设立司法所,实行双重领导,以县司法局为主的管理体制,和平镇、湾岭镇、什运乡成立司法所,成立什运乡、和平镇、中平镇、乌石镇、湾岭镇、松涛乡、上安乡、长兴乡、黎母山林业公司司法调解中心。同年6月,司法局成立"琼中黎族苗族自治县法律援助处",归口司法局管理,编制为3人,成立琼中县军人军属法律援助中心,实行两块牌子一套人马,办公室设在司法局。2002年,司法局内设人事秘书、法制宣传、基层调解、公证4个岗位。司法局行政编制15名。2004年,"琼中县城法律事务所"更名为"琼中县维正法律事务所","黎母山镇法律事务所"更名为"琼中县维益法律事务所"。2006年,维正法律事务所和维益法律事务所由事业制变为合作制,合作人各为3人。琼中县编委经研究同意设立10个乡镇司法所。2007年10月16日,琼中县编委同意增加县司法行政编制2名。2010年,琼中县司法局内设办公室、法宣岗、基层岗、社区矫正与安置帮教岗、法律援助处、律师与公证指导岗6个工作岗。司法局行政编制32名,其中局长1名,副局长2名。

第二节 法制宣传

1991年,全年发放各种学习资料1800多份,出黑板报、墙报40多期,贴宣传标语1200多条(幅),上法制课40多场次,开动宣传车15辆次。受教育人数达10万人次。

1992年,组织琼中县各级党政机关学习"两本书"《社会主义法制建设若干问题讲话》和《中华人民共和国宪法讲话》。全年举办"两本书"学习班31期,参加人数6480人次,发放学习资料2000余册;组织《二五》普法骨干学习班49期,培训普法宣传员5508人,骨干1706人次。据不完全统计,琼中县各单位共举办普法学习班68期,参加学习人数11300人,出黑板报,墙报183期,张贴标语5000余条,横额200余幅,出动宣传车89辆次,上法制课73场次,印发各种宣传资料4000余册,受教育群众达11.6万人次。

1993年,琼中县普法教育宣传工作抓基层(乡镇)普法骨干培训,在县城举办两期为期4天的普法骨干培训班,各乡镇分管政法工作的领导和司法助理员共72人参加培训;抓好普法宣传工作的试点,全县13个乡镇95个管区掀起普法教育热潮,据统计,全县基层普法教育上法制课共91场次,参加人数32541人,收到良好的社会效果。同年,重点巡回宣传《社会治安管理条例》《海南省取缔嫖宿暗娼的规定》,根据琼中县刑事案例编写印发宣传资料245份,结合"护林保胶"工作开展宣传,出动13辆次宣传车深入到治安、民事纠纷问题较多的地区。

1994年,法宣部门配合"严打"斗争和保胶护林工作,宣传《枪支管理办法》《社会治安管理条例》《社会治安综合治理条例》《刑法》等有关法律法规;以《宪法》为核心,专业法为重点开展法制宣传教育;11月22日在县城举办《国家赔偿法》学习班,县直属机关副科级以上领导干部、乡镇分管政法工作的副乡镇长、司法助理员共216人参加学习,考试及格率100%。当年共上法制课275场,受教育人数9万人次。

1995年,配合保胶护林、森林防火工作,加强有关法律法规的宣传教育;开展禁毒和《母婴保健法》活动月宣传活动;全县一年来普法教育活动达600多场次,利用宣传车、电影幻灯、电视宣传、有线广播、法制课、黑板报、墙报等进行宣传,宣传横额217条,张贴标语6340余张,印发各种普法宣传资料3086份(册),截至11月底,受教育人数达15万多人,完成全县普法覆盖面的87%,至此,"二五"普法任务已基本完成。

1996年,成立县"三五"普法办公机构,普法办公室设在司法局,筹备举办第一期"三五"普法骨干培训班;做好"严打"斗争的法制宣传教育工作。

1997年,琼中县司法局法制宣传部门重点抓好"三五"普法学习手册的征订工作,切实搞好社会治安综合治理中的法制宣传;为全县10所中小学校上法制课30余场次,赠送法制教育书籍

1000多册，直接受教育人数达6300人，

1998年上半年组织普法骨干、党员干部300余人参加《刑法》和《刑事诉讼法》的学习班；投入20人次为近2000名在校生上法制课20场次；组织全县干部法律知识考试，2684名在职党员干部参加考试。

1999年，重点抓好社会主义市场经济、打击惩罚走私贩毒的法律法规的学习和宣传；全年50多人次深入到14个乡镇12所初级中学及小学，为近一万名在校学生上法制课；结合团省委，省司法厅开展创建优秀“青少年维权岗”活动部署，把对青少年的普法学习当作创先争优“维权岗”的一项重要考核内容，举办各级各类法学讲座10次，受教育的青少年达7860人次。

2000年1月2日至3月10日，司法局与工商局联合举办工商行政管理法律知识竞赛活动；“三八”妇女节期间以《妇女权益保障法》为主要内容通过各种形式进行宣传；9月司法局与残联利用“148”法律服务热线和设立法律咨询点的方式共同开展“助残”献爱心宣传活动；结合文艺“四下乡”活动加强普法宣传教育；2000年9月15日成立县普法依法治校领导小组，司法局为第一责任人，司法局配合教育部门在全县中小学全部配齐兼职法制副校长，为在校学生上法制课56次，受教育学生19000人次。通过法制宣传，城镇机关受教育人数达37653人次，普及面达98%，农村受教育人数达127231人次，普及面达96%。

2001年“三八”妇女节，司法局与妇联开设了一期新《婚姻法》学习班；制定“四五”普法规划；司法局结合实际情况，与县委宣传部联合举办“送法下乡”活动，向农民宣传《村民委员会组织法》《海南省村民委员会选举办法》《土地管理法》等法律法规。

2002年，以各级领导干部、司法和行政执法人员，企业经营管理人员，青少年为重点，分层次开展普法宣传教育活动；组织宣讲团成员深入全县各基层单位上法制课15次，听课人数达5000余人。

2003年3月，琼中县司法行政工作会上，县政府与全县各乡镇、各部门共120个单位签订2003年度依法治县工作目标责任书，形成完整的法制宣传教育网络体系；大力开展“法律进村”活动；在抗“非典”期间，成立农村防治非典型肺炎法制教育工作小组，编印万余份宣传资料；在电视台开辟《法律与您同行》栏目；开展“12·4法律与我同行”演讲比赛和文艺演出；开展“民主法治示范村”试点活动。全县30所中小学共聘请20名法制副校长、法制辅导员。

2004年，开展“送法进万家”活动，深入全县17个乡镇开展法律宣传、法律扶贫活动50余次；抓好领导干部学法用法，组织在职干部法律培训班10期。4月22日，配合政府法制办对全县各乡镇、各部门主管领导和负责行政审批的人员进行《行政许可法》培训，并组织考试，及格率达100%；配合土地资源管理局、县公安局等部门开展“6·26”土地日、“6·28”禁毒日宣传活动；围绕全县“禽流感”防治工作，开展《动物防疫法》宣传；制定民主法治示范村工作方案，8月，湾岭镇新坡村被司法部、民政部评为全国“民主法治示范村”；司法局向县电视台、《法制时报》等报送法治新闻6条。

2005年，搞好“四五”普法验收工作，对各个乡镇普法依法治理工作的档案台账，做好分类，

试点示范。

2006年是实施“五五”普法的开局年，普法办分别制定琼中县“五五”普法规划及决议（草案）；组织实施“法律进乡村”工程，在开展第一批工作中，深入农村上法制课38场次，出动宣传车41辆次，张贴标语、横额500余条，法律咨询12场次，放映电影15场，受教育农民7138人次、中小学生5540名，15个村委会的3758户农民每户一册法律常识手册；全年共组织法制副校长、普法骨干积极深入到各中小学校上法制课21场次，受教育11237人次；10月26日，组织800名领导干部学习《民族区域自治法》和《琼中黎族苗族自治县自治条例》。

2007年，出动宣传车60余次，发放宣传资料5万余份，展出宣传图片19场，开设法律咨询15场，悬挂宣传横幅100余条；先后组织95名法律工作者到全县10个乡镇89个行政村开展“法律进乡村工作”；按要求在105个行政村印制了110条“有纠纷找司法,有疑难请拨12348”的硬化宣传标语。

2008年，重点开展“法律进学校”活动，向琼中县134所学校发放各类宣传资料7063册，举办法律讲座265场次、模拟法庭15场、法律知识竞赛25场次，举办法制图片展览38场次，出法制宣传墙报、法制之窗、专栏598期；印刷“12348”“12355”热线标语145条；县广播电视宣传35次；播放法制电影25场次；聘请法制副校长44名、法制宣传员186名、法制宣传志愿者25名；出动巡回宣传车55辆次；悬挂法制宣传标语156条（幅），受教育人数达2万多人次。5月20日至6月25日，司法局组织中国移动公司琼中分公司和琼中县教科局联合举办“与法同行、法在我心中”演讲和征文竞赛；4月29日，请两位未成年在押人员参加“现身说法”活动，加强青少年法制教育。

2009年，司法局与县妇联、县疾病防治中心和县消防大队等相关单位针对农民工法律、妇女维权、甲流防控、安全防火等开展主题鲜明的专题宣传活动。共举办法律咨询8场次，出动宣传车36辆次；实施“法律进企业”工程，在“琼中新闻”播出相关新闻15次，向企业发放宣传资料500多册，放映电影12场次，观看人数达3000多人次，发放法制光碟39套，举办法律讲座28场次，企业普法教育覆盖面达100%；实施“法律进机关”工程，在琼中县举办讲座、以会代训、专题培训班80多场次，悬挂横额8条，出动宣传车20辆次；上法制课35场次，受教育学生达1万余人，琼中县学生法律宣传教育普及率达93%；筹办“学法守法用法建设美好祖国”法律知识竞赛活动。

2010年，琼中县组织开展各类法制宣传活动115次，其中送法下乡、法律进社区活动53次，送法进校园活动42次，送法进企业活动20次，社区法制茶话会3次，组织各类法律知识竞赛活动3次，参加人员达1.5万余人，设立法制宣传咨询点33个，接待群众法律咨询约3000人次，发放各类法制宣传资料9万余份，悬挂张贴法制宣传标语123条，出法制宣传专栏、橱窗、板报33期。县人民法院、县国税局、营根镇人民政府被评为海南省“五五”普法先进集体；县公路局副局长王诗和、湾岭镇党委书记王大周、县职业学校校长陈建民被评为海南省“五五”普法先进个人；县司法局局长卓泰雄被评为海南省“五五”普法先进工作者。

第三节 人民调解

1991年,琼中县已成立人民调解委员会95个,调解人员400名。全年共发生各类民事纠纷361件,调解成功357件,成功率达97%,挽回经济损失15万余元。

1992年,调解各类民事纠纷324件,其中婚姻纠纷24件、房地产纠纷40件、继承纠纷30件、相邻纠纷70件、宅基地纠纷140件。

1993年,全县有人民调解会组织95个,调解人员410人,基本形成司法调解工作网。据统计,全县发生各种民事纠纷158件,调解成功率142件,成功率89.8%。

1994年,司法局采取县、乡(镇)两级办班,以会代训的办法对调解员进行培训,提高业务水平;制定了司法助理员管理制度。一年来,全县发生各类民事纠纷356件,调解356件,调解成功350件,成功率为98%。

1995年,有人民调解委员会103个,调解人员510人。共调解纠纷137件,调解成功117件,挽回经济损失34122元,成功率达85%以上。

1996年,全县发生民事纠纷178件,调解176件,调解率为98%,调解成功176件,成功率为100%。

1997年,琼中县各级调解组织共调解民间纠纷87件,成功率95%。

1998年,全县共有调解委员会179个,配备专兼职调解员1135个,调解民间纠纷298件,调解成功284件,成功率95%。

1999年,全县调解各类民间纠纷280起,成功272起,成功率为96%。

2000年,成立黎母山镇、黎母山林场两个基层司法调解中心。各基层司法所、人民调解组织共调解各类民间纠纷293起,成功280起,成功率96%。

2001年,共调解各类民间纠纷187起,成功187起,成功率100%。

2002年,举办琼中县人民调解员培训班,对全县企事业单位人民调解员和司法助理员进行业务培训,强化了调解工作制度,全年共调解纠纷315件。

2003年,在乡镇、村两级普遍建立人民调解委员会,建成调委会110个。司法所及调委会指导全县各镇排查、清理、调处民间纠纷。全年调解各类纠纷1283件,调解成功1283件,调解成功率100%。

2004年,共参与、调处民间纠纷738起。

2005年，司法局先后在全县党群书记会议、政法工作会议、司法所长例会上进行布置，要求各乡镇结合民主法治村的建设，创建规范化调委会，全面带动调委会建设。

2006年，受理各类纠纷307件，防止民转刑案件8起62人次，排查出不安定因素22起，成功平息19起，协助乡镇政府调处社会矛盾纠纷157起，制止群众性上访和群众性械斗2件。

2007年，琼中县人民调解员共排查民间纠纷330件，成功322件，成功率达97.6%，排查出各类不安定因素71起，成功平息71起。

2008年，全年排查民间纠纷293件、调解民间纠纷311件，调解成功305件，调解成功率达98%，调解协议履行率达100%，制止群体性上访2件，协助基层政府调处矛盾纠纷112件。

2009年，司法局选派部分骨干16人次参加全国和全省业务培训，在黎母山镇举办一期124人参加的基层人民调解员业务培训班。全年调解民间纠纷1124件，调解成功1120件，制止群体性械斗64人次，防止群体集体上访71人。

2010年，司法局为司法所下拨了人民调解工作补助经费。基层人民调解员接受各类矛盾纠纷1543件，调解成功1537件，成功率99%。

第四节 公证律师

一、公证

1991年，共办结各类公证48件，协办涉外民事公证6件，公证收费总额3900元。

1992年，为办好《中华人民共和国公证暂行条例》颁布十周年活动，开展公证宣传月活动，出动公证宣传车10辆次，开设公证咨询点2个，咨询人数300人次；当年8月，对11个国营农场的161辆汽车、42台中型拖拉机及个体户办理公路养路费、公路基金合同公证，总标的95万余元；至11月底，办结公证166件，其中国内经济合同125件，国内民事合同41件，办证收费总额15085元。

1993年，为确保办证质量，司法局不定期地组织公证人员学习公证业务知识40余次；组织公证律师深入到13个乡镇、11个国营农林场宣传公证业务知识，扩大影响。共办理各类公证115件，其中国内经济合同公证83件，国内民事公证32件，办结公证事项标的总额202.8万元，并做好回访工作。

1994年，公证处受理各类公证84件，已办结81件。其中国内经济合同公证53件,国内民事合同公证28件,公证收费总额15000元。

1995年，截至11月份，公证处受理各类公证102件，已办结91件。其中国内经济合同89件，国内民事合同公证2件。8月15日，280万元中国体育彩票开奖在琼中县举行，公证处参与了公证。

1996年,公证处共办结公证43件,其中国内经济公证40件,国内民事公证合同3件。

1997年,公证处共办理各种合同公证17件,其中国内民事公证3件,国内经济公证14件。

1998年,公证处共办理公证14件,其中国内经济合同8件,国内民事公证4件,现场公证1件,说明书公证1件;

1999年,琼中县公证处共办理公证23件,其中国内经济合同13件,国内民事公证10件。

2000年,琼中县公证处共办理公证22件,其中国内经济合同12件,国内民事公证10件,代写各类法律文书13件,解答法律咨询65人(次)。

2001年,琼中县公证处共办理公证26件,其中国内经济合同15件,国内民事公证11件,代写各类法律文书14件,解答各类法律咨询247人次。

2003年,由于省政府批准省司法厅关于公证处可以由行政单位向事业单位转变,县公证处因业务量较少,不能做到自收自支,县公证业务移交五指山市公证处托管。

至2006年,由于托管期间确实给群众办理公证带来极大不便,省司法厅同意恢复琼中县公证业务。

2007年,琼中县公证处通过参与办理海南首届少数民族美食大比拼、2007年琼中县民营橡胶收购站经营权竞拍、海榆公路中线护林更新种植项目、营根镇热作场加勒比松树竞标等有重大影响的公证活动,宣传了公证效力。全年共办结各类公证事项46件。

2008年,公证处共办理各类公证54件,提供公证法律援助1件。

2009年,加大对弱势群体的公证法律服务,共办理各类公证56件,受理经济合同24件。

2010年,琼中县公证处共办理各类公证108件,其中涉及经济68件,民事40件。

二、律师

1991年,琼中县律师事务所内部定编5人,仅有2人,其中一名为律师助理、一名为实习律师。全年律师事务所受理各种案件15件,其中民事代理案件6件、刑事辩护3件、经济代理5件,行政代理1件。

1992年,共受理案件8件,其中民事代理5件、行政代理3件、法律代书20件,解答法律咨询300人次。

1993年,琼中县律师事务所有2名工作人员(律师助理1人,律师工作人员1人)。6月,在县城主要街道设法律咨询中心,解答疑难问题,推动律师工作开展。全年共受理案件9件,其中民事代理9件,刑事辩护1件,法律代书5件,解答各类法律咨询256人次。

1994年,没有正式律师,一年共收案6件,其中刑事辩护2件,民事代理4件,解答法律咨询220人次。

1995年,县律师事务所仍然没有正式的律师,只有3名助理律师,全年,共草拟审查和代写法律文书54件，法律咨询238人次，依法归案6件，其中，刑事辩护1件，民事代理5件。

1996年，琼中县律师事务所收案6件，解答咨询210人次，代书13件，民事代理6件。

1997年，律师事务所收案12件，其中刑事辩护4件，民事代理4件，经纪代理2件，行政代理2件，代写各类法律文书14件，解答各类法律咨询170人次。

1998年，琼中县律师事务所收案8件，其中刑事辩护2件，民事代理3件，经济代理3件，代写法律文书32件，解答法律咨询235人次。

1999年，琼中黎族苗族自治县律师事务所更名为“海南雄辩律师事务所”，律师事务所收案3件，代写各类法律文书15件，解答各类法律咨询120人次。

2000年，海南省司法厅决定撤销“海南雄辩律师事务所”。

2002年，成立维特法律事务所琼中分所，共有2名正式律师。2004年初取消，同年将“琼中县城法律事务所”更名为“琼中黎族苗族自治县维正法律事务所”，将“黎母山镇法律事务所”更名为“琼中黎族苗族自治县维益法律事务所”。

2006年，维正法律事务所取消，律师事务所逐步与司法行政机关脱钩分离，挂牌成立海南顺翔律师事务所，有一名正式律师。

2010年，维益法律事务所由于没有法律工作者，被撤销，司法局组织一家律师事务所2名律师开展法律进社区活动，接待咨询100余人次，组织法律知识讲座6次，并参加信访接待日活动，协助领导接待群众100余人次。

第五节 法律援助

2001年，根据海南省委、省政府2001年为民办实事事项和海南省司法厅要求开展法律援助工作的要求，琼中县司法局成立“琼中县法律援助处”；与信访办联合成立“法律咨询小组”；与武装部联合成立“军人军属法律援助中心”。

2003年，司法局对全体机关干警、全县律师和法律工作者、各乡镇各单位分管领导和具体负责人培训法律援助相关知识；法律援助中心在各乡镇司法所和社区成立法律援助站。法律援助中心全年办理法院指定辩护的刑事案件28件，申请受理的诉讼案件12件，代书105份，提供法律咨询376人次。

2005年，法律援助中心接听电话、接待来访咨询350件402人次，办理援助案件90件，其中，刑事案件32件，民事案件58件；向社会公开推行援助案件公示制；全县10个乡镇建起法律援助工作站；向特困群众发放600份“法律援助联系卡”。

2006年，琼中县法律援助中心共受理案件8件，已结案7件；热情接待群众来访430人次；受理来电、来信咨询48件；有37人获得法律援助（其中老年人11人、未成年人8人、妇女4人、一般贫困者7人、农民工2人、其他5人)。

2007年,县法律援助处受理法援案件18件;接待群众来访1500多人次,1260人获得法律援助。

2008年9月1日,县法律援助处开展以"维护苦难群众合法权益,构建社会主义和谐社会"为主题的法律宣传活动。分发宣传资料560多份,开设咨询点1个,现场受理法援案件3件。法律援助处全年登记法律援助案件75件(刑事5件、民事70件)、代书39件,接待来电173次,来访409人次。

2009年,共接待来电来访法律咨询394人次,办理法援案件101件,其中刑事案件7件,民事案件23件,非诉讼案件71件,有120人受援助。开展法律援助宣传月活动和"法律援助便民服务"活动,在海南顺翔律师事务所和琼中维正法律事务所设立法律援助事务"代办点",落实听庭回访制度。

2010年,将法律援助初审权下放到各法律援助工作站。法律援助处共办理法律援助案件151件,其中刑事案件20件,民事案件130件,行政案件1件。

第六节 "148"法律服务

1999年6月9日,琼中县开通"148"法律服务专线,成为继昌江、琼海、万宁、白沙之后第五个开通法律服务的市县,同年共接受电话咨询75次,接待来访50人次,为当事人提供上门服务10次,提供法律援助12件,解决各类纠纷16件,移送有关部门处理32件。

2000年,在上级部门的支持下,完善了"148"系统的配套设备,形成"148"协调指挥中心与法律援助中心、法律服务中心"三位一体"合署办公;司法局协助黎母山镇党委在该镇司法所开通全省第一家乡镇"148"法律服务专用电话;在妇女节期间,开展以维护妇女权益为主题,以"148"法律服务专用电话为载体的妇女维权周活动。全年"148"接受电话咨询607次,接待来访765人次,受托办理法律事务145件,为当事人提供上门服务123次,提供法律援助138件,解决各类纠纷96件,移送有关部门处理165件。

2001年,琼中县"148"协调指挥中心接受电话咨询54次,接待来访243人次,出警93次,受托办理法律事务16件,为当事人上门服务11次,提供法律服务11件,解决各类纠纷23件,移送有关部门处理14件。

2002年,逐步建立以"148"指挥协调中心为龙头,各部门参与联动的琼中县法律服务网络;加强对"148"坐席值班员的培训工作。

2003年,海南省统一开通新的"12348"法律服务热线,"148"即停用。

第七节 安置帮教与社区矫正

一、安置帮教

1999年,司法局设立安置帮教协调小组办公室。

2000年,组织基层司法行政人员学习刑释解教人员安置帮教制度。

2002年,共对琼中县的刑释解教人员进行了3次排查分析,加强对释解人员的衔接帮教和管理,确保刑释解教人员重新犯罪率控制在5%以内。

2003年,对刑释解教人员进行认真核查,指导刑释解教人员人头档案的建立;建立琼中县刑释解教人员安置帮教志愿者协会。

2004年,对1998年以来12名刑释解教人员,县乡村三级都进行接收、登记、建立档案。截至2004年,共接收30人。

2005年,对归正人员做到一人一档,下半年,开展全县归正人员专项排查"四个一"工作:一是开展重点摸排;二是锁定一批重点对象:无家可归、无业可就、无处可去、吸毒贩毒、未满十八周岁的;三是会同派出所等单位对有前科的归正人员进行训诫谈话;四是树立一批努力创业归正人员的先进典型,引导归正人员积极为社会做贡献。

2006年,组织全县"两劳"解教人员学习宪法及其他法律法规知识,基层司法助理员经常上门帮扶,落实安置帮教对象43名,其中农村31人、县城3人、农场9人,安置率达40人,帮教率达100%,没有重新违法犯罪现象。

2007年,一是搞好"两劳"人员摸底造册,建立相应台账;二是采取社会帮教和家庭帮教相结合的形式,正确引导"两劳"人员;三是举办帮教学习班,建立帮教小组,跟踪服务,共落实安置帮教对象30名,安置率达100%,帮教率达100%。

2008年,全年共有安置帮教对象80名,采取结对帮扶、定期回访和思想帮扶的方法进行帮扶。

2009年,收到刑释解教人员51名,监外执行人员14人,主要采取座谈会和节日慰问方式帮扶。

2010年,刑释解教人员总数47人,其中刑满释放41人,解除劳教人员6人。安置释解人员47人,安置率100%,帮教率100%。

二、社区矫正

2007年,根据最高人民法院、最高人民检察院、公安部、司法部《关于扩大社区矫正试点范围的通知》精神和省关于全面推开社区矫正试点工作的要求。3月6日,成立县社区矫正工作领导小组,下设办公室,设在县司法局,从同年4月起,在全县范围内开展社区矫正工作。司法局首先抓好各项制度的落实,及时出台《琼中县社区矫正工作实施方案》。抓好社区矫正工作者培训学习,5月29日上午,举办全县社区矫正工作骨干业务培训班。

2008年,琼中县社区矫正工作逐步规范化。

2010年,7月中旬,司法局举办社区矫正工作业务培训会,全县司法助理员、社区矫正工作联络员和从事社区矫正工作的社区工作人员近百人参加。8月15日,司法局组织召开全县社区矫正对象档案、台账检查验收工作会议,掌握全县社区矫正对象更新的底数,摸清了社区矫正对象的现状和存在的问题。

第八节 基层法律服务

1991年,司法所共出法制宣传栏27期次,张贴标语82000张。给中小学校、社会失足青年上法制课32节次,受教育人数达5万人次。

1992年,组织全县13个乡镇的司法助理员参观学习文昌县会文、清澜梁振法律服务所的经验并进行业务培训,全年办理各种见证50件,协办公证1件,上法制课30场次,出法制宣传栏35期。

1993年,对于没有司法助理员的乡镇,司法局联系人事部抓紧配备,使琼中县13个乡镇都配备了司法助理员。全年,7个法律服务所担任9家单位的常年法律顾问,办理非诉讼代理26件,协助公证15件,办理见证70件,代写法律文书60件,解答法律咨询138人次,挽回经济损失5600余元。

1995年,全县13个乡镇建立8个法律服务所,配备人员32个,其中司法助理员13个,其他国家干部19个。全年,共办宣传栏27期、上法制课47场次,受教育人数达14476人次。为群众办理见证35件;协办公证7件,民事代理9件,担任法律顾问9家,代写法律文书63份;解答法律咨询3477人次。

1996年,基层所共上法制课25场次,出法制宣传栏14期,张贴标语789条,受教育人数11万余人次,办理各类合同见证12宗。

1997年,琼中县司法行政会议要求对基层司法所建章立制,规范化建设成为基层工作的重点。基层法律服务机构及基层司法助理员共上法制课57场次,直接受教育41256人次;法制宣传栏58期，受教育人数达9万余人次；办理各类合同见证28件，代写各类法律文书25件，解答各类法律咨询357人次，担任常年法律顾问9家，为当事人挽回损失3600余元。

1998年，基层所协办公证10件，办理见证37宗，民事诉讼代理12件，非诉讼代理6件，代写法律文书16件，解答法律咨询623人次，挽回经济损失3.7万元。

1999年，基层司法所协办公证6件；办理见证35件，上法制课170场次，受教育人数达12万人，民事诉讼代理7件，非诉讼代理5件；代写法律文书16件，解答法律咨询561人，挽回经济损失2.5万元。

2000年，在原有的14个司法所的基础上成立长征镇、乌石镇、长兴乡3个司法所，基层所上各类法制教育课296次，受教育人数达78635人，协办公证8件，办理见证40件，代写法律文书18件，解答法律咨询817人次，挽回经济损失3.7万元。

2001年，基层所共上法制课125次，受教育人数达53629人次，协办公证6件，办理见证17件，代写法律文书46件，解答法律咨询78人次，挽回经济损失5.2万元。

2003年，切实加大对司法所、法律服务所硬件设施的投入和监督力度，建立公开收案、收费、档案管理方面的制度。

2004年，琼中县共设司法所10个，工作人员12人。当时，有6个司法所办公用房达30平方米以上。司法局采取以会代训的方式，对司法所人员进行4次培训，培训人员103人次。在10个乡镇司法所开展争创“四个一”活动。

2006年，全县10个司法所已建好9个。各乡镇司法所举办法制宣传活动，受教育26476人。对琼中县维正、维益两个法律服务所进行改制，由事业制变更为合作制法律事务所。

2007年，县司法助理员宣讲法律129次，受教育66428人。全县法律服务所办理各类法律事务42件，代写法律文书55件，解答法律咨询3200多人次，担任法律顾问4家，避免经济损失130万余元。

2010年，组织基层司法所人员和社区人民调解员参加业务培训200人次。

第五章 军 事

第一节 武警琼中县中队

一、机构

1988年8月1日,中国人民武装警察琼中中队改编为中国人民武装警察部队海南省总队二支队琼中县中队。受上级武警部队和地方党委政府的双重领导,主要担负琼中县看守所的外围武装警戒任务和处置各类突发事件等任务。至2010年,建制与任务不变。

琼中县武警中队多次被各级部门评为优秀单位,1990年被武警海南省总队评为“安全先进单位”;1993年武警海南省总队被评为“后勤达标先进中队”;2000年被海南省委、省人民政府评为“全省防风抗洪抢险先进集体”,被总队评为“基层后勤正规化建设先进中队”;2006年被支队评为“正规化执勤一级单位”。2009年被支队评为“正规化执勤一级单位”;2010年被总队评为“十一五”期间信息化建设“达标单位”,被支队评为“正规化执勤一级单位”和“先进团支部”等。

二、军事训练

中队坚持以《军事训练大纲》为标准,严格按纲施训,全面推进军事训练稳步发展。成立教学组织机构,明确教学分工,结合中队实际,制定军事训练奖惩措施。新兵下连前,中队针对弱项、漏项及时进行补训复训;新兵下连后,中队突出“学、熟、练、精、考”五个环节,大力开展专勤专训,每周坚持训练会操,适时表彰先进个人和班级,较好地促进了训练时间、内容、场地、效果的“四落实”。中队在历年支队、总队组织的比武中均有不俗表现,2010年,中队先后涌现出“海南武警飞毛腿”“武警海南总队十大训练标兵”贾洋、“武警海南总队狙击精英”耿卓令等先进个人,并在比武中多次获得三等功。

三、执勤执法工作

1993年始，琼中县武警中队每年派3人参加保密勤务，协助县教育局看管试卷。2001年，中队在百花水库抢险救灾中，派出10名士兵，圆满完成任务，荣立集体三等功。2007—2010年，中队每年出动10名兵力担负全县“三月三”活动现场保卫巡逻任务、环岛自行车赛琼中段现场机动和路段警戒任务。1994—2014年，协助公安机关实施抓捕、押解，参加抗洪抢险、植树造林、重大活动警戒安保等临时勤务300余次，累计出动兵力3500余人次，为琼中县社会稳定做出应有的贡献。

第二节 民兵工作

一、组织整顿

琼中县建立基层民兵组织。学习有关文件，制定整组方案，健全各项制度，加强基层建设，接受上级检查验收。

2005年，根据《关于进一步搞好民兵组织整顿工作的意见》和2004年12月全国三亚民兵建设会议精神，对民兵组织进行整顿。将原有的民兵组织调整分类队伍。2008年，根据总部《关于“十一五”基干民兵组织规划任务构想》精神，着眼形势任务，将原有的三类队伍调整为应急、支援、保障三类队伍。

二、军事训练

1991—2010年，琼中县民兵训练，坚持任务牵引、按纲施训、依法治训、科学组训，不断夯实民兵队伍训练基础，增强民兵队伍技战术水平。组织训练的要求是：坚持统筹兼顾，保持适当规模，任务适度，群众负担合理。在训练对象上，突出重点，主要抓好民兵干部和专业技术的训练；在训练方法上，结合实际，采取分片集中方式，按照先共同后专业、先技术后战术方法进行。在教学组训上，采用自训、集训和专设机构培训等多种形式。1991—2010年，培训基干民兵取得良好的成绩。

基层武装干部训练达到“三会”（会讲、会做、会教）、“两能”（能组织民兵训练、能指挥民兵打仗）。1991—2010年，培训基层专武干部383人次。2009年，在省军区组织的专武干部年度军事训练考核中，取得单位总分第2名的好成绩，其中1名专武干部获得个人第2名的优异成绩。

民兵干部训练是民兵训练的重点。1990年以后，琼中县民兵干部训练主要采取分级负责、层层训练的做法。县人武部负责每年完成训练时间30天210小时。公社（乡、镇）、农场、厂矿、企业单位负责训练时间10天70小时。步兵分队干部训练内容主要是熟悉本分队武器的性能、用途和使用方法，掌握射击、投弹、爆破等基本技术，使用一种武器，进行一次基本射击，一次应用射击，投掷一枚实弹，学习攻防战斗的组织指挥。专业技术分队干部在完成共同科目训练的基础上，进行本专业技术训练，突出指挥训练和对教学法的研究。

基干民兵训练采取分片集中的方式，每年完成军事训练20天140小时；1990—2003年，训练内容主要以单兵共同科目和本分队专业训练科目为主。2003—2010年，新入队人员主要以队列、战术基础动作、轻武器操作为主；其他人员主要以专业训练和反恐维稳、抢险救灾、保交护路等科目为主。

民兵应急分队是民兵的"拳头"力量，是民兵工作的重点。应急分队在步兵分队和专业分队中组建。应急分队除了完成所在分队的科目训练外，还要进行分队机动、协同和临时处置应付突发事件的演练。农村民兵军事训练一般安排在春种农闲期间进行；农场民兵军事训练选择在冬季橡胶停割后进行。此外，还利用传统纪念日和重大节日开展军事竞赛活动。

三、政治工作

1991—2010年，琼中县民兵政治工作，是围绕党在各个时期所面临的形势和任务而进行的。主要内容有：党的路线、方针、政策教育；国防教育；人民战争思想教育；形势战备教育；民兵基本常识、性质与任务教育；民兵光荣传统教育；战斗精神教育；法制教育；勤劳致富和生态文明村建设教育。1991年，新的《民兵工作条例》颁布。人武部党委集中全县专武干部学习《民兵工作条例》3天。1995年8月，为纪念中国人民抗日战争胜利暨全世界人民反法西斯战争胜利50周年活动，县政府、县人武部、基层人武部分别召开大会、座谈会，利用资料、相片对民兵预备役人员进行爱国主义教育。2005年，县人武部、基层人武部对民兵预备人员进行生态环保知识宣传教育，要求带头退耕还林。

四、主要业绩

(一)维护社会治安

1991—2005年，琼中县每次"严打"斗争，县人武部立场坚定、旗帜鲜明，派出干部和民兵，积极协助公、检、法机关统一行动，对犯罪团伙、犯罪分子进行严厉打击，使"严打"斗争取得阶段性胜利。2008年起，组织基干民兵配合地方公安部门完成海南省"三月三"节庆活动的安保任务；2008年11月，组织50名基干民兵执行"红塔杯"环岛自行车赛安全保卫任务。通过在用兵中练兵，在练兵中强兵，在实践中摔打锻炼部队，不断提高民兵应急分队应急动员和遂行任务能力。

(二)抢险救灾

2000年"悟空"台风带来暴雨，百花岭水库出现险情，危及县城营根镇居民生命安全。县人武部、县武警中队、县武警消防大队等奉命到水库大坝昼夜值勤奋战，排除险情，保住大坝安全。2005年"达维"台风袭击营根地区，县人武部率营根镇民兵应急分队到金光药业公司抢险救灾，在风雨中连续奋战5个多小时，为公司挽救经济损失1500万元。同时，组织民兵预备役人员奋战2昼夜，修通了县城至吊罗山乡的公路，方便了沿线3万多人民群众的生产生活。组织上安乡民兵150人，清理沙土冲埋的水稻田110亩，清理沙石900立方米。2010年10月，营根镇红洲洋和营根洋两个自然村受山洪围困，县武装部出动30名应急分队基干民兵疏散群众，30分钟内安全转移受困群众99人，无一人受伤，无财产损失，受到广大群众的称赞。营根镇武装部部长李辉义带领民兵预备役人员积极参加抗洪抢险，表现突出，被海南省政府表彰为抢险救灾先进个人。

（三）参加地方经济建设

2004年，琼中县人武部积极支持湾岭镇新坡村的文明村建设，与县委宣传部筹资，完成村篮球场的配套设施建设、环村道路硬化工程，改善了居民的饮水用水设备。2010年3月12日，组织约240名民兵预备役人员参加植树造林活动，共植树9000多棵。投入资金2.5万元，将红毛镇上托村王家华的茅草房重建为3间水泥砖房，并赠送了电器和家具，为贫困村民构筑“爱心屋”，受到群众的好评。

第三节 兵役工作

一、兵役登记

1995年，根据要求，每年12月31日前年满18周岁的男性公民，都应在9月30日前进行兵役登记。1991—2010年，县人武部与公安、劳动、民政、工商等有关部门建立联系制度，定期了解掌握县内适龄公民的现实情况、就业状况和去向等，建立登记卡存查。

二、兵员征集

（一）宣传发动

1990年起，历年征兵工作，各级领导都把宣传教育当作首要任务来抓。征兵前，根据国务院、中央军委命令，编印下发宣传教育提纲，充分利用广播、电视、宣传车、标语等宣传工具，采取多种形式对广大青年进行教育。通过宣传教育，每年征集兵员要求适龄青年报名率要达80%以上。

（二）体格检查

1991年9月29日，国防部颁发《应征公民体格检查标准》。对应征青年的体格要求不能随意提高或降低，必须坚决执行，必须保证兵员的身体质量。1995年起，征兵体格站设在县人武部，配备体检所需器械及药品，实行全封闭式体检。制定《体检站管理制度》和《体检站工作人员守则》，实行医务人员岗位责任制和主检医生负责制。做到“谁检查，谁签字，谁负责”，违者必究。体检时，要求参检青年要有基层人武干部带队；体检医务人员与工作人员挂牌上岗，严格体检纪律;受检青年佩戴体检证,体检表隐名编号,贴照片加盖钢印,才能进行体检;体检表由专人传递。2000年后,应征公民按照规定,服兵役的身体基本条件是:身高,男162厘米以上,女158厘米以上;体重,男50公斤以上,女45公斤以上;视力,右眼裸眼视力4.9以上,左眼裸眼视力4.8以上。对高中以上文化程度的青年视力可放宽右眼4.8以上,左眼4.6以上。同时,身体其他条件也必须符合要求。征兵体检结束,按规定还要进行体格抽查和复查。普通兵抽查人数不少于征兵人数的三分之一,如抽查发现不合格人数较多,应全部进行复查。

(三)政治审查

20世纪90年代以来,政审坚持"五访五查",即查访所在单位、访学校、访村(居)委会、访公安部门、访知情人;查政治表现、查思想品德、查社会交往、查有无违法违纪行为、查家庭情况。重点应调查本人现实表现。政审实行三级负责制。初审由基层党支部负责,主审由派出所负责,终审由县公安局和县征兵办公室政审组负责。各级要确保兵员政治立场、思想品德、社会关系、现实表现"四个清楚"。此外,还要严查"三证"(毕业证、身份证、兵役证),防止将不到法定年龄或年龄过大,持假文凭学历的青年选送部队。对预定的合格应征对象还要坚持县、乡镇(场)、村(连队)张榜公布,认真听取群众反映;坚持政治复查制度,杜绝政治性退兵。

(四)审定新兵

从1990年开始,审批新兵由征兵办公室、接兵部队与基层征兵工作人员,对体检、政审双合格青年坚持"四方联审,合议定兵"。即由征兵办公室负责人、政审负责人、主检医生和接兵部队负责人参加的四方定兵会,分别介绍预定对象的政治、身体等情况,进行全面衡量,分类排队,择优定兵。1993—2005年,征兵坚持"六方到会"择优定兵。即征兵办负责人,乡镇、农场分管领导,基层人武部长,接兵部队干部,政审负责人,主检医生到会审定。做到现实表现好的优先,有技术专长的优先,高中以上文化程度的优先,党、团员优先,参加过军事训练的优先,立志献身国防的优先,身体素质好的优先。新兵审定后,各单位及时张榜公布,接受监督。被批准服现役的应征公民,由征兵办公室发给《应征公民入伍通知书》,民政局发给《优待通知书》。应征青年自批准入伍之日起,其家属享受军属待遇。20世纪90年代后,征兵弊病有所抬头,为确保新兵质量,严格征兵纪律,加强征兵廉政建设,加大对征兵违纪违规的查处,县兵役机关制发"廉洁征接兵卡",征接兵直接接受上下级监督和群众监督。县监察部门和人武部纪委负责对违纪违规人员的查处,违者必究。

(五)新兵交接

20世纪90年代后,新兵集中交接按《海南省征兵条例》办理。新兵离县启程时,县政府、县兵役机关举行简朴的欢送新兵入伍仪式,县领导给新兵佩戴大红花,并讲话表示热烈祝贺,新兵代表讲话表示决心,服从人民需要,保卫祖国。新兵告别父母、朋友,献身国防。2005年实行接兵方式改革,军区部队不派接兵干部到地方参与征兵工作的全过程,征兵工作由县(市)兵役机关对新兵质量全负责。每年征兵结束后,县征兵办公室上报各种统计报表,写征兵工作总结,结算征兵经费，将《新兵花名册》副本送交县民政局存查，协助落实优抚政策。琼中县历年征兵工作成绩显著，1976—1992年征兵工作中没有退过兵，县兵役机关连续16年被海南征兵办评为“征兵工作无退兵先进单位”。1996年冬季征兵，琼中县征兵办公室被海南省人民政府、海南军区授予“征兵工作先进单位”称号。

第四节 县人民武装部

一、机构

1953年1月，琼中县人民武装部成立，全称中国人民解放军广东省琼中黎族苗族自治县人民武装部，下设政治股、军事股。1956年，实行现役义务兵役制与预备役兵役制，10月成立兵役局，与县人武部一套班子，两块牌子。1959年10月，撤销兵役局，隶属于广东省通什军分区。1986年6月，县人武部改为地方建制，改称广东省琼中县人民武装部，受县委县政府和上级军事机关的双重领导。1988年4月改为海南省琼中黎族苗族自治县人民武装部。1996年4月，收归军队建制，改称中国人民解放军琼中黎族苗族自治县人民武装部。2010年，下设若干个乡镇武装部，和农场武装部。

琼中县人武部1996年、1999年被海南军区评为“征兵工作先进单位”；1997—1999年，被海南军区评为“标准经费管理先进单位”，2000年，被中国人民解放军总参谋部评为“全国国防工程军民共管先进单位”。2006年被海南省军区评为“全面建设先进单位”；2007年，被海南省军区评为“安全管理先进单位”，琼中县委书记董宪曾被广州军区评为“国防之星”。2010年，县人武部被省军区评为全面建设先进单位。

二、军事建设

军事训练。1992年，县人武部荣获海南军区人武部专职干部训练团体总分第三名。1996年，县人武部收归军队建制后，坚持以邓小平新时期军队建设思想和江泽民关于“政治合格、军事过硬、作风优良、纪律严明、保障有力”的总要求为指导，依据新时期军事战略方针和军事训练大纲，以战斗力为标准，从严治军，突出军事训练。7月，县人武部贯彻海南军区关于加强干部军事训练，树立良好军事机关形象的要求，从严从细抓好干部军事训练。县人武部12名干部分两批参加海南军区收归后第一次在教导大队组织的干部集训，取得较好成绩。

1998年3月，县武装部副部长参加了海南军区在原某师教导队组织的为期一周的条令条例集训。返县后，组织县人武干部进行新条令条例强化训练，成绩效果明显。6月23日至7月7日，县人武部派员参加海南军区在预备役组织的“四会”(会讲、会做、会教、会做思想工作)教学训练,被评为海南军区优秀“四会”教练员。8月,人武部组织全体12名干部进行人武业务知识、半自动步枪实弹射击以及炮兵、高机、通信专业的基本操作和“四会”教导训练。接受海南军区的考核,取得良好的成绩。

2000年6—7月,县人武部12名干部分两批参加海南军区在海口民兵训练基地和军区教导大队组织的人武业务集训,系统、全面地学习人武业务知识,提高了人武干部素质。

2001年起,加大县人武部机关干部职工和民兵的军事训练工作。2003—2005年,省军区对全省人武部全面考核,琼中县人武部均取得良好的成绩,得到省军区的表扬。2008年,人武、专武干部在省军区的年度业务和军事训练考核中取得全省总评第三名的好成绩,参加考核的12人中,有7人进入全省前20名。

战备执勤。每年重大节日,防汛期、防护期以及国内重大政治事件期间,县人武部抓住时机对干部职工和广大民兵进行战备教育、思想政治教育,强化战备观念,同时认真落实好首长和机关干部的战备值班,按照“配套、适用、规范”的原则,制定和完善规定制度,应付各类突发事件等方案和政工资料、保障措施。为此,1999年县人武部结合琼中实际情况,完善相关预案,从指导思想、组织指挥、政治工作、情况设置及处置、任务区分及人员分工、各种保障和具体措施等进行全面、细致的安排落实。县人武部建立值班室,做到方案(计划)与动员相符合,与各项保障措施相配套,使之真正成为平时进行动员准备,战时实施应急动员的依据,达到行有案、动有序、施有法的目的。1999年,县人武部完善设施,配齐相应器材和物资。2005年,县人武部指导县人防办公室制定城市防空袭预案,在县城安装防空警报器,并成功完成防空袭警报试鸣演练。

三、政治建设

党组织建设。县人武部党委坚持贯彻落实《中国人民解放军政治工作条例》《中国人民解放党委工作条例》,实行党委统一领导下的首长分工负责制,不断加强组织建设和干部队伍建设,发挥党委的核心领导作用,保证党的路线、方针、政策落实和民兵预备役工作的完成。从1996年4月起,县人武部收归军队建制,成立新一届琼中县人民武装部党委。按照《中国人民解放军政治工作条例》的有关规定,新一届党委组成采取委任制。

政治教育。1991—1992年,开展坚持四项基本原则反对和克服资产阶级自由化倾向的教育;1993—1995年,学习党的“十四大”精神和邓小平的社会主义“初级阶段”理论;1996年,统一收归军队编制后思想认识;1997—1998年,学习党的“十五大”精神和邓小平理论,结合香港回归进行弘扬爱国主义精神教育;认真落实“四个教育”(即:爱国奉献、革命人生观、尊干爱兵、艰苦奋斗的教育);1999—2005年,开展“三讲”(讲学习、讲政治、讲正气)教育和“三个代表”重要思想的学习教育;开展党员先进性教育和“重专业、讲奉献、爱本职、强素质”干部教育;2006—2010年,开展贯彻落实科学发展观与建立和谐社会思想的学习教育。在政治思想教育活动中,党委注重抓好学习的系统性、针对性和有效性,教育时间集中,联系实际,大大激发了全体人武部干部职工的革命斗志和工作热情，为“打得赢”注入强大活力，为“不变质”提供可靠保障。

拥政爱民。1996年，县人武部收归军队建制后，县人武部参与全县文明生态村建设，配合县政府全面贯彻科学发展观，以营造和谐社会为主题，开展群众性精神文明创建活动。至2002年末，全县9个乡镇建成文明生态村17个，其中，省级文明生态村8个，县级文明生态村9个，累计投资686.9万元，投放劳动日28307个。2004年，湾岭镇被国家环保总局授予“全国环境优美镇”称号。2005年，县人武部捐款5000元为文明生态村朝参新村文化室购买音响、桌椅、篮球架等，活跃了农村文体生活。年末，全县10个乡镇(含新市农场3个自然村)的文明生态村增至137个，占全县563个自然村的24.3%，其中，省级文明生态村48个，县级文明生态村89个，累计投资3062.5万元，投放劳动日184869个。

四、行政管理

县人武部的行政管理工作，主要是贯彻落实条令条例，建立正规的训练、工作、生活秩序。1997年10月，县人武干部学习新条令、条例，把贯彻条令、条例，抓好行政管理作为人武部机关正规化建设的重要内容。以条令、条例为基本准则，加强封闭式管理，坚持一日生活制度，强调上下班、请销假、着装、出操等规定，抓干部军容军姿整顿，克服作风松散、纪律松弛、管理松懈的现象。开展灭“三长”(长头发、长指甲、长胡须)、纠“三手”(袖手、背手、插手)、行“三礼”(见首长和地方领导、军人相遇、出入营门敬礼)、治“三乱”(乱交往、乱吐痰、乱称呼)活动，以提高战斗力为标准，健全和完善办公、保密、财务、值班、请示报告、集体交接班等制度，使人武干部有规可依、有章可循，职责明确、管理规范。2000年以来，琼中人武部从规范战备、训练、工作、生活“四个秩序”入手，狠抓正规化建设，克服人武部“非军事化”的倾向，树立良好的军事机关形象，坚持战备秩序标准化、训练秩序科学化、工作程序规范化、生活秩序制度化。从领导抓起，从养成抓起，从点滴抓起，人武部修订完善《人武部机关管理制度》，从作息、礼节、着装、仪容、举止、风纪以及行政会议、请示报告、请假销假、文电管理、用印规定、值班执勤、交接班等日常制度管理、安全工作、来客接待、环境卫生、室内物品摆放等严格按条令、条例进行规范，形成正规的战备、训练、工作、生活秩序。

五、后勤保障

营院建设。1991年，县人武部与县保险公司签订协议：县人武部将虎头路中段的占地700平方米、建筑面积500平方米的民兵训练基地(招待所)，转让给县保险公司；县保险公司给县人武部在其营院内新盖1栋3层办公楼和1栋2层宿舍楼，共计1310平方米，双方相互交换房屋。是年底，县人武部再次搬迁新办公楼。1999年，县府拨款7万元给县人武部，新建1栋2层楼房。是年，改建营院中篮球场1座，为灯光球场，活跃了文体生活。县人武部因地制宜、精心设计、合理布局，加快营院建设，安装路灯，整修花坛、花池，种植草坪、花卉、榕树等，营院绿化达到上级“春有花、夏有荫、秋有果、冬有青”要求，绿化美化、环境舒适的要求，县人武部营院占地11.8亩，楼房建筑群总面积3855平方米，其中办公楼720平方米，作战室115平方米，宿舍楼2908平方米，车库112平方米。2009年，启动县人武部整体搬迁工作，完成旧址拍卖和新址的选址，2010年，开展设计、场地平整工作。

后勤管理。县人武部坚持党委管财理财制度，定期议财，分析财务管理形势和经费使用情况。工程建设、民兵训练、征兵工作、各种会议和大项活动活动开支，全部由集体研究决定。经费支出遵循“先收后支、计划开支、力求节约”的原则，严格按照军队财务规定办事，坚持审批制度、预决算制度、审计制度、凭证证明印章制度，杜绝资金的跑、冒、滴、漏现象，提高有限资金的使用效益。

县人武部制订物资管理制度，凡属公共财产、贵重物品如电脑等，每年均进行登记造册、定位使用，管理到科室、到个人，谁管理使用谁负责。各科室与业务范围有关的公用物品、器材，建立物资账目，由专人负责，高档易损物品如数码相机等严禁外借。对丢失、损坏的公物，区分责任，论价赔偿，保管人员工作变动时，对保管公物填写移交表，在本科室监督下办好移交手续。对正常消耗的办公用品，由各科室提出计划，交部办公会议研究同意后统一购买、登记下发。在制订制度的同时，要求全体人武干部和职工树立勤俭节约、反对铺张浪费的主人翁意识，管好用好公共物资。

县人武部有两辆小轿车和1辆小卡车，要求车辆驾驶人员自觉执行条令、条例，遵守交通法规和安全操作规程。车辆外出做到行车执照、驾驶证、身份证、出车命令“三证一令”齐全，还要求驾驶人员开展“学雷锋树新风”和“红旗驾驶员”活动，爱护车辆，经常检查、维修、保养好车辆，使车辆经常保持良好的技术状态，坚持勤俭节约，立足自修自养，做到车辆小修自己动手，外出维修的，必须由后勤分管领导批准后，由财务室统一到维修地结算。车辆管理制度规定油料要到寄存油库加油，因车辆责任事故和保管使用不当、私自出车、玩忽职守等造成工具丢失、机件损坏及车辆事故等，视情况轻重，酌情给予责任人一定比例的罚金，甚至纪律处分。

第十三编　综合政务

第一章 民 政

第一节 机 构

1991—2010年，县民政局内设机构及下属单位发生多次调整和变动。1995年，退伍军人和军人离退休军官安置办公室并入优抚安置管理办公室（拥军优属拥政爱民办公室）。2007年8月，县编委批复成立县城乡居民最低生活保障工作办公室，隶属于县民政局管理的股级事业单位，核定财政预算管理事业编制4人。同年，县编委批复成立县白沙起义纪念碑园管理站，隶属县民政局，核定财政预算管理事业编制4人。至2010年12月，琼中县民政局内设10个股（室），即行政办公室、优抚安置股、救灾股、社会福利和社会事务股、基层政权和社区建设股、民间组织管理股、区划地名股、老龄办、婚姻登记股、双拥办，人员14人（含1名工勤人员），下辖2个下属机构，即低保办、白沙起义纪念碑园管理站。

第二节 基层政权建设

1991年，全县共有13个乡镇、96个管区、6个居委会。1995年，启动并完成撤销管理区建村工作。全县共撤销96个管区，改设97个村民委员会（将红毛镇的什卓管区分设为什卓、坎茂两个村委会）。同年进行第一届村级组织选举，选举产生村两委班子成员584人，其中村民委员会成员424人。村民委员会成员中，书记兼主任42人，女主任1人，女副主任28人，女委员83人；文化程度初中以下247人，占45.39%，高中171人，大专1人，中专2人，中师3人，村委会主任平均年龄42.5岁，最大的60岁，最小的32岁。

1998年，全县共有14个乡镇，全部举行了第二届村级组织换届选举，许多村都体现交叉任职、减员增效的原则。选举产生村两委班子成员488人,比上一届减少96人,其中撤换书记23人,主任52人,委员411人。

2001年,全县举行了第三届村级组织换届选举,完成99个村委会、5个居委会的换届选举工作,并在全部104个村(居)委会中建立了村务公开栏,加强村民自治和民主管理。

2004年,全县共有10个乡镇,举行了第四届村级组织换届选举,完成99个村委会、8个社区居委会、635个村(居)民小组的换届工作。

2007年,全县举行第五届村级组织换届选举,全县107个村(居)委会选出村(居)两委班子成员411人,书记、主任全部实现"一肩挑",村两委干部交叉任职率为88.9%。村两委班子中,大专以上文化程度5人,中专(高中)以上155人,两委班子平均年龄41.5岁。

2010年,全县共有10个乡镇、100个村委会、10个社区居委会,全部举行了第六届村级组织换届选举,选出村两委班子成员448人,书记、主任"一肩挑"率为97.27%,村两委成员交叉任职率为90.9%。村两委班子中,妇女干部120名,少数民族干部431名。

第三节 拥军优属

1991—1995年,每年元旦、春节、八一期间,县委、县政府组成慰问团对驻县的部队和县武警中队进行慰问,赠送慰问物品,还组织乡镇开展拥军优属活动,对烈士军属、病故军人家属和现役军人及伤残军人家庭进行慰问。此外还与共青团、妇联等单位配合,发动中小学生写慰问信和慰问卡片、购买书籍等寄给省内西沙群岛、云南、广西、广东等地正在服役(在琼中县入伍)的义务兵。

1991年,琼中县有退伍兵78人,其中农村退伍兵13人,城镇退伍兵24人,农垦系统退伍兵41人。城镇退伍兵由琼中县解决就业,完成安置任务的98%;对农村退伍兵,县级财政拨款2.1万元帮助其建房或修房,人均补助1750元。农垦系统的退伍兵由农垦系统统一安置。

1992年,对现役军人家属予以补助,优待兑现的做法是:国营农(林、茶、牧)场的由单位自筹优待金,每月按时发给军人家庭;城镇的由各单位从干部职工福利中划出部分资金作为优待金发放;农村的由各乡镇按田亩收谷折款发给军人家属作为优待金。

1993年,安置城镇退伍兵就业38名,拨款12400元解决13名农村退伍兵生产生活问题。适当调整提高在乡复员军人的定补金。同年共发放抚恤定补金18.40万元,全县享受定补人员738人,月发放定补金15320元。

1994年,全县对现役军人家属补助:国营农(林、茶、牧)场由兵员所在单位自行解决;农村义务兵由各乡镇统筹解决,全年乡镇共统筹粮55吨,折款77000元;在乡义务兵家属年人均补助金250元以上,什运、红毛、营根、湾岭、中平、黎母山、长征、上安等乡镇的补助金提高到320元;城镇义务兵家属补助金由兵员所在单位负责,年人均补助金240元以上。同年,农村优抚对象的定补和“三属”人员的抚恤金作了适当提高。全县858名优抚对象中，伤残军人82人，“三属”人员（烈士家属、因公牺牲军人家属、病故军人家属）52人。每个“三属”人员抚恤金月平均都提高到40～60元不等。所有的自然减员资金全都用在优抚对象身上。同年安置城镇退伍兵就业22人，拨款9000元解决8名农村退伍兵的住房维修等问题。

1995年，全县有优抚对象1143人，其中：起义幸存者2人，三属人员62人，在乡复员军人724人，革命伤残军人83人。对现役军人的优待金，根据不同地区不同生活水平确定优待标准。同年安置城镇退伍兵就业44人，对12名农村退伍士兵，给予资金补助帮助解决生产生活存在问题，补助标准1000～1500元不等。

1996—2010年，每年春节、八一期间，县委、县政府组成慰问团对驻县部队及部分县外部队官兵进行慰问，发放慰问款物等。

1996年，县委、县政府在节日期间慰问部队，发放慰问金28000元，以及2头牛、4头猪、800份慰问信等。同年安置城镇退伍兵就业24人，对12名农村退伍兵拨付资金3万元，人均2500元，帮助解决生产生活问题。

1997年八一期间，县委、县政府安排资金25250元（其中慰问金17000元）慰问部队官兵。同年安置城镇退伍兵就业32人。

1998年春节期间，县委、县政府安排资金25480元（其中慰问金17000元）慰问部队官兵；八一期间又安排资金21120元对部队进行慰问。同年安置城镇退伍兵就业33人。

1999年八一期间，县委、县政府安排资金39850元（其中慰问金15700元）慰问部队官兵。同年安置城镇退伍兵就业32人。同年，省政府拨款90万元，用于修建白沙起义纪念碑园的有关配套设施，包括陈列馆、纪念碑园出入口大门、绿化等。同年还开展“爱心献功臣”活动，投入78205元修建21间在乡革命孤老住房，解决部分革命孤老的住房难问题。

2000年春节期间，县委、县政府安排资金慰问在乡革命伤残军人、孤老复员军人、现役军人困难家属，投入10000元慰问革命老区村庄。八一期间，县委、县政府安排资金对部队官兵进行慰问。同年安置城镇退伍兵就业44人。

2001年，琼中县优抚对象有798人，其中革命伤残军人65人，“三属”人员39人，在乡复员军人694人。当年发放抚恤金定补金42.18万元。后由于物价上涨，争取到省民政厅下拨资金35.6万元，提高优抚对象的定补金。同年，投入4.5万元帮助7户重点优抚对象改造住房。

2002年春节、八一期间，慰问驻军部队和预备役团。投入6.4万元对中华人民共和国成立前入党的农村老党员和抗美援朝志愿军老战士进行慰问。同年，投入12万元对30户重点优抚对象住房进行改造。

2003年春节、八一期间，投入8万多元慰问部队官兵、部队离退休人员、伤残军人、现役军人等。7月1日起，提高在乡重点优抚对象的定补金。同年，投入12万元为30户优抚对象解决住房问题，投入3.5万元解决290名优抚对象就医难问题。

2004年春节、八一期间，慰问驻县部队及部分县外部队，以及部分优抚对象；安排资金7万多元对20户重点优抚对象的住房进行改造;投入2万多元为512名优抚对象解决就医难问题;投入42万元,兑现2000—2003年90名城镇退伍军人一次性经济补助问题。

2005年春节、八一期间,投入5万多元对驻县部队及部分县外部队进行慰问;投入10万多元为20户重点优抚对象改造住房,同时把在乡重点优抚对象纳入农村医疗救助范围,解决优抚对象就医难问题;为16名城镇退伍兵发放9.7万元一次性经济补助。

2006年春节、八一期间,慰问驻县部队及部分县外部队,以及部分优抚对象。同年,将现役军人优待金从每年240元提高到360元,将城镇退伍兵一次性经济补助从1600元提高到2700元。投入8万多元为20户重点优抚对象改造住房。

2007年,春节、八一期间,对驻县部队及部分县外部队,以及部分优抚对象进行慰问。同年,发放城镇退伍兵一次性经济补助14.5万元。

2008年,投入25万元为15户在乡老复员军人新建住房43间,为10户维修住房26间,为103户困难优抚对象解决低保问题。投入6万元解决部分优抚对象生活、医疗等问题。对96名参战和参核人员,每人发放每月100元的生活补助金。

2009年,为保证优抚对象的生活不受物价上涨影响,优抚对象的补助标准在原来的基础上每人每月增加30元。同年,投入12万元为30户在乡老复员军人新建住房10间,维修旧房4间;为137名优抚对象提供医疗救助补助6万元;对10名城镇退伍军人发放一次性经济补助,每人每年4000元。

2010年,提高城镇退伍兵一次性经济补助标准。同年提高了现役军人的优待金。

第四节 赈灾救济

1991年,琼中县主要遭受旱灾、风灾、水灾和罕见的冰雹袭击。波及13个乡镇,受灾群众28680户179285人(全年夏秋两季人次数),成灾人口6820户35313人,其中重灾2833户10610人。全县有296间民房受台风袭击倒塌,2579间民房损坏,耕牛死亡32头。同年因灾全县农村群众互相借粮调剂救济1118户6465人,自救解决粮473.5吨,解决款16.4万元。同年,县民政局下拨救灾款78万元,用于受灾群众吃饭、穿衣、修房和治病等。

1992年,琼中县因遭受旱灾、风灾、虫灾等自然灾害影响,全县有16110户90216人不同程度的缺粮。同年重灾1033户6200人,全县有20多间民房因台风袭击倒塌,1422间民房损坏,耕牛死亡9头。同年,县民政局下拨救灾款65.5万元,用于解决受灾群众的吃饭、穿衣、修房和治病等问题。

1993年,受旱灾、虫灾、水灾影响,全县发放救灾款52.31万元,救济受灾群众56400人次。积极组织群众开展生产自救互救粮食260吨。发放临时困难、就医救济款1.7万元。购买冬冷救济物质1085件,救济全县特困户805人次。

1994年，主要遭受风灾、旱灾、水灾、虫灾，全县共拨出救灾救济款37万多元，社会救济款8.2万元，解决3680户22680人困难群众的吃饭问题。同年发放救灾、冬冷物资23863件，解决全县2690户3540人的穿衣、住房问题。

1995年，受自然灾害影响，全县成灾7398户次3.7万人次。县民政局拨出救灾救济款37万元，购买粮食522吨，衣物52390件。同时发动群众生产自救互救粮食380吨。同年，县民政局拨出社会救济款78万元，救济农村特困户10227户62350人。为应对旱灾，县委、县政府先后投入抗旱人数2万人，封江堵河（沟）145处，投入抗旱资金28万元。

1996年，受自然灾害影响，全县受灾面积33.85万亩，成灾16.4万亩，绝收9.56万亩，全县农业经济损失达1768.5万元。受风灾水灾影响，全县受灾村庄597个，受灾人数28.26万人次，其中轻灾11.3万人次，重灾1460人次，特灾384人，伤16人，死1人。全县被洪水围困5个村庄78户454人。受台风袭击影响，全县倒塌民房816间，4396间民房损坏。县民政局下拨救济资金69.47万元，解决受灾群众生活问题。县政府拨出20万元专款救济重灾群众。冬冷时节，县民政局又拨款12万元购买冬冷救济物质2740件，救济全县特困群众2153户6460人。

1997年，受春寒、清明雨的影响，雨量过多且时间长，全县11800亩水稻被淹，绝收5040亩，损失粮食580吨。全县有3309户18200人受灾，缺粮360吨。同年县民政局先后下拨76万多元，解决受灾群众的吃饭问题。县民政局拨款22万元购买冬用物资救济困难群众。

1998年，遭受有史以来罕见的旱灾，全县粮食作物受灾6367公顷，其中成灾2458公顷，绝收349公顷，减产粮食700吨。同年，县民政局拨款77万元，帮助受灾困难群众度过春荒期。拨款38万元帮助受灾困难群众度过夏荒期。向省政府申请81万元，解决2086户10430人的缺粮问题和冬令救济物质。

1999年，遭受了旱灾、洪灾。县民政局先后拨款55万元，用于帮助受灾群众度过春荒期。拨款15万元帮助受灾困难群众度过夏荒期。拨款15万元，用于帮助受洪涝灾害影响的群众。同年向省政府申请107万元用于冬令缺粮和冬冷物质救济。

2000年下半年，遭受台风和暴雨等灾害的影响，给农业生产带来严重的损失，全县农作物受灾面积128500亩，成灾面积98156亩，减收粮食2961吨。县民政局拨款90万元用于解决冬令缺粮和冬冷物质救济问题。

2001年，虽没有遭受严重自然灾害，但由于受上一年洪涝灾害的影响，农村存在缺粮的情况，共有缺粮群众6094户32632人，缺粮6125吨。同年县民政局拨出救济款105万元，解决灾民缺粮问题。

2002年，立春后的3—5月，琼中县持续高温少雨。9月，受20号热带风暴袭击，经县民政局核查，共有缺粮群众3547户27864人，县民政局先后发放缺粮救济款80万元，另发放9.7万元救济金用于临时生活困难补助等支出。

2003年，受2002年下半年热带风暴、洪涝等自然灾害的影响，全县农作物受灾面积达2927

公顷,成灾735公顷,春荒缺粮925吨。县民政局拨出救灾救济金90.7万元,此外,拨出8万元资金,用于87户灾民及250人灾期治病等。冬令期间拨放33万元,解决2750名群众冬令取暖问题。

2004年,受上年下半年热带风暴、洪涝等自然灾害影响,全县农作物受灾面积3500公顷,绝收550公顷,春荒缺粮900吨。县民政局发放救灾款60万元,6万元用于解决56户灾民的房屋维修56间及140个群众期治病。下半年县民政局安排救济款15万元。购买粮食10吨,并安排15.4万元救济款用于购买冬令物资。将326户764人的特困户纳入定期救助范围,每月每人救助12元,全年发放11万元。

2005年,琼中县遭受旱灾,持续到8月份。经统计,全县水田面积有62504亩,只播种48246亩,减少播种14258亩,播种后受灾的水田面积有18289亩,绝收面积4308亩。年粮食总产量12470吨,减产7523吨,减少37.6%。进入9月份,琼中县连续遭受16号强热带风暴"韦森特"和18号强台风"达维"的侵袭,全县10个乡镇受灾人口达6.35万,水稻受灾3867公顷,损失粮食8400吨,民房受损6300间(水淹1632间、倒塌353间、掀瓦4315间)。县民政局开展春荒救助工作,下拨救济款80万元,解决春荒期间2930户14610人困难群众的缺粮问题。在18号台风"达维"救灾中,共向灾区拨款168.85万元,调拨救灾粮食60吨,发放捐赠食品7200箱,筹措捐赠金5.66万元。在灾区重建中争取到省民政厅救灾资金135万元,县财政亦安排20万元用于灾后救济工作。

2006年,全县遭受暴雨、干旱等自然灾害,县民政局共下拨救灾救济款80万元,救灾粮180吨,救灾物资4340件(套)。开展"送温暖、送爱心"捐助活动,全县捐款3万多元,捐赠棉被50床、衣服6000多件,发放到灾民手中。

2007年,受上一年干旱等自然灾害影响,造成春荒期缺粮,下半年又受到干旱和台风灾害的影响。同年争取到省民政厅下拨的救灾救济款148万元,并购买粮食150吨,衣、被8500件(套)下拨给困难群众。下拨救灾资金55万元,用于冬春临时困难救济。

2008年,遭受低温寒冷天气、旱灾、洪灾、台风等,全县受灾人口86200人次,房屋损坏263间,倒塌86间,农作物受灾面积6250公顷。县民政局下拨灾款50万元,购买粮食200吨,发放冬令救济衣服6000套,棉被1400张,棉大衣1000件,绒衣裤1000件,投入倒房重建资金20万元。

2009年下半年,遭受4个台风的袭击,造成严重的洪涝灾害。全县受灾人口达4.49万人次,农作物受灾面积5300多公顷,房屋倒塌61间,因灾死亡1人,农业直接经济损失6140万元。当年,县民政局下拨救济款86.5万元和救济粮200吨。投入88.6万元帮助因灾倒房以及各类民政对象重建、维修住房72间。

2010年,上半年遭受了严重的旱灾,10月初遭遇了1969年以来最大的强降雨,造成洪涝灾害。同年,县民政局支出172.31万元筹集大米、棉被、衣服等救灾物资,发放到乡镇,下拨因灾倒房重建资金204.4万元和自然灾害救济资金46.1万元。

第五节 社会救助与社会福利

1991年,琼中县有13个乡镇,其中,和平、中平、湾岭、乌石、黎母山、红毛、上安7个乡镇办有敬老院,营根镇正在兴建。同年全县有五保户178人,其中入院集中供养的有52人,占五保户人数的29%。同年全县销售社会福利奖券4万张,筹集到社会福利资金1.44万元。两批次送返被拐骗妇女返回原籍,送返被遗弃儿童1名返回原籍,安置弃婴18人,埋葬无名尸体11具。

1992年,营根敬老院建成,全县有8个乡镇敬老院,什运乡正在兴建敬老院。同年全县有五保户178人,其中入院集中供养的有53人,占五保户人数的30%。6批次遣送12名盲流人员到省收容站,转送回原籍。妥善地将21名弃婴(其中女婴17名)交群众抚养,处理无名尸体8具。

1993年,新增什运乡敬老院,全县办有9个乡镇敬老院,全县有五保户178人,集中供养53人,集中供养率为30%。同年共收容、遣送盲流人员114名,处理无名尸体3具,收养弃婴5名(其中女婴4名)交群众抚养。

1994年,县民政局统筹财政资金,解决25户85名贫困人口建房、修房问题;解决142户246人的看病就医难问题。收容、遣送流浪人员87人,埋葬无名尸体8具。

1995年,全县启动农村养老保险试点工作。从11月10日开始在黎母山镇试点,同年认保金达13.7万元,投保1500人,交保险金3.5万元。同年收容遣送盲流人员4批23人,埋葬无名尸体16具。

1996至2000年间,农村社会养老保险工作在琼中县全面启动,全县所有乡镇均开展农村社会养老保险工作。在此期间,城乡居民最低生活保障线工作开始启动,成立县城乡居民最低生活保障线工作领导小组,出台《琼中县城乡居民最低生活保障线工作方案》。对敬老院集中供养老人和分散供养的五保户老人生活标准进行适当提高。集中供养标准从每人每年700元提高到740元,分散供养标准从每人每年460元提高到470元。县民政局安排专项资金对部分老旧敬老院设施设备进行维修,给入住敬老院老人营造良好的生活环境。启动孤儿助学项目,对全县孤儿情况进行调查统计,给予资助,解决孤儿失学问题。

2001年,全县城乡居民最低生活保障对象已达到1072户3216人,人均月保障金78元,全年发放保障金301万元。

2002年1月,开始全面开展城镇居民最低生活保障工作。全县有低保对象464户1856人,月发放低保金5.4元。全年发放临时生活困难补助2万元,发放困难群众治病救济1.2万元。

2003年，投入资金10.5万元，对42户农村特困户的危房进行改造，解决了农村特困户长期以来无法解决的住房难问题。从12月起，对162户372名特困群众实施定期救助工作，年人均发放救助金144元。同年，低保标准从78元提高到110元，全县城镇低保对象735户2481人，月发放低保金15.38万元。对黎母山镇敬老院、湾岭镇敬老院完成扩建并投入使用。

2004年，将326户764名农村特困群众纳入定期救助范围，每人每月救助12元，全年发放救助金11万元。同年全县有低保对象1455户4425人，其中城镇居民875户2980人，农垦系统职工580户1445人，此外还把458户570人农村特困群众纳入农村低保对象。同年，长征镇敬老院建成投入使用。投入5000多元资金，同年，救助87名流浪乞讨人员，支出资金5000元。

2005年9月，琼中县全面开展农村医疗救助工作，解决琼中县农村困难群众长期以来患病就医难问题。同年，全县低保对象1833户5559人，其中城镇居民1004户3404人，农垦系统职工829户2155人，月发放低保金28.9万元。制定《琼中县农村居民最低生活保障工作实施方案》，确定琼中县农村低保标准为60元/月。投入社会救助资金12500元，救助求救人员192人，解决了求助人员的吃饭、住宿和返乡路费问题。同年，全县福利彩票销售量为48万元。

2006年，全县城镇低保对象1915户5783人，全年累计发放低保金326万元。全县有农村低保对象2142户4863人，全年累计发放低保金120多万元。同年，新《农村五保供养条例》实施，琼中县确定农村五保供养标准为每人每月110元，全县符合农村五保供养条件人员473户562人。实施农村医疗救助152人，医疗救助金支出11万元。为5370名农村困难群众缴交农村新型合作医疗支出资金5万余元。同年，救助流浪乞讨人员105人次，支出救助资金7000多元。同年，福利彩票销售额达83万元。

2007年，出台《琼中县农村居民最低生活保障实施办法》。开展城市医疗救助工作，提高城乡医疗救助标准，调整后的标准为起付线200元，封顶线2000元。同年，开始发放老年人优待证。对百岁以上老年人发放长寿补助金，标准为150元/月。

2008年，城市低保标准从原来的110元/月提高到160元/月，农村低保标准从60元/月提高到110元/月。印发《琼中县城乡医疗救助实施意见》，全年有城乡低保对象856人得到医疗救助，支出医疗救助金30万元。同年，资助7753名农村低保户、低保对象缴交合作医疗金，支付116295元，资助7368名城市低保对象缴交城镇基本医疗金563120元。全县有10所敬老院，有五保对象719人，其中集中供养86人，当年将集中供养标准提高到每人每月190元，分散供养标准提高到每人每月135元。同年扩建了中平、和平两所敬老院，新建红毛敬老院，维修上安乡敬老院52万元，为民政特困对象危房改造50户50间。

2009年，全县有城乡低保户3060户10622人统筹资金，全年发放低保金1695.8万元。实施医疗救助困难群众11237人次，支出资金127.85万元。支出城乡低保居民新农合和基本医疗缴纳资金20万元。收到收养登记申请13例，办理收养登记9例。同年，共销售各种福利彩票销售收入45万元，新增销售网点6个。完成红毛敬老院各项建设。

2010年，全县在册城乡低保对象3609户11982人，全年共支出城乡低保金2023.86万元。实施医疗救助16648人次，支出城乡医疗救助资金246.95万元。全县有五保户724人，投资300多万元建设福利中心敬老院。

第六节 婚姻登记

1991—1996年，全县登记结婚6533对，办理结婚登记手续653对，复婚50对；准予离婚登记77对；调解婚姻纠纷和好220对；未准予登记结婚的101对；涉外婚姻登记80对。

1997—2007年，在县民政局（不含乡镇婚姻登记点）登记结婚的2655对，离婚登记的223对。从2003年底，琼中县开始取消涉外婚姻登记。自2007年12月1日起，各乡镇婚姻登记服务点撤销，不再办理婚姻登记业务，婚姻登记业务全部集中在县民政局办理。

2008—2010年，全县登记结婚的有5660对，补办结婚登记手续的1028对，离婚登记359对。

第七节 地名、殡葬管理

一、地名管理

1995年，琼中县区划地名工作走上正轨，完成全县行政村庄地名录初稿，对全县街道、门牌、路牌、村牌登记编码，在海榆中路沿线筑起村牌30个，在营根镇、湾岭镇安装门牌42300块。全部完成县城街道的命名、编号。

1996年，全面完成行政村庄地名录稿的上报工作，完成全县街道、门牌、路牌、村牌登记编码制作和安装工作。制作安装县城机关街道门牌4658块，其中临街牌623块，居民门牌3649块，楼幢牌297块，单元牌72块，巷牌17块。完成乡镇居民门牌6776块，楼幢牌27块；完成国营农场居民门牌1336块，楼幢牌159块；完成海榆中线国道两旁硬化村名界碑30个。同年，成立县地名工作管理委员会和县勘界工作领导小组，完成对新置长兴建乡的规划、绘图上报工作。

二、殡葬管理

1991—2007年，琼中县殡葬传统为土葬，全县境内无一处公墓，乱葬乱埋现象普遍发生。

从2008年起，为了推行殡葬改革，已经筹建公益性公墓建设，多次组织民政、住建、国土等部门对公墓用地进行选址，先后对6块公墓用地进行实地考察，但因各种原因，至2010年仍未能落实。

第八节 百岁老人

据1982年第三次全国人口普查,琼中境内有百岁老人6人,占总人口的3.15/10万人。据1990年第四次全国人口普查,琼中境内百岁老人共有4人,占总人口的2.04/10万人。据2000年第五次全国人口普查,琼中境内百岁老人共有4人,占总人口的2.33/10万人。据2010年第六次全国人口普查,琼中境内百岁老人共有9人,占总人口的5.17/10万人;90岁以上老年人口共有192人,其中,地方有158人,农垦有34人。

优良的自然生态环境、逐步完善的社会养老服务设施、日益健全的养老政策,以及越来越先进的医疗卫生事业,促使琼中老人生活质量越来越高。

2010年琼中县健在百岁老人一览表

表13-1

序号	姓名	性别	民族	出生年月	家庭地址
1	王妚四	女	黎	1901.6	琼中县黎母山镇大保村委会南里村
2	许美花	女	黎	1904.2	琼中县国营乌石农场二十五队
3	王英梅	女	黎	1905.9	琼中县黎母山镇手工业社
4	黄庆荣	女	汉	1905.6	琼中县国营岭头茶场机关宿舍
5	黄秀良	女	壮	1907.8	琼中县国营阳江农场28队
6	李广胜	男	汉	1908.1	琼中县国营阳江农场机关
7	王妚三	女	黎	1908.8	琼中县黎母山镇腰子村委会腰子墟村
8	杜兰芳	女	黎	1908.3	琼中县湾岭镇黄竹埇村
9	王亚平	女	黎	1910.8	琼中县上安乡什坡村委会朝东村

第二章 机构编制管理

第一节 机 构

1965年,琼中黎族苗族自治县编制委员会(简称县编委)成立。1980年,设立琼中黎族苗族自治县编制委员会办公室(简称县编委办),挂靠琼中县人事科,主任由县人事科副科长兼任。1990年,县编委办升格为副局级单位。

2003年,设立琼中县事业单位登记管理局,挂牌在县编委办,实行一套人马,两块牌子。2009年9月,县编委办从县人力资源和社会保障局分离,独立设置,列入县委机构序列,为正科级机构,在县机构编制委员会领导下负责全县行政管理体制和机构改革以及机构编制的日常管理工作,加挂县事业单位登记管理局的牌子。至2010年底,县编委办有行政编制3名,在编在岗人员3人。

第二节 党政群机构改革

1982—2010年,琼中县共进行5次党政群机构改革。

一、第一次机构改革(1982年)

1982年,琼中县进行人员编制精简整顿试点改革,设置县党政群团机关77个,其中县委工作部门10个,人大机关1个,政协机关1个,政府工作部门61个,群团机关4个;公社(镇)16个。主要设置情况如下:

县委工作部门:县委办公室、组织部、宣传部、农村部、农场部、统战部、政法委员会、纪检会、党校、机关党委。

人大、政协机关:人大办、政协办。

政府工作部门:政府办、人事局、老区办、战备办、司法局、公安局、检察院、法院、民政局、农办、农业局、畜牧局、林业局、水电局、热作局、社队企业局、计委、统计局、物价局、劳动局、物资局、经委、工业局、二轻局、农机局、建委、交通局、文教办、教育局、文化局、卫生局、计生办、体委、科委、财办、财政局、税务局、工商局、粮食局、建行、商业局、供销社、外贸局、档案局、环境办、苗委、科协、水产局、药品公司、编委、区划办、对外经委、电视台、党史办、农业口战线机关党委、经委口战线机关党委、计建口展现机关党委、财贸口战线机关单位、文教卫生口战线机关单位、政府口战线机关党委、公检法司口战线机关党委。

群团机关:总工会、团委、妇联、科协。

公社(镇):营根公社、红岛公社、长征公社、长安公社、太平公社、和平公社、中平公社、湾岭公社、乌石公社、黎母山公社、松涛公社、红毛公社、什运公社、毛阳公社、五指山公社、营根镇。

二、第二次机构改革(1984年)

1984年,琼中县实行党政群机关机构改革,同时进行行政转事业、行政转企业试点改革,设置机关党委、纪检会;设置县委工作部门5个,人大机关1个,政协机关1个,政府工作部门30个,群团机关4个,行政转事业单位3个,行政转企业单位4个。主要设置情况如下:

县委工作部门:县委办公室(不设档案局,档案行政管理工作归县委办公室)、县委组织部(老干局为组织部管理的工作机构)、县委宣传部、县委统战部(侨务、对台工作归统战部管理,挂对台办公室牌子)、县委政法委员会。

人大、政协机关:人大办公室、政协办公室。

县政府工作部门:县人民政府办公室(苗委工作归此)、县计划委员会、县农业委员会(既是县委又是政府工作机构,设在政府,不挂农会牌子)、县经济委员会、县对外经济委员会、县建设委员会(基建局、环保、地名、人防工作并在此,挂地名办、人防办牌子)、县统计局、县物价局、县劳动局、县人事局(编委办公室设在人事局内)、县民政局(挂老区办牌子)、县司法局、县公安局、县财政局、县审计局、县税务局、县粮食局、县商业局、县工商行政管理局、县文化局、县教育局、县卫生局、县计划生育委员会、县体育运动委员会、县农业局、县林业局、县水利电力局、县畜牧局、县乡镇企业管理局、县交通局。

群团机关:总工会、妇联、团委、科协。

双重领导部门(以中央、省、地业务主管部门为主的机构):邮电局、人民银行、农业银行、建设银行、工商银行、地震局、农场部、统计局。

将广播电视局、档案馆(档案局)、区划办改为事业单位,将县物资公司、供销联社、医药生产联合公司、外贸公司改为经济组织。

三、第三次机构改革(1995年)

1995年,根据中央“转变职能、理顺关系、精兵简政、提高效率”的要求,琼中县设置县直党政机关20个,其中县委工作机构6个,县政府工作机构14个(不计与县委机构合署办公的人事劳动局、监察局、文化体育局、民族宗教事务局);乡镇13个(其中乡5个,镇8个)。主要设置情况如下:

(一)县委机构:办公室(撤销政策研究室,其职能划归县委办公室,内设机要室、保密室)、组织部(内设老干部局)、宣传部(精神文明建设办公室职能划归宣传部)、统一战线工作部(撤销台湾事务委员会,其职能划归统一战线工作部)、直属机关与企事业工作委员会(撤销直属机关党委和企业机关党委,其职能划归直属机关与企事业工作委员会)、纪律检查委员会机关、政法委员会改为虚设机构。

(二)县政府机构:办公室(挂外事侨务办公室、行政复议办公室的牌子,内设信访室)、计划统计局(撤销计划委员会、统计局,挂物价局的牌子)、工业交通局(撤销经济委员会、交通局,挂技术监督局的牌子)、贸易局(撤销财贸办公室、外贸局、经济合作局,挂粮食局的牌子)、农业局(撤销农业委员会、畜牧局、热作局、农业机械局、扶贫办公室。在农业局挂林业局、水利电力局、乡镇企业管理局的牌子)、建设与环境资源局(撤销建设委员会、环境资源局,挂土地管理局的牌子)、人事劳动局(与县委组织部合署办公,机构编制委员会办公室挂靠人事劳动局)、文化体育局(与县委宣传部合署办公,撤销文化局、体育委员会、广播电视局)、民族宗教事务局(与县委统一战线工作部合署办公,撤销民族事务委员会)、民政局(老区建设办公室职能划归民政局)、教育与科学技术局(撤销教育局、科学技术委员会)、卫生与计划生育局(撤销卫生局、计划生育委员会)、监察局(与纪律检查委员会合署办公)、司法局、财政税务局(挂地方税务局的牌子)、公安局、审计局、工商行政管理局。

(三)由行政机构转为事业单位:(1)机关事务管理局,为正科级单位。(2)文学艺术联合会,挂靠县委宣传部。(3)接待办公室,原接待科,隶属县政府的正科级单位。(4)扶贫办公室,隶属县政府的正科级单位。(5)农业服务中心,原农业局。(6)畜牧服务中心,原畜牧局。(7)热作服务中心,原热作局。(8)农业机械服务中心,原农业机械局。(9)林业服务中心,原林业局。(10)水利电力服务中心,原水利电力局。(11)乡镇企业服务中心:原乡镇企业局。(12)党史县志办公室,为正科级单位,撤销党史办公室、县志办公室。(13)广播电视中心,为正科级单位,撤销广播电视局。(14)残疾人联合会由原副科级,提升为正科级单位。

(四)由行政机构转为企业单位:(1)将粮食局转为经济实体,组建粮油贸易总公司,原行政职能划归贸易局。(2)撤销商业局,转为经济实体,组建商业总公司,原行政职能划归贸易局。(3)撤销二轻局,转为经济实体,组建二轻公司,原行政职能划归工业交通局。(4)恢复供销合作联社为集体所有制合作经济组织性质。

(五)乡镇机构改革实行分类设置,将全县13个乡镇分为三类。一类乡镇2个:营根镇、黎母山镇。二类乡镇8个:乌石镇、湾岭镇、中平镇、红岛乡、长征镇、吊罗山乡、和平镇、红毛镇。三类乡镇3个:松涛乡、上安乡、什运乡。

四、第四次机构改革(2001—2004年)

2001年,琼中县以"转变职能、理顺关系、精简机构和人员编制"为中心,设置县委工作机构6个,部门管理机构1个,部门内设机构2个,合署办公机构3个,部门挂牌机构2个;设置县政府工作部门16个(监察局与纪律检查委员会机关合署办公,民族宗教事务局与县委统一战线工作部合署办公,列入政府工作部门序列,不计入政府机构个数)。

(一)县委工作机构调整:(1)保密室、机要室分别更名为保密局、机要局,为县委办公室内设机构,均为副局级建制。(2)老干部局由组织部管理。(3)县直属机关与企事业工作委员会更名为直属单位工作委员会,与组织部合署办公。(4)机构编制委员会办公室列入县委工作机构序列,为县机构编委员会常设办事机构,既是县委的工作机构,又是县政府的工作机构,挂靠县人事劳动保障局,不计入县委机构个数。

经调整后,县委工作机构设有纪律检查委员会机关(与县监察局合署办公)、办公室、组织部、宣传部、统一战线工作部(县民族宗教事务局与其合署办公,挂县人民政府台湾事务办公室的牌子)、政法委员会(挂县社会治安综合治理办公室的牌子)。

(二)县政府工作机构调整:(1)保留办公室,挂外事侨务办公室、法制办公室的牌子。信访室更名为信访局,为县政府办公室的内设机构,副局级建制。(2)不再保留计划统计局,组建发展计划局、统计局。(3)发展计划局内设物价局,挂经济动员办公室的牌子。粮食局改为事业单位,隶属发展计划局。(4)不再保留工业交通局、贸易局,组建经济贸易交通局,挂交通战备办公室的牌子。(5)保留教育与科学技术局、民族宗教事务局、公安局、监察局、民政局、司法局、卫生局、审计局、计划生育局。(6)保留财政局。国有资产管理委员会办公室挂靠财政局。(7)人事劳动局更名为人事劳动保障局。农村社会养老保险行政职能划入人事劳动保障局。(8)建设与环境资源局更名为建设与国土环境资源局,挂人民防空办公室的牌子,不再挂土地管理局的牌子。(9)保留农业局,不再挂乡镇企业管理局的牌子。(10)文化体育局更名为文化广电体育局。不再保留广播电视局,其行政职能并入文化广电体育局。(11)水利水电局更名为水利局,和林业局一起由挂牌机构改为隶属县政府的事业单位。同时撤销水利电力服务中心和林业服务中心。

经调整后,县政府工作机构设有办公室、发展计划局、经济贸易交通局、教育与科学技术局、民族事务宗教局、公安局、监察局、民政局、司法局、财政局、人事劳动保障局、建设与国土环境资源局、农业局、文化广电体育局、卫生局、审计局、统计局、计划生育局。

(三)乡镇党政机构设置:经济发达、规模较大的乡镇2个(营根镇、黎母山镇),设4个机构

(党政办公室、农业办公室、财经办公室、社会事务办公室);一般乡镇12个(乌石镇、湾岭镇、中平镇、红岛乡、长征镇、和平镇、红毛镇、松涛乡、上安乡、什运乡、长兴乡、吊罗山乡),只设党政办公室,实行助理员分工制。

2002年,琼中县实行人大机关、政协机关、群众团体机关、法院、检察院机构改革。主要改革情况如下:

(一)琼中县人大设3个工作委员会(法制工作委员会,农村、经济工作委员会,教科文卫民族宗教工作委员会),1个综合办事机构(办公室);政协设4个专门委员会(提案与法制委员会、学习与文史委员会、民族宗教与科教文卫委员会、环境资源与经济委员会),1个综合办事机构(办公室)。

(二)设置群众团体8个:总工会、团委、妇联、总商会(工商联)、科协、文联、残联、红十字会。

(三)琼中县人民法院内设9个职能部门(其中正科级1个,其余为副科级),下设2个基层人民法庭(副科级);人民检察院内设机构8个(其中正科级1个,其余为副科级)。

2002年,琼中县继续深化乡镇党政机构改革。经济发达、规模较大的乡镇2个(营根镇、黎母山镇)设4个机构(党政办公室、农业办公室、财经办公室、社会事务办公室);一般乡镇12个(乌石镇、湾岭镇、中平镇、红岛乡、长征镇、和平镇、红毛镇、松涛乡、上安乡、什运乡、长兴乡、吊罗山乡)只设党政办公室,实行助理员分工制。

2002年,琼中县进行地方税务系统机构改革,实行省地方税务局与县政府双重管理,以县政府管理为主的管理体制。设地方税务局(正科级),为省地方税务局直属局。

2004年,琼中县进行乡镇机构改革。主要任务是转变政府职能,理顺县和乡镇的关系,精简党政机构,调整事业单位,重点是压缩财政供养人员。设置乡镇10个:营根镇(原红岛乡并入营根镇)、黎母山镇(原松涛乡并入黎母山镇)、湾岭镇(原乌石镇并入湾岭镇)、中平镇、长征镇、和平镇(原长兴乡并入和平镇)、红毛镇、上安乡、什运乡、吊罗山乡。

2004年,按照"政事分开、统一综合管理、分类改革、分步实施"的原则,琼中县进行事业单位机构改革,涉及事业单位114个,其中转制为企业性质单位10个,撤销事业单位5个。事业单位改革完成后,县编委办对全县在册的事业单位依法进行事业单位法人登记管理。

五、第五次机构改革(2009—2010年)

(一)2009年,琼中县进行政府机构改革,机构调整设置:(1)县发展和改革局更名为县发展和改革委员会。(2)县人事劳动保障局更名为县人力资源和社会保障局。原挂靠人事劳动保障局的县机构编制委员会办公室单独设置,列为县委机构序列。(3)县建设局更名为县住房和城乡建设局。(4)县教育与科学技术局更名为县教育局,科学技术职责划转工业与科技信息产业局。(5)县交通局更名为县交通运输局。(6)县民族宗教事务局更名为县民族宗教事务委员会。(7)县人口和计划生育局更名为县人口和计划生育委员会。(8)省琼中食品药品监督管理局更名为县食品药品监督管理局,由省垂直管理机构调整为县政府工作部门,挂靠县卫生局。(9)全面清理和规范议事协调机构。议事协调机构不再单独设置实体性办事机构,不单独核定人员编制和领导职数。确需设立议事协调机构,必须严格按照有关规定和程序审批。

经调整后,设置县政府工作部门20个:办公室(内设信访局、金融工作办公室,挂法制办公室、外事侨务办公室的牌子)、发展和改革委员会(内设物价局,挂经济动员办公室的牌子)、农业局、财政局(挂国有资产监督管理委员会的牌子)、人力资源和社会保障局(安全生产监督管理局挂靠)、教育局、文化广电出版体育局、卫生局、公安局、司法局、监察局(与纪律监察委员会机关合署办公,列入县政府工作部门序列,不计入政府机构个数)、民政局、民族宗教事务委员会、国土环境资源局、住房和城乡建设局(挂地震局、人民防空办公室的牌子)、交通运输局(挂交通战备办公室的牌子)、商务局、审计局、统计局、人口和计划生育委员会。

(二)2009年,琼中实行农村综合改革。改革的重点是推进乡镇机构、农村义务教育和县乡财政管理体制三项改革,以此带动农村的各项改革工作。同时印发《琼中县乡镇机构改革工作方案》,明确乡镇机构改革的主要目标是明确乡镇政府促进经济发展、加强社会管理、搞好公共服务、维护农村社会稳定的主要职能,建立服务型和法治型政府。改革的主要内容是转变政府职能、理顺关系,整合事业站所,精简人员编制。

乡镇机构调整设置情况:乡镇机关设党政综合办公室(加挂社会治安综合治理办公室牌子)、经济发展办公室、社会事务办公室(加挂计划生育办公室牌子)3个内设机构。将乡镇5个涉农技术服务单位(原农机站、农技站、水利站、水产站、畜牧兽医站、林业工作站)综合设置为乡镇农业服务中心(股级单位);将乡镇2个涉及社会公共事务服务单位(原文化站、广播站)综合设置为乡镇社会事务服务中心(股级单位);保留卫生院(加挂"乡镇计划生育技术服务中心"牌子);原各乡镇事业站所(中心)全部予以撤销。

(三)2009年,农垦中小学校教职工移交地方管理。接收全县境内的农垦学校14所,其中完全中学1所,九年一贯制学校9所,初级中学1所,小学3所,另有教学点1个。

(四)2010年,琼中县实行社保费征管及地税农税体制调整改革,将县社保费征管、县农税局的机构、人员编制划转琼中地方税务局管理。

据1990年第四次全国人口普查,琼中境内有百岁老人4人,占总人口的2.04/10万人。

第三节 编制管理

1991—1995年,把国家机关、事业单位的工资基金从劳动部门收回编委管理,做到人员、编制、工资三者统一。建立机构编制档案,对人员进行调查造册。对超编单位和超编干部职数进行"消肿",解决人员超编问题。坚持一支笔审批入编制度,合理办理人员入编。1995年,县级党政机构实行改革，全县原有县级党政机构58个，调整为20个，精简65.5%。

1996—2000年，海南省下达琼中县直党政机关（含人大、政协机关）行政编制400名。对县级党政机关单位机构改革的“三定”审核批复，对乡镇一级机构改革进行定编、定岗、定员的“三定”工作；对县直各党政机关单位进行职位调查，人员编制核实、检查各单位的职位说明书以及超编人员的分流情况。经省审核，全县有248名干部符合过渡条件，办理政府直属各单位公务员过渡审批手续200人；对乡镇党政机关过渡人员进行资格审查、填表和审核，协助省委组织部和省人事劳动保障厅对全县乡镇过渡人员进行资格初审，报批全县各乡镇355名过渡人员。

2002年，省下达琼中县党政机关编制行政编制283名（其中县委机关编制51名，县政府机关编制232名），人大机关13名，政协机关9名，人民团体使用事业编制34名，公、检、法、司专项编制256名。

1991—2010年琼中县行政、事业人员编制统计表

表13-2　　　　单位：人

年份	机关行政人员编制		乡镇行政人员编制		全县事业人员编制	
	编制数	实有人数	编制数	实有人数	编制数	实有人数
1991	1037	1012	460	368	1215	652
1992	1037	1047	460	379	1269	671
1993	1037	1064	460	398	1323	694
1999	713	687	420	364	3543	3584
2000	713	666	420	354	3543	3570
2001	713	678	420	336	3543	3573
2002	579	572	383	299	3652	3559
2003	579	585	379	289	3786	3464
2004	575	597	383	284	3485	3281
2005	589	579	369	276	3551	3114
2006	592	542	366	251	3596	3132
2007	604	595	363	233	3444	2969
2008	622	689	363	217	3447	2922
2009	644	584	356	228	3610	3036
2010	681	590	326	239	4372	3819

说明：1994—1998年数据遗失

2004年,琼中县进行乡镇机构改革,核定乡镇党政机关行政编制383名,机关使用事业编制38名;乡镇下属事业单位编制199名。

2005年,琼中县建立机关事业单位人员编制实名制与全省计算机联网的台账管理,对全县223个机关事业单位的3957名财政供养人员进行分类登记管理。全县所有事业单位一律使用事业编制,不得混用、挤占、挪用或者自行设定其他类别的编制。事业单位编制分为:财政全额预算、财政定额(差额)预算、自筹等三种经费。

2007年,省下达全额事业编制3086名,其中中小学教职工1638名,县党政群机关工勤人员使用事业编制143名(含群团机关使用事业编制49名),其余事业单位编制1305名。

2009年,制定《琼中县乡镇机构改革人员分流安置工作实施方案》。琼中县核定县政府21个工作部门的人员编制和领导职数。共核定编制463名,其中行政编制423名,机关使用事业工勤编制40名;核定领导职数77名,其中正职24名,副职53名。

2010年,省下达琼中县农垦中小学校教职工编制741名。全县进行社保费征管及地税农税体制调整改革,将乡镇农税所的39名财政预算管理事业编制调整到乡镇财政所。按省和县乡镇机构改革工作部署和要求,开展乡镇机构改革人员分流安置工作,共分流安置336人,其中,安置乡镇在职公务员和在编在岗全额事业编制人员325人。

1991—2010年琼中县干部基本结构一览表

表13-3

单位:人

年度	干部总人数	机关人数	事业单位人数	企业单位人数	女性	少数民族	党员
1991	3258	1373	1531	354	698	1651	1196
1993	3143	1084	1725	334	680	1557	1192
1995	2873	904	1751	218	677	1618	1099
2000	2741	358	2266	117	800	1790	1018
2002	2703	334	2250	119	803	1794	1029
2007	3104	538	2461	105	1079	1964	1326
2010	4176	556	3520	100	1574	1980	1506

1991—2010年琼中县干部文化结构一览表

表13-4 单位：人

年度	干部总人数	大学本科及以上	大学专科	中专	高中	初中
1991	3258	89	708	1306	534	621
1993	3143	92	688	1377	496	490
1995	2873	102	725	1315	414	317
2000	2741	130	793	1425	267	125
2002	2703	169	823	1365	250	96
2007	3104	411	1321	1028	344	0
2010	4176	879	1954	1097	228	0

1991—2010年琼中县干部年龄结构一览表

表13-5 单位：人

<table>
<tr><th>年度</th><th>25岁以下</th><th>26~30岁</th><th>31~35岁</th><th>36~40岁</th><th>41~45岁</th><th>46~50岁</th><th>51~54岁</th><th>55~59岁</th><th>60岁</th></tr>
<tr><td>1991</td><td>549</td><td>535</td><td>378</td><td>422</td><td>315</td><td>283</td><td>394</td><td>360</td><td>22</td></tr>
<tr><td>1993</td><td>524</td><td>533</td><td>350</td><td>451</td><td>332</td><td>249</td><td>309</td><td>360</td><td>35</td></tr>
<tr><td>1995</td><td>436</td><td>484</td><td>427</td><td>394</td><td>366</td><td>235</td><td>189</td><td>315</td><td>27</td></tr>
<tr><td>2000</td><td colspan="3">1376</td><td colspan="2">714</td><td colspan="2">519</td><td colspan="2">132</td></tr>
<tr><td>2002</td><td colspan="3">1283</td><td colspan="2">704</td><td colspan="2">552</td><td colspan="2">164</td></tr>
<tr><td>2007</td><td colspan="3">1039</td><td colspan="2">1305</td><td colspan="2">577</td><td colspan="2">183</td></tr>
<tr><td>2010</td><td colspan="3">1369</td><td colspan="2">1685</td><td colspan="2">900</td><td colspan="2">222</td></tr>
</table>

第三章 人 事

第一节 机 构

琼中县人力资源和社会保障局前身为琼中县人事劳动保障局。1994年4月，撤销县人事局、劳动局，成立琼中县人事劳动局。2002年9月，更名为琼中县人事劳动保障局。2009年10月，更名为琼中县人力资源和社会保障局。2010年，内设办公室(信访岗)、政策法规岗(行政审批岗)、就业促进岗(农民工工作办公室)、人力资源市场岗(事业单位人事管理岗)、专业技术人员管理岗、工资福利岗、社会保险岗(县城镇居民基本医疗保险领导小组办公室)、劳动保障监察岗、县劳动(人事)争议仲裁委员会办公室(副科级)和公务员管理岗(县军队转业干部安置工资领导小组办公室)，有公务员编制13人，职工1人。琼中县人力资源和社会保障局2004年、2005年连续2年在全省人才资源统计工作评比中被评为"优秀报表单位"；2007年，县人力资源和社会保障局获得琼中县"科普工作先进单位"称号；2008年，获得琼中县"信访目标管理工作先进单位""科普工作先进单位"表彰，获得全省人事劳动保障系统"四五"普法先进单位称号；2009年，在全省公务员统计年报表评审中，被评为优秀报表单位；2010年，县人力资源和社会保障局被评为琼中县"人才工作先进单位"，同年，在全省人才资源统计工作评比中，被评为"优秀报表单位""信访目标管理工作先进单位"和"科普工作先进单位"。

第二节 公务员(干部)编制

1991年，县直机构设文明办、综治办、侨务办、接待科4个单位。1992年，全县有机关、事业单位196个(含企业化管理事业单位)，编制4620个，实有人数4783人。超编单位48个，超编人数163人。1993年,实行编制管理与干部调配、劳动招工同步进行,坚持“一支笔”审批入编制度,合理办理人员入编,将行政机关和事业单位人数控制在编制允许范围内。截至1999年,县编制委员会核定编制4676人(全额拨款3785人,差额拨款701人,自筹190人),实际在编4635人,缺编41人。

2007年,全县总编制4554人,其中行政编制958人,人民团体机关事业编制45人,全额事业编制2757人,差额事业编制753人,自筹事业编制41人。行政编制在岗人员828人,空编130人,人民团体机关事业编制在岗人员35人,空编10人;全额事业编制在岗人员2598人,空编159人;差额事业编制在岗人员460人、自筹事业编制在岗人员39人。2006年,实行公务员制度,通过过渡考核,至2010年底,全县共有654人进行公务员登记(其中公务员563人,参照公务员管理人员91人)。

第三节 干部管理

一、干部管理制度

干部管理权限实行等级制,琼中县干部分为县(处)级、科级、股级和一般干部四个等级。

县(处)级干部。县党委、县人大、县政府、县政协四套班子领导成员为正副县级干部,县四套班子领导成员均由海南省统一管理,由海南省委、省委组织部任免或提名人选,县地方选举产生。

科级干部。科级正、副职干部均先由县委组织部提出任免方案,由县委常委会议讨论通过后,属党委机关、政协机关和人民团体的正副职科级干部直接由县委任免;属政府机关的由县政府常务会议讨论通过后,副职由县政府任免,正职由县政府提请县人大常委会任免;县法院院长和检察院检察长由县人民代表大会选举产生;县人大机关的正副职、法院和检察院的副职由县人大常委会任免;政府辖下的企事业单位的正副职由县政府任免;乡镇党政领导、人大主席团正副职、纪检书记由县委组织部提出方案,分别由乡镇党代会和人代会选举产生。乡镇党代会闭会期间,党委领导成员由县委任免。

股级干部。股级干部由所在单位任免,报组织部备案。

一般干部。由县人力资源和社会保障局统一管理。单位需要调动的干部,由县人力资源和社会保障局提出意见,报县政府常务会议讨论通过后,由县人力资源和社会保障局办理调动。

二、录用、招聘

1991年,省人事劳动厅下达给琼中县从“五大”毕业生中录(聘)用干部指标17名,其中行政、事业吸收录用12名,企业聘用5名。大中专毕业生分配48名(其中本科5名,大专18名,中专25名)。此外教育系统分配70名大中专毕业生。

1992年,通过考试录用乡镇干部3名。聘用乡镇专职武装干部7名;招收计划生育专职干部4名。大中专毕业生分配48名(其中本科10名,大专11名,中专27名)。此外教育系统分配70名大中专毕业生。军转工作:省军转办分配给琼中县2名军转干部(均为连级),其中1人分配到农业银行,1名分配到县公安局。

1993年,录(聘)用干部81名,招收大中专毕业生59名(不含教育系统),其中,本科7名,大专16名,中专36名,分配到行政单位24名,事业单位26名,企业单位9名。

1994年,共录聘用干部65人,其中录用21人,聘用44人。大中专毕业生分配:全年共分配大中专毕业生36人(不含教育系统),其中本科3人,大专9人,中专24人。

1995年,共录聘用干部42人,其中录用4人,聘用38人。大中专毕业生分配:全年共分配大中专毕业生55人,其中本科6人,大专11人,中专38人。

1996年,引进农业专业大专以上技术人才6人,安置退伍兵43人。安置大中专毕业生88人就业。

1997年,录(聘)用干部15人,其中录用9人,聘用6人。大中专毕业生分配79名。引进专业人才3人,安置退伍兵21人。

2000年,安排大中专毕业生就业12人。

2006年,招录公务员13名,招聘事业单位工作人员25名(全部为县国土资源局下属事业单位工作人员)。

2007年,招录公务员23名。招聘网络信息管理员8名。

2008年,招录25名公务员,1名参公人员。招聘7名事业单位管理人员。

2009年,招录46名公务员和参照公务员法管理事业单位工作人员;招聘13名乡镇种桑养蚕技术员。

2010年,招录公务员和参公人员44名(其中公务员职数34名、参公人员职数10名);招聘25名乡镇事业单位工作人员和10名乡镇计划生育技术服务中心专业技术人员。

三、大中专毕业生毕业报到及档案管理

2010年初,琼中县大中专毕业生人事代理职能正式下放到县就业局,就业局承接具体工作。在管理好移交过来的1107宗大中专毕业生档案的基础上,还为新增的每一位毕业生办理报到、存档等各项手续,全年共为432名毕业生办理了报到手续,托管档案1627宗。

四、干部培训

1991年7月,举办第一期乡镇聘用制干部学习班,共培训干部104人,为期3天。

1992年8月,在县城举办1期30天的大中专毕业生岗前培训班,参加人数56人,主要学习邓小平南方谈话、行政管理学、国际公务员制度概况、公文写作、行政诉讼法和海南特区政策法规等。1993年,共培训大中专毕业生163人。

1995年,组织开展国家公务员知识竞赛活动,全县机关、企事业单位等81家单位1197人参

加了考试。1997年，举办大中专毕业生岗前培训班，103人参加培训。

2008年，举办2007年度新录用公务员岗前培训班，24名新录用公务员参加培训。2009年，举办2005年以来新招录人员培训班，共148人参加培训；组织5名公务员参加海南省2009年少数民族贫困地区公务员培训班。2010年，组织全县新招录公务员、参照公务法管理事业单位工作人员以及桑蚕技术人员93人参加了新招录人员上岗前培训，并对新录用公务员进行工作安排。

五、干部奖惩、考核、任免

行政机关、企事业单位正股级以上干部由县委组织部管理调配，副股级以下干部由人事劳动局管理调配。

1991年，任命副股级干部188名。奖励升一级工资4人，县政府批记三等功2名，奖金奖励207名。1992年奖励升一级工资3人，奖金奖励225名。1993年，任命副股级干部34人，机关27人，事业7人。全县获行政奖励138人，其中晋升一级工资奖励5名，奖金奖励138人。1994年，全县获行政奖励共137人，其中晋升一级工资7人，奖金奖励130人。处分违纪职工13人，其中违反计划生育处分11人，违反职工纪律处分2人。1995年，提任副股级干部34人，辞退干部7人。1997年，任命副股级干部36人。1999年，提拔23名副股级干部。2000年，任免干部23人。

2006年，考察10人拟晋升职务或待遇。工作调动、职务职称晋升、转正定级工资481人，晋升警衔调整津贴标准186人，正常晋升级别、档次工资630人，事业单位越级工资51人，新招录人员确定试用期工资42人，受行政撤职、降级处分重新确定工资4人，办理缓刑期满重新安排工作人员工资2人。2007年，有891名工作人员参加年度考核，考核面达100%，经考核评价，69人评为优秀等级，819人为称职，有1人因受组织处分不满一年不参加考核。2008年，共有1726名工作人员参加年度考核，经考核评价，有207人被评为优秀、1516人被评为称职，2人被评为基本称职、1人被评为不称职。2010年，全县机关事业单位工作人员年度考核，称职以上人员4540人。

第四节 人才交流

一、干部调配

1991年，共调整、调配干部87名，其中，调往县外35名，从县外调进4名，县内调配7名，事业调进机关26名，企业调进机关10名，机关进入企事业单位5名。

1992年，调配干部85名，其中，调往县外41名，县外调进3名，县内调配25名，农垦系统调进机关6名，企业调进机关10名。

1993年，全县共调配干部49名，其中，调往县外17名，县外调进9名，县内调配12名，调往省驻县单位11名。

1994年,全县共调配干部61名,其中,调往县外43名,县外调进6名,县内调配12名。

1995年,全县共调配干部47名,其中,调往县外28名,县外调进6名,县内调配13名。

1996年,全县共调配干部42名,其中,调往县外21名,县外调进3名,县内调配17名,引进干部1名。调配工人143名,其中,调出县外工人65名,县内工人流动50人,从行政机关分流干部职工28人。

1997年,全县共调配干部36名,其中,调往县外18名,县外调进7名,县内调配11名。

1998年,全县共调配干部18名,其中,调往县外3名,县内调配15名。调配工人29名,调往县外10名,县外调进2名,县内流动17名。

1999年,全县共调配干部44名,其中,调出县外7名,县内流动37名。调配工人50名,调往县外10名,县外调进4名,县内流动36名。

2000年,全县共调配人员48人。2007年,共调配人员67名,其中干部55人,工人12名。2008年,共调配干部64名。

1991—2008年琼中县干部调配情况一览表

表13-6

单位:人

年度	调往县外	调入县内	县内调配	年度小计
1991	35	4	7	46
1992	41	3	25	69
1993	17	9	12	38
1994	43	6	12	61
1995	28	6	13	47
1996	21	3	17	41
1997	18	7	11	36
1998	3	0	15	18
1999	7	0	37	44
2000	—	—	—	48
2007	—	—	—	55
2008	—	—	—	64

二、人才市场招聘会

2006年,琼中县人才劳动力市场建成并投入使用。2008年5月,举办琼中县首期招聘会,至2010年共举办招聘会9期,提供岗位1740个,有898人当场达成用工意向。

第五节 专业技术职称管理

1991年，开始企事业单位专业技术职务补缺评聘工作。通过省中高级评委评审，省职改办确认高级职务资格3人，中级职务资格44人；县职改领导小组组织评审确认初级职务资格人员167人。同年审议确认大中专毕业生专业技术职务资格。全县有55个企业单位129名1989年前大中专毕业生申报确认专业技术职务资格，审议同意确认专业技术职务资格人员110人，其中助理级6人，员级104人。

1992年，审批专业技术人员34名，其中中级1名，初级33名。审批企业政工人员职务18名，其中，中级2名，助理级12名，员级4名。办理专业技术人员资格证书193名，其中高级2名，中级21名，初级170名。审批1990年、1991年大中专毕业生确认资格85名。

1993年，经省高、中评委评审和省职改部门批准，确认正高级职务资格人员2名，副高级职务资格人员3名，中级职务资格人员49名。县评审委员会评审确认初级专业职务资格人员298名，其中助理级203名，员级95名。

1994年，审议并向省各有关主管部门推荐评审高级、中级、初级职务人员80名，其中高级12名，中级58名，初级10名。审批1993年大中专毕业生专业职务起点资格14人，其中助理级2人，员级12人。全年各系列评审确认初级专业职务资格人员161名，其中助理级121名，员级40名。

1995年，组织、动员全县各企事业单位申报专业职务资格评审确认材料。全年申报评审确认专业资格材料419份，其中高级13份，中级69份，助理级270份。

1996年，核准确定高级职称8人，中级38人，初级336人。办理初级资格证书432本，外语合格证书13本，组织各类专业资格考试767人。

1997年，重新组建县中学教师初级职务评审委员会、卫生技术初级职务评审委员会、工程技术初级职务评审委员会。审查、核批1996年度卫生技术初级职务16人，确认1995、1996年度大中专毕业生见习期满起点资格74人。

1998年，下达全县全额拨款事业单位高、中级专业技术职务评聘指标72个，其中高级7个，中级65个。向省有关部门推荐高级、中级、初级职务评审材料56份，其中高级5份，中级44份，初级7份。全县报考经济专业资格85人，其中，中级64人，初级21人。办理初级评审专业技术资格证书268本，办理全国职称外语资格证件9本，经济专业资格证书5本。

1999年，下达全县全额拨款事业单位高、中级专业技术职务评聘指标67个，其中高级3个，中级64个。向省有关部门推荐高级、中级、初级职务评审材料69份，其中高级3份，中级65份，初级1份。全县报考经济专业资格80人,其中,中级67人,初级13人。

2000年,评审、验收核批1999年度教育、卫生初级专业职务217人,向省有关部门推荐高级、中级、初级职务评审材料150份。

2002年,全县共下达职称评聘指标53个;向省有关部门推荐高、中级技术职称人员50人。办理各系列初级资格证书211本。

2007年,评审确认初级专业技术人员职称32人,向省有关部门推荐高级、中级职称评审材料85份;办理初级专业技术资格证书147本。

2008年,评审确认中、小学教师初级专业技术资格88人。

2009年,通过认定和评审的技术资格人员170人,其中认定具备专业技术资格130人,核准评审通过40人;委托省级部门评审专业技术资格48人。

2010年,教育系统职称审核162人,其中认定122人,评审40人。卫生专业技术人员职称审核19人。

第六节 事业单位改革

2007年,县事业单位改革开始,事业单位的岗位分为管理岗位、专业技术岗位、工勤技能岗位三种类别。2008年完成21家事业单位参照公务员法管理工作,符合过渡条件人员169人,其中60人从公务员队伍调入,仍保留公务员资格,109人参加过渡考试。

至2010年,按省和县的工作要求,开展乡镇机构改革人员分流安置工作,通过制定《琼中县乡镇机构改革人员分流安置工作实施方案》并经县政府同意,分流安置325人,其中直接留用公务员229人,全额事业编制人员83人(干部54人、工人29人)、桑蚕技术员13人。在完成第一步乡镇机构改革分流工作后,根据县委办、县政府办印发《琼中县乡镇机构改革第二步人员安置工作实施方案》的通知精神,确定安置24人,基本完成乡镇机构改革人员安置工作。

第七节 工资福利

2006年,公务员工资由基本工资、津贴、补贴、奖金构成。基本工资包括职务工资和级别工资两项,取消基础工资和工龄工资。机关技术工人仍实行岗位技术等级工资制,基本工资构成调整为岗位工资和技术等级(职务)工资两项。普通工人仍实行岗位工资制,基本工资构成调整为岗位工资一项。

事业单位实行岗位绩效工资制度。岗位绩效工资由岗位工资、薪级工资、绩效工资和津贴补贴四部分组成,其中岗位工资和薪级工资为基本工资。

一、工资改革

1994年,根据《海南省人民政府关于机关和事业单位工作人员工资制度改革问题的通知》《海南省人民政府关于印发海南省经济特区机关、事业单位工作人员工资制度改革实施办法的通知》文件精神,开展全县机关、事业单位工资制度改革工作。涉及人员5751人(在职人员4988人,离退休人员773人)。其中,机关单位2278人(在职1907人,离退休371人);全额事业单位2144人(在职1984人,离退休160人);差额事业单位904人(在职711人,离退休193人);自收自支事业单位425人(在职376人,离退休49人)。工资改革套改后,人均月增资297.3元,其中机关单位在职人员人均月增资204.5元,离退休人员人均月增资329.4元;全额事业单位在职人员人均月增资213元,离退休人员336.6元;差额事业单位在职人员人均月增资237.6元,离退休人员221.4元;自收自支事业单位在职人员人均月增资228元,离退休人员225.1元。

1994年,实行工资套改,全县执行的工资标准为统一标准加浮动70%。2001年将浮动工资套改为统一标准工资。

根据省人劳厅《关于印发〈海南省事业单位收入分配制度改革实施意见〉的通知》《关于印发〈海南省机关事业单位离退休人员计发离退休费等问题的实施意见〉的通知》《关于印发〈海南省艰苦边远地区津贴制度实施意见〉的通知》文件精神,琼中县的工资制度工作改革从2006年10月开始至2007年4月结束,全县178家单位共5467人参加工资套改,套改率达100%。

二、工资调整

1991年,县人事劳动保障局召开两次全县工资工作会议,布置全县的调资工作。全年共有1708人工资得到提高,占同年行政、事业单位工作人员总数的37.8%,月增资总额19396元。

1992年,对全县110家机关、事业单位(行政机关77家,事业单位33家)的工作人员进行工龄津贴标准的调整,调整总数4958人,月增资总额48711.5元。在职人员4307人,月增资35021元,离退休人员651人,月增资13090.54元。根据《海南省人民政府关于适当调整全省国家机关和部分事业单位工作人员奖励工资(奖金)标准的通知》,对全县120家行政、事业单位(行政机关80家,事业单位40家)提高奖励标准,奖励人员总数4383人,月增资142724元。根据《海南省人民政府关于全省国家机关、事业单位工作人员实行特区工资补贴的通知》,办理5135人的特区工资补贴,月增资总额249094.71元。

1993年,为498位离退休干部办理提高离退休费手续,月增资10808.70元。

1994年,推进县工资改革工作,共套改173家单位干部职工工资。其中,行政机关76家,1852人,月增资379682.4元;事业单位97家,3043人,月增资687021.6元。

2001年,完成全县财政供养人员的工资套改工作,将原来的统一标准加浮动70%的工资发放方式调整为统一标准不加浮动的形式。

2007年完成工资套改和工资录入电脑系统工作。全县有5467人完成工资套改。

2010年,完成审批特区津贴和特区生活补贴标准调整工作,于12月统一发放。

第四章 劳动就业

第一节 机 构

1991年,琼中黎族苗族自治县就业管理局前身为县劳动服务公司。1994年4月前,县劳动局独立设置,1994年4月,与人事局合并。1997年,成立县劳动服务公司,是自收自支的事业单位,负责追缴各单位从业人员失业保险金,收取外来和农村进城务工人员劳务费,办理外出人员劳务证,失业人员失业证。1998年,劳动服务公司更名为劳动就业服务中心,属差额拨款事业单位。

2002年6月,与社会保障局合并,称人事劳动保障局。2004年,劳动就业服务中心更名为琼中县就业管理局,隶属于县人事劳动保障局,为副局级事业单位。内设行政秘书岗、失业保险岗、培训岗3个股级机构。核定财政预算管理失业编制7名,其中管理人员岗6人(单位正职领导1个,正职1个,副职1人,其他管理岗位4人),工勤人员岗位1人。

2010年,内设行政秘书股、失业保险股、培训股。核定财政预算管理失业编制8名,其中管理人员岗7人(单位正职领导3人,副职2人,其他管理岗位4人),工勤人员岗位1个。

第二节 用工制度

一、劳动合同制

1991年,共办理劳动合同鉴证14613人。1992年,共办理劳动合同鉴证1835人。1994年,共办理劳动合同鉴证834人(含国营农场在内)。

1995年5月,琼中县选定县光荣厂作为推行全员劳动合同制试点单位,10月底完成试点工作。12月底,全县共有100家单位开展劳动合同制工作,依《劳动法》办理了劳动合同签订和鉴证手续。全年共有5500人签订劳动合同,完成率达93.4%。1996年,继续推行全员劳动合同制度,健全劳动争议仲裁机构。会同县总工会对全县72家用工单位进行检查,督促完善企业劳动争议处理机构的设置工作,全县成立70家企业劳动争议仲裁机构。全年审查办理劳动合同鉴证102份,订立集体劳动合同16份,造册建档劳动合同花名册105册。1997年,审查订立集体合同17份,涉及人数1122人。签订个人劳动合同签证416份。

2007年,取消劳动合同鉴证。用人单位用工必须到当地人事劳动保障部门进行用工备案。2008年《中华人民共和国劳动合同法》实行后,琼中县全面推行劳动合同制,要求用人单位用工必须与劳动者签订劳动合同。同年全县劳动用工32665人,签订劳动合同职工人数为32175人,整体签订率达98.5%。

二、招聘制

1991—2010年,琼中县劳动制度改革伴随计划经济向社会主义市场经济转轨而不断深化完善,劳动部门由单独行政管理型职能转变为服务型职能,劳动就业从计划安置向市场就业转变,由劳动部门招工变为企业自主招工,并在招工中实行双向选择,实现企业择优用人、个人竞争就业。2008年5月,琼中县人事劳动保障局在县人才劳动力市场举办首届企业用工现场招聘会,有15家企业前来参与招聘,提供就业岗位100多个,各乡镇和县城地区有近千人前来现场求职,当场录用并签订合同的有62人、达成就业意向的人员100多名。此后,每年都不定期举办几期现场招聘会。2008—2010年,共举办招聘会9期,进场招聘的企业有96家,进场求职人数6471人次,当场签订用工协议的有537人次。

三、失业保险金发放

1999年,根据2000年《海南省城镇失业人员失业保险条例》精神,琼中县政府通过各种途径,利用各种手段宣传新《条例》,严格依照新《条例》规定办理下岗失业登记和失业保险金发放工作。1999—2010年,累计发放失业保险金40409人次,发放金额830.4678万元,发放率100%。

1999—2010年领取失业保险金情况统计表

表13-7

单位:人、元

年份	领取失业金人数	发放失业金	年份	领取失业金人数	发放失业金
1999	0	0	2005	5855	972135

续表1

年份	领取失业金人数	发放失业金	年份	领取失业金人数	发放失业金
2000	185	22920	2006	5317	932630
2001	121	19080	2007	3811	861265
2002	4381	607120	2008	5237	1373562
2003	6325	1085380	2009	3633	1202002
2004	4477	719700	2010	1067	508884
			合计	40409	8304678

四、再就业优惠证发放

1999年,开始为下岗失业人员和改制企业人员办理再就业优惠证。持再就业优惠证的人员就业创业可享受相应的优惠政策。就业管理局为这些持证下岗失业人员提供小额担保贷款资金扶持。1999—2007年,共发放再就业优惠证1856本。

1999—2010年琼中县扶持下岗失业人员情况一览表

表13-8

年份	发放优惠证数量(本)	发放小额担保贷款笔数(笔)	发放小额担保贷款金额(万元)
1999	198	—	—
2000	189	—	—
2001	201	—	—
2002	205	—	—
2003	203	—	—
2004	195	—	—
2005	154	—	—
2006	181	6	18
2007	153	27	79
2008	114	42	97

续表1

年份	发放优惠证数量(本)	发放小额担保贷款笔数(笔)	发放小额担保贷款金额(万元)
2009	34	1	2
2010	29	0	0
合计	1856	76	196

五、公益性岗位的开发与管理

2004年开发第一批公益性岗位,每年通过落实公益性岗位补贴和社会保险补贴等就业扶持政策,利用国家就业再就业专项资金,开发面向机关企事业单位后勤保障、社区公共管理、敬老院卫生管理、保安等社会服务岗位,市政环卫、园林、社区保安、公共设施维护等公益性岗位,援助零就业家庭人员和下岗失业人员等就业困难对象实现就业再就业,确保零就业家庭至少有一人实现就业。

2004—2010年,累计开发公益性岗位767个,援助"零就业"家庭人员和就业困难人员767人实现就业。

六、劳动力转移就业

坚持就近就地转移就业的原则,依托人力资源市场带动开发就业岗位,推进农村劳动力就业转移。实现产业转移,实现兼业性短期劳动力转移。鼓励和帮助农村劳动者农忙务农、农闲外出务工经商,转移时间长短可由劳动者的自身条件决定。

2005—2010年,转移就业农村劳动力16633名。

2008—2010年琼中县城镇新增就业及农村富余劳动力转移就业统计表

表13-9　　单位:人

年份	城镇新增就业人数	农村富余劳动力转移就业人数
2008	910	2513
2009	966	3028
2010	1197	4115
合计	3073	9656

第三节 技术培训

1991—2010年，以培训形式多样化，对在岗农民工和困难企业职工的定岗培训、城乡需要就业劳动者中短期实用技能的订单式培训、青年劳动者的劳动预备制定向培训和有创业愿望劳动者的创业培训。还针对县新兴特色产业开展橡胶割胶工、灵芝种植、种桑养蚕、养蜂、黎族织锦等职业技能培训。在培训中注重加大实操技能时间比重，强化职业道德教育，做到技能、道德两提高。同时，加强与县职业学校的合作，创新"学校培训+企业用工"培训模式。充分利用职业学校的场地和师资队伍等资源，发挥职业学校技能培训主渠道的作用。支持企业开展岗前技能培训或技能提升培训，按相关政策规定，切实落实培训补贴。2005—2010年，共培训各类劳动力13232名。

第四节 劳动监察

1996年5月，琼中县劳动监察中队成立，隶属于县人事劳动保障局，为定额拨款的正股级事业单位，核定财政全额预算管理人员编制5名，其中正副队长各一名。

2004年，琼中县劳动监察中队内设办公室、受理岗、监察岗，核定财政预算管理事业编制5名。核定编制结构：单位领导岗位2个，其中：正职1名，副职1名。至2010年，机构与人员编制未变。

2004年，开始实施建筑领域农民工工资保证金缴纳制度，2009年，完善执行建设领域（涵盖建筑、交通、水利行业）农民工工资保证金缴纳制度。

2008—2010年琼中县农民工工资保证金缴纳情况一览表

表13-10　　单位：个、万元

年份	项目	金额
2008	6	20.5903
2009	8	25.0254

续表1

年份	项目	金额
2010	21	106.5032

注:2004—2007年统计数据缺失

2000—2010年琼中县劳动保障监察情况一览表

表13-11

年份	监察用工单位(户)	涉及劳动者(万人)	查处投诉举报案件(件)	追回拖欠金额(万元)
2000	240	2.2	22	9.62
2001	268	2.2	32	12.5
2002	147	0.6	10	6.83
2003	248	2.1	8	4.8
2004	233	2	6	2.1
2005	233	2	8	1.88
2006	233	2	9	7.4208
2007	233	2	14	42.829
2008	227	2	27	10.06
2009	227	2	18	35.467
2010	227	2	14	55.3013

注:1996—1999年统计数据缺失

第五节 劳动仲裁

1989年,琼中黎族苗族自治县劳动仲裁委员会成立,由县劳动局一名副局长兼任委员会主任。1994年,县人事局与县劳动局合并后,设立劳动争议仲裁股。2010年,设立县劳动(人事)争议仲裁委员会办公室,为琼中县人力资源和社会保障局内设副科级机构。

县劳动仲裁委员会成立之初,由于没有配备专职干部负责劳动仲裁工作,基本没有受理劳动争议案件,主要负责劳动合同鉴证工作。1994年,设立劳动争议仲裁股后,配有专职干部开展劳动争议仲裁工作。1995年,推行全员劳动合同制度,全年劳动合同签订率达93.4%。由于加强劳动合同的管理,至1997年无劳动争议仲裁案件。

1998—2010年,共受理劳动争议仲裁案件41件,结案41件,涉及金额74.2万元。

1998年,调节劳资纠纷案件3件,受理劳动争议仲裁案件1起。1999年,审查签订集体劳动合同3份,涉及人数501人,签订个人劳动合同489人,受理劳动仲裁案件2起。2000年,审查签订集体劳动合同2份,涉及人数185人。收到劳动申诉案件5件。

2001年,接到劳动争议申诉6件,受理1件,调解1件,不予受理4件。2002年,接到劳动争议申诉10件,受理8件。2006年,收到申请进行劳动争议仲裁案件4件,立案4件,其中裁决2件,不予受理2件,裁决2件,涉及金额14640元。2007年,立案11件,结案8件,不予受理3件,涉及金额62.5万元。2008年,共收到申报劳动争议仲裁案件4件,受理2件(全部结案),不予受理2件,涉及劳动者4人,涉及金额2000元。2009年,受理劳动争议仲裁案件3件,涉及职工人数3人。2010年,共受理劳动争议仲裁案件4件,全部结案,涉及金额10万元,涉及职工人数4人。

1998—2010年琼中县劳动争议案件处理统计表

表13-12　　单位:件

年份	劳动争议		年份	劳动争议	
	立案数	结案数		立案数	结案数
1998	1	1	2005	0	0
1999	2	2	2006	4	4
2000	5	5	2007	11	11
2001	1	1	2008	2	2
2002	8	8	2009	3	3
2003	0	0	2010	4	4
2004	0	0	合计	41	41

第五章 社会保障

第一节 养老保险

1987年底，实行固定职工参加养老保险，同时缴纳基本养老保险费。

1995年12月20日，琼中县政府第17次常务会议讨论通过县社会保障局、县财税局、县人事劳动局的《关于党政机关、事业单位从业人员参加社会养老保险的实施意见》，规定从1996年1月1日起，只要是在琼中县境内的从业人员，并获得一个月以上工资收入者，都必须参加社会养老保险，将参保范围从企业单位从业人员进一步扩大到党政机关、事业单位从业人员。同年，琼中县参加养老保险的单位有135个，7595人，全县企事业单位退休人数1736人，全年拨付退休金215万元。

1996年底，琼中县参加养老保险的单位有228个，比上年同期增加93个，人数8820人，比上年同期增加1225人。其中，企事业单位有87个，占应参保单位的82%，参保人数4860人，占应参保人数的78%；党政事业单位有141个，人员3960人，单位和人员100%参保。全县企事业单位退休人数2140人，比上年同期增加404人，全年拨付退休金633万元，比上年同期增加418万元。

1999年，琼中县参加养老保险的单位增至245个，占应参保单位的88%，参保人数9165人，占应参保人数的83%，全县离退休人数2465人，全年拨付养老金1199万元。

2000年11月24日，海南省人民政府颁布《海南省人民政府关于印发海南省城镇个人参加养老保险办法的通知》，将个体工商户、灵活就业人员纳入养老保险参保范围。

至2007年底，琼中县共有参保单位295个，应参保人数11050人，实际参保人数9170人，企事业单位离退休人员2894人，其中事业单位退休人数937人，企业单位离退休人数1957人。累计发放事业单位退休人员基本养老金2053万元，企业单位1291万元，足额发放率和社会化发放率均为100%。

2008年,全面启动基本养老保险省级统筹,全省范围内统一基本养老保险制度,统一缴费基数、缴费比例和统筹项目,统一基本养老金计发办法,统一调度使用基本养老保险基金,统一编制和实施基本养老保险基金收支预算决算,统一基本养老保险管理制度和业务流程。

2008年,琼中县共有参加养老保险单位298个,应参保人数12864人,实际参保人数9867人,企事业离退休人员2997人,其中事业单位退休人数961人,企业单位离退休人数2012人。累计发放事业单位退休人员基本养老金1643万元,企业单位1382万元,拨付企事业单位死亡丧葬费和一次性抚恤金61人,金额114万元,养老金足额发放率和社会化发放率均为100%,未发生拖欠现象。为促进国有农垦企业体制改革顺利进行,整合改制后企业的各项社会保险,根据《海南省人力资源和社会保障厅关于海南农垦社会保险移交属地管理有关问题的通知》,海南农垦五项基本社会保险从2009年1月1日起移交地方管理,基本养老保险纳入省级统筹,努力逐步拉平农垦与地方的养老金水平。

2009年底,琼中县共有参加养老保险单位310个,应参保人数29136人,已参保人数27429人,占应参保人数的94.1%,其中农垦企业参保单位12个,应参保人数17042人,已参保人数16924人,占应参保人数的99.3%;累计发放企事业单位离退休人员基本养老金21481万元,拨付死亡丧葬费和一次性抚恤金235人共553万元,足额发放率和社会发放率均达100%,无拖欠或挤占挪用现象。

至2010年底,琼中县养老保险已实现国有企业、集体企业、私营企业全覆盖,个体工商户、灵活就业人员参保意识明显增强,养老保险覆盖率逐年加大,实际参保人数达到29100人,其中行政事业单位4922人,企业单位24178人;年保险费收入11946万元,其中行政事业单位3532万元,企业单位8414万元。

第二节 医疗保险

1996年12月30日,琼中县政府第34次常务会议讨论,决定从1997年1月起,琼中县公费医疗业务移交琼中县社会保障局统一管理,县政府每年拨付100万元作为享受公费医疗的从业人员公费医疗费用。

1997年,琼中县符合享受公费医疗的从业人员为2631人,共支付医药费93万元。

1998年,琼中县符合享受公费医疗的从业人员为3002人,共支付医疗费116.4万元。

1999年,琼中县符合享受公费医疗的从业人员增加至3685人,共支付医疗费144.5万元。同年12月19日,根据《琼中黎族苗族自治县人民政府关于批转县社会保障局〈琼中县城镇从业人员医疗保险实施办法〉的通知》,《琼中县城镇从业人员医疗保险实施办法》自2000年1月1日起执行，将公费医疗制度纳入基本医疗保险范围。

2003年，琼中县医疗保险参保单位增至176个，其中企业单位13个，机关事业单位163个。参保人数6379人，医疗保险收入312.59万元，其中统筹基金收入207.22万元，个人账户基金收入105.37万元；医疗支出519.57万元，其中统筹基金支出171.75万元，个人账户基金支出347.82万元。

2006年底，琼中县医疗保险参保单位增至187个，其中企业单位20个，机关事业单位167个；应参保人数6500人，实际参保人数6431人，参保率99%，离退休人数1869人。拨付个人账户资金279万元，其中在职人员金额186万元，退休人员金额93万元。新增定点医院1家、定点药店1间，定点医院增至5家，定点药店增至4间。

2007年12月19日，为适当提高国家公务员的医疗保障水平，《琼中县国家公务员医疗补助实施办法》正式实施；为保障部分城镇用人单位无法享受基本医疗保险待遇的退休人员的基本医疗，《琼中县社会医疗补助实施办法》正式实施；为解决基本医疗保险统筹基金年度最高支付限额以上医疗费用负担问题，《琼中县社会补充医疗保险实施办法》正式实施。

2007年，琼中县医疗保险共有参保单位187个，其中企业单位28个，机关事业单位159个，参保人数8107人，离退休人数2064人。拨付个人账户资金321万元，其中在职人员金额为211万元，退休人员金额110万元。

自2008年7月1日起，琼中县启动城镇居民基本医疗保险，琼中县各定点医疗机构全部实现待遇支付，实行记账报销。至2008年底，共支付城镇居民基本医疗保险待遇158人次17万元，离休干部医疗费279万元。7月，琼中县启动城镇居民基本医疗保险，根据《海南省人民政府办公厅关于印发〈海南省区域统筹区城镇居民基本医疗保险实施办法〉的通知》，参保范围包含未纳入城镇从业人员基本医疗保险制度覆盖范围的农垦非农户籍居民、具有琼中县非农业户籍但未纳入城镇职工基本医疗保险制度覆盖范围内的大中小学校在校生（含职业高中、中专、技校学生）和少年儿童及其他非从业城镇居民。

2008年，琼中县医疗保险参保单位增至219个，其中企业单位36个，机关事业单位183个，参保人数9678人，退休人数911人。拨付个人账户资金315万元，统筹账户472万元。纳入公务员医疗补助人员1346人，社会补充医疗保险7849人，社会医疗补助179人。支付公务员医疗补助待遇21人次21.8万元，支付社会补充医疗保险待遇10人次8.7万元，支付社会医疗补助待遇24人次11万元。

根据《海南省人力资源和社会保障厅关于海南农垦社会保险移交属地管理有关问题的通知》，海南农垦五项基本社会保险从2009年1月1日起移交地方管理。

2009年底，琼中县基本医疗保险参保人数为24873人，其中地方参保7949人，农垦16924人，基本医疗保险费征缴收入为2689万元，其中地方1205万元，农垦1484万元，累计拨付基本医疗保险待遇1815万元，拨付个人账户资金488万元、统筹账户391万元。

第三节 生育保险

2001年7月1日,海南省《关于印发〈海南省城镇从业人员生育保险办法〉的通知》,《海南省城镇从业人员生育保险办法》正式实施。生育费用从原来的“医疗保险基金”列支中独立出来,形成单独的社会保险险种。

2005年1月1日,琼中县正式开展生育保险工作。根据《海南省城镇从业人员生育保险办法》,琼中县内所有党政机关、事业单位、企业、社会团体、民办非企业单位及其全部从业人员,应当参加生育保险,生育保险费率为用人单位从业人员月工资总额的0.5%,参加生育保险且用人单位已按规定缴纳生育保险费、生育符合国家计划生育政策或实施计划生育手术的从业人员才能享受生育保险待遇,生育医疗费按照医疗费支付范围的80%支付,个人负担20%。

至2010年底,琼中县生育保险参保人数由2006年的3600人增至2010年的25372人,增长604.78%;生育保险费收入由2006年的31万元增至2010年的152万元,增长390.32%。

第四节 农村社会养老保险制度

1995年10月,琼中县农村社会养老保险局成立,原由县民政局管理,为财政核算全额拨款副科级事业单位。2004年10月,职能划转县人社局管理,为人社局下属副科级事业单位。2008年10月转为参照公务员法管理事业单位。

1996年,琼中县老农保工作全面启动,县老农保基金原存放在建设银行。

1996—2009年间,农村社会养老保险为“老农保”,全县老农保参保人员共有1095人。2010年,全省新型农村养老保险制度全面实施(简称“新农保”)。琼中县16~59周岁参保人员为50709人,完成89.40%;60周岁及以上人员9048人,发放基础养老金比率达100%。

第五节 新型农村合作医疗

2006年4月,成立琼中县新型农村合作医疗管理委员会办公室(简称县合管办),隶属县卫生局,为股级事业单位,核定财政全额预算管理事业编制6名,其中设单位领导岗位1个,管理人员岗位5个。

2006下半年至2007年，新农合总筹资标准为每人每年55元，其中个人缴纳10元，中央配套20元、省配套20元、县配套5元。门诊补偿标准：参合农民在门诊看病医药费用不设报销比例，可从各自家庭账户中支付，不足部分由参合农民自行支付。住院补偿起付线和比例：乡镇一级起付线100元，补偿比例60%；市县二级医院起付线500元，补偿比例50%；省三级医院起付线1000元，补偿比例40%；省外非营利性医疗机构起付线1000元，补偿比例为40%。年封顶线为1万元。全县参合人数83889人，参合率87.7%。筹资总额692.72万元。全县共补偿19792人次，补偿金额419.26万元。住院5487人次，住院率6.5%。资金使用率60.52%。

2008年，新农合总筹资标准为每人每年94元，其中个人缴纳10元，中央配套40元、省配套32元、县配套12元。补偿方案进行第一次调整，不再执行家庭账户，改成执行门诊统筹补偿，门诊统筹补偿标准为：卫生室20%，每天不超过8元；乡镇一级机构30%，每天不超过15元；县域内二级机构30%，每天不超过30元。住院补偿起付线和比例为：乡镇一级起付线210元，补偿比例80%；市县二级医院起付线500元，补偿比例65%；省三级医院起付线1000元，补偿比例50%；省外非营利性医疗机构起付线1000元，补偿比例为50%。第一次开展回溯补偿，补偿1837人次，补偿金额76.15万元。年封顶线为3万元。全县参合人数84120人，参合率87.94%。筹资总额790.73万元。全县共补偿24698人次，补偿金额461.6万元。住院2889人次，住院率3.4%。资金使用率58.38%。

2009年，新农合总筹资标准为每人每年140元，其中个人缴纳20元，中央配套60元、省配套48元、县配套12元。补偿方案进行第二次调整，门诊统筹补偿标准：卫生室40%，每天不超过12元；乡镇一级机构50%，每天不超过25元；县域内二级机构30%，每天不超过30元。住院补偿起付线和比例：乡镇一级起付线120元，补偿比例85%；市县二级医院起付线500元，补偿比例75%；省三级医院起付线1000元，补偿比例55%；省外非营利性医疗机构起付线1000元，补偿比例为55%。年封顶线为5万元。全县参合人数89989人，参合率93.27%。筹资总额1079.87万元。全县共补偿88178人次，补偿金额806.8万元。住院2835人次，住院率3.2%。资金使用率74.7%。

2010年，新农合总筹资标准不变。门诊统筹、住院补偿起付线和比例不变。年封顶线不变。全省率先开展健康体检，体检人数46561人，体检费用244.1万元。全县参合人数93824人，参合率95.22%。筹资总额1313.54万元。全县共补偿197234人次，补偿金额1673.27万元。住院4532人次，住院率4.8%。资金使用率127.39%。

第十四编　教育 科技

第一章 教育

第一节 机构

1991年，琼中县教育局内设行政、人事、普通教育、成人教育4个股和勤工俭学办公室、工会教学研究室、教学仪器站，有工作人员44人，直辖6所中小学和县幼儿园，下辖13个乡镇中学和13个学区。

1995年9月，琼中县实行党政机构改革，撤销县教育局、县科学技术委员会，合并成立琼中黎族苗族自治县教育与科学技术局，简称"县教科局"。

2002年9月，县教科局内设机构调整为行政岗、人事岗、教育岗、教育督导岗、招生岗、勤工俭学岗，行政编制17名，其中设局长1名，副局长2名，一般干部14人；机关工勤人员财政预算拨款事业编制2名。

2009年9月，撤销县教科局，成立琼中县教育局。内设行政审批岗、人事岗、基础教育岗、教育督导室、招生岗、勤工俭学岗、体育卫生艺术岗、教育工会。行政编制19名，机关工勤人员财政预算管理事业编制2名，其中设局长1名，副局长3名，教育工会主席1名，科员14名。

至2010年末，县教育局机构与人员编制未变。

第二节 教育改革

一、教学改革

1991—1995年，实施课程改革，普及实验教学。1991年，乡镇小学从三年级起，每周开展2

节劳动技术课，初中每周开展3节职业技术教育课，高中农技班开展专业课，学校开辟实习基地，把劳动实习、技术训练和勤工俭学有机地结合起来。1995年，组织对全普及实验教学的情况进行评估验收，全县实验教学各项指标均基本达标。

1996—2000年，推广教改经验，制定教学改革方案，全面启动教学改革课题研究。1996年，先后开展了中学语文科的“快速作文法”试验、英语新教材“五步法”试验、物理科的“及时反馈与回授”电化教学试验、化学科的“目标教学”试验、小学数学的“启迪学生数学思维”试验和小学语文“教师作文”的试验。1998年，制定了《我县中小学教学改革方案》。2000年，全面启动教学改革课题研究，项目有现代小学数学、中学数学创新教育、四素六句、快速作文教学、目标教学、情趣教学、快乐体育等。

2001—2005年，深化课堂教学改革，提高教学质量。2001年，琼中中学和琼中县第一小学开展数学创新教学试点，取得好的效果。2004年，积极推进课程改革实验，县教育局撰写了《琼中县基础教育课程改革探索与实践》。2005年，成功举办琼中县课程改革开放周活动，12所城区中小学校参与课程改革开放周活动，开放20多个学科150多节新课程观摩课，吸引城内1500余名教师前往听课。

2006—2010年，组织县级教师到10个乡镇中小学“送教”60余节课，参加观摩教师1200余人次；在全县范围内征集一线教师撰写教育教学改革论文250余篇，并评选出一等奖48篇、二等奖120篇。琼中中学和琼中县第一小学被评为海南省基础教育课程改革先进集体，全县有6名教师被评为海南省基础教育课程改革先进个人。

二、学校管理改革

1991年，稳步实行学校内部改革，推行校长负责制。校长在上级主管部门和学校党组织监督下，对学校行政工作具有决策权、指挥权、人事权和财经权。校长必须每年向党组织和教职工代表大会做年终述职报告，上级人事部门对校长进行年度考核，三年期满，胜任者继续留任，不胜任者就地免职。实行教职工聘任制，各乡镇教委对每位教师的教学情况、师德作风进行综合分析，组织学生对教师评议，教师对教师评议，领导对教师评议。根据国家教委关于中小学教师职务的规定，按照县教育局定的编制，严格实行教职工“三定一聘”的制度，即定岗、定编、定任务和聘任。

1993年，为引进竞争机制，提高教学质量，制定了《琼中县教学目标管理责任制意见》，根据此《意见》，学校制定了相应的规定与奖罚制度，在学校教学管理中引进竞争机制。

1994年，琼中县出台《关于加强我县教师队伍管理的暂行规定》，实行校内结构工资改制，教育部门对学校实行定编和工资总额包干。学校的结构工资由基础工资、教龄工资、工龄工资、职务工资组成，基础工资按国家定级工资的70%发放；教龄每年按1~2元计算，不封顶；工龄每年按1元计算；职务工资，各工作岗位折合成课时计算。学校的结构工资的实施，彻底打破了“铁交椅、铁工资、铁饭碗”和干多干少，干好干坏一个样的“大锅饭”状态。

1996年，调整琼中县中小学学制和课时，琼中县统一小学学制，农村小学由五年制向六年制过渡，全日制中小学课程重新安排，小学与初中各级学科教学每周最高时数分别为25和29课时，周课时量分别在30和33课时以上。小学实行甲、乙“周学科课时”，甲种“周学科课时”教学计划，除早操、早读、课间操、课外活动外，上午安排4个课时，下午2个课时；乙种“周学科课时”上午是3个课时，下午2个课时，并有计划安排自习课。城区小学、乡镇中心小学和具备条件的小学执行甲种“周学科课时”教学计划，条件不具备的学校执行乙种“周学科课时”教学计划。

1999年，推进干部人事制度改革，改变过去由上级主管部门择优任命的方式，首次面向全县公开招聘部分中小学校长；对一般基本功和说课考核不及格的教师不允许参加职称评定；参加教科书考试不及格的民办教师不得转正。

2001年，出台《琼中县实行校长负责制工作方案》《琼中县校长竞争上岗暂行办法》和《琼中县中小学教职工岗位聘任暂行办法》。全年清理临时工、代课教师和不合格民办教师300多人。

2003年，制定《琼中县部分中小学校长公开选拔实施方案》，在全县公开招聘部分中小学校长。

2005年，对全县初中招生制度进行改革，取消选拔式考试制度，实行大部分学生就近入学；为照顾薄弱初中的学生进入县城就读，从琼中中学高中招生指标中划出40%名额分配到各乡镇薄弱初中，尚有60%招生名额，全县实行统一招生和特长招生。

2006年，为深化中小学人事制度改革，琼中县颁发《琼中县中小学校长聘任办法》《琼中县中小学中层领导聘任办法》《琼中县中小学教职工定编定岗竞争上岗工作方案》《琼中县中小学教职工分流安置办法》《琼中县中小学校内工资分配改革实施办法》《琼中县中小学教师推行聘用制及教师任期考核办法》《琼中县中小学教师聘用工作实施细则》等文件，由县教科局牵头，教师培训管理中心组织实施，采取“三为主，四结合”（即以业余、自学、短训为主，学习与教研、理论与实践、集中短训与分散自学、基地培训和校本培训相结合）、“一带五”，派教师到外省跟班学习、中小学校长到省培训院、大专院校学习等的培训方式培训，全县教师培训共投入经费56万元，接受培训人数达1535人。制定《关于组织优秀骨干教师到偏远学校支教的决定》，从城镇学校安排优秀骨干教师16名到边远、薄弱学校支教，给予生活和交通费补助，对常年在边远地区学校从事教学工作的教师，每年给予200元的生活补贴，确保边远学校秩序的稳定和教育质量的提高。校长选拔、任用、培训、考核、交流等职能进一步落实。琼中中学、县民族中学校长按干部管理权限任用，其他中小学校长均由县教科局选拔任用并归口管理，乌石中学、湾岭中学、县一小、长征中学、太平中学、吊罗山中心小学、什运中心小学、县二小8所学校实行校长公开招聘，通过全面考核，选拔任用业务精、能力强的同志担任学校的主要领导；同时，在县职校、县二小试行副校长由校长选拔，报县教科局审批备案，调动中小学校长教书育人、管理育人、服务育人的积极性。2006年全县共有151名中小学校长参加岗位培训。

2010年，县教育部门将学校管理纳入规范化管理体系，把长期行之有效的20多个管理制度修订完善，并印成《琼中县教育局管理制度汇编》《琼中县教育系统工作目标责任状》，下发全县各校执行。

三、资源优化

中小学布局调整。1991—2004年，全县各乡镇均设学区，每个学区配学区主任1名，主管全县乡镇小学的文化教育工作，配教研员1名、报账员1名；各乡镇设初级中学1所，独立于学区之外，主管全乡镇初级中学的文化教育工作，配备校长1名，副校长1~2名，教导主任1名，其他中层领导若干名。

2005年，撤销乡镇的学区建制，相应设立乡镇中心学校，每个中心学校配校长1名、副校长1~3名、报账员1名。全县共设立营根、湾岭、黎母山、和平、中平、红毛、长征、什运、上安、吊罗山10个中心学校。

农场学校划归地方管理。农场办学由农场自主筹资并管理，隶属省农垦总局，不归地方政府管辖。2009年，按照《海南省人民政府办公厅关于印发海南省农垦中小学移交地方管理实施方案》《海南省人民政府办公厅关于农垦中小学校教职工移交地方管理有关问题的通知》的要求和相关政策规定，琼中县辖区内阳江、新进、大丰、乌石、岭头、长征、加钗、新伟、乘坡、南方、太平11个国营农场所属的15所中小学校相应移交地方管理，包括完全中学1所，九年一贯制学校9所，初级中学1所，小学3所，教学点1所。移交后，由琼中县财政承担这15所学校办学所需经费及教职工工资等。2010年，根据省委组织部《关于做好移交市县管理的农垦中小学校党组织关系接转工作的通知》，对全县原14个农垦中小学党支部的308名党员分别编入邻近的乡镇党委。

四、素质教育

德育。1991—1995年，利用语文、史地课开展国情教育；通过形式多样的共青团生活、少先队生活、学雷锋活动、军民共建活动、义务劳动、参观访问、实地调查等活动，对学生进行集体主义、爱国主义、社会主义的教育。

1996—2000年，组织全市中小学生开展“迎接香港回归祖国”“爱祖国、讲科学”“爱我共有家园”等读书活动，激发他们“为中华之崛起而读书”的豪情。

2001—2005年，加强学校德育队伍的网络化建设，开辟校内外德育基地建设，开展“师德标兵”“文明学校”“文明班级”“文明学生”创建活动，提高青少年学会实践、自强自立、团结协助、学会创新、追求真知的能力。坚持以素质教育为依据，强化德育教育工作，开展中小学生“思想品德”演讲比赛，进行“三好学生”和“优秀班干部”的评选表彰；以白沙起义纪念园等为基地加强对青少年学生思想品德教育，逐步建立学校、社会、家庭“三结合”教育网络；县城学校、乡镇中心小学、初级中学开办“家长学校”，做到有机构、有教师、有教材，安排课程，利用双休日及晚上上课，呼吁家长支持学校的教育工作，县第一小学被评为“海南省优秀家长学校”；加强法制教育，全县配备法制副校长13名，各校依靠当地政府、司法机关加大对学校周边环境的整治，县城学校周围200米内没有营业性的歌舞厅、电子游戏厅、网吧等，营造有利于青少年学生身心健康成长的社会环境。

2006—2010年，在中小学生中广泛开展“八荣八耻”教育活动，组织学生开展“向国旗敬礼，做一个有道德的人”等德育主题教育活动，邀请市爱国主义讲师团在全市中学开展题为《牢记党的恩情立志成长，报效祖国》的巡回报告活动，开展“建设国际旅游岛，向不文明行为宣战”等活动。

综合素质培养。1991—2010年，琼中县深化教育教学领域改革，全面推进素质教育，多次组织学生参加各类竞赛，挖掘学生潜力。建立综合素质评价体系，从品德发展与公民素养、修习课程与学业成绩、身心健康与艺术素养、创新精神与实践能力四方面对学生进行记录评价，加快由应试教育向素质教育转轨的步伐。创建全省第一支女子足球队，推动全县体育运动的健康发展，在校园内开设山歌、竹竿舞等黎苗族歌舞等课程，不断挖掘黎苗乡土文化，提高学生的综合素质。

体育、卫生、艺术教育。1991年，琼中县推行《国家体育锻炼标准》和《中学生体育合格标准的试行办法》，同年有96.3%的学校开展体育达标活动，全县中学生达标率为91.8%，小学生达标率为89.2%。与县卫生防疫站密切配合，对全县23103名中小学生进行健康检查，并做好检查资料分析和统计工作，提出改进卫生工作的意见，保障学生身心健康成长。

1993年，在重大节庆日举办歌颂党、歌颂社会主义、歌颂改革开放的中小学文艺会演，从会演中选出优秀节目参加县第四届艺术节教育专题演出，获艺术节合唱二等奖1个，优秀节目奖5个。组织实施《国家体育锻炼标准》，全县有99.6%的学校开展群众性体育达标活动，全县中学生达标率92.4%。对全县25470名中小学生进行健康检查，并做好检查资料分析和统计工作，提出改进卫生工作意见。

1997年，在全县开展广播体操评比活动和全县中小学生田径运动会，全会共有6人次打破6项县纪录；广泛开展课间操活动。密切配合卫生部门做好常见病、传染病的预防和治疗，在全市中小学生中开展氟化泡沫防龋齿工作。举办全县园艺节，参加县组织的“三月三”艺术节、“六一”和国庆节等艺术演出。对全县26321名中小学生进行健康检查，做好检查资料分析和统计工作，提出改进卫生工作意见。

2001年，组织学生参加海南省中学生男子篮球赛，获得团体第三名。举行全县中小学早操会操评比活动，共有26所学校的16790名学生参加，角逐出一、二、三等奖16个。全年高中应届生体育会考合格率达96.3%。来自全县中小学和教育系统23个单位自编、自导、自演了19个丰富多彩的文艺节目，分合唱专场、器乐专场、歌舞专场进行比赛，参加人数达600余人次。对全县26283名中小学生进行健康检查，并做好检查资料分析和统计工作，提出改进卫生工作意见，保障学生身心健康成长。

2004年，组织举办中小学田径运动会和全县中学学生男子篮球赛，举办全县中小学早操会操评比活动和小学生乒乓球赛；在学生中开展防治艾滋病和其他传染病的宣传工作，教育学生养成良好的卫生习惯，在校园开展禁毒活动宣传，在中小学中创建无毒和无烟学校。对全县24615名中小学生进行健康检查，做好检查资料分析和统计工作，提出改进卫生工作意见。

2007年，广泛开展“阳光体育运动”，鼓励学生走向操场，走进大自然，走到阳光下，掀起全县青少年学生参加体育锻炼的热潮。举办全县校园“六一”和元旦艺术展演，有500余人次参加了合唱、独唱、舞蹈等专场比赛，演出节目26个。对全县21984名中小学生进行健康检查，并做好检查资料分析和统计工作，提出改进卫生工作意见。

2010年，举办中小学运动会，组队参加海南省广播体操比赛和海南省中学生田径运动；组织学生参加海南省中小学生校园歌手、舞蹈比赛和全国第十五届中小学校绘画书法作品比赛，获省教育厅推荐，参加教育部开展的“全国艺术教育先进单位”评选活动。对全县24241名中小学生进行健康检查，并做好检查资料分析和统计工作，提出改进卫生工作意见，保障学生身心健康成长。

五、勤工俭学

1991年，全县共有各级各类学校219所，有118所中小学校开展勤工俭学活动，普及面达54%。全县中小学校种植橡胶85亩、槟榔1.5万株、毛竹2100株、木菊260亩，造林9.5万株，甘蔗21亩，鱼塘14亩。总产值30万元，纯收入18.3万元，改善了办学条件和师生生活。

1993年，在开展勤工俭学工作中，因地制宜，从实际出发，合理分配收益。在巩固原有的校办工厂、农场等的基础上，大力发展校园经济，在校园边角地段增种槟榔、椰子、芒果等。据不完全统计，全年勤工俭学总产值达46.1万元，年纯收入23.2万元。1994年，全年勤工俭学总纯收入28万元。

1995年，全县勤工俭学总产值72.3万元，完成全年计划，纯收入35.2万元，比上年增加7.2万元，生均收入13元。

1997年，各中小学校响应县委、县政府号召，大力开展勤工俭学活动，种植橡胶15亩，槟榔26714株，香蕉1300株，木薯88亩，经济林木100亩，其他各种果树1247株；放养淡水鱼塘58亩，养猪124头。全县勤工俭学年纯收入48.6万元，生均收入17.2元。

1998年，全县139所中小学校中有131所开展勤工俭学，开展面94%，全县中小学学农基地141个，总面积3956亩。全县中小学年纯收入61.4万元，生均收入19.6元。全县中小学勤工俭学收入，用于改善办学条件34.7万元。

2001年，在管好原有经济作物基础上，增加种植椰子7500株、槟榔13500株，种植短期经济作物620亩、鱼塘67.5亩、养猪156头。为解决学校槟榔果推销问题，教育局还引进外资创办槟榔加工厂，统收学校槟榔果，增加学校收入。

2005年，因势利导，注重把开展勤工俭学的重点放在种植和养殖业上。创建校办农场生产基地135个，大力发展种植槟榔、益智、香蕉、木薯、水果；养生猪138头。校办农场收入33.1万元。此外，还开展校办工厂，创办第三产业，使全县中小学开展勤工俭学面达100%，产值达148.8万元。

自2007年起，全县有校办工厂1间，第三产业小商铺出租28间，校办农场基地118个，总面积2613.7亩，勤工俭学年产值113万元。

2010年，因对全县各中小学校实施布局调整，部分中小学校被撤并或撤除。部分学校撤并后，开展勤工俭学的学校93所，勤工俭学基地107个，基地面积2149.3亩，年产值81.2万元，年纯收入41.6万元。

六、办学体制改革

1991年，县政府教育行政部门管理的学校继续坚持“人民教育人民办”的办学方针，政府统一办学，以财政拨款为主，同时多渠道筹措教育经费，动员全社会力量兴学助教，集资办学。

由于琼中县属于少数民族贫困山区，经济发展滞后，农民人均收入少，致使全县集资办学工作进展不快，效益不高。1995年9月，县政府制定《琼中黎族苗族自治县人民政府普及九年义务教育规划》，在坚持社会主要办学方向，全面贯彻国家教育方针的前提下，结合实际，探索以政府办学为主，鼓励社会各界举办学校的新举措，推进办学体制改革。全县民办学校和幼儿园全部列入公办学校管理范畴，由教育部门监管。

2003年，新世纪幼儿园成为县城第一所民办幼儿园，打破了由政府统一办学的单一格局，社会力量、私人参与办学，逐步建立起以政府办学为主体、社会各界共同办学的体制。2006年9月，琼中县实验学校建成并通过审批招生，为琼中县第一所民办九年一贯制学校。至2010年，全县经县教育部门审批备案的民办幼儿园24所，民办九年一贯制学校1所。

第三节 基础教育

一、幼儿教育

基本情况。1991年，全县共有幼儿园1所，开设班级9个，在园幼儿348人，专任幼儿教师27人。

2008年，全县共有幼儿园10所，开设班级5个，在园幼儿2304人，专任幼儿教师35人。

2010年，全县共有幼儿园27所，开设班级75个，在园幼儿6210人，专任幼儿教师41人。县教育局负责对全县幼儿园办学思想、保教质量、园舍管理和办园条件等进行检查和评估。各幼儿园都建立了相对独立、封闭的园舍，户外活动场地整洁平整，各功能场所都有独立的空间；大部分幼儿园都有钢琴，有配套的符合幼儿身高的床、桌、椅；有玩具、书架、流水洗手等设施。所有幼儿园都能做到一教一保。每所幼儿园根据教育部2001年颁发的《幼儿教育指导纲要(试行)》制定了符合幼儿发展的教育计划，合理组织幼儿开展各项幼儿教育活动。幼儿园均制定了卫生保障制度，每学年都为幼儿和保教人员进行体检，建立档案；所有幼儿园都能做到一人一巾一杯，一日一消毒，餐具餐餐消毒；食堂设备完善，生熟分开，餐具、饮具、用具能保持卫生，均配有消毒柜。

1991—2010年琼中县幼儿教育基本情况表

表14-1

年份	幼儿园(所)	班级(个)	幼儿(人)	专任教师(人)
1991	1	9	348	27
1992	1	9	351	30
1993	1	10	400	37
1994	1	10	408	37
1995	1	11	420	39
1996	1	12	470	45
1997	1	12	461	36
1998	1	12	471	40
1999	1	12	475	39
2000	1	12	460	35
2001	1	12	458	36
2002	1	12	470	39
2003	1	12	474	48
2004	1	11	437	40
2005	1	12	452	39
2006	1	12	467	38
2007	1	12	460	36
2008	10	58	2304	35
2009	10	75	2913	35
2010	27	156	6210	41

学制。1991—2010年琼中县幼儿园的学制均为3年,即小班、中班、大班各一年。

课程开设。1991—2010年,琼中县幼儿园主要开设语言、科学、艺术、健康、礼仪课程。各幼儿园根据幼儿发展的特征和需要不断调整设置课程,对小班(3~4岁)、中班(4~5岁)、大班(5~6岁)分别提出了不同的教学任务。每周各班上课的节数,在保证幼儿每日不少于2小时户外活动和游戏时间的前提下安排课程。

教学形式。1991—2010年，琼中县儿童教育教学活动内容根据幼儿成长特点和认识规律，注重综合性、趣味性、活动性、寓教于生活游戏中。尊重幼儿身心健康发展规律和学习特点，以游戏为基本活动形式，保教并重，关注个别差异，促进每个幼儿富有的个性发展。

附：琼中县幼儿园

1956年，琼中县幼儿园创建，是一所独立设置的幼儿园，校园占地5426.1平方米，校舍建筑面积2650平方米，绿化面积550平方米，幼儿户外活动场地1200平方米。2010年，在园幼儿总人数为421人，其中男生233人，女生188人；设有9个教学班，其中小班3个，幼儿人数124人；中班3个，幼儿人数145人；大班3个，幼儿人数152人。全园教职工49人，其中在岗在编32人，借用人员6人、单位自聘人员3人、公益岗人员6人、政府购买服务人员2人。49名教职工中，园领导3人，专职教师23人，保育员9人、厨工6人、保安3人，其他人员5人；取得中级教师资格8人、初级教师资格27人（大学本科学历7人，大学专科学历27人，中师学历1人）。

园区环境优美。县幼儿园从绿化、美化、教育化入手，以基础设施建设为重点，投入大量资金改善校园环境，购置大批幼儿户外活动材料和区域活动材料，开展丰富多彩的教育活动；派多位教师外出学习，使教育教学水平在短时间里有了极大的提高。

二、小学教育

基本情况。1991年，琼中县有小学117所，设有教学点88个，总班级776个，在校学生19267人；招生人数5461人，毕业人数333人。

2000年，琼中县有小学122所，在校学生19742人，招生人数3551人，毕业人数2857人。

2005年，琼中县有小学97所，在校学生15215人；招生人数2106人，毕业人数2953人；教职员工952人，其中专任教师941人。

2010年，琼中县有小学65所，在校学生13653人，招生人数2344人，毕业人数2378人；教职工1395人，其中专任教师1336人。

1991—2010年琼中县小学教育基本情况表

表14-2 单位：所、人

年份	学校数	在校学生	招生人数	毕业人数	教职员工	专任教师
1991	117	19267	5461	333	757	726
1992	118	20466	6549	2234	772	732

续表1

年份	学校数	在校学生	招生人数	毕业人数	教职员工	专任教师
1993	118	21575	5767	2078	784	744
1994	123	21774	5011	2360	797	788
1995	124	22174	4889	2639	813	804
1996	122	21565	4404	2867	839	825
1997	122	20545	4008	2951	852	838
1998	119	19951	3942	2814	868	864
1999	122	20048	4004	2815	881	877
2000	122	19742	3551	2857	892	888
2001	121	19223	3167	3107	907	903
2002	122	18941	2991	3117	920	916
2003	120	18077	2606	3177	931	927
2004	113	16265	2140	2986	944	938
2005	97	15215	2106	2953	952	941
2006	98	13349	1816	2668	933	922
2007	75	12077	1776	2598	880	870
2008	67	10688	1656	2297	1032	1010
2009	67	14606	2556	2714	1454	1380
2010	65	13653	2344	2378	1395	1336

学制。1991—1997年，琼中县小学实行5年学制和6年学制，1997—2010年，琼中县公、民办小学均为6年学制，办学形式均为全日制。

课程设置。1991—2010年，小学课程设置内容分为：国家课程（思想道德、自然科学、语文、数学、体育、音乐、美术、劳动）和地方课程与校本课程。国家课程为各小学应开课程。地方课程与校本课程内容为海南省及琼中县知识了解、社会关注课题及学校特色课程为选开课程和自己修课程。2001年,开设英语课,开设英语课程的起始年级一般为三年级,每周至少四次教学活动。2001—2010年,小学课程设置内容分为:国家课程(思想道德、自然科学、语文、数学、体育、音乐、美术、劳动)和地方课程与校本课程。

附:琼中县第二小学

琼中县第二小学建于1948年,学校前身为营根小学。1959年8月,学校从乘坡随县政府迁至营根镇,与营根中心小学合并,校址设在今县第二小学,校名琼中县立小学。

1962年9月,为方便儿童上学,学校部分又迁到营根路南段新址(今县党校)。是时,学校易名为"琼中县第一小学",原县立小学改称"琼中县第二小学"。

1963年9月析出,独立建校,校址在营红路西段,占地3万平方米。时为初等小学,有教师6人,学生10人。翌年,开办高小班,校舍初为茅屋,后经逐年改建为瓦房。1970年9月至1979年7月附设初中班,每年招初中班2个。1980年秋,初中班解除后成为完全小学。当年有教职工29人、学生491人,开设5个年级11个教学班。1990年,学校发展为占地面积2647平方米(钢筋水泥结构楼房480平方米)。其中教室20间,面积1430平方米,宿舍1217平方米。1992年有教职工45人,学生708人,开设6个年级16个教学班。2005年8月,县三小的师生资源并入县二小,县二小的办学规模得到进一步的扩大。

2010年,全校教职工81人,其中在编在岗教师58人,借调、跟班学习教师14人,工人3人,公益岗工人3人,保安3人。教师学历(不含借调、跟班学习教师):本科学历4人,大专学历40人,中师学历4人,学历达标率100%,省级骨干3人,县级骨干8人,教学能手3人,小学高级职称26人;初级职称42人。教学班20个,学生907人,其中:男生462人,女生445人,平均每班45人,不属大班额配置,学生全部都是走读生,没有寄宿生,同时设有随班就读资源教室2间。是琼中县随班就读唯一的一所学校。语文、数学、美术、体育、音乐、英语等学科均严格按照要求开足开齐。学校各功能室齐全,有多媒体教室、舞蹈室、美术室等,全校实行网络白板教学。办学特色:两个必须(每一个学生必须会跳竹竿舞,必须有一个兴趣爱好)。课程开发:校本课程、田园课程。学校立足校本课程,提高教学质量,并开发了田园课程,获得较好社会效应。

三、中学教育

基本情况。1991年,全县有普通中学15所,在校学生3836人。

2004年,全县有普通中学16所,在校学生8575人,教职员工398人,其中专任教师382人。

2005年,全县在校高中生1370(含职中216)人。

2007年,全县有普通中学15所,在校学生9907人,教职员工563人,其中专任教师486人。

同年,开始扩大高一新生的招生规模,在校高中生规模达1651人,比2006年增加221人;2008学年度在校高中学生规模达1817人,2009学年度在校高中生共2633人(其中阳江学校在校生869人)。

2010年,全县有普通中学25所,在校学生10588人,教职员工1041人,其中专任教师886人。

1991—2010年琼中县普通中学基本情况一览表

表14-3　　单位:所、人

年份	学校数	在校学生	教职员工	专任教师
1991	15	3836	224	209
1992	15	3862	236	221
1993	15	3895	249	234
1994	15	4522	258	243
1995	15	5067	266	251
1996	16	5441	277	262
1997	15	5776	287	272
1998	16	5840	298	283
1999	17	6386	313	297
2000	17	6547	324	308
2001	17	7060	336	320
2002	17	8128	346	330
2003	17	8350	364	348
2004	16	8575	398	382
2005	16	9171	521	433
2006	15	9242	564	479
2007	15	9907	563	486
2008	15	8621	588	504
2009	25	11654	859	722

续表1

年份	学校数	在校学生	教职员工	专任教师
2010	25	10588	1080	835

学制。1991—2010年琼中县普通中学都沿用"三三制",即初中3年,高中3年,办学形式均为全日制。

课程设置

1.初中

1991—2010年,琼中县七至九年级(初中一年级至初中三年级)每周课程设置内容:国家课程:语文、数学、英语、政治、历史、地理、生物、体育、音乐、美术;地方课程与校本课程。八年级(初中二年级)开设物理课。九年级(初三年级)开设化学课。

2.高中

1991—2005年,琼中县高一年级课程设置内容:语文、数学、英语、政治、历史、地理、物理、化学、生物、信息、美术、音乐、体育。

2005年琼中县参加普通高中新课程实验后,高中一年级课程设置内容:语文、数学、英语、政治、历史、地理、物理、化学、生物、信息、美术、音乐、体育。高中二年级课程设置内容:语文、数学、英语、政治、历史、地理、物理、化学、生物、信息、通用技术、美术、音乐、体育。高三年级课程设置内容:开设必修课和选修课。各学校开课时间存在差异,课程设置根据学校具体情况有所区别。高中三年实行学分制,学生每学年在每个学习领域都必须修得一定学分,三年中应获得116个必修学分(包括研究性学习活动15学分,社区服务2学分,社会实践6学分)

附:琼中中学

琼中中学位于琼中县城所在地营根镇,建于1956年,原名为"琼中县立中学"。1995年8月,报省教育厅备案,易名为"琼中中学",是琼中县唯一的一所完全重点中学。

学校占地面积133605.1平方米。有两幢教学大楼,共有教室57间,教室总面积4770平方米;校舍总面积26214平方米;科学馆建筑面积2424平方米,设有化学、物理、生物实验室9间,实验室总面积为1221平方米;多媒体教室3间;电脑室3间,学生用电脑173台;教师课件制作室1间;图书馆藏书室2间,图书82250册;在建标准运动场1个,篮球场4个、排球场3个、羽毛球场2个、乒乓球台11个,运动场总面积29400平方米。

2006年,学校组建成立海南省唯一的一支女子足球队——琼中女子足球队,是推进素质教育的一朵奇葩,渐露头角,多次取得较好成绩。

2010年,学校有54个教学班,其中高中38个班,初中16个班;学生总人数2738人,其中高中学生1945人，初中学生793人；全校有黎苗族学生1717人；教职工236人，其中教师191人，干部编制7人，职工38人；高级职称教师31人，中级职称教师56人，初级职称教师90人，未评职称教师14人；高中教师135人，学历达标率为85%；初中教师56人，学历达标率为100%；有省级骨干教师6人，县级骨干教师18人。同年，县政府投入1.2亿元扩建琼中中学高中部，预计2012年秋季可投入使用。

1991—2010年，学校获得海南省全国中小学生第三套广播体操比赛二等奖和优秀组织奖、海南省第十六届中学生田径运动会优秀组织奖、琼中县教育战线先进基层党支部、琼中县计划生育工作先进单位、琼中县中学生文艺会演一等奖、琼中县中小学第三套广播体操比赛一等奖、琼中县“先进基层党支部”荣誉称号、琼中县“五五普法先进单位”、全国初中化学竞赛获“优秀组织奖”、全国初中数学竞赛获“优秀组织奖”等荣誉称号；获得国家、省、县级各类教育教学比赛三等奖以上的教师达235人次，获得国家、省、县级各类学科竞赛三等奖以上的学生310人次。2010年，高考成绩突出，考取本科以上的考生有119名，理科高考最高分达724分，文科高考最高分为694分，有5名学生取得700分以上好成绩；初中招生考试也取得喜人成绩，全县考取满分的考生有5名，其中3名为本校学生。

九年制义务教育。1991—1997年，琼中县教育系统和各乡镇学习贯彻《中华人民共和国义务教育法》，同时，举办由乡镇主要领导和分管教育领导参加的贯彻义务教育法培训班，通过学习，提高了乡镇领导办学管理水平，调动了乡镇领导办学的积极性和自觉性。1997年，由县政府组织，对营根、乌石、湾岭、黎母山、红毛、什运、长征、上安、吊罗山、和平、中平、红岛等12个乡镇义务教育进行县级评估验收，经考核，小学儿童入学率达99.5%，巩固率达99.1%，初中巩固率达98.3%，教师达标率、学历合格率、校长岗位培训率、学校办学条件都基本达标。1999年，通过省级义务教育评估验收；2000年，琼中县通过国家义务教育评估验收，实现普及九年义务教育目标。

2001—2010年，继续巩固“普九”成果。为切实巩固和提高九年义务教育成果，加大对九年义务教育阶段学生试行减免教科书和特困学生试行“两免一补”的力度，落实控辍保学工作责任，防止学生因家庭经济困难而辍学的现象发生，在此期间小学生入学率为99.7%，初中生入学率为98.3%。

第四节 中等职业教育

1995年秋琼中县职业技术学校创建，是经海南省教育厅批准创办的琼中县唯一一所全日制的职业技术学校。1995年8月至2005年7月归属琼中县教师进修学校管理，开设热作、水稻栽培、电子技术等专业，培养毕业生207人。2005年8月，与进修学校分离，学校相继加入了省旅游、省商贸、省农业、省工业、省华侨等职业教育集团，先后与海口旅游职业学校、省商业学校、省华侨商业学校、省财税学校、省农业学校、省机电工程学校、北京汽车维修职业学校等省内外中职学校联合办学，联合开设的专业有酒店服务与管理、电子电工、精细化工、汽车维修、烹饪、财会、计算机应用、电子商务等专业。

学校占地面积49亩，建筑面积12293平方米，有形体训练室、电脑室、多媒体教室、模拟餐厅、模拟客房、多功能电子电工实验室、家电维修室、烹饪实操室、汽修实操间和校园广播室等功能室；拥有标准篮球场、排球场、羽毛球场；校园环境优美，基本实现了硬化、净化、亮化、绿化和美化。2010年，有在编教职工52人，其中教师45人。高级职业指导师1人，中学高级教师2人，讲师、中学一级教师10人，职业指导师2人，助理讲师30人。其中"双师型"教师25人，职工7人。

学校坚持自主办学与联合办学相结合、工学结合、校企合作的办学模式，积极推进职业教育办学思想的转变，深化职业教育教学改革，管理严格有序，校风优良，教风学风严谨，技能训练精良。

至2010年，累计为社会培养2000多名实用型、技术型人才，毕业生在上海、广州、珠海、深圳、海口、三亚等城市就业，就业率达96%以上。

1995—2010年琼中县中等职业教育基本情况表

表14-4　　　　单位:所、人

年份	学校	在校学生	专任教师
1995	1	16	20
1996	1	9	20
1997	1	13	17
1998	1	29	15
1999	1	18	22
2000	1	22	19
2001	1	11	17
2002	1	18	19
2003	1	26	21
2004	1	45	25
2005	1	175	14
2006	1	219	18
2007	1	845	45

续表1

年份	学校	在校学生	专任教师
2008	1	647	44
2009	1	396	45
2010	1	425	45

第五节 成人教育与社会办学

一、扫盲

1991—1997年,琼中县在每个乡镇中心小学设立扫盲班,对全县文盲、半文盲人群进行扫盲教育,县财政每学年下拨扫盲经费到各乡镇中心小学,确保扫盲工作有序开展。

1999年,全县基本扫除青壮年文盲。

二、文化技术培训

琼中县职业技术学校做好中职学历教育的同时,服务琼中县域经济建设,提高技能型人才培养水平,不断加大琼中县职业技术人才培养培训工作力度。为了做好职业技能培训,学校设有培训处专门负责,制定并实施符合琼中县实际情况的培训计划与制度,加强培训专业教师的指导和管理,协调各类设施设备用于培训。2009年,与县总工会联合开展下岗再就业电工考证培训班,培训人数38人;2010年,与县总工会联合开展下岗再就业电工考证培训班52人;学员们利用学到的知识运用到实际生产中,促进了增产增收。

三、社会办学

基本情况。2006年,琼中县为落实《民办教育促进法》,坚持“积极鼓励,大力支持,规范管理”的方针发展民办学校。同年9月,琼中县实验学校落户琼中。县教育局每年对其进行检查和年检,各项指标都达到优秀,教育教学质量逐年提升。

课程设置。2006—2010年,小学课程设置内容分为:国家课程(思想道德、自然科学、语文、数学、英语体育、音乐、美术、劳动)和地方课程与校本课程。国家课程为各小学应开课程。地方课程与校本课程内容为海南省及琼中县知识了解、社会关注课题及学校特色课程为选开课程和自己修课程。七至九年级(初中一年级至初中三年级)每周课程设置内容:国家课程:语文、数学、英语、政治、历史、地理、生物、体育、音乐、美术;地方课程与校本课程。八年级(初中二年级)开设物理课。九年级(初三年级)开设化学课。

附:琼中县实验学校

琼中县实验学校是海之南教育集团于2006年在琼中县创办的高品质、高投资、特色化、封闭式、寄宿制优质民办学校,是琼中县政府重点引进的教育工程,是海南中部规模最大的民办学校。

学校位于琼中县食品厂内。2006年建校初期,只招收小学和初中一、二年级学生,2007年发展为有15个教学班500多人。随着学校教学质量和办学规模的逐渐扩大,到2010年学生人数近800人,教师由原来的27人增加到44人。学校占地面积24100平米,设有学前、小学、初中教育,共有25个教学班。

学校环境优美,全校绿化面积达50%,形成"处处有绿荫,四季有花香"的校园景色。学校秉持"办让孩子受益一生的教育"的办学理念,突出特色教育,张扬学生个性,开设了舞蹈、围棋、象棋、剪纸等16个特色班,成立了武术、足球、篮球、乒乓球等4个校队,极大地丰富了学生课余生活。注重学生学习能力的提高,提出了"送我一棵小树,还你一个栋梁"的口号,坚持"学为中心,先学后教,合作探究,激情展示"的原则,让学生每天进步一点点,最终实现成绩跨越式的提升目标。2006—2010年,学校先后获得海南省优秀民办学校、海南省卫生先进单位、琼中县义务教育质量先进单位、琼中县教育工作先进集体等荣誉称号。

第六节 教师队伍建设

一、教师结构

1991年,全县有中学教师386人,其中本科学历69人、专科学历185人、中师学历132人;取得高级专业技术职务的有20人、一级的有134人、二级的有165人、三级的有47人。小学教师726人,其中本科学历8人、专科学历275人、中专学历416人、高中学历20人、其他学历7人;取得一级专业技术职务的有235人、二级的有420人、三级的有62人、未评的8人,另有1人获特级教师荣誉。

2004—2006年,全县教职工人数分别为1791人、1711人和1656人,其中专任教师人数分别为1197人、1567人和1534人,教辅人员134人、144人和122人;在专任教师中,少数民族教师分别为897人、1150人和1070人,占比分别为74.9%、73.4%和70%;小学专任教师学历达标率分别95.7%、96.7%和96%;初中专任教师学历达标率分别为94.3%、89.4%和93.61%;高中专任教师学历达标率分别为71%、63.6%和70%。

2005年底,全县实际在职教职工1670人,其中专任教师1540人(高中52人,职校13人,初中385人,小学1090人);职工130人(高中15人,职校7人,初中76人,小学32人)。取得专业技术职称的教师1422人(其中中学355人,小学1067人):中学副高职称19人;中级职称471人(中学

143人,小学328人);初级职称932人(中学193人,小学739人);未评职称120人(中学100人,小学20人)。小学和初中专任教师学历达标率分别为99%和96%;高中教师学历达标率88.9%。全县有省级骨干教师、学科带头人122人(中学97人,小学25人)。

2006年,在专任教师中,取得专业技术职称的教师有1426人(其中:中学355人,占中学教师的76%,小学1071人,占小学教师的98.4%),其中,中学副高职称13人,占中学教师的2.9%,中级职称431人(中学137人,占中学教师的30.7%;小学294人,占小学教师的27%),初级职称982人(中学205人,占中学教师的46%,小学777人,占小学教师的71%)。

2010年,全县有中学教师835人,其中研究生学历1人、本科学历426人、专科学历389人、中师学历19人;取得高级专业技术职务的有75人、一级的有292人、二级的有384人、三级的有83人,另有1人获特级教师荣誉。小学教师1336人,其中本科学历45人、专科学历831人、中专学历452人、高中学历8人;取得高级专业技术职务的有2人、一级的有646人、二级的有616人、三级的有58人、未评的13人,另有1人获特级教师荣誉。

小学。1991年,全县有小学专任教师726人,其中本科学历8人、专科学历275人、中专学历416人、高中及以下学历27人;特级教师1人、一级职称235人、二级职称420人、三级职称62人、未评职称8人。

2001年,全县有小学专任教师903人,其中本科学历14人、专科学历412人、中专学历453人、高中及以下学历24人;特级教师1人、一级职称348人、二级职称469人、三级职称72人、未评职称13人。

2005年,全县有小学专任教师941人,其中本科学历28人、专科学历486人、中专学历398人、高中及以下学历29人;特级教师1人、一级职称450人、二级职称423人、三级职称56人、未评职称11人。

2010年,全县有小学专任教师1336人,其中本科学历45人、专科学历831人、中专学历452人、高中学历8人;特级教师1人、高级职称2人、一级职称646人、二级职称616人、三级职称58人、未评职称13人。

1991—2010年琼中县小学专任教师学历及职称情况一览表

表14-5

单位:人

年度	人数	文化程度					专业技术职务					
		本科	专科	中专	高中	其他	特级教师	高级教师	一级教师	二级教师	三级教师	未评
1991	726	8	275	416	20	7	1	0	235	420	62	8
2001	903	14	412	453	18	6	1	0	348	469	72	13
2005	941	28	486	398	21	8	1	0	450	423	56	11
2010	1336	45	831	452	8	0	1	2	646	616	58	13

普通中学。1991年,全县有中学专任教师386人,其中本科学历69人、专科学历185人、中师学历132人;取得高级职称20人、一级职称134人、二级职称165人、三级职称47人。

2001年,全县有中学专任教师425人,其中本科学历93人、专科学历225人、中师学历107人;取得高级职称29人、一级职称162人、二级职称199人、三级职称29人。

2005年,全县有中学专任教师433人,其中本科学历108人、专科学历238人、中师学历87人;取得高级职称13人、一级职称132人、二级职称225人,其他89人。

2010年,全县有中学专任教师835人,其中研究生学历1人、本科学历426人、专科学历389人、中师学历19人;取得高级职称75人、一级职称292人、二级职称384人、三级职称83人,另有特级教师1人。

中等职业学校。1995年,全县有中等职业学校专任教师20人。

2001年,全县有中等职业学校专任教师17人。

2005年,全县有中等职业学校专任教师14人。

2010年,全县有中等职业学校专任教师45人。高级职业指导师1人,中学高级教师2人,讲师、中学一级教师10人,职业指导师2人,助理讲师30人。"双师型"教师25人。

1991—2010年琼中县普通中学专任教师学历及职称情况一览表

表14-6　　　　单位:人

年度	人数	文化程度				专业技术职务					
		研究生	本科	专科	中师	特级教师	高级教师	一级教师	二级教师	三级教师	其他
1991	386	—	69	185	132	0	20	134	165	47	0
2001	425	—	93	225	107	0	29	162	205	29	0
2005	433	—	108	238	87	0	13	132	199	0	89
2010	835	1	426	389	19	1	75	292	384	83	0

二、教师继续教育培训

琼中县教育局重视全县中小学教师的继续教育培训学习,重视抓好教师的学历达标与学历提高继续教育,抓好非学历培训学习,以及抓好中小学校长"校长岗位培训"和"校长能力提高培训"学习。

1991—1996年,在教师的学历达标与学历提高继续教育培训中,县教师进修学校举办中等师范函授班与脱产中等师范进修班,为琼中县及各国营农场培养合格小学教师628名。

1997年,县进修学校中师进修班15人。

1998年和1999年秋,县进修学校分别与琼州大学、辽宁教育学院联合开办中文专科函授和小学教育自考大专班共595人。

2000年秋季,县进修学校分别与琼州大学、辽宁教育学院联合办学,共有90人参加学历提高培训学习。

2002年秋季,县进修学校分别与琼州大学、辽宁教育学院联合办学,共有60人参加学历提高培训学习。

2006年,与琼州大学、海南电视大学联合办学,共有139名中小学教师参加了学历达标和学历提高培训学习。在非学历培训学习与校长培训中,先后派出57名中小学校长、教师到省外、县外学校跟班交流学习。其中,有4名中小学校长到省外跟班,9名中小学英语教师到白沙黎族自治县参加全省少数民族地区英语教师培训班学习,25名中小学教师参加全省少数民族地区教师脱产提高培训班学习,19名参加全省中小学教师顶岗教师培训学习。县教育局派出16批38人次中青年教师参加省级学科培训班,并利用3个双休日对全县中小学17个学科教师进行全员培训。6月,县教师培训管理中心举办3期小学语文、数学学科教师教育教学能力提高培训班,共有511人参加,其中小学语文教师366人,小学数学教师145人。12月,启动海南师范大学"周末流动师资培训学院"项目,全县12名中学英语骨干教师组成的"师资流动培训学院"英语专业强化培训学习,全县68名中学英语老师也跟班学习。

2007年,在非学历培训学习中,琼中县选派9名中小学英语教师到海口参加全省少数民族地区英语教师培训班学习,11名中青年教师参加省教育厅举办的"现代教育技术课程""中小学班主任课程"和"小学2007年必修课程"等学科培训者培训班;而"现代教育技术课程""中小学班主任课程"县级培训,由县教师培训管理中心在5—6月开展了中小学教师全员培训,并组织570名教师顺利参加2007年6月份的全国中小学教师教育技术水平考试,共有330人获得合格证书;在全县1250名中小学幼儿教师参加的班主任测试考试中,共有977人获得合格证书。同时,还举办了6期中小学校和幼儿园教师心理健康教育全员培训班,共有656人参加培训学习。

2008年,全县有85名中小学教师参加了学历提高培训学习。在非学历培训学习与校长培训中,先后派出109名中小学校长、教师到省外、县外学校跟班交流学习。其中,有2名中学校长到海口参加省举办的校长培训班,6名中小学英语教师参加全省少数民族地区英语教师培训班学习,22名中小学教师参加了全省少数民族地区教师脱产提高培训班学习,20名中小学教师参加全省中小学教师顶岗教师培训学习。选派7名教师(含幼儿园教师在内)参加海南省中学教师继续教育培训中心和省教育研究培训院举办的2008年必修课和选修课培训者培训。利用双休日时间组织150名中小学班主任教师参加"中小学班主任课程"培训,175名中小学教师参加中小学教师"现代教育技术课程"培训。组织初中语文、生物两个学科20名教师(其中,语文科14名,生物科6名)参加"周末流动师资培训学院"项目学习。同年,开展14次教学活动,参加人数达到906人次。组织175名中小学教师报名参加2008年全国教师"教育技术"水平等级考试,及格人数111人,及格率达63.4%。

2009年,在学历层次提高培训中,与辽宁教育学院、琼州学院联合办学,参加琼中县函授点进行函授学习的学员有190人。此外,小科目专业的教师还主动到琼州学院、海南师范大学参加大专或本科函授学习。在非学历培训学习与校长培训中，先后组织派出176名中小学校长、中青年教师到省外、县外学校跟班交流学习。其中，有98名小学校长在暑假期间到海口参加省民进党举办的校长培训班；5名中小学校长到上海跟班学习；15名中小学教师参加了全省少数民族地区教师脱产提高培训班学习；22名中小学教师参加全省中小学教师顶岗教师培训学习；选派黎母山中心小学6名小学教师参加海南省第3期少数民族教师普通话培训班学习；选派太平中学5名教师参加省举办的中学教育技术教师"电脑及网络维护"培训班学习；选派4名教师参加海南省举办的中学骨干班主任培训班学习；选派14名教师参加海南省初中教师学科教学技能培训班学习；选派5名教师参加省级"问题学生教育"课程培训班学习。暑假时间组织普通高中教师和中小学教师参加全国远程培训，参加人数达2500人次。开办县级"问题学生教育"课程培训，参训教师1062人；县级"幼儿教育新概念"课程培训66人。"周末流动师资培训学院"项目学习为初中数学学科与历史学科各开展13次活动，参加人数达到634人次，两个学科共有16名教师（其中，数学科10名，历史科6名）成了核心成员。

2010年，在非学历培训学习与校长培训中，先后派出251名中小学校长、中青年教师到省外、县外学校跟班交流学习，其中，有98名小学校长参加省民进党举办的校长培训班；选派2名中学教师参加中学心理健康教育教师培训班；选派2名中学教师参加初中教师综合实践课教师培训班学习；选派2名中学教师参加中学骨干教师培训班；选派11名小学教师参加小学教师培训者培训班；选派24名中学教师参加琼南九市县第五期中学新课程骨干培训班；选派27名中学教师参加海南省初中语文、数学、英语教材研习省级培训者培训班；选派7名中学教师参加初中政治等七学科备课技能培训者培训班学习；选派4名幼儿教师参加少数民族与贫困地区幼儿园教师脱产提高班学习；选派5名小学数学教师参加省级骨干教师提高培训班；选派4名中小学教师参加继教网网络管理员、网络技术员培训班学习；选派29名中小学教师参加"国培计划"——海南省中小学教师远程培训管理者及辅导教师培训项目（2010）培训学习；选派20名中学教师参加琼州学院举办的琼南地区初中教师课堂教学技能提高培训班学习；选派3名小学班主任教师参加海南省小学班主任高级研修班学习；选派9名教师参加省外举办的"国培项目"培训班。暑假时间，组织普通高中、初中教师参加全国远程研修活动，参加人数达274人次。利用双休日时间举办幼儿园教师必修课程"幼儿园园本课程开发的理论与实践"和选修课程"幼儿园教育活动的设计及指导策略"培训班，参加人数达66人。组织全县中小学教师1803人参加国培训计划远程培训，其中，初中教师790人，小学教师803人。"周末流动师资培训学院"项目学习为初中数学、物理与化学，3个学科各开展13次活动，参加人数达到2652人次，3个学科有25名教师（其中，数学科15名，物理科5名，化学科5名）成为核心成员。

三、教师招聘

1991—2000年，采用统招统分形式，安置各高等师范学校毕业生378名。其中，1991年安置60名，1992—1995年招聘教师214名，1998年招聘教师104名。

自2000年开始，严格实行公开招聘制度，遵循"凡进必考，自愿报名，双向选择，择优录用"的原则，采取公开招聘、择优录用的方式补充中小学教师，把好新教师的“入口关”。2000—2002年，全县面向社会公开招聘、择优录用教师36人；2003年，面向社会公开招聘教师7名；2004年，面向社会公开招聘教师30名；2005年，面向社会公开招聘支教教师41名，分配到全县14所中学。

2006—2007年，面向社会公开招聘教师131名，其中普通教师30人，特岗教师101名；2006年，为了深化中小学人事制度改革，琼中县颁发《琼中县中小学教职工定编定岗竞争上岗工作方案》《琼中县中小学教职工分流安置办法》《琼中县中小学教师推行聘用制及教师任期考核办法》《琼中县中小学教师聘用工作实施细则》等文件。2007年，针对当前教师数量不足及教师学科结构不合理情况，通过省教育厅向全国招聘农村义务教育阶段学校特设岗位113名教师安排到全县农村初级中学任教，面向全国招聘21名师范类本科毕业生和29名支教教师，重点招聘音乐、美术、体育、地理、历史、生物、英语、计算机等紧缺学科教师；2008—2010年，面向社会公开招聘教师240名，其中普通教师177名，特岗教师63名。2008年通过公平竞岗择优录用安排53名毕业生上岗，2009年又录用110名毕业生，其中81名安排到农村学校任教，29名本科生(特岗)安排到各级学校任教，从而进一步缓解琼中边远薄弱学校教师紧缺问题。

多渠道招聘录用教师，进一步优化教师队伍结构和学科教师合理配置，促进琼中县职业教育和城乡中小学教育的稳定快速发展。

四、教师待遇

1991—2010年，全县注重从工资方面提高教师待遇，为保障教师工资待遇，采取了多种方式。

1992年，按《关于适当调整全省国家机关和部分事业单位工作人员奖励工资(奖金)标准的通知》和《关于调整全省国家机关、事业单位工作人员实行特区工资补贴的通知》文件精神，全县教职工分别获得人均增长幅度近百元的奖励工资、特区工资补助。

1998年，全县开展年度教师专业技术职务评审工作，经考核和评议，有156人获得职称，其中，高级职称4人，中级职称31人，初级职称121人。这156位获得专业技术任职资格的教师得到升职调薪。

2005年，琼中县积极贯彻全国、全省农村教育工作会议精神，依法落实教育优先发展战略地位，制定教育优先发展的战略决策，出台《关于优先发展教育的意见》《琼中县教育综合改革工作方案》《琼中县农村教育十年(2004—2013年)发展规划》《琼中县中小学人事管理制度改革实施方案》等文件，进一步明确划分县、乡两级政府教育职责；县委、县政府成立教育领导小组，加强对教育工作的领导，县、乡两级党委、政府一把手亲自抓教育；县乡两级政府每年向县委、乡镇党委和县乡镇人民代表大会报告教育改革与发展情况；进一步落实农村义务教育“以县为主”的管理体制，完善中小学“保工资、保安全、保运转”的投入机制，实行中小学教职工工资县长负责制。全年教育事业经费支出4375万元，公用经费支出266万元，在校生均教育经费1634元，根据省定生均公用经费标准纳入县级财政年初预算48.2万元，全县中小学教职工工资按全省标准按时、足额发放2937万元，比2004年增长15%。当年农村税费改革专项转移支付资金，除足额安排农村中小学教师工资外，年初预算另外安排210万元用于农村中小学公用经费，在预算执行中又追加172万元用于农村中小学校建设等。

2006年，实施工资套改，县教育系统3210人均参加套改，享受到工资制度改革的新成果。

2009年，对全县14所农垦中小学955名教师进行移交安置，实行人员、档案移交和重新确定工资等级，对全县3227名义务教育学校教职工发放绩效工资2915万元，兑现非义务教育学校194名教职工岗位津贴99万元。至2010年，全县教师工资待遇得到基本保障，稳中有升。

五、考核与任用

1991年，全县中小学教师定编为940人，其中在编在岗小学教师726人，经评聘和确认的专业技术人员有726人，其中中级职称87人，初级职称575人，未评64人；在编在岗中学教师209人，经评聘和确认的专业技术人员有209人，其中高级职称11人，中级职称32人，初级职称150人，未评16人。同时对于1988年底经评聘担任专业技术人员的中师毕业生、小学教师及教育辅导人员进行任期满3年后的首次考核，考核内容包括政治思想、学识水平、业务能力和工作实绩等四个方面。

1996年，对全县中小学中层以上干部进行任职考核，共考核65人，确定为优秀的8人，称职56人，不称职1人。全县有中学副高级教师21人，中学一级教师39人，小学高级教师132人。小学教师学历达标率为73.2%，初中教师学历达标率为70.6%，高中教师学历达标率为46.8%。

2000年，对县教育局20名公务员进行年度考核，其中优秀2人，称职18人，有序开展专业技术任职资格评定工作，核实全年符合申请专业技术任职资格的人员共102人，其中中学高级12人，中学一级38人，小学高级52人。参加各级专业技术任职资格评审人数58人，其中中学高级6人，中级16人，初级10人；小学高级18人，初级8人。

2007年，全县12名中小学教师通过中学高级专业技术职务任职资格的评审，22名中学教师和36名小学教师通过初、中级专业技术职务任职资格的评审。给予32名社会人员认定教师资格，其中高级中学教师资格6人，初级中学教师资格13人，小学教师资格11人，幼儿园教师资格2人。组织全县1443名教职工参加年度考核，考核合格以上1441人，不称职2人。

2010年，组织开展全县中小学教师基本能力测试，共有2164名教师参加了测试，及格率86.8%，优秀率10.7%，其中测试达到A级的教师有43人。

附：特级教师

林朝阳，女，汉族，海南省万宁市人，中共党员，1966年10月出生，1983年8月乐东师范学校毕业后参加工作。2004年9月起担任琼中黎族苗族自治县第一小学校长，琼中县第十一届人民代表大会代表，琼中县第六、七、八届政协委员。2006年4月被海南省人民政府授予“海南省小学语文特级教师”称号，2007年7月被评为高级语文教师。

从教20多年，结合多年的语文教学实践，提出了“本真语文”的教学主张，追寻本真的语文课堂，致力为学生创造一个充满新鲜、情趣、意蕴、美感的理想课堂，在教学实践和研究中取得了一定的成绩。2001年12月获得“海南省省级语文骨干教师”称号；2005年10月被评为“中国教育学会小学语文教学研究会系统先进工作者”；2006年4月被海南省人民政府评为“海南省小学语文特级教师”；2006年7月担任2006年暑期教育部“中小学教师新课程国家级远程培训项目”指导教师，在此期间，表现突出，成绩优异，被评为优秀指导教师；2007年12月被评为“海南省小学语文学科带头人”；2010年4月被评为中国教育学会小学语文教学研究会系统先进工作者；国培计划——海南省农村小学教师远程培训项目小学语文专家团队成员；海南省教育学会小学语文教学研究会第三、第四届理事会会员。

撰写的《刚柔并举,阳光管理》《以人为本，创设教师发展空间》《加强德育教育，为学生成长导航》《改变学习方式，提高教学质量》《新理念指导下的朗读教学之我见》《创设交际情境，加强语言交流》《语文课堂教学的冷思考》《培养学生作文创造性思维之我见》《培养学生非智力因素的一些做法》《略读课文的“略”教学》《新课程资源开发利用中的误区及对策》等教育教学论文被评为国家级、省级一、二等奖，并在《新教育》等报刊上发表教育教学论文多篇。

担任县第一小学校长期间，在林朝阳的带领和全体师生的共同努力下，学校先后荣获“中华全国妇女巾帼文明岗”“全国第二届和谐校园创建先进单位”“海南省教育系统先进集体”“海南省依法治校示范学校”“海南省巾帼文明岗”“海南省优秀家长学校”“海南省廉政文化进校园示范校”“海南省民族团结先进集体”“海南省小学写字课题研究一等奖”“海南省优秀实验学校”“海南省基础教育课程改革先进单位”“海南省网络教研先进单位”“海南省现代教育技术实验学校”“海南省校本培训示范学校”“海南省中小学文艺调演三等奖”“海南省书画作品教学成果三等奖”“琼中县先进文明示范岗先进集体”“琼中县平安校园示范点”“琼中县武术进校园示范点”“琼中县民歌民舞民服进校园示范学校”“琼中县先进党支部”“琼中县先进基层党组织”“琼中县关心下一代先进单位”“第二套全国中小学生校园集体舞比赛省级一等奖”“琼中县第二届中小学国学经典诵读比赛一等奖”“琼中县第三届中小学国学经典诵读比赛一等奖”等多项荣誉称号，以良好的办学成绩获得社会的好评，成为海南省少数民族教育的一颗璀璨明珠。

第七节 考试与招生

1991年，全县636人参加高考，录取80人，录取率达12.59%。

1995年，全县172名高三毕业生参加高考，录取23人，其中本科17人，专科6人；录取率达

13.37%。

2000年，全县131人参加高考，录取54人，其中本科38人，专科16人；录取率达41.22%。

2003—2006年，全县初中毕业生分别有913人、1062人和1990人参加中招考试，有716人、980人和1850人被高一级学校录取，升学率分别为78.4%、92.3%和93%；全县高中毕业生分别有362人、388人和430人参加高考，有282人、322人和351人被普通高校录取，升学率分别为77.9%、83%和81.6%。

2008年，琼中中学高考取得较好的成绩，最高分创历史新高，其中，700分以上的有2人，600～690分的有38人；500～590分的有194人，平均分489分，本科录取111人。2009年高考，全县940名考生，有663名学生被录取，考取本科的考生有121人，其中8人被“211工程”大学录取，一本提前录取的有14人。

2010年，全县910名高三毕业生参加高考，上线758人，其中本科上线184人，专科574人；录取率达83.3%。

1991—2010年琼中县学生高考升学统计表

表14-7　　单位：人、%

年度	报考人数	录取人数	录取率	录取本科院校	录取专科院校
1991	636	80	12.59	—	—
1992	656	60	9.15	—	—
1993	387	76	19.64	59	17
1994	248	40	16.13	19	21
1995	172	23	13.37	17	6
1996	186	32	17.20	24	8
1997	148	43	29.05	—	—
1998	105	31	29.52	—	—
1999	126	76	60.32	—	—
2000	131	54	41.22	38	16
2001	188	117	62.23	—	—
2002	242	159	65.70	—	—
2003	336	296	88.10	94	202

续表1

年度	报考人数	录取人数	录取率	录取本科院校	录取专科院校
2004	388	322	82.99	95	227
2005	430	351	81.63	76	275
2006	563	453	80.46	90	363
2007	607	511	84.18	127	384
2008	775	527	68.00	114	413
2009	940	663	70.53	121	542
2010	910	758	83.30	184	574

第八节 教育设施建设

一、设施建设

1991年，争取国家海洋局、省新华书店等单位援助办公电脑12台、图书15000册、现金7550元，分别赠送五指山中学等10所中小学校，争取县政府拨款80万元，为全县各中小学校采购图书及教学和生活设施设备，全县各学校共有藏书98750册，仪器设备总值120万元。

1995年，为琼中中学等县城学校添置图书10000多册，购置仪器设备一批，购置投影仪、电视机各40台。

1999年，不断改善办学条件，完善功能室建设，利用外资贷款27.2万元购置图书59200册；利用外资贷款28万元购置仪器设备。同时，县教科局还给56所中小学校拨款近50万元购置图书、仪器设备等。

2000年，投入14万元分别为县一小购置教学计算机28台、为县中学购置计算机25台。同时，为缩小学校之间的差距，通过引进外资为民族中学、县二小、湾岭中学、黎母山中学等投资安装教学计算机。2002—2004年，为满足义务教育阶段初中入学高峰的学位需求，县乡两级政府加大力度加快校舍建设，改造及新建教室33341平方米。

2005年，拨专款85.8万元购置学生课桌4400套，学生睡床1367张；拨专款8.1万元购置图书5368册发到全县中小学校，琼中中学自筹资金5万元购置图书2753册。政府投入及学校自筹资金52.853万元购置计算机，分配到各乡镇中学、中心小学，使全县中小学校现有计算机增至627台。采取“政府支持、公司投入、合理收费、分布实施”的办法，为全县中小学校建设计算机室31间，配备计算机413台。同年底，全县校园总面积880412平方米，生均面积36.2平方米；中小学校舍面积160885平方米，小学生均面积6.1平方米，中学生均面积7.38平方米。中小学教师工作间30348平方米；师生生活用房总面积17824平方米。中小学现有各类实验室、仪器室244间，实验桌1081张，仪器柜694个，配备率达73.2%，计算机627台，中小学物理、化学、生物等学科仪器配齐率100%，音乐、体育、卫生、美术、劳技等器材设施达标率86%；中小学图书分别为113392册和141491册，中学生人均13册，小学生人均10册；全县中小学校现有卫星接收天线31套，播放系统42套，教学光碟、录音带26套，学校各类电教设备价值237.19万元。同年，琼中县全部消灭中小学D级危房。

2006—2010年，共投入654.5856万元为全县各中小学校购置图书及教学设备、生活设施设备等，其中，投入191.93万元购置图书88847册；投入377.5878万元购置教学仪器设备等；投入85.0678万元购置生活设施设备。此后，琼中县用于教学设施设备的投入逐年增多，采购了大量先进的教学仪器和设备，学校的硬件设施建设取得长足进步。2007年，全县共投入589万元（其中，中央、省投入389万元，县自筹200万元），在全县133所中小学（不含农垦）建设农村现代远程教育工程，使农村中小学现代远程教育工程网络覆盖率达100%。2007—2009年，全县共投入420万元购置常规教学仪器，使各学校配备率达85%，投入126万元购置图书54000册，安排给26所中小学校，使生均图书增加2.6册；投入55万元购置学校课桌椅5100套；2009年，投入3500余万元用于琼中思源实验学校建设（其中，香港言爱基金捐助1200万元，省政府下拨700万元，省教育厅安排161万元，县政府配套1500万元）。

二、危房改造

1991—2010年，琼中县实施中小学危房改造项目，共投入10534.6万元，改造全县各中小学校危房面积67404平方米。其中1991—2000年投入479.6万元改造全县41所中小学危房校舍8924平方米。

2001—2010年，琼中县实施中小学危房改造工程、校安工程，共投入10055万元，建设工程项目184个，消除全县中小学校D级危房面积56259平方米，加固维修校舍面积2221平方米。

2005年，针对全县中小学校尚存危房面积16910平方米（截至2004年12月），通过多种渠道筹措危改资金2192.9万元，改造危房面积（含新建面积）33341平方米，占校舍面积22%，改造中小学危房项目27个，面积11016平方米，投资858.5万元，比省下达资金650万元多209万元，已全部竣工，验收合格并交付使用，资金已全部到位。同时实现了年底消灭学校危房的目标。

第二章 科学技术

第一节 机构队伍

一、管理机构

1991年,琼中黎族苗族自治县科学技术委员会内设行政秘书股、科学技术股和科技情报股。1995年9月,琼中县实行党政机构改革,撤销县科学技术委员会、县教育局,合并成立县教育与科学技术局,简称"县教科局"。县教科局除内设教育业务股室(岗)外,还设有科技管理股、科技研发服务中心。

2002年9月,县教科局内设机构调整为行政岗、人事岗、教育岗、教育督导岗、招生岗、勤工俭学岗,行政编制17名,设局长1名,副局长2名,一般干部14人;机关工勤人员财政预算拨款事业编制2名。2009年9月,成立琼中县工业与科技信息产业局,负责全县工业、科学技术、知识产权和信息化管理工作,属正科级事业单位。内设办公室、工业管理岗、信息化岗、科技与知识产权岗;核定财政预算管理事业编制8人,其中工勤人员1人。至2010年末,机构与人员编制未变。

二、科技队伍

1991年,全县有科技人员7332人,其中教育类科技人员2018人,卫生类技术人员451人,农业类技术人员1409人,工业工程类技术人员3023人,财经类技术人员431人。

2001年,全县有科技人员6572人,其中教育类科技人员1972人,卫生类技术人员460人,农业类技术人员1378人,工业工程类技术人员2414人,财经类技术人员348人。

2010年,全县有科技人员6855人,其中教育类科技人员3285人,卫生类技术人员597人,农业类技术人员965人,工业工程类技术人员1667人,财经类技术人员341人。

为进一步加快科技人才队伍建设,琼中县出台《琼中县中长期人才发展规划纲要》《琼中县优秀农村实用人才评选和管理暂行办法(2010—2020年)》《琼中县人才引进和使用暂行办法》。采取一系列举措,推进琼中县人才队伍建设,在人才培养、引进、创业、住房、服务等方面,提出今后较长一个时期人才工作的总体思路、目标任务和工作重点,是琼中县第一个中长期人才发展规划,也是今后一个时期全县人才工作的指导性文件。《纲要》的总体目标是:人才规模持续增长、人才体制机制更加完善、人才发展环境更加优化、人才队伍结构明显改善、人才布局更趋合理、人才作用得到充分发挥,努力培养和造就与海南国际旅游岛建设和琼中经济社会发展要求相适应,具有较强竞争力和较大影响力的人才队伍。通过五项重大措施和四项具体组织实施方法,到2015年,使全县各类人才总量达到15670人左右,到2020年达到23450人左右。

1991—2010年琼中县科技队伍人数一览表

表14-8　　单位:人

年份	总数	类别				
		教育	卫生	农业	工业工程	经济财务
1991	7332	2018	451	1409	3023	431
1992	7570	2104	470	1372	3216	408
1993	7765	2148	504	1382	3318	413
1994	7258	2190	510	1021	3087	450
1995	7158	2168	533	1207	2795	455
1996	7398	2294	457	1810	2382	455
1997	8363	2318	493	1601	3475	476
1998	7388	2138	494	1262	3026	468
1999	7041	2002	468	1229	2925	417
2000	6632	2015	465	1347	2405	400
2001	6572	1972	460	1378	2414	348
2002	6372	2029	464	1342	2230	307
2003	5253	1848	453	1405	1262	285
2004	5207	1927	460	1530	1003	287
2005	5207	1893	476	1498	1052	288
2006	5467	1944	486	1575	1184	277
2007	5856	2245	542	1615	1186	268

续表1

年份	总数	类别				
		教育	卫生	农业	工业工程	经济财务
2008	6453	2934	557	1658	966	338
2009	6716	3335	584	964	1495	338
2010	6855	3285	597	965	1667	341

第二节 科技活动

一、科普宣传

1991年首创印发《科技信息》，结合农村、农时需要，及时为农民提供适用的农业技术和科技情报信息，发送遍及县属有关单位及各乡镇、管区、村，至1995年平均每年印发1200份以上。1991—1995年，组织各种技术，为农村培养实用人才。1991年举办33期农业技术培训班，培训内容有杂交水稻栽培管理技术、杂交玉米高产栽培、割胶技术、林木种植管理技术、禽畜饲养等，培训人数共达8108人次。1994年，购置种养技术录像带，下到各乡镇巡回播放、宣传，向农民传播技术，先后播放4场，观看3500人次。

1992—1995年，开展“讲精神文明、比科技致富、建设科普文明乡（镇）、村”活动，加大科学技术的宣传和推广，创建一批科技示范典型。

2001—2005年，琼中县共举办各类农村实用技术培训班1668期，培训10.6万人次。其中：在县城举办长训班（3—7天）16期，培训779人次，印制各类技术资料10万多份，发放到农民手中7.1万份，赠送给乡镇、村委会、村民小组抛秧、水果、橡胶、养蜂等技术光盘784张。通过培训，全县95%以上的农村党员、基层干部、85%以上的农村劳力基本掌握1~2门实用技术，发展自家经济。全县共评定有农民技术员以上职称1788人，农村劳动者的科技文化素质和劳动技能得到明显提高。

2006年，琼中县共举办各类农村实用技术培训班390期，培训2.1万多人次。其中，橡胶培训班173期，培训1.1万多人次，水果培训班77期，培训3100多人次，超级稻栽培、水稻抛秧等培训班52期，培训2600多人次，畜牧、水产养殖等技术培训班58期，培训2800多人次，其他培训30期，培训1500人次。在县城举办橡胶生产技术骨干培训班3期，培训156人，举办养蜂技术骨干培训班3期，培训210多人。发放各类技术资料3万多份。

1991—2010年，县科协组织各部门、协会的科技工作者，深入乡镇、村及农户家中，开展科技“四下乡”的宣传服务活动。深入到10个乡镇的30多个村开展科普服务活动，20000名农户受益。组织“四下乡”活动40场，全县各部门结合新农村建设及部门帮村工作开展各种分期下乡活动450场。出动宣传车500台次，张贴标语1000多幅，向基层群众赠送新科技物资等慰问品折合人民币15万元，发放宣传资料25万份，发放科普及法律读本5万册，宣传法律40部，新科技宣传横幅400条。展出展板800个，展出挂图2560幅，开展科技培训30万人次。依托基地开展科技示范活动100多次，参与学习、示范的农户达1万人次，举办科普讲座报告90场，推广新技术14项，推广新技术产品15个，放映科教电影、电视105场，义诊群众2万人次，接受技术咨询服务2.51万人次。

二、科技咨询

1991—2010年，县科协积极开展农村实用技术培训和推广活动，主要集中在水稻、槟榔、橡胶、桑蚕和养蜂等产业的技术培训和推广，累计开展技术服务咨询25100人次。

三、青少年科普教育活动

1997年，在中小学学校开展荔枝、龙眼、畜禽饲养技术宣传与培训学习，举办主题为“环境、生态与持续发展，珍惜生命”的全县青少年科技传播行动，参加活动的师生3000多人。

2000年，会同县教科局办好职业教育“9+1班”1个，学员50人；组织琼中中学、县民族中学、县一小、县二小的青少年学生和县幼儿园的小朋友，参加海南第七届青少年发明创造比赛，获奖作品21件。

2001年，在全县15所中学设立适宜琼中县的农村实用技术知识课程；3月，会同县政法委、县委宣传部、团县委，开展“崇尚科学，反对邪教”图片展，联合琼中县教科局在县15所中小学校开展“生物和环境”科学实践活动，选出作品77篇，送省参加第六届青少年生物和环境科学实践活动征文20多篇，有8篇获得省相关部门奖励；会同县教科局举办“9+1”职业教育班1个，招收初中毕业学生50人。

2002年，在琼中中学和县一小开设电脑学习课程，从县中学选派3名高中学生参加海南省青少年网络知识大赛复赛；在县民族中学等6所学校发动学生科技创新活动，从中选出8件作品参加第十四届海南省青少年科技创新大赛，获奖作品5件，其中二等奖1名，三等奖4名；邀请县司法局的同志在琼中中学开展法律知识讲座，1400名师生参加。

2004年，组织中学生参加第十六届海南省小青年科技创新大赛，琼中县获得二等奖、三等奖各1个，优秀奖1个，优秀科技教师奖和优秀组织奖各1个；会同县职业教育学校举办“9+1”水果栽培、养猪技术培训班2期，培训初中毕业学生146人。

2005年，在县民族中学、营根镇中心小学、黎母山中学组织青少年开展“生命之水”和“橡胶病害”知识科普活动和科普小先生演讲比赛，参加活动的青少年学生150多人次；发动县城各中小学校学生撰写科技创新作品，经初审后报送26件作品参加第十七届海南省青少年科技创新大赛。

2007年8月，中央电视台少儿频道《神奇之窗》栏目的编导到琼中县，县科协配合组织学生开展“蜜蜂逃蜂现象”探索全程进行拍摄，并于2007年11月13日在中央电视台少儿频道《神奇之窗》栏目晚9点播放。

2008年，参加第二十届海南省青少年科技创新大赛，获得一等奖1个，二等奖2个；参加全国青少年科技创新大赛，获得三等奖1个。

2009年，参加第二十一届海南省青少年科技创新大赛，获得一等奖1个，二等奖2个。其中，获得青少年发明一等奖，并作为海南省青少年参赛作品参加全国青少年科技创新大赛，获得全国青少年科技创新大赛二等奖。

2010年，县消防中队在县思源中学开展消防知识宣传和消防演练活动，全校1200多名学生参加此项活动，增强了广大师生的消防意识；县教科局和县科协在县民族中学、营根镇中心小学、黎母山中学，组织青少年开展“生命之水”“橡胶病害”科技活动和科普小先生演讲比赛活动，参加活动的青少年学生2250人次；举办琼中首届“智力七巧板”科普系列竞赛，评选出优秀学员参加海南省举办的“智力七巧板”竞赛。同年9月中旬，在科普日活动期间，举办“海南省青少年科技创新成果巡回展览”和“海南省‘大手拉小手’科普报告会”，举办青少年“走近低碳生活”物理、化学实验；同年12月，举办琼中县青少年科技创新大赛科技辅导员培训班，培训学员50多人次。

四、科技推广应用

新农业技术推广。1997年，会同农口部门做好农业技术推广。会同县农业局和农口各中心推广新农技50多项，全县种植名优荔枝、龙眼、芒果273公顷，种植杂优水稻5656公顷，推广抛秧技术495公顷，橡胶新割制900公顷，推广良种白猪7.2万头，组织8名科技人员深入县科技园、和平新安果园，开展荔枝、龙眼水果结果科技攻关，摸索一套符合县水果结果的科学依据。

1998年，推广橡胶新割制20742亩，推广杂优种81876亩，推广抛秧13647亩，推广良种白猪11万头。

1999年，全县推广新农技20多项，推广橡胶新割制26400亩，推广水果挂果技术、植物生长素质、畜牧生产素质、水稻抛秧和木薯良种。

2000年，会同农口各部门，抓好新农技的推广。推广橡胶新割制2.7万亩，推广水果控梢促花、保花保果技术，结果面积6590亩，产量1370吨，产值1320万元；协助县农业局、县农业中心做好水田“两改”工作规划，协助办好树仔菜、生姜示范点；做好水稻抛秧技术推广、水稻博优967、II优127和木薯良种引进和推广；因土配方施肥等工作；推广东江玉兔饲养1000只，开展新农药、新肥料等技术推广。

2001年，大力推广新农技、新农药、新肥料、新品种20多项，推广杂优抛秧稻II优128、博优961、汕优3550等品种28486亩，推广抛秧57000多亩，推广木薯良种华南9507、124、3310、8002共1.2万亩。

2002年，推广新农技、新农药、新肥料20多项，其中，推广荔枝、龙眼、芒果、红橙控梢促花、保花保果技术1.5万亩，推广橡胶新割制2.4万亩，推广杂交水稻、良种木薯，新肥料、新农药等十多个新品种，推广面积10万亩。

2004—2006年，配合农口各单位抓好新农技的推广工作。把推广新农技、新农药、新肥料与开展农村实用技术培训紧密结合起来，做好新农技的推广工作。会同县水果技术服务中心、县农业局等部门，推广荔枝、龙眼、芒果、绿橙控梢促花、保花保果技术；会同县热作服务中心做好橡胶新割制推广，加大橡胶生产技术培训，全面提高胶农割胶技术水平，提高橡胶单株产量；会同县农技推广服务中心引进超级水稻试验，示范种植1909亩，平均亩产525千克，比常规杂交水稻每亩增产200多千克；引进美国七彩山鸡、孔雀鸟饲养技术，培育本地黎母山鸡，并建立种苗繁殖基地；引进仿野生灵芝培育技术，建立培育基地；引进百花仙岭蜂业(有限)公司在百花岭建立种蜂场。

创办海南省农函大琼中分校 1997年，联合县党政、人民团体等24个单位创办了海南省农村致富技术函授大学琼中分校和14个乡镇辅导站，招收首届水果专业中级班56名学员，于1997年11月18日举办分校成立暨首届学员开学典礼。学习期满后，经考试合格，由中国农村致富技术函授大学颁发结业证书。1998年，抓农函大培训，举办初中级班15个，学员612人。1999年，农函大举办训班18个，培训720人，其中有350人学习期满考试结业。

2003—2004年9月，举办农函大培训班6期，培训229人，举办"9+1"职业技术培训班4期，培训254人。

2005—2010年，全县共举办各类农村实用技术培训班1640期，培训4.8万多人次。其中，科技活动月期间"省四送一训"科普惠农活动到琼中培训1200期，培训2.5万多人次。养蜂技术培训班190期，培训3100多人次，举办橡胶培训班93期，培训2360多人次，举办绿橙培训班50期，培训1400多人次，举办种桑养蚕、超级稻栽培、水稻抛秧、槟榔栽培、畜牧、农机技术等培训班107期，培训16140人次。发放各类技术资料6万多份。

创建全国科普示范县。1998年7月，开展创建全国百名科普示范县工作。县政府办印发《琼中县创建全国科普示范县实施方案》和《琼中县科普先进乡镇、科普先进村委会和科普先进村民小组评选办法》。通过抓农村实用技术培训，引进推广新成果、新技术，兴办科普示范基地，建立科普示范乡镇、村，培植科技示范户，抓青少年科普、抓领导干部科普、抓大型科普，健全科普网络等。2001年，通过考核，中国科协授予琼中县为"全国科普示范县"称号。2006年初，组织开展第二次创建全国科普示范县工作，通过加强对科普工作的领导，大力实施《全民科学素质行动计划纲要》，成立全民科学素质工作领导小组，加大农业科技培训力度，不断提高农村党员、基层干部和农民的科学素质。开展科普知识宣传，提高城镇劳动人口科学素质。不断提高全民科学素质，积极开展形式多样的青少年科普活动，不断提高未成年人的科学素质。抓好领导干部和公务员科学素质培训。建立健全科普网络，保障科普工作顺利开展。发挥农村专业技术协会和农业科技110的作用，提高科技为民服务水平。加强科普队伍建设，提高服务能力。加强科普示范基地、示范村、示范户建设，树立群众看得见、摸得着的活样板。加大科普经费投入，完善科普设施建设。积极引进新品种，推广新技术，加快了农业产业化进程。2008年3月，通过考核，被中国科协授予“2008—2009年度全国科普示范县”荣誉称号。

2010年10月,组织开展第三次创建全国科普示范县工作。根据中国科协《关于开展2011—2015年度全国科普示范县(市、区)创建工作的通知》精神,为进一步推动琼中县科普工作上新台阶,县人民政府印发《琼中县2011—2015年度创建全国科普示范县工作方案》,成立由县政府分管科普工作副县长担任组长,县科协等25个有关单位主要领导为成员的“创建全国科普示范县工作领导”小组。各成员单位结合本部门的工作职能,围绕重点人群积极开展全民科学素质工作,不断提高基层科普服务能力,完善科普设施建设,推动全国科普示范县创建活动健康发展。

第三节 科技成果

1991—2010年琼中县科技项目获奖情况表

表14-9

年份	项目名称	所获奖项	完成人
1991	红霉素片生产工艺改进	—	五指山制药厂
1991	倒卵叶五加冲剂引进技术开发新产品	—	五指山制药厂
1991	鸦胆子油口服乳液	科技进度奖	—
1992	木薯加工淀粉技术、康乐乐冲剂	省首届科技进步奖	—
2007	琼中绿橙标准化栽培技术示范推	科技成果转化特等奖	杨斌、廖孝文、钟小科、吴清英、刘显就、林培、吴坤俊、叶义柳、胡社耀、李团、林山、李忠来

续表1

年份	项目名称	所获奖项	完成人
2007	鲜食甜糯玉米新品种及配套高产技术示范推广	科技成果转化一等奖	谭树义、白翠云、林力、王敏芬、何中椿、王为辉、雷震、杨可勇、黎兴建、孔繁竞
2009	橡胶树炭疽病、白粉病化学防治综合技术的研究与应用	科技成果转化二等奖	李智全、李学忠、黄宏才、刘鑫胤、符浩、陈文辉、韦振崇、谭海广

注：部分数据和内容缺失，无法找到

1992年，全县有县级科研单位3个，科普协会9个；乡镇科技站23个，科普协会13个；管区科普小组20个。同年建立农、林、牧科技示范点95个。有农业科技推广人员180人。全县共有各类专业技术人员2338人，获技术职称的1882人，增长10.8%，其中，中级以上职称者273人，增长2.2%。同年推广杂优良种面积4773公顷，引进抗风高产“热研73—997”橡胶苗22万株，培育加勒比松等优良苗木472万株，繁育良种鸡苗20万只。举办各类农技培训班76期，培训12752人次，印发各类技术资料4.5万份。开展工业技改项目6个，开发新产品37种，有5个品种获省级评比金奖。

第四节 气 象

一、机构

1955年，琼中气象站成立，1988年升级为琼中县气象局，1995年6月成立海南省防雷中心琼中县防雷技术所，2003年5月机构改革，编制16人。2004年增设防雷工程部，2007年设气象科技服务中心。2007年气象站更名琼中国家气候观象台，2008年12月31日起恢复国家基本气象站名称。

2010年局(站)设办公室、地面测报股、预报服务股。在编人员16人，其中本科学历3人，大专学历12人，中专学历1人；中级技术职称10人、初级6人、实习人员2人；年龄20～30岁3人、31～40岁5人、41～50岁7人、51岁以上1人；社会公益性岗位人员5人。

2006年被中国气象局授予“全国气象部门文明台站标兵”称号；2003—2006年度被海南省委、省政府评为“文明先进单位”；2008年度被中央精神文明建设指导委员会办公室评为“全国精神文明建设工作先进单位”。

二、气象服务

琼中县是农业县,农业生产常受气象灾害的危害。为做好防灾减灾服务工作,为人民群众生产生活服务,琼中县气象局开展了多种气象服务。

(一)公众气象服务

1990年增加《琼中农业气象情报》。2000年起,增加农业气象专题服务、重大节日期间天气预报内容。

2005年,除了通过县广播站每天3次播出天气预报外,还在县电视台电视字幕滚动播出天气预报。2008年6月,改版为各乡镇预报,将自制语音天气预报节目送县电视台播出。

2005年,开通海南兴农网,每天提供当地物价和农业新闻。同年,创办琼中气象网,在网上提供短期天气预报、气象新闻、气象法律法规及气象科普知识等内容。2007年,组建乡镇气象信息员队伍,通过手机短信形式提供灾害性天气预报信息服务。

(二)决策气象服务

2000年后,决策气象服务内容扩展到为县委、县政府举办大型会议、重大活动提供气象服务,服务方式也从过去的书面报告、电话报告发展到书面报告、电话、手机短信、网络等多种方式。

(三)专业与专项气象服务

1994年5月,投资3万元建成"气象信息预报警报发射系统",每天早、中、晚3次为用户播出短期天气预报、热带气旋消息、警报等。

(四)"121"语音气象服务

1997年,开通"121"(2005年改成"12121")天气预报自动答询电话,每天早、中、晚三次提供未来6~48小时晴雨、温度天气预报答询服务。

(五)人工增雨作业

2004年起采用流动火箭车发射碘化银炮弹进行催化增雨。

(六)气象预报

1995年,开始使用计算机及其网络调取各种天气图资料做预报。2000年,安装PCVSAT单收站和"气象信息综合分析处理系统"(MICAPS1.0),利用卫星气象资料,在计算机上处理分析做预报。

(七)农业气象观测

2005年起,增加橡胶、坡地、植物3个地段的土壤湿度观测和百花岭水库、大岭水库水情观测。

(八)信息网络建设

1994年,配置第一台台式计算机,1995年4月实现计算机网络通信。2005年已经实现了2M光纤通信、固定电话通信、手机通信、预报视频会商和OA网上无纸办公。

2005—2010年,自筹资金在全县10个乡镇建成15个4或5要素自动气象站并投入业务运行。2008年建成1个公路自动气象站。

第十五编　文化 体育

第一章 文 化

第一节 管理机构

1991年,琼中设有文化局、体育运动委员会、广播电视局。1995年9月,琼中县实施党政机构改革,撤销文化局、体育运动委员会、广播电视局,组建文化体育局;广播电视局改名广播电视中心,为正局级事业单位。

2009年,依据中共琼中县委、琼中县政府《关于县政府机构改革有关事项的通知》和《关于重新核定政府工作部门人员编制及领导职数的通知》精神,设立琼中县文化广电出版体育局,为主管全县文化艺术、广播电视、新闻出版和版权、文物、体育运动等的行政部门。

2010年全局核定人员编制10名,其中公务员9名,工勤人员1名。局内设有办公室、文化岗、艺术岗、文物岗、文化市场管理岗、新闻出版岗、竞技体育岗、群众体育岗、广播电视(影)岗等职能股室,隶属管理的事业单位有文化馆、图书馆、民歌展演团、县文化市场稽查队、县青少年业余体校等。

第二节 文学艺术

一、文学

1985年,琼中本土作家、中华诗词学会会员、海南省诗词学会会员,海南省乡土文化研究会副会长叶传雄创作的散文《矿山听声》,发表于发表于《海矿工人报》。

1992年,琼中本土作家、海南省民间文艺家协会理事王业养创作的短篇小说《祖牛仔》发表于《海南日报》;琼中本土作家、海南省作家协会会员邓志坚创作的诗歌集《天涯恋情》,由广西出版社出版。

1993年,琼中本土作家、海南省民间文艺家协会理事王业养创作的短篇小说《和尚娶亲》,收录在海南解放四十周年纪念刊《创业者的足迹》。

1997年,琼中本土作家、海南省民间文艺家协会理事王业养创作的小品《买鸡》,参加海南少数民族学普通话文艺会演获二等奖。

2003年,琼中本土作家、海南省民间文艺家协会理事王业养创作的小品《上学之前》,在全省公安禁毒宣传活动比赛中进行展演。

2005年,琼中本土作家、海口南中国作家研究会理事魏寅德创作的《熊万富买官》,发表于《海南农垦报》。

2006年,琼中本土作家、海南省民间文艺家协会理事王业养创作的小品《话纯感少女》,在海南省计划生育文艺会演中获三等奖;琼中本土作家、海口南中国作家研究会会员王清才创作的诗歌《黎母山颂》,发表于《南国作家》创刊号一期。

2007年,琼中本土作家、海南省作家协会会员邓志坚创作的散文《永远的黎歌》,获"南国作家杯"文学大奖赛银奖;琼中本土作家、海南省民间文艺家协会理事王业养创作的歌词《盟誓歌》,获第三届海南省少数民族文艺会演二等奖;琼中本土作家、中华诗词学会会员、海南省诗词学会会员,海南省乡土文化研究会副会长叶传雄创作的文学评论《百花潭水神奇瑰丽——读许士杰〈题琼中百花潭〉》,发表于《黎母山杂志》;琼中本土作家、海南省作家协会会员邓志坚创作的歌词《门啥乖》,在海南省第二届少数民族文艺会演中获创作奖。

2008年,琼中本土作家、海南省民间文艺家协会理事王业养创作的短篇小说《真情》,发表于《三亚文艺》;琼中本土作家、海南省民间文艺家协会理事王业养创作的小品《送礼》,在海南省文化馆文艺汇演中获三等奖;琼中本土作家、海口南中国作家研究会会员王清才诗歌《三亚游感赋》,发表于《南国作家》刊物8–9期;琼中本土作家、海口南中国作家研究会会员王清才诗歌《鹦哥岭春雾》,发表于《南国作家》刊物8–9期;琼中本土作家、海南省作家协会会员邓志坚创作的诗歌《亚龙湾》,获"金三亚杯"全国文学大奖赛金奖。

2009年,琼中本土作家、海南省民间文艺家协会理事王业养创作的歌词《放开喉咙唱山歌》,入选中国村歌金曲,获创作奖;琼中本土作家、中华诗词学会会员、海南省诗词学会会员,海南省乡土文化研究会副会长叶传雄创作的诗歌《谒红毛王国兴墓》,发表于《海南史志》第1期;琼中本土作家、海口南中国作家研究会会员王清才创作的诗歌《天涯颂》,发表于《南国作家》刊物10–11期。琼中本土作家、海南省作家协会会员邓志坚创作的诗歌集《美丽的家乡》,由海南出版社出版。

2010年,琼中本土作家、海口南中国作家研究会会员王清才创作的诗歌《百花岭颂》发表于《南国作家》刊物16–17期。

1991-2010年琼中县文学代表作品一鉴表

表15-1

年度	类别	作者	作品名称	所获奖项
1992	短篇小说	王业养	《祖牛仔》	发表于《海南日报》
1992	诗歌集	邓志坚	《天涯恋情》	广西民族出版社出版
1993	短篇小说	王业养	《和尚娶亲》	收录在海南解放四十周年记念刊《创业者的足迹》
1997	小品	王业养	《买鸡》	海南少数民族学普通话文艺会演二等奖
2003	小品	王业养	《上学之前》	全省公安禁毒宣传活动比赛展演
2005	小说	魏寅德	《熊万富买官》	发表于《海南农垦报》
2006	小品	王业养	《话纯感少女》	获海南省计划生育文艺会演三等奖
2006	诗歌	王清才	《黎母山颂》	发表于《南国作家》创刊号
2007	散文	邓志坚	《永远的黎歌》	“南国作家杯”文学大奖赛银奖
2007	歌词	王业养	《盟誓歌》	获第三届海南省少数民族文艺会演二等奖
2007	文学评论	叶传雄	《百花潭水神奇瑰丽——读许士杰〈题琼中百花潭〉》	发表于《黎母山杂志》
2007	歌词	邓志坚	《门啥乖》	海南省第二届少数民族文艺会演创作奖
2008	短篇小说	王业养	《真情》	发表于《三亚文艺》
2008	小品	王业养	《送礼》	获海南省文化馆文艺汇演三等奖
2008	诗歌	王清才	《三亚游感赋》	发表于《南国作家》刊物8-9期
2008	诗歌	王清才	《鹦哥岭春雾》	发表于《南国作家》刊物8-9期
2008	诗歌	邓志坚	《亚龙湾》	“金三亚杯”全国文学大奖赛金奖
2009	歌词	王业养	《放开喉咙唱山歌》	入选中国村歌金曲,获创作奖
2009	诗歌	叶传雄	《谒红毛王国兴墓》	发表于《海南史志》第1期
2009	诗歌	王清才	《天涯颂》	发表于《南国作家》刊物10-11期
2009	诗歌集	邓志坚	《美丽的家乡》	海南出版社出版
2010	诗歌	王清才	《百花岭颂》	发表于《南国作家》刊物16-17期

二、音乐、舞蹈

1991年，创作歌曲《海南美》；创作舞蹈《海南早春》等2个作品；1992年，2次组织县少数民族青年歌手和农民青年歌手参加全省选拔全国少数民族和农民歌手大奖赛，获得2个三等奖；王清芳创作的《打柴舞》在全国第四届少数民族运动会舞蹈比赛中荣获金奖，《打柴舞》代表海南省参加中国沈阳国际秧歌节暨全国优秀民间舞蹈比赛，获得优秀奖；1994年4月，王清芳参加全国首届民间文艺调演表演节目《逗娘》获得表演二等奖，个人获得优秀演员奖；1995年，组织编排《织黎锦》《跺山兰》《闹隆闺》《三月情》《黎妹逛省城》和《唱琼中》6个作品参加全省第二届民族民间文艺调演，获得集体"精神文明奖"，其中《唱琼中》获创作、表演三等奖，李开文、王海萍等5位演员获个人优秀演员奖，《织黎锦》获创作、表演二等奖，被海南省总工会指定抽调参加省职工庆"五一"电视文艺调演晚会，获得最佳创作奖和表演一等奖，表演录像选送全国总工会参赛，获优秀节目创作奖，这是近年来创作节目第一次获得全国性的最高奖项；11月初，县歌舞团代表海南省赴云南参加全国第五届民运会，《打柴舞》获得金牌，《踏脚舞》获得铜牌。

1996年9月，王清芳参加昆明艺术节，表演的《打柴舞》《踏脚舞》获得金奖与铜奖，个人获得"全国个人优秀表演奖"；1998年5月27日，琼中县民歌基地在上安乡中兴村委会正式挂牌成立，排出民歌节目10多个、山歌剧1部；创作小品《戒毒》等4部；创作琼剧独唱《清除腐败》。1999年，创作和编导《采茶女》《挖竹笋的小姑娘》等10个舞蹈节目，其中《采茶女》获全省交通运输文艺调演三等奖；创作《税务征管员之歌》等8首歌曲，其中《税务征管员之歌》在全省国税系统庆祝国庆50周年文艺会演中获表演三等奖。2000年，创作大型歌舞诗《五指山颂》；创作编排舞蹈作品5个，小演唱作品2个，小品相声作品3个，音乐作品8个；在海南省首届五指山文化艺术节中，获1枚银牌、4枚铜牌，2个优秀奖。

2001年，创作音乐舞蹈作品8个，戏曲作品5个；在中部地区广场文艺会演中，获1个二等奖、2个三等奖；在全省"七一"好歌献给党歌咏比赛中，获1个二等奖；在全省职工文艺调演中，获1个创作优秀奖、1个主演奖二等奖。其中，由何丕杰创作的舞蹈《荔枝》获海南省第一届广场文艺会演二等奖，创作的舞蹈《龙眼》和《绿橙》获海南省首届广场文艺会演三等奖；2002年，上安乡民歌基地被省文体厅命名为"海南省民间艺术之乡"；在海南省中部地区合唱艺术比赛中，由60人组成的"琼中县百花艺术团"参赛并获优秀奖；创作文化下乡歌曲2首、小话剧1个、现代舞蹈6个、民族舞蹈3个。由何丕杰创作的舞蹈《钱铃舞》获海南省第二届广场文艺会演三等奖。2003年，自编自导舞蹈《苗家小阿妹》，参加中国少年儿童文艺表演"公益小天使"海南赛区选拔赛暨第二届海南省少儿舞蹈大赛，进入决赛；创作了《斗瘟神》《山兰熟了》《王国雄》等8个富有时代特色的歌舞，其中《山兰熟了》荣获2003年海南省广场文艺会演节目创作优秀奖、表演三等奖；新编创作了"三月三"广场舞等系列节目8个，其中文学3个、音乐5个；创作反映反腐倡廉、预防"非典"、歌颂王国雄、宣传禁毒、赞海南绿橙等内容的作品，主要有小琼剧演唱《8号包厢》1个，歌曲《颂十六大》《歼灭"非典"谱新篇》《"三个代表"是明灯》《绿橙之歌》《广种绿橙》5首，舞蹈《王国雄》等6个，民歌山歌《海南绿橙味甜清》等100首，小品、宣传禁毒相声各1个。2004年，创作《扬起绿色的风帆》等新节目15个;在全省十三届“群星杯”文艺作品评选中,歌曲《故乡海南》《海南美》获创作奖,舞蹈《欢乐五指山》获优秀奖;在海南中部地区文艺会演中,舞蹈《黎苗欢歌迎宾客》《酥油飘香》、歌曲《绿橙之歌》获1个二等奖、2个三等奖;在全省少儿公益小天使文艺作品评选中,少儿舞蹈《苗家小阿妹》获优秀奖;在全省国防教育文艺调演中,表演唱《黎族领袖王国兴》荣获表演二等奖;在全省少数民族文艺调演中,何东演唱的民歌《拾螺歌》、李春梅演唱的歌曲《故乡海南》分别荣获一、三等奖;在全国南北民歌擂台赛中,琼中县民歌手王取荣演唱的黎族民歌《挂念歌》《交情歌》《离别歌》荣获全国最佳歌手奖和优秀奖;由何丕杰整理的《拾螺歌》获首届全省少数民族文艺会演表演一等奖。2005年,创作文艺节目40个,其中1个文艺作品获国家级优秀奖、1个文艺作品获省级一等奖、3个文艺作品获省级二等奖、4个文艺作品获省级三等奖;创作的《跳锣舞》《椰勺舞》参加海南中部广场文艺会演和全省少数民族文艺调演,获2个二等奖,2个三等奖,1个优秀奖;选送民歌手参加全国和省级民间歌手比赛,分别获国家级优秀奖1个,省级一等奖1个、二等奖1个、三等奖2个、优秀奖2个。由何丕杰创作的舞蹈《勺子舞》获海南省第五届广场文艺会演三等奖,整理《摇篮曲》获全省民歌比赛创作二等奖。

2006年,创作文艺节目40个,有6个文艺作品获奖,其中省级二等奖2个、三等奖3个、创作奖1个;派出王妚大、王兴真、王中信3位民歌民舞传承人,参加首届海南乡土文化节和“南海拾贝”文艺晚会;选送王取荣、林玉英参加北京国庆民歌庆典活动;在“三月三”期间,创作了4台大型广场文艺表演节目,改编创作舞蹈《咚铃伽》参加海南中部广场文艺会演,获二等奖1个和创作奖1个,舞蹈《迎亲舞》参加全省农业战线文艺会演,获二等奖1个、三等奖2个、优秀奖1个。2007年,创作文艺节目40多个,有7个文艺作品获奖,其中省级一等奖1个、二等奖5个、创作奖1个;由何丕杰创作的苗族舞蹈《门啥乖》获全省“群星奖”舞蹈比赛二等奖;创作音乐作品40个;在“三月三”期间,创作编导4台大型广场文艺表演节目,舞蹈《门啥乖》、竹尾箫演奏《欢乐的黎寨》分别获得海南省中广场文艺会演二、三等奖。王清芳参加全国第八届少数民族传统体育运动会,表演舞蹈《抛泥球》和《动感黎山》,均获二等奖;王清芳创编的《铃舞》荣获2007年第七届东西南北中广场文艺会演三等奖;由王艳编排的健身舞《门啥乖》获全省中老年健身舞比赛一等奖,表演的舞蹈《山兰飘香》获海南省第二届少数民族文艺会演一等奖。2008年“三月三”期间,创作《歌舞“三月三”》和《欢乐“三月三”》等15个特色黎苗歌舞和10多首黎苗民歌参加“三月三”广场文艺表演、“三月三”琼中黎苗歌会演出;创作编导《敬酒歌》《十二古(月)歌》和树叶、竹尾笛、石头笛等民乐演凑《欢乐的黎赛》等3个富有民族特色歌舞表演节目参加海南中部广场文艺会演,歌舞《敬酒歌》《十二古(月)歌》分别获得三等奖,树叶、竹尾笛、石头笛演奏的《欢乐的黎赛》获得二等奖。其中由何丕杰创作的《敬酒歌》参加海南省第八届广场文艺会演获三等奖;由王艳编排的舞蹈《橙乡黎妹》获全省公路系统二等奖，舞蹈《欢乐竹竿》获全省地税系统一等奖，舞蹈《织锦谣》获省中老年健身舞比赛二等奖。2009年，创作苗族民舞《招龙舞》《婚礼》，黎族舞蹈《黎乡乐》《盟誓歌》，器乐《喜事多多》等10多个节目；黎族传统舞蹈《打柴舞》在全国少数民族传统舞蹈展演中荣获银奖；由何丕杰创作的《招龙舞》被指定参加海南省庆祝国庆六十周年大会的文艺演出，并获海南省广场文艺会演一等奖，《盟誓歌》获海南省广场文艺会演二等奖；由陈圣道创作的《梦鼓》荣获2009海南省首届舞蹈大赛二等奖，《喜事多多》荣获海南省东西南北中广场文艺会演二等奖；由王清芳编排的舞蹈《招龙舞》和《盟誓歌》在海南省"群星奖"评奖中分获一、二等奖；由王艳编排的《三色饭》参加全省中部文艺会演，获二等奖。2010年，组队参加中国(常熟)国际民间艺术节；在海南西部文艺会演中，获一等奖2个、二等奖2个，创作奖1个；在海南省中老年人健身比赛中，获一等奖1个；在海南省第三届少数民族文艺会演中，获一等奖2个、二等奖2个、三等奖2个；创作《三月欢歌》《山顶唱山下应》《相思歌》《懒女人》等歌曲；参与省群艺馆创作黎族山歌剧《黎山恋》获全国第十五届群星奖；舞蹈作品《三色饭》《苗绣蜡染》《叮咚情》在海南省中部广场文艺会演中获一等奖，并获得第三届海南省少数民族文艺会演一等奖，《海南瓜果我最甜》获二等奖；《织黎锦》获全省中老年人健身舞比赛一等奖。由陈圣道编排的《招龙舞》荣获2010年海南省第三届少数民族文艺会演一等奖；《相约》荣获三等奖。

1991—2010年琼中县获省级及以上的部分音乐、舞蹈作品一览表

表15-2

年度	作品名称	类别	作者	所获奖项
1992	《打柴舞》	舞蹈	王清芳	全国第四届少数民族运动会舞蹈比赛金奖
1994	《逗娘》	舞蹈	王清芳	全国首届民间文艺调演二等奖
	《逗娘舞》	舞蹈	何丕杰	海南省首届文艺会演二等奖
1995	《织锦舞》	舞蹈	何丕杰	省第二届文艺会演二等奖
	《织黎锦》	舞蹈	王清芳	省第二届民间文艺调演二等奖
2001	《荔枝》	舞蹈	何丕杰	海南省第一届广场文艺会演二等奖
	《龙眼》	舞蹈	何丕杰	海南省第一届广场文艺会演三等奖
	《绿橙》	舞蹈	何丕杰	海南省第一届广场文艺会演三等奖
2002	《钱铃舞》	舞蹈	何丕杰	海南省第二届广场文艺会演三等奖
2004	《拾螺歌》	舞蹈	何丕杰	海南省首届少数民族文艺会演表演一等奖
2005	《勺子舞》	舞蹈	何丕杰	海南省第五届广场文艺会演三等奖
	《摇篮曲》	舞蹈	何丕杰	海南省民歌比赛创作二等奖

续表1

年度	作品名称	类别	作者	所获奖项
2007	《门啥乖》	舞蹈	何丕杰、陈圣道、王艳	海南省文艺会演二等奖、海南省第十四届群星奖音乐舞蹈戏剧作品评选大赛二等奖、海南省中老年健身舞比赛一等奖
	《山兰飘香》	音乐	陈圣道	海南省第二届少数民族文艺会演一等奖
	《抛泥球》《动感黎山》	舞蹈	王清芳	全国第八届少数民族传统体育运动会表演二等奖
	《铃舞》	舞蹈	王清芳	海南省第七届广场文艺会演三等奖
	《山兰飘香》	表演	王艳	海南省第二届少数民族文艺会演一等奖
2008	《织锦谣》	舞蹈	王艳	海南省中老年健身舞比赛二等奖
	《敬酒歌》	舞蹈	何丕杰	海南省第八届广场文艺会演三等奖
2009	《招龙舞》	舞蹈	何丕杰	海南省广场文艺会演一等奖
	《盟誓歌》	舞蹈	何丕杰	海南省广场文艺会演二等奖
	《欢乐黎寨》	音乐	陈圣道	海南省第十四届群星奖、音乐舞蹈戏剧作品评选大赛二等奖
	《梦鼓》	音乐	陈圣道	海南省首届舞蹈大赛二等奖
	《喜事多多》	音乐	陈圣道	海南省广场文艺会演二等奖
	《招龙舞》	舞蹈	王清芳	海南省“群星奖”评奖中获一等奖
	《盟誓歌》	舞蹈	王清芳	海南省“群星奖”评奖中获二等奖
	《三色饭》	舞蹈	王艳	海南省中部文艺会演二等奖
2010	《招龙舞》	音乐	陈圣道	海南省第三届少数民族文艺会演一等奖
	《相约》	音乐	陈圣道	海南省第三届少数民族文艺会演三等奖

三、书法美术摄影

1991年，创作美术作品《琼岛军魂》4幅，参加省文联举办的建党70周年美术展览；拍摄《鹿树》等10幅作品参加全省摄影作品展览；春节期间，举办了全县“书法、美术、摄影”展览，展出书法作品128幅、美术作品64幅、摄影作品46幅；国庆节期间，举办“海南解放四十二周年”全县摄影图片展览，展出作品380幅。1992年，杨国傅的美术作品《树荫下的小卖部》(钢笔速画)《水乡春早》(钢笔速画)发表在《海南省青年画家速写选》；1992年，王泽亚的摄影作品《山歌唱赢了》荣获海南省艺术摄影大赛三等奖。1993年，王泽亚的摄影作品《山兰美酒醉亲人》《亮亮碗儿进新家》发表在《人民日报》副刊，《OK，美在海南》于1994年荣获海南省新闻摄影大赛一等奖；1995年“三月三”期间，举办美术、书画作品展，展出从全县征集的优秀作品71幅，其中书法作品39幅、美术作品32幅；同时组织摄影人员深入黎村苗寨创作出摄影作品85幅，其中30幅被选送到省艺术馆参加全国民俗摄影展览。

1996年，利用宣传橱窗对农业发展、民族风情、纪念建党75周年等主题的摄影和书法作品进行展览，共展出摄影作品380多幅，书画作品30多幅。1997年，在琼中黎族苗族自治县成立10周年庆祝活动期间，举办琼中县各行业成就大型图片展，共展出图片400多幅。1998年，创作摄影作品《出嫁之前》等6幅，其中，《出嫁之前》在《海南声屏报》上发表；创作美术、书法、摄影作品14幅送省艺术馆参加全国第八届“群星奖”作品评选。1998年，杨国傅的美术作品《蕉园人家》(国画)发表在《国际现代书画润格》；1999年，举办国庆摄影、书画展览；创作摄影作品25幅，其中《夏日乘凉风》获海南业余摄影创作二等奖，《早晨》获全国群艺馆摄影创作奖，并先后有15幅作品被《海南日报》和《海口晚报》选登；王飞的美术作品《静物》荣获“99海南省大学生艺术节二等奖”，《静物1》1999年被海南师范大学艺术学院收藏；2000年，创作摄影作品15幅。王拓的硬笔楷书作品《满江红·天涯海角》荣获“五指山矿泉水杯”海南省跨世纪书法大赛中青组二等奖，毛笔书法小楷作品《乐毅论》入展“五指山矿泉水杯”海南省跨世纪书法大赛；王飞的美术作品《源》(水彩)获“海南省跨世纪青年画展”优秀奖。

2001年，举办摄影展1期，展出作品102幅；县文化馆被省文体厅命名为“海南省少年儿童文化艺术基地”。2003年，王拓的硬笔楷书作品《唐诗五首》入展海南省第三届硬笔书法作品展；杨国傅创造的《晨韵》(国画)发表《中国美术家选集》(当代精品卷)；2004年，杨国傅创造的《山村绿韵》(国画)荣获“海南省职工庆‘五一’书画摄影展览”优秀奖；2007年，创作美术作品10幅、书法作品10幅、摄影作品80幅。2008年，创作美术书法10幅，摄影作品6幅。2006年，王拓的硬笔书法楷书作品《莲社十八贤图记文》获全国第一届硬笔书法家作品展览获奖提名奖；王飞的美术作品《梳》获首届海南省青少年书画大赛青年组“优秀作品奖”；2008年，王拓的毛笔书法楷书作品《赞五指山》荣获“迎奥运，绘宝岛”第二届海南省青少年书画大赛一等奖，毛笔书法小楷作品荣获“感动中国——全国中小学美术教师书画作品大赛”二等奖。2010年，杨国傅的美术作品《黎族织锦》(丙烯画)被中国文化协会评为“弘扬与传承中华文化优秀作品”。

1991—2010年琼中县获省级及以上奖励的部分书法作品一览表

表15-3

年度	作品名称	类别	作者	所获奖项
1991	唐诗一首	硬笔书法	王希臻	入辑《当代硬笔书法家辞林》
1993	《山居秋暝》	行书	王希臻	中国首届“书圣节”国际书画艺术大赛参展并获铜奖
1994	《相送》	毛笔草书	王希臻	“王子杯”海峡两岸书画大赛铜奖
1994	《竹》	草书	王希臻	中日现代书画篆刻艺术作品大赛三等奖
1994	《赞竹》	草书	王希臻	全国书画大赛银奖
1995	《石门泉》	草书	王希臻	全国书画摄影艺术大展一等奖
1995	《竹里馆》	草书	王希臻	中国国际文学艺术作品博览书法类一级作品
1996	《远山》	行书	王希臻	入编《世界书画名录》
1999	《远山》	行书	王希臻	第五届国际书画艺术作品展览银奖
2000	《萌生》	毛笔草书	王希臻	入编《中华翰墨名家作品博览》
2000	《满江红·天涯海角》	硬笔楷书	王拓	“五指山矿泉水”杯海南省跨世纪书法大赛中青组二等奖
2000	《乐毅论》	毛笔小楷	王拓	入展“五指山矿泉水”杯海南省跨世纪书法大赛
2001	《远山》	行书	王希臻	第三届祖国颂国际书画摄影大赛特等奖
2003	《夏日》	行书	王希臻	第七届国际书画艺术作品展览金奖
2003	《唐诗五首》	硬笔楷书	王拓	入展海南省第三届硬笔书法作品展
2006	《莲社十八贤图记文》	硬笔楷书	王拓	全国第一届硬笔书法家作品展览提名奖
2008	《赞五指山》	毛笔楷书	王拓	海南省第二届青少年书画大赛一等奖
2008	《小楷》	毛笔小楷	王拓	全国中小学美术教师书画作品大赛二等奖

1991—2010年琼中县入刊获奖的部分美术、摄影作品一览表

表15-4

年度	作品名称	类别	作者	所获奖项
1992	《树荫下的小卖部》	钢笔速画	杨国傅	发表在《海南省青年画家速写选》
1992	《水乡春早》	钢笔速画	杨国傅	发表在《海南省青年画家速写选》
1992	《山歌唱赢了》	摄影	王泽亚	海南省艺术摄影大赛三等奖
1993	《山兰美酒醉亲人》	摄影	王泽亚	发表在1993年《人民日报》副刊
1993	《亮亮碗儿进新家》	摄影	王泽亚	发表在1993年《人民日报》副刊
1994	《OK,美在海南》	摄影	王泽亚	海南省新闻摄影大赛一等奖
1996	《山村小学》	国画	杨国傅	发表在《96全国美术教师优秀作品选》
1998	《蕉园人家》	国画	杨国傅	发表在《国际现代书画润格》
1999	《静物》	美术	王飞	海南省大学生艺术节二等奖
1999	《静物1》	美术	王飞	海南师范大学艺术学院收藏
2000	《源》	水彩	王飞	海南省跨世纪青年画展优秀奖
2003	《晨韵》	国画	杨国傅	发表于《中国美术家选集》(当代精品卷)
2004	《山村绿韵》	国画	杨国傅	海南省职工庆"五一"书画摄影展览优秀奖
2010	《黎族织锦》	丙烯画	杨国傅	弘扬与传承中华文化优秀作品

四、民间艺术

1991年,收集整理2000多首民歌民谣,送海南省文体厅参加《中国歌谣集成·海南卷》修编;整理民间故事25篇,达3万字,送海南省文体厅参加《中国民间故事集成·海南卷》修编;整理民间谚语400多条,送海南省文体厅参加《中国民间谚语集成·海南卷》修编。1992年,在长征镇烟园村举办为期7天的县首届剪纸艺术培训班,创作出《赛马》《种山兰》等8件作品。

2005年,县文体局被中宣部、文化部授予"全国服务农民服务基层文化工作先进集体"称号。

2009年,县政府于8月27日授予什运乡番道村和黎母山镇高丽埇村等12个村"首批黎族苗族文化示范村"称号。

第三节 文化活动

一、县城文化活动

1991年，元旦期间，组织国营农场、农村、机关、学校共11支代表队、近300人举办全县业余文艺调演，演出节目40多个；“三月三”“五一”“七一”、国庆节都举办文艺演出晚会。

1992年，海南首届国际椰子节暨黎苗族传统节日“三月三”期间，组织业务干部到各乡镇组建2个八音队、2个舞狮队、12个粉枪射击射弓队、15个黎苗民族对唱队，共100余人到县城参加节日活动，增添气氛；举办“三月三”联欢晚会，组织县城各中小学校、商业、厂矿、银行等10个单位参加演出，共演出节目23个，演员人数达200多人，观众人数达1400多人，演出节目内容丰富多彩，富有民族特色，深受观众及有关领导的好评。

1995年，春节期间，举办“95春节游园活动”；4月举办“三月三”文艺晚会、“百部爱国主义影片主题歌”歌咏比赛、5月举办纪念海南解放四十五周年“银圆杯”歌咏比赛、“纪念世界反法西斯战争暨抗日战争胜利五十周年”大型歌咏比赛；协助县妇联举办“母亲节”歌咏比赛；协助教育局举办“六一”文艺晚会。

1996年，元旦和春节期间，举行“庆九六·迎新春”综艺晚会、迎新春游园活动等文艺活动；“三月三”期间，组织县城机关和乡镇农村共16个表演队，邀请武警海南总队文工团、海南琼剧团、定安县琼剧团和文昌县木偶戏团等艺术团体，连续演出7个晚上，观众达2万多人次，还组织了13个乡镇的黎苗族山歌队举办对唱赛；“五四”期间，举办“邮政储蓄杯”青年歌手大奖赛；“七一”期间，举行了庆“七一”歌咏比赛，13个单位参加了比赛，参赛人数达358人，观众达1380多人；为纪念红军长征胜利60周年，举行了大型歌咏比赛纪念活动，参赛单位有18个，参赛人数达475人，观众达140多人；县歌舞团到县外、省外及港澳演出达498场，观众达37万多人次。

1997年，元旦和春节期间，举办“庆九七·迎新春”游园活动；“五四”期间，与团委联合举办“五四”青年卡拉OK比赛“六一”国际儿童节期间，协助县教科局举办全县中小学生文艺调演；“七一”期间，举办“庆七一·迎回归”文艺晚会、“万人同台高唱《歌唱祖国》”、舞蹈表演，配合县机关部门举办拉卡OK比赛等活动；县歌舞团到县外、省外演出250场，观众达10多万人次；在琼中黎族苗族自治县成立10周年庆祝活动期间，举办广场舞“琼中颂”系列节目、歌咏比赛、黎苗民歌赛，组织舞狮队、八音队表演。

1998年，元旦和春节期间，举办“庆九八·迎新春”文艺晚会；“五四”期间，协助团委举办“五四”文艺晚会，协助财政局举办“税收宣传文艺晚会”；加强对县歌舞团和团办“新艺园歌舞厅”的管理，共开展演出活动230场，观众达3万多人次；做好海南省琼剧院到琼中县演出的新编历史剧《苏东坡在海南》的组织观看工作。

1999年，元旦期间，举办文艺晚会；“三月三”期间，举办篝火晚会、文艺联欢会、广场舞蹈、黎苗民歌大奖赛；国庆期间，举办千人跳《打柴舞》活动、卡拉OK歌手大奖赛、文艺晚会；实施蒲公英计划，举办2期少儿英语培训班。

2000年，举办大型文艺活动8次；实施蒲公英计划，举办少儿英语培训班和少年美术班；开展群众文化辅导、辅导《打柴舞》《八音舞》等；举办“三月三”民歌赛。

2001年，在各节假日组织大型晚会5场、卡拉OK比赛1次、广场表演5次；协助其他单位举办文艺晚会6次；县歌舞团创作一台节目，在县内演出20场，县外演出120场。

2002年，开展群众艺术辅导近20次，辅导人数300多人；县歌舞团在县内演出13场，县外演出190场；承办海南省中部地区文艺会演，并获1个一等奖、2个二等奖、2个三等奖；举办“三月三”文体活动，有“三月三”文艺晚会、琼剧演出、打柴舞、黎苗民歌比赛等；协助县妇联、团县委举办卡拉OK比赛。

2003年，组织大型节日活动20次；元旦期间，举办宣传贯彻“十六大精神”文艺晚会、春节游园活动；“三月三”期间，举办“世纪之春”广场文艺表演、大型街道游行舞表演、“三月三”文艺晚会；6月举办预防“非典”文艺晚会；7月20日举办迎接2003年海南省少年儿童游泳锦标赛文艺晚会；8月12日举办纪念“白沙起义”60周年文艺晚会；国庆节期间，举办庆祝2003年“国庆”文艺晚会；欢乐节期间，举办“百花岭下同欢乐”文艺晚会；举办少儿舞蹈培训班1期，学员80人；县歌舞团共演出320多场，观众1.6万多人次。

2004年，举办大型文化艺术活动12次，参加人数1360人次，观众达10万人次；开展文化艺术辅导20次，受辅导人员达2000多人；县歌舞团对外演出共130多场，观众2万多人。

2005年，举办大型文化艺术活动十多场，有元宵游园、欢庆琼中县两会召开文艺晚会、“三月三”广场舞、“三月三”文艺晚会、“三月三”民舞比赛、庆祝海南欢乐节文艺晚会等；举办中小学生美术、英语培训各1期，学生共70人；协助海南联通琼中分公司、县教科局举办联通文艺晚会和“六一”文艺晚会；歌舞团外出演出30场次。

2006年，举办大型文化艺术活动12场，有元宵游园、欢庆琼中县两会召开文艺晚会、“三月三”广场文艺表演、“三月三”文艺晚会、“三月三”民舞比赛、“三月三”黎苗民歌合唱比赛、“三月三”彩车巡游、“三月三”黎苗民歌表演赛、全国、全省少儿游泳锦标赛2个文艺晚会、“七一”好歌献给党合唱比赛等；举办中小学生英语培训各2期，学生共90人；协助县总工会、县教科局、县中学举办“五一”文艺晚会、“六一”文艺晚会和“奋进五十年”建校50周年大型广场文艺表演；县歌舞团外出演出240场，县内演出20场。

2007年，举办大型文化艺术活动12场，有元宵游园、欢庆琼中县“两会”召开文艺晚会、承办海南“三月三”节庆活动的广场文艺表演、“三月三”黎苗歌会表演、“三月三”街道歌舞狂欢、“琼中乡土文化巡展”,并在“三月三”期间承办海南中部广场文艺会演;举办中小学生英语培训各2期,学生共90人;协助县总工会、县教科局举办“五一”文艺晚会和“六一”文艺晚会。

2008年,县歌舞团创作音乐舞蹈节目8个,演出活动40场,观众达33万人次;开展“三月三”主会场的文艺演出和文化各项活动,包括大型广场表演“欢乐三月三”和大型黎苗歌会“放歌三月三”、海南原创音乐演唱会,演出队伍有省内县内的文艺团体、学校、战线、农村等业余文艺队10多支,人数达1300人,演员阵容强大,有从琼中走出去的海政文工团歌手顾丽雅、毛泽东的扮演者王震,琼中人民熟悉的海南三姐妹、陈中、王婷丹、海南著名黎族歌手王妚大、黎族著名影视明星谭晓燕、海南电视台著名节目主持人邓冲等,本次节庆文艺活动舞台壮观,长58米、宽32米,中心演出台高1.5米,舞台后景是个长30米、高15米的大架台,一次性站上130个演员,演员用舞姿、歌声和服装展现黎苗传统文化。

2009年,开展黎族苗族传统节日“三月三”活动,举办大型黎苗歌会、大型歌舞晚会、黎苗民歌擂台赛、李春梅演唱会、民歌民舞展演等活动;举办迎春歌舞晚会、五一节农民工文艺会演、七一合唱比赛、国庆文艺晚会等;县城机关、乡镇农村涌现出10多支文艺表演队,自编自演,为本地群众演出了富有本地民俗风情的节目;县歌舞团在省、县内演出60多场,观众达10万多人次;加强对另一支业余文艺团体——百花舞蹈艺术团的扶持,该团的演员由机关单位、学校和社会各界文艺爱好者组成,演员近50人,该团多次参加县里的重大文化活动,并多次代表县参加省级文艺活动。

2010年,举办“三月三”节庆文艺活动,有大型黎苗歌会“放歌三月三”、大型原生态民间文艺表演“琼中县民族文化示范村民间文艺展演”、黎族苗族民歌擂台赛、黎族苗族婚俗展演、黎发标个人书画作品展;举办元旦民族文化示范村民间歌舞比赛、春节举办迎春文艺晚会;协助县总工会、县教科局、县直机关工委做好“五一”国际劳动节文艺演出、“六一”文艺晚会和“七一”文艺晚会;举办国庆节广场文艺表演;县歌舞团创作编排新节目10个,全年开展演出场数35场次。

二、乡镇文化活动

1991年,“三月三”期间,上安乡举办歌咏文艺晚会,吊罗山乡举办山歌演唱会,营根镇、什运乡举办民歌比赛;元旦、“五一”“五四”、国庆节时,各乡镇都开展了形式多样的文艺活动。

1992年,巩固吊罗山乡新安管区业余文艺队,同时,在红岛乡崩坎村组建一支由28人组成的村业余文艺队,并排练演出12个节目,进行全乡巡回演出;在“三月三”“三八”妇女节、“五一”国际劳动节、“五四”青年节、“十一”国庆节期间,各乡镇都分别举行不同规模的文体活动,有民族歌舞、男女篮排球赛、拔河、粉枪射、联欢晚会等,活跃了乡镇的文化生活。

1996年,春节前后,组织县歌舞团、新华书店、县电影放映队、文体系统男子篮球队和流动图书箱等共38人组成的“文化下乡工作队”,下到各乡镇、厂矿和部队等17个点,开展巡回歌舞表演、电影放映、篮球友谊赛和图书销售等送戏送书上门活动,共演出28场次,观众达3万多人次,图书销售1.2万余册;县歌舞团到各乡镇为农民群众演出达20多场次,观众达3万多人次。

1997年,海南亚太文化下乡工作队共下乡演出6场,观众达1.2万人次;春节期间,县歌舞团到各乡镇演出12场,观众达5万多人。

1998年,元旦和春节期间,开展送戏下乡等文化下乡活动。

1999年元旦期间,在上安乡举办“两馆一村一站”文艺晚会,演出节目23个,观众达3000多人。

2000年,长征镇组建民歌队、剪纸队两个业余文化队伍;黎母山镇在“三月三”“七一”期间,举办大型文艺表演;组织开展文化下乡2期,深入乡镇、农场演出30场,放映电影25场,送书下乡14次、3080册次,观众达10万多人次。

2001年,组织文化下乡演出28场;各乡镇文化站也举办农民文化活动和节日文化活动。

2002年,开展文艺、图书、电影下乡43场。

2003年,在庆祝黎族苗族传统节日“三月三”活动中,各乡镇文化站积极发挥职能作用,组织好队伍开展活动;文化下乡演出28场。

2004年,文化下乡演出23场;各乡镇文化站也因地制宜地开展各项文体活动;什运乡番道村组建了一支15人的队伍。

2005年,深入营根镇崩坎村,什运乡的番道村、光一、二村、什贡村,长征镇的烟园村、国营岭头茶场和加钗农场进行文艺节目辅导30多次,受培训人员达1050多人。

2006年、2007年,深入什运乡的番道村、光一、二村、什贡村,五指山中学,长征镇的烟园村,黎母山镇的水上村、高丽埇,国营岭头茶场和阳江农场进行文艺节目辅导30多次,受培训人员达1100多人。

2008年,组织专业人员40人次,对乡镇机关和农民进行文艺辅导;抓好什运乡的番道村、光一、二村、什贡村,长征镇的烟园村和黎母山镇的南利村、高丽埇6支农村农民文艺队;在上安乡的中兴村、抄方村和什运乡的什运村成立3支农民民歌队。

2010年,在“三月三”期间派出文艺骨干深入10个乡镇15个民族文化示范村进行文艺辅导60人次,整合民间歌舞10多个,受培训群众3600多人次。

第四节 文化设施

一、图书馆

1991年琼中县图书馆位于县城虎头路20号,藏书量1.2万册,有工作人员7名。

1991年,县图书馆购置新书1512册,装订报纸入库2600多份,装订杂志入库1400多份,发放借书证820个,对机关、学校、农村等外借图书28700册次,平均每天外借流量87册次,图书阅览室接待读者29760人次,平均每天接待读者90多人次;在乡镇文化站图书室流放图书800多册。

1992年,开工新建县图书馆。阅览室新增报刊架4个,共20米,订购全国各类报纸46种、杂志168份、新出版的图书1303册，年接待读者2.3万人次，平均每天接待读者80多人次，发放借书证700多个，机关、工厂、农牧场、学校等外借图书达13000多册次，平均每天外借书籍50多册次。

1995年，购置新书1249册，发放借书证304本，外借图书14120册，接待读者1.8万余人。

1996年，购置新书2080册，订购报纸128种份、杂志233种，发放借书证456本，外借图书6754册次，接待读者10537人次。

1997年，购置新书1342册，订购报刊330种份，发放借书证387本，外借图书7695册，接待读者16024人。

1998年，购置新书686册，订购全国各省、市各类报纸55种份、杂志153种份，装订收藏各类报刊360册，发放借书证635本，外借图书7645册次，接待读者1.2万多人次；开展送图书下乡活动2次，共送600多册书籍。

1999年，开设少年儿童阅览室；订购全国各省市报纸58种、杂志154种，发放借书证576本，外借图书6500册次，接待读者12800人次；送书下乡1080册次。

2000年，订购报纸56种、杂志139种，发放借书证649本，外借图书6607册次，接待读者11427人次。

2001年，订购全国各省市报纸57种、杂志154种，发放借书证576本，外借图书6500册次，接待读者10700人次；送书下乡1080册次。

2002年，订购全国各省市报刊161份，外借图书6860多册次，接待读者21233人次；办好图书流动点、流动图书6次约600册次；新增书架5个。

2003年，订购全国各省市报纸52份、杂志119份；坚持每天正常开放，读者流量达12000人次，借阅各类图书达4590册次。

2004年，订购全国各省市报纸48份、杂志186份，读者流量达25000人次，外借各类图书1200册次，发放借书证280本。

2005年，订购全国各省市报纸23种份，读者流量达3200人次，外借各类图书2800册次，发放借书证385本；举办图书服务宣传周活动一期；新书上架2000册；送书下乡2000册。

2006年，订购全国各省市报刊23种份，读者流量达2880人次，外借各类图书1900册次，发放借书证200本；举办图书服务宣传周活动一期；制作新书上架15个；送书下乡2000册。

2007年，省支持县图书馆“文化资源共享工程”试点县设备一套。订购全国各省市报刊26种份，读者流量达29890人次，外借各类图书1980册次，发放借书证120本；举办图书服务宣传周活动一期；制作新书架15个；组织“文化资源共享工程”下乡活动10多场；送书下乡2000册。

2008年，采购各类图书890册，订购报刊19种、杂志148份，读者流量2500人次，放出外借图书1500册，发放借书证120本；开展信息资源共享工程下乡活动24场次。

2009年9月，县图书馆迁至营根路48号宣传文化中心大楼，2010年图书馆有工作人员6名，馆藏图书量49665册。

2010年，购置新图书2000册、地方文献500册，订购各种报纸30份、杂志12份，全年读者流量3500人次;共享工程宣传小组为部队官兵,各村委会播放实用技术电影、戏剧5场次,观众近万人。

二、电影公司

1991年,调动电影公司全体干部、职工及全县各系统34个放映单位105名放映人员的积极性,放映电影6577场,完成年度计划的110%,受益群众390万人次;从放映收入中,为国家上缴片租22万元,上缴各类税金、费用5万元,放映总收入突破50万元,创历史新高;5月份,对县电影院多年失修的放映座机进行全面维修,购置大功率扩音机、喇叭,提高放映质量;电影公司多方面筹款10万元,在县电影公司后院建造一座200多个座位的放映厅,于8月1日正式投入使用。

1992年,共放映电影6527场,完成年度计划109%,受益群众4076848人次,其中农村电影放映达5619场,观众达372.5万人次;出版影片宣传橱窗12期,同时发动宣传车16次到乡镇及国营农场对献礼片《大决战》第三部、《平津战役》和为纪念毛主席《在延安文艺座谈会上的讲话》发表第五十周年定映片《白沙根》等重大题材的影片进行上映前巡回宣传;在农村发行16毫米和36毫米新片。

1995年,共放映电影4754场次,观众达199万余人,年放映总收入928368元,发行放映总收入比上年同期增长37.57%。

1996年,共放映电影5124场次,观众达151万多人次,发行放映总收入121万元;琼中影剧院荣获海南省电影经营二等奖。

1997年,共放映电影3288场次,观众达567347人次,发行放映总收入694038.2元;电影下乡共放映102场次,观众达2万多人。

1998年,共放映电影1848场次,观众达210567人次,发行放映总收入285385元。

1999年,下乡放映电影599场,观众达28126人次,发行放映总收入98808元。

2000年,在电影院放映电影138场,收入22571元;投影厅放映电影422场,收入5680元。

2001年,在电影院放映电影71场,电影下乡30场。

2002年,在电影院放映电影124场;争取国家支持,购置总价值12万元的14套电影设备,实施农村电影放映"2131工程",培训电影放映员28名,组建电影队14个,其中乡镇电影队12个、机动电影队2个,共放映电影492场。

2003年,在电影院放映电影81场;农村电影"2131工程"开展得较好,共放映电影396场,观众达7.8万人次。

2004年,在县城共放映电影93场,农村电影"2131"工程放映电影565场;湾岭镇农村电影放映队获全国优秀电影放映队称号,县电影公司放映队的董传孝、湾岭镇电影放映队的王庆娟和莫仕明3名放映员荣获全国农村电影放映先进个人。

2005年,在县城放映电影166场,农村电影"2131"工程放映电影721场。

2006年,县电影公司实行全面改制,改制前放映电影195场,农村电影"2131"工程放映电影712场。

2007年,县农村流动电影放映队下乡放映电影307场,观众人数10.6万人;农村电影“2131”工程放映电影399场;县农村示范流动电影放映队获2007—2008年度“金光耀琼州”农村电影公益放映活动先进集体称号。

2008年,县农村流动电影和县农村电影“2131工程”放映队放映电影869场,观众达243492人次;琼中县农村示范流动电影放映队获2008—2009年度“金光耀琼州”农村电影公益放映活动先进集体荣誉称号;周正兴获2008—2009年度全国农村数字电影放映先进个人荣誉称号。

2009年,农村电影“2131”工程放映电影1100场,观众33万人次;县农村示范流动电影放映队获2009—2010年度“金光耀琼州”农村电影公益放映活动先进集体荣誉称号。

2010年,县农村示范流动农村电影放映队下乡放映电影1202场次,观众35万人次,基本实现“2131”工程一村一月放映一场电影的目标。

三、新华书店

1987年,琼中县新华书店更名为琼中黎族苗族自治县新华书店。

1990年,县新华书店有职工19人,销售网点27个,销售图书122.75万册,销售额115.88万元。1995年11月,在全国“送书下乡”活动中,县新华书店被中宣部、新闻出版署、全国供销合作社、农业部评为发行先进单位。1996年,全省新华书店系统干部、职工捐款25万元,为琼中乌石镇大平新华希望小学兴建一幢教学楼(10间教室),海南省新华书店捐款15万元,为大平新华希望小学建篮球场、维修教师宿舍。同年,县新华书店自筹资金兴建一幢8套职工宿舍,解决职工住宿问题。1997年,征订发行《迎接香港回归祖国》中小学生读本5万册。1999年,自筹资金兴建仓库综合楼,面积400平方米,解决了仓储问题。

2001年11月,琼中县新华书店被中共海南省宣传部、中共海南省委组织部、中共海南省企业工委、海南省经济贸易厅、海南总工会评为“1995—2000年度海南省思想政治工作优秀企业”。2004年9月,琼中县委、县政府通知,县新华书店由事业单位转制为企业单位。同年,县新华书店加盟省新华书店连锁经营,图书品种从原来的3000种增至1万多种,销售额376.34万元。2005年,集团总公司收回乌石门市部的固定资产,取消乌石门市部。2006年,自筹资金138万元,在营根镇营根路61号处修建五层门市综合楼,建筑面积795.02平方米,其中,营业面积556.02平方米,解决了营业、办公和职工宿舍问题。2008年7月,琼中新华书店有限公司成立,全县连锁营销网点1个,公司人员17人,公司拥有固定资产486.97万元。2010年,公司有人员15人,固定资产达200多万元,是琼中县最大的专业从事图书出版发行的文化企业,也是全县唯一取得教材发行经营资质和图书批销经营资质的单位,与全省23个市(县)书店连锁经营,销售图书品种1.5万种,主要经营少儿、社科、文学艺术等出版物。

四、文化馆

1985年6月,县文化馆迁往虎岭宿舍区新馆址办公。1990年初,文化馆迁往县政府第三办公楼(四楼)办公。

1991年1月，县文化馆文艺队脱离文化馆成立县五指山歌舞团，为差额核算股级单位。

1993年，王业养创作的小品《买鸡》，获全省文艺会演三等奖。1995年，《百花文艺》报创刊，每年一至二版(页)。

1995—1998年，县文化馆内设办公室、文学创作岗、戏剧辅导岗、音乐创作组、美术书法岗和摄影创作岗，编制人员10名，临聘人员1名。由于受市场经济的冲击、业务经费严重不足以及缺乏业务骨干等原因，业务活动一度停止。

1999年9月，恰逢中华人民共和国成立50周年，为隆重庆祝国庆，县政府要求县文体局组织全县50支跳《打柴舞》表演队，于国庆节同天在县城主街道进行表演。县文体局将组织实施此项工作交给文化馆，文化馆调动县歌舞团演员与文化馆业务干部相配合，仅用半个月就组织和完成50支《打柴舞》表演队的排练。"国庆节"活动同天，50支《打柴舞》表演队在县城主街道表演，场面极为壮观，吸引了上万名观众观看，从此，《打柴舞》在琼中县全面推广。

2001年7月，由县委宣传部、县直机关工委和县文体局共同组织县直机关百人合唱团排练合唱，参加全省庆祝建党80周年合唱比赛，获二等奖。

2002年4月，海南"三月三"节，海南中部广场文艺会演在琼中县举办，文化馆编排的舞蹈《东西南北中》获一等奖。

2005年10月，琼中县申报的《著名黎族歌手王妚大与她的民歌》和民间舞《咚铃伽》列入海南省第一批"非物质文化遗产"保护名录。

2006年10月，县文化馆选送黎族青年民歌手王取荣参加在山西左权县举办的全国南北民歌擂台赛，获得银奖。

2006年，县委、县政府决定将民族文化建设列入琼中的社会发展规划，全面提升琼中黎族苗族民间文化的品位，着力打造琼中黎苗族特色文化品牌，并向海南省人民政府申请2007—2009年在琼中县举办庆祝海南黎族苗族传统节日"三月三"主会场活动，得到省政府的批复。琼中每年"三月三"推出许多新民歌歌曲，如《门啥乖》《唉甘苞》《盟誓歌》《摇篮曲》，在当地及周边市县群众中广为传唱。

2007年8月，黎族歌后王妚大上北京出席文化部举办的中国民间艺术杰出贡献奖表彰大会，被授予"中国民间艺术杰出贡献奖"。9月，琼中县申报的《琼中黎族民歌》和《黎族传统婚俗》列入海南省第二批"非物质文化遗产"保护名录；2008年，《琼中黎族民歌》列入国家级"非物质文化遗产"保护名录。同年，县政府授予王妚大、陈有华、王忠信3人"民族文化终身成就奖"。

2009年8月，县政府在琼中礼堂举办专场晚会，并向什运乡番道村等8支农民文艺队所在村授予"民族文化示范村"牌匾。同年9月，在海南省中部广场文艺会演中，由王清芳编排、何丕杰配乐的苗族《招龙舞》获得一等奖；11月，琼中县申报的"苗族刺绣蜡染技艺""苗族传统三月三节""黎族骨伤疗法""黎母山的传说"列入海南省第三批"非物质文化遗产"保护名录。

2010年元旦，琼中举办首届全县农民文艺会演。此后每年举办一届，并为获得"民族文化示范村"的农民文艺队颁发牌匾。8月，王妚大被文化部确认为琼中黎族民歌国家级传承人。10

月，在海南省中部广场文艺会演中，由王清芳编排、何丕杰配乐的苗族《招龙舞》再次荣获一等奖。10月，何丕杰作曲、白沙县歌舞团表演的黎族山歌剧《黎山恋》，在广州举办的全国第十五届群星奖表演中，获剧目金奖。10月，琼中县文化馆迁往县宣传文化中心五楼(现馆址)办公。

五、农村文化设施

1991年，全县共恢复和发展农村文化室12间。

1992年，全县新建20间文化室，巩固了农村文化阵地。

1994年，全县共有农村文化室32间，乡镇文化站13个，其中基础设施设备较齐全的有5个，被评为省级先进文化站的2个，被评为县级先进文化站的2个。

1995年，建设上安乡文化站歌舞厅、长征镇烟园管区“农民文化娱乐中心”和吊罗山乡新安管区歌舞厅等群众娱乐阵地；兴建县歌舞团简易排练厅。

1996年，巩固上安乡文化站歌舞厅、吊罗山乡文化站图书室和歌舞厅、和平镇文化站歌舞厅、营根镇文化站图书室；4月15日，县图书馆由原政府第二办公楼迁至虎岭图书馆。

2000年，共有图书室(学校)30间。

2008年，琼中县105个村委会申报列为2008年国家扶持的“万家村书屋”建设项目点和2008年乡镇综合文化站投资项目建设项目。

2009年，完成和平镇、中平镇、红毛镇、什运乡、黎母山镇、上安乡、长征镇、吊罗山8个乡镇的综合文化站和中平、和平镇文化广场建设；在全县的99个村委会安装卫星广播接收器99套、高音喇叭396个、2922套卫星电视接收器；在营根、湾岭、长征等7个乡镇的行政村创建农家书屋10个，赠书近2万册。

2010年，红毛、吊罗山、中平镇、吊罗山乡综合文化大楼音响设备安装完毕并投入使用；发放安装农村广播电视“村村通”工程设备1070套；“农家书屋”完成筹建40间；完成“三月三”广场、“百绿园”户外体育健身器材的安装；在10个乡镇安装户外体育健身器材10套；共享工程行政村基层点建设87个。

第五节 文化遗产

文化遗产包括物质文化遗产和非物质文化遗产。物质文化遗产，包括不可移动文物和可移动文物；非物质文化遗产，即各族人民世代相传、与群众生活相关的各种传统文化的表现形式(如民俗活动、表演艺术、传统知识等)。

一、文物保护工作

1999年，完成《中国文物地图集·海南分册·琼中篇》文物分布说明初稿。

2002年，文物清库登记工作接近尾声，600件文物已分类登记造册建档。

2003年，馆藏文物的清库登记基本完成，经省文物专家鉴定，全县有文物600件，其中一级文物1件、二级文物3件、三级文物13件。

2007年，采拓全县"牌碣匾铭额"17张，摄像27张，撰写《琼中牌碣匾铭额图志》说明书。

2008年4月，全县开展第三次全国不可移动文物普查工作，成立琼中县第三次全国不可移动文物普查领导小组。

2009年5月，因人事变动，县政府重新调整县第三次全国不可移动文物普查领导小组成员，由副县长任组长，政府办副主任和文体局局长任副组长，成员从文体局、文化馆、文化站抽调人员组成，6月印发了《琼中县第三次全国文物普查方案》，7月开始全面普查。

2010年，第三次全国不可移动文物普查琼中县共登记不可移动文物92处，并通过国家检验。

二、文物

琼中县文物种类繁多。1984年9月，县文化部门组织人员收集，至1990年收藏93件，包括石器、陶瓷器、生活用具、革命文物等。

石器。有新石器时代的石奔 (俗称雷公斧)、石凿、砺石(俗称雷公印)。

陶瓷器。有汉代的波纹四耳罐、唐代的青釉碗、明代的绿釉六角壶、黄褐釉扁壶、绿釉圆罐、黄褐釉四耳单柄壶。

民国时期的黎、苗族生活用具 有木梨、木耙、滚耙、竹磨、弓箭、镞、木铃、木铲、木臼、角质捻稻镰、果子汤匙、树皮被、葵叶被、補裙、头巾、长嶦等。

革命文物。有太平峒苏维埃政府印盒；冯白驹用过的铁床、木椅；王国兴用过的眼镜、子弹、皮带、粉枪、牛角号；白沙起义时用过的尖刀、弓箭、麻被；周恩来赠给王国兴的水烟筒；冯白驹送给王文聪的短刀；琼崖纵队兵工厂制造的手榴弹壳等。

三、胜迹

(一)百花瀑布

位于县城营根南面6公里处的百花岭(黑纱岭)上。瀑布落差总长300米，旺水期宽50米，枯水期3米，分3级直泻而下。第1级名为"仙女降凡"，水波循崖直下，状如仙女下凡。下有白肤潭，内有红尾鲤，水清可数。传说九天仙女曾在此沐浴，水质柔和洁肤，常洗此水肤色嫩润。第2级称"灵丹妙药"。传说瀑布两侧长有神奇草药，能治百病，求药者络绎不绝；第3级"双龙吐珠"是瀑布源头。因泉水从两山间喷出，状如双龙吐珠而得名。

1985年，县政府筹款建起县城至瀑布公路，并在白肤潭边建了一座观瀑亭，供游人观赏歇息。2007年由上海李炎桥梁设计院设计，上海远东国际桥梁建设有限公司承建百花廊桥。桥长204米，宽16米，高18米。2007年10月工程开工，2011年7月19日年竣工，是全省首座黎苗风情特色的廊桥。

(二)水会所城遗迹

在黎母山水上市。城墙东西相距600米，南北相距300米，总长1180米，土石结构。现存残

墙高2.5米，宽3米，长300米。建墙石砖为0.38×0.18×0.09米和0.28×0.05×0.9米两种。茅桥村后有“水会平黎善后碑记”一块，据《琼州府志》王弘诲《水会所平黎善后碑记》载：城为明万历二十八年(1600)按察副史林如楚建。置参将府，调千户一员带兵300驻守。抗日战争时期，被日机炸废。1985年，出土碗片、瓷片、瓦片、筒片等274件，现收藏于县文化馆。

(三)石蛇路

位于湾岭镇岭门老圩东面的500米处的碑记岭上。清乾隆年间(1736—1795)建，全长500米，宽1.47米，乱石切成，状如青蛇，蜿蜒伸向圩门。嘉庆年间(1796—1820)，圩民凿一石碑立于头，意为将蛇钉死，免其伤人。

(四)松涛实业开发公司遗址

位于松涛圩，现为松涛小学。民国21年(1932)建，为两层楼房，玻璃瓦顶(已毁)。开发公司就地招收工人，种植油棕、桐树、果树、槟榔、甘蔗、良种木薯、橡胶苗等2000多亩，饲养黄牛200头。建有人畜力加工厂1间，有2.5吨载重汽车1辆。1941年7月，日本军队占领松涛，公司解散。1963年，尚存有油棕10株，朱德委员长路过松涛时曾前往视察。

四、石刻 碑刻

(一)石刻

1.加慢新村摩崖石刻

“大明洪武

下琼州

耿天壁

军民至此

开通道路”

位于中平镇加慢新村东面约250米处的大石上，竖书楷体阴刻，四周有漩涡纹图案。耿时为明朝将领，明洪武二年(1369)带兵征剿“南建州”，经此勒石。

2.东坡岭摩崖石刻

位于湾岭镇金包村后头岭东北方2公里处的东坡岭上。每字5×8厘米，直书楷体阴刻。全文如下：

“宋东坡题

黎婺山头白玉簪

古来人物胜江南

春蚕吃叶人千万

秋鹗凌云士十三
去日黄花香袖满
归时绿柳映袍蓝
荒山留与诸君破
始信东坡不妄谈
曾忠重修”

据《定安县志》载:此诗宋代刻于黎母山顶,清代已毁。现石刻为明万历三十五年(1607年)太平营兵务把总曾忠重刻。据查实,此诗非苏东坡所题。明万历《儋州志》载,此诗为南宋绍兴年间,时人赠乡举子赴会试诗。诗云:“黎婺山头碧玉簪,古来人物盛东南,春蚕食叶人千百,秋鹗凌云士十三。去日黄花薰袖馥,归时绿柳映袍蓝。锦衣他日千人看,始信东坡不妄谈。”

同石右侧刻有:
“婺□剑耸插银簪
百万貔貅捣指南
□列星棋成阵八
柱标功盖横分三
飞鸟尽空天色白
良弓藏已棠尘蓝
世平不用追风犬
猿臂勋名傍石谈
平黎子曾忠和”

距东坡诗150厘米处又刻有:
“平黎勒石
明万历二十有七年。”

旁记明将邓钟率兵攻硖门,镇压黎马矢起义事,落款为“万历岁次丁未仲秋之吉管理太平营兵务把总曾忠勒”。邓时任游击,破硖门后,曾于隘口(今榕木通南坤路界处)石壁上刻下和诗一首:“五指擎空耸若簪,婺庭此日见征南,总缘圣主威咸五,敢道将军略有三。剑洗天河飞练白,旗销瘴疠拂云蓝,东坡留与诸君会,肯负勋名帛上谈”。其诗已毁。

3.水上村摩崖石刻
“泽布千秋永
功成六月奇
驱除志尚远
遗恨早班师”

位于黎母山镇水上村东面4公里处的水上岭上,每字14×18厘米、10×11厘米,直书楷体阴刻。下款有“万历庚子温陵庄渭扬题”。庄时任参将,是镇压黎马矢起义军头目之一。

4.仕阶村摩崖石刻群迹

"手辟南荒"

位于五指山和汤匙岭之间东边的大岩石上,距仕阶村1.72公里,面积123×3.70厘米。横书楷体阴刻,每字大80×63厘米。上款有"大清光绪十三年春",每字大10×10厘米,下款有"钦差大臣太子少保督办全琼军务钦州冯子材志",每字7×7厘米,书法浑厚,气魄雄壮。

在"手辟南荒"周围20米内,有"一手撑天""百越锁钥""巨手擎天"等石刻多面,均为冯子材僚属所勒。

5.乘坡河摩崖石刻

"唯战能存"

位于和平镇乘坡河畔大石上,距乘坡圩尾300米。横书行体阴刻,每字53×42厘米,上款有"中华民国二十八年五月十日","中华"两字已被打断;下款署名"王毅"。王毅任琼崖守备司令。

(二)碑刻

1.清光绪三十二年"奉道宪严禁"碑两块

1957年发现。位于营根区公所门前(现为县供销社宿舍区)。一碑高155厘米,宽47厘米。另一碑高140厘米,宽50厘米。两碑均厚7厘米。横题直书,全文合录如下:

奉道宪严禁

琼州抚黎总局

为晓谕事光绪三十年四月初十日

据岭门抚黎分局委员范云梯禀称:现据红毛峒总管王定明、南蛇峒总管王家充、水满峒总管王德明、什万峒总管王元丰、加钗峒总管王传禄、喃唠峒总管王新龙、光螺图首家功职王有雷、□屯总管王家茂、思河图首家王源丰、乐会峒总管王照丰、首家王有义等,窃思朝廷首律法,□党有规条,规条不立则律法无所信守。兹查自光绪二十年,曾经琼。定二县客民徐益昌出运连王明诗等,已集众会议禁条禀恳前□道恳扬尝准施行,刊发告示,通饬各图屯管人等,禀遵在案。惜□来人心不古,风俗日偷,不法之徒日以买红藤为名,夜则盗窃,牛马肆行无忌。而熟悉黎峒之人往往入黎唆诈贻害无穷。况且有黎峒凶徒偷盗牛马。如有人拿获贼者,竟然恃蛮凶殴,扭送公庭,反被怀隙,禁人魄魄,丧命不少,人人伤心切齿。追得民等爰里各峒近日之事,提议节禁数条,叩恳转禀。道宪赏准给示,勒石以垂,永远□情□□据此代查。该总管等所呈各条□为安靖黎峒起见,是否可行,理合具禀,察核示遵等情,计呈□禁数条到本。总局据此查所禀禁条系为杜绝黎峒滋事,应准出示晓谕遵办。除批印发外合行示谕,为此示仰峒屯图□色人等知悉。□后务须恪遵禁条,安分守法,不得稍有违犯,倘敢故违饬,该

总管等□送□局员究治决不姑宽凛之毋违 □示 计开禁条予□

一查造魔克符书□诅杀人并下毒药害人按律照依谋杀论□□后□□务宜安分□□如□再学□禁忍下□毒以害人命一经被人报有□切证□□□到当主□□□□□□□审问照□□□断

不宽恕

由一查偷盗别人马牛及如贼□而受□照□均□分别□□□□军关绞 其偷盗别人□谷稻麦菜果等□物及纵牛马损食人物亦应办罪□后如有偷盗马牛及受□□□准由被害之家随□□□□办罪并官分别查封房屋□做 其纵放牛马损食人物其□太多□□□□□□目族长公同议其赔罚如侍族抗不遵赔罚者仍就 官审断

一查偷盗曰野有生之物亦应照窃贼计□办罪各峒□□□□□□□□后你们毋得私拾自取办罪 本道现已□ 岭门分局每年三四月派拨□□分巡各峒如有私拾□蚕的事立即锁□到□官重办你们亦不得私行议罚致恃强争打落生事□有不遵者□□□□

一议埋墓棺肮以离田三丈六尺为官土如在黎内应照各□议土价钱二千四百如三日□者免送土价

一议客黎买卖货物斗秤须要公平彼此交易有赔有送不得强牵牛马及将儿女抵债违者送 官究治

一议客民出入黎峒要有定止宅主如有强人生妻幼女欺诈□黎该向宅主究论违者一并送 官究治

光绪三十二年十月二十日 阖峒屯图同立禁碑以垂永不朽

2.陈汉光题词碑刻

民国23年(1934年)秋,国民革命军第一集团军警卫旅长、琼崖区绥靖委员、抚黎专员陈汉光,于琼中县境内立下碑刻6块,其中3块解放后被群众挖作他用,今存“折木拂日”“深山龙蛇”“物华初丕”3块。分别立于五指山第一峰的半山腰、吊罗山乡府所在地西南面3公里处、和平镇长兴村前。各碑高130厘米、宽65厘米、厚12厘米。“物华初丕”碑已断。

五、非物质文化遗产保护工作

2005年,民间音乐《黎族歌手王妚大和她的民歌》和黎族舞蹈《咚铃伽》被确定为省级非物质文化遗产保护项目,并推荐为国家级非物质文化保护项目。

2007年,黎族歌后王妚大被中国文联授予“中国民间杰出文化传承人”称号;《黎族民歌》和《黎族婚俗》被确定为省级保护项目。

2008年3月,琼中县成立非物质文化遗产普查工作领导小组,组长由县政府副县长担任,副组长由县文体局局长担任,成员从文体局、文化馆、民族歌舞团抽调人员组成。同年7—12月,在全县范围内开展非物质文化遗产普查工作，普查重点村寨100个，普查对象110人，登记非物质文化遗产7大种类、94个项目、文字7.3万字、200多张相片、摄像光盘60小时；“王妚大和她的民歌”“咚铃伽”“琼中黎族婚俗”被列为海南省第一批非物质文化遗产名录，“琼中黎族民歌”被列为国家级第二批非物质文化遗产名录；2009年，“琼中黎族民歌”列入第二批国家级非物质文化遗产保护名录；黎族歌后王妚大被文化部评为全国第三批民族传统文化传承人；“黎族民间故事”“海南苗族传统刺绣蜡染工艺”“黎族织锦纺染工具制作技艺”“黎族传统接骨医药”“海南苗族传统三月三节”被批准为海南省第三批非物质文化遗产保护名录，全县的省级以上非物质文化遗产保护名录达到9项；非物质文化遗产普查登记项目有80多个，登记的文物有100多件。

2010年，黎族歌后王妚大被评为“琼中黎族民歌”国家级传承人，王取荣被评为“琼中黎族民歌”省级传承人；在世界遗产日举办的海南省黎族纺织技能大赛中，获优秀组织奖1个，参赛选手个人优秀奖7个；组织舞蹈《咚铃伽》和剪纸、黎族织锦、苗族蜡染、刺绣选手参加在屯昌举行的首届民间技能展演，获得主办单位的好评。

第六节 文化市场管理

1991年，全县共有电子游戏室10个、卡拉OK歌舞厅3个、桌球20台，书报摊14个；文化市场开展检查16次，参加检查人数近100人次，没收违禁书籍150多册。

1992年，全县有电子游戏室14个、卡拉OK歌舞厅4个、桌球29台、书报摊14个、电视录像放映厅8个；文化市场开展检查6次，参加检查人数达40人次，没收违禁书籍40多册。

1994年，县城有文化娱乐场所14间。

1995年，全县有录像放映厅9个、歌舞厅11个、卡拉OK厅9个、卡拉OK酒店4家、录像带零售点4个、无奖电子游戏机经营点13个、娱乐溜冰场4个、集体私营书报亭4个。

1996年11月，成立县文化市场稽查队，并通过县编委下达县文化市场稽查队为自筹资金的股级事业单位人员编制2名；10月初，成立海南省音像发行总社琼中供片站，向各录像放映厅、音像制品零售店、电视台等供应音像带1280多种；全年换发各项文化娱乐经营活动“文化市场经营登记证”129家；联合公安、工商等部门对全县文化市场进行清理整顿和检查30多车次，参加检查人员80多人次，没收非法出版的音像制品837件。

1997年，共换发各项文化娱乐经营活动“文化市场经营登记证”127个；联合公安、工商等部门，对全县文化市场进行清理整顿和检查，出动检查车辆36车次，参加检查人员217人次，没收非法出版录像带3290盒、VCD137个，取缔无证经营点4个。

1998年，印发“琼中县文化市场管理明白卡”给全县经营业主；共换发登记各项文化娱乐经营活动“文化市场经营登记证”和“音像制品经营许可证”112家；利用宣传橱窗、横幅标语、广播电视等宣传方式，出动23次宣传车，对文化市场相关规定进行宣传；联合公安、工商等部门，对全县文化市场进行清理整顿和检查，出动检查车辆18车次，参加检查人员124人次，没收翻版录像带832盒，取缔无证经营点7个。

1999年，举办娱乐场所管理人员和经营业主学习班3期，并对118名考试合格者颁发合格证书，每季度组织一次宣传车下到各乡镇和国营农场进行宣传，共张贴悬挂宣传标语200多条。

2000年，举办娱乐场所管理人员和经营业主学习班2期，270人参加学习；办理文化市场、娱乐场所证件113家；出动宣传车17次，张贴悬挂宣传标语876条；取缔电子游戏场所22家；查缴非法、淫秽、反动音像制品602盒，书报30册次，并集中统一销毁；立案查处违法案件8例，决案8例。

2001年，审核文化娱乐经营场所106家，其中，卡拉OK厅20家、歌舞厅8家、录像茶座8家、音像制品销售出租店27家、书报摊(点)6家、台球4家、无奖电子游戏室8家、网吧9家、印刷厂4家、电脑打字复印店11家，办理文化市场许可证和经营证106本；取缔距学校周边不足200米的电子游戏场所1家、乡镇电子游戏经营场所8家，行政处罚6200元，与4家印刷厂和11家打字复印店主签订"印刷管理责任书"；先后出动309人次、110车次开展"扫黄打非"工作，没收走私盗版音像图书小报9362盒(件)，并集中当众销毁。

2002年，举办娱乐场所管理人员和经营业主培训班16期，300多人参加培训；全县19家音像制品经营业主自觉加入海南创新书店音像制品连锁加盟经营网，占音像制品经营店的100%；联合公安、工商等部门，先后出动36车次，178人次，检查文化市场场所511家次，取缔违规、无证经营电子游戏场所30家、网吧11家、音像制品销售店2家、书摊2家、录像厅8家，没收违法机具11件；先后对违规行为立案15件，查处15家；共查缴烧毁非法音像制品、书刊12870盒(张)，罚款4500元；共有合法经营的文化市场店92家，其中音像制品销售店23家、网吧18家、娱乐场所21家、印刷打字店15家、书报摊点4家、无奖电子游戏室8家、电影院2个、歌舞团1个。

2003年，对全县95家娱乐场所进行登记办证，其中歌舞厅20家、音像制品零售出租店20家、书报(摊)3家、无奖电子游戏店8家、网吧29家、印刷打字业15家；先后组织公安、工商等部门召开"扫黄打非"协调会6次；举办文化市场管理知识学习班13次，参加人员274人次，出动宣传车8车次，悬挂宣传横幅11条，散发宣传单380份、学习资料508份；联合公安、工商等部门，出动人力开展文化市场大检查83次，参加检查人员265人次，检查场所688家次，收缴非法音像制品4927张(盒)，依法对违规娱乐场所进行处罚，立案8件，行政罚款13500元。

2004年9月，县编委会印发《琼中黎族苗族自治县文化市场稽查队机构方案》，规定人员编制和经费渠道，核定财政预算管理事业编制3名，其中，领导1人、其他管理人员2人；对全县101家娱乐场所进行登记办证，其中，歌舞厅15家、音像制品零售19家、书报(摊)点4家、台球2家、网吧26家、复印打字7家、印刷厂5家、无奖电子游戏店8家、电影放映场所1个、电影放映队14个；先后开展"扫黄打非"和网吧整顿检查193次，参加人员432人次，检查场所953家次，收缴非法音像制品4257张、非法印刷品1250册，依法查处禁止使用的游戏机型4种12部；配合琼中工商局取缔“黑网吧”3家，立案查处违规经营娱乐场所16家，其中网吧13家、音像像制品销售店3家，行政警告13家，批评教育6家；协同工商部门查扣电脑37套137件，行政罚款2.6万元。在全省执法文书档案检查中，县文体局被评为“优秀单位”。

2005年，对全县100家娱乐场所实行登记办证,其中，歌舞厅6家、卡拉OK厅9家、音乐茶座3家、音像制品零售19家、个体书报(摊)点4家、台球2家、网吧35家、电脑打字复印8家、印刷厂5家、无奖电子游戏店8家、电影放映场所1家；先后出动646人次开展文化市场检查，检查场所863家次，收缴非法音像制品2096张，立案17件，办理结案17件，行政罚款24500元；全县35家网吧全部安装计算机管理系统软件；琼中县文化广电出版体育局荣获2005年全国服务农民服务基层文化市场管理先进集体称号。

2006年，对全县90家娱乐场所进行登记办证，其中，歌舞厅6家、卡拉OK厅9家、音乐茶座3家、音像制品零售点11家、个体书摊点3家、台球2家、网吧35家、电脑打字复印8家、印刷厂5家、无奖电子游戏店8家；举办经营业主培训班6期，培训人员561人次；开展了网吧专项整治、反盗版百日行动、集中执法季行动，先后出动执法人员674人次，查缴非法音像1694盘，立案查处违规网吧20家，办理结案6家，罚款54000元；在全县网吧安装“净网先锋”软件，建起网吧监控平台，全县35家网吧已安装软件34家，占全县总数97.1%。

2007年，对全县87家娱乐场所进行登记办证，其中网吧28家、歌舞卡拉OK厅15家、音像制品经营单位8家、印刷厂5家、打字复印店8家、无奖电子游戏店8家、台球店2家、个体书摊3家；举办经营业主培训班6期，培训人员561人次；开展了网吧专项整治、反盗版百日行动、集中执法季行动，先后出动执法人员769人次，查缴非法音像1355盒，立案查处违规网吧16家，办理结案16家，罚款3.5万元；琼中县文化市场稽查队荣获2007年全国文化市场行政执法先进单位。

2008年，共有文化市场经营场所87家；联合县公安局、工商局等部门，加强对文化经营场所的巡查，共出动人力673人次，开展文化市场经营场所百行检查，立案查处娱乐场6家(5家网吧，1家音像店)，收缴盗版音像制品1047张，非法书刊3376本；立案查处违规经营的文化市场经营单位14家，其中网吧7家、音像制品零售和出租单位7家，罚款2.5万元，已全部上缴国库。

2009年，联合县公安局、工商局等部门开展“扫黄打非”、网吧违规经营、校园周边环境、印刷企业等专项整治工作，出动人力600多人次，对全县文化市场经营场所进行检查，特别是网吧接纳未成年人上网行为，立案查处违规经营的文化市场经营单位6家(网吧)，处罚1.6万元，并配合公安机关收缴涉嫌色情淫秽盗版音像制品110张；琼中县文化市场稽查队荣获2009年海南省文化行政执法培训班现场模拟执法、执法文书制作规范一等奖；琼中县文化市场稽查队荣获2009年度海南省文化行政执法案件评比二等奖。

2010年，加大对网吧、娱乐市场、校园周边环境，网上低俗之风的整治，开展“扫黄打非”“清风行动”“反盗版行动”等专项行动5次，出动检查车辆80车次，出动检查人员980人次，检查文化经营场所1330家次,查处非法音像制品经营3家,没收非法音像制品1115张,行政处罚违规经营网吧7家,罚款1.5万元;琼中县文化市场稽查队荣获2010年海南省文化行政执法先进单位。

第七节 档 案

一、机构

1991年,琼中县档案局(馆)挂两个牌子,一套人马,局(馆)合署办公,核定事业编制6人。内设办公室。2003年9月26日,增设档案业务指导股、档案编研管理股。

2004年9月28日,根据琼中县编委《关于印发琼中黎族苗族自治县档案局(馆)机构编制方案的通知》规定精神,琼中县档案局(馆)隶属琼中县人民政府办公室管理,内设办公室、业务指导股、法制宣传股和编研管理股4个股室,核定人员编制8名,其中管理人员及专业技术人员7名(领导职数3名)、工勤人员1名。

2007年6月20日,根据琼中县编委《关于重新核定全县事业单位人员编制的通知》精神,重新核定琼中县档案局(馆)隶属县人民政府管理,人员编制7名,其中领导职数2名,管理人员4名,工勤人员1名。2007年月10月19日海南省人事劳动保障厅同意琼中县档案局列为参照公务员法管理事业单位。2008年11月4日,琼中县人事劳动保障局同意琼中县档案局8名工作人员参照公务员法管理登记,并从当月起按照公务员待遇领取工资。

2010年8月8日,琼中县编委对部分科级单位领导职数做了调整,琼中县档案局干部编制6名,领导职数调为3名,其中正职1名、副职2名。

二、档案征集

1991—2010年,每年都对县属单位印发做好年度文书立卷归档工作的通知,1995年制定了《琼中县档案馆收集档案实施细则》《琼中县档案馆档案保管制度》等规章制度。1999年2月,琼中县档案局向琼中县各乡镇人民政府印发《关于琼中县农村建档试点工作实施方案》,并在营根镇及营根村委会开展农村建档试点工作,历时5个多月,共建档案547卷,并建立健全各项管理制度,为琼中县开展农业和农村档案工作提供了一些有益的经验。

2000年6月初,琼中县档案局在琼中县印刷厂开展国有企业建档试点工作,积累了经验,以点带面为全县企业建档工作的铺开提供有益的探索。2004年,琼中县档案局向全县各单位转发《海南省归档文件整理规则实施细则》,全面推广档案立卷改革,由原来的以卷为归档文件的整理单位,改为以件为归档文件的整理单位。2004年,为顺应信息化社会的需求,在海南省档案局帮助下,在国际互联网上建立了琼中黎族苗族自治县档案馆主页。2008年3月,琼中县档案局制订《琼中县村(居)委会建档工作方案》,对村级建档工作进行部署。2010年,琼中县档案局派出两名干部协助县林业局开展林权改革工作,编制《琼中县林权改革档案整理方法》,先后办了4期林改档案业务培训班,至2010年11月底,已全部完成县、乡(镇)、村三级林改文书档案和林户档案的建档工作,为琼中县林改工作的顺利验收奠定基础。至2010年底,琼中县档案馆馆藏全宗78个、档案共11832卷+34002件、资料有4418册(张)。1991—2010年,琼中县档案馆为党政机关工作查考资料、编史修志、学术研究、经济建设、宣传教育等接待利用者8160人次,提供利用档案、资料13057卷(件)次。

三、档案管理

1991年7月26日,召开琼中县贯彻"中华人民共和国档案法实施办法"暨档案工作会议。1991年9月11日,举办全县档案业务培训班,提高档案工作人员的业务素质。1995年,根据海南省档案局《关于开展海南省市县档案馆目标管理达标定级工作的通知》要求,琼中县档案局(馆)制定《琼中黎族苗族自治县档案馆目标管理达标定级工作方案》,对馆藏档案、资料进行大清查,补充和完善了档号和检索工具,1998年,琼中县档案局对档案库房进行装修,并接通消防用水,改善了馆藏档案的保管条件。1999年底,经省档案局考评小组考核评定,认定琼中县档案馆为海南省三级档案馆。2001年8月,琼中县档案局会同琼中县委办、县政府办、县人大法制工委联合组成三个执法检查组,依法对全县的档案工作进行全面执法检查,通过检查,促进了琼中县档案工作的开展。2006年,县档案局制订《琼中县强化机关档案管理工作方案》,印发《琼中县机关档案工作考核标准》,推进全县机关档案室建设,机关档案工作不断发展。2007年,出台《琼中县重大活动档案管理暂行办法》,并发到各单位认真贯彻实施。2007年,琼中县档案局(馆)在琼中宾馆举办"琼中县纪念《中华人民共和国档案法》颁布20周年档案图片展",为期2个月,促进全县档案事业健康发展。2007年,海南省档案局拨款5万元,琼中县政府预算外追拨5万元经费,对县档案馆办公楼进行全面维修,全部更换馆库电路,并购置消毒机、电脑、空调、传真机、刻录机、办公桌椅等设备,大大改善了琼中县档案局(馆)的办公条件和档案安全保管条件。2009年8月3日,琼中县政府批准在琼中县档案馆设立"现行公开文件查阅中心",开展现行公开文件的利用服务工作。为迎接新中国成立60周年,琼中县档案局于2009年9月在琼中县宣传文化中心举办"琼中县庆祝新中国成立60周年图片展"。展览共分为前言、亲切关怀、历史印证、丰硕成果、社会和谐、民生改善、乡土风情7个部分,共展出图片220余幅,时间跨度为二十世纪五十年代至2009年。2009年9月3日,琼中县档案事业开展综合评估工作以81.8分的成绩顺利通过省检查组的考评,确定琼中县档案局为"全省档案事业发展综合评估合格单位"。2009年,琼中县气象局综合档案室和琼中县检察院综合档案室被海南省档案管理达标考评小组认定为"海南省机关一级综合档案室"。2010年,根据海南省档案局的部署,县档案局研究制定了"琼中县档案目录中心建设工作实施方案",琼中县财政拨出10万元专款,购买4部电脑,聘请了5名人员,开展馆藏档案目录的电脑著录工作,到2010年底,已完成馆藏21万余条档案目录的著录工作,并开始使用电脑进行档案利用检索,大大提高了档案的科学管理水平和利用检索效率。

第八节 地方志

一、县志修编

(一)第一轮修志

1991年,琼中县史志办增订《中国地方志》等多种地方志期刊和相关书籍,分发给编辑人员自学,并结合评审志稿,组织各种专题学术讨论会,讨论了《经济》和《党政》篇各章节内容,探讨了如何保证志稿质量。琼中县史志办还派出2名编写人员赴辽宁省大连市和江苏省苏州市参加全国修志培训班,系统学习修志知识,交流修志经验。

1996年8月,第一轮《琼中县志》出版,全书88万字,印数1940本;同年10月16日召开志书发行大会,公开向国内外发行。至1997年,第一轮《琼中县志》赠送290本,出售168本。同年9月,省史志办在儋州市组织全省新志书评比会,《琼中县志》被评为三等奖。

2006年,为琼中各项事业建设提供资料参考,全年向县委、县政府及其所属部门、各市县赠送《琼中县志》32本,为他们提供有价值的参考史料。

(二)第二轮修志

2007年,根据国务院颁布的《地方志工作条例》规定和《海南省第二轮省市县三级志书编纂方案》的要求,琼中县全面启动第二轮县志编纂工作,成立修志领导机构,落实编纂人员;编制修志预算和篇目设置大纲;县委办、县政府办联合下发《关于成立〈琼中黎族苗族自治县志〉(续志)编纂委员会的通知》和《关于印发〈琼中黎族苗族自治县第二轮县志编纂方案〉的通知》。2008年,以县新闻媒体为窗口,大力宣传《地方志工作条例》和《海南省第二轮省市县三级志书编纂方案》的精神,发给第一轮《琼中县志》各供稿单位,向各单位征集资料,条件成熟的可进行试写,史志办工作人员钻研业务知识,做好上门指导修志工作的准备。2009年6月22—30日,派1名干部参加全国在宁波举办的县志知识培训班,为琼中县第二轮县志的编写打基础。2010年,完成《琼中黎族苗族自治县志(1991—2010)》篇目设置,二轮县志初步定为18编84章431节。

二、专业志与地情书籍编纂

1996—2010年,琼中县史志办先后编纂公开出版《琼中黎族苗族自治县条例》(1999年7月)、《县财税志》《南方农场志》《国土志》(1999年9月)、参与编写《海南百科全书》(1999年12月)。1999年,完成《新编中国地方总目提要》中的《琼中县志》内容提要,约3500字,撰写专题文章3篇;2000年,县史志办完成《人民英雄大典》征稿3篇,《中国党政领导手册》供稿1篇,约5000字,《海南英烈谱》琼中卷资料的征集、编写、定稿工作。

2001年4月8—13日，县史志办两位人员一同参加中国现代史学会当代方志专业志委员会在海口举办的全国地方志、专业志和年鉴研修班，学习方志编纂知识。2001年7月，县史志办编写的《王泽义》《陈斯安》两篇传略，入编《中国共产党革命英烈大典》，此书由红旗出版社出版发行。

县史志办配合县委宣传部完成《中国地方志》（音像制品）部分资料的编写。2001年11月，县史志办承编《中国地方志》琼中黎族苗族自治县（音像制品）历史沿革、历代先贤和民情风俗三个方面的资料编写任务，并于同年12月完成资料编写和音像录制工作。

2003年，开展《琼中新大事记》资料征集工作，全年征集到183份资料6万多字。

1991－2010年，琼中县有3个部门着手编写专业志，即《琼中县武装军事志》《琼中县新市农场志》和《琼中县民政志》。县史志办帮助修改纲目，并提供史料120余万字。2008年，由县史志办编写的《琼中黎族苗族自治县概况》，于同年12月由民族出版社出版发行。此外，史志办根据《琼中黎族苗族自治县2006—2010年史志工作发展规划》的内容，有重点地开展《琼中地情要览》《琼中之最》《地方志综合年鉴》等书稿的资料征集和撰编写工作。

三、年鉴编修

2009年，根据国务院颁布的《地方志工作条例》和2008年10月7日中共海南省委办公厅、海南省人民政府办公厅下发《关于做好地方志综合年鉴工作的通知》精神，结合全县实际，琼中县委办公室、县政府办公室联合下发《关于印发<琼中年鉴>（2009）编纂方案的通知》，正式开展年鉴编修工作。《琼中年鉴》由琼中县委领导、县政府主持，县直各部门、各乡镇及有关单位共同编写，县党史县志办公室统一汇总编纂，记述上年度琼中县各领域、各部门、各行业、各乡镇、各农场的基本情况、重要事件和主要发展状况的地方综合性年鉴。

2010年3月，公开出版发行第一部《琼中年鉴（2009）》。至2010年底，琼中县共编修出版发行1部《琼中年鉴（2009）》；征集到全县85个单位的《琼中年鉴（2010）》资料32万字。

第二章 广播电视

第一节 机 构

1991年,县广播电视局内设办公室、行政秘书股和广播事业股,为县人民政府正科级事业单位,事业编制13人,其中:干部8人,工人5人。县广播电台和电视转播台是琼中县广播电视局下属股级独立核算单位。共有人员67人,其中广播电台45人,电视台12人。1995年9月,实行机构改革,县广播电视局更名为县广播电视中心。1996年11月21日琼中县编委同意设立营根镇有线电视站,核定事业编制定编25人。实行自主经营、独立核算,自负盈亏。1998年1月21日,将县广播电台、县电视转播台和县城有线电视站合并,成立县广播电视台。同年12月21日,县广播电视中心更名为县广播电视局,财政全额拨款事业编制46人。县广播电视局为行政主管单位,县广播电视台为播出机构,实行局管台,局长兼台长,副局长兼副台长,局建立党支部和党组。

2004年11月,成立海南广电有线网络有限公司,各市、县分别成立分公司,原营根有线电视站改为海南省有线网络琼中分公司。2006年10月8日,取消县广播电视局,更名为县广播电视台。2007年6月20日重新核定编制为40人。其行政职能划归县文化广电出版体育局。

2010年,县广播电视台内设机构为4部1室,即发射部、信号部、编辑部、新闻广告部、办公室。实有在职在岗人员45人。

第二节 广 播

1991年,县台内设编播、值机、服务3个组和办公室,有扩大机3部,收录机6部,调频转播设备一套。琼中人民广播电台台址在琼中县城郊虎岭,海拔高度483米,塔高44米。1992年7月,海南省文体厅拨给琼中人民广播电台1部调频广播发射机并安装试播成功。1993年恢复4个乡镇广播站,调频广播覆盖率达到70%,覆盖人口13万多人,占全县人口65%,喇叭入户11203只。

1996年,琼中县有调频广播电台1座,调频广播发射机3部。同年11月,中央拨款25万元购置2部全固态调频广播发射机,12月16日正式发射使用。1998年,琼中县调频广播覆盖率达到85%。2000年全县建成卫星广播电视地面接收站89个,解决129个自然村3.1万人收听广播难问题。

2001年,百花岭"齐放发射塔"建成开播,同年,中央和省拨款24万元,购置1千瓦调频广播发射机2部(备机)。2005年,中央拨款配置1部发射机。

截至2010年12月,琼中县广播电视台有调频广播发射机3部,调频广播发射机1部。转播省台一套广播节目,同步转播省台一套节目,转播中央一套广播新闻节目,转播县台新闻节目,全县调频广播综合覆盖率达95.21%。县广播电台开设的栏目有《琼中新闻》《报摘新闻》《经济信息》《科学与生活》《政风行风热线》《合家欢》等。

第三节 电 视

1991年5月,琼中县电视转播台发射塔身加高2米,主桅杆加粗再加高10米,塔高达到44米,有电视转播发射机1部,1/2摄像机1套。每天播出17小时,年转播6120小时。除完整、准确转播中央和省台第一套节目外,还不定期自制节目播出,有《琼中新闻》《琼中三月三》《迷人的百花瀑布》《苗寨新貌》《琼中农村小康家庭》等。

1994年,县电视转播台发射机功率扩大。

1998年,开始在海南全省实施"村村通"广播电视工程。同年开始设广告节目。

2010年,琼中县有电视转播发射机4部,用16频道转播中央一套电视节目,用28频道转播中央七套电视节目,22频道转播省台一套节目,县台(6频道)转播琼中新闻,每天播出19个小时,年共播出7618小时,电视综合覆盖率达91.36%。县电视台自制节目有《琼中新闻》《合家欢》《人与法》《报摘新闻》《科学与生活》《经济信息》《政风行风热线》等。

附:琼中县广播电视局(台)历年荣誉

海南省2000—2002年度创建文明行业先进集体;

广电总局2001年全国村村通广播电视工程先进集体;

海南省2002年党的十六大安全播出先进集体;

广电总局2003年度全国广播电视技术维护先进单位;

广电总局2003—2004年度全国广播影视系统标准化工作先进集体;

海南生态省建设十周年"生态之星"生态风尚推广奖单位奖;

海南省2010年度全省广播电视安全播出优秀单位。

第三章 黎苗文化

1991—2010年，随着社会经济发展，人口流动频繁，原有的黎族、苗族习俗逐渐与周围的汉民族融合，有些习俗或消失或淡化，但有些民族习俗仍然保存完好，传承至今。

第一节 节日习俗

一、春节

俗称"过年"，除夕前一天打扫卫生、蒸米粿。除夕杀鸡备菜贴对联，发"利是钱"。下午敬奉祖先，吃团圆饭，饭后给小孩压岁钱。初一1—2时，祭祖先，鸣粉枪4~6响(或放鞭炮)，合家吃"岁饭"。上午，全村男子上山放狗(狩猎，20世纪80年代后逐渐减少)，初二出门拜年，初三早上"送赤口"。苗族除夕杀猪、蒸山兰糯米饭，做年粿。下午在院内摆供品敬奉先祖。供品上撑雨伞。晚饭时，摆两席，一席敬先祖，一席合家吃用。初一零时鸣粉枪迎新春。早、中餐吃素。早餐后姑娘绣花，小伙读书写字。下午至翌日，各家烧香点炮，互相拜年。初二夜晚，每村由4~5位长者"守夜"，鸡叫，鸣粉枪"打赤口"，各家随之。天亮后，扫地倒垃圾"送穷"。

1952年后，黎族苗寨大年初一均向军烈属和五保户拜年、送对联、放鞭炮。

二、元宵

俗称"年子"。家家捆粽子，做甜粿，杀鸡备菜敬祖先，放鞭炮。

三、清明

县北有扫墓习惯。1957年禁止扫墓，1980年恢复。机关学校常组织干部、学生为革命烈士扫墓，开展各种有意义的纪念活动。

四、三月三

每年农历三月初三，原是东方县黎族人民拜祭祖先的传统节日。1984年，经广东省人民代表大会和广东省政府批准，其定为黎族节日，放假两天。每年“三月初三”，琼中县城乡普遍举行各种文体活动欢庆节日。

三月三，也是苗族纪念邓、盘、李、赵、蒋五姓先祖的传统节日。同日，家家杀鸡抓鱼、蒸五色饭（用红林草、枫树叶、黄姜、茅草等分别榨汁将米染成红、黑、黄、蓝色、加白色米分格蒸成），祭祀先祖，祈求平安。今五色饭已减为红、黄、蓝三色。

为弘扬和传承黎苗文化，琼中县在2007年向海南省委、省政府呈报首次承办全省性的三月三节庆活动，自此，拉开海南全省黎苗三月三节庆活动。

五、端阳节

农历五月初五，家家吃粽子，备菜喝酒，洗“龙水”澡。

六、送鬼节

农历七月初一至初七日为送鬼期，县北农村在节日期间备香烛、酒肴祭祖先，给先人烧纸钱、冥衣，俗称“烧宝”。十五日晚，做生意的要给孤鬼布施，从家门往外插香烧纸钱达数丈远，“送鬼保平安”。此俗1957年后废止。1980年后恢复至今。

七、吃新节

秋收前，各家到园里捻回山兰稻，舂米蒸饭吃，预祝丰收，俗称“吃新节”。吃时忌外人参加。认为外人吃了会歉收。此俗今已淡。

八、冬至

俗称“吃馃节”。冬至日，县北农村磨米粉、毛薯、加红糖和水拌匀放进蒸笼蒸熟食用。

第二节 礼仪习俗

一、称呼

县西、县南地区的黎族，同辈男性互称“哈咾”，女性互称“君荷”。成人互称，尊称前置。如叔XX、哥XX、弟XX、婶XX、姐XX、妹XX。有孩子的夫妻互称,尊称放在孩子名字前面。如父XX,母XX。女子在夫家,他人不得直呼其名,要以其娘家村名为代称。如:媳XX、嫂XX (XX为娘家村名)。县北、县东称呼与汉族地区相同。

二、礼仪

男子相遇,互相让路,表示互相尊重;女子相逢,双方站定、拉手交谈,或并肩入屋,表示亲热;同辈男子相会,侧身挨近,叉手拍膀,表示亲热;晚辈见长辈,要站立让路,长辈见晚辈,以呼尊称和携手入座为礼遇;对小孩,女人抱起吻脸,男人抱起拍拍屁股,以示爱惜;见"奥雅"(老人)要尊称、让路、让座以示尊敬;见"怀雅"(头人)要弯腰低头,以示敬畏;请求许愿要下跪磕头;盟誓要双脚站立,双手捧鸡血酒碗一饮而尽,表示严肃、坚决;禀报或认许大事要事要割指按血印,或单腿下跪,左手扶粉枪,右手握腰刀,以示庄严;愤怒谴责以拍胸、拍桌、叉腰、跺脚、鸣枪、砍柱、击鼓咒骂表示;男子械斗,女子出来劝阻,必须停止。解放后,磕头、下跪、盟誓、按血手印等已废。

三、待客

客来,主人取炭火、烟叶、烟筒在门外接待,请其抽烟、休息,并将客人的行李拿进屋去。接着,杀鸡备酒敬客。席上,宾主对坐,男客先酒后饭,女家先饭后酒。主人敬酒时,先自饮、后敬客。客人喝后,主人要挟块肉送进客人口中。酒酣,主客对山歌,场面热烈。客辞行,主人要拿其行李送至村口惜别,嘱其再来。主人不送客是为怠慢客人;客人自拿行李是为嫌弃主人。

四、婚嫁

琼中县内黎族实行一夫一妻制。姨表和同一血缘集团不通婚。

1950年海南解放前,婚事由父母包办。经媒人引线,男家父母便带着求婚聘礼(光洋、烟叶、衣服等)于中午前到女家门口求亲,女家父母将其让进屋里摆酒款待。男家父母将其聘礼置于席间,并唱起求亲歌:"槟榔衣俑放桌面,多多少少请领队。一双光银表情意,上门拜亲定婚姻。"女方父母同意,便将聘礼收下,提出女儿身价商定。不同意不收聘礼。订婚后,如女方提出退婚,须将聘礼退还;男方提出退婚,聘礼则不收回。红毛、什运地区的青年通过"夜游",在"隆闺"私订婚约,在征得双方父母后,男家要给女家补送聘礼。富家女身价高,聘礼厚,且要双数。如铜锣两个,牛两头,光银双百,衣俑饰物齐全。一般女子只须铜锣一个,牛两头,光银30~50块,米3斗,酒3埕,猪肉20斤。长征、上安、吊罗山地区,女方母亲要尿布费,姐妹要分离流泪费,亲戚要认亲费,妇女要送娘路费。只有对婚(俗称"驳担",即双方换女为媳)和寡妇招赘婿不要聘礼。

结婚日子一般选在秋后至春节前。同日,男家派5名代表到女家接亲。其中:一女为引路娘,一女陪亲娘(新娘母亲),一女陪新娘,一男当联络员,一男护引送娘队。湾岭、乌石、红岛、长征地区新郎身挂红布或红毡被同往接亲。红毛、什运、吊罗山地区新郎不往接亲。接亲代表上午到女家。中午,新娘母亲和村中妇女组成送亲队送新娘往男家。新娘身穿鲜艳衣俑,头披花巾、挂耳环、银铃、手戴镯圈、玉珠圈、胸前佩挂银牌、银铃、珠链,腰系银链、银铃、手戴镯子、脚带银圈。用雨伞或草笠遮着脸孔,走在送娘队中间。太阳落山时到达新郎村口,新郎村的后生持火把窥视新娘和送嫁娘。

接着举行迎亲仪式:路口堆一撮干草,铺蕉叶,上放鸡蛋。一身穿绿色长袍、盘红头巾,手持尖刀和火把的老人面向送娘队祈祷平安。然后用刀斩蛋,割蕉叶,燃干草,放粉枪,庆贺送娘队平安进村。新娘和送娘队跨过火堆从后门进入新郎家。黎母山地区,新郎站在家门口,将手横举,让新娘从手下低头走进去。湾岭、岭头地区的新郎及其母爬上门楣,将腿横举,让新娘和陪娘从脚下走过。意为夫武压妻威,婚后平安。新娘进门,摆宴饮福酒,男家亲属和本村邻里同送娘队和外来贺客分两排对座,先吃饭后请酒。什运、红毛地区,席间置biang酒一埕,插小竹管两支轮流吸饮(也有用碗盛饮)。新郎新娘由陪嫁娘陪着逐一给客人敬酒。被敬酒者要给新郎新娘红包(钱封)。酒酣歌热,通宵达旦。

合亩制地区的妇女,婚后不落夫家,直至怀孕才回来。

1950年海南解放后,恋爱自由,婚姻自主,逐步废除旧婚俗。至1990年,大部分地区婚事新办。只举行婚礼,茶会或小宴,赛山歌。苗族青年自由恋爱。成熟后,男方禀告父母托人向女方父母"问亲",同意后便送礼择日迎娶。吉日前一天,新郎和6名陪郎到女家接亲。女方全村妇女聚在村口拦逗,或捻,或追赶,或轻打,新郎在陪郎保护下躲闪,诙谐有趣。翌日,新娘在陪娘陪同下随新郎回男家举行婚礼。同时,新娘梳髻发插银钗,披花巾、佩耳环、身着苗服。脚缠黑绑带,用毛巾遮住嘴巴。新郎身穿长褂,头缠黑巾,分别由陪娘陪郎陪着向父母、主婚人三鞠躬,夫妻对拜,交换毛巾,接着向众人行礼、敬茶。

婚礼结束后,新娘手拿米筛,由陪娘陪着向新郎的兄弟和亲戚按辈分大小,依次举筛行礼。受礼者将备好的红包放在筛里。

3天后,新郎送新娘回娘家,就此住下。3年后才带妻回家。

苗人夫妻恩爱,形影不离。丈夫外出拜亲、会友、集市、捕鱼、贺喜、奔丧均带妻同行。

五、生育

1950年海南解放前,妇女生育由有经验的村妇助产,婴儿脐带用竹片割掉,胎盘用树叶包着或吊在树上,或埋在地下,或抛入河里。3天内,门口挂青,禁止外人入屋。并请道公做"平安",给婴儿取名,带铜钱,系蓝红青三色线"驱邪"。产妇日服草药补身(多为牛牯大力、千层血草等),吃干饭,以生姜和田基草为菜。满月时吃鸡炒艾叶黄姜饭,用龙眼叶或黄皮叶煮水洗澡,并给婴儿"挂红",摆满月酒。

苗妇分娩,由母亲接生,家人烧香求神保平安。割脐挂青与黎族同。婴儿衣服用父母穿过的衣服改作。婴儿右手用布裹在身上,不让活动。认为裹住右手,小孩长大不顽皮,穿衣服不易破。产妇分娩后,用黄毛小鸡(生男用公鸡,生女用母鸡)一只,吊死,宰净切碎,加姜片煲汤热吃。月子内产妇食用的盐皆用树叶裹着置火上烧过。小孩满周岁,要备粽子、光银、算盘让其“拾岁”。

1960年后,黎族苗族孕妇多到卫生院分娩,旧习遂废。

六、丧葬

什运地区病人断气时,亲属要给死者嘴里送饭、送水、呼名、洗脸梳头、反穿衣服,鸣枪报丧,并移尸屋的正中。女尸头朝后门,脸涂炭灰,男尸头朝前门。尸旁设灵,祭品是两把稻穗,一个酒碗和牛下颚骨。亲属按辈分排座两旁呼哭,守灵2~3天(富家7~10天)。同时,派人上山伐木凿独木棺,送往墓地。其他地区老人死前家里多数备有6板棺,死后停尸2天入殓外葬。吊罗山、上安地区出殡时,死者女儿坐在棺上,儿子伏地让棺材跨过。合亩制地区,尸体用毡被和草席包紧,上盖毛毡,由亲属抬杠,众人扶送,在精熟族谱的“奥雅”引导下走向墓地,“奥雅”举锄定坟,众人挖成坟穴,先入棺,后殓尸。“奥雅”在穴前呼叫死者先辈名字,请其将死者领去,然后盖土。坟上放两把稻穗和陶罐、陶锅、陶碗各一个,牛下颚骨一副。接着,村人集中在死者家中喝孝酒,唱悼歌。饮孝酒的时间为:死父母饮12天,死兄弟饮7天,死儿子饮5天,村人死,饮3天,只喝酒吃菜不吃饭。其间,亲属要反穿衣服,孝满才能换衣服洗澡,并将死者遗物丢置幕山路口。县北、县东地区,人死后家里设灵牌“做七”,向死者哀悼。“七满”(七七四十九天),做佛事超度亡魂。

什运地区有固定墓地,葬后不立碑,不扫墓。其他地区没有固定墓地,葬后立碑,每年清明有扫墓习惯。

非正常死亡,尸体不准扛回村,不准亲属啼哭,不准停尸过夜。入殓时,只能用树叶或被席包裹尸体,不用棺材,不得与正常死亡者埋在一起,要埋在河沙里,让大水冲走,埋时,尸脸向下,意在不让“凶鬼”出来作祟。

苗族病人将死,家属给其理发、更衣、摘金牙、拆睡床、打扫房子,并将其移置房子正中。死后用白布盖尸,鸣枪报丧,家属戴孝。死者儿子到懂办丧事人家跪地求助,被求者用白纸裹刀插地表示答应。接着备棺入殓,同天出殡。出殡时鸣枪,亲属袖带白布在村口等候,棺过跟送。到达墓地后,从死者子女开始,按亲疏、辈分列队绕穴一圈,依次在棺材上按手印,意为让死者牢记。棺木入穴,亲属每人铲土一把盖棺,后即离去,途中不得回头、停留。回家后,用树叶水洗手、拭目,换衣服,夜里邻居来作陪,吹打弹唱给主家驱邪解愁。第三天,家属给新坟垫土,丧事结束。

1962年,海南黎族苗族自治州人民政府严令破除迷信,规定死人要及时埋葬,禁止杀牛宰猪敬神祭鬼做佛事。黎族苗族丧事均从简。1966年起,村里死了人,村民集中开追悼会悼念死者。1985年后,封建迷信死灰复燃,陋俗重现。

第三节 生活习俗

一、饮食

黎家以米饭为主食。一日三餐,爱稀不爱干。每天早晚做饭,煮熟后用生水冲稀。县西、县南地区的村民喜以河鲜野味下饭,但烹调方法简单,且无配料。肉食多用火烤,爱腌鱼、肉糟(黎语称“祥”)。腌时拌以舂碎的炒米,野菜、加盐调匀,用罐子密封7天就可吃用。其味酸甜,是黎家待客上肴。此外,还有一种用斩碎的牛脊骨或鹿脊骨,拌以半熟的干饭腌渍成酸的“南杀”,也是黎家最爱吃的。1980年后,“祥”还普遍腌制吃用,但“南杀”却很少有了。原因是少杀牛,无原料。黎家外出,常以竹筒装米加水烤饭吃,俗称“竹筒饭”,味道清香可口。

二、粉丝待客

粉丝由米粉或豆制成,可炒可汤、可拌其他肉菜,快熟、好吃。粉丝副食店有售,农家常备以待客。

三、嗜烟酒

黎族男女嗜烟酒。烟以自种为主,用竹制水烟筒抽吸;酒多自酿,品种有米酒,杂粮酒等。其中以山兰糯米酒最佳。和平、吊罗山地区村民喜嚼槟榔。

四、服饰

1950年海南解放前,什运、红毛、长征、和平、上安、吊罗山等地的黎族妇女,上穿黑色无领、无扣、长袖对胸开襟衣,衣的背后绣着方块图案,袖边、衣边均镶白布条,衣襟两边各缝一行铝质圆钮,胸前系黑兜肚,下穿自织桶裙,头戴黑头巾;男子上穿无领短袖对胸开襟黑衣,下穿缠头黑裤。什统黑地区的男子,下身前后各系一副野麻织的赤色“吊襜”布。1952年后,黎族汉族人员交往频繁,黎族穿戴逐渐汉族化。1980年后,90%以上的黎族人民改穿汉族服。

苗族妇女穿蓝黑色及膝长衣。款式为红边、无领、长袖、有扣、右开襟,下端两侧开口子。头戴黑色尖顶绣花巾,腰系红穗带,小腿打绑布,爱用网兜背东西。男穿蓝布右开襟衣,无领无兜有铜纽扣,下穿黑色缠头裤。20世纪90年代苗女仍穿苗服,男子穿戴与汉族同。

五、饰品

县内黎族妇女的装饰品,以什运、红毛、上安、吊罗山等地较有特色。品类有首饰、颈饰、胸饰、腰饰、肢饰5种。首饰有银针、银钗、银簪、银铃、耳环、骨簪等;颈饰有圆形、或扁形银项圈(也有铜铝制品),白色或蓝色玉珠、玻璃珠串等;胸饰有银牌、银链、珠铃和镶耳圈的银元和铜钱等;腰饰有捆银链和挂小银铃;肢饰有手脚银(铜)圈和玉镯。解放前,全套妇女饰品要用2~3头牛或1~2口铜锣才能换到。1950年海南解放后,银装饰品多被国家收购,民间所余极少,1970年后,仅什运地区的妇女婚嫁时佩戴(多为铝制品),其他地区已不多见。

六、美容

县内黎族妇女,因地区不同,美容方法各异:什运地区的妇女盛装时,脖戴大捆蓝白小玉珠串,腰挂精致小藤(竹)篓,头戴宽大葵叶笠;黎母山地区的妇女以修整弯眉为美,未出嫁女子不能整脸毛,出家时才"开脸"(用线卷拔),并把眉毛修细。什运、红毛一带的后生,喜将眉毛捻短。1965年后,中青年男女大多数到理发店整容,未出嫁的女子也已"开脸",打扮与汉族姑娘同。

七、纹身

什运地区妇女有文身(绣脸)习俗。认为文身师崇拜祖先的标志,是美容。女孩子长到十三四岁,家人便请纹婆给其文身。纹时,纹婆先在受纹者脸、脖、腹、背、臂、腿、唇等处画出图案。如方块纹、树叶纹、谷粒纹、泉源纹和几何方形纹等。再沿纹线涂上用染料草制成的蓝色水,然后用红白藤刺将蓝色水刺进皮肉中。文身是强制进行的,受纹者很痛苦。1962年后,人民政府禁止文身,同年起此俗已绝。

八、用具

刀篓:用竹篾或藤片编成,状似圆筒,口径20~25厘米,长35~45厘米,男女上山下地系于腰间,可插钩刀、装豆菜杂物。

水烟筒:用茶杯大的竹筒制成,长约70厘米,上端为烟嘴,下端末尾节不通,可盛水。自烟嘴至下40厘米处挖洞插段小竹子为烟锅。吸时咕咕响。县人形容说:吸入都如龙滚水,呼出好似风送云。这种烟筒大多数农家都有。

第四节 生产习俗

一、男女分工

1950年海南解放前,县境内黎族男女在生产生活中分工机械刻板,互不相参。妇女担负下种、拔秧、插秧、除草、赶鸟、收割、净园、点种、捻山兰、舂米、煮饭、砍柴、挑水、养猪、酿酒、织绣、制陶器;男人负责犁耙田(踩田)、整田埂、选地、坎山、梵园、围篱、守寮、挑稻、搭晾稻架、养牛、打猎、建房、编织。如果男人干了女人负责的工作,就会被人讥笑,看不起。解放后,特别是人民公社化后,男女平等,同工同酬,分工界限被打破,有工一起做,不分男女,互相帮助。

二、择日下种

1950年海南解放前，黎族民众播种作物下种时要选择吉日。虫日、猴日、火日不能下种。认为虫日下种多虫害，猴日下种多兽害，火日下种易发稻瘟病。吉日下种得丰收。下种日，人穿新衣，门口挂青（树叶，下同），禁止外人入屋。解放后，破除迷信，科学选种育秧。此俗已绝。

三、牛踩田

1950年海南解放前，琼中县黎族多用牛群踩田。琼中县不少地方因地势和泉水作用，山脚下出现很多"深脚田"和"泥肉田"，田泥深度一般在40～70厘米，给耕作带来很大不便。这些田不能用犁耙耕耘。黎族农民根据山区牛多的特点，采用驱赶牛群踩田，以代替犁耙的办法。即由一个大人或小孩扬鞭指挥，驱赶几头以至十多头牛，反复周转于田间，踩踏田泥达到稀烂，然后进行插秧。1958年后，多用犁耙耕田，用牛踩田逐年减少。进入20世纪70年代，一些社队使用手扶拖拉机耕种。

四、插秧

1950年海南解放前，每造开插第一天，田主门口挂青，主妇穿新桶先下田插100株，并在旁边插上树叶，以示"稻魂"有主，然后众人才下田插秧。是日，田主夫妻不得在床上休息，遇外人不能讲话。认为躺在床上休息插秧会慢，同外人说话会透漏运气，禾苗生长不好。解放后，此俗已破除。

五、田管

旧时种田无施肥习惯，插秧后只除一次草。水稻扬花便整梗、装草人，搭守望寮防鸟兽。稻子结谷时，白天赶鸟，晚上带够守寮（即巡逻）。水稻发生病虫害，便认为是"雷公鬼洒尿"，要杀猪祭"雷公鬼"，砍芒草和黄姜叶插田驱魔除稻瘟。1958年后，推广科学种田，除防鸟兽措施仍沿用外，求神保丰收、种田不施肥旧习已革除。

六、种山兰

山兰稻，一年一造，刀耕火种不翻土。工序是：（1）选地。以树木生长茂密处为好。（2）砍伐。先砍小树、杂草，后砍大树枝，砍时，口唱《砍山谣》，以带钩竹竿攀枝过树，逐株砍伐，直至砍完才下来。（3）樊园。草木晒干，在烈日下顺风点火梵烧。（4）点种。地梵净，经雨水浇透后点种，男用尖木棍戳穴，女跟着下种封穴。苗长后，可间种番薯、木豆和其他作物。（5）管理。主要是除草，搭寮守望，严防鸟兽。（6）收获。山兰熟了，以手镰捻收，然后，聚拢成把，晾在园中的木架上，春节前才搬回家。1980年后，封山育林，严禁砍山种山兰，村民仅在山坑岭角寻地零星种植。

七、放牛群

农忙过后，主人于牛日敲锣打鼓为牛"招魂"，用竹筒给牛灌酒，谓之灌"福酒"。灌时，口念

“福酒喝够，草料吃饱，牛群上山，福气来到”。念毕，杀鸡敬牛神(俗称牛公)，然后解下牛神，给头牛系上响梆子，赶上山野牧，任其寻吃，无人看管。用时再找回来。1957年后，牛群入社，每对有饲养员1～2人负责放养，1978年中共十一届三中全会后，生产体制改革，耕牛折价归农户，私人饲养牛群日增。但灌福酒敬牛神旧俗已绝。

八、狩猎

狩猎，俗称放狗，农闲或节假日，全村男子持粉枪，挂刀呼狗，在“俄巴”(猎头)带领下上山围猎，猎手们集中行过放狗仪式便分阜把守，由一人带群狗进山呼喊，将野兽赶出射杀。猎物分配：“俄巴”取兽头，先击中猎物者获兽腿一条，呼狗进山者得颈肉，余肉按参猎人、狗均分。

苗族猎手善于掌握野兽活动规律，能从野兽脚印中辨别种类、公母、大小，路过时间和行走方向。一经发现，不管费时多久，必穷追捕获。狩猎形式方法与黎族同。猎肉分配：第一个击中猎物者得3份，补抢者2份，狩猎头人得背肉1条，余众和狗各得一份。

1958年起，带有迷信色彩的放狗仪式已废除。1980年后，垦荒种植，猎物减少，聚众围猎已很少进行。黎族、苗族猎手多采用挂枪、安圈套、装竹签、挖陷阱等方法捕获猎物。20世纪末，为了加强社会治安管理，一般不再允许村民私下拥有猎枪，加上为了保护野生动物，狩猎这一习俗已基本禁止。

九、舂米

1965年前，黎族苗族妇女常用独木制成的木臼和木杵舂米。木臼圆形有大有小，大的高60～80厘米，直径50～60厘米，槽底平坦；小的高40~50厘米，直径30~50厘米，槽底锥圆形。舂杵长1米，也有大小之分。大的两头大两端面平，小的两端锥圆。大杵用于脱谷壳，小的用于舂米。舂声节奏分明动听，动作健美。一人舂米“咕曲 咕曲 咕曲咕曲”。结婚、入新屋等喜事，主人都请妇女舂米助庆。1966年后，碾米机逐暂代替了人力舂米。

十、捕鼠

黎族苗族人家喜捕鼠吃，捕法多样，常用的有夹捕、筒捕、追捕、挖洞捕4种。今多用鼠药灭鼠，捕鼠吃肉已不多见。

十一、合亩

1950年海南解放前，县西部分黎族农村有合亩制。合亩，黎族“玟茂”即合伙生产，一般由有血缘关系的3~10户组成。耕地为合亩所有或各家私有，合亩使用。耕牛和农具为各家私有。亩内有亩头，由辈分最高的男性担任。亩头主持亩内的生产和分配。播种、插秧、收获均由亩头或其妻下田先干，亩众方可动手。吃新谷时也由亩头先吃。亩里发生纠纷，亩头有权处理。亩头死了，弟继，无弟可传长子。

亩内共同生产所得的产品,除留下“稻公稻母”和“公用粮”(即种子和备用粮)外,不管各户人口多少,一律按户平均分配。亩头家除得到同样一份外,每块田无论大小,都要留下两把“偏没”(即稻谷)给亩头,以备七八月酿酒吃。吃时,亩人均可参加。严禁不同祖宗的人吃用,更不能用来喂鸡狗猪或换物。如错把“偏没”分给其他成员,就认为亩头会死忙,或生产会受灾,要杀牛“做鬼”。

亩内有人盖房,亩人都来帮忙,只喝酒,不要工钱。新屋落成,主人杀牛摆庆贺酒。1956年后,各乡成立农业生产合作社。合亩制被废除,但盖房请酒习俗扔存。

十二、酿酒(biang)

县人酿酒称“作biang”。方法是把山兰糯米浸透,捞起蒸熟晾干,洒入酒饼粉拌匀,装进用蕉叶铺好的萝内,封口吊起,第四天就有酒汁流出,用盆接着就为“酒滴”。第七天放下吊萝,将酒糟取出装入瓮里,酒biang就酿成了。密封后埋入地下,时间越长酒味越醇美。因其色白,宋时苏东坡称为银皮酒,今人誉为玉液。

十三、建屋

黎族、苗族建屋,先选好屋基,后择吉日立柱。立柱时,柱头插蒌叶和红藤刺叶,屋场正中竖竹竿挂葵叶以示吉祥。一家建屋全村帮工。新屋落成鸣粉枪庆贺,并请众人喝“新居酒”。此俗今仍盛行。

第五节 黎族苗族民歌

琼中是民歌之乡,黎族苗族民歌在这里源远流长。

黎族民间歌曲有黎腔黎调和汉腔黎调两种。黎腔黎调歌曲就是用黎语吟唱的传统民歌,歌词多以叙述为主。歌词不要求严谨,有三言句、五言句和七言句或多言句。这一类民歌分布在使用黎族方言的什运乡、上安乡、吊罗山乡、红毛镇。汉腔黎调民歌是用海南方言按照黎族曲调吟唱的民歌。歌词的结构严谨。一、二、四句用海南方言押韵。

黎族民间歌曲的内容丰富,有《时政歌》《劳动歌》《情歌》《儿歌》等,曲调也很多,有四亲调、罗呢调、哎喉调、雅把调、七弓调、乐东调、什运调、红毛调等13种曲调。其中,四亲调在全县区域普遍流行。七弓调流行于上安、吊罗山地区,罗呢调、红毛调、什运调流行在红毛、什运地区。2009年4月,由县政协收集整理1437首黎族民歌编辑成《琼中黎族民歌》出版发行。

苗族民间歌曲在全县各苗村都比较流行,歌曲的曲调单一,千篇一律。但歌曲的内容很丰富,有传统的《盘皇歌》《情歌》《平安歌》等。

《叫侬唱歌侬就唱》这首歌属于汉腔黎调民歌,自民国时起就在流唱至今。黎族青年男女在婚礼中认识,经常对唱情歌。以此说明追求偶像的标准。《叫侬唱歌侬就唱》是情歌,多是女方演唱,表达女方追求什么样的意中人。唱歌时要表情深切,腔调甜美,表情深切,腔调甜美,演唱场所无禁忌。歌词为七言四句,一、二、四句要求押韵。衬词经常出现在第二、四句最后三个字。衬句:"咧""咧吓" "罗咧"。

叫侬唱歌侬就唱

叫侬唱歌侬就唱

叫侬唱歌侬就唱

只要蜜糖甜透心

千金万银侬不要

只要哥哥情意深

叫侬唱歌侬就唱

只要情哥听仔细

牛羊满圈侬不要

只要情哥合侬意

叫侬唱歌侬就唱

只要歌声传四方

岁流懒汉侬不爱

只要能干的好好情郎

《有歌不唱留做乜》属于汉族腔黎调民歌,自民国时起就在该地区流唱至今。此歌用于引歌,在酒席中常用来引发对方唱出心中的歌。演唱此歌要抓住欢快跳跃的节拍,有理有力,要有挑衅性,才能把对方的歌引出来。歌词为七言四句,一、二、四句要求押韵,结构严谨。无衬词,衬句为:"咧""啰"。 黎族人民生来爱唱歌,人人懂唱歌,但有部分人害羞,不敢在大众场合唱歌,只好用此歌挑逗,让他们把歌唱出来。

有歌不唱留做乜

哎 有歌不唱留做乜

留来地食田啊和食地

食田地那边啦要钱买

唱歌地两条啊不要钱

交情歌

(時噜调)

(啊時噜)初次见阿妹(哎)

(啊時噜)坐到时草丛枯(咧哟哟哎)

(啊時噜)再次见阿妹哎

(啊時噜)草扣笋能拔(咧哟哟哎)

(啊時噜)竹能做箩筐哎

(啊時噜)树木能做桷(咧哟哟哎)

(啊時噜)蜂蜡做篓圈哎

(啊時噜)此路 永行(咧哟哟哎)

《离别歌》是首情歌,属于汉族腔黎调民歌。自民国时起在琼中县上安乡流唱至今。此歌用于情人分别时自唱,黎族青年男女离别时千叮万嘱,牵肠挂肚,安慰对方。主要是叮嘱情人离别后,莫忘了有情人,要珍惜两人的情爱。唱歌时要亲切,情深才能产生依依不舍的效果,才能打动对方。歌词为七言四句,结构严谨,一、二、四句尾字押韵。无衬词。衬句有:"罗呢""哎加罗哎加罗"。此歌能在大众场所演唱。

离 别 歌

(啰呢调)

千嘱万嘱(罗呢)

妹在后(哎)

哥欲分离(罗)这时候(罗格罗喂格罗)

这去一年(罗呢)十(罗)二月(哎)

不知那时(罗)才回头(罗格罗喂格罗)

千言万语千(罗呢)

留在后(哎)

哥欲起行(罗)这时候(罗格罗喂格罗)

从此分离(罗呢)千(罗)万里(哎)

日夜挂妹(罗)在心头(罗格罗喂格罗)

《挂念歌》是首情歌,属于汉族腔黎调民歌。自民国时起在全县各地开始流唱至今。此歌是思念情人时才唱,把情人间的牵挂比做鱼与溪、针与线、脚与鞋。谁都离不开谁。此歌腔调高、旋律美,男女青年在上山劳动时,感到孤独就把心中的爱淋漓尽致地表达出来。此歌忌在大众场所演唱。歌词结构为七言四句民歌,一、二、四句最后一字以海南方言押韵,无衬词“四亲喂”。衬句为:“哎呢”“喂呢”。黎族男女青年思念对方常唱此歌。以表达对心上人的挂念之情。

挂念歌

(四亲调)

(啊四亲喂)哥挂阿妹(喂呢)挂得多

挂你都如(呀)鱼挂溪

(啊四亲喂)挂你都如(喂呢)针挂线(喂)

挂你都如(呀)脚挂鞋

(啊四亲喂)哥挂妹(喂呢)挂悠悠

挂你都如(呀)马挂缫

(啊四亲喂)挂你都如(喂呢)蜂挂斗

挂你都如(呀)灯(啰)挂油

《与哥坐下围四边》是首独唱情歌,属于黎族传统民歌,流传于琼中黎族苗族自治县红毛地区。以前是用黎族方言演唱,民国后改用海南方言演唱至今。此歌意为能够与情哥坐在一起,相亲相爱,永不分离。唱歌时要求掌握旋律,深情中速,此歌忌在大众场所演唱。歌词结构为七言四句,结构严谨,一、二、四句用海南语押韵。衬词为:“坐下”“坐近”“哥身”“相抱”。

与哥坐下围四边

与哥坐下阿迪围四边,

偏偏坐近阿迪歌身边,

坐近哥身阿迪香油气,

相拥相抱阿迪不分离。

《女儿长大嫁人室》是首生活歌,以独唱为主,属于黎族黎调民歌,自古就在琼中上安一带流唱至今。此歌以叙述女儿回家经过,其意是父母对女儿别太粗蛮,女儿才能爱父母。嫁出去的女儿,泼出去的水,父母多么挂念她,她也不能天天回父母家。父母要体谅她,她才能经常回家探望父母。唱歌时要慢。歌词语句不统一,有五言句、七言句,也不强求押韵。无衬词、衬句。

女儿长大嫁人室

(雅把调)

女儿长大嫁人室

父亲叫她回家看

不肯过夜

父亲抓一把竹子想打她

打着我姐姐哎老呀

《人交久长才知情》是首独唱情歌，属于汉腔黎调民歌，自古原为黎腔黎调，民国以后改为汉腔黎调。原来仅流传在什运地区，现在全县各地都在传唱，此歌多用情人相会至深更才唱。其意为要了解情人的心，要用很长的时间才能知道。黎族男女青年相会到半夜三更。相拥相抱，恋恋不舍，常唱此歌。此歌多在深更时唱，忌在大众场所唱。歌词为七言四句，结构严谨，一、二、四句用海南语押韵。无衬词、衬句，前(后)音为:“咧”“哎咧”。

人交久长才知情

一更欲了二更到(咧)

哥有青茶快快煲(咧)

马走远路才知累(咧)

人交久长才知情(咧)

(哎咧)人交久长才知情(咧)

《捡螺歌》是首生活歌，此歌属于黎腔黎调民歌，流传于什运乡，自古以来一直流唱至今。黎族男女青年空闲时候，经常结伴到河里摸螺，摸螺时常唱此歌增加欢乐气氛。在摸螺中，他们常常一边摸螺，一边唱此歌。歌词为五言七句或多言句，无分节、无押韵。无衬词、衬句，前(后)音为“罗”。

捡螺歌

捡螺去捡螺啰

带妹去捡螺

妹不想去那就算

只给妹螺仔啰

明天早上快点捡

让它快点满刀篓

今天捡回一刀篓

用小土锅煮啰

与酸糟一起煮

又香又好吃咧

土锅南杀比不过它

不要煮背海舌哎啰

《摇篮曲》属于儿歌,此歌属于黎腔黎调民歌,流传于什运乡地区,自古流唱至今。此歌用于婴儿摧眠。通过吟唱,让婴儿进入梦乡。黎族老人或母亲为了让婴儿早入眠,常唱此歌,把婴儿催入梦乡。歌词有五言七句,无押韵。无分节。衬词为:“睡睡”,衬句有:“啊”。唱歌时忌有人吵闹,以免使婴儿难入眠。

摇篮曲

睡睡我的儿

睡睡我的儿

睡了爸上山

睡了妈下田

拉回大菠萝

拿回大山薯

好好睡被窝

别哭阿儿阿

别哭阿儿阿

别哭阿儿阿

唔

注:以上内容摘自琼中政协文史第十五辑之《琼中非物质文化遗产录》一书。

第四章 体 育

第一节 群众体育

1991年，元旦、“五一”“五四”、国庆节期间，各乡镇都开展篮球赛、排球赛、象棋比赛等体育活动。

1995年，元旦、“三月三”“五一”、国庆节期间，开展群众性篮球、排球、乒乓球、围棋、象棋、拔河等体育比赛；9月底，组织县直属机关单位举办“全民健身长跑比赛”，共有21个单位、460多人参加比赛；农村群众体育活动丰富多彩，吊罗山乡被评为全国体育先进乡镇。

1996年，元旦和春节期间，举行了男子篮、排球赛和女子篮、排球赛等体育活动；“三月三”期间，举行民族传统体育比赛，如粉枪射击、射弩、顶棍、拉乌龟和篮排球赛等；“五一”和“五四”期间，举办了“财税杯”男子排球大奖赛、“邮政储蓄杯”篮球锦标赛和迎“三运”全民健身长跑比赛等群众性体育活动。

1997年，元旦和春节期间，举办男女篮球赛；“三八”妇女节期间，与县妇联联合举办拔河赛；“七一”期间，举办百人体操，配合县机关部门举办千人长跑比赛和男子篮、排球赛等活动；在琼中黎族苗族自治县成立10周年庆祝活动期间，举办篮球赛、男子排球赛、拔河比赛和民族传统粉枪、射弩、顶棍、拉乌龟等比赛。

1999年，“三月三”期间，举办男子篮球、排球锦标赛、少数民族传统体育比赛；国庆期间，举办篮球赛、排球赛、射击比赛、少年儿童游泳比赛、少数民族传统体育比赛。

2000年，共举办10个项目23场比赛；在“三月三”期间，举办民族传统射弩比赛；黎母山镇在“三月三”“七一”期间，举办篮球、排球比赛。

2001年，举办全县千人长跑比赛2次，少数民族传统体育项目骑牛、扛甘蔗、顶棍、射弩、拉乌龟、打陀螺比赛各1次,象棋比赛1次,篮球对抗赛2次,排球比赛1次,乒乓球比赛1次,拔河比赛2次。

2002年,举办"三月三"少数民族传统节目,射弩、拉乌龟、顶棍、穿长屐比赛,共11个乡镇192名运动员参加;举办2002年县城男子篮球联赛,共10个队伍参加,45场比赛。

2003年,元旦期间,举办迎新春"光彩杯"排球赛;"三月三"期间,举办顶棍、射弩、拉乌龟、打陀螺等少数民族传统体育比赛;"国庆"节期间,举办县城男子篮球赛;11月21日至12月31日,举办县城男子篮球(甲、乙)级联赛;协助团县委举办"五四"篮球比赛。

2004年,举办迎新春"税务杯"县城篮球联赛;"三月三"期间,举办顶棍、射弩、拉乌龟、打陀螺等少数民族传统体育比赛;全民健身活动有所发展,全县常年参加健身活动的人数52600人,占总人口的26%;县水务局被评为海南省群众体育先进单位。

2005年,全民健身运动在城乡广泛开展,全年参加体育健身人数52600人,占全县体育人口总数的23%;"三月三"期间,举办了顶棍、射弩、拉乌龟、打陀螺等少数民族传统体育比赛,来自全县各乡镇的9支队伍400人参加比赛;湾岭镇被授予全国群众体育先进集体,黎母山镇的符文能被授予"全国群众体育先进个人"称号。

2006年,全民健身运动在城乡广泛开展,全年参加体育健身人数52600人,占全县体育人口总数的23%;"三月三"期间,举办顶棍、射弩、拉乌龟、打陀螺等少数民族传统体育比赛,来自全县各乡镇的9支队伍400人参加比赛;协助县总工会举办"五一"节职工乒乓球比赛、湾岭镇第二届男子篮球赛。

2007年,全民健身运动在琼中城乡广泛开展,全年参加体育健身人数52660人,占全县体育人口总数的23%;举办迎奥运万人长跑活动、迎奥运会全民健身活动;协助县总工会举办"五一"千人健身长跑和男女拔河比赛。

2008年,"三月三"期间,组织10个乡镇传统体育队伍,100多名运动员参赛,开展顶棍、射弩和押加等3项传统体育大竞赛,群众观看人数将近万人;"五一"期间,协助县总工会举办县直机关企事业单位干部职工男女篮球和迎奥运千人长跑比赛,参赛人员达3000多人次;协助海南电网琼中供电公司和县国土资源局兴办的"电网安全杯""资源保护杯"男子篮球赛,参赛人员达200多人次。

2009年"三月三"期间,举办少数民族传统体育比赛、农民篮球赛;元旦、"五一"等节假日主办和承办了羽毛球、长跑、篮球等比赛;举办县科级以上领导干部篮球赛;海南省民宗厅命名琼中县为海南省少数民族传统体育项目训练基地,射弩、板鞋竞速等项目的运动成绩在全省领先。

2010年,"三月三"期间,举办第二届农民篮球赛,参加队伍40个,人数300人;元旦、春节期间,举行县副科以上领导干部篮球赛;"五一"期间,举行羽毛球赛;举办长跑比赛;举办全县广播操比赛,参加单位14个,人数600多人;保持羽毛球馆、游泳场正常开放。

第二节 竞技体育

1995年,在全省田径锦标赛中,获2枚银牌、4枚铜牌;在全省青少年射击比赛中,获16枚金牌、14枚银牌、16枚铜牌,团体总分第三名,其中琼中县杜海山、吴民两位射手打破男子自选枪40发立射省纪录;在全省少年田径苗子赛中,获2枚铜牌;协助县残疾人联合会承办了全省第一届残疾人运动会。

1996年,承办1996年全省青少年射击比赛,在比赛中获集体总分第二名、集体银杯1枚和文明组织奖,个人奖金牌2枚、银牌4枚、铜牌1枚;在全省少年田径比赛中,获1枚金牌、1枚铜牌;在全省老年人运动会中,获女子象棋比赛第六名。

1997年,在全省少年田径竞赛中,获1枚铜牌、3个第五名、2个第六名;在全省青少年射击比赛中,获2枚金牌、4枚银牌、1枚铜牌和男子团队总分第二名、女子团队总分第三名;在全省少年游泳锦标赛中,共有7名运动员分别取得第四、第五、第六名。

1998年,承办1998年海南省青少年射击比赛,并获1枚金牌、2枚银牌、3枚铜牌,以及男子总分第二名、女子总分第三名。

1999年,举办“古井杯”足球比赛、“中海杯”足球比赛;在全省青少年射击比赛中,获2枚金牌、4枚银牌、1枚铜牌,及男子总分第二名、女子总分第一名;在全省少年田径比赛中,获1枚铜牌以及3个第五名、2个第六名。

2000年,在省首届运动会中,组织53名运动员参加游泳、羽毛球、篮球、田径、乒乓球和射击6个项目的比赛,获5枚金牌、4枚铜牌,女子射击队获团体总分第二名,2人分别打破汽、步枪60米射击省纪录。

2001年,在全省少年体育比赛中,获2枚金牌、1枚银牌、3枚铜牌,第四名4人、第五名13人、第六名15人;在全省射击比赛中,获女子团体总分第一名,一人打破省射击记录。

2002年,在全省少数民族运动会中,获3枚金牌、3枚银牌、5枚铜牌,1个第四名,团体总分第五名;在全省青少年田径比赛中,获2枚铜牌,1个第六名;在全省青少年游泳比赛中,获2枚金牌、2枚银牌、5枚铜牌,2个第四名,第五、第六名共15个;在全省第五届老年人运动会中,获健身球、门球比赛第三名;在全国老年人健身球比赛中,获少数民族组单球、双球操第一名。

2003年,承办全省少年儿童游泳锦标赛,并获7枚金牌、8枚银牌、14枚铜牌,第四、第五、第六名15个;由琼中县输送到省帆船队的队员王槐龙,两次代表海南省参加全国OP级帆船锦标赛,分别获个人赛第二名和团体赛第六名。

2004年,在全海南省第二届运动会中,获11枚金牌、8枚银牌、7枚铜牌,奖牌数位列全省第十,团体总分全省排名第十,荣获本届省运会"体育道德风尚奖",打破了五项省纪录,OP级帆船队、游泳队女子成年组、沙滩排球男子成年组、篮球男子少年组各获"体育道德风尚奖",黄嘉亮、陈海、梁海容、王海琼、王莉莉、吴毓广等6人获"体育道德风尚奖"运动员称号。

2005年,在全省少年田径锦标赛中,获1枚金牌、1枚银牌,第四名1个;承办全省少年儿童游泳锦标赛,并获9枚金牌、8枚银牌、5枚铜牌,游泳队获"体育道德风尚运动队"称号,黄嘉亮等五名运动员获"体育道德风尚奖";在第十届全国运动会OP级帆船决赛中,运动员王槐龙获得第五名;县业余体校被省文体厅授予"运动员输送单位奖";县老体协在全省第六届老人运动会中,获门球第四名、太极拳第八名、女子中国象棋第三名;在全国第四届特奥运动会中,获田径项目100米跑第一名、立定跳远第一名、4×1000米接力第一名。

2006年,在全省少年田径锦标赛中,获1枚金牌,1个第四名;承办全省少年儿童游泳锦标赛,获得8枚金牌、12枚银牌、7枚铜牌,黄嘉亮等5名运动员获"体育道德风尚奖"称号;成功承办2006年士宝(英发)杯全国少儿游泳锦标赛任务,全国21个省市地区21支游泳代表队405名运动员参加比赛,共产生82枚金牌,58人次打破140项赛会记录;在第五届全国特奥会中,运动员陈良、邢冶招获得田径项目金牌4枚;在全省领导干部篮球比赛,琼中县领导干部篮球队获得第四名;圆满完成中国移动杯2006年环海南岛国际自行车琼中赛段赛事工作,全程104公里,设8个欢迎喝彩点,3个黎苗风情展示点,共展演黎苗传统舞蹈9个,欢迎喝彩观众达7万多人。

2007年,在上海举行的特奥会上,获2枚金牌;在全省少年田径锦标赛中,获2枚金牌、2枚银牌、3枚铜牌;在全省少年儿童游泳锦标赛中,获8枚金牌、3枚银牌、6枚铜牌,黄嘉亮等5名运动员获"体育道德风尚奖"称号。

2008年,在海南省第三届体育运动中,共参加了田径、游泳、帆船、帆板、自行车、中国象棋、羽毛球、网球、拳击、跆拳道等10个大项目比赛,共获得23枚金牌、10枚银牌、13.5枚铜牌,金牌榜排全省第六名,代表团总分排全省第八名;成功地承办海南省第三届体育运动会游泳比赛。

2009年,琼中女子足球队在全国U16女足锦标赛中勇夺季军,在全国少年女足联赛中获得第六名,5月,代表海南参加了第十一届全运会女足青年组预赛;在全省田径、游泳、沙滩排球比赛中,共获得8枚金牌、9枚银牌、10枚铜牌;在全国板鞋竞速比赛中,由琼中县体校运动员组成的海南代表队获得了2个第四、1个第五名。

2010年,在海口举行的海南田径锦标赛、沙滩排球比赛中,获3枚金牌、2枚银牌、2枚铜牌;在全国山地自行车比赛中,获2枚金牌;沙滩排球获1个第三名;在第四届海南少数民族竞技体育比赛中,射弩、板鞋比赛获7枚金牌、4枚银牌、2枚铜牌;在海南省少年儿童游泳锦标赛中,获7枚金牌、8枚银牌、5枚铜牌;在海南省职工运动会游泳比赛中,获3枚金牌;在海南省自行车锦标赛中,获4枚金牌、1枚银牌;承办海南省工商系统职工游泳比赛、海南省职工运动会游泳比赛、海南省"力加杯"篮球联赛、环海南岛国际自行车比赛(琼中赛段)4项省级赛事。

第三节 琼中女子足球队

琼中是海南的贫困县，也是全国典型的贫困县，县委、县政府为了改变山区人民落后的面貌，为改变部分有体育天分山区孩子的命运，希望通过走“体育扶贫”的办法，使山区的孩子“走出大山”，奔向全国。

2006年2月15日，在县委、县政府的大力支持下，琼中女子足球队在琼中黎族治自县民族中学成立。前山西男子足球队的老教练谷中声担任了这支球队的主教练，由他负责选拔和组建球队。有1000多名女孩报名参加女足，经过选拔和测试，20位小姑娘成为了球队的首批成员，其中15名为黎族姑娘。在这支队伍中，年龄最小的仅有12岁，最大的也就15岁。

全县通过初选320个学生中选出60人参加集训，没有集训经费怎么办？县主要领导从琼中县的商家老板处拉来几万元，只能进行为期四天的短期试训，精选出24名具有一定潜质的学员。海南女孩子的身体素质，特别是灵敏性、暴发力、耐力，以及孩子们的纯朴作风让教练员感到惊叹和感动。

县主要领导拉来10万元赞助，队伍得以正式启动。学校给予相当大的支持，队伍的学习、吃、住、行、训练全在学校，腾出一间教室给孩子住，条件允许后，学校又给安排到几人一间的小二楼)，给女足独立的食堂，足球场女足训练时间内专用，安排队员们分布到相应的班级上课。孩子们每人两套训练服，两双训练鞋，伙食是每天5元钱，只能吃饱，根本谈不上营养，鞋是踢得露出脚趾还在踢，球是踢爆了为止，不论刮风还是下雨，孩子们都没有耽误过一天训练课。这支球队吸引了海南省内的主要媒体相继报道，让海南人民知道海南还有这么一支女足队伍天没亮他们开始就出操，天黑了才收队(每天为不占用孩子们的上课时间，每天只利用业余时间训练，早晨6:00准时训练，7:10下操，下午5点训练到天黑)，每个月底才休息一天半，

队员连学校大门都不出，这一年当中孩子们精神、作风以及吃苦耐劳的优秀品质让教练为之感动。

琼中女足自成立以来，得到省、县两级财政的支持。2007年，省委副书记、省长罗保铭特批20万元专款，供琼中女足队员们训练、比赛及建基础设施所用。琼中县委、县政府也从训练经费、运动器材、人员待遇、发展规划等多方面帮助球队解决实际问题。

此外，琼中县将每年安排预算经费80万元给琼中女足，按月拨付办公经费以及训练、比赛等经费，全部球队队员免费在琼中中学就读，并提高她们的伙食和训练补助标准，同时琼中还拨出经费增购一批运动服和器材，多方保证运动员营养、医疗等。

2007年7月14日，琼中女足队首次走出琼中，赴海口和3支业余男子足球队过招。结果琼中女足队3战皆负，但姑娘们感觉收获很大。从2007年第一次参加在广东英德举办的冬训开始，大山的姑娘第一次在全国赛事出现，虽然失败，但是对于他们来说就是一次历练。

2008在海口结束的“琼中杯”足球邀请赛上，琼中女足虽然名列第4名，但是她们较成型的技战术配合，赢得场外观众的喝彩。

2009年3月，海南琼中女足在全国16岁以下冬训热身赛上保持不败。11月6日，在河北涿州举行的全国U16女足锦标赛中，琼中女足队通过点球大战，以7:6力克东道主河北队，夺得季军。这是海南建省以来女子足球队取得的最好成绩。

2010年的全国U18女足锦标赛上，由于有几名球员要参加高考，因此代表海南省出战的琼中女足全队只有15人，连完整的替补阵容都凑不齐。屋漏偏逢连夜雨，在与大连队的比赛中，队员周亚莉又在上半场受了伤，但为了不影响球队的成绩，她硬是坚持打完整场比赛。赛后，周亚莉只能被队友抬下场，拖着骨裂的腿坚持了几乎整场比赛，周亚莉的故事迅速成为那次比赛中的传奇。

2010年在江苏南京举办的全国U18女子足球锦标赛中，琼中女足荣获全国第四名，此次比赛中，正逢国家青年队主教练到赛区选人，海南有两名队员光荣地选入国家U19青年女子足球队集训。

第四节 人才培养

1995年，琼中县游泳运动员王兴明被省帆船训练基地选中。

1996年，组织青少年射击队、少年田径队和少年游泳队集训，培训出青少年射击运动员10名、少年田径运动员14名、少年游泳运动员13名。

1997年，组织青少年射击队、少年田径队和少年游泳队集训，培训出青少年射击运动员8名、少年田径运动员12名、少年游泳运动员8名；琼中县射击运动员陈雄被省体育局抽调到海口集训，代表海南省参加全国第八运动少年射击预选赛。

1998年，组织青少年射击队、少年田径队和少年游泳队集训，培训出青少年射击运动员10名、少年田径运动员12名、少年游泳运动员8名。

1999年，组建了琼中篮球队。

2001年，选拔和培训青少年运动员45名。

2002年，加强20名田径运动员、17名游泳运动员和15名少数民族运动员的技能体能培训。

2003年，加强对9名田径运动员、14名游泳运动员和12名篮球运动员的培训。

2008年，加强对县青少年体校田径、游泳、篮球队的43名运动员的培训。

2009年，加强对省体育布局项目田径、游泳、沙滩排球、篮球四个项目训练，培训运动员65人。

第五节 场地设施

1996年，维修县青少年运动射击场；10月份，将原体委出租的游泳池、溜冰场收回。

2000年，海榆中线沿途乡镇逐步建起篮、排球场，共有篮、排球场14个。

2002年，争取上级和县政府支持，投入5.5万元收回游泳池使用权，制定了游泳池管理制度；争取国家支持，将价值15万元的全民健身设备安装在县百绿园。

2003年，投入资金22.75万元，铺设游泳池瓷砖1500平方米，架设游泳池照明大灯31盏12000瓦；建起健身房1间；乒乓球屋1间共80平方米；完成游泳池山泉引水工程，架设水管1800

米；容纳2000多人的虎岭灯光球场的建设工程也已9月竣工并于国庆节投入使用；完成“百绿园”健身器材的安装(共计12件)，并加强日常的维护和管理。

2004年，投入资金2.1万元，安装篮球架6个、添加健身器材4套、修建游泳池过滤池1个；维修百绿园健身器材4件；落实营东区健身路径设备5套；在全省第五次体育场地普查工作中，琼中县按质按量完成393个体育社区基本情况登记工作。

2005年，在地税局庭院、营东区和营北区，安装价值达12万元的健身器材。

2006年，游泳场增加座位1010个，高架灯4线20盏；在营北区气象局安装价值12万元的健身器材14件，在黎母山镇安装价值4万元的健身器材7件。

2007年，在红毛镇金屏村委会安装健身器材6件，在上安乡中兴村委会安装健身器材7件。

2009年，建成并使用民族体育中心；采购60多套室外体育健身器械，安装在三月三广场和民族体育中心；向红毛、营根、黎母山等乡镇赠送篮球架8套，室外健身器械各10套。

2010年，县游泳馆完成改建并投入使用，每天接纳游泳爱好者不少于300人次。

第十六编　卫　生

第一章 医 疗

第一节 行政机构

琼中县卫生局成立于1959年10月。1984年，核定县卫生局行政编制14人（含爱卫办）。

1995年1月14日，成立县红十字会。同年7月31日，撤销县卫生局和县计划生育委员会，设立琼中县卫生与计划生育局。领导设正职1名，副职2名；一般干部16名，工人1名。1997年3月，县卫生局和县计划生育局重新分设，县卫生局内设行政秘书岗、医政药政岗位、农村医疗卫生岗位，核定编制10名，其中正职领导1名，副职领导2名，非领导干部1名，一般干部5名，工人1名。同年11月20日，设立琼中县爱国卫生运动委员会办公室。2002年9月，县卫生局行政编制9人，设正职领导1名，副职领导2名，一般干部6名，工勤人员1名。县红十字会编制1名，挂靠卫生局。县卫生局内设行政秘书岗、医政药政岗位、预防保健岗位、乡村医疗卫生岗、爱国卫生委员会办公室，下设健康教育所、红十字会办公室两个股级事业单位。

2003年12月19日，红十字会重新核定编制为3名，升格为副科级事业单位，挂靠县卫生局，其中常务副会长1名，副会长1名，一般干部1名。2006年4月，批准成立琼中县新型农村合作医疗管理委员会办公室(简称“合管办”)，隶属县卫生局，股级事业单位,核定编制6名。2009年9月24日，县食品药品监督管理局成立并挂靠县卫生局。

2010年8月，县卫生局设7个岗位职能，即办公室、医政药政岗（行政审批岗）、预防保健岗、乡村社区卫生岗、卫生应急办公室、人事调配岗、爱国卫生运动委员会办公室。人员行政编制10名，设局长1名，副局长3名，科员5名，机关工勤人员财政预算管理事业编制1名。

第二节 卫生队伍

1991年,全县有卫生技术人员总数为1215人,其中有医生482人,护士218人,其他卫技人员515人;卫生管理人员112人。

1996年,全县有卫生技术人员总数为1128人,其中有医生453人,护士256人,其他卫技人员419人;卫生管理人员105人。

2002年,全县有卫生技术人员总数为976人,其中有执业医师254人,执业助理医师215人,护士274人,其他卫技人员233人;卫生管理人员88人。

2005年,全县卫生技术人员总数为916人,其中有执业医师234人,执业助理医师187人,护士288人,其他卫技人员207人。全县平均每千人拥有卫生技术人员5.04人。

2010年,全县卫生技术人员总数为1033人,其中:执业医师247人,执业助理医师188人,注册护士(师)355人,其他卫技人员243人。全县平均每千人拥有卫生技术人员5.71人。

1991—2010年琼中县卫生技术人员统计表

表16-1　　单位:人

年份	卫生技术人员总数	类别						平均每千人拥有卫技人员数
		执业医师	执业助理医师	管理人员	工勤人员	注册护士(师)	其他	
1991	1215	—	—	79	170	218	515	6.26
1992	1264	—	—	77	155	222	550	6.51
1993	1205	—	—	107	150	202	552	6.19
1994	1096	—	—	102	152	212	459	5.60
1995	1114	—	—	102	154	243	399	5.63
1996	1128	—	—	105	154	256	419	5.81
1997	1194	—	—	110	142	274	403	6.83
1998	1168	—	—	119	133	282	367	6.60
1999	1105	—	—	133	116	283	312	6.32
2000	1077	—	—	118	119	287	259	6.05
2001	1003	—	—	107	104	266	201	5.56
2002	976	254	215	88	73	274	233	5.35

续表1

年份	卫生技术人员总数	类别						平均每千人拥有卫技人员数
		执业医师	执业助理医师	管理人员	工勤人员	注册护士（师）	其他	
2003	962	237	193	88	73	276	256	5.36
2004	953	243	187	95	54	284	239	5.32
2005	916	234	187	94	51	288	207	5.04
2006	933	237	184	86	51	292	220	5.11
2007	920	250	174	49	88	289	207	5.07
2008	893	249	189	49	105	328	227	4.84
2009	975	238	191	60	108	333	213	5.32
2010	1033	247	188	54	111	355	243	5.71

1991—2010年琼中县病床位统计表

表16-2　　单位：张

年份	病床位	每千人拥有病床数	年份	病床位	每千人拥有病床数
1991	876	4.50	2001	641	3.55
1992	891	4.59	2002	518	2.84
1993	871	4.47	2003	519	2.89
1994	872	4.46	2004	507	2.83
1995	839	4.24	2005	515	2.83
1996	818	4.21	2006	511	2.80
1997	742	4.24	2007	512	2.82
1998	739	4.17	2008	509	2.76
1999	704	4.03	2009	669	3.65
2000	679	3.81	2010	717	3.96

第三节 医疗技术

一、西医

(一)内科

琼中县人民医院内科科室下设三个治疗组：肾脏病、心血管内科、神经内科、共31张病床。2011年独立成科。

(二)感染科

2005年琼中县人民感染科创建，现有有副主任医师1名，主治医师3名，执业医师1名，主管护师1名，护士14名，人员配备合理，临床经验丰富，技术精湛，为病人及同行提供优质的、全方位的医疗技术服务及咨询。住院部设有病床24张，备有雾化治疗仪、心电图机、心电监护仪、血氧饱和度监护仪、除颤仪、静脉输液泵等医疗设备。病人按消化道、呼吸道二大病区隔离诊治，医院2005年开展各种病毒性肝炎、肝硬化腹水、感染性腹泻、肺结核、结核性胸腔积液、不明原因发热等感染性疾病的诊治，

琼中县人民医院设有肠道专科门诊、发热门诊，每日均有专业医师主诊。根据三位一体工作要求，于2015年1月5日设立了结核病门诊，配有一名专职医生和护士，主要负责县域内结核病的诊断和治疗。

(三)儿科

琼中县人民医院儿科是技术较全面的一个儿童专科，是县内儿童疾病治疗抢救中心，同时设立新生儿室(2013年设立)，2009年开展新生儿肺炎，2010年开展新生儿窒息、高胆红素血症、新生儿休克、胎粪吸入综合征、新生儿呼吸窘迫综合症、早产儿、极低出生体重儿的治疗。新生儿科具备常见疾病的治疗护理与危急重症的救治能力，能解决临床上疑难复杂问题，是县内新生儿救治的重要单位。

(四)口腔科

2005年琼中县人民医院口腔科重新建立，主要以口腔常见病、多发病及部分疑难病的门诊诊疗和口腔疾病的预防保健工作为主。2005年开展各类牙体牙髓疾病、牙周疾病、常见的口腔黏膜疾病、各类牙拔除术、窝沟封闭术、义齿修复，2006年常开展见的儿童及成人的各类错颌畸形的活动、固定矫治，2009年开展前牙美学修复、阻生牙拔除术，2010年开展口腔小肿物切除术，系带成形术。

（五）外科

截至2010年，可开展普通外科、泌尿外科、骨科、神经外科的常见病多发病的诊断及治疗。1997年开展甲状腺手术、乳腺癌根治术、肝脏肿瘤切除及胆结石手术、胃肠肿瘤切除及重建术、疝修补术，1998年开展外固定架治疗四肢骨折术，2006年开展硬膜外血肿、硬膜下血肿清除、去骨瓣减压术、脑出血脑室外引流术，2008年开展颅骨成行形术。

（六）麻醉科

琼中县人民医院麻醉科1990年开展蛛网膜下腔麻醉、蛛网膜下腔-硬膜外腔联合阻滞麻醉，1992年开展气管插管全身麻醉，2006年开展全麻、心电监护、血氧饱和度监护，2010年开展门诊无痛检查和治疗。

（七）功能科

琼中县人民医院功能科室下设3个治疗组：超声检查组（超声碎石治疗组）、心电图检查组、内镜检查组。2006年开展心脏和大血管彩超检查、肾脏结石、输尿管结石和膀胱结石碎石治疗，2010年开展妇科腔内超声检查。

（八）妇产科

琼中县人民医院妇产科是一个集妇幼保健、妇科、产科、计划生育为一体的综合性临床科室。建有琼中县孕产妇急救中心，负责全县孕产妇的急救工作。2009年开展新生儿听力筛查。

（九）五官科

自1972年琼中县人民医院开始承担全县眼耳鼻咽喉科的医疗工作，拥有非接触眼压计(进口)，角膜曲率/验光仪(进口)，视野分析仪(进口)，眼科显微镜，眼科A/B超，裂隙灯显微镜，微波治疗仪，耳鼻咽喉科诊断系统等设备。1997年开展微波治疗过敏性鼻炎、肥厚性鼻炎、慢性扁桃体炎以及舌扁桃体肥大等。

（十）放射科

琼中黎族苗族自治县人民医院放射科现有医务人员9人，其中副主任医师1人，主治医师3人，执业医师1人，技术人员3人，护士1人。医疗设备有西门子64排CT一台，飞利浦双排CT一台，西门子DR二台、床边机一台及PACS系统等。2000年开展人体各部位常规摄片、胆道T管造影、各部位CT常规平扫和增强。

二、中医

琼中县人民医院康复理疗科采取中西医结合，开展特色专科治疗，自开科以来一直以推拿、拔罐、刮痧、针灸、理疗治疗为主要治疗手段。到2010年，该科开展了神经康复治疗、骨关节术后康复治疗、ICU床旁肺部及肢体功能早期康复治疗、肌骨疼痛康复治疗集并重，为广大患者提供一站式服务，可以治疗颈椎病、肩周炎、腰肌劳损、腰椎间盘突出症、胸椎小关节紊乱、小儿斜颈、膝关节退行性变、莉状肌综合征、运动软组织损伤、脑血管意外脑卒中功能障碍、骨关节置换术后、呼吸功能障碍等。得到广大患者的认同。诊疗人次也从原来的每月60～80人次增加到300人次。

三、护理

1996年,按照卫生部医院等级评审的工作要求,制定《护理工作规章制度》《护理质量考核标准》《护士培训工作计划》,加强护理队伍的专业技能建设,提高护理工作质量。

2000年,根据省卫生厅颁布的《执业护士准入制度》,对全县医疗机构的护士进行资格审查,不具备护士资格的人员禁止从事护理工作。

2003年,各医疗机构帮助和鼓励护士利用业余时间参加成人高等教育和自学考试,琼中县人民医院有5名护士通过护士大专毕业的自学考试。

2005年,琼中县人民医院的护理骨干按照《护理质量考核标准》对医院各护理单元护理工作每年都进行检查、督导,并反馈。提出具体的整改措施、达到持续改进的作用。不断提高县医院护理工作的质量。

2006—2008年,各科室派出护理骨干3~5名到海口市人民医院轮流进修3各月,提高护理医院的护理技术和管理能力。

2007—2010年,邀请上级医院派护理专家到县人民医院举办"省级继续护理学继续教育"培训班,全县各医疗机构有95%的护士参加了护理学的继续再教育。

2010年,琼中县人民医院启动"优质护理服务示范工程",内科、外科率先开展优质护理服务示范工作。

四、急诊急救

1994年,琼中县人民医院开始设立急诊科,当时因经济落后,病人较少,无救护车,急诊科仅以急诊门诊工作为主。至2003年,上级配备一辆救护车后,立即开通120急救电话,安排人员24小时接处警,强化院前急救人员的急救技能培训,开展院前急救工作,逐渐规范急诊科的建设,并于2009年与省紧急救援中心联网成立琼中县医疗急救中心。120接警平台,确保接警电话24小时通畅,院前急救工作真正实现快速、准确、及时,使琼中县的危急重症病人得到及时、有效的救治。

急诊科建设面积近500平方米,与县120急救中心合并一起工作,有医护人员总数22人,其中主治医师3人、执业医师2人、主管护理师5人、护理师5人、护士3人、司机4人;设置护士站1个、内科诊室2间、外科诊室1间、急诊清创室1间、换药室1间、抢救室1间、监护病床2张;留观室1间,留观床位3张;急诊输液室1间,可容纳输液病人20人。有救护车4辆,其中2辆为监护型,2辆无监护型;有车载除颤仪2台、全自动体外除颤仪1台、车载心电监护仪2台、车载简易呼吸机2台、心电图机2台;抢救室配备抢救床2张,有除颤监护仪1台、多参数监护仪2台、心电图机1台、自动洗胃机2台、清创室手术床2张。主要开展120院前急救、院内急诊门诊诊治和急救,并且医院成立了应急抢救小组,制定了各种应急议案,遇到重大突发事件,保证能够及时处置。

2008—2010年琼中县人民医院急救情况一览表

表16-3　　单位:人、%

年度	急救人数	急救成功率	死亡人数
2008	608	98.36	10
2009	964	97.62	23
2010	872	97.71	20

注:1994-2007年数据未统计

第四节 县属医疗单位

一、琼中县人民医院

琼中县人民医院始建于1952年5月,原址在新市农场,1960年搬迁至现址。初时仅有职工13人,设有内儿科、外产科、门诊、行政后勤部、放射科、检验科、供应室、制剂室、收费处、药房等10个科室,12张开放病床。就医环境简陋,医疗设备和药品储备也有限,检验科仅有几台显微镜。1985年县医院拥有第一台黑白B超机,2003年拥有第一台彩色B超机,2004年拥有第一台CT机。2008年县政府立项批准筹建住院综合楼及门诊综合楼,住院综合楼2010年底投入使用;门诊综合楼2013年底投入使用。住院综合楼项目规划总建筑面积7072.47万平方米,总投资2448亿元,其中,中央国债资金l60万元,开发行贷款990万元,县政府配套资金1298万元。

2010年,县医院被评为二级乙等综合医院,设外科、妇产科、感染科、内儿科、内三科、功能科(胃镜室、B超室、理疗科)、皮肤科、供应室、急门诊、社区门诊、麻醉科、口腔科各职能科。全院干部职工260人,其中卫生专业技术人员166人,有高级职称的6人、中级职称的45人、初级职称的115人,主要医疗设备有CT、DR、彩超、普通B超、体外碎石机、电子胃镜、心电图分析系统及多导联心电图机、全自动生化分析仪、半自动生化分析仪、血气分析仪、血细胞分析仪、尿液分析仪、二道血凝分析仪、全自动血流变快测仪、化学发光免疫分析仪、麻醉机、呼吸机、除颤器等仪器设备,救护车3部,编制床位数150张,开放病床111张。2010年门急诊量11.816万人次,住院病人5532人次,治愈率83.79%,死亡率0.49%。

琼中县120急救中心以县人民医院为主,县人民医院担负全县28万人院前急诊抢救工作,在日常急救和突发公共医疗事件的应急工作发挥了重要作用,为全县广大群众的生命安全提供有力保障。

二、琼中县中医院

琼中县中医院成立于1990年5月,原名琼中县中医门诊部。2004年5月,经县委、县政府批准更名为琼中县中医院。2005年10月,县中医院迁至琼中县营根镇兴教路。医院占地面积1.6亩,建筑面积2825多平方米。门诊部设有中西医内科、老年病科、儿科、骨伤科、妇产科、针灸科、理疗科、康复科等;主要医疗设备有:飞利浦DR机、飞利浦HD7彩色超声检查仪、彩色经颅多普勒、心电监护仪、C形臂X光机、尿液分析仪、五分类血球仪、迈瑞全自动生化分析仪等,医院坚持突出中医特色的办院方向,坚持突出中医特色,充分发挥中药"简、便、验、廉"的独特优势,开展针灸、理疗、按摩、康复等特色治疗,是医保、城镇居民医疗保险、新型农村合作医疗的定点医疗机构。2010年门诊量43587人次,住院700人次,治愈率40%。

1990年5月根据《琼中黎族苗族自治县编制委员会关于成立琼中黎族苗族自治县中医门诊部的通知》成立琼中县中医门诊部,原院址位于县城的营根路,有职工10人,其中中医师1人、西医师1人、医士1人、护士2人、中药房2人、西房药1人。开设有内儿科、中医科门诊,未开设病床。医疗设备只有两台显微镜,医疗用房362平方米。

1998年,有职工21人,其中主治医师1人、中医师3人、中西医结合医师3人、中药房3人、护师3人、护士3人、检验士1人。开设有内儿科、中医科、针灸理疗门诊,未开设病床。

1999年,根据《关于做好1994年八件实事落实工作的通知》和(琼中府函〔1996〕50号)要求,由省卫生厅下拨25万元新建中医门诊部。

2000年增设化验室、妇科诊室、微波治疗室、B超诊室、眼科诊疗、验光、配镜室。

2004年根据县委、县政府《关于印发〈琼中黎族苗族自治县事业单位机构改革方案〉的通知》和县编制办《关于印发琼中县中医院机构编制方案的通知》,将原县中医门诊部更名为琼中黎族苗族自治县中医院。

2005年10月,位于县中路口的新中医院建成开业。增设住院部12张床位、产房、手术室。医技增设B超心电图、尿分析仪、肝功能分析仪。

2006年县卫生局《关于中医门诊扩建项目的批复》,同意在现中医门诊大楼扩建三至五层业务用房653.3平方米,同意在现中医门诊楼后空地新建一幢5层1600平方米大楼,总建筑面积达2253.3平方米。增设半自动生化分析仪、X光机。

2007年,有职工39人,其中主治医师3人、中医师4人、中西医结合医师3人、护师(士)9人、针灸推拿师4人、中药房3人、医技4人。

2010年,有职工60人,其中主治医师7人、中医师4人、中西医结合医师3人、护师(士)14人、医技15人。

第五节 乡镇级卫生机构

一、琼中县石龙医院

琼中县石龙医院建于1957年。位于和平镇境内，离县城40公里，占地面积2500多亩。

1990年6月，人员编制5人，院长1人、医生2人、护理员1人、财会1人，2006年危房改造，新建一栋240平方米带伙房的宿舍，供病人使用外，诊疗室、治疗室、药房等依旧。

2010年有诊疗室1间、治疗室1间、药房1间、休息室1间、办公室1间、病房15间、伙房7间。有职工5人，其中医生3人、护理师1人、财会1人。只接受麻风病患者，不对外开放。

二、营根镇卫生院

营根镇卫生院建于1958年10月，当时房屋简陋，医疗设备落后，只有3间茅草屋，占地约60平方米，医务人员5人，负责看病、打针、接生等，1985年，政府建设医院医疗用房200平方米平顶房、职工宿舍250平方米平顶房。

1995年，经上级同意，医院出卖医院的部分土地，拆除原来的平顶房，建设楼房610平方米。1998年之后，政府投入资金，建成门诊楼513平方米。2010年，营根镇卫生院主要医疗设备有B超、心电图、血细胞分析仪、尿分析仪等。全院职工23人，其中医务人员19人，有1名副主治医师、3名全科执业医师、3名助理、护理师2名、护士6名、1名检验师。开设科室有普通门诊、肠道门诊、发热门诊、检验室、化验室、产科住院部、公共卫生科等科室，门诊就诊3725人次，产科住院部的建立，让产妇到医院住院分娩。

三、长征镇卫生院

长征镇卫生院建于1958年（原称长征公社卫生室），职工共5人，其中医生2人，当时只有2间茅草房，一间职工宿舍，一间是诊疗室，20世纪70年代，全院共有职工14名，其中一栋25平方米病房，病床16张。2010年，医院有门诊业务用房680平方米和410平方米的职工住房，占地面积1170平方米。设有综合门诊、计划免疫门诊、妇幼保健门诊、检验科、（只能开展三大常规、血糖检查）和基本公共卫生服务科。服务全镇9个村委会1个居委会，服务人口数8130人口数。主要设备有全自动血液分析仪。

2010年,长征镇卫生院有员工21人(在编人员14人、医院自聘7人),其中大专学历5人、中专学历14人、高中学历2人;13人有技术职称,其中执业医师4人、助理医师4人、主管护师1人、护师2人、护士1人,检验师1人。主要开展基本公共卫生服务和预防保健、健康教育、慢性病管理等基本公共卫生服务。年门诊量4000人次,治愈率70%。

四、和平镇卫生院

和平镇卫生院前身为1952年成立的琼中县人民医院,1958年琼中县人民医院迁到营根镇现在的琼中县人民医院,同年把原琼中县人民医院改编为现在的和平镇卫生院,距县城30公里。

2010年,医院门诊有内科、外科、妇产科、口腔科,还有防疫组、住院部和后勤工作组。医院有病床10张。全院员工21人,其中医生8人,护士6人。医生中有中级职称1人,初级职称6人。90年代添置了红外线治疗仪、B超机、麻醉机、急救车一辆等。2010年添置了物化机、口腔治疗椅、血常规检查仪、全自动电子血压计、离心机等。卫生院每年的门诊量约5000人次。

五、湾岭镇中心卫生院

湾岭镇中心卫生院创建于1958年8月,当时只有3间茅草屋,医务人员3人,负责看病、打针、接生等。

1991—2010年,由政府规划及香港富商李嘉诚赞助,医院规模扩大,占地面积10680平方米,建房占地1560平方米,其中2005年创建门诊楼,占地面积510平方米,2007年创建职工宿舍,占地面积400平方米,2009年病房楼,占200平方米。添置了120急救护车和X光机、B超、洗胃机、心电图、心电监护仪、心脏彩超、全自动生化分析仪、按摩床、牵引床、牵引椅、牙科治疗仪器等医疗器械。2010年全院职工28人,其中医务人员14人,有1名副主任医师、1名全科执业医师、3名助理、8名护士、1名检验师。建有门诊、中医理疗、牙科、检验室、化验室、住院部、门诊。住院部的建立,让患有慢性支气管炎、脑梗塞后遗症,高血压3级极高危等常见疾病患者方便住院就医。

六、黎母山镇卫生院

黎母山镇卫生院创建于1957年1月,位于海南省第二大山——黎母山山脚下。卫生院占地6118平方米,建筑面积2664.8平方米,由两幢二层的主楼、两排职工宿舍,一栋旧门诊部组成。主楼2层,二楼为医院办公和会议室、公共卫生办公用房。一楼为门诊及产科用。卫生院设有内儿科、妇产科、检验科、口腔科、公共卫生科,西药房等科室,住院部设有病床17张。

1990年,医院为了能够更好地为当地群众服务,成立了黎母山镇卫生院住院部。1993年后,医院的财物投入不足,卫生工作相对滞后,住院部无法正常运转。

2002年,有职工15人。在县卫生局的支持下,卫生局先后给医院配备了C10 ШX光机、B超机、1台心电图机、显微镜等。2006年,建成400多平方米的新门诊大楼。同时,医院开始开展新型农村合作医疗,改善了“看病贵、看病难”问题。2007年,建设400多平方米的妇产科大楼。2008年,拆除14间老宿舍,新建2排2层楼的宿舍。2009年7月,县卫生局配置了一辆120急救车,添置了第一台全自动生化分析仪。

七、中平镇卫生院

中平卫生所成立于1950年,1958年改为中平公社卫生院,初时仅有两间茅草房,其中一间为生活宿舍用房,一间为门诊,门诊包括药房。卫生所共有职工3人,一名医生、一名护士、一名职工,有一台显微镜、一套老三件(听诊器、体温计、血压表)。1973年,医院联防抗疟工作取得显著成效,受到卫生部的通报表彰,获得一辆跃进牌汽车和两部自行车的奖励。

1991年,有9名医务人员,其中有医生2名、护士2名、防疫人员2名、会议室1名、工友1名。

1993年,有14名医务人员,负责全镇的医疗、防疫工作。占地1870平方米,建筑面积480平方米,门诊1间,建筑面积160平方米,病房120平方米。卫生院有病床10张、显微镜1台、X光机1台、冰箱1台、单车1部。

2003年,中平镇卫生院有6名医务人员和15名乡级卫生员在抗击“非典”中获先进表彰。

2005年6月,卫生院新建的门诊大楼(建筑220平方米)落成并投入使用。B超机、心电图机等一批医疗设备相继拨付到位,改变了过去“老三件”的诊疗器械。聘请了3名医生,3名护士,3名防疫员,1名工勤人员,基本解决了专业技术人员严重缺乏的状况。

2007年8月,新增一层建筑面积220平方米的业务用房,投入使用。

2008—2009年,卫生院接受李嘉诚基金会配送的1台尿分析仪和1台全自动生化仪,并积极配合李嘉诚基金会海南省农村卫生建设扶贫项目的培训,在缺少人员的情况下,先后派6名医护人员参加该项目专业知识的培训,及时更新知识,提高医疗经验、技能。

2010年,卫生院门诊部占地220平方米,两层楼房440平方米。有职工18人(其中聘用6人),全部为大中专以上学历,5名临床医生、4名护士全部持证上岗;全院住院病床10张;院内设有内科、外科、妇产科、儿科、预防保健科、检验科、公卫卫生科等8个科室。配备了X光机、B超、洗胃机、心电图、心电监护仪、全自动生化分析仪、按摩床、ATP光妇科治疗仪、牙科治疗仪器等设备。医院开展的业务包括清创术、中医理疗、一般内科、外科住院治疗、住院分娩、妇科住院治疗、血尿常规化验、肝肾功能检测等基本公共卫生和重大公共卫生工作。每日的门诊量约40人次。辖区内的大坡、中平、南茂、南垢4家卫生室每日门诊量约70人次。基本做到群众小病不出村,极大地方便了人民群众就医。公共卫生、计划免疫等工作连续6年名列全县前茅。

八、红毛镇中心卫生院

红毛镇中心卫生院始建于1960年5月,位于县城西南方向25公里。2005年,卫生院迁至新镇政府附近,距离县城23公里,是一所集医疗、公共卫生服务于一体的公立医院。

1985—1991年，政府出资修建1栋2层700平方米的综合楼和1栋500平方米职工宿舍楼。设有办公室、内科、外科、妇产科、儿科、化验室、X光室、防疫科等。

2005年，政府出资在现红毛镇新址修建1栋2层综合门诊楼，1栋4层职工宿舍楼，总面积约1820平方米，设有办公室、门诊综合科、检验室、B超室、心电图室、妇产科、药剂科、防疫科、计划免疫科等科室，内设12张病床，有职工19名(聘用5名)，开展农村基本医疗和农村公共卫生服务。2010年，增设1辆救护车，用于院前急救及转运工作。

九、上安乡卫生院

上安乡卫生院地处营根镇西南部，距县城25千米，建筑物面积886平方米，是一所集医疗、急救、预防、保健为一体的乡镇卫生院，属新型合作医疗、医疗保险定点医疗机构。辖区内有7个村卫生所室，担负总人口6249人的基础医疗和预防保健服务。

1991年，医院有在职干部职工11名，其中专业卫生技术人员10名，后勤人员1名；开设有内科、儿科等科室，未开设病床，无其他医疗辅助检查设备，医疗用房不足150平方米。

2002年，由县政府拨款，新建1栋2层医疗综合楼，占地面积600平方米，建筑面积445平方米；有职工11人，有X光机、心电图机等基础医疗设备，开设病床8张。

2010年，县政府拨款加建1栋3层楼，占地面积550平方米，建筑面积441平方米；医疗综合楼总面积886平方米，用于开展预防、保健、公共卫生服务等。设置有医疗组、公共卫生组。卫生院有职工25人，其中：卫生技术人员23人。有病床位8张，配备有心电图机、B超机、全自动生化分析仪、尿液分析仪、血球仪等设备；年门诊量为19850人次，住院23人次。

十、吊罗山乡卫生院

吊罗山乡卫生院位于吊罗山乡镇墟，成立于1956年，当时卫生院仅有几间房，其中三间为生活宿舍用房，两间为门诊，门诊包括药房，面积约60平方米。卫生所有职工3人，一个医生、一个护士及一个工友。医疗设备主要是一台显微镜、一套老三件(听诊器、体温计、血压表)。

2000年，编制数12人，其中，专业技术人员6人，其他职工人数3人，后勤工作人员数3人，治疗儿童急重病15人。2004年，在吊罗山乡街道派出所旁新建卫生院，核定编制13人，其中领导职数1人，管理人员3人，专业技术人员8人，工勤人员1人。2005年，卫生院正式迁入新址，医院占地面积约234平方米，共建三层，设21间房，建筑面积约612平方米，使用面积约585平方米。

2006年，工作人员10人，其中卫生技术人员7人，初级职称3人。年急症人次数4549人，年住院人数100人，其中分娩产妇数79人。2007年，在职职工11名，其中技术人员10名，管理人员1名。

2008年，门诊诊治5128人次，住院115例，其中产科住院分娩90例。2009年，在岗职工14人，其中有初级职称3人，执业医师1人，助理医师2人，医生7人，护士4人。住院分娩98人，住院分娩率83.7%，比2008年增长54%，共医治住院病人108例，比2008年多收治18例，门诊病人6623人次，其中急诊251次，比2008年增加3518例，医疗业务收入35万元，比2008年增收7万元。

2010年，卫生院有职工12名，其中初级职称4人，执业医师1人，助理医师3人，医生6人，护士2人。全年新出生儿童64人，建卡入册64人，入册率100%，年常规接种工20次，工作日52天。

十一、什运乡卫生院

琼中县什运乡卫生院创建于1957年，地处五指山市、琼中县及白沙县交界处。1991年时的职工已有14名。有一栋二层门诊楼，面积520平方米，一栋住院瓦房，面积220平方米，及两栋职工宿舍瓦房，面积340平方米。医院能开展血常规化验，疟原虫化验，能配合上级医院做节育手术。当时有病床6张，每年的门诊量约6950人次。年住院50人次，主要是住院分娩病人。卫生院配置有血压计、体温计、听诊器、显微镜、产科用器械、一般的外科器械。

1993年，卫生院分配了3名医务人员，即2名防疫人员，1名助产士。

1998年，建起一栋二层140平方米的产房。

2005年，建起一栋二层420平方米的综合楼，用于门诊、住院、办公、预防保健等工作。

2006年，在原来的职工宿舍建起一栋三层职工宿舍楼，面积420平方米，解决了职工的住房问题。

2007年，年门诊数量6862人次，住院人次65人次。

2008年县政府第一次向社会招聘医务工作者，当时卫生院分到3名医务人员，其中一名借调到湾岭卫生院，加上新分配的2名人员，卫生院在岗在编职工8名。2008年年门诊数量8112人次，住院207人次。主要设备有三分类血细胞分析仪、全自动尿液分析仪、普通B超、心电图、显微镜、产科用的器械，一般的外科器械。

2009年，年门诊数量9032人次，住院161人次。

2010年，建立居民健康档案，实施基本公共卫生及重大公共卫生工作，卫生院除了一般的诊疗、合作医疗报账、预防保健、妇产科、计划免疫、计划生育等工作外，同时还要做好公共卫生工作。2010年，医院内设门诊、急救室、化验室、中医门诊、中医理疗、妇产科、住院部、儿保体检室、计划免疫接种室、会议室、办公室、宣教室等。医疗用房面积560平方米，一栋三层职工套间宿舍楼，面积达420平方米。共有人员19名，其中14名为医生和技术人员，2名防保员，1名工勤，1名收银员。病床10张。年门诊数量10050人次，住院194人次。主要设备有全自动生化分析仪、三分类血细胞分析仪、全自动尿液分析仪、普通B超机、心电图机、手术室无影灯、电子阴道镜、红外乳腺仪、光电子治疗仪、热点复合治疗仪、听力筛查仪、多参数病人监护仪、台式电脑中频电疗仪、电动颈椎牵引椅、多功能康复床、显微镜、离心机、一次性医疗器械毁型机。

十二、营根镇卫生院红岛分院

红岛卫生院建于1958年。当年,从县级医院分流部分人员到红岛建立卫生院,医院职工4人。

1993—2001年,职工10人,在县卫生局的支持下,修建7间砖瓦结构办公用房、4间职工宿舍。

2001—2010年,职工11人。其间2005年购买了岭头市场两间商品房作为门诊和接种室。2006年医院搬迁到岭头市场。琼中县开展新型农村合作医疗后,住院患者明显增多,县卫生局先后给医院配备1台心电图机、显微镜、半自动生化仪等设备,结束了该卫生院不能做辅助检查的历史。

十三、湾岭镇乌石卫生院

湾岭镇乌石卫生院成立于1972年,成立初期,员工只有6个人。

1998年1月1日卫生院,职工增至10人。医院开始建立医技科室,派医务人员到上级医院培训。2010年,卫生院有两个院区:门诊部占地250平方米,住院部占地9600平方米。有职工26人,均为大中专以上学历,其中大学本科毕业4名,中级以上职称的有3人。6名临床医生全部持证上岗;全院住院病床10张。院内设有内科、外科、妇产科、儿科、预防保健科、检验科、公卫办公室等8个科室。主要设备有全自动生化分析仪、五分类血细胞分析仪、全自动尿液分析仪、彩超机、普通B超机、五导联全自动心电图机、新生儿黄疸测定仪、全自动多功能手术床、手术室无影灯、新生儿热辐射台、一次性医疗器械毁型机。开放床位10张。

医院已能熟练开展常见的外科小手术,开展三大常规(血、尿、粪)、人体分泌物常规、肝肾功能、乙肝两对半、血脂四项、血清电解质、C反应蛋白、B超、心电图等检查。每年门诊量35000人次,住院床位使用率达98%。公共卫生、儿童保健、计划免疫等工作连续4年名列全县前茅。

十四、黎母山镇卫生院松涛分院

琼中县黎母山镇卫生院松涛分院创建于1973年1月,即松涛人民公社从黎母山人民公社分出时成立,当时名为松涛人民公社卫生院。卫生院成立时租用松涛墟一间不足50平方米的瓦房,开展医疗卫生、预防接种工作,工作人员有4人。当时只能医治一般的常见小病,主要以预防为主。

1991—1994年,医疗卫生服务尚可正常开展,1994年后,由于受当时社会各种因素的影响,加上地方政府对卫生院的工作不够重视,医疗设备及办公设施老旧,无法使用,造成卫生院预防接种、妇幼保健、医疗卫生服务工作难以开展。工资无法发放,职工生活困难,许多医生、护士自行离职谋生,卫生院工作人员自然减员。1996—1997年职工只有5人,1998—2001年,职工只有

3人，2002—2004年只剩下1人，由于负债，医药公司不再供药，卫生院处于极度困难的境地。

1995年建有250平方米的门诊平房，2005年建有180平方米的二层办公用房，2005年通过借来的3000元购买药品，聘用1名医生，2006年聘用1名护士，2007年聘用1名助产士，逐渐开展门诊、接生、预防接种和防疫服务，医疗服务水平逐步提高。2008年由于国家和政府的重视，分配医生和护士各1名，职工工资保障发放，2009年打了一口抽水式深水井，解决了多年来职工饮水和医院用水的老大难问题。县政府还特别照顾边远地区的松涛卫生院、长兴卫生院，职工工资100%发放，其他卫生院只能80%发放。同时，增加卫生院的工作人员，在编人员增至7人，单位聘请3人，全院有10名职工。

2009年开始担负着全松涛地区4个村委会(新村村委会是从松涛村委会分出来的)、25个自然村4200多人的医疗卫生、预防接种、妇幼保健、传染病防治、健康教育宣传、卫生协管、居民健康档案等公共卫生各项工作。

十五、和平镇长兴乡卫生院

和平镇长兴乡卫生院成立于1999年7月，地址处琼中县南部，位于吊罗山脚下，坐落在琼万线的支线上，距离县城约45公里，是琼中县最偏远的地方，交通不便，人口约2800人，居着黎、苗、壮、汉等少数民族。

2000年，卫生院仅有2名医务人员。长兴乡卫生院占地面积约450平方米，门诊办公面积约200平方米。由一栋两层楼组成，职工宿舍150平方米。2002年8月，乡镇合并，长兴乡复归和平镇。2011年，长兴乡卫生院并入和平镇卫生院。

2010年琼中县各乡镇卫生院(含分院)情况统计表

表16-4

医院名称	医疗用房面积(平方米)	职工(人)	病床(张)	年门诊量(人)	住院人数(人)	主要设备
营根镇卫生院	1023	23	10	3725	36	血细胞分析仪、显微镜、尿分析仪、心电图、B超等
长征镇卫生院	1140	12	11	4000	0	显微镜、尿分析仪、心电图、B超机等

续表1

医院名称	医疗用房面积（平方米）	职工（人）	病床（张）	年门诊量（人）	住院人数（人）	主要设备
和平镇卫生院	1260	14	10	5000	15	X光机、心电图机、显微镜、外科灯、微型电子称、红外线治疗仪、B超机、麻醉机、物化机、口腔治疗椅、血常规检查仪、全自动电子血压计、离心机、半自动生化仪
湾岭镇中心卫生院	940	14	10	16694	80	洗胃机、心电图机、B超机、120急救车、心电监护仪、全自动生化分析仪等
黎母山镇卫生院	1464.8	12	10	5401	0	通用X线诊断设备、血液学设备、呼吸设备、心电诊断仪器
中平镇卫生院	440	18	10	6827	19	X光机、B超机、洗胃机、心电图机、心电监护仪、全自动生化分析仪
红毛镇中心卫生院	310	19	12	6000	80	B超、心电图、血、尿液分析仪等
上安乡卫生院	886	25	8	19850	23	心电图、B超、全自动生化分析仪、尿液分析仪、血球仪

续表2

医院名称	医疗用房面积（平方米）	职工（人）	病床（张）	年门诊量（人）	住院人数（人）	主要设备
吊罗山乡卫生院	585	12	8	6623	108	半自动生化分析1台、X光机1台、B超机1台、心电图机1台、尿液分析仪1台
什运乡卫生院	560	19	—	9032	160	全自动生化分析仪、血细胞分析仪、全自动尿液分析仪、普通B超、心电图、无影灯、电子阴道镜、红外乳腺仪、光电子治疗仪、热点复合治疗仪、听力筛查仪、病人监护仪、中频电疗仪、电动颈椎牵引椅、多功能康复床、显微镜、离心机、一次性医疗器械毁型机
营根镇卫生院红岛分院	365	11	4	11086	0	心电图机、显微镜、半自动生化仪、尿液分析仪
湾岭镇乌石卫生院	—	—	10	—	—	全自动生化分析仪、血细胞分析仪、全自动尿液分析仪、彩超、B超、全自动心电图、新生儿黄疸测定仪、全自动多功能手术床、手术室无影灯、新生儿热辐射台
松涛卫生院	650	8	5	5120	0	半导体生化仪、尿液分析仪、心电图机、B超机、显微镜

第六节 农场卫生机构

一、长征农场医院

长征农场医院始建于1962年，当时医疗设备简陋。2010年，医院占地面积3万平方米，其中业务用房2355.4平方米，全院编制床位20张。医院有职工33人，卫生专业技术人员28人，中级职称4人，初级职称24人，其中执业医师6人，执业助理医师8人，注册护士7人。当时医疗设备有B超机、X光机、心电图机、外科手术灯以及一系列外科手术设备、半自动化分析仪等医疗设备。设有普通门诊、发热门诊、肠道门诊、内科、外科、住院部、中医理疗、牙科、检验室、化验室、制药室、X光室、手术室等。为周边居民解决了看病难等问题，是当时琼中县的主要医疗保障点之一。

医院经过多年的发展，已成为县西南部地区集医疗、预防、保健、康复于一体的综合性医院。

二、岭头茶场医院

岭头茶场医院创建于1961年6月，当时房屋简陋，医疗设备落后，只有4间茅草房，占地面积约80平方米，共有医务人员5人，负责本场干部职工看病、打针、接生等业务。1975年，修建岭头茶场医院大楼，分门诊部、住院部和职工住房，占地面积2056平方米，其中业务用房1100平方米，门诊楼设有药房、内科、外科、儿科、手术室、注射室、生化室、预防保健室等。住院部设有护士值班室、会议室、急救室、消毒室、妇产科、制药室。

1984年，修建一幢医院综合门诊楼，医院占地面积约17800平方米，门诊设有中心药房、化验室、发热门诊、肠道门诊、内科、外科、注射室、B超室、公共卫生科、接种室、牙科手术室、120急救室，全院职工64人。

2009年，农垦改革,原乌石、岭头、南方3个农场重组成立新的乌石农场。岭头茶场医院负责承担本辖区的疾病防治、公共卫生、预防接种等职能。

三、海南省农垦新进医院

海南省农垦新进医院始建于1958年，当时只有800平方米的茅草房，设有门诊诊室、药房及住院病房，配备4名医生及6名护士，下设4个卫生所，配备卫生员18人。

1991年，医院有在岗在编职工96人，其中卫生员81人。有大专学历5人，中专学历15人。医疗卫生技术人员68人，行政后勤人员14人。医院占地面积61.25亩，医疗业务用房建筑面积2592平方米，其中门诊楼1008平方米，建于1976年；综合住院病房（混凝土平顶房）832平方米，建于1978年;制剂楼(二层)255平方米,建于1987年。二门诊(二层)69平方米,建于1993年。医院设有门诊部及住院部,下设卫生所37个。门诊部设有诊室、输液室、化验室、心电图室、胃镜室、X线检查室、妇产科诊疗室、五官科诊疗室、理疗室、计划免疫接种门诊、行政办公室、药房等各科室。住院部设有住院病床、抢救室、换药室、手术室、分娩室、精神科病房、配药室、医护办公室等。医院基本设备有:X光机、心电图、黑白B超、尿液分析仪、电解质分析仪、胃镜、五官科及理疗基本设备等设备。主要服务对象是全场一个机关单位,4个直属单位及31个生产队的职工及家属小孩,服务人口约8980人。医院基本医疗服务能开展内科、外科、妇科、儿科、五官科等常见病门诊及住院治疗,能常规开展阑尾切除术、胃大部分切除术、肠梗阻手术等普外科手术,也能开展上肢长骨、下肢胫骨切开复位内固定手术。妇产科子宫肌瘤、卵巢囊肿切除术等,开展农药中毒、毒蛇咬伤、危重病人院前及住院等抢救业务。卫生院可自己生产葡萄糖及生理盐水、消毒液等。

2001年,海南省农垦医疗卫生改革,改革后医院在岗在册职工72人,其中卫生员14人。连队卫生所缩减为14个卫生所,医疗技术明显提升。2001年,医院常规开展子宫切除术、剖宫产手术、甲状腺疾病手术、部分胃肠道肿瘤切除术及肛肠科手术等。

2001—2010年,医院相继新增全自动生化仪、血细胞分析仪、数字心电图机、心电监护仪、电刀麻醉机等医疗设备。2008年新建手术室288平方米。2009年新建病房240平方米。2010年,有职工人数63人,在岗在册58人,自聘人员5人,其中医疗卫生技术人员50人。医院医疗用房面积3120平方米。主要设备有X光机、B超机、全自动生化仪、血细胞分析仪、尿液分析仪、数字心电图机、心电监护仪等。年门诊量32000人次,年住院病人2500人次。

四、加钗社区卫生服务中心(加钗农场医院)

加钗农场医院,现更名为加钗社区卫生服务中心,创建于1960年2月,是一家综合性医院。1991年被琼中县政府评为“农村计划生育手术”先进单位。1997年12月建成X光室、消毒供应室。1999年被评定为“一级甲等医院”,当年被评为省初级卫生保健达标单位。

2010年,职工49人。其中卫技人员39人,中级职称5人,师级18人,士级16人,大专学历8人、中专11人,其他20人。后勤人员6人,卫生员9人,主治医师3人,主管检验师1人,主管护理师4人,医师8人,护师11人,护士7人,全部持证上岗。医院占地面积27840平方米,建筑面积4850.88平方米。医院设门诊部、住院部、手术室、预防保健等。住院部有25张病床位,设有内科、外科、儿科、妇产科、传染科等科室。职工住房1498.21平方米;手术室378.00平方米,手术床2个。

医院有普通B超机1台、X光机1台、心电图机1台和全自动血液分析仪、半自动生化分析仪、电解质分析仪、血常规机等设备。业务科室有内科、外科、妇产科、儿科、口腔科、医学检验科、医学影像科、中西医结合科、预防保健基本公共卫生服务等。2010年,医疗诊疗量10998人次,其中门诊诊疗人数10804人次,住院194人次,为周边进行公共卫生及预防保健计划、免疫预防接种1242人。

五、琼中县国营太平农场医院

琼中县太平农场医院原名为海南省国营太平农场医院,成立于1971年,占地面积23.5亩,建筑物面积2050平方米,负责农场辖区内机关直属和各区24个单位、2796人的基础医疗和预防保健服务。

1991年,医院有在职干部职工37名,其中专业卫生技术人员19名,行政人员4名,后勤人员4名;中专学历19名,中级职称4人,初级职称6名。医院设置住院部、综合门诊各一个。年接诊13056人次,住院94人次,无医疗责任事故发生。

2000年,医院在职干部职工32名,其中专业卫生技术人员27名。全年接诊13186人,无医疗责任事故发生。

2010年,医院在职干部职工28名,其中专业卫生技术人员27名。全年接诊6203人。设内科、外科、妇产科、儿科、预防保健科、妇产科、药库、中心药房、产房、急救室10个科室,20张病床;心电图室、B超和检验室。医院半自动血生化分析仪1台、半自动尿液分析仪1台、显微镜1台、心电图机2台、产床1台。

六、乘坡农场医院

乘坡农场医院组建于1961年4月,该医院组建初期只有一间简陋的草房作为卫生室,有2名卫生员,其中1名为学徒。1984年,医院建筑面积为2290平方米,有床位70张,1台X光机,1台心电图机,1台电动洗胃机,CTS-5型超声诊断仪,手术用无影灯及手术器材,救护车一辆,以及理疗用器材和仪器多台。

2010年,有员工44人,其中医生5人,护士8人,卫生员13人。医院占地面积1684平方米,其中门诊面积471.7平方米,住院病房面积1502.1平方米。医院设有内科、儿科、外科、妇产科、防疫组、住院部、后勤工作组。医院有25张床位,配置1台B超机、1台心电监护仪、1台尿液分析仪、1台X光机;年门诊就诊量3372人。

七、南方农场医院

南方农场医院位于琼中县中平镇境内,始建于1958年4月,占地40.8亩。医院负责农场辖区46个单位(点)、约1.5万人的基础医疗服务和预防保健服务。

1996年,农场医院已初步具备小型综合医院规模,有救护车、B超机、手术台、无影灯、心电图机、X光机、联体牙科治疗机、全自动血细胞分析仪、尿液分析仪、电解分析仪、半自动生化仪、显微镜、胎儿监护仪、胎音仪、电动吸引器、药品阴凉柜、制氧机等。医院设门诊部(西医诊室、五官诊室、妇科诊室、透视室、化验室、治疗室、中西药房、供应室)、住院部(一病区:内科、儿科、传染科。二病区:妇产科、分娩房和手术室)、防疫科(儿童计划免疫、疫情管理、儿童保健、居民健康档案、老年人和慢病管理、健康教育等),有病床60张。全场医务人员96人,其中医院65人,即医师13人，医士11人，护士19人，五官、药剂、检验、X线士各1人，助产2人，护理3人，行政管理及工人13人。生产队卫生室31间，卫生员31人(其中医师2人，医士6人，其他防疫员23人)。

1997年，医院实行农场二级企、事业承包制，为期一年。是年，核定用工人数70人(其中管理人员3人，卫技人员60人，工人7人)。

2001年，进一步深化医改，卫技人员按本农场人数比例配备，当年减员10人。

2003年，"非典"来袭，医院增设发热门诊、观察室和隔离卫生间。

2004—2005年，为方便边远职工群众就医，新建的中平和加留作业区中心卫生所落成开诊。

2009年，乌石、南方、岭头农场重组，全称海南省国营乌石农场，之后职工工资由乌石农场发放。

2010年，医院有职工36人，其中管理干部5人，各科室医务人员有主管药师1人，检验师1人，医师4人，助理医师9人，护师5人，护士2人，卫技2人，电脑管理员2人，工勤4人。连队卫生员22人(其中医师1人、助理医师13人、药剂士1人、其他卫生员7人)。医院设有内科、儿科、外科、传染科、妇产科的扶理科等。年门诊达4333人次，住院治疗病人954人次。

南方农场医院经过几代农垦人的艰苦创建，现在对内科、儿科可开展消化道溃疡、慢性病、支气管肺炎、小儿呼吸道感染、消化不良等常见病的处理、呼吸衰竭、心功能衰竭等危重病进行抢救治疗；在外科方面能进行阑尾炎、卵巢囊肿、宫外孕、胃切除术等手术；在传染病方面可对肺结核、肝炎等一些常见病进行治疗和处理；在妇科方面能进行引产、分娩以及妇科常见病的治疗。

八、海南省农垦阳江医院

海南省农垦阳江医院建立于1956年，原为国营阳江农场职工医院，1991年，更名为海南省农垦阳江医院。为琼中县规模最大的农场医院。1996年被卫生部评定为一级甲等医院。

1991年，医院总建筑面积为8591.58平方米，医疗用房面积4513.平方米，职工55人，定编床位60张(含精神病区)。2006年，医院自筹20多万元购买300毫安X光机；2009年，医院新建了两层约900平方米的住院楼，医疗用房增到5千多平方米。职工75人，其中中级职称7人，初级职称58人，床位数突破120张。年医疗总收入900多万元。连续数年被农垦总局卫生局，农场党委琼中县卫生局、防疫站被评为先进单位。

医院设有内科、外科、儿科、妇产科、精神病科等临床科室。门诊设有放射科、检验科、心电图、B超科、针灸及辅助科室。拥有300毫安射线机、彩超机、心电监护仪、尿十项检测仪、血球分析仪、全自动生化仪、麻醉机、阴道窥镜等医疗设备，是全县农场医院医疗设备较齐全、医疗服务质量较好的综合性医院。医院能开展四肢开展性骨折甲状腺瘤、甲亢、前列腺摘除、剖宫产、子宫瘤及外产科手术。2010年门诊就诊人数近40514人次。住院人数达1520人次。外科、产科手术100多例。

九、海南省农垦大丰医院

海南省农垦大丰医院建立于1956年6月,原为国营大丰农场职工医院。1991年下半年,更名为海南省农垦大丰医院,是一所集医疗、预防保健为一体的综合性医院。

1991年以前,医院建筑面积2420平方米,医疗用房面积1420平方米,职工58人,定编床位20张。2006—2008年,新建手术室和医疗供应室。医疗用房增到2345.2多平方米,床位数达33张。职工40人,医务人员34人,其中中级职称3人,初级职称23人。年医疗总收入增至142万元。医院2006年被评为海南省农垦系统医院目标管理责任先进单位。

医院设有内科、外科、妇产科等临床科室。门诊设有放射科、检验科、心电图室、B超科及辅助科室。拥有500毫安射线机、心电监护仪、全自动血液分析仪、黑白超声诊断仪、电解质分析仪、全自动生化仪、麻醉机等医疗设备,是全县境内农场医院医疗设备较齐全,医疗服务质量较好的综合性医院。医院能开展四肢开展四肢性骨折、甲亢、阑尾炎、剖宫产、子宫瘤及外产科手术。2010年门诊就诊人数近13431人次;住院人数达495人次。

十、海南省新伟农场医院

海南省新伟农场医院创建于1971年1月,经过40年的建设,已发展成为琼中县西部地区综合性医院。医院占地面积10亩,总建筑面积4414平方米,其中业务用房2430平方米,职工住房1984平方米。全院编制床位20张,设有临床内科、儿科、外科等多个科室。2010年医院有职工24人,其中卫生专业技术人员16人,主治医师1人、医(护)师8人、医(护)士7人。2010年有固定资产250万元(不含土地),现有数字式六道心电图机、半自动生化分析仪、全自动血液细胞分析仪、B超诊断仪、尿液分析仪等医疗设备,医疗设备总值11万元。可开展内科、妇产科、儿科、精神科等诊疗活动。年收治住院病人94人次,年门、急诊1765人次。新伟农场医院是琼中县新型农村合作医疗、城镇职工基本医疗保险、城镇居民医疗保险的定点医院。

2010年琼中县农场医院基本情况表

表16-5

医院名称	医疗用房面积(平方米)	职工(人)	病床(张)	年门诊量(人次)	年住院人数(人)	主要设备
长征农场医院	2500	33	20	4742	340	B超机、X光机、心电图机、外科手术灯、半自动化分析仪

续表1

医院名称	医疗用房面积(平方米)	职工(人)	病床(张)	年门诊量(人次)	年住院人数(人)	主要设备
岭头茶场医院	1868	26	25	5280	208	X光机、牙科椅、洗胃机
农垦新进医院	3120	63	—	32000	2500	X光机、B超、全自动生化仪、血细胞分析仪、尿液分析仪、数字心电图机、心电监护仪
加钗农场医院	—	49	25	10998	194	B超机、x光机、心电图机、全自动血液分析仪、半自动生化分析仪、电解质分析仪、血常规机
乘坡农场医院	1973.8	44	25	3372	135	B超机,X光机,心电图,尿液分析仪,心电监护仪
南方农场医院	2196	36	60	4333	954	B超机、手术台、无影灯、心电图机、X光机、牙科治疗机、全自动血细胞分析仪、尿液分析仪、电解分析仪、半自动生化仪、显微镜胎儿监护仪、胎音仪、电冰箱、电动吸引器、制氧机
海南省农垦阳江医院	5513.3	70	120	40514	1520	彩超机、心电监护仪、尿十项检测仪、血球分析仪、300毫安射线机、麻醉机
海南省农垦大丰医院	2534.52	34	33	13431	495	超声波检查仪1台、X光机1台、A型起超声波诊断仪1台.激光治疗仪1台.心电图机1台.显微镜2台

第二章 防 疫

第一节 防疫机构

琼中黎族苗族自治县疾病预防控制中心(以下简称“县疾控中心”)位于营根镇教育路,有房屋面积6100平方米,其中工作用房为2235平方米(实验室使用面积472平方米)。

卫生防疫工作由单纯的抗疟逐步转到“五大卫生”监督、监测和培训、技术指导和科研上来,工作人员最多时是1995年的52人(定编50人)。县疾控中心是在原卫生防疫站、皮防所、结防所和健康教育所4个单位的基础上组建而成,于2007年1月份正式成立,是集疾病预防控制、突发公共卫生事件处置、疫情与传染病监测、健康教育与健康危害因素监测、实验室监测评价、科研与技术指导为一体的县卫生局直属卫生事业单位。县疾控中心设有办公室、卫生与消杀科、防疫科、免疫规划科、寄生虫防治科、检验科、健康教育所、皮肤性病防治所、结核病防治所和营东社区第一卫生服务站等9个科、所、站和1个职能部门。在职干部职工65人(其中在编人员46人,聘用19人),卫生专业技术人员52人(其中副高职称1人,主管医、技、护师13人,医技、护师22人,医技、护士12人,防疫员4人),工勤人员(含司机)13人。

县疾控中心(含原卫生防疫站)自成立以来,各方面建设得到卫生部、省卫生厅领导的关注,各级领导多次到中心考察并指导工作。卫生部副部长何界生于1991年1月12日、副部长孙隆春于1993年1月29日先后到中心检查工作。疾病防治的试点工作曾经放在琼中县开展,如1990—1995年,组织开展中国政府与联合国儿童基金会合作项目“儿童营养监测与改善项目”;“海南省毛阳地区抗氯喹恶性疾防治对策研究”获得1993年海南省科技进步一等奖,县疾控中心为第三完成单位;“和平地区疟疾防治研究基地”的疟防试点、“健康教育社区参与加速控制和平地区疟疾措施研究”获得1997年度海南省科技进步四等奖,县疾控中心为第二完成单位;“普及育龄妇女‘破类’免疫接种消除新生儿破伤风”试点;2000年开展“海南省提高居民户碘盐食用率”项目试点县等。20年来,疾病预防控制工作取得显著成效,全县传染病发病率逐年下降,成功消灭了天花和血丝病,消除碘缺乏病,鼠疫、霍乱、脊椎灰质炎等一批重点传染病得到有效控制,已多年没有病例。

第二节 传染病防控

一、疾病信息网络建设

2002年1月1日,县"疾病报告管理信息系统"正式启动。在筹备、启动和运行的各个阶段均得到省卫生厅、省防疫站的支持。在系统启动工程中、疫情报告人员认真接受培训、克服困难,在不具备计算机基础知识的前提下,掌握了系统的基本操作。全县30个疫情报告单位均配备了电脑,实现网络直报疫情和预警。2007年起,实行信息预警疫情报告,使防疫人员及时掌握疫情动态信息,为疫情的处置、信息的传递上报争取时间,更加方便、快捷。2009年起,县疫情网络直报率均达到100%。

二、疟疾防控

疟疾是按蚊叮咬传播的一种传染性疾病,俗称"北寒病",长期危害人民群众健康,解放前琼中被视为"瘴疠之地"。1991年,在和平镇疟疾监测点调查到该镇常住人口年发病率为15.7%。2003起,琼中县得到全球基金疟疾项目的资助,疟疾防治工作明显好转,疟疾发病率逐年下降,2004年全县报告疟疾发病983例,恶性疾37人;2005年为466例,恶性疟28人;2006年361例,恶性疟1人;2007年288例,恶性疟1人;2008年184例,无恶性疟;2009年55例,无恶性疟;2010年7例,无恶性疟。在此期间举办疟疾防治培训班20次,培训人数1100人次;举办疟原虫镜检培训班6次,培训人数56人次;派人员参加省举办的各类培训班56人次。其间对215116人次的发热病例进行血检,查到2148例疟疾病人,对基层各单位上送县复检血片进行全部复核,共复核198756张血片,发现漏检15例。同时主动对外出返乡人员较多的村队进行病例检查,共查16个村队,筛查3200人,查出带虫病例2例,给予及时、规范的治疗,防止疾病扩散。共为2005例病人进行治疗,治疗后病人没有出现复发,病情得到根治。共浸泡蚊帐1350村次,浸泡39875顶蚊帐,药物室内滞留喷洒935村次,滞留喷洒25000户次,喷洒面积301235平方米。设立咨询站点,共发放疟疾宣传单15879人份,宣传画5000张,围裙400个,扇子1000个,折页15000张,流动客运摩托车宣传车150辆,在县城主要街道挂横幅30多条。共处理疫点1000个自然村,保护150000人次,由于及时处理,没有出现疟疾二代病例,有效控制了疟疾的传播。海南省组织人员对琼中县防疟工作进行7次评比检查,7次均获全省先进单位称号;2008年11月,琼中县被国家疾控中心授予"第一轮中国全球基金疟疾项目县级先进集体"荣誉称号。

三、结核病防治

1992年以后,对发现的活动性肺结核病人,全部按世界银行结核病控制项目的要求,给予免费治疗和监督管理。在全球基金结核病项目的带动下,围绕各种卫生宣传日,积极开展结核病防治教育。至2010年,共检查可疑结核病人1451例,阳性病人156例,其中涂阳病人135例。县疾控中心累计接收咨询人数32500人,共发放宣传单65000份、宣传手册7485本,印制下发宣传围裙6000张、宣传挂历10700本、横幅41条,电视宣传300次。

四、艾滋病防治

艾滋病是一种危害性极大的传染病,因感染艾滋病病毒(HIV病毒)引起。HIV是一种能攻击人体免疫系统的病毒,使人体丧失免疫功能,因此,艾滋病是琼中县长期重点防治的传染病。

2005—2010年,琼中稳定控制了艾滋病的传播。2005年,琼中县发现(外地报告)艾滋病1例,HIV阳性者2例;2008年,县发现(外地报告)艾滋病2例,HIV阳性者2例。自2005年报告首例艾滋病病毒(HIV)感染者以来,至2010年,累计报告HIV阳性者11例(感染者9例,病人2例),其中外地报告至本地7例,本地报告4例,无死亡报告。

2005—2010年,全县共开展全民防治艾滋病知识宣传活动5次,发放艾滋病宣传资料40000多份,发放安全套30000只;设立咨询点,接受4000名群众咨询;组织召开全县各宾馆、酒店、招待所和歌舞厅、桑拿中心、洗浴中心、发廊、美容院、卡拉OK厅等娱乐场所推广使用安全套预防性病艾滋病专题会议,同时做好消毒管理工作,加强人员培训15次,发放安全套近70000只;共对4000多人进行HIV抗体检测,结果全部为阴性;由县卫生局牵头,县卫生防疫站等6家单位组织上千名学生走上街头,举行大规模防治艾滋病宣传活动5次;共举办培训班5次,培训近1000人;2005年3月,由县政府专门下发文件,成立由副县长林海云任组长,县政府办、县卫生局、县公安局有关领导任副组长,5个县级部门组成的县防治艾滋病横断面调查工作领导小组,并在县卫生防疫站下设办公室,负责日常具体工作。2007年,县疾控中心建立艾滋病初筛实验室,并通过省级资质认证,成为琼中县唯一开展艾滋病初筛检测的实验室。

五、手足口病防治

手足口病为丙类传染病,一直不被重视,自从出现EV71型病毒引起儿童死亡后,才纳入法定传染病管理,并引起重视。

2008年,全年举办手足口病防治知识培训班3期,培训563人次,督导检查4次,发放宣传资料42300份,

2009年,建立健全手足口病防治机制体制,积极与教育部门协调,对幼托机构进行全面防控,做到疫情处理及时、消毒到位、隔离有序、防止交叉感染,全县共报告病例182例。

2010年,全县报告手足口病179例,采集咽拭子标本送检45份,实验室诊断病例19例,其中EV71病毒3例,COXA16病毒13例,其他肠道病毒3例;对密切接触者进行居家医学观察,并对医

学观察场所进行终末消毒。

六、非典型肺炎防治

2003年春季，全国大面积爆发非典型肺炎。为有效预防控制非典型肺炎（简称“非典”）疫情，保障广大人民群众的生命健康，4月，县防疫站派出卫生技术人员参加省卫生厅和省疾控中心举办的各类“非典”防治培训班，共有30人次，使业务骨干熟悉“非典”防治的相关知识、技术规范和要求。4月15日，县防疫站根据上级要求成立“非典”疫情应急防治小组，成立站流行病学调查队、消毒监督与消毒工作队，以文件的形式下发到各国营农（林、茶、牧）场医院和各乡镇卫生院，以应对可能发生的“非典”疫情。组织制定《琼中县卫生防疫站非典型肺炎防治工作培训方案》《琼中县卫生防疫站非典型肺炎防治应急预案》《琼中县卫生防疫站非典型肺炎防治工作实施方案》《琼中县卫生防疫站非典型肺炎防治领导小组成员与工作职责》《琼中县卫生防疫站“非典”防治工作岗位管理制度》，并上墙公示；县防疫站成立10个工作小组，防疫人员实行24小时待班制，明确分工，各负其责。4月16日起，副县长林海云多次到站了解“非典”防治工作落实情况，并询问消毒药械、防护与检验设备的准备情况。4月28—29日，县委、县政府主要领导分别到县防疫站督查“非典”防治工作。按要求，防疫站派出5人到县“非典”防治指挥部，24小时轮流值班；站设专人、专线电话负责疫情报告，并做好登记、统计、整理上报省疾控中心和县“非典”指挥部。截至6月12日，累计报告发热病例4715例，可疑病例报告5例。4—6月，防疫站共出动1300多人次，车辆（摩托车）310辆次，防疫站新装2部电话作为“非典”值班和热线咨询用，新购买1部手机用于报告“非典”疫情，购买1部传真机用于汇报防治“非典”工作。共举办各类培训班23期，培训1343多人次，参加人员有各卫生院院长、农场医院院长、防保组人员，全站卫生专业人员、各医疗单位业务骨干和诊所的医务人员，各单位消毒人员与预防“非典”工作人员等。县防疫站制作疫情报告栏，制度、方案、职责综合栏和宣传栏等23块，出黑板报3期，挂横幅50条，张贴、散发宣传画5500张，分发《非典防治知识指南》900本，《非典型肺炎自防范》（普及本）3200本，《依法防治非典型肺炎基本知识》1000本，《传染病法》300本，散发宣传单11.5万张，电视宣传205次，广播宣传122次，现场宣传171次。县防疫站购置“非典”消毒药品、器械和防护设备共12.6万元，其他支出3.3万元。防疫部门特别注意加强对“非典”疫情的监测与控制，注意收集第一手资料，并加以分析，争取做到早发现、早隔离、早诊断、早治疗。截至6月11日，疫区流入琼中县的监控人数1502人，疫区流入县城机关单位的人员由县防疫站进行流行病学调查，共有486人，累计监控123人。应急疫情处理18次，其中深夜应急疫情处理10次。从4月21日起，县防疫站出动660人次，对县城党政机关、学校、企事业单位、公共场所、车站和营运客车等进行预防性消毒或监督消毒4100个单位（次），消毒面积503万平方米，消毒客车3200班（次），营运摩托车消毒1100辆（次）。县防疫站组织“非典”消毒，先后到8个边远农村进行“非典”防治基本知识宣传，培训村干部及群众1250人，发放防“非典”手册200本，散发宣传单5000张；同时对农民居家环境进行预防性消毒，面积约6.2万平方米。为了使广大卫生技术人员熟练掌握防治“非典”的技术操作规范，组织演练2次。2003年全年，琼中县没有发现非典型肺炎病例。

七、甲型H1N1流感防治

2009年,甲型H1N1流感防控主要开展疫情监测、信息收集、网络直报和分析、应急接种甲型H1N1流感疫苗等工作。加强发热呼吸道病例的监测,发现病例异常增多时,及时组织流行病学调查以确认是否存在甲型H1N1流感流行。督促各级各类医疗机构加强对甲型H1N1流感病例的监测和发现,如发现此类病例立即采样送检并对病人进行隔离。截至2009年12月31日,全县共报告甲型H1N1流感5例,其中1例重症病人转三亚农垦医院救治,4例轻症病例均已治愈;累计报告流感样病例1372人次,采集咽拭子标本送检12份,对156名密切接触者进行居家医学观察,密切接触者均体温正常,无咳嗽、咽痛等流感样症状,按期解除隔离,并对医学观察场所进行终末消毒。

为做好全县甲型H1N1流感的防控工作,省卫生厅先后三次分配给琼中甲流疫苗10000支,各预防接种单位开展宣传发动工作,在"知情同意、自愿免费"的原则下,有序开展接种工作。2009年,全县接种9403人次,接种率94.03%,按期完成省下达的接种任务,5人次出现疑似异常反应(一般反应)。

八、抗震救灾防疫

2008年5月12日14时28分,四川省汶川县发生里氏8.0级的大地震,地震给当地及周边人民的生命和财产安全造成重大损失。5月18日,根据《海南省卫生厅关于组织全省医疗卫生青年志愿者赶赴灾区抗震救灾工作》的精神,县疾控中心征选了陈刚、李周能2名青年志愿者参加省级灾区医疗救灾和环境卫生消杀的知识培训,并由海南共青团省委、省卫生厅、省青年志愿者协会统一组织安排,于5月20日、21日先后奔赴四川省,负责灾后环境卫生、生活用水的监测和消毒,以及灾后突发公共卫生事件和疫情防范工作。

第三节 计划免疫

自1991年开始,根据国家和省级方案要求,琼中县防疫站在全县范围有计划地开展儿童免疫接种工作,采取常规免疫和强化免疫相结合的方式,逐步加强规范化管理,"四苗"(卡介苗、乙肝疫苗、麻疹疫苗、脊髓灰质炎疫苗)全程接种率和各疫苗接种率接种率各年度均在90%以上,疫苗相应传染病得到有效控制。自2007年起,国家扩大免疫规划,新生儿童必须接种的基础免疫疫苗由原来的四种扩大到八种。至2010年,各年度"八苗"全程接种率均在95%以上,单秒接种率达到国家规定的目标(90%)要求。许多严重危害儿童生命健康的疫苗相应传染病得到控制,如白喉、百日咳和脊髓灰质炎等传染病,已多年来没有发生本地临床病例,乙脑、流脑和麻疹等传染病近几年也没有发生病例。

1991—2010年琼中县免疫规划预防接种基本情况一览表

表16-6　　单位:人、%

年度	出生儿童数	入册数	建证数	基础全程接种率	备注
1991	2439	2439	2439	—	—
1992	3301	3301	3301	—	—
1993	3000	3000	3000	—	—
1994	2845	2845	2845	—	—
1995	2809	2809	2809	—	—
1996	2513	2513	2513	92.29	四苗
1997	2061	2061	2061	95.61	四苗
1998	1839	1739	1739	96.21	四苗
1999	1523	1523	1523	95.72	四苗
2000	1581	1581	1581	96.33	四苗
2001	1783	1783	1783	98.97	四苗
2002	1911	1911	1911	98.11	四苗
2003	1780	1780	1780	95.56	五苗
2004	1945	1945	1945	95.51	五苗
2005	2333	2333	2333	95.51	六苗
2006	2569	2569	2569	97.33	六苗
2007	3057	3057	3057	97.37	六苗
2008	3445	3445	3445	98.71	八苗
2009	3293	3293	3293	98.41	八苗
2010	3084	3084	3084	99.60	八苗

说明:四苗:卡介苗、乙肝疫苗、麻疹疫苗、脊髓灰质炎疫苗;五苗:卡介苗、乙肝疫苗、麻疹疫苗、脊髓灰质炎疫苗、百白破疫苗;六苗:卡介苗、乙肝疫苗、麻疹疫苗、脊髓灰质炎疫苗、百白破疫苗、乙脑疫苗;八苗:卡介苗、乙肝疫苗、麻疹疫苗、脊髓灰质炎疫苗、百白破疫苗、乙脑疫苗、流脑疫苗、甲肝疫苗

一、麻疹

20世纪90年代，琼中县加强疫苗注射和疫情管理，仅发病88例。至2000年，每年分片抽查监测24人，均为阴性。

2001年，全县共报告24例麻疹患者，病例主要分布于红毛镇和长兴乡。

自2006年4月23日启动麻疹疫苗强化免疫工作，全县登记适龄儿童38128人，累计报告接种人数37458人，报告接种率98.3%。

2007年，在全县范围内开展8月龄至6岁儿童的麻疹疫苗强化免疫活动，共接种19080人，接种率为95.3%，达到国家目标要求。

2008—2010年，全县未出现麻疹病例报告。

二、乙肝

2001年，全年共报告病毒性肝炎22例，全县乙肝疫苗接种921人，比上年同期640人增加281人，增加43.91%，其中新生儿接种301人。

2009年，为加强乙肝控制，开展了乙肝疫苗强化接种项目。主要对1994年1月1日至1995年12月31日期间出生的、未完成乙肝疫苗全程接种的儿童进行补种。应种对象4548人，实种3663人，补种率为80.54%。

2010年，加强与教育部门协作，深入各中小学，落实15岁以下儿童乙肝疫苗补种和儿童入托入学查验预防接种证，乙肝疫苗接种5926人次，接种率为92%。有效清除在校儿童的免疫空白。

第四节　碘缺乏病防治

1977年，在湾岭镇和乌石镇进行碘缺乏病流行病学调查，确定该地区为流行病区，居民患病率为14.6%，同时向病区供应加碘盐。1995年以来，全县普及食用加碘盐。

2000年前，琼中县碘盐普及率在65%以下；居民户碘盐的食用率在69.9%以下，一些边远村户居民碘盐的使用率不足30%。非碘盐遍布全县范围，居民户食用的非碘盐80%来自流动盐贩，60%的零售点有非碘盐出售。家庭主妇对防治碘盐缺乏病知识的知晓率仅为30%，50%的人不知道市场有碘盐出售，学生防治碘缺乏病知识的知晓率为54.6%。

2000年，在县开展“提高居民碘盐食用率项目”，实施综合干预措施，政策倡导，行政干预，净化碘盐市场，同时加强健康教育和碘盐监测，取得显著成效，碘盐市场基本得到净化。2001年监测结果表明，全县各乡镇和各国营农场批发、零售商店销售的食盐，100%为含碘盐。

2001年，全县碘盐的实际销量为688.5吨，碘盐普及率为78.7%，比2000年(65.0%)上升了23.7%。2001年，居民户碘盐食用率达到93.3%，比2000年(69.9%)上升了23.4%。

2010年,根据省卫生厅、工业经济与信息产业局、盐务局等转发卫生部办公厅关于《实现消除碘缺乏病目标县级考核评估方案》的有关要求,开展消除碘缺乏病考核评估工作。

考评结果如下:

现场考评:(1)8~10岁儿童甲状腺肿大情况:本次检查5所学校共400名学生,甲状腺肿大有11人,均为I度肿大,占受检人数的2.75%。(2)8~10岁儿童尿碘检测结果:5所学校共检测学生尿碘100份,总的尿碘中位数为205.75ug/L,尿碘含量低于50ug/L的比例为7%。(3)居民户碘盐检测结果:全县共监测9个乡镇、36个行政村288份盐样,其中碘盐覆盖率99.3%,碘盐合格率99.65%,合格碘盐食用率98.95%,非碘盐率0.69%。(4)学生健康教育问卷调查:抽取营根中心小学、什运中心小学、和平中心小学、长征中心小学、黎母山小学5所学校的五年级学生各30名、共150名进行健康教育问卷调查,及格率为88.0%。

碘盐管理:(1)盐务管理部门2006—2008年落实相关的政策法规,碘盐小包装批发价1.4元/包的价格都适宜当地群众消费水平。(2)工商、盐业主管部门每年对碘盐市场进行监督管理,严厉打击非碘盐,没收非碘盐共1.5吨,净化了食盐市场。(3)盐务部门建立碘盐销售网络,在每个乡镇(国营农场)都设有碘盐销售点。2006年完成708.475吨碘盐销售点,2007年完成708.8吨碘盐销售点,2008年完成655吨碘盐销售点。

监测与防治:(1)县疾控中心每年都按《碘盐监测方案》要求完成监测工作并及时上报。(2)县疾控中心每年积极协助省CDC开展相关工作。(3)县疾控中心每年都参加并通过碘盐检测质控考核。

健康教育:(1)每年通过电视、广播多次宣传碘缺乏病防治知识。(2)全县小学积极开展健康教育活动,将碘缺乏病防治知识纳入健康教育课。(3)抽查5所小学校学生共150名进行健康教育问卷调查,碘缺乏病防治知识知晓率为88%。(4)每年的"5·15"宣传日,县疾控中心与盐务局等多部门共同组织开展防治碘缺乏病宣传活动,设立咨询点、悬挂横幅、张挂宣传画、发放宣传资料。

保障措施:(1)县政府重视消除碘缺乏病工作,及时调整了该项工作领导组织,成立由副县长郭光星任组长,各有关单位负责人为成员的县消除碘缺乏病领导小组。(2)县政府制定《琼中县2007—2010年碘缺乏病防治工作规划》及《琼中县2007年碘缺乏病防治工作实施方案》。(3)中央转移支付项目经费均足额拨付到县疾控中心,保障了县碘缺乏病防治工作顺利开展。(4)疾控中心每年派人参加上级举办的培训班和会议。

结论:(1)项目指标:组织领导、碘盐管理、监测与防治和健康教育四项综合指标总评分为89分。(2)居民户的碘盐合格率为99.65%,合格碘盐食用率为98.95。(3)8~10岁儿童的甲状腺肿大率为2.75%。(4)儿童的尿碘中位数205.75ug/L,<50ug/L占7%。综合上述指标,县评估指标均达到消除碘缺乏病标准,为"消除碘缺乏病达标县"。

2010年5月,省评估组对县消除碘缺乏病各项指标进行省级评审;经评估,县各项指标均达到县级实现消除碘缺乏病目标,通过了消除碘缺乏病目标省级复核评审。

第五节 实验室能力建设

实验室是集教学、质量检验检测、科学研究与技术创新的特殊工作场所,其建设内容与水平影响着科技创新、国家发展与社会安全。实验室能力建设俗称实验室条件建设,实验室能力建设包括实验能力、质量管理能力、安全防护能力与环境保护能力等四项内容。疾病预防控制机构是政府公共卫生体系的核心,实验室检测又是疾病预防控制机构能力履行职能的重要手段。县疾控中心高度重视实验室能力建设,从人才培养、引进,仪器设备投入等各方面给予倾斜,进而推动疾控中心科学发展。

2005年前,实验室面积小,只有200平方米,人员少,职称低,仪器设备简单陈旧,检测项目少。直到2005年,县疾控中心利用国债资金新建了一栋五层的办公大楼,把4、5楼共427平方米规划成实验室,同时省卫生厅下拨了一批仪器设备,包括恒温培养箱、水浴箱、生物安全柜、超净工作台、离心机、纯水机、生化培养箱、霉菌培养箱、显微镜、高压灭菌器、分光光度计、气相色谱仪、原子吸收光普仪器等。

2009年,通过实验室省级资质认定。

第三章 妇幼保健

第一节 保健机构

琼中县妇幼保健院隶属县卫生局，为财政全额拨款副科级事业单位。前身为1952年在县卫生院成立的妇幼保健组；1953年，建立琼中县妇幼保健站，位于营根镇教育路19号，拥有一栋三层楼的办公用房，建筑面积420平方米。2008年底，搬迁至营根镇教育路56号，拥有一栋四层综合门诊楼，业务用房面积1696平方米，是琼中县唯一一家集妇女和儿童医疗、保健、预防、基层妇幼卫生指导于一体的综合医疗保健机构。

1991年，共有职工15人，其中卫生专业技术人员12人，其他3人；中级职称1人，初级职称11人；大专学历1人，中专学历11人，高中及以下学历3人。2001年，共有职工20人，其中卫生专业技术人员17人，其他3人；中级职称2人，初级职称15人；大专学历4人，中专学历12人，高中及以下学历4人。2010年，共有职工24人，其中卫生专业技术人员16人，其他8人；中级职称4人，初级职称10人，无职称2人；本科学历1人，大专学历5人，中专学历11人，高中及以下学历7人。

1991—2010年琼中县妇幼保健院工作人员统计表

表16-7　　单位：人

年份	人员总数	其中					
		医师(士)	助理医师	检验人员	药剂人员	护士(师)	其他
1991	15	10	0	1	0	1	3
1992	16	9	0	1	0	2	4

续表1

年份	人员总数	其中					
		医师(士)	助理医师	检验人员	药剂人员	护士(师)	其他
1993	18	12	0	1	0	2	3
1994	19	12	0	1	0	3	3
1995	19	12	0	1	0	3	3
1996	20	13	0	1	0	3	3
1997	19	12	0	1	0	3	3
1998	19	11	0	1	0	4	3
1999	19	11	0	1	0	4	3
2000	19	11	0	1	0	4	3
2001	20	12	0	1	0	4	3
2002	19	11	0	1	0	4	3
2003	19	10	1	1	0	4	3
2004	19	10	1	1	0	4	3
2005	13	7	1	1	0	4	0
2006	14	7	1	1	0	4	1
2007	16	7	1	1	0	4	3
2008	20	7	1	1	0	6	5
2009	27	7	1	2	0	8	9
2010	24	5	1	1	0	7	10

第二节 保健设备

1991—1999年,仪器设备只有3件:1台电冰箱、1个冷强光机、1台电离子治疗机。

2000—2008年，世行贷款卫生IX项目分配到的仪器设备有三导心电图机、心电监护仪、半自动生化分析仪、血红蛋白测定仪、尿分析仪、台式B超机、便携式B超机、胎儿监护仪、多普勒胎心听诊仪、酶标仪、蓝光治疗仪、微波治疗仪、分光光度计、双目显微镜、恒温培养箱、婴儿培养箱、超声雾化器、身高体重秤、妇科检查床、综合产床等135件，价值19.94万元。办公设备有电脑、激光打印机、空调、传真机、彩色电视机、复印机、便携式投影仪等8件，价值3.80万元。2008年底搬迁新址后，开设病床9张，至2010年底结束。

2010年，增加全自动血细胞分析仪、全数字B超诊断仪、电子阴道镜、不孕症诊断仪、产后康复治疗仪、妇科生殖道治疗仪、婴幼儿听力测定仪、婴幼儿智力测定仪、微量输入泵、妊高症监测仪、经皮黄疸测定仪等仪器设备和办公设备一批，价值10.94万元。

第三节 妇幼人员培训

为提高妇幼保健工作人员的整体素质，琼中县妇幼保健院不断加强继续医学教育，安排专技人员进修学习，参加业务培训。1991—2000年，进修学习1人次，参加省对县的业务培训23人次；2001—2010年，进修学习12人次，参加省对县的业务培训29人次。要求乡镇卫生院选送人员到县级单位进修，强化基层人员培训，利用县对乡级、乡对村级的妇幼工作例会，开展乡、村妇幼项目业务知识培训，从而提升妇幼工作水平，提高服务能力和工作质量。1991—2000年，乡镇进修学习10人次，累计培训乡镇级妇幼人员37人次，累计培训女村医51人次、卫生员112人次、接生员1333人次；2001—2010年，乡镇进修学习30人，累计培训乡镇级妇幼人员57人次，累计培训女村医196人次、卫生员924人次、接生员1052人次。

第四节 妇幼保健

1991—1999年，设立3个职能科室：行政后勤室、门诊医疗保健室、基层预防保健室，开展妇女儿童保健、婚前医学检查、产科及儿科常见病多发病的诊疗业务，人流、放环、取环等计划生育服务。实施妇女、儿童健康管理项目，下乡督导卫生院妇女保健、儿童保健业务开展和妇女病、儿童病普查普治及宣传教育工作。

2000—2008年，严格实施《母婴保健法》，实施0～36个月儿童健康管理和孕产妇健康管理服务项目，建立统一的儿童保健档案，开展孕妇期保健和产后访视服务，妇女儿童的健康水平得到很大提高。2008年底,儿童保健管理覆盖率11.92%,婴儿死亡23.65‰;孕产妇保健覆盖率57.5%,孕产妇死亡率40.78/10万。实施农村孕产妇住院分娩补助项目,积极动员广大农村妇女到医疗机构住院分娩,减少孕产妇死亡发生,控制新生儿破伤风发生。2008年底,全县住院分娩率93.72%,高危孕妇住院分娩率95.94%,新生儿破伤风发生率0.41‰。2008年底加强三级妇幼保健网络建设,提高妇幼保健工作质量。全县100个村(居)委会配备了106名村级妇幼保健员,保证每个村(居)委会都有一名妇幼保健员抓妇幼工作。举办多期各类型产儿科适宜技术、妇幼保健和儿童保健、妇幼卫生监测等业务知识培训班96期,累计培训各级妇幼人员2600人次,进修学习的产儿科医生8人。积极开展妇幼保健知识宣传教育,提高妇女儿童自我保健能力。利用报纸、电视、广播、宣传栏、宣传单、横幅等载体积极宣传妇幼保健知识,宣传面覆盖全县所有行政村和85%以上的目标人群。2008年底,开展健康教育目标人群9万多人次,发放各种宣传资料7万份,有效提高了广大妇女儿童的健康知识水平和自我保健意识。开展创建爱婴医院活动,提高产科质量。创建爱婴医院,提高产科质量是降低孕产妇、婴儿、5岁以下儿童死亡率的重要手段。2008年底,全县有3家医疗保健机构获得"爱婴医院"称号。依法加强对非法进行胎儿性别鉴定和选择性终止妊娠行为的管理。加强对个体诊所、私人产院的明察暗访,严厉打击非法进行计划生育手术和助产技术的行为。2008年底,全县出生婴儿性别比有所降低,综合治理工作取得初步成效。实施世行贷款卫生九项目妇幼卫生子项目。卫九项目于1999年下半年开始启动,至2008年,项目累计为全县各级医疗保健机构配套医疗设备630件,完成4个卫生院和县妇幼保健院培训中心的扩建装修土建工程,土建面积793平方米,累计投入41.70万元,改善了基层卫生院就医环境和诊疗水平;加强对各级妇幼人员的业务培训,提高工作水平。累计培训各级妇幼人员2631人次,选送县、乡级产儿科医生到上级医院临床进修36人,基本完成项目制订的培训计划。2008年底,项目投入扶贫救助资金11.97万元,对2376名贫困孕产妇和6709名儿童提供减免医疗保健服务,较好地完成项目医疗救助工作计划,有效降低了琼中县孕产妇和婴儿死亡率。实施降低孕产妇死亡率和消除新生儿破伤风项目。2008年底,为1246名贫困孕产妇住院分娩减免医疗费27.6万元;建立健全了危急重孕产妇、围产儿转诊绿色通道;在每个行政村成立了孕产妇急救护送小组,保障了广大妇女儿童的身心健康,促进全县妇幼卫生事业的快速发展。

2010年,依托《母婴保健法》,坚持"以保健为中心,以保障生殖健康为目的,面向基层,面向群体"的妇幼卫生工作方针,推进各项目工作的实施。全面实施0~36个月儿童健康管理服务,提高儿童保健覆盖率。建立规范统一的表、卡、册;利用儿童预防接种门诊的便利时机,开创儿童保健服务新局面。据统计,3岁以下儿童有6920人,建立保健档案卡4728人,保健覆盖率为68.32%;新生儿访视人数1736人,访视率为73.53%;0~3岁儿童系统管理人数1267人,系统管理率为18.31%。全面实施孕产妇健康管理服务，提高孕产妇保健覆盖率。采用属地管理的原则，在全县14个乡镇卫生院、10个农林茶场医院等开展孕产妇健康管理项目工作。进行人员培训，讲解规范服务行为；建立孕产妇健康档案，提高保健服务质量，为孕产妇免费提供孕期保健和产后访视服务。产前保健覆盖率89.246%，早孕检查率22.11%，孕产妇系统管理率21.14%；产后访视率为71.62%。认真实施农村孕产妇住院分娩补助工作，做好民生工程。在全县27家医疗助产机构设立项目实施点，加强项目资金管理，明确经费补助渠道，严格执行限价标准，认真推行农村孕产妇免费平产住院分娩的惠民政策。2010年，农村住院分娩补助1567人，住院分娩率99.20%。农村妇女增补叶酸预防神经管缺陷项目，减少出生缺陷。印制下发统一的工作表格，规范发放渠道和登记制度，广泛宣传服用叶酸的好处和意义，提高叶酸服用率。2010年，服用叶酸人数963人，服用率占计划人数的53.5%。继续做好妇幼卫生监测工作，加强新增点的工作指导。继续做好“0～4岁出生儿童死亡监测”等国家试点的妇幼卫生监测工作，重点加强松涛、乌石、长征新增点的工作指导，及时掌握出生动态，完善信息资料，确保项目监测质量。加大婚前保健工作力度，有效提高婚前医学检查率。制定切实可行的实施方案，县委县政府重视和大力支持，配套15万元，实行婚检费用由政府买单的优惠政策；在街道中心开设宣传咨询活动，张贴标语、悬挂横幅，宣传婚前保健对降低传染病的发生、预防出生缺陷的重要性，强化群众婚前和孕前保健意识；加强婚检工作人员的业务学习，转变服务观念，强化服务意识，提高服务水平。同时，县妇幼保健院重新设计装修婚检门诊，增设婚前保健宣教室，配置电视机、宣传教具和《新婚须知》《优生优育知识》书籍等，提供婚前保健卫生指导，切实提高群众对婚检工作的认可。2010年，全县婚检率已升至46.11%，发现约11.51%的人患有各种疾病，已进行卫生指导人数有980人，提供咨询人数143人。加强儿童保健规范化门诊建设，打开儿童保健工作滞后的局面。召开“儿童保健规范化门诊建设”专题座谈会，传达上级会议精神，拟定首批6家创建单位；同时为6家创建儿童保健门诊的卫生院购置专用设备，投入建设资金19万元，完成了建立目标的36%。统筹兼顾，全面推进妇幼卫生工作。建立健全实行出生实名登记制度，进一步规范出生实名登记，加强出生医学证明发放和管理；认真开展新生儿疾病筛查工作，做好血片标本的保管、递送、登记，复查等管理工作；积极配合疾控部门开展预防艾滋病母婴传播及梅毒筛查项目工作，认真做好孕产妇怀孕早期艾滋病、梅毒咨询和检测工作；加强对母婴保健技术服务机构和人员的监管，依法许可，严格准入，加大执法力度，规范医疗保健服务行为；大力开展孕产妇和儿童保健健康教育活动，指导村级开展产后访视等基础妇幼保健服务，做好妇幼卫生基础数据收集，提高数据质量。

1991—2010年琼中县儿童健康情况一览表

表16-8

年度	调查的儿童数(人)	佝偻病(例)	龋齿(例)	贫血人数(例)	营养不良人数(例)
1991	184	3	0	0	0
1992	120	1	0	0	0
1993	0	0	0	0	0
1994	0	0	0	0	0
1995	120	22	0	0	0
1996	1761	0	0	0	130
1997	1669	0	0	0	95
1998	273	0	0	0	26
1999	854	0	0	0	34
2000	140	0	0	0	3
2001	243	0	0	0	3
2002	340	0	0	0	14
2003	1868	0	0	0	216
2004	1704	0	0	0	41
2005	1873	0	0	0	43
2006	1207	0	0	0	38
2007	996	0	0	0	57
2008	1214	0	0	0	9
2009	6639	0	0	0	164
2010	8353	0	0	4	394

1991—2010年琼中县妇幼保健院妇女保健一览表

表16-9

年度	孕产期保健											
	活产数（人）	产妇数（人）	产检人数（人）	早检人数（人）	产后访视人数（人）	产后访视率（%）	系统管理人数（人）	系统管理率（%）	住院分娩人数（人）	高危产妇人数（人）	高危住院分娩人数（人）	孕产妇死亡人数（人）	孕产妇死亡率（/10万）
1991	2331	2346	1925	558	1640	70.36	—	—	—	—	—	3	128.7
1992	2098	2097	1765	257	1378	65.68	—	—	—	—	—	2	95.33
1993	1882	1881	1471	177	1399	74.34	—	—	—	—	—	1	53.13
1994	1705	1707	1002	157	1030	60.41	—	—	—	—	—	2	117.3
1995	1695	1694	1375	144	1024	60.41	—	—	—	—	—	1	59
1996	1469	1465	1193	92	846	57.59	0	—	697	4	2	1	68.07
1997	1293	1296	1180	203	905	69.99	64	4.95	716	52	50	0	0
1998	1120	1123	879	199	533	47.59	72	6.43	629	87	85	2	178.57
1999	1040	1049	866	398	673	64.71	322	30.96	656	101	97	2	192.31
2000	1255	1259	1020	136	524	41.75	83	6.61	754	119	110	0	0
2001	1461	1455	1175	252	676	46.27	193	13.21	865	149	129	0	0
2002	1445	1450	1071	212	701	48.51	160	11.07	892	135	123	1	69.2
2003	1445	1449	1139	408	938	64.91	360	24.91	896	130	122	1	69.2
2004	1758	1762	1513	337	1126	64.05	307	17.46	1221	170	161	2	113.77
2005	2328	2332	2110	594	1625	69.8	559	24.01	1627	156	151	1	42.96
2006	2430	2440	2223	741	1629	67.04	696	28.64	1933	126	120	2	82.3
2007	2382	2377	2204	447	1383	58.06	405	17	2168	150	146	1	41.98
2008	2452	2455	2331	508	1643	67.01	409	16.68	2298	190	189	1	40.78
2009	2365	2369	2260	591	1616	—	465	—	2294	203	202	2	—
2010	2361	2356	2341	522	1691	—	499	—	2341	210	210	1	—

续表1

年度	妇科病查治					节育手术				
	实查人数(人)	查出妇科病人数(人)	妇科病发病率(%)	治疗人数(人)	治疗率(%)	放环术	取环术	输卵管结扎术	人工流产	引产
1991	1252	140	11.18	124	88.57	1527	57	482	529	88
1992	830	50	6.02	49	98	1517	246	106	1182	271
1993	690	130	18.84	130	100	987	430	330	931	165
1994	541	79	14.6	79	100	—	—	—	—	—
1995	479	39	8.14	39	100	1049	294	313	779	208
1996	760	86	11.32	83	96.51	1640	236	472	705	258
1997	888	142	15.99	129	90.85	1302	329	266	760	313
1998	841	146	17.36	107	73.29	1294	333	215	745	366
1999	858	111	12.94	108	97.3	872	338	169	655	271
2000	520	125	24.04	110	88	783	391	156	525	238
2001	785	143	18.22	118	82.52	961	335	127	588	218
2002	170	45	26.47	38	84.44	1006	507	83	414	171
2003	533	135	25.33	135	100	1136	539	109	622	107
2004	303	41	13.53	41	100	551	1064	784	712	92
2005	2916	308	10.56	308	100	450	602	879	625	127
2006	1453	113	7.78	113	100	493	568	1002	645	88
2007	436	89	20.41	89	100	516	372	750	543	97
2008	285	54	18.95	54	100	773	362	694	433	65
2009	1010	574	—	574	—	611	299	702	433	58
2010	386	80	—	80	—	795	355	475	546	76

第四章 公共卫生

第一节 环境、食品卫生

1999—2006年，环境卫生、食品卫生由县疾控中心承担，主要工作是卫生监督执法和卫生监测。2007年，成立县卫生监督所，卫生监督执法职能由县卫生监督所承担，县疾控中心仅承担卫生检测任务。

一、环境卫生

良好的饮用水是人类健康生存的必要条件，为确保农村生活饮用水卫生安全，让群众喝上放心水，根据《海南省农村生活饮用水安全工程水质卫生监测技术方案》和《海南省农村生活饮用水省级监测项目方案》的要求，县疾控中心及时开展饮用水监测工作，2010年，检测生活饮用水2860份，为各级政府部门的监管和规划提供科学依据。

二、食品卫生

1991年，为保障广大人民群众的身体健康，加强对食品卫生的监督监测，把好发证关，加强对食品行业从业人员的健康检查。据统计，全县共有食品企业385家，发放卫生许可证381份，占应发证数的98.96%。全县共有食品从业人员1005人，已体检995人，占应检人数的99%。对各类食品检查200份，合格190份，合格率95%；公共食品检查400份，合格310份，合格率77.5%。加强对食品从业人员的卫生知识培训，共培训895人，培训率89%。全年未发生食物中毒案例。此外还继续抓好湾岭、乌石两镇“地甲”病区服食碘盐，共进行碘盐检测5次总计100份，合格80份，合格率80%。

1993年，开展全县“五大”卫生监测工作。据统计，全县从事食品服务行业330家，已发卫生许可证315份,占98.5%;服务人员615人,已体检612人,占99.5%;食品、食具监测146份,合格率93.6%。全县3所中学、2所小学的学生进行体检,共检4605人,体检率95.84%。全县公共场所111处,监测366份,合格率83.3%。由于加强了卫生监督监测,肠道传染病大幅减少,如痢疾仅发病27例,病毒性肝炎发病47例。

1998年,全县有531家食品饮食生产经营单位,发证率77.21%;对从业人员体检782人,体检率92.7%,发现"五病"人员59人,均已调离;监测食品175份,合格率94.29 %,全县抽检5235份,合格率80.05 %;食品卫生建档405家,建档率98.78%。对公共场所经营的97家单位进行审查,发证59家,占60.82%;从业人员体检213人,体检率87.65%,发现"五病"(痢疾、伤寒、甲型或戊型病毒性肝炎、活动性肺结核、化脓性或者渗出性皮肤病)人员12人,均已调离;监测190份,合格率85.7%;建档59家,建档率96.61%。

1999年,全县从事食品饮食生产经营单位511家,审发卫生许可证485家,占94.9%;从业人员体检603人,占应体检773人的78%,发现"五病"人员22人,均全部调离。食品监测124份,合格115份,合格率92.7%;食具监测725份,合格574份,合格率79.17%;监测碘盐485份,合格437份,合格率90.1%;建档485户,建档率94. 9%。对公共场所经营的94家单位进行审查,审发卫生许可证86家,占91.5%;从业人员体检118人,占应体检154人的76.6%,发现"五病"人员11人,已全部调离。监测139份,合格115份,合格率82.7%。建档86家,建档率91.5%。

2000年,全县从事食品、饮食生产经营单位482家,审发卫生许可证435份,占90.25%;从业人员962人,已体检844人,占87.73%。监测食品115份,合格108份,合格率93.91%;监测餐具957份,合格780份,合格率81.50%。碘盐监测99份,合格90份,合格率90.91%。对公共场所经营的92家单位进行审查,审发卫生许可证74份,占80.43%;经营人数150人,体检116人,占77.33%。监测191份,合格167份,合格率87.43%;对县自来水厂水样监测72份,合格60份,合格率83.33%。

2004年,为加强对全县的食品生产经营安全工作的领导,卫生局成立了以局长卓令乾为组长、分管副局长何伟委为副组长、卫生防疫站部门有关人员为成员的食品卫生安全工作领导小组,制定食品卫生安全管理工作方案,明确卫生管理目标,完善各项规章管理制度;在元旦、五一节、国庆节、中秋节等重大节假日期间,会同工商、公安等部门联合开展食品卫生安全执法检查。全年9家食品生产经营单位被勒令停业整顿,2家被取缔,2家被罚款处理,没收、销毁各种假冒、伪劣商品食品855千克;加强对学校食堂卫生安全的检查监督,确保学生的用餐安全,严格按照学校食堂卫生量化标准,先后4次对全县25所学校食堂进行全面检查,对存在卫生安全隐患的食堂提出书面整改意见;抓好食品生产经营单位从业人员的卫生法规、卫生安全知识培训和体格检查,未经过卫生法规培训和体格检查合格者,不准从事食品生产经营活动。全年培训合格的从业人员有1074人,体检合格的有1012人,有"五病"人员18人,不准其从事食品生产、经营活动。加强对卫生许可证的审批管理,把好卫生许可证准入关。按照《中华人民共和国食品法》有关规定,对食品生产经营者的卫生安全标准和各个环节严格审查,不符合标准的不予开业。经过严格审查，符合开业标准的有396家，合格率达到98%以上。当年突发公共卫生事件1件，营根镇红岛岭头村7人植物性食物中毒，死亡1人。

2006年，成立以县卫生局局长为组长，分管副局长、防疫站站长为副组长，卫生防疫部门有关人员为成员的食品卫生安全工作领导小组，会同公安、工商、质监等部门先后4次检查县农贸市场、商场、食品批发和零售商店和餐饮单位446家（其中饮食店156家，副食店254家，生产加工作坊12家），检查率为93.27%，对未取得卫生许可证的9家给予警告，对不符合条件的要求整改后方能开业。严格按照学校食堂卫生量化标准，先后2次组织人员对全县24所学校食堂进行全面检查，对存在卫生安全隐患的，提出书面整改意见。抓好食品生产经营单位从业人员的卫生法规、卫生安全知识培训和体格检查。据统计，全年参加培训的从业人员1699人，体检合格的有1652人，有"五病"的47人不准从事食品生产经营活动。加强对卫生许可证的审批管理，把好卫生许可证准入关。经审查合格发放卫生许可证的397家，要求整改的9家，行政处罚9家，罚款4900元。全年没有发生重大食品中毒事件。

2007年，全年食品监测50份，合格48份，合格率96%；食具监测1964份，合格1673份，合格率85%。

2008年，全年食品监测54份，合格53份，合格率98.15%；食具监测2176份，合格1545份，合格率71%。

2009年，加强卫生监督执法，规范医疗卫生市场，加大对医疗机构、餐饮、食品经营和公共场所的日常监管和专项整治，做好医疗卫生许可证的发放、年审工作。全年监督检查餐饮单位352家次；监督检查学校食堂34家；对辖区的公共场所监督114户，监督覆盖率达100%。发证率98%，体检人数563人，从业人员的体检率在98 %以上。

2010年，抓卫生行政执法和食品安全综合协调工作，保障公共卫生安全。加强对元旦、春节、中秋、国庆节等重要节日的食品安全专项整治工作。组织开展2010年安全月食品安全专项整治活动，重点对集贸市场、学校食堂和校园周边食品经营店进行检查。组织开展学校食堂食品安全专项检查，检查食品从业人员是否规范操作，各校对食品卫生管理是否到位，学校食堂和小卖部的卫生状况。对食品卫生管理差、安全隐患大的学校"问题食堂"，责令学校及时整改。开展问题奶粉清查工作，在全县开展问题奶粉清查工作，检查32家奶粉和奶制品生产经营单位。通过检查流通环节和餐饮环节奶粉有无卫生许可证、流通许可证、奶粉有无QS标示或质检报告等情况，了解奶粉的来源，防止来源渠道不明确的问题奶粉流入琼中。组织开展地沟油整治和餐厨废弃物管理工作，制定《琼中县开展地沟油整治和餐厨废弃物管理专项行动方案》，于9月1—5日开展地沟油整治和餐厨废弃物管理专项行动。通过组织多部门联合整治、发动群众举报违法犯罪行为、加强正面宣传报道、曝光典型案例等措施，取得地沟油整治和餐厨废弃物管理专项整治的较好实效。共出动监督车辆228车次、卫生监督人员688人次，监督检查公共场所、学校卫生、职业卫生、餐饮服务单位和医疗机构680户次，下达卫生监督意见书105份，对卫生违法违规行为查处立案2起，结案2起，收缴罚款11000元。

第二节 基本公共卫生服务

一、健康教育

2007年1月,在县健康教育所、卫生防疫站、皮防所、结防所4个单位的基础上,合并成立琼中黎族苗族自治县疾病预防控制中心。2007年,中心健康教育工作结合各大卫生日和各时期中心疾病控制工作重点,有针对性地每季度出版1期宣传栏目,做好各种重大疾病的健康教育宣传,发放宣传单3万多张。在各大卫生日积极主动和县电视台联系,在电视播放健教内容3期,收到良好的社会效果。

2008年,县疾控中心针对计划免疫、肠道传染病、艾滋病、碘缺乏病、结核病、皮肤性病等重大疾病,以及食物中毒等重大公共卫生事件,结合各种卫生日,积极组织开展内容丰富多彩、形式多样的宣传活动5次,采用广播电视宣传、举办防治知识图文展、发放防治知识宣传材料,如真假碘盐的识别方法、安全套的使用防治等,中心派出专业人员100多人次,车辆10辆次,县卫生局领导参加活动10多人次,使广大群众更好地掌握重大疾病和重大公共卫生事件的防治知识。

2009年,健康教育项目宣传的主要内容为《健康素养66条》、重点慢性病和传染病防治以及防止公共卫生事件的知识。全年分发的宣传资料有35种150624份(含省下拨宣传资料)、宣传横幅45条、音像制品8种185份、宣传标语278条、宣传栏50个,宣传栏内容39块。共发放宣传资料在12种以上(完成100%),共发放72566份;播放音像制品6种以上(完成100%),共播放436次;设置宣传栏72个(完成100%),更换内容196次(完成100%);开展卫生主题日咨询活动161次(完成92%),咨询人数17444人次;举办健康讲座276次(完成79%),参加人数11356人次。为了解不同人群对卫生基本知识的掌握情况,评价县健康教育的效果,中心对乡镇、农场、学校及县城居民进行问卷调查,共调查1359人,健康知识平均知晓率为77.11%。其中,县城居民问卷调查763人,知晓率80.53%;农民调查370人,知晓率72.23%;学生调查226人,知晓率78.87%。城市居民知晓率明显比农村居民知晓率高。从考核的情况看,均达到国家的要求标准。

2010年，为全面掌握《国家基本公共卫生服务规范》(2010版)，琼中县参加、组织多次培训，分2期组织县技术骨干参加省卫生厅举办的培训班。并对所有参与到该项工作中的管理者、业务人员、乡村医生进行全面培训，全县举办培训2次，培训120多人次，乡镇举办培训29次，培训240多人次。全县共发放宣传资料7种50000份。同时抽查县城4个社区、6个乡镇、1个学校16~70岁常住人口900人，以问卷调查方式了解全县城乡居民的健康素养知识，乙肝、结核病及艾滋病等重点疾病防治知识的知晓情况。调查全县300位居民的健康素养知识，知晓率为77.90%，行为形成率为63.35%；调查全县600位居民重点疾病防治知识，知晓率为78%。其中调查200位县城居民的健康素养知识，知晓率为80.60%，行为形成率为65.09%，调查200位县城居民的重点疾病防治知识，知晓率为79%；调查100位农民的健康素养知识，知晓率为72.50%，行为形成率为60.02%，调查200位农民的重点疾病防治知识，知晓率为76%；调查200位职业学校学生的重点疾病防治知识，知晓率为87%。问卷调查结果显示，全县城乡居民基本卫生知识和重点疾病防治知识知晓率均达到年度目标要求。

二、慢性病管理

为有效预防和控制高血压、糖尿病等慢性病，2009年11月底启动慢性病管理工作。根据要求，2009年开始，对县城居民中的高血压、II型糖尿病等慢性病人建立健康档案，开展高血压、II型糖尿病等慢性病人的体检随访管理、康复指导，掌握县高血压、II型糖尿病等慢性病发病、死亡和病患情况。

高血压患者管理至2010年12月，全县登记管理并随访高血压患者2240人，管理率为10.71%，规范管理人数1381人，规范管理率为61.65%。

糖尿病关注管理全县登记管理并随访糖尿病患者640人，管理率为5.10%，规范管理人数496人，规范管理率为77.50%，达到省级目标要求。

三、精神病管理

随着精神和生活压力的不断加大，各类精神疾病患病率呈上升趋势，严重精神障碍患者肇事肇祸事件时有发生，对公共安全造成危害，成为突出的社会问题，给患者家属和社会都造成严重的经济负担，关系到广大人民群众的身心健康和社会稳定。

2009年11月，琼中县启动精神疾病管理工作。根据《海南省2009年基本公共卫生服务项目重性精神疾病患者管理项目实施方案》要求，制定了《琼中县2009年基本公共卫生服务项目重性精神疾病患者管理项目实施方案》，并以文件的形式下发到各乡镇和农场，保证了对重性精神疾病患者管理项目的顺利开展。加强各级医务人员的业务知识培训，提高医务人员业务水平。人员技术素质的提升是项目工作的重中之重。为此，除了派员外出学习外，县卫生局还将重性精神疾病诊断知识、管理和治疗等相关知识作为卫生技术人员“三基训练”的主要内容，通过举办会议和专门的培训班等形式，对全县各级医疗卫生人员开展重性精神疾病相关知识培训，共举办培训班2期，培训120人次。至2010年12月底，全县重性精神疾病摸底调查415人，建档402人，纳入规范管理358人。

四、老年人健康管理

随着生活水平和医疗技术的提高，老龄人群体逐年扩大。2009年11月，琼中县启动老年人健康管理工作。至2010年，根据《2009年基本公共卫生服务老年人健康管理项目工作方案》及县卫生局要求，县开展了老年人健康管理项目。结合建立居民档案，对县65岁以上老年人进行登记管理，并对所有登记管理的老年人免费进行健康危险因素调查和一般体格检查及空腹血糖测试。至12月，全县登记管理65岁以上老人5056人。

第五章 医疗管理

第一节 医政药政管理

1991年,全县有13家乡镇卫生院、12个农林茶场医院、70所学校卫生所、个体诊所46家、药品经营店32家(全民11家,个体18家,集体3家)和1家制药厂。对上年未完成换证的部分药店和未登记的药店继续做好发证工作,取缔无证经营者。3月,组织医药市场整顿领导小组赴琼海县参观学习医药市场管理经验,共换发许可证32家,这些药品经营者都有合格证、许可证、营业执照。取缔1家无证又不具备发证条件的药品经营店和4家游医卖药者;审批五指山制药厂的药品生产申请审批表5件。查处假药7起4个品种,劣药10起35个品种。

1992年,进行2次全县药品大检查。第一次在5月上旬开展全县大检查,共检查12个乡镇卫生院、12个国营农场医院、70家药店诊所;第二次在11月中旬进行,根据卫生部《关于加强麻醉药品管理的通报》和明传电报52、53号精神和要求开展大检查,历时8天,检查了85家医院、药店和诊所,对农场医院、县医院等13家医疗单位侧重检查麻醉药品的"五专"管理落实情况,对其他无麻醉药品的医疗单位和药品经营者,尤其是个体药店和诊所,侧重检查假劣药。查处假药3起,非法进口药1起,罚款3次计款5522元;查处过期药品30种,价值310元。

1993年,随着市场的改革开放,药品监督管理任务越来越繁重,琼中县的药品监督机构由医政股兼管,不设药政专业股,也不设药检所,监督人员县一级有3人:医政股专管1人,副局长1人,县医院药师1人,13家乡镇卫生院长兼本辖区内的药品监督工作。所有药品经营单位和使用单位应做到有药房、药柜、药架,分类摆放,进出账册登记,贵重药、剧毒药都有柜有锁,麻醉药管理做到"五专"。对重点市场如县城、乌石检查6次,10月的一次全县检查,历时7天,覆盖面在95%以上,发现有4家医疗单位和1家县医药公司有被通报的假红霉素、麦迪霉素片332瓶,没收并罚款1万余元。

1998年，加强药品市场管理，开展药品市场清理整顿，打击伪劣药品及非法进口药品，局部重点监督检查35次，全县大面积检查5次，共出动97人次，受检单位的覆盖面达98%，发现并没收假药9种35家，货值I437.2元，罚款1767元；没收25家单位的劣药，货值677.5元，罚款272元；没收27家单位的非法进口药，货值7915.3元，罚款2183.4元，取缔6家无证售药单位，没收药品价值464.5多元。合计没收药品价值10329.5元。在加强药品监督工作的同时，对全县药店零售人员和医疗机构的药品管理人员进行普法知识培训，加强全县医疗、药品市场的管理秩序。

1999年，为贯彻落实省卫生厅、工业厅、工商局、物价局等部门联合印发的《关于印发海南省1999年整治医药购销不正之风工作方案的通知》精神，琼中县把整治医药购销不正之风作为重要工作来抓紧抓好。成立县整治医药购销不正之风领导小组，由副县长任组长，统一领导和协调全县整治医药购销不正之风工作；制定《琼中县1999年整治医药购销不正之风工作方案》，对整治医药购销不正之风进行统一部署；根据实际情况，分自查、专项检查与整改三个阶段进行。由县卫生、监察、工商、工交、物价等部门组成检查组，对县人民医院、部分乡镇卫生院、农场医院等进行检查。共检查药店、诊所61个单位，查处销售物劣药品3家，没收并进行经济处罚480元，此外，县卫生局组织2次全县大面积检查，17次局部重点检查，共出动72人次，受检覆盖面达96%，没收假劣药品19种，价值1634元，罚款1161元，清理7家单位的过期失效药品320种，价值15300.09元。

2000年4月，为加强对全县医药市场的整顿，落实省卫生厅"关于统一行动整顿医药市场的通知"精神，琼中县成立整顿医药工作领导小组，由县人大常委会主任任组长，副县长任副组长，成员由卫生局及有关人员组成，同时成立县整顿医药市场检查小组，县人大常委会副主任担任总指挥，卫生局局长任组长，县人大教科文卫委主任及县卫生局、县防疫站、县医院、县工商局、县公安局、县监察局县技术监督局有关领导和专业技术人员15人组成。为做到依法行动，组织检查人员学习《医疗机管理条例》《海南省医疗机构管理办法》等法律法规，提高执法水平。这次医药市场检查共3天时间，重点整顿无证行医较突出的县城、乌石镇、黎母山镇沿线，检查发现无证行医8家，依法取缔、没收药品和罚款，没收价值4472元的药品215种及医用器械一批，取缔8个无证经营药品单位，没收药品一批，查处假劣药品4种，价值280元。

2001年，成立以副县长为组长的整顿医药市场工作领导小组，县政府转发《琼中县整顿医药市场工作方案》，两次集中卫生、质量技术监督、公安、工商、城建等部门，在全县范围内开展大规模的整顿医药市场大行动，查处无证经营药品零售店22家，没收药品价值3800元，罚款2500元，查处2家无证经营非法进口药品单位，罚款280元，没收过期药品及假劣药品1561种，价值8000元，取缔非法经营药店1家，罚款300元。

2004年，为进一步加强对全县医疗服务市场的规范管理，维护正常的医疗服务市场秩序，按照《海南省整顿医疗市场的工作方案》要求，成立以分管副县长为组长，县政府分管领导为副主任，县卫生局局长为副组长，县卫生局、公安局、纠风办、药监局、工商局等单位为成员的整顿医疗市场领导小组，在5月和10月两次开展全县检查，共检查14个乡镇卫生院，12个国营农场、林场、茶场医院和52个体诊所，取缔无证行医诊所3家，没收价值0.35万元的医疗器械，销毁价值0.37万元的过期药品、药剂，处罚款1.60万元，停业整顿医疗机构3家，清理对外承包门诊2个，清理卫生违法广告2起，有9家从业人员未取得执业资格的个体诊所，责令其停业。经过整顿，全县符合执业条件的个体诊所有53家，其中西医41家，中医6家，牙科6家。

2006年，根据卫生部《关于做好全国打击非法行医专项行动总结评估工作的通知》和全国电视电话会议精神及省卫生厅有关文件要求，为抓好医疗服务市场的管理，严厉打击非法行医，扎实开展治理卫生商业贿赂，纠正医药销售和医疗服务中的不正之风，县卫生局制定了《琼中县2006年制止卫生商业贿赂实施方案》，县卫生局、县科技局、公安局、监察局、县人口和计划生育局等部门联合印发《琼中县2006年打击非法行医专项行动实施方案》。在开展治理卫生商业贿赂活动中，召开各医疗单位主要负责人会议，传达了有关文件精神，要求各医疗单位认真开展自查自纠，并落实了整改措施。在广大医务人员中深入开展社会主义荣辱观教育、医德医风教育，培养他们的职业道德。12月12—15日，由县政府牵头组织，县卫生局、公安局、监察局、药监局、人口计划生育局和工商局等单位相关人员组成联合执法检查组，对全县14个乡镇卫生院、12个国营农（林、茶）场医院和44家个体诊所派出执法检查组，出动16人次、车辆3辆次，同时邀请县广播电台记者全程现场录像。共取缔1家无证行医个体诊所，没收1地摊无证摆卖药品点，没收一批药品和器械，价值500元，并按照《医疗机构管理条例》给予处罚。在检查中发现不符合准入条件的医疗机构，责令停业整改，并按《医疗机构管理条例》的有关规定，重新登记注册，经整改，符合条件重新注册登记的医疗机构有14家乡镇卫生院、12家国营农（林、茶）场医院、36家个体诊所。同时，按照有关文件精神，大力整治医疗机构中的医疗污水、废物，宣传发动各医疗机构医务人员做好安全生产工作，杜绝火灾和医疗事故的发生。全年没有发生过重大医疗事故。

2009年，开展打击非法行医、非法采供血行动，打击非法医疗广告等活动。7月，在县政府的统一领导下，县卫生局、计生局、商务局、工商局、药监局等组成联合执法组，在全县开展打击非法行医专项行动，出车46辆次，派出人员186人次，查处取缔非法行医5家，打击非法医疗广告1家，责令限期整改个体诊所7家，立案查处个体诊所8家，罚款11000元，没收药品及器械价值6000元。

2010年，加强对医疗机构卫生监督管理工作。除了日常开展对医疗机构常规检查监管规范医疗机构服务行为外，县卫生局联合县食品药品管理局、工商局、纪检委、公安局、计生局、招商办、监察等部门组成检查组，对全县医疗卫生服务机构进行专项检查。针对部分医疗机构的医疗废弃物焚烧不彻底、医疗废弃物登记不及时、记录内容不详细等问题，卫生监督执法人员分别下达5份卫生监督意见书，取缔2家无医疗机构执业许可证的黑诊所，没收药品和器械价值5000元。

第二节 医疗事故管理

为建立健全医患纠纷调解机制,有效维护医患双方合法权益,2003年,县卫生局成立医疗纠纷处置领导小组,下设办公室在县卫生局医政股。

2002年在县医院发生1例医疗事故,患者生前系琼中县中医门诊护士。因妊娠9个月伴双下肢浮肿2个月,2002年10月4日进入县医院妇产科治疗,入院后明确诊断为重度妊娠高血压综合征、先兆子痫,医院按常规给予诊疗,同日下午行剖宫产术产下一男婴,术程顺利,术后患者出现失血性休克表现,立即给予抢救(其间对口支援医院海口市人民医院曾派两批相关专家到县医院指导抢救),抢救持续至次日,患者因抢救无效死亡。患方家属对县医院的诊疗提出异议,提出上诉,经海南省医学会和中华医学会两级机构鉴定,分别定为一级乙等、一级甲等医疗事故。2004年11月6日,琼中县人民法院经公开审理后,判决县医院负主要责任,海口市人民医院负次要责任,县医院按判决书10日内给予家属赔偿,履行应尽的法律义务。1991—2010年间,只有1例医疗事故,其他均为医疗纠纷。

为预防医疗纠纷,避免医疗事故发生,县卫生局加强组织培训,成立调解医疗纠纷工作领导小组。2010年,通过多种措施的综合整治,全县卫生系统医患纠纷从2009年10起减少到2010年的2起,乡镇卫生院、县中医院和县妇幼保健院均未发生医患纠纷事件。

第三节 医德医风建设

1991年,加强医院管理和医德医风建设,实行24小时门诊制,增设服务点和服务项目,有些卫生院在闹市区增设门诊点,有些卫生院增加检验、电针、神灯治疗等服务,方便群众治病,随到随诊。

1994年,全县卫生医疗单位认真执行岗位责任制,医疗护理质量与经济效益均明显上升。县医院坚持执行各类级专业技术人员岗位责任制,设立健全医德医风岗位责任制教育领导小组及医德医岗位责任制监督小组,对各类各级人员进行经常性教育及经常性监督检查,落实奖惩制度。全院各级各类医务人员努力学习医疗技术,过好"三基"考核关,进一步提高医护人员责任感与医德医风,促进医疗护理质量的提高,据初步统计,1994年治愈率达84%,好转率达12%,

病死率达1%,病床周转率10%,经济收入达190万元。各站、所在落实岗位责任制,做好预防保健的同时,结合本单位实际积极开展医疗服务工作,取得较好效益。皮防所积极开展皮肤病及性病治疗,增设检查设备,提高治疗效果。保健站也积极开展妇女与儿童疾病的治疗,开展检验,购进多功能电离子治疗机,受到妇女患者的欢迎,取得很好的经济效益。县中医门诊部积极开展多项服务,节假日不休息。各乡镇卫生院根据县《1994年乡镇卫生院综合目标管理方案》,制定本院的实施方案,把医疗预防保健工作与经济效益挂钩,有的实行工资浮动,有的实行奖金与津贴浮动,奖勤罚懒,调动了卫生院人员的工作积极性,医德医风好转,两个效益提高,出现不少好人好事。如长征卫生院在院长的带领下,人人出满勤,增收节支;湾岭卫生院的医生王维兰、杨芳服务态度好,诊治率提高;什运卫生院的王秀兰是刚走出校门的助产士,工作积极,既当助产士又当护士,工作任劳任怨,获得群众好评。

1998年,为响应海南省人民政府提出的"开展行政优质服务年活动"的号召,县政府对该活动做了具体的布置,指出服务性"窗口"行业要认真搞好这次活动。海南省卫生厅亦下文要求卫生行业要以优质服务为中心,加强医德医风建设。琼中县卫生局组织全县各医疗机构认真贯彻省、县关于开展优质服务年活动的精神,制订《1998年综合目标管理方案》,突出一切以病人为中心,制定十条便民措施,服务公约九条;抓岗位责任制、医疗服务质量和医院科学化管理等工作,使医院的科学化管理,医疗业务技术水平得到一定程度的提高。

1999年,抓民主评议行风工作。以提高卫生队伍素质为核心,以"四个服务"和"三个一切"为重点,创建文明行业为突破口,标本兼治,塑造"白衣天使"的良好形象,抓好卫生系统的民主评议行风工作。一是成立以卫生局局长为组长,有关部门领导为成员的民主评议行风工作领导小组,组织实施县直属医疗卫生单位和乡镇卫生院民主评议行风工作。二是结合民主评议,在卫生系统开展"以优质服务树立行业新风,建文明窗口,塑造白衣天使"为主题的活动,各医院通过开展民主评议活动,服务水平得到提高,病人反映的问题得到及时处理,让病人满意。

2001—2004年,全县各级医疗机构把加强医德医风和行业作风建设放到重要位置来抓,树立"以病人为中心"的服务理念,维护人民群众的健康利益,把广大群众的健康利益作为卫生工作的出发点和落脚点,把改善服务态度、提高服务质量、控制医药费用、减轻患者负担,作为实践"三个代表"重要思想的具体行动。进一步落实《医务人员医德规范》,增强广大医务人员遵纪守法、廉洁诚信的服务意识;加快医疗卫生体制改革,促进卫生行风建设。贯彻执行省委、省政府《关于进一步加强农村卫生工作的决定》,深化城乡医疗卫生服务体系和医疗机构管理体制改革,调整布局,鼓励竞争,不断提高医疗服务的能力和水平,满足人民群众的医疗服务的需求,探索"以病人为中心"的新型服务模式,方便群众就医;严肃行业纪律,坚决查处损害群众利益的不良行为。重点对医疗质量和收费价格实行监管;对医疗服务质量、医生开方用药、开单检查等进行经常性的监督检查,强化院长一手抓医院管理,一手抓医德医风的"一岗双责"制度,以医疗卫生单位服务质量好坏、医疗事故多少、收费是否合理和群众是否满意作为评价医院的标准,对在检查监督中发现服务态度、服务质量、医德医风存在问题的单位和个人,按情节轻重进行处理;加强医德医风建设,县卫生局成立以局主要领导为组长、各分管副局长为副组长的医德医风和行风建设监督领导小组,监督指导县各医疗卫生单位医德医风和行风建设;抓基层医疗机构财务管理。2004年8月,开展以加强会计基层工作为内容的财务管理检查,采取边查边纠的做法,查处和纠正松涛卫生院、长征镇卫生院、中平镇卫生院的违纪行为,为国家挽回损失27643.99元。抓药品招标采购工作,县人民医院是全县参加药品集中招标采购的唯一医疗机构,集中招标采购让利于患者的金额达50余万元。

2006年,为贯彻落实《海南省"以提高病人为中心",以"提高医疗服务质量为主题"的医院管理年活动方案》的要求,琼中县卫生局制定并下发《琼中县开展"以提高病人为中心",以"提高医疗服务质量为主题"的医院管理年活动方案》,同时,成立领导小组,负责全县医院管理年活动的组织领导,全县各医疗机构也相应制定《医院管理年活动方案》,成立以院长为第一责任人,其他人员为岗位责任人的管理网络。县卫生局抽调县医院、中医院的医疗业务技术骨干,分别于6月中旬与11月中旬深入各医疗单位开展医疗管理活动督导检查。经督导检查,发现大多数医疗单位都能按照《医院管理年活动方案》的工作目标和要求,狠抓医疗服务质量,提高医疗技术水平。各医疗单位都严格控制医药费用开支,不开大处方、不乱检查、乱收费、乱用药,为病人提供优质、安全、满意的医疗服务。

2008年,按照省卫生厅关于医疗卫生领域各项专项治理整顿工作安排,开展治理商业贿赂工作。定时召开各医疗单位主要负责人会议布置治理商业贿赂工作,按照《琼中县卫生系统建立健全防控医药购销领域商业贿赂长效机制方案》,落实防范商业贿赂措施,促进医德医风建设;开展民主评议医院活动。制定《民主评议医院活动实施方案》,公布举报电话,开展自查自纠和抽查工作,全县参加民主评议医院活动单位有26个,发放调查问卷1500份,利用海南广播电台政风行风热线,解答群众的提问,推进行风建设;开展医院管理年活动,制定《琼中县开展"以提高病人为中心,以提高服务质量为主题"的医院管理年方案》,从县人民医院、中医院抽调6名医疗业务骨干,深入各医疗单位检查督导,狠抓医疗服务质量,提高医疗技术水平,遏制开大处方、乱检查、乱收费、乱用药行为。

2010年,抓医疗卫生行风建设,构建和谐医患关系,继续开展创建"平安医院"活动。把强化医德医风,全面提高医疗服务质量作为创建"平安医院"的重要任务来抓,在全县各医疗机构开展创建"平安医院"工作,保障医疗安全。开展民主评议医院活动,制定《民主评议医院活动实施方案》,公布举报电话,开展自查自纠和抽查相结合的方法,有效推进行风建设;同时,加强教育,提高干部职工安全意识,利用讲座报告、座谈讨论、例会、周会等形式加强对干部职工安全思想教育。

第六章 爱国卫生运动

第一节 机 构

1997年,设置琼中黎族苗族自治县爱国卫生运动委员会办公室,编制3名,属卫生局内设机构。爱卫会实行委员分工责任制,具体承担爱卫会的日常工作,组织和协调各乡镇、各部门开展爱国卫生运动;负责全县病媒生物防制工作,督促检查、组织考核;组织开展城乡环境卫生整洁行动,治理“脏、乱、差”;推行农村改厕工作和农村安全饮水监督;开展爱国卫生月为主要内容的爱国卫生运动,提倡健康生活方式,预防和消灭疾病,提高人民生活、环境质量和健康水平。

第二节 病媒生物防治

针对病媒生物的活动和繁殖规律,每年至少在春夏季及秋季开展两次以上病媒生物防治统一活动,广泛动员群众,按照“以环境治理为主、药物消杀为辅”的理念,采取多种形式综合治理,把病媒生物密度控制在安全水平以下。

2000年开始,县政府把除“四害”工作列为重点工作,每年按不同季节开展突击灭杀鼠、蚊、蝇、蟑螂的除“四害”活动。

2001—2008年,春秋两季定期开展除“四害”统一活动,动员辖区各社区、居民开展环境卫生专项整治,投放药物杀灭病媒生物,每次平均投入灭鼠药200公斤、灭蚊药106公斤、灭蟑药粉200包。

2008—2010年,爱国卫生运动紧密配合重大赛事、活动,在重点场所开展病媒生物防制工作。2008—2010年,每年“三月三”活动前针对酒店、医院、餐饮店等人员密集场所开展病媒生物消杀;2008年,开展环岛自行车赛前病媒生物消杀活动;同时积极开展登革热预防和甲型H1N1流感防控工作。为完成病媒生物防制指标,有效开展除“四害”工作,预防鼠、蚊、蝇、蟑螂等病媒生物性传染病的发生和流行,县爱卫办定期开展病媒生物防制工作,确保将病媒生物密度控制在安全水平。同时,爱卫办每月组织各社区居委会走村入户,指导居民开展病媒生物防制工作,通过清积水、翻盆倒罐、清理卫生死角和药物投放开展,有效降低蚊蝇蟑鼠等有害动物的活动密度,为居民生活创造良好环境。

第三节 卫生健康宣传教育

琼中县爱卫会一直把健康教育工作摆上议事日程,制定健康教育计划,统筹协调,农村健康教育围绕初级卫生保健,通过设立宣传栏、宣传手册等,开展农村卫生健康教育;结合创建卫生城、卫生镇活动,搞好城镇居民卫生健康教育。结合卫生防病的中心工作,抓好登革热、禽流感、肠道传染病等疾病防控健康教育。通过开展健康教育活动,提高广大群众的健康意识和自我保健能力,教育和引导他们养成良好的卫生习惯,倡导文明健康的生活方式。

2007年1月,琼中县设立疾病预防控制中心,内设健康教育所,为疾控中心内设机构,定编1人,主要负责健康教育工作。利用媒体、传播材料、现场咨询和干预等多种形式,开展健康教育宣传和促进活动,普及卫生防病知识,提高市民卫生保健意识。每年制定卫生宣传核心信息,提高居民、学生、住院病人和企业职工卫生知识知晓率,提高卫生行为形成率。至2010年,累计编印健康教育宣传资料60多种、50多万份,全县有190个健康教育宣传栏,每年更换5期内容。

第四节 卫生创建

根据省政府《关于加强全省卫生工作的决定》和省爱卫会《关于深入开展创建国家卫生城市(县城)活动的通知》文件精神,2009年初,各级政府分别成立爱卫办,同时,结合创建文明生态村,具体抓好卫生镇和卫生村的创建工作。从“抓观念、抓队伍、抓制度、抓设施”着手,大力开展乡镇基础设施建设和环境卫生整治。通过政府倡导、部门协调、社会支持、群众参与,稳步推进文明生态村和卫生村的建设,建成一批环境优美,生态宜居的卫生村。

据统计,至2010年,琼中县湾岭镇获得“省级卫生镇”称号,县财政局、国税局、营根镇政府等10个单位获得“省级卫生单位”称号,营根镇槟榔园村、红毛镇共建村、什运乡番道村等11个自然村获得“省级卫生村”称号。

1991—2010年琼中县卫生创建荣誉称号一览表

表16-10

时间	单位	荣誉称号
1991	县人民政府(大院)	省级卫生先进单位
1992	农业银行	省级卫生先进单位
	县财政局	省级卫生先进单位
1993	人民银行	省级卫生先进单位
1998	县国家税务局	省级卫生先进单位
2000	营根镇政府	省级卫生先进单位
	吊罗山乡政府	省级卫生先进单位
2003	黎母山中心小学	省级卫生先进单位
	气象局	省级卫生先进单位
	中平镇政府	省级卫生先进单位
	湾岭镇	省级卫生镇
卫生村		
2003	营根镇槟榔园村	省级卫生村
	红毛镇共建村	省级卫生村
	吊罗山乡长田新村	省级卫生村
	红毛镇报胶村	省级卫生村
	红毛镇草响村	省级卫生村
	什运乡潘道村	省级卫生村
	湾岭镇大平上村	省级卫生村
	湾岭镇新坡村	省级卫生村
	黎母山镇南利市村	省级卫生村
	和平镇林田村	省级卫生村
	营根镇新丰村	省级卫生村

注:2004—2010年未参评省级卫生村

第十七编　人　物

第一章 人物传

朱亚民

朱亚民(1968—1994.2),黎族,海南省琼中县营根镇百花村人。1994年2月11日(农历大年初二)晚上20时许,琼中县营根镇百花村委会村民王开某和王进某因事吵闹,引起双方械斗,双方越打越激烈,眼看一场流血事件即将发生。村长朱亚民闻声赶到,与村民王某等人冲上去将王开某和王进某拉开,并将王开某推走,王进某不听劝阻,冲上去打王开某,被朱亚民拦住,朱亚民劝其回家,王进某恶狠狠地说:“快点让开,少管闲事,否则连你也打”。王进某用力把朱亚民推开,并冲上去用拳头使劲猛击朱亚民胸部,将其击倒在地上。王进某又疯狂地冲上去继续打王开某,朱亚民忍痛爬起来,不顾一切扑过去,用身体挡住。王进某恼羞成怒,使劲朝朱亚民胸部击打,朱亚民被击后撞在旁边的教练车上,然后倒在地上。王进某仍冲上去殴打王开某,朱亚民使出全身力气爬起来抱住王进某,王进某用肘部猛击朱亚民胸部,将其击倒在地上,朱亚民再次艰难地爬起来,王进某又再次用拳头重击朱亚民胸部,又朝下巴重击一拳,把朱亚民打倒在地,再也没爬起来,为了避免一场流血事件的发生,献出了自己年轻的生命。牺牲时年仅25岁的他,留下两个年幼的女儿和妻子。

1994年11月,海南省社会治安综合治理委员会授予朱亚民“海南省见义勇为公民”称号。

盘明精

盘明精(1944.6—1996.8),苗族,琼中县中平镇南茂村人。1962年9月参加工作,1965年12月加入中国共产党。1962年9月至1964年11月在琼中县电影放映队当放映员,1964年12月至1969年3月在7024部队服役,任军械员兼文书;1969年4月至1971年10月任琼中县长安公社党

委常委、革委会副主任、武装部副部长、部长;1971年11月至1979年7月任琼中县革委会政工组组织办副主任、共青团县委副书记、书记、县委委员;1979年8月至1980年5月任太平公社党委书记。1980年5月后任县委常委、县人民政府副县长。1986年9月至1990年3月任中共琼中黎族苗族自治县县委副书记,其间参加广东省党校大专函授班政治专业学习,1989年2月大专函授班毕业。1990年4月起任琼中黎族苗族自治县人大常委会主任。1996年8月因病去世,享年52岁。

琼中黎族苗族自治县第六、第七、第八、第九届人大代表,中共琼中县第三、四、五、六、七次党员代表大会代表,共青团第十次全国代表大会代表。

王越丰

王越丰(1930.9—1999.7),黎族,海南省琼中县和平镇。1948年4月参加革命工作。初中文化。1948年4月任广东省琼中县乡支前宣传员,在广东省海南黎族苗族自治区干部学校学习。1949年4月任广东省海南黎族苗族自治州工作队队员、副队长,广东省白沙县2区中心小学教员、团支部书记,三区区公所文书。1951年2月加入中国共产党。1952年7月在中南民族学院学习,任学生会主席、院团委副书记。1954年7月起,先后任白沙县办公室干事,中共白沙县委工交工作部副部长、部长,中共广东省东方县委工交部部长,工交站线党总支部书记,中共白沙县委常委、常务副县长,白沙县革委会生产组副组长、革委会副主任,中共白沙县委副书记。1972年任中共白沙县委书记、县革委会主任、中共海南黎族苗族自治州委常委。1977年11月任中共海南黎族苗族自治州委常委、州革委会副主任、州委副书记、州长,中共广东省海南行政区委常委。1983年7月任中共海南行政区委副书记、行政区人民政府负责人。1987年9月任海南建省筹备组成员。1988年2月任中共海南省(筹建)工委常委、海南省(筹建)副省长。1988年8月至1991年5月任海南省副省长。1988年9月兼任省民委主任。1988年9月至1991年4月任中共海南省委常委。1991年4月至1996年2月任海南省政协副主席。先后当选为第五、第八、第九届全国人大代表,第八、第九届全国人大常委会委员,中共中央十二大、十三大代表,十二届中央候补委员,十三届中共候补委员、委员。1999年7月25日在海口去世。

王国雄

王国雄(1958.9—2002.7),黎族,琼中县湾岭镇大边村人。2001年7月,担任琼中县长征镇党委书记。上任第二天一早,就跋山涉水前往最偏远的黎村访贫问苦,并很快跑遍全镇的49个自然村。长征镇人均年收入仅1700多元,财政收入不到50万元,大大低于全省和全县的平均水平。对此,王国雄充满信心地表态:“长征镇有很多困难,但我们要知难而上,奋起直追,尽快带领长征人民走上脱贫致富的路子”。

经过深入调研,他和镇委一班人取得共识:大力种植群众既容易接受又来钱快的经济作物,努力实现户均一亩瓜菜、一亩橡胶、人均一亩果蔗、一亩花生。为此,王国雄把大量精力放到进村入户动员群众改变观念上。有个特别穷困的什云村,家家户户靠种木薯、水稻和养牛生活,上年人均收入才1200多元,大大低于全镇平均水平。听说这个村还有500亩荒山可以种橡胶,就不顾山高路险,手足并用地亲自去山顶勘察。紧接着,他组织村民上山开荒,找扶贫部门联系橡胶种苗,在他的热情带动下,全村农民争相报名,一个半月就垦荒种橡胶200亩。上任一年,长征镇大变样,新种橡胶3760亩、南药1341亩,退耕还林、还果2500多亩;盖起教师宿舍100多平方米,修建乡村公路5条,建设沼气池140口,修建饮水工程2座。他长期带病坚持工作,以至于在临终的前一天仍带病参加烟园村文明生态村建设。在工作中严于律己、廉洁奉公,从不用公款吃喝送礼,每次出差在外,都是自己掏钱吃住。他的宿舍里除了一张床、一张办公桌和几张椅子外,别无他物,把资金都用在解决镇干部的工作环境和生活条件上,从不为自己着想。然而,正当他废寝忘食地帮助群众脱贫致富的时候,却突然累死在“长征”的路上。

王国雄一心为民,时刻想着群众的安危冷暖。暴风雨夜里,带领干部赶到镇办企业的职工宿舍,连夜把危房中的群众转移到安全的地方;大朗村53户农民面临缺粮,又是他及时赶来,亲自到米店赊了1900千克大米为群众救急;还经常帮助孤寡老人,救助失学儿童。70多岁的孤寡老人王春兰住在一间破旧的危房中被他看见了,立即开会决定每月补助老人50元生活费,又筹集资金为老人建起一间新瓦房。

2002年7月23日,因带领群众脱贫致富劳累过度,牺牲在工作岗位上,年仅44岁。2002年8月,中共琼中县委追授“模范共产党员、优秀基层干部”荣誉称号,琼中县人民政府追记三等功。

何利华

何利华(1945.1—2008.9),祖籍广东惠阳,客家人,父亲是早年从大陆到海南搞土改的干部,在琼中县乘坡农场安家落户。“文化大革命”前入读琼中县红旗中学,1968年高中毕业后下乡到国营加钗农场工作,为人厚道,关心体贴农友,极受大家敬重。工作积极,任劳任怨,上进心强,1970年12月18日加入中国共产党;1982年10月任加钗农场党委书记;1984年7月任加钗农场场长、党委副书记。1990年4月在中共琼中黎族苗族自治县第七次代表大会上当选为中共琼中县委书记。1995年1月调往海口市任广播电视台党委副书记、副台长。2008年因病去世。

邓琼荣

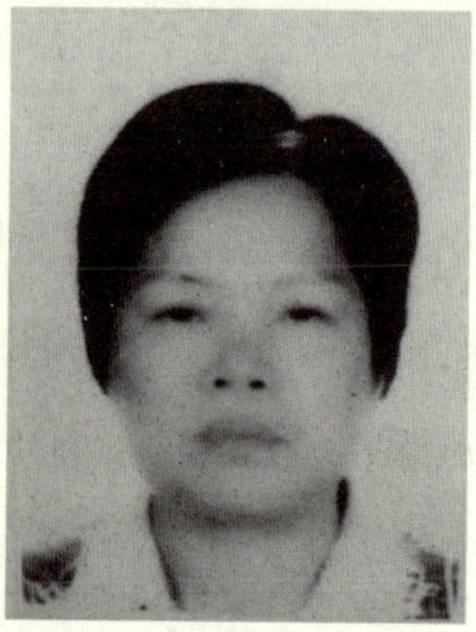

邓琼荣(1955.10—2008.10)女,苗族,海南省琼中县长征镇烟园村人,党校大专学历,1974年4月参加工作,同年10月加入中国共产党。1972年4月至1974年4月任琼中县路线教育工作队队员;1974年4月至1978年1月任县妇联干事;1978年1月至1983年12月任毛阳粮所副主任、加工厂副厂长;1983年12月至1990年8月任县粮食局副股长(其间:1986年3月至1989年2月广东省委党校党政干部函授大专班经济管理专业学习);1990年8月至1995年9月任县粮食局副局长;1995年9月至1997年8月任县粮油贸易总公司总经理;1997年8月至1998年3月任县粮食储备管理局局长;1998年3月至2007年1月任琼中县人民政府副县长;2007年1月至2008年10月任县人大常委会副主任。2008年10月因病去世。

中共海南省第三、四届党员代表大会代表。

邱闻良

邱闻良(1989—2009.9),琼中乌石农场第一作业区31队人。在2009年9月举行的深港海上联合反恐专项演习中,深圳市边防支队直属船艇大队机电兵邱闻良,为救援掉入海中的地方船员英勇牺牲。公安部边防管理局追认为他为革命烈士,同时为他追记二等功。

2009年刚满20岁的邱闻良,是海南农垦乌石农场第一作业区31队职工子弟。生长在单亲家庭,是家里的独生子。2007年12月,从小就梦想当一名军人的邱闻良光荣入伍,来到深圳市边防支队直属船艇大队,当了一名机电兵。机电兵的工作很艰苦,他从不退缩,经常自告奋勇下到

肮脏、嘈杂、气味难闻的锚链仓底舱里排查故障。每次启动机器，总会被熏得眼泪鼻涕直流，但他任劳任怨，毫无怨言。利用业余时间，刻苦钻研业务知识，没多久，成了船艇大队的业务尖子，多次获得上级嘉奖和肯定。在入伍的两年中，出色完成了各项任务，先后和战友们多次出海缉私，缴获各类走私物品价值100多万元。

在生活中，乐于助人。看到战友出海辛苦，脏衣服来不及洗，经常一声不响地拿过去洗干净。2008年汶川特大地震发生后，毫不犹豫把当月的津贴全部捐给灾区人民。

在9月23日举行的深港海上联合反恐专项演习中，参与演练的一名地方船员不慎落海，奋不顾身地跳入深海，与战友一起奋力将落海人员救上船舱。地方船员得救了，但年轻的邱闻良却永远离开了朝夕相处的战友。

“舍生忘死勇救同胞壮举惊天下，英风长在慷慨捐躯洒血感人间。”2009年10月，邱闻良烈士追悼会在乌石农场举行。烈士生前所在部队领导和战友，省农垦总局、琼中黎族苗族自治县有关领导和当地群众400多人，参加了追悼会。

第二章 人物名录

1991—2010年琼中县全国劳模、全国先进工作者名录

表17-1

姓名	性别	出生年月	民族	籍贯	工作单位及职务	荣获称号及授予时间	表彰单位
谢进盛	男	1955.3	汉	广西北流	琼中县水泥厂厂长	1993年 全国五一劳动奖章	中华全国总工会
蓝保才	男	1961.10	汉	广东罗定	原海南省公路局琼中县公路分局三十三道班班长	1995年 全国劳动模范	国务院
王国仁	男	1952.5	黎	琼中湾岭	原琼中县红毛镇派出所所长	1995年 全国先进工作者	国务院
余照斌	男	1942.7	汉	海南文昌	原琼中县科协主席	1999年 全国五一劳动奖章	中华全国总工会
王居东	男	1955.7	黎	海南琼中	上安乡南万村村委会主任	2000年 全国劳动模范	国务院
李家友	男	1952.05	苗	海南琼中	海南省公路局琼中县公路分局	2003年 全国五一劳动奖章	中华全国总工会

续表1

姓名	性别	出生年月	民族	籍贯	工作单位及职务	荣获称号及授予时间	表彰单位
王升超	男	1963.8	黎	海南琼中	琼中县湾岭镇大墩小学校长	2009年全国五一劳动奖章	中华全国总工会
王海	男	1963.5	黎	海南琼中	琼中县湾岭镇北排村委会龙湾村农民	2010年全国劳动模范	国务院

1991—2010年琼中的海南省劳动模范名录

表17-2

姓名	性别	出生年月	民族	工作单位及职务	荣获称号及授予时间	表彰单位
袁海英	女	1947.8	黎	琼中县五指山制药厂车间主任	1995年海南省劳动模范	海南省人民政府
杨源	男	1948.12	汉	黎母山镇握岱管区党总支书记	1995年海南省劳动模范	海南省人民政府
王菊梅	女	1962.6	黎	琼中县红毛镇罗解村党支部书记	2000年海南省劳动模范	海南省人民政府
罗章波	男	1959.12	汉	琼中县接待办主任	2005年海南省劳动模范	海南省人民政府
赵明昌	男	1955.10	苗	琼中县中平镇中平村委会新民村农民	2005年海南省劳动模范	海南省人民政府
王家荣	男	1970.7	黎	琼中县民宗委主任	2009年海南省先进工作者	海南省人民政府

1991—2010年琼中县获全国妇联表彰的人物名录

表17-3

姓名	性别	工作单位	授奖单位	获奖名称	表彰时间
吉爱英	女	湾岭镇	全国妇联	全国三八红旗手	2003
			全国五好文明家庭创建小组	全国五好文明家庭	2005
张秀兰	女	琼中地税局	全国五好文明家庭创建小组	全国五好文明家庭	2004
袁萍	女	湾岭镇	全国双学双比协调领导小组	全国双学双比女能手	2005
王秀兰	女	营根镇	全国五好文明家庭创建小组	全国五好文明家庭	2005
陈荣	女	县人口和计划生育委	全国妇联	全国三八红旗手	2009.09
王淑菲	女	县农业局	全国妇联	全国三八红旗手	2007
		县妇联	全国妇女双学双比活动领导小组	全国城乡妇女岗位建功先进个人	2010

1991—2010年琼中县获省部级表彰的人物名录

表17-4

姓名	性别	民族	籍贯	工作单位	表彰时间	荣誉称号	备注
林祖勇	男	黎	琼中湾岭	乌石村委会	1991	优秀共产党员	中共海南省委
许毅	男	汉	海南万宁	乌石镇人民政府（含湾岭镇）	2000	全国1996—2000年度社会治安先进工作者	中央综治委人事部
周于群	女	汉	海南东方	县第一小学	1999.10	第三届全国语文范文写作比赛二等奖	—
叶志群	男	汉	海南文昌	县第一小学	1999.10	第三届全国语文范文写作比赛三等奖	—
许春萍	女	汉	海南文昌	县第一小学	1999.10	第三届全国语文范文写作比赛二等奖	—
王海燕	女	黎	海南琼中	县第一小学	2010.06	第十五届全国教师中小学生绘画指导工作二等奖	—
莫翠娇	女	汉	海南琼海	县第一小学	1999.11	第三届全国语文范文写作比赛二等奖	—
麦志宏	男	汉	海南乐东	县第一小学	1999.12	全国基础教育研究论文优秀奖	—
陆尧	男	黎	海南琼中	县第一小学	2005.10	小学科学教育委员会先进个人	—
林青岭	女	黎	海南琼中	县第一小学	1999.10	第三届全国语文范文写作比赛三等奖	—
林朝阳	女	汉	海南万宁	县第一小学	2005.10	语文教学研究先进工作者	—
梁秋	女	汉	广东	县第一小学	1995.9	全国希望工程园丁奖	调往机关事务局
李奕秀	女	汉	广东	县第一小学	1999.10	第三届全国语文范文写作比赛三等奖	—
黄燕芳	女	汉	海南文昌	县第一小学	1999.10	第三届全国语文范文写作比赛二等奖	调入海口

续表1

姓名	性别	民族	籍贯	工作单位	表彰时间	荣誉称号	备注
黄秀兰	女	黎	海南陵水	县第一小学	1996.9	全国优秀教师	调往教育局
张洁芸	女	黎	海口市	县第一小学	2009.9	被教育部评为“全国优秀教师”	—
王曼	女	黎	海南琼中	县第一小学	2008.10	第二届全国少数民族地区中小学英语教学与教师发展研讨会教学观摩课评比中获小学组一等奖，小学组最佳教学设计奖	—
陈德雄	男	黎	海南琼中	营根中心小学	1996.1	1993—1995年度海南省精神文明先进工作者	—
					1996.7	全国“迎接香港回归祖国”读书活动三等奖	—
林明川	男	黎	海南陵水	琼中民族中学	2003.5	全国初中化学竞赛“园丁奖”	—
					2004.8	全国青少年科技创新大赛一等奖	—
					2005.1	全国中学化学论文评比二等奖	—
张玉美	女	苗	海南琼中	琼中民族中学	2001.1	全国中学生英语能力竞赛中获初二年级组指导教师一等奖	—
陈优春	男	汉	江西南康	琼中中学	1999.1	全国中学化学教师优质科评比二等奖	—
曹武	男	黎	海南文昌	琼中中学	2008.4	全国中学物理知识竞赛优秀指导教师	—
卢海新	女	汉	广西武鸣	加钗中学	2001.12 2006.12	全国中学生英语能力竞赛中获初三年级组指导教师一等奖	—
					2004.12	全国中学生英语能力竞赛中获初一年级组指导教师一等奖	—
					2005.12 2008.12	全国中学生英语能力竞赛中获初二年级组指导教师一等奖	—

续表2

姓名	性别	民族	籍贯	工作单位	表彰时间	荣誉称号	备注
邱义	男	汉	广西钦州	岭头子弟学校	2004.7	全国教师论文大赛二等奖	—
					2003.3	国家级教师征文一等奖	—
郑刚	男	汉	海南琼海	县教师培训管理中心	2009.3	优秀教研员	—
王世焱	男	黎	海南琼中	县教师培训管理中心	2006.11	全国中学语文优秀教师	—
莫锦飞	男	汉	广东罗定	县教师培训管理中心	2007.10	第三届全国中小学优秀外语教师	—
刘立新	男	汉	海南文昌	县教师培训管理中心	2008.12	全国电化教育优秀工作者	—
梁云	女	汉	海南万宁	国家统计局琼中调查队	1997.5	全国城市社会经济调查先进工作者	—
					1999.8	全国城市调查系统优秀调查员	—
					2005	全国城市社会经济调查系统先进个人	—
李秋玲	女	汉	海南琼海	国家统计局琼中调查队	1996.6 1998.4	全国城市社会经济调查先进工作者	—
					1994.12	国家级综合部门第三产业普查先进工作者	—
李美林	男	黎	海南琼中	国家统计局琼中调查队	1993 1998	全国农村社会经济调查先进工作者	—
					2004	全国城市社会经济调查先进个人	—
李荣英	女	汉	海南文昌	琼中县疾控中心	1991.7	从事卫生防疫三十年先进个人	中华人民共和国卫生部
					2008.12	海南省丝虫病先进个人	海南省人民政府
王泽儒	男	黎	海南琼中	琼中县疾控中心	2002.2	海南省消灭脊髓灰质炎工作先进个人	海南省卫生厅

续表3

姓名	性别	民族	籍贯	工作单位	表彰时间	荣誉称号	备注
姚传清	男	汉	海南琼中	琼中县疾控中心	2003.5	防治非典型肺炎工作先进个人	海南省人民政府
曾文海	男	汉	广东	琼中县疾控中心	2010.3	海南省农村饮用水水质卫生监测先进工作者	海南省爱卫办
陈刚	男	黎	海南琼中	琼中县疾控中心	2008.7	抗震救灾医疗卫生防疫救援先进个人	海南省卫生厅
					2010.3	海南省农村饮用水水质卫生监测先进工作者	—
王广秀	男	汉	海南澄迈	琼中县疾控中心	2003.6	海南省优秀共产党员	中共海南省委
林书海	男	黎	海南琼中	琼中县疾控中心	2002.9	全国地方病防治工作先进个人	—
汤杜环	男	汉	广东	琼中县疾控中心	2008.6	全国丝虫病防治先进个人	退休
叶启林	男	汉	海南儋州	琼中县疾控中心	1991.3	计划免疫先进工作者	退休
王家稳	男	黎	海南琼中	疾病预防控制中心	2009.1	中国全球基金结核病项目先进个人	中国疾病预防控制中心
王信辉	男	黎	海南琼中	气象局	2006.9	中央纪委驻中国气象局纪检组评为气象部门廉正文化建设工作“先进个人”	—
陈荣	女	黎	海南琼中	县人口和计划生育委员会	2006.2	全国人口文化工作先进个人	现工作单位为琼中县商务局
					2006.11	全国人口和计划生育系统优秀工作者	
					2006.10	全国农村部分计划生育家庭奖励扶助制度和“少生快富”工程试点工作先进个人称号	
					2008.12	全国人口和计划生育系统先进个人	

续表4

姓名	性别	民族	籍贯	工作单位	表彰时间	荣誉称号	备注
邓启文	男	苗	海南琼中	吊罗山乡政府	2001.11	1996—2000年度“全国群众体育先进个人”	—
邵正斌	男	汉	江苏盱眙	长征镇人民政府	2005.3	创建全国环境优美乡镇优秀组织奖	获奖时所在单位：湾岭镇人民政府
陈清	男	黎	海南陵水	长征镇人民政府	2010.1	全国安全生产监管监察先进个人	获奖时所在单位：琼中县安全生产监督管理局
王维	男	汉	湖北石首	长征镇人民政府	2008	共青团中央中国青年志愿服务银奖	获奖时所在单位：保亭县三道镇人民政府
陈大清	男	黎	海南琼中	长征镇人民政府	2003.12	全国先进农经统计人员	农业部农业经济体制与经营管理司农业部农村合作经济经营管理总站授予
莫帮育	男	黎	海南琼中	长征镇人民政府	2005.12	全国计划生育协会先进工作者	—
李彬	男	汉	四川巴中	岭头学校	2003.12	全国中小学生作文优秀辅导老师	全国中小学生优秀作文选编辑委员会
孙有杏	女	汉	海南琼海	岭头学校	2009.12	指导学生参加全国中学生英语能力竞赛中荣获二等奖	国家基础教育实验中心外语教育研究中心授予
					2010.12	指导学生参加全国中学生英语能力竞赛中获一等奖	

续表5

姓名	性别	民族	籍贯	工作单位	表彰时间	荣誉称号	备注
王金凤	女	黎	海南琼中	营根镇	1991.1	在全国颁发居民身份证工作中被评为先进工作者	—
杨民雅	男	黎	海南万宁	琼中县信访局	2011.3	2007—2010年度海南省先进信访工作者	省委、省政府
孟晓君	男	汉	海南乐东	琼中县信访局	2007.9	全省信访系统先进个人	省委、省政府
王秀春	女	黎	海南琼中	琼中县信访局	1994.2	先进信访工作者	省委、省政府
杨国傅	男	黎	海南琼中	琼中中学	1993.6	全国中小学美育教学论文评比三等奖	—
					1994.12	全国中小学生书画展览优秀指导教师	—
					1994.12	全国中小学美育教学论文评比二等奖	—
					1999.6	全国中小学美育教学论文评比二等奖	—
					1999.6	全国中学美术教师基本功比赛二等奖	—
					2005.4	全国中小学生书画作品教学成果展览指导二等奖	—
					2006.6	全国中小学生书画作品教学成果展览指导二等奖	—
					2010.9	首届“感动中国文化人物”	—
邓群青	男	汉	广东紫金	县科协	2004	海南省科普工作先进工作者	省委宣传部、省科技厅、省科协
					2010	全国科普工作先进工作者	—

续表6

姓名	性别	民族	籍贯	工作单位	表彰时间	荣誉称号	备注
谢家雄	男	汉	广西横县	琼中调查队	2004.10	全国统计系统先进个人	—
					2006.9	全国统计基层基础建设先进个人	—
邢孔慈	男	汉	海南乐东	琼中县人民医院	1999.1	年度征兵工作先进个人	海南省政府
洪伟荣	男	汉	广东汕头	琼中县档案局	2007.10	海南省档案工作先进工作者	在职
朱鸿旭	男	汉	海南万宁	琼中县县委宣传部	1998.11	海南省1996—1997年度精神文明建设活动积极分子	在职
陈全	男	汉	海南文昌	琼中县医药总公司	2001	1995—2000年度企业优秀思想政治工作者	省委宣传部、省委组织部、省总工会
罗章波	男	汉	海南文昌	县接待办、琼中宾馆	2003.3	2000—2002年度海南省精神文明建设工作积极分子	省委、省政府
					2003.9	中国优秀企业家	中国企业家协会颁发
王居进	男	黎	海南琼中	县民宗委	2001.6	海南省优秀共产党员	—
					2003.3	2000—2002年度海南省精神文明建设工作先进工作者	
					2002.1	全国中小学民族团结教育先进个人	已退休
梁文安	男	汉	海南琼中	县民宗委	2005	全国民族团结进步表彰大会模范个人	—

续表7

姓名	性别	民族	籍贯	工作单位	表彰时间	荣誉称号	备注
王国仁	男	黎	海南琼中	县公安局	1994	全国民族团结进步表彰大会模范个人	—
盘明昌	男	苗	海南琼中	县人大常委会	2009	全国民族团结进步表彰大会模范个人	—
陈强	男	汉	海南海口	县法院	2006	2005—2006年度社会治安综合治理先进个人	海南省社会治安综合治理委员会
王伟奇	男	黎	海南五指山	县法院	2010	社会治安综合治理先进个人	海南省社会治安综合治理委员会
邓雪玲	女	苗	海南琼中	县法院	2010	个人三等功	海南省委政法委、海南省高级人民法院
吴晓红	女	汉	广东化州	琼中中学	2008.9	海南省省级骨干教师	—
					2009.9	海南省“全省优秀教师”	—
					2009.9	全省教育系统巾帼建国标兵	—
					2009.9	授予海南省“全省优秀教师”	—
林明川	男	黎	海南陵水	琼中民族中学	2008.9	中学化学学科2008—2012年省级骨干教师	—
王川芳	男	黎	海南琼中	县交通局	2011.4	2007—2010年海南省精神文明建设先进工作者	—

续表8

姓名	性别	民族	籍贯	工作单位	表彰时间	荣誉称号	备注
黄海	男	黎	海南琼中	湾岭镇人民政府	2011.4	2007—2010年海南省精神文明建设先进工作者	—
林万强	女	黎	海南琼中	县人民法院	2011.4	2007—2010年海南省精神文明建设先进工作者	—
王诗和	男	汉	海南琼海	县公路局	2010.12	海南省“五五”普法先进个人	—
王大周	男	黎	海南琼中	湾岭镇党委	2010.12	海南省“五五”普法先进个人	—
陈建民	男	汉	海南万宁	县职业学校	2010.12	海南省“五五”普法先进个人	海南省法制宣传教育领导小组
卓泰雄	男	汉	海南万宁	县司法局	2010.12	海南省“五五”普法先进工作者	—
莫锦飞	男	汉	广东罗定	县教师培训管理中心	1992.2	1991年度海南大特区青年建设者	—
王世焱	男	黎	海南琼中	县教师培训管理中心	2007.9	海南省优秀教师	—
高连生	男	黎	广东	县蜂业协会	2009	被省科技厅授予“海南省第二届农村十大科技致富能人”称号	—
严白羽	女	黎	海南琼海	琼中县人民医院	2003.6	被海南省妇联和省卫生厅共同授予“三八红旗手”	—
梁振平	男	汉	海南琼山	农垦南方医院	1996.1	海南省爱国卫生先进工作者	—
赵文德	男	汉	海南东方	县农业局	2010.5	第十六届“海南省青年五四奖章”	—

续表9

姓名	性别	民族	籍贯	工作单位	表彰时间	荣誉称号	备注
苏定焕	男	汉	海南文昌	县关工委	2010.6	全国关心下一代工作先进工作者	中国关心下一代工作委员会
王清民	男	汉	海南澄迈	营北居委会	2010.6	海南民间禁毒人士	省禁毒委员会
蔡江	男	汉	广东电台	营城汽车修配厂	2009	全国优秀复员退伍军人	民政部
李善繁	男	汉	广东信宜	黎母山森林公园	2007	全国优秀护林员	林业部
庞兴佑	男	汉	四川达县	南方农场	1994	民兵预备役工作先进分子	海南省委、省军区
李成军	男	汉	江苏滨海	南方农场	2000	人口普查先进个人	海南省政府
梁运强	男	汉	广东阳江	乌石农场	1999	全国天然橡胶割胶制度改革先进个人	中国热带作物协会
					2003	海南省优秀共产党员	海南省委
					2003	海南省第三届优秀企业家	海南省企业家协会
					2005	全国群众体育先进个人	国家体育总局
颜冬益	男	汉	湖南武岗	乌石农场	2005	海南省防风救灾工作积极分子	海南省政府
唐论	男	汉	广东徐闻	县人民检察院	2010	查办渎职犯罪先进个人	最高人民检察院

续表10

姓名	性别	民族	籍贯	工作单位	表彰时间	荣誉称号	备注
吴亚雄	男	汉	海南定安	县人民检察院	1997	1994–1996年度海南省检察机关先进个人	—
邢姑	女	汉	海南文昌	县人民检察院	1996	荣获全省检察系统严打斗争先进“个人三等功”	—
					1998	1997年检察宣传工作优秀通讯员	—
					1998	海南省“三八红旗手”	—
					1999	全省“优秀公诉人”	—
					1999	“人民满意的检察干警”	—
					2000	海南省检察机关第一届十佳公诉人	—
					2000	“人民满意的检察干警”	—
莫仕莲	女	黎	海南琼中	县人民检察院	2001	1997–2000年全省保密工作先进工作者	—
凌大群	男	汉	海南屯昌	县人民检察院	2002	荣获1998–2001年度全省检察机关“个人三等功”	—
吉雄	男	黎	海南琼中	县人民检察院	2003	全省“严打”整治斗争先进工作者	—

续表11

姓名	性别	民族	籍贯	工作单位	表彰时间	荣誉称号	备注
薛伟平	男	汉	广东惠阳	县人民检察院	2004	2003年度海南省青年岗位能手	—
林觉文	男	黎	海南万宁	县人民检察院	2005	2005年度全省检察宣传工作优秀通讯员	—
谢兴文	男	汉	海南定安	县人民检察院	2000	全省检察机关反贪工作优秀侦查员	—
					2006	海南省检察机关先进个人	—
					2010	荣获全省检察机关查处职务犯罪案件“个人三等功”	—
王京洲	男	黎	海南琼中	县人民检察院	2010	被海南省法制宣传领导小组授予“法律进学校”先进个人	—
赵海明	男	黎	广西玉林	县人民检察院	2010	被海南省人民检察院授予“个人嘉奖”	—
符积颖	男	汉	海南文昌	县人民检察院	2006	海南省检察机关先进个人	—
施奇胜	男	汉	安徽舒城	县人民检察院	2006	荣获2003年以来在查办职务犯罪要案工作中表现突出个人嘉奖	—

续表12

姓名	性别	民族	籍贯	工作单位	表彰时间	荣誉称号	备注
蔡冰	男	汉	海南海口	县人民检察院	2006	2006年度全省检察宣传优秀通讯员	—
吉万胜	男	黎	海南琼中	县人民检察院	2006	2001-2005年度全省保密工作先进工作者	—
张恒	男	汉	海南文昌	县人民检察院	2007	2007年度全省检察宣传工作优秀通讯员	—
					2008	2008年度全省检察新闻宣传工作先进个人	—
					2009	2009年度全省检察宣传发行工作先进个人	—
曾海军	男	汉	海南澄迈	县人民检察院	2008	全省检察机关政治工作先进个人	—
符必明	男	黎	海南儋州	县人民检察院	2010	荣获全省检察机关查处职务犯罪案件“个人二等功”	—

续表13

姓名	性别	民族	籍贯	工作单位	表彰时间	荣誉称号	备注
赖沛钦	男	汉	广东潮阳	县人民检察院	2010	荣获全省检察机关查处职务犯罪案件“个人二等功”	—
王应东	男	黎	海南琼中	县人民检察院	2010	荣获全省检察机关查处职务犯罪案件“个人三等功”	—
吴春宏	男	汉	安徽怀宁	县人民检察院	2010	荣获全省检察机关查处职务犯罪案件“个人三等功”	—
蔡坚	男	汉	海南海口	县人民检察院	2010	被海南省人民检察院评为“控告工作先进个人”	—
陈明燕	女	黎	海南万宁	县人民检察院	2010.10	被评为全省检察机关“民事督促起诉工作先进个人”	—
					2010.12	被评为海南省“五五”普法先进个人	—
					2010	全省检察机关“民事督促起诉工作先进个人”	—
					2010	海南省“五五”普法先进个人	—

1991—2010年琼中县高级技术职称人员名录

表17-5

姓名	性别	民族	出生年份	籍贯	工作单位	职称	评定年份	备注
黄宏拉	男	汉	1951	海南省	琼中中学	特级教师	2001	退休
陈建民	男	汉	1966	海南万宁	琼中县职业技术学校	高级职业指导师	2009	在职
王永进	男	黎	1971	海南五指山	琼中县职业技术学校	政治高级讲师	2009	在职
张守义	男	汉	1937	安徽含山	乌石农场	高级政工师	1994	已退休
裴成敏	男	汉	1996	江苏泗洪	南方农场	高级政工师	1996	现任海南省委军民融合发展委员会办公室副主任
曾令洲	男	汉	1956	海南屯昌	乌石农场	高级政工师	1999	已退休
杨国傅	男	黎	1959	海南琼中	琼中中学	中学高级教师	2006	退休
闵国谋	男	黎	1959	海南陵水	琼中中学	中学高级教师	1997	退休
黄 导	男	汉	1959	海南文昌	琼中中学	中学高级教师	2009	退休
王传文	男	黎	1960	海南琼中	琼中中学	中学高级教师	2009	退休
吉 舒	男	黎	1962	海南琼中	琼中中学	中学高级教师	2006	在职
王才智	男	苗	1962	海南琼中	琼中中学	中学高级教师	2002	在职
杨 戈	男	汉	1963	广东信宜	琼中中学	中学高级教师	2009	在职
叶春花	女	壮	1963	广西贵港	琼中中学	中学高级教师	2000	在职

续表1

姓名	性别	民族	出生年份	籍贯	工作单位	职称	评定年份	备注
梁小瑜	女	汉	1964	广东新兴	琼中中学	中学高级教师	2006	在职
陈树东	男	黎	1964	海南琼中	琼中中学	中学高级教师	2010	在职
林 清	男	汉	1964	海南海口	琼中中学	中学高级教师	2001	在职
符玉雄	男	汉	1965	海南乐东	琼中中学	中学高级教师	2002	在职
吴海云	男	汉	1965	江苏淮安	琼中中学	中学高级教师	2009	在职
钟晓亮	男	汉	1965	海南定安	琼中中学	中学高级教师	2010	在职
曾海英	女	黎	1965	福建平和	琼中中学	中学高级教师	2006	在职
云 桂	男	汉	1965	海南文昌	琼中中学	中学高级教师	2007	在职
陈华强	男	黎	1965	海南琼中	琼中中学	中学高级教师	2006	在职
黄雪梅	女	壮	1966	广西南宁	琼中中学	小学高级教师	2007	在职
王丽珍	女	黎	1966	海南琼中	琼中中学	中学高级教师	2009	在职
黄家永	男	黎	1966	海南万宁	琼中中学	中学高级教师	2009	在职
刘爱玉	女	黎	1966	海南琼中	琼中中学	中学高级教师	2002	在职
农劭英	女	壮	1966	广西横县	琼中中学	中学高级教师	2009	在职
黄国洪	男	壮	1966	广西浦北	琼中中学	中学高级教师	2009	在职
黄 强	男	汉	1967	广东省	琼中中学	中学高级教师	2005	在职
王明胜	男	黎	1967	海南琼中	琼中中学	中学高级教师	2007	在职

续表2

姓名	性别	民族	出生年份	籍贯	工作单位	职称	评定年份	备注
陈圣江	男	黎	1967	海南琼中	琼中中学	中学高级教师	2010	在职
邱 勇	男	汉	1967	广东信宜	琼中中学	中学高级教师	2009	在职
翁诗明	男	汉	1967	海南文昌	琼中中学	中学高级教师	2009	在职
陈优春	男	汉	1967	江西南康	琼中中学	中学高级教师	2002	在职
王善香	女	苗	1968	海南琼中	琼中中学	中学高级教师	2009	在职
王 芬	女	汉	1968	海南定安	琼中中学	中学高级教师	2008	在职
冯世忠	男	汉	1968	海南海口	琼中中学	中学高级教师	2007	在职
韦海春	男	壮	1969	广西南宁	琼中中学	中学高级教师	2010	在职
吴晓红	女	汉	1970	广东化州	琼中中学	中学高级教师	2009	在职
陈朝霞	女	汉	1970	海南海口	琼中中学	中学高级教师	2009	在职
卓诚梅	女	黎	1970	海南万宁	琼中中学	中学高级教师	2009	在职
陆善英	女	壮	1970	广西南宁	琼中中学	中学高级教师	2009	在职
陈克亮	男	汉	1972	海南乐东	琼中中学	中学高级教师	2009	在职
王善珍	女	苗	1973	海南琼中	琼中中学	中学高级教师	2010	在职
符诗蕃	男	汉	1939	海南省	琼中中学	中学高级教师	1994	退休
李帮琅	男	汉	1940	湖南省	琼中中学	中学高级教师	1994	退休
蔡祖经	男	汉	1942	海南省	琼中中学	中学高级教师	1995	退休

续表3

姓名	性别	民族	出生年份	籍贯	工作单位	职称	评定年份	备注
王积利	男	汉	1944	海南省	琼中中学	中学高级教师	1995	退休
梁利兴	男	汉	1944	广东省	琼中中学	中学高级教师	1993	退休
汪其志	男	汉	1946	海南省	琼中中学	中学高级教师	1995	退休
周 琼	男	汉	1946	海南省	琼中中学	中学高级教师	1995	退休
周惟熊	男	黎	1948	海南省	琼中中学	中学高级教师	1997	退休
朱学艺	男	汉	1949	海南省	琼中中学	中学高级教师	1994	退休
王兴育	男	黎	1953	海南省	琼中中学	中学高级教师	1995	退休
黄明海	男	黎	1955	海南琼中	琼中中学	中学高级教师	2007	退休
吉积良	男	黎	1955	海南琼中	琼中中学	中学高级教师	1995	退休
吉训齐	男	汉	1958	海南乐东	琼中中学	中学高级教师	2006	退休
董玉莲	女	黎	1966	海南陵水	琼中思源实验学校	中学高级教师	2008	在职
吴晓霞	女	汉	1969	广东省	琼中思源实验学校	中学高级教师	2009	在职
王德宇	男	黎	1960	海南琼中	琼中思源实验学校	中学高级教师	2008	在职
杨 元	女	黎	1968	广东省	琼中思源实验学校	中学高级教师	2008	在职
韩 高	男	汉	1964	海南文昌	琼中思源实验学校	中学高级教师	2010	在职
谢少锋	男	黎	1967	海南琼中	琼中民族思源实验学校	中学高级教师	2009	在职
陈荣江	女	苗	1968	海南琼中	琼中民族思源实验学校	中学高级教师	2010	在职

续表4

姓名	性别	民族	出生年份	籍贯	工作单位	职称	评定年份	备注
黄 斌	男	汉	1971	广东省	琼中民族思源实验学校	中学高级教师	2010	在职
郑光静	男	黎	1968	海南琼中	琼中民族思源实验学校	中学高级教师	2010	在职
何安伟	男	汉	1959	广东大埔	阳江学校	中学高级教师	2003	退休
黄 海	男	汉	1958	广东梅县	阳江学校	中学高级教师	2006	退休
谢 海	男	汉	1961	湖南湘乡	阳江学校	中学高级教师	2007	退休
周立锋	男	汉	1968	海南海口	阳江学校	中学高级教师	2008	在职
张启东	男	汉	1962	广东信宜	阳江学校	中学高级教师	2008	在职
林 蔚	女	汉	1969	浙江平阳	阳江学校	中学高级教师	2009	在职
符海武	男	汉	1967	海南文昌	阳江学校	中学高级教师	2009	在职
张建明	男	汉	1965	广东紫金	阳江学校	中学高级教师	2009	在职
陆海玲	女	汉	1964	广西南宁	新进中学	中学高级教师	2006	在职
陈益岩	男	汉	1964	海南定安	新进中学	中学高级教师	2006	在职
陈世明	男	汉	1969	海南三亚	新进中学	中学高级教师	2008	在职
谭伟玲	女	汉	1968	广东吴川	新进中学	中学高级教师	2009	在职
陈思学	男	汉	1961	海南万宁	新进中学	中学高级教师	2007	退休
李书法	男	汉	1950	广东潮安	新进中学	中学高级教师	1998	退休
陈盛坚	男	汉	1940	海南三亚	新进中学	中学高级教师	1995	退休

续表5

姓名	性别	民族	出生年份	籍贯	工作单位	职称	评定年份	备注
方志洪	男	汉	1948	广东普宁	新进中学	中学高级教师	1994	退休
谢德通	男	汉	1947	广东潮阳	新进中学	中学高级教师	1993	已故
裴学尧	男	黎	1963	海南三亚	黎母山学校	中学高级教师	2001	在职
符方荣	男	汉	1963	海南文昌	黎母山学校	中学高级教师	2006	在职
沈 兵	男	汉	1968	江苏省	黎母山学校	中学高级教师	2007	在职
熊守胜	男	回	1965	江苏省	黎母山学校	中学高级教师	2007	在职
黄好春	男	汉	1962	海南临高	黎母山学校	中学高级教师	2010	在职
何景生	男	汉	1964	广东信宜	琼中乌石学校	中学高级教师	2008	在职
骈业明	男	汉	1961	江苏泗洪	琼中乌石学校	中学高级教师	2008	在职
龙登云	男	汉	1944	海南琼海	琼中乌石学校	中学高级教师	1994	退休
章寿麟	男	汉	1935	广东信宜	琼中乌石学校	中学高级教师	1991	退休
娄建荣	男	汉	1947	广东省	琼中乌石学校	中学高级教师	1994	退休
张俊强	男	汉	1950	广东省	琼中乌石学校	中学高级教师	2009	退休
崔松奇	男	汉	1963	江苏海安	琼中县中平学校	中学高级教师	2008	在职
丁爱民	男	汉	1956	江苏宿迁	琼中县中平学校	中学高级教师	2008	退休
黎育仁	男	黎	1965	海南琼中	琼中县中平学校	中学高级教师	2008	在职
吕海建	男	汉	1963	江苏海安	琼中县中平学校	中学高级教师	2008	在职

续表6

姓名	性别	民族	出生年份	籍贯	工作单位	职称	评定年份	备注
林朝阳	女	汉	1966	海南万宁	琼中县第一小学	中学高级教师	2008	在职
董有贤	男	黎	1964	海南三亚	琼中县红毛希望小学	中学高级教师	2009	在职
魏心方	男	汉	1947	河南省	琼中县太平学校	中学高级教师	2001	退休
张继强	男	汉	1963	广东省	琼中县太平学校	中学高级教师	2007	在职
方 静	男	汉	1963	海南临高	琼中县岭头学校	中学高级教师	2008	在职
林子娥	女	汉	1963	海南琼山	琼中县教师培训管理中心	中学高级教师	2007	在职
郑 刚	男	汉	1961	海南琼海	琼中县教师培训管理中心	中学高级教师	1999	在职
王 碧	男	黎	1956	海南琼中	琼中县教师培训管理中心	中学高级教师	2000	退休
王才芬	女	黎	1965	海南琼中	琼中县教师培训管理中心	中学高级教师	2005	在职
林 可	男	汉	1963	海南文昌	琼中县教师培训管理中心	中学高级教师	2006	在职
许声颖	男	汉	1964	海南文昌	学生资助管理中心	中学高级教师	2009	在职
冯崇平	男	汉	1966	海南万宁	乘坡中学	中学高级教师	2007	在职
林宗贤	男	汉	1942	广东汕头	乘坡中学	中学高级教师	1994	在职
王长信	男	汉	1942	海南琼中	乘坡中学	中学高级教师	1992	退休
王家月	男	汉	1965	海南省	新伟学校	中学高级教师	2006	在职
黄琼瑛	女	汉	1968	江西省	新伟学校	中学高级教师	2007	在职
肖德健	男	汉	1959	海南省	新伟学校	中学高级教师	2006	退休

续表7

姓名	性别	民族	出生年份	籍贯	工作单位	职称	评定年份	备注
吴海勇	男	汉	1962	海南省	新伟学校	中学高级教师	2008	退休
邢涛四	男	汉	1956	海南省	长征学校	中学高级教师	2007	退休
王世焱	男	黎	1972	海南琼中	湾岭中学	中学高级教师	2010	在职
王家标	男	黎	1959	海南琼中	农保局	高级职业指导师	2008	退休
周 宁	男	汉	1965	海南三亚	农保局	高级技师（驾驶员）	2010	退休
冯李山	男	黎	1957	海南澄迈	农保局	高级技师（驾驶员）	2004	退休
王建华	男	黎	1960	海南琼中	民政局	高级技师（驾驶员）	2003	在职
陈明平	男	汉	1964	海南文昌	就业管理局	高级技师（驾驶员）	2003	在职
林明昌	男	苗	1962	海南琼中	安全监督管理局	高级职业指导师	2007	在职
卓 雄	男	黎	1958	海南琼中	加钗农场	高级政工师	1998	退休
谭 胜	男	汉	1968	海南文昌	吊罗山乡人民政府	高级技师（驾驶员）	2009	在职
黄 毅	男	汉	1969	海南乐东	公路局	高级工程师	2009	在职
周世权	男	汉	1961	海南琼海	农业技术推广服务中心	高级农艺师	2009	退休
林 飞	男	汉	1958	海南文昌	教育局	高级政工师	2009	退休
庄耿晏	男	汉	1938	海南文昌	琼中县人民医院	主任医师	1993	2002年退休
张裕义	男	汉	1939	海南文昌	琼中县人民医院	副主任医师	1987	1995年退休
林树兴	男	汉	1939	海南琼海	琼中县人民医院	副主任医师	1993	2002年退休
何君驹	男	汉	1935	海南琼海	琼中县人民医院	副主任医师	1987	2013年已故
邢福临	男	汉	1941	海南文昌	琼中县人民医院	副主任医师	1991	已故
宋旋坤	男	汉	1940	广东梅县	琼中县人民医院	副主任医师	1991	2002年退休
罗啟昌	男	汉	1940	广东兴宁	琼中县人民医院	副主任医师	1993	2000年退休

续表8

姓名	性别	民族	出生年份	籍贯	工作单位	职称	评定年份	备注
陈琼开	男	汉	1942	海南琼山	琼中县人民医院	副主任医师	1993	2003年退休
陈 平	男	汉	1963	海南琼中	琼中县人民医院	副主任医师	2000	2007年调出
甘海忠	男	汉	1964	江苏	琼中县人民医院	副主任医师	2004	2010年调出
尹福君	男	汉	1969	广西	琼中县人民医院	副主任医师	2009	2010年调湾岭卫生院
吴 兰	女	黎	1968	海南琼中	琼中县人民医院	副主任医师	2006	2004年调出
严白羽	女	黎	1960	海南琼海	琼中县人民医院	副主任医师	2006	退休
陈明伟	男	汉	1969	海南定安	琼中县人民医院	副主任医师	2007	在职
贝文政	男	汉	1971	广东	琼中县人民医院	副主任医师	2009	在职
梁必雄	男	壮	1965	广西	琼中县人民医院	副主任医师	2009	在职
王飞跃	男	汉	1972	江苏	琼中县人民医院	副主任医师	2010	在职
周立文	男	汉	1968	海南琼山	琼中县人民医院	副主任医师	2009	在职
唐丽蓉	女	汉	1973	广西	琼中县人民医院	副主任医师	2009	在职
吴多淋	男	汉	1941	海南琼山	琼中县原卫生防疫站	副主任医师	1997	退休
陈绍亨	男	汉	1937	海南琼山	琼中县原卫生防疫站	副主任医师	证丢失	退休
林书海	男	黎	1967	海南琼中	琼中县疾病预防控制中心	副主任医师	2007	在职
杨发荣	男	汉	1941	海南琼山	海南省农垦大丰医院	副主任医师	1994	退休
吴昌新	男	汉	1969	海南定安	海南省农垦总医院乌石分院	副主任医师	2009	在职

附　录

一、前志勘误

1.3页,《概述》第2段第2行“万安县”改“万州”。

2.12页,《大事记》倒数7行“康熙二十年”改“康熙二十八年”。

3.13页,《大事记》4行“咸丰七年(1875)”改“咸丰七年(1857)”。

4.13页,《大事记》18行“法国基督”改“法国天主”“建教堂”改“建圣堂”。

5.13页,《大事记》倒数3行“随基督”改“随天主”。

6.18页,《大事记》4行“迁驻便文村”改“迁驻红毛报茅岭”。

7.18页,《大事记》9行“在便文村”改“在红毛下乡报茅岭”。

8.25页,《大事记》3行“是月”改“11月”,王玉进(黎族)任县长。

9.25页,《大事记》10行“是月”改“1955年9月”,县人民武装部改称兵役局。

10.68页,《第一明清时期》3行“3图”改“4图”11峒。

11.77页,《第三节建县初期》中间段:“是年12月30日”改“1949年3月”。

12.79页,《第二节营根镇》倒数9行“朝根、朝参、那柏”改“朝根、朝参、加钗、那柏”。

13.83页,《第四节黎母山镇》4行“居林、居禄3峒”改“居林、居禄、沙湾3峒”。

14.85页,表格3南吉,所辖自然村名“加玉埇”改“加玉角”。

15.86页,表格2思河,所辖自然村名“加肚田”改“加擦肚”。

16.120页,《第四节台地阶地》1行“面积104.5”改“面积344.7”平方公里,占总面积“12.8%”改“13.0%”。

17.185页,《农业》4行“相对温度>8.5”,改“相对温度>85%”。

18.185页,《农业》12行“温度>79~88%之间”改“温度”。

19.300页,《邮电》4行“吴湴”改“吴俸”。

20.440页,《中共琼中县地方组织》常委表格14地后应补上“朱家仁汉族汀迈1976.10~1980.4”。

21.499页,《政权政协》16行后补上“副县长”。

22.519页,《军事》表格倒数1行“何利华副书记”改“何利华书记”。

23.538页,《一、清匪反特》12行“缴攻电台2部”人“缴获电台6部”。

24.605页,《教育科技》15行“教职工216人”改“教职工249”人。

25.614页,《教育》五、五指山中学4行“1978年”改“1982年”,因师资不足……

26.666页,《文化》7行“锦衣他日千人看,始信东坡不妄谈”,改“锦衣他日人争看,始信诗人不妄谈”。

27.723页,《农民生活》2行“红毛乡”改“红毛上、下乡”7000多乡民。

28.752页,《人物传》4行“王玉锦被任为参谋长”改“……为参谋”。

29.755页,《人物传》王玉进9行“任加林乡”改“任林加乡”。

30.765页,《王政书》“黎族,红毛镇人”,改“黎族,毛阳镇方满村人”。

31.769页,《人物》表格17格王世华“在三十黎”改“在三十笠”。

32.773页,《人物》表格王兴文“在乐东县”改“在乐会县”。

33.787页,《人物》表格庄田驻地“1945年8月~1946年2月驻红毛、什运、毛栈、毛贵、黎母山、营根”改“1945年8月~1966年2月驻黎母山、营根”。

34.839页,《五指参天》3行“雨后”改“雨余”。

35.866页,《诗文》倒数5行“王大祥”改“黄大祥”;倒数4行“王大祥”改“黄大祥”;;倒数2行“黄大祥”改“黄大祥”。

36.750页,《人物传》王国兴传7行:

毛泽东给予高度评价:“中国少数民族自发起义,主动寻找共产党,消灭国民党,建立革命根据地,只有王国兴一人”。

以上评价是1990年报刊、领导讲话书面上公开发表的评语。

以下评价是1991年4月白沙起义纪念碑文(海南省人民政府立)的评语。

毛泽东主席对王国兴领导的白沙起义给予高度评价,赞扬说:中国少数民族自发起义,主动寻找共产党,建立革命根据地,王国兴是有代表性的一人。

海南省人民政府立

一九九一年四月摘《琼中军事志》

二、前志补缺

一、苏轼咏黎母山的诗

奇峰望黎母

苏轼

少年好远游，荡志隘八荒。

九夷为藩篱，四海环我堂。

卢生与若士，何足期渺茫。

稍喜海南州，自古无战场。

奇峰望黎母，何异嵩与邙。

飞泉泄万仞，舞鹤双低昂。

分流未入海，膏泽弥此方。

芋魁尚可饱，无肉亦奚伤。

二、1988年，海南省委书记许士杰游百花岭诗

《题琼中百花潭》

许士杰

百花潭水泻千寻，夏起惊雷冬奏琴。

蓊郁层峦垂素绢，飞珠涤垢韵陶心。

三、民间传说

五指山的美丽传说

五指山，过去苗族人并不是这么叫的，而是称之为"五兄岭"，关于它的来历，在民间有这么一个美丽的传说——相传，很久很久以前的远古时代，有位孤苦伶仃的老妇人，膝下无儿无女，无依无靠，眼看年纪渐渐老去，担心百年之后没人给他养老送终，终日愁眉苦脸，茶饭不思。某天，她拿着衣服来到江边洗涤，边洗边哭泣，被一位须发斑白的张老先生路过看见了，问她："你为何事在此伤心落泪，是不是遇到什么困难啊？"那老妇人便把心中的忧虑告诉了张老先生，老先生闻听后，从袖子里拿出五颗豆子递给那老妇人，并吩咐老妇人道："这个你用不着担心，我给你五颗豆子，你回去每年吃一粒，保证你生男育女，到时候就会有人为你养老送终了。"老妇人满心欢喜，回到家里竟忘了老先生的嘱咐，一口把那五颗豆子给吃了。果然，小肚子一天天鼓起来——还真的怀孕了。怀胎满十个月，竟然一肚子产下五个儿子。

据说那五个儿子奇迹般长得特快，且个个面目狰狞、高大魁梧，力大无比，却是个个都好吃懒做，整日贪玩戏耍，不做正事，老妇人真拿他们没辙。一天，她又提着她和儿子们的衣物来到江边，想起儿子们个个都不听使唤，悲泪潸潸然。此情此景，又被那张老先生途经瞧见，问她："这又是为了何事落泪"？那老妇人回答他说："承蒙您上次您给我豆子，我回去竟忘了您的嘱咐，一口给吞了，过了一年后生下五个儿子，儿子们倒是长大了但是很不听话，我无法叫得动他们，因此在伤心流泪"。那张老先生问道："你都给他们起名了没有啊？"老妇人说："还没呢"。张老先生说："那你回去给孩子们每个人各起一个名字，他们就听你的话了。记住了，老大叫作'长脚哥'，老二叫'长脚二'，老三叫'耳听九州'，老四叫'眼见六国'，老五叫'鼻廷王'"。那老妇人遵从张老先生的吩咐，回去给每个孩子分别都起了名，起完名后逐一指着孩子叫他们的名字，果然,孩子们突然变得听话孝顺起来。她指着大儿子叫道:“长脚哥,你去帮娘挑水。”老大立刻双手抓起一对水缸一步迈到江边打满两大缸水提了回家。她又指着老二叫道:“长脚二,你去帮娘砍柴。”老二抓起斧头奔入南山,一斧砍倒那棵千年枯松,连杆带枝扛回家中。她又指着老三说:“耳听九州,你去打猎回来做菜。”老三矗起长耳朵聆听,他听见一只鹿在山顶上吃草,抓起一块大石头把那头鹿一石头给砸死提回家里。她指着老四老五说:“眼见六国、鼻廷王,你们两个去做饭菜”。老四和老五立刻分头去做饭菜。

从此以后,那五个兄弟各司其职,勤快劳作。那老妇人整天舒舒服服地在家享受孩子们的服侍,天天吃着山珍野味,世上的菜肴她都吃得腻了。她的孩子们问她:“娘,您说,今天您想吃啥? 我们去给你弄来吃。”他娘说:“我想吃龙肝”。那五兄弟说:好的,我们这就去给你弄回来。他们五兄弟来到江河的龙潭边上,老大叫老三说:“耳听九州,你听听哪个潭里有龙”? 老三矗起长耳朵仔细辨听,然后指着有龙的那个潭湾回答说:“这里有条龙”。老大又叫老四说:“眼见六国,你看看是公龙是母龙”? 老四鼓起大眼睛往潭里看看,回答说:“是个龙仔”。老大说:“好,你们四个给我把龙潭围起来,我去把龙赶出来,你们就把他捉住”。老大把长长的脚伸进龙潭里用力搅动,把个龙潭搅得波涛翻滚。龙仔受到惊吓,从潭底逃窜出来,四兄弟即刻将它捉住拖回家里宰杀,开膛破肚把肝脏煮给他娘吃。老龙王失子心痛,哭丧着去向玉帝诉苦申冤,玉帝派遣雷公下凡捉拿那五兄弟。老龙王的一切举动早被耳听九州听得一清二楚,于是他们五兄弟早已做好了防备。他们砍来芭蕉叶把整个屋顶盖住,然后跑去河里捞回蓝丝铺在上面。一切准备就绪,只等雷公下来。雷公提着板斧从天上脚踩云朵缓缓下降,当他下到五兄弟的屋顶,脚一踩到那些湿滑的蓝丝立即滑落在地摔了个跟头。还没等雷公反应来,五兄弟立刻飞奔出去捉住雷公,用麻绳铁锁捆绑了把他关进地窖里。他们五兄弟就高高兴兴地赶去集市购买盐巴,准备拿来腌渍雷公。

话说那雷公被五兄弟关在地窖里,满腔怒火,不停地“轰隆,轰隆”地大叫。邻居家有一对小兄妹俩,极为调皮,听见雷公的叫声,相拥来到外面隔着地窖的门缝往里瞧,觉得好玩,调皮地叫雷公多叫几声给他们听。雷公说:“你们去找一把砍刀和一瓢水来给我我就叫给你们听”。于是兄妹俩不懂事,就去找一把砍刀和一瓢水来交给雷公。雷公利用那把砍刀一边挖掘地道一边“轰隆轰隆”地叫给小兄妹俩听。不大一会,雷公就挖通了地道,钻了出来逃到上了天。那雷公回到天上越想越来气,决定报复那五兄弟的仇恨,便施起威来,电闪雷鸣狂风大作,天昏地暗暴雨倾盆。狂风暴雨足足下了七天七夜,顷刻间洪峰滚滚波浪滔天,整个地面已变成一片汪洋大海。

话说那长脚哥等五兄弟买盐巴回到家时看见雷公已经逃掉了,预感事情不妙,立刻提起斧头奔入南山把那棵千年母生树一斧砍倒,三五下做成一叶独木舟。等雷公降雨发洪水时五兄弟便乘坐独木舟随着洪水的不断升高而升高。雷公心想:下了这么多的雨应该快淹到天上了吧?于是他伸下一只脚来试探水位。

长脚哥见状立刻跳上去抓住雷公的脚板,还没等长脚哥抓稳,雷公就拼命挣扎,把脚抽上去,长脚哥最终只捉住了雷公的一只鞋子。

于是长脚哥他们五兄弟就坐在独木舟内,夜以继日地随着洪水漂啊漂,由于他们长时间没有饭吃就饿死在独木舟上了。随着洪水的渐渐退去,独木舟在一座山上停泊下来,他们五兄弟的尸体就凝成了五座耸入云霄的山峰,就是现在的五指山。据说在五指山下还有一块形状酷似鞋子的大石头,那就是雷公当年的鞋子变成的。在五指山山脉内,随处都生长着高大笔直的母生树,据说是当年那条独木舟落地生根所致。

(口述者:王启明 整理者:王业养)

黎母山传说

相传太古之时,雷摄一卵至山中,遂生一女。岁久,有交趾蛮过海采香,与之相合,遂生子女,是为黎人之祖,因名其山曰黎母山。

摘自《峒溪纤志》

黎母山与五指山的血脉亲缘

巍峨黎母山,雄踞海南中部,蜿蜒起伏数百里,孕育芸芸众生,拥有慈母般的博大胸怀和怜爱。崇岳五指山,横亘数百里,与黎母山脉紧密相连,形成母子般的亲密关系,两山被誉为母子山,留下令人动容的传说故事。相传,有一穷家黎女,年方十六,年轻貌美,长得五官端正,心灵手巧,性情温和,勤劳能干,深得当地一峒主的喜爱,纳为爱妾。过门后,黎女持家有方,清早就起床打扫庭院,服侍公婆、夫君,把家务打理得井井有条,她对邻里友善,和睦相处,乡里乡亲谁家有个家长里短,她总能尽力相帮,不求回报,毫无怨言,深受大家的认可和称赞。她为峒主生育了五个男丁,家族财丁两旺,峒主满心欢喜,视为挚爱。峒主的宠爱遭到秉性泼辣、刻薄无生育能力的大母的嫉妒和不满,大母时时刻刻梦想夺回峒主的宠幸。一天,峒主带五个儿子出远门接洽一大笔生意,峒主意在培养年轻儿子的谋生能力。心存怨恨的大母看到机会来了,她勾结当地的山神,使出毒计欲诱骗黎女至深山里加害。一日,大母来到黎女住处,对黎女说:"老爷已谈好一笔大买卖,差人送信回来,叫我们准备一些野生灵芝,拿到沿海去卖赚大价钱。趁现在灵芝生长期,我们马上进山采摘,以备老爷之需。"黎女信以为真,与大母一道,背着竹篓进入深山老林里采摘野生灵芝。黎家女一边采摘灵芝,一边唱山歌,引来了小鸟和小鹿的侧耳倾听,小鸟吱吱欢叫,小鹿呦呦鸣唱,山林充满欢快的旋律。黎女看见竹篓里的灵芝越来越多,满心欢喜,仿佛看到了白花花的银两,充满了希望。她不知不觉地往山林深处寻找灵芝。这时,突然乌云密布、天昏地暗、飞沙走石、风雨大作、伸手不见五指,泥石流翻滚而下,原来是被大母收买的山神施法，把黎女困在山中，欲置其于死地。黎女哭天喊地，叫天天不应，叫地地不灵，被困在半山腰中，不知所措，她仰望远方，希望远方的夫君和五个儿子来拯救自己，可是远方的夫君和五个儿子不知道她遭受的苦难。最后她在绝望中晕死过去，化作一座磐石，石头上有清晰的头像、眼睛、鼻子、嘴巴，双眼眯缝、颔首启口，永远留在深山密林之中。后来，人们自发上山寻找黎女，发现一块酷似黎女的石像及盛着灵芝的竹篓。人们认为黎女已化石成仙，于是在石像前插五支香，摆好祭品，跪拜黎女，感恩黎女对他们的好。每年的农历三月十五日，人们都要来祭拜黎女，后来那五支香越烧越旺，变成五棵枫香树，一直陪伴在黎女身边，荫泽后人。后人把黎女坐化的山称为黎母山，石像位于东南方向，黎母石像对面远方西南方向的五座山岭叫五指山，那是黎母的五个儿子坐化的五座山峰。两山遥相对望，犹如母子相望，饱含相思深情。黎母山与五指山是母子山，有着血缘关系，血脉相连，永不分离。

（口述者：李斯超 整理者：傅明）

白马岭的传说

很久很久以前，琼中县中平镇的白马岭脚下有一个小村庄，村中只有几户人家。村中有一位青年名叫王帕弟，是村中有名的猎手，平日里经常上山打猎，打些野猪、狐狸、山鸡等。

王帕弟十八岁那年，经媒婆介绍与本村的姑娘王排侬结为夫妻，后来生有一儿一女。全家包括父母、妻子儿女共有六口人，一年四季全靠耕种二亩七分地水稻田、种点蔬菜等维持全家老小生活。

有一天早上起床后，王帕弟对妻子说：“我昨晚睡觉做了个好梦，梦见几个姑娘追赶我，对打猎的人来说是个好兆头。今天我要上山，给我准备一个粺（音 bǎi）包。”妻子王排侬听后就给老公包了一个粺包（用粽叶包的干饭）。王帕弟收拾好行装，叫妻子在家好好照顾老人和孩子，等他回来，就扛着猎枪上山去了。

白马岭山很高，路很陡，杂草又多，蚂蟥也多。王帕弟一边走一边仔细观察猎物，他走呀走呀，也不知走了多久，累得满头大汗，但连一只小松鼠都没看到。他又渴又饿，人也累坏了，就找了一块大石头坐下来休息，喝了几口山泉水，吃了一半带来的干饭，就躺在一块石头上歇一下。他一双眼睛望着天空，朦朦胧胧地看到白马岭顶上有一道白光闪过后，有一朵长得像鹿的云雾飘进了山涧，又向山顶飘去。王帕弟看见后，一下子来了精神，快快地爬起来，拿着猎枪向山顶追去。他追呀追呀，也不知道追了多久，走了多远的路，歇了几次，最后追到白马岭山顶时，那朵像鹿的白云飘入山中不见了，出现在王帕弟面前的是一块很平的地方。这个地方的四周围都被云雾围绕着。在这块平地上，有一块表面很平的石头，很像一个石桌。旁边有二块小石头，很像是石凳，有两位白头发、长胡须的老人正坐在石凳上，像在说话，又像是在下棋。两位老人看到有人上来，就不说话了。只是一动不动地在那里下他们的棋。王帕弟感到很奇怪，心里想，这荒郊野岭的地方，怎么会有老人在这里下棋呢？他慢慢走到两位老人身旁，静静看他们下棋。他看了半天也不知道老人们下的什么棋，他也不敢问老人，就坐在一位老人身边的一块小石头上，看他们下棋。他看呀看呀，也不知道看了多久。等他抬起头来看西边时，太阳快要落山了。他起身向老人告别说："两位老人慢慢玩，我要下山回家了，家里人在家等着我呢！"

这时，坐在王帕弟身旁的那位老人对他说："青年仔，我知道你家里穷，上山打猎又没有打着，听我老人一句话。你下山回家的时候，一路走，一路用手抓把树叶塞到你的刀篓里，千万不要回头看，等你到家才能看刀篓里的东西。老人还嘱咐他不要把今天看到两位老人的情况告诉别人(包括你家中的父母，妻子儿女等)，如果告诉别人也，就对你不好"。老人说完话就不见了。

王帕弟按照老人的嘱咐，一路走，一路用手把路边的树叶抓一把放进刀篓里。他一边走一边觉得身上带的刀篓越来越沉，但他记住了老人的话，不敢往回看，也不敢看刀篓。他走呀走呀，一直走到晚上点灯的时候才到家。家里人看到王帕弟没有打到猎物，心中有些失落，王帕弟拿起沉沉的刀篓往地上一倒，倒出来的不是树叶，而是一堆金光闪闪的光银。全家人看到这么多光银还是头一回，很是高兴。王帕弟告诉全家人谁都不要将此事说出去，说出去全家遭殃。

从那以后，王帕弟家过上了幸福美满的生活，有时他还帮助接济村里的穷苦兄弟。据说，现在白马岭顶上，还有石桌、石凳呢。

（口述者：郑圣基　整理者：王清才）

吊锣山的传说

很久以前，在一座山的山沟里，生活着一群黎族的人民。他们虽然辛勤劳作，但由于当时生产技术十分落后，人们又无法预测和抵御自然灾害的侵袭，所以，他们的粮食等农作收获甚少，人们吃不饱，穿不暖，日子过得十分艰苦。在这个山里，有一位小伙子，因父母早逝，过着孤身的生活。但是，他并不被外界的环境所吓倒，相反，他从小就立下远大志向，要为黎族同胞的美好生活而奋斗。为此，他射得一手好箭，练就一身武艺，曾徒手打死无数豹子，他在村里也因此成为闻名的人物。方圆九山十八寨的美貌姑娘都上山来追求他，天天晚上都可听到姑娘们在他茅屋周围唱着动听的歌，借以传递她们的爱慕之情。但他并不动情，他认为这会影响他的志向。可是要怎样才能使村民们过上幸福的生活呢？一位善良的，190岁的老大爷对他说："小伙子，幸福就在村前那座高山的顶峰上，那上面有位叫万界的人，他拥有两件宝物，一件是一位美丽端庄的女孩，另一件是一口宝锣。只要稍敲这口宝锣，宝物就会应声而至。不过，要获得至宝，非要攀登高峰不可。"这位勇气十足的青年听了十分高兴，对众人发誓："为众人的幸福，我宁愿牺牲一切，攀登高峰。"他带着猎枪、弓箭钩刀和粮食，九山十八寨的乡亲们送他到半山腰。勇敢的青年爬过了一座山峰又一座山峰，越过九十九个峭壁，九十九道悬崖，射死豹子，毒蛇，以野果代粮,泉水解渴,这天他终于攀到了山顶。他站在顶峰,只见山顶上云雾缭绕,树木郁郁葱葱,百花争奇斗艳,耳边不时还传来悦耳的鸟叫……好一处人间仙境。

当他绕过一处灌木丛,突然眼前一亮,只见一位面若桃花、形态万千的妙龄少女正在花丛中轻歌曼舞。一阵如莺般的歌声传来,只听见她唱道:“一朵鲜花长悬崖,只有雄鹰能飞来;哥学雄鹰来寻花,面前鲜花任哥采。”小伙子不觉看呆了,听呆了,也惊呆了,他想:天底下哪有这等女子。于是他不觉深情地对歌:“一朵鲜花虽可爱,阿哥非为采花来,为寻幸福敢攀登,不取宝锣不下崖。”少女吓了一跳,连忙转身,只见一位青年英俊的青年深情地与自己对歌。少女连忙问道:“你是谁?从哪里来?”青年把自己到山顶来的原因告诉了少女,少女听后非常感动,芳心暗许,对青年说:“我愿意跟你走。”这时,万界赶来了,对青年说:“勇敢的青年,女儿和宝锣是我的命根子,我佩服你的勇气,可这两件我只能送你一件。”青年想:如果我选少女,我固然会得到幸福,可这只是我一个人的幸福;如果我选了宝锣,那就会是全村人的幸福。于是他说:“我不能为了自己的幸福而放弃大家的幸福。我还是要宝锣吧!”万界答应了他的恳求。于是他把宝锣带下了山,并把锣放在木棉树上,谁要什么就自己敲锣,山下的贫苦黎胞从此由贫变富,青年的故乡从此旧貌变新颜。后来,人民为了纪念这位英勇无私的青年,把这座山称为“吊锣山”。如今,吊锣山已是海南著名的四大天然热带雨林区之一,也是国家级森林公园度假区。

(口述者:邓明光 整理者:王业养)

乘坡河的传说

听老人讲,乘坡河原先是一个黎族村庄,叫百家村。百家村是一个风水很好的村庄,村里的人有吃有喝有衣穿。村民种稻收稻谷,抓鱼有鱼虾,打猎得猎物,不管他们做什么,年年都有好的收成,家家办事都很顺利。后来,百家村出了几件奇事,才变成了一条大河。后人把这条河叫做乘坡河。

一、与龙王交好

相传,百家村的附近有一片大水湾,这个水湾是连着万泉河的。在这个水湾的地底下有一个龙宫,龙宫里住着龙王,还有虾兵蟹将和猪马牛羊。这个龙王经常会到岸上来找附近的村民聊天、玩乐。

龙王很热心,爱帮助村民。有一次,龙王在跟村民聊天的时候,听村民说起自已的难处。龙王对村民说:“你们有难处,尽管找我好了,没有我龙王办不了的事。”村民对龙王说:“你在龙宫里住着,你想上来就上来,我们又下不去,有事要你帮忙的时候,我们怎么找你呀?”龙王说:“这个好办,我教你们唱五首歌,有事找我的时候,你们只要对着河湾唱这五首歌,我就会上来。”

后来,只要村民对着河水唱五首龙王教的歌,龙王就会上来与村民相见。有的时候龙王在龙宫里待得有点闷了,也不等村民唱歌,就自己跑上来找村民聊天。村民也喜欢龙王,时不时地跑到河湾来唱歌引龙王上岸喝酒聊天。有时村民被虫子咬了,或者是生病了,龙王就会拿出药来给村民用,只要龙王一出手,村民的病就能好。

有时候村民要办喜酒,需要很多碗筷和桌子板凳,只管找龙王借。村民们还是按照龙王说的先唱歌引龙王上来。龙王上来后,得知只是借东西,不是什么难事,就对村民说:"以后要借东西的时候,你们只要对着河湾喊:龙王,龙王,我家要办事了,要办几桌,要借你的碗筷和桌子板凳用用。我就会让虾兵蟹将按几桌的数量,一件不少地送上来。你们到时候就在河边等着就行,要借的东西会从河湾上自动浮上来的。你们办完事后,一定要如数归还,不能少一件。你们归还东西的时候,也只要把东西放在河湾里的水面上就好了,自然有我的虾兵蟹将来拿回去。"

后来,村民要跟龙王借东西的时候,就对着河湾喊龙王。他们要借的东西真的会从水下慢慢浮上来,村民归还东西的时候,也只要把东西如数放进河水里,东西又会自动沉下去。就这样,龙王与村民好了很多年,村民们得到龙王很多帮助。

二、水牛风波

百家村里的人经常牵水牛去河湾去洗澡。有一次,一个村民将水牛牵到河湾洗澡。洗着洗着,水牛不见了。那个村民就在河湾那儿等,过了一会儿,水牛又浮出了水面。水牛回到岸上的时候,水牛的腿上都是血。村民帮水牛洗掉腿上的血,发现牛腿上有很多伤口。

水牛会说话,水牛说水下龙宫的门是开着的,水牛进入龙宫,碰到龙宫的牛,龙宫的牛见了岸上的水牛就用蹄子踢,岸上的水牛打不过龙宫里的牛,就受伤了。村民一听很生气。水牛就像是他家的宝贝一样,种田犁地都离不开水牛。见水牛伤得很重,这个村民就恨龙宫里的牛,想办法报复龙宫里的牛。

等水牛腿上的伤好得差不多了,他就在水牛的四条腿上绑上尖刀,再把水牛牵到河湾里去。水牛带着腿上的尖刀就下了河湾,直接去了龙宫,找龙宫里的牛决斗。因为水牛腿上绑了尖刀,没几下子,龙宫里的牛就受伤了,只见有血从水底冒出来,把河湾都染红了一大片。那个村民心里高兴,他知道一定是水牛打赢了,血肯定是龙宫里的牛受伤流出来的。

事情跟这个村民想象的一样,过了不多时,水牛从河底浮出来了,水牛身上沾满了血,村民在水牛身上很细心地查看,水牛身上一点伤都没有。村民说这下好了,总算是出了心中这口恶气。等到第二天早上,河湾上浮起一头牛的尸体,村民一看,就知道是龙宫里的牛,村民叫上村里的劳力,一起将牛的尸体打捞上来,抬回了村子里,将牛皮剥了,把牛肉分成一块一块的,分给每家每户。有些人分得多,有些人分得少。分多分少是看村民在村子里的威望,有威望的人家分得多些,没有威望的人家分得少些。

那一天,全村人家家户户都架起大锅煮牛肉,吃肉喝酒。

三、水淹百家村

龙宫里的牛不见了,第二天消息就传到龙王的耳朵里。龙王闻着牛的血腥味去找牛,一路找来,就找到岸上来了。离百家村越近,血腥味越浓。龙王就知道是百家村的人杀了龙宫的牛。

龙王来到百家村,见到第一个村民就问:“你们看到龙宫里的牛没有?”村民回答:“没有。”龙王又去问第二个村民,第二个村民还是与第一个村民一样的说没有见到龙宫里的牛。龙王又去问第三个村民,第三个村民也是与第一个村民一样的说没有见到龙宫里的牛。龙王问了村里所有的人,所有的人都是一样的回答。

龙王听了村民的回答,很生气,大怒道:“你们把我龙宫里的牛杀吃了,还说谎。你们把龙宫里的牛杀了就杀了,只要一开始承认了,我是不会怪你们的。亏了我平时对你们那么好,你们有难我帮,有事我帮。哪怕有一个人承认杀牛吃肉了,我都会放过他的。真没想到你们一个个都说谎骗我。你们都等着,只要是吃了我龙宫里牛肉的人,一个都跑不了,我要打死你们。”

听了龙王说的话,村民还是没有人站出来承认杀了牛、吃了牛肉。村民们说:“打就打,我们不怕你。”村民就真的和龙王打起来了。龙王离开了水,村民又多,打不过村民。龙王就说:“这样打不公平,你们人多,我打不过你们。我们干脆约定一个时间再来决斗。”村民们答应了。龙王回到龙宫就开始作好与村民决战的准备。

龙王一边召集虾兵虾将们把百家村的地底下掏空,一边派将士去请大海里龙族的兄弟来帮忙。等到约定决战的时间到了,龙王带着龙族的兄弟们一起来到百家村,与百家村的村民决战。百家村民开始还能抵挡一阵,不一会儿就下起了大雨,原来是龙族兄弟在天空中一起向下喷水,等村民发觉的时候已经晚了,村子已被水淹没了。村民拼命向没水的地方跑,可是跑到哪里,水就流到哪里。水越来越多,最后整个村庄塌下去了。

四、寡妇山

在百家村有一个寡妇,寡妇独自带着小外孙子一起生活。那天村里杀龙宫的牛,分牛肉,寡妇正好也在村子里。由于寡妇在村子里没有什么威望,村民们不太看得起这个寡妇。所以分牛肉的时候,好的牛肉是轮不到她的,只是将分剩下的一点牛杂碎给了她。她一看都是杂碎,不想要,寡妇的小外孙看别人家都吃牛肉,也想吃,看寡妇不要,小孩子就哭闹,寡妇只好在牛杂碎上割下一小块稍微好一点的留下来煮给小孩吃,她自己一口也没吃。

分牛肉的第二天,龙王来到百家村。龙王问村里的人,有没有看到龙宫里的牛。村里人都说没有。寡妇当时也在村里。龙王问到寡妇的时候,寡妇不敢说真话,也回答说没有。

龙王与百家村决战、发怒喷水淹百家村的时候,寡妇就抱着小外孙子跟着其他村民一起跑。他们看到东边有水,就往西边跑。看到西边有水,就往北边跑。看到北边有水,就往南边跑。可是不管他们往哪里跑,水就追到哪儿。很多村民在跑的时候,慢慢沉入了水中,最后只剩下寡妇抱着孩子在跑。寡妇一看村民都淹死了,她更加害怕,一边跑一边大声音哭喊着:“龙王呀,我可没吃你龙宫里的牛肉呀,你不能淹死我呀。”龙王听了寡妇的哭喊,回答寡妇说:“你没有吃龙宫里的牛肉,我是知道的。你没吃,你的小外孙子吃了,你要保命,就丢下小孩,如果不丢下小孩,你就只能和小孩一起死了。”寡妇听了龙王的话,舍不得丢下孩子,还是抱紧孩子往附近的山上跑。但是,寡妇始终跑不过龙王喷出来的水,寡妇累得不行,抱孩子的手稍微松了下,水一下子将孩子冲走了，寡妇见睁睁地看着小外孙子不见了，她再向附近山上跑的时候，大水就再也没有追上来。

寡妇跑到附近的一座山上，从高高的山上往百家村的方向看，整个百家村被水淹得不见了踪影，百家村已经变成了一条大河，河里只剩下好多花白的大石头，那些石头静静泡在河水里。村民都死了，寡妇的小外孙也死了。寡妇独自一个人在山上生活，后来有附近村庄的村民在山上碰到了寡妇，问起百家村怎么无缘无故说没有就没有了，寡妇就把百家村的村民如何杀了龙宫里的牛，龙王如何生气用水淹百家村的经过告诉了那人，那人回去后就把这件事传开了。

从那时候起，人们就把寡妇住的这坐山叫做寡妇山，把百家村变成的河叫乘坡河。

（口述者：王应征、王大标　整理者：刘霞）

营根比武

营根镇这个名字的来历，据传是因一场比武。

相传，冯冼大军进入五指山区，来到百花岭下，有一山王设卡挡住了去路。这山王彪形大汉，生得浓眉大眼厚唇，头戴一顶兔皮帽，上插一支狐狸尾，身披一件豹皮衣，下着半叶山羊皮短裤，全身花花斑斑都是兽皮，一看这身穿着，就知道是射猎能手。他身强力壮，爬高山如走平地，山民们佩服他，拥他为王。他听说冯冼军要经过他的地盘，特在百花岭脚下设卡，要与大军比武。冯太守为了避免发生冲突，只好命令兵马驻下，由他出面求让路。哪知这山王只看武面不看官面，三天讲情，全不见效。

后来，冼夫人想出了一个办法，她对冯太守说：“由我与他比武，我是俚人，这山王也是俚人，谁赢了都是俚人赢，不会引起民族仇视。”冯太守说：“他是堂堂男子汉，你是女流，恐他不与你比武。”冼夫人如下这般地说出了她的计谋，冯太守便连连点头称妙。

第四天早上，冯太守出面答应了山王的比武条件，并提出比武是俚族妇女冼夫人，山王果然不同意。冯太守婉转地说：“女人尚且不敢比，算什么大丈夫！你先赢她，再来赢我也不迟！”山王比武心切，便答应了冯太守的要求。

中午时分，百花岭上人山人海，附近村峒俚民百姓都集中到这里看比武。冼夫人和大部分兵将一身俚人打扮，消除了群众的戒心。山王兴致很高，提出每人射箭一次，三箭不中为败。他出题射山藤，在一块门板上垂直钉上两根手指头一样细的山藤，相距百步瞄射。冼夫人请他先射，他轻快地拿起了箭，不需瞄准就射出去，左边的藤条顿时断作两段。“好啊”“中了！”老百姓都为他们山王的箭术拍手叫好。

轮到冼夫人了，只见她不慌不忙地瞄准，山民们都带着怀疑的目光看着这位外来的俚族妇女，冯太守和兵将们都屏住气息等待着。

山王射断了的藤条正在慢慢地斜向右边的藤条，就在两边藤条接触的一刹那，冼夫人的箭射出去了,倾斜移动的藤条稳住了。“哇,一箭射中连根藤!”“万岁!”全山一片欢呼。将士们为他们的女首领欢呼,群众为俚族出了一位女英雄欢呼。

轮到冼夫人出题了,冼夫人扫视岭下,她看到五百步开外岭下的水田里,一只水鸭时浮时现,便说:“就射那水鸭。”

山王拉满弓弦,一箭射去,几根鸭毛飞起来,水鸭沉了下去。过一会,水鸭又浮了上来。“唉!就差了一点点!”众人无限惋惜。山王满不在乎,反正还有两箭,待鸭身转正,目标最大时,山王将第二箭射了出去,哪知水鸭乖巧,它就像看到了这一箭一样,在箭到之前沉了下去!“唉,第二箭偏了!”有人发出了埋怨。山王真的也紧张起来,射第三箭时,他足足瞄准了半分钟,迟迟不敢放箭,眼也花了,手也软了,换了几次气。射动靶迟迟不发,山王这一瞄准反倒误了大事,第三箭射出差得更远。“又是不中!”“见鬼!”在人群在响起了埋怨声。

该冼夫人了。冼夫人仍然精神抖擞,信心百倍。她看准机会,一箭射去,穿过了水鸭的脖子。水鸭带着箭,在水里拍打着,继而跳到田埂上翻滚、挣扎,临死前还生下一个鸭蛋,掉在田埂下的水田里。

整个山上像炸开了锅似了,大家都争着跑上前看望这位神奇的女人。山王拉着冯太守的手说:“冼夫人果然像传说的那样厉害,难怪海南那么多人归顺她,我也服她。”

后来,人们为了纪念这次比武,将射死水鸭的那块田称为“鸭姆田”,水鸭掉下蛋的那块田称为“鸭蛋田”。冯冼大军扎营求情借路的地方称为“营根”,就是今天琼中县县城营根镇。

(口述者:陈天际 整理者:陈 雄)

四、县委、县人大、县政府重要文告

琼中黎族苗族自治县条例

(1999年3月25日琼中黎族苗族自治县第十一届人民代表大会第二次会议通过,1999年5月20日海南省第二届人民代表大会常务委员会第七次会议批准;2006年3月10日琼中黎族苗族自治县第十二届人民代表大会第四次会议修订,2006年7月28日海南省第三届人民代表大会常务委员会第二十四次会议批准)

第一章 总 则

第一条 根据《中华人民共和国宪法》《中华人民共和国民族区域自治法》和有关法律、法规的规定,结合琼中黎族苗族自治县(以下简称自治县)的政治、经济和文化特点,制定本条例。

第二条 自治县是黎族、苗族实行区域自治的地方,自治县内还居住有汉族、壮族等民族。

第三条 自治县的自治机关(以下简称自治机关)是自治县人民代表大会和自治县人民政府。

自治机关依法行使县级国家机关的职权,同时行使自治权。

自治机关驻营根镇。

第四条 自治县各族人民在中国共产党的领导下,坚持以马克思列宁主义、毛泽东思想、邓小平理论和"三个代表"重要思想为指导,坚持和落实科学发展观,坚持以经济建设为中心,坚持四项基本原则,坚持改革开放,自力更生,艰苦奋斗,全面推进社会主义经济建设、政治建设、文化建设、社会建设的协调发展,建设小康社会,努力把自治县建设成为富裕、民主、文明、和谐的民族自治地方。

第五条 自治县实行依法治县,保证宪法、法律和法规在自治县的遵守和执行,建设社会主义法治的民族自治地方。

自治县维护民族团结、祖国统一、国家安全、社会稳定。

第六条 自治县坚持公有制为主体,多种所有制经济共同发展的基本经济制度,巩固和发展公有制经济,鼓励、支持和引导个体私营等非公有制经济的发展。允许各类资本进入法律、法规未禁入的一切行业和领域。

第七条 自治县维护和发展各民族平等、团结、互助、和谐的社会主义民族关系,禁止对任何民族的歧视和压迫,禁止破坏民族团结和制造民族分裂的行为,维护安定团结的社会秩序。

第八条 自治县保障各民族公民都有宗教信仰的自由,依法管理宗教事务,积极引导宗教与社会主义社会相适应。任何组织和个人不得利用宗教进行破坏社会秩序、损害公民身心健康、妨碍国家教育制度的活动。

宗教团体、宗教活动场所和宗教事务坚持独立自主自办原则,不受外国势力的支配。

第九条 自治县加强社会主义精神文明建设,对全县各族人民进行爱国主义、社会主义、集体主义的教育,培养有理想、有道德、有文化、有纪律的社会主义公民,不断提高各民族公民的思想道德水平和科学文化素质。

第十条 自治县保障公民享有宪法和法律赋予的公民权利,并教育公民履行应尽的义务。

自治县依法保护各民族公民的合法的私有财产不受侵犯。

自治县依法保护国内外投资者的合法权利和利益。

第二章 自治县的自治机关

第十一条 自治县人民代表大会是自治县的地方国家权力机关。自治县人民代表大会常务委员会是自治县人民代表大会的常设机关,对自治县人民代表大会负责并报告工作。

自治县人民代表大会的代表中,黎族、苗族和其他少数民族代表名额的比例,依照法律和海南省人民代表大会常务委员会的有关规定确定。

自治县人民代表大会常务委员会由主任、副主任和委员组成。在常务委员会的组成人员中,应当合理配备黎族、苗族和其他少数民族的人员,并应当有黎族、苗族的人员担任主任或者副主任。

自治县人民代表大会常务委员会各工作机构,应当合理配备黎族、苗族和其他少数民族的领导干部。

第十二条 自治县人民代表大会根据本地方民族的政治、经济和文化特点,修改自治条例,制定和修改单行条例,报省人民代表大会常务委员会批准后生效。

自治条例和单行条例可以依照本地方民族的特点,对法律和行政法规的规定做出变通规定,但不得违背法律或者行政法规的基本原则,不得对宪法和民族区域自治法的规定以及其他有关法律、行政法规专门就民族自治地方所做的规定做出变通规定。

自治县人民代表大会及其常务委员会有权撤销本级人民政府及其所属部门所做出的与法律、法规以及本条例相违背的决定、决议、命令和规定。

第十三条 自治县人民政府是自治县人民代表大会的执行机关,是自治县地方国家行政机关。

自治县人民政府对本级人民代表大会和上一级人民政府负责并报告工作,在自治县人民代表大会闭会期间,对自治县人民代表大会常务委员会负责并报告工作。

自治县人民政府县长由黎族或者苗族公民担任。自治县人民政府的其他组成人员,应当合理配备黎族、苗族和其他少数民族的人员。

自治县人民政府实行县长负责制。

第十四条 自治县人民政府根据工作需要和精干原则,依法设立、增加、减少或者合并政府工作部门,报省人民政府批准,并报本级人民代表大会常务委员会备案。

第十五条 自治机关对上级机关的决议、决定、命令和指示,如有不适合本地方实际情况的,可以报经上级国家机关批准,变通执行或者停止执行。

第十六条 自治机关根据社会主义建设的需要,采取各种措施大量培养本地少数民族各级干部、各种科学技术、经营管理等专业人才和技术工人。根据需要组织、选派少数民族优秀干部到高等院校培训或者到经济发达地方挂职,提高少数民族干部的素质。

自治机关重视培养、选拔、使用妇女干部。在领导干部中少数民族妇女干部应占有一定的比例。

第十七条 自治县国家机关及其工作部门应当合理配备黎族、苗族和其他少数民族干部,在公开选拔、竞争上岗配备领导干部时,可以划出相应的名额和岗位,定向选拔黎族、苗族和其他少数民族干部。

自治县的国家机关招考录用国家公务员时,由自治县提出招录名额和黎族、苗族及其他少数民族所占的比例,报上级有关部门核准。

第十八条 自治县尊重劳动、尊重知识、尊重人才、尊重创造,根据民族自治地方经济社会的发展需要,制定优惠政策,引进和聘用各类专业技术人才,鼓励用人单位采取短期合作、临时聘请、兼职兼薪等多种形式引进人才。

自治县对在社会主义建设中取得显著成绩的人员给予奖励。

第十九条 自治机关对在自治县工作二十年以上的汉族干部和各类专业人才的子女,其户籍在本辖区内的,在教育方面享受少数民族优惠政策。

第二十条 自治机关建立少数民族地区津贴制度和艰苦地区工作补助制度,提高工作人员工资福利,具体办法由自治县人民政府制定。

自治县实行退休补助制度。凡在自治县退休的国家机关、社会团体、事业单位的工作人员退休时,按工资发放渠道一次性给予本人退休前的三个月标准工资补助。

自治县的各类企业为其从业人员办理退休时,可以根据企业的具体情况,参照本条第二款执行。

第三章 自治县的人民法院和人民检察院

第二十一条 自治县人民法院和人民检察院的组织、职能和工作,依照宪法及有关法律的规定执行。

自治县人民法院和人民检察院向县人民代表大会及其常务委员会负责并报告工作,受其监督。自治县人民检察院并对上级人民检察院负责。

自治县人民法院、人民检察院依照宪法和法律规定独立行使审判权、检察权,不受行政机关、社会团体和个人的干涉。

自治县人民法院院长或者副院长、人民检察院检察长或者副检察长,应当有黎族、苗族公民担任。其他审判委员会委员、检察委员会委员和工作人员中,应当有黎族、苗族人员。

自治县人民法院的人民陪审员、人民检察院的人民监督员中应当有黎族、苗族公民。

第二十二条 自治县人民法院和人民检察院保障各民族公民都有使用本民族语言文字进行诉讼的权利。对于不通晓当地通用语言文字的诉讼参与人,应当为其提供翻译。

自治县人民法院对符合司法救助条件的诉讼当事人应当依法为其提供司法救助。

第四章 自治县的经济建设和财政管理

第二十三条 自治机关根据本地方的实际情况,遵循国家产业政策和海南省经济社会发展规划,自主制定国民经济发展规划以及相应的政策措施,自主安排固定资产投资项目,自主管理本地方的经济建设事业。

第二十四条 自治县合理调整农业产业结构,积极发展高产、优质、高效、生态、安全农业,推进农业产业化经营,建立和完善农业社会化服务体系,培育和保护品牌农业,提高农产品市场竞争力。

自治县实施基本农田保护制度,加强农田水利基础设施建设。积极引进推广农业科技成果,健全科技网络,加快农业产业化体系建设。

自治县对上级国家机关安排的农业基础设施和农业综合开发建设项目,享受减少或者免除配套资金的照顾。

自治县每年对农业总投入的增长幅度应当高于财政经常性收入的增长幅度。

第二十五条 自治县继续稳定和完善以家庭联产承包责任制为基础、统分结合的双层经营体制。依法保护农民土地承包经营权,规范农村土地承包、流转,建立既有利于发展又有利于照顾农民利益的土地征收、征用的管理体制,保护农村集体经济组织和农业生产经营者的合法权益。

第二十六条 自治机关依法保护、管理和开发森林资源,实行以营林为主、育采结合、永续利用的方针,加快发展热带林业,加强护林防火,禁止乱砍滥伐,搞好封山育林,提高森林覆盖率。

自治县鼓励多种经济成分、多种形式的绿化造林,实行谁造谁有,农村居民在房前屋后和承包地种植的林木归个人所有,可以依法继承和有偿转让,也可以依法采伐,产品自主处理。

自治机关依法征收的林业规费和植被恢复费,由自治县自主安排,专项用于发展林业和维护森林生态环境。

自治县保护五指山、黎母山、吊罗山、鹦哥岭等生态核心区和南渡江、昌化江、万泉河等水源涵养林的生态环境,维护该地区生态环境的安全。

自治县依法保护野生动物，严禁乱捕、滥杀野生动物行为。

自治县依法享受上级国家机关给予的生态和环境保护利益补偿。

第二十七条 自治县人民政府依法实行涉水事务统一管理。遵循全省水资源综合规划与防洪规划，自主开发、利用和保护水资源，实施取水许可制度，推行节约用水，提高水资源的综合利用率。实施水土保持工程，防止水土流失。严禁破坏水利设施、砍伐水源林，严禁炸鱼、毒鱼、电鱼和破坏性河道采砂、采石等行为。

自治县制定优惠政策，鼓励国内外投资者在本区域内依法开发利用水资源，兴办水利和水电事业。

自治县人民政府按照自治县水电发展规划，经资源论证，专家评审，自主审批小型水电站建设项目，报上级主管部门备案。

自治县人民政府依法征收的水资源费，由自治县自主安排，专项用于水资源的开发和保护。

第二十八条 自治县大力发展畜牧业和养殖业，培育和发展具有本地特色的产业。鼓励企业和个人在自治县境内创办畜牧饲养场、畜牧种苗场，推广科学饲养技术。

自治县加强无规定动物疫病区建设，预防和控制动物疫病的发生和传播。

自治县鼓励发展淡水养殖和水产品加工，加强对河流、山塘、水库渔资源的管理。

第二十九条 自治县充分利用本地资源，在不破坏资源、不污染环境、不低水平重复建设的前提下，积极发展农副产品加工、水电、制药、食品、建材、木材为主的地方工业和乡镇企业。积极引进国内外资金、先进技术和设备，加快地方工业建设，提高工业产品质量和市场竞争能力。

第三十条 自治县大力发展第三产业，鼓励发展旅游、商贸、餐饮、酒店等服务业。加快各类市场培育和建设，完善购销流通网络，强化对市场的监督和管理。

自治县积极发展具有地方民族特色的旅游业，根据全省旅游总体规划，对本地旅游资源进行科学规划，统一管理，依法保护，合理开发，持续利用。

自治县依法开展对外经济贸易活动，发展出口创汇产品，创办出口商品生产基地。

自治县积极发展民族贸易、少数民族特需商品和传统手工业品的生产，积极创建具有地方特色的民族用品品牌。

自治县享受国家对民族贸易、少数民族特需商品和传统手工业品生产在税收、金融、财政等方面的优惠政策。

第三十一条 自治县人民政府坚持扶贫帮困政策，制定扶贫规划和措施，增加投入，加快贫困地区基础设施建设，促进经济社会发展，逐步改善当地群众的生产与生活条件。

自治机关采取措施，对农村劳动力实行职业技能和实用技术培训，组织农村富余劳动力向非农产业和城镇转移就业，拓宽增收渠道，增加农民收入。

第三十二条 自治县大力发展交通运输事业，积极建设农村公路，提高农村公路等级标准，加强公路养护。鼓励企业、农村集体经济组织和个人兴修公路和兴办交通运输业。

自治县农村公路的建设和养护，享受上级国家机关的专项资金扶持和政策照顾。

自治县的交通、能源、水利、通讯、城乡建设等基础设施建设项目享受上级的优先安排和减免配套资金的照顾。

自治县积极发展本地方的邮政、通讯、信息网络事业。

第三十三条 自治县人民政府依法加强土地资源管理，采取有效措施，保护耕地，严格控制非农业建设占用耕地，提高土地利用效益。

自治县人民政府在上级国家机关核定的年度国有建设用地计划内，按照省人民政府批准的供地方案，依法自主安排建设用地。如需增加建设用地计划的，报请省人民政府土地行政主管部门追加。

自治县人民政府依法应缴纳的新增建设用地土地有偿使用费，除上缴国家部分以外，由自治县自主安排，专项用于耕地开发整理和土地资源的管理保护。

第三十四条 自治县依法保护和管理矿产资源，对矿产资源实行有偿使用制度。根据法律规定和矿产资源统一规划，对可以由本地方开发的矿产资源，优先合理开发利用。

自治县人民政府依法征收的矿产资源补偿费，除上缴国家部分外，其余部分由自治县自主安排，专项用于矿产资源的管理保护和开发利用。

自治县鼓励国内外投资者以多种投资方式依法开采本区域内的矿产资源。

第三十五条 自治县编制小城镇建设总体规划，以县城建设为重点，带动乡镇建设，创建具有民族特色、环境优美、整洁卫生，市场繁荣的小城镇。

自治县编制农村发展总体规划，建设生产发展、生活宽裕、乡风文明、村容整洁、管理民主的社会主义新农村。

第三十六条 自治县加强环境保护和自然生态建设，防治工业污染、农业污染、生活污水及垃圾污染和其他公害，促进人与自然的协调发展。

自治县负责征收在本行政区域内(含农垦)的排污费，除上缴国家部分以外，由自治县自主安排，用于环境污染治理，不得挪作他用。

第三十七条 自治县积极发展经济，广辟财源，增收节支，增加财政收入。

自治机关依法享有管理地方财政的自主权，自主编制和调整自治县的地方财政预算，自行安排和合理使用财政收入的超收和支出的结余资金。

自治县享受上级财政的各种转移支付资金和各种补助资金的照顾。地方财政收入不敷支出时，可报请上级财政机关依照有关规定给予补助。

自治县收取并上缴的各项基金，除上缴国家部分外，由自治县自主安排使用。

自治机关设立财政预算预备费和民族工作经费，由自治机关根据实际需要，自主安排使用。

自治县加强对乡镇财政的管理，规范和健全财务管理制度，充分发挥乡镇财政的作用。

自治县对预算外资金实行规范化管理。

第三十八条 自治县年度财政预算经自治县人民代表大会审查批准后，自治县人民政府必须遵照执行。年度财政预算的调整以及预算外资金的安排，必须报经自治县人民代表大会常务委员会审查批准。

第三十九条 自治县依法享受国家税收返还的照顾。上划中央增值税环比增量税收返还部分,按现行分税制财政管理体制有关规定,返还给自治县自主安排使用。

第四十条 自治县根据本地方经济社会的发展需要,可以依法设立城乡信用合作组织和融资公司。设在自治县的金融机构应当根据国家对民族自治地方的信贷政策,对自治县符合信贷条件的建设项目给予照顾和扶持。

自治县依照有关规定设立各类基金会筹集资金,用于发展各项社会公益事业。

自治机关鼓励和提倡企业事业单位、社会组织和个人对自治县设立的各类基金会提供赞助。

第五章 自治县的社会事业建设

第四十一条 自治机关根据民族和地方特点,自主制定本地方的教育、科技、文化、卫生、体育、劳动就业、社会保障、人口与计划生育等事业的发展规划,促进社会事业的全面发展。

第四十二条 自治机关根据国家的教育方针,结合自治县的实际,依法自主决定自治县各级各类学校的设置、办学形式和招生办法。

自治县巩固提高普及九年义务教育成果和扫除青壮年文盲,大力发展高中教育和职业教育,积极发展幼儿教育、成人教育,特殊教育和远程教育,提高全民素质。

自治县采取特殊政策,大力发展民族教育,对义务教育阶段的学生免收杂费、免费提供教科书,努力办好民族中学、中小学寄宿制学校和少数民族寄宿班。对义务教育阶段的寄宿制学生给予生活补助。

自治县内的各级各类学校在招收学生时,对享受少数民族教育待遇的考生应适当放宽录取分数线。

第四十三条 自治机关提倡尊师重教,不断提高教师的社会地位和生活待遇。制定优惠政策和有效措施,吸收优秀人才加入教师队伍,采取多种形式加强对在职教师的培训,提高师资队伍素质。

自治县在招聘教师时,应当招聘一定比例通晓本地少数民族语言的少数民族教师。

第四十四条 自治机关加大教育经费的投入,每年对教育资金投入的增长幅度应当高于财政经常性收入的增长幅度,并按在校学生人数平均的教育费用逐步增长,保证教师工资和学生人均公用经费逐步增长。

第四十五条 自治县人民政府设立少数民族教育专项补助资金。对高级中学的贫困学生和中等职业技术学校少数民族学生给予生活补助;对考取普通高等院校的少数民族困难专科生给予适当补助;奖励考取普通高等院校的少数民族本科生和研究生。

自治机关积极鼓励和支持社会力量捐资办学;采取优惠措施,鼓励和扶持学校开展勤工俭学,兴办校办产业。

第四十六条 自治机关自主管理和发展本地方的科学技术事业。制定自治县的科学技术发展规划,建立健全科技服务体系,普及科普知识,引进和推广先进实用科学技术成果,加快科技成果转化,鼓励自主创新,提高科学技术创新能力。

自治县设立科技进步奖,奖励发明创造和推广应用科学技术有显著成绩的单位或个人。奖励办法由自治县人民政府制定。

自治机关采取多种渠道增加科技投入。自治县人民政府应当将科技经费列入同级财政预算,其增长幅度高于同级财政经常性收入的增长幅度。

第四十七条 自治机关坚持社会主义先进文化的前进方向,自主发展文学、艺术、广播、电影、电视、体育、新闻、出版等文化事业,加大文化投入,加强文化体育设施和文化艺术团体的建设,健全公共文化服务体系,依法管理文化市场。开展群众喜闻乐见、健康向上的文化娱乐活动,促进社会主义精神文明建设。

自治机关大力挖掘、收集、整理、保护、研究民族传统文化,继承、弘扬本民族优秀文化,保护民族文化遗产,切实加大对民族文化研究机构、文化艺术团体、体育运动队伍和传统文化活动的支持和扶持。

自治县人民政府依法保护革命文物、历史文物、民族文物和名胜古迹,做好地方志的编纂和档案管理工作。

自治县人民政府鼓励民营资本进入文化市场,依法兴办文化事业,发展文化产业,繁荣文化市场。

自治县人民政府积极开展和其他地方的教育、科学技术、文化艺术、卫生、体育等方面的交流和协作。

自治县人民政府对在文化艺术、竞技体育方面做出突出贡献的人员,给予奖励。

第四十八条 自治机关自主制定本地方医疗卫生事业的发展规划,积极推进医疗卫生改革,发展城乡医疗卫生事业。

自治机关巩固和完善县、乡镇、村三级医疗、预防、保健网络,逐年增加对医疗卫生事业的投入。加强对传染病、地方病、职业病的预防控制,强化儿童计划免疫和妇幼保健工作,办好新型农村合作医疗,逐步实行农村医疗保险,改善医疗卫生条件。

自治机关加强公共卫生体系、医疗服务体系建设,提高对突发公共卫生事件的预警和处置能力,保护公众身体健康和生命安全。

自治机关加强医疗机构和卫生队伍建设,重视医务人员的业务培训,鼓励医务人员到基层卫生院工作,对基层卫生院的医务人员在工资待遇和工作生活条件上给予保证。

自治机关应当保护和发展民族传统医药,大力发掘、研究、整理和利用民族传统医药,保护药材资源。对发掘、研究和开发利用少数民族传统医药的企业、事业单位,应当给予扶持和帮助。

自治机关依法加强医疗机构和药品市场的管理和监督,鼓励集体和个人依法办医,严禁非法行医,严禁制售假冒伪劣药品。

自治机关鼓励企业、事业单位、社会团体和个人捐资支持卫生事业,并依法建立基金会,对无支付能力的危急患者实行医疗救助。

第四十九条 自治机关依法制定人口与计划生育工作的具体措施;提倡优生、优育,减少出生缺陷;控制人口数量,提高人口素质。

自治县人民政府对放弃第二孩生育指标的家庭和农村二女户(少数民族三女户)并自愿落实绝育措施的,给予奖励。对夫妻双方非国家工作人员的城镇独生女户和农村少数民族三女户夫妇年满60周岁的,给予养老生活补助。

自治机关加强对流动人口计划生育工作的管理和服务。

第五十条 自治机关加快建立健全与经济发展水平相适应的社会保障体系。逐步完善城镇职工基本养老、基本医疗、失业、工伤、生育保险制度。实行失业人员基本生活保障,城镇居民、农村居民最低生活保障和特困户生活救助制度。逐步建立农村失地农民就业养老保险制度。

自治机关加强就业和再就业工作,建立和规范人才市场,加强劳动力市场和人才市场管理,拓宽就业渠道,增加城镇居民收入。

自治机关依法设立见义勇为基金,对见义勇为者给予精神和物质奖励。

第六章 自治县的民族关系

第五十一条 自治机关依法保障各民族享有平等权利,各民族应当互相尊重、互相信任、互相学习、互相合作、互相帮助,和睦相处、和衷共济、和谐发展,共同团结奋斗,共同繁荣发展。

第五十二条 自治机关保障各民族都有使用和发展本民族语言文字的自由,保障各民族都享有保持或者改革风俗习惯的自由,提倡各民族制作和穿戴本民族的服饰。

自治机关提倡和鼓励各民族相互学习语言文字,学习普通话和规范文字。

第五十三条 自治机关禁止在公共场所、各类出版物、音像制品、文艺表演、社会交际和其他活动中,出现有损于民族感情的语言、文字、图像和行为,禁止使用带有侮辱、歧视各民族的称谓、地名、牌匾、字号等。

第五十四条 自治机关在处理涉及本地方民族关系的特殊问题时,必须同民族代表充分协商,尊重其意见,妥善解决双方矛盾,增强民族团结。

自治机关对在民族工作中做出重大贡献的单位和个人,给予表彰和奖励。

第五十五条 自治机关尊重各民族的传统节日。每年农历三月初三为黎族、苗族的传统节日,全县放假二天。每年农历三月,为自治县民族团结进步宣传月,自治县人民政府开展民族团结进步宣传活动。

每年12月30日为琼中黎族苗族自治县成立纪念日。

第七章 附则

第五十六条 自治县的一切国家机关和武装力量、各政党和社会团体、各企业、事业单位和各族公民都必须遵守本条例。

第五十七条 自治县人民政府应当根据本条例制定其职权范围内的实施办法。

第五十八条 本条例由自治县人民代表大会常务委员会负责解释并监督实施。

第五十九条 本条例自公布之日起施行。

琼中黎族苗族自治县春季休渔的决定

（2002年4月23日琼中黎族苗族自治县第十一届人大常委第二十二次会议通过，2007年3月21日琼中黎族苗族自治县第十三届人大常委会第二次会议修订）

我县河溪分布广阔，蕴藏着丰富的水生动物，每年3月至5月份为各种鱼类、甲类、贝类、虾类、蟹类的繁殖期，为了保证本县行政区域内大小河溪各类水生动物的正常繁衍生长，确保我县生态平衡，实现可持续发展，造福子孙后代。根据《中华人民共和国渔业法》及有关法律法规，结合本县实际，决定在全县范围内实行春季休渔。

第一条 本决定所指春季休渔期是从每年的3月1日起至5月31日止。

第二条 县政府授权县渔业行政主管部门在休渔期内负责本辖区内大小河溪各类水生动物的保护管理工作，环保、司法、公安、水务、工商等有关部门协同县渔业行政主管部门做好各河溪各类水生动物的保护工作。

各乡镇人民政府、村民委员会和村民小组，本县辖区内各国营农林茶场及所属各单位在休渔期间内有责任保护本辖区内的水生动物，制止各种捕捞行为。

第三条 任何人在休渔期内捕捉水生动物的，由县渔业行政主管部门没收其捕捞渔具和捕获物，并处于捕获物实际价值的5至15倍罚款。

第四条 严禁在河溪电、炸、毒水生动物，违者由当地人民政府根据情节予以处理，情节严重的移送司法机关处理，触犯刑法的追究刑事责任。

第五条 不听劝告或辱骂、围攻、殴打河溪水生动物管理人员和有关其他人员或者采取其他方法阻挠执法人员执行公务的，由公安机关按照《中华人民共和国治安管理处罚法》和有关法律法规予以处罚。

第六条 市场、宾馆、饭店、酒家、餐厅以及其他单位或者个人在休渔期间经营、出售河溪水生动物的，由县渔业行政主管部门或者工商行政管理部门没收实物和出售所得，并处以实物价值5至15倍罚款。

第七条 对检举、揭发、制止在休渔期内捕捞水生动物的有功者，给予罚没款或者挽回损失物实际价值20%至30%的奖励。

第八条 当事人对处罚决定不服的，可以在接到处罚决定书之日起15日内向做出处罚决定的上一级机关申请复议，也可以直接向当地人民法院申诉。

第九条 本县各级党和国家机关及各企事业单位工作人员，要带头执行本决定，违者将从严处理。

第十条 本决定具体事项由县人大常委会负责解释。

第十一条 本决定自公布之日起执行。

二〇〇七年三月二十一日

中国共产党琼中黎族苗族自治县代表大会常任制度(试行)

（2008年12月30日中国共产党琼中黎族苗族自治县第十一届代表大会第二次会议通过）

第一章　总　则

第一条　为了切实加强党的执政能力建设,改革和完善党的领导方式和执政方式,健全和完善民主集中制,扩大党内民主,充分发挥党的代表大会代表的作用,根据《中国共产党章程》《中国共产党全国代表大会和地方各级代表大会代表任期制暂行条例》等党内有关规定,结合我县实际,制定本制度。

第二条　中国共产党琼中黎族苗族自治县代表大会是全县党的领导机关,每届任期五年,在任期内实行党代表大会代表任期制和年会制。

第二章　代表大会代表

第三条　党代表实行任期制。党代表每届任期与党代表大会当届届期相同。如下一届党代表大会提前或者延期举行,其代表任期相应地改变。代表在党代表大会召开和闭会期间,享有代表资格,行使代表权利,履行代表职责,发挥代表作用。

第四条　党代表按照党内选举的有关规定选举产生。

第五条　党代表要认真学习宣传贯彻党的理论和路线方针政策,认真学习宣传贯彻党代表大会精神,模范遵守党的章程、党内各项规定和国家法律法规,维护党的团结和统一,密切联系党员和群众,在生产、工作、学习和社会生活中发挥表率作用,认真行使职权,自觉接受党员和群众的监督,不得利用代表身份谋求任何私利和特权。

第六条　党代表有下列权利与职责:

（一）在党代表大会召开期间听取和审查县委、县纪委的工作报告;

（二）在党代表大会召开期间参与讨论和决定有关重大问题;

（三）在党代表大会上行使表决权、选举权,有被选举权;

（四）了解县委、县纪委以及所在选举单位党组织贯彻执行党的决议、决定的情况;

（五）向党代表大会或县委就经济建设、政治建设、文化建设、社会建设和党的建设的重大问题提出意见和建议;

（六）对县委、县纪委及其成员进行监督;

（七）参加党代表大会或者县委组织的活动;

（八）受党代表大会或者县委的委托，完成有关工作。

第七条 党代表大会代表根据区域和工作性质，分为若干个代表团，参与党代表大会会议期间以及闭会期间各种党内事务活动。

第八条 党代表大会召开期间，党代表的提案由案由、案据和建议措施等组成。提出提案的代表可以要求撤回提案。

第九条 党代表大会闭会期间，党代表可以采用书面形式向县委提出属于县委职权范围内的提议；可以通过参加座谈、列席会议等方式，对本地区经济社会发展、党的建设等重大决策和党内重要文件的制定，提出意见和建议。

第十条 党代表受党代表大会和县委的委托，可以在本地区对涉及党代表大会和县委职权范围内的有关重大决策、重要事项进行调查研究。

第十一条 党代表应当采取适当方式，与基层党员和群众加强联系，了解党的决议、决定在执行过程中遇到的问题，反映基层单位党员和群众的意见和建议。

第十二条 党代表应邀可以列席县委全体会议等会议，发表意见。

第十三条 党代表根据县委安排，可以参加对本地区重要干部的民主推荐和对县委、县纪委领导班子及其成员的民主评议，参加对县委工作的评议。

第十四条 县委、县纪委委员要采取适当方式与党代表加强联系。

县委领导班子成员到基层检查工作和调查研究，应注意听取党代表的意见。

第十五条 县委每年有计划地组织党代表参加学习培训，增强其代表意识，提高其履行代表职责的能力。

第十六条 党代表参加党代表大会和县委安排的活动，代表所在单位应给予时间保障。

第十七条 党代表的活动经费，列入县财政预算。县委根据代表开展工作情况提供必要的经费。

无固定工资收入的代表按照县委安排开展工作，根据实际情况由县委负责给予适当补贴。

第十八条 县委对党代表提出的提案和提议，责成有关党组织或者有关部门、单位研究办理并负责答复。

第十九条 县委设立党代表大会常任制办公室作为党代表联络工作机构，负责代表联络服务工作。

第二十条 为便于党代表开展工作，党代表大会常任制办公室要为党代表制发代表证。

第二十一条 按照党内有关规定，采取适当方式向党代表通报党的决议、决定贯彻落实情况及党内其他重要情况，保障代表的知情权，

第二十二条 党代表大会召开前，县委要广泛征求党代表对县委、县纪委工作报告稿的意见。

县委召开全体会议前，可以就会议有关事项征求有关党代表的意见。

县委可以根据工作需要，邀请有关代表列席县委全体会议。

第二十三条 党代表所在党组织、所在选举单位的党员,可以通过一定方式,向代表反映情况并了解代表开展工作的情况。

第二十四条 各级党组织必须尊重和保障党代表的权利。

对有义务协助代表开展工作而拒绝履行义务的党组织和党员,县委予以批评教育。

对妨碍代表开展工作或者对代表开展工作进行打击报复的,按照有关规定追究相关责任人的责任。

第二十五条 党代表在任期内,有下列情形之一的,其代表资格终止:

(一)受留党察看以上处分的;

(二)被停止党籍,或者丧失中华人民共和国国籍的;

(三)辞去代表职务被接受的;

(四)党代表因组织关系迁出或者工作需要等原因调离党代表大会所属范围的,其代表资格自行消失。

第二十六条 党代表大会任期内上级党组织推荐到选举单位参选的代表候选人不占选举单位代表名额。

第二十七条 党代表大会任期内代表名额出现空缺时,经县委同意后,选举单位党组织按照有关规定的程序补选。

第二十八条 党代表大会任期内的最后一年代表名额出现空缺时,原则上不再补选。

第二十九条 党代表大会任期内,增选的县委委员为当然党代表。

第三章 党代表大会

第三十条 党代表大会实行年会制。在任期内一般每年召开一次会议。如遇特殊情况,可适时召开。

第三十一条 党代表大会是全县党的最高领导机关,其职权是:

(一)选举出席上级党的代表大会和代表会议的代表;

(二)听取和审议县委、县纪委工作报告,听取上一次党代表大会决议事项的落实情况的报告;

(三)讨论和决定本县政治、经济、文化、社会发展的重大问题,并做出决议;

(四)收集、处理党代表提案,并报告上一次党代表大会提案的办理情况;

(五)听取和审议县委提交的其他重大事项。

党代表大会闭会期间,县委全委会是同级党组织的领导机关,执行上级党组织的指示和县党代表大会的决议,领导全县工作。

县委全委会闭会期间,县委常委会行使县委全委会职权。

第三十二条 党代表大会的召开,由县委全委会负责召集,大会主席团主持。

县党代表大会须有半数以上的应到代表出席方可举行。

列席会议的人员由大会主席团或县委全委会决定。大会可设立旁听席,普通党员经批准可参加旁听。

第三十三条 党代表大会议题在县党代表大会召开前在征求意见的基础上由县委全委会确定。

正式议题在会议举行前通知到全体代表。

第三十四条 在党代表大会期间代表向大会提出的提案须由代表团或代表十名以上联名提出。

建议、意见可由党代表个人或联名提出。

第三十五条 大会期间,党代表提出的提案由大会提案工作委员会负责处理。列为大会提案的,须经大会主席团或县委全委会研究确定,交由相关承办单位办理。不列为大会提案的转为建议、意见。

第三十六条 党代表大会的决议或决定由县委组织实施,并向党代表大会报告执行情况。

第三十七条 凡属重要决议应形成书面文件,发至全体代表和有关党组织,也可视内容向党内传达,向民主党派、人民团体和全社会通报。

第三十八条 党代表大会代表不能无故不出席党代表大会,因故缺席的,必须经得批准。

党代表必须遵守会议的有关规定和纪律。

第四章 常任制度制定和修改办法

第三十九条 党代表大会和县委全委会行使常任制度的制定权和修改权。

第四十条 制定和修改常任制度的建议案一般由县党代表大会常任制办公室提出,也可由代表团、三十名以上代表联名或十名以上县委委员联名提出。

第四十一条 常任制度修改的实施方案或建议案,由县委常委会审定后,县党代表大会常任制办公室负责起草或修改出意见稿,在广泛征求各方意见的基础上,形成修改稿。修改稿经县委常委会及县委全委会审议通过后,提交县党代表大会表决。

第五章 党代表大会常任制工作机构

第四十二条 党代表大会常任制工作在县委的统一领导下进行。党代表大会常任制办公室作为党代表大会常任制日常工作机构,挂靠县委组织部。其主要职责是:

(一)负责党代表大会的有关组织工作。

(二)负责党代表的教育培训、管理服务工作。

(三)负责闭会期间党代表活动的协调、联络工作。

(四)提出常任制度制定和修改的建议案,起草常任制度制定和修改的意见稿。

(五)制订党代表大会常任制的工作计划。

(六)承担党代表提案、提议承办的组织协调工作。

(七)负责其他相关事项。

中国共产党琼中黎族苗族自治县代表大会常任制办公室挂牌成立前,其工作职能由中国共产党琼中黎族苗族自治县代表大会常任制试点工作领导小组办公室代替履行。

第六章 附则

第四十三条 本制度由中国共产党琼中黎族苗族自治县代表大会常任制办公室负责解释。

第四十四条 本制度经中国共产党琼中黎族苗族自治县第十一届代表大会第二次会议通过后试行。

中国共产党琼中黎族苗族自治县委员会重大决策征求意见制度（试行）

（2009年12月24日中国共产党琼中黎族苗族自治县第十一届代表大会第三次会议审议通过）

第一条 为了切实发扬党内民主，充分调动党员积极参与党内事务，更好地发挥县委的领导核心作用，根据《中国共产党琼中黎族苗族自治县代表大会常任制试点工作方案》要求，制定本制度。

第二条 本制度所指的重大决策是指对贯彻落实党的路线、方针、政策等重大事项，以及事关本县全局性和涉及群众利益等重大问题所做出的决策。

第三条 重大决策征求意见的对象是一定范围内的党员领导干部、县党代表大会代表和党员。

第四条 征求意见的事项主要包括：

（一）贯彻执行上级有关工作要求；

（二）党的建设重大决策；

（三）社会稳定的重大决策；

（四）经济建设与社会发展的重大决策；

（五）涉及党员干部切身利益的重大决策；

（六）重大项目安排的大额度资金使用；

（七）其他应征求意见的重大决策。

第五条 重大决策征求意见具体内容由县委决定，但不得违反党内有关保密制度的规定。

第六条 重大决策征求意见制度实行预告制，在时间上把征求意见的程序前置，把需要广泛征求意见的决策进行预告，并根据征求意见对象的范围，提前下发。

第七条 重大决策征求意见可根据实际，采取设立县委书记信箱、安排县委书记接待日、发放征求意见函、召开征求意见会和党代表大会等形式，听取党员领导干部、县党代表大会代表和党员对县委工作的意见和建议。

第八条 县委在重大决策形成之前，要做到党员参与、专家论证和县委决定相结合，充分采纳各项合理化建议，最大限度地保证决策的科学性、客观性和可行性。未被采纳的意见、建议，由县委安排专人做好解释工作。

第九条 本制度由中国共产党琼中黎族苗族自治县委员会办公室负责解释。

第十条 本制度经中国共产党琼中黎族苗族自治县第十一届代表大会第三次会议通过后试行。

琼中黎族苗族自治县创建农村示范党支部实施办法(试行)

(2009年12月24日中国共产党琼中黎族苗族自治县第十一届党代会第三次会议通过)

第一章 总则

第一条 为深入贯彻党的十七届四中全会精神,省委五届五次全会通过的《关于实施新时期农村党的建设“强核心工程”意见》以及县委《关于进一步加强和改进农村基层组织建设的实施意见》,结合县委促进农民三年增收计划、新农村建设等农村工作部署,全面整合资源,着力打造和创建一批农村党建工作示范点,充分发挥其引导、示范、辐射和带动作用,以点带面,全面提升我县基层党建工作整体水平,为推进海南国际旅游岛建设提供坚强的组织支撑,特制订本办法。

第二条 创建农村示范党支部活动由县委统一领导,县委组织部牵头抓总,乡镇党委具体组织实施。

第三条 创建主体为建制村党支部。

第四条 创建农村示范党支部坚持公平、公正、公开的原则;坚持注重实绩,群众公认的原则;坚持从实际出发,实事求是的原则。

第五条 创建农村示范党支部活动原则上实行一年一考评制,考核时间一般安排在每年年底或次年年初进行。

第二章 创建内容和标准

第六条 创建农村示范党支部的内容和标准为:

(一)领导班子建设好。铸造一个团结协调、群众拥护、“双带”致富能力强的领导班子。

1.领导班子健全,班子结构合理,至少有1名45岁以下,初中文化程度以上妇女干部;有1名大专以上或2名高中以上文化程度干部。党员带头致富能力强,村党支部领导成员家庭年人均纯收入高于当地人均纯收入30%以上,60%以上的村干部能发挥致富带头作用。

2.班子领导核心作用明显,村党支部书记政治素质高,作风民主,在党员群众中有较高威信。村党支部能够正确领导和支持村委会、妇委会、共青团、民兵等村级组织开展工作,关系理顺,配合协调。

3.党支部工作思路清晰,年度工作目标和任期工作目标明确,能够圆满完成上级安排的各项任务。

4.党支部关心群众,能较好地解决群众关注的热点难点问题,群众满意度在90%以上。

(二)党员干部队伍好。培养锻炼一支能够充分发挥先锋模范带头作用的党员干部队伍。

5.能结合本村党员思想和农村工作实际,制订党员学习培训计划。采取参观考察、远程教育、邀请专家授课等形式对党员进行教育培训,提高党员政治理论水平和带头创业致富能力。每年组织本村党员集中学习培训不少于6次。

6.组织生活正常化。党支部每月开展一次党员活动,活动贴近生产生活实际,具有较强针对性和实效性;坚持民主评议党员制度,对优秀党员进行表扬,对党员存在的不足及时提出批评教育,并帮助其及时改正。

7.积极组织党员开展设岗定责、党群结对帮扶等活动,使每一名党员都能依据自身特长,发挥作用。

8.注重把优秀农村人才、致富能手培养成党员,把党员培养成致富能手,把能人培养成后备干部。每年吸收1名以上35周岁以下,高中及高中以上文化程度的年轻党员,每村每年培养2名以上后备干部。

(三)工作机制建设好。建立健全一套民主管理、运作高效的管理制度,使村级各项工作逐步走上制度化、规范化轨道。

9.认真贯彻落实《中国共产党农村基层组织工作条例》《中华人民共和国村民委员会组织法》;村两委干部职责明确,党支部核心地位突出,村级配套组织健全,并在党支部的统一领导下,充分发挥各自的职能作用。

10.建立健全党支部议事制度、"两委"联席会议制度、村干部"坐班"制度、重大事项决策制度、"四议两公开"等各项规章制度,以制度约束和规范组织及干部的行为。

11.党务村务财务管理规范、公开、透明,做到每季度公开1次,公开内容翔实,让农民群众真正享有知情权、参与权、管理权和监督权。

(四)经济发展思路好。制定符合本村实际的经济发展规划,做到产业结构合理,主导产业有市场竞争力,促进农民增收有思路、有目标、有措施。

12.党支部立足本村实际,统筹制经济发展规划和新农村建设规划;60%以上的农民有稳定的致富项目,本村人均纯收入高于全乡镇平均水平。

13.充分发挥领导和协调作用,将资金、技术、信息、管理、劳动力等要素有机整合,积极引导产业大户、购销大户、农民经纪人、村干部牵头兴办协会或其他经济组织,带动农民群众发展产业,促进经济发展。

14.加强对党员群众农业实用技术培训,每年组织党员群众参加农业知识培训不少于6次,使每名50岁以下党员群众都能掌握1-2项农业实用技术,80%以上的农户成为懂技术、会经营的种养能手。

(五)精神文明建设好。农村社会风气良好,群众文化生活丰富,无重大刑事案件发生,无非法宗教活动和邪恶势力。

15.深入开展"文明村""文明户""五好家庭"等创建活动,"文明户""五好家庭"户达到60%以上。

16.积极实施"以德治村"工程,深入开展"爱国、守法、诚信、知礼"的道德观教育,引导农民群众改变传统不良观念,树立文明健康的社会风尚。

17.深入开展农村普法活动,增强农民的法制观念;加强社会治安综合治理,严厉打击各类违法犯罪活动,无重大恶性案件和聚众斗殴、赌博、吸毒、非法宗教势力等重大治安案件,封建迷信得到有效控制。

18.妥善处理农村各种社会矛盾,定期排查不安定因素,认真解决群众反映的问题,信访工作达到"三无"要求;建立矛盾纠纷排查调处长效机制,调解工作及时、有效,调解结案率在90%以上。

第三章 创建程序

第七条 创建农村示范党支部活动的考评工作采取自我测评和上级党组织考评相结合的形式进行。

第八条 参与创建活动的村党支部由乡镇党委确定后，向县委组织部提出申请，经县委组织部初审报县委同意后开始组织实施。经审批同意参加创建的党支部，县委、县政府将合理引导部分涉农资金投入创建活动。

第九条 创建活动期满一年，乡镇考评小组对其管辖的创建村支部进行初步考核，向县委组织部提交审查结果提出验收申请。

第十条 县委成立创建农村示范党支部工作领导小组，组长由县委副书记担任，成员由县委组织部、县民政局等部门负责人组成，每年县领导小组拟定10个左右示范党支部名单报县委讨论审定。

第十一条 有下列情况之一的，取消创建示范党支部当年的资格。

(一)有党员参加基督教等宗教活动的；

(二)党支部或党员受到处分的；

(三)计划生育、森林保护、社会治安工作不达标的；

(四)领导班子年度考核为不合格或1名两委干部年度考核被评为“不称职”的；

(五)辖区内发生重大群体性上访事件、恶性案件和重大安全责任事故的；

(六)其他。

第四章 考核结果运用

第十二条 农村示范党支部实行动态管理，已获得“农村示范党支部”的党组织，不再列为参选活动对象，但要每年进行复核，不符合农村示范党支部要求的，将取消荣誉称号。

第十三条 经县委讨论审批，获得“农村示范党支部”荣誉称号的党组织，由县委统一命名表彰，同时每年增加1.2万元运行经费。经复核取消“农村示范党支部”荣誉称号的党支部，将不再给予增加运行经费。

第十四条 农村示范党支部创建活动的评比结果，县委将作为当年县委“七一”表彰或其他党建工作评优的重要依据。

第十五条 对采取不正当手段获取荣誉和奖励的，经查实，立即予以取消并追究相关责任人责任。

第十六条 各乡镇党委每年须确保至少有1个以上村党支部参与创建农村示范党支部活动，必须确保3年内有50%的村党支部获得创建示范党支部荣誉称号。

第五章 附则

第十七条 居委会党支部可参照本办法开展示范党支部创建活动。

第十八条 本办法由县委组织部负责解释。

第十九条 本办法经中国共产党琼中黎族苗族自治县第十一届代表大会第三次会议通过后试行。

琼中黎族苗族自治县水利设施保护条例

（2010年3月18日琼中黎族苗族自治县第十三届人民代表大会第七次会议通过 2010年11月25日海南省第四届人民代表大会常务委员会第十八次会议批准）

第一章 总则

第一条 为了加强对全县水利设施的管理和保护，保障人民生命财产安全，更好发挥各种水利设施的经济和社会效益，根据《宪法》和《中华人民共和国水法》《海南经济特区水条例》和《海南省水利工程管理办法》，制定本条例。

第二条 本条例适用于琼中黎族苗族自治县境内的全部水利设施管养及保护。水利设施包括河道、堤防、防洪、灌溉、水力发电、城乡供水、水土保持及排污等水利工程(统称水利设施)。

共分别包括公益性水利设施、营业性水利设施、私营企业投资兴建和捐助兴建的水利设施。

第三条 县人民政府水行政主管部门会同县政府相关职能部门按职责履行对本行政区域内的水利设施实施保护。

第四条 各级人民政府及水利工程主管部门对其所管辖地区的水利设施施行行政领导负责制和责任追究制。

第五条 水利设施的建设和管理应当贯彻安全第一的方针，造福于民。

第六条 任何单位和个人都有保护水利设施的义务与责任。

第二章 水利设施建设

第七条 水利设施建设必须实行项目法人制、合同管理制、工程监理制和招标投标制(小型农田水利工程除外)。

第八条 兴建水利设施应当符合经济与社会发展规划，遵守国家规定的水利发展建设规划、申报、年批程序和执行由国务院水行政主管部门会同有关部门制定的建设规程和技术标准，私营企业投资或捐助兴建水利设施其规划、建设、申报、审批同样按本条款执行。

第九条 兴建水利设施必须进行工程设计。水利工程设计必须由具有相应资格证书的单位承担。

第十条 水利设施建设施工必须由具有相应资格证书的单位承担(由灌区群众投劳兴建的小型农田水利工程除外)。

建设单位和设计单位应当派代表对施工质量进行监督检查。质量不符合设计要求的，必须返工或者采取补救措施。

第十一条 兴建水利设施时，建设单位应当按照批准的设计，提请县人民政府依照国家规定划定管理和保护范围，并树立标志。

已建水利设施未划定管理和保护范围的，县人民政府水行政主管部门应当根据安全管理保护的需要，报请县人民政府组织相关部门进行划定。

第十二条 水利设施建设后，县人民政府水行政主管部门应当根据国家对水利工程等级划分及管理机构设置标准，组建水利设施管理单位，由其按照工程建设验收规程参与质量检查和验收。

工程竣工后，按照相关法律规定由县人民政府水行政主管部门组织验收合格后交付使用。

第三章 水利设施管理

第十三条 小(一)型以上[含小(一)型]水利设施必须设立水利设施管理机构，专门负责管理该项目水利设施。小(二)型以下的水利设施可以不设立专门管理机构，但也要有专人负责管理。

第十四条 水利设施受国家法律保护，任何单位和个人不得侵占、毁坏。水利设施管理单位应当加强对水利设施的安全保卫工作。

第十五条 禁止在水利设施管理和保护范围内兴建与水利设施无关的建筑物，禁止在水利设施管理和保护范围内进行爆破、打井、采石、采矿、挖土、修坟、挖蛇鼠野生动物等危害水利设施安全的活动。

第十六条 非水利设施管理人员不得操作水利设施的排洪闸门、放水闸门及其他设施。水利设施管理人员操作时也应当遵守有关的规章制度。任何单位和个人不得干扰水利设施的正常管理工作。

第十七条 禁止在蓄水工程集水区内乱伐林木，陡坡开荒造成水土流失导致水库淤积的活动。禁止在库区内围垦、采石、挖土、取沙等危及山体的活动。

第十八条 禁止在堤顶、坝顶、闸桥上行驶超过工程承载能力的机动车辆、履带式行走设备。如果确实需要兼做公路的，必须经过科学论证和经水行政主管部门批准，并采取相应的保护措施。

第十九条 禁止在蓄水工程大坝坝体种植竹木和修建码头、渠道、堆放杂物、晾晒粮草。要在大坝管理和保护范围内建码头的，须经县以上水行政主管部门批准。并与坝脚和泄水、输水建筑物保持一定的距离，不得影响大坝安全、工程管理和抢修工作。

第二十条 水利设施管理单位应当配备具有相应业务水平的水利设施安全管理人员。

水利设施管理单位应当建立、健全安全管理的规章制度。

第二十一条 水利设施管理单位必须按照有关技术标准对水利设施进行安全监测和检查；对监测资料应当及时整理分析，随时掌握水利设施的运行状况。发现异常现象和不安全因素时，水利设施管理单位应当立即上报，并及时采取防范措施。

第二十二条 水利设施必须在保证安全的前提下运行，发挥综合效益。水利设施管理单位应当根据批准的计划和水行政主管部门的指令进行调度运用。

在汛期，有防洪功能的水利设施，其调度运用必须服从防汛指挥机构的统一指挥。

任何单位和个人不得非法干预水利设施的调度运用。

第二十三条 水利设施特别是水库的管理单位应当建立安全检查、鉴定制度。

汛期前、后，以及暴风、暴雨、特大洪水或者强烈地震发生后，水行政主管部门应当组织对其所管辖的水利设施进行安全检查。

第二十四条 水行政主管部门对其所管辖的水利设施应当按照国务院水行政主管部门会同有关单位制定的办法注册登记，建立技术档案。

第二十五条 水利设施管理单位特别是水库的管理单位和有关部门应当做好防汛抢险物料的准备和水情预报，并保证水情传递、报警以及与县水行政主管部门之间的联系、畅通。

第四章 水利设施的养护及保护

第二十六条 县人民政府水行政主管部门应当加强水利设施维修养护工作，建立养护机制，实行目标管理，保证水利设施能正常运行，充分发挥综合效益。

第二十七条 小(一)型以上的蓄水工程和骨干引、提、排水工程由县水行政主管部门负责组织养护，兼护资金由省、县财政划拨的水利岁修资金和征收的水费安排解决；其余小(微)型工程的养护由乡镇政府及乡镇水利站负责组织养护，养护资金由省、县财政划拨的水利维修资金解决一部分，由征收的水费解决一部分，由受益区群众投工投劳解决一部分。

第二十八条 因台风、暴雨、洪水、泥石流、山体滑坡和地震等自然灾害导致水利设施损坏、严重影响工程的正常运行，严重影响人民群众的生产、生活的，乡镇人民政府要及时上报县水行政主管部门和组织当地村民，政府机关，社会团体，企事业单位进行抢修。

第二十九条 水利设施保护的重点有拦河挡水坝及大坝观测设施，排洪道，放水闸门及启闭机，引水渠道及管道，发电站厂房及管理房等。任何单位和个人不得从事：

(一)在挡水坝、排洪道的保护范围内采矿、炸石炸鱼挖土，打井等危及水利设施安全的活动；

(二)在挡水坝，排洪道上乱堵乱截，影响水利设施过水与行洪而危及水利设施安全的活动；

(三)违规操作放水闸门及启闭机，致使水利设施不能安全运行的活动；

(四)在水库库区管理范围内挖土、取石、砍伐林木导致库区水土流失造成水库淤积的活动；

(五)在放水渠道，管道旁边挖土、取石，开荒种植导致渠道，管道崩塌和堵塞的活动；在引水渠道，管道上乱开放水口，导致水利设施不能正常运行的活动；

(六)在发电站厂房和管理房屋的保护范围内乱采乱挖乱炸等影响水利设施安全的活动。

第三十条 按照国家有关规定的水利设施管理和保护范围，任何单位和个人都不得擅自占用。

进行其他工程建设施工，确实需要占用的，其他工程单位应当事先征得县水行政主管部门的同意，并按照不低于该工程的技术标准予以改建替代工程，不能建替代工程的可给予经济补偿。

横跨拦河坝或渠道的其他工程与水利设施的交丫建筑物的设计施工，也要事先交县水行政主管部门审查批准，以免建成的交丫建筑物影响水利设施的过水及行洪安全。

第五章 法律责任

第三十一条 违反本条例规定，有下列行为之一的，由水行政主管部门责令停止违法行为。

赔偿损失，采取补救措施，并处以100元以上50000以下的罚款；应当给予治安管理处罚的，由公安机关依照《中华人民共和国治安管理处罚法》的规定进行处罚；构成犯罪的，依法追究刑事责任：

（一）毁坏水利设施及其观测、通信、动力、照明、交通、消防等管理设施的；

（二）在水利设施管理范围内进行爆破、打井、采石、采矿、取土、挖沙、修坟等危害水利设施安全活动的；

（三）擅自操作水利设施的闸门及其他设施破坏水利设施正常运行的；

（四）未经批准，擅自在水利设施管理和保护范围内修建与水利设施无关的建筑物，构筑物及其他设施的；

（五）在蓄水工程库区内围垦的；

（六）在引水渠道，管道上乱挖乱凿，擅自开放水口的；

（七）未经批准，擅自在河道，设障影响过水和行洪的；

（八）违反本条例第十五条、第十六条、第十七第、第十八条、第十九条、第三十条规定的。

第三十二条 盗窃或抢夺水利设施、器材的，依照刑法规定追究刑事责任。

第三十三条 由于勘测设计失误，施工质量低劣，调度运用不当以及滥用职权，玩忽职守，导致水利设施失事的，由其所在单位或上级主管机关对责任人给予行政处分；构成犯罪的，依法追究刑事责任。

第六章 附则

第三十四条 本条例具体应用问题由县人民政府水行政主管部门负责解释。

第三十五条 本条例自公布之日起执行。

琼中县人才引进和使用暂行办法

(2010年11月2日出台)

第一章　总 则

第一条 为进一步实施人才强县战略,吸引高层次人才、急需紧缺人才到我县创业、工作,满足党政机关、人民团体、企事业单位和其他经济组织对人才的需求,为我县经济社会又好又快发展提供人才保障,根据《琼中县关于人才强县战略的实施意见》(琼中委〔2004〕8号)等相关规定,结合实际,制定本办法。

第二条 凡属我县经济和社会事业发展所需要的各类高层次人才、急需紧缺人才,均可引进到县内以各种合法形式进行投资、创业、服务和工作。

第三条 人才的引进工作,在县人才工作协调领导小组统一领导下,由县人才工作协调领导小组办公室统筹协调,县人才工作协调领导小组成员单位及有关部门配合开展,县委组织部及县人力资源和社会保障局具体实施。

第四条 树立人才资源是第一资源观念,坚持“不求所有、但求所用”的原则,坚持引才与引智相结合的原则。

第二章　引进范围和对象

第五条 引进的人才包括:

(一)具有一定知名度的国家高级专家;

(二)省级有突出贡献的专家或某一学科技术领域内的带头人、海外留学归国人员及优秀拔尖人才;

(三)具有硕士、博士学位或具有高级职称的专业人才;

(四)懂技术、善经营、会管理的复合型高级企业管理人才;

(五)有一技之长的能工巧匠、民间艺人或本县企事业单位急需紧缺的各类特殊人才。

第三章 引进办法和程序

第六条 人才引进遵照如下程序进行:

(一)各用人单位向县人才工作协调小组办公室提出引进人才的需求和建议;

(二)县人才工作协调小组办公室根据需要提出引进人才方案,并征求组织、人事、编办和财政等部门意见,报县人才工作协调小组审核后,提请县委审批;

(三)县人才工作协调小组根据县委审批的引进人才方案,通过电视、报纸等新闻媒体及网络、公告等形式发布拟引进人才的相关信息;

(四)县人才工作协调小组办公室协调组织人事部门按照方案要求开展报名工作,对报名者进行相关信息收集和资格条件 的初审后,报县人才工作协调小组审核;

(五)县人才工作协调小组办公室组织相关部门专业人员组成考核组对拟引进的人才进行政治思想、技能考核、资质认定和健康检查后,出具综合考核材料;

(六)县人才工作协调小组根据综合考核材料对拟聘用人才提出招聘意见,报县委审批。

第七条 引进人才工作,除可通过考试录用或调动形式进行外,也可以采取挂职、借调、兼职、聘请顾问、定期服务、科研和技术合作等柔性流动方式来我县投资、创业和工作。

第四章 引进人才的使用和待遇

第八条 引进人才到我县工作的,先试用一年,试用期满经考核合格后与用人单位签订正式聘用合同。

第九条 引进的人才试用期满后,经考核合格,引进的人才与用人单位签订正式聘用合同后。符合第五条第一、二款规定的一次性付给安家费8万元,符合第五条第三、四款、五款规定的一次性付给安家费2万元。

第十条 引进的人才在我县事业单位工作的,试用期间的待遇按机关事业单位同类人员兑现工资待遇。试用期满后经确认需签订5年以上的聘用合同,除享受相应的工资待遇外,给予特定的补贴。

(一)具有一定知名度的国家高级专家、省级有突出贡献的专家或某一学科技术领域内的带头人、海外留学归国人员及优秀拔尖人才的高层次人才,可安排50~100万元的科研经费,具体情况一事一议;

(二)具有博士学位或具有高级职称的专业人才,善经营、会管理的复合型高级企业管理人才,可安排10~50万元的科研经费,具体情况一事一议;

(三)具有硕士学位或具有高级职称的专业人才,懂技术、善经营、会管理的复合型高级企业管理人才,可安排5~10万元的科研经费,具体情况一事一议;

(四)本县主导产业、新兴产业、重点工程等急需紧缺的具有中高级专业技术职称的人才,具有一技之长的能工巧匠、民间艺人或本县企事业单位急需紧缺的各类特殊人才,可安排2~5万元的科研经费,具体情况一事一议。

第十一条 引进的人才在我县工作满5年,经考核工作优秀、实绩突出,为我县经济社会发展做出积极贡献的,由县委进行表彰奖励。特别做出突出贡献的,县委、县政府给予“琼中荣誉公民”称号,并适时进行表彰。

第十二条 对保留原居住地和人事关系的人才,由公安部门为引进人才办理相关居住证件。愿意来我县落户的引进人才,其配偶、子女、父母等直系亲属户口可以随迁。

第十三条 引进的人才在我县购买经济适用房的,享受我县财政供养人员同等待遇,其子女由异地转入本县公立中小学就读的,免收择校费。

第十四条 引进人才的配偶需来我县就业的,原则上由县人才工作协调小组办公室为其协调解决。引进人才配偶原属机关事业单位编制内人员,并愿意来我县就业的,可以向组织人事部门申请办理调动手续,在编制允许范围内安排到我县相应机关事业单位工作。

第十五条 因需要并引进到我县工作的人才,流动手续实行随到随办,特事特办,专人专办,经过考核合格可以先上岗后办人事关系接转手续,因来我县工作而辞职或被单位辞退,不能正常办理流动手续的人才,经确认其流动符合国家政策法律规定的,由组织人事部门根据需要为其重新建档。

第十六条 引进人才携带或介绍技术、项目、专利在我县投产或研制开发新产品,推广应用新成果产生经济效益的,给予一定的科研成果奖金,科研成果奖金视具体情况一事一议。

第十七条 引进的人才在企事业单位工作,可不受专业技术职务岗位的限制实行聘任,可以按原专业技术职务任职资格直接聘任相应职务,也可根据本人业绩低职高聘。对引进特殊紧缺人才的专业技术职务任职资格的晋升,同等情况下,用人单位要优先考虑和申报。

第十八条 组织人事部门应以职业分类为基础,以岗位职责为依据,以工作业绩为核心,建立和完善引进人才的考核制度和绩效评价制度。

第十九条 引进人才的考核采取平时考核与定期考核相结合的办法,考核结果作为继续聘用的依据。考核合格的继续聘用,不合格的应及时解除聘用关系。用人单位要积极主动配合组织人事部门做好考核、绩效评价工作。

第二十条 用人单位与引进的人才签订人事聘用合同或协议时,必须明确用人单位与引进人才双方的权利和义务、聘用纪律、工作条件、工资福利与社会保险待遇、违约责任等内容。用人单位违反合同或协议的,除应承担违约责任外,并向县政府承担赔偿责任;引进人才违反合同或协议的,由用人单位提议并经县组织人事部门批准并报县人才工作协调小组办公室备案,取消其相关优惠待遇,并承担相关责任;履行合同或协议中发生纠纷时,由县人才工作协调小组办公室调解,调解不成的,依法提交相关部门仲裁。

第二十一条 引进人才的有关补助、津贴,由组织人事部门按相关规定拟定,报县人才工作协调小组办公室审核后,由县财政部门核发。

第二十二条 县组织人事部门应建立高效的人才信息反馈机制,及时分析我县人才结构和人才流动状况,并根据我县经济和社会发展对人才的需求,对引进人才的专业、年龄结构等情况进行宏观调控,配合县人才工作协调小组做好引进人才的相关服务工作。

第二十三条 各相关单位要建立单位领导与人才的联系责任制度,做到政治上关心,思想上沟通,工作上支持,生活上照顾,为他们多出成果,出好成果创造良好的工作、学习和生活条件。

第五章 附则

第二十四条 本办法所指的国家高级专家包括中国科学院院士和中国工程院院士、国家杰出专业技术人员、国家级重点学科、重点实验室、工程技术研究中心学术技术带头人等。

第二十五条 企业单位引进人才可参照本办法执行。

第二十六条 本办法由县人才工作协调领导小组负责解释。

第二十七条 本办法自印发之日起施行。

琼中县优秀农村实用人才评选和管理暂行办法

（2010年11月2日出台）

第一章 总 则

第一条 为培养和造就一支有文化、懂技术、会经营、能服务的优秀农村人才队伍，引导和带领群众学科技、用科技，依靠科技提高生产生活水平，带动群众增收致富，促进农村经济又好又快发展，结合实际，特制定本办法。

第二条 本办法所指的优秀农村实用人才，是指在乡镇一级及其以下依靠科技致富，起到示范带头作用的能工巧匠型人才，以及在种养、加工、流通、企业经营管理等方面有一技之长的技术人员和经济能人。

第三条 坚持实事求是原则，坚持公开、公平、公正和群众公认原则，坚持"尊重劳动、尊重知识、尊重人才、尊重创造"的原则。

第二章 评选范围和对象

第四条 评选范围：凡是在农村一线从事生产、经营、服务等且具有一定专业知识或一技之长，具有致富能力或致富带动能力的致富能手、生产能手、经营能人、能工巧匠等各方面农村劳动者都在选拔范围之内。文化程度和年龄不限。

第五条 评选对象：拥护党的领导，遵纪守法，有创新意识，能够带头致富，在农村有示范带动作用和辐射作用，为乡村发展和群众致富做出贡献，且符合下列条件之一者：

（一）具有吃苦奉献精神，在带领群众实现共同富裕、推动农村集体经济发展壮大等方面取得显著成效的农村致富带头人；

（二）创办经济实体，安置农村富余劳动力，带领群众脱贫致富，对当地经济发展、社会进步起到较大促进作用的企业管理人员；

（三）在创办农民合作经济组织，带领农民普及农村实用技术、开拓农产品市场等方面的领头人和经纪人；

（四）在乡镇企业、私营企业和民办科技服务机构进行科技创新和技术革新或在应用、推广中取得明显经济效益的专业技术型人才；

（五）在新产品、新技术、新成果引进、推广、应用等方面做出突出贡献，不断提高科技种植、养殖水平，取得明显经济效益，辐射带动能力突出的科技应用型人才；

（六）依靠科技和传统技艺，对农产品进行深加工，在促进农产品转化增值方面做出突出成绩的生产开发型人才；

（七）有一技之长或特殊技艺，善于吸纳和利用现代科技充实自己，不断将民间技艺转化为生产力的能工巧匠型人才；

（八）在新农村建设中做出突出贡献的其他人才。

第三章 评选方法和程序

第六条 优秀农村实用人才每两年评选一次，评选名额根据实际情况确定。具体评选程序为：

（一）发布公告。县人才工作协调领导小组面向全县公布评选方案和评选条件，对评选工作进行广泛宣传动员。

（二）逐级申报。采取支部推荐、党委考察的"一荐一考"方式，申报优秀农村实用人才人选。申报的材料包括：

(1)《琼中县优秀农村实用人才申报表》；

(2)2000字左右先进事迹材料；

(3)有关成果证明、获奖证书或荣誉证书（复印件）；

（三）组织评审。县人才工作协调领导小组抽调相关部门组成评审委员会，对基层党委推荐的人选进行综合评审。

（四）公示。确定的初步人选在一定范围内公示7天。

（五）审批。经公示无异议的人选，由县人才工作协调领导小组征求县纪委、计生等部门意见后，报县委审批。

第四章 表彰奖励和待遇

第七条 凡被评为琼中县优秀农村实用人才的，享受下列优惠政策和待遇：

（一）以县人才工作协调领导小组名义命名表彰并颁发证书，并给予一次性物质奖励。

（二）在兴办民办科技服务实体、经济合作组织、开发型经济实体或产业化项目时，县人才工作协调领导小组负责协调科技、工商、税务、建设、国土、金融等部门，按照国家、省有关规定，在审批、办证和贷款等方面给予优惠和扶持。

（三）经县政府批准，在同等条件下，可以优先承包农业资源以及获得农业开发项目、技术资料、良种和农机具设备等方面的支持。

（四）优先参加相关部门组织的技术技能培训。有培养前途的优秀农村实用人才，由县委组织部推荐到相关大中专院校进修学习或培训，同等享受《琼中县鼓励机关、事业单位干部参加在职学历教育暂行规定》的有关规定。

第五章 管理使用和培养

第八条 优秀农村实用人才实行动态管理。县人才工作协调领导小组办公室负责对全县农村实用人才进行综合管理，每年对优秀农村实用人才进行一次普查登记，各乡镇党委及所属部门负责日常管理工作。

第九条 优秀农村实用人才在成果申报、科研项目立项等方面给予优先考虑。在同等条件下,基层事业单位招聘人员要优先聘用优秀农村实用人才。

第十条 建立领导干部和有关部门联系农村实用人才制度。通过座谈会、问卷调查等形式,征求优秀农村实用人才对乡村发展规划、产业结构调整、农产品精深加工等重大问题的建议,鼓励农村实用人才为发展和繁荣农村经济建言献策。

第十一条 及时把思想素质好,符合入党条件优秀的农村实用人才吸收到党内来。积极推荐有一定组织领导能力的农村实用人才通过法定程序选举进村"两委"班子,具备条件的优先推荐为党代表、人大代表、政协委员候选人预备人选。

第十二条 充分发挥现有的县委党校、远程教育网络等作用,不定期举办优秀农村实用人才技术推广讲座,组织优秀农村实用人才进行多层次、多形式的培训考察和学习交流。充分发挥农村实用人才"培养一批能人,带动一方百姓,搞活一片经济"的人才效应,不断提高带领群众致富的能力和水平。

第十三条 在国家政策的允许下,鼓励和引导优秀农村实用人才自办或以资金、技术入股兴办企业,承包或租赁试验田、山林,使其成为致富带头人。

第十四条 对进行农业开发、有较大发展潜力的项目,信用社等金融部门的农村小额贷款要重点倾斜,实现产业发展与实用人才的开发培养良性互动。

第十五条 强化舆论宣传。加大对优秀农村实用人才创业精神和工作业绩的宣传,创造有利于优秀农村实用人才脱颖而出的良好社会环境和舆论氛围。

第十六条 凡属下列情况之一者,由乡镇党委提出意见,报经县人才工作协调领导小组同意后,取消其"琼中县优秀农村实用人才"荣誉称号,同时取消有关待遇。

(一)弄虚作假,谎报业绩,采取不正当手段骗取"琼中县优秀农村实用人才"称号;

(二)因个人过失,给国家、集体、他人造成重大损失或严重后果;

(三)因触犯法律,被追究刑事责任;

(四)因思想道德品质问题,造成不良社会影响;

(五)其他不宜再纳入管理范围原因的。

第六章 附则

第十七条 本办法由县人才工作协调领导小组负责解释。

第十八条 本办法自发布之日起实施。

琼中县中长期人才发展规划纲要

（2010-2020年）

为深入贯彻落实省委关于"实施人才强省战略，适应海南国际旅游岛建设发展对人才发展需要"的要求，建设一支适应经济社会发展要求的高素质人才队伍，为琼中实现全面建设小康社会提供强有力的人才支撑，特制定本规划纲要。

一、序言

琼中县于1948年3月建县，在相当长时期内，由于历史和客观因素，人才匮乏，经济社会发展缓慢，群众生活水平不高。海南建省办经济特区后，县域经济社会才有了较快发展。近年来，县委、县政府大力实施人才强县战略，出台了加强人才队伍建设的一系列重要举措，人才工作出现了前所未有的新局面。目前，党管人才工作格局基本形成，干部培训和人才引进力度不断加强，人才发展环境不断改善，人才结构不断优化，人才素质不断提升，人才对经济社会发展的拉动作用进一步增强。但是，琼中县仍属国定贫困县，经济发展相对滞后，人才发展总体水平在全省排名靠后，主要表现为：人才总量小，人才队伍结构不合理，人才外流现象严重，人才队伍激励机制有待完善，吸纳集聚人才能力不强，中、高级专业技术人才匮乏，人才发展环境还需不断优化，等等，这些问题已经成为制约琼中经济社会发展的直接原因和最大瓶颈。

2009年12月31日，国务院颁布《关于推进海南国际旅游岛建设发展的若干意见》，正式把海南国际旅游岛建设纳入国家发展战略。这是琼中建县以来，面临的又一次重大机遇和挑战。建设国际旅游岛最紧缺的是人才，推进强县富民目标的实现最紧缺的也是人才。因此，我们必须进一步增强责任感和使命感，着眼于适应国际旅游岛建设和琼中经济社会发展的需要，树立人才资源是第一资源的理念，把人才发展摆上优先发展的战略位置，科学谋划，大胆创新，整体推进，壮大人才队伍，让各类人才在建设新琼中发挥重要作用。

二、指导思想与发展原则

（一）指导思想

坚持以邓小平理论和"三个代表"重要思想为指导，学习实践科学发展观，坚持党管人才原则，遵循人才发展规律，按照省委提出的"支撑发展、人才优先，使用为本、创新机制，重点突破、整体开发"的要求，围绕海南国际旅游岛建设和琼中经济社会发展的需要，进一步完善创新人才培养引进机制，着力优化人才发展环境，充分发挥人才作用，统筹推进各类人才队伍建设，为我县全面建设小康社会提供坚强的人才智力支撑。

（二）发展原则

1.优先发展原则。牢固树立人才资源是第一资源的理念，确立人才优先发展的战略地位，不断强化人才在经济社会发展中的作用,努力做到人才资本优先积累、人才结构优先调整、人才投入优先保证,以人才优先发展促进经济社会又好又快发展。

2.改革创新原则。进一步解放思想,继续深化改革,坚决破除一切束缚人才发展的思想观念和体制机制障碍,积极探索人才工作新思路,大胆推出人才发展新举措,逐步形成人才培养、引进、评价、使用、激励相互衔接充满活力的体制机制,努力创造有利于人才成长和发展的良好环境。

3.使用为本原则。将使用为本贯穿到人才工作的各个方面、各个环节,为使用而培养、为使用而引进,在使用中培养,在使用中激励。建立健全有利于人才充分发挥作用的政策体系,最大限度地激发各类人才的创造活力和创新潜能,着力提升人才使用效能,更好地为我县经济社会发展服务。

4.统筹协调原则。着力抓好人才培养、引进和使用三个关键环节,促进规模扩大、素质提高和结构改善相协调,推进实力增强与效能提升相统一。全面加强各类人才队伍建设,推进城乡人才、行业人才协调发展,促进公有制和非公有制经济组织人才队伍协调发展。

三、战略目标

(一)人才发展总体目标

我县人才发展的总体目标是:人才规模持续增长,人才体制机制更加完善,人才发展环境更加优化,人才队伍结构明显改善,人才布局更趋合理,人才作用得到充分发挥,努力培养和造就一支与海南国际旅游岛建设和我县经济社会发展要求相适应,具有较强竞争力和较大影响力的人才队伍。到2015年,全县各类人才总量达到15670人左右,到2020年达到23450人左右。

专栏1:琼中县各类人才发展总体目标

单位:人

时间/项目	2010年	2015年	2020年
总量预测	9072	15670	23450
占总人口百分比	6.5%	11.2%	16.7%

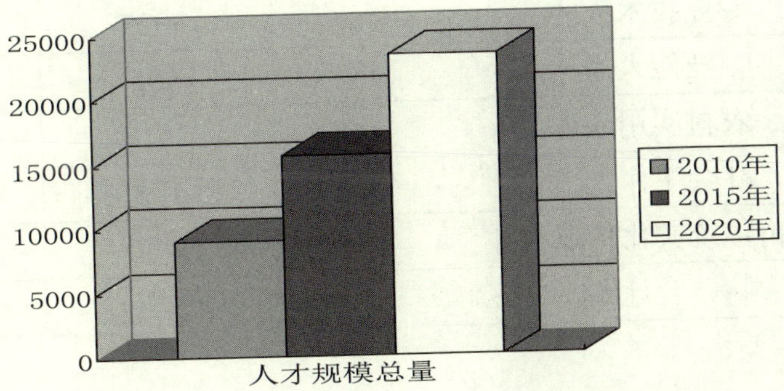

(二)七支队伍建设目标

1.党政人才队伍目标。建设一支思想政治素质高、勤政廉洁、精干高效、奋发有为、善于推动科学发展的党政人才队伍。进一步加强优秀中青年干部、女干部、党外干部和少数民族干部的培养,不断优化队伍结构。到2015年,全县党政人才大学本科及以上学历的占50%以上,到2020年达到80%以上。

2.企业经营管理人才队伍目标。打造一支经营管理水平高、市场驾驭能力强,能够提升企业竞争力,适应我县特色农业、新型产业发展需要的经营管理人才队伍。到2015年,全县企业经营管理人才队伍总量达到1000人左右,到2020年达到2000人左右。

3.专业技术人才队伍目标。培养一支数量充足、素质优良、结构合理,具有较高专业水平和较强创新能力,适应我县经济社会发展要求和产业结构调整需要的专业技术人才队伍。到2015年,全县专业技术人才队伍总量达到4500人以上,到2020年达到5500人左右。

4.技能人才队伍目标。造就一支数量充足、技艺精湛、结构合理、爱岗敬业,适应我县新型工业化发展和产业结构优化升级要求的技能人才队伍。到2015年,全县各类技能人才队伍总量达到1600人左右,到2020年达到2500人左右,其中技师、高级技师占技能劳动者总数的5%以上。

5.农村实用人才队伍目标。建设一支以农业科技人员、致富能手、经营能人、能工巧匠为主体,适应我县现代农业发展和新农村建设要求的实用技术型、生产经营型农村实用人才队伍。到2015年,全县农村实用人才队伍总量达到5000人以上,到2020年达到8000人以上。

6.社会工作人才队伍目标。建设一支高素质、具有较高专业水平和较强创新能力的社会人才队伍,到2015年,全县社会人才队伍总量达到320人左右,到2020年达到650人左右。

7.黎苗传统文化传承人才目标。挖掘和培养一批具有琼中特色的黎苗传统文化传承人才,发扬和壮大本地民族传统文化,着力打造黎苗传统文化之县。到2015年,全县黎苗传统文化传承人才总量达到2050人左右,到2020年达到3600人左右。

专栏2:七支人才队伍建设发展指标

单位:人

人才队伍类别	现状	发展目标	
	2010年	2015年	2020年
党政人才	1009	1200	1200
企业经营管理人才	608	1000	2000
专业技术人才	3025	4500	5500
技能人才	402	1600	2500
农村实用人才	2510	5000	8000
社会工作人才	108	320	650
黎苗传统文化传承人才	1410	2050	3600
合计	9072	15670	23450

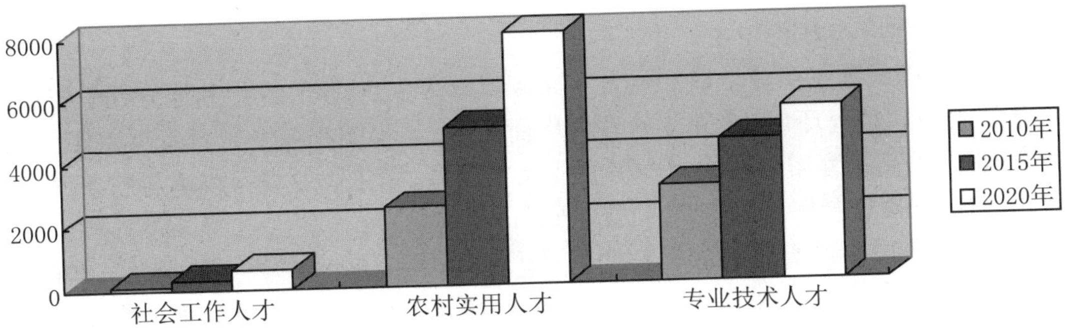

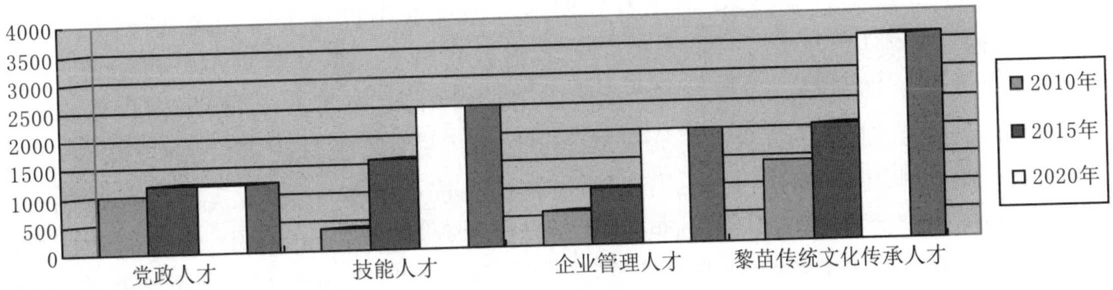

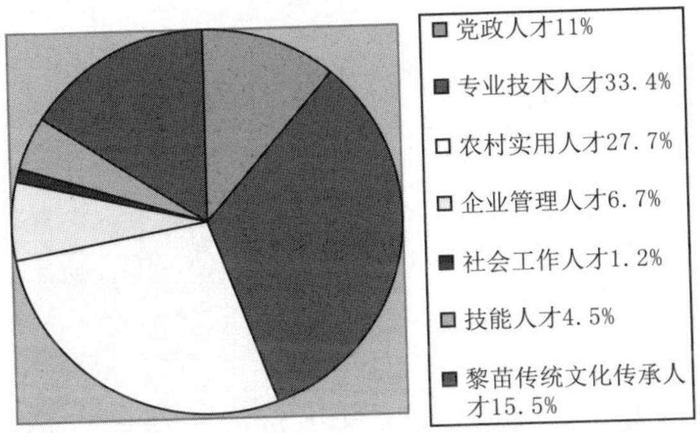

2010年

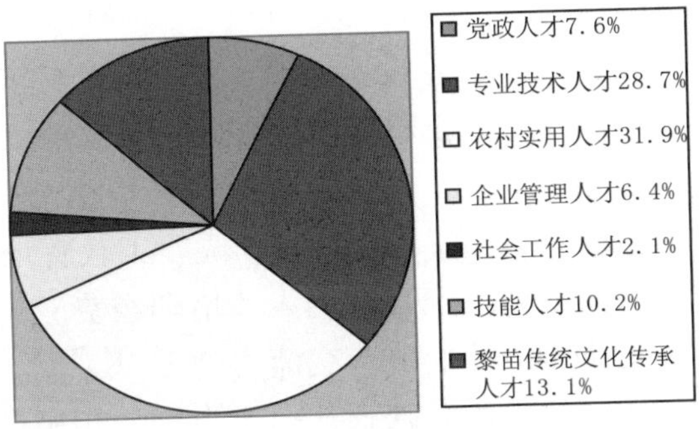

2015年

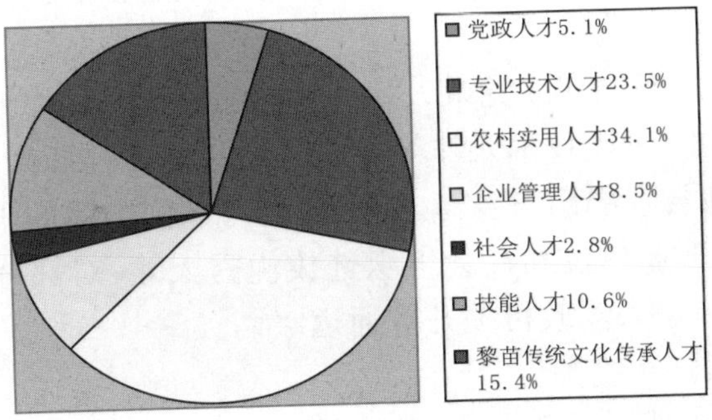

2020年

四、主要措施

(一)加大人才培养力度

1.大力发展国民教育事业。以加强九年义务教育为重点,整合农垦和地方办学资源,着力改善农村办学条件和教育环境,推进义务教育均衡发展,逐步缩小城乡教育发展差距。拓展优质高中教育资源,提高教育质量。大力发展职业技术教育,深化职业教育改革与创新,坚持以就业为导向,大力推行校企合作、工学结合,积极开展订单式培养。

2.积极推进人才继续教育。实施在职人员继续教育工作,认真落实在职人员定期培训和带薪培训办法;按照政府引导、单位自主、个人自愿的原则,支持发展各类专业化培训机构,开展以“新技术、新技能、新信息、新知识”为主要内容的继续教育。发挥县内各种培训机构作用,继续开辟省内外培训基地,制定党政人才、专业技术人才、企业经营管理人才等人才队伍教育培训计划,建立健全人才继续教育体系,每年有计划地选派优秀中青年干部赴境外移动培训。继续实施“种子工程”,落实村“两委”干部培训工程、农村致富带头人培养计划、“一村一名大学生”计划和新型农民技术培训项目。继续实施“农村实用技术培训”工程,大力培养农村实用人才,农村实用人才在创业培训、项目审批、信贷发放、土地使用方面给予优惠,鼓励和支持农村实用人才牵头建立专业合作组织、农民专业合作。加强农村科技示范基地、农业良种示范基地、休闲农业示范基地和优质农产品示范园建设,同时发挥现代远程站点教育的作用,通过劳动技能培训、名师带徒、岗位竞赛等形式和组织实施科技特派员制度,大规模培训农民。继续挖掘和培养一批具有琼中特色的黎苗传统文化传承人才,发扬和壮大本地民族传统文化,着力打造黎苗传统文化之县。通过建立覆盖面广、多层次的教育培训网络,营造“人人崇尚学习、全民参与学习”的良好氛围。

3.强化人才培养投入保障。建立健全政府、社会机构、用人单位和个人相结合的多元化人才培养投入体系,充分发挥政府在人才培养投入上的导向作用,积极引导和鼓励各类社会机构进行人才开发投入,进一步拓宽人才培养投入管道。县财政设立专门的人才培养预算科目,依法确保财政性教育投入,企事业单位职工教育培训经费不少于单位职工工资总额的1.5-3%,新上建设项目要安排一定比例的人才培训经费。

(二)加强人才引进与交流力度

1.加大急需的紧缺人才引进力度。积极开发县内外人才市场,消除人才引进中的体制性障碍,畅通人才引进的“绿色通道”,按照“不求所有,但求所用”的原则,不拘一格引进急需的紧缺人才。积极拓宽引才引智渠道,鼓励以短期聘用、人才兼职、技术引进、合作研究、项目招标、技术指导等方式,大力引进重点产业、重点项目、关键技术等紧缺急需的高层次人才智力,做到“引才”与“引智”紧密结合。

2.加大人才交流力度。建立健全建立党政人才、企业经营管理人才、专业技术人才交流和挂职锻炼制度,定期选送党政人才、专业技术人才等人才到发达地区挂职锻炼,同时积极争取省内外人才来琼中任职挂职。实施县直部门与乡镇之间、部门与部门之间的干部有序交流。稳步推进政府雇员制,积极探索从企事业单位和社会组织选拔优秀人才,对部分专业性较强的行政岗位实行聘任制,为各类优秀人才进入党政机关开辟通道。

(三)创新人才体制机制

1.创新人才考核评价机制。建立健全人才考核评价体系,建立以群众认可为主、体现科学发展观和正确政绩观要求的综合考核评价办法。制定实施以市场化机制为基础,以任期目标为依据、业绩为中心的企业领导人员考核评价办法。建立健全优秀农村实用人才评选和管理办法。

2.完善人才选拔任用机制。坚持公开、平等、竞争、择优原则,坚持“三个不吃亏”(即不让综合素质高的人吃亏、不让干事的人吃亏、不让老实人吃亏)用人导向,提高选人用人公信度,改革各类人才选拔任用方式和方法,形成有利于各类优秀人才脱颖而出、充分施展才能的选人用人机制。完善党政人才公开选拔、竞争上岗等办法,规范干部任用初始提名。完善党政人才退出机制。规范企业经营管理人才任用方式,建立市场配置、组织选拔和依法管理相结合的企业领导人员任用制度,完善国有资产出资人代表派出制和选举制,加大市场化选聘力度。完善事业单位岗位管理制度,推行专业技术职务聘用制度、兼职制度和灵活就业制度。

3.健全人才激励保障机制。完善边远地区艰苦津贴制度,建立符合事业单位特点、体现岗位绩效和分级分类管理的事业单位薪酬制度;完善市场机制调节、企业自主分配、政府监控指导的企业薪酬制度,鼓励企业对做出突出贡献的人才实施期权、股权激励。坚持奖励向生产一线倾斜、向基层倾斜,形成以政府奖励为导向、用人单位和社会力量奖励为主体的人才奖励体系。健全保障机制,推进党政机关和事业单位保障制度改革,建立以养老保险、医疗保险为重点的社会保障制度;加大农村、非公经济组织和社会组织的社会保障覆盖面,逐步形成社会保障、单位保障和个人权益保障相结合的人才保障体系。

(四)完善人才公共服务体系

1.加快人才公共服务平台建设。加大人才公共服务平台建设投入,努力消除各种体制性障碍,大力发展专业性人才市场。加强人才市场资源的整合,促进各类市场资源贯通、服务贯通,推进人才市场向专业化、规模化、集约化方向发展。加强人才市场信息化建设,积极发展网络人才市场,实现全县人才市场及企业、学校之间的信息联网。整合人才信息资源,构建人才资源共享公共平台,形成开放的人才信息和公共政策信息共享机制,建立覆盖全县服务各类人才多元化的人才资源配置体系。

2.强化人才公共服务功能。坚持公共服务原则,进一步强化服务意识,增强服务功能,减少服务收费,提高服务质量。积极拓展服务内容,积极推进择业、就业、创业指导和培训,大力发展人才素质测评、职业生涯设计,人才供求信息发布、人才培训、人事劳动仲裁、政策法规宣传和咨询等业务,加强对公共服务产品的标准化管理,最大限度地满足人才和用人单位的需求。将服务领域从县城拓展到农村,从企业拓展到行政事业单位,逐步拓展到整个社会。

3.加强人才公共服务机构监管。按照“政事分开、事企分开、管办分离”的原则,加快政府有关部门所属人才、劳动力服务机构的体制改革和创新,进一步强化政府的监管职能,建立健全人才公共服务的监管机制。进一步完善人才服务机构准入制度、年审制度以及从业人员资格考试与认证制度,加强行业质量管理,建立科学的信用质量评价体系,开展行业评优活动;坚决查处人才公共服务中的违规行为。抓紧建立人才服务行业协会组织,充分发挥行业自律和自我管理作用,加强人才服务业的自我约束机制建设。

(五)促进人才队伍协调发展

1.引导优秀人才向企业流动。打破人才的部门、单位及身份限制,畅通优秀人才向企业流动的渠道。加大对非公有制经济组织人才发展扶持力度,实施非公经济组织人才平等发展政策,将非公经济组织人才发展纳入全县人才发展体系之中,采取切实有效措施加强对非公经济组织人才的引导和服务,建立人才组织体系向非公经济组织延伸的人才工作新机制。

2.推进社会工作人才快速发展。充分认识社会工作人才队伍建设的重要性,把社会工作人才纳入党委和政府人才工作和人才政策覆盖范围。制订社会工作人才培养、引进、使用等方面的政策措施,为社会组织人才队伍建设提供制度保障,推进社会工作人才平等发展、快速发展。政府支持人才创新创业的资金、项目、信息等公共资源,向社会工作人才平等开放;支持社会组织人才平等参与政府开展的人才宣传、表彰、奖励等方面的活动,进一步提高社会组织人才的职业归属感和全社会对社会工作人才的认同度。

3.加快农村人才资源开发步伐。进一步完善农村人才工作体制机制,明确各级党委政府在农村人才工作中的职责和任务。制定实施以城镇带农村的人才对口支持政策,鼓励和引导大学毕业生到乡镇和农村工作。逐年增加对农业科技和农村人才队伍建设的财政投入。建立有利于农村人才发挥作用的奖励制度,重奖在农业技术创新、科技成果转化、科技知识推广等方面做出突出贡献和取得较大经济效益的农村人才。

专栏3:琼中县社会发展重点领域急需紧缺人才开发一览表

领域	急需紧缺人才类别
教育	中等职业学校双师型教师;中高级农村中小学教师
农业	高、中级农艺师、技术员;农业技术推广专业人才;农产品开发经纪人;创业型农民企业家,农业经营管理人才,农业复合型人才,特色产业的种养能手
医疗卫生	临床医学、基础医学、公共卫生、卫生管理等领域高层次专业人才;新型医疗工程技术人才;具有职业医师资格的乡镇、村临床医师、公共卫生人员
宣传文化体育	外向型理论人才;网络等新媒体、对外宣传等新闻传播人才;文化创意和策划人才;数字和网络技术、文化体育场馆设施设备技术管理等研发应用人才;演艺娱乐、公共文化服务、非物质文化遗产保护等文化艺术人才
生态环保	节能减排项目运作人才;污染防治、处理专业人才;生态环境规划专业人才;岩土工程、水文与水资源专业人才
城市规划	城市规划设计专业人才;城市管理专业人才
旅游	山区旅游、康体保健、会展节庆策划人才;旅游策划管理人才;旅游服务技能型人才

五、组织实施

(一)加强对规划纲要组织实施的统筹协调和宏观指导工作,制定各项目标任务的分解落实方案,建立规划纲要实施情况的监测、评估、考核机制,加强督促检查。建立常委会听取人才工作专项报告制度,建立人才工作重要信息报告制度。完善党委组织部门牵头抓总职责,发挥政府人力资源管理部门作用，理顺各有关职能部门人才工作职责，充分发挥各人民团体、企事业单位、社会中介组织的作用，形成人才工作整体合力。

（二）加强人才工作的基础性建设。深入开展人才发展理论研究，积极探索人才资源开发和人才工作规律，加强规划纲要实施和人才工作实践的指导；加强人才信息统计工作，建立人才资源年度统计调查和定期发布制度，提高人才管理的信息化水平；加强人才工作队伍建设，加大对人才工作队伍的培训力度，提高人才工作队伍的政治素质和业务水平。

（三）营造实施规划纲要的良好社会环境。大力宣传人才工作的重大战略思想和方针政策，宣传实施规划纲要的重大意义和规划纲要的指导方针、目标任务、重大举措，宣传规划纲要实施中的典型经验、做法和成效，形成全社会关心、支持人才发展的良好氛围。

（四）建立健全人才发展规划体系。县直有关部门要以本规划纲要为指导，根据实际，编制部门系统以及重点领域的人才发展规划，形成全县人才发展规划体系。

附件：

琼中县重大人才工程实施一览表

项目名称	责任部门
高层次创新创业型人才引进培养工程	县委组织部、县人力资源和社会保障局、县科技局、县教育局、县国资委、县工商联
以旅游业为龙头的现代服务业人才开发工程	县人力资源和社会保障局、县旅游局会同有关部门
热带特色现代农业人才开发工程	县农业局、县人力资源和社会保障局、县教育局、县科技局
优秀企业家培养工程	县委组织部、县国资委、县人力资源和社会保障局、县委统战部、县工商联
高素质教育人才开发工程	县人力资源和社会保障局、县教育局会同有关部门
高素质医疗卫生人才开发工程	县卫生局、县人力资源和社会保障局会同有关部门
高素质宣传文化人才开发工程	县委宣传部、县文体局、县人力资源和社会保障局
社会工作人才开发工程	县民政局、县教育局、县人力资源和社会保障局
引才引智工程	县委组织部、县人力资源和社会保障局、县财政局、县教育局、县卫生局、县文体局、县扶贫办
打造人才公共信息与公共服务平台	县委组织部、县人力资源和社会保障局

中国共产党琼中黎族苗族自治县代表大会代表评议县委委员制度（试行）

（2010年12月16日中国共产党琼中黎族苗族自治县第十一届代表大会第四次会议审议通过）

第一条 为更好地发挥党代表的监督作用，推行党务公开，扩大党内民主，强化党内监督，根据《中国共产党党内监督条例（试行）》和《中国共产党琼中黎族苗族自治县代表大会常任制度（试行）》的有关规定，制定本制度。

第二条 评议工作坚持实事求是、公正公开、讲求实效、促进工作的原则。

第三条 评议对象和评议人员范围

评议对象为本届中国共产党琼中黎族苗族自治县委员会委员，评议人员为本届中国共产党琼中黎族苗族自治县代表大会代表。

第四条 评议方式

县委党代表联络工作办公室应结合工作实际，制定评议工作实施方案，每年分别组织各代表团代表对本团县委委员进行一次评议。

评议可以采取设立意见箱、问卷调查、电话访谈、座谈会等方式进行。

第五条 评议内容

（一）贯彻和执行党的路线、方针、政策和党代表大会决议、决定的情况；

（二）履行职责情况；

（三）廉政建设情况；

（四）人民群众普遍关心和社会反映强烈问题的解决情况；

（五）需要评议的其他事项。

第六条 评议程序

评议工作分四步进行：

(一)开展评议之前,由县委党代表联络工作办公室对县委委员发出评议通知,确定时间、地点、方式。

(二)县委委员于评议活动之前写出书面述职报告,由县委党代表联络工作办公室统一印发给县委委员所在的代表团代表进行讨论。

(三)各代表团负责人召集党代表对县委委员的述职报告进行酝酿讨论,召集人数应为本团党代表的半数以上。代表还可以通过访问、座谈、咨询等形式充分了解县委委员的工作情况。同时,邀请县委委员到代表团就述职报告予以解释说明。

(四)投票。代表根据个人意愿,分"满意、基本满意、不满意"三个等次对县委委员个人工作情况进行投票。票数统计由县委党代表联络工作办公室负责。

(五)反馈。县委党代表联络工作办公室根据问卷调查、电话访谈、座谈会等评议方式征求到的意见,拟出反馈意见报县委批准,向县委委员提出反馈意见。县委委员应按照反馈情况,做出书面答复。

第七条 本制度由县委党代表联络工作办公室负责解释。

第八条 本制度经中国共产党琼中黎族苗族自治县第十一届代表大会第四次会议通过后试行。

五、省属重点企业

海南农垦烨运宏实业有限公司

海南农垦烨运宏实业有限公司是海南省农垦集团下属的全资子公司，地处琼中县营根镇西南端。海榆中线公路138公里处。建于1960年10月前身为广东海南农垦第四机械厂，1969年改称广州军区生产建设兵团第三机械厂，县团建制，1974年改称广东通什农垦营根机械厂，正处级单位，1988年更名为海南省农垦营根机械厂，正处级单位。是原农业部生产天然橡胶初加工机械成套设备的重点企业。在橡胶初加工成套设备制造方面有着丰富的生产经验和成熟的技术服务。产品品牌为三叶牌，主要产品有碎胶机、绉片机、造粒机、洗涤机、双螺杆预洗机、单螺杆预洗机、锤磨机、打包机、干搅机、冷却机及橡胶干燥设备等48种机型，其中21项产品从2010年起列入海南省农机购置补贴目录。绉片机多次荣获省优部优奖。产品设计实现电脑化，是一家集产品设计、生产、销售于一体的综合性制造企业。其产品不仅畅销海南、云南等国内市场，还远销马来西亚、泰国、越南、缅甸、老挝、柬埔寨、印度尼西亚、尼日利亚等国家。

企业拥有工业用地、住宅用地、农用地面积分别为69987.2平方米、48312.9平方米和1189981.61平方米。2010年在职职工181人，其中各类技术人员31人。内设党政办、财务科、生产技术科、供销科、保卫科等5个职能部门及翻砂、加工、安装等3个生产车间，拥有各种机械加工设备245台(套)。

1991—2010年海南农垦烨运宏公司主要经济指标一览表

表18-1

年份	总产值（万元）	利润（万元）	上缴税金（万元）	职工人数（人）	劳动生产率（元/年•人）	工资总额（万元）	人均收入（元/年）
1991	845	38	16	585	5573	183	3111
1992	937	38	9	589	5891	183	3106
1993	576	30	7	550	8127	193	3527
1994	1336	34	18	479	10731	208	4236
1995	1618	42	28	484	11426	228	4701
1996	1002	-31	18	443	9707	210	4698
1997	776	-173	22	449	5033	245	4174
1998	421	-149	15	439	5581	187	4211
1999	642	-97	23	399	5739	190	6101
2000	1162	-46	18	382	8351	198	6923
2001	938	-77	12	316	8544	187	6743
2002	868	-64	10	296	9493	178	7441
2003	1485	30	109	287	20314	272	10544
2004	1030	-48	68	255	13882	201	7944
2005	1144	32	23	267	12584	201	8340
2006	1682	93	56	249	20643	294	12838
2007	1919	99	168	231	30693	373	16103
2008	1284	25	115	221	29457	332	14796
2009	1157	16	65	206	24854	320	15583
2010	1400	5	117	181	28785	280	15525

海南橡胶乌石分公司

2005年3月海南橡胶乌石分公司(简称乌石分公司)成立,隶属于海南天然橡胶产业集团股份有限公司,乌石分公司总部位于琼中县湾岭镇。分公司成立后与国营乌石农场实行“二块牌子、一套班子”的管理模式。2008年10月乌石分公司与国营乌石农场正式分离,同年海南橡胶集团开始大规模整合基地分公司,2009年3月将琼中县境内原乌石分公司、岭头分公司、南方分公司三家分公司合并为海南橡胶乌石分公司,公司总部设原乌石分公司驻地(琼中县湾岭镇)。乌石分公司合并初期,机构设计总部总经理办公室、财务结算部、经营管理部、生产技术部、橡胶收购部、人力资源部、党群办公室、橡胶中心收胶站、护林保胶部共9个部室,管辖乌石、岭头、南方三个片10个作业区共93个生产队(居民点),在册在岗员工2188人,其中管理人员320人,生产辅助人员共198人,胶工1444人,林管工人226人。

2010年乌石分公司有开割胶园96753亩,橡胶中小苗25833亩,防护林面积12817亩。

2010年乌石分公司完成干胶5714吨。当年实现经营利润2717万元。乌石分公司还着力解决历史欠债问题,累计偿还债务1100万元,乌石分公司成立后橡胶产业发展良好,财务运行平稳,职工队伍合谐稳定,安居乐业。

海南橡胶阳江分公司

海南天然橡胶产业集团股份有限公司阳江分公司(简称阳江分公司)成立于2005年3月,位于琼中县境内。分公司成立后,与国营阳江农场实行“一套班子,两块牌子”的管理方式,2008年10月,由于农垦体制改革,阳江分公司与国营阳江农场正式分离。

2009年初,海南天然橡胶产业集团股份有限公司体制改革,阳江分公司、新进分公司、大丰分公司重组为阳江分公司,阳江分公司总部设立在原阳江分公司驻地,设立总经理办公室、人力资源部、财务结算部、生产技术部、经营管理部;下设10个作业区、93个生产队、3个收胶站。重组后阳江分公司土地面积共20多万亩,其中橡胶面积17万亩,员工4300人,年产干胶9300吨。

2010年,阳江分公司加大扁平化改革管理力度,统一思想,把原来三个分公司人员的不同区域文化思想及地区传统习惯,逐步统一到一个大阳江上来。继续合并重组作业区和生产队,加大清理冗员,清理劳动力的力度。重点工作放在主业干胶生产和中小苗管理方面。年产干胶9350吨。

海南橡胶加钗分公司

2005年3月海南胶加钗分公司(称加钗分公司)成立，隶于海南天然胶产业集团股份有限公司，位于琼中县境内，分公司成立后与国营加钗农场实行“两块牌子、一套人马”的管理办法。2008年10月，加钗分公司与国营加钗农场正式分离。同年，海南橡胶集团开始大规模整合基地分公司，经过多次整合，全集团71家地分公司整编为25家，琼中境内原新伟、加钗2家分公司重组为加钗分公司，机关设在原加钗分公司驻地(琼中县境内)。

截至2010年，加钗分公司内设办公室、生产部、经营部、收购部、财务部、人力部、护林保胶大队，下辖新伟、加钗2个片区、2个作业区、46个生产队，职工人数约456人。橡胶总面积约7万亩土地，共124.3万株。其中：开割橡胶面积3.4万亩共75.4万株；未开割橡胶面积1.6万亩48.9万株。有效开割株数40.1万株，实际割株37.9万株，空岗2.2万株。

从2009年起，加钗分公司对原有的2个中心转运站进行改革，原有的收胶水职工可选择的方式分流进入作业区工作，核算单位变小了，职工的责任意识增强了，通过整合改革后，以作业区作为模拟经营实体，现扬测含、取样、过秤，运胶车的工作全由作业区的干部负责推动，提高了分公司的效益:胶工收入也大幅提升，实现企业增数、职工增收的目标。

公司财务实行全面预算管理，量入为出，严格控制“三公”经费支出，无新增债务，至2010年底，无历史欠账。

海南橡胶长征分公司

2005年3月海南橡胶长征分公司（简称长征分公司）成立，隶属于海南天然橡胶产业集团股份有限公司，位于琼中县境内。分公司成立后与国营长征农场实行“两块牌子、一套人马”的管理办法。2008年10月，长征分公司与国营长征农场正式分离。同年，海南橡胶集团开始大规模整合基地分公司。经过多次整合，全集团71家基地分公司整编为25家。琼中境内原乘坡、太平、长征3家分公司重组为长征分公司，机关设在原长征分公司驻地（琼中县境内）。长征分公司内设办公室、生产部、经营部、收购部、财务部和人力部，下辖乘坡、长征、太平、3个片区、7个作业区、65个生产队。长征分公司有员工2098人，其中：管理人员229人，生产辅助人员184人，生产人员1685人（胶工1509人、林管工176人）。至2010年，长征分公司的内设机构、下辖单位、员工人数未变。

长征分公司与农场签订的土地承包面积为9561.8公顷，其中胶园面积9177.8公顷(开割面积7699.5公顷、未开割面积1478.3公顷)，防护林地384公顷。

从2009年起，长征分公司对原有的3个中心转运站进行改革，原有的89名收胶水职工以双向选择的方式分流进入作业区，核算单位变小了，职工的责任意识却增强了。生产单位原有收胶站89个，通过整合改革后，以作业区作为模拟经营实体，现场测含、取样、过秤、没有转运环节，找运胶车、洗运胶车的工作全由作业区的干部负担起来，提高了分公司的效益，胶工收入也大幅提高，实现企业增效、职工增收的目标。干胶生产的收胶工作当场取样，当场测含，当场拿到结算单。三个“当场”下来，割胶工当天就能确定收入。如果胶工对干含量有异议，可以当场备份进行复测。这样胶工积极性得到提高，护林保胶的压力也相应减小。

公司着力解决企业历史欠账问题。公司财务实行全面预算管理，量入为出，控制“三公”经费支出，无新增负债，至2010年底，两年累计还债1668.48万元。

海南金石橡胶加工分公司

海南天然橡胶产业集团股份有限公司金石橡胶加工分公司是海南橡胶集团下属的大型天然橡胶生产企业，位于琼中县乌石农场(即海榆中线距海口121公里处)，交通十分便利。分公司有职工近240人，在26名管理技术人员中，本科学历占93.5%，制胶专业人员占51.6%。分公司是海南农垦中部地区的天然橡胶初产品加工基地，也是垦区最大的橡胶加工企业之一。主要负责琼中县境内基地分公司橡胶原料的加工任务，年加工能力为4.5万吨，其中浓缩乳胶2.5万吨，子午标准胶2万吨。分公司可生产浓缩胶乳、胶清胶、航空轮胎胶、浅色标准胶、通用标准橡胶等系列产品。

在企业的改革发展进程中，分公司坚持以安全、优质、低耗、高效为宗旨，以内强素质、外塑形象为手段，以科学化生产、人性化管理为途径，以职工增收、企业增效为目标，积极实施企业品牌战略和可持续发展战略，精心打造“五指山”牌国家级名牌产品。

分公司生产技术力量雄厚，工艺设施设备先进，质量检测手段配套齐全，生产管理规范，产品质量稳定可靠，先后荣获“国家优质产品”“中国著名品牌”“中国国际农业博览会名牌产品”“海南省产品质量先进单位”“海南省农垦产品质量全优单位”“海南省农垦制胶工作先进单位”“海南省质量管理小组活动优秀企业”等荣誉。2008年2月，分公司成功取得ISO9001:2000质量体系认证和ISO14001:2004环境管理体系认证资格。分公司生产的“五指山”牌橡胶系列产品，性能好、质量高，广泛运用于汽车轮胎、航空轮胎、高级医用手套、胶丝及其他高科技橡胶制品中。

修志始末

修志工作是一项功在当代、利在千秋的伟业。《琼中黎族苗族自治县志(1991—2010)》是1995年出版的《琼中县志》的续志，也是中华人民共和国成立后琼中县正式编纂出版的第二部志书。

2007年，琼中县根据《海南省第二轮省市县三级志书编纂方案》和《海南省2006—2010年史志工作发展规划》要求，开始启动第二轮修志工作。6月，琼中县印发《琼中黎族苗族自治县第二轮修志工作规划》，开始对修志工作进行部署和安排；琼中县史志办组织专家和知情人士召开研讨会，确定了二轮琼中县志篇目。同年8月，琼中县委、县政府下发《琼中黎族苗族自治县第二轮县志编纂方案》，成立二轮县志编纂委员会和办公室；9月召开二轮修志业务培训班，组织全县各承编单位撰稿人等120多人参加培训。开展业务培训后，只有些许单位开始供稿，编修工作进展缓慢。2013年，琼中县再次对二轮修志工作进行动员部署，11月18日县委办和县政府办联合下发《关于印发琼中黎族苗族自治县第二轮县志编纂方案的通知》。11月19日，琼中县正式成立《琼中黎族苗族自治县志(1991—2010)》编纂委员会，县委书记孙喆任主任，县委副书记、县长王琼龙任常务副主任，县委副书记张长丰、常务副县长林谟谐、宣传部部长林美、人武部部长黄志敏、县人大常委会副主任林子娥、副县长韦求香、统战部部长王川芳、农垦驻琼中办事处负责人方国成任副主任，部分成员单位的主要负责人担任委员，并明确《琼中黎族苗族自治县志(1991—2010)》编纂工作由县史志办负责实施。县史志办研究制定《琼中黎族苗族自治县志(1991—2010)》篇目，并把篇目落实到全县120多个承编单位，对每章节应编纂的内容均做了具体要求，层层细化明确各供稿单位责任。同日，召开《琼中黎族苗族自治县志(1991—2010)》组稿动员会暨县志编纂培训班，副县长吴钟良在动员会上做了《加强领导全力以赴促进第二轮县地的修编工作向前发展》动员讲话。

对二轮修志工作进行再动员部署后，县史志办为克服人手少等困难，加快二轮修志工作进度，聘请海口化超文化传播公司王法庭、谭本尧、蔡国红、朱海仕、叶金龙等参与琼中二轮县志编纂过程中的稿件收集、编辑整理、资料打印、图文编排、样书制作等编务工作，其中，谭本尧负责全书资料编辑成稿工作，由原省地方志办公室市县志指导处处长邢维雄担任技术顾问，编纂人员到各单位进行指导、收稿，对各承编单位提供的志稿进行修改、编纂，补充、查缺材料。但由于修志时间跨度较长，各单位编纂人员、分管领导变动频繁，加上牵头实施部门跟踪督促不到位等原因，征稿工作仍很不理想，整体资料质量不高，主要是收集的资料内容不齐全，许多单位资料缺失较多。截至2016年底全县仍有12个承编单位没有供稿件，有的行业没有20世纪90年代的资料，材料缺乏，断限问题突出。2016年底前，在编纂人员的努力下，先后形成约100万余字的《琼中黎族苗族自治县志(1991—2010)》资料汇编(连稿)、初稿、第一次修改稿，并送至省室(办)相关业务处审阅，经初审反馈，需要做较大幅度地修改。

2016年8月，县史志办副主任、县志副主编兼主笔叶传雄由于身体原因办理提前退休；2017年初，县史志办主要负责人兼县志主编王应江调离史志办，给原本滞后的修志工作带来巨大压力。2017年3、4月，新任史志办领导班子先后到任后，迅速查找二轮修志工作被动的原因，并有针对性地采取措施：一是建议县委县政府调整编纂委员会及办公室成员，由县史志办主任张东安兼任办公室主任，同时担任县志主编，林波任副主编。二是根据省室(办)业务处初审反馈的意见，采取史志办派人上门收稿、发函催稿、县委县政府督查室督稿、县分管领导约谈促稿等多种督促方式，千方百计组织人员对县志稿进行全面的查漏补缺，加快稿件收集进度，提高稿件质量。三是安排专人对全县85个未交稿和缺稿单位进行上门指导，对撰写进度较慢的单位由县史办领导上门与单位领导对接协调，县史志办主任张东安亲自到加钗农场、什运乡、阳江农场、乌石农场、湾岭镇、上安乡、吊罗山乡、和平镇、长征农场和长征镇进行上门对接，指导撰写工作。对单位系统较多的县卫计委、县教育局等单位，县史志办副主任林波、工作人员黄博川、李惠琼等专程去其单位组织各股室岗位承编人员进行培训指导编纂工作。四是向分管县志工作的县委常委、宣传部部长进行汇报，在修编过程中，因机构撤并，导致工作职责内容中断的，建议由其组织相关单位人员专门召开座谈会，协调处理修志工作。通过这一系列措施，《琼中黎族苗族自治县志(1991—2010)》编修工作取得较大进展，质量有所提高，部分单位均是推倒重写，写出了自己的内容与特色，扭转二轮修志工作的被动局面。

2018年3月，县委办和政府办联合印发《关于开展〈琼中黎族苗族自治县志〉(1991—2010)入志人物及图片资料征集工作的通知》，征集二轮志书的人物和图片，并具体规定了入志人物、图片的标准与条件。在各承编单位的大力支持与海口化超公司的密切配合下，经编辑部人员的数次整理与审改，约130万字的《琼中黎族苗族自治县志(1991—2010)》评议稿脱稿成书。2018年6月15日，县史志办组织编辑部全体人员召开内评会，对志书进行评议，指出存在的问题和进一步修改完善的措施，明确下阶段工作任务和分工。同年11月23日，在县史志办会议室召开县志初稿评审会。参加人员有省地方志办公室市县指导处处长陈家传，省史志专家李养国、王海云、蓝田玉、朱兴明、宫上达、张朔人，与会人员对二轮县志初稿从篇目设计、体例结构、语言表达、行文规范、资料收集等方面进行全面系统的评议，充分肯定二轮县志编修工作成绩，并提出了144条修改意见和建议。会后，县史志办认真整理省地方志办公室和各位专家、老干部和各单位领导提出的修改意见和建议，并列出初稿评审会意见分类清单，把任务分解到各承编单位。县史志办工作人员分工合作，主动联系，深入到相关单位进行业务指导，加紧推动县志资料的补充。同时指定专人进行统稿，严格把关，提高志书质量。

评议会后，县史志办鉴于新进人员多、业务不精通，加上单位脱贫攻坚任务紧急等，为进一步加快修志进度、提高志书质量，物色了责任心强、业务精的海南博雅文化发展有限公司并与之合作，以购买服务方式聘请公司一起对评议稿进行修补、打磨、提高。

2019年5月27日召开二轮县志复审会。会议由副县长余岳珠致辞，县政府办副主任陈积攀主持，邀请省史志办市县志指导处副处长符思权，省方志专家库的李养国、王海云、朱兴明3位专家，方志出版社徐宏老师到会指导并审议，编纂委员会成员单位主要负责人和撰稿人参会评议。专家组从体例结构、行文规范、资料运用等方面对志稿进行了仔细的分析，肯定此志稿较初评稿有了很大提升，政治观点正确，地方特色突出，体例完备资料丰富，同时指出其存在的问题，并提出许多具有针对性的修改意见。会后县史志办人员将复审意见整理汇总，交由业务骨干统一对照修改核实，搜集多方材料，重点对志稿中的图片、人物、数字等相关内容进行核实修改，整改自相矛盾、超限、内容不全等问题。经过大家反复认真打磨，同年9月，志书形成送审稿并送省史志办审读。11月，省史志办反馈终审意见，提出修改建议130条。县史志办立即将修改任务分解到个人，利用1个月时间顺利完成了修补任务。12月，编纂并印出150多万字的《琼中黎族苗族自治县志（1991—2010）》终审稿，分送县相关领导和编纂委员会审阅，并报送至市县志初审小组进行审核通过。省地方志办公室副主任秦武军、市县志指导处处长陈家传认真审读了终审稿，并提出了很好的修改意见建议。

《琼中黎族苗族自治县志（1991—2010）》的编纂出版，从筹备启动、搜集资料、整理编撰、阅稿审核至印刷出版等系列工作，自始至终得到县委、县政府领导的关心与支持，得到海南省地方志办公室市县志指导处的悉心指导和各位专家的中肯建议，以及全县各承编单位的密切配合与协作，还有县档案馆、《今日琼中》报社在史料提供方面给予大力帮助等等。本志书图片主要由县档案局、县新闻信息中心、县文旅委等有关单位提供，县档案局洪伟荣、《今日琼中》报社时任记者朱德权、陈英顺、李顺等个人也提供了不少照片，原县外贸公司退休干部黄雪平补拍了一些比对照片，原海南摄影协会会长黄一鸣为本志提供了不少历史照片。值此，我们一并表示诚挚的感谢！

编修县志是一项浩繁的文化工程，涉及方方面面，关系各行各业，全体编纂人员虽尽心竭力，但因知识水平有限，志书中难免有错漏之处，敬请领导、专家和广大读者给予指正，以便我们在下轮修志中纠错补遗。

编 者

2020年4月